Les accords de report d'entrée

Contribution à l'étude de la relation du droit de la concurrence et du droit des brevets

Walid Chaiehloudj

UNIVERSITÉ D'AIX-MARSEILLE
ÉCOLE DOCTORALE SCIENCES JURIDIQUES ET POLITIQUES
FACULTÉ DE DROIT ET DE SCIENCE POLITIQUE

Les accords de report d'entrée

Contribution à l'étude de la relation du droit de la concurrence et du droit des brevets

THÈSE POUR L'OBTENTION DU DOCTORAT EN DROIT PRIVÉ
Présentée et soutenue le 7 décembre 2017 par
Walid CHAIEHLOUDJ

Directeur de recherche : **M. David BOSCO**
Professeur à Aix-Marseille Université – Directeur de l'Institut de Droit des Affaires

Suffragants :

Mme Valérie-Laure BENABOU
Professeure à Aix-Marseille Université

M. Nicolas BINCTIN (Rapporteur)
Professeur à l'Université de Poitiers

M. Cyril BLOCH
Professeur à Aix-Marseille Université – Codirecteur du Centre de Droit Économique

M. Josef DREXL
Professeur honoraire à l'Université de Munich – Directeur de l'Institut Max Planck pour l'innovation et la concurrence

Mme Catherine PRIETO (Rapporteur)
Professeure à l'Université Paris I – Panthéon-Sorbonne

ISBN 979-10-94201-17-6

Livres Concurrences

Mélanges

Frédéric Jenny – Standing Up for Convergence and Relevance in Antitrust, Vol. I, *Nicolas Charbit, Sonia Ahmad (ed.), 2019*

Herbert Hovenkamp – Liber Amicorum, *Nicolas Charbit, Sonia Ahmad (ed.), 2019*

Albert Foer – Liber Amicorum, *Nicolas Charbit, Sonia Ahmad (ed.), 2019*

Wang Xiaoye – A Chinese Antitrust Tale, *Adrian Emch, Wendy Ng (ed.), 2019*

Douglas H. Ginsburg – An Antitrust Professor on the Bench, Vol. I, *Nicolas Charbit, Ellie Yang (ed.), 2018*

Ian S. Forrester – A Scot Without Borders, Vol. I & II, *Assimakis Komninos et al. (ed.), 2015*

William E. Kovacic : An Antitrust Tribute, Vol. I & II, *Nicolas Charbit et al. (ed.), 2013 & 2014*

Pratiques

Competition Women, Vol. I & II, *Kristina Nordlander & Evelina Kurgonaite (ed.), 2019*

La réparation des préjudices causés par les pratiques anticoncurrentielles, *Rafael Amaro, Jean-François Laborde, 2019*

Competition Law Inquiries in the EU – A Practitioner's Guide, *Nathalie Jalabert-Doury, 2019*

Grands arrêts du droit de la concurrence – Régulations, Vol. IV, *Francesco Martucci (ed.), 2019*

Grands arrêts du droit de la concurrence – Distribution & Pratiques commerciales déloyales, Vol. III, *Nicolas Ferrier & Frédéric Buy (ed.), 2019*

Les pratiques restrictives, *Erwann Kerguelen & Jean-Christophe Grall, 2019*

Petit manuel – irrévérencieux – d'économie, *Emmanuel Combe, 2018*

Competition Digest – A Synthesis of EU and National Leading Cases, 3rd ed., *Frédéric Jenny (ed.), 2018*

EU Law and Life Science, *Peter Bogaert, Damien Geradin (ed.), 2014*

Choice – A New Standard for Competition Analysis?, *Paul Nihoul et al., 2016*

Grands arrêts du droit de la concurrence – Ententes, Abus & Aides d'État – Concentrations, Vol. I & II, *Laurence Idot (ed.), 2016*

À quoi sert la concurrence ?, *Martine Behar-Touchais et al. (ed.), 2014*

Thèses

The Role of Media Pluralism in the Enforcement of EU Competition Law, *Konstantina Bania, 2019*

Les accords de report d'entrée *(Pay-for-delay)*, *Walid Chaiehloudj, 2019*

Buyer Power in EU Competition Law, *Ignacio Herrera Anchustegui, 2017*

Google, la presse et les journalistes, *Guillaume Sire, 2015*

L'Union européenne et le droit international des subventions, *Loïc Wagner, 2015*

Actes

Antitrust in Emerging and Developing Countries – Vol II, *Eleanor Fox, Harry First (ed.), 2016*

Global Antitrust Law – Current Issues in Antitrust Law and Economics, *Douglas Ginsburg, Joshua Wright (ed.), 2015*

Antitrust in Emerging and Developing Countries – Vol. I, *Eleanor Fox, Harry First (ed.), 2015*

Competition Law on the Global Stage : David Gerber's Global Competition Law in Perspective, *David Gerber, 2014*

La version électronique de ces ouvrages est disponible sur le site concurrences.com.

AVERTISSEMENTS

Cet ouvrage est tiré d'une thèse de doctorat soutenue le 7 décembre 2017 à la faculté de droit et de science politique d'Aix-Marseille Université devant Mme Valérie-Laure Benabou (professeure à Aix-Marseille Université), MM. Nicolas Binctin (professeur à l'Université de Poitiers), Cyril Bloch (professeur à Aix-Marseille Université et codirecteur du Centre de Droit Économique), Josef Drexl (professeur à l'Université de Munich et directeur de l'Institut Max Planck pour l'innovation et la concurrence) et Mme Catherine Prieto (professeure à l'Université Paris I – Panthéon-Sorbonne). La thèse a quant à elle été dirigée par M. David Bosco (professeur à Aix-Marseille Université et directeur de l'Institut de Droit des Affaires).

L'ouvrage a été très légèrement retouché afin que son « appareil scientifique » soit autant que possible actualisé. L'actualisation s'est achevée au 15 août 2018.

Les opinions émises dans cet ouvrage sont propres à leur auteur. La faculté de droit et de science politique d'Aix-Marseille Université ne leur apporte ni approbation ni improbation.

SOMMAIRE

PRÉFACE

Le juriste fait fausse route si, passant devant les vitrines de sa librairie rue Soufflot à Paris, rue de la Barre à Lyon, ou encore cours Mirabeau à Aix-en-Provence, il juge un peu étroite l'ambition de l'ouvrage de Walid Chaiehloudj à la simple lecture de son titre. À ce juriste qui a poussé la curiosité jusqu'à cette préface, nous dirons qu'au contraire, les « accords de report d'entrée » posent au droit des questions si essentielles qu'il fallait une belle audace pour inaugurer une carrière de chercheur en les affrontant. La lecture de la thèse convaincra sans peine que son auteur n'en manque pas. Elle se tient au carrefour du droit pharmaceutique, du droit des brevets, du droit des contrats et du droit de la concurrence, maîtrise l'ensemble, l'éclaire d'une comparaison entre le droit européen et le droit des États-Unis et formule de stimulantes propositions.

C'est surtout par le biais des contentieux de concurrence que l'Europe a découvert les accords de report d'entrée, imaginés au départ par les acteurs du marché pharmaceutique américain, comme le décrit parfaitement la thèse. Il faut dire que, *prima facie*, les accords de report d'entrée portent en eux-mêmes un intolérable dédain pour la libre concurrence : comment concevoir qu'une entreprise, en monopole sur son marché, puisse librement rémunérer un concurrent potentiel afin qu'il retarde (ou renonce) à commercialiser une offre concurrente ? Les réactions épidermiques que l'on constate du côté de la Commission européenne s'expliquent sans doute par la grossièreté apparente du procédé. Rémunérer un tiers afin qu'il renonce à la concurrence, et partager la rente de monopole avec lui ; voilà qui semble, en soi, intolérable.

Mais, à la réflexion, le principe de fonctionnement de ces accords est-il à ce point hétérodoxe ? Dans les relations verticales, il est habituel de rencontrer des situations où le fournisseur consent un avantage en contrepartie d'un renoncement à la liberté de concurrence : c'est l'esprit d'arrangements aussi usuels que les clauses d'approvisionnement exclusif, les remises de fidélité, ou les clauses de préférence. Les réseaux de distribution se construisent sur ces renonciations à la liberté d'action du distributeur, généralement pour le profit de tous, comme chacun en convient aujourd'hui. Dans les relations horizontales aussi les renoncements licites à la concurrence sont nombreux : les obligations de non-concurrence entre sociétés mères d'une entreprise commune, les accords de coopération industrielle entre concurrents… Limiter contractuellement des relations de concurrence n'est pas toujours le signe d'un propos malveillant ! Bien souvent l'on constate qu'aux décisions radicales succèdent des choix guidés par la raison, et que les réactions épidermiques de l'ordre concurrentiel font place à des jugements mieux raisonnés.

Le grand mérite de la thèse de Walid Chaiehloudj est justement d'inviter à la prudence et à se garder des positions manichéennes. Après une description précise de la genèse et de la réalité actuelle des accords de report d'entrée – bien plus contrastée que l'on pense –, l'ouvrage porte un regard critique sur le traitement européen de ces accords, et propose une grille de lecture de nature à séparer le bon grain de l'ivraie. Les propositions faites dans le champ du droit des brevets laissent aussi penser que le droit de la concurrence ne peut pas tout – et certainement pas tout seul. Une meilleure conciliation des deux matières rendrait plus efficaces les réponses du droit européen. Finalement, c'est ainsi que Walid Chaiehloudj apporte à l'étude des relations entre le droit des brevets et le droit de la concurrence : en montrant qu'une meilleure articulation des procédures et des raisonnements permettra une régulation plus fine et plus efficace.

David BOSCO
Professeur à Aix-Marseille Université
Directeur de l'Institut de droit des affaires

AVANT-PROPOS

Dès la création de la revue *Concurrences* à la fin de l'année 2004, son initiateur, Nicolas Charbit, a voulu qu'elle soit accompagnée chaque année d'un prix récompensant une thèse en droit ou en économie de la concurrence sous la forme principalement d'une prise en charge de la publication de l'ouvrage. Le premier prix fut décerné en 2005 et les travaux des premiers lauréats furent publiés par les éditions Bruylant. À partir de 2011, lorsque *Concurrences* a commencé à publier des ouvrages, les thèses primées ont naturellement trouvé leur place dans une collection dédiée.

À l'occasion du quinzième anniversaire de *Concurrences*, nous avons le plaisir de publier dans cette encore jeune série la thèse de M. Walid Chaiehloudj, intitulée *Les accords de report d'entrée – Contribution à l'étude de la relation du droit de la concurrence et du droit des brevets*, qui a été retenue pour le prix 2018 par le jury composé des professeurs E. Combe, A.-L. Sibony et J. Steenbergen et présidé par le professeur E. Claudel. Cet avant-propos est d'abord l'occasion de remercier une nouvelle fois tous les membres des jurys qui se sont succédé depuis 2005, et qui acceptent d'assumer, en plus de leurs nombreuses tâches, une lecture minutieuse d'ouvrages de plus en plus nombreux, ce qui représente des milliers de pages. Comme à l'accoutumée, le jury, composé par le Comité scientifique de la revue, a mêlé juristes et économistes, universitaires, représentants d'autorités, praticiens réputés, provenant de différents États membres ou y exerçant. Si les premiers travaux étaient uniquement en langue française, le concours a été très vite ouvert aux études en langue anglaise, comme le montre la liste des thèses primées ces dernières années. Tel était notamment le cas du prix 2017 attribué à M. Ignacio Herrera Anchustegui, pour sa thèse, *Buyer Power in EU Competition Law* (University of Bergen, coll. Concurrences 2017).

La thèse de M. Chaiehloudj s'inscrit dans la même ligne que celle de ses prédécesseurs. Le thème retenu est au cœur de l'actualité depuis quelques années. Si le sujet des accords de report d'entrée a fait l'objet de nombreux articles ou commentaires à la suite notamment des décisions de la Commission européenne, il n'avait pas encore, à notre connaissance, donné lieu à une étude approfondie et surtout comparative. Cette dernière perspective était, en effet, indispensable pour apprécier la réalité des divergences transatlantiques sur le traitement de cette question sensible pour cette industrie totalement mondialisée, qu'est l'industrie pharmaceutique. Au-delà de ses implications pratiques et économiques, le sujet présente une dimension théorique indéniable puisqu'il permet de renouveler la problématique très classique des relations entre le droit de la concurrence et le droit de la propriété intellectuelle. Nous ne pouvons qu'inviter le lecteur à en prendre connaissance. Il y trouvera non seulement matière à réflexion sur ces sujets à la fois atemporels et en perpétuel renouvellement, mais également grand nombre d'indications bibliographiques toujours fort utiles s'il est confronté à une difficulté plus spécifique.

M. Chaiehloudj a effectué sa thèse à l'Université Aix-Marseille sous la direction du professeur D. Bosco, qui fut lui-même l'un des tout premiers lauréats du prix Concurrences.

C'est un réel plaisir de voir que la doctrine française, même quantitativement restreinte, est de grande qualité et plus encore de constater que son renouvellement est assuré. Nous ne pouvons que souhaiter à M. Chaiehloudj une carrière aussi brillante que celle de ses prédécesseurs en espérant que la publication de cet ouvrage y contribuera modestement.

Laurence IDOT
Professeur à l'Université Panthéon-Assas (Paris II)
Membre du Collège de l'Autorité de la concurrence
Présidente du Comité scientifique de Concurrences

REMERCIEMENTS

Au seuil de cette étude, j'aimerais en premier lieu remercier M. le professeur David Bosco pour sa stimulante direction. Sa disponibilité, ses encouragements, ainsi que la grande confiance qu'il m'a témoignée tout au long de la réalisation de ce travail, ont été d'une aide inestimable. Qu'il sache que sa constante attention m'a sincèrement touché.

J'adresse également mes remerciements à la Chaire Innovation et Brevets d'Aix-Marseille Université et tout particulièrement à son directeur, M. Jean-Pierre Gasnier. Grâce à la bourse que la chaire m'a attribuée, j'ai pu terminer ce travail de recherche dans un grand confort.

Je souhaite encore remercier l'ensemble des membres du jury du prix de thèse 2018 de la revue Concurrences, *lesquels ont décerné à ce travail de recherche cette prestigieuse récompense et rendu ainsi possible cette publication. À cet égard, mes remerciements se dirigent aussi vers Mme Laurence Idot, professeure à l'Université Paris II, qui a permis à cette étude de participer au prix.*

Que soient enfin remerciés mes nombreux relecteurs pour leur amitié et le temps qu'ils ont consacré à lire certains passages de cette thèse. Naturellement, les erreurs ou omissions restent les miennes.

LISTE DES PRINCIPALES ABRÉVIATIONS

§, §	Paragraphe, paragraphes
Adde	Ajoutez
aff.	Affaire
AJ Contrat	*Actualité juridique Contrat* (Dalloz)
alii	*Alii auctores* (autres auteurs)
ANDA	*Abbreviated New Drug Application*
ANTITRUST	*Antitrust Magazine*
Antitrust Bull.	*The Antitrust Bulletin*
Antitrust L. J.	*Antitrust Law Journal*
Arch. phil. dr.	*Archives de philosophie du droit* (Dalloz)
art.	Article
CBE	Convention sur le brevet européen
Cir.	Cour d'appel de circuit
CJCE, CJUE	Cour de justice des communautés européennes, Cour de justice de l'Union européenne
Colum. J. L. & Arts	*Columbia Journal of Law & the Arts*
Comm. eur.	Commission européenne
Common Market L. Rev.	*Common Market Law Review*
Contra	En sens contraire
Contrats, conc., consom.	*Contrats Concurrence Consommation* (LexisNexis)
Cornell L. Rev.	*Cornell Law Review*
CPI	*Competition Policy International*
chron.	Chronique
D.	*Recueil Dalloz*
déc.	Décision ou décembre (selon le contexte)
dir.	Sous la direction de
Dr. & Patr.	*Revue Droit & Patrimoine* (Lamy)
éd.	Édition
EDPI	*L'Essentiel Droit de la propriété intellectuelle* (Lextenso)
European Competition L. Rev.	*European Competition Law Review*
Fasc.	Fascicule
FDA	Food and Drug Administration
Fla. L. Rev.	*Florida Law Review*
Food Drug Cosmetic L. J.	*Food Drug Cosmetic Law Journal*
FTC	Federal Trade Commission
Gaz. Pal.	*Gazette du Palais* (Lextenso)
Harvard L. Rev.	*Harvard Law Review*

Ibid.	*Ibidem*, au même endroit
IIC	*International Review of Intellectual Property and Competition law*
in	Dans
infra	Plus bas
Iowa L. Rev.	*Iowa Law Review*
JCl.	Jurisclasseur
JCP G	*La Semaine juridique – édition générale* (LexisNexis)
J. Intell. Prop. L. & Prac.	*Journal of Intellectual Property Law & Practice*
JOUE	*Journal officiel de l'Union européenne*
L. J.	*Law Journal*
LGDJ	Librairie générale de droit et de jurisprudence
loc. cit.	*Loco citato*, à l'endroit précité
LPA	*Les Petites affiches* (Lextenso)
L. Rev.	*Law Review*
Mél.	Mélanges
Mich. L. Rev.	*Michigan Law Review*
Minn. J. L. Sci. & Tech.	*Minnesota Journal of Law, Science & Technology*
Minnesota L. Rev.	*Minnesota Law Review*
n°, n^{os} :	Numéro, numéros
NDA	*New Drug Application*
not.	Notamment
Notre Dame L. Rev.	*Notre Dame Law Review*
OCDE	Organisation de coopération et de développement économiques
OEB	Office européen des brevets
op. cit.	*Opere citato*, ouvrage cité
p., pp.	Page, pages
préc.	Précité
préf.	Préface
Propr. ind.	*Propriété industrielle* (LexisNexis)
Propr. intell.	*Revue Propriétés intellectuelles*
pt, pts	Point, points
PUAM	Presse universitaire d'Aix-Marseille
PUF	Presse universitaire de France
R&D	Recherche et développement
Rand. J. Econ.	*The RAND Journal of Economics*
Rec.	*Recueil*
Rec. num.	*Recueil numérique*
RDC	*Revue des contrats* (Lextenso)
Règl.	Règlement
Rev. UE	*Revue de l'Union européenne* (Dalloz)
RIDE	*Revue internationale de droit économique*
RJDA	*Revue de jurisprudence de droit des affaires* (Éditions Francis Lefebvre)
RLC	*Revue Lamy de la concurrence*

RLDA	*Revue Lamy Droit des affaires*
RLDI	*Revue Lamy Droit de l'immatériel*
RTD civ.	*Revue trimestrielle de droit civil* (Dalloz)
RTD com.	*Revue trimestrielle de droit commercial et de droit économique* (Dalloz)
RTD eur.	*Revue trimestrielle de droit européen* (Dalloz)
Rutgers L. J.	*Rutgers Law Journal*
Rutgers University L. Rev.	*Rutgers University Law Review*
s.	Suivants
Stanford Technology L. Rev.	*Stanford Technology Law Review*
spéc.	Spécialement
suppl.	Supplément
supra	Plus haut
TFUE	Traité sur le fonctionnement de l'Union européenne
t.	Tome
th.	Thèse
TPICE, TUE	Tribunal de première instance des communautés européennes, Tribunal de l'Union européenne
vol.	Volume
voy.	Voyez
Yale L. J.	*Yale Law Journal*

Règles de citation. Pour favoriser le confort de la lecture, les citations en langue étrangère ont été quasi systématiquement traduites en français. Seules certaines citations ont été maintenues dans leur langue d'origine en raison de l'impossibilité de trouver une traduction satisfaisante. Concernant les notes de bas de page, les citations de revues anglophones se présentent de la façon suivante : numéro de la revue, titre de la revue, page de l'article, année de parution (ex. : 99 « Titre de l'article » *Cornell L. Rev.* 103 (2017)). Quant aux termes « laboratoire *princeps* », « laboratoire pionnier » et « laboratoire innovant », ils doivent être lus comme des synonymes. De la même manière, les termes « fabricant de génériques » et « génériqueur » visent les mêmes entreprises. Par ailleurs, l'italique est un soulignement de l'auteur de cette étude, à moins que le contraire soit indiqué.

À mes parents, mes premiers guides,
à ma sœur, mon indéfectible soutien,
à Assia, mon éternel amour.

« *Le jeu avec la règle fait partie de la règle du jeu.* »

Pierre Bourdieu, « Droit et passe-droit.
Le champ des pouvoirs territoriaux
et la mise en œuvre des règlements »,
Actes de la recherche en sciences sociales 1990,
n° 81, p. 89.

INTRODUCTION

1. **Le champ magnétique de la concurrence.** Dans un article publié en 1995, le professeur Pirovano faisait remarquer que la concurrence produit un champ magnétique qui, écrivait-il, « *attire à lui des domaines qui naguère lui échappaient : les personnes publiques, les associations, les mutuelles, les professions libérales...* »[1]. De la même manière, s'agissant cette fois-ci du modèle du marché, la professeure Frison-Roche relevait que le « *marché libéral dévore proprement tout sur son passage* » et que « *le marché concurrentiel des biens et des services est une sorte de pieuvre théorique qui s'étend progressivement pour recouvrir de son modèle d'autres marchés environnants mais spécifiques* »[2]. Aujourd'hui, ce champ magnétique s'est-il étendu ? La pieuvre théorique a-t-elle réussi à faire croître ses tentacules pour atteindre des objets qui, *a priori*, auraient dû rester hors marché, c'est-à-dire hors compétition ? Assurément, la réponse est positive. Le XXIe siècle marque un retrait visible de l'État dans les affaires humaines[3]. Parce que la concurrence semble produire ce dont la société a besoin, l'État délègue aux entreprises la tâche de parvenir à un optimum social, qui, selon le modèle libéral, « *s'obtient par l'agrégation spontanée de décisions décentralisées fondées sur le pur intérêt égoïste* »[4]. En adoptant ce point de vue, le marché a toujours raison, car de l'addition de comportements individualistes devrait sourdre l'intérêt de la société tout entière[5]. La concurrence devient ainsi la nouvelle « organisation étatique »[6] et l'« économisme » son assise idéologique. Avec ce modèle, on bascule de la société de marché à la société du « tout-marchand » ou du « tout-marché ». Des secteurs auparavant administrés par le service public, et hors du champ de la concurrence, sont désormais happés par le marché. D'aucuns ont qualifié ce phénomène de « marchéisation »[7]. La mise en évidence de ce phénomène renvoie à une

---

1. A. Pirovano, « Justice étatique, support de l'activité économique. Un exemple : la régulation de l'ordre concurrentiel », *Justices* 1995, n° 1, p. 15, spéc. p. 20.
2. M.-A. Frison-Roche, « Le modèle du marché », *Arch. phil. dr.* 1995, t. 40, p. 286, spéc. p. 292. La même auteure définit le marché comme « *le lieu, physique ou virtuel, où se rencontrent l'offre et la demande, ce qui permet l'émergence de prix exact* ». Voy. *Les 100 mots de la régulation*, PUF, 2011, p. 91.
3. D'aucuns sont allés encore plus loin dans leur analyse en jugeant que l'État était en déclin. Voy. B. Remiche, « Droit économique, marché et intérêt général » *in Philosophie du droit et droit économique : Quel dialogue ? – Mél. en l'honneur de G. Farjat*, Éditions Frison-Roche, 1999, p. 253, spéc. p. 256.
4. A. Bernard, « Le marché autorégulé, "une idée folle" ? », *D.* 2009, p. 2289.
5. Ainsi, le libre jeu de la concurrence et des marchés est supposé assurer une correspondance immédiate entre intérêts individuels et intérêt général. Voy. L. Monnier et B. Thiry, *Mutations structurelles et intérêt général – Vers quels nouveaux paradigmes pour l'économie publique, sociale et coopérative ?*, De Boeck Université, 1997, p. 17.
6. F. Riem, « Retour sur l'ordre concurrentiel », *RIDE* 2013/4, p. 435, spéc. p. 441.
7. L. Boy, « L'ordre concurrentiel : essai de définition d'un concept » *in L'ordre concurrentiel – Mél. en l'honneur d'A. Pirovano*, Éditions Frison-Roche, 2003, p. 23, spéc. p. 25.

appréciation d'Hayek, qui avait affirmé que « *l'ordre du marché est probablement le seul ordre global qui s'étende sur le champ entier de la société humaine* »[8]. Le revers de la marchéisation est que le droit cède une grande place à l'économie en jouant parfois un rôle de simple serviteur de ce dernier. Le règne du marché manifesterait la domination de l'économique sur le juridique[9]. Des traces de cette domination se retrouvent aisément en pratique. Dans un système où le marché concurrentiel est roi, la recherche de la dose de concurrence nécessaire pour obtenir l'optimum social est laissée aux économistes. Le juriste est alors dépossédé de ce travail de recherche et le droit n'est plus qu'un moyen pour mettre en œuvre des règles économiques[10]. Autrement dit, « *l'économie constitue la justification essentielle [...] de la règle* »[11].

2. **Le marché des médicaments.** La manifestation de l'impérialisme du marché et de la concurrence est particulièrement perceptible dans le secteur des médicaments[12]. Les tentacules du marché et le champ magnétique de la concurrence ont atteint un domaine qui par essence aurait dû rester à la charge des États. Dans ce secteur, l'activité de recherche et de commercialisation des médicaments est monopolisée par les pouvoirs privés économiques[13], que l'on nomme communément les « *big pharma* »[14]. En raison des dettes étatiques et des faibles croissances économiques, les États ont confié au secteur privé le soin de rechercher et de développer les inventions pharmaceutiques, si bien qu'il existe désormais « un marché du médicament ». Bien que spécifique[15], le médicament est assimilé à une marchandise et fait figure d'objet de marché : il a été « patrimonialisé ». Parce qu'appropriable, le médicament est une chose entrée dans le commerce juridique[16]. Il a une valeur économique et peut licitement faire l'objet d'échange. Le système juridique a en effet autorisé l'échange de ce produit si particulier contre une rémunération. Cette situation est cependant peu satisfaisante, voire contestable, car le marché véhicule derrière lui une horde de concepts qui pourraient difficilement être conciliables avec les préoccupations de santé publique. Il faut songer ici tout particulièrement à la recherche de la maximisation des profits,

---

8 F. Hayek, *Essais de philosophie, de science politique et d'économie*, Les Belles Lettres, 2007, p. 138.

9 Pour des exemples de cette domination : voy. par ex. O. Dexant-de Bailliencourt, « Le droit et l'économie » *in Recueil de leçons de 24 heures. Agrégation de droit privé et de sciences criminelles 2015*, LGDJ, 2015, p. 119.

10 C. Lucas de Leyssac et G. Parleani, *Droit du marché*, PUF, 2002, p. 19.

11 L. Vogel, « L'économie, serviteur ou maître du droit ? » *in Une certaine idée du droit – Mél. offerts à A. Decocq*, Litec, 2004, p. 605, spéc. p. 606.

12 Pour G. Canivet, « *l'activité de santé détermine des mécanismes de marché* ». Voy. G. Canivet, « Les relations entre politique de concurrence et politique de santé » *in La régulation des secteurs de la santé* (dir. M.-A. Frison-Roche), Presses de Sciences Po/Dalloz, 2011, p. 27, spéc. p. 28.

13 Sur ce concept, voy. G. Farjat, *Droit économique*, PUF, 1982, p. 373 et s. ; « Les pouvoirs privés économiques » *in Souveraineté étatique et marchés internationaux à la fin du 20e siècle – Mél. en l'honneur de P. Kahn*, Litec, 2000, p. 613.

14 Historiquement, ces grands groupes sont nés à la fin du XIXe siècle, au moment du développement de la chimie extractive et de synthèse. Voy. L. Ravillon, « Les contrats internationaux relatifs au médicament » *in Le médicament et la personne – Aspects de droit international* (dir. I. Moine-Dupuis), Litec, 2007, p. 53, spéc. p. 54.

15 A. Martin, « Le médicament, une marchandise pas comme les autres » *in Le médicament et la personne – Aspects de droit international* (dir. I. Moine-Dupuis), Litec, 2007, p. 279.

16 J.-M. Mousseron, « Valeur, biens, droits » *in Mél. en hommage à A. Breton et F. Derrida*, Dalloz, 1991, p. 279.

à l'objectif d'accroissement de la valeur actionnariale ou encore à l'optimisation des coûts. Ces concepts pourraient montrer l'incapacité du marché à prendre en compte l'intérêt général et à se soucier de la santé des consommateurs finaux. Or, le médicament n'est pas un produit comme les autres. Si sa finalité est thérapeutique, il peut parfois présenter un risque pour la santé des personnes ; soit parce qu'il est défectueux ou mal administré, soit parce qu'il produit des effets secondaires indésirés et imprévisibles. Certains l'ont d'ailleurs analysé comme « *un Janus au double visage qui possède à la fois des propriétés thérapeutiques et des effets nuisibles pour la santé* »[17]. Partant, on comprend mieux pourquoi le droit communautaire s'est très tôt intéressé à ce produit. Dès 1965, le législateur de la Communauté européenne a posé des règles générales pour concilier la liberté de circulation des marchandises avec la protection de la santé publique[18]. Mais en dépit de cet effort d'encadrement, les lois du marché se sont imposées dans le secteur pharmaceutique. « *D'essence économique et dictatoriale* »[19], celles-ci ont produit des comportements contribuant à reléguer au second rang l'intérêt général. Pour cette raison, le professeur Catala était très dur envers elles puisqu'il jugeait ces normes « *extra-juridiques meurtrières pour l'ordre du droit* »[20].

3. **La guerre concurrentielle.** Concrètement, les rapports de force sur le marché ont débouché sur certaines déviances et dérives dans l'attitude des entreprises, lesquelles semblent avoir été causées par une guerre économique féroce entre firmes. La propriété intellectuelle n'est pas étrangère à ce bellicisme[21]. Celle-ci est de plus en plus souvent utilisée comme une « arme » pour gêner la concurrence. Elle est « *partie prenante de la guerre concurrentielle* »[22] que se livrent les entreprises innovantes et les fabricants de génériques. Ce faisant, sa légitimité est parfois remise en cause. Dans le secteur des médicaments, c'est principalement le

---

17 E. Fouassier, « Responsabilité civile liée au médicament industriel : la nouvelle donne. Analyse critique de quelques conséquences de la directive "produits défectueux" du 25 juillet 1985 et du décret du 11 février 1998 relatif aux établissements pharmaceutiques », *Revue de droit sanitaire et social* 1998, n° 2, p. 296.

18 Dir. 65/65 CEE du Conseil du 26 janv. 1965, concernant le rapprochement des dispositions législatives, réglementaires et administratives, relatives aux spécialités pharmaceutiques, *JOCE* du 9 févr. 1965, p. 369.

19 P. Catala, « Les lois du marché » *in Le contrat au début du XXe siècle – Études offertes à J. Ghestin*, LGDJ, 2001, p. 201.

20 *Ibid.*

21 Cela s'explique en raison du fait que la propriété intellectuelle est une propriété de marché. En effet, la propriété intellectuelle « *ne se pense pas seulement dans l'intérêt de son titulaire, mais aussi dans l'intérêt des tiers* ». Voy. A. Abello, « La propriété intellectuelle, une "propriété de marché" » *in Droit et économie de la propriété intellectuelle* (dir. M.-A. Frison-Roche et A. Abello), LGDJ, 2005, p. 341, spéc. p. 371. Dans le même sens, voy. H. Ullrich, « Droit de la concurrence, propriété intellectuelle et accès à l'information technologique » *in L'intérêt général et l'accès à l'information en propriété intellectuelle* (dir. M. Buydens et S. Dusollier), Bruylant, 2008, p. 249, spéc. p. 252, qui explique que « *la transformation des biens informationnels par un droit de propriété exclusive les transforme en bien privés* » et que « *la transformation en droit d'exclusivité, à savoir en droit subjectif d'exclure tout tiers de l'utilisation du savoir,* déclenche le mécanisme du marché *qui est la fixation d'un prix pour l'utilisation du savoir, prix qui ne sera pas déterminé par les coûts de production du savoir mais par l'utilité que les tiers attachent à son exploitation* » (nous soulignons). Pour un article en dehors du droit des brevets : voy. V.-L. Benabou, « Neutralité ou nocivité du droit de la concurrence à l'égard du droit d'auteur » *in Regards sur les sources du droit d'auteur*, ALAI, 2005, p. 644.

22 F. Siiriainen, « Réflexions critiques à propos de la propriété intellectuelle utilisée comme une "arme" concurrentielle » *in La propriété intellectuelle dans les droits du marché et de la rivalité concurrentielle* (dir. J.-M. Bruguière), Dalloz, 2016, p. 13.

brevet qui est sous le feu des critiques[23], lui qui a pour caractéristique « *d'associer l'intérêt particulier de l'innovateur à l'intérêt général* »[24]. Les finalités assignées à ce dernier seraient parfois détournées par les opérateurs du marché, si bien qu'une partie de la doctrine a soutenu que le brevet pouvait agir contre l'intérêt de la société[25]. En raison de son détournement, le brevet n'agirait plus comme un instrument d'équilibre entre l'encouragement à l'innovation et la recherche, d'une part, et la diffusion du savoir et le transfert des technologies, d'autre part. Autrement dit, le contrat social[26] conclu entre l'inventeur et la société serait rompu par la mise en œuvre de comportements déviants. Partant, le brevet provoque aujourd'hui des réactions répulsives à son égard alors qu'il présente pourtant une certaine précarité[27]. Ces réactions s'expliquent par le fait qu'il engendre quelquefois des monopoles économiques durables et illégitimes qui entravent l'innovation et éliminent de manière injustifiée des concurrents. Le résultat de cette utilisation dévoyée du brevet s'est manifesté par un reflux de l'innovation pharmaceutique. Ce constat fut dressé dès la fin des années 2000 par la Commission européenne, qui, dans son Rapport final sur le secteur pharmaceutique, releva que le taux d'innovation était anormalement ralenti sur le marché des médicaments[28]. Pour l'institution bruxelloise, la responsabilité de ce recul est imputable à la propriété intellectuelle, et tout particulièrement aux stratégies d'acquisition et de mises en œuvre défensives de brevets par les laboratoires *princeps*.

4. **Les conséquences du retard de l'entrée des génériques sur le bien-être du consommateur et les budgets publics.** Dans le secteur pharmaceutique, les stratégies de brevets peuvent avoir des conséquences très graves pour les consommateurs, conséquences qui ne se réduisent pas seulement à la question du prix du médicament. En mettant en place des stratégies de brevets qui ne répondent pas aux finalités de la propriété intellectuelle et qui ne cherchent

---

23 Pour une critique générale : voy. par ex. M. Vivant, « Savoir et avoir », *Arch. phil. dr.* 2003, p. 334 ; T. Sueur et J. Combeau, « Un monument en péril : le système des brevets en Europe » *in Droit et économie de la propriété intellectuelle op. cit.* H. Ullrich, « Propriété intellectuelle, concurrence et régulation ? Limites de protection et limites de contrôle », *RIDE* 2009/4, p. 399.

24 R. Kovar, « Respecter les règles de la concurrence : les déviances en matière de brevets à la croisée des droits de propriété intellectuelle et de la concurrence » *in Approches stratégiques de la propriété industrielle*, LexisNexis-Litec, 2011, p. 99.

25 B. Remiche, « Révolution technologique, mondialisation et droits des brevets », *RIDE* 2002/1, p. 83, spéc. p. 90. D'autres avaient jugé que le brevet « *est au service de l'intérêt général parce qu'il contribue à développer le progrès technique et à le mettre en application* ». Voy. M. Sabatier, *L'exploitation des brevets d'invention et l'intérêt général d'ordre économique*, Librairies techniques, 1976, p. 9

26 Sur cette notion de contrat social : voy. par ex. J. Passa, *Traité de la propriété industrielle – Droit de la propriété industrielle*, LGDJ, t. 2, 2013, n° 12, p. 16. Voy. aussi C. Geiger, « La fonction sociale des droits de propriété intellectuelle », *D.* 2010, p. 510, spéc. p. 513, qui explique que « *le droit de propriété intellectuelle est [...] le produit* d'une sorte de "contrat social" entre le créateur et la société » (nous soulignons) et qui considère que la contrepartie du monopole temporaire, c'est l'enrichissement de la collectivité. L'auteur relève par ailleurs que « *cette idée, qui a son origine dans la philosophie des Lumières, fait du droit de propriété intellectuelle un droit "conditionné", "finalisé", "causé" par l'atteinte de certains objectifs* ».

27 On peut parler d'une certaine précarité dans le sens où, une fois le monopole temporaire épuisé, les informations protégées par le titre de propriété intellectuelle sont reversées dans le domaine public. Aussi, contrairement à la propriété matérielle, la propriété immatérielle ou incorporelle n'est pas conçue comme un droit absolu.

28 Comm. eur., *Rapport final sur l'enquête sectorielle dans le secteur pharmaceutique*, 8 juill. 2009, disponible sur http://europa.eu.

qu'à retarder l'entrée des génériques sur le marché, les entreprises pharmaceutiques pourraient aussi rompre la chaîne de l'innovation et ainsi réduire le bien-être du consommateur sur un horizon de long terme. Précisément, lorsque des stratégies de brevets visent à retarder l'entrée des génériques sur le marché, les consommateurs peuvent supporter deux effets néfastes. D'une part, ils peuvent être victimes d'un surcoût injustifié, c'est-à-dire qu'ils continuent à payer des prix élevés, ou supraconcurrentiels, pour des médicaments qui ne devraient jouir d'aucun droit exclusif. En termes économiques, on dit que la « concurrence statique » est affectée. En pratique, le retard injustifié de l'entrée des génériques porte un coup important aux budgets des États[29], notamment à ceux consacrés à la couverture des dépenses de santé. Pour cette raison, la Commission européenne a jugé que « *la concurrence, en particulier celle que représentent les médicaments génériques, est indispensable pour que les budgets publics restent maîtrisables et pour garantir aux consommateurs/patients un très large accès aux médicaments* »[30]. D'autre part, le retard de l'entrée des génériques peut conduire à reporter de façon médiate la mise sur le marché de nouveaux médicaments. Autrement dit, il existe des situations où il peut être plus rentable pour les entreprises innovantes d'opposer des brevets de faible qualité aux génériqueurs[31] plutôt que de commercialiser une nouvelle spécialité pharmaceutique. En dissuadant les fabricants de génériques de pénétrer le marché, les brevetés espèrent continuer à profiter de leurs rentes de monopole tirées de médicaments qui pourraient bénéficier d'une protection par brevet contestable. En ce cas, on dit que la « concurrence dynamique » est affectée.

5. **Le refus de remettre en cause le brevet.** Malgré les manipulations dont fait l'objet le brevet, ce dernier demeure néanmoins l'instrument privilégié de stimulation de l'innovation dans le domaine du médicament[32]. Aussi, l'objet de cette étude ne sera pas de jeter l'anathème à ce titre de propriété intellectuelle indispensable[33] à la recherche pharmaceutique. Toutefois, bien qu'il soit pour certains « *le mode le*

---

29 Et donc, aux contribuables, c'est-à-dire les citoyens.

30 Comm. eur., Communication de la Commission – Synthèse du rapport d'enquête sur le secteur pharma*ceutique*, 8 juill. 2009, p. 2, disponible sur http://europa.eu.

31 Les génériqueurs sont des laboratoires pharmaceutiques qui produisent la copie du médicament d'origine dit « *princeps* » à l'expiration du brevet détenu par le laboratoire innovant. Dans cet ouvrage, nous emploierons indifféremment les termes « génériqueurs » et « fabricants de génériques ». Quant au générique, il est défini en droit français par l'article 5121-1, 5° du code de la santé publique.

32 J.-C. Galloux, « L'exemple du marché des médicaments » *in Propriété intellectuelle et concurrence – Pour une (ré)conciliation*, LexisNexis, 2012, p. 141, spéc. p. 144.

33 Voy. H. Gaumont-Prat, *Le droit du médicament*, Les Études Hospitalières, 2013, p. 130 : « *[...] c'est sans doute en effet dans le domaine du médicament et des nouveaux médicaments issus des biotechnologies que* les brevets sont indispensables, *car aucune entreprise ne peut se permettre de faire les investissements nécessaires pour mettre sur le marché de nouvelles molécules dont le coût dépasse 800 millions d'euros sans bénéficier d'un outil juridique lui assurant un retour sur investissement. En même temps, l'intérêt de la société reste prédominant : l'intéressé bénéficie d'un monopole temporaire en échange de la divulgation de sa création et de la soumission de celle-ci à certaines conditions légales visant à vérifier son intérêt pour la collectivité* » (nous soulignons). *Adde* C. Hénin, « Le médicament, entre propriété intellectuelle et principe de concurrence » *in La régulation des secteurs de la santé*, *op. cit.*, p. 83, spéc. p. 84, qui souligne aussi que « *le brevet se présente [...] pour les laboratoires pharmaceutiques, comme l'indispensable instrument permettant de poursuivre les coûts de recherche et développement et de sous-tendre le renouvellement du cycle de l'autofinancement* ».

plus achevé de protection des inventions »[34], son efficacité ne fait pas consensus. Des spécialistes de la propriété intellectuelle émettent des doutes à l'égard de ce système de réservation des marchés[35]. Pour eux, il n'est pas solidement établi que le brevet contribue réellement à la croissance de la recherche-développement[36]. Ils rejettent les arguments des utilitaristes[37], qui soutiennent que le brevet permet d'innover davantage, et donc d'augmenter la richesse des États[38]. Ces doutes sur les supposées vertus économiques du brevet sont souvent émis par les économistes. Comme l'a relevé le professeur Vivant, « *la littérature juridique est plus fruste et l'idée que le brevet est réellement un mécanisme d'incitation à la recherche-développement y est presque toujours mise en avant* »[39]. Le brevet est regardé comme un outil permettant d'augmenter « *le bien-être de tous, et des consommateurs en particulier* »[40]. Or, aujourd'hui, les « abus de brevets »[41] sont légion si bien que le brevet est parfois identifié « *comme un instrument ayant un effet de blocage indu* »[42]. Quoi qu'il en soit, le système des brevets est d'une importance capitale dans le secteur pharmaceutique, car les investissements y sont très élevés alors que les coûts de reproduction y sont extrêmement faibles[43]. Pour développer une molécule, il faut en moyenne douze années de travail et un investissement oscil-

---

34 Voy. P. Mathély, *Le nouveau droit français des brevets d'invention*, Librairie du Journal des notaires et des avocats, 1991, p. 21 : « *[...] le système des brevets est* le mode le plus achevé de protection des inventions. *D'abord, en publiant l'invention, il la met à la disposition du public pour les temps à venir, et assure ainsi le premier objectif du régime de protection. Ensuite, en accordant au breveté, pendant une durée suffisante, un droit exclusif d'exploitation, il lui accorde la possibilité d'un bénéfice, qui peut être considérable. Enfin, l'invention étant connue et le droit privatif étant consacré, le breveté peut, tout en conservant les avantages de son exclusivité, concéder des licences : ce qui assure, pour le plus grand bien de l'économie, le transfert et la diffusion des technologies* » (nous soulignons).

35 Voy. par ex. D. Encaoua et T. Madiès, « Le système des brevets : idées reçues et critiques », Documentation française, 2012, p. 11. Ces auteurs expliquent que « *ni les inventions ni les innovations ne sont toutes brevetées et beaucoup d'inventions brevetées ne conduisent à aucune innovation sur le marché.* Il n'existe donc pas de relation mécanique entre la propension à breveter et la propension à innover » (nous soulignons).

36 Au-delà même du brevet, la propriété intellectuelle pose une autre interrogation d'une considérable acuité. La professeure Frison-Roche en fait mention lorsqu'elle explique qu'« *on discute de savoir si l'innovation est* en amont *de la propriété intellectuelle, conception traditionnelle et patrimoniale et individualiste qui considère que la propriété intellectuelle est la récompense juste de l'invention, ou si l'innovation est* en aval *de la propriété intellectuelle, conception moderne, active et collectiviste qui considère que la propriété intellectuelle est le moyen efficace de produire l'innovation, éternelle dispute de la poule et de l'œuf* ». Voy. M.-A. Frison-Roche, « L'interférence entre les propriétés intellectuelles et les droits des marchés : perspective de régulation » *in Droit et économie de la propriété intellectuelle*, *op. cit.*, p. 15, spéc. p. 18.

37 Sur la doctrine utilitariste, voy. M. Buydens, « L'intérêt général, une notion protéiforme » *in L'intérêt général et l'accès à l'information en propriété intellectuelle*, *op. cit.*, p. 1, spéc. p. 8 et s.

38 Voy. par ex. : N. Kinsella, *Against Intellectual Property*, Ludwig von Mises Institute, 2008, p. 18.

39 M. Vivant, « Le système des brevets en question » *in Brevet, innovation et intérêt général – Le brevet : pourquoi et pour faire quoi ?* (dir. B. Remiche), Larcier, 2007, p. 35.

40 F. Lévêque, « Régulation de la pharmacie et propriété intellectuelle : le troisième côté du triangle » *in Concurrence, santé publique, innovation et médicament* (dir. M.-A. Frison-Roche), LGDJ-Lextenso édition, 2010, p. 329, spéc. p. 331.

41 Le mot « abus » vient du latin *abusus*, qui signifie « faire mauvais usage ». Voy. A. Dauzat, J. Dubois et H. Mitterand, *Nouveau dictionnaire étymologique et historique*, Larousse, 1971, p. 5. Aussi, dans cet ouvrage, lorsque nous mentionnerons la locution « abus de brevet », nous ferons référence à un mauvais usage du brevet ou du système des brevets par les brevetés.

42 M. Vivant, « Le système des brevets en question », art. préc., p. 27.

43 S. Bostyn & N. Petit, « Patent = Monopoly: A Legal Fiction », Technology, Innovation and Invesment Council, 2013, p. 7, disponible sur ssrn.com.

lant entre 800 millions et 1 milliard d'euros[44]. Le système des brevets permet une sécurisation de ces investissements homériques[45]. Sans le brevet, les laboratoires pharmaceutiques ne seraient pas incités à innover, car leurs inventions pourraient être légalement copiées et les profits attendus par leurs investissements réduits à une simple chimère. Par ailleurs, l'absence de brevet pourrait conduire à un sous-investissement[46]. En effet, « *pourquoi quelqu'un serait-il disposé à supporter l'intégralité du coût de production d'une information, d'un processus ou d'un produit nouveau si d'autres peuvent en bénéficier gratuitement ?* »[47].

6. **Le refus de stigmatiser les titulaires de brevets.** Notre recherche ne s'évertuera pas plus à stigmatiser les titulaires de brevet. Elle visera simplement à mettre en lumière l'ambiguïté de certains comportements adoptés par ces derniers sur le marché. Comme l'a fait remarquer le professeur Kovar, « *dans plus d'un cas, des pratiques peuvent se révéler ambiguës. Leur déviance n'est ni évidente, ni incontestable. Elle peut dépendre de circonstances particulières* »[48]. En d'autres termes, la prudence doit être la règle lorsqu'il s'agit d'amorcer une réflexion sur le sujet des stratégies de brevets. Aussi, par ce travail de recherche, nous nous efforcerons d'atteindre la sacro-sainte neutralité axiologique, qui, comme l'expliquait Max Weber, consiste pour le chercheur à n'émettre aucun jugement de valeur[49].

7. **La rencontre du droit des brevets et du droit de la concurrence.** Parce que le brevet est l'arme privilégiée des acteurs du secteur du médicament, et que le médicament s'épanouit sur un marché concurrentiel, la rencontre du droit des brevets et du droit de la concurrence était prévisible – « *le système de la propriété intellectuelle fait précisément partie du système de la concurrence* »[50]. Elle était même inéluctable quand on sait que le brevet conduit fréquemment les entreprises à obtenir un monopole sur un médicament[51]. Grâce à l'octroi d'un monopole temporaire, le brevet peut donner un pouvoir économique significatif à son titulaire, lequel les autorise souvent à s'abstraire de la concurrence. Par la détention de ce titre de propriété intellectuelle, les laboratoires obtiennent un pouvoir puisqu'ils

---

44 J. Larrieu, « La propriété intellectuelle et le droit à la santé » *in La propriété intellectuelle, entre autres droits* (dir. J.-M. Bruguière), Dalloz, 2009, p. 15, spéc. p. 16.

45 P. Breese et Y. De Kermadec, *La propriété intellectuelle au service de l'innovation*, Nathan, 2009, p. 17.

46 Cette idée est défendue par d'autres auteurs, qui visent quant à eux la propriété intellectuelle tout entière : voy. par ex. M. Buydens, art. préc., p. 34.

47 Voy. D. Carlton & J. Perloff, *Modern Industrial Organization*, Addison Wesley Longman, 1994, cité par B. Lemenncier, « Brevets d'invention, droits de reproduction et propriété intellectuelle », disponible sur http://lemennicier.bwm-mediasoft.com/chapter_27_.html. *Contra* voy. par ex. J. Hirshleifer, « The Private and Social Value of Information and the Rewards to Inventive Activity », 61 *American Economic Review* 19 (1971). Pour cet économiste, l'absence de propriété intellectuelle aurait un effet positif pour la société. Selon lui, elle stimulerait davantage les inventeurs, car elle déclencherait une course à l'innovation. Dans ce schéma, un avantage concurrentiel de fait serait tiré par un processus d'innovation ininterrompue. Cependant, un tel système pourrait produire un surinvestissement dans la recherche. Obsédées par l'avantage concurrentiel, les entreprises mettraient sur le marché des innovations encore inabouties et ne prioriseraient pas les recherches à long terme.

48 R. Kovar, art. préc., p. 99.

49 M. Weber, *Le savant et le politique*, La Découverte, 2003, 210 p.

50 H. Ullrich, « Le droit de la concurrence appliqué aux droits de propriété intellectuelle. Réflexions sur les nouveaux monopoles de la société de l'information », *Concurrences* n° 4-2011, p. 243.

51 L. Bénard, « Existe-t-il une spécificité des brevets dans le domaine pharmaceutique ? » *in Concurrence, santé publique, innovation et médicament*, *op. cit.*, p. 205.

peuvent imposer leur volonté à des personnes pourtant juridiquement autonomes[52] : les génériqueurs. Que l'on ne se méprenne pas, le monopole temporaire dont il s'agit ici n'a rien à voir avec la conception retenue par le droit de la concurrence. En ce domaine, le monopole représente une situation où une entreprise est en position dominante. Or, en matière de propriété intellectuelle, la détention d'un brevet ne signifie pas que le titulaire possède une telle position. À cet égard, la Cour de justice a rappelé qu'« *en ce qui concerne la position dominante [...] le simple fait d'être titulaire d'un droit de propriété intellectuelle ne saurait conférer une telle position* »[53]. Pour vérifier si le monopole conféré par le brevet se traduit par un monopole concret sur le marché, il est nécessaire de délimiter le marché pertinent. Aussi, il est fréquent qu'un breveté soit en concurrence avec des entreprises qui ont réussi à mettre sur le marché des produits substituables[54]. Par conséquent, le brevet n'empêche pas forcément les concurrents de son titulaire de conquérir des parts de marché. Il protège une technique, mais « *n'interdit pas la coexistence sur le marché d'une autre technique concurrente* »[55]. Toutefois, sur le marché des médicaments, il est vrai que la détention de brevets va souvent de pair avec l'acquisition d'un pouvoir de marché[56], notamment lorsque la molécule brevetée est sans équivalent[57].

En outre, la rencontre du droit des brevets et du droit de la concurrence est aussi liée au mouvement de concentration généré par le processus concurrentiel lui-même. En effet, la concurrence a cela de contradictoire qu'elle engendre la concentration[58], c'est-à-dire des structures de marché monopolistiques ou oligopolistiques. Pour le dire autrement, « *la concurrence produit la puissance, qui permet le comportement anticoncurrentiel, qui détruit la concurrence* » si bien

---

52 Nous reprenons la définition du pouvoir défendue par le professeur Farjat. Selon cet auteur, le pouvoir « *consiste dans la possibilité d'imposer sa volonté à des personnes juridiquement autonomes* ». Voy. G. Farjat, *Droit économique*, *op. cit.*, p. 375.

53 Voy. par ex. CJCE, 6 avr. 1995, *Magill*, aff. jtes C-241/91 P et C-242/91 P, *Rec.* I, p. 743.

54 Songeons aux secteurs de la téléphonie mobile ou de l'informatique, lesquels sont envahis de brevets. Pour autant, dans ces secteurs, les entreprises se livrent une concurrence impitoyable.

55 M. Vivant, « Droit de la propriété intellectuelle et droit de la concurrence : conflit de droits ou question de décryptage ? » *in Technologie et concurrence – Mél. en l'honneur de H. Ullrich*, Larcier, 2009, p. 651, spéc. p. 653.

56 Ce pouvoir de marché est identifié au moyen de données économiques précises. Sur le sujet, voy. par ex. L. Idot, « Argument économique et argument sociologique » *in L'argument sociologique en droit – Pluriel et singularité* (dir. D. Fenouillet), Dalloz, 2015, p. 43, p. 46 et s.

57 À cet égard, le brevet a été regardé comme « une infrastructure essentielle ». Sous la plume de Jean Tirole, prix Nobel d'économie, on a pu lire que « *si l'on réfléchit à ce que représente la propriété intellectuelle, il s'avère qu'elle est très souvent* une infrastructure essentielle au sens du droit de la concurrence. *Pourquoi ? Si l'on prend plus particulièrement l'exemple du brevet, celui-ci ne se duplique pas aisément. Si le brevet est très innovant, on ne peut pas le contourner facilement. Un brevet est possédé par une entreprise en position dominante puisqu'il ouvre droit à un monopole. Enfin, le coût de partage d'un brevet est quasiment nul* » (nous soulignons). Voy. J. Tirole, « Quelles finalités pour les propriétés intellectuelles ? » *in Droit et économie de la propriété intellectuelle*, *op. cit.*, p. 3, spéc. p. 7. Selon nous, cependant, le brevet peut être regardé comme une infrastructure essentielle, mais seulement « temporaire », c'est-à-dire limitée dans le temps, et que dans certaines circonstances exceptionnelles.

58 Sous la plume du professeur Pirovano, on a pu lire que « *l'idéologie de la concurrence se trouve entachée d'une contradiction qui paraît irréductible. La concurrence, en effet, engendre la concentration* ». Voy. A. Pirovano, « Progrès économique ou progrès social (ou les contradictions du droit de la concurrence) », *D.* 1980, chron., p. 145.

que « *le droit de la concurrence est là pour briser cette spirale* »[59]. Le secteur pharmaceutique, qui est « *peuplé de firmes puissantes* »[60], n'est pas resté en marge de ce mouvement concentratif. La concentration s'y retrouve et des pratiques anticoncurrentielles y sont mises en œuvre au moyen du brevet.

8. **L'intervention du droit de la concurrence dans le secteur pharmaceutique.** Depuis plusieurs années, le secteur pharmaceutique est le témoin des défaillances du système des brevets, lesquelles ont provoqué une intervention énergique du droit de la concurrence. Celui-ci est venu rappeler ses limites aux droits intellectuels[61]. Les autorités de contrôle ont agi à plusieurs reprises pour corriger *ex post* les utilisations dévoyées du système des brevets. Tantôt, elles ont sanctionné des entreprises pharmaceutiques en raison d'un abus dans l'exercice des droits du brevet[62]. Tantôt, elles ont condamné des laboratoires en raison d'un abus dans l'acquisition des droits du brevet. Les stratégies qui ont été déployées par les entreprises innovantes ont été nombreuses et variées[63]. Rapidement, nous pouvons énumérer les pratiques de dénigrement du médicament générique[64], de prix prédateurs[65], de ventes liées[66] ou encore de fraudes des offices de brevets pour obtenir des titres de propriété intellectuelle qui ne remplissent pas les conditions de brevetabilité[67]. Ces pratiques ont toutes été qualifiées d'abus de position dominante par les différentes autorités de concurrence. Face à l'accroissement de l'intervention du droit de la concurrence dans le système des brevets, les laboratoires pharmaceutiques ont réagi. Les brevetés ont complètement modifié leurs pratiques commerciales. Les stratégies de prix prédateurs ou de vente liées semblent avoir cessé tandis que les stratégies de dénigrement sont de moins en moins sollicitées. Cela signifie-t-il pour autant que le marché pharmaceutique n'est plus infecté par des stratégies de brevets potentiellement attentatoires à l'ordre public concurrentiel[68] ? Les stratégies n'ont-elles pas simplement évolué ?

---

59 M.-A. Frison-Roche, « Le besoin conjoint d'une régulation analogue de relations sociales et des marchés globalisés », *RIDE* 2002/1, p. 67.

60 D. Bosco, « Abus de position dominante et secteur pharmaceutique » *in Les pratiques de l'industrie pharmaceutique au regard du droit de la concurrence* (dir. C. Jourdain-Fortier et I. Moine-Dupuis), LexisNexis-Litec, 2010, p. 71.

61 J.-C. Galloux, « Les médicaments, entre logiques de santé, d'innovation et de concurrence – Propos conclusifs », *Prop. intell.* 2016, n° 59, p. 184, spéc. p. 185.

62 L'exercice du droit renvoie à « *la façon dont le titulaire exploite son monopole (modalités d'un accord de licence...)* ». Voy. E. Claudel, « Usage des droits de propriété intellectuelle : vers une banalisation de l'abus », *RTD com.* 2004, p. 458.

63 Encore récemment, mais cette fois-ci en dehors d'un contexte brevetaire, ce sont des pratiques dite « *off label* » qui viennent d'être épinglées dans le secteur pharmaceutique. Précisément, des laboratoires *princeps* se seraient entendus pour limiter des pratiques qui visent à utiliser un médicament hors des champs couverts par l'AMM. Dans un arrêt préjudiciel, cette pratique a été qualifiée par la Cour de justice de restriction par objet. Voy. CJUE, 23 janv. 2018, *Hoffmann-La Roche et autres c/ Autorità Garante della Concorrenza e del Mercato*, aff. C-179/16, *Rec. num.* EU:C:2018:25 : *Contrats, conc., consom.* 2018, n° 4, comm. 72, obs. D. Bosco ; *RDC* 2018, n° 2, p. 243.

64 Voy. par ex. Aut. conc., déc. n° 13-D-21 du 18 décembre 2013 relative à des pratiques mises en œuvre sur le marché français de la buprénorphine haut dosage commercialisée en ville.

65 Voy. par ex. Cons. conc., déc. n° 07-D-09 du 14 mars 2007 relative à des pratiques mises en œuvre par le laboratoire GlaxoSmithKline France.

66 Voy. par ex. Cons. conc., déc. n° 96-D-12 du 5 mars 1996 relative aux pratiques mises en œuvre par la société Lilly France dans le secteur des spécialités pharmaceutiques destinées aux hôpitaux.

67 Comm. eur., déc. du 15 juin 2005, *AstraZeneca*, aff. COMP/A.37.507/F3.

68 L'ordre public concurrentiel doit être distingué de la notion d'« ordre concurrentiel » telle que définie dans la pensée du professeur Pirovano. En effet, ce dernier considérait que la concurrence était en elle-même un ordre.

9. **Les accords de report d'entrée : une nouvelle forme d'abus de brevet.** Les abus de brevet n'ont pas disparu du marché pharmaceutique. À dire vrai, les abus se présentent d'une manière différente et ont pris de nouvelles formes bien plus sophistiquées que par le passé. Les brevetés ne cherchent plus à abuser de leur position dominante sur le marché pour évincer leurs potentiels concurrents génériqueurs, cette stratégie recelant une atteinte grossière aux règles antitrust. Désormais, ils aspirent à obtenir la collaboration des fabricants de génériques pour retarder leur entrée sur le marché. Pour y arriver, c'est la figure du contrat[69] qui a été convoquée, celui-ci étant regardé par les brevetés comme le meilleur moyen pour dissimuler leur dessein anticoncurrentiel. Afin de protéger leur monopole sur le marché acquis au moyen des brevets, les laboratoires pharmaceutiques ont bâti un nouveau type d'accords[70] : les accords de report d'entrée. Connus sous les locutions anglaises de « *pay-for-delay* »[71] ou de « *reverse payment agreements* »[72], ces accords traduisent potentiellement une nouvelle forme d'abus de brevet et semblent *a priori* porter une injure flagrante au libre jeu de la concurrence. En raison de la complexité de ces derniers et des enjeux économique et juridique qu'ils drainent, cet ouvrage leur sera exclusivement dédiée. Définissons-les avant de mettre en perspective leur diversité, leur originalité et l'intérêt de les étudier.

9-1. **Définition des accords de report d'entrée.** Les accords de report d'entrée peuvent être définis comme des accords ayant pour objet ou pour effet de retarder l'entrée d'un concurrent sur le marché. En substance, un breveté paye une indemnité[73] à une entreprise concurrente – ou potentiellement concurrente – en contrepartie d'un report temporel de la mise sur le marché de son produit. Ainsi, pour encourager le report d'entrée, le *modus operandi* apparaît assez rudimentaire. Les brevetés vont tout simplement « payer » le désintérêt de leurs concurrents en déboursant des millions d'euros. Le paiement de ces sommes colossales incite les entreprises rivales à se détourner pendant un temps du marché, ce qui permet *in fine* aux entreprises innovantes de préserver leur monopole chèrement acquis au moyen de brevets. Étant donné que ces accords s'épanouissent principalement dans le secteur pharmaceutique, les concurrents dont il s'agit sont des génériqueurs[74].

Voy. A. Pirovano, « Justice étatique, support de l'activité économique. Un exemple : la régulation de l'ordre concurrentiel », art. préc., p. 15. *Adde* L. Boy, « L'ordre concurrentiel : essai de définition », art. préc., p. 23. Au sens de cette étude, la notion d'ordre public concurrentiel désigne le cadre juridique qui s'impose au jeu de la concurrence. On pourra trouver parfois l'utilisation de l'expression « ordre concurrentiel ». Celle-ci devra être lue comme un synonyme de « l'ordre public concurrentiel ».

69 Sur la notion de contrat : voy. par ex. J. Rochfeld, *Les grandes notions du droit privé*, PUF, 2011, p. 425 et s.

70 La naissance de cette nouvelle forme d'accords confirme la pensée de Josserand, qui jugeait déjà, au début des années 1930, que « *l'essor quantitatif des contrats, qui se manifeste à la fois par la multiplication, la fréquence de ces actes juridiques, et par leur diversification, est la résultante d'un grand nombre de facteurs, les uns économiques ou sociaux, les autres plus spécifiquement juridiques* ». Voy. L. Josserand, « L'essor moderne du concept contractuel » *in Les sources du droit – Mél. en l'honneur de F. Gény*, Librairie du Recueil Sirey, t. 2, 1934, p. 333.

71 Voy. par ex. : C. Hemphill, « Paying for Delay: Pharmaceutical Patent Settlement as a Regulatory Design Problem », 81 *New York University L. Rev.* 1553 (2006), spéc. p. 1557.

72 Voy. par ex. : P. Parcu & M. Rossi, « Reverse Payment Settlements in the Pharmaceutical Sector: A European Perspective », 2 *European Journal of Risk Regulation* 260 (2011).

73 Selon la terminologie de la Commission européenne, on parle de « transfert de valeur ».

74 Toutefois, ces accords pourraient bien être utilisés dans d'autres secteurs, à l'instar du secteur informatique. L'affaire *Intel* a montré que ces accords pouvaient être d'une efficacité redoutable en dehors du secteur des

Remarquons ici que l'expression américaine de « *pay-for-delay* » est bien plus évocatrice que sa traduction française, car elle exprime l'idée d'un « achat » de la concurrence. Littéralement, « *pay-for-delay* » signifie « payer pour retarder ». La locution « report d'entrée », bien que commode et stylisée, manque quant à elle de consistance. Un élément important lui échappe : le paiement. À sa mention, le non-spécialiste ne sait ni ce que recouvre cette expression ni quel est l'objet de ces accords. En s'arrêtant à la définition usuelle du verbe « reporter », il comprendra toutefois que ces accords autorisent à renvoyer « l'entrée » à plus tard[75]. Néanmoins, il lui sera toujours difficile de savoir de quelle entrée il est question.

9-2. **Variété des accords de report d'entrée.** Les accords de report d'entrée prennent principalement deux formes. Premièrement, ils peuvent constituer une transaction et ainsi revêtir les habits d'un règlement amiable mettant un terme à un litige de brevet[76]. Dans cette hypothèse, le règlement amiable clôture un litige portant sur la violation d'un ou de plusieurs brevets. En pratique, le breveté poursuit en contrefaçon le fabricant de génériques afin de dénoncer une violation de ses droits de propriété intellectuelle[77]. Le contexte de ces contentieux est souvent identique : le brevet protégeant le médicament *princeps* approche de sa date d'expiration[78] tandis que le génériqueur est sur le point d'obtenir, ou a obtenu, une autorisation de mise sur le marché (AAM). Dans ce cadre, l'accord peut avoir deux ambitions. Soit il servira à retarder l'entrée du fabricant de génériques pendant la période couverte par le brevet. Soit il servira à retarder l'entrée du fabricant de génériques au-delà de la période couverte par le brevet.

Secondement, les accords de report d'entrée peuvent constituer un accord de coopération industrielle et commerciale conclu en marge de tout contentieux intellectuel. Dans cette hypothèse, en contrepartie d'un report de l'entrée du générique, le laboratoire innovant peut entre autres choses s'engager à racheter les stocks de médicaments du génériqueur, l'autoriser à pénétrer un autre marché ou l'autoriser à user de la marque du médicament *princeps*. Qu'ils prennent la forme d'un règlement amiable ou d'un accord de coopération, l'objectif pour le laboratoire *princeps* reste toujours le même : maintenir son statut de monopoleur le plus longtemps possible en intégrant un transfert de valeur suffisamment incitatif pour que les génériqueurs acceptent de retarder leur entrée sur le marché.

Étant donné les risques de condamnation extrêmement élevés à l'égard des accords de report d'entrée comportant un transfert de valeur sous forme monétaire, on a

---

médicaments. En l'espèce, une entreprise de microprocesseurs avait payé des fabricants d'ordinateurs afin qu'ils reportent ou annulent la commercialisation d'ordinateurs équipés de microprocesseurs concurrents. Voy. TUE, 12 juin 2014, *Intel c/ Commission européenne*, aff. T-286/09, *Rec. num.* EU:T:2014:547, § 198. La décision du Tribunal, qui avait validé le raisonnement de la Commission européenne, a récemment été annulée par la Cour de justice. Voy. CJUE, 6 sept. 2017, *Intel c/ Commission européenne*, aff. C-413/14 P, *Rec. num.* EU:C:2017:632. Pour des analyses très récentes de cet arrêt, voy. not. M. Cardon, « "*Intel Missa est !*" Soixante ans de discussions inutiles autour du titre de compétence de la Commission en droit de la concurrence : le critère des effets qualifiés », *RTD eur.* 2018, p. 115 ; L. Idot, « Match nul provisoire dans l'affaire *Intel* : la partie continue… », *Europe* 2017, n° 10, étude 9.

75 *Le Petit Robert* définit le verbe « reporter » de la façon suivante : « *renvoyer à plus tard* ». Voy. *Le Petit Robert*, 2011, p. 2203.

76 Selon la terminologie de la Commission européenne, on parle de « règlements amiables en matière de brevet ».

77 Ici, le breveté accuse le génériqueur de tenter de commercialiser sur le marché un produit contrefait.

78 Parfois, il reste plusieurs années avant que le brevet contesté ne tombe dans le domaine public.

pu voir émerger de nouvelles formes contractuelles. Les brevetés ont fait preuve d'habileté, voire d'ingéniosité, en façonnant de nouveaux accords *pay-for-delay*. Contrairement aux accords de « première génération », ces accords de « seconde génération » dissimulent le transfert de valeur, c'est-à-dire l'indemnité versée au concurrent. En d'autres termes, les accords de report d'entrée intègrent de moins en moins des paiements monétaires. Pour autant, ces accords demeurent tout aussi préoccupants que les accords de « première génération », car ils peuvent protéger des brevets hautement contestables et extrêmement faibles.

9-3. **Originalité et intérêt du sujet.** Exprimer l'originalité des accords de report d'entrée conduit inévitablement à évoquer par là même l'intérêt de l'étude qui leur est vouée. En premier lieu, l'originalité dominante du sujet tient en ce qu'il cristallise à la fois des problématiques de droit des brevets et de droit de la concurrence et qu'il s'inscrit au cœur de l'interaction entre ces deux matières. Les accords de report d'entrée sont avant tout la résultante d'un dysfonctionnement endogène du système des brevets, lequel ne garantit plus la délivrance de brevets de qualité, c'est-à-dire des titres de propriété intellectuelle dont on a la certitude qu'ils remplissent les conditions de brevetabilité posées par la loi[79]. C'est en raison de ces dysfonctionnements que les accords de report d'entrée ont donc été contrôlés par le droit de la concurrence, car ils pourraient parfois cacher le cynique dessein de protéger des brevets faibles. En d'autres termes, il a fallu faire appel à une matière exogène à celle de la propriété intellectuelle pour vérifier si ces accords ne constituaient pas un « dépassement des droits de propriété intellectuelle »[80] potentiellement attentatoire au droit des pratiques anticoncurrentielles. Dans les accords de report d'entrée, ce dépassement des droits intellectuels est rendu possible par l'insertion de clauses qui sont sans rapport avec l'objet du brevet. Certaines d'entre elles se situent en dehors du champ des revendications couvertes par le brevet en cause tandis que d'autres « *expriment la prétention de faire produire au droit de brevet des effets qui ne sont pas ceux protégés par la législation relative à ce droit de propriété industrielle* »[81].

En deuxième lieu, l'étude s'avère intéressante en ce qu'elle permet de montrer les nouvelles lignes de force entre ces deux branches du droit économique. L'étude des accords de report d'entrée confirme un mouvement de convergence de ces droits. Or, auparavant, droit des brevets et droit de la concurrence étaient

---

79 Le professeur Drexl est certainement celui qui a le mieux décrit ce problème. Dans l'un des rares articles en langue française que l'on peut trouver sur le sujet, il a indiqué que « *pour comprendre toute la portée du problème économique et social qui se cache derrière les règlements amiables de type pay-for-delay, il faut tenir compte de l'ensemble du système de la régulation des marchés des médicaments, y compris le droit des brevets et le droit qui réglemente la commercialisation des produits pharmaceutiques. Dans cette perspective, les affaires européennes dans lesquelles la Commission européenne vise à contrôler les règlements amiables en appliquant le droit de la concurrence, ne sont pas forcément la source du problème, mais en sont les symptômes* ». Voy. J. Drexl, « Les règlements amiables de type "pay-for-delay" : plaidoyer pour une réforme du système réglementaire des brevets pharmaceutiques en Europe » *in Droit, Économie et Valeurs – Hommage à B. Remiche*, Larcier, 2015, p. 413, spéc. p. 417.

80 C'est-à-dire à l'exercice d'une prérogative dont l'existence de principe est déniée. Voy. G. Decocq, « Abus de droit de la propriété intellectuelle et abus de position dominante » *in Droit et technique – Études à la mémoire du Professeur X. Linant de Bellefonds*, Litec, 2007, p. 143, spéc. p. 145.

81 R. Kovar, *Brevets, savoir-faire et interdiction des ententes*, JCl. Brevets, fasc. 4830, 2001, n° 15.

souvent dépeints comme antagonistes[82]. Cet antagonisme ne s'est d'ailleurs pas complètement dissipé. Nous verrons que, selon le contrôle opéré par les autorités de concurrence, le droit antitrust prend parfois le dessus sur le droit des brevets alors que d'autres fois le droit des brevets prévaut sur le droit antitrust. Aussi, cet ouvrage cherchera à rééquilibrer les rapports entretenus par ces deux droits. À l'instar des écrits du professeur Galloux, nous pensons que « *loin d'attiser un antagonisme stérile entre les deux types de droits, l'évolution contemporaine [devrait conduire] à une coopération entre eux* »[83]. Cette coopération, ou cette complémentarité, ne doit point surprendre puisque ces branches du droit ont une fin commune : elles contribuent à promouvoir l'innovation, le progrès technique et le bien-être social[84].

Enfin, l'intérêt du sujet se trouve aussi dans sa nouveauté. Ce n'est que très récemment que la question de la licéité de ces accords au regard des règles de concurrence s'est imposée dans l'ordre juridique de l'Union européenne. La Commission européenne a rendu depuis 2013 seulement trois décisions, lesquelles ont pris à chaque fois les traits d'une condamnation des *pay-for-delay*[85]. En juillet dernier, l'institution bruxelloise a poursuivi son travail de dissuasion en adressant une notification des griefs à un laboratoire pharmaceutique suspecté d'avoir conclu un accord de report d'entrée illégal[86]. Derechef, par l'ouverture de cette nouvelle procédure contentieuse, elle a exprimé toute l'abnégation et l'énergie qu'elle mettrait pour endiguer l'expansion de cette pratique. Malgré l'activisme de la Commission européenne, la doctrine francophone s'est toutefois montrée peu diserte[87] et reste pour l'heure assez silencieuse sur le sujet. Seules quelques

---

82 F. Siiriainen, « Propriété intellectuelle et concurrence – Problématique de la convergence » *in La propriété intellectuelle, entre autres droits* (dir. J.-M. Bruguière), Dalloz, 2009, p. 32. Voy. aussi J. Drexl, « Abuse of Dominance in Licensing and Refusal to License – A "More Economic Approach" to Competition by Imitation and to Competition by Substitution » *in The Interaction between Competition Law and IP Law* (dir. C. D. Ehlermann & I. Atansiu), Oxford Hart Publishing, 2007, p. 647 ; « Is There a "More Economic Approach" to Intellectual Property and Competition Law? » *in Research Handbook on Intellectual Property and Competition Law* (dir. J. Drexl), Edward Elgar, 2008, p. 27, spéc. p. 39.

83 J.-C. Galloux, « Le marché des médicaments », art. préc, p. 144.

84 F. Siiriainen, « Propriété intellectuelle et concurrence – Problématique de la convergence », art. préc., p. 33.

85 Comm. eur., déc. du 19 juin 2013, *Citalopram*, aff. AT.39226 ; Comm. eur., déc. du 10 déc. 2013, *Fentanyl*, aff. AT.39685 ; Comm. eur., déc. du 9 juill. 2014, *Perindopril*, aff. AT.39612.

86 Le 17 juillet 2017, la Commission européenne a envoyé une communication des griefs à Teva, qu'elle accuse d'avoir conclu des accords *pay-for-delay* illicites. Il est reproché à l'entreprise d'avoir conclu un accord de report d'entrée avec les laboratoires Cephalon et d'avoir ainsi retardé la commercialisation d'une version générique moins onéreuse du modafinil. Voy. Comm. eur., « La Commission adresse une communication des griefs à Teva concernant un accord de type "*pay-for-delay*" », communiqué de presse IP/17/2063 du 17 juill. 2017.

87 Voici les quelques études que l'on peut recenser sur le sujet dans l'ordre chronologique de parution : P.-D. Cervetti, « Les accords de report d'entrée : une stratégie méconnue du secteur pharmaceutique », *Prop. ind.* 2013, n° 9, étude 9 ; J.-M. Bruguière, « La validité des *pay for delay* – Regard français » *in Les nouveaux usages du brevet d'invention – Entre innovation et abus* (dir. N. Bronzo et J.-P. Gasnier), PUAM, 2014, p. 47 ; D. Bosco, « Pay for delay : Les accords de report d'entrée dans le secteur pharmaceutique », *Concurrences* n° 2-2014, p. 12 ; O. Ancelin, « Quelques questions juridiques de principe sur la condamnation d'accords de report d'entrée dans le domaine pharmaceutique », *Concurrences* n° 2-2014, p. 15 ; J. Drexl, « Les règlements amiables de type "pay-for-delay" : plaidoyer pour une réforme du système réglementaire des brevets pharmaceutiques en Europe », art. préc., p. 413 ; B. Dumont, « Propriété intellectuelle et politique de concurrence – Le cas des accords de type "*pay-for-delay*" », *Revue économique* 2016, vol. 67, p. 113.

contributions sont actuellement disponibles. Aussi, par cette étude, nous ambitionnerons de participer au débat mené depuis déjà quelques années par la doctrine anglophone et essayerons d'ouvrir de nouvelles discussions.

10. **Méthode comparatiste.** Pour étudier les accords de report d'entrée, nous avons choisi d'utiliser la méthode comparatiste. Les accords de report d'entrée impactant plusieurs ordres juridiques, l'usage de cette méthode nous est apparu indispensable. La raison de ce choix s'explique en outre par l'absence d'un droit international de la concurrence. En pratique, les entreprises pharmaceutiques qui opèrent pourtant sur des marchés mondiaux se voient appliquer des règles nationales différentes en matière de concurrence. En effet, il n'existe pas « d'ordre public concurrentiel mondial ». Jusqu'à présent, les propositions doctrinales d'un code international de la concurrence, lequel prendrait le pas sur les législations internes, sont restées lettre morte[88].

10-1. **L'utilisation d'une méthode « bi-comparée ».** Dans son ouvrage sur le droit comparé, le professeur Laithier a présenté la méthode comparatiste comme celle qui établit « *des rapports de ressemblances et de différences entre les termes d'un savoir* » tout en permettant « *d'en mesurer l'ampleur, en chercher les raisons et en apprécier la valeur* »[89]. Pour notre recherche, l'utilisation de cette méthode aura une double ambition. D'une part, dans une perspective intégrative[90], nous chercherons à identifier les ressemblances, les similarités, les points de contact entre les droits et nous nous efforcerons de mettre en lumière ce qui converge et ce qui pourrait être importé. Autrement dit, nous ne nous contenterons pas d'une simple étude descriptive et essayerons d'éviter l'écueil de ce que le doyen Carbonnier nommait « le comparatisme vulgarisé »[91]. D'autre part, nous mettrons en exergue les irréductibilités des cultures juridiques et leur singularité. Pour ce faire, notre perspective méthodologique sera de type « bi-comparé »[92]. Non seulement nous analyserons des normes – principalement le droit matériel de la concurrence – mais aussi des raisonnements et des contextes[93].

10-2. **Droit prospectif et recommandations.** En outre, le recours à la comparaison se fera dans une optique de droit prospectif. Par son biais, nous tenterons de formuler des recommandations pratiques sur l'application du droit européen de la concurrence aux accords de report d'entrée. Ces recommandations – que nous espérerons utiles – seront aussi bien destinées aux autorités de contrôle – principalement la

---

88 Sur le sujet, voy. par ex. : U. Immenga, « Le droit de la concurrence dans l'économie globale » *in Philosophie du droit et droit économique : Quel dialogue ? – Mél. G. Farjat*, Éditions Frison-Roche, 1999, p. 405, spéc. p. 409. Dans cet article, l'auteur proposait, parallèlement à l'adoption d'un code international de la concurrence, la mise en place d'une autorité unique chargée d'en assurer sa mise en œuvre. Malgré l'absence d'un tel code, certains n'hésitent pas à dépeindre le droit européen de la concurrence comme un « *droit impérialiste et mondialiste* » dans la mesure où la Commission européenne impose à des entreprises établies dans des pays tiers le respect des dispositions du TFUE. Voy. F. Martucci, « L'extraterritorialité en droit de la concurrence », *Cahiers de droit de l'entreprise* 2018, n° 4, dossier 29.

89 Y.-M. Laithier, *Droit comparé*, Dalloz, 2009, n° 1.

90 V. Champeil-Desplats, *Méthodologie du droit et des sciences en droit*, 2e éd., Dalloz, 2016, p. 223.

91 J. Carbonnier, « A beau mentir qui vient de loin, ou le mythe du législateur étranger » *in Essais sur les lois*, Répertoire Defrénois, 1979, p. 191.

92 V. Champeil-Desplats, *op. cit., loc. cit.*

93 M.-C. Ponthoreau, « Le droit comparé en question(s). Entre pragmatisme et outil épistémologique », *Revue internationale de droit comparé* 2005, n° 57, p. 7, spéc. pp. 13-14.

Commission européenne – qu'aux praticiens. Toutefois, nous resterons prudents quant à la transposition d'une norme ou d'une méthode dans notre système juridique européen, car celle-ci pourrait s'avérer inopportune, ou tout simplement impossible en raison des différences culturelles en présence. Les recommandations émises ne seront pas circonscrites uniquement au droit des pratiques anticoncurrentielles. Étant donné que les accords de report d'entrée illustrent un dysfonctionnement du système des brevets, nous tenterons aussi d'élaborer des propositions touchant le droit de la propriété industrielle. Ces dernières auront pour aspiration d'endiguer la conclusion d'accords *pay-for-delay* qui ne correspondraient pas à une mise en œuvre légitime des brevets.

10-3. **Champ de l'étude.** Pour ce travail, nous avons choisi de restreindre le champ de l'étude à l'ordre juridique américain et à l'ordre juridique de l'Union européenne. Ni le droit national de la concurrence ni les régimes de droit de la concurrence tiers à l'Union européenne, hormis le droit antitrust américain, ne feront l'objet d'une analyse systématique. Deux raisons nous ont poussé à opter pour cette délimitation des recherches. Premièrement, le droit antitrust américain est historiquement l'un des plus avancés[94]. Secondement, les accords de report d'entrée ont *ab initio* éclos de l'autre côté de l'Atlantique[95]. Les juridictions américaines furent donc les premières à contrôler leur licéité. Cependant, ponctuellement, nous évoquerons des ordres juridiques nationaux, et ce, pour enrichir la discussion de certaines problématiques.

11. **Approches « macro- » et « microjuridique ».** Par ailleurs, le traitement que nous appliquerons aux accords de report d'entrée ne se limitera pas à une approche comparatiste. Pour les étudier, nous mêlerons deux autres approches qui se superposeront à elle : l'approche « macrojuridique » et l'approche « microjuridique »[96]. L'approche macrojuridique vise l'étude du droit au niveau de l'ordre juridique tandis que « *l'approche microjuridique détermine les droits subjectifs à l'horizon du cas* »[97]. En effet, pour saisir la complexité des accords de report d'entrée, nous examinerons les réactions de plusieurs ordres juridiques : ce sera l'approche macrojuridique. Mais l'étude des accords de report d'entrée passera aussi, voire surtout, par l'analyse de cas particuliers, lesquels sont mis en lumière par la jurisprudence des tribunaux et cours américaines, la pratique décisionnelle de la Commission européenne et la jurisprudence des juridictions de l'Union : ce sera l'approche microjuridique. À travers la discussion de ces cas, nous pourrons par la suite déterminer avec précision les réactions du droit s'agissant des *pay-for-delay*.

12. **Objectif de l'étude : éviter « l'effet macédonien ».** Bien que certaines entreprises aient abusé des droits de propriété intellectuelle conférés par leurs brevets, et ce, pour empêcher l'entrée de concurrents génériqueurs sur le marché, prohiber tous

---

94 En effet, il n'est pas le plus avancé. Le professeur Diawara nous a récemment appris que le droit canadien de la concurrence est né avant le droit antitrust américain. L'Act de 1889 sur les ententes a précédé d'une année le Sherman Act américain. Voy. K. Diawara, *Droit de la concurrence – Aspects théoriques et appliqués*, Éditions Yvon Blais, 2015, 690 p.

95 Voy. *infra* n° 64 et s.

96 La paternité de ces deux notions appartient au professeur Frydman. Voy. B. Frydman, « Comment penser le droit global ? », *Working Papers* 2012/01 du Centre Perelman de Philosophie du droit, p. 6.

97 *Ibid.*

les accords de report d'entrée nous semble disproportionné et excessif. Cette solution pourrait traduire une surréaction du droit de la concurrence à l'égard des *pay-for-delay*. La complexité du sujet appelle selon nous une réponse bien plus nuancée, car certains accords pourraient bien celer un exercice légitime du brevet. Aussi, le propos de notre étude est de montrer que tous les accords de report d'entrée ne se valent pas et que certains pourraient bien être assis sur des brevets méritants. En effet, une observation plus fine des accords de report d'entrée révèle un paysage hétéroclite de situations, de sorte que juridictions et autorités de concurrence devraient être davantage mesurées dans leur exercice de contrôle des accords de report d'entrée. Elles devraient se garder de les considérer quasi automatiquement comme injurieux pour la concurrence. Comme l'a parfois fait le législateur en d'autres domaines, il ne faudrait pas que les autorités de contrôle cèdent à ce que le doyen Carbonnier nommait « l'effet macédonien »[98]. En d'autres mots, ce n'est pas parce que certains pouvoirs privés économiques abusent du système des brevets en concluant des accords anticoncurrentiels, opérant ainsi un dépassement des droits de propriété intellectuelle, que tous les accords prenant à première vue une forme identique devraient être considérés comme attentatoires à l'ordre public concurrentiel. Restreindre *generaliter* la liberté contractuelle des brevetés serait selon nous disproportionné.

13. **L'exclusion du droit des contrats du champ de l'étude.** Enfin, il convient de finir ces quelques propos liminaires par la justification de notre décision de limiter l'étude des *pay-for-delay* au droit de la concurrence et au droit des brevets. Eu égard au sujet, cet ouvrage aurait pu prendre davantage d'ampleur en intégrant une autre branche du droit : le droit civil des contrats[99]. Les accords de report d'entrée sont avant tout des « accords », c'est-à-dire des conventions[100] qui formalisent par un écrit « *une rencontre de deux volontés* »[101]. Plus précisément, ce sont des contrats puisqu'ils répondent parfaitement à l'article 1101 nouveau du code civil, qui définit le contrat comme « *un accord de volontés entre deux ou plusieurs personnes destiné à créer, modifier, transmettre ou éteindre des obligations* ». En effet, les accords de report d'entrée créent bien un lien obligationnel entre deux parties : le créancier du report de l'entrée (le breveté) et le débiteur du report de l'entrée (le génériqueur). Le premier s'oblige à rémunérer le second pendant une période de temps contractuellement déterminée en contrepartie d'un engagement de non-concurrence prenant la forme d'un report d'entrée. L'accord *pay-for-delay* crée ainsi, comme le disait le doyen Ripert, « *une petite société constituée pour une fin déterminée* », laquelle « *ne peut être formée que si elle ne compromet pas la vie et le fonctionnement du corps dans lequel elle pré-*

---

98 J. Carbonnier, *Flexible droit – Pour une sociologie du droit sans rigueur*, LGDJ, 2001, p. 286. Par « effet macédonien », Carbonnier visait la situation où « *le législateur est porté à restreindre la liberté de tous quand il constate que quelques-uns ont abusé de leur liberté* ».

99 Quelques membres de la doctrine française, laquelle s'est pour l'heure très peu intéressée à l'étude des accords de report d'entrée, ont traité de la problématique de la conformité de ces accords au droit des contrats. Voy. D. Cervetti, « Les accords de report d'entrée : une stratégie méconnue du secteur pharmaceutique », art. préc. ; J.-M. Bruguière, art. préc., p. 47.

100 C'est-à-dire un acte juridique formalisant un accord de volonté.

101 V° Accord *in* G. Cornu, *Vocabulaire juridique*, PUF, 2016, p. 13.

tend vivre »[102]. Ce faisant, la formation, l'exécution et l'extinction des accords *pay-for-delay* sont soumises à certaines règles d'ordre public. Le droit civil pourrait donc être mobilisé pour vérifier que la justice contractuelle est bien assurée entre les parties. Nous le savons, la réforme du droit des contrats du 10 février 2016 a mis au cœur de ses préoccupations le souci de l'équilibre contractuel[103]. De nombreux articles du nouveau code civil ambitionnent de réparer les déséquilibres engendrés par des clauses trop favorables à l'une des parties, notamment celles qui révéleraient un abus de faiblesse. Les accords de report d'entrée pouvant traduire un rapport de force déséquilibré entre le breveté (la partie forte) et le génériqueur (la partie faible), il se pourrait alors qu'ils encourent la nullité ou que certaines de leurs clauses soient biffées par le juge du contrat. Par exemple, si le fabricant de génériques parvenait à démontrer que l'accord a été rédigé d'une seule main, et que derrière l'accord de report d'entrée se cache un contrat d'adhésion, il pourrait déclencher le mécanisme du nouvel article 1171 du code civil pour se débarrasser de certaines stipulations[104] qui créeraient un déséquilibre significatif entre les droits et obligations des parties.

Bien que stimulante, l'étude des accords de report d'entrée sous l'angle du droit des contrats nous a paru peu pertinente, et ce, pour au moins trois raisons. Premièrement, ces accords intéressent avant tout le bon fonctionnement du marché et la sauvegarde des intérêts des consommateurs. Ces accords sont surtout polémogènes parce qu'ils conduisent à maintenir un marché monopolistique de manière parfois injustifiée, et ce, au détriment du bien-être des consommateurs. Deuxièmement, d'un point de vue pratique, nous ne voyons pas pourquoi un génériqueur chercherait à obtenir l'annulation d'un contrat qui lui garantit des revenus équivalents à des millions d'euros sur plusieurs années. Pour l'heure, notre point de vue semble se justifier puisqu'aucun contentieux de droit commun n'a été déclenché. En effet, le juge du contrat n'a jamais été saisi et, ce faisant, ne s'est pas prononcé sur leur validité au regard du droit français. Troisièmement enfin, le sujet des accords de report d'entrée se révèle déjà très vaste lorsque l'on s'y intéresse sous le seul prisme de l'ordre concurrentiel. En excluant le droit civil des contrats, nous avons fait le choix de maintenir nos recherches dans des proportions raisonnables.

---

102 G. Ripert, « L'ordre économique et la liberté contractuelle » *in Les sources du droit – Mél. en l'honneur de F. Gény*, *op. cit.*, p. 347.

103 H. Barbier, « Les grands mouvements du droit commun des contrats après l'ordonnance du 10 février 2016 », *RTD civ.* 2016, p. 247. Le professeur Barbier a insisté sur le fait que « *c'est manifestement le souci de l'équilibre contractuel qui sous-tend le plus fortement l'ordonnance. L'équilibre du contenu du contrat est visé à premier titre, au travers de la sanction de l'abus de dépendance et des clauses abusives, et garanti dans la durée par la consécration de la révision contractuelle ou judiciaire du contrat pour imprévision* ». La loi de ratification de l'ordonnance de 2016 a maintenu au cœur des nouvelles dispositions du code civil ce souci de l'équilibre contractuel. Voy. Loi n° 2018-287 du 20 avr. 2018 ratifiant l'ordonnance n° 2016-131 du 10 févr. 2016 portant réforme du droit des contrats, du régime général et de la preuve des obligations, *JORF* n° 0093 du 21 avr. 2018 texte n° 1. Sur le sujet : voy. not. T. Revet, « L'achèvement de la réforme du droit commun des contrats, du régime général et de la preuve des obligations, regard général », *RDC* 2018, n° Hors-série, p. 4 ; O. Deshayes, T. Genicon et Y.-M. Laithier, « Ratification de l'ordonnance portant réforme du droit des contrats, du régime général et de la preuve des obligations », *JCP G* 2018, n° 18, p. 885 ; M. Mekki, « La loi de ratification de l'ordonnance du 10 février 2016 – Une réforme de la réforme ? », *D.* 2018, p. 900 ; D. Mazeaud, « Quelques mots sur la réforme du droit des contrats », *D.* 2018, p. 912.

104 Au moyen du réputé non-écrit. C'est la sanction prévue par le texte.

14. **Plan de l'étude.** Pour réussir le dessein de formuler des recommandations, de nombreux obstacles devront être franchis. Les accords de report d'entrée sont complexes et nécessitent l'appréhension de nombreux concepts. Ils touchent trois types de droit : le droit de la concurrence, le droit des brevets et le droit pharmaceutique. Il faut donc mettre de l'ordre dans ce désordre. Aussi, pour dénouer les problèmes qu'ils posent à l'égard de l'ordre public concurrentiel, nous avons tout d'abord décidé d'opérer par une analepse. En littérature, l'analepse correspond à un procédé de style au moyen duquel on revient en arrière et qui permet par là même de renseigner le passé d'un personnage pour mieux saisir son présent[105]. Dans notre première partie, qui sera consacrée à *l'émergence* des accords de report d'entrée (Première partie), nous tâcherons par une analepse juridique de mettre en lumière le passé des accords de report d'entrée. Ce travail de rétrospection sera pour nous l'occasion de cerner la dimension polémogène de ces accords et de comprendre pourquoi ils nourrissent de fortes préoccupations de concurrence. Notre premier objectif sera donc de décrire l'exacte réalité du phénomène des accords de report d'entrée. Ensuite, une fois compris les problèmes juridiques qu'engendrent les *pay-for-delay*, il s'agira d'observer les solutions qui ont été trouvées et préconisées en droit positif. Nous verrons que la réponse du droit de la concurrence n'a pas été unitaire et que l'ordre juridique américain et l'ordre juridique de l'Union européenne n'ont pas adopté la même approche à leur égard. Nous verrons aussi que le droit des brevets a été négligé et qu'actuellement les accords de report d'entrée questionnent surtout les autorités de contrôle et la doctrine sur le sujet de l'application des règles de concurrence. Cependant, s'intéresser uniquement au droit positif aurait été insuffisant puisqu'il cantonnerait notre recherche à un exercice purement descriptif ou à une simple lecture critique de la jurisprudence. Pour cette raison, dans la seconde partie, qui sera dédiée à l'étude du *contrôle* des accords de report d'entrée (Seconde partie), le droit prospectif tiendra une place très importante. Il s'agira par ce biais de proposer une autre direction au droit qui s'applique aux accords de report d'entrée, car la réalité du phénomène des *pay-for-delay* ne ressemble point au portrait peu flatteur qui en a été fait aussi bien par les autorités de concurrence que par une très grande partie de la doctrine.

---

105 Le linguiste Bernard Dupriez utilise aussi le mot « déchronologie » qu'il définit dans le *Gradus* de la manière suivante : « *Dans le déroulement de la narration, on revient en arrière* ». Voy. B. Dupriez, *Gradus – Les procédés littéraires*, 10-18, 1980, 541 p.

PARTIE I

L'ÉMERGENCE DES ACCORDS DE REPORT D'ENTRÉE

15. **Genèse et diversité des *pay-for-delay*.** Les accords de report d'entrée ont pendant longtemps été ignorés par les autorités de concurrence. Il a fallu attendre la publication d'un rapport, réalisé en 2002 par la Federal Trade Commission (FTC) aux États-Unis, pour avoir une connaissance élémentaire du phénomène[106]. Jusque-là, les préoccupations de concurrence que pouvaient soulever ces accords étaient exprimées de façon sporadique. Dans ce rapport, l'autorité antitrust américaine n'a cependant jamais mentionné l'expression « *pay-for-delay* ». Elle a simplement révélé l'ampleur quantitative des règlements amiables venant transiger un litige de brevets. Elle a aussi dévoilé les conséquences que ce type d'accord pouvait potentiellement produire sur l'entrée des génériques sur le marché. Ce faisant, les outils de compréhension du phénomène étaient assez limités. Peu de ressources permettaient d'identifier les graines ayant permis l'éclosion de ces accords. Finalement, ce fut la doctrine américaine qui permit de mieux saisir leur complexité. Celle-ci a notamment mis en exergue le triangle juridique dans lequel ils étaient enserrés. Les accords de report d'entrée sont en effet prisonniers d'un triangle dont les côtés sont composés du droit de la concurrence, du droit des brevets et de la réglementation pharmaceutique.

Concrètement, de nombreuses études ont commencé à être publiées sur le sujet à partir des années 2000[107], et jusqu'à ce jour la fréquence des publications n'a pas faibli. À la lecture de ces nombreux articles, on comprend l'originalité et l'importance du phénomène. On retient principalement que les *pay-for-delay* peuvent constituer, dans certaines circonstances, un abus de brevet et qu'ils renouvellent les interrogations autour des rapports entretenus par le droit des pratiques anticoncurrentielles et le droit des brevets. On apprend aussi qu'ils résultent d'un

---

106 FTC, *Generic Drug Entry Prior to Patent Expiration: An FTC Study*, July 2002, disponible sur : https :// www.ftc.gov/sites/default/files/documents/reports/generic-drug-entry-prior-patent-expiration-ftc-study/ genericdrugstudy_0.pdf.

107 Voy. par ex. : D. Balto, « Pharmaceutical Patent Settlements: The Antitrust Risks », 55 *Food and Drug L. J.* 321 (2000) ; R. Blaire & T. Cotter, « Are Settlements of Patent Disputes Illegal Per Se? », 47 *Antitrust Bulletin* 491 (2002) ; J. Lave, « Responding to Patent Litigation Settlements: Does the FTC Have It Right Yet », 64 *University of Pittsburgh L. Rev.* 201 (2002) ; J. Rosenthal, « Hatch-Waxman Use or Abuse? Collusive Settlements between Brand-Name and Generic Drug Manufacturers », 17 *Berkeley Technology L. J.* 317 (2002) ; R. S. Higgins, « A Short-run Welfare Analysis of FTC Antitrust Oversight of Patent Litigation Settlements under the Hatch-Waxman Act », 47 *Antitrust Bulletin* 661 (2002) ; J. Brodley & M. O'Rourke, « Patent Settlement Agreements », 16 *ANTITRUST* 53 (2002) ; M. Morse, « Settlement of Intellectual Property Disputes in the Pharmaceutical and Medical Device Industries: Antitrust Rules », 10 *George Mason L. Rev.* 359 (2002) ; C. Shapiro, « Antitrust Analysis of Patent Settlements Between Rivals », 17 *ANTITRUST* 70 (2003) ; H. Hovenkamp, M. Janis & M. Lemley, « Anticompetitive Settlement of Intellectual Property Disputes », 87 *Minnesota L. Rev.* 1719 (2003) ; H. Hovenkamp, « Sensible Antitrust Rules for Pharmaceutical Competition », 39 *University of San Francisco L. Rev.* 11 (2004) ; T. Cotter, « Antitrust Implications of Patent Settlements Involving Reverse Payments: Defending a Rebuttable Presumption of Illegality in Light of Some Recent Scholarship », 71 *Antitrust L. J.* 1069 (2004) ; S. Ecer & R. Higgins, « A Welfare Analysis of Prohibitions on Reverse Payments in Pharmaceutical Patent Disputes, with and without the Hatch-Waxman Entry Injunction », 12 *George Mason L. Rev.* 923 (2004) ; K. Reed, « A Return to Reason: Antitrust Treatment of Pharmaceutical Settlements under the Hatch-Waxman Act », 40 *Gonzaga L. Rev.* 457 (2004) ; R. Milne, « Recent Activity on the Brand-Generic Drug Patent Settlement Front », 18 *ANTITRUST* 83 (2004) ; J. Langenfeld & W. Li, « Economic Analyses of Patent Settlement Agreements: The Implementation of Specific Economic Tests, the Evaluation of Dynamic Efficiency, and the Scope of Patent Rights », 39 *University of San Francisco L. Rev.* 57 (2004).

regulatory gaming[108], c'est-à-dire d'un jeu qui consiste pour les opérateurs de marché à instrumentaliser les règles de droit pour les mettre au service d'intérêts privés[109]. En d'autres termes, l'émergence des accords de report d'entrée puiserait ses sources dans le détournement de la loi – et non pas dans son évitement[110] –, ce qui pose inévitablement la question de leur légalité. Pour expliquer les problèmes juridiques que les *pay-for-delay* génèrent et décrire leur exacte réalité, nous avons choisi en premier lieu de retracer leur genèse (Titre I). Une fois celle-ci exposée, nous poursuivrons leur étude en montrant que leur émergence s'est faite de manière plurielle, et que, par conséquent, il existerait non pas un type d'accord, mais une diversité (Titre II).

---

108 Pour une étude récente du *regulatory gaming* appliqué au *pay-for-delay* et au *product hopping* dans le secteur pharmaceutique : voy. C. Ott, « The Evolution of Pharmaceutical Regulatory Gaming Practices », 47 *Seton Hall L. Rev.* 849 (2017), spéc. p. 858 et s. Pour des explications plus générales : voy. S. Dogan & M. Lemley, « Antitrust and Regulatory Gaming », 87 *Texas L. Rev.* 685 (2009), qui expliquent que certaines pratiques de *regulatory gaming* violent le droit antitrust.

109 F. Lévêque qualifie le *regulatory gaming* comme un détournement de procédure qui se produit lorsqu'une entreprise utilise les failles de la réglementation pour obtenir un avantage économique qui n'était pas souhaité par le législateur. Voy. F. Lévêque, « Régulation de la pharmacie et propriété intellectuelle : le troisième côté du triangle » *in Concurrence, santé publique, innovation et médicament* (dir. M.-A. Frison-Roche), LGDJ-Lextenso édition, 2010, p. 329, spéc. p. 335.

110 V. Mazeaud, « Éviter la loi » *in Recueil de leçons de 24 heures – Agrégation de droit privé et de sciences criminelles 2015*, LGDJ, 2015, p. 241.

TITRE I

LA GENÈSE DES ACCORDS DE REPORT D'ENTRÉE

16. **La genèse des accords de report d'entrée aux États-Unis.** Les accords de report d'entrée ont émergé des deux côtés de l'Atlantique à des périodes assez éloignées les unes des autres. Aux États-Unis, ils naquirent dès la fin des années 1980, quasi concomitamment avec l'adoption du Drug Price Competition and Patent Term Restoration Act[111]. Plus connue sous l'appellation de « Hatch-Waxman Act »[112], cette loi permit aux laboratoires pharmaceutiques détenteurs de brevets de retarder efficacement l'entrée des génériques sur le marché par la conclusion d'accords transactionnels (ou de règlements amiables) mettant un terme à un litige de brevet. En pratique, les laboratoires *princeps* et les génériqueurs agirent de façon collusive pour instrumentaliser les nombreuses dispositions destinées *ab initio* à promouvoir une concurrence générique rapide (Chapitre 1). Ce faisant, le comportement adopté par les entreprises pharmaceutiques eut pour effet de totalement détourner la loi des objectifs que le législateur américain lui avait assignés.

17. **La genèse des accords de report d'entrée dans l'Union européenne.** En Europe, les accords de report d'entrée furent détectés très tardivement. Il fallut attendre la fin des années 2000 et la fameuse enquête sectorielle lancée par la Commission européenne dans l'industrie pharmaceutique pour identifier le caractère potentiellement pernicieux de ces accords sur la concurrence. Si les *pay-for-delay* européens semblaient revêtir les mêmes habits et caractéristiques que ceux mis en œuvre du côté étasunien, ils s'appuient en réalité, au sein de l'Union européenne, sur l'instrumentalisation du système des brevets (Chapitre 2), et non sur une loi spéciale réglementant l'entrée des médicaments génériques sur le marché.

---

111 Pub. L. No. 98-417, 98 Stat. 1585 (1984). La loi entra en vigueur le 24 septembre 1984.

112 Cela correspond au nom de ses deux concepteurs, à savoir le député californien Henry Waxman et le sénateur de l'Utah Orrin Hatch. Des années 1980 jusqu'au début des années 1990, la loi Hatch-Waxman pouvait aussi être trouvée sous l'appellation « Waxman-Hatch Act ». Désormais, le Hatch-Waxman Act point comme l'acception définitive. Voy. K. McGough, « Preserving the Compromise: The Plain Meaning of Waxman-Hatch Market Exclusivity », 45 *Food Drug Cosmetic. L. J.* 487 (1990), spéc. p. 487 : « *The market exclusivity provisions of the Drug Price Competition and Patent Term Restoration Act of 1984' (the* Waxman-Hatch Amendments*) play a key role in the legislative compromise between the competing interests of ethical and generic drug firms* » (nous soulignons).

Chapitre 1
L'apparition des accords de report d'entrée par l'instrumentalisation de la loi Hatch-Waxman aux États-Unis

18. **Les objectifs de la loi Hatch-Waxman et son détournement.** La loi Hatch-Waxman a posé l'objectif de dynamiser la concurrence dans le secteur pharmaceutique. Pour arriver à ce dessein, le législateur américain a cherché à faciliter la tâche des génériqueurs pour faire tomber des brevets faibles et, ce faisant, des monopoles obtenus de façon imméritée par les brevetés. Autrement dit, la loi Hatch-Waxman a cherché à mobiliser les entreprises génériques en établissant un régime en leur faveur, lequel les incite à contester les brevets de leurs concurrents (Section 1). Malheureusement, brevetés et génériqueurs ont totalement détourné la loi en adoptant des stratégies collusoires (Section 2) qui ont eu pour effet de retarder la concurrence sur le marché.

Section 1
Un régime incitant à la contestation des brevets pharmaceutiques

19. **La dynamisation de la concurrence par la facilitation de l'action en contrefaçon.** Compte tenu de la faible génértification constatée aux États-Unis avant l'adoption de la loi Hatch-Waxman et les barrières réglementaires posées par les précédentes lois, le Congrès américain a choisi d'intervenir pour pousser les génériqueurs à entrer plus rapidement sur le marché et à ne pas attendre que les brevets détenus par les laboratoires *princeps* tombent dans le domaine public. Pour combattre l'« inertie concurrentielle »[113], et dynamiser la concurrence (§ 1) dans le secteur, le législateur américain a notamment mis en place un mécanisme qui permet d'inciter les acteurs du marché pharmaceutique à contester plus facilement les brevets (§ 2).

---

113 *Le Grand Larousse encyclopédique* indique que le mot « inertie » vient du latin *inertia*, qui signifie « maladresse ou incapacité ». Voy. *Le Grand Larousse encyclopédique*, 1962, pp. 144-145. C'est dans ce dernier sens d'incapacité qu'il conviendra de comprendre l'expression « inertie concurrentielle ». En substance, par « inertie concurrentielle », nous entendons exprimer l'incapacité d'une entreprise (par exemple les génériqueurs dans le cas qui nous intéresse) à pouvoir livrer concurrence.

§ 1. La dynamisation de la concurrence : l'objectif posé par la loi

20. **La chute des barrières réglementaires.** Avant que la loi Hatch-Waxman ne soit adoptée, se dressaient devant les génériqueurs des barrières réglementaires difficilement dépassables (A). Ces barrières rendaient quasiment impossible l'arrivée rapide d'une concurrence générique sur le marché. La loi Hatch-Waxman fut donc conçue pour répondre à ces obstacles et porta l'objectif explicite de dynamisation de la concurrence (B).

A. Les barrières réglementaires posées par la législation antérieure à la loi Hatch-Waxman

21. **Contexte.** Pour comprendre la situation dans laquelle se trouvaient les fabricants de génériques avant l'adoption de la loi Hatch-Waxman, il est nécessaire de se tourner vers les lois antérieures à son adoption et de faire une légère rétrospection. Grâce à cette rétrospective historique, nous verrons que l'ancien cadre réglementaire dans lequel devaient se mouvoir les génériqueurs était peu propice à l'entrée d'une concurrence générique sur le marché.

22. **Les obstacles posés par le Federal Food, Drug and Cosmetics Act.** Au début du XXe siècle, les médicaments étaient grossièrement régulés aux États-Unis. Deux lois réglementaient les conditions de mise sur le marché des produits pharmaceutiques : le Biologic Act de 1902[114] et le Pure Food and Drug Act de 1906[115]. Ces deux lois avaient comme attribut commun d'être peu coercitives[116] si bien que les laboratoires pharmaceutiques pouvaient aisément lancer leurs médicaments sur le marché sans être contraints par l'obligation de mettre en œuvre des tests précliniques et cliniques à la fois lourds, chronophages et coûteux. Le scandale de l'élixir de sulfanilamide[117] en 1937 vint cependant renverser ce régime, qui bénéficiait principalement aux laboratoires *princeps*.

---

114 Pub. L. No. 57-244, 32 Stat. 728 (1902).

115 Pub. L. No. 59-384, 34 Stat. 768 (1906).

116 À titre d'exemple, le Biologic Act imposait uniquement que le gouvernement fédéral délivre une approbation *avant* la commercialisation du médicament. Mais peu de choses étaient en réalité demandées aux fabricants de médicaments si bien que l'approbation était délivrée de manière quasi automatique. Voy. pour davantage d'exhaustivité l'article rédigé par l'Indepent Institut : « History of Federal Regulation: 1902 – Present », disponible sur http://www.fdareview.org/01_history.php. Quant au Pure Food and Drug Act, il ne contenait aucune obligation et était encore plus permissif que le Biologic Act. Conformément à la loi de 1906, les laboratoires n'étaient contraints ni de notifier les nouveaux médicaments avant leur mise sur le marché ni d'obtenir une quelconque approbation. Voy. E. Flannery & P. Hutt, « Balancing Competition and Patent Protection in the Drug Industry: The Drug Price Competition and Patent Term Restoration Act of 1984 », 40 *Food Drug Cosmetic L. J.* 269 (1985), spéc. p. 272 : « *The original Pure Food and Drugs Act of 1906* did not contain any provisions requiring either premarket notification or premarket approval of new drugs » (nous soulignons).

117 L'élixir de sulfanilamide était un médicament qui causa la mort d'une centaine de personnes. Voy. R. Hamowy, *Medical Disasters and the Growth of the FDA*, Indepent Policy Report (Feb. 2010), pp. 5-10. *Adde* C. Ballentine, « Taste of Raspberries, Taste of Death: The 1937 Elixir Sulfanilamide Incident », *FDA Consumer magazine* (June 1981), disponible sur : https://www.fda.gov/downloads/AboutFDA/WhatWeDo/History/ProductRegulation/UCM593517.pdf.

En effet, l'affaire mit au jour les carences de la législation pharmaceutique, notamment celles entourant les procédures portant sur l'examen de l'innocuité des médicaments. Poussé par l'opinion publique, le président Roosevelt signa alors le Federal Food, Drug and Cosmetics Act (FFDCA) en 1938[118]. Cette loi fédérale rigidifia les conditions à réunir pour qu'un laboratoire pharmaceutique puisse commercialiser son médicament sur le marché. Le FFDCA créa simultanément la puissante Food and Drug Administration (FDA) et donna à cette agence fédérale[119] le pouvoir de contrôler *ex ante*[120] les nouveaux médicaments que les laboratoires pharmaceutiques voulaient lancer sur le marché. Plus précisément, le Congrès offrit à la nouvelle agence fédérale le pouvoir de vérifier leur innocuité. Afin que la nouvelle administration ne soit pas qu'une coquille vide et une réponse purement cosmétique au scandale de 1937, la loi prévit que la FDA détienne une prérogative importante, à savoir garder hors du marché des médicaments risqués et potentiellement dangereux pour la santé des patients[121]. En clair, l'agence fédérale s'est vu attribuer le pouvoir d'interdire la mise sur le marché de médicaments considérés comme nocifs. Par ailleurs, conformément au FFDCA, tout fabricant d'un nouveau médicament devait faire une demande de *New Drug Application* (NDA), l'équivalent de notre autorisation de mise sur le marché (AMM)[122], dans laquelle devaient figurer des études scientifiques démontrant que le produit était sans danger pour un usage humain.

Malheureusement, dès le début de l'année 1938, la FDA érigea une règle préjudiciable pour les génériqueurs. En substance, l'agence fédérale indiqua que toute donnée non publique transmise par un laboratoire sur l'innocuité du médicament[123] pour l'obtention d'une NDA devait être considérée comme confidentielle et être protégée par le secret des affaires (*trade secret protection*)[124]. Ainsi, les études transmises par les laboratoires pharmaceutiques à la FDA ne pouvaient être ni divulguées ni utilisées par d'autres fabricants de médicaments candidats

---

118 Pub. L. No. 75-717, 52 Stat. 1040 (1938).

119 La création d'agences fédérales date du début du XIXe siècle avec l'institution de l'U.S. Patent Office en 1802. Le nombre d'agences va ensuite exploser au début des années 1930 avec la création de la Tennessee Valley Authority (TVA) en 1933, de la Federal Deposit Insurance Corporation (FDCI) la même année ou encore de la Securities and Exchange Commission (SEC) en 1934. Tout comme la FDA, ces agences ont été créées « *parce que ni le Congrès, ni le Président et son cabinet ne pouvaient, seuls, assurer l'administration et la gestion quotidienne de l'immense machine gouvernementale devenue nécessaire à la mise en œuvre des objectifs économiques, financiers, sociaux et autres nécessaire au bien-être de la nation* ». Voy. A. Levasseur, *Le droit américain*, Dalloz, 2004, p. 84 et s.

120 C'est-à-dire avant que les médicaments ne soient introduits sur le marché.

121 R. Merrill, « The Architecture of Government Regulation of Medical Products », 82 *Virginia L. Rev.* 1753 (1996), spéc. pp. 1761-1762.

122 L'AMM est « *la sanction scientifique, technique et administrative des travaux de recherche et de développement* ». Voy. J.-P. Juès, *L'industrie pharmaceutique*, PUF, 1998, p. 68.

123 Et plus tard sur son efficacité.

124 H.R. Rep. No. 857, pt 1, 98th Cong., 2d Sess. 35-36, réimprimé en 1884 dans l'U.S. Code Cong. & Ad. News 2647, 2668-69. Voy. aussi J. Wheaton, « Generic Competition and Pharmaceutical Innovation: The Drug Price Competition and Patent Term Restoration Act of 1984 », 35 *Catholic University L. Rev.* 433 (1986), spéc. p. 440, où l'auteur précise que « *the FDA has concurred in the brand-name drug industry's claim that the reports of such studies, even after submission to the FDA, should* receive trade secret protection » (nous soulignons).

à la délivrance d'une AMM[125]. Partant, un génériqueur qui désirait entrer sur le marché devait engager des dépenses importantes afin de réaliser les tests cliniques requis. Cette règle était fort dissuasive pour au moins deux raisons. D'une part, elle obligeait les fabricants de génériques à débourser des sommes importantes, ce qui grevait considérablement les faibles ressources financières dont ils disposaient. D'autre part, l'exécution des tests exigés par l'agence fédérale s'étalait en moyenne sur sept années[126]. Ce faisant, elle ne permettait pas l'entrée d'une concurrence rapide sur le marché ; les génériqueurs devant attendre que le brevet du *princeps* soit échu pour s'aventurer dans la réalisation des tests requis. En revanche, si des concurrents génériqueurs avaient eu accès à des données sur l'innocuité du médicament *princeps*, ils pouvaient alors les utiliser librement et n'étaient plus soumis à l'obligation de réaliser eux-mêmes les tests cliniques. Dans ces circonstances, un génériqueur avait le droit de mettre sur le marché son médicament générique. L'entreprise évitait ainsi les coûts de lancement initiaux (*initial start-up costs*) qu'avait supportés le laboratoire innovant[127]. En définitive, le FFDCA constituait sans conteste une véritable barrière réglementaire à l'entrée pour les génériqueurs.

23. **Les obstacles posés par le Drug Amendments de 1962.** Bien qu'il y ait eu de nombreuses modifications du FFDCA peu ou prou importantes dans les deux décennies qui ont suivi son adoption[128], la principale réforme intervint en 1962. Au moyen du Drug Amendments de 1962[129], le Congrès posa une nouvelle obligation à laquelle les laboratoires pharmaceutiques devaient se conformer pour pouvoir obtenir une NDA. Les entreprises devaient démontrer non seulement l'innocuité du médicament qu'elles souhaitaient mettre sur le marché mais aussi son *efficacité*. Par le terme « efficacité », le législateur américain visait un « *apport bénéfique à l'état de santé du patient* »[130]. Cette nouvelle exigence d'efficacité bouleversa sérieusement le paradigme dans lequel se trouvaient précédemment les laboratoires pharmaceutiques. L'impératif d'efficacité conduisit à prescrire une nouvelle charge à leurs dépens. Conformément à la loi, un laboratoire pharmaceutique devait désormais

---

125 Voy. E. Flannery & P. Hutt, « Balancing Competition and Patent Protection in the Drug Industry: The Drug Price Competition and Patent Term Restoration Act of 1984 », art. préc., spéc. pp. 275-276.

126 *Patent Term Extension and Pharmaceutical Innovation*: Hearing before the Subcommittee on Investigations and Oversight of the Committee on Science and Technology, 97th Cong. 2d Sess. 18 (1982), déclaration de R. S. Walker, U. S. Representative, Pennsylvania, citant « Where the Patent Laws Don't Work », *Chicago Tribune* (May 1, 1981), p. 12 et « Extending Patents », *San Francisco Chr.* (June 17, 1981), p. 13.

127 E. S. Weiswasser & S. D. Danzis, « The Hatch-Waxman Act: History, Structure, and Legacy », 71 *Antitrust L. J.* 585 (2003), spéc. p. 587 : « *Were such information freely available, a generic manufacturer could bring similar or identical drugs to the market* without the initial start-up costs borne by the innovator » (nous soulignons).

128 La plus importante de ces modifications correspondait certainement à l'adoption du Durham-Humphrey Amendment de 1951. Voy. Pub. L. No. 82-215, 65 Stat. 648 (1951). Cette loi fournit à la FDA des pouvoirs supplémentaires permettant à l'agence fédérale d'imposer que des médicaments soient vendus sur prescription. Avant cela, les fabricants de médicaments pouvaient librement décider de vendre leurs produits sur prescription ou sans. Partant, il arrivait fréquemment qu'un même médicament soit vendu par deux fabricants différents sous deux statuts différents.

129 Pub. L. No. 87-781, 76 Stat. 780 (1962).

130 Jusqu'à cette loi, il n'existait aucune obligation légale reposant sur les entreprises. Ainsi, il ne pesait aucune obligation sur les laboratoires de prouver que leurs médicaments offraient un bénéfice pharmacologique dès lors que ces derniers n'avaient pas de répercussions négatives sur la santé humaine. Voy. E. S. Weiswasser & S. D. Danzis, « The Hatch-Waxman Act: History, Structure, and Legacy », art. préc., p. 588 (traduction libre).

apporter des « preuves substantielles » (« *substantial evidences* ») que son produit était efficace pour son utilisation prévue (*intented use*)[131]. En pratique, cela signifiait que l'entreprise devait mener des « *enquêtes cliniques adéquates et bien contrôlées* »[132] démontrant statistiquement les bénéfices du médicament pour l'état de santé des patients. Bien que cela ne fût pas l'intention du législateur américain, le Drug Amendments provoqua une érosion importante de la durée d'exclusivité des brevets pharmaceutiques[133]. Pendant de nombreuses années d'ailleurs, la doctrine américaine s'en plaignit et mit en lumière d'autres écueils de cette loi[134]. Pêle-mêle, il était reproché au Drug Amendments de provoquer la chute de l'innovation pharmaceutique ; de retarder l'introduction de nouveaux médicaments ; et d'empêcher les patients d'avoir accès à des médicaments précieux[135].

En tout état de cause, il était assez aisé de constater les failles du système américain des brevets à cette époque. Le système était clairement désavantageux pour les détenteurs de brevets pharmaceutiques. En effet, la durée d'exclusivité conférée par le brevet commençait à courir dès la date de délivrance du titre[136]. Or, les

---

131 Voy. Hearing Procedures for Refusal or Withdrawal of Approval of New Drug Applications and for Issuance, Amendment, or Repeal of Antibiotic Drug Regulations, Interpretative Description of Adequate and Well-Controlled Clinical Investigations, 34 Fed. Reg. 14,596 (Sept. 19, 1969). *Adde* Hearing Regulations and Regulations Describing Scientific Content of Adequate and Well-Controlled Clinical Investigations, 35 Fed. Reg. 7,250 (May 8, 1970).

132 U.S. Department of Health and Human Services, *Guidance for Industry – Providing Clinical Evidence of Effectiveness for Human Drug and Biological Products* (May 1998), p. 1 : « *In 1962, Congress amended the Federal Food, Drug, and Cosmetic Act to add a requirement that, to obtain marketing approval, manufacturers demonstrate the effectiveness of their products through the conduct of* adequate and well-controlled studies » (traduction libre) (nous soulignons).

133 E. S. Weiswasser & S. D. Danzis, « The Hatch-Waxman Act: History, Structure, and Legacy », art. préc., p. 588.

134 L. Honeycheck, « The Drug Price Competition and Patent Term Restoration Act of 1984: A Panacea or a Placebo? », 9 *Seton Hall Legislative Journal* 233 (1985), spéc. pp. 233-234. Pour davantage de précisions : voy. entre autres exemples, H. Grabowski & J. Vernon, *The Regulation of Pharmaceuticals: Balancing The Benefits and Risks*, Washington, DC, American Enterprise Institute, 1983 ; S. Peltzman, *Regulation of Pharmaceutical Innovation: The 1962 Amendments*, Washington, DC, American Enterprise Institute, 1974 ; H. Grabowski, « The Impact of Regulation on Innovation », 34 *Food Drug Cosmetic L. J.* 555 (1979) ; M. May, W. Wardell & L. Lasagna, « New Drug Development During and After a Period of Regulatory Change: Clinical Research Activity of Major, United States Pharmaceutical Firms, 1958 to 1979 », 33 *Clinical Pharmacology Therapeutics* 691 (1983) ; B. Roberts & D. Bodenheimer, « The Drug Amendments of 1962: The Anatomy of a Regulatory Failure », 1982 *Ariz. St. L. J.* 581 (1982).

135 Sur cette problématique, voy. les analyses du docteur Richard Dorsey : R. Dorsey, « The Case for Deregulating Drug Efficacy », 242 *Journal of the American Medical Association* 1755 (1979).

136 En effet, de 1861 à 1995, les brevets conféraient aux inventeurs, à partir de la date de leur délivrance, un monopole temporaire d'une durée de dix-sept ans. Voy. *Patent Act of 1961*, Pub. L. 42, 12 Stat. 246, 36th Congress, 2nd Session, In Addition to « *An Act to Promote the Progress of the Useful Arts* ». L'Accord sur les aspects des droits de propriété intellectuelle qui touchent au commerce (ADPIC), connu aussi sous son acronyme anglais de TRIPS (pour Agreement on Trade-Related Aspects of Intellectual Property Rights), signé par les États-Unis le 15 avril 1994 et qui entra en vigueur le 1er janvier 1995, vint modifier la législation américaine. Depuis cette dernière date, les brevets sont délivrés pour une durée de vingt ans à partir de la date *de dépôt* d'une demande d'enregistrement et non plus à la date de leur délivrance. Ce nouveau principe fut codifié dans l'*United States Code* (U.S.C.). Voy. 35 U.S.C. § 154(a)(2) : « *Subject to the payment of fees under this title, such grant shall be for a term beginning on the date on which the patent issues and ending 20 years* from the date on which the application for the patent was filed in the United States *or, if the application contains a specific reference to an earlier filed application or applications under section 120, 121, 365(c), or 386(c), from the date on which the earliest such application was filed* » (nous soulignons).

laboratoires pharmaceutiques devaient désormais entreprendre des tests qui s'étalaient sur plusieurs années pour démontrer que le produit était, en premier lieu, sans danger pour la santé des patients et, en second lieu, efficace. Partant, la loi eut pour effet de contraindre les fabricants de médicaments à retarder la commercialisation de leurs produits et réduisit considérablement la période durant laquelle le breveté pouvait jouir de son monopole temporaire. Pour synthétiser, la loi de 1962 eut deux conséquences : d'une part, elle augmenta les coûts de recherche et développement supportés par les entreprises pharmaceutiques en raison de l'adjonction de l'obligation d'efficacité ; d'autre part, elle fit chuter drastiquement la durée du monopole temporaire prévue pour récompenser les entreprises ayant investi des sommes cyclopéennes[137] dans la recherche et le développement de nouvelles molécules. En outre, de façon médiate, le Drug Amendments découragea les velléités de génériﬁcation de certains fabricants de médicaments. Si la législation antérieure n'incitait guère les génériqueurs à entrer sur le marché, le nouvel impératif d'efficacité légiféré en 1962 non seulement corrobora cette situation, mais surtout aggrava les difficultés que ces entreprises rencontraient.

24. ***Focus* sur les difficultés rencontrées par les génériqueurs pour pénétrer le marché à l'aune des différents dispositifs mis en place.** Si des blocages existaient bel et bien pour les génériqueurs, des voies sinueuses permettant de pénétrer le marché subsistaient. Durant la période antérieure à l'année 1962, certains fabricants de génériques réussirent à contourner les exigences posées par la procédure d'approbation de la FDA. En pratique, les entreprises génériques justifièrent que les produits pharmaceutiques qu'elles comptaient mettre sur le marché n'étaient que des copies de médicaments existants et, qu'à cet égard, ils ne devaient pas être considérés comme des « *nouveaux médicaments* »[138]. Grâce à cette astucieuse stratégie, les génériqueurs purent court-circuiter les exigences d'innocuité imposées par le FFDCA si bien que des milliers de génériques entrèrent sur le marché en tant que « *old drugs* »[139].

Par ailleurs, en 1970, la FDA adopta une réglementation établissant la première procédure abrégée d'obtention d'une AMM pour les génériques : l'*Abbreviated New Drug Application* (ANDA)[140]. La portée de cette procédure était cependant très limitée si bien que, au vrai, peu de génériques purent entrer sur le marché. Concrètement, la nouvelle procédure ne s'appliquait qu'aux formes génériques de médicaments *princeps* approuvés par l'agence fédérale *avant* 1962 ; médicaments *princeps* qui avaient fait l'objet d'un examen très minutieux par cette dernière au travers d'une

---

[137] L'utilisation de l'adjectif « cyclopéen » n'est pas exagérée. À cette époque, les laboratoires pharmaceutiques devaient déjà débourser des sommes titanesques, plus précisément entre 400 et 500 millions de dollars, pour pouvoir élaborer un médicament et le mettre sur le marché. Voy. J. Niblack, « Why are Drug Development Programs Growing in Size and Cost? A View From the Industry », 52 *Food & Drug L. J.* 151 (1997).

[138] Au sens de la loi de 1938, un « nouveau médicament » était défini comme : « *any drug not generally recognized as safe, or any drug which had become generally recognized as safe but which had not been used to a material extent or for a material time* ». Voy. 21 U.S.C. § 321(p). Nous retrouvons aujourd'hui quasiment la même définition au 21 U.S.C. § 321(p)(2).

[139] R. Merrill & P. Hutt, *Food and Drug Law: Cases and Material*, 2nd ed., Foundation Press, 1991, spéc. pp. 477-478.

[140] L'établissement d'une telle procédure avait déjà été proposé dès 1969, mais elle fut finalement adoptée qu'en 1970. Voy. 34 Fed. Reg. 2,673 (Feb. 27, 1969) et 35 Fed. Reg. 6,574 (Apr. 29, 1970).

procédure connue sous le nom de Drug Efficacity Study Implementation (DESI)[141]. En sus, les génériqueurs qui voulaient mettre leur version générique de médicaments *princeps* approuvés après 1962 devaient recourir à la procédure classique d'obtention d'une NDA et ne pouvaient pas opter pour la procédure abrégée[142].

Dix années après la Drug Efficacity Study Implementation, et nonobstant l'adoption de nouveaux dispositifs prévus pour encourager la concurrence générique, des mécanismes de blocage fort résilients furent néanmoins conservés, de sorte que la politique dite de « *paper-NDA* », adoptée en 1978[143], n'eut qu'un faible effet[144]. Au moyen de cette politique, les médicaments génériques qui étaient généralement reconnus comme sûrs et efficaces eu égard aux données publiques disponibles pouvaient se passer d'études entières consacrées à l'innocuité et l'efficacité du médicament *princeps* pour obtenir une NDA. Plus précisément, la demande pouvait être approuvée par la FDA aussi longtemps que l'agence fédérale déterminait que la littérature disponible était fiable et suffisante pour établir l'innocuité et l'efficacité du médicament[145]. En définitive, la procédure d'ANDA ainsi que celle des *paper-NDA* n'eurent qu'un impact modeste et ne déclenchèrent aucun afflux massif de génériques sur le marché. Les raisons de cet échec sont d'une extrême simplicité. Pour la première, elle ne visait que les formes génériques de médicaments *princeps* approuvés par la FDA *avant* 1962. Par conséquent, pour tous les médicaments *princeps* introduits sur le marché *après* 1962, l'agence fédérale continuait à protéger la totalité des rapports d'études que les laboratoires innovants lui soumettaient pour démontrer l'innocuité et l'efficacité des médicaments. Pour la seconde, étant donné que les données fiables d'efficacité et d'innocuité n'étaient publiquement disponibles que pour très peu de médicaments, la politique de *paper-NDA* n'eut qu'un effet très limité.

25. **Une barrière supplémentaire pour les génériqueurs : la restriction *Bolar*.** À ces barrières réglementaires vint s'ajouter au printemps 1984[146] un nouvel obstacle

---

141 E. Flannery & P. Hutt, « Balancing Competition and Patent Protection in the Drug Industry: The Drug Price Competition and Patent Term Restoration Act of 1984 », art. préc., spéc. p. 273. Voy. aussi J. J. Wheaton, art. préc., p. 439. *Adde* E. S. Weiswasser & S. D. Danzis, « The Hatch-Waxman Act: History, Structure, and Legacy », art. préc., p. 589, qui expliquent que le Drug Amendments de 1962 exigea de la FDA qu'elle examine toutes les NDA délivrées entre 1938 et 1962 pour s'assurer que les médicaments remplissaient à la fois les exigences d'innocuité et d'efficacité. Pour réaliser cette tâche titanesque, la FDA fit appel à la National Academy of Sciences pour entreprendre ce processus long intitulé Drug Efficacity Study Implementation (DESI). En pratique, conformément au processus mis en place, un panel d'experts étudiait chaque catégorie de médicament commercialisé et recommandait à l'agence fédérale de conforter ou, au contraire, de contester les revendications d'efficacité du médicament.

142 Ce principe fut d'ailleurs confirmé par la Cour suprême des États-Unis, qui jugea qu'une copie générique d'un médicament *princeps* déjà approuvé par la FDA devait être considérée comme un « nouveau médicament » au sens du FFDCA. Ainsi, un produit générique devait être individuellement approuvé sur la base d'une procédure de NDA classique. Voy. *United States v. Generix Drug Corp*, 460 U.S. 453 (1983) : « *[...] a generic drug product* is a "new drug" *subject to prior FDA approval* » (nous soulignons).

143 D. Lee, « A "Lighthearted" Look at the Drug Price Competition and Patent Term Restoration Act of 1984 », Final Paper for Food and Drug Law (April 9, 2002), p. 15. Disponible sur : https://dash.harvard.edu/bitstream/handle/1/10018983/LeeD.pdf?sequence=1.

144 E. S. Weiswasser & S. D. Danzis, « The Hatch-Waxman Act: History, Structure, and Legacy », art. préc., p. 589.

145 E. Flannery & P. Hutt, art. préc., p. 275.

146 Plus précisément, le 23 avril 1984.

pour les génériqueurs. Cette fois-ci, l'obstacle fut bâti non pas par le législateur mais par la cour d'appel du circuit fédéral dans la célèbre affaire *Roche v. Bolar*[147]. En l'espèce, Bolar, un fabricant de génériques, avait utilisé le médicament breveté des laboratoires Roche six mois avant qu'il ne tombe dans le domaine public. Le comportement du génériqueur était justifié par la volonté d'entrer sur le marché le plus rapidement possible[148], c'est-à-dire à proximité de la date d'échéance du brevet. Or, le laboratoire innovant considéra cette attitude comme une violation de son brevet et poursuivit le génériqueur au moyen d'une action en contrefaçon. Pour se défendre face à l'action entreprise par les laboratoires Roche, Bolar répondit que l'utilisation du médicament breveté était conforme à la « doctrine de l'utilisation expérimentale » (« *Experimental Use doctrine* »)[149]. Érigée en 1813 dans la célèbre décision *Whittemore v. Cutter*[150], la doctrine de l'utilisation expérimentale indiquait que, « *pour violer un brevet, le contrefacteur doit agir* dans l'intention d'utiliser [le produit breveté] à des fins commerciales *et non pas dans le seul but de l'expérience philosophique ou de déterminer la vérité ou l'exactitude de la spécification* »[151]. Ce même principe fut précisé la même année dans l'affaire *Sawin v. Guild* où le tribunal énonça que, « *en d'autres termes, la fabrication doit être réalisée* dans l'intention de violer le droit des brevets *et de priver le breveté d'une récompense légale pour son invention* »[152].

En s'appuyant sur la doctrine de l'utilisation expérimentale, le génériqueur cherchait à démontrer que les tests qu'il avait réalisés n'avaient pas pour but de violer le brevet détenu par le laboratoire innovant. Cette défense convainquit le tribunal de l'Eastern District of New York mais n'emporta pas l'adhésion de la cour d'appel du circuit fédéral. Selon cette dernière, toute utilisation à des fins commerciales d'une invention brevetée constitue un acte de contrefaçon[153]. *In casu*, pour la juridiction du fond, « *l'utilisation expérimentale exécutée par*

---

147 *Roche Products, Inc. v. Bolar Pharmaceutical Co.*, 733 F.2d 858 (Fed. Cir. 1984).

148 *Ibid.*, § 860 : « *The purpose of the use was to perform necessary tests to obtain FDA approval of the drug's generic version.* »

149 Sur la question de l'utilisation expérimentale, voy. entre autres exemples : R. D. Hantman, « Experimental Use as an Exception to Patent Infringement », 67 *Journal of the Patent and Trademark Office Society* 617 (1985). *Adde* J. Mueller, « The Evanescent Experimental Use Exemption from United States Patent Infringement Liability: Implications for University and Nonprofit Research and Development », 56 *Baylor L. Rev.* 917 (2004), spéc. pp. 918-919.

150 *Whittemore v. Cutter*, 29 F. Cas. 1120 (C.C.D. Mass. 1813).

151 *Ibid.* § 1121 (traduction libre) : « *to infringe a patent, the infringer must make* with the intent to use [patented product] for profit, *and not for the mere purpose of philosophical experiment, or to ascertain the verity and exactness of the specification* » (nous soulignons). La doctrine de l'utilisation expérimentale fut confirmée à de nombreuses reprises. Voy. *Sawin v. Guild*, 21 F. Cas. 554 (C.C.D. Mass. 1813), pt 555 ; *Byam v. Bullard*, 4 F. Cas. 934 (C.C.D. Mass. 1852), pt 935 ; *Poppenhusen v. Falke*, 19 F. Cas. 1048, 1049 (C.C.S.D. N.Y. 1861), qui énonce que « *[i]t has been held, and no doubt is now well settled, that an experiment with a patented article for the sole purpose of gratifying a philosophical taste, or curiosity, or for mere amusement, is not an infringement of the rights of the patentee* » et que l'on pourrait traduire par « *il a été jugé, et il est désormais sans aucun doute établi, qu'une expérience sur un objet breveté pour uniquement satisfaire un goût philosophique, une curiosité ou par simple amusement, ne viole pas les droits du breveté* » (traduction libre).

152 *Sawin v. Guild*, préc., § 555 (C.C.D. Mass. 1813) (traduction libre) : « *In other words, that the making must be* with an intent to infringe the patent-right, *and deprive the owner of the lawful rewards of his discovery* » (nous soulignons).

153 *Roche Products, Inc. v. Bolar Pharmaceutical Co.*, préc., pt 863.

Bolar vis[ait] uniquement des motifs commerciaux et n'a[vait] rien à voir avec l'amusement ou la satisfaction d'une curiosité ou n'é[tait] pas strictement limitée à une enquête philosophique »[154]. Par ailleurs, le juge Nichols indiqua que l'utilisation d'un principe actif breveté pour réaliser des tests cliniques nécessaires à la délivrance d'une autorisation de mise sur le marché était une violation du droit américain des brevets[155]. Ainsi, la juridiction d'appel s'opposa à ce qu'un potentiel concurrent génériqueur puisse faire des tests à partir d'un principe actif breveté pour entrer avec célérité sur le marché et, partant, vint limiter la doctrine de l'utilisation expérimentale dans le secteur pharmaceutique[156].

La décision *Bolar* fut reçue avec inquiétude par les fabricants de génériques et assombrit considérablement la perspective de voir se construire une concurrence générique sur un horizon de long terme aux États-Unis. En effet, la mise en œuvre d'un tel principe apparaissait dommageable, pour ne pas dire pernicieuse, pour la concurrence. L'interdiction de réaliser des tests pendant que le brevet était en vigueur obligeait les fabricants de génériques à attendre que le brevet du *princeps* soit échu pour les débuter. En conséquence, le maintien du principe de prohibition aurait pu conduire à reporter la concurrence générique de plusieurs années[157] puisque :

- d'une part, les génériqueurs n'auraient pu mener les tests qu'à la suite de la chute du brevet dans le domaine public ;
- d'autre part, les fabricants de génériques auraient dû attendre que la FDA approuve leur dossier et leur délivre une NDA, ce qui pouvait prendre deux, voire trois années[158].

26. **Un cadre réglementaire empêchant d'entrer avec célérité sur le marché.** En définitive, les barrières réglementaires édifiées par le législateur et la jurisprudence ne permettaient pas aux génériqueurs d'entrer sur le marché avec célérité, c'est-à-dire dès la date d'échéance du brevet. Compte tenu du cadre réglementaire, les génériqueurs ne pouvaient lancer leurs produits que sept années après la chute du brevet dans le domaine public. Ces sept années correspondaient au temps moyen nécessaire pour remplir toutes les exigences imposées par la FDA. Partant, les laboratoires innovants pouvaient toujours vendre leurs

---

154 *Ibid.* (traduction libre) : « *Bolar's intended "experimental use" solely for business reasons and not for amusement, to satisfy idle curiosity, or for strictly philosophical inquiry.* »

155 *Ibid.*, § 861, plus particulièrement une violation au 35 U.S.C § 271(a), qui disposait que, « *[e]xcept as otherwise provided in this title, whoever without authority makes, uses, offers to sell, or sells any patented invention, within the United States or import into the United States any patented invention during the term of the patent therefor, infringes the patent* ».

156 K. Jung, « Hatch-Waxman's Safe-Harbor Provision for Pharmaceutical Development: A Free Ride for Patent Infringers? », 13 *John Marshall Review of Intellectual Property Law* 445 (2014), spéc. p. 414, où l'auteur explique que, « *[i]n* Roche Products, Inc. v. Bolar Pharmaceutical Co., *the Federal Circuit asserted* the narrow limits of the Experimental Use doctrine within the pharmaceutical industry » (nous soulignons).

157 J. Wheaton, « Generic Competition and Pharmaceutical Innovation: The Drug Price Competition and Patent Term Restoration Act of 1984 », art. préc., spéc. p. 448 : « *If, as seemed to be the case after Bolar, a generic company could not do any tests with a patented active ingredient until after the patent expired, generic competition for patented drugs* could be delayed for several years *after patent expiration while the generic drug company conducted tests and waited for FDA approval* » (nous soulignons).

158 G. Fox, « *Integra v. Merck*: Limiting the Scope of the § 271(e)(1) Exception to Patent Infringement », 19 *Berkeley Technology L. J.* 193 (2004), spéc. pp. 210-211.

produits à des prix supraconcurrentiels puisqu'ils n'étaient confrontés à aucune concurrence générique pendant cette période de sept ans[159]. Cette période de monopole sur le marché était injustifiée puisqu'elle ne s'appuyait sur aucun droit exclusif conféré par un brevet ni sur une quelconque supériorité des produits du laboratoire *princeps*. Les premières victimes de ces dysfonctionnements réglementaires furent les consommateurs, lesquels devaient payer des médicaments au prix fort.

B. La volonté de briser les barrières réglementaires et d'encourager la concurrence générique, deux objectifs portés par la loi Hatch-Waxman

27. **Faiblesse de la concurrence générique à l'orée de l'année 1984.** Les barrières à l'entrée que nous avons précédemment identifiées produisaient un effet négatif concret pour les consommateurs. Elles entravaient clairement l'émergence d'une concurrence générique, laquelle aurait pu déclencher une baisse significative des prix des médicaments. Cet état d'entrave était corroboré par certains chiffres. À titre d'exemple, au début de l'année 1984, environ 150 médicaments *princeps* dont les brevets étaient tombés dans le domaine public demeuraient sans alternative générique[160]. Par ailleurs, les génériques ne phagocytaient que 8 % des parts de marché[161], de sorte qu'aucune pression concurrentielle ne s'exerçait réellement sur les laboratoires innovants. Cette inertie concurrentielle préoccupait sérieusement les membres du Congrès. Elle constituait en pratique la cause principale de l'escalade des prix dans le secteur pharmaceutique[162]. Sans rivaux, les laboratoires innovants se comportaient comme des monopoleurs, ce qui se traduisait par la fixation de prix supraconcurrentiels au détriment des consommateurs finaux, c'est-à-dire les patients. Au vu de l'urgence, les membres du Capitole à Washington décidèrent de réagir. Consciente des problèmes rencontrés par l'industrie générique pour pénétrer le marché, la Chambre des représentants examina une proposition de loi (le *patent term restoration bill*)[163] dont le dessein dominant était non seulement de réduire les délais de la procédure d'approbation des médicaments génériques, mais aussi de la rendre plus efficace. Le représentant Waxman, qui était l'instigateur de cette proposition de loi, souhaitait que les génériqueurs

---

159 C. Edwards, *The Competitive Status of the U.S. Pharmaceutical Industry – The Influences of Technology in Determining International Industrial Competitive Advantage*, National Academy Press, 1983, pp. 79-80.

160 M. Carrier, « Unsettling Drug Patent Settlements: A Framework for Presumptive Illegality » *in Innovation for the 21st Century – Harnessing the Power of Intellectual Property and Antitrust Law*, Oxford University Press, 2009, p. 348 : « *At the time Congress enacted Hatch-Waxman,* there was no generic equivalent for roughly 150 drugs whose patent term had lapsed » (nous soulignons). Voy. aussi D. Lee, « A "Lighthearted" Look at the Drug Price Competition and Patent Term Restoration Act of 1984 », art. préc., p. 16, qui confirme ce chiffre.

161 R. Lewis, « The Emerging Effects of the Drug Price Competition and Patent Term Restoration Act of 1984 », 8 *Journal of Contemporary Health Law and Policy* 361 (1992), spéc. p. 365.

162 E. S. Weiswasser & S. D. Danzis, « The Hatch-Waxman Act: History, Structure, and Legacy », art. préc., p. 590.

163 H.R. 3605 (July 19, 1983). Voy. J. Reid, « A Generic Drug Price Scandal: Too Bitter a Pill for the Drug Price Competition and Patent Term Restoration Act to Swallow? », 75 *Notre Dame L. Rev.* 309 (1999), spéc. p. 316.

puissent obtenir plus rapidement l'approbation de la FDA[164], notamment *via* la mise en place d'une véritable procédure abrégée. La volonté du représentant était la suivante : exempter les génériqueurs des impératifs d'innocuité et d'efficacité lorsque ces derniers réussissaient à démontrer que leur version générique était bioéquivalente au médicament *princeps*. La proposition de loi suscita de nombreuses réactions et fut même accueillie par quelques jets d'anathèmes. Les dispositions furent longuement discutées au travers de débats parlementaires vifs et houleux[165]. Il fallut attendre plus d'une année pour arriver à l'élaboration d'un texte final. Mais malgré un fort travail de lobbying venant aussi bien des laboratoires *princeps* que de certains membres du Congrès, le Drug Price Competition and Patent Term Restoration Act vit le jour et fut signé par le président Reagan le 24 septembre 1984. Entre autres choses, le législateur américain a voulu, d'une part, encourager la concurrence dans l'industrie pharmaceutique en rationalisant la procédure réglementaire d'approbation des génériques et, d'autre part, favoriser l'entrée d'une concurrence immédiate sur le marché (c'est-à-dire dès l'expiration du brevet). Pour ce faire, la loi assura aux génériqueurs une exemption d'acte de contrefaçon s'agissant des activités mises en œuvre pour obtenir l'approbation de la FDA[166]. Deux dispositions pivots furent adoptées : l'institution d'une véritable procédure abrégée pour les génériqueurs (1) et le renversement de l'arrêt *Bolar* (2).

1. L'institution d'une véritable procédure abrégée au bénéfice des génériqueurs

28. **La nécessaire refonte de la procédure abrégée originelle.** Une procédure abrégée existait déjà en 1984, mais n'était point efficace. À dire vrai, la première version de la procédure abrégée n'incitait pas les génériqueurs à entrer sur le marché ni même ne les encourageait à livrer concurrence aux laboratoires innovants. À ces égards, elle renforçait en quelque sorte l'inertie concurrentielle et apparaissait donc comme un échec patent. La principale faiblesse de cet ancien dispositif se trouvait clairement dans son champ d'application. *Ab initio*, la procédure d'*Abbreviated New Drug Application* (ANDA)[167] ne concernait que les médicaments *princeps* approuvés entre 1938 et 1962[168], de sorte que les génériqueurs qui voulaient

---

164 A. Lourie, « Patent Term Restoration », 66 *Journal of the Patent Office Society* 526 (1985), spéc. p. 533.

165 *Ibid.* Par exemple, le représentant Madigan joua rudement des coudes pour ajouter à la proposition de loi une disposition permettant aux brevetés de récupérer une portion de leur durée d'exclusivité (*patent term*).

166 Voy. N. Milenkovich, « Deleting the Bolar Amendment to the Hatch-Waxman Act: Harmonizing Pharmaceutical Patent Protection in a Global Village », 32 *John Marshall L. Rev.* 751 (1999), spéc. pp. 754-755, qui énonce que : « *The Hatch-Waxman Act sought to: 1)* encourage generic "competition" in the pharmaceutical industry by streamlining the process of regulatory approval for generics, *2) stimulate investment in pharmaceutical research and development by restoring to the patent owner a part of the patent term consumed by regulatory delay, and 3)* facilitate immediate competition in the marketplace upon patent expiration by securing for the generic industry an exemption from infringement activities relating to FDA submissions » (nous soulignons). Voy. aussi D. Furman, « Pharmaceutical and Biotechnology Licensing and the Patent/Regulatory Background » *in Technology Licensing and Litigation 1998: Protecting Your Client's Rights* 7, P.L.I. Patents, Copyrights, Trademarks, & Literary Prop. Course, Handbook Series No. 514 (1998), spéc. pp. 14-15, qui rappelle de la même manière les objectifs fixés par la loi Hatch-Waxman.

167 Nous utilisons les expressions « procédure d'ANDA » et « procédure abrégée » comme synonymes.

168 Voy. *supra* n° 24.

« génériﬁer » des médicaments *princeps* commercialisés après 1962 devaient obligatoirement supporter la procédure d'approbation classique, et donc démontrer l'innocuité et l'efficacité de leur version générique.

29. **Extension de la procédure abrégée aux médicaments approuvés après 1962 et exemption de la démonstration d'innocuité et d'efficacité des médicaments.** La loi Hatch-Waxman vint corriger cette défectuosité et perfectionna la procédure d'ANDA sur deux volets. D'une part, elle étendit la procédure abrégée aux médicaments *princeps* approuvés et commercialisés postérieurement à 1962[169]. Cela signifiait en pratique que, pour tous les médicaments approuvés après 1962, les fabricants de génériques ne se voyaient plus imposer la procédure classique de NDA. D'autre part, la nouvelle procédure abrégée imposa aux fabricants de génériques uniquement de prouver que leur produit était bioéquivalent au *princeps*. Ainsi, les laboratoires génériques devaient simplement mettre en évidence que « *le principe actif, la forme posologique, la puissance et la voie d'administration* »[170] de leur version étaient les mêmes que pour le médicament *princeps*. Par conséquent, depuis la date d'entrée en vigueur de la loi Hatch-Waxman, les génériqueurs ne sont plus obligés de dupliquer les essais cliniques portant sur l'innocuité et l'efficacité du médicament. Cette exemption d'essais cliniques leur offre un avantage concurrentiel considérable puisqu'elle permet aux fabricants de génériques d'échapper aux coûts dispendieux de développement du médicament, coûts qui avoisinaient au moment de l'adoption de la loi les 500 millions de dollars[171]. Les économies réalisées sur les coûts de développement expliquent les prix plus faibles des génériques et, partant, les raisons pour lesquelles les pouvoirs publics encouragent les fabricants à entrer sur le marché le plus tôt possible.

30. **Succès de la nouvelle procédure abrégée et critique doctrinale.** Le succès de la nouvelle procédure abrégée fut rapide et incontestable. Alors que les médicaments génériques ne représentaient que 8 % des parts de marché en 1984, ils prirent une ampleur plus importante dès 1989. Seulement cinq années après l'entrée en vigueur de la loi, la part de marché des génériques avoisinait les 33 %[172], soit une part de marché quatre fois plus importante. Mais nonobstant l'apport majeur de la loi Hatch-Waxman pour l'industrie générique, certains membres de la doctrine restèrent très critiques et mirent en exergue l'absence d'une « vraie concurrence » (« *true competition* »). Pour un auteur, deux raisons permettent d'expliquer cette situation : « *[p]remièrement, les dispositions de la loi* Hatch-Waxman *produisent des bénéfices inégaux entre les fabricants de* princeps *et de génériques* », les laboratoires innovants et les fabricants de génériques ne supportant ni les mêmes coûts de développement des médicaments ni les mêmes coûts d'approbation des

---

169 J. Molzon, « The Generic Drug Approval Process », 5 *Journal of Pharmacy & Law* 275 (1995), spéc. p. 276. *Adde* E. Flannery & P. Hutt, art. préc., p. 277 et s.

170 *Ibid.*, p. 277 (traduction libre) : « *This process only requires generic manufacturers to prove their drug is bioequivalent to a brand name drug, and that the* "active ingredient, dosage form, strength, and route of administration" *of the drug are the same as an already approved brand name drug* » (nous soulignons).

171 J. Miller, « Drug Price Competition and Patent Term Restoration Act: The Elimination of Competition Between Drug Manufacturers », 5 *DePaul Journal of Health Care Law* 91 (2002), spéc. p. 103.

172 R. A. Lewis, art. préc., p. 365.

produits. « *Secondement, ces bénéfices inégaux conduisent à ce que les fabricants de* princeps *augmentent les prix au lieu de les baisser*[173]. » Ce dernier phénomène semble s'expliquer par le fait que les laboratoires innovants ne possèdent aucune marge de manœuvre pour réduire les coûts de développement et de fabrication de leurs médicaments[174]. Ils s'efforcent par conséquent de répercuter ces coûts sur les consommateurs. Quoi qu'il en soit, si la refonte de la procédure abrégée joua un rôle majeur dans la dynamisation de la concurrence générique, elle n'expliquait pas à elle seule l'embellie concurrentielle que la doctrine put constater. Le renversement de l'arrêt *Bolar* constituait le second pilier nécessaire au parachèvement du nouvel édifice concurrentiel.

2. Le renversement de l'arrêt *Bolar*

31. **Érection d'un *safe harbor* : l'*experimental use exemption*.** Pour rendre la nouvelle procédure abrégée totalement efficace, briser le verrou posé par l'arrêt *Bolar* devenait une nécessité pressante. Comme nous l'avons évoqué précédemment[175], l'utilisation expérimentale d'un médicament breveté constituait au sens de cette décision un acte de contrefaçon[176]. Ainsi, si un génériqueur souhaitait mettre sur le marché son produit générique, il devait patiemment attendre que le brevet du *princeps* soit échu pour pouvoir lancer les expériences démontrant la bioéquivalence de son produit. En clair, toute expérience réalisée antérieurement à la date d'échéance du brevet faisait du génériqueur un contrefacteur. Ce faisant, même si la nouvelle procédure abrégée autorisait les génériqueurs à entrer plus aisément sur le marché, elle n'aurait pu assurer une entrée générique consécutive à la date d'échéance du brevet sans une remise en cause de l'arrêt *Bolar*. En effet, l'environnement jurisprudentiel de l'époque était trop favorable au breveté puisque ce dernier pouvait bénéficier d'une « extension de fait » (« *a* de facto *extension* ») de la durée de vie de son brevet. Cette extension de fait créait en pratique une « *back-end distortion* »[177] qui entravait temporairement – mais efficacement – l'entrée d'une concurrence générique. Pour remédier à ce problème, le Congrès inséra dans la loi Hatch-Waxman ce qui est communément nommé le Bolar Amendment[178] (ou le *Safe-Harbor provision*)[179] et renversa complètement le principe de prohibition des essais cliniques établi par la cour d'appel du circuit fédéral. En substance, le *Bolar*

---

173 J. L. Miller, art. préc., pp. 102-103 (traduction libre) : « *First, the provisions of the Hatch-Waxman Act cause unequal benefits between generic and brand name manufacturers. Second, these unequal benefits result in brand name manufacturers having to raise prices not lower them.* »

174 *Ibid.*, p. 107. *Adde* C. Brinckerhoff, « Can the Safe Harbor of 35 U.S.C. § 271(e)(1) Shelter Pioneer Drug Manufacturers? », 53 *Food Drug L. J.* 643 (1998).

175 Voy. *supra* n° 25.

176 *Roche Products, Inc. v. Bolar Pharmaceutical Co.*, préc.

177 P. Jones, « Navigating the Hatch-Waxman Act's Safe Harbor », 57 *Food and Drug L. J.* 475 (2002), spéc. p. 478 : « *Under the* Roche *decision, the preparation and marketing of generic products that would compete with a patented product could be delayed for years after the patent expired. As a result, the patentee would receive* a de facto extension of the patent term, which created a "back-end distortion" » (nous soulignons).

178 N. Milenkovich, « Deleting the Bolar Amendment to the Hatch-Waxman Act: Harmonizing Pharmaceutical Patent Protection in a Global Village », art. préc., p. 755.

179 K. Jung, « Hatch-Waxman's Safe-Harbor Provision for Pharmaceutical Development: A Free Ride for Patent Infringers? », art. préc., p. 452.

Amendment prévit une sorte de « fait justificatif »[180] permettant aux fabricants de génériques d'échapper à une éventuelle sanction judiciaire et à l'accusation de contrefaçon. *Expressis verbis*, le texte disposait – et dispose toujours – que : « *Ne constitue pas un acte de contrefaçon le fait de fabriquer, utiliser, proposer à la vente ou vendre aux États-Unis ou importer aux États-Unis une invention brevetée [...] lorsqu'il s'agit* uniquement d'utilisations raisonnablement liées au développement et à la transmission d'information en vertu de la loi fédérale, *laquelle régule la fabrication, l'utilisation ou la vente de médicaments ou de produits à usage vétérinaire* »[181]. Aux termes de cette disposition, on identifie une sphère de sécurité (un *safe harbor*) érigée au bénéfice des génériqueurs. Celle-ci, que d'autres ont nommée la « clause *Roche-Bolar* »[182], permet à ces derniers de commencer à réaliser les essais nécessaires à l'obtention d'une autorisation de mise sur le marché pendant la durée de vie du brevet. En pratique, cette sphère de sécurité neutralise toute action en contrefaçon intentée par un breveté tant que les expériences réalisées par les fabricants de génériques sont liées à une demande d'autorisation de mise sur le marché. Partant, dès lors qu'un génériqueur utilisera à titre expérimental un médicament breveté pour obtenir une approbation de son médicament par la FDA, celui-ci ne sera pas considéré comme un contrefacteur. Ici, c'est l'intérêt général d'avoir une concurrence générique plus vive sur le marché qui l'emporta et conduisit le législateur à porter une légère entaille au droit exclusif détenu par les brevetés sur leurs inventions pharmaceutiques.

32. **Les conséquences du Bolar Amendment.** Le *Safe-Harbor provision* eut deux conséquences principales. En premier lieu, il contribua à lutter efficacement contre l'inertie concurrentielle en permettant l'entrée d'une concurrence générique rapide sur le marché, c'est-à-dire dès la date d'échéance du brevet du laboratoire innovant[183]. Grâce à la mise en œuvre du Bolar Amendment, il a pu être constaté, d'une part, une montée en puissance de la concurrence générique et, d'autre part, l'arrivée de copies génériques de plus en plus tôt sur le marché[184]. Cette concurrence générique eut pour effet de considérablement baisser les prix des médicaments et permit aux patients américains d'économiser plus d'un trillion de dollars[185] depuis l'adoption de la loi Hatch-Waxman. En second lieu, le Bolar

---

180 Sur la notion de fait justificatif : voy. le mot « justificatif » *in* G. Cornu, *Vocabulaire juridique*, 11e éd., PUF, 2016, p. 595, où l'auteur définit le fait justificatif comme un fait « *de nature à excuser un acte, à disculper l'auteur d'un dommage en écartant l'imputabilité ou l'illicéité d'un fait, constituant ainsi une cause d'irresponsabilité civile ou pénale* ».

181 35 U.S.C. § 271(e)(1) (traduction libre) : « *It shall not be an act of infringement to make, use, offer to sell, or sell within the United States or import into the United States a patented invention [...]* solely for uses reasonably related to the development and submission of information under a Federal law *which regulates the manufacture, use, or sale of drugs or veterinary biological products* » (nous soulignons).

182 E. Combe et H. Haug, « Les laboratoires pharmaceutiques face à la concurrence des génériques : Quels enjeux pour l'antitrust ? », *Concurrences* n° 1-2006, p. 47, spéc. p. 48. Voy. aussi V. Varnerot, « La transnationalisation du droit de brevet de médicaments : l'approche ADPIC-moins à rebrousse-poil », *JDI (Clunet)* 2010, n° 1, doctr. 3, qui explique que l'exception *Bolar* « *garantit la licéité des actes nécessaires à l'obtention d'une AMM pour un générique avant l'extinction des droits sur le* princeps ».

183 P. B. Jones, art. préc., p. 479.

184 E. Combe et H. Haug, art. préc., p. 48.

185 Generic Pharmaceutical Association, *Generic Drug Savings in the US*, Sixth annual edition, p. 3 (2014), disponible sur http://www.gphaonline.org/media/cms/GPhA_Savings_Report.9.10.14_FINAL.pdf.

Amendment provoqua de nombreux litiges et de sérieuses contradictions entre juridictions. Les débats se cristallisèrent – et se cristallisent avec la même acuité aujourd'hui – autour de la question de la portée de l'exemption. En effet, l'interprétation de la section 271(e)(1) est apparue ambiguë, notamment en raison du passage énonçant que l'exemption est valable « *solely for uses reasonably related to the development and submission of information under a Federal law* »[186]. Alors que semblent entrer dans le champ d'application du texte uniquement certaines inventions brevetées (*patented inventions*) et les activités expérimentales rattachées à une demande d'autorisation de mise sur le marché[187], de nombreuses juridictions ont eu une approche extensive et ont élargi la portée du texte. À cet égard, l'arrêt *Eli Lilly & Co. v. Medtronic*, rendu par la Cour suprême, apparaît comme un exemple topique. Par cette décision, il a été jugé que le *safe harbor* prévu par la loi Hatch-Waxman ne devait pas uniquement s'appliquer aux inventions de médicaments (*drug-related invention*) mais devait s'étendre à toutes les inventions brevetées[188]. Pour se justifier, les juges de la Cour suprême mirent en avant le fait que le législateur n'avait pas clairement explicité dans les motifs de la loi son souhait de voir limiter l'exemption aux seules inventions de médicament. Plus récemment, ce sont les arrêts *Classen*[189] et *Momenta*[190], prononcés par la cour d'appel du circuit fédéral, qui vinrent apporter leur lot d'incertitudes et de controverses. Dans l'affaire *Classen*, les juges Rader et Newman précisèrent que l'exemption *Bolar* ne devait pas s'appliquer aux informations qui peuvent être couramment rapportées à la FDA après que l'autorisation de mise sur le marché a été délivrée[191]. À rebours, le juge Moore jugea dans l'arrêt *Momenta* que les informations transmises postérieurement à la délivrance de l'autorisation de mise sur le marché entraient dans la sphère de sécurité érigée par le Bolar Amendment.

§ 2. La facilitation de l'action en contrefaçon : le moyen utilisé par la loi

33. **L'acte « artificiel » de contrefaçon et la prime d'exclusivité de cent quatre-vingts jours.** Afin de maintenir une relation équilibrée entre le droit des brevets et le droit antitrust, le législateur américain a cherché à ériger des mécanismes permettant à la fois de respecter et de protéger les droits de propriété intellectuelle

---

186 L'adverbe « *reasonably* », qui signifie en français « raisonnablement », semble être la cause des divergences de lecture du texte. Il offre en effet une marge d'appréciation importante aux juridictions en leur permettant d'adopter une approche étroite ou libérale.

187 Ce qui fut d'ailleurs confirmé par de nombreux jugements. Voy. par ex. *Farmaceutisk Laboratorium Ferring v. Solvay Pharmaceuticals, Inc.*, 25 U.S.P.Q. 2d (BNA) 1344 (N.D. Ga. 1992) ; *Infinitech Inc. v. Vitrophage, Inc.*, 842 F. Supp. 332 (N.D. Ill. 1994).

188 *Eli Lilly & Co. v. Medtronic, Inc.*, 496 U.S. 661 (1990), pts 672-673. Sur cet important arrêt, voy. not. P. Nussle, « *Eli Lilly & Co. v. Medtronic, Inc.*: A Case of Statutory Interpretation », 53 *Ohio State L. J.* 645 (1992) ; A. Pathak, « The Effect of Lilly v. Medtronics on the Scope of 35 USC 271(e)(1): The Patent Infringement Exemption – Broad or Narrow », 6 *Journal of Law and Health* 175 (1992).

189 *Classen Immunotherapies, Inc. v. Biogen IDEC*, 659 F. 3d 1057 (Fed. Cir. 2011).

190 *Momenta Pharms., Inc. v. AmphastarPharms., Inc.*, 686 F. 3d 1348 (Fed. Cir. 2012), pt 1361.

191 *Classen Immunotherapies, Inc. v. Biogen IDEC*, préc., pt 1070.

tout en prévoyant des mécanismes qui ont la capacité d'éliminer des brevets faibles du marché. Conscient qu'un mécanisme permettant de faciliter la contestation des brevets était crucial, le législateur a intégré dans la loi Hatch-Waxman une disposition consacrant un acte « artificiel » de contrefaçon[192]. Cette disposition apparaît comme un incitant très fort. Elle permet en effet aux brevetés de protéger efficacement leurs droits de propriété intellectuelle en les encourageant à agir en justice bien avant d'être exposés à une concurrence générique réelle et potentiellement illégale (A). En parallèle, le législateur a établi une récompense pour les entreprises contestataires ayant réussi à faire annuler un brevet faible. En pratique, la loi offre la possibilité au premier génériqueur qui a réussi à démontrer soit que sa version générique ne viole pas le brevet du *princeps*, soit l'invalidité de ce dernier, d'obtenir une récompense prenant la forme d'une période de cent quatre-vingts jours d'exclusivité. Pendant cette période, le contestataire victorieux détient le droit d'être l'unique concurrent du breveté déchu sur le marché (B).

A. L'acte « artificiel » de contrefaçon, une incitation pour le breveté

34. **La protection des brevetés.** Dans un arrêt d'une grande importance, la Cour suprême des États-Unis a indiqué que l'acte de contrefaçon établi par la loi Hatch-Waxman était « hautement artificiel »[193] (« *highly artificial* »). Nonobstant l'absence de produits potentiellement contrefaits sur le marché, le breveté possède en effet le droit de défendre son droit de propriété intellectuelle en justice (1). Partant, la disposition offre un avantage important au breveté, qui n'a pas besoin d'attendre qu'un acte de contrefaçon concret soit caractérisé pour défendre son bien intellectuel. Cet avantage sort renforcé par la neutralisation de trente mois (*the thirty-month stay*) prévue par la loi, période au cours de laquelle la FDA ne peut pas délivrer d'AMM au profit du génériqueur contestataire (2).

1. Le critère de l'absence de produits contrefaits sur le marché, un incitant efficace pour agir en justice pour le breveté

35. **Fondements et pertinence de l'acte artificiel de contrefaçon.** Pour comprendre l'intérêt de l'acte « artificiel » de contrefaçon, examinons tout d'abord ses fondements (a) avant de relever sa pertinence (b).

a. Les fondements de l'acte « artificiel » de contrefaçon

36. **Pourquoi le législateur américain a-t-il érigé le mécanisme de la contrefaçon artificielle ?** Défendre ses droits de propriété intellectuelle apparaît souvent comme une tâche très ardue. En effet, un acte de contrefaçon, même s'il est condamné *a posteriori* par une juridiction, peut avoir des effets irréversibles pour le breveté. Cette

---

192 D'autres auteurs ont préféré l'expression « acte de contrefaçon "virtuel" ». Voy. L. Bénard, « Existe-t-il une spécificité des brevets dans le domaine pharmaceutique ? » *in Concurrence, santé publique, innovation et médicament*, *op. cit.*, p. 205, spéc. p. 232.

193 U.S. Supreme Court, *Eli Lilly & Co. v. Medtronic, Inc.*, préc., pts 676-678.

situation se rencontre par exemple dans les cas où les contrefacteurs ne bénéficient pas de ressources financières suffisantes pour réparer les dommages causés par la mise sur le marché de produits contrefaits. Dans cette hypothèse, même si une juridiction devait constater l'illicéité de cet acte, le breveté pourrait se voir dans l'impossibilité de récupérer les profits de monopole dont il aurait dû bénéficier. Concrètement, l'effectivité de son droit exclusif apparaît en ce cas totalement annihilée. Par ailleurs, la durée du procès en contrefaçon présente un second écueil pour le titulaire du brevet. Pouvant prendre plusieurs années[194], le caractère tardif de l'intervention judiciaire peut porter irrémédiablement préjudice au breveté. En raison de la longueur du traitement du contentieux, il arrive que ce dernier soit dans l'incapacité de relever ses prix au niveau de ceux du monopole. Ce scénario peut notamment se rencontrer lorsque le breveté a subi une concurrence illégale pendant de nombreuses années, laquelle l'a conduit à écraser injustement ses prix au niveau de ceux du contrefacteur (c'est-à-dire à un niveau concurrentiel). Si au sortir du procès en contrefaçon un autre concurrent a réussi à lancer sur le marché un produit ne portant pas atteinte à ses droits de propriété intellectuelle, le breveté n'aura finalement jamais pu fixer des prix supraconcurrentiels alors même que son brevet lui permettait pourtant de les établir. Dans ce contexte, la propriété intellectuelle aura été complètement neutralisée et rendue inefficace. Cette neutralisation est très préoccupante lorsque le breveté se trouve *in fine* dans l'impossibilité de récupérer les investissements[195] qu'il a consentis en R&D. En effet, l'incitation à l'innovation pourrait en être sévèrement affectée et l'efficience dynamique, un objectif recherché aussi bien par le droit des brevets que par le droit de la concurrence[196], complètement entravée.

37. **La demande d'une ANDA, le préalable.** Pour contourner ces difficultés, le législateur américain a prévu une disposition spécifique permettant de trouver un équilibre entre deux intérêts divergents, à savoir la protection des droits de propriété intellectuelle et l'incitation à la contestation de brevets. En pratique, pour qu'un acte « artificiel » de contrefaçon soit identifié, le génériqueur contestataire doit tout d'abord mettre en œuvre une procédure particulière : il doit demander à la FDA une autorisation de mise sur le marché. Comme nous l'avons précédemment expliqué, la loi Hatch-Waxman évite aux fabricants de génériques de dépenser d'énormes sommes et de perdre du temps pour obtenir une telle autorisation. Pour réaliser ce gain en coût et en temps[197], le génériqueur doit déposer une demande

---

194 Pour des données empiriques sur la longueur des procès en contrefaçon aux États-Unis : voy. J. Kesan & G. Ball, « How Are Patent Cases Resolved? An Empirical Examination of the Adjudication and Settlement of Patent Disputes », 84 *Washington University L. Rev.* 237 (2006).

195 En effet, il est coutume de justifier le système des brevets en mettant en exergue que « *le monopole temporaire [...] autorise les inventeurs non seulement à récupérer les coûts de développement, mais aussi à générer un juste retour sur leurs investissements* » (traduction libre). Voy. B. Enerson, « Protecting Society from Patently Offensive Inventions: The Risk of Reviving the Morality Utility Doctrine », 89 *Cornell L. Rev.* 685 (2004), spéc. p. 689 : « *The limited-term monopoly [...] allows inventors not only to recoup development costs, but also to generate a fair return on their investment.* »

196 J. Drexl, « Is There a "More Economic Approach" to Intellectual Property and Competition Law? » *in Research Handbook on Intellectual Property and Competition Law* (dir. J. Drexl), Edward Elgar, 2008, p. 27, spéc. p. 39.

197 Pour une explication plus exhaustive de ce gain de temps : voy. A. Heeringa, « Dodging Antitrust Bullets in Patent Settlement Agreements: Lessons Learned from the "Reverse Payment" Dilemma », 5 *DePaul Business & Commercial L. J.* 265 (2007), spéc. p. 273.

d'ANDA, qui est une procédure abrégée permettant la délivrance d'une autorisation de mise sur le marché. En pratique, le déposant de cette ANDA doit démontrer que son produit possède le même principe actif, le même mode d'administration et une bioéquivalence avec le médicament *princeps*. Si le fabricant de génériques arrive à démontrer tout cela, il pourra alors s'appuyer sur les études d'innocuité et d'efficacité du laboratoire *princeps*. Autrement dit, il sera déchargé de la réalisation de ces essais cliniques.

38. **La demande d'une ANDA est considérée comme un acte « artificiel » de contrefaçon.** Pour faire sa demande d'ANDA, le génériqueur doit prendre en compte les brevets déposés par le laboratoire *princeps*. En effet, lorsque ce dernier dépose une demande de *New Drug Application* (NDA), qui est la procédure classique d'autorisation de mise sur le marché, il doit énumérer les brevets qu'il détient et qui couvrent son médicament dans l'*Orange Book*[198]. Cet ouvrage contient la liste de tous les brevets approuvés par la FDA, lesquels permettent la commercialisation du produit aux États-Unis[199]. Ainsi, la loi Hatch-Waxman associe la demande d'une autorisation de mise sur le marché avec le droit des brevets. Ce lien entre les brevets et l'autorisation de mise sur le marché a été qualifié par la doctrine de « *patent linkage* »[200]. Dans sa demande d'ANDA, le déposant génériqueur doit donc prendre en compte les brevets du laboratoire pionnier s'il veut espérer lancer son générique sur le marché. Concrètement, la loi l'oblige à faire l'une des quatre certifications suivantes. Le déposant d'une ANDA doit certifier soit :

- qu'aucune information sur le brevet n'apparaît dans l'*Orange Book* ;
- que le brevet n'est pas arrivé à échéance ;
- qu'il ne cherchera pas à obtenir une autorisation de mise sur le marché avant que le brevet ne tombe dans le domaine public ;
- que le brevet est invalide ou que son médicament générique ne le violera pas[201].

---

198 Voy. 21 U.S.C. § 355(j)(2)(A)(vii). Son nom technique est l'« *Approved Drug Products with Therapeutic Equivalence* ». Les spécialistes le nomment ainsi puisque la couverture de l'ouvrage était de couleur orange. Aujourd'hui, l'*Orange Book* est publié au format numérique et est accessible sur internet.

199 J. Thomas, *Pharmaceutical Patent Law*, BNA Books, 2005, p. 327. Voy. aussi H. Hovenkamp, M. Janis & M. Lemley, « Anticompetitive Settlement of Intellectual Property Disputes », art. préc., spéc. p. 1752, où les auteurs indiquent que « *le laboratoire pionnier doit énumérer tout brevet revendiquant un produit ou une méthode d'utilisation qui pourrait être violé par un fabricant de génériques* » (traduction libre). Dans la langue d'origine : « *the pioneer must list any patents having product or method-of-use claims that would be infringed by a generic producer* ».

200 J. Drexl, « Les règlements amiables de type "pay-for-delay" : plaidoyer pour une réforme du système réglementaire des brevets pharmaceutiques en Europe », *in Droit, Économie et Valeurs – Hommage à B. Remiche*, Larcier, p. 413, spéc. p. 422. Voy. aussi T. Lechner-Fish, « The Hatch-Waxman System: Suffering a Plague of Bad Behavior », 5 *Houston Business and Tax L. J.* 372 (2005), spéc. p. 383 et s. ; S. Gallasch, *The Anticompetitive Misuse of Intellectual Property Rights in the European Pharmaceutical Sector*, th. dact., University of East Anglia, 2014, p. 92.

201 Voy. 21 U.S.C. § 355(j)(2)(A), qui dispose que : « *a certification, in the opinion of the applicant and to the best of his knowledge, with respect to each patent which claims the drug for which such investigations were conducted or which claims a use for such drug for which the applicant is seeking approval under this subsection and for which information is required to be filed [...]:*
(i) that such patent information has not been filed,
(ii) that such patent has expired,
(iii) of the date on which such patent will expire, or

Pour les deux premières certifications, la FDA peut délivrer immédiatement une ANDA. De la même manière, pour la troisième certification, l'autorisation de mise sur le marché sera délivrée, mais seulement lorsque le brevet (voire les brevets) sera (ou seront) arrivé(s) à échéance. En revanche, pour la quatrième certification, que la doctrine américaine nomme « *paragraph IV certification* »[202], le déposant génériqueur doit accomplir des formalités supplémentaires. Celui-ci doit informer dans les vingt jours[203] suivant sa demande de « certification paragraphe IV » le breveté ainsi que le détenteur de la NDA[204] de son intention d'entrée sur le marché. Dans sa notification, le déposant génériqueur doit détailler les revendications du brevet (ou des brevets) qu'il considère invalides ou non violées. Pour justifier l'invalidité du brevet, le génériqueur pourra par exemple démontrer que ce dernier a été obtenu par fraude ou qu'il ne remplit pas la condition de non-évidence (*non-obviousness*)[205]. Quoi qu'il en soit, à la réception de cette notification, le breveté dispose de quarante-cinq jours pour agir en contrefaçon, alors même que le génériqueur n'a encore mis aucun produit sur le marché. Autrement dit, la demande d'ANDA constitue un acte « artificiel » de contrefaçon (*an « artificial » infringement*)[206]. Si le breveté décide de ne pas poursuivre le déposant génériqueur en contrefaçon dans les quarante-cinq jours, la FDA pourra délivrer une ANDA dès lors que ce dernier aura satisfait aux exigences réglementaires[207]. Par ailleurs, il convient d'ajouter que l'inertie du breveté durant la période de quarante-cinq jours ne lui ferme aucunement la voie d'une action en justice. Sa réaction tardive l'empêchera simplement de bloquer la délivrance de l'ANDA.

b. La pertinence de l'acte « artificiel » de contrefaçon

39. **L'acte « artificiel » de contrefaçon protège le breveté d'une concurrence potentiellement illicite et contribue à préserver l'incitation à l'innovation.** L'utilité de l'acte « artificiel » de contrefaçon nous paraît évidente. Non seulement la disposition qui le prévoit respecte les droits de propriété intellectuelle

(iv) that such patent is invalid or will not be infringed by the manufacture, use, or sale of the new drug for which the application is submitted ».

202 Voy. par ex. C. Hemphill & M. Lemley, « Earning Exclusivity: Generic Drug Incentives and the Hatch-Waxman Act », 77 *Antitrust L. J.* 947 (2011), spéc. p. 951 ; M. Carrier, « Unsettling Drug Patent Settlements: A Framework for Presumptive Illegality », art. préc., p. 345, spéc. p. 352.

203 Voy. 21 U.S.C. § 355(j)(2)(B)(ii), (iii).

204 Cette dernière occurrence se produit uniquement dans l'hypothèse où le breveté et le détenteur de l'autorisation de mise sur le marché sont deux personnes distinctes.

205 Voy. D. Geradin, D. Ginsburg & G. Safty, « Reverse Settlements in the European Union and the United States » *in Competition and Patent Law in the Pharmaceutical Sector – An International Perspective* (dir. G. Pitruzella & G. Muscolo), Wolters Kluwer, 2016, p. 125, spéc. p. 126, où les auteurs indiquent que « *[l]e déposant doit certifier que tous les brevets couvrant la version* princeps *du médicament ont expiré ou […] que le brevet "n'est pas valide ou ne sera pas violé par" la vente du générique, peut-être* parce que l'invention était évidente ou que le brevet a été obtenu par fraude » (traduction libre) (nous soulignons). En langue d'origine : « *The applicant must certify that any patent covering the brand version of the drug has expired or […] that the patent is "invalid or will not be infringed by" the sale of the generic, perhaps* because the invention was obvious or the patent was procured by fraud. »

206 A. Mehl, « The Hatch-Waxman Act and Market Exclusivity for Generic Drug Manufacturers: An Entitlement or an Incentive », 81 *Chicago-Kent L. Rev.* 649 (2006), spéc. p. 654.

207 21 U.S.C. § 355(j)(5)(B)(iii). Voy. M. Carrier, « Unsettling Drug Patent Settlements: A Framework for Presumptive Illegality », art. préc., p. 352.

du breveté, mais surtout préserve par ricochet les incitations à l'innovation et l'équilibre entre le droit des brevets et la libre concurrence. En effet, grâce au caractère « artificiel » de l'acte de contrefaçon, le breveté se retrouvera dans une situation très privilégiée dans la mesure où ses droits de propriété intellectuelle ne seront pas niés. Plus précisément, l'usage de son droit exclusif ne sera pas neutralisé et demeurera effectif. De cette façon, l'acte « artificiel » de contrefaçon permettra au titulaire du brevet d'éviter une concurrence potentiellement illicite qu'un génériqueur contrefacteur souhaiterait lui livrer. Étant donné que le brevet détenu par le laboratoire *princeps* est présumé valide et en vigueur, le concurrent du breveté ne détient, au vrai, aucun droit pour lancer son produit sur le marché. Pour entrer légalement sur le marché, une autorisation expresse du breveté doit lui être accordée, à moins que le génériqueur ne soit parvenu à démontrer judiciairement l'invalidité du titre ou sa non-violation. Quoi qu'il en soit, sans l'acte « artificiel » de contrefaçon, un breveté pourrait se trouver dans une situation très précaire puisque son médicament *princeps* pourrait être concurrencé par une version générique contrefaite[208]. Partant, le breveté serait obligé d'adapter ses prix pour préserver ses parts de marché en attendant qu'une décision judiciaire, prenant la forme soit d'une injonction provisoire, soit d'un jugement définitif, soit prononcée. L'acte « artificiel » de contrefaçon s'oppose à ces scénarios et permet une réaction très rapide et en amont (c'est-à-dire avant la mise sur le marché du produit potentiellement contrefait) du breveté. En décidant d'agir en justice avant même qu'un produit contrefait ne soit sur le marché, le breveté peut ainsi protéger efficacement ses droits de propriété intellectuelle et le monopole temporaire qui leur est généralement arrimé.

De plus, la liberté de choix laissée au breveté participe de l'équilibre de la relation entre le droit des brevets et la libre concurrence. En effet, dans l'hypothèse où un breveté considérerait que son brevet serait trop faible pour survivre à une contestation judiciaire, la loi l'autorise à ne pas agir contre le contrefacteur allégué[209]. En conséquence, un brevet faible pourrait être éliminé et une concurrence générique émerger avec davantage de célérité que prévu sur le marché[210]. En effet, d'un marché monopolistique, où le breveté possédait une maîtrise totale de la fixation des prix, le marché deviendra duopolistique grâce à l'absence d'action judiciaire de sorte que les consommateurs pourront pleinement bénéficier d'une concurrence par les prix (ou d'une efficience statique). Par ailleurs, l'acte « artificiel » de contrefaçon participe aussi au maintien de l'incitation à l'innovation dans le secteur pharmaceutique. La prise en compte de la propriété intellectuelle par le législateur américain encourage clairement les entreprises à entreprendre et poursuivre des activités de R&D. En effet, l'acte « artificiel » de contrefaçon permet de protéger le brevet jusqu'à ce qu'une juridiction compétente le juge

---

208 Il convient de préciser que, simultanément, l'acte « artificiel » protège aussi le contrefacteur allégué. Étant donné qu'il n'a réellement commis aucun acte de contrefaçon, il est immunisé contre l'engagement de sa responsabilité pour violation de brevet. Voy. S. Han, « Pay-to-Delay Settlements: The Circuit-Splitting Headache Plaguing Big Pharma », 15 *Vanderbilt Journal of Entertainment & Technology Law* 913 (2013), spéc. p. 920.

209 Une approche plus stricte aurait pu par exemple imposer l'*automaticité* de l'action judiciaire dès la notification du génériqueur de la décision de demander une autorisation de mise sur le marché.

210 Théoriquement, un concurrent pourrait dès lors entrer sur le marché bien avant la date d'échéance du brevet.

non valable. Ce faisant, les brevetés semblent détenir la garantie de jouir de leur monopole pendant une certaine période et d'être ainsi récompensés de leurs investissements. En ce sens, l'acte « artificiel » de contrefaçon semble contribuer au maintien d'une dynamique d'innovation et participe à la concrétisation de l'efficience dynamique[211].

2. L'impossibilité d'obtenir une ANDA durant trente mois (*the thirty-month stay*), un frein potentiel à la contestation des brevets pour le génériqueur

40. **Fondements et absence de pertinence de la neutralisation de trente mois.** Pour comprendre en quoi la neutralisation des trente mois est un frein à la contestation des brevets pour le génériqueur, il conviendra tout d'abord de mettre en exergue les fondements de ce mécanisme (a) avant de démontrer, cette fois-ci, son défaut de pertinence (b).

a. Les fondements de la neutralisation de trente mois

41. **Un renforcement effectif des droits de propriété intellectuelle par la neutralisation des trente mois.** Pour renforcer les droits de propriété intellectuelle des brevetés, la seule adoption de l'acte « artificiel » de contrefaçon aurait été insuffisante. En ce cas, les contrefacteurs allégués auraient pu lancer leur produit à risque (*to launch at risk*) et empêcher les laboratoires *princeps* de faire valoir leurs droits découlant de leurs brevets jusqu'à ce qu'une juridiction ait rendu une décision sur le contentieux en contrefaçon. Autrement dit, nonobstant l'action en contrefaçon, les brevetés auraient pu, dans certaines circonstances, faire face à l'entrée sur le marché d'un concurrent génériqueur. Pour résoudre ce problème, et pour donner assez de consistance à l'acte « artificiel » de contrefaçon, le législateur américain a décidé d'offrir aux brevetés une protection supplémentaire, à savoir une protection automatique de trente mois (« *automatic "30-month stay" protection* »)[212]. Cette protection se présente de la façon suivante. Lorsqu'un génériqueur dépose une certification paragraphe IV, il doit notifier au breveté des éléments détaillés permettant, selon lui, de conclure que le brevet que ce dernier détient n'est pas valide ou non violé par son produit. Si le breveté déclenche le mécanisme de l'acte « artificiel » de contrefaçon dans les quarante-cinq jours suivant la notification, alors la FDA ne pourra pas délivrer d'autorisation de mise sur le marché au déposant pendant trente mois. Ainsi, l'acte « artificiel » de contrefaçon ne conduit pas uniquement à agir en justice sans démontrer un acte de contrefaçon réel, il permet aussi de maintenir le déposant d'une certification paragraphe IV hors du

---

211 Selon des auteurs, l'efficience dynamique « *consiste en l'allocation Pareto-optimale des ressources entre le présent et le futur* » (traduction libre). Voy. W. Baumol & J. Ordover, « Antitrust: Source of Dynamic and Static Inefficiencies? » *in Antitrust, Innovation, and Competitiveness* (dir. T. Jorde & D. Teece), Oxford University Press, 1992, p. 82, spéc. p. 83, lesquels énoncent dans leur langue maternelle que : « *We can define dynamic efficiency to consist of the Pareto-optimal allocation of resources between present and future.* »

212 Voy. par ex. R. Smith, « Hatch-Waxman 2003 – Patented v. Generic Drugs: Regulatory, Legislative and Judicial Developments », 20 *Santa Clara High Tech. L. J.* 695 (2004), spéc. p. 699.

marché pendant trente mois[213], soit pendant deux ans et demi. En d'autres termes, en usant de l'acte « artificiel » de contrefaçon, le breveté pourra être assuré de voir son monopole sur le marché prolongé pendant toute cette durée, et ce, même si son brevet est faible. Cette neutralisation – ou cette paralysie – de la demande d'ANDA débute à la date de réception de la notification du déposant au breveté[214].

42. **L'assimilation par la doctrine de la période de neutralisation de trente mois à une injonction préliminaire automatique.** Cette période de trente mois a été sévèrement critiquée aux États-Unis. Trois des plus grands universitaires américains, tous spécialistes du droit antitrust, ont jugé que « *l'effet de cette remarquable règle est de retarder la concurrence par les prix pour le médicament pour plusieurs années, même lorsqu'un brevet est clairement invalide, par la délivrance de ce qui ressemble à une* injonction préliminaire automatique *toutes les fois où le titulaire d'un brevet pharmaceutique agit en contrefaçon contre un fabricant de génériques* »[215]. En d'autres termes, l'analyse consiste à dire que la période de neutralisation de trente mois est très favorable, peut-être trop favorable, aux brevetés puisqu'ils n'ont pas besoin de saisir une juridiction pour obtenir une injonction préliminaire. L'automaticité du déclenchement de la période des trente mois, sans même le besoin de saisir une juridiction, représente en effet une protection importante des biens intellectuels du breveté et un nouvel artifice efficace au service de ce dernier.

43. **Briser la neutralisation des trente mois, un exercice délicat.** Comme nous venons de l'exposer, la neutralisation de trente mois semble se fonder sur l'objectif de protéger davantage les droits de propriété intellectuelle des brevetés. Pour s'en convaincre, l'examen des difficultés que peuvent rencontrer les génériqueurs contestataires pour faire tomber cette période de neutralisation apparaît éloquent. La loi Hatch-Waxman prévoit bien un moyen d'écarter la neutralisation des trente mois, mais les conditions prévues par le texte n'encouragent pas vraiment les génériqueurs à se lancer dans une telle entreprise[216]. En effet, la mise à l'écart de la neutralisation des trente mois est possible uniquement si pendant cette période un tribunal de district juge que le brevet est invalide ou non violé. Dans cette occurrence, la délivrance de l'ANDA par la FDA sera effective soit à la date du jugement, soit à la date de l'ordonnance de règlement (*settlement order*), soit à la date du *consent decree*[217]. Cependant, si un appel est interjeté, la délivrance de l'ANDA ne sera effective qu'au jour du jugement d'appel, soit à la date de l'ordonnance de règlement ou à la date du *consent decree* rendu par la juridiction

---

213 Voy. 21 U.S.C. § 355(j)(5)(B)(iii).

214 *Ibid.*

215 H. Hovenkamp, M. Janis & M. Lemley, *IP & Antitrust: An Analysis of Antitrust Principles Applied to Intellectual, Property Law*, Wolters Kluwer, 2014, § 15.3b (traduction libre) : « *The effect of this rather remarkable rule is to delay drug price competition for several years even when a patent is clearly invalid, by granting what is akin to an* automatic preliminary injunction *whenever a pharmaceutical patent owner files suit against a generic manufacturer* » (nous soulignons).

216 Il convient ici de relever que la neutralisation de trente mois devient caduque si durant cette période le brevet contesté tombe dans le domaine public. Dans cette circonstance, le génériqueur contestataire pourra se voir octroyer l'ANDA et, ainsi, légalement entrer sur le marché. Voy. L. Robinson, « Analysis of Recent Proposals to Reconfigure Hatch-Waxman », 11 *Journal of Intellectual Property Law* 46 (2003), spéc. p. 65.

217 Voy. 21 U.S.C. § 355(j)(5)(B)(iii).

d'appel. En clair, ces exceptions semblent peu efficaces puisque, pour obtenir de telles décisions, l'écoulement d'une période de trente mois est souvent nécessaire. Aussi, mieux vaut-il pour un génériqueur contestataire attendre que la période de trente mois touche à sa fin pour pouvoir lancer à risque, s'il le souhaite, son produit sur le marché. Par ailleurs, la neutralisation de trente mois paraît fort dissuasive pour les génériqueurs puisqu'elle décale dans le temps leur entrée sur le marché, et ce, même lorsqu'ils possèdent des preuves substantielles de l'invalidité du brevet ou de sa non-violation[218].

44. **Un frein supplémentaire à la contestation des brevets, la manipulation de la neutralisation des trente mois par les brevetés.** La période de neutralisation de trente mois a aussi posé de nombreux problèmes au début de son adoption. Une étude de la FTC, rendue publique en 2002[219], a mis au jour une stratégie mise en place par les brevetés, laquelle consistait à manipuler la période de trente mois au détriment des génériqueurs. Cette stratégie a été nommée par l'autorité de concurrence américaine « *multiple thirty-month stays* »[220]. Au moyen de cette stratégie, les brevetés arrivaient en pratique à prolonger artificiellement, et de manière injustifiée, leur droit exclusif. Autrement dit, les brevetés parvenaient à obtenir plusieurs périodes de neutralisation de manière successive. Dans son étude, la FTC a relevé que la manipulation de la période des trente mois a permis aux brevetés d'ajouter quatre à quarante mois[221] de neutralisation supplémentaires. Durant cette période de prorogation, la FDA ne pouvait toujours pas délivrer d'autorisation de mise sur le marché au génériqueur déposant d'une certification paragraphe IV. Mais alors, comment se manifestait en pratique cet abus de la neutralisation de la période de trente mois (*abuse of 30-month stay*)[222] ? Lorsqu'un génériqueur dépose une demande d'ANDA, il doit examiner tous les brevets du laboratoire pionnier (ou du titulaire de la NDA) listés dans l'*Orange Book*. En général, de nombreux brevets « subsidiaires » sont adjoints aux brevets de « base », lesquels portent sur le principe actif, la formulation, la méthode de fabrication ou la méthode d'utilisation du médicament[223]. Pour obtenir son ANDA, le déposant génériqueur doit certifier que sa version générique ne violera aucune revendications des brevets listés ou que les revendications visées sont invalides. Derrière la clarté de la disposition se dissimulait un sérieux vice caché. En effet, aux termes de la loi, si un laboratoire *princeps* listait des brevets additionnels dans l'*Orange Book*, le déposant génériqueur devait alors faire une nouvelle demande d'ANDA s'agissant des nouveaux brevets listés[224] et, par ce fait, recommencer

---

218 H. Hovenkamp, M. Janis & M. Lemley, *IP & Antitrust: An Analysis of Antitrust Principles Applied to Intellectual, Property Law*, Wolters Kluwer, 2014, § 15.3b.

219 FTC, *Generic Drug Entry Prior to Patent Expiration: An FTC Study*, préc.

220 *Ibid.*, p. 48.

221 *Ibid.*, p. 40.

222 Voy. L. Robinson, « Analysis of Recent Proposals to Reconfigure Hatch-Waxman », art. préc., p. 65, qui utilise cette expression.

223 Il existe une classification informelle des brevets pharmaceutiques. Classiquement, on distingue les brevets sur le principe actif, les brevets sur la méthode d'utilisation, les brevets de formulation et les brevets de procédé. Voy. S. Greene, « A Prescription for Change: How the Medicare Act Revises Hatch-Waxman to Speed Market Entry of Generic Drugs », 30 *The Journal of Corporation Law* 309 (2005), spéc. p. 316.

224 *Ibid.*, p. 317.

entièrement la procédure. Cette malfaçon de la loi eut pour conséquence d'inciter les brevetés à déposer des brevets additionnels – ne remplissant parfois pas les conditions de brevetabilité – pour prolonger leur monopole. En conséquence, « *les concurrents génériqueurs cherchant l'approbation de la FDA [furent] souvent frustrés parce qu'ils voyaient des brevets invalides listés [dans l'*Orange Book*] par des laboratoires pionniers dont l'objectif exprès était de retarder la concurrence générique* »[225].

45. **La réponse de la FTC et du législateur à la manipulation de la neutralisation des trente mois par les brevetés.** À l'origine, la lutte contre la manipulation de la période des trente mois fut menée par la FTC. L'autorité de concurrence américaine avait vu très tôt cette stratégie comme une violation du droit antitrust[226]. Parallèlement aux batailles judiciaires qu'elle engageait, la FTC fit des recommandations au législateur afin de mettre définitivement un terme à la possibilité de mésuser de la période de trente mois. Si l'autorité de concurrence avait constaté dans son rapport de 2002 que cette stratégie fut utilisée uniquement à huit reprises de 1998 à 2001[227], ces cas impliquaient cependant des médicaments très profitables et de grandes valeurs. Pour cette raison, et pour porter un coup létal à cette stratégie, la FTC recommanda au législateur d'adopter une nouvelle règle. Selon celle-ci, une seule période de neutralisation de trente mois devait être accordée par ANDA et par médicament. La doctrine, outre-Atlantique, nomma cette règle « *only one thirty-month stay per ANDA per drug* »[228]. Avec cette nouvelle approche, les brevets qui seraient listés postérieurement à la demande d'ANDA n'obligeraient les génériqueurs qu'à déposer de nouvelles certifications mais ne déclencheraient pas de nouveau le mécanisme de la neutralisation de trente mois[229]. Ainsi, cette règle ambitionnait de bloquer la possibilité pour le breveté d'obtenir plusieurs périodes successives de trente mois de neutralisation pour un même médicament. Ce faisant, si la règle avait été adoptée, une seule option aurait été disponible aux brevetés pour accroître la période de trente mois et empêcher le génériqueur de lancer son produit sur le marché : obtenir une injonction préliminaire[230].

---

225 *Ibid.*, p. 318 (traduction libre) : « *generic competitors seeking FDA approval for competing products [was] often frustrated by what they view as invalid patents listed [in the Orange Book] by innovators with the express purpose of delaying generic competition* ».

226 Voy. par ex., FTC, *In the Matter of Biovail Corp.*, File No. 011-0094 (Oct. 2, 2002), disponible sur http://www.ftc.gov/os/2002/04/biovailcomplaint.htm. Dans cette affaire, la FTC soutenait dans sa plainte que le laboratoire *princeps*, Biovail, avait cherché à maintenir son monopole sur le marché injustement en listant dans l'*Orange Book* un nouveau brevet uniquement dans le dessein de bloquer la concurrence générique s'agissant de son médicament *princeps*, le Tiazac. L'affaire a été résolue au moyen d'un *consent order* aux termes duquel il a été interdit au breveté d'entreprendre une quelconque action lui permettant de déclencher une période de trente mois supplémentaire. Le *consent order* obligeait aussi le laboratoire *princeps* à notifier à la FTC tout brevet qu'il comptait lister dans l'*Orange Book*.

227 FTC, *Generic Drug Entry Prior to Patent Expiration: An FTC Study*, préc., p. 40.

228 S. Greene, art. préc., p. 332. Voy. aussi T. J. Lechner-Fish, art. préc., p. 418.

229 FTC, *Generic Drug Entry Prior to Patent Expiration: An FTC Study*, préc., pp. 54-55.

230 Voy. S. Greene, art. préc., p. 332, où l'auteur explique que le « *breveté pourrait, bien sûr, toujours agir en contrefaçon et chercher à obtenir une injonction préliminaire pour empêcher le génériqueur de lancer son produit* » (traduction libre). Dans la langue d'origine : « *The patent holder could, of course, still sue for patent infringement and could seek a preliminary injunction to prevent the generic manufacturer from launching its product.* »

Les recommandations de la FTC furent entendues par le législateur et le convainquirent. *Via* le Medicare Prescription Drug, Improvement, and Modernization Act (MMA) du 19 juin 2003, la règle proposée par l'autorité de concurrence américaine fut adoptée. Désormais, même si un breveté décidait de lister un nouveau brevet postérieurement à la demande d'ANDA du génériqueur, celui-là ne pourra plus bénéficier d'une nouvelle période de neutralisation de trente mois. Grâce à cette nouvelle règle, la période de neutralisation semble ne plus être une cause de retard à l'entrée des génériques sur le marché puisque la période des trente mois se rapproche actuellement peu ou prou du temps nécessaire à la FDA pour examiner une demande d'autorisation de mise sur le marché, à savoir dix-huit à vingt-cinq mois[231].

b. Le défaut de pertinence de la période de neutralisation de trente mois

46. **Le défaut de pertinence au regard de la protection des brevets faibles et de la dissuasion de la contestation des brevets.** L'idée de renforcer le droit exclusif des brevetés nous paraît louable et justifiée. Les coûts en R&D étant très élevés dans le secteur pharmaceutique[232], il nous paraît nécessaire et pertinent de construire un environnement favorable aux brevetés afin qu'un niveau d'investissement satisfaisant soit maintenu sur le marché. Pour ce faire, inoculer une dose suffisante de protection des droits de propriété intellectuelle en faveur des laboratoires innovants nous semble juste et légitime. Cela participe du contrat social conclu entre la société et les innovateurs. Pour rappel, en échange d'un droit exclusif sur le marché, la société exige en retour de l'inventeur un enrichissement de la collectivité par des connaissances qui seront *in fine* reversées dans le domaine public une fois le brevet arrivé à échéance[233]. L'acte « artificiel » de contrefaçon semble être, de ce point de vue, un mécanisme équilibré. Équilibré parce qu'il permet aux brevetés de continuer à jouir de leurs droits exclusifs à un moment où le concurrent génériqueur n'a pas encore la capacité d'entrer sur le marché[234]. Équilibré aussi parce qu'il n'enraye pas la dynamique poussant les génériqueurs à contester les brevets et a éliminé des brevets immérités. Cependant, si l'acte « artificiel » de contrefaçon contribue à protéger légitimement les droits des brevetés, nous pensons en revanche que la période de neutralisation de trente mois est une mesure préjudiciable puisqu'elle a pour effet de dissuader

---

231 Communiqué de presse, sénateur Judd Gregg, *Breakthrough, Bipartisan Legislation to Make More Prescription Drugs Affordable, Available Gets Boost* (Jun. 11, 2003). *Adde* M. Avery, « Continuing Abuse of the Hatch-Waxman Act by Pharmaceutical Patent Holders and the Failure of the 2003 Amendments », 60 *Hastings L. J.* 171 (2008), spéc. p. 184.

232 Les professeurs Bostyn et Petit soulignent que le « *système [des brevets] est d'une importance critique dans le secteur des hautes technologies,* pharmaceutique *et des biotechnologies par exemple,* où les investissements sont très élevés *tandis que le coût de reproduction est souvent extrêmement faible* » (traduction libre) (nous soulignons). Voy. S. Bostyn & N. Petit, « Patent = Monopoly: A Legal Fiction », art. préc., p. 7. Dans la langue d'origine : « *Th[e] [patent] system is of critical importance in the high-tech, pharmaceutical and biotech sectors for instance, where investments are very high, whilst the cost of copying is often very low.* »

233 D'aucuns parlent ouvertement de « contrat social ». Par exemple, pour C. Geiger, le « *droit de propriété intellectuelle est [...] le produit* d'une sorte de "contrat social" entre le créateur et la société » (nous soulignons). Voy. C. Geiger, « La fonction sociale des droits de propriété intellectuelle », art. préc., p. 510, spéc. pp. 513-514.

234 À tout le moins de manière immédiate puisqu'il reste à ce dernier la tâche de remplir toutes les conditions réglementaires exigées par la FDA.

les contestations de brevets. Son adjonction à l'acte « artificiel » de contrefaçon apparaît très efficace à cet égard. Elle semble participer au déséquilibre de la relation qu'entretient le droit des brevets avec la libre concurrence. L'argument principal, auquel nous souscrivons pleinement, a été donné par la doctrine la plus autorisée, laquelle a dénoncé les effets de cette mesure sur la concurrence par les prix[235]. En effet, comment un génériqueur pourrait-il être encouragé à contester un brevet en déposant une ANDA quand il sait que, même si ce brevet est fort douteux, il devra au minimum attendre plus de deux ans et demi pour pouvoir lancer son produit à risque sur le marché ?

Cette rupture de l'équilibre entre le droit des brevets et la libre concurrence est perceptible dans l'hypothèse où un laboratoire *princeps* détient un brevet faible, c'est-à-dire un brevet qui ne remplirait pas véritablement les conditions de la brevetabilité. En ce cas, les génériqueurs déposants d'une ANDA seraient néanmoins dans l'obligation d'attendre patiemment que la période de trente mois soit écoulée pour pouvoir enfin proposer leur version générique sur le marché. Or, dans une telle hypothèse, la concurrence par imitation (*competition by imitation*)[236], laquelle est bloquée par le brevet, serait théoriquement ouverte. Elle est pourtant en pratique injustement verrouillée et aucun mécanisme ne permet de contrebalancer cet état de verrouillage. Par exemple, la FDA ne détient aucune compétence ni aucun pouvoir discrétionnaire pour réduire cette période de trente mois[237], et ce, même si un brevet serait considéré, de manière flagrante, comme faible.

47. **Le défaut de pertinence au regard de la prolongation d'un monopole non mérité.** De plus, la période de neutralisation de trente mois semble aller à l'encontre d'une concurrence par les mérites[238]. En effet, dans certaines situations, le monopole du laboratoire *princeps* ne sera pas prolongé en raison des mérites de son brevet mais plutôt en raison d'un mécanisme légal qui lui permet de pro-

---

235 H. Hovenkamp, M. D. Janis & M. A. Lemley, *op. cit.*, § 15.3b.ba.

236 Comme l'a souligné le professeur Drexl, le « *droit de propriété intellectuelle, que ce soit un brevet, une marque ou un droit d'auteur, exclut la concurrence par* imitation, *et ainsi réduit potentiellement le niveau de la concurrence par les prix* » (traduction libre). Voy. J. Drexl, « Is There a "More Economic Approach" to Intellectual Property and Competition Law? », art. préc., p. 45. Dans la langue d'origine, l'auteur écrit : « *The IP right, whether it is a patent, a trademark or a copyright, excludes competition by* imitation, *thereby potentially reducing the level of price competition.* » Or, dans le cas de la neutralisation de la période de trente mois, cette exclusion de la concurrence par imitation semble complètement injustifiée, notamment dans les cas où un brevet serait clairement de faible qualité. En d'autres termes, la fermeture de la concurrence par imitation au moyen d'un mécanisme légal (la période des trente mois de neutralisation) nous paraît clairement disproportionnée puisqu'elle contribue à porter atteinte au bien-être du consommateur et à surprotéger illégitimement des brevets faibles.

237 S. Dogan & M. Lemley, « Antitrust Law and Regulatory Gaming », art. préc., spéc. p. 711.

238 Ce concept n'est pas seulement mobilisé en Europe, il est aussi utilisé aux États-Unis. Voy. OECD, *Competition on the merits*, Policy Roundtables, DAF/COMP(2005)27, 2005, p. 215 et s. Pour un exemple d'application du concept de concurrence par les mérites aux États-Unis, voy. l'arrêt de la cour d'appel du deuxième circuit dans l'affaire *Alcoa*, où le juge Hand souligne qu'un monopole obtenu par « *superior skill, foresight, and industry* » ne viole pas le droit antitrust. *United States v. Aluminum Co. of Am.*, 148 F.2d 416 (2d Cir. 1945), pt 430. Pour une étude complète de la notion de concurrence par les mérites sous le prisme du droit européen : Voy. G. Decocq, « Concurrences par les mérites » *in Les concepts émergents en droit des affaires* (dir. E. Le Dolley), LGDJ, 2010, p. 239, spéc. p. 240, où le professeur rappelle que « *le mérite est un standard* » et que « *le juge chargé d'appliquer le standard doit émettre un jugement de valeur sur le comportement de l'entreprise en position dominante* ». L'auteur ajoute que « *le standard est un renvoi à une réflexion éthico-politico-juridique* ».

roger son pouvoir de marché sans contrôler si celui-ci repose sur les mérites de son investissement et la qualité de son brevet. On assiste à une pratique d'*evergreening*[239] « légalisée » ou, pour reprendre l'expression du professeur Mousseron, à un abus de monopole[240] lui aussi « légalisé ».

48. **Le défaut de pertinence au regard de la rupture du processus de concurrence dynamique et de concurrence par les prix.** Par ailleurs, enfin, la période de neutralisation de trente mois semble rompre le processus de concurrence dynamique encouragé par le droit des brevets. Comme l'a souligné le professeur Drexl, l'exclusion de la concurrence par imitation en raison du brevet devrait inciter les concurrents à livrer concurrence au breveté avec de meilleurs produits, lesquels peuvent toujours être commercialisés sur le même marché dès lors qu'ils n'enfreignent pas le droit de propriété intellectuelle préexistant[241]. Autrement dit, si la concurrence par imitation est bloquée par le droit de propriété intellectuelle, la concurrence par substitution pourra toujours être activée pour exercer une pression sur le breveté afin qu'il investisse davantage dans l'innovation. Ce qu'il faut retenir ici pour le besoin de notre démonstration, c'est que la protection du bien intellectuel doit toujours être au service du processus d'innovation.

Le modèle économique des génériqueurs reposant sur la concurrence par imitation, il est donc crucial de créer un système permettant aux génériqueurs de mener le plus rapidement possible cette concurrence lorsque cela est justifié. Or, la période de neutralisation de trente mois semble entraver ce processus, ou à tout le moins vient le repousser dans le temps. En effet, dans l'hypothèse où le brevet sur lequel repose le médicament est faible, la concurrence par imitation devrait être autorisée et aurait dû contraindre le breveté en situation de monopole à poursuivre ses investissements afin de mettre sur le marché un nouveau produit qui lui permettra de maintenir son avance technologique et son avantage concurrentiel. Par conséquent, la période de neutralisation porte atteinte à la fois à la concurrence dynamique, puisqu'elle accentue la paresse du monopoleur, lequel n'est pas pressé d'investir

---

239 R. Kovar, « Respecter les règles de la concurrence : les déviances en matière de brevets à la croisée des droits de propriété intellectuelle et de la concurrence » *in Approches stratégiques de la propriété industrielle*, LexisNexis-Litec, 2011, p. 100, spéc. p. 102, où le professeur explique qu'il y a *evergreening* lorsque des brevets assurent à une invention une protection d'une durée excessive. Voy. aussi pour plus d'exhaustivité sur cette notion, D. Sahu et *alii*, « Evergreening – A Controversial Issue in Pharma Milieu », 14 *Journal of International Property Rights* 299 (2009).

240 Voy. J.-M. Mousseron, « L'abus de monopole conféré par le brevet d'invention » *in Études de droit commercial à la mémoire de H. Cabrillac*, Librairies techniques, Paris, 1968, p. 345. Dans son étude, l'éminent professeur estimait qu'« *il y a abus de monopole sanctionné par le droit des brevets dans le cas où la faute du breveté débouche sur un dommage supporté par la collectivité* » et qu'« *il y a abus de monopole sanctionné par le droit de la concurrence dans la mesure où la faute du breveté ne débouche pas sur un avantage obtenu par cette collectivité* », voy. spéc. p. 360.

241 Le professeur Drexl explique précisément ce processus. Pour l'auteur, « *[d]ans un monde idéal, l'exclusion de l'imitation incite les concurrents à livrer concurrence par de meilleurs produits qui peuvent toujours être commercialisés dans le même marché sans enfreindre des droits de propriété intellectuelle préexistants (concurrence par* substitution*). Simultanément, la concurrence par substitution forcera le titulaire des droits à investir davantage dans l'innovation* » (traduction libre). Voy. J. Drexl, « Is There a "More Economic Approach" to Intellectual Property and Competition Law? », art. préc., p. 45. Dans la langue d'origine : « *In an ideal world, exclusion of imitation incites competitors to compete by better products that may still be marketed in the same market without infringing on pre-existing IPRs (competition by* substitution*). Simultaneously, competition by substitution will pressure the right-holder to further invest in innovation.* »

le plus tôt possible pour mettre un nouveau produit innovant sur le marché, et à la concurrence par les prix, puisque pendant trente mois le consommateur devra supporter des prix supraconcurrentiels potentiellement injustifiés.

B. La prime d'exclusivité de cent quatre-vingts jours (*the 180-day exclusivity period*), une récompense pour le contestataire

49. **La prime d'exclusivité de cent quatre-vingts jours.** Comme nous venons de le montrer, la période de neutralisation de trente mois apparaît comme un frein très important à la contestation des brevets pharmaceutiques. Pour réduire son effet de dissuasion, le législateur américain a alors érigé un mécanisme de récompense[242] au bénéfice des génériqueurs contestataires. Ce mécanisme incitatif, c'est la prime d'exclusivité de cent quatre-vingts jours (*the 180-day exclusivity period*)[243] octroyée au premier déposant d'une certification paragraphe IV ayant réussi à démontrer que son médicament générique ne contrefait pas le *princeps* ou ne viole pas le brevet de ce dernier. Présentons-la (1) avant d'examiner les effets qu'elle produit sur la structure du marché (2). Nous finirons par montrer son intérêt au regard de l'équilibre entre le droit des brevets et la libre concurrence (3). Le lecteur doit porter une attention toute particulière à cette prime d'exclusivité puisque, comme nous le verrons plus loin, c'est elle qui a contribué à l'apparition des accords de report d'entrée.

1. Présentation de la prime d'exclusivité de cent quatre-vingts jours

50. **Les objectifs de la prime d'exclusivité.** La prime d'exclusivité a un objectif explicite et clair : encourager les fabricants de génériques à identifier et à contester les brevets faibles que détiendraient les laboratoires *princeps* et qui empêche-

242 L'idée de récompenser les contestataires de brevets est reconnue par la doctrine comme l'un des moyens les plus efficaces pour faire tomber des brevets faibles. De nombreux auteurs souhaitent l'établissement de ce type de mécanisme au-delà du secteur pharmaceutique puisqu'il permettrait d'anéantir toute stratégie de *free-riding*. Voy. J. Miller, « Building a Better Bounty: Litigation-Stage Rewards for Defeating Patents », 19 *Berkeley Tech. L. J.* 667 (2004), spéc. pp. 686, qui explique que le problème de *free-riding* s'érige lorsqu'un contestataire gagne un procès en contrefaçon et élimine un brevet faible. L'auteur souligne qu'« *un contrefacteur allégué qui gagne un jugement d'invalidité de brevet obtient un bénéfice non seulement pour lui-même mais aussi pour n'importe quelle autre entreprise, y compris ses propres concurrents qui utilisaient déjà la technologie brevetée ou pouvaient souhaiter l'adopter dans le futur* » (traduction libre). Dans la langue d'origine : « *an alleged infringer who wins a patent invalidity judgment earns a benefit not only for itself but for everyone, including those of this winner's competitors who were either practicing the patented technology already or might wish to adopt it in the future.* » Voy. aussi l'article éclairant des professeurs Farell et Merges : J. Farell & R. Merges, « Incentives to Challenge and Defend Patents: Why Litigation Won't Reliably Fix Patent Office Errors and Why Administrative Patent Review Might Help », 19 *Berkley Tech. L. J.* 943 (2004). Les auteurs montrent pourquoi récompenser les contestataires est un moyen parmi d'autres de compenser la faiblesse de la procédure d'examen des brevets, laquelle conduit à délivrer des brevets ne remplissant pas les critères de la brevetabilité.

243 Certains membres éminents de la doctrine américaine parlent de « droit quasi exclusif » octroyé par la loi Hatch-Waxman. Voy. C. Hemphill & M. Lemley, « Earning Exclusivity: Generic Drug Incentives and The Hatch-Waxman Act », art. préc., spéc. p. 953, lesquels indiquent que « la loi Hatch-Waxman *a offert une sorte de* droit quasi exclusif *au génériqueur contestataire* » (traduction libre). Dans la langue d'origine : « *Hatch-Waxman offered a sort of* quasi-exclusive right *to the generic challenger* » (nous soulignons).

raient injustement l'entrée sur le marché d'une version générique beaucoup moins chère pour les consommateurs. Autrement dit, l'idée est de mettre un terme à des monopoles immérités en sollicitant directement les acteurs intéressés du secteur pharmaceutique, à savoir les génériqueurs. Pour ce faire, la loi Hatch-Waxman prévoit d'accorder une période d'exclusivité commerciale de cent quatre-vingts jours – c'est-à-dire six mois – pour le nouveau médicament générique. La loi cherche ainsi à récompenser le premier génériqueur ayant contesté en justice un brevet qui était en réalité non valide ou non violé en l'autorisant à demeurer pendant cent quatre-vingts jours le seul génériqueur sur le marché. Autrement dit, la loi vise à augmenter la disponibilité des génériques sur le marché tout en incitant les laboratoires innovants à s'engager dans la recherche de nouveaux médicaments[244] ou à poursuivre cette recherche avec la hardiesse nécessaire à la découverte d'une nouvelle molécule.

51. **L'obtention de la période d'exclusivité de cent quatre-vingts jours. Première condition : la nécessaire qualité de premier déposant.** Pour obtenir cette prime de cent quatre-vingts jours d'exclusivité, les fabricants de génériques doivent enjamber plusieurs obstacles. Premièrement, la loi pose une condition *ratione personae.* Seul le génériqueur ayant la qualité de premier déposant (*first filer*) d'une certification paragraphe IV aux termes de laquelle le fabricant de génériques cherche à obtenir une ANDA, en s'appuyant soit sur l'invalidité du brevet ou sur sa non-violation, peut être éligible à la récompense de cent quatre-vingts jours. Au sens de la loi, est considéré comme premier déposant celui qui dépose un dossier complet contenant une certification paragraphe IV et qui maintient légalement celle-ci pour le médicament visé[245]. Par ailleurs, il existe des situations où une multitude de premiers déposants use de la certification paragraphe IV[246]. Cette occurrence a pu se présenter à plusieurs reprises, notamment dans les cas où un premier déposant déclarait une certification paragraphe IV à la FDA concernant un médicament tandis que, postérieurement, un laboratoire innovant inscrivait un brevet subséquent dans l'*Orange Book* pour le même médicament. Dans cette hypothèse, un autre génériqueur pouvait acquérir la qualité de premier déposant s'il était le premier à produire une certification paragraphe IV s'agissant du nouveau brevet inscrit. En d'autres termes, deux « premiers déposants », candidats à la générification, pouvaient être identifiés, si bien que chacun d'entre eux pouvait potentiellement bénéficier de la même manière de la prime d'exclusivité de cent quatre-vingts jours. Si cette solution apparaissait évidente *prima facie*, elle émergea néanmoins difficilement. Plusieurs années se sont écoulées, apportant avec elles leur lot d'incertitudes, avant que ce principe

---

244 K. McGough, « Preserving the Compromise: The Plain Meaning of Waxman-Hatch Market Exclusivity », art. préc. L'auteur relève que « *[b]y affording ethical firms substantial periods of nonpatent market exclusivity for new drugs and rewarding those generic firms who first successfully challenge invalid drug patents,* the Act seeks to both increase the availability of low-cost generic drugs and encourage new drug research » (nous soulignons).

245 Voy. 21 U.S.C. § 355(j)(5)(B)(iv)(II)(bb) : « *the term "first applicant" means an applicant that, on the first day on which a substantially complete application containing a certification [paragraph IV] is submitted for approval of a drug, submits a substantially complete application that contains and lawfully maintains a certification [paragraph V] for the drug* ».

246 Sur cette question : Voy. E. S. Weiswasser & S. D. Danzis, « The Hatch-Waxman Act: History, Structure, and Legacy », art. préc., spéc. p. 603.

ne soit entériné. Tout d'abord, la FDA adopta une approche dite « brevet par brevet » (« *patent-by-patent approach* »)[247] par laquelle chaque déposant était éligible pour une période d'exclusivité séparée de cent quatre-vingts jours. Ensuite, la FDA modifia son approche et indiqua que seul le premier déposant d'une certification paragraphe IV, indépendamment du brevet visé, devait avoir droit à la récompense des cent quatre-vingts jours[248]. Enfin en 2001, l'agence fédérale retint sa position définitive, c'est-à-dire l'octroi d'une seule prime d'exclusivité de cent quatre-vingts jours à laquelle tous les premiers déposants ont droit. Partant, tous les premiers déposants ont désormais le droit de lancer leur version générique et de bénéficier de la prime d'exclusivité de cent quatre-vingts jours, durant laquelle aucun autre génériqueur ne pourra se voir délivrer d'ANDA[249].

52. **L'obtention de la période d'exclusivité de cent quatre-vingts jours. Seconde condition : démontrer la non-violation ou l'invalidité du brevet.** Être le premier déposant d'une certification paragraphe IV est cependant insuffisant. Pour obtenir l'avantage de la prime d'exclusivité, encore faut-il que le premier déposant ait démontré que le brevet du *princeps* est non violé ou non valide. Deux voies se proposent alors à lui : la voie « passive » et la voie « active »[250].

Premièrement, exposons la voie passive, à savoir la plus aisée pour le génériqueur[251]. Cette voie s'ouvre au(x) génériqueur(s) premier(s) déposant(s) dès lors que quarante-cinq jours après avoir notifié son (leur) dépôt d'une certification paragraphe IV à la FDA au titulaire du brevet, ce dernier n'engage aucune action en contrefaçon. Dans cette occurrence, si le premier déposant a envoyé un dossier complet à l'agence fédérale, celle-ci pourra lui délivrer une ANDA, à laquelle sera arrimée la précieuse prime d'exclusivité de cent quatre-vingts jours. Cependant, même si le breveté n'a pas agi en contrefaçon dans les quarante-cinq jours, cela ne signifie pas pour autant que ce dernier a perdu définitivement son droit d'agir en justice. Comme l'ont souligné certains membres de la doctrine américaine[252], conformément au Patent Act, le titulaire du brevet – ou d'une NDA – ne peut pas perdre son droit d'agir en contrefaçon sous prétexte qu'il n'a pas poursuivi en justice le premier déposant durant la période des quarante-cinq jours. En vertu de la loi Hatch-Waxman, le titulaire du brevet – ou d'une NDA – perd uniquement son droit d'obtenir la neutralisation de trente mois, pendant laquelle il est interdit à l'agence fédérale de délivrer une ANDA.

---

247 Voy. Response of FDA to Citizen Petition filed by American Pharmaceutical Partners, 99P-1271/PDN1 (Aug. 2, 2001).

248 *Ibid.*

249 FDA Letters to Andrx Pharmaceuticals (Nov. 16, 2001) : « *When different applicants have submitted first paragraph IV ANDAs for different listed patents, FDA will approve the ANDAs that are first for any listed patent as soon as they are otherwise eligible for approval.* Exclusivity for all the ANDAs will be shared *and will be triggered by either first commercial marketing of any first applicant or a court decision on any one of the patents that qualified any applicant for exclusivity* » (nous soulignons).

250 La dichotomie passive/active nous a semblé la plus appropriée pour expliquer le processus. Le lecteur verra dans notre propos qu'il existe une première situation où le premier déposant subit le comportement du breveté tandis que dans une seconde situation il répond au comportement du breveté et devient un acteur à part entière en devenant défendeur du procès en contrefaçon intenté par le laboratoire *princeps*.

251 Nous pouvons aussi qualifier cette voie de « simplifiée » tant elle offre confort et célérité au génériqueur.

252 E. S. Weiswasser & S. D. Danzis, « The Hatch-Waxman Act: History, Structure, and Legacy », art. préc., p. 601.

Secondement, la voie active confronte le premier déposant à une situation beaucoup plus délicate. Dans ce cas-là, le premier déposant est attrait en justice par le laboratoire *princeps* (le breveté) et devra démontrer judiciairement que les brevets du laboratoire innovant ne sont pas valides ou que la version générique qu'il compte lancer sur le marché ne viole pas les brevets en question.

53. **Bilan préliminaire de l'impact de la prime d'exclusivité sur la relation du droit des brevets avec la libre concurrence.** Quoi qu'il en soit, la prime d'exclusivité apparaît *prima facie* comme un mécanisme séduisant puisqu'elle semble maintenir une relation équilibrée entre le droit des brevets et la libre concurrence. D'un côté, elle respecte le bien intellectuel du laboratoire *princeps* puisque celui-ci ne perd son droit exclusif que si son brevet est déclaré nul ou non violé par une juridiction. De l'autre, elle encourage les génériqueurs à éliminer des brevets faibles et à profiter consécutivement de l'ouverture du marché à la concurrence qu'ils ont permise par leur action judiciaire pendant cent quatre-vingts jours. Les vertus et les défauts de la prime d'exclusivité sont perceptibles lorsque l'on se concentre sur ses effets sur la structure du marché post-récompense.

2. Effets de la période d'exclusivité de cent quatre-vingts jours sur la structure du marché

54. **Monopole et duopole.** La période d'exclusivité produit deux effets majeurs. D'une part, elle semble attribuer au génériqueur la qualité provisoire de monopoleur sur le marché du générique (a). D'autre part, elle structure le marché en duopole sur le marché de la molécule, duopole qui s'avérera d'une relative valeur pour le consommateur (b).

a. Un monopole temporaire sur le marché générique d'une grande valeur pour le contestataire

55. **La prime d'exclusivité ressemble à la délivrance d'un brevet qui serait en vigueur uniquement pour une période de cent quatre-vingts jours.** La prime d'exclusivité semble agir comme un brevet en octroyant au génériqueur contestataire victorieux un droit exclusif sur son produit ; droit qui sera opposable aux tiers génériqueurs désireux d'intégrer le marché. En effet, à l'instar d'un brevet, le génériqueur contestataire pourra bénéficier d'un monopole temporaire de six mois sur le marché des génériques. Autrement dit, aucun autre génériqueur ne sera autorisé à entrer sur le marché pour livrer concurrence à son produit. Cependant, au lieu d'avoir un effet pendant vingt ans – comme c'est en théorie le cas pour un brevet –, le monopole temporaire sera délivré pour une période beaucoup plus restreinte. Ainsi, « *comme un brevet, la période d'exclusivité [sera] un moyen efficace pour exclure des concurrents* »[253]. L'analogie avec le brevet doit néanmoins s'arrêter là ; le génériqueur ne bénéficiant ni du droit d'agir en contrefaçon contre un concurrent ni du droit de concéder sous forme de licence sa prime d'exclusivité.

---

253 C. Hemphill & M. Lemley, « Earning Exclusivity: Generic Drug Incentives and The Hatch-Waxman Act », art. préc., p. 953 (traduction libre) : « *Like a patent, the exclusivity period is a profitable source of exclusion of competitors.* »

Concrètement, le monopole temporaire accordé au génériqueur se matérialise par l'interdiction faite à la FDA de délivrer une autre ANDA pendant cent quatre-vingts jours. Ainsi, c'est dans la prohibition de la délivrance d'une nouvelle ANDA durant la période d'exclusivité que réside l'effectivité du mécanisme.

56. **La valeur de la prime d'exclusivité pour le génériqueur contestataire.** L'attractivité de la prime d'exclusivité se trouve surtout dans sa valeur économique. Au moyen de la prime d'exclusivité, les génériqueurs pourront en effet engranger des profits considérables. En raison de l'absence de concurrents génériqueurs sur le marché, le titulaire de la prime d'exclusivité fera figure d'unique[254] opérateur en mesure de proposer aux consommateurs une version générique du médicament *princeps*. La conséquence directe de cette situation se manifeste par l'extraction de millions de dollars tirés des ventes des produits. En ce sens, il a été révélé que la majorité des profits réalisés par un génériqueur contestataire se fait durant cette période d'exclusivité commerciale. MM. Coughlin et Dede ont d'ailleurs mis en exergue que « *la plupart des fabricants de génériques estiment que 60 % à 80 % de leurs potentiels profits pour tout produit se font durant cette période d'exclusivité* »[255]. Il est vrai qu'à partir de la date d'échéance de la prime d'exclusivité, les profits se mettent brutalement à chuter. Ce phénomène se vérifie en pratique. L'exemple de la version générique du Prozac apparaît à cet égard très éclairant. La version générique de ce médicament a permis à son fabricant (les laboratoires Barr) de générer environ 366 millions de dollars de profits pendant la période d'exclusivité. Mais dès les six mois suivant la fin du monopole temporaire, c'est-à-dire dès l'entrée de concurrents génériques sur le marché, ses revenus se sont érodés pour atteindre seulement 4 millions de dollars[256]. Cela signifie-t-il pour autant que la prime d'exclusivité perd de son attraction ? Nous ne le croyons pas. En effet, des effets positifs de la prime d'exclusivité sont perceptibles même lorsque celle-ci est arrivée à échéance. Bien que la chute des prix soit colossale au moment de l'entrée des concurrents génériqueurs sur le marché, l'attrait de la prime d'exclusivité demeure intact. Étant donné que le génériqueur contestataire a pris de l'avance sur ses concurrents, notamment en familiarisant les consommateurs à son produit, il pourra préserver des parts de marché élevées et conserver la majorité de ses ventes[257].

---

[254] Unique dans le sens où il est le seul opérateur dont le cœur de métier est la génértification des médicaments *princeps*. Comme nous le verrons plus loin dans notre étude, le titulaire de la prime d'exclusivité pourra parfois faire face à la concurrence d'un « générique autorisé », c'est-à-dire la mise sur le marché d'une version générique fabriquée par le laboratoire *princeps* dont le brevet a été annulé ou déclaré non violé.

[255] D. Coughlin & R. Dede, « Hatch-Waxman Game-Playing from a Generic Manufacturer Perspective: From Ticlid® to Pravachol®, Apotex Has Difficulty Telling Who's on First », 25 *Biotechnology Law Report* 525 (2006), spéc. pp. 525-526 (traduction libre) : « *In general, most generic drug companies estimate that 60% to 80% of their potential profit for any one product is made during this exclusivity period.* » Voy. aussi. M. Voet, *The Generic Challenge: Understanding Patents, FDA and Pharmaceutical Life-Cycle Management*, Brown Walker Press, 2005, p. 61, lequel confirme que « *la période de cent quatre-vingts jours fournit souvent la majorité des profits totaux* » (traduction libre). Dans la langue d'origine : « *the 180-day period often provides the majority of total profits* ».

[256] *Grosso modo*, le génériqueur a fait cent fois moins de profits. Voy. G. Harris and J. Slater, « Bitter Pill: "Branded Generics" Eat Into Drug Makers' Profits », *Wall St. J.*, 17 avril 2003, disponible sur http://www.wsj.com/articles/SB10505264915494100.

[257] Voy. M. A. Voet, *op. cit.*, p. 61, où l'auteur note que « *le génériqueur qui jouit de l'exclusivité maintient souvent une majorité des ventes même une fois que d'autres génériqueurs entrent [sur le marché]* » (traduction libre).

Certes, ses revenus deviendront beaucoup plus faibles en raison de l'alignement de ses prix sur ceux de ses concurrents. Néanmoins, l'avantage concurrentiel que le génériqueur contestataire a acquis au moment où il était seul sur le marché semble maintenu. En d'autres mots, les effets de la prime d'exclusivité s'étendent bien au-delà de la fin de cette dernière.

b. Un duopole sur le marché de la molécule d'une relative valeur pour le consommateur

57. **La prime d'exclusivité ne fait pas chuter les prix des médicaments au bénéfice des consommateurs.** Sur le marché de la molécule, les effets de la prime d'exclusivité pour les consommateurs sont assez contrastés. Si le consommateur a la possibilité d'obtenir une version générique du médicament *princeps*, les prix fixés par le génériqueur demeurent très élevés. Or, *prima facie*, on aurait pu penser que l'entrée d'une concurrence générique sur le marché, laquelle apporte un meilleur accès au médicament et une augmentation de la production, tirerait les prix vers le bas de façon visible et importante. Au vrai, cependant, seul un léger mouvement baissier est identifiable. Le duopole constitué par le génériqueur contestataire (nouvel entrant sur le marché) avec le laboratoire *princeps* (ancien monopoleur sur le marché) ne diminue que faiblement les prix. En d'autres mots, les profits réalisés par le génériqueur contestataire se font par des prix élevés au détriment des consommateurs[258]. Dans une récente évaluation, la FDA a confirmé cette analyse en estimant que les prix ne baissent que de 6 % lorsqu'un seul génériqueur sur le marché livre concurrence au laboratoire pionnier[259], de sorte que les prix équivalent quasiment à ceux fixés en situation de monopole. Si cette baisse des prix est modeste, elle offre néanmoins aux consommateurs la liberté de choisir leur médicament. Ce faisant, dans le cas où la version générique est préférée, des économies sont alors réalisées par les organismes de remboursement des médicaments.

58. **Les consommateurs bénéficient de la prime d'exclusivité lorsqu'elle est partagée par plusieurs génériqueurs.** Pour bénéficier d'un prix bas et réaliser des économies substantielles, il faut en pratique que plusieurs concurrents génériqueurs entrent sur le marché. En 2007, une étude portant sur la concurrence générique et les prix des médicaments a établi qu'entre les années 1999 et 2003, postérieurement à la fin de la prime d'exclusivité, les prix des médicaments avaient chuté de 25 % grâce à une entrée graduée des génériqueurs sur le marché[260]. Plus récemment encore, il a été montré que lorsque deux génériqueurs sont sur le marché les prix chutent de 52 %[261].

Dans la langue d'origine : « *generic firm that enjoys exclusivity often maintains a majority of sales even once the other firms enter [on the market]* ».

258 C. Hemphill & M. Lemley, « Earning Exclusivity: Generic Drug Incentives and The Hatch-Waxman Act », art. préc., p. 954.

259 FDA, *Generic Competition and Drug Prices* (Mar. 13, 2015), disponible sur http://www.fda.gov/AboutFDA/CentersOffices/OfficeofMedicalProductsandTobacco/CDER/ucm129385.htm.

260 Voy. E. R. Berndt et *alii*, « Authorized Generic Drugs, Price Competition, and Consumers' Welfare », 26 *Health Affairs* 790 (2007), spéc. pp. 792-793, où les auteurs ont indiqué que « *entre 1999 et 2003, au fur et à mesure que le nombre de concurrents génériqueurs augment[ait], les prix chut[aient] de 25 pour cent par rapport au médicament* princeps » (traduction libre). Dans la langue d'origine : « *between 1999 and 2003, that as number of generic firms rises, price falls to 25 percent of brand-name price* ».

261 FDA, *Generic Competition and Drug Prices*, préc.

Ainsi, en procédant par analogie, il nous semble que l'entrée de plusieurs génériqueurs pendant la période d'exclusivité pourrait elle aussi produire un tel effet et contribuer au bien-être du consommateur. Cette analyse a été dernièrement confirmée par deux économistes du Bureau of Economics de la FTC, lesquels ont démontré que la présence d'« *un concurrent supplémentaire abaisse les prix des médicaments dans une mesure plus importante durant la période d'exclusivité de cent quatre-vingts jours qu'à l'extérieur de celle-ci* »[262]. En d'autres termes, l'efficacité de la prime d'exclusivité passe de relative en situation de duopole à redoutable lorsque plusieurs génériqueurs entrent au même moment sur le marché. Cette situation se réalise lorsque plusieurs déposants d'une certification paragraphe IV, tous considérés comme premier déposant, démontrent que leur version générique ne viole pas le brevet du laboratoire pionnier ou réussissent à le faire annuler. Quoi qu'il en soit, si la prime d'exclusivité apparaît comme un fort incitant pour éliminer les brevets faibles et ouvrir le marché à la concurrence, lorsqu'elle contribue à ériger un duopole sur le marché, elle ne profite pas vraiment aux consommateurs, du moins durant la période de cent quatre-vingts jours, la concurrence par les prix étant relativement faible.

c. Intérêt de la prime d'exclusivité au regard de l'équilibre entre le droit des brevets et la libre concurrence

59. **De la singularité des contestations de brevet (*patent challenges*).** Le principal intérêt de la prime d'exclusivité est de pousser les génériqueurs à contester les brevets pharmaceutiques douteux, souvent qualifiés outre-Atlantique de « *dubious patents* »[263]. Si les pouvoirs publics américains ont choisi de mettre en place un système de récompense pour contester les brevets au bénéfice des génériqueurs, le fait que la contestation de brevet apparaît comme un contentieux bien particulier et fort singulier n'y est pas étranger. En effet, un contentieux de brevet est très différent d'un contentieux contractuel, d'un contentieux de responsabilité civile ou d'un contentieux de propriété classique. Alors que les résultats de ces contentieux tranchent uniquement deux intérêts privés antagonistes, les contentieux de brevet, selon qu'ils aboutissent ou non à l'invalidité du brevet ou à un jugement de non-violation, peuvent affecter la concurrence sur les marchés. Autrement dit, ces contentieux travaillent à l'ouverture de la concurrence sur des marchés jusqu'alors verrouillés par des droits de propriété intellectuelle. L'effet direct de ces actions en contestation se matérialise concrètement par la libération du public de la charge d'un monopole illégitime et injustifié. Ainsi, contrairement à un contentieux privé ordinaire, un litige de brevet touche à l'intérêt public[264]. À l'instar d'un contentieux environnemental, il peut, selon son issue, contribuer à accroître le bien-être social[265].

---

262 L. Olson Brett & W. Wendling, « The Effect of Generic Drug Competition on Generic Drug Prices During the Hatch-Waxman 180-Day Exclusivity Period », Working paper No. 317, Bureau of Economics, Federal Trade Commission, 2013, p. 29 (traduction libre) : « *an additional competitor lowers generic drug prices by a greater extent during the 180-day exclusivity period than outside of it* ».

263 Pour un exemple de l'utilisation de cette locution : voy. l'article de G. Dolin, « Dubious Patent Reform », 56 *Boston College L. Rev.* 881 (2015), spéc. p. 882, lequel identifie les brevets douteux comme des brevets de faible qualité.

264 J. S. Miller, art. préc., p. 679.

265 Nous pensons à un litige qui aurait pour issue d'imposer à une entreprise de réparer le dommage écologique qu'elle a provoqué. Si l'action en justice a été lancée par une association, c'est *in fine* toute la

Encourager les tiers et les concurrents potentiels à contester des brevets pharmaceutiques qui, en apparence, semblent conformes aux conditions de brevetabilité paraît donc être un moyen efficace pour éliminer les mauvais brevets (*bad patents*). De surcroît, cela permet par ricochet de renforcer les portefeuilles de brevets des entreprises[266]. À ces égards, nous ne pouvons dès lors qu'avoir une opinion favorable vis-à-vis de la prime d'exclusivité, laquelle pousse les génériqueurs à tenter d'éliminer les brevets les plus faibles du marché – lesquels sont d'une très grande valeur économique[267] – en les incitant à les contester en contrepartie d'une récompense qui prendra *in fine* une forme pécuniaire.

60. **Les questions autour de l'efficacité des contestations de brevet.** Cependant, si le législateur américain – par le truchement de la prime d'exclusivité – et la doctrine se sont concentrés sur les moyens à mettre en œuvre pour inciter à davantage de contestations de brevet, lesquelles sont supposées œuvrer pour l'intérêt public, ils n'ont jamais démontré de quelle façon ces contestations y contribuaient. Jusqu'à présent, en ce qui concerne les États-Unis, mais c'est aussi le cas pour l'Union européenne[268], l'*a priori* favorable des pouvoirs publics pour les contestations de brevet ainsi que leur promotion au moyen d'incitants légaux découlent d'une analyse purement intuitive[269].

61. **La prime d'exclusivité maintient l'équilibre entre le droit des brevets et la libre concurrence – Démonstration de cette idée par un examen cursif de la relation de la prime d'exclusivité avec le pouvoir de marché, le domaine public et l'intérêt général.** Pour saisir l'intérêt de la prime d'exclusivité, et le maintien de l'équilibre qu'elle opère entre le droit des brevets et la libre concurrence, il faut tout d'abord se concentrer sur une notion connue du droit antitrust : le pouvoir de marché (*market power*). En d'autres mots, il faut au préalable évaluer si les titulaires de brevets pharmaceutiques possèdent un tel pouvoir. Techniquement, ce dernier semble exister. En effet, l'analyse de l'exclusivité conférée par un brevet pharmaceutique révèle son existence, à tout le moins dans de nombreuses situations. Pour identifier ce pouvoir de marché, il suffit d'examiner le comportement auquel les

---

société qui profite d'une décision judiciaire qui obligerait par exemple une entreprise à la remise en état des sols pollués. Ce faisant, l'action en justice dépasse la simple résolution du litige opposant les deux parties au procès.

266 Soit parce que les brevets n'ont pas été contestés soit parce qu'ils ont été *immunisés* par une décision judiciaire jugeant qu'ils étaient de qualité dans la mesure où ils remplissaient bien les conditions de brevetabilité.

267 Nous reprenons quasiment l'expression employée par B. Diggins, qui dès le milieu du XXe siècle, considérait déjà les brevets comme « *des actifs d'entreprise d'une grande valeur* » (traduction libre). Voy. B. Diggins, « The Patent-Antitrust Problem », 53 *Mich. L. Rev.* 1093 (1955), spéc. p. 1093 : « *A patent is a valuable business assets.* »

268 Voy. Comm. eur., Lignes directrices concernant l'application de l'article 101 du traité sur le fonctionnement de l'Union européenne à des catégories d'accords de transfert de technologie, 2014/C 89/03, *JOUE* C 89/3 du 28 mars 2014, § 138, lesquelles disposent que l'intérêt du public « *représente la suppression de tout obstacle à l'activité économique qui peut survenir lorsqu'un droit de propriété intellectuelle a été accordé par erreur* ».

269 S. Yelderman, « Do Patent Challenges Increase Competition? », 83 *University of Chicago L. Rev.* 1943 (2016), spéc. p. 1948, où l'auteur indique que « *les universitaires se sont focalisés presque exclusivement sur la question de savoir comment inciter à plus de contestations,* sans se concentrer sur les conditions nécessaires à remplir pour que ces contestations délivrent leurs supposés bénéfices au public » (traduction libre) (nous soulignons). Dans la langue d'origine : « *scholars have focused almost exclusively on the question of how to incentivize more patent challenges,* without exploring the conditions necessary for these challenges to bestow their supposed benefits on the public ».

médecins sont astreints. Lorsqu'il existe un unique médicament *princeps* breveté sur le marché, les médecins se trouvent en quelque sorte « prisonniers » du produit. En pratique, ils n'auront aucune latitude mais plutôt la quasi-obligation de le proposer à leurs patients. C'est ce schéma-là qui donne, selon certains auteurs, un certain degré de pouvoir de marché aux brevetés[270]. La prime d'exclusivité permet d'éliminer les pouvoirs de marché immérités puisque son octroi est corrélé à une décision judiciaire ayant invalidé un brevet ne remplissant pas les critères de brevetabilité ou le considérant comme non violé. L'élimination du pouvoir de marché est déclenchée par l'entrée du médicament dans le domaine public. Cependant, l'action en contestation ne sera au service de la concurrence que dans le cas où le brevet sera complètement invalidé et non pas simplement jugé non violé. À dire vrai, c'est la condition *sine qua non* pour qu'une concurrence agissant avec suffisamment d'intensité puisse pénétrer le marché. Dans l'hypothèse de la non-violation, le brevet demeure en vigueur et les autres génériqueurs, tentés par l'entrée sur le marché, ne pourront dès lors y pénétrer qu'en contestant par eux-mêmes le brevet en question. Ils seront donc dans l'impossibilité de s'arrimer à la décision judiciaire du *primo* génériqueur contestataire pour lancer leur produit sur le marché.

Au vu de ce qui précède, la prime d'exclusivité apparaît donc comme un dispositif fort ingénieux qui respecte à la fois les droits de propriété intellectuelle tout en permettant une accélération de l'entrée d'une concurrence générique sur le marché. Elle met un terme à l'« inertie concurrentielle » qui ne repose sur aucune base juridique solide, à savoir un brevet de qualité. Elle semble aussi contribuer à l'intérêt général puisqu'elle permet *in fine* l'entrée du médicament dans le domaine public, que d'aucuns considèrent comme « *le garant de l'intérêt général en matière de propriété intellectuelle* »[271]. En effet, la prime d'exclusivité permet de construire un domaine public « *espace de l'inappropriable et de l'usage libre et collectif* »[272]. La prime d'exclusivité permet par ailleurs de lutter contre la tendance de la propriété intellectuelle à trop favoriser l'entreprise plutôt que « *d'autres intérêts au premier rang desquels figure l'intérêt général* »[273].

Section 2
Un régime détourné de son objectif par les parties privées

62. **La naissance des règlements amiables de report d'entrée et la manifestation des carences de la loi Hatch-Waxman.** Comme il a été montré précédemment, la loi Hatch-Waxman cherche à dynamiser la concurrence dans le secteur pharma-

---

270 H. Grabowski et *alii*, « Does Generic Entry Always Increase Consumer Welfare? », 67 *Food & Drug L. J.* 373 (2012).

271 S. Dusollier, « Le domaine public, garant de l'intérêt public en propriété intellectuelle ?» *in L'intérêt général et l'accès à l'information en propriété intellectuelle* (dir. M. Buydens et S. Dusollier), Bruylant, 2008, p. 117.

272 *Ibid.*

273 B. Remiche « Propriété intellectuelle : intérêts d'entreprise et intérêt général » *in Le droit de l'entreprise dans ses relations externes à la fin du XXe siècle – Mél. en l'honneur de C. Champaud*, Dalloz, 1997, p. 525.

ceutique. Pour atteindre cet objectif, elle a prévu un certain nombre de dispositions permettant l'entrée avancée d'une concurrence générique sur le marché. Elle a notamment prévu un incitant puissant pour les génériqueurs : la prime d'exclusivité de cent quatre-vingts jours. Cependant, les laboratoires pharmaceutiques ont réussi à détourner les objectifs fixés par la loi Hatch-Waxman en utilisant la technique contractuelle. Grâce à celle-ci, les entreprises adoptent des comportements collusoires et abusent de leurs droits de propriété intellectuelle. Par la conclusion de règlements amiables mettant un terme à un différend de brevet (*patent settlements*), les entreprises *princeps* et les entreprises génériques ont trouvé le moyen de totalement neutraliser la loi (§ 1) et de prolonger des positions monopolistiques parfois douteuses puisque potentiellement assises sur des brevets de faible qualité. Autrement dit, c'est par l'instrumentalisation de la loi Hatch-Waxman que sont nés les accords *pay-for-delay*. La naissance de ces accords a mis au jour les profondes carences de cette loi. Le révélateur le plus manifeste de cette carence se trouve certainement dans le fait que, pour la paralyser ou la mettre au service d'intérêts privés, il suffit parfois aux laboratoires *princeps* et aux génériqueurs de conclure un seul règlement amiable de report d'entrée (§ 2). Ainsi, pour bloquer et retarder l'entrée de la concurrence sur le marché, la stratégie retenue par les brevetés ne nécessite pas de dépenser énormément de ressources qui seraient trop largement puisées dans leur rente de monopole. S'entendre avec le seul bénéficiaire de la prime d'exclusivité s'avère en pratique d'une redoutable efficacité.

§ 1. La neutralisation de la loi Hatch-Waxman par la conclusion de règlements amiables

63. **De la compréhension de la locution « paiement inversé » aux raisons de l'apparition des règlements amiables de report d'entrée.** Pour comprendre comment les entreprises pharmaceutiques ont réussi à neutraliser la loi Hatch-Waxman en la détournant de ses finalités, il convient tout d'abord d'évoquer les circonstances ayant mené les entreprises à conclure des règlements amiables comportant un « paiement inversé ». Expliquer ce que sont ces accords transactionnels, que la majorité de la doctrine américaine nomme « *reverse payment settlements* », apparaît à cet égard indispensable (A). Nous verrons que si la locution « paiement inversé » peut sembler nébuleuse *prima facie*, elle se révèle au vrai aisément intelligible. Ce préalable achevé, il sera ensuite possible de détailler les raisons qui ont permis aux brevetés et aux génériqueurs de s'entendre en concluant de tels accords alors qu'*a priori* les intérêts qu'ils défendent les uns et les autres paraissent plutôt opposés (B).

A. L'apparition des reverse payment settlements

64. **Le contexte.** La loi Hatch-Waxman a considérablement fragilisé les positions monopolistiques des brevetés sur le marché des médicaments en encourageant les génériqueurs à contester les titres de propriété intellectuelle que les laboratoires *princeps* détiennent. Grâce au mécanisme incitatif de la prime d'exclusivité de cent quatre-vingts jours, de nombreux brevets immérités sont tombés

dans le domaine public et ont ainsi permis aux fabricants de génériques d'entrer plus précocement sur le marché, c'est-à-dire bien avant que le brevet n'arrive à sa date d'échéance. Face à l'élévation des risques de perdre rapidement et brutalement d'importantes parts de marché acquises au moyen de la propriété intellectuelle et de voir consécutivement les prix de leurs médicaments chuter au niveau concurrentiel, les brevetés ont cherché à se prémunir de la contestabilité de leur rente de monopole en concluant des accords originaux prenant la forme de règlements amiables. En d'autres termes, ils ont tenté par le biais de l'instrument contractuel de réguler la durée de vie de leurs brevets. Ces accords transactionnels comportent des caractéristiques fort atypiques[274] et ne ressemblent pas vraiment aux règlements amiables traditionnellement conçus par les brevetés pour mettre un terme à leur différend de brevet les opposant à des fabricants de génériques. Que nous les nommions *reverse payments*[275], *pay-for-delay*[276], *exit-payments*[277], *exclusion payments*[278], *naked*[279] ou *pure cash payments*[280], le trait saillant qui les particularise, c'est une direction inhabituelle du paiement (ou du transfert de valeur).

65. **Le paiement inversé (*reverse payment*), un trait caractéristique des accords de report d'entrée.** Le premier auteur à avoir révélé l'originalité et la singularité des accords de report d'entrée prenant la forme d'un règlement amiable fut l'avocat R. J. Hoerner. Dans son article séminal, il expliqua la spécificité des *reverse payments*, lesquels s'écartent considérablement, selon lui, des accords amiables communément conclus pour résoudre un différend de brevet. Pour ce juriste, « *habituellement, la valeur transmise [au moyen du règlement amiable] se dirige dans une autre direction* »[281]. Plus précisément, « *le* contrefacteur *paye un certain montant au* titulaire du brevet *pour les infractions passées et ensuite accepte de*

---

274 M. Carrier, « Solving The Drug Settlement Problem: The Legislative Approach », 41 *Rutgers L. J.* 81 (2009), spéc. p. 82, qui explique que « *les accords de paiement inversé, lesquels diffèrent des licences classiques dont les paiements vont des contestataires aux brevetés, ne sont pas des règlements amiables classiques* » (traduction libre). Dans la langue d'origine : « *reverse payment agreements, which differ from typical licensing payments that flow from challengers to patentees, are not typical settlements* ».

275 Voy. par ex. : T. Cotter, « Antitrust Implications of Patent Settlements Involving Reverse Payments: Defending a Rebuttable Presumption of Illegality in Light of Some Recent Scholarship », art. préc., spéc. p. 1069 ; M. Clancy, D. Geradin & A. Lazerow, « Reverse-Payment Patent Settlement in The Pharmaceutical Industry: An analysis of US Antitrust Law and EU Competition Law », 2013, disponible sur ssrn.com.

276 Voy. par ex. : C. Hemphill, « Paying for Delay: Pharmaceutical Patent Settlement as a Regulatory Design Problem », 81 *New York University L. Rev.* 1553 (2006), spéc. p. 1557.

277 Voy. par ex. : D. Crane, « Exit Payments in Settlement of Patent Infringement Lawsuits: Antitrust Rules and Economic Implications », 54 *Florida L. Rev.* 747 (2002). Dès le titre de l'article, le professeur Crane utilise cette locution.

278 Voy. par ex., H. Hovenkamp, M. Janis & M. Lemley, « Anticompetitive Settlement of Intellectual Property Disputes », art. préc., spéc. p. 1749.

279 Voy. par ex., K. McDonald, « Patent Settlements and Payments That Flow The "Wrong" Way: The Early History of a Bad Idea », 15 *Antitrust Health Care Chr.* 2 (2002), spéc. p. 3.

280 *Ibid.*

281 R. Hoerner, « Antitrust Pitfalls in Patent Litigation Settlement Agreements », 8 *Federal Circuit Bar Journal* 113 (1998), spéc. p. 122 (traduction libre) : « *Ordinarily, consideration flows the other way.* » Les économistes ont eux aussi relevé l'anormalité de la direction du paiement. Voy. not. M. Lemley & C. Shapiro, « Probabilistic Patents » 19 *The Journal of Economic Perspectives* 75 (2005). Dans le même sens, voy. S. Gallasch, « Debunking the Pay for Delay Myth: Pay for Delay Settlements Are No Ordinary Patent Settlements », 15 *Competition L. J.* 89 (2016).

faire l'objet d'une injonction pour le reste de la durée de vie du brevet ou de se voir concéder une licence »[282]. En effet, dans un règlement amiable « classique » :

- soit le contrefacteur allégué[283] accepte de ne pas entrer sur le marché et de ne plus contester la validité du brevet[284] jusqu'à ce qu'il tombe dans le domaine public. Dans cette hypothèse, il considère que son produit est une contrefaçon et préfère attendre la fin de vie du brevet pour ne pas dépenser inutilement des ressources en frais de procédure judiciaire ;
- soit le contrefacteur allégué est autorisé à entrer sur le marché mais à la condition de rémunérer le breveté. Dans cette dernière occurrence, le contrefacteur allégué aura conclu un accord de licence et payera au breveté une redevance plus ou moins élevée selon la valeur économique du bien intellectuel.

Ainsi, classiquement, le paiement se dirige du contrefacteur allégué *vers* le breveté et semble correspondre à une partie des dommages et intérêts que le contrefacteur allégué aurait dû régler s'il avait été jugé coupable de la violation du brevet par une juridiction[285].

Dans le cas des paiements inversés, ce schéma-là ne se retrouve pas. Tout d'abord, le contrefacteur allégué n'est pas autorisé par le breveté à entrer sur le marché de façon immédiate ; il voit plutôt son entrée retardée sur le marché à la date contractuellement fixée par le règlement amiable. Ainsi, selon le contenu de l'accord, le contrefacteur allégué pourra entrer sur le marché *antérieurement* à la fin de vie du brevet ou, dans certains cas, *postérieurement*[286] à la chute de ce dernier dans le domaine public. Ce faisant, même si le brevet détenu par le laboratoire *princeps* est faible, le contrefacteur allégué s'engage néanmoins à ne pas le contester et s'oblige à respecter la date d'entrée négociée avec le breveté. Ensuite, le breveté « achète » le report de l'entrée du contrefacteur allégué en lui délivrant une importante somme d'argent ou un autre type de compensation[287]. Ici, contrairement à un règlement amiable classique en matière de brevet, le paiement se dirige du

---

282 *Ibid.* (traduction libre) : « *the* infringer *pays some amount to* the patent owner *for past infringement and then agrees to be subject to an injunction for the remaining life of the patent, or is granted a licence* » (soulignés par l'auteur).

283 Nous utiliserons l'expression « contrefacteur allégué » tout le long de cette démonstration afin que le lecteur puisse comprendre que ces paiements inversés sont mobilisables en dehors du secteur pharmaceutique. Toutefois, il convient de garder à l'esprit que l'expression est synonyme de « génériqueur » ou de « contestataire » dans notre étude.

284 Il était ici important d'exposer ce scénario même si ce dernier ne permet pas de comprendre le choix de la locution « paiement inversé » par la doctrine américaine.

285 K. McDonald, « Patent Settlements and Payments That Flow the "Wrong" Way: The Early History of a Bad Idea », art. préc., p. 7.

286 S. Gallasch, *The Anticompetitive Misuse of Intellectual Property Rights in the European Pharmaceutical Sector*, *op. cit.*, p. 89.

287 Le professeur Hovenkamp a indiqué que le breveté pouvait aussi payer des génériqueurs, considérés comme des contrefacteurs allégués, pour qu'ils sortent du marché dans le cas où ces derniers auraient déjà lancé leur produit sur le marché. Voy. H. Hovenkamp, « Sensible Antitrust Rules for Pharmaceutical Competition », art. préc., spéc. p. 22, où l'éminent professeur explique que « *Under the settlement the generic firm who is the infringement defendant agrees not to enter the market if it has already begun entry, and agrees not to enter the market for the drug in question,* or else agrees to exit from the market if it has already begun entry, *and agrees not to challenge the pioneer's patent* » (nous soulignons).

breveté *vers* le contrefacteur allégué[288]. En conséquence, c'est le changement de direction du paiement en comparaison avec les règlements amiables classiques qui a poussé la doctrine à parler de « paiement inversé » (« *reverse payment* »). Pour reprendre les mots de Mme Capozzi et Mme Bruzzone, « *ces accords sont [...] appelés règlements amiables de paiement inversé parce qu'ils prévoient un paiement du breveté au contestataire, tandis que dans une situation typique de licence c'est celui qui cherche à être licencié qui accepte de payer des redevances au titulaire du brevet* »[289].

66. **Critique de la terminologie retenue.** Si la locution « paiement inversé » a le mérite de la clarté, elle comporte néanmoins un important défaut. En effet, elle semble être teintée d'une forte coloration péjorative, de sorte que de manière intuitive l'on soupçonne ces accords de ne pas respecter la règle de droit. Les règlements amiables classiques, nous dit-on, sont ceux dans lesquels un breveté concède à un contrefacteur allégué une licence, laquelle permet à ce dernier d'entrer sur le marché en contrepartie du paiement d'une redevance. Or, pour les règlements amiables comportant un paiement inversé, le contrefacteur allégué accepte de retarder, de ralentir ou de différer son entrée sur le marché[290] en contrepartie d'un paiement qui irait dans le mauvais sens (*wrong way*). Ainsi, on aurait d'un côté les règlements amiables classiques qui permettent l'entrée d'un concurrent sur le marché et de l'autre des règlements amiables inhabituels qui ferment le marché à la concurrence pendant plusieurs années. Selon nous, l'utilisation du mot « inversé » instille l'idée que la formule contractuelle choisie par les parties est illégale ou, à tout le moins, qu'elle va contre le cours normal des choses. Le malaise que l'on peut éprouver à l'égard de cette terminologie a déjà été mis en exergue par maître McDonald, lequel avait souligné dans un de ces nombreux articles sur les accords de report d'entrée que ce type d'accord transactionnel « ressemble *fortement à un partage du marché, et étant donné que ces paiements prennent une direction* inhabituelle, *il doit forcément y avoir quelque chose de mauvais* »[291]. Partant, l'usage de la locution « paiement inversé » semble ne pas être neutre. À ce titre, il apparaîtra plus loin dans notre étude qu'elle va avoir des conséquences juridiques importantes sur le terrain du droit antitrust. L'emploi de la simple locution « paiement inversé » a non seulement pour effet de négliger

---

288 Pour un éminent économiste, cette direction inhabituelle est un signal clair de la nature anticoncurrentielle du règlement amiable. Voy. C. Shapiro, « Antitrust Limits to Patent Settlements », 34 *Rand. J. Econ.* 391 (2003), spéc. p. 408.

289 G. Bruzzone & S. Capozzi, « The Procompetitive and Anticompetitive Impact of Patent Settlements » *in Competition and Patent Law in the Pharmaceutical Sector – An International Perspective* (dir. G. Pitruzella & G. Muscolo), Wolters Kluwer, 2016, p. 15 (traduction libre) : « *These agreements are [...] called reverse payment settlements because they provide for a payment by the patentee to the challenger, while in a typical licensing situation it is the license-seeker who agrees to pay royalties to the patent holder.* »

290 K. Diawara, « Les accords de report d'entrée dans l'industrie pharmaceutique : la pratique judiciaire aux États-Unis et l'approche administrative au Canada », *RLC* 2015, n° 43, p. 177, lequel explique que « *les accords de report d'entrée sont généralement conclus entre un fabricant d'un médicament de marque et un ou plusieurs fabricants de médicaments génériques et ont pour objet* de retarder, ralentir ou différer l'entrée *sur le marché de médicaments génériques en contrepartie d'un paiement* » (nous soulignons).

291 K. McDonald, « Patent Settlements and Payments That Flow the "Wrong" Way: The Early History of a Bad Idea », art. préc., p. 7 (traduction libre) : « *This [a reverse payment settlement] certainly* sounds *like market division, and since these payments flows are* unusual *to boot, well something must be wrong.* »

que le règlement amiable met un terme à un différend de propriété intellectuelle, mais surtout, qu'il repose sur un brevet présumé valide, de sorte que le monopole temporaire du breveté ainsi que l'absence de concurrence sur le marché sont *a priori* licites.

B. Les raisons de cette apparition

67. **Faiblesses de la loi Hatch-Waxman combinées aux atouts des règlements amiables.** Si les laboratoires *princeps* ont pu conclure des règlements amiables de report d'entrée très efficaces, cela est principalement dû aux faiblesses de la loi Hatch-Waxman (1). Les atouts qu'offrent les accords transactionnels, à savoir la prévisibilité et l'effet *inter partes*, ont eux aussi joué un rôle majeur quant à l'émergence de ce type d'accord (2).

1. Les faiblesses de la loi Hatch-Waxman

68. **Les failles de la prime d'exclusivité de cent quatre-vingts jours.** Dans les premières années où la loi Hatch-Waxman fut appliquée, la FDA ne délivrait la prime d'exclusivité de cent quatre-vingts jours à un génériqueur contestataire que dans des conditions bien strictes. Pour qu'un génériqueur puisse se voir octroyer cette récompense, il fallait que le fabricant de génériques ait réussi à gagner le procès en contrefaçon qui l'opposait au breveté. Ainsi, pour bénéficier de la période de cent quatre-vingts jours d'exclusivité, le génériqueur devait tout d'abord déposer une certification paragraphe IV ; ensuite, être poursuivi en justice par le laboratoire pionnier ; et, enfin, gagner le procès portant sur le brevet litigieux. Si le génériqueur transigeait l'affaire au moyen d'un règlement amiable qui retardait l'entrée du générique sur le marché ou faisait que le différend ne serait jamais tranché par une juridiction, la prime d'exclusivité ne lui était alors pas accordée[292]. Partant, peu de primes d'exclusivité furent délivrées. De 1984 à 1998, seulement trois récompenses furent octroyées[293] par l'agence fédérale.

La délivrance parcimonieuse de la prime d'exclusivité prit fin en 1998, puisqu'à cette date, les juridictions ont interprété de manière extensive la loi Hatch-Waxman. Le tribunal de district de Columbia, dans l'affaire *Mova Pharm. Corp. v. Shalala*, jugea que « *les termes de la loi... [étaient] clairs et sans ambiguïtés* »[294] et qu'« *ils n'impos[aient] pas une "défense victorieuse" ni d'ailleurs*

---

[292] C. Hemphill & M. Lemley, « Earning Exclusivity: Generic Drug Incentives and the Hatch-Waxman Act », art. préc., p. 954.

[293] Une prime d'exclusivité fut délivrée pour la version générique du Maxzide en 1988, une autre pour la version générique du Flexeril en 1989 et une dernière pour la version générique du Procardia en 1991. Voy. FTC, *Generic Drug Entry Prior to Patent Expiration: An FTC Study*, préc., p. iv.

[294] *Mova Pharm. Corp. v. Shalala*, 955 F. Supp. 128 (D.D.C. 1997), pt 103 (traduction libre) : « *The language of the statute ... is plain and unambiguous. It does not include a "successful defense' requirement, and indeed it does not even require the institution of patent litigation.* » Le jugement fut confirmé par la cour d'appel du circuit de Columbia. Voy. *Mova Pharm. Corp. v. Shalala*, 140 F.3d 1060 (D.C. Circ. 1998). Le professeur Drexl a évoqué « *une interprétation littérale de la loi* » par le tribunal et la cour d'appel. Voy. J. Drexl, « Les règlements amiables de type "pay-for-delay" : plaidoyer pour une réforme du système réglementaire des brevets pharmaceutiques en Europe », art. préc., p. 425.

n'exige[aient] la tenue d'un procès contre le brevet litigieux »[295] pour qu'une prime d'exclusivité soit accordée. Aussi, depuis 1998, le premier déposant d'une certification paragraphe IV est éligible à la prime d'exclusivité dès lors qu'il n'a pas perdu le procès en contrefaçon. Partant, il n'est plus nécessaire qu'il remporte le litige qui l'oppose au breveté pour obtenir la prime d'exclusivité ; il lui suffit simplement pour cela de demeurer le premier déposant d'une certification paragraphe IV. Grâce à cette règle, de 2005 à 2009, plus de la moitié des primes d'exclusivité fut délivrée à des génériqueurs qui n'avaient saisi aucune juridiction pour contester la validité du brevet. L'effet était le suivant : le génériqueur ni ne dépensait d'argent dans une procédure judiciaire ni ne faisait face à l'incertitude que le procès en contrefaçon pouvait générer. Cette situation était assez problématique puisque la prime d'exclusivité de cent quatre-vingts jours, qui avait pour objectif d'encourager la contestation de brevet, ne jouait pas vraiment son rôle[296]. Les laboratoires pionniers voyaient en effet leurs brevets rester en vigueur même lorsque ces derniers s'avéraient être d'une faible qualité.

69. **La manipulation de la prime d'exclusivité de cent quatre-vingts jours.** Ce qu'il faut garder à l'esprit ici, c'est que l'arrêt *Mova Pharm. Corp. v. Shalala* a ouvert la porte à la manipulation de la prime d'exclusivité et à la conclusion de règlements amiables de report d'entrée. Les brevetés et les génériqueurs se sont en effet appuyés sur la prime d'exclusivité pour conclure des accords transactionnels potentiellement collusoires comportant un paiement inversé. Si les brevetés et les génériqueurs ont réussi à s'entendre pour manipuler cette récompense, cela est dû au fait que tous deux sont exposés à des risques économiques élevés. S'agissant du breveté, il peut voir la majeure partie de ses profits décliner dans le cas où il perdrait le procès en contrefaçon. S'agissant du génériqueur contestataire, il peut perdre définitivement la possibilité de se voir délivrer la prime d'exclusivité. En effet, si la juridiction juge le brevet violé ou valide, le génériqueur contestataire ne pourra pas bénéficier de la prime d'exclusivité de cent quatre-vingts jours et devra alors attendre que le brevet tombe dans le domaine public pour entrer sur le marché. Or, dans ce contexte, il ne sera potentiellement plus l'unique génériqueur sur le marché dans la mesure où tous les concurrents génériqueurs intéressés pourront à ce moment-là proposer leur produit à la vente. Ce faisant, si les génériqueurs ont un intérêt important à déposer une certification paragraphe IV, laquelle leur permettra d'obtenir la prime d'exclusivité, ils ne sont en revanche que faiblement incités à poursuivre le différend de brevet jusqu'à son terme[297]. En réalité, et le breveté et le génériqueur contestataire se trouvent dans une meilleure position lorsqu'ils décident de transiger le différend portant sur le brevet. D'un côté, le breveté pourra éliminer

---

295 Voy. aussi l'arrêt de la cour d'appel du 4e circuit qui confirma la même année l'interprétation donnée par les deux juridictions. *Granutec, Inc. v. Shalala*, 46 U.S.P.Q.2d. (BNA) 1398 (4th Circ. 1998), pt 1401. *Adde* 64 Fed. Reg. 42, 873, 42, 874 (Aug. 6, 1999).

296 C. Hemphill & M. Lemley, « Earning Exclusivity: Generic Drug Incentives and the Hatch-Waxman Act », art. préc., p. 957, qui explique que le « *fait que l'exclusivité générique de cent quatre-vingts jours n'encourage pas réellement l'invalidation de nombreux brevets apparaît surprenant* » (traduction libre). Dans la langue d'origine : « *The fact that the 180-day generic exclusivity does not actually encourage many patent invalidations may come as a surprise.* »

297 T. Leary, « Antitrust Issues in the Settlement of Pharmaceutical Patent Disputes, Part III », 30 *Seattle University L. Rev.* 377 (2006), spéc. p. 381.

toute menace concurrentielle et protéger ses profits de monopole pendant toute la période contractuelle. Et, parce que la FDA n'évalue pas la solidité du brevet ou sa portée, en transigeant le litige, le laboratoire *princeps* pourra préserver un brevet douteux pendant encore quelques années et donc prolonger son monopole. De l'autre côté, le génériqueur contestataire se retrouve aussi dans une position très confortable. Non seulement il obtient le versement de sommes d'argent importantes (ou toute autre forme de compensation) de la part du breveté, mais en plus, il est assuré de récolter les fruits de la prime d'exclusivité. Ainsi, grâce à l'absence de l'obligation de remporter le procès en contrefaçon pour obtenir la prime d'exclusivité, le génériqueur n'a pas besoin d'aller au bout du contentieux pour obtenir la récompense de cent quatre-vingts jours. Le règlement amiable crée alors une situation « gagnant-gagnant » (ou de « *win-win* »)[298]. Finalement, le seul perdant de la transaction, c'est le consommateur, lequel doit supporter des prix de monopole pendant la durée de l'accord transactionnel et des prix toujours élevés au moment où le génériqueur commercialisera son produit sur le marché et déclenchera par ce fait la période d'exclusivité de cent quatre-vingts jours.

70. **Les deux mécanismes négatifs de la prime d'exclusivité.** Deux mécanismes symbolisent les faiblesses de la loi Hatch-Waxman. Tout d'abord, la conclusion du règlement amiable n'empêche pas le génériqueur contestataire de bénéficier de la prime d'exclusivité de cent quatre-vingts jours. Ensuite, dans la mesure où la loi ne retire pas la prime d'exclusivité aux génériqueurs contestataires lorsqu'un règlement amiable est conclu, elle pousse ces derniers à accepter des accords qui prévoient un report d'entrée très important[299]. En d'autres termes, la capacité pour le génériqueur à retarder le déclenchement de la prime d'exclusivité lorsqu'il conclut un règlement amiable rompt l'alignement des intérêts entre ce dernier et le consommateur. Habituellement, un report d'entrée sur le marché est néfaste aussi bien pour le consommateur que pour le contrefacteur allégué, puisque les profits que ce dernier dégage sont liés au temps qu'il passe sur le marché. Ce faisant, le contrefacteur allégué est prêt à aller au bout du procès en contrefaçon pour pouvoir entrer sur le marché le plus tôt possible. En revanche, en concluant un accord transactionnel qui permet de maintenir la prime d'exclusivité, la situation est complètement différente puisque les profits réalisés par le génériqueur se font dans cette hypothèse de manière non linéaire[300], la plupart des profits du génériqueur se réalisant au cours des cent quatre-vingts jours d'exclusivité. Pour cette raison, le génériqueur tient plus à sa prime d'exclusivité, laquelle lui octroie la certitude d'être le seul fabricant à proposer une version générique du médicament, qu'à une entrée avancée sur le marché.

---

298 S. Gallasch *The Anticompetitive Misuse of Intellectual Property Rights in the European Pharmaceutical Sector*, *op. cit.*, p. 90.

299 Voy. entre autres sur ce sujet : J. David, « Applying Litigation Economics to Patent Settlements: Why Reverse Payments Should Be Per Se Illegal », 41 *Rutgers L. J.* 255 (2009), spéc. pp. 304-305; C. Hemphill, « An Aggregate Approach to Antitrust: Using New Data and Rulemaking to Preserve Drug Competition », 109 *Columbia L. Rev.* 629 (2009), spéc. pp. 651-653 ; S. Backus, « Reversing Course on Reverse Payment Settlements in the Pharmaceutical Industry: Has *Schering-Plough* Created the Blueprint for Defensible Antitrust Violations? », 60 *Oklahoma L. Rev.* 375 (2007), spéc. pp. 414-416.

300 C. Hemphill & M. Lemley, « Earning Exclusivity: Generic Drug Incentives and the Hatch-Waxman Act », art. préc., p. 957.

71. **La réponse inefficace du législateur à la manipulation de la prime d'exclusivité de cent quatre-vingts jours.** Pour mettre fin à la manipulation de la prime d'exclusivité et à la prolifération des règlements amiables, le législateur américain a décidé de réagir en modifiant les dispositions de la loi Hatch-Waxman. Pour parvenir à cet objectif, il a rigidifié les conditions de déclenchement de la prime d'exclusivité. Le Congrès, au moyen du Medicare Prescription Drug, Improvement, and Modernization Act (MMA) de 2003, a adopté une règle selon laquelle le premier déposant d'une certification paragraphe IV qui ne commercialiserait pas son produit dans un certain délai perdrait son exclusivité. En d'autres mots, le législateur a établi un régime « *utilisez-la ou perdez-la* »[301]. Depuis lors, le premier déposant d'une certification paragraphe IV doit normalement commercialiser sa version générique dans les soixante-quinze jours suivants l'approbation finale de la FDA ou trente mois après le dépôt de la demande d'une ANDA[302]. La FTC, cependant, a noté qu'il demeurait des possibilités d'abuser et de détourner la prime d'exclusivité de sa fonction[303] malgré le nouveau régime « *utilisez-la ou perdez-la* », et ce, en raison de la faible précision du texte. Le paragraphe 355(j)(5)(D)(i)(I), lequel prévoit la perte (*the forfeiture*) de la prime d'exclusivité, dispose que le premier déposant d'une certification paragraphe IV perd son exclusivité s'il échoue à commercialiser le médicament :

> « *(aa)* soit à la date la plus proche des deux suivantes :
>
> > *(AA) 75 jours après la date effective de l'approbation finale [de la FDA] ; ou*
> >
> > *(BB) 30 mois après la date du dépôt [de la certification paragraphe IV] du demandeur ;*
>
> *(bb)* soit 75 jours après la date où au moins une des situations suivantes s'est produite :
>
> > *(AA) Dans une action en contrefaçon […] une juridiction prononce une décision finale […] aux termes de laquelle le brevet est jugé invalide ou non violé ;*
> >
> > *(BB) Dans une action en contrefaçon […] une juridiction conclut une transaction judiciaire ou un consent decree qui entérine définitivement un jugement aux termes duquel le brevet est jugé invalide ou non violé »*[304].

---

301 E. Andersen, « *Schering* the Market: Analyzing the Debate over Reverse-Payment Settlement in the Wake of the Medicare Modernization Act of 2003 and *In re Tamoxifen Citrate Litigation* », 93 *Iowa L. Rev.* 1015 (2008), spéc. p. 1022 (traduction libre), où l'auteur utilise l'expression « *a "use it or lose it" regime* ». Voy. aussi M. Carrier, « Unsettling Drug Patent Settlements: a Framework for Presumptive Illegality », art. préc., p. 354, où le professeur utilise l'expression « *"use it or lose it" provisions* ».

302 Voy. 21 U.S.C. § 355(j)(5)(D)(i)(I).

303 Qui, rappelons-le, est d'encourager les génériqueurs à éliminer les brevets faibles du marché.

304 *Ibid.* (traduction libre) (nous soulignons) : « *The first applicant fails to market the drug by the later of:*
(aa) the earlier of the date that is:
(AA) 75 days after the date on which the approval of the application of the first applicant is made effective under subparagraph (B)(iii); or
(BB) 30 months after the date of submission of the application of the first applicant; or
(bb) […] the date that is 75 days after the date as […] at least 1 of the following has occurred:

La lecture du texte montre que la FTC a raison d'affirmer que des abus sont toujours possibles. En effet, le texte n'impose pas de faire prévaloir la sous-section (aa) sur la sous-section (bb). Si la logique voulait que l'on épuise chronologiquement les textes, rien ne l'exige pour autant. Ce faisant, la FTC a soutenu que des règlements amiables de report d'entrée conclus entre un breveté et des génériqueurs peuvent encore bloquer le marché puisque, lorsqu'un breveté et un génériqueur transigent le litige de brevet, les évènements prévus dans la sous-section (bb) ne se produiront potentiellement jamais[305]. En effet, si aucun génériqueur ne parvient à gagner le procès en contrefaçon, soit *via* une décision judiciaire, soit *via* un *consent decree* ou une transaction judiciaire, alors la sous-section (bb) ne se déclenchera pas et le génériqueur déposant d'une certification paragraphe IV pourra toujours bénéficier de sa prime d'exclusivité de cent quatre-vingts jours. En conséquence, grâce au règlement amiable, « *le premier déposant génériqueur et le laboratoire pionnier pourraient au moins paralyser le marché jusqu'à ce qu'un autre génériqueur ne parvienne à l'emporter devant une juridiction* »[306].

2. Les atouts des règlements amiables

72. **Les règlements amiables reposent sur le modèle du marchandage.** Les règlements amiables[307] s'appuient sur le modèle du marchandage (*bargaining*). Ce modèle du marchandage a été mis en exergue par le courant Law & Economics[308], lequel « *porte une attention toute particulière aux transactions juridiques entre particuliers* »[309]. Au moyen de ce modèle, il est possible de mettre au jour les raisons poussant les entreprises pharmaceutiques – brevetés et concurrents génériqueurs potentiels – à conclure un règlement amiable de type *pay-for-delay*. En effet, il permet de montrer comment les parties arrivent à déterminer et échanger « *de commun accord [...] les différents droits et obligations* »[310] à des fins d'efficience économique.

73. **Les atouts traditionnels des règlements amiables.** La première raison poussant les entreprises pharmaceutiques à conclure des règlements amiables, c'est la

---

(AA) In an infringement action brought against that applicant with respect to the patent or in a declaratory judgment action brought by that applicant with respect to the patent, a court enters a final decision from which no appeal (other than a petition to the Supreme Court for a writ of certiorari) has been or can be taken that the patent is invalid or not infringed.

(BB) In an infringement action [...], a court signs a settlement order or consent decree that enters a final judgment that includes a finding that the patent is invalid or not infringed. »

305 Discours de J. Leibowitz, *Paying Off Generics to Prevent Competition with Brand Name Drugs: Should it Be Prohibited*, Hearing Before the Senate Committee on the Judiciary, 110th Cong. (Jan. 17, 2007), p. 23.

306 E. Andersen, art. préc., p. 1024 (traduction libre) : « *the first-filing generic and pioneer could at least stall the market until after another generic wins in court.* »

307 La transaction (ou le règlement amiable) a été présentée par le professeur Mestre comme « *un grand contrat et, sans doute, bien plus encore que cela encore : à la croisée des grands concepts (contrat, volonté des parties, loyauté, équilibre, jugement, transparence, contradictoire)* ». Voy. J. Mestre, « Rapport de synthèse » *in La transaction dans toutes ses dimensions* (dir. B. Mallet-Bricout et C. Nourissat), Dalloz, 2006, p. 212.

308 En français, le mouvement Law & Economics a été traduit par « analyse économique du droit ». On retrouve souvent la traduction « école de l'analyse économique du droit ».

309 B. Frydman, « Le calcul rationnel des droits sur le marché de la justice : l'école de l'analyse économique du droit » *in Structure, système, champ et théorie du sujet* (dir. T. Andréani et M. Rosen), L'Harmattan, 2000, p. 131.

310 *Ibid.*

prévisibilité. En effet, les règlements amiables sont des contrats et, en tant que tels, doivent être regardés comme « *un acte de prévision* »[311]. Pour reprendre la belle formule du professeur Lécuyer, ils permettent de « *s'approprier le futur* »[312]. Contrôler le futur semble donc être le premier avantage que le règlement amiable offre aux brevetés et aux génériqueurs. Grâce à cet outil contractuel, les parties peuvent réguler la vie du brevet et déterminer avec précision le moment où une concurrence générique pourra pénétrer le marché. En d'autres termes, elles pourront gérer les risques[313] que le différend de brevet produit, et notamment annihiler purement et simplement l'incertitude de voir le brevet annulé ou validé par la juridiction saisie. À cet égard, la négociation entre les parties se situera autour de la question de savoir si le brevet est fort ou faible. Selon la réponse donnée à cette question, le report d'entrée sera plus ou moins long et le paiement inversé plus ou moins important. Le second avantage du règlement amiable, comme l'évoquait la professeure Frison-Roche pour le cas du contrat *stricto sensu*, est qu'il ne pourra voir son contenu « *juridiquement dicté par l'extérieur* »[314]. Ainsi, en concluant un règlement amiable, brevetés et génériqueurs s'assurent la maîtrise du contenu de l'accord transactionnel, lequel ne sera pas imposé par un tiers. Le règlement amiable renvoie aussi à l'inefficacité du procès[315], lequel ne permet pas aux entreprises d'adapter stratégiquement leurs prétentions.

74. **Les atouts particuliers des règlements amiables transigeant un litige de brevet.** Les règlements amiables en matière de brevet comportent par ailleurs des particularités propres qui séduisent aussi bien les brevetés que les génériqueurs contestataires. Tout d'abord, les règlements amiables permettent de mettre un terme à un litige de brevet et donc d'économiser des ressources qui ne seront pas investies dans une procédure judiciaire. Ainsi, grâce au règlement amiable, les brevetés sont dispensés de solliciter leurs employés et leurs conseils pour développer des arguments prouvant la validité du brevet ou sa violation tandis que les génériqueurs contestataires, pour leur part, sont épargnés de la démonstration de l'invalidité du brevet ou de sa non-violation. Ensuite, et c'est certainement l'élément le plus déterminant, le règlement amiable n'aura des effets qu'*inter partes* alors que si le brevet avait été annulé ou validé par une juridiction, le jugement aurait eu des effets *erga omnes*[316]. Autrement dit, si la juridiction avait annulé

---

311 M. Hauriou, *Principes de droit public*, Larose, 1910, p. 206. Voy. aussi : J. Boulanger et G. Ripert, *Traité de droit civil*, t. 2, LGDJ, 1957, p. 183, lesquels indiquent que le contrat a toujours été conçu comme un acte de prévision.

312 H. Lécuyer, « Le contrat, acte de prévision » *in L'avenir du droit – Mél. en l'honneur de F. Terré*, Dalloz, 1999, p. 641.

313 Ici, tout comme le contrat, le règlement amiable apparaît comme un outil de gestion des risques. Pour une étude exclusivement centrée sur le contrat : voy. J.-M. Mousseron, « La gestion des risques par le contrat », *RTD civ.* 1988, p. 490.

314 M.-A. Frison-Roche, « Contrat, concurrence, régulation », *RTD civ.* 2004, p. 451.

315 A. Daughtey & J. Reinganum, « Settlement » *in Procedural Law and Economics* (dir. C. W. Sanchirico), 2nd ed., Edward Elgar, vol. 8, 2012, p. 390.

316 Voy. S. Gallasch, *The Anticompetitive Misuse of Intellectual Property Rights in the European Pharmaceutical Sector*, *op. cit.*, p. 88, qui lui aussi relève cet élément. Pour l'auteur, « *un règlement amiable [...] serait bénéfique au laboratoire pionnier en ce qu'il a uniquement des effets* "inter partes" *alors que l'invalidation du brevet par une décision judiciaire aurait des effets* "erga omnes", *ce qui autoriserait les autres génériqueurs à utiliser la substance chimique ou le procédé qui était protégé par le brevet en question* » (traduction libre). Dans la

le brevet, les tiers génériqueurs auraient pu s'appuyer sur la décision de justice pour entrer sur le marché dès la fin des cent quatre-vingts jours d'exclusivité sans bourse délier. Dans cette hypothèse, il est possible d'identifier un phénomène de *free-riding* (ou de passagers clandestins) puisque les tiers génériqueurs pourraient en ce cas bénéficier du travail judiciaire d'un concurrent qui aurait dépensé pas mal de ressources pour obtenir une décision d'invalidation. La nature *inter partes* du règlement amiable avantage aussi le breveté. En effet, étant donné que le règlement amiable préserve son brevet, il maintient son droit exclusif et son statut de monopoleur. Aussi, les tiers génériqueurs intéressés par l'entrée sur le marché seront dans l'obligation de saisir les tribunaux pour le contester. Or, la plupart du temps, lorsqu'un règlement amiable de report d'entrée est conclu, il décourage les tiers génériqueurs de toute action judiciaire puisque l'accord a « un effet de dissuasion par signal ». À cet égard, les tiers génériqueurs pourraient ne pas vouloir agir en justice, pensant que si le génériqueur contestataire a conclu un règlement amiable, c'est qu'au fond, le brevet litigieux remplissait probablement les conditions de brevetabilité et qu'il n'existait véritablement que de faibles chances de le voir annuler judiciairement. Enfin, d'un point de vue économique, il semblerait que les règlements amiables en matière de brevet soient très positifs. Dans la mesure où les parties se trouvent dans une meilleure position avec le règlement amiable, il est possible de supposer que le breveté augmentera ses profits attendus grâce à l'accord, de sorte que « *cette augmentation des profits accro[îtra] l'incitation à innover* »[317]. Cependant, d'un point de vue juridique, le règlement amiable présente une grande faiblesse puisque, comme l'a fait remarquer le professeur Fiss dans une diatribe qui eut un grand retentissement outre-Atlantique, il fait prévaloir la *paix*… au détriment de la *justice*[318].

§ 2. Le verrouillage total de la concurrence par la conclusion d'un règlement amiable

75. **L'approbation de blocage et le paiement inversé unique, deux instruments pour bloquer l'entrée de la concurrence sur le marché.** Pour bloquer l'entrée de la concurrence générique, brevetés et génériqueurs peuvent s'appuyer sur l'approbation de blocage (*approval bottleneck*), laquelle permet d'assurer aux génériqueurs déposant d'une certification paragraphe IV l'octroi de la prime d'exclusivité de cent quatre-vingts jours (A). Grâce à la manipulation de cette disposition, le breveté n'aura qu'à engager un paiement inversé unique pour verrouiller totalement le marché (B).

langue d'origine : « *a settlement […] would be beneficial to the brand company as it only takes effect* "inter partes," *whereas the invalidation of the patent by court judgment would take effect* "erga omnes" *allowing every other generic company to use the chemical substance or the process which was protected by the patent in question* ».

317 K. Leffler & C. Leffler, « Efficiency Trade-Offs in Patent Litigation Settlements: Analysis Gone Astray? », 39 *University of San Francisco L. Rev.* 32 (2004), spéc. p. 37 (traduction libre) : « *This increase in profit does increase the incentive to innovate.* »

318 M. Fiss, « Against Settlement », 93 *Yale L. J.* 1073 (1984), spéc. p. 1085. Pour des propos plus mesurés et plus récents sur le sujet : voy. M. La Belle, « Against Settlement of (Some) Patent Cases » 67 *Vanderbilt L. Rev.* 375 (2014).

A. L'approbation de blocage (*approval bottleneck*) : l'instrument réglementaire

76. **Qu'est-ce que l'*approval bottleneck* ?** Bien que complexe, la loi Hatch-Waxman avait pour ambition de trouver un équilibre entre les intérêts des génériqueurs et ceux des laboratoires pionniers. Or, comme nous l'avons montré, la prime d'exclusivité de cent quatre-vingts jours, laquelle était vue comme l'arme suprême pour bousculer l'inertie concurrentielle dans le secteur pharmaceutique, a été mal conçue et a laissé des espaces ouverts aux brevetés et aux génériqueurs pour contrôler l'entrée de la concurrence générique sur le marché. L'effet collatéral de cette malfaçon se trouve dans ce que la doctrine a nommé l'« *approval bottleneck* »[319]. En effet, l'« approbation de blocage » est le résultat des défauts de la prime d'exclusivité de cent quatre-vingts jours. Les laboratoires pharmaceutiques se sont servis de cette disposition pour renforcer l'efficacité de leur règlement amiable de report d'entrée et l'ont donc détournée de sa fonction originelle. Plus précisément, lorsque le premier déposant d'une certification paragraphe IV transige le différend de brevet avec le laboratoire *princeps*, une approbation de blocage peut résulter de cette entente puisque, par la suite, aucun autre génériqueur ne pourra obtenir d'autorisation de mise sur le marché de la FDA jusqu'à ce que la période de cent quatre-vingts jours d'exclusivité ne soit arrivée à son terme. Pour reprendre les mots de M. Leary, « *en vertu des règles applicables, [le règlement amiable] bloquera l'entrée des génériqueurs subséquents jusqu'à cent quatre-vingts jours après la date d'entrée sur le marché du premier génériqueur* »[320]. En d'autres termes, le règlement amiable empêchera le déclenchement de la prime d'exclusivité ou de la perte de la prime d'exclusivité conformément à la sous-section (bb)[321] puisqu'il met fin au procès en contrefaçon. Or, sans le déclenchement de la perte de la prime d'exclusivité, les génériqueurs subséquents ayant déposé une demande d'ANDA sont bloqués puisque la FDA ne peut pas approuver de demandes d'ANDA jusqu'à l'expiration de la période d'exclusivité de cent quatre-vingts jours[322]. En pratique, c'est cette situation qui crée une approbation de blocage. Une fois que le génériqueur a obtenu son ANDA, il peut bénéficier de la période d'exclusivité de cent quatre-vingts jours. Cependant, tant qu'il ne commercialise pas son générique ou qu'aucune juridiction ne s'est pro-

---

319 A. Patel « Delayed Access to Generic Medicine: a Comment on the Hatch-Waxman Act and the "Approval Bottleneck" », 78 *Fordham L. Rev.* 1075 (2009), spéc. p. 1094, où l'auteur utilise cette expression. Voy. aussi H. Hovenkamp, M. Janis & M. Lemley, *IP & Antitrust: An Analysis of Antitrust Principles Applied to Intellectual, Property Law* (Supp. 2005), § 7.4e, pp. 7-31 ; C. Hemphill, « Paying for Delay: Pharmaceutical Patent Settlement as a Regulatory Design Problem », art. préc., spéc. p. 1561 ; H. Hovenkamp, M. Janis & M. Lemley, « Balancing Ease and Accuracy in Assessing Pharmaceutical Exclusion Payments », 88 *Minnesota L. Rev.* 712 (2004), spéc. p. 717 ; Hovenkamp, M. Janis & M. Lemley, « Anticompetitive Settlement of Intellectual Property Disputes », art. préc., p. 1757 ; J. Brodley & M. O'Rourke, « Patent Settlement Agreements », art. préc., spéc. p. 54.

320 Voy. T. Leary, « Antitrust Issues in the Settlement of Pharmaceutical Patent Disputes, Part III », art. préc., pp. 381-382 (traduction libre) : « *[the settlement] will block entry by later generics until 180 days after the first generic actually enters* ».

321 Voy. *supra* n° 71 pour revoir ce que dispose la sous-section (bb).

322 Voy. C. Hemphill, « Paying for Delay: Pharmaceutical Patent Settlement as a Regulatory Design Problem », art. préc., pp. 1587-1589.

noncée sur la nullité du brevet, la période d'exclusivité demeure « en sommeil ». Par conséquent, le breveté peut totalement bloquer la concurrence ou, à tout le moins, substantiellement la retarder, en concluant seulement un accord amiable avec le génériqueur ayant déposé une demande de certification paragraphe IV. La jurisprudence a elle aussi épinglé cette pratique mais a utilisé l'expression « *"parking" 180-day marketing exclusivity period* ». En effet, le tribunal de district de New York a énoncé que « *[c]ertains fabricants de* princeps *ont réussi à "stationner" la période d'exclusivité commerciale en retardant indéfiniment les approbations d'ANDA et en bloquant le marché. "Le stationnement" se produit lorsque le fabricant du* princeps *convainc le premier déposant [d'une certification paragraphe IV] de ne pas entrer sur le marché, souvent* via *un règlement amiable résolvant un différend de brevet. En l'absence d'une décision judiciaire, l'incapacité du premier déposant à pénétrer le marché retarde le déclenchement de la période d'exclusivité de cent quatre-vingts jours, de sorte qu'elle ne commence ni ne se termine et que les ANDA déposées ultérieurement ne peuvent pas être approuvées* »[323].

B. Le paiement inversé unique : l'instrument des parties

77. **La faible capacité des tiers génériqueurs à contester le brevet renforce l'efficacité du règlement amiable.** Les défauts de la loi Hatch-Waxman facilitent la tâche aux entreprises pour retarder l'entrée des génériques sur le marché. Eu égard au cadre réglementaire, la conclusion *d'un seul* règlement amiable peut permettre d'empêcher les génériqueurs tiers à l'accord d'entrer légalement sur le marché. En effet, lorsqu'un tel accord est conclu, deux possibilités s'offrent aux tiers génériqueurs pour pénétrer le marché. En premier lieu, le tiers génériqueur peut proposer un produit alternatif et activer une concurrence par substitution en lieu et place d'une concurrence par imitation. Cette voie est fort complexe puisqu'elle nécessite des investissements massifs en R&D et ne correspond pas véritablement au *business model* des entreprises génériques. La faible capacité des fabricants de génériques à engager des investissements massifs est donc un élément qui renforce l'efficacité du règlement amiable. En second lieu, le fabricant de génériques peut agir en justice pour annuler le brevet du laboratoire *princeps* ou obtenir une décision de non-violation du brevet litigieux[324]. Cette voie-là est

---

323 Voy. *Apotex, Inc. v. Pfizer Inc.*, 385 F. Supp. 2d 187 (S.D.N.Y. 2005), pt 190 (traduction libre) : « *Some brand name drug manufacturers have succeeded in "parking" 180-day marketing exclusivity period, indefinitely delaying ANDA approvals and bottlenecking the market. "Parking" occurs when the brand name manufacturer convinces the first filer not to enter the market, often through a settlement agreement concluding a patent infringement suit. Absent an intervening court decision, the first filer's failure to enter the market delays the triggering of the 180-day exclusivity period so that it neither begins nor ends, and subsequently filed ANDAs cannot be approved.* »

324 Mais il ne bénéficiera pas de la prime d'exclusivité de cent quatre-vingts jours. Voy. A. Engelberg, « Special Patent Provisions for Pharmaceuticals: Have They Outlived Their Usefulness? – A Political, Legislative and Legal History of U.S. Law and Observations for the Future », 39 *Journal of Law and Technology* 389 (1999), spéc. p. 417. *Adde* dans le même sens : R. Eisenberg, « The Shifting Functional Balance of Patents and Drug Regulation », 20 *Health Affairs* 119 (2001), spéc. p. 123.

aussi complexe puisqu'elle requiert une nouvelle fois de débourser d'importantes ressources pour faire face aux coûts de la procédure judiciaire, qui représente plusieurs millions de dollars. À cela, s'ajoute le règlement amiable, qui, comme nous l'avons dit précédemment, produit « un effet de dissuasion par signal ».

78. **Le paiement d'un seul génériqueur suffit à retarder l'entrée de la concurrence générique.** Ainsi, compte tenu de la réglementation[325], « *un règlement amiable [...] convenablement conçu garde hors du marché non seulement le défendeur au procès en contrefaçon pendant un temps [stipulé dans le règlement], mais écarte aussi d'autres génériqueurs de l'entrée sur le marché* »[326]. En d'autres termes, il suffit pour le breveté de s'entendre avec *un seul* génériqueur[327] pour totalement bloquer la concurrence sur le marché. Pour ce faire, il ne reste au détenteur du brevet qu'à trouver un accord sur le montant du paiement inversé que son cocontractant serait prêt à accepter pour conclure le règlement amiable et utiliser sa prime d'exclusivité de cent quatre-vingts jours qu'à partir de la date contractuellement négociée. Généralement, pour que la transaction soit conclue et qu'elle incite le génériqueur à retarder son entrée sur le marché, le montant doit largement dépasser les coûts de la procédure judiciaire que l'accord éteint, ce qui représente bien souvent plusieurs millions de dollars. En effet, pour accroître l'attractivité du règlement amiable, le paiement inversé doit au moins équivaloir aux profits estimés par le génériqueur dans l'hypothèse où il serait entré sur le marché. En conséquence, le règlement amiable ne s'appuie pas *per se* sur la validité du brevet ni même sur la probabilité de voir le brevet confirmé dans sa légalité par une juridiction. En réalité, c'est l'approbation de blocage qui permet au laboratoire *princeps* de payer uniquement un génériqueur pour paralyser totalement la concurrence sur le marché. S'agissant de l'Europe, nous verrons qu'il est impossible de totalement bloquer la concurrence en concluant un seul règlement amiable. Compte tenu de la législation européenne, le titulaire d'un brevet pharmaceutique est dans l'obligation de verser des paiements inversés à chaque concurrent potentiel pour espérer préserver sa qualité de monopoleur. Cependant, le fait de payer un ou plusieurs concurrents potentiels ne bloque pas totalement la concurrence puisque, si un génériqueur refuse le paiement inversé et qu'il décide de se lancer à risque sur le marché, il en a la possibilité.

---

325 Nous visons ici tout particulièrement l'approbation de blocage. Voy. *supra* n° 76.

326 H. Hovenkamp, M. Janis & M. Lemley, « Anticompetitive Settlement of Intellectual Property Disputes », art. préc., p. 1757 (traduction libre) : « *a properly defined settlement-plus-exit-payment keeps not only the immediate infringement defendant out of the market for a time, but also keeps other generic firms from entering as well* ».

327 Il existe des situations où la conclusion d'un seul règlement amiable serait insuffisante pour retarder l'entrée d'une concurrence générique sur le marché. Cette hypothèse se produit lorsqu'il y a plusieurs déposants d'une certification paragraphe IV. Dans ce cas, le breveté doit conclure autant de règlements amiables qu'il y a de déposants pour espérer préserver ses revenus et retarder l'entrée de la concurrence générique sur le marché.

Conclusion de chapitre

79. **Conclusion du chapitre 1 relatif à l'apparition des accords de report d'entrée par l'instrumentalisation de la loi Hatch-Waxman aux États-Unis.** Les développements qui précèdent ont montré que dynamiser la concurrence en maintenant l'équilibre entre le droit des brevets et la libre concurrence était l'objectif principal que le législateur américain s'était assigné en adoptant la loi Hatch-Waxman. Cette loi devait être la réponse idoine à l'inertie concurrentielle qui avait été identifiée au début des années 1980 aux États-Unis et qui était probablement due à une réglementation minimale faisant la part belle aux détenteurs de brevets pharmaceutiques. Pour inciter les génériqueurs à entrer sur le marché et à proposer des prix beaucoup plus faibles aux consommateurs, la prime d'exclusivité de cent quatre-vingts jours apparaissait *prima facie* comme un important avantage accordé par la loi. Alors qu'elle était censée récompenser le risque pris par les génériqueurs de perdre leurs contestations de brevet, la mesure la plus emblématique de la loi Hatch-Waxman a été totalement instrumentalisée et détournée de sa fonction originelle aussi bien par les brevetés que par les génériqueurs. L'idée sous-jacente était qu'en accordant un droit exclusif pendant cent quatre-vingts jours aux contestataires d'un brevet considéré comme faible par les concurrents du *princeps*, il y aurait une concurrence générique accrue sur le marché et, peut-être, un reflux des demandes de brevets pour des inventions douteuses ou anticoncurrentielles. Par ce mécanisme, il était envisagé que le marché pouvait s'autoréguler puisque c'était aux entreprises privées d'identifier et d'éradiquer les brevets portant sur des inventions futiles, lesquels bloquaient injustement la concurrence. Or, force est de constater que la loi Hatch-Waxman n'a pas répondu aux attentes du législateur et des consommateurs de voir les prix des médicaments chuter au niveau concurrentiel. Nonobstant les modifications apportées par le Medicare Prescription Drug, Improvement, and Modernization Act en 2003, l'apparition d'une concurrence ne s'est pas produite. En effet, des positions monopolistiques potentiellement assises sur des brevets faibles se sont maintenues. Ce faisant, la loi a obtenu un succès modeste, ou à tout le moins très relatif. Non seulement elle n'a pas permis de stimuler la concurrence générique dans de grandes proportions, mais pis encore, sa mauvaise conception a permis aux entreprises du secteur pharmaceutique de s'appuyer sur ses dispositions pour contrarier les objectifs qu'elle avait fixés. Pour contrecarrer l'objectif de dynamisation de la concurrence et perturber par ricochet l'équilibre entre le droit des brevets et la libre concurrence, brevetés et génériqueurs ont utilisé l'instrument contractuel et ont façonné des accords prenant la forme de règlements amiables mettant un terme aux différends de brevet. En combinant la manipulation de la prime d'exclusivité de cent quatre-vingts jours avec des paiements inversés, les entreprises ont réussi à adopter des comportements collusoires qui ont eu pour effet de retarder l'entrée de la concurrence générique, parfois au-delà même de la durée de vie du brevet. C'est ce jumelage qui a donné naissance à ce que l'on nomme les accords de report d'entrée. Le problème de ce type d'accord est qu'il protège parfois indûment un droit de propriété intellectuelle immérité et qu'il empêche l'entrée d'une concurrence générique sur le marché. Or, si un brevet est faible, il ne doit pas être délivré par l'office de brevets ou, si

c'est le cas, il doit être éliminé par des initiatives privées et une concurrence par imitation doit alors émerger. Le règlement amiable empêche l'émergence d'une telle concurrence et conduit à surprotéger des droits de propriété intellectuelle potentiellement immérités au détriment de la concurrence et, finalement, du bien-être du consommateur. En définitive, lorsque des règlements amiables retardent l'entrée de la concurrence sur le marché alors que le brevet sur lequel repose l'accord est faible, l'accord pourrait être assimilé à un partage de marché, comportement qui est prohibé *per se* par le droit antitrust. Néanmoins, même si ces accords apparaissent suspects de prime abord, nous ne soutenons pas l'idée que tous ces accords portent illégalement atteinte à la concurrence. Pour cette raison, nous avons émis une critique sur l'usage de la locution « paiement inversé », qui laisse à penser que tous les règlements amiables comportant un paiement – ou une autre forme de transfert de valeur – du breveté au génériqueur enfreindraient la règle de droit. Quoi qu'il en soit, si l'apparition des accords de report d'entrée aux États-Unis est la conséquence des défauts de la réglementation pharmaceutique, leur prolifération en Europe ne s'appuie pas sur la même *ratio*.

Chapitre 2
La prolifération des accords de report d'entrée par l'instrumentalisation du système des brevets en Europe

80. **Imperfection du système des brevets et abus des entreprises détentrices de brevets.** Jusqu'à présent, les accords de report d'entrée ont été envisagés sous le seul prisme du droit américain pour la simple et bonne raison qu'ils sont nés outre-Atlantique. Or, depuis peu, les accords de report d'entrée ont également fait leur apparition en Europe et la question de leur légalité s'est posée à la suite de l'enquête sectorielle lancée par la Commission européenne en 2007. Les accords de report d'entrée « européens » diffèrent sensiblement des accords de report d'entrée « américains » eu égard au cadre réglementaire existant dans l'Union européenne. Si ces accords ont proliféré sur le vieux continent, cela est dû aux imperfections actuelles du système des brevets (Section 1) que les brevetés n'hésitent pas à utiliser de manière abusive (Section 2). À vrai dire, les accords de report d'entrée s'inscrivent dans la même démarche d'*evergreening* – laquelle consiste à prolonger abusivement un monopole assis sur un droit de propriété intellectuelle – déjà sanctionnée par la Commission européenne dans l'affaire *AstraZeneca*.

Section 1
L'imperfection du système des brevets

81. **Examen sommaire des conditions de brevetabilité et multiplication des actions en contrefaçon.** Les accords de report d'entrée conclus en Europe trouvent leur efficacité en raison de nombreux dysfonctionnements. L'examen sommaire des conditions de brevetabilité opéré par l'Office européen des brevets (OEB) (§ 1) ainsi que la multiplication des actions en contrefaçon (§ 2) apparaissent comme les deux principaux facteurs à prendre en compte.

§ 1. L'examen sommaire des critères de brevetabilité

82. **Inflation des dépôts de brevets.** L'examen sommaire des conditions de brevetabilité encourage les laboratoires *princeps* à déposer de nombreux brevets pour protéger leurs médicaments les plus rentables. Il en résulte une inflation du

nombre de brevets déposés (A). En raison de la quantité de demandes de brevets, la possibilité de se voir délivrer un brevet de faible qualité est grande (B).

A. L'inflation des dépôts de brevets

83. **Absence de *patent linkage* dans l'Union européenne et intérêt de déposer des brevets.** À la différence de la réglementation pharmaceutique aux États-Unis, il n'existe pas de *patent linkage*[328] dans l'Union européenne, de sorte que les génériqueurs ne sont pas dans l'obligation de contester les brevets détenus par les laboratoires *princeps* pour entrer sur le marché[329]. Aux termes du règlement européen de 2004 concernant les médicaments à usage humain et à usage vétérinaire[330], l'Agence européenne des médicaments (AEM) doit uniquement prendre en compte, pour accepter ou pour refuser de délivrer une AMM, « *l'intérêt de la santé publique* » et s'appuyer sur « *la base des critères scientifiques objectifs de la qualité, de la sécurité et de l'efficacité du médicament concerné,* à l'exclusion de toute considération économique ou autre »[331]. En d'autres termes, un laboratoire *princeps* ne peut pas s'opposer à la délivrance d'une AMM octroyée à un génériqueur qui souhaiterait entrer sur le marché en opposant qu'il détient un (ou plusieurs) brevet(s) sur le médicament *princeps* que son potentiel concurrent envisage de « générifier ». Ainsi, il y a une véritable déconnexion entre la procédure de délivrance d'une AMM et le domaine de la propriété intellectuelle. Si une AMM est délivrée à un génériqueur et qu'un laboratoire *princeps* estime que la version générique de son concurrent est contrefaisante, il doit alors saisir une juridiction compétente pour faire condamner le contrefacteur allégué. Comme l'a justement énoncé S. Gallasch, « *la protection par brevet d'un médicament est une question importante pour l'entreprise pharmaceutique, mais elle est traitée séparément de l'innocuité et de l'efficacité du médicament* »[332]. Pourquoi alors les laboratoires

---

328 Par exemple, en France, l'article L. 5121-10 du code de la santé publique dispose que « *l'autorisation de mise sur le marché peut être délivrée* avant l'expiration des droits de propriété intellectuelle *qui s'attachent à la spécialité de référence concernée* » (nous soulignons). Selon un auteur, ce texte « *manifeste une fois encore le souci du législateur d'accélérer à tout prix la commercialisation des médicaments génériques* ». Voy. J. Passa, « Entre droit des brevets et droit de la santé publique : tentatives judiciaires pour faire interdire des médicaments génériques », *Propr. intell.* 2006, n° 18, p. 45, spéc. p. 47.

329 Comme aux États-Unis, les fabricants de génériques bénéficient dans l'Union européenne d'une procédure abrégée pour obtenir une AMM. Déjà la directive 65/65 ainsi que la directive 2001/83 qui l'a remplacée prévoyaient que le demandeur d'une AMM était dispensé de fournir les résultats des essais pharmacologiques et toxicologiques ainsi que ceux des essais cliniques sous certaines conditions. Voy. CJCE, 29 avr. 2004, *Novartis*, aff. C-106/01, *Rec.* I, p. 4434, § 5 et s. *Adde* J. Passa, *Traité de la propriété industrielle – Droit de la propriété industrielle*, LGDJ, t. 2, 2013, n° 800, p. 894, qui explique que « *l'idée qui sous-tend cette procédure dite abrégée est, à la fois, de permettre au demandeur de l'AMM de faire l'économie du temps et des coûts nécessaires pour réaliser les essais cliniques et rassembler les données pharmacologiques, toxicologiques et cliniques, qui ont pour but de fournir la preuve de la sécurité et de l'efficacité d'une spécialité pharmaceutique, preuve par hypothèse déjà rapportée par le titulaire de l'AMM de la spécialité de référence, et d'éviter, pour des raisons d'ordre public, que les essais sur l'homme ou l'animal soient répétés sans nécessité impérieuse* ».

330 Règl. (CE) n° 726/2004 du Parlement européen et du Conseil du 31 mars 2004 établissant des procédures communautaires pour l'autorisation et la surveillance en ce qui concerne les médicaments à usage humain et à usage vétérinaire, et instituant une Agence européenne des médicaments, *JOUE* L 136/1 du 30 avr. 2004.

331 *Ibid.*, consid. n° 13 (nous soulignons).

332 S. Gallasch, « Activating *Actavis* in Europe – the Proposal of a "Structured Effects-Based" Analysis for Pay-for-Delay Settlements », CCP Working Paper 15-3, 2015, p. 8 (traduction libre) : « *The patent protection*

princeps déposent-ils des dizaines de brevets, voire des centaines de brevets[333] parfois, pour protéger un médicament si un génériqueur peut légalement entrer sur le marché lorsqu'il obtient une AMM ? La raison est simple. Le génériqueur, s'il ne s'assure pas de la non-violation du brevet avant de commercialiser son produit, prend un risque considérable. Certes, son entrée sur le marché est licite au regard de la réglementation pharmaceutique de l'Union européenne, mais elle apparaît risquée lorsque le brevet du *princeps* n'est pas encore tombé dans le domaine public. En effet, la délivrance de l'AMM par l'AEM n'immunise pas le génériqueur d'une action en contrefaçon ni ne préjuge de l'absence de violation des brevets détenus par le laboratoire innovant. Protégé par le droit de la propriété intellectuelle, le breveté préserve son droit d'engager des actions en contrefaçon ou de demander judiciairement le rappel des produits du contrefacteur allégué même lorsque son concurrent a obtenu une AMM. Ce faisant, le système européen des brevets semble provoquer « *des phénomènes de surprotection au bénéfice des entreprises les plus puissantes* »[334], c'est-à-dire les brevetés. En effet, étant donné que la contestation d'un brevet est une procédure longue et coûteuse, les génériqueurs peuvent parfois en être exclus.

84. **Absence de récompense pour le génériqueur contestataire.** Par ailleurs, contrairement à la réglementation pharmaceutique américaine, les législateurs de l'Union européenne n'ont pas prévu de dispositions permettant d'encourager les concurrents potentiels à contester les brevets détenus par les laboratoires *princeps*. En effet, il n'existe aucune récompense semblable à la prime d'exclusivité de cent quatre-vingts jours qui pourrait inciter les fabricants de génériques à contester les brevets. L'avantage de ce système est qu'il ne crée pas d'approbation de blocage comme aux États-Unis, de sorte que tout génériqueur souhaitant obtenir une AMM peut se la voir attribuer même si plusieurs autres concurrents génériqueurs l'ont déjà obtenue. En d'autres termes, chaque génériqueur peut prendre le risque d'être poursuivi en contrefaçon par le breveté et, par suite, prendre le risque de devoir réparer tous les préjudices subis par le laboratoire *princeps* dans l'hypothèse où il perdrait le procès en dernier ressort. Ainsi, si les génériqueurs gagnent le procès en contrefaçon, ils ne jouissent d'aucune exclusivité et, même si un génériqueur est le premier à avoir obtenu une AMM, il ne pourra pas profiter de manière automatique d'une situation de duopole temporaire comme c'est le cas outre-Atlantique. En

for a drug is an important issue for the pharmaceutical company, but is dealt with separately from the safety and efficacy of the drug. »

333 E. Berthet, « Force et limites des droits de propriété intellectuelle en matière de médicament » *in La propriété intellectuelle dans les droits du marché et de la rivalité concurrentielle* (dir. J.-M. Bruguière), Dalloz, 2016, p. 75, spéc. p. 77, où l'auteure énonce que « *Pour une molécule donnée, ce ne sont pas 10, 20 ou 30 brevets qui sont déposés* mais plusieurs centaines, *ce nombre étant en fait souvent proportionnel au chiffre d'affaires du produit en question* » (nous soulignons). Voy. aussi Comm. eur., *Rapport final sur l'enquête sectorielle dans le secteur pharmaceutique*, 8 juill. 2009, p. 521 (ci-après « Rapport final sur le secteur pharmaceutique »), qui rapporte qu'en moyenne 237 brevets sont déposés pour protéger les médicaments *blockbusters*. *Adde* M. Cardoso Ferreira, *Le droit de la concurrence de l'Union européenne et les droits de la propriété intellectuelle dans une économie de la connaissance*, th. dact., Université Libre de Bruxelles, 2016, p. 505, qui rappelle que la Commission européenne avait identifié un cas où plus de 1 300 brevets avaient été déposés pour un seul médicament.

334 G. Canivet, « Droit de la propriété intellectuelle et efficacité » *in Droits de propriété intellectuelle dans un monde globalisé* (dir. V. de Beaufort), Vuibert, 2009, p. 34, spéc. p. 36.

revanche, tous les concurrents génériqueurs potentiels pourront bénéficier de son action judiciaire grâce à l'effet *erga omnes* de la décision de justice. En raison de cette situation, les génériqueurs semblent donc être très faiblement incités à annuler judiciairement les brevets des laboratoires *princeps* dans l'Union européenne ; toutes les entreprises génériques intéressées par le marché du *princeps* pouvant profiter de leurs efforts pour annuler les brevets et entrer légalement sur le marché sans bourse délier. Par conséquent, eu égard au cadre réglementaire, déposer des brevets et créer un maquis de brevets[335] (*patent thickets*) peut s'apparenter à une opération rentable pour les laboratoires innovants dans la mesure où seuls les génériqueurs possédant des capacités financières importantes pourront prendre le risque du procès et contrarier le monopole dont les brevetés jouissent sur le marché. Comme l'explique la professeure Marino, grâce au « *dépôt de nombreuses demandes de brevets pour le même médicament, [o]n se perd alors dans le maquis d'une ou deux centaines de brevets déposés pour un même produit* » si bien que « *[d]ans ce maquis, le génériqueur peine à déterminer quelle est sa sphère de liberté d'exploitation (sa* freedom to operate*)* »[336]. Ce faisant, il est très profitable pour les laboratoires *princeps* de déposer un maximum de brevets pour protéger leur rente de monopole. Même si la création d'un maquis de brevets est onéreuse pour l'entreprise innovante, cette stratégie possède l'avantage de contraindre les concurrents génériqueurs potentiels à exercer autant d'actions en nullité qu'il y a de brevets de blocage[337] et nécessite donc une trésorerie importante pour faire face aux coûts de la procédure judiciaire. Or, peu de génériqueurs sont en mesure de débourser les sommes nécessaires pour tenter de faire annuler des brevets de blocage. Partant, la stratégie des *patent thickets* apparaît très efficace pour empêcher ou retarder l'entrée de concurrents génériqueurs sur le marché, puisqu'à l'instar des *patent trolls*[338], elle créé un climat d'insécurité juridique en défaveur des

---

335 Sur l'utilisation de cette stratégie dans le secteur pharmaceutique : Voy. par ex. M.-C. Chemtob Concé, « Marché pharmaceutique et innovation : innovation, concurrence et propriété industrielle en Europe », *Prop. ind.* 2011, n° 4, étude 9, qui explique que la stratégie du maquis de brevets « *est une pratique courante* » et que l'« *objectif important de cette méthode est de retarder ou de bloquer l'entrée des médicaments génériques sur le marché* ». Sur l'analyse de cette stratégie : Voy. H. Ullrich, « Propriété intellectuelle, concurrence et régulation ? Limites de protection et limites de contrôle », *RIDE* 2009/4, p. 399., spéc. p. 422.

336 L. Marino, « Le devenir des brevets dans le secteur des médicaments en Europe », *Prop. ind.* 2011, n° 9, étude 15.

337 L. Leblond, *Pratiques anticoncurrentielles et brevets – Étude en faveur de la promotion européenne de l'innovation*, Bruylant, 2014, p. 402.

338 Les stratégies des *patent trolls* « *consistent à déposer des brevets dans un domaine technique donné, le plus souvent sans réellement exploiter ces brevets, afin de créer de l'insécurité juridique pour les entreprises qui souhaitent se développer dans le secteur (le plus souvent les* patent trolls *sont déployés en nombre, afin de créer un "maquis" juridique). Ce faisant, le titulaire des patent trolls pourra obtenir des entreprises qu'elles lui versent des droits d'utilisation afin de se prémunir contre une éventuelle action en contrefaçon aux résultats incertains* ». Voy. A. Masson et M. Shariff, « Les stratégies juridiques des entreprises », *RLDA* 2010, n° 53, p. 56. Voy. aussi J. Helm, « Why Pharmaceutical Firms Support Patent Trolls: The Disparate Impact of Ebay v. Mercexchange on Innovation », 13 *Michigan Telecommunications & Technology L. Rev.* 331 (2006), spéc. p. 339, qui explique que vu qu'« *une entreprise pharmaceutique peut s'assurer l'exclusivité du marché pour un médicament avec un seul brevet sur la molécule active [...] il semble peu probable que des entreprises pharmaceutiques soient sujettes à un comportement de type troll* » (traduction libre). Dans la langue de l'auteur : « *a pharmaceutical firm can ensure market exclusivity for a drug with a single patent on the active molecule [...] it seems unlikely that pharmaceutical companies are subject to troll-like behavior* ».

concurrents génériques[339]. De plus, cette stratégie est complètement licite au regard du droit des brevets, ce qui renforce la tentation d'en user à l'excès. Comme l'a rappelé la Commission européenne dans son Rapport final sur le secteur pharmaceutique, les demandes de brevets sont évaluées par les offices compétents « *sur la base des critères de brevetabilité réglementaires,* et non pas en fonction des intentions sous-jacentes du demandeur »[340]. Autrement dit, les offices de brevets n'ont pas à vérifier si les demandes de brevets ont un objet anticoncurrentiel, ce qui peut d'ailleurs potentiellement créer un déséquilibre entre intérêts privés et intérêt général[341]. À ce stade de l'analyse, il semble donc peu intéressant pour un breveté de conclure un accord de report d'entrée dans le contexte européen. *A priori*, la conclusion d'un règlement amiable comportant un paiement inversé ne semble pas nécessaire pour retarder la concurrence générique sur le marché. Une stratégie purement brevetaire semble suffire pour atteindre cet objectif.

B. La possibilité d'obtenir des brevets faibles

85. **La stratégie consistant à accumuler des brevets faibles.** La conclusion d'accords de report d'entrée serait inutile en Europe si les laboratoires *princeps* avaient la capacité de constamment opposer des brevets irréprochables à leurs concurrents potentiels. Or, tel n'est pas le cas. Même si un litige de brevets est très coûteux pour les génériqueurs, il existe cependant des situations où un brevet apparaît facilement contestable. Dans ce contexte, le principal obstacle qui sépare le brevet de son annulation est le temps judiciaire. En effet, le système européen des brevets actuel n'offre pas la garantie aux brevetés et aux tiers que le brevet délivré par un office compétent répond véritablement aux critères de brevetabilité. Au vrai, le système européen des brevets semble totalement déréglé ; et ce dérèglement – qualifié par d'aucuns d'« endogène »[342] – se traduit par « *le renforcement des droits du breveté et par l'affaiblissement des critères "prudentiels" de brevetabilité* »[343]. Autrement dit, le système européen des brevets serait pourvoyeur de brevets de faible qualité qui ne rempliraient pas véritablement les critères de brevetabilité. Ce faisant, on assiste à une consolidation imméritée du pouvoir d'exclusion reconnu aux brevetés, ce qui bénéficie aux laboratoires innovants. Mais qu'est-ce qu'un brevet de faible qualité ? De manière intuitive, il semble

---

339 L'efficacité de la stratégie d'accumulation de brevets est tellement redoutable que d'aucuns n'ont pas hésité à utiliser l'expression de « brevets assassins ». Voy. M. Malaurie-Vignal, « Brevets dormants, brevets assassins, pratiques de hold-up : que peut faire le droit ? Retour sur une rencontre entre le droit de la propriété intellectuelle et le droit de la concurrence », *D.* 2012, p. 2325.

340 Comm. eur., *Synthèse du rapport d'enquête sur le secteur pharmaceutique*, 8 juill. 2009, p. 12, note de bas de page n° 25 (nous soulignons).

341 En effet, lorsque le brevet est utilisé abusivement comme arme concurrentielle, il peut agir contre l'intérêt général et s'écarter des fonctions qui lui ont été assignées. Le basculement du brevet d'« obstacle concurrentiel » au statut d'« outil de concurrence » a été relevé par le professeur Remiche au début des années 2000. Voy. B. Remiche, « Révolution technologique, mondialisation et droits des brevets », *RIDE* 2002/1, p. 83, spéc. p. 90.

342 Cela signifie que le dérèglement est produit par le système lui-même. Voy. T. Marteu, « Brevet d'invention et déséquilibres économiques » *in Les déséquilibres économiques et le droit économique* (dir. L. Boy), Larcier, 2015, p. 159, spéc. p. 161.

343 *Ibid.*

aisé de saisir le sens de l'expression. Or, en réalité, plusieurs acceptions sont admises. Pour le professeur Hilty, il y a trois approches possibles pour mesurer la qualité d'un brevet[344]. Tout d'abord, une approche que nous pourrions qualifier « d'arithmétique ». Cette dernière consiste à évaluer la qualité du brevet au travers de sa résistance face à des actions en nullité. Ainsi, si le brevet a de fortes chances d'être confirmé par une juridiction et que le taux de confirmation est élevé, alors le brevet est considéré comme valide. Ensuite, une autre approche est de prendre en compte « la certitude » du brevet[345]. Pour cela, il est nécessaire d'examiner la validité et la portée des revendications du brevet. Enfin, la dernière approche est une approche dite « économique ». Celle-ci consiste à vérifier si l'invention couverte par le brevet aurait pu être réalisée sans l'incitation de la protection par brevet[346]. Par conséquent, un brevet de faible qualité[347] (ou un « *bad patent* »)[348] peut être défini comme un brevet qui n'aurait pas dû être délivré, c'est-à-dire un brevet qui couvre un produit ou une activité qu'aucun examinateur en possession de tous les éléments pertinents n'aurait considéré comme brevetable. Ce genre de brevets est très néfaste puisqu'il permet aux brevetés d'acquérir un pouvoir de marché sans contribuer suffisamment à l'avancée technologique et, finalement, sans améliorer le bien-être du consommateur. Par ailleurs, ces brevets viennent limiter la concurrence et restreindre le domaine public de manière injustifiée. Pour reprendre les mots du professeur Correa, « *les brevets délivrés malgré l'absence d'une véritable invention diminuent le savoir présent dans le domaine public et peuvent restreindre indûment une concurrence légitime* »[349].

La stratégie d'accumulation de brevets faibles est très répandue dans le secteur pharmaceutique. Dans ce secteur, la prolifération de « mauvais brevets » apparaît particulièrement élevée et problématique[350]. L'idée pour les brevetés est de détenir

---

344 Voy. R. Hilty, « The Role of Patent Quality in Europe » *in Technologie et Concurrence – Mél. en l'honneur de H. Ullrich*, Larcier, 2009, p. 91.

345 *Ibid.*

346 *Ibid.* Précisément, pour le professeur Hilty, « *la qualité du brevet est bonne s'il couvre une invention qui n'aurait pu être réalisée sans l'incitation de la protection par brevet* » (traduction libre). Dans la langue d'origine de l'auteur : « *the quality of patent is good if it covers an invention that would not have been made without the incentive of patent protection* ».

347 Le professeur Hilty distingue la locution « *bad patents* » de celle de « *patent quality* ». Pour l'auteur, l'expression « *patent quality* » décrit à la fois la qualité individuelle des brevets (la clarté, la précision et la validité) et celle du système des brevets par la prise en compte de la promotion de l'innovation dans la société. D'autres auteurs ont adopté le même point de vue. Voy. G. Van Overwalle & J. Schovsbo, « Policy Options for the Improvement of the European Patent System », 38 *IIC* 834 (2007), spéc. p. 835. Pour notre part, nous utiliserons les expressions « *bad patents* » et « qualité du brevet » comme synonymes.

348 Nous traduirons l'expression par « mauvais brevet ». Voy. par ex. E. Hsieh, « Mandatory Joinder: An Indirect Method for Improving Patent Quality », 77 *Southern California L. Rev.* 683 (2004), spéc. p. 683, où l'auteur énonce qu'aux États-Unis, les *bad patents* sont des brevets « *qui ne remplissent pas les exigences réglementaires de nouveauté et de non-évidence* » (traduction libre). Dans la langue d'origine : « *"bad" patents [...] do not meet the statutory requirements of novelty and nonobviousness* ».

349 C. Correa, « Tackling the Proliferation of Patents: How to Avoid Undue Limitations to Competition and the Public Domain » *in Droit, Économie et Valeurs – Hommage à B. Remiche*, Larcier, 2015, p. 323, spéc. pp. 323-324 (traduction libre). Dans la langue d'origine : « *Patents granted despite the absence of a genuine invention detract knowledge from the public domain and can unduly restrain legitimate competition.* »

350 Il n'est cependant pas le seul secteur affecté. Par exemple, dans le secteur de la téléphonie mobile, Nokia a déposé environ 30 000 brevets pour un smartphone dont une large partie a été jugée invalide. Samsung, l'un de ses concurrents, détiendrait pour sa part plus de 31 524 brevets. Voy. R. Brenner, « Must All Patents Last for

des portefeuilles de brevets suffisamment larges pour étendre la protection au-delà de l'expiration des brevets primaires sur les nouvelles molécules. Cette stratégie d'*evergreening* consiste à utiliser une série de brevets « secondaires » ainsi que d'autres mécanismes[351] pour protéger la vente des produits pour une période de temps supérieure à ce qui serait normalement autorisé par la loi[352]. Les brevets secondaires sont généralement des brevets de procédé ou de formulation et sont utilisés par les laboratoires *princeps* pour pallier la chute du brevet primaire sur la molécule dans le domaine public. En pratique, ces brevets secondaires portent rarement sur une innovation de rupture[353], mais peuvent parfois apporter quelques améliorations et, partant, être considérés comme d'importantes inventions incrémentales. Par exemple, pour les produits de « seconde génération », les brevetés opèrent de nouvelles formulations du produit initial afin de perfectionner son mode d'administration[354] ou pour aboutir à une diminution des effets secondaires. Dans ces hypothèses, ces brevets apparaissent bénéfiques pour la société. Cependant, si des brevets secondaires semblent quelquefois porteurs de véritables inventions, il arrive très souvent que les laboratoires *princeps* usent des dépôts de brevets pour défendre illégitimement des monopoles qui auraient dû cesser à la suite de l'expiration du brevet primaire. Un cas est assez représentatif de cette stratégie, il concerne le médicament antidépresseur Paxil. Alors que le brevet primaire sur la molécule était tombé dans le domaine public dans les années 1990, les laboratoires GlaxoSmithKline ont réussi, au moyen de plusieurs brevets secondaires (*ancillary patents*), à prolonger la protection du médicament par brevet jusqu'en 2018[355]. Pour la Commission européenne, ces « brevets de défense » posent des problèmes puisqu'ils portent sur des « *inventions concernant lesquelles les entreprises déposantes considèrent avoir peu ou pas de chance de développement et/ou de commercialisation et/ou dont le brevet, une fois délivré, est maintenu en premier lieu pour se protéger contre une concurrence réelle et potentielle* »[356]. Ces brevets de

---

20 years? A flexible system that recognizes the needs of different industries might lead to less legal conflict », *Wall St. J.*, 23 April 2013.

351 Nous songeons tout particulièrement à la stratégie qui consiste à ériger une pluralité de protections sur un même produit. Voy. sur ce sujet : S. Chatry, « La neutralisation des droits de propriété intellectuelle : l'exemple des médicaments, un exemple à suivre », *Prop. ind.* 2013, n° 3, étude 2. Et pour encore davantage d'exhaustivité : S. Chatry, *Le concours de droits de propriété intellectuelle – Essai d'une théorie générale*, LGDJ, t. 69, 2012.

352 Voy. S. Rathod, « Ever-Greening: A Status Check in Selected Countries », 7 *Journal of Generic Medicine* 227 (2010), spéc. p. 227.

353 Au-delà des brevets secondaires, il a été relevé que les demandes de brevet devant l'OEB ne concernent pour le plus grand nombre que « *des inventions au mieux marginales tant par rapport à leur contenu qu'à l'égard de leur rattachement à un domaine industriel* ». Voy. T. Sueur et J. Combeau, « Un monument en péril : le système des brevets en Europe » *in Droit et économie de la propriété intellectuelle* (dir. M.-A. Frison-Roche et A. Abello), LGDJ, 2005, spéc. p. 116.

354 Nous songeons, par exemple, à la libération prolongée d'un médicament. Cette amélioration permet parfois de réduire le nombre de doses quotidiennes nécessaires au patient pour se soigner et favorise son confort ainsi que l'efficacité du traitement.

355 Voy. M. Hutchins, « Using Interlocking Additional Early Stage Patents to Improve and Extend Patent Protection », 3 *International Journal of Medical Marketing* 212 (2003), spéc. p. 215, où l'auteur explique que le breveté a réussi à prolonger son monopole au moyen de plusieurs brevets secondaires portant sur de nouvelles formes salines et cristallines, des formes liquides et tablettes et des nouveaux procédés et usages thérapeutiques du médicament.

356 Comm. eur, Rapport final sur le secteur pharmaceutique, préc., § 1118 (traduction libre) : « *defensive patent applications usually refer to inventions which the applying company considers to have little or no prospect of*

défense ont pour effet de monopoliser toutes les voies de synthèse, voire tous les excipients possibles des formulations galéniques, et ne cherchent finalement qu'à créer « *un champ de mines* »[357] pour les génériqueurs. De plus, « *même lorsque le brevet est invalidé par une juridiction, l'effet du contentieux aura été de retarder l'entrée générique sur le marché. Se battre dans le contentieux peut aussi avoir "dissuadé" d'autre concurrence générique. Quoi qu'il en soit, lorsqu'il s'agit d'un produit à succès, le bénéfice même d'une courte période de temps supplémentaire pour la vente des produits peut aisément dépasser les coûts du litige de brevet* »[358].

86. **L'accumulation de brevets par les brevetés est facilitée par la faible efficacité de l'examen de la brevetabilité.** Pour réussir à accumuler des brevets faibles et retarder l'entrée des génériques, les brevetés peuvent compter sur un examen de brevetabilité certainement trop perméable. Il semblerait que les offices de brevets aient excessivement assoupli[359] leur examen des critères de brevetabilité ces dernières années et que cet assouplissement a eu pour effet d'ériger d'importantes barrières artificielles à l'entrée sur le marché. En 2015 par exemple, l'OEB a délivré plus de 160 000 brevets, dont 5 884 brevets pharmaceutiques[360], alors que plus de 278 000 dépôts de demandes de brevets ont été enregistrés. Ainsi, le taux de brevetabilité devant l'OEB avoisine les 57 %, ce qui signifie qu'un demandeur détient plus d'une chance sur deux de voir sa demande de brevet accordée. Depuis le milieu des années 1990, ce taux de brevetabilité est assez stable[361]. Ce taux élevé traduit-il pour autant des demandes de brevet de haute qualité ? La réponse semble négative, pour au moins deux raisons. D'une part, les examinateurs ne passeraient pas assez de temps pour déterminer avec certitude si la demande de brevets répond bien aux critères de brevetabilité. En effet, l'OEB semble accorder de nombreux brevets « spéculatifs », lesquels se caractérisent tant par une insuffisance de des-

---

being developed and/or commercialised and/or which, once granted, the company holds primarily to protect itself against actual or potential competition ».

357 E. Berthet, art. préc., p. 79.

358 M. Burdon & K. Sloper, « The Art of Using Secondary Patents to Improve Protection », 3 *International Journal of Medical Marketing* 226 (2003), spéc. p. 238 (traduction libre). Dans la langue d'origine de l'auteur : « *Even where the final outcome of proceedings is that the patent is held invalid, the effect of the litigation will have been to delay the generics' entry to the market. Fighting the litigation may also have "warned off" other generic competition. In any event, for a successful product, the benefit of even a short time of additional proprietary sales may easily outweigh the costs of patent litigation.* »

359 T. Marteu, art. préc., p. 162. Par exemple, s'agissant du secteur pharmaceutique, l'OEB en 1984 a élargi la possibilité de protéger un médicament dans le cadre de sa seconde application au regard des nouvelles dispositions de la CBE 2000, et en particulier de l'article 54 (5). Voy. OEB, 5 déc. 1984, déc. G 5/83. Ainsi, « *une modification de posologie ou d'une ou plusieurs étapes d'un traitement thérapeutique d'une maladie donnée suffira dorénavant à fonder la nouveauté d'une revendication de médicament et ce, même si le produit ou la composition avait déjà été utilisé pour traiter la même maladie* ». Voy. J.-C. Galloux, « Le domaine de la brevetabilité », *Propr. intell.* 2010, n° 35, p. 737. *Adde* M. Courboulay, « L'assouplissement des conditions de brevetabilité des produits pharmaceutiques », *Prop. intell.* 2016, n° 59, p. 154, qui rappelle que l'industrie pharmaceutique « *a fait valoir que les recherches en matière médicale supposent des investissements particulièrement importants puis des séries de tests effectués pendant de longues périodes pour proposer un nouveau médicament c'est-à-dire proposer une molécule déjà connue mais dans le but de traiter une autre maladie que celle connue, et que priver l'industrie pharmaceutique de la possibilité d'obtenir un monopole sur cette nouvelle indication est une aberration économique qui entrave le développement de nouveaux médicaments utiles pour les patients* ».

360 OEB, *Rapport annuel 2015*, pp. 3-4.

361 G. Friebel et *alii*, « IDEI Report on Objectives and Incentives at the European Patent Office », Institut d'Économie Insdustrielle, 2006, p. 38.

cription qu'un défaut d'activité inventive[362]. En d'autres termes, non seulement les brevetés ne décriraient pas suffisamment leurs inventions, mais en sus, ces dernières ne correspondraient pas à une véritable contribution technique par rapport à l'art antérieur. En définitive, les examinateurs délivreraient des brevets en l'absence de toute démarche inventive[363], qui se manifeste d'un point de vue normatif *via* le concept d'activité inventive. D'autre part, le mode de financement de l'OEB accentue la possibilité pour les laboratoires innovants d'obtenir des brevets faibles. Selon l'Union Syndicale de l'OEB (SUEPO), « *le Conseil d'administration [de l'office] n'agit pas dans l'intérêt d'une plus grande qualité du brevet européen, lequel renforce les affaires, la science et l'innovation* »[364] en raison de la manne financière que constitueraient les redevances. Dans le même ordre d'idées, un auteur a pu relever que « *les offices de brevet sont devenus extrêmement favorables au brevet depuis le début des années 1980 [;] le déposant, considéré anciennement avec méfiance,* est devenu un "client", *dont les besoins doivent être satisfaits par des procédures rapides et peu coûteuses. Le résultat est une détérioration totale des procédures d'examen* »[365]. Or, comme l'a énoncé la FTC s'agissant des États-Unis, à travers la mise en œuvre des standards rigoureux de brevetabilité, les offices de brevet devraient jouer le rôle de « *gardien de l'intérêt public, et non pas de serviteur des déposants de brevet [...] et [ainsi] protéger le public contre la délivrance de brevets invalides qui engendre des coûts additionnels non nécessaires et qui peut conférer un pouvoir de marché* »[366] aux entreprises.

87. **La prolifération de brevets faibles peut encourager la conclusion d'accords de report d'entrée.** Conscients de la faiblesse des brevets parfois délivrés par l'OEB, les génériqueurs peuvent alors tenter de prendre le risque d'une action judiciaire pour faire annuler un brevet. Dans ce contexte, la conclusion d'un règlement amiable de report d'entrée entre le breveté et les génériqueurs pourrait bien être une

---

362 Le concept d'« activité inventive » (« *inventive step* ») est né en Angleterre. Cette condition a été introduite en Europe par la Convention de Strasbourg en 1963. Voy. M.-A. Pérot-Morel, « L'incidence, sur le droit français, de la Convention de Strasbourg unifiant certaines règles des brevets d'invention », *JCP G* 1965, I, 1905, spéc. n° 4 et s. En France, elle a été adoptée par la loi du 2 janvier 1968. Aujourd'hui, elle est inscrite à l'article 56 de la Convention de Munich de 1973 sur le brevet européen, lequel dispose qu'une « *invention est considérée comme impliquant une activité inventive si, pour un homme du métier, elle ne découle pas d'une manière évidente de l'état de la technique* ».

363 M. Dhenne, *Technique et droit des brevets – L'invention en droit des brevets*, LexisNexis, 2016, n° 103 et s. Il semble qu'il ne faille pas être trop sévère à l'égard des examinateurs puisque, selon certains auteurs, des tensions internes les mettent sous pression afin qu'ils augmentent leur taux de productivité. Voy. D. Guellec & B. van Pottelsberghe, *The Economics of the European Patent System: IP Policy for Innovation and Competition*, Oxford University Press, 2007, p. 216.

364 Communiqué de presse de SUEPO du 18 septembre 2008 (traduction libre), lequel énonce que « *The Administrative Council does not act in the interests of a quality European patent which reinforces business, science and innovation* ».

365 D. Foray, « The Patent system and the dynamics of innovation in Europe », 31 *Science and Public Policy* 449 (2004), spéc. p. 450 (traduction libre) (nous soulignons) : « *Patent offices have become extremely pro-patent since the early 1980s [...] the applicant, formerly considered with suspicion, has become a "client", whose needs must be satisfied by quick, cheap procedures. The result is a total deterioration of examination procedures.* »

366 FTC, *To Promote Innovation: the Proper Balance of Competition and Patent Law Policy*, 2003, p. 14 (traduction libre) : « *The PTO functions as a steward of the public interest, not as a servant of patent applicants. The PTO must protect the public against the issuance of invalid patents that add unnecessary costs and may confer market power.* »

solution pour éteindre la procédure judiciaire et conserver le monopole temporaire conféré par le brevet contesté. Le *deal* pourrait être trouvé au moyen du paiement inversé puisque, grâce à ce dernier, le génériqueur obtiendrait davantage que ce qu'il aurait pu avoir au moyen du litige. Non seulement il obtient une somme d'argent (ou un transfert de valeur important), mais surtout il acquiert la certitude de pouvoir légalement entrer sur le marché à la date contractuellement fixée et évite ainsi le risque de voir le brevet confirmé par une décision de justice. Quant au breveté, il protège son pouvoir de monopole et demeure l'unique opérateur sur le marché durant toute la période où l'accord est en vigueur.

§ 2. L'obligation de multiplier les actions en contrefaçon

88. **Un système juridictionnel éclaté et une défense difficile des brevets : deux éléments favorables à la conclusion d'accords de report d'entrée.** Le fait que le système européen des brevets favorise la délivrance de brevets faibles n'est pas le seul facteur qui encourage les entreprises à conclure des accords de report d'entrée. L'éclatement du système juridictionnel (A) ainsi que la difficulté à défendre les brevets (B) apparaissent comme deux éléments supplémentaires qu'il convient de prendre en compte. Autrement dit, eu égard à l'architecture juridictionnelle actuelle, les brevetés sont obligés d'agir en contrefaçon devant une multitude de juridictions nationales pour défendre leurs droits de propriété intellectuelle.

A. Un système juridictionnel éclaté

89. **L'absence d'une juridiction européenne tranchant les litiges de brevets européens.** Le système actuel des brevets en Europe est très favorable à la conclusion d'accords de report d'entrée. Par sa complexité, il est clairement porteur d'insécurité juridique. Or, de manière générale, les entreprises ont une forte aversion à l'égard des risques. Ce faisant, l'insécurité juridique provoquée par le système actuel les pousse à se protéger. Pour ce faire, les entreprises préfèrent conclure des accords plutôt que de remettre le sort de leurs brevets entre les mains d'une juridiction, et donc à un aléa. L'avantage de la prévisibilité que procure l'accord doit certainement les convaincre de ce choix. Comme il a été énoncé précédemment, les entreprises évitent par ce moyen de soumettre l'avenir de leur protection intellectuelle *aux juges*. Le pluriel est ici important. En effet, lorsqu'une entreprise obtient un brevet européen délivré par l'OEB, elle doit saisir une *multitude* de juridictions nationales, c'est-à-dire saisir toutes les juridictions des pays membres de la Convention sur le brevet européen (CBE) où le brevet litigieux est en vigueur et a des effets. Ainsi, le brevet n'aurait d'européen que le nom puisqu'il représente en réalité un ensemble de brevets nationaux[367]. En d'autres termes, le brevet euro-

---

[367] Pour les génériqueurs, le fait que les brevets européens délivrés par l'OEB soient par la suite transformés en un faisceau de brevets nationaux est perçu comme un problème majeur. Voy. European Generic Medicines Association (EGA), *Patent-related Barriers to Market Entry for Generic Medicines in the European Union*,

péen serait un brevet soumis aux législations nationales[368]. Comme l'a expliqué le professeur Kovar, « *[u]ne fois [le brevet européen] délivré,* il n'est pas un titre unitaire *puisqu'il recouvre autant de brevets nationaux que d'États désignés par le déposant. De ce fait, son régime peut différer puisque dans chacun des États considérés c'est le droit national qui trouve à s'appliquer. Il en est également ainsi du règlement des litiges qui peuvent concerner* ces faisceaux de brevets nationaux *liés à un même brevet européen. Le titulaire de ces brevets qui estime que les droits qui sont les siens sont violés est dans l'obligation d'introduire une instance devant les juridictions de chacun des États pour lesquels il revendique la protection* »[369]. Actuellement, l'Europe se caractérise par l'absence d'un *forum* unique[370] auprès duquel les entreprises pourraient venir défendre ou contester un brevet européen. Autrement dit, que ce soit pour agir en contrefaçon ou pour agir en nullité[371], brevetés et contestataires doivent la plupart du temps porter leur action devant plusieurs juridictions nationales. Cette situation entraîne des procès parallèles[372] produisant parfois des résultats différents, si bien que l'absence d'un système unique de règlement des litiges apparaît comme une source d'insécurité juridique aussi bien pour les brevetés que pour les contestataires.

90. **Les problèmes liés à l'absence d'une juridiction européenne compétente en matière de brevet.** L'absence d'une juridiction européenne compétente pour résoudre les litiges de brevets cause inévitablement des problèmes. Même si les juges nationaux appliquent les mêmes règles dans l'Union européenne, rien ne permet d'affirmer qu'ils les interprètent dans le même sens. Non seulement des divergences d'interprétation peuvent être identifiées entre les décisions de justice rendues dans différents pays, mais aussi entre les décisions rendues par les juridictions nationales et la jurisprudence de l'OEB[373]. L'absence d'uniformité

May 2008, p. 18. Pour l'EGA, « *[t]here are very few pharmaceutical products covered by a single patent on the product. A generics company may have to work through literally hundreds of patents and patent applications from the originator and other companies who are developing forms of that product, steering a precarious course through all of the potential issues. Multiplying the number of patents by the number of countries in which they can be enforced provides astonishing numbers and gives a clear indication of the extremely complex "minefield" in which generic companies are operating* ».

368 J. Azéma et J.-C. Galloux, *Droit de la propriété industrielle*, 7e éd., Dalloz, 2012, no 903.

369 R. Kovar, *Le système de brevets européens*, JCl., Fasc. 4425, mai 2016, no 39. *Contra.* voy. A. Casalonga, « Le contentieux futur du brevet européen. Enfin une solution ? », *Propr. intell.* 2006, no 20, p. 253 qui considère que le brevet européen ne se transforme pas en un « faisceau de brevets nationaux ». L'auteur se justifie en indiquant que les causes de nullité du brevet ainsi que les moyens de son interprétation sont définis par la CBE et doivent être conformes à cette dernière.

370 Ce n'est pas le cas aux États-Unis. Depuis le 1er octobre 1982 et l'adoption du Federal Courts Improvement Act, c'est la Court of Appeals for the Federal Circuit, située à Washington, qui est compétente pour les appels interjetés dans les affaires de brevet. La loi de 1982 a aboli l'ancienne loi qui prévoyait deux juridictions spécialisées : la Court of Customs and Patent Appeals et la Court of Claims. Voy. H. Petrowitz, « Federal Court Reform: The Federal Courts Improvement Act of 1982 – And Beyond », 32 *American University L. Rev.* 543 (1983), spéc. p. 543.

371 R. Kovar, *Le système de brevets européens*, préc., no 34. L'auteur énonce que la « *validité du brevet européen peut donner lieu à une action en nullité qui est portée* devant une juridiction nationale. *Cette action doit être fondée sur l'une des causes de nullité énoncées par la convention dans son article 138* » (nous soulignons).

372 G. Cordier et A. Jobard, « Point d'étape sur le futur brevet unitaire européen », *Prop. ind.* 2014, no 3, étude 8.

373 S'agissant du Royaume-Uni, des auteurs ont souligné que « *de nombreuses juridictions réputées du Royaume-Uni ont prononcé des jugements qui faisaient se rapprocher de plus en plus le droit britannique des brevets de l'approche continentale/de l'OEB* » (traduction libre). Voy. R. De Ranitz & O. Swens, « UK Patent Law

est par ailleurs renforcée par le fait que chaque pays applique son propre droit processuel et que l'organisation judiciaire varie d'un pays à un autre. Par exemple, l'Allemagne détient un système de résolution des litiges de brevet de type dual, de sorte que, outre-Rhin, seul le Bundespatentgeric[374] (ou le BPatG) est compétent pour trancher les actions en nullité[375]. Pour les actions en contrefaçon, les douze tribunaux de district du pays sont compétents[376]. En France, en revanche, le système est différent et est marqué par son caractère unitaire. Le contentieux des brevets relève de la seule compétence spéciale du tribunal de grande instance de Paris[377]. Ce dernier peut être aussi bien saisi pour des actions en contrefaçon[378] ou non-contrefaçon que pour des actions en nullité. En cas d'appel, la cour d'appel de Paris est chargée de trancher le litige. Par ailleurs, des différences peuvent être relevées s'agissant du niveau de spécialisation des juges, de leur charge de travail, de la rapidité des procédures, des chances d'obtenir le prononcé de mesures provisoires, du niveau des sanctions en cas de violation du brevet[379], du niveau de preuve exigé, du rôle accordé aux experts, du système d'appel, des coûts de procédure judiciaire, de la prescription des actions[380] et des coûts liés à la déli-

---

crosses the Channel », 30 *European Intellectual Property Review* 389 (2008) : « *various reputed courts in the United Kingdom have handed down judgments that move UK patent law closer to the European Patent Office (EPO)/continental approach* ».

374 C'est-à-dire le tribunal fédéral des brevets.

375 Voy. S. Graham & N. Van Zeebroeck, « Comparing Patent Litigation Across Europe: A First Look », 17 *Stanford Technology L. Rev.* 655 (2014), spéc. pp. 670-671.

376 Il convient toutefois de relever que le tribunal de district de Düsseldorf absorbe 50 % du contentieux.

377 Voy. art. D. 211-6 du code de l'organisation judiciaire, lequel dispose que le « *tribunal de grande instance ayant compétence exclusive pour connaître* des actions en matière de brevets d'invention, *de certificats d'utilité, de certificats complémentaires de protection et de topographies de produits semi-conducteurs, dans les cas et conditions prévus par le Code de la propriété intellectuelle, est celui de Paris* » (nous soulignons). Doit être considéré comme un contentieux de brevet, « *tout litige puisant ses éléments de solution dans les règles posées par la loi qui répondent à la finalité spécifique de la technique des brevets* ». Voy. J. Foyer et M. Vivant, *Droit des brevets*, Dalloz, 1990, p. 53. Toutefois, la Cour de cassation retient que « *le tribunal de commerce est compétent pour connaître d'une action indemnitaire fondée sur la violation d'une clause de non-divulgation d'un savoir-faire, alors même que ce savoir-faire permettrait la mise en œuvre d'un procédé breveté, dès lors qu'aucune contrefaçon du brevet n'est incriminée* ». Voy. Cass. com., 7 juin 2011, n° 10-13.622, *Bull. civ.* IV, n° 95. Plus largement, sur la compétence des tribunaux en matière de propriété intellectuelle en France : voy. par ex. L. Marino, *Droit de la propriété intellectuelle*, PUF, 2013, n° 25, p. 54. S'agissant des titres de propriété de l'Union européenne : voy. N. Binctin, *Droit de la propriété intellectuelle – Droit d'auteur, brevet, droits voisins, marque, dessins et modèles*, LGDJ, 2016, n° 1431 et s.

378 Depuis les analyses du professeur Roubier, il est admis en France que l'action en contrefaçon permet aux plaignants d'obtenir des mesures aussi bien *réparatrices* que *restitutives*. Voy. P. Roubier, *Le droit de la propriété industrielle*, Sirey, t. 1, 1952, n° 100.

379 En Allemagne par exemple, le système est très favorable aux brevetés. Les juridictions n'hésitent pas à leur octroyer des dommages et intérêts substantiels lorsqu'elles jugent qu'un produit a été contrefait. Voy. P. Meier-Beck, « Les dommages-intérêts pour contrefaçon de brevet en droit allemand – Principes fondamentaux, évaluation et mise en œuvre », *Prop. ind.* 2004, n° 11, étude 19.

380 En France, on sait par exemple depuis récemment que l'action en nullité est imprescriptible. L'ordonnance n° 2018-341 du 9 mai 2018 relative au brevet européen à effet unitaire et à la juridiction unifiée du brevet a inséré au code de la propriété intellectuelle un article L. 615-8-1, lequel dispose que « *l'action en nullité du brevet est imprescriptible* ». Cette ordonnance apparaît comme une avancée majeure dans la mesure où elle renverse la jurisprudence qui appliquait jusqu'alors la prescription quinquennale de l'article 2224 du code civil. Sur le sujet : voy. not. E. Py, « La prescription de l'action en nullité de brevet », *Prop. ind.* 2018, n° 6, dossier 3 ; J.-C. Galloux, « L'ordonnance du 9 mai 2018 et le décret du 31 mai 2018 relatifs au brevet européen à effet unitaire et à la juridiction unifiée du brevet », *D.* 2018, p. 1276.

vrance d'un conseil juridique[381]. Ce faisant, le système juridictionnel européen actuel encourage fortement les entreprises pharmaceutiques à conclure des accords de report d'entrée puisqu'il est difficile pour elles de défendre leurs biens intellectuels eu égard à la multiplicité des actions judiciaires qu'il faut entreprendre.

91. **La juridiction unifiée du brevet (JUB), une réponse possible pour un reflux des accords de report d'entrée.** Une réponse possible pour freiner la prolifération des accords de report d'entrée serait d'établir une juridiction unique chargée de traiter le contentieux des brevets européens. Cette idée d'avoir un système unifié des brevets en Europe n'est d'ailleurs pas neuve. Elle a plus de soixante-dix ans. Déjà en 1941, l'Allemagne souhaitait que les titres de propriété intellectuelle soient délivrés par une même autorité, selon les mêmes critères et avec la même portée[382]. En sus, il était préconisé par ces derniers que les brevets soient justiciables d'une juridiction unique[383]. Plus tard, en 1997, le livre vert rédigé par la Commission européenne abondait dans le même sens en énonçant que, pour renforcer la sécurité juridique, la centralisation judiciaire du contentieux des brevets devant la Cour de justice était une solution souhaitable[384]. Mais malgré la volonté de la Commission européenne, aucun consensus n'a été trouvé entre les États membres. En raison de cet échec, un groupe de travail réuni sous l'égide de l'OEB a élaboré un projet en dehors du cadre communautaire et seulement limité à la question juridictionnelle[385]. Le résultat de ce travail a pris la forme, en 2004, d'une proposition d'un protocole relatif aux litiges concernant les brevets européens. La proposition est connue sous l'acronyme d'EPLA (pour European Patent Litigation Agreement). L'EPLA visait à créer, au moyen d'un nouveau traité international complétant la Convention de Munich, une juridiction spéciale dont la mission aurait été de trancher les litiges relatifs aux brevets européens. La proposition EPLA n'a malheureusement pas survécu aux désaccords des États. Cependant, le projet d'introduire une juridiction unifiée n'a jamais vraiment cessé et est demeuré vivace. S'il a fallu patienter plusieurs années, le projet de voir « *un juge du brevet* »[386] européen s'est enfin

---

381 J. Brinkhof, « Patent Litigation in Europe: Two Sides of the Picture », 9 *Federal Circuit Bar Journal* 467 (2000), spéc. p. 468.

382 J.-C. Galloux, « Le brevet européen à effet unitaire et l'Accord relatif à une juridiction unifiée du brevet », *RTD com.* 2013, p. 243.

383 *Ibid.* Les problèmes liés à l'absence d'une juridiction unifiée du brevet en Europe ont été relevés de longue date. Voy. par ex. J. Brinkhof, « European Patent Litigation without a European Patent Court », 4 *International Intellectual Property Law & Policy* 33 (2000).

384 Comm. eur., *Livre vert sur le brevet communautaire et le système des brevets en Europe*, COM(97) 314 final, 24 juin 1997, disponible sur http://ec.europa.eu. Voy. aussi Comm. eur., *Enhancing the patent system in Europe*, 3 April 2007, p. 11, où la Commission européenne indiquait que, selon elle, « *la juridiction des brevets doit respecter la Cour européenne de justice en tant qu'arbitre final en matière de loi européenne, y compris sur les questions relatives à l'acquis communautaire et à la validité des futurs brevets communautaires* » (traduction libre). Dans la langue d'origine : « *the patent jurisdiction must respect the European Court of Justice as the final arbiter in matters of EU law, including questions related to the acquis communautaire and to the validity of future Community patents* ». Pour un commentaire de cette communication de la Commission européenne : Voy. B. Warusfel, « Améliorer le système du brevet en Europe : les questions juridictionnelles au cœur des projets de la Commission », *Propr. intell.* 2007, n° 24, p. 340.

385 G. Weiss, « Premières étapes en vue de l'adoption dans le cadre de la Convention sur le brevet européen d'un protocole facultatif sur le règlement des litiges concernant les brevets européens », *Dossiers Brevets* 2000, II.

386 Nous reprenons l'expression utilisée par le professeur Vivant et maître Triet. Voy. G. Triet et M. Vivant, « Juridiction européenne : une nouvelle donne pour le brevet ? », *Cahiers de droit de l'entreprise* 2012, n° 1,

concrétisé avec l'accord du 19 février 2013 relatif à une juridiction unifiée du brevet[387]. Il convient de relever que la future juridiction unifiée du brevet ne sera pas une juridiction de l'Union européenne « *mais une juridiction commune à plusieurs États membres de l'Union européenne* »[388]. L'article 89 de l'accord prévoit qu'il entrera en vigueur une fois que treize pays l'auront ratifié, dont l'Allemagne, la France et le Royaume-Uni[389]. Quant à sa compétence, il est prévu que la juridiction unifiée du brevet puisse traiter tous les contentieux liés au futur brevet européen à effet unitaire ainsi qu'aux CCP qui lui seraient attachés. Elle sera aussi compétente pour rendre des décisions sur les brevets européens délivrés par l'OEB[390]. Comme l'ont souligné les professeurs Galloux et Warusfel, « *seul restera à la charge des juges nationaux l'essentiel des questions contractuelles ou touchant au régime du droit de la propriété sur le brevet, ainsi que tous les litiges connexes dont celui de la concurrence déloyale* »[391]. La juridiction unifiée du brevet viendra certainement résoudre les inconvénients liés à l'application territoriale des brevets issus d'un brevet européen « classique » et mettra ainsi un terme aux coûts importants des litiges, aux risques de décisions contradictoires et à toute tentation des entreprises d'adopter une stratégie de type *forum shopping*[392].

B. La défense difficile des brevets

92. **Multiplicité d'actions en contrefaçon et décisions contradictoires.** L'absence de juridiction unifiée du brevet rend difficile la défense des titres délivrés par l'OEB et favorise la conclusion d'accords de report d'entrée. Compte tenu du cadre réglementaire, les brevetés sont obligés d'agir en contrefaçon devant les juridictions compétentes de chaque État partie à la CBE (1) et sont donc à la merci de décisions contradictoires (2).

---

dossier 4.

387 Cons. UE, 19 févr. 2013, 2013/C 175/01, accord relatif à une juridiction unifiée du brevet, *JOUE* C 175, 20 juin 2013.

388 P. Véron et N. Bouche, « La Juridiction unifiée du brevet – Une révolution dans le contentieux européen », *Cahiers de droit de l'entreprise* 2014, n° 2, dossier 10.

389 À ce jour, des incertitudes sur l'entrée en vigueur demeurent en raison du *Brexit*. Voy. C. Le Stanc, « Du brouillard sur la Manche : Brexit et propriété intellectuelle », *Prop. ind.* 2016, n° 9, repère 8. Un auteur britannique soutient que, à la suite du Brexit, l'accord sur la juridiction unifiée du brevet doit être révisé. Voy. H. Dunlop, « What now for the Unified Patents Court following the Brexit referendum? » 38 *European Intellectual Property Review* 595 (2016), spéc. p. 597. Pour une vision très optimiste des chances de voir l'accord ratifié par le Royaume-Uni, voy. P. Marollé, « "To ratify or not to ratify" : le brevet européen à effet unitaire et la juridiction unifiée du brevet à l'épreuve du Brexit », *Prop. ind.* 2017, n° 2, étude ; H. Ullrich, « Le système de protection du brevet unitaire de l'Union après le Brexit : désuni, mais unifié ? », *Prop. intell.* 2017, n° 64, p. 27. Nonobstant ces difficultés, le Royaume-Uni a tout de même ratifié l'accord le 26 avril dernier. Par conséquent, sur les trois grands pays signataires, seule l'Allemagne n'a pas encore ratifié l'accord.

390 S'agissant des brevets européens, il est prévu par l'article 83(3) de l'accord un système dérogatoire (un système dit d'*opt-out*) durant une période transitoire de sept ans, potentiellement renouvelable sept ans. Pendant cette période, le titulaire d'un brevet européen pourrait déroger à la compétence exclusive de la juridiction unifiée du brevet. Voy. A. Casalonga, « Période transitoire et opt-out pour la Juridiction Unifiée du Brevet », *Prop. ind.* 2016, n° 6, étude 12. Voy. aussi. J. Tumbridge, « Unified Patent Court: Harmonising Patent Law throughout Europe », 55 *Business Law International* 55 (2014), spéc. p. 64.

391 J.-C. Galloux et B. Warusfel, « Le brevet unitaire et la future juridiction unifiée », *Propr. intell.* 2013, n° 47, p. 152, spéc. p. 165.

392 J.-P. Gasnier, « Le brevet unitaire et la juridiction unifiée », *Prop. ind.* 2013, n° 5, alerte 34.

1. L'obligation d'agir en justice dans chaque État partie à la CBE

93. **L'obligation d'engager plusieurs actions en contrefaçon.** Défendre ses droits de propriété intellectuelle a un coût très important en Europe. Comme il a été précédemment expliqué, actuellement, il n'existe pas de *forum* unique où les brevetés pourraient protéger leurs brevets européens délivrés par l'OEB. Pour faire valoir leurs droits, les brevetés doivent engager une pluralité d'actions en contrefaçon devant les juridictions de chaque pays signataire de la CBE. Autrement dit, une action en contrefaçon doit être engagée dans chaque pays où le breveté a identifié une contrefaçon de son produit[393]. Cependant, il existe une exception à cette règle. Si un contrefacteur présumé a son domicile ou son siège en Europe, alors il pourra être poursuivi devant le pays de sa domiciliation ou de son siège pour des actes de contrefaçon qui concernent l'Europe entière. Dans cette hypothèse, le tribunal national compétent pourra prendre plusieurs mesures ayant des effets dans toute l'Europe, telles que le prononcé d'une injonction ou l'octroi de dommages et intérêts[394]. En revanche, si le contrefacteur présumé n'a pas de siège en Europe, le breveté devra parfois poursuivre les actes de contrefaçon dans de nombreux pays. Pour maître Véron, « *cette situation est une source de multiplication des efforts et des coûts* »[395] pour les titulaires de brevets.

94. **Un exemple de la complexité du système actuel : l'affaire *Solvay*.** Un arrêt préjudiciel de la Cour de justice rendu en 2012 montre la complexité du système actuel s'agissant des règles de compétence en matière d'action en contrefaçon. Dans l'affaire *Solvay c/ Honeywell*[396], la juridiction européenne devait donner son avis sur la façon dont il fallait interpréter le règlement n° 44/2001 (règlement dit « Bruxelles I »). En l'espèce, le titulaire d'un brevet européen avait saisi un tribunal hollandais en contrefaçon des parties nationales d'un brevet ne désignant pourtant pas les Pays-Bas. L'action judiciaire avait été lancée à l'encontre d'une société hollandaise et deux sociétés belges. La première question qui se posait à la Cour de justice était de savoir si le tribunal hollandais était compétent s'agissant des sociétés belges. À cette question, la Cour a répondu que l'article 6. 1) dudit règlement permet d'attraire devant le même tribunal une pluralité de défendeurs et que dans la mesure où il existe un risque d'obtenir des décisions inconciliables, c'est au tribunal saisi d'apprécier l'existence de ce risque en tenant compte des éléments pertinents[397]. *In casu*, eu égard au fait que les contrefacteurs présumés étaient accusés des mêmes actes de contrefaçon, sur les mêmes territoires et à l'égard des mêmes produits, la nature du litige justifiait la compétence du tribunal hollandais. Autrement dit, dès lors qu'il est possible d'identifier une même situation de fait et de droit[398], le tribunal saisi peut se déclarer compétent et se prononcer sur l'existence de la contrefaçon alléguée.

---

393 A. Casalonga, « Le contentieux futur du brevet européen. Enfin une solution ? », art. préc., p. 253.

394 P. Véron, « Quel modèle pour le système juridictionnel des litiges de brevets en Europe », *Gaz. Pal.* 2011, n° 344, p. 30.

395 *Ibid.*

396 CJUE, 12 juill. 2012, *Solvay c/ Honeywell*, aff. C-616/10, *Rec. num.* EU:C:2012:445.

397 *Ibid.*, § 23.

398 L'expression est utilisée par maître Herpe. Voy. F. Herpe, « Compétence judiciaire en matière d'action en contrefaçon d'un brevet européen », *EDPI* 2012, n° 9, p. 6.

La deuxième question qui se posait était celle de savoir si le tribunal hollandais pouvait prendre des mesures provisoires alors que le défendeur opposait en défense la nullité du brevet. La Cour de justice a répondu par la négative en indiquant que « *seules sont compétentes les juridictions de l'État membre sur le territoire duquel le dépôt ou l'enregistrement a été demandé* »[399]. En l'espèce, cela signifiait que le tribunal hollandais n'était pas compétent puisqu'aucune partie du brevet européen ne désignait les Pays-Bas.

En définitive, l'arrêt préjudiciel illustre les difficultés provoquées par le système actuel. Dans le cas où il existe une même situation de fait et de droit, un breveté peut saisir une juridiction unique pour traiter le contentieux de contrefaçon. Cependant, la compétence du tribunal saisi peut être neutralisée. En effet, s'agissant du prononcé de mesures provisoires, il suffit tout d'abord que le pays du tribunal saisi ne soit pas désigné dans le brevet européen. Ensuite, pour que cette neutralisation puisse se réaliser, les contrefacteurs présumés doivent opposer en défense la nullité du brevet. Ainsi, « *le juge saisi d'une demande de mesures provisoires en matière de contrefaçon mais qui n'est pas le juge compétent pour connaître de l'affaire au fond, peut refuser celles-ci dès lors que la validité du titre opposé soulève des doutes sérieux* »[400].

2. Les incertitudes liées au risque de décisions contradictoires

95. **Des solutions jurisprudentielles divergentes selon les États.** Au-delà du problème lié à l'absence de juridiction unique qui centraliserait les actions en contrefaçon, les accords de report d'entrée sont stimulés par la crainte de solutions jurisprudentielles divergentes. En effet, il arrive souvent que, pour un même problème juridique, plusieurs juridictions nationales prononcent des décisions totalement contradictoires. Pourtant, le même droit substantiel s'applique entre les pays en Europe, à savoir la Convention de Munich et les lois nationales des pays issus de la Convention de Strasbourg. Nonobstant la régularité des échanges entre juges européens, « *il arrive [malheureusement] tous les mois que le tribunal d'un pays considère un brevet valable alors que simultanément le même brevet (parallèle) sera déclaré nul dans un autre pays* »[401]. Conclure un accord de report d'entrée pourrait donc être une solution efficace pour annihiler le risque qu'un produit soit jugé contrefaisant dans un État A et non contrefaisant dans un État B.

À titre d'exemple, deux affaires révèlent l'insécurité juridique que génère le système actuel pour les brevetés ainsi que pour les contrefacteurs présumés. Évoquons tout d'abord l'affaire *Document Security Systems Inc.*, laquelle visait le secteur bancaire. Dans cette espèce, la Banque centrale européenne avait engagé une série d'actions en nullité devant plusieurs juridictions nationales à l'encontre d'un brevet européen protégeant un procédé de sécurisation des billets de banque. Alors que

399 CJUE, *Solvay c/ Honeywell*, préc., § 35.

400 J.-C. Galloux, « Quelques précisions relatives aux mesures provisoires en matière de contrefaçon », *Prop. ind.* 2013, n° 4, étude 3, § 17.

401 P. Véron, « Quel modèle pour le système juridictionnel des litiges de brevets en Europe », art. préc.

ce brevet a été jugé nul en France[402], au Royaume-Uni[403], en Allemagne[404] et aux Pays-Bas[405], il a été jugé valide en Espagne[406]. Ce faisant, alors que le breveté perdait son droit exclusif dans quatre pays de l'Union européenne, il préservait son pouvoir de monopole sur le marché hispanique. La seconde affaire visait quant à elle le secteur pharmaceutique. Celle-ci est encore plus révélatrice des carences du système actuel que la précédente. *In casu*, l'affaire opposait les laboratoires Novartis aux laboratoires Johnson & Johnson. Le brevet européen litigieux portait sur des lentilles ophtalmiques[407]. Une nouvelle fois, des décisions de justice divergentes et contradictoires furent prononcées par plusieurs juridictions nationales. En France[408] et aux Pays-Bas[409], le brevet fut validé et les actes de contrefaçon retenus. En revanche, au Royaume-Uni[410] et en Allemagne[411], les brevets furent annulés au motif d'une insuffisance de description pour le cas anglais, et au motif d'un défaut de nouveauté dans le cas allemand. Autrement dit, alors qu'un contentieux porte sur un même brevet, les juridictions nationales peuvent non seulement évaluer le brevet d'une manière différente – en l'invalidant ou en le confirmant – mais aussi mobiliser des critères distincts pour annuler ou valider un brevet. Ainsi, pour un même brevet européen, une juridiction nationale peut juger qu'un brevet n'est pas valide en raison d'une absence d'activité inventive tandis qu'une autre peut considérer cette condition de brevetabilité remplie.

96. **Le brevet européen à effet unitaire, une solution ?** Pour répondre aux difficultés produites par le système actuel, les États de l'Union européenne[412], dans le cadre d'une coopération renforcée[413], ont proposé l'adoption d'un brevet supranational : le brevet européen à effet unitaire. Même si la solution proposée est d'apparence européenne, il convient de souligner que « *l'instance de l'UE ne sert qu'à la coordination de l'action des États mais n'exerce aucune influence institutionnelle*

---

402 TGI Paris, 3e ch. 3e sect., 9 janv. 2008, *PIBD* 2008, 871, IIIB-216.

403 High Court, 26 mars 2007 ; England and Wales Court of Appeal, 19 mars 2008. Les deux décisions ont été citées par maître Véron lors d'un colloque intitulé *The Unified Patent Court – state of the play in May 2016*. Voy. P. Véron, *Unitary Patent: opportunity or challenge?*, Ljubljana, 5 mai 2016, pp. 8-11.

404 Bundesgerichtshof, 8 juill. 2010, Xa ZR 124/07.

405 Hoge Raad, 21 déc. 2010, cité par P. Véron, *Unitary Patent: opportunity or challenge?*, préc.

406 Sur les enjeux du contentieux espagnol : Voy. C. Pérez, « Batalla por la patente del euro », *El País*, 10 janv. 2008.

407 L'invention portait sur une lentille ophtalmique pouvant notamment être portée en continu sur de longues périodes d'au moins 24 heures sans répercussion indésirable importante sur la santé de l'œil ou le confort du consommateur

408 TGI Paris, 3e ch. 3e sect., 25 mars 2009, n° 07/13504. Ce jugement a eu un écho important en France au-delà de la seule résolution du litige. En effet, il a posé la définition de l'homme du métier. Depuis ce jugement, les juridictions françaises font fréquemment référence à une « équipe d'hommes du métier » pour viser l'homme du métier. Voy. sur ce sujet : J.-C. Galloux, « L'activité inventive en matière de brevets : l'équipe d'hommes du métier », *RTD com.* 2016, p. 89. Sur l'homme du métier vu en tant que « pilier du droit des brevets », voy. N. Binctin, « Les sept familles de la propriété intellectuelle » *in Le droit de la propriété intellectuelle dans un monde globalisé – Mél. en l'honneur du professeur J. Schmidt-Szalewski*, LexisNexis, 2014, p. 49, spéc. pp. 51-52.

409 Rechtbank Den Haag, 11 févr. 2009, cité par P. Véron et N. Bouche, « La Juridiction unifiée du brevet – Une révolution dans le contentieux européen », art. préc.

410 High Court of England and Wales, 10 juill. 2009, cité par P. Véron et N. Bouche, « La Juridiction unifiée du brevet – Une révolution dans le contentieux européen », art. préc.

411 Bundesgerichtshof, 10 déc. 2009, ZR 46/07 I.

412 À l'exception, *ab initio*, de l'Espagne et de l'Italie.

413 C'est-à-dire en application de l'article 329 TFUE.

sur le déroulement de la procédure »[414]. Dans ce contexte, la Commission européenne a émis deux propositions de règlement, lesquelles ont été adoptées en décembre 2012[415]. Ces règlements ne sont cependant pas encore entrés en vigueur : l'un vise la création et le régime du brevet européen à effet unitaire[416] tandis que l'autre encadre son régime linguistique[417]. Le titre de propriété n'est pourtant pas un titre unioniste. Pour reprendre les mots du professeur Binctin, c'est simplement « *un nouvel effet juridique accordé à la procédure OEB* »[418]. En effet, le brevet européen à effet unitaire sera délivré par l'OEB et aura les mêmes effets dans tous les États de l'Union ayant participé à la coopération renforcée. Ce brevet aura pour loi applicable celle de l'État membre où le demandeur a son domicile ou établissement principal à la date du dépôt[419]. À défaut, le brevet européen à effet unitaire sera assimilé à un brevet allemand. En cas de pluralité de demandeurs, la loi applicable sera celle du premier demandeur[420].

Outre assurer une protection uniforme et produire des effets identiques dans tous les États membres participants[421], le brevet européen à effet unitaire a pour ambition de diminuer les coûts de délivrance d'un brevet[422]. Grâce à la procédure mise en place, un inventeur pourra obtenir un brevet unitaire qui sera valide et opposable dans tous les pays participants. Pour ce faire, un inventeur devra choisir deux langues de traduction, soit le français, l'anglais ou l'allemand, et une autre langue utilisée par l'un des pays participants. Aussi, pour obtenir la protection du brevet unitaire, un inventeur devra fournir deux traductions et faire enregistrer le brevet dans un registre particulier, le registre de la protection par brevet unitaire. Par ailleurs, le brevet européen à effet unitaire permettra aux entreprises de faire des économies s'agissant de la gestion du titre européen puisque le titre sera intégralement confié à l'OEB. Autrement dit, il existera un guichet unique pour payer les taxes. Il ne sera

---

414 N. Binctin, *Droit de la propriété intellectuelle – Droit d'auteur, brevet, droits voisins, marque, dessins et modèles*, *op. cit.*, n° 574. Voy. aussi J.-C. Galloux et B. Warusfel, « Le brevet unitaire et la future juridiction unifiée », art. préc., p. 155, lesquels expliquent que le brevet européen à effet unitaire « *n'est pas un nouveau titre en ce sens qu'il n'est pas issu d'une procédure spécifique de délivrance puisqu'elle est celle d'un brevet européen* ». *Adde* J.-P. Clavier, « Le brevet unitaire tant attendu est arrivé ! », *EDPI* 2013, n° 3, p. 1. L'auteur souligne que le « *nouveau régime n'a pas été construit* ex nihilo » et qu'« *il procède d'un "accord particulier" au sens de l'article 142 de la Convention sur le brevet européen (CBE) qui permet à un groupe d'États contractants de faire produire aux brevets européens un caractère unitaire sur l'ensemble de leurs territoires* ».

415 L'Espagne a engagé des actions en annulation contre les deux règlements, mais elles ont été rejetées. Voy. CJUE, 5 mai 2015, *Royaume d'Espagne c/ Parlement européen et Conseil de l'Union européenne*, aff. C-146/13 et aff. C-147/13.

416 Règl. (UE) n° 1257/2012 du Parlement européen et du Conseil du 17 déc. 2012 mettant en œuvre la coopération renforcée dans le domaine de la création d'une protection unitaire conférée par un brevet, *JOUE* L 361/1 du 31 déc. 2012.

417 Règl. (UE) n° 1260/2012 du 17 déc. 2012 mettant en œuvre la coopération renforcée dans le domaine de la création d'une protection unitaire conférée par un brevet, en ce qui concerne les modalités applicables en matière de traduction, *JOUE* L 361/89 du 31 déc. 2012, *Rec. num.* EU:C:2015:299.

418 N. Binctin, *Droit de la propriété intellectuelle – Droit d'auteur, brevet, droits voisins, marque, dessins et modèles*, *op. cit.*, n° 575.

419 Comme l'a souligné le professeur Binctin, c'est un mécanisme de renvoi qui a été consacré. Voy. *ibid.*, n° 578.

420 A. Pezard, « Droit de la propriété industrielle : l'Europe se dote d'un brevet européen à effet unitaire et d'une juridiction unifiée », *Propr. intell.* 2013, n° 49, p. 379, spéc. p. 380.

421 J. Azéma et *alii*, *Lamy Droit commercial*, Wolters Kluwer, 2016, n° 2373.

422 D. Medina, « How the Unitary Patent Will Fragment European Patent Law », 47 *Arizona State L. J.* 319 (2015), spéc. p. 325.

donc plus nécessaire – comme c'est le cas actuellement – de s'acquitter des taxes auprès de tous les offices nationaux de brevets où le brevet européen a été enregistré. L'intérêt du brevet européen à effet unitaire tient aussi – voire surtout – en ce qu'il sera justiciable d'une juridiction unique (la juridiction unifiée du brevet). Cette nouvelle organisation judiciaire permettra de faire émerger un droit *uniforme* au sein de l'Union européenne[423]. En effet, tous les contentieux nés en raison d'un brevet européen à effet unitaire seront tranchés par cette nouvelle juridiction et la jurisprudence de cette cour européenne des brevets fera alors autorité. D'autres avantages de ce nouveau système peuvent être relevés. Les jugements rendus par la juridiction unifiée du brevet seront de haute qualité eu égard à la spécialisation des juges ; les entreprises n'auront plus à saisir une multitude de juridictions dans les États membres pour traiter une même affaire ; et la sécurité juridique sera améliorée puisqu'il n'y aura plus de jugements contradictoires ou en conflit. D'autre part, le nouveau système permettra de favoriser la libre circulation des biens. À ce jour, les brevets nationaux isolent les marchés nationaux et restreignent la libre circulation des biens dans l'Union européenne[424]. Le nouveau système pourrait remédier à cette situation. En sus, la juridiction unifiée du brevet « *pourrait être dans une position qui lui permet[tra] d'avoir une approche plus punitive s'agissant des comportements anticoncurrentiels* »[425].

97. **Les potentielles conséquences du nouveau système européen sur la conclusion d'accords de report d'entrée.** Quoi qu'il en soit, le brevet européen à effet unitaire et la juridiction unifiée du brevet pourraient permettre à moyen terme de déclencher un reflux des accords de report d'entrée. Dans la mesure où les brevetés seront mieux armés pour défendre leurs brevets et que les coûts du contentieux seront plus faibles, l'intérêt de conclure un règlement amiable de report d'entrée pour protéger un brevet sera forcément moindre. Néanmoins, le bénéfice que les brevetés pourraient tirer d'un accord ne disparaîtrait pas totalement. Dans l'hypothèse où un breveté détiendrait un brevet faible, celui-ci pourrait tenter de convaincre le contestataire d'abandonner son action en nullité pour préserver son monopole. Devant la proposition d'un paiement inversé important, un contestataire pourrait être séduit et dissuadé de poursuivre son action en justice. Cette situation pourrait ne pas se présenter si le futur système des brevets octroyait aux contestataires une récompense pour poursuivre des brevets identifiés comme faibles ou s'il assurait à ces derniers un coût de procédure judiciaire réduit. Le futur système européen des brevets ne prévoit aucune des deux mesures proposées.

---

423 K. Kaesling, « The European Patent with Unitary Effect – A Unitary Patent Protection for a Unitary Market? » 2 *UCL Journal of Law and Jurisprudence* 87 (2013), spéc. p. 90.

424 Sur ce problème : voy. entre autres ex. A. Krieger, « When will the European Community Patent Finally Arrive? », 29 *International Review of Industrial Property and Copyright Law* 855 (1998), spéc. p. 857 ; J. Drexl et *alii*, « Comments of the Max Planck Institute for Intellectual Property, Competition and Tax Law on the 2009 Commission Proposal for the Establishment of a Unified European Patent Judiciary », 40 *International Review of Industrial Property and Copyright Law* 817 (2009), spéc. p. 821.

425 J. Phillips & A. Martin, « United Kingdom: Patents – Balancing Innovation with a Free Market – Recent Examples in the Pharmaceutical Sector and the Promise of the Unified Patent Court for the EU », 9 *Global Competition Litigation Review* 30 (2016), spéc. p. 32 (traduction libre). Dans la langue d'origine des auteurs : « *the UPC may be in a position to take a more punitive approach to anti-competitive behaviour* ».

Section 2
L'utilisation abusive des imperfections

98. **Abus d'obtention et abus d'exploitation.** Comme il a été montré précédemment, le système européen des brevets souffre d'un dérèglement endogène. En effet, il ne permet pas aux brevetés d'avoir la certitude de détenir un brevet incontestable. Ces derniers sont donc fortement exposés au risque d'annulation de leurs titres et aux actions de non-contrefaçon. Ce faisant, pour protéger leur monopole, les brevetés n'hésitent pas à abuser des carences du système. Deux stratégies mises en place par les brevetés doivent ici être relevées. Le premier abus concerne l'obtention du brevet (§ 1) ; le second, l'exploitation du brevet (§ 2). L'examen de ces abus est central. Il nous permettra de comprendre pourquoi la question de la licéité des accords de report d'entrée se pose avec une grande acuité en Europe. En effet, les accords de report d'entrée peuvent aussi bien constituer des abus d'obtention que d'exploitation de brevet.

§ 1. L'abus dans l'obtention du brevet

99. **Stratégies des brevetés et réponse du droit de la concurrence.** Les brevetés utilisent diverses stratégies pour obtenir des brevets (A). Face à l'incapacité du système à sanctionner les manœuvres abusives des déposants, le droit de la concurrence a réagi avec rigueur. L'affaire *AstraZeneca* illustre bien l'action menée par ce droit pour freiner les tentatives d'abus (B).

A. Les stratégies utilisées par les brevetés

100. **Fonctions de la procédure d'examen et abus envisageables.** Avant d'examiner les stratégies utilisées par les brevetés pour obtenir des brevets (2), il convient au préalable de s'interroger sur la fonction et les finalités de la procédure d'examen (1). En effet, grâce à la mise en lumière des fonctions et des finalités de la procédure, il sera par la suite possible d'identifier son détournement et donc les potentiels abus.

1. Les fonctions de la procédure d'examen et du brevet

101. **Fonctions de la procédure d'examen et fonctions du brevet.** Identifier les fonctions de la procédure d'examen revient à parler de la fonction du brevet. Ce n'est qu'après avoir identifié ces fonctions du brevet qu'il est alors possible de caractériser un potentiel abus des demandeurs. En effet, un abus est détectable lorsqu'il est observé un détournement d'une procédure ou d'une règle de droit[426], c'est-à-dire un mauvais usage[427] de la procédure ou de la règle de droit. Pour

---

[426] Voy. S. Moracchini-Zeidenberg, *L'abus dans les relations de droit privé*, PUAM, 2004, n° 519, p. 310. Dans cette thèse, l'auteur fait un rapprochement entre l'abus et la fraude et souligne que, dans « *les deux cas, il y a* une idée de détournement de la finalité de la règle » (nous soulignons).

[427] Le mot « abus » vient du latin *abusus*, qui signifie « faire mauvais usage ». Voy. G. Cornu, *Vocabulaire juridique*, 11e éd., PUF, 2016 p. 7, V° Abus. En matière de brevet, la locution « abus de brevet » (ou « *patent*

reprendre les mots du professeur Azéma, l'abus « *consiste dans l'utilisation d'un mécanisme juridique [...] dans un rôle et avec une finalité qui le détournent de sa fonction* »[428]. S'agissant de la fonction de la procédure d'examen, elle semble claire. Elle sert à vérifier l'existence d'une invention. En ce sens, le législateur a imposé au déposant d'une demande de brevet un certain nombre de conditions, aussi bien de fond que de forme[429], afin que ce dernier puisse accéder au titre. Ces conditions peuvent-elles être contournées par un demandeur ? La réponse semble positive. Il suffit par exemple pour ce dernier de délivrer de fausses informations pour prolonger la durée de son monopole et ainsi obtenir de façon imméritée un nouveau brevet ou un certificat complémentaire de protection (CCP)[430]. Quant à la fonction du brevet d'invention, la question apparaît beaucoup plus épineuse. Contrairement à la marque[431], la fonction du brevet est mal appréhendée et mal définie. S'il existe une jurisprudence abondante visant les prérogatives du breveté, les juges n'ont pas vraiment procédé à une analyse de la fonction du brevet. Sur ce sujet, l'essentiel de la littérature est purement doctrinal. Pour cette raison, il est bien plus facile de détecter un abus dans l'*exploitation* du brevet que dans son *obtention*.

102. **La fonction du brevet est de contribuer à l'intérêt général.** On le sait, le brevet est intrinsèquement lié à l'intérêt général, lequel constitue la base de la légitimation du système. Comme l'a souligné un auteur, « *l'idée d'un équilibre entre la protection du titulaire et celle de la collectivité semble pouvoir être retenue comme point de départ dans la construction du système de brevets que nous connaissons* »[432]. Ainsi, la fonction essentielle du brevet serait de contribuer à l'intérêt général. De façon corollaire, cela signifie que l'intérêt général permettrait de remettre en cause un droit de propriété intellectuelle pourtant censé le

---

misuse ») est considérée par certains comme « un fourre-tout ». Voy. L. Peter Farkas, « Can a patent still be misused? », 59 *Antitrust L. J.* 677 (1991) spéc. p. 677, où l'auteur énonce que l'« *"abus" est une expression fourre-tout qui peut faire référence à de nombreux types de conduite* » (traduction libre). Dans la langue d'origine : « *"Misuse" is a catch-all phrase which can refer to many types of conduct.* » Dans notre étude, nous utiliserons cette expression pour décrire un détournement de la fonction du brevet.

428 J. Azéma, « L'abus dans l'obtention du droit de brevet : "l'exemple des médicaments génériques" », art. préc.

429 À cet égard, Roubier avait fait remarquer que « *l'accession à la fonction suppose en général un nombre de conditions de fond, et aussi des règles de forme, et [que] sous la réserve de ces conditions* », il était possible d'« *admettre la règle de la liberté d'accession* ». Voy. P. Roubier, *Droits subjectifs et situations juridiques*, Dalloz, rééd. 2005, n° 22, p. 181.

430 Cette stratégie peut s'apparenter à une forme particulière d'*evergreening*. Comme l'a évoqué le professeur Kovar : « *Dans sa forme première, l'*evergreening *consiste à déposer une demande de brevet portant sur un perfectionnement d'une inventivité douteuse peu avant l'expiration du brevet primaire. Ce procédé peut se combiner* avec un détournement des procédures légales par des manœuvres frauduleuses affectant en particulier la délivrance de certificats complémentaires de protection » (nous soulignons). Voy. R. Kovar, « Les innovations abusives : à la croisée des droits de propriété intellectuelle et de la concurrence » *in Droits de propriété intellectuelle – Liber amicorum G. Bonet*, LexisNexis-Litec, 2010, p. 315, spéc. pp. 330-331.

431 Voy. CJCE, 12 nov. 2002, *Arsenal Football Club c/ M. Reed*, aff. C-206/01, *Rec.* I, p. 10273, § 51, où la Cour de justice a énoncé que « *la fonction essentielle est [...] de garantir aux consommateurs la provenance du produit* ». Voy. aussi CJCE, 28 juin 2009, *L'Oréal c/ Bellure*, aff. C-487/07, *Rec.* I, p. 5185, § 58, qui a ajouté les fonctions de garantie de qualité, de communication, d'investissement et de publicité. Pour de riches développements sur ce sujet : voy. G. Grundeler, *L'investissement (étude juridique)*, PUAM, 2017, n° 284 et s., p. 303 et s.

432 C. Nozaradan, « Brevet et intérêt général » *in Brevet, innovation et intérêt général – Le brevet : pourquoi et pour faire quoi ?* (dir. B. Remiche), Larcier, 2007, p. 445, spéc. p. 454.

soutenir[433]. Pour cerner la fonction du brevet, il est donc nécessaire de scinder deux catégories de fonctions qui se rattachent à la notion d'intérêt général : la fonction économique du brevet et sa fonction sociale.

103. **La fonction économique du brevet.** Sur la fonction économique, il est reconnu que le brevet a un rôle d'incitation à l'investissement[434]. Il permet de récompenser l'innovation[435] des brevetés en leur offrant la possibilité, d'une part, d'amortir leurs investissements[436] et, d'autre part, de poursuivre d'autres recherches qui pourraient déboucher sur de nouveaux produits, procédés ou applications[437]. Négativement, cela signifie que le brevet ne sert pas à récompenser les rentes qui ne seraient pas dues à l'invention et à l'investissement. En d'autres mots, la fonction économique du brevet ne serait pas de délivrer un monopole temporaire à une sérendipité[438], à une fausse invention ou à des économies d'échelle[439]. Par ailleurs, grâce au système d'appropriation des inventions, les concurrents ne peuvent pas reproduire l'invention et la commercialiser immédiatement, ce qui résout le potentiel problème de *free-riding*. Ainsi, le brevet permet « *de transformer un avantage technique, souvent éphémère compte tenu de la facilité avec laquelle les concurrents peuvent reproduire l'invention, en un avantage concurrentiel durable* »[440]. Ce mécanisme est très important dans le secteur pharmaceutique. En effet, en tant qu'agent économique rationnel, quel laboratoire se risquerait à engager des investissements de centaines de millions d'euros si un concurrent génériqueur pouvait librement reproduire sa molécule ? Ainsi, pour ne pas décourager les investissements dans les innovations pharmaceutiques, le législateur de l'Union européenne a institué le certificat complémentaire de protection (CCP)[441] – lequel permet de prolonger un brevet lorsque la commercialisation du médicament a été subordonnée à une AMM. De plus, en attribuant à un breveté un monopole temporaire d'exploitation,

---

433 M. Buydens, « L'intérêt général, une notion protéiforme » *in L'intérêt général et l'accès à l'information en propriété intellectuelle*, *op. cit.*, p. 1, spéc. p. 3.

434 Voy. CJUE, 6 déc. 2012, *AstraZeneca c/ Commission*, aff. C-457/10 P, *Rec. num.* EU:C:2012:770, § 150. Dans cet arrêt la Cour de justice énonce que le brevet octroie « *un droit exclusif* qui sanctionne la réalisation d'un investissement *ou d'une création* » (nous soulignons).

435 Voy. J.-M. Mousseron, « Le brevet d'invention, instrument de l'incitation publique à l'innovation » *in L'interventionnisme économique de la puissance publique – Études en l'honneur du doyen G. Péquignot*, Centre d'études et de recherches administratives de Montpellier, t. 2, 1984, p. 517.

436 Pour amortir leurs investissements, les brevetés font payer l'accès à leur actif protégé. Cependant, ce mécanisme de financement de la création par le monopole peut entraîner un coût important pour la société, c'est-à-dire « *"une perte sèche" associée à la tarification de monopole, qui revient à exclure du marché les consommateurs ayant un faible consentement à payer* ». Voy. Y. Ménière, « Les fonctions des droits de propriété intellectuelle : le point de vue de l'économie », *Prop. ind.* 2010, n° 10, dossier 3.

437 J. Passa, *Droit de la propriété industrielle*, *op. cit.*, n° 13, p. 18.

438 J. Tirole, « Quelles finalités pour les propriétés intellectuelles ? » *in Droit et économie de la propriété intellectuelle*, *op. cit.*, p. 3, spéc. p. 10. *Contra*, J. Passa, *Droit de la propriété industrielle*, *op. cit.*, n° 11, p. 15.

439 *Ibid.*

440 C. Bernault et J.-P. Clavier, *Dictionnaire de droit de la propriété intellectuelle*, Ellipses, 2008, p. 49, V° Brevet d'invention.

441 Le CCP a été institué dans l'Union européenne au début des années 1990. Voy. Règl. (CEE) n° 1768/92 du 18 juin 1992 concernant la création d'un certificat complémentaire de protection pour les médicaments, *JOCE* n° L 182 du 2 juill. 1992. Ce dernier règlement a été remplacé à droit constant. Voy. Règl. (CE) n° 469/2009 du Parlement européen et du Conseil du 6 mai 2009 concernant le certificat complémentaire de protection pour les médicaments, *JOUE* L 152/1 du 16 juin 2009.

« *susceptible de lui réserver le marché d'un type de produit* »[442], le système des brevets pousse les concurrents à mettre au point des produits plus performants et moins coûteux et, partant, à faire émerger une concurrence par substitution. En définitive, la fonction économique du brevet apparaît double. D'un côté, elle incite à l'innovation en protégeant les investissements, de l'autre, elle participe à la stimulation de la concurrence.

104. **La fonction sociale du brevet.** Quant à la fonction sociale du brevet, il est impossible de l'évoquer sans mentionner la fonction (ou les finalités) sociale(s) du droit en général. La tâche est rude puisque « *les finalités du droit sont multiples et les opinions à cet égard, sont si disparates, contradictoires, passionnées ou incertaines que leur cacophonie est déconcertante* »[443]. Néanmoins, il semble possible de dégager une définition consensuelle et simple. La fonction du droit serait d'assurer le bien-être de la collectivité. Pour reprendre les mots d'un philosophe du droit, « *le rôle du droit est d'assurer la coexistence paisible du groupe humain ou, comme l'on dit souvent, d'harmoniser l'activité des membres de la société* »[444]. Ce faisant, le droit « *est l'assise de l'ordre social [lequel ne se réalise] que par un équilibre entre les intérêts opposés* »[445]. En conséquence, le droit pourrait être vu comme un système de « *régulation sociale* »[446] ou « *un mode d'organisation de la vie en société* »[447]. Pour que ce système fonctionne, les sujets de droit doivent adopter un comportement vertueux afin que l'équilibre des intérêts puisse être trouvé. D'aucuns ont visé la « sincérité » comme nécessité sociale. Selon eux, la sincérité serait « *indispensable au maintien, à l'ordonnancement immédiat de la société et à son inscription dans le temps* »[448]. Elle apparaît comme un « *devoir général* », de sorte que « *personne ne doit pouvoir frauder, tromper autrui ou plus généralement adopter un comportement jugé socialement inacceptable* »[449]. Pour revenir à l'abus, cela signifierait que l'*insincérité* pourrait caractériser un comportement abusif.

La fonction sociale du brevet comporte une forme de gémellité avec celle plus large de fonction sociale du droit. Comme cette dernière, le brevet a été conçu pour être au service de la société. Le brevet serait donc un mécanisme juridique cherchant à équilibrer des intérêts opposés, à savoir l'intérêt du créateur[450] et l'intérêt de la collectivité. Si la jurisprudence a pu indiquer que la fonction du brevet était de « *récompenser*

---

442 J. Passa, *Droit de la propriété industrielle*, *op. cit.*, n° 13, p. 19.

443 J.-L. Bergel, *Théorie générale du droit*, Dalloz, 2012, n° 23, p. 31.

444 C. du Pasquier, *Introduction à la théorie générale et à la philosophie du droit*, 4e éd., Delachaux et Niestlé, 1967, p. 19.

445 *Ibid.*

446 Nous empruntons l'expression au professeur Sueur. Voy. J.-J. Sueur, *Une introduction à la théorie du droit*, L'Harmattan, 2001, p. 180. Voy. aussi D. Touret, *Introduction à la sociologie et à la philosophie du droit*, Litec, 1995, n° 525 et s., où l'auteur évoque le droit comme un outil dont la finalité est de réguler les rapports sociaux.

447 A. Héritier, « Le droit et la sincérité – À la recherche historique d'un couple ignoré » *in La sincérité en droit* (dir. O. Le Bot), Larcier, 2011, p. 21, spéc. p. 29.

448 *Ibid.*, p. 31.

449 *Ibid.*, p. 29.

450 Le droit issu du brevet est un droit subjectif d'ordre privé dans la mesure où il « *s'exerce, conformément* à l'intérêt personnel *de son titulaire* » (nous soulignons). Voy. J.-M. Mousseron, *Le droit du breveté d'invention – Contribution à une analyse objective*, LGDJ, 1961, n° 238.

l'effort créateur »[451], certains auteurs ont néanmoins décelé une fonction plus sociale, qui s'écarte quelque peu de la protection du seul intérêt privé. Pour le professeur Passa, le brevet sert à « *récompenser, et donc à encourager, [...]* en réalité l'enrichissement de la collectivité, l'apport à la somme des connaissances techniques par la divulgation publique, *dans une demande de brevet dont la publicité est organisée par l'autorité administrative dans un délai relativement bref, d'une invention remplissant certaines conditions et qui serait – au moins en théorie – susceptible d'être maintenue et exploitée dans le secret* »[452]. Autrement dit, la divulgation de l'invention constituerait le point nodal de la contrepartie du monopole octroyé[453] puisqu'elle est le moyen d'enrichir le savoir collectif. Pour cette raison, il est exigé que l'invention soit suffisamment décrite dans la demande de brevet[454]. L'auteur qui a certainement le mieux décrit la fonction sociale du brevet est le philosophe et économiste John Stuart Mill. Selon lui, si le brevet est un moyen de récompenser l'investissement et le profit – et ce faisant, un moyen de protéger l'intérêt privé – il est surtout la meilleure voie pour assurer la sauvegarde de l'intérêt public[455], et donc celui de la collectivité. L'auteur expliquait que le constat selon lequel l'inventeur « *doit être compensé et récompensé ne peut être nié. Si tout le monde pouvait profiter de son génie sans avoir à partager les dépenses qu'il a faites pour rendre son idée pratique, ou bien personne n'assurera les dépenses, excepté des individus très riches et ayant le sens du bien public, ou bien l'État attache une valeur au service et lui accorde une subvention. En général, un privilège exclusif, d'une durée temporaire est préférable ; parce que la récompense dépend de l'utilité de l'invention, et la récompense est d'autant plus élevée que celle-ci est utile à la collectivité ; et parce qu'elle est payée par les personnes à qui cette invention rend service ; les consommateurs du bien considéré* »[456].

---

451 Voy. CJCE, 31 oct. 1974, *Centrafarm c/ Sterling*, aff. 15-74, *Rec.*, p. 1174, § 9, où il est énoncé par la Cour de justice que la fonction du brevet « *est notamment d'assurer au titulaire,* afin de récompenser l'effort créateur de l'inventeur, *le droit exclusif d'utiliser une invention en vue de la fabrication de produits industriels, soit directement, soit par l'octroi de licences à des tiers, ainsi que le droit de s'opposer à toute contrefaçon* » (nous soulignons).

452 J. Passa, *Droit de la propriété industrielle*, *op. cit.*, n° 12, p. 16. Voy. aussi C. Geiger, « La fonction sociale des droits de propriété intellectuelle », art. préc., p. 510, spéc. p. 513, qui considère que la contrepartie du monopole temporaire, c'est l'enrichissement de la collectivité. L'auteur voit même dans le brevet « *une sorte de "contrat social" entre le créateur et la société* » et relève que cette « *idée, qui a son origine dans la philosophie des Lumières, fait du droit de propriété intellectuelle un droit "conditionné", "finalisé", "causé" par l'atteinte de certains objectifs* ».

453 B. Remiche, « La propriété intellectuelle au cœur d'une nouvelle stratégie » *in Technologie et Concurrence – Mél. en l'honneur de H. Ullrich*, Larcier, 2009, p. 275, spéc. p. 278.

454 Comme l'expliquait le professeur Pouillet, l'exigence d'une description suffisante « *a pour but de mettre, à l'expiration du brevet, toute personne en mesure de l'appliquer et d'empêcher que, par une réticence calculée, l'inventeur, en devenant maître de ses secrets de fabrication, n'en conserve abusivement le monopole au préjudice du domaine public, auquel l'invention appartient désormais* ». Voy. C. Pouillet, *Traité théorique et pratique des brevets d'invention et des secrets de fabrique*, Marchal et Godde, 1915, p. 570.

455 Le concept d'intérêt public est une notion assez vague. Pour un auteur, il « *peut faire référence à la fois à la société dans son ensemble ainsi qu'à des sous-groupes variés qui la composent* ». Voy. T. Dreier, « Balancing Proprietary and Public Domain Interests: Inside or Outside of Proprietary Rights? » *in Expanding the Boundaries of Intellectual Property: Innovation Policy for the Knowledge Society* (dir. R. Dreyfuss et *alii*), Oxford University Press, 2001, p. 295, spéc. p. 297 (traduction libre) : « *"public" may refer both to society as a whole and to various subgroups within it* ».

456 J. Mill, *Principes d'économie politique*, Léon Poquet, 1894, cité par M. Buydens, « L'intérêt général, une notion protéiforme », art. préc., p. 33.

105. **Tentative de définition des fonctions du brevet et inférence d'abus dans l'obtention du brevet.** À partir des deux fonctions mises en exergue précédemment, il est désormais possible de proposer une définition des fonctions du brevet. Aussi, les fonctions du brevet seraient d'encourager et de récompenser les investissements engagés par les inventeurs par un monopole temporaire lorsqu'ils débouchent sur une véritable invention, c'est-à-dire une invention qui vient enrichir les connaissances de la collectivité. Autrement dit, le simple investissement apparaît insuffisant pour obtenir une protection par brevet. En effet, l'investissement « *n'apporte pas forcément une plus-value créative [et] donc une plus-value sociale* »[457]. Or dans la définition proposée, la fonction économique est totalement liée à la fonction sociale. Les deux fonctions sont imbriquées l'une dans l'autre. Partant, la protection par brevet ne devrait pas être obtenue lorsque l'investissement consenti ne débouche pas sur une invention socialement utile. Par voie de conséquence, un abus dans l'obtention du brevet pourrait être identifié en théorie dans l'une des deux situations suivantes[458] :

- soit aucun investissement n'a été engagé par le déposant pour créer l'invention ;
- soit un investissement a été engagé par le déposant mais celui-ci sait que son invention n'est pas brevetable.

L'un des critères pertinents pour caractériser l'abus pourrait être l'*insincérité* des demandeurs. Celle-ci pourrait être relevée en cas de fraude ou lorsque le déposant aura cherché à tromper les examinateurs au cours de la procédure d'examen. En d'autres termes, lorsque les fonctions du brevet auront été détournées.

2. Les abus envisageables

106. **Les abus d'obtention dans le secteur pharmaceutique.** Les abus d'obtention de brevet semblent assez courants dans le secteur pharmaceutique. La complexité des innovations pharmaceutiques favorise certainement les comportements abusifs des laboratoires pionniers désireux de conserver coûte que coûte leur monopole sur le marché. Le schéma est souvent le suivant : il « *consiste pour le laboratoire exploitant un* princeps *à multiplier, le plus souvent peu de temps avant la chute du brevet de base et, le cas échéant, du certificat complémentaire de protection couvrant la molécule, des demandes de brevets tendant à obtenir une protection sur différents aspects secondaires ou complémentaires concernant la molécule : dérivés du principe actif (sels, formes polymorphiques, formulation de la molécule, dosage, procédé d'obtention, etc.)* »[459]. Autrement dit, les demandeurs détourneraient les fonctions de la procédure d'examen ainsi

---

457 C. Geiger, « La fonction sociale des droits de propriété intellectuelle », art. préc., p. 514. Voy. aussi C. Geiger, « La fonction sociale : clef pour comprendre, améliorer et adhérer aux droits de la propriété intellectuelle » *in Droit et économie de la propriété intellectuelle* (dir. M. Vivant), LGDJ, 2014, p. 79.

458 Ces deux hypothèses ne sont pas exhaustives. Nous pensons que d'autres situations pourraient permettre de caractériser des abus dans l'obtention du brevet. Des spécialistes de la question ont certainement des exemples précis à ajouter.

459 J. Azéma, « L'abus dans l'obtention du droit de brevet : "l'exemple des médicaments génériques" », art. préc., § 7.

que du brevet pour prolonger artificiellement leur statut de monopoleur. Étant donné que les déposants connaissent parfaitement les dysfonctionnements du système[460], il leur serait possible d'en mésuser pour tromper un examinateur[461] contraint par le temps et d'autres impératifs administratifs et procéduraux. Bien souvent, le brevet pharmaceutique octroyé porte sur une invention périphérique ou une invention incrémentale qui ne mérite pas la brevetabilité. Le mot « invention » ne sied d'ailleurs pas à la situation puisque la technologie faisant l'objet de la protection ne remplit parfois pas les conditions de brevetabilité. Non seulement la protection délivrée ne sanctionne pas un investissement, mais en sus le monopole temporaire ne sanctionne pas l'enrichissement des connaissances de la collectivité.

107. **Tentative de typologie : l'abus d'obtention de *fond* et l'abus d'obtention de *forme*.** Deux types d'abus d'obtention semblent envisageables. L'un aurait trait à un abus d'obtention de *fond* tandis que l'autre viserait plutôt un abus d'obtention de *forme*. L'abus de fond consisterait à faire passer une invention non brevetable pour une invention brevetable. Dans cette hypothèse, une recherche approfondie montrerait que les conditions d'activité inventive, de nouveauté et d'application industrielle ne seraient pas remplies. En pratique, cela signifierait que le demandeur aurait réussi à dissimuler à l'examinateur les carences de son invention[462]. Cet abus est assez grave puisqu'il porte atteinte à ce que d'aucuns nomment le domaine public *ontologique*[463], lequel doit normalement comporter « *les inventions qui ne satisfont pas aux critères de nouveauté, de caractère inventif ou d'application industrielle* »[464]. Quant au second abus d'obtention, il pourrait être un abus de *forme*. Dans cette occurrence, le déposant pourrait détourner les formes imposées par la procédure d'examen pour prolonger la durée de son monopole. Par exemple, un déposant pourrait obtenir de manière illégitime un CCP en délivrant à un office de brevets un ensemble de déclarations trompeuses[465]. Plus précisément, il suffirait pour ce dernier de transmettre une première date d'obtention d'une AMM, postérieure à la date réelle, pour tromper l'office et rester dans les délais requis pour se voir délivrer le titre demandé[466]. Cet abus est aussi d'une grande

460 Voy. *supra* n° 95 et s.

461 Le turnover des examinateurs, lesquels sont attirés par les salaires du secteur privé, accentue aussi l'incapacité des offices de brevet à délivrer un examen plus efficace. Voy. A. Devlin, *Antitrust and Patent Law*, Oxford University Press, 2016, § 3. 54, p. 76. Pour prendre l'exemple des États-Unis, un examinateur reste en moyenne seulement trois ans en poste. Voy. M. Lemley & B. Sampat, « Examiner Characteristics and Patent Office Outcomes », 94 *Review of Economics and Statistics* 817 (2012).

462 Par ex., la stratégie pourrait consister à dissimuler aux examinateurs des documents d'antériorité. Sur la question de la licéité de cette pratique, voy. J.-C. Galloux, « Le marché des médicaments » *in Propriété intellectuelle et concurrence – Pour une (ré)conciliation*, LexisNexis, 2012, p. 141, spéc. p. 156.

463 S. Dusollier, « Le domaine public, garant de l'intérêt public en propriété intellectuelle ? », art. préc., spéc. p. 122.

464 *Ibid.*

465 C. Prieto, « La Cour de justice de l'Union européenne sanctionne définitivement l'utilisation abusive de procédures réglementaires pour prévenir ou retarder l'arrivée des génériques sur le marché » *in Les grands arrêts du droit de la concurrence* (dir. L. Idot), Concurrences, vol. 1, 2016, p. 117, spéc. p. 118.

466 Comme l'a expliqué le professeur Passa, « *la demande de CCP doit être déposée dans un délai de six mois à compter de la date à laquelle le produit, en tant que médicament ou produit phytopharmaceutique, a obtenu la première AMM dans l'État membre de la demande* ». Voy. J. Passa, *Droit de la propriété industrielle, op. cit.*, n° 785, p. 876.

gravité puisqu'il porte atteinte au domaine public *temporel*[467], lequel se constitue à l'expiration des droits de propriété intellectuelle, c'est-à-dire par l'écoulement du temps[468].

108. **L'Abus de droit et l'exemple de la doctrine du *Walker Process* aux États-Unis.** Finalement, l'abus d'obtention ne serait rien d'autre qu'un abus de droit au sens où l'entendait Josserand ; l'abus d'obtention se manifestant en partie par « *le détournement du droit de sa fonction sociale* »[469]. Il semble en conséquence possible d'utiliser le droit commun pour pallier les faiblesses du système des brevets et sanctionner les déposants qui mésusent la procédure d'examen. Cependant, le correctif le plus pertinent pourrait être le droit de la concurrence. Comme l'a souligné le professeur Galloux, lorsqu'on applique l'article 102 TFUE par exemple, « *point n'est besoin d'apporter la preuve d'un comportement fautif au sens du droit civil* »[470]. Aux États-Unis par exemple, c'est la doctrine du *Walker Process* qui est utilisée pour lutter contre les abus d'obtention de brevet. Aux termes de cette doctrine, une responsabilité antitrust peut être engagée à l'encontre d'un breveté qui a intentionnellement fraudé le Patent and Trademark Office. Pour que la section 2 du Sherman Act soit mise en œuvre, il doit être apporté « *une preuve claire et convaincante démontrant que le brevet en cause a été délivré suite à la divulgation intentionnelle d'informations fausses et trompeuses, qui, si elles avaient été présentées avec sincérité au Patent and Trademark Office, auraient entraîné le rejet des revendications du brevet* »[471].

109. **Les accords de report d'entrée, une forme d'abus d'obtention.** Les accords de report d'entrée pourraient cacher un abus d'obtention aussi bien de forme que de fond. En effet, lorsqu'un breveté cherche à conclure un accord de ce type avec un génériqueur alors que le breveté savait son brevet obtenu par la fraude et par son *insincérité* vis-à-vis de l'office de brevets, l'accord ne ferait en réalité que renforcer et prolonger l'abus. Pour cette raison, le droit de la concurrence devrait pouvoir intervenir. Par son action, il pourrait faire chuter les barrières à l'entrée artificiellement érigées par le breveté. Ce faisant, il pourrait être mis un terme à l'inertie concurrentielle des génériqueurs en sanctionnant les brevetés ayant violé et détourné la procédure d'examen et les fonctions du brevet. En Europe, l'affaire *AstraZeneca* montre tout l'intérêt d'utiliser le droit de la concurrence pour endiguer ce type d'abus.

---

467 S. Dusollier, art. préc., p. 122.

468 Ce domaine public comprend les brevets de plus de 20 ans et les inventions anciennement protégées par des CCP arrivés à échéance.

469 L. Josserand, *De l'esprit des droits et de leur relativité – Théorie dite de l'abus des droits*, 2e éd., Dalloz, 2006, p. 394. En France, un tel abus a déjà été sanctionné en application du droit civil. CA Paris, 3 juill. 1972, *Ann. prop. ind.* 1975, p. 109.

470 J.-C. Galloux, « Le marché des médicaments », art. préc., p. 157.

471 W. Marshall Lee, « Proving a "Walker Process" Antitrust Claim », 59 *Antitrust L. J.* 661 (1991), spéc. p. 662 (traduction libre). Dans la langue d'origine : « *to sustain a Sherman Act Section 2 count is intentional fraud of the common law variety, that is, clear and convincing proof that the patent in suit was issued as the direct result of intentional withholding of information or intentional supplying of false or mis- leading information which, if truthfully presented to the Patent and Trademark Office, would have resulted in rejection of the patent claims* ».

B. La réponse du droit de la concurrence à l'égard des abus d'obtention : l'exemple de l'affaire *AstraZeneca*

110. **Affaire *AstraZeneca* et accords de report d'entrée.** Avant d'analyser l'impact que pourrait avoir l'affaire *AstraZeneca* sur les accords de report d'entrée dans l'Union européenne (2), il convient au préalable de présenter cette affaire où la Commission européenne a qualifié l'abus d'obtention de brevet d'abus de position dominante (1).

1. Présentation de l'affaire

111. **Théorie de la complémentarité et mise en œuvre de cette théorie.** Avant d'entrer dans l'examen des faits et de relever l'abus d'obtention qui a été sanctionné par la Commission européenne, il convient de dire un mot sur la théorie de la complémentarité (a) que l'autorité de concurrence de l'Union européenne a appliquée dans l'affaire *AstraZeneca* (b).

a. La théorie de la complémentarité

112. **Le droit de la concurrence, un remède aux dysfonctionnements du système des brevets (la théorie de la complémentarité).** Précédemment, il a été montré que les brevetés pouvaient abuser du système des brevets pour obtenir des titres immérités. Ainsi, les abus de brevet ne se limiteraient pas aux seuls abus d'exploitation mais s'étendraient aussi aux abus d'obtention. Le système des brevets actuel ne permet pas aux offices de brevets de rejeter une demande de brevet en raison de la caractérisation d'une intention anticoncurrentielle d'un demandeur. Ce faisant, il est nécessaire de faire appel à un autre droit pour corriger les défaillances du système. Le droit de la concurrence apparaît comme le droit le plus apte à endosser ce rôle puisqu'il vient réparer l'équilibre rompu par le comportement des brevetés entre la libre concurrence et le droit des brevets. À cet égard, une théorie a été développée : la théorie de la complémentarité (*the theory of complementarity*)[472]. Aux termes de celle-ci, les règles de concurrence et le droit de la propriété intellectuelle – dont le droit des brevets – seraient complémentaires. En substance, cela signifie que l'application *ex post* du droit de la concurrence ne serait jamais perçue comme illégitime lorsqu'elle cherche à corriger certains défauts *ex ante* du système de la propriété intellectuelle[473]. Cette théorie semble d'ailleurs avoir les faveurs des autorités de concurrence[474], au premier rang desquelles figure la Commission européenne. Dans ses lignes directrices de 2014, cette dernière a consacré la théorie de la complémen-

---

472 N. Petit, « The Antitrust and Intellectual Property Intersection in European Union Law » *in The Cambridge Handbook of Antitrust, Intellectual Property and High Tech* (dir. D. Daniel Sokol & R. Blair), Cambridge University Press, 2017, p. 92, spéc. p. 93.

473 H. Ullrich, « Propriété intellectuelle, concurrence et régulation ? Limites de protection et limites de contrôle », art. préc.

474 L. Peeperkorn & E. Paulis, « Competition and Innovation: Two Horses Pulling the Same Cart in Lugard » *in On the Merits: Current Issues in Competition Law and Policy – Liber Amicorum P. Plompen*, Intersentia, 2005, p. 17.

tarité en défendant l'idée que le droit de la propriété intellectuelle et le droit de la concurrence partagent des buts communs. Au paragraphe 7, l'autorité bruxelloise énonce que « *ces deux corpus législatifs ont le même objectif fondamental, qui est de promouvoir le bien-être des consommateurs ainsi qu'une répartition efficace des ressources* ». Elle ajoute que l'« *innovation constitue une composante essentielle et dynamique d'une économie de marché ouverte et concurrentielle. Les droits de propriété intellectuelle favorisent une concurrence dynamique, en encourageant les entreprises à investir dans le développement de produits et de processus nouveaux ou améliorés. C'est aussi ce que fait la concurrence en poussant les entreprises à innover. C'est pourquoi tant les droits de propriété intellectuelle que la concurrence sont nécessaires pour promouvoir l'innovation et assurer qu'elle soit exploitée dans des conditions concurrentielles* »[475]. Par ailleurs, l'autorité de concurrence de l'Union européenne souligne que, dans les affaires impliquant des droits de propriété intellectuelle, l'intérêt du public qu'elle cherche à protéger « *représente* la suppression de tout obstacle à l'activité économique qui peut survenir lorsqu'un droit de propriété intellectuelle a été accordé par erreur »[476]. Ce faisant, la théorie de la complémentarité suppose que les accords impliquant des droits de propriété intellectuelle soient examinés en vertu de l'article 101 TFUE à partir d'une approche dite de « mise en balance ». En pratique, cela signifie qu'il faut mettre en balance les intérêts à sauvegarder la liberté des titulaires de droits de propriété intellectuelle avec l'intérêt du public à bénéficier d'une concurrence libre et non faussée. Dans l'affaire *AstraZeneca*, c'est cependant l'article 102 TFUE qui a été appliqué. Or, habituellement, dans les affaires d'abus de position dominante, c'est plutôt la théorie de l'exceptionnalisme qui est mobilisée. Aux termes de cette théorie – laquelle a été conceptualisée à partir de la jurisprudence de la Cour de justice –, l'application du droit de la concurrence dans les affaires de propriété intellectuelle n'est possible que dans des circonstances exceptionnelles[477]. Autrement dit, l'*obtention*[478] et l'exercice des droits de propriété intellectuelle devraient être présumés légaux dans une perspective antitrust, sauf dans des circonstances exceptionnelles[479].

b. L'application de la théorie de la complémentarité

113. **Éléments pertinents pour comprendre l'abus.** Le règlement européen sur le CCP impose un certain nombre de conditions pour qu'un breveté se voie délivrer le titre demandé. Tout d'abord, le médicament du demandeur doit être protégé

---

475 Comm. eur., Lignes directrices concernant l'application de l'article 101 du traité sur le fonctionnement de l'Union européenne à des catégories d'accords de transfert de technologie, 2014/C 89/03, *JOUE* C 89/3 du 28 mars 2014.

476 *Ibid.*, § 138 (nous soulignons).

477 N. Petit, « The Antitrust and Intellectual Property Intersection in European Union Law », art. préc. *Adde* sur le sujet, C. Ahlborn, D. Evans & A. Padilla, « The Logic & Limits of the "Exceptional Circumstances Test" in Magill and IMS Health », 28 *Fordham International L. Rev.* 1109 (2004).

478 Nous ajoutons cet élément à la définition classique de la théorie de l'exceptionnalisme.

479 Jusqu'au début des années 1990, la Commission européenne et les juridictions de l'Union regardaient les droits de propriété intellectuelle avec hostilité. De tels droits étaient vus à la fois comme des barrières à l'entrée et comme une méthode de division du marché commun contraire aux principes des Communautés européennes. La théorie de l'exceptionnalisme marque le revirement de cette approche. Voy. V. Korah, « The Interface Between Intellectual Property and Antitrust: The European Experience », 69 *Antitrust L. J.* 801 (2001).

par un brevet de base en vigueur et le breveté doit détenir une AMM en cours de validité[480]. Ensuite, pour obtenir la prolongation de son droit exclusif, un breveté doit notamment respecter certaines conditions de forme. En pratique, le demandeur doit déposer un certain nombre de documents à l'office de brevets du pays dans lequel il souhaite obtenir le CCP. Il doit entre autres choses communiquer la date de la première délivrance de l'AMM ainsi que le nom du pays dans lequel cette dernière lui a été octroyée. Précisément, le demandeur doit communiquer la date de l'autorisation technique, à savoir celle de la fixation ou de la publication du prix du médicament[481].

114. **Les faits de l'affaire.** En l'espèce, AstraZeneca avait détourné les procédures réglementaires[482] concernant les CCP. En effet, le laboratoire *princeps* avait réussi, par des déclarations objectivement trompeuses, à obtenir un prolongement de la protection auquel il n'avait pas droit ou auquel il n'avait droit que pour une durée limitée. Au moment des faits, en application du règlement n° 1768/92, il était exigé que le demandeur d'un CCP ait obtenu une AMM postérieurement au 1er janvier 1988. Cependant, de nombreux médicaments qu'AstraZeneca commercialisait avaient obtenu une AMM antérieurement à cette date, de sorte que le laboratoire n'était pas éligible à l'obtention de CCP. Pour obtenir la prolongation de son droit exclusif, AstraZeneca a donc dû se référer à une autre date que celle de l'autorisation technique et ainsi duper les autorités publiques. Selon la Commission européenne, le laboratoire a volontairement communiqué à ses agents de brevets – lesquels étaient ensuite chargés d'introduire les demandes de CCP – les dates de commercialisation effectives des médicaments à la place de celles ayant trait à l'autorisation technique[483]. Grâce à cette stratégie, le laboratoire avait réussi à tromper plusieurs offices nationaux de brevets mais aussi quelques juridictions nationales devant lesquelles se déroulaient des contentieux en annulation des CCP[484]. Étant donné que les dates communiquées étaient postérieures au 1er janvier 1988, les offices nationaux de brevets ne s'étaient alors pas opposés à la délivrance des titres demandés.

115. **L'abus d'obtention peut constituer un abus de position dominante.** Le comportement d'AstraZeneca, que l'on peut assimiler à un abus d'obtention de forme[485], a été sanctionné par la Commission européenne[486] et a été qualifié d'abus de position dominante. Pour retenir la position dominante tout d'abord, la Commission a pris

480 Cette AMM doit être la première AMM délivrée pour le produit.

481 CJCE, 11 déc. 2003, *Hässle AB c/ Ratiopharm GmbH*, aff. C-127/00, § 49, *Rec.* I, p. 14781.

482 Nous reprenons l'expression utilisée par le professeur Idot. Voy. L. Idot, « Abus de position dominante dans le secteur pharmaceutique », *Europe* 2010, n° 10, comm. 321. Sur la question du détournement de la réglementation, voy. aussi. D. Bosco, « Abus de position dominante et secteur pharmaceutique » *in Les pratiques de l'industrie pharmaceutique au regard du droit de la concurrence* (dir. C. Jourdain-Fortier et I. Moine-Dupuis), LexisNexis-Litec, 2010, p. 71, spéc. pp. 81-82.

483 Comm. eur., déc. du 15 juin 2005, *AstraZeneca*, aff. COMP/A.37.507/F3, §§ 628-629.

484 C. Maréchal, *Concurrence et propriété industrielle*, JCl., Fasc. 134, sept. 2014, n° 65.

485 Sur la définition proposée de cet abus, voy. *supra* n° 107. D'autres auteurs ont préféré parler d'« abus *sui generis* ». Voy. C. Osti, « What's in a Name: The Concept of Abuse in *Sui Generis* Abuses » *in Competition and Patent Law in the Pharmaceutical Sector – An International Perspective* (dir. G. Pitruzella & G. Muscolo), Wolters Kluwer, 2016, p. 93, spéc., p. 94.

486 Sanction qui a été aussi bien confirmée par le Tribunal que par la Cour de justice.

en considération les droits de propriété intellectuelle détenus par AstraZeneca, ce qui est assez classique dans ce type d'affaire[487]. Quant à l'abus ensuite, il a été retenu que « *la présentation aux autorités publiques d'informations trompeuses, de nature à induire celles-ci en erreur et à permettre, en conséquence, la délivrance d'un droit exclusif auquel l'entreprise n'a pas droit, ou auquel elle a droit pour une période plus limitée, constitue une pratique étrangère à la concurrence par les mérites, qui peut être particulièrement restrictive de la concurrence. Un tel comportement ne correspond pas à la responsabilité particulière incombant à une entreprise en position dominante de ne pas porter atteinte, par un comportement étranger à la concurrence par les mérites, à une concurrence effective et non faussée dans le marché commun* »[488]. Ainsi, en qualifiant l'abus d'obtention d'abus de position dominante, la Commission semble avoir procédé à l'application de la théorie de la complémentarité. *In casu*, le droit de la concurrence est venu sanctionner *ex post* un comportement que le droit des brevets n'était pas en mesure de redresser *ex ante*.

116. **Le choix d'une approche formaliste plutôt que d'une approche par les effets : vers un abus de l'article 102 TFUE ?** Le standard de la concurrence par les mérites a permis de retenir l'illicéité du comportement adopté par le breveté. Partant, il appert de ce qui précède que l'obtention frauduleuse d'un brevet ou d'un CCP peut désormais constituer un abus de position dominante[489]. Comme l'a relevé le Tribunal, « *la seule possession par une entreprise d'un droit exclusif a normalement pour conséquence de tenir les concurrents à l'écart* »[490]. Ainsi, il ne serait pas nécessaire que le droit exclusif soit mis en

---

487 Voy. G. Decocq, « Abus de droit de la propriété intellectuelle et abus de position dominante » *in Droit et technique – Études à la mémoire du professeur X. Linant de Bellefonds*, Litec, 2007, p. 143. Rappelons cependant que, selon la jurisprudence de la Cour de justice, la simple détention de droits de propriété intellectuelle ne suffit pas à retenir une position dominante. Voy. CJCE, 6 avril 1995, *Magill*, aff. jtes C-241/91 P et C-242/91 P, § 46, *Rec.* I, p. 743. Ce principe s'applique au brevet. Voy. S. Bostyn & N. Petit, « Patent = Monopoly: A Legal Fiction », art. préc., pp. 9-10. Aux États-Unis aussi le principe selon lequel le brevet ne confère pas forcément un monopole ou un pouvoir de marché est largement défendu. Voy. par ex. K. Arquit, « Patent Abuse and the Antitrust Laws », 59 *Antitrust L. J.* 739 (1991), spéc. p. 740, qui souligne que la « *proposition selon laquelle un brevet confère un pouvoir de marché n'est vraie que lorsque d'autres fournisseurs ne peuvent pas proposer de substituts pour un produit breveté en quantité suffisante pour empêcher l'exercice d'un pouvoir de marché* » (traduction libre). Dans la langue d'origine : « *The proposition that a patent confers market power is true only when other suppliers cannot offer substitutes for a patented product in sufficient quantities to prevent the exercise of market power.* »

488 TUE, 1er juill. 2010, *AstraZeneca c/ Commission*, aff. T-321/05, § 355, *Rec.* II, p. 2805. Cette appréciation a été reprise par la Cour de justice. Voy. CJUE, 6 déc. 2012, *AstraZeneca c/ Commission*, § 93, *Rec. num.* EU:C:2012:770.

489 Des auteurs ont pu contester cette analyse. Voy. par ex. F. Murphy, « Abuse of Regulatory Procedures – the AstraZeneca Case: Part 2 », 6 *European Competition L. Rev.* 289 (2009), spéc. p. 295, où l'auteur explique que « *le concept d'abus est un concept objectif, lequel exige une conduite qui a été réellement mise en œuvre et qui est en mesure d'avoir pour effet de restreindre la concurrence* », de sorte qu'« *une simple intention frauduleuse d'obtenir un brevet ou un CCP (même si l'intention se manifeste dans certains comportements) ne peut pas équivaloir, en elle-même, à un abus* » (traduction libre). Dans la langue d'origine : « *the concept of abuse is an objective concept, that requires conduct to have been actually implemented that is capable of having the effect of restricting competition, that: a mere intention fraudulently to obtain a patent or SPC (even if that intention is manifested in certain conduct) cannot, in itself, amount to an abuse* ».

490 TUE, 1er juill. 2010, *AstraZeneca c/ Commission*, préc., § 362. Cette appréciation a été confirmée par la Cour de justice. Voy. CJUE, 6 déc. 2012, *AstraZeneca c/ Commission*, préc., § 108.

œuvre pour que l'abus soit caractérisé et qu'une restriction de concurrence illégale puisse être identifiée. La jurisprudence semble juger que l'obtention frauduleuse d'un titre de propriété intellectuelle doit être présumée anticoncurrentielle au motif qu'elle entraîne un effet de forclusion[491]. L'approche retenue semble donc être formaliste et s'écarterait d'une approche par les effets[492], c'est-à-dire d'une approche de type économique. Ainsi, la présomption de restriction de concurrence posée *ex ante* par la Commission a été actionnée « *pour interdire certains comportements sans la moindre analyse de probabilité* »[493]. Autrement dit, l'autorité bruxelloise n'aurait pas examiné les effets du comportement incriminé pour retenir une violation de l'article 102 TFUE. Pour cette raison, la professeure Idot a pu conclure que, « *même si l'expression n'est pas utilisée, l'on retrouve au niveau de l'article 102 TFUE l'alternative objet/effet bien connue pour l'application de l'article 101 TFUE* »[494]. À cet égard, d'aucuns se sont inquiétés d'une potentielle dérive s'agissant de l'utilisation de la technique des présomptions, laquelle permet de déployer une approche formaliste. Pour le professeur Petit par exemple, l'utilisation d'une telle approche par les autorités de concurrence pourrait ouvrir « *la voie d'un véritable* abus de l'article 102 TFUE »[495]. Quoi qu'il en soit, il semble que l'abus d'obtention de brevet pourrait être à l'avenir considéré comme « un abus de position dominante par objet ». Néanmoins, comme l'a souligné le professeur Decocq, « *il ne faut pas déduire de [cette affaire] que toute demande de brevets faite par une entreprise en position dominante, qui est rejetée au motif qu'elle ne répond pas aux critères de brevetabilité, donne automatiquement lieu à une responsabilité au sens de l'article [102 TFUE]. L'abus se détermine par une analyse* in concreto *des moyens mis en œuvre pour obtenir un brevet. Les déclarations trompeuses fournies aux autorités publiques et judiciaires aux fins de l'obtention indue de droits exclusifs sont des moyens déloyaux* »[496].

117. **Un premier pas vers la remise en cause de la dichotomie existence/exercice du droit de propriété intellectuelle ?** Par ailleurs, l'affaire *AstraZeneca* semble avoir sérieusement écorné la distinction classique entre *existence* et *exercice*

---

491 L'effet de forclusion peut être défini comme l'élévation de barrières à l'entrée.

492 Sur la distinction entre approche formaliste et approche par les effets dans le cadre de l'application de l'article 102 TFUE, voy. par ex. N. Petit, « From Formalism to Effects? – The Commission's Communication on Enforcement Priorities in Applying Article 82 EC », 32 *World Competition* 485 (2009).

493 N. Petit, *Droit européen de la concurrence*, Montchrestien/Lextenso éditions, 2013, n° 877, p. 316.

494 L. Idot, « Abus de position dominante dans le secteur pharmaceutique », art. préc. D'autres auteurs ont récemment parlé d'un alignement des articles 101et 102 TFUE. Une membre de la Commission européenne a récemment jugé qu'un « *important élément dans le développement du droit européen de la concurrence est l'alignement des analyses s'appuyant sur les articles 101 et 102* » (traduction libre). Dans la langue d'origine : « *One important feature in the development of European competition law is the alignment of the analysis under Articles 101 and 102* ». Pour cette auteure, il est désormais établi que les deux articles visent à la fois des restrictions par objet et par effet et que l'analyse à mener pour les appliquer se réalise en deux étapes : premièrement, la vérification de l'atteinte à la concurrence ; secondement, analyser s'il existe des gains d'efficacité. Voy. C. Madero, « The Notion of Restriction of Competition in the Post-Modernisation Context » *in The Notions of Restriction of Competition – Revisiting the Foundations of Antitrust Enforcement in Europe* (dir. D. Gerard, M. Merola & B. Meyring), Bruylant, 2017, p. 383, spéc. p. 386.

495 N. Petit, *op. cit.*, n° 877, p. 316 (nous soulignons).

496 G. Decocq, « AstraZeneca abuse de ses droits et de sa position dominante », *Contrats, conc., consom.* 2013, n° 2, comm. 37.

du droit de propriété intellectuelle. Depuis l'arrêt de la Cour de justice *Parke Davis*[497], l'intervention du droit de la concurrence dans les affaires impliquant des brevets est strictement encadrée. Selon la jurisprudence européenne, le droit de la concurrence ne peut être appliqué que pour contrôler l'exercice abusif d'un droit de propriété intellectuelle mais pas son existence[498]. Or, en l'espèce, il semblerait que la Commission, le Tribunal puis la Cour de justice se soient attaqués à l'*existence* même du titre de propriété intellectuelle, à savoir le CCP. En effet, il semblerait que le simple dépôt frauduleux de brevet puisse désormais caractériser un abus de position dominante. Cependant, un dépôt de brevet n'a rien à voir avec l'exercice d'un droit de propriété intellectuelle – c'est-à-dire l'usage d'un titre de propriété intellectuelle. Il touche à son existence même. En conséquence, la lecture selon laquelle la jurisprudence européenne a décidé que le dépôt de brevet n'était pas abusif en soi devrait être aujourd'hui relativisée[499], ou à tout le moins complétée. À notre sens, il serait plus juste d'affirmer que le dépôt de brevet n'est pas abusif en soi *dès lors* que le titre de propriété intellectuelle n'a pas été obtenu par la fraude et l'insincérité des demandeurs vis-à-vis de l'office de brevets.

2. Implication pour les accords de report d'entrée

118. **Les accords de report d'entrée assimilables à un abus d'obtention sont potentiellement justiciables de l'article 102 TFUE.** La première inférence qui peut être tirée de l'affaire *AstraZeneca* est que les accords de report d'entrée prolongeant un abus d'obtention de brevet pourraient être justiciables de l'article 102 TFUE. Ainsi, la conclusion d'accords de report d'entrée assis sur des brevets délivrés à tort par un office de brevets pourrait constituer un abus de position dominante. En effet, dans les cas où un breveté aurait dupé un office de brevets pour obtenir un brevet ou un CCP au moyen de la délivrance de

---

497 CJCE, 29 févr. 1968, *Parke Davis*, aff. 24/67, *Rec.*, p. 82. L'arrêt énonce que, l'« *existence du droit de brevet ne relevant actuellement que de la législation interne, seul son usage pourrait relever du droit communautaire au cas où cet usage contribuerait à une position dominante dont l'exploitation abusive serait susceptible d'affecter le commerce entre États membres* ». Ce principe a été inspiré par la « théorie de l'inhérent », laquelle cherche à concilier le droit de la propriété intellectuelle avec le droit de la concurrence. Le professeur Drexl explique que cette théorie « *autorise l'application du droit de la concurrence seulement si le droit [de propriété intellectuelle] est utilisé pour restreindre la concurrence au-delà de la portée du droit exclusif* » (traduction libre). Voy. J. Drexl, « Is There a "More Economic Approach" to Intellectual Property and Competition Law? » art. préc., p. 27, spéc. p. 36 : « *[The theory of inherency] allow[s] competition-law application only if the right is used to restrain competition outside the scope of the exclusive right* ». D'autres auteurs soutiennent que cette théorie « *protège les pratiques inhérentes à l'exercice d'un droit de propriété intellectuelle de l'application du droit de la concurrence* » (traduction libre). « *[The theory of inherency] allow[s] competition-law application only if the right is used to restrain competition outside the scope of the exclusive right* ». Voy. I. Lianos & R. Dreyfuss, « New Challenges in the Intersection of Intellectual Property Rights with Competition Law – A View from Europe and the United States », Center of Law, Economics and Society, Cles Working Paper Series 4/2013, 2013.

498 Comme l'a souligné maître Bermond : « *Ne pouvant agir sur le terrain de l'existence des droits de la propriété industrielle et commerciale, le juge communautaire a tâché d'en contrôler l'usage et l'exercice.* » Voy. J.-C. Bermond, « L'œuvre du juge communautaire dans le contentieux des droits de la propriété intellectuelle et industrielle », *RDAI* 2004, n° 3, p. 317, spéc. p. 319.

499 D. Bosco et C. Prieto, *Droit européen de la concurrence – Ententes et abus de position dominante*, Bruylant, 2013, n° 1399, p. 1052.

fausses informations, le brevet ou le CCP pourrait injustement verrouiller le marché du *princeps* en élevant des barrières à l'entrée artificielles. Par exemple, en façonnant un règlement amiable mettant un terme à un litige de brevet, le breveté pourrait réussir à maintenir en vigueur un brevet immérité et délivré par erreur. La démonstration de l'abus sera cependant plus ou moins difficile selon le type d'abus que l'autorité de concurrence aura identifié. Il semble qu'il serait beaucoup plus aisé de sanctionner un abus d'obtention de brevet de *forme* qu'un abus d'obtention de brevet de *fond*. Pour le premier, il suffirait à l'autorité de concurrence compétente de prouver le détournement de la procédure et d'apporter des preuves de l'insincérité du breveté à l'égard de l'office de brevets. En pratique, l'apport de documents montrant la volonté du breveté de délivrer de fausses informations pour prolonger son droit exclusif pourrait suffire pour convaincre l'autorité de déclarer ce comportement contraire aux règles de concurrence. Pour le second, la tâche apparaît beaucoup plus ardue. Cette situation s'explique par le fait que les autorités de concurrence n'ont pas compétence pour vérifier si un brevet délivré par un office remplit bien ou non les conditions de brevetabilité. Dès lors, seuls des documents internes saisis par une autorité de concurrence démontrant que l'entreprise savait les conditions de brevetabilité non remplies ou une décision judiciaire annulant le brevet permettraient de conclure à un abus de position dominante.

119. **Les limites du droit de la concurrence.** Cependant, il convient de relativiser l'efficacité du droit de la concurrence pour sanctionner les comportements déviants des brevetés. Le droit de la concurrence sera parfois inopérant pour condamner un abus d'obtention de brevet en raison de ses limites intrinsèques. Comme l'a souligné le professeur Ullrich, le droit de la concurrence ne peut intervenir que de manière ponctuelle et en vertu de ses critères spécifiques, de sorte qu'il ne s'agit pas « *d'un contrôle systématique de la pertinence et encore moins, de l'opportunité d'une protection par la propriété intellectuelle* »[500]. Ce faisant, le droit de la concurrence ne pourra intervenir que lorsque les critères qu'ils posent seront remplis. S'agissant de la qualification d'abus de position dominante, encore faudra-t-il que le breveté ayant commis un abus d'obtention de brevet détienne une position dominante sur le marché pertinent. Si parfois le brevet permet à son titulaire d'acquérir une position dominante, il existe cependant des situations où la détention de ce titre apparaîtra insuffisante. En l'absence d'une telle position, l'article 102 ne pourra alors être appliqué et seuls les outils du droit des brevets pourront être utilisés. En cas d'inefficacité de ces derniers, l'atteinte à l'ordre public économique créée par un brevet délivré à tort demeurera non réparée. En définitive, certains accords de report d'entrée prolongeant un abus d'obtention de brevet pourraient échapper à la qualification d'abus de position dominante et, ce faisant, permettraient aux brevetés d'efficacement « *neutraliser les concurrents* »[501].

---

500 H. Ullrich, « Propriété intellectuelle, concurrence et régulation ? Limites de protection et limites de contrôle », art. préc., p. 441.

501 Nous reprenons l'expression des professeurs Decocq. Voy. A. Decocq et G. Decocq, *Droit de la concurrence – Droit interne et droit de l'Union européenne*, 7e éd., LGDJ, 2016, n° 281, p. 346.

§ 2. L'abus dans l'exploitation du brevet

120. **Abus d'exploitation et accords de report d'entrée.** La jurisprudence européenne ayant expressément mis en exergue les prérogatives du breveté, il est plus aisé de déceler un abus d'exploitation de brevet qu'un abus d'obtention. Certains accords de report d'entrée sont assimilables à ce dernier type d'abus (B). Expliquons donc au préalable ce que cette notion englobe ainsi que la manière dont le droit de la concurrence l'appréhende (A).

A. L'appréhension des abus d'exploitation de brevet par le droit de la concurrence

121. **L'onction de la Cour de justice à l'égard de l'intervention du droit de la concurrence.** Le titulaire d'un brevet ne bénéficie pas d'un droit absolu[502] pour exercer ses prérogatives découlant de son titre de propriété intellectuelle. Dès 1968 avec l'arrêt *Parke Davis*[503], la Cour de justice a orienté sa jurisprudence dans le sens d'une limitation du monopole des brevetés par le droit de la concurrence. En effet, le droit de la concurrence peut sanctionner une exploitation abusive d'un brevet[504]. Pour comprendre ce que peut être cet abus, il convient de déterminer tout d'abord quelles sont les prérogatives conférées par le droit aux brevetés. Aux termes de l'arrêt *Centrafarm*[505], lequel a visé « l'objet spécifique du brevet », elles sont de deux ordres. En premier lieu, les brevetés sont autorisés à exploiter leur droit de propriété intellectuelle soit directement en commercialisant leurs produits, soit *indirectement* au moyen de la conclusion d'accords de licence – le but étant en ce dernier cas de permettre une diffusion de l'innovation[506]. En second lieu, les brevetés peuvent protéger leurs droits de propriété intellectuelle par la voie judiciaire. Pour ce faire, le droit des brevets leur a réservé la possibilité d'utiliser une action spécifique : l'action en contrefaçon. Cependant, il arrive que dans certaines situations la mise en œuvre de ces deux prérogatives puisse dégénérer en abus. C'est notamment le cas lorsqu'un breveté procède à un « dépassement de droit », lequel se manifeste par le « *fait d'exercer une prérogative dont l'existence de principe est déniée* »[507]. Cela peut renvoyer par exemple à une situation où un breveté oppose une prérogative qui ne correspond pas (ou plus) à l'objet

---

502 Voy., en ce sens, concl. de l'avocat général Wathelet, 20 nov. 2014, *Huawei c/ ZTE*, aff. C-170/13, § 63, *Rec. num.* EU:C:2014:2391.

503 CJCE, 29 févr. 1968, *Parke Davis*, préc.

504 On pourrait parler aussi d'« abus d'exercice ». Voy. par ex. J. Armengaud et E. Berthet-Maillols, « Du mauvais usage du droit des brevets en matière pharmaceutique, selon le rapport préliminaire de la Commission européenne », *Propr. intell.* 2009, n° 31, p. 132, spéc. p. 135, lesquels indiquent que « *les laboratoires effectuent une utilisation diversifiée de leur droit de brevet, usant de diverses stratégies tendant à bloquer les concurrents* ».

505 CJCE, 31 oct. 1974, *Centrafarm c/ Sterling*, préc.

506 Selon certains auteurs, les contrats de licence permettent de diffuser l'innovation et de conduire à des « innovations de suivi » ou des « innovations consécutives » (*follow-on innovations*). Voy. par ex. N. Herrmann, « Licence Agreements Under Scrutiny: A New Challenge for Non-Challenge Clauses », *Global Competition Review* 141 (suppl. 2014), spéc. p. 141.

507 G. Decocq, « Abus de droit de la propriété intellectuelle et abus de position dominante », art. préc., p. 145.

spécifique[508]. Si le breveté détient une position dominante sur le marché, ce dernier pourra alors être condamné sur le fondement de l'article 102 TFUE pour avoir fait une utilisation abusive du système des brevets[509].

122. **Deux types d'abus d'exploitation : les abus de procédure et les abus de type contractuel.** Avant de déterminer dans quel type d'abus d'exploitation les accords de report d'entrée pourraient être classés, il convient de donner des exemples d'abus déjà sanctionnés par le droit de la concurrence. Deux types d'abus semblent se dégager. D'une part, les abus de procédure, lesquels ont trait à un usage abusif des actions en contrefaçon (1). D'autre part, les abus de type contractuel[510], lesquels ont trait à un usage abusif de la conclusion d'accords assis sur des brevets (2).

1. L'abus de procédure

123. **Définition et cadre jurisprudentiel.** Le terme « abus de procédure » désigne principalement « *l'exercice d'actions en contrefaçon destinées à adresser un signal d'agressivité aux concurrents* »[511]. Même si le droit d'accès au juge est un droit fondamental[512], il existe des cas dans lesquels les brevetés abusent de ce droit pour retarder l'entrée de concurrents sur le marché ou pour totalement les empêcher d'y pénétrer. En effet, l'exercice d'actions en contrefaçon[513] peut avoir un effet néfaste pour la concurrence, surtout lorsque le demandeur au procès détient un pouvoir de marché[514]. Cependant, « *en limitant l'exercice de l'action en justice, l'on risque*

---

508 Le professeur Schmidt-Szalewski souligne la même chose en énonçant que « *l'exercice d'un droit de propriété intellectuelle peut être qualifié d'abus de position dominante à condition qu'il dépasse les limites de l'objet spécifique de ce droit* ». Voy. J. Schmidt-Szalewski, « Exercice des droits de propriété intellectuelle en tant qu'abus de position dominante » *in Droits de propriété intellectuelle — Liber amicorum G. Bonet*, LexisNexis-Litec, 2010, p. 501. *Adde* sur le même sujet, G. Bonet, « Abus de position dominante et droits sur les créations : une évolution inquiétante de la jurisprudence communautaire ? » *in Mél. offerts à A. Colomer*, Litec, 1993, p. 87.

509 J.-F. Bellis, *Droit européen de la concurrence*, 2e éd., Bruylant, 2017, p. 264 et s.

510 Nous aurions pu utiliser l'expression « abus d'une prérogative contractuelle », laquelle a été employée par le professeur Stoffel-Munck dans sa thèse de doctorat. Cependant, elle renvoie à un abus bien différent de celui que nous voulons identifier. L'abus d'une prérogative contractuelle consiste à « *invoquer une clause hors de son esprit* ». Voy. P. Stoffel-Munck, *L'abus dans le contrat – Essai d'une théorie*, LGDJ, t. 337, 2000, p. 467 et s.

511 D. Bosco, « Abus de position dominante et secteur pharmaceutique », art. préc., pp. 82-83. Le terme « abus de procédure » peut aussi désigner des pratiques qui consistent à recourir systématiquement à des pressions exercées auprès des autorités chargées de délivrer des AMM.

512 Voy. l'article 47 de la Charte des droits fondamentaux de l'Union européenne et la jurisprudence de la Cour de justice, not. CJUE, 6 nov. 2012, *Otis*, aff. C-199/11, § 48, *Rec. num.* EU:C:2012:684, qui énonce que le « *principe de protection juridictionnelle effective figurant audit article 47 est constituée de divers éléments, lesquels comprennent, notamment, les droits de la défense, le principe d'égalité des armes,* le droit d'accès aux tribunaux *ainsi que le droit de se faire conseiller, défendre et représenter* » (nous soulignons). *Adde* art. 6 et 13 de la Conv. EDH. Sur la question plus large de la relation qu'entretient le brevet avec les droits de l'homme. Voy. R. Dreyfus, « Patents and Human Right: Where Is the Paradox? » *in Intellectual Property and Human Rights: A Paradox* (dir. F. Grosheide), Edward Elgar, 2010, p. 72.

513 Ce type de stratégie est utilisé dans le secteur pharmaceutique. Voy. E. Dieny, « The Pharmaceutical Industry and Competition Law Between the Present and the Future », 28 *European Competition L. Rev.* 223 (2007), spéc. p. 225.

514 Sur la question du lien entre pouvoir de marché et droit de propriété intellectuelle. Voy. M.-A. Hermitte, « Le rôle des concepts mous dans les techniques de déjuridicisation : l'exemple des droits intellectuels », *Arch. phil. dr.*, t. 30, p. 331, 1985, laquelle indique que les droits de propriété intellectuelle peuvent s'analyser comme des pouvoirs de marché accordés par la loi. D'autres auteurs évoquent quant à eux la propriété intellectuelle

de remettre en cause l'existence du droit de propriété intellectuelle »[515]. La jurisprudence européenne a donc dû borner les comportements licites et établir ceux qui pouvaient tomber sous le coup de l'article 102 TFUE. Le principe a été établi par le Tribunal dans l'affaire *ITT Promedia*[516]. Aux termes de cette décision, le Tribunal a jugé que « *le fait d'intenter une action en justice, expression du droit fondamental d'accès au juge, ne peut être qualifié d'abus [que] [...] si une entreprise en position dominante intente des actions en justice qui ne peuvent pas être raisonnablement considérées comme visant à faire valoir ses droits, et ne peuvent dès lors servir qu'à harceler l'opposant* »[517]. Autrement dit, pour qu'un abus de procédure soit identifié, outre la position dominante de l'entreprise, deux conditions cumulatives doivent être remplies. D'une part, la stratégie judiciaire doit être mise en œuvre pour éliminer la concurrence. D'autre part, le breveté doit agir en contrefaçon uniquement pour harceler son opposant, de sorte que son action ne peut pas être raisonnablement considérée comme visant à faire valoir ses droits. Une partie de la doctrine a identifié ce comportement comme un « abus de procédure prédateur » (*an abuse of predatory litigation*) et a inféré de la décision que « *la menace d'une procédure judiciaire par une entreprise en position dominante peut [aussi] avoir un effet anticoncurrentiel équivalent* »[518]. Quoi qu'il en soit, il convient de rappeler que « *l'exercice d'un droit exclusif lié à un droit de propriété intellectuelle, [comme] le droit d'introduire une action en contrefaçon, fait partie des prérogatives du titulaire d'un droit de propriété intellectuelle en sorte que l'exercice d'un tel droit, alors même qu'il serait le fait d'une entreprise en position dominante, ne saurait constituer en lui-même un abus de celle-ci* »[519].

124. **Un exemple récent de potentiel abus de procédure : le cas des licences FRAND.** L'affaire la plus récente ayant trait à un abus de procédure[520] concerne le cas des licences FRAND[521] et visait le secteur de la téléphonie mobile. Dans un arrêt

---

comme une « propriété de marché ». Voy. A. Abello, « La propriété intellectuelle, une "propriété de marché" » *in Droit et économie de la propriété intellectuelle*, *op. cit.*, p. 341.

515 J.-M. Bruguière, « Action en contrefaçon et abus de position dominante » *in Droits de propriété intellectuelle – Liber amicorum G. Bonet*, LexisNexis-Litec, 2010, p. 73, spéc. p. 76.

516 TPICE, 17 juill. 1998, *ITT Promedia v. Commission*, aff. T-111/96, *Rec.* II, p. 2937.

517 *Ibid.*, § 30. En France, le Conseil de la concurrence (aujourd'hui l'Autorité de la concurrence) a appliqué cette formule à des droits de propriété intellectuelle à de nombreuses reprises. Voy. par ex. Cons. conc., déc. n° 99-D-77 du 7 déc. 1999 relative à une saisine de la société Télésélection à l'encontre des sociétés M6, M6 Interactions et Téléshopping ; Cons. conc., déc. n° 00-D-24 du 10 mai 2000 relative à une saisine de la SNC MK2 Tolbiac à l'encontre de l'Association de défense de l'environnement et du cadre de vie de la Bibliothèque de France.

518 S. Preece, « ITT Promedia v E.C. Commission: Establishing an Abuse of Predatory Litigation? », 20 *European Competition L. Rev.* 118 (1999), spéc. p. 119 (traduction libre) : « *the threat of legal proceedings by a dominant firm can have an equally anti-competitive effect* ».

519 Voy. CJUE, 16 juill. 2015, *Huawei Technologies Co . Ltd c/ ZTE Corp. et ZTE Deutschland GmbH*, aff. C-170/13, § 46, *Rec. num.* EU:C:2015:477 citant sa propre jurisprudence : CJCE, 5 oct. 1988, *Volvo*, aff. 238/87, § 9, *Rec.*, p. 6211 ; CJCE, 6 avr. 1995, *RTE et ITP c/ Commission*, aff. C-241/91 P et C-242/91 P, § 49, *Rec.* I, p. 743 ; CJCE, 29 avr. 2004, *IMS Health*, aff. C-418/01, § 34, *Rec.* I, p. 5039.

520 S'agissant de cette affaire, certains auteurs ont préféré parler d'« abus de puissance contractuelle ». Voy. F. Puel et V. Rebeyrotte, « Abus de puissance contractuelle et pratique anticoncurrentielle », *AJCA* 2015, p. 499.

521 Nous n'expliquerons pas ici en détail en quoi consiste la conclusion de licences FRAND. Le principe est désormais bien connu et a été expliqué avec exhaustivité par la doctrine. Sur ce sujet : voy. par ex. D. Bosco, « Licences FRAND et droit *antitrust* » *in Les nouveaux usages du brevet – Réflexions théoriques et incidences pratiques* (dir. N. Bronzo et J.-P. Gasnier), PUAM, t. 2, 2016, p. 141. Voy. aussi mais en anglais : M. Jakobs,

préjudiciel rendu en 2015[522], la Cour de justice a dû se prononcer sur la question de savoir si le comportement de titulaires de brevets essentiels liés à une norme (BEN) consistant à agir en contrefaçon contre des entreprises pour qu'elles concluent avec eux des licences était constitutif d'un abus de position dominante. Ici, les juges de Luxembourg cherchaient à déterminer s'il était possible d'identifier une violation de l'article 102 TFUE lorsqu'un breveté agit en contrefaçon pour faire interdire à un utilisateur l'exploitation de la norme[523]. En l'espèce, la société Huawei était titulaire d'un brevet essentiel à la norme LTE et s'était engagée auprès d'un organisme de normalisation[524] (l'ETSI) à concéder des licences à des conditions FRAND, c'est-à-dire à « *accorder des licences aux tiers à un "juste prix"* »[525]. L'entreprise ZTE, souhaitant utiliser la technologie brevetée, entra en pourparlers avec Huawei, mais les deux entreprises n'étaient pas parvenues à un accord au terme de cinq mois de négociation. Le point d'achoppement était le suivant. Alors que Huawei avait contacté ZTE pour qu'elle verse une redevance raisonnable, cette dernière préférait la conclusion de licences réciproques. En raison du désaccord, le breveté attaqua ZTE en contrefaçon. L'action judiciaire entreprise par le breveté devait être regardée avec sérieux puisqu'elle pouvait potentiellement déboucher sur une atteinte à la concurrence. En effet, lorsque le titulaire d'un BEN refuse, « *de façon discriminatoire, d'accorder une licence d'utilisation de son droit à tel ou tel autre opérateur économique [...] ce refus constitue une barrière à l'entrée qui risque fort d'évincer ce dernier du marché en cause puisqu'il est empêché d'accéder à la norme* »[526]. En réponse à ce problème, la Cour de justice a rendu un arrêt nuancé en considérant que la poursuite en

---

« Standard Essential Patents, Frand Commitments and Competition Law », 34 *European Competition L. Rev.* 554 (2013) ; M. Carrier, « What You Need to Know About Standard Essential Patents », *CPI Antitrust Chr.* (August 2014), p. 2 ; N. Petit, « EU Competition Law Analysis of FRAND Disputes » *in The Cambridge Handbook of Technical Standardization Law* (dir. J. Contreras), Cambridge University Press, 2017, p. 290.

522 CJUE, 16 juill. 2015, *Huawei c/ ZTE Corp. et ZTE*, préc. Sur cet arrêt, voy. entre autres : L. Idot, « Une stabilisation de la jurisprudence en matière d'abus de position dominante ? », *RTD eur.* 2015, p. 826 ; J. Passa, « Action en contrefaçon concomitante à la négociation d'une licence FRAND sur un brevet essentiel à une norme : conditions de l'abus de position dominante », *Prop. ind.* 2015, n° 11, étude 20 ; G. Decocq, « Abus de position dominante versus brevet », *Contrats, conc., consom.* 2015, n° 10, comm. 234 ; R.-M. Borges, « Détention d'un brevet essentiel à une norme et abus de position dominante ou la délicate cohabitation entre concurrence et propriété intellectuelle », *LPA* 2016, n° 115, p. 12 ; A.-L. Sibony, « Brevets essentiels : La Cour de justice de l'Union européenne précise les conditions de l'action en contrefaçon d'un brevet essentiel (*Huawei Technologies, ZTE*) », *Concurrences* n° 4-2015, p. 120. Voy. aussi, cette fois-ci en anglais : T. Körber, « Abuse of a Dominant Position by Legal Actions of Owners of Standard-Essential Patents: Huawei Technologies Co. Ltd v. ZTE Corp. », 53 *Common Market L. Rev.* 1107 (2016) ; P. Picht, « The ECJ Rules on Standard-Essential Patents: Thoughts and Issues Post-*Huawei* », 37 *European Competition L. Rev.* 365 (2016) ; R. Grasso, « The ECJ Ruling in *Huawei* and the Right to Seek Injunctions Based on FRAND-Encumbered SEPs under EU Competition Law: One Step Forward », 39 *World Competition* 213 (2016) ; D. Geradin, « European Union Competition Law, Intellectual Property Law and Standardization » *in The Cambridge Handbook of Technical Standardization Law*, *op. cit.*, p. 78.

523 Plus précisément, cinq questions préjudicielles avaient été posées à la Cour de justice par la juridiction allemande ayant sursis à statuer.

524 Sur le sujet de la normalisation, voy. par ex., N. Petit, « Les accords de normalisation en droit européen de la concurrence » *in Propriété intellectuelle et concurrence – Pour une (ré)conciliation*, LexisNexis, 2012, p. 35.

525 J.-C. Roda, « Brevets essentiels et abus de position dominante : la Cour de justice fixe les règles », *D.* 2015, p. 2482.

526 C. Grynfogel, « Une utilisation de la confrontation entre concurrence et propriété intellectuelle : les licences FRAND », *RJDA* 2016, n° 5, p. 341, spéc. p. 342.

contrefaçon d'une entreprise à la suite de négociation infructueuse peut constituer une violation de l'article 102 TFUE. Précisément, elle n'a pas indiqué que de tels agissements devaient systématiquement être qualifiés d'abus de position dominante mais qu'une telle qualification pouvait être retenue sous certaines conditions. En effet, pour échapper à une condamnation au titre de l'abus de position dominante, le titulaire d'un BEN doit respecter des conditions précises et chronologiques. La Cour de justice a posé une série d'obligations imposées alternativement à la charge du titulaire du BEN et du preneur potentiel de licence. S'agissant du breveté, il a l'obligation d'avertir le contrefacteur allégué de la contrefaçon qui lui est reprochée, en désignant le BEN et en précisant la façon dont il a été contrefait. Ensuite, le titulaire du brevet doit lui transmettre une offre de licence concrète et écrite, conformément à l'engagement pris auprès de l'organisme de normalisation, en précisant notamment, la redevance et ses modalités de calcul. Cette obligation correspond à la mise en œuvre de bonne foi de l'engagement FRAND qui a été pris. S'agissant du preneur de licence potentiel, il doit donner suite à cette offre avec diligence, conformément aux usages commerciaux reconnus en la matière et de bonne foi, ce qui doit être déterminé sur la base d'éléments objectifs et implique notamment l'absence de toute tactique dilatoire. En cas de refus de l'offre, le prétendu contrefacteur doit proposer une contre-offre dans un bref délai et par écrit. Par ailleurs, dans le cas où le preneur potentiel a déjà mis sur le marché ses produits, il doit à partir du moment du rejet de la contre-offre, constituer une sûreté appropriée, conformément aux usages commerciaux reconnus en la matière, par exemple en fournissant une garantie bancaire ou en consignant les sommes nécessaires. Le calcul de cette sûreté doit comprendre, notamment, le nombre des actes d'exploitation passés du BEN, dont le contrefacteur allégué doit pouvoir produire le décompte. Enfin, en cas d'échec des négociations, la Cour indique qu'il sera possible de faire appel à un tiers indépendant pour déterminer le montant de la redevance[527]. Si ces conditions ne sont pas respectées, le breveté pourra alors être condamné pour abus de position dominante prenant la forme d'un abus de procédure.

125. **Critiques de l'arrêt *Huawei c/ ZTE*.** D'apparence équilibrée – la décision cherche à concilier les droits de propriété intellectuelle avec les règles de concurrence –, l'arrêt *Huawei c/ ZTE* a cependant été fortement critiqué par une partie de la doctrine. Pour le professeur Petit, la Cour de justice a fait preuve de « conservatisme » dans le sens où, malgré le prononcé de cet arrêt, il sera toujours assez difficile d'engager une responsabilité antitrust contre les brevetés. Selon l'auteur, la Cour de justice a été « *réticente à l'idée d'assouplir sa jurisprudence traditionnelle selon laquelle une responsabilité* antitrust *ne peut être engagée à l'encontre des brevetés que dans des "circonstances exceptionnelles"* »[528]. S'il est vrai que la Cour de justice a été prudente en confortant sa théorie de l'exceptionnalisme, il convient néanmoins de se satisfaire de la limitation de la portée de l'action en contrefaçon

---

527 CJUE, 16 juill. 2015, *Huawei*, préc., §§ 60-68.

528 N. Petit, « Huawei v. ZTE: Judicial Conservatism at the Patent-Antitrust Intersection », *CPI Antitrust Chr.* (Oct. 2015), pp. 2-3 (traduction libre) : « *The Huaweï v ZTE Court is reluctant to relax its traditional case-law that affirms antitrust liability on patent owners only in "exceptional circumstances"* ».

qu'elle a imposée, même si les conditions choisies peuvent apparaître comme un terreau fertile à l'insécurité juridique. En effet, la question de savoir ce qu'est une redevance raisonnable et équitable demeure toujours sans réponse. La Cour de justice n'a « *finalement envisagé qu'une seule hypothèse, celle de la négociation loyale entre parties* »[529]. De plus, l'arrêt semble ne pas résoudre le problème bien connu du « *patent hold up* »[530], stratégie par laquelle un breveté arrive à extraire des redevances excessives et déraisonnables et à contraindre les tiers à conclure avec lui des accords de licence en les menaçant d'agir en contrefaçon. Or, comme l'a relevé le professeur Drexl, « *protéger l'investissement des producteurs d'appareils complexes contre les actions en contrefaçon par le titulaire d'un seul brevet essentiel qui poursuit le simple objectif d'extraire un prix de monopole* »[531] représente un défi majeur pour le futur dans une perspective de promotion de l'innovation.

2. L'abus de type contractuel

126. **Définition de l'« abus de type contractuel ».** L'abus de procédure ne constitue pas l'unique moyen pour un breveté d'exploiter abusivement ses droits de propriété intellectuelle. À côté de cet abus, il est possible d'identifier des abus que l'on pourrait qualifier de contractuels. L'« abus de type contractuel » consiste pour un breveté à s'appuyer sur ses droits de propriété intellectuelle pour empêcher un tiers de lui livrer concurrence en usant de la technique contractuelle. En pratique, la stratégie vise à intégrer des clauses qui interdisent à une partie d'agir dans un sens qui pourrait porter atteinte au monopole du breveté. Aussi, certaines clauses insérées dans les contrats de licence peuvent avoir pour effet de verrouiller la concurrence sur le marché[532]. Dans cette hypothèse, elles sont alors susceptibles de tomber sous le coup de l'article 101 TFUE[533]. La clause de non-contestation illustre parfaitement bien ce type d'abus[534].

127. **Dépassement de droit et clause de non-contestation.** La clause de non-contestation est définie par la doctrine comme la clause « *par laquelle le preneur d'une licence s'interdit de contester la validité du titre de propriété intellectuelle objet du*

---

529 C. Grynfogel, art. préc., p. 345.

530 Pour une présentation du *patent hold-up*, voy. F. Lévêque, « La normalisation et le droit de la concurrence face au *hold-up* », *RLC* 2007, n° 12, p. 170. Pour un éclairage américain de nature économique : voy. M. Lemley & C. Shapiro, « Patent Holdup and Royalty Stacking », 85 *Texas L. Rev.* 1991 (1992).

531 J. Drexl, « Comment identifier des pools de brevets anticoncurrentiels : regards transatlantiques et institutionnels » *in Propriété intellectuelle et concurrence – Pour une (ré)conciliation*, LexisNexis, 2012, p. 51, spéc. p. 83.

532 Certaines clauses peuvent aussi tomber sous le coup du droit des contrats. Pour quelques illustrations, voy. notre étude : « La lutte contre le déséquilibre dans les contrats de la propriété intellectuelle – Regards prospectifs après la réforme du droit civil des contrats », *RTD com.* 2017, n° 3, p. 527.

533 Seules les clauses qui relèvent de l'objet spécifique du brevet peuvent échapper à la prohibition des ententes « *car elles sont indispensables à l'exploitation de celui-ci* ». Voy. J.-B. Blaise, « Propriété industrielle et droit communautaire de la concurrence : une réconciliation ? » *in Droits de la propriété intellectuelle – Liber amicorum G. Bonet*, LexisNexis-Litec, 2010, p. 65, spéc. p. 69.

534 La Commission européenne a très tôt mis en doute la licéité des clauses de non-contestation à l'égard des règles de concurrence. Voy. par ex., Comm. eur., déc. du 9 juin 1972, *Raymond-Nagoya*, aff. 72/238, § 3, *JOCE* L 143 du 23 juin 1972, p. 39. Dans cette décision, la Commission a énoncé qu'en « *principe, une clause de non-contestation [...] entraîne une restriction de la liberté d'action du licencié qui n'est pas couverte par l'essence même du droit de propriété industrielle, car elle lui enlève la possibilité de contester la validité du contrat pour réduire les redevances et faire supprimer certaines restrictions* ».

contrat »[535]. On la retrouve parfois aussi « *sous la forme légèrement différente d'une stipulation par laquelle le preneur reconnaît* a priori *la validité de la marque ou du brevet qui lui est concédé* »[536]. La clause de non-contestation peut aussi bien être insérée dans un contrat de licence que dans un règlement amiable mettant un terme à un litige de brevet. Néanmoins, elle ne se justifie pas de la même manière dans les deux cas. S'agissant du contrat de licence, la justification de la clause tient en ce que l'accord transfère des informations sensibles au preneur et qu'il serait injuste que ce dernier les utilise pour contester le brevet avec célérité[537], c'est-à-dire juste après la conclusion de l'accord. À plus forte raison, il est aussi avancé que ce type de clause participe à l'incitation à l'innovation. S'agissant des règlements amiables, l'acceptation de ce type de clause semble reposer sur l'idée qu'il serait dans l'intérêt public de voir s'éteindre un litige qui concerne des parties privées par un accord au lieu de voir le procès inutilement se prolonger[538]. Cet argument apparaît valable hormis le cas où le brevet a été obtenu par la fraude. Cependant, malgré les vertus que renferment les clauses de non-contestation, elles bénéficient d'un régime juridique assez strictes[539]. Étant donné qu'elles peuvent parfois contribuer à un « dépassement des droits de propriété intellectuelle », le droit de la concurrence a restreint leur champ d'utilisation[540]. Ce dépassement peut être identifié notamment lorsque la clause protège un breveté de la contestation d'un brevet invalide. Toutefois, il ne faut pas surestimer son efficacité. Si elle interdit la contestation du brevet par le preneur, elle n'a cependant aucun effet sur le comportement des tiers[541],

---

535 N. Bronzo, « Clause de non-contestation » *in Les principales clauses des contrats d'affaires* (dir. J. Mestre et J.-C. Roda), LGDJ, 2011, p. 655. D'autres auteurs ont défini la clause de non-contestation comme celle qui « *interdit au preneur de licence de contester la validité du brevet pendant une période de temps, habituellement la durée du contrat* » (traduction libre). Voy. I. Orstavik, « Technology TransferAgreements: Grant-Backs and No-Challenge Clauses in the New EC Technology Transfer Regulation », 36 *IIC* 83 (2007), spéc. p. 87 : « *No challenge clauses are inserted in patent licensing agreements to prohibit the licensee from challenging the validity of the patent for a period of time, usually the duration of the contract.* »

536 *Ibid.*

537 J. Ferry, « Patent Agreements: No-Challenge Clauses », 11 *European Intellectual Property Review* 138 (1989), spéc. p. 138.

538 *Ibid.*

539 L'Union européenne n'est pas la seule juridiction à avoir choisi un régime sévère à l'égard des clauses de non-contestation. Par exemple, la Chine a adopté le 7 avril 2015 une loi (IP-Competition Regulations) qui dispose en son article 10 que l'utilisation des clauses de non-contestation est prohibée, sauf en l'absence de justifications légitimes. Cette loi est effective depuis le 1er août 2015. Voy. Loi sur l'interdiction des abus de droit de propriété intellectuelle pour empêcher et restreindre la concurrence (Provisions on Prohibiting the Abuse of Intellectual Property Rights to Exclude and Restrain Competition. *Adde* les lignes directrices publiées par le département d'État chinois de l'industrie et du commerce à la suite de la promulgation de la loi. Voy. Antimonopoly and Anti-unfair Competition Enforcement Bureau of State Administration for Industry & Commerce, *Antitrust Guideline on Intellectual Property Rights Abuses* (25 November 2015).

540 En dehors du droit de l'Union européenne de la concurrence, la jurisprudence interne et la majorité de la doctrine hexagonale admettent la licéité de la clause de non-contestation. S'agissant de la jurisprudence, voy. par ex., Cass. com., 7 déc. 1964, *Bull.* IV, n° 537, p. 478 : *D.* 1966, p. 184, note R. Plaisant ; Cass. com., 11 mars 1986, n° 84-11.231, *Bull.* IV, n° 43, p. 37. S'agissant de la doctrine, voy. entre autres : P. Roubier, *Le droit de la propriété industrielle*, t. 2, Librairie du Recueil Sirey, 1954, p. 281 ; J. Foyer et M. Vivant, *Le droit des brevets*, PUF, 1991, p. 248 ; M. Lamoureux, *L'aménagement des pouvoirs du juge par les contractants – Recherche sur un possible imperium des contractants*, PUAM, 2006, n° 396 ; J.-L. Pierre et J. Schmidt-Szalewksi, *Droit de la propriété industrielle*, LexisNexis, 2016, n° 278.

541 T. Cheng, « Antitrust Treatment of the No Challenge Clause », 5 *New York University Journal of Intellectual Property and Entertainment Law* 437 (2016), spéc. p. 441.

qui peuvent toujours, s'ils le souhaitent, agir en nullité. Il ne faut pas non plus la mésestimer[542]. Dans le cas où le breveté aurait conclu des accords de licence avec tous les potentiels contestataires, celui-là s'assurera de la « validité continuelle de son brevet » (*the continual validity of its patent*)[543].

128. **Traitement de la clause de non-contestation par les juridictions européennes et la Commission européenne.** Dès le milieu des années 1980, avec la célèbre affaire *Windsurfing*[544], la Cour de justice a été confrontée au problème de savoir si l'insertion de clauses de non-contestation dans les contrats de licence était anticoncurrentielle. En d'autres termes, il était question pour la Cour de déterminer si l'insertion de clauses de non-contestation pouvait constituer un abus d'exploitation de brevet. Pour la Cour de justice, ce type de clause contrevient à l'article 101 TFUE, au motif qu'il « *ne relève manifestement pas de l'objet spécifique du brevet, qui ne saurait être interprété comme garantissant une protection également contre les actions visant à contester la validité d'un brevet, compte tenu de ce qu'il est de l'intérêt public d'éliminer tout obstacle à l'activité économique, qui pourrait découler d'un brevet délivré à tort* »[545]. Cette analyse est très sévère puisqu'il s'est avéré par la suite que le brevet sur lequel reposait l'accord de licence dans cette affaire était valide[546]. Ainsi, la Cour de justice a condamné une clause de non-contestation alors qu'il existait de fortes probabilités que le brevet remplissait les critères de brevetabilité. Deux ans après cet arrêt, elle a cependant assoupli et affiné sa position dans l'affaire *Bayer c/ Süllhöfer*[547]. Dans son arrêt préjudiciel, elle a jugé que, pour déterminer la licéité de ces clauses, il était nécessaire de prendre en compte le « contexte économique et juridique » de l'affaire et a ajouté qu'il ne fallait pas avoir un traitement juridique différencié selon qu'elles étaient insérées dans un contrat de licence ou dans un règlement amiable. Elle a par ailleurs immunisé les clauses de non-contestation contre l'article 101 TFUE

542 Il ne faut pas mésestimer la redoutable puissance de ces clauses, puisque, comme l'a souligné la Cour suprême américaine dans l'affaire *Lear, Inc. v. Adkins*, « *les preneurs de licence peuvent souvent être les seules personnes avec suffisamment d'incitation économique pour contester la brevetabilité d'une découverte d'un inventeur* » (traduction libre). Voy. U.S. Supreme Court, *Lear, Inc. v. Adkins*, 395 U.S. 653 (1969), pt 670 : « *[...] licensees may often be the only individuals with enough economic incentive to challenge the patentability of an inventor's discovery.* » Cette analyse est transposable à l'environnement juridique et économique de l'Union européenne. En ce sens, la Commission européenne a relevé dans ses nouvelles lignes directrices relatives à l'application de l'article 101 TFUE aux accords de transfert de technologie que « *les preneurs sont normalement les mieux placés pour déterminer si un droit de propriété intellectuelle est valable ou non* ». Voy. Comm. eur., Lignes directrices concernant l'application de l'article 101 du traité sur le fonctionnement de l'Union européenne à des catégories d'accords de transfert de technologie, § 134, *JOUE* C 89/3 du 28 mars 2014.

543 T. K. Cheng, art. préc., p. 441.

544 CJCE, 25 févr. 1986, *Windsurfing International Inc. c/ Commission*, aff. 193/83, *Rec.*, p. 611 : *RTD eur.* 1987, p. 313, obs. G. Bonet.

545 *Ibid.*, § 91. La sévérité du principe posé par le juge de l'Union européenne a conduit certains auteurs à examiner les clauses de non-contestation comme étant illégales *per se*. Voy. par ex., P. Sean Morris, « Patent Licensing and No Challenge Clauses: A Thin Line Between Article 81 EC Treaty and the New Technology Transfer Block Exemption Regulation », 2 *Intellectual Property Quarterly* 217 (2009), spéc. pp. 221-222. D'autres auteurs ont indiqué que la Cour de justice a appliqué la « théorie des restrictions inhérentes ». Voy. J.-B. Blaise, art. préc., p. 69.

546 Après un examen minutieux, les juridictions allemandes ont jugé que le brevet remplissait bien les critères de brevetabilité. Voy. T. K. Cheng, art. préc., p. 160, note de bas de page n° 118.

547 CJCE, 27 sept. 1988, *Bayer c/ Süllhöfer*, aff. 65/86, *Rec.*, p. 5249.

dans deux hypothèses. Tout d'abord, « *lorsque la licence qui la contient a été concédée à titre gratuit* »[548]. Ensuite, « *lorsque la licence a été concédée à titre onéreux, mais porte sur un procédé techniquement dépassé auquel ne recourrait pas l'entreprise qui a accepté l'obligation de non-contestation* »[549]. Quant à la Commission européenne, elle continue avec le nouveau règlement sur les accords de transfert de technologie et ses nouvelles lignes directrices à les traiter comme des restrictions exclues. Cela signifie que ces clauses ne bénéficient pas automatiquement d'une exemption et qu'elles doivent être évaluées individuellement.

129. **Pourquoi l'insertion de clauses de non-contestation devrait-elle être regardée comme un abus d'exploitation de brevet de type contractuel ?** L'insertion de clauses de non-contestation dans les contrats de licence constitue sans contredit un abus d'exploitation de brevet de type contractuel. Lorsque le breveté a par exemple connaissance de la faiblesse de son brevet, l'exploitation abusive du titre est aisément identifiable. En effet, en empêchant un preneur d'agir en nullité, le breveté mobilise un droit que son titre ne lui confère pas. Les prérogatives qu'il détient couvrent la possibilité de conclure un contrat de licence mais ne lui octroient pas le droit de bloquer toute action en nullité du brevet. Dans cette hypothèse, il est alors non seulement possible d'établir l'inexistence d'un droit, mais aussi un détournement de la fonction sociale du brevet[550] ; deux éléments qui, pris séparément ou de façon combinée, manifestent un abus.

B. L'assimilation des accords de report d'entrée à un abus d'exploitation de brevet

130. **Les accords de report d'entrée vus comme des abus de procédure et abus de type contractuel.** Les accords de report d'entrée peuvent à la fois constituer un abus d'exploitation de brevet de type contractuel (2) et un abus de procédure (1).

1. La possible assimilation de certains accords de report d'entrée à un abus de procédure

131. **Embuscade de brevet et règlement amiable.** Certains auteurs ont rattaché la stratégie consistant à conclure des règlements amiables de report d'entrée à une stratégie de « *patent ambush* »[551]. Si l'analogie avec « l'embuscade de brevet » peut surprendre *prima facie*, elle semble au vrai plutôt pertinente dès lors que l'on examine le brevet pharmaceutique en cause comme un brevet essentiel[552]. Pour le professeur Carlton, l'embuscade se produit dans les cas où une entreprise A (le breveté) détient un

---

548 *Ibid.*, § 21.

549 *Ibid.*

550 Ces deux critères ont été mis en lumière par le professeur Bruguière s'agissant des abus de position dominante liés à un usage abusif de l'action en contrefaçon. Voy. J.-M. Bruguière, « Action en contrefaçon et abus de position dominante », art. préc., pp. 82-85.

551 D. Carlton, « The economics of patent ambush » (*New Frontiers of Antitrust*, 11 February 2011), *Concurrences* n° 2-2011, p. 6, spéc. p. 10.

552 À l'heure où certaines institutions internationales – l'OMS en premier chef – évoquent le concept de « médicament essentiel », l'idée de retenir le concept de « brevet essentiel » dans le secteur pharmaceutique nous paraît loin d'être inadéquate.

brevet probablement non valide (un *weak patent*) faisant d'elle l'unique entreprise sur le marché à proposer le produit convoité[553]. Autrement dit, le breveté, grâce à son titre de propriété intellectuelle, bénéficie du statut de monopoleur et, ce faisant, possède la capacité de fixer des prix supraconcurrentiels. En raison de l'attractivité du marché monopolisé, une entreprise B pourrait vouloir entrer sur le marché afin de proposer un produit concurrent. En réponse à cette menace, l'entreprise A pourrait alors agir en contrefaçon afin de protéger son monopole. Cependant, si le breveté reconnaît la faiblesse de son brevet, il pourrait chercher à conclure un règlement amiable intégrant un paiement inversé afin que cette entreprise B demeure hors du marché. Dans ce scénario, si aucune autre entreprise ne peut entrer sur le marché, il y aurait une atteinte au bien-être du consommateur puisque ce dernier payerait le produit breveté à un prix de monopole au lieu de bénéficier d'un prix de duopole qui serait moins élevé. Cette forme de *patent ambush*, qui s'éloigne de celle classiquement identifiée[554], peut néanmoins s'assimiler à un abus de procédure.

132. **Exemple d'accords de report d'entrée assimilables à un abus de procédure.** Le cas topique pour lequel un règlement amiable de report d'entrée pourrait constituer un abus de procédure est le suivant. Le breveté userait de son brevet pharmaceutique essentiel pour menacer ou attaquer un génériqueur souhaitant entrer sur le marché en contrefaçon. Face à cette menace ou à cette attaque judiciaire, le génériqueur déciderait de conclure un règlement amiable alors que le brevet en cause s'apparenterait à un brevet faible, soit parce que le brevet n'aurait pas dû être délivré par l'office compétent, soit parce que le titulaire du brevet connaissait la fragilité de ses revendications, lesquelles pourraient ne pas résister à une procédure judiciaire menée jusqu'à son terme. Dans cette hypothèse, la crainte de perdre le procès en contrefaçon pourrait pousser le génériqueur à transiger l'affaire. En effet, comme l'a souligné le professeur Cotter, la menace d'un breveté qui pourrait obtenir une injonction contre le contrefacteur allégué peut être très puissante et peut grandement affecter les négociations portant sur le contrat de licence[555]. Ainsi, grâce à son action en contrefaçon – à laquelle le breveté n'a en théorie pas droit puisque son brevet est faible et contestable –, le breveté peut conclure un règlement amiable qui pourrait par exemple imposer des redevances excessives à son cocontractant. On est bien loin

---

553 D. W. Carlton, art. préc., p. 10.

554 L'embuscade de brevet est identifiée classiquement dans les hypothèses où le breveté a pris soin de ne pas révéler l'existence de son brevet essentiel et où ce dernier participe à l'élaboration d'une norme. En général, ce type de stratégie sévit dans le secteur des technologies de l'information (TIC). En Europe, l'affaire *Rambus* est la plus emblématique. *In casu*, la société Rambus avait fait l'objet d'une plainte auprès de la Commission européenne pour embuscade de brevets. Rambus détenait des brevets essentiels qu'elle avait dissimulés concernant des mémoires vives dynamiques. Ce faisant, elle avait réussi à piéger les fabricants de puces comportant ce composant électronique et avait exigé des fabricants le paiement de redevances excessives. L'affaire a été résolue par l'acceptation d'engagements. Par ces derniers, Rambus proposa de concéder des licences et de plafonner le montant des redevances. En réponse, la Commission clôtura son enquête. Voy. Comm. eur., déc. du 9 déc. 2009, *Rambus*, aff. COMP/38.636, *JOUE* C 30/17, du 6 févr. 2010. Il existe aussi un volet américain à l'affaire *Rambus*, dans lequel la cour d'appel du Circuit fédéral du District de Columbia a fait preuve d'une plus grande mansuétude à l'égard de Rambus. Voy. *Rambus Inc. v. FTC*, No. 07-1086 (D.C. Cir., Apr. 22, 2008). Pour une analyse exhaustive de la décision, voy. par ex. M. Sean Royall *et alii*, « Deterring "Patent Ambush" in Standard Setting: Lessons from *Rambus* and *Qualcomm* », 23 *ANTITRUST* 34 (2009).

555 T. Cotter, « Patent Holdup, Patent Remedies, and Antitrust Responses », 34 *Journal of Corporation Law* 1151 (2009), spéc. p. 1160.

ici de ce que certains contractualistes ont pu nommer le « *contrat moral* »[556]. Cette hypothèse peut par exemple se présenter lorsque le breveté a accepté de concéder une licence au fabricant de génériques pour un territoire précis en l'échange d'un report d'entrée de son produit sur le marché. En conséquence, si le breveté détient une position dominante sur le marché du *princeps*, son comportement sera menacé par la qualification d'abus de position dominante. En ce cas, la jurisprudence *ITT Promedia* pourrait être mise en œuvre dès lors qu'il sera démontré que l'action en contrefaçon n'a été utilisée que pour harceler le fabricant de génériques et qu'elle ne cherchait pas à faire respecter des droits de propriété intellectuelle.

2. La possible assimilation de certains accords de report d'entrée à un abus de type contractuel

133. **L'insertion de clauses de non-contestation dans les arrangements commerciaux.** Pour donner un exemple d'un abus de type contractuel, il a été précédemment évoqué la clause de non-contestation. L'exemple demeure pertinent pour illustrer la possible assimilation des accords de report d'entrée à un abus d'exploitation de type contractuel. La clause de non-contestation peut parfaitement être insérée dans un accord de report d'entrée qui prendrait soit la forme d'un accord commercial, soit celle d'un règlement amiable. Dans le cadre d'un arrangement commercial, elle pourrait être insérée pour conserver l'exclusivité d'un territoire. Dans cette hypothèse, le breveté pourrait par exemple conclure un accord d'approvisionnement[557] avec un génériqueur et autoriser ce dernier à lancer son générique sur un marché déterminé. Sur le marché européen, le breveté pourrait vouloir conserver l'exclusivité du marché français, lequel lui rapporte la majorité de ses profits de monopole, mais ouvrir le marché italien aux génériqueurs au moyen d'une concession de licence. Par ce mécanisme, il retarderait l'entrée du générique de son concurrent sur son marché privilégié. La contrepartie de l'avantage accordé à son concurrent générique pourrait résider dans l'acceptation d'une clause de non-contestation. Or, les prérogatives que le breveté détient ne lui permettent pas d'empêcher un tiers d'agir en justice pour contester la validité de son titre de propriété intellectuelle. Un tel accord pourrait alors être vu comme collusoire et la stratégie mise en place qualifiée d'entente. Non seulement l'arrangement porterait atteinte à la concurrence *intermarques*[558], puisqu'un génériqueur aurait pu concurrencer le médicament *princeps*, mais en sus l'arrangement porterait atteinte au bien-être du consommateur, lequel se verrait imposer des prix de monopole sur le marché français.

---

556 Voy. S. Darmaisin, *Le contrat moral*, LGDJ, t. 343, 2000, spéc. p. 27 et s. Dans cette thèse, l'auteur avance l'idée que le contrat serait soumis à un « ordre moral » mais pas n'importe lequel. Selon lui, ce serait la morale objective qui devrait aider à déceler les contrats conclus sans éthique, voire frauduleusement. La morale objective, « *miroir de la conscience collective, [...] pourra, en raison de ses traits spécifiques, être sanctionnée sur le plan social* ».

557 L'approvisionnement concernerait les matériaux nécessaires à la fabrication du médicament *princeps*.

558 L. Hancher & W. Sauter, « A Dose of Competition: EU Antitrust Law in the Pharmaceutical Sector », Tilburg Centre for Law and Economics (TILEC), Tilburg University, Discussion Paper 2015-017, Déc. 2015, p. 2, disponible sur srrn.com. Ajoutons à titre complémentaire que, dans le secteur pharmaceutique, il existe un deuxième et un troisième type de concurrence : la concurrence *intramarque* et la concurrence dite « thérapeutique » (*therapeutic competition*). La première est mise en œuvre au moyen des importations parallèles. La seconde est définie comme la concurrence qui s'installe entre les produits nouveaux, brevetés et innovants.

134. **L'insertion de clauses de non-contestation dans les règlements amiables.** La clause de non-contestation peut aussi être insérée dans un règlement amiable pour résoudre un litige de brevet. Ce règlement amiable, pour être attractif, pourrait comporter en sus une licence pour le génériqueur l'autorisant à entrer sur le marché à un instant T. On le pressent une fois encore, l'insertion de ce type de clause pourrait dans certaines hypothèses dessiner les traits d'un abus d'exploitation de type contractuel. L'exemple topique pourrait se présenter lorsqu'un règlement amiable protège un brevet invalide. Un autre exemple pourrait être envisagé notamment lorsqu'un règlement amiable dépasse la portée du brevet. Dans ces deux cas, le breveté retarderait l'entrée d'un concurrent génériqueur sur le marché en l'empêchant de lancer son produit avant la date d'échéance du brevet ou sur un territoire dans lequel le médicament *princeps* ne bénéficie plus de la protection conférée par le titre de propriété intellectuelle. Ainsi, le règlement amiable, sous couvert d'éteindre un litige de brevet coûteux et chronophage, pourrait avoir pour objectif de bloquer toute contestation de brevet et, ce faisant, permettre au breveté de prolonger et conserver un monopole temporaire construit sur du sable. Or, comme l'a soulevé le professeur Shapiro, « *les brevets ne confèrent pas un droit absolu d'exclure* »[559]. Ce droit est limité. Il est limité par les revendications du titre, les territoires dans lesquels il a un effet et par sa durée de vie. En conséquence, un règlement amiable protégeant un brevet invalide ou qui dépasse la portée du brevet pourrait enfreindre les règles de concurrence, et notamment l'article 101 TFUE. Non seulement le droit des brevets n'interdit pas aux tiers de contester le brevet pendant qu'il est en vigueur, mais, au contraire, encourage les tiers à faire annuler des brevets délivrés à tort ou par erreur. Par ailleurs, il convient de rappeler que l'engagement de ne pas contester le brevet n'est pas dépourvu de contrepartie. Cet engagement a une valeur aussi importante pour le breveté que pour le génériqueur. Le premier s'assure de prolonger son monopole tandis que le second bénéficie d'un paiement inversé. Partant, au moyen de la clause de non-contestation, le breveté arrive à ériger des obstacles pour que son titre ne soit pas invalidé. Or, dans le cas où une licence est intégrée dans le règlement amiable, un abus d'exploitation de brevet pourrait être patent, et ce, pour au moins deux raisons. Premièrement, le preneur de licence pourrait posséder une expertise considérable concernant le médicament *princeps*. Ce serait d'ailleurs la principale raison pour laquelle le breveté a accepté de concéder une licence à celui-ci, et pas à un autre concurrent potentiel. Le génériqueur choisi pourrait en effet être dans une position forte puisqu'il aurait la capacité de déterminer si le brevet est invalide et donc d'éliminer un brevet non mérité du marché. Secondement, le paiement inversé éradique les problèmes liés aux coûts du procès en annulation que le preneur de licence aurait dû supporter. En définitive, les clauses de non-contestation insérées dans un règlement amiable de report d'entrée pourraient « *créer des barrières juridiques et économiques pour les parties qui autrement auraient été prêtes et en mesure de contester des brevets invalides* »[560].

559 C. Shapiro, « Antitrust Limits to Patent Settlements », 34 *Rand. J. Econ.* 391 (2003), spéc. p. 395 (traduction libre) : « *patents do not confer an absolute right to exclude* ».

560 A. Miller & M. Gal, « Licensee Patent Challenges », 32 *Yale Journal on Regulation* 121 (2015), spéc. p. 139 (traduction libre) : « *these clauses can create insurmountable legal and economic barriers for the parties that would otherwise be the most willing and able to challenge invalid patents* ».

Conclusion de chapitre

135. **Conclusion du chapitre 2 relatif à la prolifération des accords de report d'entrée en Europe.** L'équilibre entre la propriété intellectuelle et la libre concurrence est mis à mal par les accords de report d'entrée en Europe. Même s'il n'existe pas de *patent linkage* comme aux États-Unis, les laboratoires *princeps* arrivent à dresser des murailles de brevets pour dissuader, empêcher et retarder l'entrée des génériques sur le marché. Ainsi, le système européen des brevets semble encourager les laboratoires titulaires de brevets à user des dysfonctionnements du système pour dresser des barrières à l'entrée artificielles et difficilement dépassables pour les génériqueurs. En effet, malgré les différences de régime existantes entre les États-Unis et l'Europe, la conclusion d'accords de report d'entrée apparaît profitable sur le vieux continent et d'une efficacité redoutable pour neutraliser la concurrence. L'absence d'une juridiction européenne unique à l'échelle de l'Union européenne ainsi que d'un véritable brevet européen, lequel aurait un effet juridique dans tous les États membres, participe de l'attractivité de ce genre d'accord et de son intérêt pour les entreprises. La solution pour endiguer cette stratégie pourrait passer par la mise en place de la juridiction unifiée du brevet ainsi que du brevet européen à effet unitaire.

Parallèlement à ces mesures, l'intervention du droit de la concurrence semble indispensable. Il apparaît comme un complément satisfaisant et puissant pour corriger et réparer *ex post* les défauts du système des brevets identifiés *ex ante*. Pour que l'intervention soit efficace, il convient de bien qualifier les pratiques en cause puisque le droit de la concurrence de l'Union européenne souffre de certaines limites. En effet, il ne peut s'appliquer que dans des hypothèses bien précises. Autrement dit, pour qu'une pratique soit sanctionnée encore faut-il qu'elle réponde aux conditions posées par les articles 101 et 102 TFUE. Pour cette raison, un effort typologique a été réalisé. Grâce à celui-ci, il sera peut-être plus aisé de déceler et condamner la conclusion d'accords de report d'entrée illicites. À partir de la jurisprudence européenne, il a été proposé l'analyse suivante. Premièrement, les accords de report d'entrée peuvent constituer un abus d'obtention de brevet, lequel consiste principalement à obtenir un brevet par la communication d'informations fausses et trompeuses. Cet abus peut se scinder en deux abus : l'abus d'obtention de forme et l'abus d'obtention de fond. Secondement, les accords de report d'entrée peuvent constituer un abus d'exploitation de brevet, lequel consiste pour le breveté à dépasser l'objet spécifique du titre. Cet abus peut se scinder lui aussi en deux : l'abus de procédure et l'abus de type contractuel.

Conclusion de titre

136. **Conclusion du titre I relatif à la genèse des accords de report d'entrée.** De l'analyse de la genèse des accords de report d'entrée, il résulte un double enseignement.

En premier lieu, ces accords n'ont pas été conçus de la même manière des deux côtés de l'Atlantique. Ainsi, selon que l'on examine ces accords au travers d'un prisme américain ou d'un prisme européen, les causes de leur prolifération divergent sensiblement. Aux États-Unis, ces accords sont la conséquence d'un détournement de la loi Hatch-Waxman, laquelle cherchait à dynamiser la concurrence générique. En effet, de nombreuses dispositions de cette loi ont été utilisées par les laboratoires titulaires de brevets – spécialement la prime d'exclusivité de cent quatre-vingts jours – pour conclure des règlements amiables de report d'entrée. Ces accords transactionnels visent non seulement à résoudre un litige de brevet mais permettent aussi aux brevetés de prolonger des monopoles parfois obtenus de façon injustifiée. Cette dernière occurrence se manifeste notamment lorsque le brevet sur lequel repose l'accord est faible : soit parce que le brevet est très vulnérable à une action en nullité, soit parce qu'il a été obtenu frauduleusement. En Europe, les accords de report d'entrée sont la conséquence d'un système des brevets défectueux à plusieurs égards. Nonobstant l'absence de *patent linkage*, les laboratoires titulaires de brevets pharmaceutiques ont su concevoir des accords permettant de retarder l'entrée des génériques sur le marché. La stratégie consiste à obtenir des brevets et à les opposer aux génériqueurs pour les dissuader d'entrer sur le marché. Grâce aux dysfonctionnements du système des brevets, il est possible pour les laboratoires *princeps* d'obtenir une multitude de brevets faibles et de créer des barrières à l'entrée artificielles. Contrairement aux États-Unis, les génériqueurs sont libres de commercialiser leur produit dès lors qu'une AMM leur a été délivrée. Cependant, face à des murailles de brevets pharmaceutiques, il arrive qu'ils préfèrent éviter le risque judiciaire d'une action en contrefaçon ou d'une action en nullité en raison des coûts de la procédure. C'est dans ce contexte qu'intervient la conclusion de règlements amiables de report d'entrée. Par ailleurs, le système européen des brevets ne possède ni une juridiction unique des brevets ni un véritable brevet européen. Ce faisant, les brevetés doivent agir en contrefaçon dans tous les États membres de la CBE et sont exposés à un risque élevé de voir des décisions contradictoires être prononcées. Cette carence du système encourage fortement les brevetés à privilégier la résolution amiable plutôt que de confier le destin de leur monopole à des juges qui n'auront pas la même appréciation de leurs titres.

En second lieu, les accords de report d'entrée américains et européens convergent en ce que tous deux neutralisent la concurrence. Si les causes de leur naissance divergent, leurs effets sont identiques. Que ce soit aux États-Unis ou dans l'Union européenne, les accords de report d'entrée empêchent l'émergence d'une concurrence par imitation et l'épanouissement d'une concurrence par les prix. Ceux qui subissent l'efficacité de ces accords sont les consommateurs, qui continuent parfois de payer des prix de monopole pour des médicaments qui ne méritent pas de bénéficier d'une protection par brevet.

Nous avons vu qu'en Europe, ces accords pouvaient potentiellement être assimilés à des abus d'obtention de brevet ou d'exploitation de brevet ; deux abus qui peuvent potentiellement enfreindre les règles de concurrence de l'Union européenne. Dans la poursuite de l'examen de leur émergence, il nous reste désormais à les identifier avec précision. Nous verrons que tous les accords de report d'entrée ne sont pas élaborés sous la forme d'un règlement amiable. Les accords de report d'entrée auraient donc émergé de façon plurielle et semblent être caractérisés par leur polymorphie.

TITRE II

LA DIVERSITÉ DES ACCORDS DE REPORT D'ENTRÉE

137. **La polymorphie des accords de report d'entrée.** L'étude de l'émergence des accords de report d'entrée nous a conduit précédemment à évoquer les circonstances particulières de leur apparition. Il a pu alors être établi que ces accords n'ont pas été conçus de la même manière aux États-Unis – lieu de leur origine – et dans l'Union européenne. En effet, les accords de report d'entrée sont la conséquence d'une instrumentalisation de la loi Hatch-Waxman outre-Atlantique[561] tandis qu'ils reposent sur un détournement malicieux du système des brevets en Europe. Pour épuiser le sujet de leur émergence, il convient désormais d'examiner si tous les accords de report d'entrée se ressemblent ou si au contraire il est possible d'en identifier des variétés distinctes. Ainsi, la question se pose de savoir si les accords de report d'entrée appartiennent à une même espèce contractuelle ou non. Ce travail est indispensable pour pouvoir par la suite ériger un régime qui permettra de contrôler avec précision leur légalité. Il permettra surtout d'éviter l'écueil des faux positifs qui pourrait survenir au moment de leur confrontation au droit de la concurrence.

Lorsqu'on procède à l'examen de la diversité des accords de report d'entrée, l'on est d'emblée frappé par leur caractère polymorphe. En osant l'analogie avec les sciences de la vie et de la terre, il est possible de représenter le *paiement inversé* et le *report d'entrée* comme les deux allèles du gène « accord de report d'entrée ». De ces deux allèles, une variété de phénotypes semble découler. Trois phénotypes nous paraissent identifiables, lesquels nous permettent d'édifier une typologie. Tout d'abord, les accords de report d'entrée peuvent prendre la forme de règlements amiables (Chapitre 1). C'est l'hypothèse la plus classique. Les accords de report d'entrée « américain » mais aussi « européens » prennent majoritairement cette forme-là en raison de l'environnement réglementaire états-unien pour les premiers, et par effet de contagion ou par mimétisme pour les seconds. Ensuite, les accords de report d'entrée sont parfois façonnés sous la forme d'accords commerciaux (Chapitre 2). Les laboratoires pharmaceutiques « *peuvent parfois être tentés par des alliances […] destinées à élaborer en commun de nouvelles molécules ou de nouvelles technologies* »[562]. Un report d'entrée peut néanmoins être identifié alors

---

561 Pour certains auteurs, « *la loi Hatch-Waxman offre de multiples possibilités de jouer avec le système* ». Voy. C. Hemphill & B. Sampat, « When Do Generics Challenge Drug Patents? », 8 *Journal of Empirical Legal Studies* 613 (2011) : « *the complexities of the Hatch-Waxman Act provide manifold opportunities to game the system* ».

562 J.-C. Roda, « Les ententes entre laboratoires concurrents » *in Les pratiques de l'industrie pharmaceutique au regard du droit de la concurrence*, *op. cit.*, p. 89, spéc. p. 90.

même que l'accord conclu s'apparente à un accord de copromotion ou à un accord de distribution exclusive[563]. Ce dernier accord paraît par exemple complètement anodin puisqu'il cherche *a priori* à améliorer ou rationaliser la distribution des produits du laboratoire *princeps*. Pourtant, ce type d'accord peut comporter un paiement inversé dissimulé par les cocontractants, lequel ne prendra pas forcément la forme d'un paiement monétaire. À cet égard, nous verrons que le critère de la dissimulation du paiement inversé est un moyen de distinguer les accords de « première génération », à savoir les accords comportant un transfert de valeur sous la forme d'un paiement monétaire, et les accords de « seconde génération », à savoir les accords de report d'entrée prévoyant un paiement en nature. Enfin, les accords de préentrée (Chapitre 3) apparaissent comme la dernière variété d'accords de report d'entrée. Bien qu'ils semblent avancer l'entrée de la concurrence sur le marché, il est possible en réalité d'y déceler selon les circonstances des accords qui ont les mêmes effets que ceux s'arrimant aux accords de type *pay-for-delay*.

563 Pour une présentation exhaustive de ce type d'accord, voy. par ex. L. Vogel, *Traité de droit économique – Droit de la concurrence*, Lawlex/Bruylant, t. 1, 2015, n° 112, p. 229.

Chapitre 1
Les accords transigeant un litige de brevet, l'instrument principal du report de l'entrée

138. **Préoccupations de concurrence et accords de report d'entrée.** Le qualificatif *principal* doit être compris ici dans un sens quantitatif. Lorsque l'on se polarise sur les nombreuses affaires impliquant des accords de report d'entrée, il en résulte que la plupart d'entre elles visent des règlements amiables résolvant un litige de brevet (« *patent settlement* »)[564]. C'est véritablement l'instrument privilégié par les laboratoires *princeps* en raison notamment du double avantage qu'il confère. D'une part, les règlements amiables permettent de mettre un terme à un contentieux de brevet, ce qui permet le maintien d'un brevet contesté en vigueur. D'autre part, ils garantissent à l'entreprise innovante l'évitement d'un problème de nature concurrentielle, l'accord écartant un concurrent potentiel pour une période contractuellement fixée. Cependant, le droit de la concurrence ne reste pas indifférent à leur égard. Les autorités de concurrence les appréhendent d'ailleurs plutôt avec méfiance, surtout lorsque plusieurs indices laissent à penser qu'ils pourraient produire des effets potentiellement anticoncurrentiels. Dans certaines circonstances, ces derniers emportent dans leur sillage des préoccupations de concurrence, exposant ainsi les entreprises à des sanctions (Section 2). L'objectif de notre travail étant, pour partie, d'aider les entreprises ainsi que la Commission à séparer les « bons » accords des « mauvais », l'examen de ce type de règlements amiables dominera l'exposé de ce chapitre. Néanmoins, nous ne souhaitons pas instiller l'idée que tous les règlements amiables seraient porteurs de préoccupations de concurrence. Il est donc indispensable de présenter les accords qui en sont exempts (Section 1). Premièrement, cela permettra aux autorités de concurrence de se concentrer uniquement sur les cas complexes et, ce faisant, de consacrer leurs ressources limitées aux affaires les plus sensibles. Secondement, cela permettra aux entreprises d'ôter le voile d'insécurité juridique recouvrant les nombreux accords qu'elles concluent.

---

[564] À titre d'exemple dans l'Union européenne, l'enquête sectorielle de la Commission européenne a montré que 200 règlements amiables ont été conclus sur la période 2000-2009, lesquels concernaient 49 médicaments. Voy. R. Maier-Rigaud, « L'enquête sur le secteur pharmaceutique de l'Union européenne » *in Les pratiques de l'industrie pharmaceutique au regard du droit de la concurrence*, *op. cit.*, p. 59, spéc. p. 65.

Section 1
Les règlements amiables exempts de préoccupations de concurrence

139. **À la recherche d'une typologie.** Dans notre quête typologique, il est nécessaire de s'arrêter tout d'abord sur les règlements amiables qui semblent exempts de préoccupation de concurrence. Les développements seront courts puisque nous n'avons identifié que deux types d'accords transactionnels qui pourraient ne pas exiger un examen antitrust approfondi. Abordons tout d'abord les accords ne posant aucune restriction à l'entrée (§ 1) avant de porter un regard sur les accords ne dépassant pas la portée du brevet (§ 2).

§ 1. Les accords ne posant aucune restriction à l'entrée

140. **Dans l'Union européenne, les accords ne posant aucune restriction à l'entrée correspondent à un type d'accords érigé par la Commission européenne : les accords de catégorie A.** Dans son Rapport final sur le secteur pharmaceutique, la Commission a dégagé une typologie des règlements amiables en matière de brevet. Cette dernière énonce que les accords n'imposant aucune « *restriction à l'entrée* » aux fabricants de génériques appartiennent à la catégorie A[565]. Il est précisé que ces mêmes accords se déclinent en deux sous-catégories :

- d'une part, les accords comportant un transfert de valeur[566] ;
- d'autre part, les accords n'en comportant aucun.

Il est inutile de se polariser ici sur les accords de catégories A ne comportant aucun transfert de valeur. Étant donné qu'ils ne comportent aucun paiement inversé, ils sont *de facto* disqualifiés pour être assimilés à des accords de report d'entrée. En revanche, les accords de catégorie A comportant un transfert de valeur méritent un léger examen même s'ils ne correspondent pas forcément aux accords de report d'entrée que nous avons mentionnés jusqu'alors. En effet, ils ressemblent plutôt à des accords plus sophistiqués dans leur conception ; ces accords ne contenant pas de paiements inversés sous forme monétaire mais plutôt des paiements inversés en nature. Ainsi, le transfert de valeur peut parfois revêtir les habits d'une licence ou d'un accord de distribution, voire d'un accord accessoire (*a side deal*), ce qui pourrait « *dissimuler l'achat d'une forme*

---

565 Comm. eur., Rapport final sur le secteur pharmaceutique, préc., § 741, p. 268.

566 Les accords de catégorie A peuvent comporter un transfert de valeur qui ne s'apparente pas forcément à un paiement inversé. C'est le cas par exemple lorsqu'un laboratoire innovant obtient en premier lieu un jugement aux termes duquel le juge de l'urgence prononce une mesure provisoire, mais que postérieurement, au fond, le juge énonce qu'il n'y a aucune violation du brevet. Ici, le laboratoire *princeps* pourrait payer le génériqueur pour compenser les pertes de revenus liées au fait que ce dernier n'a pas pu vendre son produit sur le marché pendant la période où la mesure provisoire était exécutoire. Voy. *ibid.*, § 753, p. 273.

d'exclusivité »[567]. Ce faisant, ils semblent endosser une qualité essentielle pour être qualifiés d'accords de report d'entrée : un potentiel *reverse payment.* Reste à savoir désormais s'ils détiennent la capacité de reporter l'entrée de la concurrence sur le marché. *A priori*, la réponse semble négative dans la mesure où, dès leur dénomination, il est fait référence à une absence de restriction à l'entrée.

141. **Définition de la notion de « restriction à l'entrée » au sens de la Commission européenne.** Afin de mieux cerner les contours de cette catégorie épousant une qualification négative[568], il convient d'exposer de manière cursive l'acception retenue de la notion de restriction à l'entrée. Au sens de la Commission, il y a une restriction à l'entrée à chaque fois que l'entrée du génériqueur est contrôlée « partiellement » ou « entièrement » par le laboratoire innovant *via* les stipulations de l'accord[569]. La définition ici donnée, aussi limpide soit-elle, apparaît néanmoins quelque peu lacunaire et excessivement laconique. Elle souffre notamment d'une faiblesse en ce qu'il est difficile pour ses destinataires – c'est-à-dire les entreprises – de déterminer précisément ce qu'entend la Commission par « contrôle *partiel* ou *entier* ». Consciente de l'insuffisance de sa définition, et certainement mue par la volonté d'injecter un minimum de sécurité juridique, l'institution bruxelloise a fait œuvre de pédagogie en se saisissant d'exemples permettant d'orienter les entreprises quant à leur prise de décision[570]. Elle a égrainé différentes hypothèses pouvant déclencher l'ouverture d'une enquête individuelle. Cette méthode apparaît néanmoins peu satisfaisante et porteuse de sérieuses limites. La principale, selon nous, réside dans le fait que l'exposition de quelques exemples ne suffira jamais à déterminer les frontières du licite et de l'illicite, ce qui a pour conséquence de laisser les entreprises dans une situation fort inconfortable. En effet, celles qui souhaiteraient se conformer de bonne foi à la règle de droit seraient parfois dans l'incapacité de le faire, prises au piège de prescriptions absconses. Pour reprendre les mots d'un auteur, « *le problème posé par cette approche est que les sociétés pharmaceutiques innovantes sont confrontées à un degré indésirable d'insécurité juridique concernant des pratiques non seulement courantes dans l'industrie, mais qui, dans la plupart des cas, ne devrait pas donner lieu à des problèmes de concurrence* »[571].

---

567 T. Oster, « Enquête sectorielle dans le secteur pharmaceutique : au chevet d'un malade imaginaire ? », *RLDA* 2009, n° 42, p. 48.

568 Les accords de catégorie A sont des accords n'imposant *aucune* restriction à l'entrée.

569 Rapport final sur le secteur pharmaceutique, préc., p. 269. Nous reprenons ici la définition donnée par la Commission européenne correspondant à l'exemple qu'elle livre avec les accords de licence. Nous en avons fait une définition plus générale.

570 Comme au théâtre, où l'auteur d'une pièce donne des indications aux acteurs sur la manière d'interpréter leur rôle, on pourrait dire que la Commission européenne a rédigé une sorte de « didascalie juridique » pour les entreprises. L'institution bruxelloise semble donner des indications aux entreprises sur la façon dont les règles de concurrence pourraient être appliquées s'agissant de certains comportements ambigus. Cependant, comme l'a souligné le professeur Petit, il convient d'être mesuré à l'égard de l'importance de ce rapport, car « *le rapport final est principalement de nature factuelle ; il fournit uniquement de petites orientations, si ce n'est aucune, sur les frontières entre le licite et l'illicite* » (traduction). Voy. N. Petit, « Bark at the moon », The outcome of the EC pharmaceutical sector inquiry, *Concurrences* n° 3-2009, p. 11. Dans la langue d'origine : « *the Final Report is primarily factual in nature, it provides only little, if no, guidance on the boundaries between lawful and unlawful conduct* ».

571 D. Hull, « Proceed with caution across the IP/competition intersection », The outcome of the EC pharmaceutical sector inquiry, *Concurrences* n° 3-2009, p. 14, spéc. p. 16 (traduction libre) : « *The problem with this approach is that innovative pharmaceutical companies are left facing an undesirable degree of legal uncertainty*

Quoi qu'il en soit, le premier cas évoqué par la Commission concerne la limitation la plus topique. Il renvoie à la situation où une clause stipule que le génériqueur reconnaît la validité du brevet tout en indiquant qu'il s'abstiendra d'entrer sur le marché jusqu'à ce que ce dernier tombe dans le domaine public[572]. Ce qui est clairement visé ici, ce sont les clauses de non-contestation, déjà bien appréhendées par le droit de la concurrence[573]. La Commission soulève ensuite un autre cas où une restriction à l'entrée sera potentiellement identifiée par ses services : la conclusion d'accords de licence. Pour l'institution bruxelloise, si les parties intègrent dans leur règlement amiable une licence aux termes de laquelle le breveté permet au génériqueur (le preneur) d'entrer sur le marché, il existe une restriction à l'entrée nonobstant l'entrée *immédiate* du génériqueur sur le marché. Dans cette occurrence, si le génériqueur entre sur le marché, il n'offre pas au consommateur son propre produit. Ce dernier devra payer une redevance au breveté, ce qui va grever une partie de ses revenus. La Commission ne le précise pas, mais les cas les plus problématiques affecteraient les licences concédées à titre exclusif. S'agissant des licences non exclusives, elles bénéficient d'un *a priori* plutôt favorable puisqu'elles accélèrent l'accès à de nouveaux médicaments et peuvent améliorer les méthodes de production[574]. Surtout, elles permettent d'accroître la concurrence sur le marché, ce qui signifie que le prix du produit devient plus abordable pour le consommateur final. Dans le secteur pharmaceutique, lorsque le laboratoire *princeps* décide de mettre sur le marché un produit consécutif (*a follow-on product*), la concession de licence non exclusive pourra être réalisée par le breveté soit sous la pression du public, soit parce que celui-ci a connaissance de la faiblesse de son titre[575].

Par ailleurs, l'intégration d'accords de distribution dans un règlement amiable soulève aussi des préoccupations de concurrence. Dans ce dernier cas, le distributeur ne lance pas sur le marché son propre médicament, de sorte que le distributeur sera souvent, si ce n'est toujours, contraint par la présence de restrictions territoriales ou de clientèle. En définitive, que ce soit dans l'hypothèse des accords de licence ou de distribution, la Commission forge son analyse en se concentrant sur le fait que le génériqueur ne soit pas dans la capacité de livrer véritablement concurrence au laboratoire *princeps*. Malgré une définition assez elliptique de la notion de « restriction à l'entrée », la Commission a néanmoins indiqué que les accords de type A « *ne devraient poser aucun problème au regard du droit de la concurrence parce qu'ils autorisent une entrée* immédiate *sur le marché à l'entreprise générique avec son propre produit* »[576]. Gardons à l'esprit que ce

---

concerning practices that are not only common in the industry, but, in most cases, should not give rise to competition concerns. »

572 Rapport final sur le secteur pharmaceutique, préc., p. 269.

573 Sur le régime des clauses de non-contestation, voy. *supra* n° 127 et s.

574 M. Minn, « Voluntary Licensing of Patents in the Pharmaceutical Industry – Effective Means of Promoting the Competition Process while Remedying the Shortcomings of the Patent System? », 38 *European Intellectual Property Review* 718 (2016), spéc. p. 719.

575 *Ibid.*

576 Comm. eur., *1st Report on the Monitoring of Patent Settlements (period: mid 2008 – end 2009)*, published on 5 July 2010, § 12, p. 3 (traduction libre) (nous soulignons) : « *Typically category A settlements should be unproblematic from a competition law perspective, as they allow an* immediate *market entry of the generic company with its own product* » ; *Adde* M. Clancy, D. Geradin & A. Lazerow, « Reverse-Payment Patent

principe général semble assez déceptif puisque, comme nous venons de le voir, même lorsque le génériqueur entre immédiatement sur le marché, par exemple au moyen d'une concession de licence, la Commission se réserve le droit de déclencher une enquête individuelle[577]. Les entreprises devront donc faire très attention aux exceptions établies.

142. **Pourquoi les laboratoires concluent-ils des accords de type A alors que ces accords n'ont *a priori* pas la capacité d'entraver l'entrée des génériques sur le marché ?** Le but ultime des laboratoires pharmaceutiques est de préserver le plus longtemps possible leur monopole sur le marché, lequel a été obtenu par le biais de leur brevet. Cependant, lorsque cela n'est plus possible – soit parce que le brevet arrive à échéance ou parce qu'une action en contestation avec de fortes chances de succès est exercée par un génériqueur –, les laboratoires *princeps* acceptent parfois de capituler en concluant un accord de catégorie A. Plusieurs raisons les conduisent à cette reddition. La Commission européenne en a identifié deux[578], mais cette liste ne semble pas limitative. Premièrement, les laboratoires *princeps* acceptent de conclure de tels accords lorsqu'ils sont dans l'incapacité de prouver la violation de leur brevet. Cette situation se présente notamment dans le cas où le laboratoire *princeps* n'a pas réussi à obtenir une mesure provisoire ou lorsqu'il a déjà perdu son contentieux de brevet en première instance[579]. Deuxièmement, le laboratoire innovant peut se diriger vers la conclusion d'un tel accord et autoriser le génériqueur à entrer sur le marché lorsque ce dernier accepte de se désister de son action en contestation du brevet. L'idée pour le laboratoire *princeps* est d'économiser les coûts de procédure judiciaire. En effet, si un laboratoire innovant évalue que ses chances de gagner en appel, ou dans un contentieux portant sur les mêmes questions dans un autre pays, sont très faibles et que les coûts ou les risques associés au litige dépassent le possible bénéfice qu'il pourrait en tirer, il sera enclin à mettre un terme au différend[580].

143. **Les accords de catégorie A sont vraisemblablement proconcurrentiels.** En définitive, si ces accords ne présentent pas de préoccupations de concurrence aux yeux de la Commission, c'est tout simplement parce qu'ils affichent de manière patente des gains d'efficacité[581]. Ils semblent *generaliter* proconcurrentielle, et ce, pour au moins trois raisons.

En premier lieu, ce type d'accord marque la fin d'une situation de monopole sur le marché. En vertu de l'accord, une concurrence par les prix s'installera et la modification structurelle du marché provoqué par l'accord bénéficiera forcément aux consommateurs, lesquels pourront profiter de l'introduction d'un nouveau produit

---

Settlements in the Pharmaceutical Industry: An Analysis of US Antitrust Law and EU Competition Law » (2013), spéc. p. 11, disponible sur ssrn.com.

577 Sur ce sujet, des membres de la Commission européenne ont fait remarquer qu'il était nécessaire d'intensifier le contrôle du droit de la concurrence. Voy. R. Maier-Rigaud, art. préc., p. 67.

578 Comm. eur., Rapport final sur le secteur pharmaceutique, préc., § 750, p. 272.

579 *Ibid.*

580 *Ibid.*, § 751.

581 Ce qui signifie, comme l'ont souligné les professeurs Frison-Roche et Payet sans cibler précisément les accords de report d'entrée, qu'ils peuvent « *permettre la mise en place de produits nouveaux ou de techniques nouvelles, renforcer la situation concurrentielle d'un secteur particulier* ». Voy. M.-A. Frison-Roche et M.-S. Payet, *Droit de la concurrence*, Dalloz, 2006, n° 288, p. 252.

à un prix plus faible. Ce faisant, l'accord accroîtra le bien-être du consommateur à la faveur de la mise sur le marché de produits de bonne qualité et moins cher. En deuxième lieu, ce type d'accord donne un bon signal aux tiers génériqueurs souhaitant entrer sur le marché – ou qui étaient prêts à le faire – mais qui étaient découragés par la présence du brevet. En l'absence de l'accord, même si un lancement à risque était envisageable, l'entreprise générique aurait pu être dissuadée par la menace d'une action en contrefaçon. En effet, un jugement défavorable l'aurait conduite, d'une part, à sortir du marché, et d'autre part, l'aurait obligée à payer des dommages et intérêts assez substantiels, capables de porter *in fine* un coup létal à ses finances.

En dernier lieu, l'accord stimulera l'innovation. L'entreprise *princeps* ne pouvant plus jouir de ses rentes de monopole, celle-ci devra nécessairement accélérer ses recherches pour essayer de mettre sur le marché un nouveau produit. Partant, un tel accord permettra de combattre la paresse[582] du monopoleur parfois solidement ancrée par la perception de gigantesques rentes. Or, comme l'a relevé une *case handler* de la Commission, « *une concurrence effective fait sensiblement baisser les prix et* augmente les incitations à l'innovation »[583]. Dès lors, la valorisation de ces accords nous paraît être une bonne chose puisque les accords de type A ne retardent pas l'entrée des concurrents génériques sur le marché.

144. **Synthèse.** La plupart des accords de catégorie A sont exempts de préoccupations de concurrence. Pour constituer un accord de report d'entrée au sens strict du terme, il aurait fallu que ces accords aient pour objet ou pour effet de retarder la concurrence générique sur le marché. Cependant, ces accords se caractérisent par l'absence de restriction à l'entrée, de sorte qu'ils leur manquent une condition essentielle pour qu'ils puissent être qualifiés d'accords *pay-for-delay* : le report d'entrée. En général, la mise en œuvre de ces accords n'empêche pas les génériqueurs souhaitant pénétrer le marché de le faire. Pour cette raison, il semble que la Commission ait jugé dans son Rapport final qu'ils n'avaient *a priori* pas la capacité de restreindre la concurrence et qu'ils devaient en conséquence bénéficier d'une forme d'exemption. Ce principe semble justifié puisque les accords de type A permettent souvent une entrée immédiate du génériqueur sur le marché et l'introduction d'une concurrence par les prix. Cette concurrence pourrait mettre à mal le monopole du laboratoire *princeps* qui repose sur un brevet pharmaceutique arrivant à échéance ou qui repose sur un titre de propriété intellectuelle extrêmement fragile. La politique de la Commission européenne consiste donc à ne pas poursuivre les laboratoires pharmaceutiques dès lors qu'ils concluent des accords de ce type. Toutefois, une ambivalence demeure puisque tous les accords entraînant une entrée immédiate d'un médicament générique sur le marché ne sont pas potentiellement immunisés contre le droit de la concurrence de l'Union européenne. Si l'entrée du génériqueur est immédiate, mais qu'elle est partiellement ou totalement contrôlée par le laboratoire *princeps*, les règles de concurrence

582 Sur la notion de paresse en droit de la concurrence examinée cependant à l'aune des infrastructures essentielles, voy. L. Richert, « Le droit à la paresse ? "*Essential facilities*" », *D.* 1999, p. 523.

583 S. Tsakova, « Les accords de report d'entrée dans le secteur pharmaceutique : l'approche européenne », *RLC* 2015, n° 43, p. 180 (nous soulignons).

pourraient alors s'appliquer de nouveau avec vigueur. À cet égard, les règlements amiables les plus exposés à une enquête antitrust semblent être ceux comportant des accords de licence ou des accords de distribution.

145. **Le désintérêt des États-Unis pour les accords de catégorie A.** Le désintérêt de la FTC et des juridictions américaines pour les accords de catégorie A semble conforter l'examen porté par la Commission européenne sur ces accords. Malgré un examen minutieux des rapports de l'autorité de concurrence et des affaires judiciaires aux États-Unis, nous n'avons pas trouvé de préoccupations de concurrence majeures à leur égard. Les deux bras armés du droit antitrust états-unien semblent avoir priorisé le contrôle des accords ayant toujours pour objet ou pour effet de reporter l'entrée des concurrents sur le marché, ce que les accords de catégorie A n'ont la capacité de faire que dans de minces proportions. Si les règlements amiables en matière de brevet « *peuvent créer ou maintenir un monopole sur les marchés de technologie ou de l'innovation ou réaliser une monopolisation ou un cartel sur des marchés de biens liés* »[584], force est de constater que les accords de type A semblent pour leur part assez inoffensifs.

§ 2. Les accords ne dépassant pas la portée du brevet

146. **Les accords ne dépassant pas la portée du brevet aux États-Unis et dans l'Union européenne.** À côté des accords de catégorie A, d'autres règlements amiables semblent exempts de préoccupations de concurrence. Pour les déceler, il a fallu cette fois-ci procéder à un examen approfondi sur le brevet sur lequel l'accord repose mais aussi sur sa fiabilité. Dans certaines circonstances, les accords que nous allons présenter peuvent être classifiés dans la catégorie accords de report d'entrée. Nous avons choisi de les nommer « règlements amiables ne dépassant pas la portée du brevet » (RADPB). Ces accords ont été identifiés à partir de la doctrine du *scope of patent* aux États-Unis (A). Ils sont potentiellement concevables dans l'Union européenne (B).

A. Le non-dépassement de la portée du brevet aux États-Unis

147. **La relation entre la portée du brevet et le droit antitrust aux États-Unis.** Délimiter l'application du droit antitrust et du droit des brevets apparaît comme une tâche complexe. Face aux différentes pratiques abusives des entreprises dans l'exercice de leur droit de propriété intellectuelle, il est devenu de plus en plus difficile de séparer avec précision et certitude les cas devant être appréhendés par le droit des brevets des cas tombant sous le coup du droit antitrust. Les questions les plus topiques sont les suivantes : sous quelles conditions le droit

---

584 J. Brodley & M. O'Rourke, « Patent Settlement Agreements », art. préc. (traduction libre) : « *Patent settlement agreements may create or maintain a monopoly in technology or innovation markets and may also effectuate a monopoly or cartel in related goods markets.* »

des brevets doit-il céder au droit de la concurrence ? Qu'est-ce qu'une utilisation légitime et illégitime du brevet ? À quel moment tombe-t-on dans l'abus de brevet ? Toutes ces interrogations, non exhaustives doit-on dire, ont mobilisé aussi bien la doctrine que la jurisprudence. Pour les deux, il a été très tôt urgent et nécessaire de trouver un outillage juridique solide, une notion forte, permettant de tracer les frontières du licite et de l'illicite. Ainsi, dès le XIXe siècle, la Cour suprême des États-Unis a précisé ce qu'elle entendait par l'expression « abus de brevet »[585]. Pour la haute juridiction américaine, une conduite constitue un abus de brevet, et devient donc justiciable du droit antitrust, lorsqu'elle va « *au-delà de la portée du brevet* »[586]. En d'autres termes, lorsqu'un comportement est autorisé par le droit des brevets, le droit antitrust devrait s'effacer[587]. Prenons l'exemple grossier du refus de concéder une licence pour cerner le sens de ce principe et l'illustrer. Le droit américain des brevets accorde le droit au breveté de refuser de concéder une licence[588]. Dans ce contexte, protégé par le régime juridique appliqué au brevet, le breveté pourra refuser de concéder une licence sans risque de se voir appliquer le droit antitrust.

148. **L'utilisation *offensive* et *défensive* de la doctrine de la portée du brevet.** Dans le cas où des entreprises concluent des règlements amiables mettant un terme à un différend de brevet, le respect de la portée du brevet permet-il de les immuniser contre l'application du droit antitrust ? Avant de répondre à cette question, il convient d'exposer les deux manipulations dont peut faire l'objet la doctrine de la « portée du brevet » (*the scope of patent*). Comme l'a magistralement expliqué le professeur Hovenkamp, il existe, d'une part, une utilisation antitrust *offensive* (« *offensive antitrust use* ») de la portée du brevet et, d'autre part, une utilisation dite *défensive* (« *defensive antitrust use* »)[589]. L'utilisation est qualifiée d'*offensive* lorsqu'une autorité de concurrence attaque une entreprise au motif que celle-ci a mis en œuvre un brevet illégalement, c'est-à-dire que le comportement en cause n'était pas justifiable en opposant les prérogatives que confère le brevet à son titulaire. C'est le cas par exemple lorsqu'un breveté interdit contractuellement à une entreprise d'entrer sur le marché en contrepartie d'un paiement alors que son brevet est tombé dans le domaine public. Dans ce contexte, le paiement utilisé

---

585 Le professeur Hovenkamp a indiqué quant à lui que l'expression « *"patent misuse" fait référence à des usages incorrects pratiqués par les titulaires d'un brevet ou d'autres droits de propriété intellectuelle* » et qu'« *[h]istoriquement, "l'abus" faisait référence principalement aux pratiques de licence vues par les juridictions comme une extension du brevet au-delà de ses limites légalement autorisées* » (traduction libre). Voy. H. Hovenkamp, *The Antitrust Enterprise – Principle and Execution*, Harvard University Press, 2005, p. 272 : « *"Patent misuse" refers to improper acts committed by a patent or other IP holder. Historically, "misuse" referred mainly to licensing practices viewed by courts as attempts to extend the patent beyond its legally authorized boundaries.* »

586 U.S. Supreme Court, *Coupe v. Royer*, 155 U.S. 565 (1895), pt 576 (traduction libre) : « *beyond the scope of patent test* ».

587 *A contrario*, lorsque la pratique litigieuse a des effets anticoncurrentiels que le droit des brevets n'autorise pas, le droit antitrust doit s'appliquer. Voy. H. Hovenkamp, *The Antitrust Enterprise – Principle and Execution*, *op. cit.*, p. 272.

588 35 U.S.C. § 271(d)(4) (2012) : « *No patent owner [...] shall be denied relief or deemed guilty of misuse or illegal extension of the patent right by reason of his having [...] 4) refused to license or use any right to the patent.* »

589 H. Hovenkamp, « The Rule of Reason and the Scope of the Patent », 52 *San Diego L. Rev.* 515 (2015) (traduction libre).

pour reporter l'entrée d'un concurrent ne pourra pas être justifié sur la base des droits de propriété intellectuelle arrivés à échéance.

À rebours, l'utilisation de la portée du brevet pourra être qualifiée de *défensive* lorsque des entreprises arguent en défense que la pratique dénoncée est légale. Ce cas se présente lorsqu'il est soutenu que le comportement litigieux ne devrait pas être considéré comme illicite dans la mesure où il ne déborde pas de la portée du brevet. Cette dernière stratégie a émergé au début du xxe siècle[590] et a relégué à la marge l'utilisation *offensive*. Elle fut notamment usitée pour démontrer qu'un règlement amiable ou un accord de licence était licite – alors qu'il pouvait apparaître *prima facie* anticoncurrentiel. La justification tenait en ce que l'accord n'excédait pas « *le monopole [conféré par] le brevet au-delà de sa portée légale* »[591]. En ce sens, la Cour suprême a pu juger en 1902, dans l'affaire *Bement & Son*, que la fixation du prix d'un produit dans un accord de licence ne tombe pas sous le coup du droit antitrust dès lors que l'accord a simplement pour effet de maintenir le monopole délivré par le brevet[592]. Ce principe a cependant été tempéré, pour ne pas dire sérieusement remis en question. Dans son arrêt *Line Material*[593], où un système de licences croisées et de sous-licences avait été érigé pour fixer le prix d'un produit, la majorité des juges de la Cour suprême avait relevé qu'un breveté possède toujours le pouvoir de fixer le prix de son propre produit, et ce, indépendamment de la force ou de la valeur de son brevet. En pratique, en stipulant le prix du produit dans un accord, les entreprises peuvent « cartelliser » le marché et en prendre le contrôle collectivement. Ce faisant, l'entente légalement[594] formée s'avérera plus rentable pour les entreprises que dans le cadre d'une situation concurrentielle où la rivalité serait vive et conduirait inéluctablement à une guerre des prix. Pour cette raison, la Cour suprême a jugé cette pratique potentiellement contraire au droit antitrust. En d'autres termes, une analyse antitrust devrait toujours être possible si des indices laissent à penser que la pratique en cause nuit de manière injustifiée à la concurrence[595]. Un éminent auteur s'est rallié à cette position et son exposé nous semble mettre encore davantage en exergue les problèmes posés par l'utilisation *défensive* de la doctrine de la portée du brevet. Dans son article, le professeur Carrier pointe notamment une

---

590 Le professeur Hovenkamp explique que cette utilisation a été importée à partir du droit des brevets pour se propager en droit antitrust dans la première moitié du xxe siècle. Cette utilisation *défensive* visait à évaluer les accords de licence ou d'autres contrats tels que les règlements amiables en matière de brevet. Voy. H. Hovenkamp, « Antitrust and the Patent System: A Reexamination », 76 *Ohio St. L. J.* 468 (2015), spéc. pp. 476-477.

591 H. Hovenkamp, « The Rule of Reason and the Scope of the Patent », art. préc., p. 526 (traduction libre) : « *the agreement did not extend the patent monopoly beyond its lawful scope* ».

592 U.S. Supreme Court, *Bement & Sons v. National Harrow Co.*, 186 U.S. 70 (1902), pt 91. La haute juridiction utilise l'expression « *keep up the monopoly* ».

593 U.S. Supreme Court, *United State v. Line Material Co.*, 333 U.S. 287 (1948), pt 353. Pour un aperçu rapide de l'affaire : Voy. J. Dratler, *Licensing of Intellectual Property*, Law Journal Press, 1994, § 7.10.

594 Nous employons cette expression puisque l'accord repose sur un brevet. L'entente n'est donc pas prohibée. Étant donné que la concurrence est verrouillée par le brevet, le breveté peut conclure tous les accords qu'ils souhaitent dès lors qu'ils restent circonscrits aux droits que le brevet lui confère. Dans notre cas, puisque le breveté est libre de fixer le prix de son produit, il peut alors librement agir et conclure un accord de fixation de prix, qui serait, en l'absence du brevet, contraire à la section 1 du Sherman Act.

595 H. Hovenkamp, « The Rule of Reason and the Scope of the Patent », art. préc., p. 13.

carence importante : le fait que la doctrine de la portée du brevet présume, ou part du postulat, que le brevet est valide[596]. En pratique, cela signifie que tant que le breveté adopte un comportement n'excédant pas la portée de son brevet, l'accord tombe hors du champ d'application du droit de la concurrence. Or, cette analyse oublie que le système des brevets est faillible. En effet, au vu de la prolifération des demandes de brevet, de nombreuses études ont démontré que des myriades de brevets ne remplissaient pas les conditions de brevetabilité. Ainsi, plusieurs marchés sont potentiellement verrouillés de manière injustifiée puisque le produit breveté ne représente pas une véritable invention. Ce faisant, ce dernier n'augmente pas le bien-être social et l'affaiblit au contraire considérablement. Dans une telle situation, les consommateurs doivent payer des prix supraconcurrentiels pour un produit qui ne mérite pas la récompense offerte par le système des brevets. Des spécialistes, suivis par la Cour suprême des États-Unis, se sont donc opposés à l'utilisation *défensive* de la doctrine de la portée du brevet lorsqu'un règlement amiable comporte un paiement inversé. Pour eux, les millions de dollars dépensés par le breveté reflètent la fragilité du brevet et la faiblesse de ses chances de surmonter une action en contestation[597]. Cela signifie-t-il pour autant que tous les règlements amiables en matière de brevet sont justiciables de la section 1 du Sherman Act alors même qu'ils ne vont pas au-delà de la portée du brevet ? La réponse nous paraît négative.

149. **Les accords amiables en matière de brevet sont immunisés dès lors qu'ils ne vont pas au-delà de la portée du brevet et qu'ils ne comportent pas de transfert de valeur allant du breveté au génériqueur.** L'utilisation *défensive* de la doctrine de la portée du brevet pourrait permettre à un certain type de règlement amiable d'échapper à une condamnation antitrust. Avec le professeur Hovenkamp, nous pensons qu'entrent dans cette catégorie les accords transactionnels fixant la date d'entrée du génériqueur mais ne comportant aucun *reverse payment* au profit de ce dernier[598]. Dans cette hypothèse, le règlement amiable préserve l'adversité entre les firmes et apparaît être « *l'alternative la moins restrictive* »[599]. La principale justification semble se nicher dans la robustesse du brevet. En effet, si le breveté décide de ne réaliser aucun paiement, c'est sans doute qu'il a la certitude que la validité de son brevet sera confirmée par un tribunal si une entreprise décidait de le contester. En conséquence, en concluant un règlement amiable de

---

596 M. Carrier, « Why the "Scope of Patent" Test Cannot Solve the Drug Patent Settlement Problem », 16 *Stanford Technology L. Rev.* 1 (2012), spéc. pp. 6-8.

597 Nous traiterons de ce type de règlement amiable dans la prochaine section et expliquerons avec davantage d'éléments pourquoi ils soulèvent des préoccupations de concurrence.

598 Nous avons nommé ces accords « accords de préentrée » ou « d'entrée avancée ». Voy. *infra* n° 267 et s.

599 H. Hovenkamp, « The Rule of Reason and the Scope of the Patent », art. préc., p. 525. Le test de l'alternative la moins restrictive consiste « *à comparer la conduite [en cause] à une alternative hypothétique et à se demander si le comportement alternatif est moins préjudiciable dans le sens particulier qu'il est "moins restrictif". Si c'est le cas, alors les défendeurs perdent le procès* ». Pour être reconnu comme une vraie alternative, il est nécessaire que la conduite soit « *non seulement moins restrictive mais aussi équivalente en termes d'efficience* » (traduction libre). Voy. C. Hemphill, « Less Restrictive Alternatives in Antitrust Law », 116 *Columbia L. Rev.* 927 (2016) spéc. p. 929 : « *[The less restrictive alternative test] is to compare the conduct to a hypothesized alternative and ask whether the alternative action is less harmful in the particular sense that it is "less restrictive". If so, then the defendant loses [...]. The alternative must be dominant: not only less restrictive but also equally effective.* »

ce type, le breveté respecte la portée de son brevet et ne maintient son monopole ni artificiellement ni illégalement. Il ne fait finalement qu'usage de son « *droit d'empêcher les autres [personnes physiques ou morales] de fabriquer, d'utiliser, d'offrir à la vente, ou de vendre l'invention à travers les États-Unis* »[600]. Cette forme de règlement amiable sera regardée avec d'autant plus de bienveillance dans l'hypothèse où elle autorisera une entrée avancée d'un génériqueur sur le marché au lieu de la repousser jusqu'à ce que le brevet soit échu. Deux raisons peuvent être avancées pour justifier notre propos. Premièrement, le travail de R&D déployé par l'entreprise innovante aura permis de mettre sur le marché une nouvelle invention permettant de résoudre un problème de santé publique, ce qui s'apparente à un renforcement du bien-être social. Secondement, l'invention thérapeutique sera accessible à un prix plus bas de façon plus précoce pour les consommateurs, ce qui correspond à un renforcement du bien-être du consommateur.

150. **Les règlements amiables ne dépassant pas la portée du brevet et comportant un paiement inversé devraient être exempts de préoccupation de concurrence.** L'existence d'un paiement inversé serait-elle rédhibitoire pour immuniser un règlement amiable de l'application des règles antitrust ? Autrement dit, un règlement amiable de report d'entrée pourrait-il être regardé comme licite en opposant l'utilisation *défensive* de la portée du brevet ? Nous le pensons.

Pour s'assurer d'une absence d'infraction aux règles du droit antitrust, la certitude de la validité[601] du brevet ainsi qu'une mise en œuvre du brevet dans les limites de sa portée devraient être deux conditions indispensables à rassembler. Ainsi, la conclusion d'un règlement amiable à la suite du jugement d'un tribunal de district interprétant le brevet litigieux comme valide pourrait correspondre à un scénario immunisant un RADPB. En effet, si postérieurement à ce jugement un règlement amiable est conclu pour mettre un terme au litige[602], le paiement inversé inséré dans le règlement pourrait simplement équivaloir au coût de la procédure judiciaire et, ce faisant, ne pas représenter une somme incitant le concurrent potentiel à reporter son entrée sur le marché. Si le règlement amiable ne dépasse pas la portée du brevet[603], il nous semble que l'accord ne présenterait alors aucune préoccupation de concurrence. Par ailleurs, depuis l'entrée en vigueur du Leahy-Smith America Invents Act[604], le même raisonnement semble pouvoir être tenu pour les règlements amiables conclus postérieurement à la mise en œuvre de la

---

600 Voy. 35 U.S.C. § 154(a)(1) (traduction libre) : « *[...] the right to exclude others from making, using, offering for sale, or selling the invention throughout the United States.* »

601 Aux États-Unis, la doctrine indique que la question de la validité du brevet est fondamentale puisque c'est elle qui permet de déterminer si la portée du brevet est ou n'est pas dépassée. Ainsi, la première évaluation qu'il convient d'opérer est celle qui permet de définir l'invention en cause et de vérifier si des droits de propriété intellectuelle valides la protègent. Voy. M. Lemley & M. McKenna, « Scope », 57 *William & Mary L. Rev.* 2197 (2016), spéc. p. 2005.

602 L'idée ici serait de conclure un accord transactionnel afin que le procès d'appel n'ait pas lieu.

603 Ce sera notamment le cas lorsque le brevet n'obligera pas le concurrent génériqueur à retarder son entrée à une date postérieure à celle de la tombée du titre dans le domaine public.

604 Pour des développements plus substantiels sur cette loi en langue française, voy. J. Combeau et T. Sueur, « Les perspectives d'harmonisation du droit des brevets après l'adoption de l'America Invents Act aux États-Unis » *in Le droit de la propriété intellectuelle dans un monde globalisé – Mél. en l'honneur du professeur J. Schmidt-Szalewski*, LexisNexis, 2014, p. 117.

nouvelle procédure d'opposition nommée *post-grant review*[605]. Cette dernière correspond à une procédure d'opposition après délivrance du brevet assez similaire à la procédure d'opposition européenne. Dans l'hypothèse où le brevet ne serait pas révoqué à la suite de l'opposition formée, le RADPB comportant un paiement inversé pourrait alors être considéré comme neutre à l'égard de la concurrence.

B. Le non-dépassement de la portée du brevet dans l'Union européenne

151. **La portée du brevet dans l'Union européenne.** Dans l'Union européenne, « *en raison à la fois d'un système peu maniable pour mettre en œuvre les brevets et des réductions de prix automatiquement déclenchées par l'entrée d'un fabricant de génériques [sur le marché], les entreprises innovantes sont très fortement incitées à transiger, et ce,* même dans les affaires où elles détiennent des droits de brevet forts »[606]. Ces risques élevés auxquels font face les laboratoires *princeps* sont souvent évoqués pour justifier l'intégration de paiements inversés dans les règlements amiables. Aussi, le vieux continent revêtirait-il toutes les caractéristiques permettant de faire de lui une terre d'accueil à l'épanouissement de règlements amiables. Cependant, si les entreprises pharmaceutiques soupirent après la conclusion de ce type d'accords, il n'en demeure pas moins que certains d'entre eux apparaissent potentiellement vulnérables au droit de la concurrence. Est-ce le cas des RADPB ? La question mérite d'être posée. Plus précisément, il convient de se demander si la doctrine du *patent scope* pourrait immuniser certains RADPB, lesquels pourraient en pratique correspondre à de véritables accords de report d'entrée. Avant de répondre à cette question, il est nécessaire tout d'abord de déterminer à quoi renvoie la notion de « portée du brevet » dans l'Union européenne. Vraisemblablement, elle semble renvoyer en partie à la notion d'objet spécifique. Ainsi, conformément à l'arrêt *Centrafarm*[607], la concession d'une licence ou l'action judiciaire menée à la suite de la détection d'un acte de contrefaçon par un breveté constituent deux comportements qui entrent dans le champ de la portée du brevet. Ce faisant, un règlement amiable qui intégrerait un accord de licence ne paraît pas contraire au droit de la concurrence – du moins *prima facie*. Par-delà l'objet spécifique, la portée du brevet est aussi délimitée par des frontières aussi bien territoriales que temporelles. Autrement dit, si un brevet confère des droits, ceux-ci restent limités dans un espace déterminé[608] et dans la durée[609]. À partir de cette notion de la portée du brevet, nous avons identifié deux types de règlements amiables de report d'entrée ne posant selon

---

605 Pour une explication rapide du mécanisme, voy. T. Neu, « Post-Grant Patent Examination after the America Invents Act », 44 *IIC* 445 (2013), spéc. pp. 447-448.

606 M. Clancy, D. Geradin & A. Lazerow, art. préc., p. 9 (traduction libre) (nous soulignons) : « *Due to the cumbersome system for enforcing patents in the EU and the automatic price reductions triggered by the entry of a generic supplier, originator companies have very strong incentives to settle, even in cases where they hold strong patent rights.* »

607 CJCE, 31 oct. 1974, *Centrafarm c/ Sterling*, § 9, préc.

608 Pour un brevet européen, par exemple, les droits de propriété intellectuelle sont circonscrits aux États où le brevet a été enregistré.

609 C'est-à-dire en principe vingt ans à partir de la demande de brevet.

nous aucune préoccupation de concurrence. Les RADPB conclus postérieurement à une procédure d'opposition (1) et les RADPB conclus postérieurement à une injonction préliminaire ou à un jugement de première instance (2).

1. Les RADPB conclus postérieurement à une procédure d'opposition

152. **Présentation de la procédure d'opposition.** La procédure d'opposition permet de vérifier la validité d'un brevet et de le faire révoquer dans l'hypothèse où il aurait été délivré à tort. Cette procédure est propre à l'OEB[610]. Conformément à la Convention de Munich, le breveté et les opposants à sa délivrance avancent des arguments pour démontrer que l'invention en cause dépasse – ou ne dépasse pas – l'état de la technique. Plus précisément, la CBE énumère limitativement les motifs d'opposition permettant la révocation d'un brevet. Outre le motif de l'invention non brevetable[611], une description de l'invention insuffisamment claire et complète pour « *qu'un homme de métier puisse l'exécuter* »[612] peut aussi conduire à un rejet du titre. L'effet de la procédure sur le titre de propriété intellectuelle est considérable puisque la décision d'opposition affecte le brevet européen dans tous les États pour lesquels il a été délivré[613]. Sur la forme, la procédure doit être mise en œuvre dans les neuf mois après la délivrance du brevet à compter de la publication de la mention de la délivrance du brevet européen au *Bulletin européen des brevets*[614]. La brièveté du délai pour faire opposition peut produire des comportements pervers et indésirés. Comme le souligne la professeure Marino, un grand nombre d'oppositions sont formées « *sans trop de réflexion [par les opposants et uniquement] à titre de "précaution"* »[615]. Une fois saisis, les examinateurs de l'OEB appartenant à la division d'opposition sont ensuite chargés de mettre en balance les arguments développés par les parties et doivent décider si le brevet mérite ou non d'être maintenu. Ils peuvent aussi d'office relever des motifs d'opposition qui n'auraient pas été soulevés par les opposants dans leur déclaration[616]. Par ailleurs, si une action en contrefaçon a été exercée par un breveté alors que le brevet européen fait parallèlement l'objet d'une procédure d'opposition, en France, le juge du brevet n'est pas dans l'obligation de surseoir à statuer[617]. Il

610 En France, il n'existe pas de procédure d'opposition. Pour le professeur Binctin, l'absence d'une telle procédure est regrettable, car elle freine « *la construction et l'interprétation du droit des brevets en France* ». Voy. N. Binctin, *Droit de la propriété intellectuelle – Droit d'auteur, brevet, droits voisins, marque, dessins et modèles*, *op. cit.*, n° 563, p. 342.

611 C'est le motif d'opposition le plus fréquent. Les opposants soulèvent par ce biais le défaut d'activité inventive. Voy. L. Dybdahl, *Les brevets européens*, LexisNexis-Litec, 2005, n° 645, p. 187.

612 Art. 100, CBE.

613 Art. 99, 2°, CBE. Voy. aussi L. Marino, *Droit de la propriété industrielle*, 8e éd., Dalloz, 2013, p. 34.

614 N. Binctin, *Droit de la propriété intellectuelle – Droit d'auteur, brevet, droits voisins, marque, dessins et modèles*, *op. cit.*, n° 558, p. 340.

615 L. Marino, *Droit de la propriété intellectuelle*, *op. cit.*, n° 137, p. 192.

616 Voy. OEB, 8 nov. 2010, *ThyssenKrupp c/ Castrip*, aff. T-2291/08, qui rappelle que la division d'opposition a un pouvoir discrétionnaire pour soulever un nouveau motif si celui-ci est pertinent. La décision ayant posé ce principe a été rendue en 1993. Voy. OEB, 31 mars 1993, *Rohm and Haas c/ BASF*, aff. G 9/91, *JO OEB* 1993, p. 408.

617 CA Paris, 14 janv. 2000, *Monsanto*, *PIBD* 2000, n° 699, III, 273.

doit seulement tenir compte des circonstances, conformément à l'article 377 du code de procédure civile, pour décider s'il est d'une bonne administration de la justice de prononcer le sursis[618].

153. **Avantages de la procédure d'opposition.** Pour un auteur, l'avantage principal de l'opposition en comparaison avec une action judiciaire classique est « *qu'elle ne cause aucun traumatisme dans les relations entre les parties. Une fois qu'une opposition a été déposée, les parties bénéficient de suffisamment de temps pour étudier l'opportunité de conclure un règlement amiable* »[619]. Un autre avantage – et non des moindres selon nous – doit aussi être exposé. L'opposition permet aux opposants de s'épargner le coût des procédures judiciaires[620]. Or, si l'opposant avait choisi de faire appel au juge, il aurait dû supporter le coût des actions en annulation, lesquelles auraient dû être intentées dans tous les États où le brevet européen a été enregistré[621]. Néanmoins, les opposants n'échappent pas à la durée de la procédure, qui s'étale en moyenne sur deux ou trois années[622].

154. **Rejet de l'opposition et conclusion d'un règlement amiable.** Dans l'hypothèse où la division d'opposition de l'OEB déciderait de rejeter l'opposition formée par un tiers, la solidité ainsi que la fiabilité du brevet en ressortiraient renforcées. Ce faisant, si un RADPB est conclu postérieurement à la décision d'opposition entre le breveté et son opposant, l'accord nous semble être exempt de préoccupation de concurrence en raison du fait qu'il reposerait sur un brevet réputé valide. Ainsi, si un breveté décidait par exemple de consentir un paiement inversé à un concurrent, en lui concédant une licence à titre gratuit ou en faisant de ce dernier la principale entreprise à approvisionner en matière première pour fabriquer son médicament, l'accord devrait être regardé comme neutre à l'égard de la concurrence. D'une part, le breveté ferait dans ces circonstances un usage normal de son titre de propriété intellectuelle. D'autre part, il mobiliserait légitimement sa liberté contractuelle « *en vertu de laquelle les compétiteurs doivent pouvoir conclure les contrats qu'ils souhaitent aux conditions de leurs choix* »[623].

2. Les RADPB conclus postérieurement à une mesure provisoire ou à un jugement de première instance

155. **Mesure provisoire et RADPB.** Saisi en urgence, un juge peut prononcer des mesures provisoires interdisant la commercialisation d'un produit considéré comme contrefait par un breveté. L'interdiction provisoire correspond à une procédure

---

618 J. Passa, *Droit de la propriété industrielle*, LGDJ, t. 2, 2013, n° 352, p. 411.

619 M. Meller, « Opposition of Patents under the EPC », 61 *Journal of the Patent Office Society* 550 (1979), spéc. p. 556 (traduction libre) : « *One of the advantages of oppositions as compared with action in the courts is that it does not normally cause any trauma in the relations between the parties. Once an opposition has been filed, the parties have ample time to consider a settlement.* »

620 Cela ne signifie pas pour autant que la procédure d'opposition est exempte de coûts. Pour que l'opposition soit réputée formée, encore faut-il que les parties se soient acquittées de la taxe d'opposition.

621 J. Passa, « L'opposition en droit de la propriété intellectuelle », *LPA* 2007, n° 68, p. 29, spéc. p. 34.

622 La durée de la procédure a été jugée par certains trop excessive. Voy. par ex., J. Kaiser, « Up Close: Finding an Alternative to the European Opposition System », 176 *Patent World* 21 (2005).

623 B. Oppetit, « La liberté contractuelle à l'épreuve du droit de la concurrence », *Revue des sciences morales et politiques* 1995, n° 3, p. 241, spéc. p. 242.

avant dire droit et « *n'emporte pas de débat au fond sur la validité du titre de propriété intellectuelle* »[624]. Ainsi, la tâche de déterminer si le produit breveté a véritablement fait l'objet d'une contrefaçon incombera au tribunal saisi au fond, lequel se prononcera quelques mois – voire des années – après la délivrance de l'ordonnance. Autrement dit, même lorsque le juge de l'urgence prononce une interdiction provisoire, le défendeur n'est pas reconnu comme un contrefacteur. Seule une décision au fond lui attribuera cette qualité et permettra de déterminer si le brevet est valide.

Pour obtenir une telle mesure, « *le requérant doit, à partir d'éléments raisonnablement accessibles, démontrer que l'atteinte à son bien intellectuel est vraisemblable ou imminente* »[625]. En droit français, c'est l'article L. 615-3 du CPI qui pose cette condition de vraisemblance et d'imminence[626], de sorte qu'il est nécessaire que cette contrefaçon apparaisse manifestement constituée. Pour autant, nous pensons qu'une mesure provisoire d'interdiction donne des indications fiables sur la force du brevet. Avec un auteur, il nous semble que le prononcé d'une telle mesure d'interdiction ne devrait intervenir que lorsqu'il est raisonnablement clair que le brevet en cause est à la fois violé et valide[627]. En conséquence, il nous apparaît autorisé d'inférer que les RADPB conclus postérieurement au prononcé d'une mesure d'interdiction ne posent aucun problème de concurrence. En effet, si le défendeur au procès a décidé de conclure un accord amiable pour éteindre le litige, c'est certainement qu'il a pu prendre la mesure des difficultés qu'il rencontrerait pour faire annuler le brevet. Partant, un RADPB qui intégrerait un paiement inversé devrait être regardé avec indifférence par le droit de la concurrence puisqu'il reposerait sur un titre de propriété intellectuelle qui, d'une part, protégerait légitimement une invention et, d'autre part, empêcherait les tiers non autorisés de l'exploiter[628]. Ainsi, l'absence de concurrence à l'égard du produit breveté serait légale dans tous les cas où les tiers ne seraient pas en mesure de livrer une concurrence par substitution ; le RADPB ne déclencherait des doutes que s'il concerne un concurrent potentiel capable de proposer un substitut aux consommateurs. Pour ces raisons, le transfert de valeur ne devrait pas déclencher de préoccupations de concurrence. Comme l'a relevé un juge du Tribunal de l'Union, qu'il prenne la forme d'une nouvelle opportunité d'affaires, d'un paiement

---

624 N. Binctin, *Droit de la propriété intellectuelle – Droit d'auteur, brevet, droits voisins, marque, dessins et modèles*, *op. cit.*, n° 135, p. 792. Plus généralement sur la cessation de l'illicite, voy. C. Bloch, *La cessation de l'illicite – Recherche sur une fonction méconnue de la responsabilité civile extracontractuelle*, LGDJ, 2008, 674 p.

625 *Ibid.* Sur ce sujet, le professeur Binctin ajoute que « *la portée de ces mesures provisoires d'interdiction est double, non seulement il est possible de faire cesser un dommage en cours mais il est aussi possible de recourir à cette procédure pour anticiper une atteinte à un bien intellectuel* ».

626 Aux termes de cet article, il est énoncé que le juge ne peut ordonner les mesures demandées « *que si les éléments de preuve, raisonnablement accessibles au demandeur, rendent* vraisemblable *qu'il est porté atteinte à ses droits ou qu'une telle atteinte est* imminente » (nous soulignons).

627 R. Jacob, « The Harmonisation of Patent Litigation », 2 *Intellectual Property Quarterly* 142 (1997), spéc. p. 149.

628 E. Morgan de Rivery, S. Thibault-Liger et J. Bernard, « L'impact des réformes récentes du droit communautaire de la concurrence sur le traitement des transferts de technologie » *in Droit et économie de la propriété intellectuelle*, *op. cit.*, pp. 55-56.

monétaire ou d'une quelconque autre concession, le transfert de valeur est délivré pour éteindre un litige dans des conditions acceptables pour les deux parties[629].

156. **Jugement de première instance et RADPB.** Par ailleurs, un RADPB peut être conclu à la suite d'un jugement au fond rendu en première instance. Concernant le procès de première instance, le doyen Cornu nous a éclairés en le définissant comme celui « *qui se déroule devant les premiers juges, au premier degré de juridiction* »[630]. Ainsi, le procès tenu en première instance consacre le droit[631] et permet donc de juger de la force du brevet. À rebours d'une ordonnance prononcée dans les circonstances de l'urgence, le procès de première instance cherche à régler « *un litige relatif à un rapport de* droit substantiel, *ou fondamental, opposant, dans la majorité des cas, deux (ou plusieurs) personnes* »[632]. Autrement dit, le juge de première instance vérifiera la substance même du droit et sanctionnera définitivement l'acquisition des droits de propriété intellectuelle. À la suite du jugement, le brevet ne sera plus *présumé* valide, il le sera irrévocablement dès lors qu'aucun recours en appel ne sera formé. Ce faisant, le RADPB comportant un paiement inversé ne produira aucune préoccupation de concurrence, l'inertie concurrentielle sur le marché étant licite dès lors que l'accord ne bloque pas la concurrence qui serait livrée sur le modèle de la substitution.

Section 2
Les règlements amiables porteurs de préoccupations de concurrence

157. **Du paiement inversé en numéraire au paiement inversé en nature.** Comme nous l'avons vu, certains règlements amiables en matière de brevet peuvent être proconcurrentiels et ne poser aucune préoccupation de concurrence. La conclusion des accords analysés à la section précédente semble protéger les laboratoires pharmaceutiques d'une condamnation antitrust. Cependant, certains règlements amiables ont la capacité de violer les règles de concurrence. Ces derniers ont d'abord été ciblés par l'autorité de concurrence américaine avant d'être visés bien plus tard par la Commission européenne dans son Rapport final sur le secteur pharmaceutique. Que ce soit aux États-Unis ou dans l'Union européenne, les accords qui se révèlent être les plus suspects à l'égard du droit de la concurrence

---

629 I. Forrester, « The Dangers of Settling Patent Litigation » *in Competition and Patent Law in the Pharmaceutical Sector – An International Perspective* (dir. G. Pitruzzella & G. Muscolo), Wolters Kluwer, 2016, p. 69, spéc. p. 70. L'auteur énonce précisément que le transfert de valeur « *peut être une nouvelle opportunité d'affaires ou un paiement ou une autre concession qui est accordée afin de trouver une conclusion au litige acceptable* » (traduction libre). Dans la langue d'origine : « *[The value transfer] may be a new business opportunity or a payment or some other concession which is granted in order to make a conclusion of the litigation acceptable* ».

630 G. Cornu, *Vocabulaire juridique*, 11e éd., PUF, 2016, p. 556, V° Instance.

631 P. Catala et F. Terré, *Procédure civile et voies d'exécution*, 2e éd., PUF, 1976, p. 421. Les professeurs Catala et Terré énonçaient précisément que « *le procès consacre le droit* ».

632 S. Amrani Mekki, L. Cadiet et J. Normand, *Théorie générale du procès*, 2e éd., PUF, 2010, n° 97, p. 388 (nous soulignons).

sont ceux contenant un transfert de valeur (« *a value transfer* »)[633]. Nous verrons que ce transfert de valeur prenait principalement par le passé la forme d'un paiement en numéraire (§ 1). Ces accords, nous les avons qualifiés de « première génération ». Aujourd'hui, les laboratoires pharmaceutiques essayent cependant d'éviter ce type d'accord par crainte d'une attaque antitrust déclenchée par une autorité de concurrence ou par des parties privées. Une nouvelle tendance a donc émergé : les entreprises du secteur pharmaceutique privilégient les règlements amiables prenant la forme d'un paiement en nature (§ 2). Ces accords, nous les avons classés dans la catégorie des « accords de seconde génération ». Une autre stratégie impliquant des règlements amiables mérite d'être évoquée. Elle concerne la combinaison d'accords *pay-for-delay* avec la stratégie unilatérale connue sous la locution « *product hopping* » (§ 3).

§ 1. Les accords contenant un paiement inversé en numéraire (ou les accords de première génération)

158. **Examen de la FTC et de la doctrine américaine.** Les accords de report d'entrée prenant la forme d'un paiement monétaire furent les premiers à être regardés avec attention et scepticisme par les autorités de concurrence. Pour la FTC, ces accords de type *pay-for-delay* sont mauvais parce que, « *lorsque les entreprises pharmaceutiques se mettent d'accord pour ne pas se livrer concurrence, les consommateurs sont perdants* »[634]. De son côté, la Commission européenne semble être du même avis que sa consœur américaine et paraît avoir adopté la même approche[635]. M. Almunia, l'ancien commissaire chargé de la concurrence, avait d'ailleurs déclaré sous un ton très comminatoire que « *ces accords appelés* "pay-for-delay" *constituent une grave violation au droit européen de la concurrence. Ils peuvent causer de lourds préjudices aux patients et aux contribuables et doivent par conséquent être sanctionnés* »[636]. Aussi, pour dessiner les contours des problèmes antitrust posés par les règlements amiables de type monétaire, il est nécessaire de partir de l'expérience américaine (A) pour comprendre les préoccupations de concurrence soulevées par la Commission européenne dans son Rapport final sur le secteur pharmaceutique (B).

---

633 O. Cavézian et M.-S. Mercier, « Stratégie des laboratoires *princeps* face aux médicaments génériques : quelles approches des autorités de concurrence », *RLC* 2014, n° 39, p. 161, spéc. pp. 164-166.

634 Statement of Federal Trade Commission, Chairman Jon Leibowitz, Pay-for-Delay Press Conference (Jan. 13, 2010), p. 1 (traduction libre) : « *when drug companies agree not to compete, consumers lose* ». Disponible sur : https ://www.ftc.gov/sites/default/files/documents/reports/pay-delay-how-drug-company-pay-offs-cost-consumers-billions-federal-trade-commission-staff-study/100113stmtleibowitzpfd.pdf.

635 S.-P. Brankin, « Patent Settlements and Competition Law : Where Is the European Commission Going? », 5 *J. Intell. Prop. L. & Prac.* 23 (2010).

636 Statement by Vice-President Almunia, *Commission fines Lundbeck and other pharma companies for delaying market entry of generic medicines*, Speech/13/553, 19 June 2013, p. 2 (traduction libre) : « *these so-called "pay-for-delay" deals constitute severe infringements of EU competition law. They may cause severe harm to patients and taxpayers and must be sanctioned accordingly* », disponible sur : http://europa.eu/rapid/press-release_SPEECH-13-553_en.htm.

A. L'expérience américaine

159. **La FTC, première autorité de concurrence à s'interroger sur la légalité des accords de report d'entrée contenant un paiement monétaire.** La FTC a été la première autorité de concurrence à s'interroger sur la compatibilité des règlements amiables prenant la forme d'un paiement en « *cash* » avec le droit antitrust. Dès le début des années 2000, elle décida de déposer deux plaintes[637] – qui ont rapidement fait l'objet à l'époque d'une transaction – afin que des procès puissent se tenir et ainsi endiguer ce phénomène. En 2002, elle publia une étude où elle consacra tout un chapitre sur la question des règlements amiables[638]. Dans celui-ci, elle affirma tout d'abord dans un style cursif que les règlements amiables ont la capacité de résoudre totalement ou partiellement un différend de brevet dans les meilleurs délais. L'autorité de concurrence poursuivit son analyse en faisant observer ensuite que la politique publique mise en place aux États-Unis est favorable à l'utilisation de la voie transactionnelle pour préserver des ressources judiciaires limitées[639]. La FTC ajouta enfin que les règlements amiables servent à clarifier les droits de propriété intellectuelle entre les parties[640] puisqu'ils éliminent les nombreuses incertitudes qui pourraient exister s'agissant de la validité du brevet. Cependant, elle pondéra rapidement son propos en soulignant que « *certains règlements amiables entre laboratoire* princeps *et fabricants de génériques [sont] anticoncurrentiels* »[641]. À cette époque, elle mit en exergue neuf règlements amiables qui avaient pour point commun de comporter un paiement monétaire. Ces paiements variaient de 132,5 millions de dollars à 1,75 million de dollars[642]. Le prix payé par le breveté fluctuait selon la valeur du médicament (est-ce un *blockbuster* ou non ?) et la date d'échéance du brevet (le brevet va-t-il rapidement tomber dans le domaine public ?). Autrement dit, plus la date d'échéance du brevet était lointaine au moment de l'accord, plus le médicament *princeps* était un succès et plus le prix payé par le laboratoire innovant pour écarter l'entrée du génériqueur sur le marché était important. C'est en substance, et en filigrane, ce que l'on peut retenir de cette première analyse faite par l'autorité de concurrence américaine.

160. **La FTC, inspirée par la doctrine.** La FTC, qui a été pionnière dans l'identification d'une potentielle nocivité des règlements amiables de report d'entrée, ne s'est pas contentée de ses propres lectures et intuitions. Elle a pu au fil du temps consolider sa position très sévère à l'égard des règlements amiables comportant

---

637 Voy. *In re Abbott Lab. and Geneva Pharm. Inc.*, No. C-3945, plainte déposée le 22 mai 2000, disponible sur : https ://www.ftc.gov/os/2000/05/c3945complaint.htm (cette affaire a fait l'objet le 2 avril 2001 d'un *consent agreement* conclu entre la FTC et les laboratoires visés par la plainte. Le *consent agreement* est disponible sur : https//www.ftc.gov/opa/2001/04/hoechst.htm) ; voy. *In re Hoechst Marion Roussel, Inc. and Andrx Corp.*, No. 9293, plainte déposée le 16 mars 2000, disponible sur : https ://www.ftc.gov/os/2000/03/hoechstandrx-complaint.htm (cette affaire a été transigée en avril 2001).

638 FTC, *Generic Drug Entry Prior to Patent Expiration: An FTC Study*, préc., spéc. p. 25 et s. Nous tenons ici à souligner l'importance de cette étude. Ce rapport fut par exemple le premier à relever les nombreuses formes de règlements amiables. Outre les paiements monétaires, la FTC a pu déceler d'autres modalités de paiement comme la concession de licence ou les accords de distribution.

639 *Ibid.*

640 *Ibid.*

641 *Ibid.* (traduction libre).

642 *Ibid.*, p. 32. Voy. le tableau récapitulatif inséré par la FTC dans son rapport.

un paiement inversé de type monétaire grâce à de nombreux auteurs qui ont démontré, souvent par des tests économiques assez abscons pour les juristes, les préoccupations de concurrence portées par les règlements amiables conclus dans le secteur pharmaceutique. Nous verrons cependant que les économistes sont souvent en désaccord et qu'en la matière il n'existe pas vraiment de consensus. Certains d'entre eux les pourfendent et exigent un traitement strict et rigoureux (1). D'autres sont plus modérés et considèrent les règlements amiables comportant un paiement inversé de type monétaire avec bienveillance (2).

1. Les tests économiques défavorables aux règlements amiables

161. **Des propositions « anti- » règlements amiables de report d'entrée.** Les accords de report d'entrée ont déclenché une controverse doctrinale que d'aucuns considèrent en France comme « *la marque d'un échange nécessaire des idées et des opinions* » mais aussi comme « *le signe d'un droit qui s'élabore par la discussion et la recherche de la meilleure solution* »[643]. Nonobstant un débat intense et riche en termes de proposition, aucune solution avancée par les économistes et juristes n'a créé de consensus. Présentons tout d'abord le test de Shapiro (a) avant d'évoquer celui des frères Leffler (b).

a. Le test de Shapiro

162. **Les brevets vus par l'économiste Carl Shapiro.** Le professeur Shapiro fut l'un des premiers économistes à s'intéresser aux accords de report d'entrée. Son étude publiée à l'été 2003[644] a eu un énorme retentissement aux États-Unis. Pour cet auteur, certains règlements amiables doivent purement et simplement être vus comme illégaux *per se*. Pour arriver à ce résultat, il va proposer une règle antitrust assez rigide. Pour l'exposer de manière cursive, il considère qu'un règlement amiable doit laisser le consommateur dans une aussi bonne position que celle qui aurait résulté d'un litige de brevet en cours[645]. Afin d'étayer son raisonnement, l'économiste commence par avancer qu'il y a de nombreux brevets délivrés à tort et que l'office de brevets américain est souvent incompétent pour dire si le critère de nouveauté est rempli. En d'autres mots, le PTO octroierait de mauvais brevets (« *bad patents* »), « *c'est-à-dire des brevets qui en fait ne remplissent pas le critère de nouveauté* »[646]. Mais ce n'est pas tout. Pour les professeurs Lemley et Shapiro, les brevets offrent des droits *probables* et non *certains*[647]. Pour ces auteurs,

---

643 N. Molfessis, « La controverse doctrinale et l'exigence de transparence de la doctrine », *RTD civ.* 2003, p. 161. Voy. Aussi G. Goubeaux, « Il était une fois… la Doctrine », *RTD civ.* 2004, p. 239, ainsi que le livre des professeurs Jamin et Jestaz, *La Doctrine*, Dalloz, 2004, 314 p.

644 C. Shapiro, « Antitrust Limits to Patent Settlements », 34 *Rand. J. Econ.* 391 (2003).

645 *Ibid.*

646 *Ibid.*, p. 392 (traduction libre) : « *Likewise, the need to resolve intellectual property disputes is arguably made yet greater to the extent that the* U.S. Patent and Trademark Office has issued "bad" patents, i.e., patents on technology that does not in fact meet the novelty requirement » (nous soulignons). Sur la question des *bad patents*, voy. *supra* n° 85 et s.

647 M. Lemley & C. Shapiro, « Probabilistic Patents », art. préc. ; *Adde* sur ce sujet I. Ayres & P. Klemperer, « Limiting Patentees' Market Power Without Reducing Innovation Incentives: The Perverse Benefits of Uncertainty and Non-Injunctive Remedies », 97 *Mich. L. Rev.* 985 (1999). Voy. aussi. C. Leffler & K. Leffler, « Efficiency Trade-Offs in Patent Litigation Settlements: Analysis Gone Astray? », art. préc.,

il existe un risque important qu'un brevet soit déclaré invalide[648]. Certes, tous les droits de propriété contiennent des éléments d'incertitude, mais s'agissant du brevet, les deux économistes mettent en exergue deux dimensions fondamentales de l'incertitude : d'une part, « *l'incertitude portant sur l'importance commerciale de l'invention brevetée* » ; d'autre part, « *l'incertitude portant sur la validité et la portée des droits octroyés* »[649]. Cette analyse n'est pas isolée puisque d'autres auteurs, comme les frères Leffler, vont dans le même sens[650]. Pour ces derniers, le droit d'exclure d'autres concurrents du marché et de collecter des rentes de monopole est un droit *incertain* qui peut être représenté par la probabilité qu'un brevet sera jugé valide[651]. Ainsi, les brevets devraient être vus comme un « ticket de loterie » (« *a lottery ticket* »)[652]. La justification tient en ce que les inventeurs, incertains du succès commercial de leurs inventions, chercheraient à breveter un maximum d'entre elles en sachant pertinemment que certaines seront invalidées, mais que d'autres leur permettront de gagner d'énormes revenus[653]. Pour arriver à cette fin, les demandeurs de brevets ont deux moyens : le « *patent continuation* » et la prolifération de demandes de brevets très proches. Le *patent continuation* se caractérise par le fait qu'un demandeur de brevets insiste, pour ne pas dire s'acharne, pour que le PTO lui délivre le brevet. Un dérivé de cette technique consiste pour un demandeur ayant obtenu un brevet à poursuivre ses demandes portant sur des brevets liés. Cette dernière occurrence se produit surtout dans les cas où les technologies deviennent rapidement obsolètes. Comme l'a relevé une doctrine autorisée, cette pratique a pris beaucoup d'ampleur et est en constante croissance[654]. Elle est d'ailleurs fortement utilisée dans l'industrie pharmaceutique, dans le sens où les laboratoires gardent des demandes de brevets pendantes (« *a continuation application pending* ») durant l'entière vie du brevet original ou primaire[655]. Par ailleurs, les déposants utilisent aussi la technique de la prolifération de demandes de brevet très proches, technique connue sous le nom de « *patent thicket* ». L'effet produit est le suivant. Afin de consolider les chances de gagner à la loterie, les entreprises déposent des myriades de demandes sur des

---

spéc. p. 35, où les auteurs expliquent que le « *breveté n'est jamais certain de son "droit" d'exclure d'autres [concurrents] de l'utilisation ou de la vente de l'invention brevetée* » (traduction libre) : « *The patent owner is never certain of its "right" to exclude others from the use or sale of the patented invention.* » Ou encore : C. Leffler & K. Leffler, « Want to Pay a Competitor to Exit the Market? Settle a Patent Infringement Case », *ABA Section of Antitrust Law Economics Committee Newsletter*, Spring 2002, Vol. 2, No. 1.

648 M. Lemley & C. Shapiro, « Probabilistic Patents », art. préc., p. 76.

649 *Ibid.* (traduction libre) : « *There are two fundamental dimensions of uncertainty: 1) uncertainty about the commercial significance of the invention being patented, and 2) uncertainty about the validity and scope of the legal right being granted.* »

650 Nous exposerons plus loin l'analyse proposée par ces économistes.

651 C. Leffler & K. Leffler, « The Probabilistic Nature of Patent Rights: In Response to Kevin McDonald », 17 *ANTITRUST* 77 (2003) (nous soulignons). Voy. aussi ABA Section of Antitrust Law, *Intellectual Property and Antitrust Handbook*, American Bar Association, 2007, p. 256.

652 *Ibid.*, p. 81.

653 F. Scherer, « The Innovation Lottery » *in Expanding the Boundaries of Intellectual Property: Innovation Policy for the Knowledge Society, op. cit.*, p. 5.

654 S. Graham & D. Mowrey, « Submarines in Software? Continuations in US Software Patenting in the 1980s and 1990s », 13 *Economics of Innovation and New Technology* 443 (2004).

655 Pour des précisions sur ce sujet, voy. M. Lemley & K. Moore, « Ending Abuse of Patent Continuation », 84 *Boston University L. Rev.* 63 (2004).

technologies très proches, voire liées entre elles, ce qui a pour conséquence de couvrir l'entière technologie qui sera adoptée par le marché[656]. On dit souvent qu'un « maquis »[657] de brevets se forme dans la mesure où des centaines de brevets protègent un seul produit[658].

Une fois établies les carences du système des brevets, le professeur Shapiro va caractériser les accords devant être identifiés comme étant un règlement amiable. De nombreux accords commerciaux impliquant des droits de propriété intellectuelle devraient selon lui être regardés ainsi. En premier lieu, il y a des accords qui sont « littéralement » des règlements amiables parce qu'un litige a été engagé et abandonné une fois l'accord conclu. En second lieu, il y a des accords qui sont de manière « effective » des règlements amiables puisque les négociations prennent place « dans l'ombre d'un possible litige » (« *in the shadow of possible litigation* »)[659]. Mais le professeur Shapiro ne se limite pas à cette dichotomie. Son analyse va révéler quatre types d'accords transactionnels mettant fin à un litige de brevet et susceptibles de soulever des préoccupations de concurrence. Premièrement, le breveté pourrait acquérir le contestataire par le biais d'une concentration. Selon l'auteur, cette transaction devrait être acceptable pour les deux parties dès lors que les gains tirés du produit sont bien répartis et qu'ils incluent les bénéfices tirés de l'élimination de la concurrence. Deuxièmement, le détenteur de brevets pourrait faire des paiements fixes au contestataire en échange d'un accord de non-concurrence. La non-concurrence pourrait être totale ou limitée à certains produits, à certaines zones géographiques ou pendant une certaine période. Ces sont les accords de type *pay-for-delay*. Troisièmement, les deux entreprises pourraient conclure une joint venture ou d'autres accords de coopération (tels que des accords d'approvisionnement ou de comarketing) qui leur permettraient d'être présents ensemble sur le marché mais sans se livrer directement concurrence. Quatrièmement, le contestataire pourrait accepter de payer une redevance en combinaison avec un paiement fixe du breveté. Dans cette occurrence, il existe uniquement deux conditions pour que ces règlements amiables de maximisation des profits soient conclus. D'une part, l'accord doit préserver le pouvoir de monopole que le breveté aurait eu en l'absence du contestataire. D'autre part, chaque partie doit trouver individuellement une raison d'accepter le règlement amiable plutôt que de poursuivre le litige[660].

Pour synthétiser, « *une caractéristique principale de ces accords anticoncurrentiels est que le détenteur de brevets accepte de partager ses profits de monopole avec*

---

656 M. Lemley & C. Shapiro, « Probabilistic Patents », art. préc., p. 81.

657 Comme l'a souligné le professeur Marino, les « *"grappes de brevets" (les patent clusters) ou les "maquis de brevets" (les patent thickets) formés par le dépôt de nombreuses demandes de brevets pour le même médicament* » font que l'« *on se perd alors dans le maquis d'une ou deux centaines de brevets déposés pour un même produit* ». Voy. L. Marino, « Le devenir des brevets dans le secteur des médicaments en Europe », art. préc.

658 Voy. C. Shapiro, « Navigating the Patent Thicket: Cross-Licenses, Patent Pools, and Standard-Setting » *in NBER Innovation Policy and the Economy*, Vol. 1. (dir. A. Jaffe, J. Lerner & S. Stern), MIT Press, 2001, p. 119. Voy. aussi Federal Trade Commission, *To Promote Innovation: A Proper Balance of Competition and Patent Law and Policy* (2003), disponible sur https://www.ftc.gov/sites/default/files/documents/reports/promote-innovation-proper-balance-competition-and-patent-law-and-policy/innovationrpt.pdf.

659 C. Shapiro, « Antitrust Limits to Patent Settlements », art. préc., p. 392.

660 *Ibid.*, p. 394.

le contestataire afin d'inciter [ce dernier] à abandonner son combat »[661]. En clair, « *de tels accords auront tendance à être contraires aux intérêts des consommateurs* » puisque « *sans limites posées aux règlements amiables en matière de brevet, les consommateurs recevraient uniquement le surplus disponible en situation de monopole* »[662]. Par ailleurs, avant d'établir sa règle antitrust, Carl Shapiro va exprimer son raisonnement portant sur la relation entre le monopole et le brevet. Pour l'auteur, les profits de monopole qui peuvent être conjointement tirés par les parties au règlement amiable ne s'appuient pas sur les droits délivrés au breveté. Comme nous l'avons dit précédemment, un brevet peut être vu comme un droit de propriété probable (« *a probabilistic property right* »). Ce que le brevet octroie à son titulaire est le droit de poursuivre des entreprises en contrefaçon ou d'empêcher celles-ci de violer le brevet. Ainsi, il n'y a aucune garantie pour le breveté que son titre sera déclaré valide ou qu'un défendeur lors d'un procès en contrefaçon sera jugé coupable. Partant, tous les brevets *réels* (« *real patents* ») apparaissent moins forts que les « brevets idéalisés » (« *idealized patents* ») par la théorie économique[663]. Pour le démontrer, Carl Shapiro énonce six cas où un brevet *réel* pourrait être d'une plus faible valeur que le brevet *idéalisé*. Premièrement, le brevet réel peut être jugé invalide, entièrement ou partiellement. Deuxièmement, le brevet réel peut être jugé non violé en raison du produit vendu par une entreprise ou du procédé utilisé par celle-ci pour le fabriquer. Troisièmement, le brevet réel peut être aisément contourné en inventant autour plutôt que d'être obligé de payer des redevances ou d'être forcé à arrêter la production. Quatrièmement, le breveté réel peut être dans l'incapacité de trouver les contrefacteurs ou d'obtenir une mesure provisoire pour empêcher la contrefaçon. Cinquièmement, rendre exécutoire le brevet réel entraîne des coûts de procédure judiciaire et des retards. Sixièmement, le breveté réel peut ne pas être en mesure de recevoir par le biais d'un jugement tous les bénéfices perdus qui résultent d'une violation du brevet. C'est notamment le cas lorsque les actifs du contrefacteur sont insuffisants pour récupérer les dommages-intérêts octroyés[664].

En conséquence, Carl Shapiro conclut que le titulaire d'un brevet réel n'a pas le droit d'obtenir le même niveau de profits ou le même droit d'exclusion d'un rival que le titulaire d'un brevet « invulnérable » (« *ironclad patent* »)[665]. Ce raisonnement va permettre à M. Shapiro de dégager le principe suivant : « *un règlement amiable ne peut pas porter préjudice au consommateur* »[666]. Cependant, l'auteur n'est pas favorable à l'instauration d'une règle antitrust trop rigide. En effet, puisque de nombreux règlements amiables sont proconcurrentiels, dans le sens où les consommateurs sont dans une meilleure position que celle dans laquelle ils auraient été si le litige avait suivi son cours, des limites antitrust trop strictes

---

661 *Ibid.* (traduction libre) : « *A hallmark of these anticompetitive agreements is that the patentholder agrees to share its monopoly profits with the challenger in order to induce the challenger to give up its fight.* »

662 *Ibid.*, p. 395 (traduction libre) : « *Clearly, such agreements will tend to be contrary to the interests of consumers: without limits on patent settlements, consumers will receive only the surplus available facing a monopolist.* »

663 *Ibid.*

664 *Ibid.*

665 *Ibid.*

666 *Ibid.*

seraient contre-productives. Pour lui, il convient plutôt dans ce cas de distinguer les règlements amiables qui devraient être interdits de ceux qui devraient être autorisés. À cet effet, l'économiste propose une règle antitrust simple pour séparer le bon grain de l'ivraie : « *un règlement amiable en matière de brevet ne peut pas conduire à un surplus du consommateur plus faible que celui qui aurait résulté d'un litige en cours* »[667].

163. **Justification de la règle antitrust posée par Shapiro.** Pour l'économiste, les consommateurs possèdent un « droit de propriété » portant sur le niveau de concurrence qui aurait prévalu en moyenne si les deux parties à l'accord avaient résolu leur litige de brevet devant une juridiction[668]. Ainsi, aussi longtemps que le droit du consommateur à ce niveau de concurrence est respecté, les deux parties sont autorisées à négocier le règlement amiable le plus profitable pour eux afin de mettre un terme au différend de brevet qui les oppose. Pour l'auteur, cette règle apparaît solide pour deux raisons. D'une part, elle met en équilibre les droits des brevetés avec les intérêts des consommateurs. D'autre part, le standard proposé respecte les droits de propriété délivrés aux brevetés. L'auteur ajoute que le principe suggéré est en adéquation avec la politique antitrust et le droit antitrust mis en œuvre pour d'autres formes de collaboration entre concurrents. Par exemple, une concentration est habituellement jugée proconcurrentielle si les consommateurs se trouvent dans une meilleure position en sa présence qu'en son absence. Les lignes directrices du Department of Justice (DOJ) et de la FTC concernant les accords de licence vont exactement dans le même sens. Selon celles-ci la concession de licence doit être regardée comme proconcurrentielle si elle ne restreint pas la concurrence qui aurait pris place en son absence[669].

En outre, l'économiste évoque une notion peu connue en droit de la concurrence : « la concurrence à l'ombre du litige de brevet » (« *competition in the shadow of patent litigation* »)[670]. Pour M. Shapiro, un règlement amiable ne doit pas affaiblir la concurrence à l'ombre du litige de brevet et écarter le « droit à la concurrence » dont bénéficient les consommateurs. Quelle est cette concurrence ? Lorsqu'un différend de brevet éclate entre un breveté et un prétendu contrefacteur, deux évènements peuvent se produire. Ou bien le détenteur de brevet arrive à obtenir une mesure provisoire qui exclut le prétendu contrefacteur du marché ; dans cette occurrence, les consommateurs n'ont aucun droit à la concurrence puisque celle-ci violerait l'injonction prononcée. Ou bien le breveté n'a pas réussi à obtenir de mesures provisoires ; dans ce cas, le prétendu contrefacteur peut continuer à livrer

---

667 *Ibid.*, p. 396 (traduction libre) : « *a patent settlement cannot lead to lower expected consumer surplus than would have arisen from ongoing litigation* ». Carl Shapiro indique qu'une approche beaucoup plus rigide pour les brevetés pourrait être retenue : l'approche de « *l'alternative la moins restrictive* ». Cependant, il n'y adhère pas puisque celle-ci est fort peu respectueuse des droits de propriété intellectuelle. Conformément à cette approche, un accord pourrait être qualifié d'anticoncurrentiel si un accord alternatif moins restrictif pour la concurrence avait pu être façonné, en supprimant ou modifiant quelques stipulations par exemple, tout en maintenant les mêmes fins légitimes attendues par les parties. La condition nécessaire est que l'accord alternatif devrait apportait un surplus bien plus important pour le consommateur.

668 *Ibid.*

669 DOJ/FTC, *Antitrust Guidelines for the Licensing of Intellectual Property*, Issued by the U.S. Department of Justice and the Federal Trade Commission (April 6, 1995), spéc. § 2.3.

670 C. Shapiro, « Antitust Analysis of Patent Settlements Between Rivals », 17 *ANTITRUST* 70 (2003), spéc. p. 73.

concurrence sur le marché jusqu'à ce que la juridiction rende une décision au fond. C'est dans ce dernier cas de figure que l'on peut identifier une concurrence à l'ombre du litige du brevet. Pour l'auteur, il faut protéger cette forme de concurrence et écarter les arguments selon lesquels la concurrence à l'ombre du litige de brevet affaiblit la valeur des brevets et par voie de conséquence décourage l'innovation[671]. En effet, le Congrès n'a jamais interdit ce type de pratique. Aussi, si le législateur américain considère que cette concurrence à l'ombre du litige est défavorable pour le consommateur sur un horizon temporel de long terme, il devrait adopter une nouvelle loi permettant aux brevetés d'obtenir plus facilement des mesures provisoires interdisant aux prétendus contrefacteurs de mener concurrence sur le marché jusqu'au prononcé d'un jugement au fond.

Par ailleurs, Carl Shapiro insiste sur la nécessité d'évaluer la «*force du brevet*» (« *strength of the patent* »). L'auteur affirme qu'il existe une réelle différence lorsqu'une entreprise détient un brevet fort ou lorsqu'elle possède un brevet faible. Si le brevet est très fort, c'est-à-dire qu'il existe une probabilité minime pour qu'il soit invalidé, jugé violé ou qu'il est difficile d'inventer autour (« *to invent around* »), le contestataire n'aura pas la capacité de livrer concurrence au breveté en poursuivant le litige[672]. En revanche, si le brevet est très faible, un litige en cours est susceptible de conduire à une plus grande concurrence et à d'importants bénéfices pour le consommateur. Cependant, compte tenu de la difficulté de cette évaluation, l'économiste considère qu'il faut utiliser l'évaluation du brevet comme un *paramètre exogène*, sauf dans les cas où des déductions sont faisables, notamment à partir des décisions commerciales faites par les deux parties. Deux exemples sont évoqués. Il y a une présomption de faiblesse du brevet, d'une part, lorsque le contestataire livre une concurrence féroce alors que le litige est pendant et, d'autre part, lorsque le breveté paye le contestataire avec un montant très élevé pour qu'il sorte du marché. Dans ces deux occurrences, le brevet doit être analysé comme vulnérable[673].

Enfin, à la suite de calculs savants et d'une modélisation économique poussée, l'économiste conclut qu'« *un paiement monétaire allant du breveté au contestataire (qui excède les coûts de procédure judiciaire) est un signal clair que le règlement amiable est susceptible d'être anticoncurrentiel* »[674]. En d'autres termes, le détenteur d'un brevet qui aurait un comportement rationnel ne payerait pas plus que les coûts de procédure judiciaire évités à moins qu'il ne pense acheter une date d'entrée sur le marché très éloigné comparée à celle qui aurait pu être retenue si une décision judiciaire avait été rendue. Certes, l'auteur pondère cette conclusion en énonçant que de tels paiements inversés ne sont pas nécessairement anticoncurrentiels si d'autres facteurs sont pris en compte, tels que l'aversion au risque (« *risk aversion* ») ou l'asymétrie d'information sur les conditions de marché (« *asymmetric information about market conditions* »)[675]. Néanmoins, il estime que la règle énoncée est équilibrée et qu'elle doit être adoptée.

---

671 *Ibid.*

672 C. Shapiro, « Antitrust Limits to Patent Settlements », art. préc., p. 397.

673 *Ibid.*

674 *Ibid.*, p. 408 (traduction libre) : « *a naked cash payment flowing from the patentholder to the challenger (in excess of avoided litigation costs) is a clear signal that the settlement is likely to be anticompetitive* ».

675 *Ibid.*

164. **Résumé de la pensée du professeur Shapiro.** En résumé, pour Carl Shapiro, des paiements inversés importants (« *large reverse payments* ») portent préjudice au consommateur. Lorsqu'ils sont décelés, les autorités chargées de mettre en œuvre le droit antitrust devraient donc qualifier le règlement amiable d'anticoncurrentiel. Ces dernières évitent ainsi une tâche complexe : démontrer directement que le brevet en question est faible[676]. Autrement dit, avec le test proposé, il n'est pas nécessaire de démontrer l'invalidité du brevet, ce qui est, nous le concédons, une affaire fort délicate. En conséquence, si un règlement amiable n'implique aucune rémunération allant du breveté au contestataire – et ne restreint pas la concurrence au-delà de la portée du brevet – ou que la rémunération équivaut aux coûts de procédure judiciaire évités, l'enquête antitrust devrait prendre fin. En revanche, si un règlement amiable comporte un paiement inversé important allant du breveté au contestataire, l'analyse économique déduit que cet accord contrevient au droit antitrust. En clair, le paiement inversé de grande taille devient un instrument d'évaluation du brevet et permet d'affirmer qu'il existe une forte probabilité pour que le résultat du litige soit favorable au contestataire. Aussi, lorsqu'un breveté déciderait de réaliser un tel paiement, il admettrait implicitement que son brevet a de fortes chances d'être annulé ou jugé non violé.

Les frères Leffler ont bâti un raisonnement économique assez similaire pour traiter les règlements amiables comportant un paiement inversé qu'ils nomment « *lump sum patent settlements* ». Même si l'analyse ne correspond pas exactement à celle du professeur Shapiro, les résultats apparaissent quasi identiques.

b. L'analyse per se des frères Leffler

165. **Les règlements amiables comportant un paiement inversé doivent être jugés illégaux *per se*.** Il y a de ces auteurs qui n'hésitent pas à exprimer, dès l'élaboration de leur titre, leur prise de position, même lorsque celle-ci est polémique, contestée ou très tranchée. Incontestablement, les frères Leffler sont de ceux-là. Le titre de leur étude, qui s'inscrit dans la continuité des travaux de Carl Shapiro, est dénué d'équivoque : « *les paiements faits par le titulaire d'un brevet devraient être illégaux* per se »[677]. Pour ces auteurs, il est excessivement rare qu'un règlement amiable comportant un paiement inversé soit efficient. Ils ont montré que dans pratiquement toutes les affaires dans lesquelles un paiement inversé a été fait, en lieu et place d'une concession de licence, un litige aurait été préférable sur la base du bien-être (« *on a welfare basis* »)[678]. Un chiffre nous a interpellé à la lecture de leur analyse. Pour les frères Leffler, la probabilité qu'un paiement soit nécessaire pour une résolution efficiente d'un différend de brevet équivaut à moins de 1 %[679].

---

676 C. Shapiro, « Antitust Analysis of Patent Settlements Between Rivals », art. préc., p. 72.

677 C. Leffler & K. Leffler, « Settling the Controversy over Patent Settlements: Payments by the Patent Holder Should Be Per Se Illegal » *in Antitrust Law and Economics* (dir. J. B. Kirkwood), Emerald Group Publishing Limited, 2004, p. 475 (traduction libre). Cette analyse a notamment été suivie par un autre économiste quelques années après. Voy. J. Davis, « Applying Litigation Economics to Patent Settlements: Why Reverse Payments Should Be Per Se Illegal », art. préc., spéc. pp. 255-308.

678 *Ibid.*, p. 478 et s.

679 *Ibid.*, p. 489. Ce chiffre avait déjà été donné dans un précédent article : C. Leffler & K. Leffler, « The Probabilistic Nature of Patent Rights : In Response to Kevin McDonald », art. préc.

Au vu de cette statistique, le juriste et l'économiste[680] jugent qu'une analyse *per se* est appropriée. Pour justifier ce principe, les deux auteurs vont s'appuyer sur les théories économiques déjà existantes. En effet, si des condamnations *per se* sont aujourd'hui prononcées par les tribunaux, c'est parce que certaines pratiques sont quasiment toujours anticoncurrentielles[681]. En substance, cela signifie que « *l'état de l'art prévalant en sciences économiques acte la nocivité d'une pratique commerciale* »[682]. Nous pouvons citer par exemple le cas de la fixation de prix, qui ne peut que dans de rares et improbables circonstances augmenter le bien-être du consommateur. Pour cette raison, elle fait l'objet d'un traitement *per se*. Le même résultat est possible, selon les auteurs, dans le cas des accords de type *pay-for-delay*. Afin de se justifier, les auteurs appréhendent le cas d'une affaire de contrefaçon de brevet où il existe différents résultats possibles, au rang desquels figure la validité du brevet. Une simulation de nombreuses hypothèses alternatives à la validité du brevet ainsi qu'aux coûts de procédure judiciaire a été réalisée. Cette analyse a permis aux auteurs de conclure qu'il était extrêmement *improbable* qu'un règlement de type *pay-for-delay* soit nécessaire pour arriver à un règlement amiable efficient. Ainsi, ces accords apparaissent pour eux quasiment toujours inefficients. Voilà pourquoi les auteurs concluent qu'une analyse *per se* devrait être adoptée.

166. **Critique des thèses du professeur Shapiro et des frères Leffler.** Contester le travail de ces économistes est difficile dans la mesure où notre étude est circonscrite à la science juridique. Cependant, il convient de préciser que les théories avancées par ces auteurs n'intègrent pas un paramètre important, celui de l'aversion au risque (« *the risk aversion* »)[683]. L'intégration de ce paramètre pourrait limiter, si ce n'est invalider, les propositions présentées ci-dessus. De plus, les règles proposées par Carl Shapiro et les frères Leffler souffrent d'une carence selon nous insurmontable : l'absence d'expériences empiriques. Cet élément nous permet par conséquent de douter de l'exactitude et de la justesse des principes retenus. Compte tenu des carences mises en exergue, il apparaît opportun de présenter des travaux apportant une vision opposée et plus positive des règlements amiables de report d'entrée comportant un paiement inversé en numéraire. Nonobstant le fait que les thèses de Carl Shapiro et des frères Leffler paraissent avoir emporté l'adhésion de la FTC et de nombreux auteurs, il convient de mettre au jour les analyses d'autres théoriciens et praticiens qui se sont vigoureusement attaqués et opposés aux principes précédemment exposés.

---

680 L'un des frères Leffler est juriste ; l'autre est économiste.

681 R. Bork, *The Antitrust Paradox: A Policy at War with Itself*, The Free Press, 1978, p. 263 et s. Voy. Pour un exemple prétorien l'arrêt de la Cour suprême dans l'affaire *Arizona v. Maricopa County Medical Soc.*, 102 S.Ct 2466 (1982) pt 2473, où il a été énoncé qu' « *[u]ne fois que l'expérience avec un genre particulier de restriction permet à une juridiction de prédire avec confiance que la règle de raison condamnera [la conduite en question], [la juridiction] doit appliquer une présomption irréfragable selon laquelle la restriction est déraisonnable* » (traduction libre). Dans la langue d'origine : « *Once experience with a particular kind of restraint enables the Court to predict with confidence that the rule of reason will condemn it, it has applied a conclusive presumption that the restraint is unreasonable.* »

682 N. Petit, « La rationalisation au long cours de la restriction de concurrence par "objet" dans la jurisprudence de la Cour de Justice de l'Union européenne », *AJ Contrat* 2015, p. 422, spéc. p. 423.

683 Au sujet de l'aversion au risque, un auteur a récemment montré que celle-ci pouvait être une raison valable justifiant la conclusion d'un accord *pay-for-delay*. Toutefois, il considère que la réception de cet argument dépend des circonstances de fait et surtout du type de règlement amiable conclu par les parties. Voy. W. Li, « The Role of Risk Aversion in Reverse Payment Agreements », 63 *Antitrust Bull.* 237 (2018).

2. Les tests économiques favorables aux règlements amiables

167. **Les tests « pro- » règlements amiables de report d'entrée.** Deux éminents auteurs ont défendu l'idée que les règlements amiables ne posaient pas, ou peu, de préoccupations de concurrence. Pour le professeur Crane (a) et maître McDonald (b), les règlements amiables de report d'entrée ne devraient pas être prohibés.

a. L'opposition du professeur Crane à la prohibition des paiements inversés

168. **L'identification du problème antitrust posé par les *exit payments*.** Pour le professeur Crane, la loi encourage le règlement des litiges par la conclusion d'accords transactionnels. Elle pousse aussi à la délivrance de brevets pour inciter les entreprises à investir dans de nouvelles innovations. Elle interdit cependant aux entreprises de porter illégalement atteinte à la concurrence[684]. Ces trois politiques soutiennent des objectifs communs : l'utilisation efficiente des ressources et l'encouragement à maximiser la production afin qu'il y ait une concurrence sur le marché[685]. Cependant, lorsqu'un règlement amiable vient mettre un terme au différend de brevet, les trois politiques peuvent entrer en conflit. Le problème antitrust est simple. Un paiement de sortie[686] (ou un « *exit payment* ») fait par une entreprise déjà présente sur le marché à un concurrent potentiel ou actuel pour qu'il n'y entre pas ou le quitte peut être lu comme un accord horizontal de répartition des marchés qui est illégal *per se*.

169. **L'opposition à la prohibition des *exit payments*.** Mais ce qui complexifie l'analyse, c'est que les règlements amiables sont présumés être des accords efficients et « *pareto-optimaux* »[687] dans le sens où ils augmentent le bien-être social en facilitant la création de richesse *via* des transactions consensuelles[688]. Aussi, pour le professeur Crane, interdire aux parties les paiements inversés pour qu'elles transigent leur différend de brevet pourrait signifier que les entreprises seront dans l'obligation de s'engager dans un procès coûteux et inefficient pour mettre un terme au contentieux alors qu'elles étaient en mesure d'éviter les coûts d'un procès de longue durée au moyen d'un règlement amiable. La thèse défendue est donc celle de l'inefficience du procès portant sur le brevet. Est-ce vraiment le cas ? L'inefficience est-elle la caractéristique principale du litige de brevet ?

La réponse semble positive selon l'auteur. L'explication se cache derrière les coûts de ce type de procès. Un litige de brevet coûte des millions de dollars – en moyenne 2 225 000 dollars[689] – et impose des coûts « directs » et « indirects »

---

[684] D. Crane, « Exit Payments in Settlement of Patent Infringement Lawsuits: Antitrust Rules and Economic Implications », art. préc., spéc. p. 748.

[685] L'auteur cite pour exemple le texte de Ward Bowman qui expose parfaitement ce qui est énoncé : Voy. W. Bowman, Jr., « Patent and Antitrust Law : A Legal and Economic Appraisal », 83 *Yale L. J.* 647 (1974).

[686] Daniel Crane utilise cette expression pour viser les paiements inversés (« *reverse payments* »).

[687] Pour l'auteur : « *[u]ne condition contractuelle est pareto-optimale si l'interdiction de cette condition mettrait chaque partie dans une position encore plus défavorable* » (traduction libre). Voy. Note de bas de page n° 7 dudit article.

[688] Voy. Le texte de Mme Burtis et M. Kobayashi cité par l'auteur : M. Burtis & B. Kobayashi, « Intellectual Property and Antitrust Limitations in Contract » *in Dynamic Competition and Public Policy: Technology Innovation and Antitrust Issues* (dir. Jerry Ellig), Cambridge University Press, 2001, p. 231.

[689] A. Miele, *Patent Strategy: The Manager's Guide to Profiting from Patent Portfolios*, Wiley, 2000, p. 15.

à la charge des parties. Comme coûts « directs », il est classiquement possible de retenir les honoraires des avocats et des experts, les dépenses en photocopie et en transcription. Mais ce ne sont pas les seuls. Le contentieux va puiser dans les ressources internes de l'entreprise, à savoir les employés. En effet, les managers et les exécutants vont se concentrer sur le litige et ainsi consacrer du temps et de l'attention à ce dernier au lieu de s'occuper des affaires courantes de l'entreprise[690]. De plus, un litige de brevet a aussi un coût pour les juridictions. M. Crane considère qu'une règle qui interdirait strictement la conclusion d'un règlement amiable imposerait des coûts substantiels au système juridictionnel, autrement dit, aux contribuables qui financent ce système[691]. S'agissant des coûts « indirects », il convient de relever l'accès au secret des affaires *via* la procédure de *discovery*. Conformément à cette procédure, les concurrents en procès peuvent demander la divulgation de secrets d'affaires, y compris les études de marché, les informations sur les prix et les listes des clients. Le partage obligatoire de telles informations durant la procédure de *discovery* peut donc imposer une variété de coûts sociaux[692]. Par exemple, cela peut permettre au breveté ou au prétendu contrefacteur de « *freerider* » sur les secrets d'affaires de son concurrent[693], tels que les recherches et les développements internes ou les procédés de fabrication et de commercialisation des produits. Toutes ces informations sont divulguées parce qu'elles sont pertinentes pour calculer le montant des dommages et intérêts. Par ailleurs, Daniel Crane évoque le « coût pour l'innovation » dans l'hypothèse où l'interdiction des paiements inversés devait être la règle. Selon le professeur, une règle qui interdirait les paiements inversés « *pourrait avoir l'effet involontaire d'augmenter les risques de s'engager dans une activité inventive et, par conséquent, conduire à un niveau d'innovation sous-optimal* »[694]. Ce risque est particulièrement important lorsqu'une entreprise possède une forte aversion au risque. Pour justifier son raisonnement, l'auteur prend un exemple concret. Il suppose qu'une entreprise A s'attend à faire des profits tirés de son brevet à hauteur de 1 200 dollars. Dans son hypothèse, la possibilité de voir déclarer le brevet invalide ou non violé serait de 20 %. Dans ce scénario, le breveté pourrait passer de 1 200 dollars de revenu à 200 dollars s'il devait perdre le litige de brevet. Si une entreprise est neutre face au risque (« *risk-neutral* »), sa décision d'investir en R&D sera indépendante du fait de savoir si elle pourra ou non transiger un potentiel différend de brevet en payant son concurrent pour qu'il reste hors du marché. Or, la plupart des entreprises, même celles ayant une forte appétence pour le risque et les investissements spéculatifs dans des nouvelles inventions, ne sont pas parfaitement neutres face au risque. Lorsque la divergence entre le résultat

---

690 *Ibid.*, pp. 17-18.

691 D. Crane, « Exit Payments in Settlement of Patent Infringement Lawsuits: Antitrust Rules and Economic Implications », art. préc., p. 757.

692 *Ibid.*, p. 758.

693 O. Ben-Shahar & L. Bernstein, « The Secrecy Interest in Contract Law », 109 *Yale L. J.* 1885 (2000), spéc. p. 1886.

694 D. Crane, « Exit Payments in Settlement of Patent Infringement Lawsuits: Antitrust Rules and Economic Implications », art. préc., p. 760 (traduction libre) : « *A rule prohibiting exit payments may have the unintended effect of increasing the risks of engaging in inventive activity, and therefore lead to a sub-optimal amount of innovation.* »

du litige est très importante – ici 200 dollars ou 1 200 dollars –, les entreprises chercheront à s'assurer contre la possibilité de perdre tout leur investissement. Dans cette occurrence, l'option de transiger le différend de brevet apparaît comme une forme d'assurance contre le risque[695]. Autrement dit, la conclusion d'un accord de report d'entrée pourrait être éloignée de tout dessein anticoncurrentiel.

170. **La direction du paiement n'est pas un bon indicateur.** Par ailleurs, pour beaucoup d'observateurs, y compris la FTC, les paiements inversés vont dans la mauvaise direction (« *the wrong way* »). D'habitude, lorsqu'une affaire de contrefaçon éclate, le breveté essaye d'extraire des sommes d'argent du défendeur et non pas l'inverse. C'est la raison pour laquelle le paiement du breveté au contrefacteur allégué ressemble à un partage de la rente de monopole, lequel rend possible la sortie du marché du prétendu contrefacteur. Très tôt, les tribunaux ont défendu cette thèse. Par exemple, dans l'affaire du Cardizem CD[696], le tribunal de district du Michigan a repris les développements de M. Hoerner qui, rappelons-le, fut le premier à stigmatiser le sens du paiement[697]. Le tribunal de district, en soulignant la direction du paiement, a jugé qu'un *reverse payment* allant du breveté au prétendu contrefacteur est intrinsèquement suspect. D'autres juridictions ainsi que la FTC avaient jugé à cette époque de manière similaire les règlements amiables comportant un paiement inversé. Pour le professeur Crane, cependant, il faut se garder de tirer des conclusions hâtives. Selon lui, le fait qu'« *un paiement du breveté au prétendu contrefacteur soit conçu pour écarter le prétendu contrefacteur du marché est évidemment vrai mais ne détermine pas nécessairement si l'interdiction de la pratique est socialement optimale* »[698]. Il est vrai que les consommateurs sont immédiatement dans une meilleure position en présence d'une concurrence générique – les prix sont moins élevés, l'offre est plus fournie et le contribuable paye moins –, mais en se focalisant simplement sur les bénéfices sociaux de cette concurrence on ignore les fondations du système des brevets. En effet, les rentes de monopole attendues grâce au brevet fournissent des incitations *ex ante* qui permettent aux entreprises de s'engager dans une activité inventive[699]. Aussi, selon le professeur Crane, il y a de nombreux cas où il est socialement désirable qu'un fabricant de génériques n'entre pas sur le marché, notamment dans l'occurrence où ce dernier a violé le brevet d'un laboratoire *princeps*. Dès lors, l'auteur énonce qu'il existe une généralisation erronée de l'idée selon laquelle le breveté devrait être payé par le prétendu contrefacteur et pose la question suivante : pourquoi un breveté choisirait-il de transiger le litige pour une somme plus faible que celle qu'il pourrait récupérer autrement en allant en justice ? Pour

---

695 Daniel Crane reprend l'analyse faite par Jeffrey Perloff et Daniel Rubinfeld : Voy. J. Perloff & D. Rubinfeld, « Settlement in Private Antitrust Litigation » *in Private Antitrust Litigation: New Evidence, New Learning* (dir. L. White), The MIT Press, 1988, spéc. pp. 149-150.

696 *In re Cardizem CD Antitrust Litig.*, 105 F. Supp. 2d 682 (E.D. Mich., June 6, 2000).

697 R. Hoerner, « Antitrust Pitfalls in Patent Litigation Settlement Agreements », art. préc., spéc. p. 122.

698 D. Crane, « Exit Payments in Settlement of Patent Infringement Lawsuits: Antitrust Rules and Economic Implications », art. préc., p. 771 (traduction libre) : « *a payment from the patentee to the alleged infringer is designed to keep the alleged infringer off of the market is obviously true, but not necessarily determinative of whether prohibiting the practice is socially optimal* ».

699 L. Sullivan & A. Jones, « Monopoly Conduct, Especially Leveraging Power from One Product or Market to Another » *in Antitrust, Innovation, and Competitiveness*, *op. cit.*, p. 165, spéc. p. 167.

répondre à cette question, Daniel Crane, indique tout d'abord que la direction du paiement est affectée par de nombreux facteurs. Comme il l'énonce, « *certainly, litigation expenses, the time-value of money, and the distraction of litigation encourage pre-trial settlements* »[700]. Mais, l'incitation cardinale qui encourage à conclure un règlement amiable comportant un *reverse payment* se situe au niveau de l'« incertitude touchant le résultat du litige » – autrement dit, le niveau de probabilité pour que le brevet soit jugé invalide ou non violé[701]. En conséquence, l'auteur conclut qu'« *en fin de compte, la direction du paiement dépend du pouvoir de négociation des parties* »[702]. Les facteurs qui pourraient être pris en compte pour déterminer ce pouvoir de négociation seraient la relation d'affaires entre les parties, leur force financière, leur appétence pour le risque ou encore la confiance qu'ont les actionnaires dans le management de l'entreprise. Ainsi, la direction du paiement comme seul critère ne fournit pas une base solide pour évaluer les effets potentiellement anticoncurrentiels d'un règlement amiable.

171. **Le rejet de l'approche par la bonne foi (« *good faith approach* »).** Par ailleurs, Daniel Crane indique qu'il existe une approche connue pour déterminer la licéité d'un règlement amiable. Celle-ci consiste à mener une enquête sur le fait de savoir si le règlement amiable a été conclu de « bonne foi »[703]. Cette approche oblige les autorités chargées de la mise en œuvre du droit antitrust à analyser les intentions subjectives des parties. Il conviendrait dans ce cadre-là de trouver des preuves de cette intention anticoncurrentielle. Dans l'affaire *Singer*[704], par exemple, il a été démontré par la Cour suprême que les parties au règlement amiable avaient conclu celui-ci pour écarter du marché des concurrents communs, à savoir les fabricants de machines à coudre japonais. Des correspondances et des communications entre les parties ont pu être reprises. Une autre affaire, dite « Duplan », reprend cette même idée selon laquelle « *c'est uniquement lorsque des règlements amiables sont conclus de mauvaise foi et sont utilisés comme partie d'un projet pour restreindre ou monopoliser le commerce que des violations* antitrust *se produisent* »[705].

L'approche par la bonne foi comporte cependant de sérieuses limites. Comme a pu l'exposer Richard Posner, l'intention subjective des parties n'a jamais été un critère particulièrement pertinent pour juger les effets anticoncurrentiels d'une conduite[706]. C'est même un critère particulièrement pauvre lorsqu'il s'agit de déterminer si un règlement amiable résolvant un litige de brevet devrait être contesté sur le terrain antitrust[707]. Pourquoi ? Tout simplement parce que les intentions d'un breveté sont

700 D. Crane, « Exit Payments in Settlement of Patent Infringement Lawsuits: Antitrust Rules and Economic Implications », art. préc., p. 772.

701 *Ibid.*

702 *Ibid.*, p. 774 (traduction libre) : « *the direction the payment ultimately flows depends on the parties' bargaining power in the settlement negotiations* ».

703 *Ibid.*, p. 776.

704 *United States v. Singer Mfg. Co.*, 374 U.S. 174 (1963), pt 177.

705 *Duplan*, 540 F.2d 1215 (4th Circ. 1976), pt 1220 (traduction libre) : « *It is only when settlement agreements are entered into in bad faith and are utilized as part of a scheme to restrain or monopolize trade that antitrust violations may occur.* »

706 R. Posner, *Antitrust Law*, 2nd ed., University of Chicago Press, 2001, p. 214 ; *Adde* R. Cass & K. Hylton, « Antitrust Intent », 74 *Southern California L. Rev.* 657 (2001), spéc. p. 676.

707 R. Posner, *ibid.*

constamment – à tout le moins de manière théorique – anticoncurrentielles dans la mesure où ce dernier souhaite toujours supprimer la concurrence qui pourrait être livrée à son produit breveté. Autrement dit, « *l'état d'esprit qui anime les entreprises réside dans la volonté de vaincre ses concurrents, de conquérir davantage de parts de marché que son adversaire, de conquérir la clientèle d'autrui* »[708]. Par voie de conséquence, Daniel Crane conclut qu'étant donné que les brevets offrent un monopole légal, le désir de protéger les revenus tirés de ce monopole ne permet pas de caractériser ce qui a trait à la bonne de foi de ce qui appartient à la mauvaise foi[709]. Aussi, l'approche par la bonne foi ne peut pas être retenue pour évaluer la légalité ou l'illégalité des accords transactionnels de type *pay-for-delay*. Néanmoins, selon nous, la bonne foi pourrait être un élément subsidiaire, c'est-à-dire une preuve supplétive corroborant ou infirmant l'intention anticoncurrentielle.

172. **Déterminer les mérites du brevet *ex ante*, l'approche préconisée.** La thèse de Daniel Crane est donc la suivante. Plutôt que de s'échiner à calculer les coûts respectifs dans chaque affaire (à savoir les coûts directs et indirects, ainsi que les coûts pour l'innovation), les juridictions et les autorités chargées de mettre en œuvre le droit antitrust feraient mieux d'adopter des présomptions relatives aux coûts des paiements inversés fondées sur la probabilité de voir le breveté gagner par les mérites[710]. Ainsi, lorsque la probabilité que le brevet soit valide est très élevée, il est possible d'inférer que les coûts d'une règle interdisant les règlements amiables comportant un paiement inversé l'emportent sur les coûts d'une règle autorisant ces accords et vice versa. Voilà pourquoi, selon M. Crane, « *rendre un jugement* ex ante *sur les mérites du procès en contrefaçon est nécessaire pour déterminer si le paiement inversé devrait être permis ou prohibé* »[711]. Ainsi, les *reverse payments* devraient être autorisés lorsque la probabilité que le breveté remporte le procès est élevée. Dans le cas contraire, ils devraient être rejetés. La difficulté, cependant, réside dans la mise en œuvre de cette règle. En effet, pour l'auteur, il est nécessaire de trouver une voie permettant de déterminer le résultat du procès en contrefaçon sans passer par une enquête complète (« *a full-blown inquiry* ») sur les mérites du brevet[712]. En d'autres mots, les paiements inversés devraient être permis dans les cas où la probabilité de succès du breveté est très élevée sans exiger réellement du breveté qu'il prouve la violation ou la validité de son brevet. Pour ce faire, Daniel Crane va proposer quatre approches pour aider les juridictions et les autorités de concurrence à déterminer la légalité des règlements amiables et les mérites du brevet[713]. En premier lieu, un paiement inversé doit être présumé légal si le breveté arrive à obtenir le prononcé d'une mesure

---

708 R. Bouniol, « Loyauté et concurrence » *in Droit et loyauté* (dir. F. Petit), Dalloz, 2015, p. 85, spéc. p. 88.

709 D. Crane, « Exit Payments in Settlement of Patent Infringement Lawsuits: Antitrust Rules and Economic Implications », art. préc., p. 772.

710 *Ibid.*, p. 780.

711 *Ibid.* (traduction libre) : « *making some ex ante judgment about the merits of the infringement lawsuit is necessary to determine whether the exit payment should be permitted or prohibited* ».

712 *Ibid.*, p. 782.

713 Daniel Crane indique s'appuyer sur les travaux de Richard Epstein qui énoncent qu'une règle doit être considérée comme étant un succès si elle atteint un résultat optimal dans 90 % à 95 % des cas pour lesquels elle s'applique : Voy. R. A. Epstein, *Simple Rules for a Complex World*, Harvard University Press, 1995, p. 53. Dès lors, la règle qu'il propose serait vue comme un véritable succès si elle arrivait à atteindre un tel objectif.

provisoire[714]. Si les juridictions de district délivrent une injonction préliminaire favorable au détenteur du brevet, ce jugement doit être considéré comme une preuve démontrant que l'intérêt du public à la tenue d'un procès est insuffisant pour l'emporter sur les coûts d'une interdiction au breveté de payer le contrefacteur allégué pour qu'il cesse sa violation du brevet et qu'il sorte du marché. En deuxième lieu, en l'absence d'une injonction préliminaire les juridictions et les autorités de concurrence devraient mener une analyse « *quick look* » portant sur les mérites du brevet. En troisième lieu, les paiements inversés représentant une large proportion des rentes du breveté doivent être rejetés. En quatrième lieu, les règlements amiables imposant des barrières à l'entrée aux tiers doivent être attentivement examinés.

173. **Appréciation de la pensée du professeur Crane.** En résumé, nous considérons l'analyse de M. Daniel Crane beaucoup plus équilibrée que les tests proposés par Carl Shapiro et les frères Leffler. L'auteur s'appuie davantage sur le brevet et évite l'écueil des raccourcis permettant de conclure au caractère anticoncurrentiel des règlements amiables comportant un paiement inversé. Ces raccourcis peuvent être par exemple la taille du paiement inversé ou la direction du paiement. Or, par une idée simple et cohérente – les mérites du brevet doivent être évalués *ex ante* –, il trouve un équilibre *ad hoc* entre droit de la concurrence et droit des brevets. Ainsi, si le résultat du litige de brevet semble largement favorable au breveté, la condamnation antitrust doit être écartée tandis que dans le cas contraire une violation du droit antitrust pourrait être décelée. Cette approche nous semble être acceptable puisqu'elle préserve l'incitation à innover tout en éliminant les comportements anticoncurrentiels suspects. D'autres auteurs ont identifié les carences des tests de Shapiro et des frères Leffler. La critique vers laquelle nous accorderons toute notre attention a été portée par l'avocat Kevin McDonald.

b. Les critiques portées par Kevin McDonald : le rejet des tests de Shapiro et des frères Leffler

174. **Le test de Shapiro produit d'innombrables faux positifs.** La charge la plus virulente portée contre le test de Shapiro – et ayant fait coulé beaucoup d'encre – fut celle de l'avocat Kevin McDonald[715]. Pour s'en convaincre, il suffit de regarder toutes les réponses doctrinales que son intervention a provoquées[716]. De manière cursive, M. McDonald juge que le test de Shapiro produit un trop grand nombre de faux positifs[717] et ne doit, par conséquent, pas être adopté. Avant d'étayer sa démonstration, le juriste s'appuie dès l'abord sur une analyse donnée par le célèbre

---

[714] D. Crane, « Exit Payments in Settlement of Patent Infringement Lawsuits: Antitrust Rules and Economic Implications », art. préc., p. 783 et s.

[715] K. McDonald, « Hatch-Waxman Patent Settlements and Antitrust: On "Probabilistic" Patent Rights and False Positives », 17 *ANTITRUST* 68 (2003).

[716] Voy. entre autres : M. Hirsh, « Are False Positives Really So Negative? A Response to Kevin McDonald », 17 *ANTITRUST* 83 (2003) ; C. Leffler & K. Leffler, « The Probabilistic Nature of Patent Rights: In Response to Kevin McDonald », art. préc. ; C. Shapiro, « Antitrust Analysis of Patent Settlements Between Rivals », art. préc.

[717] Rappelons que nous parlons de faux positifs ou d'erreur de type I lorsqu'une pratique légale, c'est-à-dire proconcurrentielle ou neutre à l'égard de la concurrence, est considérée à tort comme anticoncurrentielle.

juge Easterbrook, qui avait expliqué que « *les faux positifs sont beaucoup plus préjudiciables que les faux négatifs* », dans la mesure où « *le processus du marché répare les monopoles autorisés à tort* » alors qu'« *aucun processus similaire ne répare les décisions judiciaires qui condamnent à tort une conduite efficiente* »[718]. En d'autres termes, si le test du professeur Shapiro devait être adopté par les juridictions du fond, il ne serait plus possible de réparer les défaillances qu'il provoquerait sur le marché.

Maître McDonald reproche tout d'abord à Shapiro d'avoir cherché une théorie de la responsabilité qui ne dépend pas de la *validité du brevet*. Selon l'auteur, l'économiste est allé dans le sens des nombreux plaignants qui souhaitaient que les règlements amiables soient présumés illégaux même dans le cas où le brevet en question est parfaitement valide et qu'il aurait donc en principe dû empêcher toute concurrence portant sur le bien breveté[719]. Le choix fait par l'économiste est d'ailleurs tout à fait compréhensible puisque prouver qu'un brevet est invalide n'est pas une sinécure. M. McDonald avait déjà pris position contre une telle analyse lorsqu'il avait étudié la direction du paiement[720]. Habituellement, dans un règlement amiable classique transigeant un litige de brevet, le breveté concède une licence à un contrefacteur allégué qui, en contrepartie, lui paie des redevances. Dans les règlements amiables de type *pay-for-delay*, c'est l'inverse qui se produit, ce qui rend le paiement inversé très suspect. Cependant, comme l'avait énoncé l'avocat McDonald, il ne faut pas se polariser sur la direction du paiement : « *peu importe qui paie quoi à qui, la question est de savoir quelle concurrence légale a été réduite par le règlement amiable* »[721]. À cette question, ni les juridictions ni Carl Shapiro ne répondent. Pourtant, démontrer *l'invalidité* du brevet permettrait de prouver que le consommateur subit un préjudice puisqu'une concurrence qui aurait dû exister a été éliminée par le règlement amiable. *A contrario*, la démonstration de la *validité* du brevet entérinerait la question antitrust.

Ensuite, McDonald se penche sur la vision erronée du brevet de Carl Shapiro et de ses partisans. Ce dernier avec les frères Leffler et le professeur Lemley considèrent que les droits découlant d'un brevet ne ressemblent pas aux autres droits de propriété. Selon eux, ce sont simplement des droits *probables* ou des droits *partiels*. Cette interprétation sous-entend que le brevet confère uniquement le droit de saisir une juridiction pour arrêter une contrefaçon perçue, prétendue ou présumée. Ainsi, pour les frères Leffler, puisqu'une juridiction peut prononcer un jugement d'invalidité ou de

---

718 F. Easterbrook, « On Identifying Exclusionary Conduct », 61 *Notre Dame L. Rev.* 972 (1986), spéc. p. 977 (traduction libre) : « *[F]alse positives are much more harmful than false negatives. Market process undercut monopolies wrongfully permitted, but no similar processes undercut judicial decisions that wrongly condemn efficient conduct.* »

719 K. McDonald, « Hatch-Waxman Patent Settlements and Antitrust: On "Probabilistic" Patent Rights and False Positives », art. préc., p. 68.

720 K. McDonald, « Patent Settlements and Payments That Flow the "Wrong" Way: The Early History of a Bad Idea », art. préc., spéc. p. 2. Rappelons que la première étude à avoir relevé que la direction du paiement pose problème date de 1999. Voy. R. Hoerner, « Antitrust Pitfalls in Patent Litigation Settlement Agreements », art. préc., spéc. p. 122.

721 K. McDonald, « Hatch-Waxman Patent Settlements and Antitrust: On "Probabilistic" Patent Rights and False Positives », art. préc., p. 68 (traduction libre) : « *No matter who paid to whom, what lawful* competition *has been reduced by the settlement?* »

non-violation du brevet, un accord de report d'entrée contenant un paiement inversé doit être illégal *per se*[722] dans la mesure où il élimine totalement cette plausibilité. En sus, le professeur Shapiro soutient que la possibilité qu'un breveté perde son procès doit être analysée comme une diminution de la force du brevet. Or, deux arguments plaident contre ce raisonnement. Premièrement, une juridiction peut commettre des erreurs dans l'analyse du brevet et déclarer un brevet parfaitement valide non violé, voire invalide. Autrement dit, il arrive qu'un brevet fort soit jugé faible par erreur. Secondement, et c'est selon nous l'argument le plus pertinent de M. McDonald, les économistes remplacent une enquête qui est certes difficile mais faisable – celle de prouver la validité ou non du brevet – par une enquête « *franchement mystérieuse* » – celle de savoir comment un litige de brevet aurait tourné[723]. Cette dernière est encerclée par d'importants impondérables tels que les différences d'évaluation s'agissant de la probabilité de gagner le procès, probabilité qui peut varier avec le temps, entre les parties et même entre entreprises[724]. Surtout, il semble à tout le moins surprenant, si ce n'est incompréhensible, de voir ces éminents auteurs refuser de considérer qu'une erreur dans le jugement d'une juridiction puisse survenir étant donné que les théories économiques développées ne se basent pas sur la validité objective du brevet mais sur le potentiel résultat d'un litige de brevet.

Par conséquent, Kevin McDonald a estimé qu'il était nécessaire d'intégrer les faux positifs dans l'analyse afin de révéler les vices cachés de la théorie des *probabilistic patents*. En effet, l'adoption d'une telle théorie pourrait accentuer le risque d'atteinte au bien-être du consommateur, et ce, de manière irréversible dans certaines affaires. Ce risque pourrait néanmoins être évité si nous nous contentions de répondre à la question fondamentale de savoir si le brevet est valide.

175. **Les règlements amiables comportant un *reverse payment* ne correspondent pas à une répartition des marchés.** Comme nous l'avons vu précédemment[725], le régime de la loi Hatch-Waxman joue un rôle cardinal dans l'élaboration des règlements amiables. L'acte artificiel de contrefaçon produit notamment le phénomène suivant : le breveté a tout à perdre – le brevet et la rente de monopole tirée de celui-ci – et rien à gagner – aucune perspective de dommages – tandis que le génériqueur a tout à gagner – une entrée libre sur le marché – et rien à perdre – pas d'exposition à des dommages-intérêts. Aussi, pour résoudre son différend, le détenteur du brevet dispose de deux voies principales : accepter de payer directement le génériqueur ou concéder une licence à ce dernier. Or, comme le relève Kevin McDonald, pour le droit antitrust, le breveté semble payer le génériqueur, c'est-à-dire un concurrent potentiel, afin qu'il reste hors du marché. Autrement dit, cette stratégie ne servirait qu'à préserver la rente de monopole du breveté[726]. Mais doit-on assimiler cette pratique à un accord de répartition des

---

722 C. Leffler & K. Leffler, « Want to Pay a Competitor to Exit the Market? Settle a Patent Infringement Case », art. préc., p. 31.

723 K. McDonald, « Hatch-Waxman Patent Settlements and Antitrust: On "Probabilistic" Patent Rights and False Positives », art. préc., p. 69 (traduction libre).

724 *Ibid.*

725 Voy. *supra* n° 67 et s.

726 D. A. Balto, « Pharmaceutical Patent Settlement: The Antitrust Risks », 55 *Food & Drug L. J.* 321 (2000), spéc. p. 335.

marchés ? Pour M. McDonald, la réponse doit être négative. Il répond non sans ironie « *qu'il y a des gens à Las Vegas qui ressemblent beaucoup à Elvis* »[727], mais que cette ressemblance ne suffit pas pour conclure qu'ils le sont réellement. De manière plus sérieuse, l'auteur se repose sur l'analyse des professeurs Hovenkamp et Areeda, qui avaient expliqué dans leur ouvrage qu'en l'absence de brevet, toutes les concessions de licence seraient assimilables « *à des répartitions horizontales du marché, illégales* per se »[728]. Autrement dit, si la concession de licence ne présente aucun problème antitrust, c'est simplement parce que le brevet verrouille légalement une concurrence qui aurait pu se tenir en son absence. Aussi, lorsque le détenteur d'un brevet décide de partager ses droits de propriété intellectuelle avec un concurrent potentiel, il ne peut être soutenu que cela élimine une quelconque concurrence qui existait entre eux[729]. Le même raisonnement doit être tenu s'agissant des *reverse payments*. En effet, est-il possible de dire avec certitude qu'un règlement amiable de report d'entrée a éliminé une concurrence qui existait entre le titulaire du brevet et le génériqueur ? Si le règlement amiable sert uniquement à interdire l'entrée sur le marché d'un médicament contrefait, la réponse est assurément non, et ce, pour les mêmes raisons qui s'appliquent au cas des concessions de licences[730].

176. **L'importance du brevet.** Pour donner plus de force à la position prise par M. McDonald, il est intéressant d'évoquer un arrêt de la cour d'appel du septième circuit qui, en 1907, avait jugé que « *le public n'a pas le droit de profiter d'une concurrence entre les contrefacteurs* »[731]. Autrement dit, dès lors qu'un brevet est en possession d'une entreprise celle-ci est protégée de toute concurrence tant que le brevet n'est pas jugé invalide ou non violé. Ainsi, les règlements amiables comportant un paiement inversé ne peuvent pas être assimilés à une tentative de division de la rente de monopole sans déterminer si celle-ci est tirée d'un brevet invalide. Un ancien directeur du bureau de la concurrence de la FTC s'était déjà exprimé dans ce sens au début des années 1990. Il avait indiqué que le défi majeur pour les autorités chargées de mettre en œuvre le droit antitrust est de savoir si les parties à un règlement amiable ont partagé des rentes économiques tirées d'un brevet qu'elles savaient invalide[732]. Si ce constat est établi, la division de la rente de monopole dans le dessein de se répartir le marché pourrait être caractérisée. À rebours, si l'invalidité n'est pas admise, cette analyse devrait être écartée. Comme l'a très bien dit l'ancien commissaire

---

727 K. McDonald, « Hatch-Waxman Patent Settlements and Antitrust: On "Probabilistic" Patent Rights and False Positives », art. préc., p. 70 (traduction libre) : « *there are people in Las Vegas who look a lot like Elvis* ».

728 P. Areeda & H. Hovenkamp, *Antitrust Law: An Analysis of Antitrust Principles and Their Application*, Aspen Law & Business, 1999, § 2040b, p. 199 (traduction libre) : « *but for the existence of the patent, all patent licenses meet the definition of per se unlawful naked horizontal market divisions* ».

729 *Ibid.*, p. 200.

730 K. McDonald, « Hatch-Waxman Patent Settlements and Antitrust: On "Probabilistic" Patent Rights and False Positives », art. préc., p. 70

731 *Rubber Tire Wheel Co. v. Milwaukee Rubber Works Co.*, 154 F. 358 (7th Cir. 1907), pt 364 (traduction libre) : « *The public [is] not entitled to profit by competition among infringers.* »

732 K. Arquit, « Patent Abuse and the Antitrust Laws », art. préc., spéc. p. 744 (traduction libre) : « *antitrust enforcers lies in identifying those cases in which settlements enable parties to share economic rents through patents that parties know to be invalid* ».

Leary, « *si le brevet est valide, le laboratoire* princeps *a droit à son profit de monopole, et un règlement amiable qui transfère simplement une partie de ce profit à un potentiel génériqueur ne cause aucun préjudice* »[733]. De plus, sur un plan économique, ce raisonnement se justifie. L'absence de concurrence par le biais de la génération n'est pas forcément préjudiciable. En effet, selon l'économiste Dennis Carlton, « *même l'introduction d'un produit faisant l'objet d'un pouvoir de monopole peut représenter un gain pour la société. C'est la logique sous-jacente [du] système de brevet dans lequel le profit de monopole attendu de l'innovation crée une incitation à fournir un gain à la société. Il a été estimé que le retour social d'une invention excède de manière significative les retours privés* »[734]. Ainsi, l'existence et la protection de brevets valides stimuleraient la croissance économique et augmenteraient le bien-être du consommateur[735], de sorte que les *patent settlements*, si décriés par Carl Shapiro, devraient être vus comme proconcurrentiels.

177. **L'impossibilité de déterminer le résultat probable du litige de brevet, un des vices patents du test de Shapiro.** Par ailleurs, nous rejoignons la critique de Kevin McDonald portée contre le centre névralgique du test de Shapiro, à savoir l'évaluation du résultat probable du litige de brevet pour déterminer si oui ou non le règlement amiable est anticoncurrentiel. En pratique, cette évaluation n'est pas seulement impossible à réaliser (« *unworkable* »), elle est aussi incompréhensible (« *unknowable* »)[736]. En effet, quelle méthode permettrait de déterminer le taux de probabilité relatif aux chances d'échec ou de succès de l'action en contrefaçon ? À notre connaissance, aucune. D'ailleurs, ni Carl Shapiro ni les frères Leffler n'en apportent une. Les auteurs ne fournissent pas plus d'information lorsqu'il s'agit de répondre aux questions suivantes : Faut-il s'appuyer sur l'évaluation subjective des parties ? Doit-on privilégier les prédictions faites par le breveté sur celles faites par le contestataire ? L'évaluation faite par un employé spécialisé de l'entreprise doit-elle prévaloir sur celle faite par un scientifique ou un homme du métier ? Doit-on intégrer le bien-être du consommateur dans cette évaluation ou au contraire l'écarter à ce stade ?

Au-delà du fait que ces interrogations demeurent sans réponse, il est clairement impossible eu égard aux connaissances actuelles de la science économique et juridique de savoir avec précision et certitude le résultat probable d'un litige de brevet. Comme le rappelle maître McDonald, « *nous n'avons ni l'expérience ni la science pour prédire le résultat d'un litige, surtout un litige spécifique qui est*

---

733 T. Leary, « Antitrust Issues in Settlement of Pharmaceutical Patent Disputes », 14 *ABA Section of Antitrust Law Healthcare Chr.* 6 (Winter 2000/2001).

734 D. Carlton, « A General Analysis of Exclusionary Conduct and Refusal to Deal – Why Aspen and Kodak Are Misguided », 68 *Antitrust L. J.* 659 (2001), spéc. p. 674 (traduction libre) : « *Even the introduction of a product subject to monopoly power can represent a gain to society. That is the underlying logic of our patent system, in which monopoly profit expected from innovation creates an incentive to provide the gain to society. It has been estimated that the social return to invention significantly exceeds the private returns.* »

735 C. Rule, « Patent-Antitrust Policy: Looking Back and Ahead », 59 *Antitrust L. J.* 729 (1991), spéc. p. 730. Voy. dans le même sens D. Lim, *Patent Misuse and Antitrust Law: Empirical, Doctrinal and Policy Perspectives*, Edward Elgar Publishing, 2013, p. 61

736 K. McDonald, « Hatch-Waxman Patent Settlements and Antitrust: On "Probabilistic" Patent Rights and False Positives », art. préc., p. 73.

sur le point d'être transigé »[737]. En revanche, évaluer la validité d'un brevet, c'est ce que les juridictions spécialisées en matière de brevet font quotidiennement[738]. Alors pourquoi s'écarter de ce que les juridictions savent raisonnablement faire ?

178. **L'analyse par les faux positifs disqualifie le test Shapiro ainsi que celui des frères Leffler.** Dès lors que nous faisons face à des décisions de justice, surtout en matière antitrust, il est nécessaire de poser la problématique des erreurs de type I ou des faux positifs (« *false positives* »). Comme l'a souligné maître McDonald, les juridictions prononcent des jugements ou des arrêts rédigés et établis par des êtres humains qui font des erreurs[739]. En ce sens, et pour prolonger cette dernière idée, aussi bien les juristes que les économistes estiment qu'en confiant un litige portant sur une technologie complexe à un juge ou à un jury, comme un litige portant sur un brevet de médicament, les litigants prennent un pari[740]. S'agissant des accords *pay-for-delay,* il est possible de qualifier ce pari de très risqué dans la mesure où des centaines de millions de dollars sont en jeu et dépendent de l'appréciation du juge.

Les économistes du droit de la concurrence furent les premiers à intégrer le paramètre des faux positifs et négatifs pour évaluer l'efficacité et l'efficience des tests proposés pour l'application du droit de la concurrence. La règle est la suivante : une erreur de type I se produit lorsqu'une hypothèse fausse est acceptée tandis qu'une erreur de type II se présente lorsqu'une hypothèse vraie est rejetée[741]. Ainsi, dans le cas des règlements amiables comportant un *reverse payment*, une erreur de type I serait identifiable si une juridiction devait condamner un tel accord alors que le brevet sur lequel ce dernier repose est valide. À rebours, une erreur de type II se produirait si un règlement amiable comportant un *reverse payment* était jugé légal alors qu'en réalité celui-ci repose sur un brevet invalide[742]. Il est envisageable d'énumérer quatre résultats possibles du litige de brevet. Pour en faciliter la compréhension, ces résultats sont synthétisés dans le tableau ci-dessous, lequel reprend le travail de M. McDonald :

Résultat du litige	Brevet valide	Brevet invalide
Breveté gagnant	1. Aucune erreur	2. Erreur de type II
Génériqueur gagnant	3. Erreur de type I	4. Aucune erreur

737 *Ibid.* (traduction libre) : « *we have neither the experience nor the science to predict the outcome of litigation, especially a specific lawsuit that is being settled* ».

738 S. McIntyre et *alli*, « The continuing relevance of patent validity in reverse-payment litigation », *Concurrences* n° 2-2014, p. 25, spéc. pp. 26-29.

739 K. McDonald, « Hatch-Waxman Patent Settlements and Antitrust: On "Probabilistic" Patent Rights and False Positives », art. préc., p. 73.

740 S. E. Hollander, « Why ADR May Be Superior in Patent Disputes », 2 *Intell. Prop. Strategist* 1 (1995), spéc. p. 6.

741 J. A. Paulos, *Innumeracy: Mathematical Illiteracy and Its Consequences*, Penguin, 2000, p. 62. L'économiste est surtout connu pour avoir écrit l'ouvrage suivant : *A Mathematician Plays the Stock Market*, New Edition, 2004, 224 p.

742 Le brevet peut être invalide dans les faits, soit parce que le détenteur du brevet a obtenu son brevet de manière frauduleuse en trompant l'office de brevets compétent ; soit parce que le breveté sait que son brevet ne remplit pas les conditions de brevetabilité.

Concernant les cas n° 1 et n° 4, nous ne nous y intéresserons pas puisqu'ils ne posent aucun problème. En revanche, le cas n° 2 se rapportant à une erreur de type II et le cas n° 3 relatif à une erreur de type I monopoliseront rapidement notre attention.

S'agissant de l'erreur de type II (ou de faux négatif), M. McDonald considère qu'elle ne pose pas de problème significatif. Dans cette occurrence, rappelons que le brevet n'est pas valide, mais que le breveté gagne néanmoins le litige. Ici, le règlement amiable ne cause pas de préjudice supplémentaire aux consommateurs dans la mesure où ces derniers auraient dans tous les cas subi un dommage si le litige s'était poursuivi jusqu'à son terme. Comme l'énonce l'auteur, le règlement amiable empêche un *imprimatur*[743] judiciaire sur un mauvais brevet[744]. Dans cette hypothèse, le règlement aurait même un effet positif pour les tiers. En effet, d'autres concurrents potentiels seraient prêts à entrer sur le marché puisqu'aucune décision judiciaire ne viendrait protéger le brevet. Ainsi, aussi étonnant que cela puisse paraître, l'accord de report d'entrée offrirait à de futurs concurrents potentiels la liberté de lancer leur produit. Surtout, comme l'allègue maître McDonald, « *plutôt que d'être dissuadés par une décision judiciaire qui déclare[rait] à tort [le] brevet valide, d'autres contestataires seraient incités par le règlement amiable à voir si une contestation est réalisable* »[745].

Quant aux erreurs de type I (ou les faux positifs), il semblerait qu'elles soient les plus problématiques. Dans cette occurrence, un contestataire génériqueur a gagné le procès en contrefaçon alors que le brevet était parfaitement valide. Autrement dit, un brevet valide a été annulé et écarté. Ainsi, le droit d'exclure un contrefacteur et les profits de monopole, réputés essentiels pour encourager l'innovation, sont annihilés. Ici, l'état de rivalité que la loi a exclu par l'intermédiaire du brevet est de nouveau assuré. Ce type d'erreur est particulièrement préjudiciable dans le secteur pharmaceutique puisque les profits tirés d'un médicament breveté servent à financer les recherches et le développement de prochains médicaments innovants. Pis encore, « *le préjudice subi par le consommateur est irrévocable puisque le droit actuel empêchera le breveté de mettre en œuvre le brevet à l'égard d'autres [concurrents]* »[746]. En ce sens, contrairement aux erreurs de type II, l'erreur de type I dans le système des brevets ne peut pas être corrigée. Par conséquent, un règlement amiable du type *pay-for-delay* devrait être autorisé parce qu'il paralyse l'apparition d'un faux positif au bénéfice des consommateurs.

Cette analyse ne fait néanmoins pas l'unanimité. Pour le professeur Carrier[747], les accords *pay-for-delay* doivent être présumés illégaux. Pour arriver à ériger ce principe, il s'est lui aussi fondé sur l'impact des faux positifs et des faux négatifs. Sa

---

743 L'*imprimatur* était la permission d'imprimer donnée par le supérieur canonique après rapport favorable conclu par la mention *nihil obstat*.

744 K. McDonald, « Hatch-Waxman Patent Settlements and Antitrust: On "Probabilistic" Patent Rights and False Positives », art. préc., p. 74.

745 *Ibid.* (traduction libre) : « *Rather than be deterred by a judicial precedent that wrongly declares this patent valid, other challengers will be enticed by the settlement to see whether a challenge is feasible.* »

746 *Ibid.* (traduction libre) : « *this consumer harm is irrevocable because the current law of collateral stoppels will prevent the patentee from enforcing the patent against others* ».

747 M. Carrier, « Unsettling Drug Patent Settlements: A Framework for Presumptive Illegality » art. préc., p. 345.

conclusion cependant est bien différente de celle tirée par maître McDonald. Pour l'auteur, « *en encourageant les règlements amiables et en donnant un effet à la présomption de validité du brevet, les juridictions devraient minimiser les erreurs de type I* »[748], mais cette prise de position augmenterait par ricochet la fréquence des erreurs de type II. Or, cela ne répond pas à l'esprit de la loi Hatch-Waxman. En effet, celle-ci a été conçue pour encourager les contestations de brevets ; réduire le retard pour entrer sur le marché ; et promouvoir la concurrence générique[749]. Aussi, la loi serait plutôt favorable aux erreurs de type I dans la mesure où dans cette hypothèse le brevet a pu être contesté ; le génériqueur a pu entrer sur le marché plus rapidement que prévu ; et une concurrence générique a pu s'installer sur le marché. Autrement dit, la polarisation sur l'impact des erreurs de type I et de type II pousserait les juridictions antitrust à adopter une règle très rigide : soit une interdiction *per se* (comme l'ont proposée les frères Leffler), soit une présomption réfragable d'illégalité (comme celle proposée par le professeur Carrier).

179. **Résumé de la thèse de McDonald.** En résumé, pour maître McDonald, une bonne règle antitrust ne doit pas s'appuyer sur le résultat probable du litige de brevet – résultat beaucoup trop spéculatif. Au vrai, il faudrait s'attaquer à la question nodale : le brevet sur lequel repose le règlement amiable comportant un paiement inversé est-il valide ? Par ailleurs, il considère qu'une règle interdisant les règlements amiables du type *pay-for-delay* serait néfaste pour l'innovation dans le sens où elle produirait de nombreux faux positifs, qui selon lui ne sont pas corrigibles par le marché contrairement aux faux négatifs.

180. **Appréciation critique des thèses présentées.** L'exposé de toutes ces thèses révèle la difficulté qu'éprouvent les spécialistes du droit antitrust à poser une règle claire et incontestable à l'égard des règlements amiables de report d'entrée. Aucune proposition ne semble permettre d'administrer un examen antitrust sûr offrant la possibilité de distinguer entre les règlements amiables posant des préoccupations de concurrence et ceux n'en posant pas. Lorsque les auteurs préconisent une règle antitrust sévère, comme celle interdisant les règlements amiables comportant un paiement inversé, de très nombreux problèmes méthodologiques demeurent irrésolus. Dans cette occurrence, les auteurs refusent de s'appuyer sur un examen de la validité du brevet et font reposer la règle sur le résultat probable du litige de brevet. Or, il est très difficile, si ce n'est quasi impossible de connaître le résultat d'un litige de brevet par avance. Par ailleurs, nous constatons que les auteurs favorables à une règle antitrust plus permissive rencontrent moins d'obstacles puisqu'ils souhaitent se fonder sur un examen de la validité du brevet[750]. Autrement dit, leur proposition repose sur une analyse beaucoup moins prospective et s'apparente à une véritable analyse substantielle des règlements amiables de type *pay-for-delay*. Pour notre part, nous considérons que cette dernière solution est la

---

748 *Ibid.*, p. 370 (traduction libre) : « *In encouraging settlements and giving effect to the presumption of patent validity, courts have sought to minimize Type I errors.* »

749 *Ibid.*, p. 371.

750 Nous verrons dans la deuxième partie que le débat autour de la règle antitrust à appliquer aux États-Unis a été tranché en 2013 par l'arrêt de la Cour suprême rendu dans l'affaire *Actavis*. Cependant, le principe retenu ne fait pas l'unanimité et fait l'objet d'une myriade de critiques venant aussi bien de la doctrine que des praticiens. Voy. *infra* n° 305 et s.

moins mauvaise, car la moins attentatoire aux droits des brevetés. De plus, elle permettrait d'échapper aux faux positifs. Cependant, nous verrons que, nonobstant les débats tenus aux États-Unis, la Commission européenne reste très sceptique quant à la licéité des règlements amiables de report d'entrée comportant un paiement inversé sous forme monétaire.

B. La vision de l'Union européenne

181. **L'enquête sectorielle dans le secteur pharmaceutique.** En dépit de l'expérience américaine, qui remonte au début des années 1990, la Commission européenne a dû sortir son « *couteau suisse* »[751], à savoir une enquête sectorielle, pour détecter les règlements amiables comportant un paiement inversé conclus par les laboratoires pharmaceutiques au sein de l'Union européenne[752]. L'appréciation de la Commission s'est ensuite faite en deux temps. En premier lieu, elle a fait paraître un rapport préliminaire qui fut très critiqué par les spécialistes du droit de la concurrence et du droit des brevets. En second lieu, elle a rendu public son Rapport final, lequel est apparu beaucoup plus policé. La Commission demeure cependant très dubitative à l'égard de la conformité des règlements amiables de type *pay-for-delay* comportant un paiement sous forme monétaire aux règles européennes de concurrence. Quoi qu'il en soit, l'effort typologique réalisé par l'institution bruxelloise mérite d'être exposé. Avant de révéler la typologie choisie, laquelle confirme l'émergence plurielle des règlements amiables (2), évoquons rapidement le contexte de cette enquête sectorielle (1).

1. Le contexte de l'enquête sectorielle

182. **Pourquoi une enquête sectorielle ?** L'ancienne commissaire chargée de la concurrence, Neelie Kroes, avait déclaré lors de sa conférence de presse annonçant le lancement de l'enquête sectorielle dans le secteur pharmaceutique les raisons poussant la Commission à agir dans ce secteur. Selon l'ancienne commissaire, « *les marchés pharmaceutiques ne fonctionn[aient] pas aussi bien qu'ils le dev[aient]* » et malgré « *[une] protection par brevet [qui] n'a jamais été aussi forte, le nombre*

---

751 L'expression est utilisée par le professeur Petit. Pour ce dernier, « *l'enquête sectorielle pourrait être le "couteau suisse" du droit européen de la concurrence, c'est-à-dire un instrument multifonctionnel, permettant d'atteindre des objectifs divers (et parfois éloignés de sa finalité originelle)* ». Voy. N. Petit, « Le "couteau suisse" du droit européen de la concurrence ? », Enquêtes sectorielles : Complément ou substitut de l'action des autorités de concurrence ?, *Concurrences* n° 2-2010, p. 21, spéc. p. 22.

752 Conformément à l'article 17 du règlement (CE) n° 1/2003 du Conseil du 16 décembre 2002 relatif à la mise en œuvre des règles de concurrence prévues aux articles [101] et [102] du traité : « [l]orsque l'évolution des échanges entre États membres, la rigidité des prix ou d'autres circonstances font présumer que la concurrence peut être restreinte ou faussée à l'intérieur du marché commun, la Commission peut mener son enquête sur un secteur particulier de l'économie ou un type particulier d'accords dans différents secteurs. *Dans le cadre de cette enquête, la Commission peut demander aux entreprises ou aux associations d'entreprises concernées les renseignements nécessaires à l'application des articles [101] et [102] du traité et effectuer les inspections nécessaires à cette fin. La Commission peut notamment demander aux entreprises ou associations d'entreprises concernées de lui communiquer tous accords, décisions et pratiques concertées. La Commission* peut *publier un rapport sur les résultats de son enquête portant sur des secteurs particuliers de l'économie ou des types particuliers d'accords dans différents secteurs et inviter les parties intéressées à faire part de leurs observations* » (nous soulignons).

de nouveaux médicaments émergents sur le marché déclin[ait] »[753]. Elle avait aussi insisté sur le fait que « *[l]es informations recueillies seront utilisées pour regarder deux questions particulières liées au secteur. Premièrement, l'enquête examinera les accords entre laboratoires pharmaceutiques, tels que les règlements amiables résolvant un litige de brevet, afin de voir s'ils enfreignent ou non la prohibition des [ententes] prévue par le Traité. Secondement, l'enquête inspectera si les entreprises ont créé des barrières artificielles à l'innovation ou à l'entrée des produits génériques, par le biais d'abus de droits de propriété intellectuelle, par des litiges vexatoires ou d'autres moyens, et s'interrogera sur le fait de savoir si de telles pratiques enfreignent [l'article 102 TFUE] interdisant les abus de position dominante* »[754].

Si les raisons conduisant la Commission à sortir l'arme de l'enquête sectorielle paraissent *ab initio* non éloignées de celles évoquées pour d'autres enquêtes[755], l'enquête sur le secteur pharmaceutique s'est cependant distinguée par son caractère hors-norme. Contrairement aux autres enquêtes sectorielles, qui furent déjà assimilées par la doctrine à une « *pêche aux preuves déguisée* »[756], l'enquête sur le secteur pharmaceutique s'est singularisée par sa très large portée et par un usage décomplexé des importants pouvoirs d'enquêtes habituellement mis en œuvre dans le cadre d'enquêtes individuelles. S'agissant de la portée de l'enquête, la Commission a demandé des informations à pas moins d'une centaine de parties prenantes (43 laboratoires *princeps* et 27 génériqueurs, mais aussi des grossistes, des autorités nationales de santé ou encore des autorités de concurrence)[757]. Mais sa singularité affleure plus clairement lorsque l'on se concentre sur les pouvoirs d'enquête utilisés par la Commission en vertu du règlement (CE) n° 1/2003[758]. Si le recueil d'information est un instrument fréquemment utilisé par la Commission, c'est la première fois que cette dernière déclenche des opérations de visite et saisie (« *dawn raid* ») dans les locaux d'entreprises dans le contexte d'une enquête sectorielle[759]. Pourtant, la commissaire de l'époque affirmait que celle-ci « *ne repos[ait] sur aucune preuve spécifique d'actes répréhensibles* »[760]. Cette méthode est troublante, pour ne pas dire gênante, pour le juriste attaché

---

753 N. Kroes, « Commission launches sector inquiry into pharmaceuticals », Conférence de presse du 16 janvier 2008 tenue à Bruxelles (traduction libre), disponible sur : http://europa.eu/rapid/press-release_SPEECH-08-18_en.htm?locale=en.

754 *Ibid.* (traduction libre).

755 Il s'agit concrètement d'identifier la structure concurrentielle du secteur concerné et son fonctionnement afin d'examiner si des conduites et des pratiques adoptées par les opérateurs du secteur sont problématiques conformément aux règles européennes de concurrence.

756 H. Andersson & E. Legnerfält, « Dawn Raids in Sector Inquiries – Fishing Expeditions in Disguise? », 8 *European Competition L. Rev.* 439 (2008).

757 Executive Summary of the Pharmaceutical Sector Inquiry Report, p. 4.

758 Voy. règlement (CE) n° 1/2003 du 16 déc. 2002 relatif à la mise en œuvre des règles de concurrence prévues aux articles [101] et [102] du traité, spéc. art. 18-20.

759 N. Petit, « Bark At the Moon », *Concurrences* n° 3-2009, p. 11. Le 16 janvier 2008, c'est-à-dire le jour de la conférence de presse annonçant le lancement d'une enquête sectorielle dans le secteur pharmaceutique, des inspections inopinées furent menées dans les locaux européens de laboratoires *princeps* et de fabricants de génériques. Ces laboratoires étaient Pfizer, Merck, Sanofi-Aventis, GSK, AstraZeneca, Novartis, Johnson & Johnson et Teva.

760 N. Kroes, « Commission launches sector inquiry into pharmaceuticals », préc. (traduction libre).

aux droits de la défense. Même si cet argument souffre de limites, notamment eu égard au fait que nous étions dans le cadre d'une enquête sectorielle[761], les mesures adoptées peuvent néanmoins apparaître arbitraires et disproportionnées. En effet, les pouvoirs d'enquête déployés dans le cadre de l'article 17 devraient respecter les garanties fondamentales du droit de l'Union européenne, et notamment celles dégagées par l'arrêt *Dow Benelux*[762]. Or, nous avons le sentiment, avec d'autres, que l'enquête sectorielle est devenue un instrument visant à réduire le seuil procédural d'investigation en droit de la concurrence[763]. De plus, pour reprendre les mots du professeur Petit, l'ouverture d'une enquête sectorielle ne s'appuie que sur « *des considérations intuitives, subjectives et politiques, plutôt qu'empiriques, objectives et scientifiques* »[764]. Ce faisant, les enquêtes sectorielles seraient lancées à partir d'un *a priori* dénué d'objectivité et au moyen d'un parti pris fort subjectif.

2. La typologie dégagée par la Commission européenne

183. **Les accords de catégorie B.II sont porteurs de préoccupation de concurrence au sens de la Commission européenne.** La Commission européenne a dégagé une catégorie B.II de règlements amiables (a), laquelle intègre des règlements amiables de plusieurs formes mais ayant tous pour attribut commun de poser de sérieuses préoccupations de concurrence. En conséquence, elle a décidé d'engager un travail de surveillance à leur attention (b).

a. Les règlements amiables de type B.II

184. **Le Rapport final opère une typologie entre les règlements amiables limitant l'entrée des génériques.** Si le mode opératoire est critiquable à plusieurs égards, le Rapport final a néanmoins le mérite de proposer une typologie intéressante des règlements amiables et montre une nouvelle fois le caractère pluriel de leur émergence. En substance, la Commission a divisé les règlements amiables en deux catégories : la catégorie A et la catégorie B. Comme nous l'avons précédemment expliqué, « *la catégorie A porte sur des accords inoffensifs pour la concurrence* »[765]. En revanche, la catégorie B concerne les règlements amiables repoussant l'entrée du génériqueur sur le marché et, partant, pourraient poser

---

761 Il n'y a par conséquent pas de principe du contradictoire entre les parties perquisitionnées et la Commission ne peut utiliser des documents saisis dans l'hypothèse où une enquête individuelle serait déclenchée postérieurement à l'enquête sectorielle.

762 Il existe un principe général du droit européen selon lequel une personne physique ou morale a le droit d'être protégée d'interventions arbitraires et disproportionnées de la puissance publique dans la sphère d'activité privée. Voy. CJCE, 17 oct. 1989, *Dow Benelux c/ Commission*, aff. C-85/87, *Rec.*, p. 3137, § 30 : « *Il n'en demeure pas moins que, dans tous les systèmes juridiques des États membres, les interventions de la puissance publique dans la sphère d'activité privée de toute personne, qu'elle soit physique ou morale, doivent avoir un fondement légal et être justifiées par les raisons prévues par la loi et que ces systèmes prévoient, en conséquence, bien qu'avec des modalités différentes, une protection face à des interventions qui seraient arbitraires ou disproportionnées. L'exigence d'une telle protection doit donc être reconnue comme un principe général du droit communautaire.* »

763 N. Petit, « Le "couteau suisse" du droit européen de la concurrence », art. préc., p. 22.

764 *Ibid.*, p. 25.

765 W. Chaiehloudj, « Les accords injectant de la concurrence sur un marché distinct, le nouveau moyen de retarder l'entrée des génériques sur le marché », *Concurrences* n° 1-2016, p. 73. Une analyse de ces accords a été réalisée *infra* aux n° 140 et s.

de sérieuses préoccupations de concurrence. Ainsi, pour l'institution bruxelloise, le critère principal pour distinguer les accords de catégorie A et de catégorie B repose sur « *la limitation de la capacité du générique à pénétrer le marché* »[766]. Concomitamment, les règlements amiables appartenant à la catégorie B ont été subdivisés en deux sous-catégories :

- d'une part, la catégorie B.I, laquelle regroupe les règlements amiables sans transfert de valeur[767] ;
- d'autre part, la catégorie B.II, laquelle regroupe les règlements amiables comportant un transfert de valeur.

185. **Les accords de catégorie B.II sont des accords de type *pay-for-delay* et soulèvent des préoccupations de concurrence.** Au cours de son enquête sectorielle, la Commission a identifié quarante-cinq règlements amiables appartenant à la catégorie B.II, dont vingt-trois comportaient un transfert de valeur sous la forme d'un paiement inversé de type monétaire[768]. Plusieurs de ces accords étaient des accords de report d'entrée « provisoires » dans le sens où le génériqueur a accepté de ne pas entrer sur le marché jusqu'à ce qu'une juridiction se prononce sur la validité du titre de propriété intellectuelle ou sur l'acte de contrefaçon imputé au contrefacteur allégué. La classification des règlements amiables apparaît cependant quelque peu brouillonne, voire lacunaire. En effet, la Commission n'a pas fait le choix de distinguer les règlements amiables de « première génération » de ceux de « seconde génération » ; elle a plutôt choisi de tous les intégrer dans une même catégorie, nonobstant les différences qui existent s'agissant de la nature des paiements inversés. Ainsi, dans la catégorie B.II, l'institution bruxelloise a intégré des règlements amiables où le breveté avait conclu un accord de distribution avec le génériqueur afin que ce dernier puisse vendre une quantité limitée du produit faisant l'objet du litige de brevet. Autrement dit, un règlement amiable « hybride » comportant à la fois un transfert de valeur en nature et un paiement inversé de type monétaire. Par ailleurs, elle a aussi pris l'exemple d'un cas dans lequel un règlement amiable pouvait retarder l'entrée du générique, voire la limiter, en visant un accord qui comportait la concession d'une licence au concurrent génériqueur[769]. Il s'agit une nouvelle fois d'un accord hybride dans la mesure où il comporte aussi bien un paiement inversé de type monétaire (l'argent transmis au génériqueur par le breveté) qu'un transfert de valeur en nature (la licence concédée par le breveté). Quoi qu'il en soit, ce type de règlement devrait être considéré comme un accord de report d'entrée de type *pay-for-delay* pour deux raisons. D'une part, il comporte un transfert de valeur allant du breveté au génériqueur ; et d'autre part, il conduit à un report temporel de la concurrence générique sur le marché. Il en va autrement de certains accords que la Commission a pourtant intégrés à la catégorie B.II.

---

766 Comm. eur., Rapport final sur le secteur pharmaceutique, préc., § 741, p. 268.

767 Nous ne nous intéresserons pas aux accords appartenant à la catégorie B.I dans la mesure où il leur manque une qualité essentielle pour appartenir à la famille des accords de report d'entrée : un transfert de valeur allant du breveté au génériqueur.

768 Comm. eur., Rapport final sur le secteur pharmaceutique, préc., § 765, p. 277.

769 *Ibid.*, § 769, p. 280.

186. **Les règlements amiables comportant des paiements « dans les deux sens » intégrés aux règlements amiables de catégorie B.II.** La poursuite de la lecture du Rapport final interroge sur la pertinence de la classification opérée par la Commission. Dans la catégorie B.II ont été incorporés des règlements amiables qui prévoyaient aussi bien des paiements allant du breveté au génériqueur (des paiements inversés) que des paiements allant du génériqueur au breveté (des paiements classiques). L'exemple topique concerne des règlements amiables comportant une concession de licence. D'un côté, le breveté s'engageait à payer le génériqueur pour retarder son entrée sur le marché. De l'autre, le génériqueur s'engageait à payer des redevances au breveté en contrepartie de la licence concédée. Ce type d'accord ne ressemble pas vraiment à un accord de report d'entrée de type *pay-for-delay* dans le sens où il n'existe pas uniquement un transfert de valeur prenant la forme d'un paiement inversé mais « des » transferts de valeur allant aussi bien vers le breveté que vers le génériqueur. Or, les accords de type *pay-for-delay* visent originellement des *reverse payments*. C'est la raison pour laquelle aux États-Unis ils ont parfois été nommés sous la locution « *reverse payment settlements* ». L'intégration de ce type d'accord dont le transfert de valeur va « dans les deux sens » paraît donc provoquer une insécurité juridique qu'il serait bon d'éliminer.

187. **Les règlements amiables dépassant la portée du brevet doivent incorporer la catégorie B.II.** D'autres règlements amiables devraient selon nous être inclus dans la catégorie B.II dans la mesure où ils pourraient soulever des préoccupations de concurrence. À l'inverse des RADPB, ces accords pourraient aller au-delà de la portée du brevet en donnant effet au titre pourtant tombé dans le domaine public. Nous pourrions les qualifier de règlements amiables « dépassant la portée du brevet ». L'exemple le plus illustratif pourrait être celui où un breveté conclut un règlement amiable avec un génériqueur aux termes duquel ce dernier accepte de reporter son entrée sur le marché à une date postérieure à celle de l'échéance du brevet. En contrepartie, le breveté octroierait au concurrent potentiel un transfert de valeur de type monétaire.

b. La surveillance des règlements amiables de type B.II

188. **La surveillance des règlements amiables de type B.II.** Portée par l'expérience américaine, la Commission a décidé d'accroître la surveillance des accords de type B.II. Les travaux de la FTC, des professeurs Shapiro et des frères Leffler semblent avoir incité l'institution bruxelloise à examiner de plus près les règlements amiables comportant un transfert de valeur prenant la forme d'un paiement monétaire. Ce que l'on retient est qu'elle semble limiter l'importance du brevet sur lequel reposent les accords. L'inspiration américaine est d'ailleurs visible dans le Rapport final. Même si elle souligne que le traitement administré aux règlements amiables aux États-Unis n'est pas « *automatiquement et entièrement transposable dans l'Union européenne* »[770], elle consacre cependant pas moins de huit pages aux règlements amiables de report d'entrée « américains » et a opéré une rapide comparaison avec les règlements amiables « unionistes ». Quoi qu'il en soit, depuis

---

[770] *Ibid.*, § 782, p. 286.

la fin de son enquête sectorielle, la Commission publie chaque année un rapport de surveillance des règlements amiables de report d'entrée (*the Monitoring of Patent Settlements Report*)[771]. Selon ses dires, « *[l]es principaux objectifs de l'exercice de surveillance sont de mieux comprendre l'utilisation de ce type d'accord dans l'Union européenne et d'identifier ceux qui retardent l'entrée des génériques sur le marché au détriment des consommateurs européens, et ce, potentiellement en violation des règles de concurrence de l'Union européenne* »[772].

189. **Enquête sectorielle, surveillance et ouverture d'enquêtes individuelles.** Après la publication du Rapport final, la Commission a ouvert des enquêtes individuelles pour contrôler la conformité de certains accords avec le droit de la concurrence de l'Union. Le Rapport final et les rapports de surveillance laissaient présager une condamnation par objet de certains règlements amiables de report d'entrée prenant une forme monétaire[773] et appartenant à la catégorie B.II. Cette pratique sème l'idée que l'enquête sectorielle ne vise plus seulement à « *exposer au grand jour les pratiques d'opérateurs occasionnant une restriction de concurrence [afin d'] éveiller les opérateurs au fait qu'ils sont à l'origine de pratiques anticoncurrentielles* »[774]. L'enquête sectorielle point plutôt comme un instrument permettant d'engranger un maximum d'informations, lesquelles offrent la possibilité de faire aboutir les enquêtes individuelles ouvertes postérieurement. Elle confirme par ailleurs, non seulement, que « *les pouvoirs de la Commission sont très étendus dans la mission de surveillance qui lui est assignée dans le cadre des politiques concurrentielles* »[775], mais aussi l'existence d'un pouvoir discrétionnaire considérable.

§ 2. Les accords contenant un paiement inversé en nature (ou les accords de seconde génération)

190. **L'émergence des règlements amiables de « seconde génération ».** L'obstination des autorités de concurrence à poursuivre les paiements inversés a conduit les rédacteurs de contrats à faire preuve d'imagination. Aux États-Unis, il est de plus en plus rare de voir des règlements amiables comportant directement un paiement inversé sous forme monétaire. À rebours, il est devenu courant d'observer les laboratoires pharmaceutiques proposer des paiements inversés de manière indirecte

---

771 À ce jour, la Commission a publié sept rapports de surveillance sur la base d'une fréquence annuelle. Tous ces rapports sont disponibles sur le site de la Commission.

772 Comm. eur., *1st Report on the Monitoring of Patent Settlements (period: mid 2008 – end 2009)*, publié le 5 juill. 2010 (traduction libre) : « *The main objectives of the monitoring exercise are to better understand the use of this type of agreements in the EU and to identify those settlements that delay generic market entry to the detriment of the European consumer possibly in violation of European competition law* », disponible sur http://ec.europa.eu/competition/sectors/pharmaceuticals/inquiry/patent_settlements_report1.pdf.

773 A. Devlin, *Antitrust and Patent Law*, *op. cit.*, § 13.71, p. 465.

774 N. Petit et N. Neyrinck, « Les fonctions de la procédure en droit européen de la concurrence », *RIDE* 2015/4, p. 483, spéc. p. 496.

775 A. Bouveresse, *Le pouvoir discrétionnaire dans l'ordre juridique communautaire*, Bruylant, 2010, n° 189, p. 137.

en concluant des accords accessoires (« *side deals* ») tels que des accords de distribution ou de copromotion[776] ; l'objectif étant de dissimuler le paiement inversé. Ces techniques contractuelles permettent de justifier plus aisément, en cas d'attaque antitrust, le montant du paiement et d'éviter une sanction pour violation des règles de concurrence. Cependant, l'habileté rédactionnelle des brevetés n'a pas levé les doutes des autorités de concurrence quant à la conformité de certaines stratégies au droit des pratiques anticoncurrentielles. De nouveaux accords et stipulations contractuelles cristallisent aujourd'hui de sérieuses préoccupations de concurrence et apparaissent au cœur du cyclone antitrust. Les clauses de non-lancement d'un générique autorisé pendant la période d'exclusivité de cent quatre-vingts jours (A) mais aussi les clauses d'accélération (« *acceleration clauses* »), lesquelles sont intégrées dans de nombreux règlements amiables (B), font partie des nouvelles stratégies qui pourraient potentiellement se trouver dans le viseur des autorités de contrôle. Un troisième type d'accord, que nous avons dénommé accord injectant de la concurrence sur un marché distinct (AICMD), pourrait selon nous aussi être conçu pour échapper à une condamnation antitrust (C). Ces trois stratégies érigent des préoccupations de concurrence assez évidentes puisqu'elles peuvent avoir pour effet de retarder l'entrée des génériques sur le marché en contrepartie d'un transfert de valeur. Autrement dit, les deux conditions nécessaires pour qualifier les accords visés de *pay-for-delay* sont réunies.

A. Les clauses de non-lancement d'un générique autorisé ou les *no-authorized-generic clauses*

191. **L'identification de la stratégie.** Afin de mieux comprendre la stratégie utilisée par les laboratoires *princeps*, il convient de définir ce que sont les génériques autorisés (1), de montrer le détournement de leur utilisation aux fins de neutraliser la concurrence (2) avant de se demander si ce type d'accord pourrait être efficacement importé dans l'Union européenne (3).

1. Définition des génériques autorisés

192. **Genèse des génériques autorisés (« *authorized generics* »).** Les génériques autorisés[777] sont des médicaments génériques commercialisés par les laboratoires innovants. Bénéficiant d'une AMM[778] pour le médicament *princeps*, ces derniers n'ont plus qu'à modifier l'emballage et le nom du produit pour le mettre sur le marché à un prix plus faible que le médicament de marque. Les « auto-génériques » ont commencé à être commercialisés à partir des années 1990. Jugés peu profitables par les laboratoires *princeps*, ceux-ci décidèrent qu'il fallait abandonner cette pratique, ce qui fut réalisé au crépuscule de cette même décennie[779]. Cependant, en raison

---

776 Voy. *infra* n° 245 et s.

777 Afin de rendre la lecture plus agréable, nous utiliserons parfois le synonyme d'auto-générique.

778 Rappelons qu'aux États-Unis le terme approprié est « *New Drug Application* » et que cette AMM est délivrée par la puissante FDA.

779 FTC, *Authorized Generics Drugs: Short-Term Effects and Long-Term Impact* (Aug. 2011), p. 12.

de l'augmentation des récompenses de cent quatre-vingts jours d'exclusivité au profit des génériqueurs contestataires, les génériques autorisés refirent surface[780]. De 2003 à 2006, cette recrudescence a même été quantifiée. Sur ces trois années, il a été rapporté que le nombre de génériques autorisés mis sur le marché oscillait entre dix-neuf et vingt et un par an[781]. Au départ, les auto-génériques ne posaient aucune préoccupation de concurrence puisqu'ils étaient utilisés par les laboratoires *princeps* pour faire concurrence aux génériqueurs qui tentaient de commercialiser leur produit sur le marché. L'idée était simple : apporter une réponse rapide et dissuasive à la menace concurrentielle que présentait le lancement des génériques sur le marché. En ce sens, cette stratégie pouvait même être vue comme pro-concurrentielle puisqu'elle permettait de faire baisser les prix du médicament tout en augmentant sa production au bénéfice du consommateur. Aujourd'hui, cette stratégie a évolué et les auto-génériques peuvent parfois être exploités à des fins anticoncurrentielles et détournés de leur fonction initiale.

2. Utilisation des génériques autorisés pour écarter un concurrent du marché

193. **L'engagement de non-lancement d'un auto-générique et la loi Hatch-Waxman.** Aux États-Unis, la disposition prévoyant la récompense des cent quatre-vingts jours d'exclusivité n'interdit pas aux laboratoires *princeps* de lancer leur propre générique[782]. Ainsi, un laboratoire peut légalement mettre sur le marché un produit générique d'un prix plus faible comparé à son médicament *princeps* ; la loi Hatch-Waxman ne s'opposant pas à ce qu'un laboratoire pionnier produise et vende son propre générique sur le marché. Ce principe a été formulé prétoriennement par le tribunal de district de Virginie dans l'affaire *Mylan Pharmaceuticals v. FDA*, où les juges du fond ont énoncé que « *le langage clair et sans ambiguïté de [la loi Hatch-Waxman] n'interdit pas aux laboratoires* princeps *de commercialiser un "générique autorisé" pendant la période d'exclusivité de cent quatre-vingts jours* »[783]. Davantage de force a été donnée à ce principe par une juridiction du second degré. De la même manière que le tribunal de district, la cour d'appel du circuit fédéral a confirmé dans l'affaire *Teva Pharmaceuticals Industries v. Crawford* que « *la loi de manière claire n'interdit pas à un titulaire d'une NDA de commercialiser, durant la période de cent quatre-vingts jours d'exclusivité, sa propre version "générique de marque" de son médicament* »[784].

Ayant obtenu un blanc-seing explicite des juridictions du fond quant à l'emploi des génériques autorisés durant la période d'exclusivité, les laboratoires *princeps* ont décidé de les réutiliser pour éviter aussi bien les plaintes de la FTC que des

---

780 *Ibid.*

781 *Ibid.*, pp. 11-12.

782 OECD, *Generic Pharmaceuticals*, Note by the United States, 18-19 June, DAF/COMP/WD(2014)51, p. 9.

783 *Mylan Pharmaceuticals v. FDA*, No. 104CV242 WL 2411674 (N.D. W. Va. Sept. 29, 2005) (traduction libre) : « *the plain language of [the Hatch-Waxman Act] does not authorize it to prohibit brand companies from marketing "authorized generics" of their approved drugs during the 180-day exclusivity period* ».

784 *Teva Pharmaceuticals Industries v. Crawford*, 410 F.3d 51 (D.C. Circ. 2005), pt 55 (traduction libre) : « *the Act clearly does not prohibit the holder of an approved NDA from marketing, during the 180-day exclusivity period, its own "brand-generic" version of its drug* ».

actions antitrust menées par des parties privées. Comme nous allons l'expliquer ci-après, l'usage des génériques autorisés a été renouvelé. Désormais, au lieu de directement livrer concurrence au nouveau génériqueur entrant sur le marché, les laboratoires *princeps* emploient le lancement d'auto-génériques comme une menace pour obtenir le report de l'entrée de leurs concurrents sur le marché[785]. Avant d'expliquer pourquoi cet instrument est potentiellement nocif pour la concurrence, il convient au préalable d'identifier ce qu'il est.

194. **Les engagements de non-lancement d'un générique autorisé semblent être des engagements de non-concurrence.** Conscients des problèmes antitrust posés par les accords comportant un paiement inversé en numéraire, les brevetés ont cherché une parade pour conclure des règlements amiables qui n'éveilleraient aucun soupçon des autorités de concurrence. Le subterfuge apparaît d'une subtilité redoutable. Sachant que la FTC fait montre de suspicion à l'égard des accords comportant un paiement inversé de type monétaire, les laboratoires *princeps* ont rapidement saisi l'intérêt de le dissimuler. Rendre le transfert de valeur indétectable, voire invisible, est apparu comme un moyen très efficace pour détourner l'attention des autorités de concurrence sur certains règlements amiables. Deux raisons principales permettent de saisir l'esprit de la pratique. D'une part, les clauses de non-lancement d'un générique autorisé ne correspondent pas à un paiement monétaire et éloignent ainsi les soupçons des autorités de concurrence quant aux effets anticoncurrentiels de l'accord. D'autre part, ils permettent aux laboratoires *princeps* d'écarter leur concurrent du marché pendant une certaine période contractuellement déterminée, et ce, sans bourse délier.

Les engagements de non-lancement d'un générique autorisé sont donnés dans un contexte bien particulier. Pour obtenir un tel engagement, il est indispensable qu'un génériqueur ait acquis la prime d'exclusivité de cent quatre-vingts jours ou qu'il soit en passe de l'acquérir. Une fois cette condition remplie, les deux parties peuvent alors s'entendre en des termes proches de ceux qui suivent. En contrepartie de l'engagement du génériqueur de ne pas commercialiser sa version générique pendant une certaine période, le laboratoire *princeps* promet de ne pas lui livrer concurrence par le lancement d'un générique autorisé pendant les cent quatre-vingts jours d'exclusivité. Ainsi, pendant cette période, le génériqueur sera la seule entreprise sur le marché générique et pourra bénéficier à plein de l'avantage du premier entrant (« *first-mover advantage* »). En conséquence, les engagements de non-lancement d'un générique autorisé ne seraient rien d'autre qu'un engagement de non-concurrence limité dans le temps.

195. **Pourquoi un génériqueur accepte-t-il de retarder son entrée sur le marché en contrepartie de la promesse du laboratoire *princeps* de ne pas lancer son auto-générique ?** Le premier déposant d'une certification paragraphe IV perd, selon une étude, 25 % de ses parts de marché lorsqu'il est concurrencé par un auto-générique pendant la période d'exclusivité[786]. Pour un auteur,

---

785 M. Carrier, « Pharmaceutical Antitrust Law in the United States » *in Competition and Patent Law in the Pharmaceutical Sector – An International Perspective* (dir. G. Pitruzella & G. Muscolo), Wolters Kluwer, 2016, p. 477, spéc. p. 485.

786 FTC, *Authorized Generic Drugs*, préc., p. 57.

l'une des raisons de ce phénomène tient en ce que le premier déposant n'est pas en mesure de récupérer les parts de marché captées par le laboratoire *princeps*, parts de marché qu'il aurait pu conquérir en tant qu'unique génériqueur sur le marché[787]. *Generaliter*, les pharmaciens stockent seulement une version générique du médicament. Ainsi, le laboratoire *princeps* qui lance son auto-générique sur le marché avant le génériqueur peut devancer l'acquisition d'actifs rares tels que les espaces de vente comme les rayons[788]. Dans cette situation, l'objectif du laboratoire *princeps* agissant comme premier génériqueur est de verrouiller la concurrence par la paralysie des canaux de distribution du médicament.

En outre, lorsque l'on s'écarte de l'analyse par les parts de marché et que l'on se concentre sur les bénéfices escomptés par le génériqueur durant la période d'exclusivité, il est possible d'observer les fortes incitations poussant le génériqueur à conclure un règlement amiable comportant un engagement de non-lancement d'un générique autorisé. En effet, la FTC a affirmé dans son rapport sur les auto-génériques que le titulaire d'une période d'exclusivité souffrait d'une perte de bénéfice allant en moyenne de 40 % à 52 % lorsqu'un générique autorisé est lancé sur le marché[789]. L'autorité de concurrence américaine explique ce mécanisme par le fait qu'il y a un accroissement des quantités et que le générique autorisé « *augmente la pression sur les prix* »[790]. Ce faisant, le génériqueur est contraint de baisser les prix qu'il projetait d'appliquer.

Autre élément de poids, les effets de cette diminution des revenus se poursuivent *ex post*. Il semblerait que les revenus du premier déposant soient très affaiblis par l'entrée d'un générique autorisé. En moyenne, c'est une perte sèche de l'ordre de 53 % à 62 % qui se produit sur les trente mois postérieurs à la fin de la prime d'exclusivité[791]. Deux auteurs ont confirmé cette analyse en reprenant les arguments des fabricants de génériques, qui « *estiment [réaliser] 60 % à 80 % de leur potentiel profit* » pendant la période de cent quatre-vingts jours[792]. Un exemple illustre de façon idoine la valeur de la période d'exclusivité ainsi que l'impact du lancement d'un auto-générique sur les revenus du premier déposant. En 2004, le laboratoire Apotex a expliqué que l'introduction d'un générique autorisé du médicament Paxil a provoqué la chute de ses revenus d'environ 400 millions de dollars. Avant le lancement de l'auto-générique, le génériqueur avait projeté un bénéfice de 530 à 575 millions de dollars couvrant la période d'exclusivité. Or,

---

787 T. Chen, « Authorized Generics: A prescription for Hatch-Waxman Reform », 93 *Virginia L. Rev.* 459 (2007), spéc. pp. 477-478.

788 *Ibid.*

789 FTC, *Authorized Generic Drugs*, préc., pp. 58-59.

790 *Ibid.*, p. 59.

791 *Ibid.*

792 D. Coughlin & R. Dede, « Hatch-Waxman Game-Playing from a Generic Manufacturer Perspective: From Ticlid® to Pravachol®, Apotex Has Difficulty Telling Who's on First », art. préc., pp. 525-526 (traduction libre) : « *In general, most generic drug companies estimate that 60% to 80% of their potential profit for any one product is made during this exclusivity period.* » *Adde* Le témoignage de la Generic Pharmaceutical Association de 2006 repris dans l'affaire *Actavis*, qui a déclaré que « *la grande majorité des profits potentiels pour un fabricant de génériques se réalise durant la période de cent quatre-vingts jours d'exclusivité* ». Voy. *Actavis*, 133 S. Ct. at 2229.

en raison de la concurrence livrée par l'auto-générique, les ventes du médicament d'Apotex n'ont atteint qu'entre 150 et 200 millions de dollars[793].

196. **Les engagements de non-lancement d'un générique autorisé semblent constituer des paiements inversés.** Pour générer des préoccupations de concurrence, encore faudrait-il qu'un engagement de non-lancement d'un générique constitue un paiement inversé. Il semblerait que ce soit le cas. On le sait, la période d'exclusivité de cent quatre-vingts jours peut valoir plusieurs centaines de millions de dollars et le génériqueur *primo*-déposant d'une certification paragraphe IV accumule la majorité de ses profits durant cette période. Cependant, lorsqu'un laboratoire *princeps* introduit un auto-générique sur le marché, le génériqueur pourrait perdre des parts de marché et, partant, ses revenus pourraient baisser de manière spectaculaire. Ainsi, lorsque le laboratoire *princeps* décide de lancer son propre générique sur le marché, il peut annihiler l'intérêt de la période d'exclusivité de cent quatre-vingts jours. La situation est bien différente si un accord de non-lancement d'un générique autorisé est conclu. En ce cas, si le laboratoire *princeps* accepte de ne pas vendre son auto-générique pendant la période d'exclusivité, les revenus qu'il aurait générés se dirigent vers le génériqueur qui a accepté en contrepartie de reporter sa date d'entrée sur le marché[794]. Par ailleurs, au moyen de l'engagement de non-lancement d'un générique autorisé, les génériqueurs obtiennent beaucoup plus du règlement amiable que ce qu'ils auraient pu obtenir en remportant le litige de brevet. Comme l'a expliqué le professeur Carrier, « *un engagement d'un laboratoire* princeps *de ne pas introduire un générique autorisé [pendant la période d'exclusivité de cent quatre-vingts jours] offre un type de contrepartie qu'un génériqueur ne pourrait pas obtenir en remportant le litige devant une juridiction jugeant que le brevet était invalide ou non-violé* »[795]. Pour ces raisons, un engagement de non-lancement d'un générique autorisé a une valeur économique et monétaire considérable, si bien qu'il est possible de le ranger dans la catégorie des paiements inversés.

197. **La croissance de ces engagements.** Pour finir, il convient de relever que les engagements de non-lancement d'un auto-générique ont crû de manière considérable durant la dernière décennie. Une étude de la FTC révèle la propagation de cette pratique. De 2004 à 2010, soixante-quinze des trois cent trente-trois règlements amiables notifiés à la FTC présentaient des préoccupations de concurrence. Sur ces soixante-quinze accords, trente-neuf impliquaient un engagement de non-lancement d'un générique autorisé combiné avec une entrée retardée du génériqueur sur le marché[796]. L'élément le plus saillant relevé par l'autorité de concurrence américaine correspond sans doute au fait que quinze des trente-neuf engagements ont été conclus

---

793 Comment of Apotex Corp. in Support of Citizen Petition of Mylan Pharmaceuticals, Inc., p. 4, No. 2004P-0075/CP1 (FDA, Mar. 24, 2004).

794 Brief for the Federal Trade Commission et *alii*, as *Amicus Curiae, In re Lamictal Direct Purchaser Antitrust Litig.*, No. 12-995 (D.N.J., Oct. 5, 2012), p. 9, disponible sur : www.ftc.gov/os/2012/10/121005lamictalamicusbrief.pdf.

795 M. Carrier, « Eight Reasons Why "No-Authorized-Generic" Promises Constitute Payment », 67 *Rutgers University L. Rev.* 697 (2015), spéc. p. 712 (traduction libre) : « *A brand's promise not to introduce an authorized generic provides a type of consideration that a generic could not obtain as a result of winning a court ruling that the patent was invalid or not infringed.* »

796 FTC, *Authorized Generics Drugs*, préc., pp. 142-143.

sur la seule année 2010[797]. C'est un indicateur sérieux de l'ampleur prise par ce mécanisme *d'evergreening*. Comme le souligne le professeur Hemphill, ce qui est peut-être plus inquiétant encore, c'est que les règlements amiables comportant des clauses de non-lancement d'un générique autorisé concernent des médicaments très populaires tels que le psychostimulant Adderall, l'antidépresseur Effexor, l'inhibiteur de la pompe à protons Nexium ou encore le clopidogrel Plavix[798].

198. **Synthèse des précédents développements sur les engagements de non-lancement d'un générique autorisé.** En définitive, les engagements de non-lancement d'un générique autorisé sont utilisés par les brevetés pour pousser et contraindre les génériqueurs à retarder leur entrée sur le marché sous peine d'être privé d'une grosse partie des bénéfices qu'ils pourraient dégager durant la période d'exclusivité de cent quatre-vingts jours. L'assimilation des clauses de non-lancement d'un auto-générique à un paiement inversé pourrait inciter les laboratoires *princeps* à user de cette stratégie avec beaucoup plus de parcimonie. Dans l'hypothèse où ce transfert de valeur particulier serait examiné comme un paiement inversé par les juridictions antitrust, une condamnation de l'accord pourrait être retenue en vertu de la section 1 du Sherman Act. Ce type d'accord pourrait même être jugé illégal *per se* s'il était vu, comme le propose un auteur[799], comme une forme de division du marché (*a form of market division*). Avec cette qualification, la juridiction saisie ne serait plus contrainte d'appliquer une règle de raison (*a rule of reason*) mais pourrait automatiquement sanctionner la pratique.

3. La possible utilisation des accords de non-lancement d'un générique autorisé en Europe

199. **Les accords de non-lancement d'un générique pourraient-ils être utilisés en Europe ?** Comme nous l'avons expliqué précédemment, les accords de non-lancement d'un générique autorisé sont d'une redoutable efficacité aux États-Unis, mais ne constituent pas pour autant une violation flagrante du droit antitrust. Ce type d'accord pourrait-il être utilisé dans l'Union européenne ? Si oui, serait-il conforme au droit européen de la concurrence ?

Il est difficile de répondre avec fermeté et certitude à ces questions dans la mesure où la période d'exclusivité de cent quatre-vingts jours n'existe pas au sein de l'Union européenne. Ce faisant, un engagement de non-lancement d'un générique autorisé semble beaucoup moins attractif et profitable pour un génériqueur agissant sur le marché européen que pour un fabricant de génériques opérant sur le marché américain. En effet, en Europe, en raison de l'absence de prime d'exclusivité et de *patent linkage*, un génériqueur tenté d'entrée sur le marché n'a aucune certitude de demeurer l'unique entreprise à commercialiser un générique pendant une période de temps déterminée. Il ne détient pas plus de garantie concernant les revenus qu'il pourrait dégager d'une situation monopolistique temporaire, c'est-à-dire de la période pendant laquelle il serait le seul sur le marché. Puisqu'aucun texte ni aucun principe

---

797 *Ibid.*, p. 145.

798 C. Hemphill, « An Aggregate Approach to Antitrust: Using New Data and Agency Rulemaking to Preserve Drug Competition », art. préc., spéc. p. 684

799 M. Carrier, « Eight Reasons Why "No-Authorized-Generic" Promises Constitute Payment », art. préc., p. 717.

prétorien ne prévoient une exclusivité au premier entrant génériqueur, le marché apparaît toujours contestable – un concurrent potentiel n'étant entravé par aucune barrière légale à l'entrée. Néanmoins, dans certaines circonstances, les accords de non-lancement d'un générique autorisé pourraient poser de sérieuses préoccupations de concurrence. Selon nous, deux situations pourraient se révéler problématiques. Ces deux hypothèses ne sont pas exhaustives, les entreprises pouvant très bien façonner d'autres accords, porteurs, eux aussi, de préoccupations de concurrence.

200. **Première hypothèse, un seul génériqueur est sur le point d'entrer sur le marché.** Premièrement, un accord de non-lancement d'un générique autorisé pourrait constituer une atteinte au droit européen de la concurrence lorsqu'un seul génériqueur serait sur le point d'entrer sur le marché. Nous songeons au cas où un fabricant de génériques a réussi à contester un brevet[800] et qu'il est alors en mesure d'entrer sur le marché. En pratique, ce type d'accord pourrait avoir pour unique objet de retarder l'entrée de la version générique du médicament *princeps* – et donc l'entrée d'un concurrent potentiel – dans le but de maintenir les rentes de monopole du laboratoire innovant. Dans cette situation, les rentes de monopole ne reposeraient plus sur un brevet en vigueur – et en cours de validité – et la prorogation du monopole apparaîtrait donc clairement injustifiée. Autrement dit, le monopole maintenu par le breveté ne s'appuierait pas sur une concurrence par les mérites. Ce faisant, la Commission pourrait – et devrait selon nous – ouvrir une enquête individuelle aux fins de réaliser une analyse antitrust approfondie pour contrôler la nocivité de la pratique sur la concurrence.

201. **Seconde hypothèse, un accord est conclu simultanément avec au moins deux génériqueurs.** Secondement, une violation des règles européennes de concurrence pourrait être détectée dans le cas où des accords de non-lancement d'un générique autorisé seraient conclus simultanément avec au moins deux génériqueurs. Dans cette hypothèse, si les entreprises de génériques sont arrivées à obtenir une mesure provisoire auprès d'une juridiction spécialisée en matière de brevet, il pourrait être inféré de l'accord que l'objectif du laboratoire *princeps* est de verrouiller le marché pour prolonger artificiellement son monopole. Non seulement l'accord de non-lancement d'un générique autorisé pourrait tomber individuellement sous le coup de la prohibition des ententes et être justiciable de l'article 101 TFUE, mais aussi, et parallèlement, de l'article 102 TFUE. Dans ce dernier cas, la conclusion d'une série de règlements amiables en matière de brevet pourrait avoir « *un effet d'autorenforcement cumulatif* » (« *a cumulative self-reinforcing effect* »)[801] de la position dominante d'une entreprise si cette dernière détient un pouvoir de marché. En effet, pour la Commission, la mise en place d'une stratégie qui « *incit[e] systématiquement des concurrents à se retirer de la concurrence, au moyen d'une série d'accords qui [est] mutuellement renforcée* » et qui « *tent[e] ainsi de prolonger ou perpétuer le monopole ne constitue pas une concurrence par les mérites* »[802].

---

[800] En démontrant par exemple que son produit ne viole pas le brevet du laboratoire pionnier ou en obtenant un jugement d'annulation du brevet.

[801] Comm. eur., déc. 9 juill. 2014, *Perindopril*, aff. AT.39612, § 2939.

[802] *Ibid.*, § 2942 (traduction libre) : « *leveraging monopoly rents to systematically induce competitors to withdraw from competition, by a chain of agreements which were mutually reinforcing, in an attempt to prolong or perpetuate the monopoly, does not constitute competition on the merits* ».

202. **L'assimilation des accords de non-lancement d'un générique autorisé aux règlements amiables de type B.II.** En outre, les accords de non-lancement d'un générique autorisé devraient selon nous intégrer la catégorie des règlements amiables de type B.II. En effet, ils remplissent *a priori* les deux conditions nécessaires à cette qualification. D'une part, ils peuvent avoir pour effet de limiter l'entrée d'un générique sur le marché ; l'accord ayant pour objectif de retarder la commercialisation d'un générique. D'autre part, ils comportent un transfert de valeur prenant la forme d'un engagement de non-concurrence, précisément celui de ne pas livrer concurrence au génériqueur avec un auto-générique durant une période contractuellement déterminée. L'intégration de ces accords à la catégorie B.II pourrait offrir le principal avantage de mesurer leur ampleur sur le marché européen. En faisant le même travail de surveillance que celui entrepris depuis 2011, la Commission pourrait obtenir des informations supplémentaires à leur égard et évaluer si certains d'entre eux posent réellement des problèmes de concurrence. Cependant, comme elle l'a souligné dans son dernier rapport de surveillance, l'appartenance à la catégorie B.II « *ne sous-entend pas que les accords [...] seraient nécessairement incompatibles avec le droit européen de la concurrence* » ; une telle conclusion « *nécessite une évaluation s'appuyant sur les circonstances de chaque affaire individuelle* »[803].

B. Les clauses d'accélération ou les *poison pill clauses*

203. **Les clauses d'accélération, une nouvelle forme de pratique potentiellement anticoncurrentielle.** À côté des accords de non-lancement d'un générique autorisé, les brevetés ont façonné d'autres règlements amiables dissimulant les paiements inversés. Pour séduire les génériqueurs et les inciter à retarder leur entrée sur le marché, les laboratoires *princeps* ont proposé des clauses permettant aux titulaires de la prime d'exclusivité de cent quatre-vingts jours d'être les premiers sur le marché du générique, et ce, même lorsque des tiers au règlement amiable réussissent à faire annuler le brevet sur le médicament *princeps*. La doctrine a nommé cette clause : « clause d'accélération » (ou *acceleration clause*). Présentons-la (1) avant d'examiner les possibles préoccupations de concurrence qu'elle pourrait générer aux États-Unis (2) et dans l'Union européenne (3).

1. Présentation de la clause d'accélération

204. **De l'usage courant des clauses d'accélération.** L'insertion de clauses d'accélération (ou de clauses d'entrée accélérée)[804] est devenue courante dans les règlements amiables transigeant un litige Hatch-Waxman. Elles sont qualifiées

---

803 Comm. eur., *7th Report on the Monitoring of Patent Settlements (period: January-December 2015)*, publié le 13 déc. 2016, § 16 (traduction libre) : « *this is not to suggest that agreements falling into this category would necessarily be incompatible with EU competition law. This needs to be assessed on the basis of the circumstances of each individual case* ».

804 Voy. D. Burwell, M. Ford & P. Spaeth, « *Provigil* and *Nexium*: Conflicting Conclusions About Accelerated Entry Provisions in Hatch-Waxman Settlements », 12 *Pharmaceutical Law & Industry Report* 1 (2014), qui préfèrent l'expression « *accelerated entry provisions* ».

de « typiques »[805] et sont décrites comme étant « *aujourd'hui une composante standard de chaque règlement amiable* »[806]. Une partie de la doctrine les a identifiées comme une « *poison pill* »[807], c'est-à-dire une « pilule empoisonnée ». Si l'expression détonne en raison de sa coloration péjorative, elle a cependant le mérite de révéler l'efficacité de la clause, laquelle permet de rentablement s'abstraire de la concurrence.

205. **Définition des clauses d'accélération.** La clause d'accélération pourrait être définie de la manière suivante : est une clause d'accélération toute stipulation aux termes de laquelle un génériqueur partie à un règlement amiable accepte de reporter son entrée sur le marché jusqu'à une date contractuellement déterminée en contrepartie de quoi le breveté l'autorise à commercialiser, de façon avancée, son générique, tout en conservant la prime d'exclusivité de cent quatre-vingts jours. En d'autres termes, au moyen de la clause d'accélération, un génériqueur peut ne plus être tenu par la date d'entrée sur le marché stipulée dans le règlement amiable. Partant, une clause d'accélération a pour effet de libérer le génériqueur de la date d'entrée sur le marché prévue par l'accord si un autre fabricant de génériques apparaît en mesure de percer la clôture formée par la période d'exclusivité[808]. Pour cela, il suffit qu'un autre génériqueur soit en mesure de lancer son propre produit sur le marché ou y soit arrivé. En pratique, cette hypothèse se rencontre lorsqu'un génériqueur tiers à l'accord réussit à faire annuler un brevet ou à démontrer que son produit ne le viole pas. Cette stipulation contractuelle diminue l'attractivité d'un recours judiciaire contre le brevet et atténue l'incitation à contester les brevets pharmaceutiques. En effet, quand une clause de ce type est intégrée dans un règlement amiable, les tiers à l'accord sont dissuadés d'agir en justice contre le breveté, car même s'ils arrivaient à faire chuter son titre dans le domaine public, ils ne pourraient pas immédiatement pénétrer le marché et n'auraient pas non plus la primeur de la commercialisation du générique. Ils seraient devancés par les titulaires de la prime d'exclusivité parties au règlement amiable.

206. **Les clauses d'accélération se présentent sous la forme d'une concession de licence.** Pour rendre efficace l'accélération de l'entrée du génériqueur, les brevetés utilisent des accords prenant la forme d'une concession de licence. Précisément, lorsqu'un laboratoire *princeps* conclut un règlement amiable dans lequel il accepte d'intégrer une clause d'accélération, il choisit en pratique de concéder une licence – normalement à titre gratuit – aux génériqueurs ayant transigé. Dans cet accord, il est usuel de fixer une date d'entrée autorisant la mise sur le marché du générique. À cette date, le génériqueur acquiert la qualité de preneur et obtient ainsi le droit de lancer sur le marché son produit, et ce, sans risque d'être poursuivi en contrefaçon.

---

805 Brief of Apotex, Inc. as *Amicus curiae* Supporting Petitioner, p. 5, *FTC v. Watson Pharm., Inc.*, 677 F.3d 1298 (11th Circ. 2012) (No. 12-416).

806 The Protecting Consumer Access to Generic Drugs Act of 2009: Before Subcomm. On Commerce, Trade, Consumer Protection of Energy, Commerce Comm., 111th Cong. 6 n. 6 (2009), p. 11 (testimony of Dr. B. C. Sherman, Chief. Exec. Officer, Apotex, Inc.) (traduction libre) : « *a standard component of every settlement today* ».

807 M. Carrier, « Payment after *Actavis* », 100 *Iowa L. Rev.* 7, spéc. p. 37.

808 R. Feldman & E. Frondorf, « Drug Wars: A New Generation of Generic Pharmaceutical Delay », 53 *Harvard Journal on Legislation* 499 (2016), spéc. p. 521.

Dans le cas où la clause d'accélération est mise en œuvre, le mécanisme demeure identique, à l'exception près que le génériqueur ayant transigé acquiert la qualité de preneur de licence plus rapidement que prévu. Concrètement, le génériqueur n'est plus tenu par l'obligation d'entrer à la date contractuellement fixée. Cette situation peut se produire lorsqu'un tiers génériqueur décide d'entrer à risque sur le marché ou lorsque ce dernier remporte le litige de brevet qui l'oppose au laboratoire *princeps*. Afin d'augmenter l'efficacité de la clause d'accélération et l'attrait du règlement amiable, les brevetés acceptent souvent d'adjoindre à la clause d'entrée accélérée une « clause de non-licence »[809] (*a no-license clause*) aux termes de laquelle le breveté est d'accord pour ne pas concéder de licence à d'autres génériqueurs pendant la période d'exclusivité de cent quatre-vingts jours, l'objectif pour le génériqueur ayant transigé étant de rester l'unique entreprise sur le marché générique durant cette période pour bénéficier des effets de l'exclusivité.

207. **Un exemple d'affaire impliquant une clause d'accélération : l'affaire *Actos*.** Pour mieux appréhender l'intérêt de la clause d'accélération, la force pédagogique de l'illustration nous paraît ici utile. Dans l'affaire *Actos*, trois génériqueurs avaient contesté le brevet que possédait Takeda, le laboratoire *princeps*, en déposant le même jour une certification paragraphe IV. Le breveté répliqua immédiatement à cette demande en agissant en contrefaçon et en déclenchant la période des trente mois de neutralisation au cours de laquelle aucune ANDA ne pouvait être délivrée. Ainsi, dans l'hypothèse où les trois fabricants de génériques rencontraient un succès au procès ou concluaient un règlement amiable, ils pouvaient potentiellement tous se partager les bénéfices de la période de cent quatre-vingts jours d'exclusivité. *In casu*, au lieu de poursuivre le litige de brevet jusqu'à son terme, le laboratoire *princeps* préféra conclure avec chacun d'eux un règlement amiable qui leur permettait de maintenir leur droit à la prime d'exclusivité de cent quatre-vingts jours. Cependant, ces accords furent attaqués. Selon la plainte, les règlements amiables stipulaient que « *dès qu'un fabricant de génériques réussirait à entrer sur le marché avec un générique [...] avant [la date d'entrée prévue dans le règlement amiable] [...] la date autorisée pour [les trois génériqueurs ayant transigé] pourra être accélérée à une date plus avancée* »[810]. Les clauses d'accélération avaient donc pour but « *qu'aucun autre fabricant de génériques, peu important le temps et les ressources qu'il dépense dans le litige [...], et peu important le succès obtenu dans le litige, ne puisse entrer sur le marché avant [les trois génériqueurs ayant transigé]* »[811]. Partant, « *l'objectif et l'effet des clauses d'accélération étaient de réduire drastiquement – essentiellement éliminer – l'incitation [d'un génériqueur contestataire ultérieur]* à essayer d'entrer sur le marché

---

809 M. Carrier, « Payment after *Actavis* », art. préc., p. 41. L'auteur indique que « *les clauses d'accélération sont souvent accompagnées par des clauses de "non-licence" par lesquelles un laboratoire innovant accepte de ne pas concéder de licence à d'autres génériqueurs pour qu'ils entrent pendant la période d'exclusivité de cent quatre-vingts jours* » (traduction libre). Dans la langue d'origine : « *poison-pill clauses are often accompanied by "no-license" clauses by which a brand agrees not to grant a license to any other generic to enter within 180 days of the first-filer's entry* ».

810 Complaint at § 138, *United Food & Commercial Workers Local 1776 v. Takeda*, No. 1:13-cv-09244-RA (S.D.N.Y. Dec. 31, 2013), cité par M. Carrier, « Payment after *Actavis* », art. préc., p. 37 (traduction libre).

811 *Ibid.*

avant *[les trois génériqueurs ayant transigé]* »[812]. La plainte poursuit en énonçant qu'« *en l'absence de clauses d'accélération, [le génériqueur contestataire ultérieur aurait eu] une possibilité importante d'entrer sur le marché avec sa version générique de l'Actos [...] en profitant d'une période substantielle pendant laquelle il aurait été le seul fabricant de la version générique de l'Actos sur le marché* »[813].

208. **Enseignement de l'affaire *Actos*.** Cet exemple montre la puissance dissuasive des clauses d'accélération ainsi que leur potentielle nocivité pour la concurrence. En l'absence d'une telle clause dans le règlement amiable, la concurrence du tiers génériqueur aurait pu fragiliser le monopole du breveté sur le marché. En effet, sans la clause d'accélération, ce dernier aurait pu entrer sur le marché et être l'unique entreprise à commercialiser sa version générique dans le cas où il aurait remporté le litige de brevet l'opposant au laboratoire *princeps*. En fixant des prix plus faibles que ceux du médicament *princeps*, le tiers génériqueur aurait alors pu accroître le bien-être du consommateur et mettre un terme à l'inertie concurrentielle. Dans cette hypothèse, le tiers génériqueur aurait même pu profiter de l'avantage du premier entrant (*first-mover advantage*). Pourquoi ?

La réponse à cette question repose sur le règlement amiable *per se*. Puisque les génériqueurs ont contractuellement établi leur date d'entrée sur le marché avec le breveté, ils sont liés par celle-ci et doivent par conséquent la respecter sous peine de violer leurs obligations contractuelles et de voir ainsi engager leur responsabilité[814]. La clause d'accélération les libère de ce fardeau et de ce risque contractuel. En effet, la clause décourage fortement les tiers génériqueurs à contester le brevet. En dépit de l'énergie et des ressources qu'ils dépenseraient pour le litige, ces derniers se verraient bloquer l'accès au marché par l'accélération de l'entrée des génériqueurs ayant transigé et bénéficiant de la période d'exclusivité. En pratique, en accélérant son entrée sur le marché et en déclenchant la prime d'exclusivité de cent quatre-vingts jours, le génériqueur partie au règlement amiable pourra éconduire pendant cette période le tiers génériqueur souhaitant entrer sur le marché et profiter à lui seul de l'avantage du premier entrant. Pour cette raison, cette clause peut être assimilée à un véritable « poison » pour les tiers génériqueurs désireux de rapidement proposer leurs produits aux consommateurs. En revanche, le règlement amiable offre des avantages aussi bien aux génériqueurs qu'au breveté[815]. Pour le second, il augmente ses chances de demeurer un monopoleur pendant le report d'entrée. Pour le premier, il lui assure de profiter de la situation de duopole déclenchée par l'ouverture de la période d'exclusivité de cent quatre-vingts jours.

---

812 *Ibid.*, § 139.

813 *Ibid.* Voy. aussi la plainte de la FTC dans l'affaire *Cephalon*, où l'autorité de concurrence américaine allègue qu'« *une clause de "la nation la plus favorisée" permettait une entrée accélérée d'un [génériqueur partie au règlement amiable] dans le cas où un autre fabricant de génériques entrait sur le marché* » et explique que « *l'effet de cette clause était de rendre le moins attractif possible le fait pour n'importe quel génériqueur ultérieur de poursuivre le litige ou d'entrer à risque sur le marché* ». Voy. *FTC v. Cephalon, Inc.*, No. 2 :08-cv-02141-MSG, § 60 (E.D. Pa. Aug. 12, 2009) (traduction libre).

814 En France, la pertinence du concept de responsabilité contractuelle a quelquefois été débattue en doctrine. Voy. par ex. P. Rémy, « La responsabilité contractuelle, histoire d'un faux concept », *RTD civ.* 1997, p. 323 ; E. Savaux, « La fin de la responsabilité contractuelle », *RTD civ.* 1999, p. 1.

815 R. Feldman & E. Frondorf, « Drug Wars: A New Generation of Generic Pharmaceutical Delay », art. préc., p. 521.

209. **Lien entre la clause d'accélération et la période de cent quatre-vingts jours d'exclusivité.** Enfin, comme l'a expliqué le professeur Carrier, les clauses d'accélération sont d'une grande valeur pour les génériqueurs en raison de l'importance unique de la période d'exclusivité[816]. Cette période d'exclusivité a une valeur économique considérable pour ces derniers. Comme nous l'avons déjà exprimé précédemment, « *la majorité des profits potentiels pour un fabricant de génériques se réalise durant la période d'exclusivité de cent quatre-vingts jours* »[817]. Dès lors, le souhait des génériqueurs tendant à sanctuariser cette période, lorsqu'ils décident de transiger avec un breveté, se comprend aisément. La clause d'accélération offre cette opportunité. En la mettant en œuvre, les génériqueurs préserveront cette précieuse récompense.

2. Les préoccupations de concurrence générées par la clause d'accélération

210. **La préoccupation de concurrence et les différents scénarios possibles.** Les clauses d'accélération posent potentiellement de sérieuses préoccupations de concurrence. L'argument principal tient à ce qu'elles permettent au premier déposant d'une certification paragraphe IV d'obtenir plus que ce qu'il aurait pu avoir en remportant le litige de brevet. En effet, en gagnant le procès en contrefaçon, le génériqueur aurait bénéficié soit d'un jugement d'annulation, soit d'un jugement de non-violation du brevet. Dans ces deux occurrences, ce dernier aurait pu entrer sur le marché et bénéficier de la période de cent quatre-vingts jours d'exclusivité. Or, lorsqu'il conclut un règlement amiable comportant une clause d'accélération, il acquiert des avantages supplémentaires. Il pourrait par exemple empêcher un autre génériqueur rival d'entrer immédiatement sur le marché, ce qui pourrait potentiellement constituer une restriction de concurrence illicite[818]. Pour mettre un peu de lumière dans le brouillard des avantages concurrentiels qu'offre la clause d'accélération au génériqueur partie au règlement amiable, le professeur Carrier a projeté plusieurs scénarios possibles. Selon l'auteur, ces scénarios montrent comment les clauses d'accélération permettent aux génériqueurs ayant transigé de recevoir une contrepartie qu'ils ne pourraient pas obtenir en remportant le litige de brevet l'opposant au laboratoire *princeps*[819].

210-1. **Scénario 1 : L'utilisation des efforts judiciaires du « déposant ultérieur »[820].** Le premier scénario consiste pour le génériqueur partie au règlement amiable à utiliser les efforts judiciaires du « déposant ultérieur ». Dans cette hypothèse,

---

816 M. Carrier, « Payment after *Actavis* », art. préc., p. 38.

817 Lettre de la Generic Pharmaceutical Association à la Federal Trade Commission (27 juin 2006), disponible sur http ://www.ftc.gov/os/comments/genericdrugstudy3/062806gpha.pdf (traduction libre).

818 S. D. Shadowen, « Exclusion payment litigation : What's next ? », p. 7 (Sept. 2013) disponible sur : http :// www.aipla.org/.

819 M. Carrier, « Payment after *Actavis* », art. préc., p. 39.

820 Dans cette description des différents scénarios, nous utiliserons indifféremment les expressions « déposant ultérieur », « second déposant », « génériqueur ultérieur », « génériqueur tiers au règlement amiable ». Ces expressions visent le génériqueur qui n'a conclu aucun règlement amiable avec le laboratoire *princeps* et qui essaye de contester le brevet en agissant en justice. Pour rappel, le déposant est l'entreprise pharmaceutique qui a réalisé une certification auprès de la FDA afin de se voir délivrer l'ANDA.

le titulaire de la prime d'exclusivité de cent quatre-vingts jours pourrait entrer plus tôt sur le marché si un tiers génériqueur gagne son litige de brevet, et ce, sans prendre le risque de perdre son propre procès[821]. Ainsi, le premier déposant d'une certification paragraphe IV pourrait capter les efforts judiciaires d'un de ses rivaux génériqueurs destinés à faire chuter le brevet du *princeps* dans le domaine public. Si le génériqueur partie au règlement amiable avait perdu le litige portant sur la contestation du brevet, il aurait dû, conformément au règlement de la FDA, retirer sa certification paragraphe IV et la modifier en certification paragraphe III. Ce faisant, il aurait dû attendre l'expiration du brevet pour entrer sur le marché[822] et, par là même, aurait perdu la prime l'exclusivité de cent quatre-vingts jours[823].

Or, grâce à la clause d'accélération, le premier déposant évite ce scénario puisque la stipulation lui permettra d'avoir, selon l'expression du professeur Carrier, « *le meilleur des deux mondes* »[824]. En effet, le génériqueur pourrait être gagnant dans les deux situations qui se présenteraient à lui. Soit le déposant ultérieur perd son procès et, dans ce cas, le génériqueur ayant transigé peut exploiter sa période d'exclusivité de cent quatre-vingts jours, laquelle est simplement retardée à la date contractuellement déterminée par le règlement amiable. Soit le déposant ultérieur gagne son procès et, dans ce cas, le génériqueur peut alors entrer en scène, et ce, après le dur travail accompli par le déposant ultérieur pour faire invalider le brevet. Concrètement, le premier déposant pourra actionner plus tôt la période de cent quatre-vingts jours en s'appuyant sur le succès du second déposant dans son litige de brevet[825]. En conséquence, la clause d'accélération donnerait au titulaire de la prime d'exclusivité plus que ce qu'il aurait pu obtenir en remportant son litige de brevet. Elle pourrait permettre de repousser le principal risque auquel il aurait été confronté, à savoir celui que le second déposant entre sur le marché avant lui. Aussi, la concurrence qu'aurait pu exercer le déposant ultérieur est complètement neutralisée par l'activation de la clause d'accélération.

210-2. **Scénario 2 : Décourager le déposant ultérieur à agir en justice.** Le deuxième scénario se rapproche du premier puisqu'il a trait une nouvelle fois au potentiel travail judiciaire réalisé par le tiers génériqueur. Dans cette hypothèse, la clause d'accélération réduit l'incitation du second déposant à poursuivre son litige contre le brevet du laboratoire *princeps*. En remportant son litige de brevet, le déposant ultérieur ne ferait finalement qu'augmenter la probabilité pour le premier déposant de jouir prématurément de la période d'exclusivité de cent quatre-vingts jours. Rappelons que normalement le déposant ultérieur ne peut pas profiter des bénéfices des cent quatre-vingts jours d'exclusivité réservés *de jure* au premier déposant. Cependant, si la clause d'accélération n'existait pas, le déposant ultérieur pourrait déclencher de manière avancée la période d'exclusivité du premier déposant en remportant son litige de brevet. Or, étant donné que le titulaire de la période

---

821 M. Carrier, « Payment after *Actavis* », art. préc., p. 39.

822 Voy. 21 C.F.R. § 314.94(a)(12)(viii)(A) (2014).

823 D.O. Beers & K. R. Karst, *Generic and Innovator Drugs: A Guide to FDA Approval Requirements*, 8th ed., Aspen Publishers, 2013, § 4-59, n. 252.

824 M. Carrier, « Payment after *Actavis* », art. préc., p. 40 (traduction libre) : « *the best of both worlds* ».

825 *Ibid.*

d'exclusivité est obligé par le règlement amiable, il ne pourrait entrer qu'à la date contractuellement fixée par le breveté, ce qui ferait du déposant ultérieur le premier génériqueur à entrer sur le marché. Partant, ce dernier pourrait bénéficier des avantages du premier entrant. La clause d'accélération empêche cette situation de se produire puisqu'elle octroie au génériqueur partie au règlement amiable le droit d'entrer plus précocement sur le marché et de jouir concomitamment de sa période d'exclusivité. Ainsi, « *en réduisant l'incitation du déposant ultérieur à agir en justice, une clause de* poison pill *offre au génériqueur ayant transigé quelque chose qu'il n'aurait pas pu obtenir* via *un procès* »[826].

210-3. **Scénario 3 : La perte de la période d'exclusivité n'empêche pas le premier déposant d'être le premier entrant sur le marché ou de faire concurrence au déposant ultérieur.** Le troisième scénario porte sur un cas où un déposant ultérieur aurait la capacité d'entrer sur le marché avant le premier déposant qui aurait perdu sa prime d'exclusivité de cent quatre-vingts jours. Conformément à la loi Hatch-Waxman, le premier déposant d'une certification paragraphe IV peut perdre sa prime d'exclusivité lorsqu'un déposant ultérieur remporte son litige de brevet. Pour ce faire, il est nécessaire que le génériqueur ayant transigé n'entre pas sur le marché soixante-quinze jours après qu'une cour d'appel a jugé que le brevet était invalide ou non violé[827]. En outre, il existe plusieurs autres cas où la perte de l'exclusivité peut se produire, ces situations pouvant notamment inclure l'échec à l'obtention d'une approbation provisoire de la FDA dans les trente mois, une modification de la certification paragraphe IV, voire un retrait de la demande de certification paragraphe IV[828]. Dans chacun de ces cas, le génériqueur ayant transigé ne pourrait pas obtenir de protection contre la perte de l'exclusivité dès lors qu'un tribunal de district aurait jugé que le brevet est invalide ou non violé[829]. Or, grâce à la clause d'accélération et nonobstant la perte de la période d'exclusivité, le génériqueur ayant transigé pourra précipiter son entrée sur le marché : soit en entrant sur le marché avant le second déposant, soit en entrant en même temps que ce dernier. En conséquence, l'avantage que délivre la clause d'accélération au premier déposant ne pourrait être obtenu par une victoire au contentieux. En d'autres termes, en remportant son procès, le premier déposant ne pourrait pas avoir la garantie de demeurer le premier entrant sur le marché alors qu'il aurait perdu la jouissance de la période d'exclusivité.

210-4. **Scénario 4 : L'accélération de l'entrée sur le marché à l'encontre d'un génériqueur immunisé contre la période d'exclusivité de cent quatre-vingts jours.** Le quatrième et dernier scénario correspond au cas où le génériqueur a la possibilité d'accélérer son entrée sur le marché contre le déposant ultérieur non soumis à la période d'exclusivité de cent quatre-vingts jours[830]. Certains génériqueurs, déposants ultérieurs, ne déposent pas de certifications paragraphe IV pour tenter d'entrer sur le marché. À la place, ils choisissent d'utiliser la déclaration connue

---

826 *Ibid.* (traduction libre) : « *In reducing the later-filing generic's incentive to prosecute litigation, a poison-pill clause provides a settling generic with something it could not have obtained through litigation.* »

827 21 U.S.C. § 355(j)(5)(D)(i)(I).

828 21 U.S.C. § 355(j)(5)(D)(i)(II)-(IV).

829 M. Carrier, « Payment after *Actavis* », art. préc., p. 41.

830 *Ibid.*

sous le nom de « *section viii* »[831]. Par cette déclaration, ils cherchent à obtenir l'approbation de la FDA pour une utilisation du médicament non couverte par le brevet du laboratoire *princeps*. Dans un tel cas, le génériqueur « sculpte »[832] finement les utilisations du médicament en écartant celles qui sont couvertes par le brevet et en ne retenant que celles qui ne sont pas brevetées. En l'absence d'une clause d'accélération, un déposant ultérieur d'une déclaration « *section viii* » pourrait ainsi entrer sur le marché bien avant le génériqueur ayant transigé avec le laboratoire *princeps* et ayant retardé son entrée de quelques années. La clause d'accélération bouleverse cette situation et permettra au génériqueur ayant transigé d'entrer sur le marché avant le génériqueur ayant fait le choix de la « *section viii* ».

211. **Les clauses d'accélération manifestent une nouvelle forme d'*evergreening*.** Les éléments exposés ci-dessus révèlent les préoccupations de concurrence que soulèvent les clauses d'accélération. Non seulement leur insertion dans les règlements amiables empêche une entrée générique immédiate, dans le cas où un fabricant de génériques serait prêt à lancer son médicament sur le marché, mais surtout, elle décourage les génériqueurs à poursuivre leur contentieux portant sur le brevet du laboratoire *princeps*. Ainsi, certains brevets, au demeurant fort contestables, restent en vigueur. En effet, étant donné que l'effort consenti par les génériqueurs ultérieurs pour écarter ce brevet ne se trouve pas récompensé par un avantage concurrentiel sur le marché, l'abandon du procès en contrefaçon apparaît alors comme la solution la moins coûteuse pour celui-ci alors même qu'elle favorise considérablement le génériqueur ayant conclu un règlement amiable. Les clauses d'accélération peuvent alors protéger des brevets faibles obtenus par des laboratoires *princeps* pour des inventions peu, voire aucunement, novatrices. Ce faisant, ce type de stipulation contractuelle manifeste une nouvelle forme de pratique d'*evergreening* puisqu'il offre la possibilité de prolonger la durée de vie d'un brevet[833] potentiellement délivré à tort. D'une part, il retarde l'entrée générique sur le marché[834]. D'autre part, il empêche l'émergence plus rapide de nouveaux médicaments sur le marché dans le sens où le breveté n'a pas besoin d'introduire de nouveaux médicaments dans un délai serré pour préserver ses rentes de monopole.

3. La potentielle efficacité des clauses d'accélération en Europe

212. **L'absence de prime d'exclusivité est-elle un obstacle dirimant à l'efficacité de la clause d'accélération ?** À notre connaissance, les clauses d'accélération n'ont jamais été évoquées par la Commission européenne. Que ce soit dans son Rapport final ou dans les différents rapports de surveillance qu'elle a publiés depuis 2011

---

831 21 U.S.C. § 355(j)(2)(A)(viii).

832 Nous reprenons ici l'expression du professeur Carrier, « *carves out* ». Voy. M. Carrier, « Payment after *Actavis* », art. préc., p. 41.

833 M. Malaurie-Vignal, « Brevets dormants, brevets assassins, pratiques de hold-up : que peut faire le droit ? Retour sur une rencontre entre le droit de la propriété intellectuelle et le droit de la concurrence », art. préc.

834 Voy. O. Gurgula & D. Matthews, « Patent Strategies and Competition Law in the Pharmaceutical Sector : Implications for Access to Medicines », 38 *European Intellectual Property Review* 661 (2016), spéc. p. 661, qui expliquent que les pratiques d'*evergreening* retardent considérablement l'entrée des génériques sur le marché ainsi que des nouveaux médicaments innovants.

à la suite de son enquête sectorielle, l'expression n'apparaît nulle part. L'étude des différents règlements d'exemption ne nous donne pas plus de renseignements sur l'effet concurrentiel de ces clauses. Aussi, aucune des clauses exemptées de la qualification d'entente ou générant des préoccupations de concurrence visées dans les nombreux règlements d'exemption ne semble pouvoir être associée à la clause d'accélération ; les clauses appréhendées par les règlements n'ayant pas le même objet que celui de la clause d'accélération. De leur côté, les autorités nationales de concurrence n'ont pas plus perçu la potentielle nocivité pour la concurrence de ce type de clause. En effet, aucune affaire impliquant un accord *pay-for-delay* ne mentionne la perniciosité de ces stipulations contractuelles. Nous n'avons pas non plus observé d'*obiter dictum* les visant spécifiquement. Cela signifie-t-il pour autant que ce type de clause ne pourrait pas sévir dans l'Union européenne ?

213. **La question de l'efficacité de la clause d'accélération en Europe.** Nonobstant l'absence de *patent linkage* et de prime d'exclusivité de cent quatre-vingts jours dans l'Union européenne, la clause d'accélération pourrait selon nous être un instrument efficace pour retarder l'entrée d'une concurrence générique sur le marché. Si l'effet dissuasif serait certainement moindre qu'outre-Atlantique, il semble cependant que l'insertion de ce type de clause dans un règlement amiable pourrait décourager un tiers génériqueur d'entrer sur le marché. Quelle hypothèse pourrait valider une telle inférence ?

214. **Les effets du règlement amiable sans clause d'accélération.** Le cas le plus illustratif pourrait être celui où un génériqueur en phase d'entrer sur le marché conclut un règlement amiable au sein duquel il accepte de retarder son entrée sur le marché jusqu'à une date s'approchant de celle de l'échéance du brevet. Si quelques années après l'accord, un tiers génériqueur a la capacité d'entrer sur le marché – soit parce que son médicament ne viole pas le brevet du laboratoire *princeps*, soit parce qu'il a réussi à le faire annuler –, la clause d'accélération pourrait être un frein à une hypothétique entrée. La raison est simple. Sans la clause d'accélération, le tiers génériqueur pourrait être certain d'être l'unique fabricant de génériques à proposer son médicament sur le marché. Ce faisant, il pourrait profiter d'une situation de duopole puisqu'il serait assuré d'être le seul fabricant du médicament avec le laboratoire *princeps*. En effet, la certitude d'être l'unique génériqueur sur le marché serait assise sur les stipulations du règlement amiable, lesquelles empêcheraient le génériqueur partie à l'accord d'entrer sur le marché avant la date contractuellement déterminée avec le breveté. De plus, une entrée avancée sur le marché de la part de ce dernier pourrait entraîner l'engagement de sa responsabilité pour violation des obligations stipulées dans le contrat. En France, par exemple, le débiteur de l'obligation de ne pas entrer sur le marché, à savoir le génériqueur partie au règlement amiable, pourrait devoir payer des dommages et intérêts substantiels. Aux termes d'un arrêt d'Assemblée plénière, la Cour de cassation a posé le principe selon lequel « *le tiers à un contrat peut invoquer, sur le fondement de la responsabilité délictuelle, un manquement contractuel dès lors que ce manquement lui a causé un dommage* »[835]. Comme l'avaient relevé

[835] Ass. plén., 6 oct. 2006, *Boot Shop*, n° 05-13.255, *Bull.*, Ass. plén, n° 9, p. 23. Le nouvel article 1200 du code civil issu de la réforme du droit civil des contrats du 10 février 2016 ne remet pas en cause cette jurisprudence.

les professeurs Mestre et Fages, la haute juridiction a « *donn[é] aux engagements contractuels [...] une immense portée,* puisqu'elle en rend directement créanciers... les tiers eux-mêmes »[836]. Pour un autre auteur, « *l'inexécution du contrat conclu avec une autre personne constituerait nécessairement une faute* »[837]. Ainsi, un tiers génériqueur pourrait engager la responsabilité délictuelle[838] du génériqueur partie au règlement amiable qui entrerait sur le marché avant la date d'entrée qui avait été contractuellement déterminée. Le génériqueur partie à l'accord se rendrait coupable d'une inexécution contractuelle, laquelle pourrait causer un préjudice économique important aux tiers génériqueurs. Le juge pourrait en conséquence l'obliger à le réparer.

215. **Les effets du règlement amiable comportant une clause d'accélération.** La clause d'accélération supprime ce risque contractuel, mais pourrait potentiellement porter atteinte à l'ordre public concurrentiel[839]. En sa présence, la perspective d'engager la responsabilité du génériqueur partie à l'accord serait annihilée. Cependant, les parties au règlement amiable pourraient être rattrapées par le droit européen ou national de la concurrence. Cette hypothèse pourrait se présenter si la Commission européenne ou une autorité nationale de concurrence arrivait à démontrer que la clause a uniquement été insérée pour retarder l'entrée du générique sur le marché et pour décourager les tiers de contester le brevet pharmaceutique du laboratoire *princeps*. En tant que gardienne de l'ordre public économique[840], la Commission européenne ou une autorité nationale pourrait prohiber un accord comportant une clause d'accélération dans la mesure où il porterait atteinte au fonctionnement concurrentiel du marché. La clause pourrait être analysée comme une clause qui permet à un breveté de conserver son monopole de manière injustifiée – ce qui peut-être le cas lorsque le brevet a été délivré à tort – mais aussi, parce qu'elle empêche, ou plus exactement dissuade, un concurrent potentiel – c'est-à-dire le tiers génériqueur – de proposer son médicament au consommateur et d'activer par ce fait une concurrence par les prix. Quoi qu'il en soit, ce genre d'accord devrait selon nous intégrer la catégorie des accords de type B.II et la Commission devrait être très attentive à leur potentielle prolifération sur le vieux continent.

L'alinéa 2 sous-entend simplement *via* l'adverbe « notamment » que la démonstration de la faute peut être établie par l'inexécution contractuelle. Comme l'ont expliqué les professeurs Latina et Chantepie, en application de cette jurisprudence « *les tiers peuvent se servir des facilités probatoires qu'offre le contrat pour engager la responsabilité délictuelle du débiteur lorsque l'inexécution leur a causé un préjudice* ». G. Chantepie et M. Latina, *La réforme du droit des obligations – Commentaire théorique et pratique dans l'ordre du Code civil*, Dalloz, 2016, n° 544, p. 471.

836 J. Mestre et B. Fages, « Le manquement contractuel et les tiers », *RTD civ.* 2007, p. 115 (nous soulignons).

837 C. Atias, *Le contentieux contractuel*, 4e éd., Librairie de l'Université d'Aix-en-Provence, 2008, p. 73.

838 En utilisant le nouvel article 1240 du code civil, lequel dispose que tout « *fait quelconque de l'homme, qui cause à autrui un dommage, oblige celui par la faute duquel il est arrivé à le réparer* ».

839 Voy. T. Pez, « L'ordre public économique », *Les nouveaux cahiers du Conseil constitutionnel* 2015/4, n° 49, p. 43, qui explique que le « *fonctionnement concurrentiel du marché est la première composante de l'ordre public économique* ». Par ailleurs, pour des explications sur la notion « d'ordre concurrentiel » cette fois-ci, voy. L. Boy, « L'ordre concurrentiel : essai de définition d'un concept », *in L'ordre concurrentiel – Mél. en l'honneur d'A. Pirovano*, Éditions Frison-Roche, 2003, p. 23, qui explique que « *la concurrence fonctionne comme un ordre, c'est-à-dire constitue par elle-même une forme d'organisation* ».

840 M.-A. Frison-Roche, « Les différentes natures de l'ordre public économique », *Arch. phil. dr.* 2015, t. 58, p. 147. Pour la professeure Frison-Roche, il existe un « ordre public gardien », lequel « *a pour fonction de conserver le système économique dans l'état où il est* ».

Non seulement ces accords peuvent retarder l'entrée d'un générique sur le marché, mais en sus, ils comportent un transfert de valeur, à savoir la clause d'accélération. Cette clause permet au génériqueur partie à l'accord de profiter de l'avantage du premier entrant ; elle possède donc une grande valeur économique. Pour finir, il convient d'ajouter que le choix d'agir contre ce type de stipulation contractuelle repose sur le pouvoir discrétionnaire de l'institution bruxelloise, lequel « *lui permet de définir et de mettre en œuvre une véritable politique de concurrence* »[841]. Si sa politique consiste à lutter contre les reports d'entrée injustifiés des génériques sur le marché, et donc contre des défaillances de marché qui verrouillent la concurrence, l'ouverture d'enquêtes individuelles portant sur les clauses d'accélération devrait être une priorité. Encore faudrait-il cependant que son travail de surveillance lui ait permis d'obtenir suffisamment d'informations démontrant les effets sur la concurrence de cette nouvelle pratique contractuelle.

C. Les accords injectant de la concurrence sur un marché distinct (AICMD)

216. **À la recherche d'arrangements non monétaires.** Un troisième type de règlement amiable ne comportant aucun paiement inversé de type monétaire mérite d'être exposé. Une fois encore, notre analyse s'appuiera en partie sur l'expérience américaine. Elle finira cependant par une interprétation prospective et détachée de ce qui a pu être identifié outre-Atlantique. La dénomination[842] de l'accord est nouvelle puisqu'elle émane de notre réflexion. Comme pour les accords précédemment présentés, les accords que nous allons étudier sont la conséquence de la pression exercée par la FTC à l'égard des règlements amiables de première génération. Face à la répétition des poursuites judiciaires déclenchées contre les règlements amiables comportant un paiement inversé en *cash*, les entreprises pharmaceutiques ont cherché à conclure des arrangements autres que monétaires, conçus pour éviter un procès antitrust[843]. Comme l'a souligné l'ancien commissaire Wright, « *les laboratoires pharmaceutiques transigent leur différend de brevet de façon de plus en plus complexe, tentant souvent de déguiser le paiement inversé* »[844]. Les accords injectant de la concurrence sur un marché distinct (AICMD) sont de ceux-là et portent en eux cette cynique ambition. Comment se présentent-ils exactement ?

---

841 A. Bouveresse, *op. cit.*, n° 192, p. 139.

842 L'idée d'une dénomination nous semble indispensable. Elle permettra d'établir un régime précis et spécialement destiné à ce type d'accord.

843 FTC Brief as *Amicus Curiae*, *In re* Effexor XR Antitrust Litig., No. 3:11-cv-05479 (D.N.J. Aug. 14, 2013). L'autorité de concurrence américaine a expliqué qu'« *après qu'elle a commencé à contester des accords de report d'entrée comportant des paiements inversés de type monétaire, les laboratoires pharmaceutiques se sont tournés vers d'autres accords de paiement [...] conçus pour échapper à un examen antitrust* » (traduction libre). Dans la langue d'origine : « *[A]fter the FTC began challenging cash-only reverse-payment agreements, pharmaceutical companies turned to other payment arrangements [...] designed to evade antitrust scrutiny.* »

844 J. Wright, « Antitrust Analysis of Reverse Payment Settlements After *Actavis*: Three Questions and Proposed Answers », Speech at the Antitrust Masters Course VII Williamsburg, VA (Oct. 10, 2014), p. 16 (traduction libre). Dans la langue d'origine : « *pharmaceutical companies are settling their patent disputes in ever-more complex fashion, often attempting to disguise the reverse payment* ».

217. **Présentation du mécanisme.** Pour comprendre ce qu'est un AICMD, il est nécessaire de faire appel à un cas hypothétique. Supposons tout d'abord qu'un laboratoire innovant soit titulaire de deux brevets portant sur deux médicaments distincts que nous nommerons médicament 1 (M1) et médicament 2 (M2). Supposons ensuite que le laboratoire *princeps* possède une AMM pour les deux médicaments et qu'il les a commercialisés. Supposons enfin qu'un génériqueur dépose une certification paragraphe IV pour contester le brevet du M1 qui lui permettrait potentiellement d'entrer sur le marché correspondant (contexte américain) ou qu'un génériqueur agisse directement en contestation de brevet (contexte européen). Dans cette occurrence, le laboratoire *princeps* tâchera de conclure un règlement amiable pour essayer de mettre un terme à ce différend de brevet. Cependant, méfiant quant au risque concurrentiel qu'il prendrait en concluant un accord comportant un paiement inversé de type monétaire, le laboratoire *princeps* fera une autre proposition au génériqueur, beaucoup plus habile. Pour retarder l'entrée de ce dernier sur le marché, et ainsi préserver sa rente de monopole, le breveté autorisera le génériqueur à entrer plus précocement sur le marché M2, lequel est verrouillé par des droits de propriété intellectuelle. Pour ce faire, il concédera une licence à titre gratuit l'autorisant à lancer sa version générique du médicament breveté immédiatement après la conclusion de l'accord. En d'autres termes, le laboratoire *princeps* cherchera à « payer » le génériqueur en lui accordant le droit d'entrer sur un marché distinct qui n'était *a priori* pas convoité. À l'inverse des accords de première génération, le paiement ne se matérialise pas ici par un échange d'argent. Plutôt, le breveté essayera de rendre le règlement amiable attractif en mettant en exergue la valeur économique du marché distinct *ab initio* non convoité par le génériqueur. Ainsi, l'accord pourrait, par exemple, être conclu si les revenus que le génériqueur tirerait sur le marché M2 équivalent, voire dépassent, le paiement inversé sous forme monétaire que le laboratoire *princeps* lui aurait proposé.

218. **Les préoccupations de concurrence potentiellement générées par les AICMD.** De prime abord, ce type d'accord semble avoir des effets proconcurrentiels, le principal étant que l'accord créerait d'indéniables bénéfices pour le consommateur. En appliquant une analyse contrefactuelle[845], nous pouvons aisément soutenir l'idée que, sur le marché M2, le consommateur se trouvera dans une meilleure position en présence de l'accord qu'en son absence. Si une concurrence était injectée sur ce marché, le consommateur pourrait notamment bénéficier de prix plus bas

---

845 Originellement, le contrefactuel était un test de causalité utilisé en philosophie. L'un des premiers auteurs à en avoir parlé est le philosophe écossais David Hume dans son célèbre ouvrage intitulé *Enquête sur l'entendement humain*. Aujourd'hui, il est usité dans les sciences sociales. Pour reprendre l'explication d'un auteur, « *un contrefactuel est, littéralement parlant, l'opposé du factuel. En termes analytiques, il représente ce qu'il se serait passé, ou probablement passé, en l'absence de certains événements actuels ou probables* » (traduction libre). Voy. C. Veljanovski, « Counterfactual Tests in Competition Law », 9 *Competition L. J.* 436 (2010), p. 436 : « *A counterfactual is, literally speaking, the opposite of the factual. In analytical terms, it is what will, or is likely to happen in the absence of the some actual or likely occurrence.* » En droit européen de la concurrence, c'est l'arrêt *Société Technique Minière* qui a posé en principe le test contrefactuel (ou le *counterfactual test*). Aux termes de cet arrêt, il a été énoncé que le jeu de la concurrence doit être apprécié « *dans le cadre réel où il se produirait à défaut de l'accord litigieux* ». Voy. CJCE, 30 juin 1965, *Société Technique Minière*, aff. 56/65, § 8, *Rec.*, p. 337.

ainsi que d'une gamme de produits diversifiée. La commercialisation du nouveau produit offrirait par ailleurs au consommateur une véritable liberté de choix[846], laquelle peut représenter une justification solide pour échapper à une condamnation. Néanmoins, l'analyse antitrust ne peut pas se limiter au marché M2 puisque l'accord aura pour conséquence de verrouiller le marché M1, prolongeant ainsi le monopole du laboratoire *princeps* sur ce marché. Sur le marché M1, les prix seront maintenus à un niveau supraconcurrentiel et le patient ne pourra se fournir en médicament qu'auprès du laboratoire *princeps* pour se soigner. Une nouvelle fois ici, le problème tient en ce que le monopole prolongé sur le marché M1 au moyen du règlement amiable pourrait reposer sur un brevet délivré à tort par un office. Ainsi, le consommateur pourrait être injustement privé de l'accès à un produit moins cher et tout aussi efficace que le *princeps* alors même que ce dernier ne constitue pas une véritable invention pour laquelle la délivrance de droits exclusifs serait justifiée. Concrètement, un AICMD pourrait être un nouvel instrument de partage de la rente de monopole du breveté au détriment du consommateur et de la concurrence. Cette stratégie point comme une nouvelle illustration d'une pratique d'*evergreening* puisque le monopole sur le marché initialement convoité par le génériqueur est prolongé non pas grâce aux qualités intrinsèques du titre de propriété intellectuelle mais par un accord contractuel rendu attractif par la valeur économique du marché non convoité.

219. **Première plainte de la FTC à l'égard d'un AICMD : l'affaire des solvants organiques.** La FTC a récemment déposé une plainte contre un AICMD. Dans l'affaire dite des « solvants organiques » (« *penetration enhancers* »)[847], le laboratoire *princeps* AbbVie avait conclu un accord avec le génériqueur Teva, aux termes duquel ce dernier acceptait d'abandonner son action en contestation de brevet et de s'abstenir de lancer son médicament générique[848] sur le marché du traitement des déficits en testostérone (le marché de l'AndroGel) jusqu'à une date spécifiée dans l'accord[849]. En contrepartie, le breveté paya son concurrent potentiel sous la forme d'un accord de lancement d'un générique autorisé pour un produit sans lien (« *an authorized generic deal for an unrelated product* ») avec

---

846 En Europe, le concept – ou le standard – de « choix du consommateur » a été mis au premier plan dans de nombreuses affaires d'abus de position dominante. Ainsi, quand une pratique prive le consommateur de la possibilité de faire un véritable choix, elle est susceptible d'enfreindre l'article 102 TFUE. Similairement, le concept de choix du consommateur s'est développé ces dernières années outre-Atlantique. Voy. N. Averitt, R. Lande et P. Nihoul, « La notion de choix du consommateur : Point de rencontre des politiques de concurrence », *Concurrences* n° 2-2011, p. 1. Voy. aussi P. Nihoul, « "Freedom of choice": the emergence of a powerful concept in European competition law » *in Choice – A New Standard for Competition Law Analysis?* (dir. P. Nihoul, N. Charbit & E. Ramundo), Institute of Competition Law, 2016, p. 9, qui explique que « *le concept de choix est la possibilité, et le droit, pour les consommateurs de choisir librement les meilleurs produits et services correspondant à leurs besoins, et les partenaires économiques avec qui ils veulent contracter* » (traduction libre). Dans la langue d'origine : « *the concept of choice, that is, the possibility, and the right, for customers to choose freely the products/services best corresponding to their needs, and the economic partners they want to deal with* ».

847 FTC, Complaint, *In re AbbVie and Teva Pharmaceuticals USA and alii*, Case No. 2:14-cv-05151-HB (E.D.P., Sept. 8, 2014) : P. Eckles et *alii*, « The US FTC files a complaint against five pharmaceutical companies for pay-for-delay settlements(*AbbVie*), *e-Competitions*, 8 sept. 2014, art. n° 69298.

848 Le produit générique aurait dû être une alternative beaucoup moins chère au médicament *princeps*.

849 *Ibid.*, p. 4.

celui ciblé par le génériqueur *ab initio*. Le marché distinct devant être ouvert au génériqueur portait sur un médicament contre le cholestérol nommé Tricor. Ce médicament était aussi un blockbuster, car il a permis au laboratoire *princeps* de dégager un chiffre d'affaires annuel d'un milliard de dollars en 2011[850]. Ainsi, l'accord conclu entre les deux laboratoires a permis au breveté de conserver son monopole sur le marché du traitement des déficits en testostérone mais a simultanément injecté de la concurrence sur le marché distinct du traitement du cholestérol. Selon la FTC, cet accord était très profitable pour Teva mais n'avait aucun sens d'un point de vue économique pour le laboratoire *princeps*. Par ce fait, l'autorité de concurrence américaine conclut tout d'abord que l'accord tombait sous le coup de la section 2 du Sherman Act – laquelle prohibe la monopolisation d'un marché –, l'accord ayant pour effet de prolonger les profits de monopole du laboratoire *princeps* alors même que le génériqueur était *in casu* sur le point d'obtenir l'approbation de la FDA pour commercialiser son produit. Ensuite, elle ajouta que l'accord provoquait une restriction au commerce dans la mesure où, par son biais, le génériqueur a accepté des paiements inversés illégaux du laboratoire *princeps* l'ayant conduit à retirer son action en contestation de brevet et à s'abstenir de livrer concurrence au médicament *princeps*. Ici, la FTC ne s'est pas polarisée sur la question de savoir si les effets anticoncurrentiels produits sur le marché de l'AndroGel[851] par l'accord pouvaient être contrebalancés par les gains d'efficiences dégagés sur le marché du Tricor. Ainsi, elle semble avoir un *a priori* fort négatif sur ces accords et semble présumer leur nocivité *per se* pour la concurrence.

220. **L'indispensable surveillance des AICMD par la Commission.** Dans l'Union européenne, aucune affaire portant sur un AICMD n'a encore éclaté. Pour autant, la Commission européenne devrait-elle rester passive à leur égard ? Nous ne le pensons pas. Selon nous, la Commission devrait mener un travail de surveillance aussi sérieux que minutieux sur ces accords, en commençant par les intégrer dans la catégorie B.II. En effet, ces accords siéent parfaitement bien à celle-ci.

D'une part, les AICMD comportent bien un transfert de valeur puisque le breveté ouvre à son concurrent génériqueur un marché verrouillé par des droits de propriété intellectuelle. Autrement dit, le génériqueur pourra grâce à l'accord être l'unique entreprise sur le marché du générique et profiter des avantages du premier entrant. Le duopole lui permettra d'extraire des revenus assez importants dans le sens où le consommateur n'aura qu'une alternative : se procurer soit le médicament *princeps*, soit la version générique du nouvel entrant.

D'autre part, les AICMD ont pour effet de retarder l'entrée de la concurrence sur le marché. En application de l'accord, le breveté préserve son monopole sur le marché initialement convoité par le génériqueur et les consommateurs demeurent ainsi victimes de prix supraconcurrentiels potentiellement assis sur des brevets délivrés à tort. Dans ce contexte, l'entrée d'une concurrence générique ne pourrait possiblement avoir lieu qu'à la chute du brevet dans le domaine public.

---

850 *Ibid.*, p. 28.

851 L'AndroGel est le médicament *princeps* traitant les déficits en testostérone.

§ 3. La combinaison des règlements amiables avec la stratégie du *product hopping*

221. **Effet collatéral de la sévérité des autorités de concurrence.** Resserrer l'étau autour des règlements amiables est une nécessité tant la pratique peut avoir potentiellement des conséquences dévastatrices sur la concurrence et sur le bien-être du consommateur. Les autorités de contrôle l'ont bien saisi et opèrent depuis quelques années un ciblage répété des règlements amiables prenant la forme d'un *pay-for-delay*. En réaction, les brevetés essayent de bâtir d'autres stratégies afin d'éloigner les suspicions des autorités de concurrence. Celle qui va nous intéresser ne consiste pas seulement à concevoir un règlement amiable de report d'entrée. Elle vise tout d'abord à conclure un accord *pay-for-delay* pour rendre par la suite plus efficace une pratique unilatérale d'exclusion des concurrents. Cette dernière pratique a été qualifiée par la doctrine de *product hopping*[852]. Si elle est d'une efficacité redoutable[853] lorsqu'elle est mise en œuvre individuellement (A), elle semble encore plus profitable lorsqu'elle est combinée et précédée par la conclusion de règlements amiables de report d'entrée (B).

A. Le *product hopping*, une stratégie unilatérale efficace

222. **Définition du *product hopping*.** Le *product hopping* (ou le *product switching*)[854] est la stratégie par laquelle un laboratoire *princeps*, détenteur d'un brevet sur le point d'expirer, modifie la formulation de son médicament original en lançant sur le marché un médicament « consécutif »[855] (*a follow-on brand drug*). En règle générale, cette décision de reformulation est prise lorsqu'une concurrence générique apparaît imminente et sérieuse ; l'objectif étant de paralyser l'érosion des profits qu'entraînerait la mise sur le marché d'une version générique[856]. En pratique, le saut de produit

---

852 Dans la 121e réunion du comité de la concurrence de l'OCDE qui s'est tenue les 18 et 19 juin 2014, il a été question du *product hopping*. La traduction française retenue a été le « saut vers un autre produit ». Voy. OCDE, *Annexe au compte rendu succinct de la 121e réunion du comité de la concurrence tenue les 18 et 19 juin 2014*, DAF/COMP/M(2014)2/ANN3/FINAL, 30 Janv. 2015, p. 7. Pour notre part, lorsque nous emploierons la traduction française de cette stratégie unilatérale, nous utiliserons les termes plus concis de « saut de produit ».

853 Certains l'ont qualifiée de « *redoutablement ingénieuse* ». Voy. D. Bosco, « Pas d'abus sans position dominante ! », *Contrats, conc., consom.* 2011, n° 2, comm. 35.

854 Voy. M. Sean Royall et *alii*, « Antitrust Scrutiny of Pharmaceutical "Product Hopping" », 28 *ANTITRUST* 71 (2013), spéc. p. 71, qui rappellent que cette stratégie peut être nommée de deux façons. *Adde* Brief of Intellectual Property and Antitrust Law Professors as *Amici Curiae*, p. 6, *Mylan Pharms., Inc. v. Warner Chilcott Pub. Co.* (E.D. Pa. Jun. 12, 2013) (No. 12-3824), qui énonce que le « saut de produit » procède d'un effort entrepris par un laboratoire *princeps* « *pour manipuler le temps de latence inhérent à la procédure d'approbation d'un générique par la FDA si bien que, combiné avec la législation sur la substitution des médicaments, [la stratégie] exclut l'entrée des génériques, la concurrence et les prix bas qu'apporterait cette entrée* » (traduction libre).

855 On parle aussi de « *second-generation products* ». Voy. Comm. eur., Rapport final sur le secteur pharmaceutique, préc., § 24, p. 16. Nous traduirons cette expression – que nous utiliserons comme synonyme de médicament consécutif – par « médicament de seconde génération ».

856 Ici, l'objectif n'est pas de contrer l'érosion des profits dus à la future expiration du brevet sur le médicament original en lançant un nouveau médicament *princeps*, mais plutôt de réaliser une extension de produit. Voy. J. Himes & S. Zain, *Anti-competitive Innovation: Is There a Role for Antitrust in Evaluating Product Line*

a lieu au moment où un génériqueur se voit délivrer une autorisation de mise sur le marché[857] ou est sur le point de l'obtenir. La doctrine a qualifié cette stratégie de tactique d'exclusion de « seconde génération »[858]. Le saut de produit, que l'on nomme parfois « *evergreening* »[859] ou « *line extension* »[860], a une existence ancienne. Selon certains auteurs, 60 % des AMM délivrées dans les années 1990 concernaient déjà des reformulations de produit[861]. Ces dernières sont de trois types[862] :

- le changement de la forme du médicament (« *new forms* »)[863] : dans cette occurrence, le laboratoire opère une modification de la forme du médicament original. Nous visons ici, entre autres exemples, le passage à la forme capsule, tablette ou comprimé à croquer ;
- le changement d'une partie de la molécule (« *moieties* » ou « *new salts* »)[864] : dans cette situation, une partie de la molécule est modifiée par l'ajout ou la suppression de composants chimiques ;
- les combinaisons de produits (« *combination products* »)[865] : elles concernent les cas où deux ou plusieurs médicaments, précédemment commercialisés séparément, sont combinés et donnent naissance à une nouvelle spécialité pharmaceutique.

Avant d'expliquer les risques concurrentiels liés à la combinaison des règlements amiables avec le saut de produit, nous exposerons d'abord les préoccupations de concurrence générées par le *product hopping* aux États-Unis (1). Par ailleurs,

---

Extensions?, American Conference Institute Pharmaceutical Antitrust, New York (May 15-16, 2007), pp. 1-2 (document transmis par les auteurs) : « *les extensions de la gamme des produits embrassent généralement des changements dans la formulation, le dosage ou l'étiquetage d'un médicament existant et non de l'introduction d'un nouveau médicament "pionnier" ou "innovant"* » (traduction libre). Dans la langue d'origine : « *product line extensions typically embrace changes in formulation, dosage, or labeling of existing drug, not in the introduction of new "pioneer" or "innovator" drug* ».

857 A. Devlin, « Exclusionary Strategies in the Hatch-Waxman Context », 2007 *Mich. St. L. Rev.* 631 (2007), spéc. p. 657 : « *une telle stratégie dans le contexte Hatch-Waxman pourrait impliquer qu'un breveté modifie la formulation de son médicament breveté dès qu'un concurrent générique potentiel voit sa demande d'ANDA approuvée* » (traduction libre). Dans la langue d'origine : « *such strategy in the Hatch-Waxman context could involve a patentee switching the formulation of its patented drug as soon as a generic potential competitor's ANDA is approved* ».

858 M. Sean Royall et *alii*, préc., p. 71 (traduction libre) : « *"second-generation" exclusionary tactics* » ; *Adde* R. Feldman & E. Frondorf, « Drug War: A New Generation of Generic Pharmaceutical Delay », art. préc., spéc. p. 533, qui considère le *product hopping* comme la « génération 3.0 » de technique de report d'entrée.

859 S. Adamson, « Pharmaceutical Patent Wars, Reverse-Payment Settlements, and Their Anticompetitive Effects for Consumers », 30 *Loyola Consumer L. Rev.* 241 (2018), spéc. p. 258.

860 J. Himes & S. Zain, *Anti-competitive Innovation: Is There a Role for Antitrust in Evaluating Product Line Extensions?*, préc., p. 1.

861 R. Yoshitani & E. Cooper, « Pharmaceutical Reformulation: The Growth of Life Cycle Management », 7 *Houston J. Health L. & Pol.* 379 (2007), spéc. p. 388 : « *sixty percent of New Drug Applications submitted to the FDA in the 1990s were for drugs containing existing active ingredients* ».

862 Voy. pour une explication précise et exhaustive : *Ibid.*, spéc. pp. 388-403.

863 K. Leffler et *alii*, « Anticompetitive Product Changes in the Pharmaceutical Industry », art. préc., p. 3.

864 *Ibid.*, p. 25, qui expliquent que « *de telles altérations peuvent se produire, par exemple, en ajoutant ou en supprimant des molécules chimiques* » (traduction libre). Dans la langue d'origine : « *Such alterations can occur, for example, by adding or removing chemical compounds.* »

865 *Ibid.*, qui expliquent que les « *fabricants de médicaments parfois produisent des produits de combinaison qui combinent en une forme deux ou trois compositions pharmaceutiques qui précédemment étaient commercialisées séparément* » (traduction libre). Dans la langue d'origine : « *Manufacturers sometimes produce combination products that combine in one form two or more pharmaceutical compositions that previously were marketed separately.* »

en nous appuyant entre autres sur l'affaire *AstraZeneca*, nous montrerons que, nonobstant les différences de réglementation des deux côtés de l'Atlantique, le saut de produit peut s'avérer tout aussi profitable dans l'Union européenne (2).

1. Les préoccupations antitrust générées par le *product hopping* aux États-Unis

223. **Le *product hopping* pourrait violer les règles antitrust.** Aux États-Unis, une théorie du préjudice a été développée. Selon celle-ci, le *product hopping* pourrait violer le droit antitrust. Cette théorie postule que les bénéfices pour le bien-être du consommateur, liés au remplacement de l'ancien médicament par le nouveau, ne compensent pas l'atteinte à la concurrence provoquée par le report d'entrée de la version générique sur le marché[866]. En effet, compte tenu de la réglementation américaine, qui est largement manipulée par les laboratoires *princeps*, il sera difficile pour un génériqueur de venir concurrencer le médicament consécutif (ou reformulé) tant que celui-ci sera protégé par un brevet.

224. **La substitution générique et la loi Hatch-Waxman.** La loi Hatch-Waxman a eu pour principal effet d'anéantir deux principales barrières à l'entrée auxquelles étaient confrontés les génériqueurs. Premièrement, avant son adoption, les fabricants de génériques devaient suivre la même procédure que celle empruntée par les laboratoires *princeps* pour obtenir une AMM. Cette voie obligeait les génériqueurs à réaliser des tests cliniques très coûteux et longs pour justifier de l'innocuité et de l'efficacité du médicament[867]. En d'autres termes, les dépenses et le temps qu'impliquait la reproduction des essais cliniques étaient fort dissuasifs[868]. Secondement, si le génériqueur commençait à faire des tests alors que le brevet sur le *princeps* était toujours en vigueur, il s'exposait à une action en contrefaçon[869]. Désormais, une procédure abrégée existe et est largement usitée par les entreprises génériques voulant rapidement pénétrer le marché. En effet, la loi Hatch-Waxman a permis d'accélérer et de faciliter la procédure d'approbation, notamment en exigeant que celle-ci soit achevée dans les quatre-vingts jours suivant le dépôt de la demande du génériqueur[870]. De plus, au lieu de soumettre toutes les données liées à l'innocuité et l'efficacité du médicament, un génériqueur peut actuellement obtenir l'approbation de la FDA par le dépôt d'une ANDA, laquelle

---

866 D. Ginsburg et *alii*, « Product Hopping and the Limits of Antitrust: The Danger of Micromanaging Innovation », *CPI Antitrust Chr.* (Dec. 2015), p. 2.

867 Voy. par ex. *aaiPharma Inc. v. Thompson*, 296 F.3d 227, 230-231 (4th Cir. 2002) : « *Prior to Hatch-Waxman's passage in 1984, both pioneer (brand name) and generic drug manufacturers who wished to bring a drug to market were required to file a New Drug Application (NDA) with the FDA. This requirement posed a formidable barrier to market entry for generic drug companies because preparation of an NDA requires expensive clinical studies demonstrating the proposed drug's safety and effectiveness.* »

868 E. S. Weiswasser & S. D. Danzis, « The Hatch-Waxman Act: History, Structure, and Legacy », art. préc., spéc. p. 585.

869 M. L. Ethier, « Permissible Product Hopping, Why a Per Se Legal Rule Barring Antitrust Liability is Necessary to Protect Future Innovation in the Pharmaceutical Industry », 3 *Akron Intellectual Property Journal* 323 (2009), spéc. p. 332.

870 21 U.S.C. § 355(j)(5)(A) : « *Within one hundred and eighty days of the initial receipt of an application* », ce qui signifie « *Dans un délai de quatre-vingts jours à partir de la première réception de la demande* » (traduction libre).

certifie la bioéquivalence du générique à un médicament *princeps* existant[871]. Une fois approuvé, le générique reçoit un « *AB-rating* »[872], une sorte de « certificat » de substitution, lequel autorise les pharmaciens à remplacer le générique lorsque leur est présentée une ordonnance prescrivant un médicament *princeps*[873]. Cependant, comme nous l'avons vu précédemment[874], le dépôt d'une certification paragraphe IV, s'il est contesté par le laboratoire *princeps*, peut entraîner le déclenchement d'une période de trente mois au cours de laquelle le génériqueur ne pourra pas obtenir d'AMM. L'instrumentalisation de cette disposition apparaît donc comme le premier moyen pour le laboratoire innovant de gagner du temps pour accélérer le lancement de son produit de seconde génération.

225. **L'instrumentalisation des *drug substitution laws* ou la législation sur la substitution générique.** Eu égard à nos explications précédentes, la loi Hatch-Waxman permettrait de retarder l'entrée du générique de trente mois au maximum. Son instrumentalisation s'avère alors *a priori* limitée. Or, une autre législation est mobilisée par les brevetés. Elle vient s'agréger à l'effet produit par la loi Hatch-Waxman et permet ainsi d'augmenter l'efficacité du report d'entrée des génériques sur le marché. Nous visons ici les *drug substitution laws*[875], c'est-à-dire la législation sur la substitution générique. Cette dernière – adoptée au milieu de l'année 1984 par les cinquante États américains – a été conçue pour diminuer le coût des prescriptions des médicaments, évalué à la fin des années 1970 à plus de 8 milliards de dollars[876]. Elle autorise – et dans certains cas oblige – les pharmaciens, en l'absence d'instructions contraires du médecin, à réaliser la substitution générique pour les prescriptions du médicament *princeps*[877]. Elle a pour ambition de pallier l'inertie des prescripteurs[878] en octroyant un nouveau rôle aux pharmaciens. En effet, puisque les médecins ne s'intéressaient – et ne s'intéressent – guère à la substitution générique, même lorsque le brevet du *princeps* est arrivé à échéance, la législation a prévu de transférer de nouvelles compétences aux pharmaciens. Comme l'ont souligné Mme Masson et M. Steiner, « *les consommateurs [étant] les plus intéressés par des prix plus bas, les pharmaciens doivent répondre à [leurs] demandes puisqu'ils sont*

---

871 Voy. 21 U.S.C. § 355(j)(2)(A)(iv).

872 V. Iyengar, « *Mylan v. Warner Chilcott:* A Study in Pharmaceutical Product Hopping », 19 *Marquette Intellectual Property L. Rev.* 249 (2015), spéc. p. 252. Voy. aussi D. H. Ginsburg et *alii*, art. préc., p. 3.

873 Cette substitution ne peut être opérée que si le médecin prescripteur n'a pas mentionné l'obligation pour le pharmacien de délivrer le médicament *princeps*.

874 Voy. le titre I, section 1, du présent ouvrage, qui présente en détail les dispositions de la loi Hatch-Waxman.

875 D'autres utilisent l'expression « *drug product selection laws* (DPS laws) ». Voy. A. Masson & R. Steiner, *Generic Substitution and Prescription Drug Prices: Economic Effects of State Drug Product Selection Laws*, Federal Trade Commission (1985), spéc. p. 1.

876 M. McCarey, « Generic Substitution Policy », 34 *Food Drug Cosm. L. J.* 103 (1979). Voy. aussi G. Knapp, « Issues of Generic Substitution », 34 *Food Drug Cosm. L. J.* 98 (1979).

877 M. Carrier, « A Real-World Analysis of Pharmaceutical Settlements: The Missing Dimension of Product-Hopping », 62 *Florida L. Rev.* 1009 (2010), spéc. p. 1017.

878 Les médecins sont moins sensibles à la substitution générique en raison de la promotion intense dont font preuve les laboratoires *princeps*. En effet, les médecins sont la cible privilégiée des laboratoires innovants, qui utilisent plusieurs stratégies pour les convaincre de l'efficacité de leurs médicaments, notamment la visite des cabinets, les appels téléphoniques, les échantillons de médicaments gratuits, la publicité dans les revues spécialisées ainsi que le sponsoring de conférences. Voy. S. Schweitzer, *Pharmaceutical Economics and Policy*, 2nd edition, Oxford University Press (2006), pp. 87-93.

en concurrence directe avec d'autres pharmacies sur les prix [des médicaments] »[879]. Ce faisant, les pharmaciens semblent les mieux placés pour permettre l'émergence d'une concurrence entre médicaments. Cependant, cette concurrence par la qualité et par les prix[880] peut être totalement annihilée par le *product hopping*. Cette stratégie peut complètement détourner les objectifs des *drug substitution laws*. En pratique, le saut de produit élimine la concurrence sur la qualité dans la mesure où le laboratoire *princeps* oriente son activité promotionnelle sur le nouveau produit, laissant les médecins dans l'incapacité de comparer efficacement la qualité entre le médicament reformulé et son ancienne version[881]. Il élimine aussi la concurrence par les prix puisque le nouveau médicament échappe à la législation sur la substitution générique. Ainsi, les consommateurs payent des prix supraconcurrentiels[882] alors qu'ils auraient pu se soigner avec la version générique du médicament original en l'absence de saut de produit.

Par ailleurs, il convient de relever que, pour recevoir un *AB-rating* de la FDA, un générique doit être thérapeutiquement équivalent au *princeps*. Cela signifie qu'il doit avoir le même principe actif, la même forme, le même dosage, la même puissance et les mêmes garanties d'efficacité et d'innocuité[883]. Or, lorsqu'un médicament est reformulé par le laboratoire *princeps*, et donc qu'un saut de produit est réalisé, la version générique du médicament original n'est plus bioéquivalente à l'égard du médicament consécutif. En d'autres termes, la version générique du médicament original ne sera pas considérée comme un substitut du médicament de seconde génération[884]. Le génériqueur pourrait cependant démontrer cette bioéquivalence, mais cette démonstration pourrait s'avérer longue et fastidieuse en raison d'un environnement réglementaire défavorable.

Tout d'abord, le génériqueur devra développer une version générique du médicament consécutif. Cette reformulation sera parfois extrêmement difficile et

---

879 A. Masson & R. L. Steiner, art. préc., p. 7 (traduction libre) : « *Consumers are the ones most interested in a lower price, and pharmacists must respond to consumer demand because of direct competition with other pharmacies on prescription prices.* »

880 M. Carrier, « A Real-World Analysis of Pharmaceutical Settlements: The Missing Dimension of Product-Hopping », art. préc., p. 1018 (traduction libre) : « *La reformulation élimine la concurrence par la qualité puisque le laboratoire* princeps *dirige la promotion du médicament vers le nouveau produit, laissant les médecins dans l'incapacité de comparer efficacement la qualité entre le médicament* princeps *reformulé et l'ancienne version.* » Dans la langue d'origine : « *[Reformulation] eliminates quality competition since the brand firm switches its promotion to the new product, leaving doctors unable to effectively compare quality between the reformulated brand drug and the old version.* » Voy. aussi K. Leffler et *alii*, « Anticompetitive Product Changes in the Pharmaceutical Industry », art. préc., p. 3.

881 *Ibid.*

882 M. Carrier & S. Shadowen, « Product Hopping: A New Framework », 92 *Notre Dame L. Rev.* 167 (2017), spéc. p. 183.

883 Voy. U.S. Department of Health and Human Services, *Approved Drug Products with Therapeutic Equivalence Evaluations*, 37th ed., 2017, p. vii et s. Voy. aussi S. Shadowen *et alii*, « Anticompetitive Product Changes in the Pharmaceutical Industry », 41 *Rutgers L. J.* 1 (2009), spéc. p. 5.

884 H. Hovenkamp, M. Janis & M. Lemley, *IP & Antitrust: An Analysis of Antitrust Principles Applied to Intellectual, Property Law*, *op. cit.*, § 15.3, p. 25. Les auteurs indiquent que « *jusqu'à ce que l'ANDA soit approuvé pour le nouveau produit..., les lois des États limitent la capacité des pharmaciens à substituer l'"ancien" générique pour le "nouveau" médicament* princeps » (traduction libre). Dans la langue d'origine : « *until the ANDA for that new product is approved..., state laws limit the ability of pharmacists to substitute the "old" generic for the "new" branded drug* ».

chronophage puisque le laboratoire *princeps* ne fournira aucune information au génériqueur[885].

Ensuite, le fabricant de génériques devra obtenir une nouvelle approbation de la FDA et déposer une nouvelle demande d'ANDA, accompagnée d'une certification paragraphe IV. L'obtention de cette ANDA prendra au minimum dix-huit mois[886], délai qui pourrait être prolongé de plusieurs années si le laboratoire *princeps* se décidait à contester cette certification[887].

Enfin, même si le génériqueur réussissait à dépasser toutes ces barrières réglementaires, le *product hopper*[888] pourrait opérer un nouveau saut de produit et mettre sur le marché une troisième formulation du médicament original[889], ce qui obligerait le fabricant de génériques à recommencer entièrement la procédure.

En somme, en manipulant la réglementation, les brevetés pourraient bien réussir à retarder l'entrée des génériques de plusieurs années, c'est-à-dire jusqu'à ce que le brevet sur le médicament consécutif tombe dans le domaine public. Le report d'entrée pourrait être encore accru si le laboratoire *princeps* décidait de mettre en œuvre sa stratégie à chaque fois que le brevet du médicament consécutif s'approche de son expiration. Comme l'a souligné un auteur, « *l'objectif du saut de produit est simplement d'étendre la protection par brevet du laboratoire* princeps *et de préserver le monopole de l'entreprise sur une catégorie de médicaments au-delà de la période réglementaire maximale* »[890]. Quoi qu'il en soit, la stratégie du saut de produit serait susceptible d'entraîner un effet équivalent sur la concurrence dans l'Union européenne.

2. La potentielle efficacité du product hopping dans l'Union européenne

226. **Deux affaires montrent la potentielle efficacité du *product hopping* dans l'Union européenne.** Contrairement aux États-Unis, les affaires de *product hopping* ainsi que les analyses doctrinales de cette pratique unilatérale sont peu nombreuses dans l'Union européenne. En effet, une seule affaire vise, de manière médiate, le cas d'un saut de produit. Elle concerne la saga *AstraZeneca* (a). À l'échelle nationale, l'affaire du Gaviscon tranchée par l'autorité de concurrence britannique constitue l'une des rares affaires[891] ayant trait *per se* à une pratique de

---

885 M. Carrier, « A Real-World Analysis of Pharmaceutical Settlements: The Missing Dimension of Product-Hopping », art. préc., p. 1018.

886 L. Shargel & I. Kanfer, *Generic Drug Product Development* (2005), p. 366, cité par M. Carrier, « A Real-World Analysis of Pharmaceutical Settlements: The Missing Dimension of Product-Hopping », art. préc., p. 1018.

887 Cette contestation déclencherait la période des trente mois au cours desquels la FDA ne pourrait pas délivrer d'ANDA.

888 Voy. J. Cheng, « An Antitrust Analysis of Product Hopping in the Pharmaceutical Industry », 108 *Columbia L. Rev.* 1471 (2008), spéc. p. 1489, qui utilise cette expression.

889 Cette stratégie a été utilisée par un laboratoire *princeps* dans l'affaire du Tricor. Voy. *infra* n° 447.

890 B. M. Miller, « Product Hopping: Monopolization or Innovation? », 22 *Boston University Journal of Science and Technology Law* 89 (2016), spéc. p. 101 (traduction libre) : « *the ultimate effect of a hop is merely to extend the brand-name company's patent protection and to preserve the company's monopoly over a class of pharmaceutical drugs beyond the maximum statutory period* ».

891 Voy. Autorità Garante della Concorrenza e del Mercato, *Pfizer/Pharmacia*, 11 janv. 2012, communiqué de presse disponible sur : http://www.agcm.it/en/newsroom/press-releases/1986-pfizer-sanctioned-with-106-million-euro-

saut de produit (b). Il est donc nécessaire de l'exposer ici. Elle sera par la suite un relais utile pour comprendre l'efficacité de la combinaison du *product hopping* avec les accords de report d'entrée. L'Autorité de la concurrence française, quant à elle, a eu l'opportunité d'établir son examen antitrust s'agissant de cette pratique unilatérale. Toutefois, faute de position dominante du laboratoire *princeps* dans l'affaire du Zyrtec[892], elle n'a finalement pas encore pris position.

a. Le product hopping qualifié d'abus de position dominante par la Commission européenne : l'affaire AstraZeneca

227. **Propos liminaire.** Pour essayer d'ébaucher la potentielle position de la Commission européenne s'agissant du *product hopping*[893], il n'est pas nécessaire de restituer l'intégralité des problèmes de concurrence posés par l'affaire *AstraZeneca*. D'autres ont déjà accompli cette tâche avec exhaustivité[894]. Pour notre démonstration, nous nous polariserons uniquement sur le volet *product hopping* de l'affaire – ou, plus précisément, sur le volet désenregistrement d'AMM – et laisserons de côté l'abus constitué par la délivrance d'informations trompeuses aux offices de brevets. À vrai dire, comme nous le montrerons, la Commission n'a pas véritablement exprimé son jugement à l'égard du *product hopping per se*. Il sera donc indispensable de faire référence au Rapport final de l'enquête sectorielle sur le secteur pharmaceutique.

228. **La singularité du *product hopping* dans l'affaire *AstraZeneca* : le retrait des AMM du médicament *princeps* de référence comme support du saut de produit.** Dans l'affaire *AstraZeneca*, le laboratoire *princeps* chercha à convertir les patients utilisant le Losec (le médicament original) au médicament de seconde génération, le Losec MUPS. Le médicament original se présentait sous la forme gélule tandis que le médicament de seconde génération correspondait à une forme tablette. Pour réaliser ce basculement et maintenir son monopole sur le marché, le laboratoire *princeps* usa d'une stratégie redoutable à l'époque des faits : le retrait

---

fine-for-abuse-of-dominant-position.html. Cette décision a été rendue par l'autorité italienne de la concurrence s'agissant d'une pratique de *product hopping*. Cependant, vu le contexte de l'affaire, il n'est pas pertinent d'y faire référence pour nos développements. En substance, l'autorité italienne avait sanctionné un laboratoire *princeps* pour un saut de produit, mais ce laboratoire *princeps* avait par la suite obtenu un jugement déclarant le brevet sur lequel reposait le saut de produit valide. L'autorité de concurrence avait en quelque sorte précipité sa décision pour donner, semble-t-il, un signal clair au secteur. Certains auteurs ont fortement critiqué cette attitude et ont relevé les diverses faiblesses de la décision. Voy. not. D. Geradin, « The Uncertainties Created by Relying on the Vague "Competition on the Merits" Standard in the Pharmaceutical Sector: The Italian *Pfizer/Pharmacia* Case », 5 *Journal of European Competition Law & Practice* 344 (2014).

892 Aut. conc., déc. n° 10-D-37 du 17 déc. 2010 relative à des pratiques mises en œuvre sur le marché de la cétirizine en comprimés : *Contrats, conc., consom.* 2011, n° 2, comm. 35, obs. D. Bosco ; *RLC* 2011, n° 27, p. 33, note. P. Ahrel.

893 La Commission utilise l'expression « conversion des ventes ». Voy. Comm. eur., déc. du 15 juin 2005, *AstraZeneca*, aff. COMP/A.37.507/F3, § 823, *JOUE* L 332 du 30 nov. 2006, p. 24.

894 Voy. par ex. M. Maggiolino & M. Montagnani, « AstraZeneca's Abuse of IPR-Related Procedures – A Hypothesis of Antitrust Offence, Abuse of Rights, and IPR Misuse », 34 *World Competition* 245 (2011) ; R. Podszun, « Can Competition law repair patent law and administrative procedure? *AstraZeneca* », 51 *Common Market L. Rev.* 281 (2014) ; J. Drexl, « *AstraZeneca* and the EU Sector Inquiry: When Do Patent Filings Violate Competition Law? », Max Planck Institute for Intellectual Property and Competition Law Research Paper No. 12-02 (2012). Pour un commentaire en langue française, voy. par ex. G. Decocq, « AstraZeneca abuse de ses droits et de sa position dominante », art. préc.

de ses AMM. L'entreprise innovante retira ses AMM au Danemark, en Suède et en Norvège afin de gêner l'introduction des produits génériques sur ces marchés ainsi que les importations parallèles. La stratégie d'AstraZeneca[895] comportait trois volets. Tout d'abord, le laboratoire a opéré une extension de produit qui correspondait au passage de la forme gélule à la forme tablette. Ensuite, l'objectif du laboratoire *princeps* était d'élever des barrières juridiques et techniques pour retarder l'entrée des génériques, ce qui a été réalisé grâce aux désenregistrements sélectifs des AMM dans plusieurs États membres. Enfin, le laboratoire innovant a mis au point un produit de nouvelle génération nommé ésoméprazole, lequel était supposé avoir des bénéfices cliniques plus importants que ceux ayant trait à l'oméprazole, le principe actif du Losec. Conformément au droit applicable à cette époque, la procédure abrégée[896], prévue pour faciliter l'entrée des génériques sur le marché, n'était disponible aux génériqueurs que si l'AMM pour le médicament *princeps* demeurait en vigueur à la date du dépôt de la demande de la procédure abrégée. Or, *in casu*, AstraZeneca avait retiré plusieurs de ses AMM, si bien que, par ricochet, cela a empêché les génériqueurs de jouir de la procédure abrégée et, *in fine*, cela a eu pour effet de retarder l'entrée générique sur le marché. Par ailleurs, cette stratégie a eu pour conséquence d'augmenter les coûts d'entrée des génériqueurs sur le marché[897].

Si la Commission européenne a visé le saut de produit dans sa décision, selon le Tribunal et la Cour de justice, elle n'a cependant pas jugé que celui-ci avait *per se* des effets anticoncurrentiels. En effet, à la lecture des arrêts des deux juridictions européennes, il semblerait que l'institution bruxelloise n'ait pas examiné le caractère licite ou illicite de cette stratégie. Pour la Cour de justice, « *bien que la Commission ait défini le second abus comme résultant de la combinaison des retraits des AMM des gélules de Losec avec la conversion des ventes de ces gélules vers le Losec MUPS,* l'élément central de celui-ci consiste en ces retraits, *comme l'avait d'ailleurs confirmé la Commission dans le cadre de la procédure,* ladite conversion constituant le contexte dans lequel ceux-ci ont été effectués, et que c'est ce seul retrait qui est susceptible de produire les effets anticoncurrentiels mis en cause par la Commission et donc d'être qualifié d'abus »[898]. Dans son arrêt, le Tribunal avait déjà souscrit à cette analyse en indiquant que « *le retrait du marché des gélules de Losec et l'introduction sur le marché du Losec MUPS, n'était pas de nature, à elle seule, à produire [d]es effets anticoncurrentiels* »[899]. Ainsi, le *product hopping* ingénieusement mis en place par AstraZeneca ne serait pas à lui seul susceptible de tomber sous le coup de l'article 102 TFUE. L'abus

---

895 Le laboratoire l'avait nommé « *Losec-Post-Patent-Strategy* ».

896 Procédure par laquelle les génériqueurs peuvent s'appuyer sur les essais cliniques et les documents scientifiques du laboratoire *princeps*.

897 TUE, 1er juill. 2010, *AstraZeneca c/ Commission européenne*, aff. T-321/05, § 829, *Rec.* II, p. 2805 : le désenregistrement des AMM « *a pour unique objet de rendre indisponible la procédure abrégée prévue par le législateur à l'article 4, troisième alinéa, point 8, sous a), iii), de la directive 65/65 et, partant, de tenir les producteurs de produits génériques hors du marché le plus longtemps possible et* d'augmenter leurs coûts pour surmonter les barrières à l'entrée sur le marché » (nous soulignons).

898 CJUE, 6 déc. 2012, *AstraZeneca c/Commission européenne*, aff. C-457/10, *Rec. num.* EU:C:2012:770, § 140 (nous soulignons).

899 TUE, *AstraZeneca c/ Commission*, préc., § 808.

résiderait plutôt dans le désenregistrement d'AMM qui aurait provoqué un report d'entrée des génériques sur le marché.

229. **Selon nous, le *product hopping* reposant sur des désenregistrements d'AMM a constitué un abus de position dominante.** Lorsque l'on s'arrête sur le dispositif de la décision de la Commission, il semble que la lecture faite par les juridictions de l'Union européenne soit si non erronée, à tout le moins, sérieusement déceptive. En effet, le dispositif n'est enserré dans aucune ambiguïté. La Commission avait tiré un constat limpide et non sibyllin : « *AstraZeneca AB et AstraZeneca Plc ont enfreint l'article [102 TFUE] et l'article 54 de l'Accord sur l'Espace économique européen par leurs demandes d'abandon d'autorisations de mise sur le marché pour les gélules du Losec au Danemark, en Norvège et en Suède* combinées avec le retrait des gélules du Losec du marché et le lancement du Losec MUPS sous forme tablette *dans ces trois pays* »[900]. Ainsi, aux yeux de la Commission, il semblerait que le saut de produit reposant sur une stratégie de désenregistrement d'AMM constitue un abus de position dominante. Cette analyse est corroborée dans le corps même de la décision. Au paragraphe 860, la Commission a soutenu qu'« *A[straZeneca] a abusé de sa position dominante au sens de l'article [102 TFUE] au Danemark et en Suède, et au sens de l'article 54 de l'Accord sur l'Espace économique européen en Norvège* » et que « *l'abus consist[ait] en des demandes de désenregistrements des gélules au Danemark, en Norvège et en Suède* combinées au remplacement de la forme gélule par la forme tablette *(c'est-à-dire le lancement du Losec MUPS en tablette et le retrait du marché du Losec en gélule), et faisait partie de la stratégie LPPS qui cherchait à empêcher, ou à tout le moins retarder, l'entrée des génériques sur le marché et les importations parallèles* »[901]. Partant, il semblerait que la Commission ait souhaité donner un premier signal aux entreprises pharmaceutiques s'agissant de la compatibilité d'une forme de *product hopping* avec les règles européennes de concurrence en indiquant que ce type de pratique sera interprété dans le futur comme ne correspondant pas à une concurrence par les mérites. Cependant, ce signal peut apparaître aujourd'hui caduc ou obsolète puisque la stratégie mise en œuvre par AstraZeneca serait sans intérêt pour un laboratoire *princeps*. Eu égard à la législation actuelle, le *product hopping* reposant sur des désenregistrements d'AMM serait inefficace. Un génériqueur peut désormais obtenir une AMM au moyen de la procédure abrégée, alors même que le laboratoire

---

900 Voy. Comm. eur., *AstraZeneca*, préc., art. 1, § 2 du dispositif (traduction libre) : « *AstraZeneca AB and AstraZeneca Plc have infringed Article [102] of the Treaty and Article 54 of the EEA Agreement by their requests for the surrender of the market authorisations for Losec capsules in Denmark, Norway and Sweden* combined with their withdrawal from the market of Losec capsules and launch of Losec MUPS tablets in those three countries » (nous soulignons).

901 *Ibid.*, § 860 (traduction libre) (nous soulignons) : « *AZ has abused its dominant position within the meaning of Article 82 of the Treaty in Denmark and Sweden, and within the meaning of Article 54 of the EEA Agreement, in Norway. The abuse consists of AZ's requests for deregistration of capsules in Denmark, Norway and Sweden combined with the tablet/capsule switch (i.e. the launch of Losec MUPS tablets and the withdrawal from the market of Losec capsules), as part of its LPPS Strategy with a view to preventing, or at least delaying, generic market entry and parallel trade.* »

pionnier a demandé le retrait de celles qu'il détenait[902]. En d'autres termes, le désenregistrement d'AMM pour convertir le marché le plus rapidement possible à un médicament consécutif – ou de seconde génération – ne peut plus avoir pour effet de retarder l'entrée des génériques sur le marché. Pour autant, cela veut-il dire que la Commission européenne considère le *product hopping* comme dénué d'effets potentiellement anticoncurrentiels ? Nous ne le pensons pas.

230. **Le Rapport final de la Commission européenne sur le secteur pharmaceutique expose le point de vue de l'institution bruxelloise à l'égard du *product hopping*.** Pour confirmer notre précédente analyse, tournons-nous vers le Rapport final de la Commission sur le secteur pharmaceutique. Ce rapport a été réalisé postérieurement à la décision *AstraZeneca* et donne ainsi une meilleure vue de la position de l'autorité de la concurrence de l'Union européenne. En exorde à une section intitulée « *Life Cycle Strategies for Follow-on Products* », la Commission énonce que cette dernière a pour objectif d'analyser l'utilisation du lancement d'un produit consécutif sur le marché[903]. Elle ajoute – et c'est ce qui nous intéresse le plus – que le *product hopping, per se* cette fois-ci, pourrait avoir pour effet de retarder l'entrée des génériques sur le marché. Plus précisément, il est énoncé que « *la conversion des patients au produit de nouvelle génération avant l'expiration du brevet [du médicament original]* peut *avoir un effet sur l'entrée des versions génériques du produit de première génération sur le marché* »[904]. Il convient de relever ici la prudence avec laquelle la Commission européenne évoque le *product hopping*. Elle ne dit pas que le saut de produit constitue un abus de position dominante dans toutes les situations où un laboratoire *princeps* détiendrait une position dominante sur le marché. Elle indique simplement que le *product hopping* pourrait avoir la capacité d'enfreindre l'article 102 TFUE dans certaines circonstances, mais sans véritablement évoquer lesquelles. En effet, elle ne donne aucune indication sur les critères à remplir pour qu'un saut de produit tombe sous le coup de l'abus de position dominante – et c'est, nous semble-t-il, dû à la nature de l'enquête sectorielle. En réalité, aucun examen antitrust n'a été ébauché. La distinction *hard switch/soft switch*[905], à savoir « remplacement coercitif » du médicament de première génération/« remplacement non coercitif »

---

902 Voy. Art. 10, Directive 2004/27/CE du Parlement européen et du Conseil du 31 mars 2004 modifiant la directive 2001/83/CE instituant un code communautaire relatif aux médicaments à usage humain, *JOUE* L 136/34 du 30 avril 2004.

903 Comm. eur., Rapport final sur le secteur pharmaceutique, préc., § 988, p. 351.

904 *Ibid.*, § 1047, p. 366 (traduction libre) : « *Switching patients to the next generation product before patent expiry may have an effect on the market entry of generic versions of the first generation product.* »

905 Nous verrons l'intérêt de cette distinction dans la partie 2 de cet ouvrage. Pour donner une première vue sur celle-ci, disons que, pour déterminer le degré de nocivité de la pratique pour la concurrence, il serait pertinent de distinguer le « remplacement non coercitif » (*soft switch*) du médicament de première génération et le « remplacement coercitif » (*hard switch*) ou « forcé » (*forced switch*) de ce dernier. Dans l'hypothèse d'un remplacement non coercitif, le consommateur aurait toujours le choix entre le médicament de première génération, sa version générique et le médicament consécutif. Les préoccupations de concurrence pourraient donc être vues comme faibles dans cette configuration. En revanche, dans l'hypothèse d'un remplacement coercitif, les préoccupations de concurrence pourraient être potentiellement élevées, car la liberté de choix du consommateur est restreinte. Il n'aura le choix qu'entre le médicament consécutif et la version générique du médicament de première génération.

du médicament de première génération, n'a pas non plus été mentionnée. Elle aurait pourtant été, à notre sens, opportune. En définitive, il faut se contenter de la synthèse exclusivement descriptive établie par la Commission : « *l'enquête indique qu'afin de réussir le lancement d'un médicament de seconde génération, les laboratoires innovants entreprennent d'intenses efforts de marketing dans le but de convertir un nombre important de patients au nouveau médicament avant l'entrée de la version générique du médicament original sur le marché. S'ils réussissent, la probabilité qu'un génériqueur soit capable de gagner d'importantes parts de marché décroîtra sensiblement. Si […] les génériqueurs entrent sur le marché avant que les patients ne soient convertis, les laboratoires innovants peuvent avoir des difficultés à convaincre des médecins pour qu'ils prescrivent leurs médicaments de seconde génération ou pour obtenir un prix élevé pour le produit de seconde génération. En moyenne, le lancement [de médicaments successifs] a été réalisé un an et demi avant la perte d'exclusivité du produit de première génération. Dans certains cas, le médicament de première génération fut retiré du marché des mois avant le lancement du médicament de seconde génération* »[906].

231. **Conclusion d'étape.** L'examen antitrust à appliquer au *product hopping* n'a pas encore été établi à l'échelle de l'Union européenne. Seule une certaine forme de *product hopping* (le saut de produit reposant sur le désenregistrement d'AMM) – non réplicable aujourd'hui compte tenu de la nouvelle législation sur les AMM – a été analysée et sanctionnée par la Commission européenne. En effet, pour l'institution bruxelloise, le *product hopping* reposant sur le désenregistrement d'AMM constitue un abus de position dominante tombant sous le coup de l'article 102 TFUE. En revanche, il apparaît encore impossible de dégager le même principe s'agissant du *product hopping per se*. La Commission est cependant décidée à mener des enquêtes individuelles approfondies lorsqu'elle décèlera la mise en œuvre d'une telle stratégie. Elle n'a pour autant jamais énoncé que le *product hopping* produisait *generaliter* des effets anticoncurrentiels. Partant, un examen au cas par cas sera nécessaire pour établir une telle conclusion.

Cette situation est insatisfaisante pour notre démonstration. Avant d'exposer la pratique consistant à conclure un accord de report d'entrée pour rendre plus efficace un saut de produit, encore faut-il montrer que le *product hopping*, en lui-même, peut avoir pour effet d'entraver la concurrence générique dans l'Union européenne. En nous appuyant uniquement sur l'affaire *AstraZeneca*, cette analyse semble fragile ou, du moins, contestable. La décision *Gaviscon* rendue par l'Office of Fair

---

906 Comm. eur., Rapport final sur le secteur pharmaceutique, préc, p. 367 (traduction libre) : « *the inquiry indicates that in order to successfully launch a second generation medicine, originator companies undertake intensive marketing efforts with the aim of switching a substantial number of the patients to the new medicine prior to the market entry of a generic version of the first generation product. If they succeed, the probability that generic companies will be able to gain a significant share of the market decreases significantly. If on the other hand generic companies enter the market before the patients are switched, originator companies may have difficulties in convincing doctors to prescribe their second generation product or in obtaining a high price for the second generation product. On average the launch took place one year and five months before loss of exclusivity of the first generation product. In some cases the first medicine was withdrawn from the market some months after the launch of the second generation medicine* ».

Trading (désormais la UK Competition and Markets Authority) nous permettra cependant de donner du crédit à notre propos.

b. Le product hopping sanctionné au titre de l'abus de position dominante au Royaume-Uni : l'affaire du Gaviscon

232. **Cadre factuel de l'affaire.** Au Royaume-Uni, l'affaire du Gaviscon[907] concernait un cas où un laboratoire *princeps* en position dominante[908], à savoir Reckitt Benckiser, a cherché à convertir des patients au Gaviscon Advance[909] (le médicament consécutif) en les poussant à délaisser le Gaviscon Original Liquid[910] (le médicament de première génération). En l'espèce, le laboratoire *princeps* avait élaboré une stratégie dont la finalité était le retrait de la vente du médicament original avant que des brevets cruciaux ne tombent dans le domaine public. L'objectif était de remplacer le médicament original par le médicament de seconde génération, qui bénéficiait d'une protection par brevet beaucoup plus étendue dans le temps[911].

En substance, le laboratoire *princeps* a retiré le médicament original du UK National Health Service (NHS) *database*[912] et l'a remplacé par son médicament consécutif. Le laboratoire a opéré ce changement après l'échéance du brevet sur le médicament original mais avant la publication du nom du générique sur cette même base de données[913]. La conséquence du remplacement du médicament original par le médicament consécutif était que les versions génériques du médicament original n'apparaissaient pas sur la base de données alors même qu'elles étaient disponibles sur le marché. Ce phénomène était dû à la construction du NHS *database*. En effet, lorsqu'un médicament *princeps* présent dans la base de données n'est plus protégé par brevet, une recherche lancée par un médecin entraîne automatiquement une proposition d'alternatives génériques. Puisque le GA était toujours protégé par brevet, aucune alternative générique n'était proposée. En ce sens, si un médecin voulait prescrire du Gaviscon en s'appuyant sur la base de données, le seul produit qui lui était proposé était le GA. Or, si le laboratoire *princeps* avait laissé le GL sur le NHS *database*, alors même que le brevet de ce dernier était échu, un plus

---

907 OFT, 12 April 2011, *Reckitt Benckiser*, Decision No. CA98/02/2011. L'affaire du Gaviscon a pu être détectée grâce à un lanceur d'alerte. Selon des auteurs, un ancien cadre de l'entreprise a fourni de nombreux emails à l'autorité de concurrence, lesquels constituaient des preuves irréfutables du comportement anticoncurrentiel de l'entreprise. Voy. G. Barling & R. Reumerman, « Gaviscon: The Diagnosis and Treatment of Abuse of Dominance – Very Recent Changes in the Private Enforcement of Competition Rules in the UK » *in Competition and Patent Law in the Pharmaceutical Sector – An International Perspective* (G. Pitruzella & G. Muscolo), Wolters Kluwer (2016), p. 355, spéc. p. 363

908 *Ibid.*, § 5.1, p. 228 : « *RB's market share (by value) has been in excess of 80 per cent between 2004 and 2008* ».

909 Ci-après « GA ».

910 Ci-après « GL ».

911 J. Galloway, « Driving Innovation: A Case for Targeted Competition Policy in Dynamic Markets », 34 *World Competition* 73 (2011), spéc. p. 85. L'auteur indique que : « *The central allegation was that Reckitt devised a strategy to withdraw Gaviscon from sale before crucial patents expired and replace the product with Gaviscon Advance, a second-generation product with longer IPRs* ».

912 Une base de données utilisée par les médecins généralistes pour chercher les médicaments à prescrire aux patients.

913 Voy. A. Ezrachi, *EU Competition Law: An Analytical Guide to the Leading Cases*, Hart Publishing, 2012, p. 359 et s.

grand choix se serait offert aux médecins à la fois pour la version originale du Gaviscon mais aussi pour les alternatives génériques. La question était donc de savoir si le *product hopping* mis en œuvre au moyen du retrait du médicament original de la NHS *database* avait des effets anticoncurrentiels et constituait un abus de position dominante.

233. **Raisonnement de l'OFT permettant de conclure à l'abus de position dominante.** Pour conclure que le retrait du GL du NHS constituait un abus de position dominante, l'autorité de la concurrence du Royaume-Uni a adopté un raisonnement classique et s'est beaucoup appuyée sur l'arrêt du Tribunal dans l'affaire *AstraZeneca*. Au préalable, elle s'est attachée à délimiter le marché pertinent. Pour ce faire, elle a repris la méthodologie livrée par la Commission européenne[914]. Ensuite, elle a cherché à démontrer la position dominante du laboratoire innovant avant de caractériser l'abus[915].

S'agissant tout d'abord de la position dominante, l'OFT a établi, en premier lieu, qu'au moment des faits le laboratoire *princeps* détenait 80 % de parts de marché et que sa position de leader sur le marché (*its leading market position*) n'avait été ni contrariée ni menacée par l'entrée de concurrents. L'autorité de concurrence du Royaume-Uni ajouta, en deuxième lieu, que d'importantes barrières à l'expansion existaient sur ce marché, si bien qu'aucun autre fabricant d'alginates ou d'antiacides n'avait réussi à acquérir plus de 10 % de parts de marché sur douze ans. En troisième lieu, d'importantes barrières à l'entrée empêchaient les potentiels entrants et les concurrents actuels de mettre des produits sur le marché pour contester la position du laboratoire innovant. En dernier lieu, elle constata que le NHS *database* n'avait pas réussi à exercer une puissance d'achat compensatrice vis-à-vis de la fourniture de produits du Gaviscon.

S'agissant ensuite de la caractérisation de l'abus, l'OFT jugea que le retrait (*withdrawal*) avait été « *motivé par le désir d'entraver le développement d'une pleine concurrence générique* » et que ce dernier « *aurait été commercialement irrationnel* »[916] si le laboratoire innovant ne cherchait pas, par ce moyen, à anticiper les bénéfices qu'il pourrait tirer de l'entrave d'une pleine concurrence générique. Ce constat poussa l'autorité de concurrence à énoncer que « *le retrait ne pouv[ait] pas être regardé comme une "concurrence normale" ou une "concurrence par les mérites"* »[917]. Par ailleurs, l'OFT souligna qu'au moment du retrait, il était raisonnable de s'attendre à ce que celui-ci restreigne la concurrence en empêchant le développement d'une pleine concurrence générique, concurrence générique qui aurait inévitablement émergé avec beaucoup plus d'ampleur si le GL avait été maintenu dans la NHS *database*. En définitive, l'OFT tira une conclusion claire et dénuée d'équivoque : « *le retrait [du médicament original] tendait à restreindre la concurrence ou avait la capacité d'avoir cet effet* »[918].

---

[914] Voy. Comm. eur., *AstraZeneca*, préc., §§ 329-504 pour examiner la méthodologie de la Commission pour délimiter les marchés pertinents dans le secteur pharmaceutique.

[915] Sur les particularités de l'abus de position dominante dans le secteur pharmaceutique, voy. D. Bosco, « Abus de position dominante et secteur pharmaceutique », art. préc., pp. 71-85.

[916] OFT, *Reckitt Benckiser*, préc., § 6.1 (traduction libre).

[917] *Ibid.* (traduction libre).

[918] *Ibid.* (traduction libre).

234. **L'OFT semble avoir utilisé le test du non-sens économique à titre principal et le test de l'intention à titre subsidiaire.** Pour caractériser l'abus de position dominante, l'OFT semble avoir mobilisé deux tests : le test du non-sens économique (*the no economic sense test*) et le test de l'intention. Nul besoin ici de définir le test de l'intention. Ce dernier est bien connu et est très souvent mis en œuvre de façon subsidiaire par les différentes autorités de concurrence européenne. Le test du non-sens économique, en revanche, apparaît moins identifié et plus intrigant. En substance, ce test cherche à punir une conduite qui n'aurait aucun « *sens économique pour le défendeur mais qui aurait tendance à éliminer ou à abaisser la concurrence* »[919]. Ce test procède d'un principe simple : sanctionner une conduite qui aurait uniquement pour objectif d'exclure des rivaux du marché[920] ou d'empêcher l'entrée d'un ou plusieurs concurrents sur le marché.

En s'appuyant sur les documents internes de l'entreprise, l'autorité de concurrence du Royaume-Uni semble avoir réussi à mettre en exergue l'irrationalité[921] de la conduite du laboratoire *princeps*. Elle a notamment souligné que le retrait du GL « *aurait été commercialement* irrationnel »[922] s'il n'avait pas pour objet d'anticiper les bénéfices que le laboratoire *princeps* aurait générés en entravant le développement d'une pleine concurrence générique. En effet, les documents internes révèlent que si l'objectif d'utiliser le retrait ne tenait pas au fait de devancer la concurrence générique sur le Gaviscon, le retrait aurait été déficitaire (*loss-making*) et, par conséquent, une stratégie commercialement non rationnelle[923]. En d'autres termes, la stratégie du laboratoire innovant n'aurait eu aucun sens économique si elle n'avait pas pour dessein d'entraver ou retarder l'entrée des génériques sur le marché.

Par ailleurs, pour consolider son raisonnement, l'OFT s'est reposé à titre subsidiaire sur le test de l'intention. L'autorité de concurrence a tout d'abord rappelé ce qu'avait énoncé le Tribunal dans l'affaire *AstraZeneca*[924] : si « *l'intention de recourir à des pratiques étrangères à la concurrence par les mérites est en toute hypothèse dénuée de pertinence* », l'intention peut « *toujours être prise en compte au soutien d'une conclusion selon laquelle l'entreprise concernée a commis un abus de position dominante, quand bien même une telle conclusion devrait en premier lieu reposer sur la constatation objective d'une mise en œuvre matérielle du comportement abusif* »[925]. Ensuite, l'autorité de concurrence s'est concentrée sur

---

919 G. J. Werden, « Identifying Exclusionary Conduct under Section 2: The "No Economic Sense" Test », 73 *Antitrust L. J.* 413 (2006), spéc. p. 417 (traduction libre) : « *conduct is not exclusionary or predatory unless it would make no economic sense for the defendant but for the tendency to eliminate or lessen competition* ». Voy. aussi V. Iyengar, « Should Pharmaceutical Product Hopping Be Subject to Antitrust Scrutiny? », 97 *Journal of the Patent and Trademark Office Society* 663 (2015), spéc. p. 680 ; G. J. Werden, « The "No Economic Sense" Test for Exclusionary Conduct », 31 *Journal of Corporation Law* 293 (2006).

920 Voy. M.-O. Mackenrodt et *alii*, *Abuse of Dominant Position: New Interpretation, New Enforcement Mechanisms?*, Springer, 2008, p. 91, qui explique que : « *Ce test […] cherche à sanctionner la conduite qui a* uniquement pour objectif d'exclure des rivaux du marché. » Dans la langue d'origine : « *This test […] seeks to sanction conduct, which* only has the purpose to exclude rivals from market » (nous soulignons).

921 Nous entendons ici le mot « irrationalité » comme synonyme de l'expression « non-sens économique ».

922 OFT, *Reckitt Benckiser*, préc., § 6.4.

923 *Ibid.*, § 6.30.

924 *Ibid.*, § 3.45.

925 TUE, 1er juill. 2010, *AstraZeneca*, préc., § 359.

des documents internes forts incriminants lui ayant permis de dégager l'intention anticoncurrentielle du laboratoire *princeps*. En l'espèce, l'OFT a pu se reporter à un document qui déclarait la chose suivante : « *Nous devons garder à l'esprit que notre objectif ici… est* de retarder *aussi longtemps que possible l'introduction d'un générique*[926]. » Ainsi, l'intention anticoncurrentielle du laboratoire *princeps* était patente. Le retrait du médicament original du NHS *database* avait bien eu pour but de convertir *fortitudo* les patients au médicament consécutif. D'ailleurs, le laboratoire pharmaceutique n'a pas contesté les faits. Il a même réussi à obtenir une diminution de l'amende en passant par la voie transactionnelle (*a reduction for early resolution*)[927]. En somme, le retrait du médicament original de la NHS *database* ne correspondait pas à une concurrence par les mérites. Si les patients se dirigeaient vers le produit de seconde génération, ce n'était pas dû au fait que ces derniers percevaient le produit de première génération comme supérieur. En effet, le consommateur final ne bénéficiait pas de la liberté de choisir le produit qu'il jugerait de meilleure qualité. Autrement dit, le saut de produit s'apparente à un *hard switch*[928].

235. **Bilan et questions soulevées par la décision *Gaviscon*.** Si la décision *Gaviscon* est intéressante à plusieurs égards, elle retient particulièrement notre attention par le fait qu'elle est la première à avoir clairement condamné une stratégie de *product hopping* dans l'Union européenne en mobilisant à la fois le texte national de l'abus de position dominante et l'article 102 TFUE. Il faut cependant résister à la tentation de magnifier cette décision. Si elle est utile pour notre démonstration, il n'en demeure pas moins qu'elle laisse de nombreuses questions en suspens et qu'elle n'offre pas de lignes directrices claires, notamment sur le fait de savoir quel type de *product hopping* serait immunisé ou exempté d'une enquête individuelle. Par exemple, l'autorité de concurrence n'a pas distingué les sauts de produit « forcés » des sauts de produit « non coercitifs »[929]. Nous ne savons donc pas si ces deux conduites sont génératrices des mêmes préoccupations de concurrence aux yeux des autorités de concurrence européenne. Par ailleurs, si, comme l'on fait certains auteurs[930], nous nous appuyons sur l'arrêt *Bronner*[931] rendu par la Cour de justice, une autre interrogation nous saisit. Elle se formule de la manière suivante : une entreprise pharmaceutique en position dominante est-elle dans l'obligation de garder le médicament de première génération dont le brevet est échu sur le marché, dès lors que ce dernier s'avérerait correspondre à une ressource « indispensable » à l'entrée des génériques sur le marché ? La décision *Gaviscon* semble suggérer une réponse positive. Or, en l'espèce, la conduite du laboratoire *princeps* n'avait pas entièrement fermé le marché. En effet, le laboratoire *princeps* n'avait pas totalement retiré de

926 OFT, *Reckitt Benckiser*, préc., § 6.28 (traduction libre) (nous soulignons). En langue anglaise, la déclaration s'énonçait de la manière suivante : « *We should remind ourselves what our objective is here … to delay for as long as possible, the introduction of a generic name and subsequent black listing for Gaviscon while we cannibalise our NHS franchise with Gaviscon Advance.* »

927 *Ibid.*, § 8.57 et s.

928 Pour une définition du *hard switch*, voy. *infra* n° 448 et s.

929 Sur ces deux notions voy. *infra* n° 448 et s.

930 J. Westin, « Product Switching in the Pharmaceutical Sector – an Abuse or Legitimate Commercial Consideration? », 35 *European Competition L. Rev.* 595 (2011), spéc. p. 600.

931 CJCE, 26 nov. 1998, *Oscar Bronner GmbH*, aff. C-7/97, *Rec.* I, p. 7791.

la vente son médicament de première génération ; à la fois le GL et le GA demeuraient disponibles en *over-the-counter*. Partant, puisque le produit de référence (« la ressource *indispensable* ») était toujours en vente, il n'était pas impossible pour un génériqueur entrant de mettre sa version sur le marché. Hormis l'inconvénient de ne pas trouver de version générique sur la NHS *database* lorsque l'on entamait une recherche avec le mot-clé « Gaviscon », rien n'empêchait les médecins de prescrire une version générique s'ils avaient connaissance de son existence.

En définitive, aux questions « jusqu'où un laboratoire *princeps* dominant doit-il aller pour faciliter l'entrée générique et quelle extension celui-ci peut-il réaliser sur ses propres produits ? », aucune réponse claire ne point pour l'instant.

B. La conclusion d'accords de report d'entrée avant la mise en œuvre d'une stratégie de *product hopping*, un moyen de renforcer l'efficacité du saut de produit

236. **Une combinaison potentiellement nocive pour la concurrence.** La potentielle nocivité pour la concurrence du *product hopping* semble évidente des deux côtés de l'Atlantique[932]. En effet, cette tactique unilatérale pourrait conduire dans certaines circonstances à retarder l'entrée des génériques sur le marché. Avant de démontrer le caractère redoutablement nuisible à la concurrence de la conclusion d'accords de report d'entrée précédant une stratégie de saut de produit en Europe (2), examinons tout d'abord comment cette stratégie « à deux coups » ou « couplée » a été identifiée et appréhendée du côté états-unien (1).

1. L'analyse américaine de la combinaison *pay-for-delay settlement/product hopping*

237. **Propos liminaire.** Pour présenter cette pratique, que nous avons qualifiée de stratégie « à deux coups »[933], nous nous appuierons essentiellement sur les travaux du professeur Carrier[934], qui fut, à notre connaissance, le premier à révéler et à examiner la redoutable efficacité de la combinaison *reverse payment settlement/product hopping*. Une affaire nous permettra de bien cerner les contours de cette stratégie tout en l'illustrant : l'affaire du Provigil.

238. **L'affaire du Provigil, première identification de la stratégie *reverse payment settlement/product hopping*.** L'affaire du Provigil[935] concernait le médicament *blockbuster*[936] portant le même nom. Ce médicament était utilisé contre les troubles

---

932 Voy. *supra* n° 222 et s.

933 Nous qualifions cette conduite de « stratégie à deux coups » dans la mesure où le premier coup (ou le premier tir anticoncurrentiel) est réalisé par la conclusion d'un règlement amiable de type *pay-for-delay* tandis que le second coup (ou le second tir anticoncurrentiel) consiste à mettre en œuvre, postérieurement à la pratique collusive, une pratique unilatérale : le saut de produit.

934 M. Carrier, « A Real-World Analysis of Pharmaceutical Settlements: The Missing Dimension of Product-Hopping », art. préc.

935 On parle parfois de l'affaire du modafinil, le modafinil étant le principe actif du Provigil.

936 Le Provigil méritait bien sa qualité de *blockbuster*. En effet, en 2007 par exemple, il a permis de générer plus de 800 millions de dollars de bénéfices à Cephalon, le laboratoire *princeps*.

du sommeil et avait su consolider sa notoriété grâce à la guerre d'Iraq[937], où il fut utilisé par les soldats américains qui devaient rester éveillés plus de quarante heures consécutives. Le médicament était par ailleurs considéré comme un « *gold standard* »[938] ; il ne provoquait par exemple aucun effet secondaire tel que l'addiction.

Sur le plan juridique, le Provigil bénéficiait d'une protection par brevet acquise en 1979, brevet qui devait tomber dans le domaine public dès 2001[939]. En 1997, le breveté – le laboratoire Cephalon – obtint un second brevet, dit de « formulation », qui couvrait une méthode spécifique de délivrance du médicament par le biais de petites particules[940]. Ce dernier brevet devait arriver à échéance en octobre 2014 mais reçut une protection supplémentaire de six mois grâce aux essais pédiatriques. Ce faisant, la méthode bénéficiait en définitive d'une exclusivité prolongée jusqu'au mois d'avril 2015. Contrairement au brevet sur la molécule, le brevet de formulation pouvait facilement être détourné. Pour démontrer cette analyse, la FTC reprit l'avis d'un consultant, qui avait énoncé qu'au moment des faits « *tous les génériqueurs sav[aient que le brevet] pouv[ait] être facilement contourné* »[941] en fabricant des produits qui contiendraient une méthode de délivrance différente de celle du laboratoire *princeps*[942].

L'attrait du produit, conjugué à la facilité à contourner le brevet de formulation, avait ainsi poussé et encouragé les génériqueurs à entrer rapidement sur le marché, c'est-à-dire dès la date d'échéance du brevet sur la molécule. L'autorité de concurrence américaine l'avait très bien expliqué dans sa plainte, où elle indiquait que, dès « *[l]e 24 décembre 2002,* soit le premier jour *où la FDA pouvait accepter la version générique du Provigil, quatre génériqueurs ont soumis des demandes [de certification paragraphe IV]* »[943]. En effet, Teva, Ranbaxy, Mylan et Barr avaient chacun certifié que « *[leur] version générique du Provigil ne violait pas [le brevet de Cephalon] ou que le brevet était invalide, voire les deux à la fois* »[944]. Les quatre génériqueurs avaient opposé qu'ils avaient développé des versions non contrefaites du Provigil. Les génériqueurs avaient par ailleurs tous déposé leur demande de certification paragraphe IV le même jour et étaient donc collectivement éligibles à la période d'exclusivité de cent quatre-vingts jours. En outre, les analystes avaient projeté une entrée générique en 2006 et corroboraient ainsi la planification mise en place par les quatre génériqueurs. Pour preuve, Barr avait commandé d'importantes quantités de principe actif à la fin de l'année 2005. De son côté, le laboratoire *princeps* avait conscience de la menace générique.

---

937 T. Spears, « New Drug May Help Soldiers Stay Awake – Doctors Unsure of Long-Term Effect », *Ottawa Citizen* (Oct. 11, 2003), http://www.modafinil.com/article/soldiers.html.

938 M. Carrier, « A Real-World Analysis of Pharmaceutical Settlements: The Missing Dimension of Product-Hopping », art. préc., p. 1022.

939 Complaint for Injunctive Relief, *FTC v. Cephalon Inc.*, No. 08-cv-00244 (JDB)(D.D.C. 2008) § 26. Ci-après « *Cephalon complaint* ».

940 *Ibid.*, § 33.

941 *Ibid.*, § 35 (traduction libre). Dans la langue d'origine : « *[A]ll generic companies know [that the patent] may be easily circumvented.* »

942 *Ibid.*

943 *Ibid.*, § 36 (traduction libre).

944 *Ibid.*

Lui-même avait soutenu, en novembre 2005, que les versions génériques du modafinil pénétreraient le marché au milieu de l'année 2006[945].

239. **Premier tir anticoncurrentiel : la conclusion de règlements amiables comportant un *reverse payment*.** Pour contrer l'entrée générique et conserver ses parts de marché, Cephalon chercha alors à introduire un médicament consécutif en 2006 : le Nuvigil. Le Nuvigil était similaire en divers points au médicament original et était composé du même principe actif. Il proposait néanmoins une légère amélioration permettant aux patients de prendre une pilule une fois par jour au lieu de deux. Cependant, la FDA est venue contrarier les projets de Cephalon en n'approuvant pas le Nuvigil à la fin de l'année 2005. Cette décision rendit difficile la conversion rapide des patients au médicament consécutif. Comme l'a souligné la FTC, « *il y avait une incertitude considérable sur le fait de savoir si la FDA approuverait le Nuvigil suffisamment tôt en 2006 pour permettre à Cephalon de réussir la migration des consommateurs du Provigil au Nuvigil avant l'entrée d'une version générique du Provigil* »[946]. En d'autres termes, le laboratoire *princeps* n'était pas assuré de pouvoir lancer son médicament de seconde génération à temps, c'est-à-dire avant qu'une concurrence générique ne poigne. Eu égard à cette incertitude, le laboratoire *princeps* fit le choix de transiger ses litiges de brevet engagés contre les quatre génériqueurs et conclut des règlements amiables comportant des paiements inversés. En effet, Cephalon déboursa plus de 200 millions de dollars répartis entre les quatre génériqueurs pour qu'ils retardent leur entrée jusqu'au mois d'avril 2012. Au moment des faits, le directeur général du laboratoire innovant avait d'ailleurs confessé que les règlements amiables avaient fourni « *plus de six ans de protection [supplémentaire] par brevet* », lesquels avaient permis de générer « *quatre milliards de dollars de vente auxquels personne ne s'attendait* »[947]. Surtout, au moyen des règlements amiables, le laboratoire avait réussi à prolonger son monopole et à se protéger de toute concurrence générique. Ainsi, cette conduite collusive devait être vue comme le premier tir anticoncurrentiel, lequel s'intégrait dans une stratégie plus globale que nous avons précédemment qualifiée de tactique « à deux coups ».

240. **Second tir anticoncurrentiel : le saut de produit.** Afin de justifier ses *reverse payments*, Cephalon érigea un axe de défense que nous avons nommé « défense de la concurrence avancée »[948]. Selon le laboratoire innovant, la conclusion des règlements amiables permettait une entrée avancée des génériques sur le marché. Ainsi, plutôt que d'intégrer le marché à la date d'échéance du brevet, c'est-à-dire en 2015, les génériqueurs, en exécutant les accords transactionnels, pouvaient légalement lancer

---

945 *Ibid.*

946 *Ibid.*, § 53 (traduction libre) : « *[T]here was considerable uncertainty as to whether the FDA would approve Nuvigil early enough in 2006 to enable Cephalon to successfully migrate customers from Provigil to Nuvigil before the entry of a generic version of Provigil.* »

947 *Ibid.*, § 4 (traduction libre).

948 La « défense de la concurrence avancée » est un moyen souvent mobilisé par les brevetés pour démontrer la nature proconcurrentielle des accords *pay-for-delay*. Cette défense s'appuie sur la détention par le laboratoire *princeps* d'un brevet valide. L'argument est le suivant : alors que le breveté pourrait opposer son brevet aux génériqueurs jusqu'à ce qu'il tombe dans le domaine public, ce dernier autorisera une entrée avancée des génériques sur le marché. En d'autres termes, par la conclusion de règlements amiables, une concurrence sera injectée beaucoup plus tôt sur le marché, si bien que cela devrait accroître le bien-être du consommateur, qui bénéficiera à la fois d'une diversité de choix en termes de produit et de prix plus bas.

leur produit dès 2012. Ce type de défense pourrait être valable ou convaincant si les juridictions antitrust se concentraient uniquement sur les accords. Or, en l'espèce, deux stratégies se chevauchaient : la conclusion de règlements amiables et le saut de produit. En effet, en concluant les règlements amiables, Cephalon n'avait pas l'intention de livrer une concurrence vigoureuse aux génériqueurs au moment où ces derniers entreraient sur le marché[949]. En effet, « *en retardant le commencement potentiel d'une concurrence générique jusqu'en 2012, soit six ans après le règlement amiable, Cephalon a acheté […] une période pendant laquelle il était assuré que son faible brevet sur le Provigil ne serait pas contesté* »[950]. Aussi, le laboratoire *princeps* pouvait jouir d'une période assez longue[951] pour pouvoir convertir les patients à son médicament de seconde génération sans craindre que ces derniers ne se tournent avant vers les génériques du médicament original. En d'autres termes, le breveté s'était acheté et aménagé du temps pour rendre plus efficace sa stratégie de *product hopping*. Ici, le saut de produit était d'ailleurs remarquablement redoutable et se présentait en deux volets. Premièrement, le laboratoire *princeps* rendit le médicament original moins attractif. Pour ce faire, Cephalon augmenta les prix de son médicament de plus de 74 %[952] et arrêta d'en faire la promotion. Secondement, le laboratoire innovant rendit le médicament consécutif plus attractif. En pratique, cela s'est traduit par une promotion vive du Nuvigil. Cephalon proposait par ailleurs le médicament consécutif à un prix beaucoup plus bas.

En résumé, si le *product hopping* apparaît ici fort efficace, c'est en partie dû à la mise en œuvre d'accords *pay-for-delay*, accords qui furent conclus *antérieurement* à la mise en place de la conduite unilatérale. Grâce à ces règlements amiables, les quatre génériqueurs, qui étaient des concurrents potentiels, n'étaient plus en mesure de contester le brevet de formulation, de sorte que le laboratoire *princeps* bénéficiait d'un temps appréciable pour modifier le marché en rendant moins attractif le médicament original. Partant, vu que la combinaison entraîne un report de l'entrée des génériques sur le marché, cette stratégie « à deux coups » génère des préoccupations de concurrence aisément identifiables[953].

2. L'analyse européenne de la combinaison reverse payment settlement/product hopping

241. **Propos liminaires.** Si la combinaison *reverse payment/product hopping* semble poser de sérieuses préoccupations de concurrence outre-Atlantique, l'Union

---

949 M. Carrier, « A Real-World Analysis of Pharmaceutical Settlements: The Missing Dimension of Product-Hopping », art. préc., p. 1024 : « *The generic firms themselves, in obtaining more than $200 million from Cephalon,* did not expect vibrant competition *in 2012* » (nous soulignons).

950 *Ibid.*, p. 1025 (traduction libre).

951 En l'espèce, la FDA avait approuvé le Nuvigil en 2007 et le médicament bénéficiait d'une protection par brevet jusqu'en 2023. Les accords transactionnels prévoyaient que les génériqueurs pouvaient légalement entrer sur le marché en 2012. En clair, le laboratoire innovant possédait environ cinq ans pour convertir ses patients au Nuvigil.

952 J. D. Rockoff, « How a Drug Maker Tries to Outwit Generics », *Wall St. J.* (Nov. 17, 2008).

953 Voy. M. Carrier, « A Real-World Analysis of Pharmaceutical Settlements: The Missing Dimension of Product-Hopping », art. préc., p. 1027, qui indique que le remplacement de produit « *raises concern regarding the anticompetitive effect of the intersection of product hopping and settlement* ». Autrement dit, que le remplacement de produit « *soulève des préoccupations quant à l'effet anticoncurrentiel de l'intersection du saut de produit et du règlement amiable* » (traduction libre).

européenne devrait aussi être concernée par les potentielles conséquences négatives de cette pratique. Au vu de son efficacité, les laboratoires pharmaceutiques pourraient bien se laisser tenter par la mise en œuvre de cette stratégie en Europe. Actuellement, si la Commission européenne essaye bon an, mal an d'appréhender les accords de report d'entrée *per se*, elle n'a encore jamais lancé d'enquête individuelle ni rendu de décision se concentrant sur cette tactique à « deux coups ». Cette combinaison n'a pas non plus été évoquée dans le Rapport final sur l'enquête sectorielle dans l'industrie pharmaceutique. Nonobstant ce vide juridique, la question de la mise en œuvre de cette stratégie sur le sol européen se pose avec une grande acuité. En d'autres termes, il convient de s'intéresser à la forme qu'une telle stratégie pourrait prendre dans l'Union européenne.

242. **La nécessaire prise en compte des spécificités de la réglementation pharmaceutique dans l'Union européenne.** Tout comme aux États-Unis, il s'agira dans un premier temps de conclure un accord de report d'entrée afin de mettre un terme à un litige de brevet. Si cette première étape apparaît de prime abord semblable des deux côtés de l'Atlantique, les modalités de mise en œuvre divergent sensiblement eu égard aux spécificités de la réglementation européenne. En effet, contrairement au contexte états-unien, les laboratoires pharmaceutiques ne pourraient pas se contenter de conclure « un seul » accord de report d'entrée pour complètement verrouiller le marché et accroître l'efficacité du saut de produit. *De lege lata*, l'Agence européenne des médicaments – qui approuvent les génériques et délivrent les AMM – ne prend pas en considération la détention ou la non-détention d'un brevet sur le médicament, de sorte qu'il n'existe aucun lien entre le brevet et la procédure d'obtention d'une AMM (*patent linkage*)[954]. En d'autres termes, l'Agence peut très bien délivrer une AMM à un génériqueur alors même qu'un laboratoire *princeps* serait titulaire d'un brevet pharmaceutique en vigueur. Aux États-Unis, en revanche, comme nous l'avons expliqué précédemment[955], la FDA octroie des AMM en s'appuyant directement sur l'*Orange Book*, registre où est listé l'ensemble des brevets pharmaceutiques en vigueur, de sorte qu'une connexité existe entre le brevet et la procédure d'AMM.

Quoi qu'il en soit, les spécificités de la procédure européenne conduisent au résultat suivant : même si un laboratoire *princeps* conclut un règlement amiable de type *pay-for-delay* avec le génériqueur premier demandeur d'une AMM, les génériqueurs subséquents ne seront ni bloqués ni empêchés d'entrer sur le marché dès lors qu'ils rempliront les conditions d'efficacité, de qualité et d'innocuité exigées par l'Agence européenne des médicaments. Partant, pour verrouiller le marché *in toto*, le laboratoire *princeps* ne pourra pas, en règle générale, se contenter de conclure un seul accord de report d'entrée[956] mais devrait plutôt en conclure

954 Selon les termes de la directive de 2004 : « *Il convient, dans l'intérêt de la santé publique, que les décisions d'autorisation prises dans le cadre de la procédure centralisée le soient sur la base des critères scientifiques objectifs de la qualité, de la sécurité et de l'efficacité du médicament concerné,* à l'exclusion de toute considération économique ou autre. » Voy. consid. n° 13, règlement (CE) n° 726/2004 du Parlement européen et du Conseil du 31 mars 2004 établissant des procédures communautaires pour l'autorisation et la surveillance en ce qui concerne les médicaments à usage humain et à usage vétérinaire, et instituant une Agence européenne des médicaments.

955 Voy. *supra* n° 38 et s.

956 En effet, en Europe, il n'existe pas de récompense de cent quatre-vingts jours d'exclusivité pour le génériqueur ayant réussi à contester un brevet.

une multitude. En effet, si plusieurs génériqueurs ont la capacité de lancer leur version générique, alors le breveté devra conclure autant d'accords qu'il existe de concurrents potentiels. Ce principe, néanmoins, n'est pas immuable. Dans certaines circonstances, un seul accord pourrait bien suffire à atteindre cet objectif de verrouillage total du marché. En pratique, pour savoir si un seul accord aurait la capacité de verrouiller entièrement le marché, il conviendra de se polariser sur sa structure concurrentielle et d'examiner si de nombreux génériqueurs étaient capables d'entrer de manière viable pour livrer une réelle concurrence au moment où l'accord a été conclu. Ainsi, un laboratoire *princeps* pourrait tenter de retarder l'entrée sur le marché d'un génériqueur présentant une menace concurrentielle réelle et sérieuse en concluant un règlement amiable avec paiement inversé afin de gagner suffisamment de temps pour introduire son médicament consécutif (ou de seconde génération) et accroître ainsi l'efficacité de la stratégie de *product hopping*. En pratique, le règlement amiable pourra assurer la préparation de la commercialisation du médicament consécutif sans craindre une concurrence générique. Ce faisant, le laboratoire innovant pourra tenter de convertir plus aisément au nouveau médicament des patients, et ce, à rebours d'un processus concurrentiel normal[957].

243. **Analogie avec l'affaire *AstraZeneca*.** Dans l'affaire *AstraZeneca*, le moyen pour faciliter le saut de produit consistait à abuser de la procédure de désenregistrement d'AMM. Mais compte tenu de la réglementation actuelle, le saut de produit reposant sur une stratégie de désenregistrement d'AMM apparaît désormais inefficace et sans intérêt pour un laboratoire *princeps* souhaitant préserver son monopole sur le marché[958]. Partant, la conclusion d'accords de report d'entrée pourrait venir remplacer ce scénario et constituer un redoutable substitut à la stratégie de désenregistrement d'AMM. Dans un scénario de type *pay-for-delay*, le moyen de « faciliter » le saut de produit serait constitué par le règlement amiable. Si ce dernier agit comme un facilitateur du *product hopping*, alors la stratégie pourrait être jugée comme allant à l'encontre d'une concurrence par les mérites[959]. Autrement dit, l'analyse de la Cour de justice forgée dans l'affaire *AstraZeneca* pourrait bien être reprise, à cela près que la technique pour faciliter le saut de produit ne serait pas le désenregistrement d'AMM mais cette fois-ci un accord de report d'entrée.

---

957 S. Gallasch, « Adding a New Dimension to EU Pharmaceutical Antitrust – Pay for Delay Settlements as Part of a Unilateral Strategy such as Product Hopping », University of East Anglia, *CCP Working Paper* 15-2, 2016, p. 18. Nous reprenons ici l'idée de l'auteur, qui exprima la chose suivante : « *Le règlement amiable pourrait assurer que le laboratoire* princeps *puisse introduire un médicament consécutif sur le marché sans craindre la concurrence générique et puisse tenter de convertir des patients du médicament original vers le médicament consécutif à un stade ultérieur que dans celui d'un processus normal de concurrence, et ce, même après l'expiration de l'exclusivité commerciale* » (traduction libre). Dans la langue d'origine : « *The settlement could ensure that the brand company can introduce the follow-on brand drug on the marketing without the fear of generic competition and can attempt to switch as many patients to from the original brand drug to the new follow-on brand drug at a later stage than under the normal competitive process, even after the expiry of the marketing exclusivity period.* »

958 Pour une explication plus détaillée : voy. *supra* n° 227 et s. Voy. aussi S. Gallasch, « Adding a New Dimension to EU Pharmaceutical Antitrust – Pay for Delay Settlements as Part of a Unilateral Strategy such as Product Hopping », art. préc., p. 18.

959 *Ibid.*, p. 21.

Conclusion de chapitre

244. **Conclusion du chapitre 1 relatif aux règlements amiables de report d'entrée.** Les règlements amiables en matière de brevet apparaissent comme la stratégie la plus utilisée par les brevetés et génériqueurs pour retarder l'entrée de la concurrence sur le marché. Compte tenu de la réglementation américaine et européenne, ils constituent des deux côtés de l'Atlantique un moyen efficace pour éteindre un litige de brevet et consolider une situation monopolistique sur le marché. Cela signifie-t-il pour autant que tous les règlements amiables doivent être regardés avec suspicion par les autorités de concurrence ? Assurément non. Nous avons montré que de nombreux règlements amiables semblent exempts de préoccupations de concurrence ; soit parce qu'ils respectent la portée des brevets sur lesquels ils reposent – nous songeons aux RADPB –, soit parce qu'ils ne limitent pas l'entrée des génériques sur le marché – nous songeons aux accords de catégorie A conceptualisés par la Commission européenne. Ainsi, l'idée assez répandue aujourd'hui selon laquelle les règlements amiables portent en eux une injure à la concurrence point comme une intuition, sinon erronée, à tout le moins trompeuse.

Qu'on ne se méprenne pas cependant. S'il existe des accords peu susceptibles d'enrayer le fonctionnement concurrentiel du marché, notre propos n'a pas consisté à soutenir que les règlements amiables ne sont pas dans certaines circonstances le support de mauvais desseins. Au contraire, nous avons indiqué que certains règlements amiables devraient être contrôlés avec finesse par l'ordre juridique. Il a été montré que les brevetés ont fait évoluer leurs pratiques contractuelles et que de plus en plus de règlements amiables sont façonnés pour dissimuler le paiement inversé. Cette malicieuse stratégie conduit à reporter la concurrence sur le marché au détriment des consommateurs et génère donc de sérieuses préoccupations de concurrence. Ces accords, que nous avons nommés de « seconde génération », deviennent courants et leur conception peut permettre aux parties d'échapper aux enquêtes antitrust. En définitive, la première étape de l'étude de la diversité des accords de report d'entrée a révélé qu'il existait une diversité des règlements amiables ; autrement dit « une diversité dans la diversité ». Tous les règlements amiables de report d'entrée ne se ressemblent pas et ne sont pas bâtis de la même manière. Les accords de première génération portent un risque concurrentiel accru puisqu'ils sont examinés depuis quelques années par la doctrine, les autorités de contrôle et le juge de la concurrence. En revanche, les accords de seconde génération sont encore mal appréhendés et, même s'ils sont subtilement élaborés, l'ordre concurrentiel doit selon nous les saisir et les examiner pour vérifier leur conformité aux règles de concurrence.

Face à la menace de voir des règlements amiables recelant des millions d'euros tomber, les entreprises se sont mises à construire des accords ne reposant sur aucun droit de propriété intellectuelle. Cependant, l'évitement d'un contexte de brevet n'a pas forcément éloigné la méfiance de l'ordre concurrentiel. Certains accords commerciaux ingénieusement conçus par les laboratoires *princeps* ont récemment été regardés comme des accords *pay-for-delay*.

Chapitre 2
Les accords hors litige de brevet, l'instrument subsidiaire du report de l'entrée

245. **L'utilisation des accords de copromotion pour retarder l'entrée des génériques sur le marché.** Pour retarder l'entrée des génériques sur le marché, les laboratoires n'utilisent pas forcément la conclusion de règlements amiables. De simples accords commerciaux peuvent être conclus pour contrarier l'entrée des génériques sur le marché. Les accords de distribution sont de ceux-là. Notre démonstration se focalisera cependant sur d'autres accords qui ont particulièrement proliféré ces dernières années dans le secteur pharmaceutique : les accords de copromotion.

Selon le Rapport final de la Commission sur le secteur pharmaceutique, les laboratoires *princeps* consacrent 23 % de leur chiffre d'affaires à la promotion des médicaments[960]. Certains ont d'ailleurs considéré que ce chiffre était trop élevé – pour ne pas dire excessif – comparé à celui relatif aux dépenses en R&D. Or, comme l'a exprimé le juge Jacob, il faut rejeter avec force les critiques selon lesquelles cet investissement serait disproportionné[961]. En premier lieu, l'activité promotionnelle constitue un instrument de communication permettant de bien informer les consommateurs aussi bien sur les bénéfices du nouveau médicament que sur les effets secondaires indésirables de ce dernier[962]. En second lieu, l'expérience montre que les professions médicales demeurent très conservatrices. Aussi, convaincre un médecin pour qu'il prescrive un médicament nouvellement entré sur le marché s'apparente à une tâche très difficile. Pour ces deux raisons au moins, les accords de copromotion sont habituellement regardés positivement par les autorités de concurrence (Section 1). Cependant, ces accords peuvent être vus avec beaucoup de scepticisme lorsque derrière la copromotion se cache en réalité un objet anticoncurrentiel (Section 2).

960 Comm. eur., Rapport final sur le secteur pharmaceutique, préc., § 74, p. 30. Aux États-Unis, un auteur a relevé que les dépenses en R&D varient entre 11 % et 15 % des ventes annuelles tandis que les dépenses pour les activités promotionnelles et de commercialisation oscillaient quant à elles entre 21 % et 40 % des ventes annuelles. Voy. S. Schweitzer, *Pharmaceutical Economics and Policy*, *op. cit.*, p. 82.

961 R. Jacob, « Patent and Pharmarceuticals », a Paper given on 29th 2008 at the Presentation of the Directorate-General of Competition's Preliminary Report of the Pharma-sector inquiry, p. 4, § 5 (disponible sur : http://ec.europa.eu/competition/sectors/pharmaceuticals/inquiry/jacob.pdf).

962 *Ibid.*

Section 1
La réception habituellement positive des accords de copromotion

246. **La promotion, un instrument efficace pour pallier la chute des découvertes de nouveaux médicaments et maximiser les revenus.** Les entreprises pharmaceutiques lorsqu'elles découvrent un médicament disposent de trois approches[963]. Elles peuvent tout d'abord adopter une approche de *blocage*, en empêchant d'autres firmes d'imiter ou de copier leur produit. Elles peuvent ensuite choisir une approche *anticipative* (« *the run approach* »), c'est-à-dire introduire régulièrement de nouveaux médicaments sur le marché afin de cannibaliser leur propre produit avant qu'un autre opérateur ne le fasse. Elles peuvent enfin opter pour une approche dite « collaborative » (« *the team-up approach* ») et s'allier à une autre entreprise. La crise que traverse le secteur pharmaceutique depuis de nombreuses années a conduit les entreprises à se restructurer et à se tourner de plus en plus vers l'approche collaborative. Dès 2003, des spécialistes du secteur avaient souligné qu'après des années de croissance et d'expansion l'industrie devait se préparer à un certain reflux et se restructurer. En effet, de nouveaux médicaments étaient mis sur le marché. Aux États-Unis par exemple, ce phénomène put être chiffré sur la période 1996-2005. Alors qu'en 1996, plus d'une cinquantaine de nouveaux médicaments avaient été mis sur le marché, seulement vingt avaient été commercialisés en 2005[964]. L'année critique fut certainement 2002, où uniquement dix-huit médicaments avaient été approuvés par la FDA[965]. Cette même année, l'Agence européenne du médicament n'avait délivré que treize AMM[966]. Les entreprises pharmaceutiques voyaient ainsi leur capacité à générer de futurs profits se réduire comme peau de chagrin[967]. Elles devaient donc trouver un nouveau moyen de se répartir les risques afin de continuer à générer des revenus. Pour y parvenir, l'industrie pharmaceutique décida d'ériger une nouvelle stratégie en s'orientant davantage vers ses clients et en se concentrant sur les médicaments ayant un potentiel de vente élevé (les *blockbusters*)[968]. En pratique, cela s'est traduit par une forte activité promotionnelle. Autrement dit, les laboratoires pharmaceutiques firent appel à des commerciaux de grand talent afin qu'ils préparent le marché au nouveau médicament et qu'ils accélèrent l'adoption de ce dernier par les consommateurs tout en créant un ramdam autour de lui[969]. Surtout, les entreprises ont choisi de collaborer entre elles afin d'exercer efficacement

---

963 A. Afuah, « Technology approaches for the information age », *Financial Times Mastering Strategy*, 27 September 2001, pp. 8-10.

964 A. Carter, « A Guide to Co-Promotion and Co-Marketing Partnerships in the Pharmaceutical Industry: What's All the Fuss About? », *Les Nouvelles*, p. 418 (June 2007), spéc. p. 419.

965 *Ibid.*

966 S. Frantz & A. Smith, « New drug approvals for 2002 », 2 *Nature Reviews Drug Discovery* 95 (2003).

967 P. Kager & J. Malek, « In the Eye of the Storm », *Pharmaceutical Executive*, pp. 67-74 (April 2003).

968 A. Carter, « A Guide to Co-Promotion and Co-Marketing Partnerships in the Pharmaceutical Industry: What's All the Fuss About? », art. préc., p. 419. Les *blockbusters* sont les médicaments qui ont la capacité d'engendrer un chiffre d'affaires avoisinant le milliard de dollars.

969 *Ibid.*

la promotion de leurs nouveaux médicaments. En clair, les forces de vente (« *sale forces* ») de chacune d'entre elles se mirent à travailler ensemble afin de créer une synergie et arriver à une promotion redoutablement efficace des produits. Ce que font ces forces de vente, en termes commerciaux, c'est de la « *high compression marketing* »[970], qui se caractérise par une intense activité promotionnelle permettant de propulser un nouveau médicament au statut de *blockbuster*[971].

247. **Les accords de copromotion : origine, définition et croissance.** Les accords de copromotion font partie de la pratique contractuelle des laboratoires pharmaceutiques depuis de nombreuses décennies. Dans les années 1980 et 1990, plus de trois cents accords de ce type avaient déjà pu être dénombrés[972]. Originellement, c'est l'expression « *joint marketing* »[973] qui était utilisée pour ce que nous nommons désormais les accords de copromotion (« *co-promotion agreements* »). Cette expression est aujourd'hui usitée à la fois pour viser les accords de cocommercialisation (« *co-marketing agreements* ») et les accords de copromotion. Mais qu'est-ce exactement qu'un accord de « copromotion » ?

La Commission a défini les accords de copromotion dans les termes suivants : « *un accord de copromotion est un accord par lequel une partie (le copromoteur) prête sa force de vente pour assurer, auprès de la profession médicale, la promotion d'un produit fabriqué par l'autre partie, celle-ci conservant le pouvoir de décision finale quant aux prix, aux normes de qualité et aux efforts de promotion à mettre en œuvre, tant en termes qualitatifs que quantitatifs, pour la commercialisation de ses produits* »[974]. Autrement dit, la qualification d'accord de copromotion est retenue lorsque deux entreprises pharmaceutiques décident de fabriquer et de vendre un seul produit sous la même marque déposée avec le même prix et une stratégie commerciale unique[975]. En substance, le laboratoire innovant concédera une licence de marque au « copromotionneur »[976] (« *co-promoter* ») et lui fournira des matériaux promotionnels qu'il devra obligatoirement déployer. Dans le cadre d'un accord de copromotion, le laboratoire *princeps* conserve le contrôle commercial et « *externalise uniquement la fonction promotionnelle* »[977]. Le copromotionneur agit

---

970 M. Liebman & D. J. Loden, « High compression marketing supercharges drug revenues », 35 *Medical Marketing and Media* 67 (2000).

971 Pour arriver à un résultat optimal, encore faut-il que le produit réunisse trois conditions. Premièrement, le médicament doit clairement être supérieur à son prédécesseur. Deuxièmement, une promotion intense, voire agressive, est nécessaire pour entraîner le marché à l'accepter. Troisièmement, il doit exister un nombre important de patients non diagnostiqués ou non traités.

972 J. Schohl, « Working Together in the Pharmaceutical, Biotech and Medical Device Industries: Contractual Terms and Conditions », Independent Study Project at the Kellogg School of Management, Northwestern University, p. 26 (August 2004).

973 C. C. Kalb, « Joint Marketing or Co-Marketing: Cooperation or Competition? », 23 *Medical Marketing and Media* 112 (1988).

974 Comm. eur., déc. du 6 oct. 1994, *Pasteur Merieux/Merck*, aff. IV/34.775, *JOCE* L 309 du 2 déc. 1994, p. 0001, § 43.

975 Voy. D. Simonet, « Licensing agreements in the pharmaceutical industry », 2 *International Journal of Medical Marketing* 329 (2002) ; OECD, *Competition and Regulation Issues in the Pharmaceutical Industry*, June 2000, Working Party No. DAFFE/CLP(2000)29, p. 92. L'OCDE énonce qu'un accord de copromotion est identifié lorsque deux entreprises « *conviendront toutes deux de produire et de vendre un médicament sous la même marque déposée* ».

976 Nous préférons utiliser ce néologisme plutôt que le terme « promoteur », et ce, pour éviter toute confusion.

977 B. Batchelor, M. Healy & J. Westin, « Pharmaceutical Co-Promotion, Co-Marketing and Antitrust », 35 *European Competition L. Rev.* 402 (2014) (traduction libre). Voy. aussi. Comm. eur., Rapport final sur le secteur

en tant que prestataire de services et conserve un rôle limité et circonscrit à l'activité promotionnelle. Plus précisément, le laboratoire innovant garde la maîtrise aussi bien sur le dialogue avec les régulateurs et les communications avec les autorités nationales chargées de fixer le prix du médicament et de son remboursement (« *P&R autorities* ») que sur la stratégie portant sur la fabrication, les ventes, le marketing et les matériaux promotionnels[978]. Quant à la rémunération, le copromotionneur est rétribué en fonction des ventes du médicament et du niveau d'effort qu'il effectue dans la promotion[979]. Autre élément cardinal, il n'y a pas de concurrence entre les partenaires. Le laboratoire *princeps* et le copromotionneur travaillent pour le même objectif : augmenter le volume des ventes. Précisément, les accords de copromotion sont soit conclus entre concurrents, c'est-à-dire entre des laboratoires opérant sur un même marché, ou entre non-concurrents, c'est-à-dire entre des laboratoires opérant sur des marchés différents[980].

Les accords de copromotion peuvent être conclus à plusieurs stades et rangés dans trois catégories :

- parfois, ils font partie d'une alliance stratégique large visant au développement d'un médicament[981]. En clair, ils sont inclus dans un accord de R&D. Dans cette occurrence, l'objet principal réside dans le développement du médicament, la copromotion ne viendra qu'ultimement, au moment où le médicament sera prêt à être lancé sur le marché ;
- d'autres fois, l'accord de copromotion forme un contrat unique. Cela se produit souvent lorsque le laboratoire *princeps* a réussi à obtenir toutes les autorisations réglementaires (délivrance du brevet et AMM) et qu'il cherche à ce que son produit pénètre le marché avec une efficacité maximale ;
- enfin, il existe des cas où l'accord de copromotion constitue un « *side deal* », c'est-à-dire un accord accessoire faisant partie d'un règlement amiable visant à résoudre un différend de brevet. La FTC est très sceptique sur cette dernière catégorie d'accords, qui portent selon elle les germes de l'abus. Pour l'autorité de concurrence étatsunienne, ces *side deals* sont fréquemment utilisés comme un subterfuge pour masquer un paiement inversé visant à retarder l'entrée d'un générique[982]. Partant, ils peuvent potentiellement tomber sous le coup de la section 1 du Sherman Act.

Par ailleurs, de nombreuses données indiquent que les laboratoires pharmaceutiques cherchent depuis plusieurs années à collaborer entre eux pour arriver à

---

pharmaceutique, préc., p. 426, où la Commission a défini les accords de copromotion de la manière suivante : « *(joint) commercialisation of a specific medical product by both parties under one single trademark* ».

978 B. Batchelor, M. Healy & J. Westin, « Pharmaceutical Co-Promotion, Co-Marketing and Antitrust », art. préc., p. 402.

979 A. Carter, « A Guide to Co-Promotion and Co-Marketing Partnerships in the Pharmaceutical Industry: What's All the Fuss About? », art. préc., p. 421. Pour un exemple d'accord de copromotion où le copromotionneur était payé par des redevances en fonction des ventes réalisées, voy. T. Aoki, « The Problem of Reverse Payments in the Pharmaceutical Industry Following *Actavis* », 65 *Hastings L. J.* 259 (2015), spéc. p. 286.

980 Nous verrons *supra* que cela a une certaine importance lorsqu'il s'agira de chercher l'application des règlements d'exemption.

981 B. Batchelor, M. Healy & J. Westin, « Pharmaceutical Co-Promotion, Co-Marketing and Antitrust », art. préc., p. 403.

982 Brief for Plaintiff-Appellant, *FTC v. Watson Pharmaceuticals, Inc., et alii*, Case No. 1:09-cv-00955-TWT (26 July 2010), note de bas de page 38, p. 52.

l'éclosion de nouveaux produits et contrer ainsi la baisse de leur productivité en R&D. Par exemple, si l'on se place d'un point de vue général, c'est-à-dire si l'on absorbe à la fois les accords de licence et les accords de « *joint marketing* », il est possible d'identifier une croissance importante de ce type d'accords collaboratifs. En effet, sur la fourchette 1997-2005, le nombre d'accords collaboratifs conclus a doublé. En 1997, environ 1400 accords avaient été conclus tandis qu'en 2005 le chiffre de 3000 avait été atteint[983]. Si l'on se polarise uniquement sur les accords de copromotion conclus en Europe, 530 ont été signés sur la période 2007-2013[984]. Ces statistiques révèlent que les laboratoires pharmaceutiques font montre d'une faible rétivité lorsqu'il s'agit de conclure ce type d'accord. Ils apparaissent même assez confiants sur leur chance d'échapper à une action antitrust. Nous verrons cependant qu'en Europe, de nombreuses précautions doivent désormais être prises depuis la décision *Johnson & Johnson*[985] prononcée par la Commission en 2013.

248. **Intérêts des accords de copromotion.** La copromotion s'est popularisée très tôt aux États-Unis, en Europe, au Japon et commence depuis quelques années à s'exporter en Chine[986]. Les entreprises emploient souvent cette stratégie à l'approche de la date d'échéance du brevet portant sur le médicament afin de maximiser la visibilité de la marque sur le marché avant qu'elle soit exposée à la concurrence générique[987]. L'intérêt principal de ces accords est d'atteindre des clients difficiles d'accès et de faire des économies dans les dépenses de marketing. Comme l'ont énoncé certains auteurs, les accords de copromotion sont des stratégies de marché de masse (« *mass-market* ») et permettent aux laboratoires pharmaceutiques d'envergure mondiale (« *multinational pharmaceutical companies* ») d'entrer sur le marché de manière accélérée, d'avoir un meilleur accès à des zones territoriales sous-exploitées mais aussi d'étendre la vie de leur produit sur des marchés en forte croissance[988]. En pratique, un laboratoire innovant cherchera à s'allier avec un autre laboratoire pharmaceutique, *princeps* ou génériqueur, disposant d'un réseau de distribution très important et beaucoup plus efficace que le sien. En effet, il existe des situations où le laboratoire innovant n'arriverait pas à atteindre certains patients ou à convaincre un certain nombre de professionnels de santé (médecins ou pharmaciens) dans des zones géographiques spécifiques en mobilisant uniquement ses propres forces de vente. Un accord de copromotion peut donc être d'un secours salvateur. D'une part, il pourra offrir aux patients un meilleur accès à un produit qui leur sera potentiellement bénéfique. D'autre part, il pourra générer des revenus supplémentaires pour les deux cocontractants mais

---

983 A. Carter, « A Guide to Co-Promotion and Co-Marketing Partnerships in the Pharmaceutical Industry: What's All the Fuss About? », art. préc., p. 420. L'auteur reprend dans son graphique les chiffres fournis par la PharmaDeals Database.

984 *Co-Promotion and Co-Marketing Partnering Terms & Agreements on Pharma, Biotech and Diagnostics*, Current Partnering research report, November 2013, pp. 21-22, figures 2 et 4. Voy. aussi *Rapport sur le secteur pharmaceutique*, § 1254 et § 1257, qui énonce que 384 accords de copromotion et de cocommercialisation ont été conclus en Europe sur la période 2000-2007.

985 Comm. eur., déc. du 10 déc. 2013, *Johnson & Johnson*, aff. AT.39685, *JOUE* C 142/21 du 29 avr. 2015, rendue publique le 5 mars 2015.

986 R. Bird & M. Ya, « Make pharma partnerships work in China », 220 *Managing Intellectual Property* 26 (2012).

987 *Ibid.*

988 *Ibid.*

aussi améliorer la valeur actionnariale des entreprises (« *shareholder value* »)[989]. Pour s'en convaincre, l'exemple évoqué par M. Roger apparaît fort éclairant. En 1999, 18 % des revenus de Pfizer, soit plus de 4 milliards de dollars, ont été dégagés grâce à un accord de copromotion[990]. *In casu*, en seulement six mois, le laboratoire *princeps* américain avait réussi à enregistrer 777 millions de dollars de revenus. Ce cas démontre l'efficacité redoutable des accords de copromotion lorsqu'ils sont utilisés à bon escient.

Par ailleurs, il convient d'indiquer que pour qu'un accord de copromotion soit efficace, encore faut-il qu'il soit rédigé de manière irréprochable et équilibrée. En effet, les rédacteurs d'actes – aussi bien les juristes d'entreprise que les conseils externes – doivent faire preuve d'habileté rédactionnelle pour éviter le risque de tout contentieux. Ainsi, un accord de copromotion, pour être efficient, exige un niveau de détail assez important. Il sera préférable par exemple de décrire avec précision la tâche confiée au copromotionneur plutôt que d'utiliser une formule vague ou trop générale du type le « laboratoire A est chargé de la promotion du produit X ». Avec d'autres[991], nous conseillons d'imposer au copromotionneur une description exhaustive des qualités du produit qu'il devra exposer en face à face avec les médecins. En outre, nous recommandons d'exiger un échéancier auquel le copromotionneur devra se soumettre. Plus précisément, ce dernier devra à certaines dates envoyer un rapport d'activité indiquant toutes les diligences accomplies ; et ce ne serait qu'après réception et lecture de ce document que le laboratoire *princeps* s'obligerait à procéder au paiement. Dans l'hypothèse où le copromotionneur ne remplirait pas ses obligations s'agissant de la délivrance du document, le contrat pourrait être résilié de plein droit.

249. **Les accords de copromotion sont depuis longtemps considérés comme pro-concurrentiels et susceptibles de dégager des gains d'efficacité.** Avant l'affaire *Johnson & Johnson*, la Commission européenne a toujours jugé que les accords de copromotion ne restreignaient pas la concurrence et qu'ils généraient des gains d'efficacité dépassant largement tout effet restrictif[992]. À cet égard, elle utilisa fréquemment un instrument spécifique : les lettres de confort (« *comfort letters* »)[993]. Lorsqu'au début des années 2000 l'OCDE demanda à la Commission européenne si les accords de copromotion étaient susceptibles d'ériger des préoccupations de concurrence, celle-ci répondit que « *les principales préoccupations de*

---

989 A. Carter, « A Guide to Co-Promotion and Co-Marketing Partnerships in the Pharmaceutical Industry: What's All the Fuss About? », art. préc., p. 424.

990 R. Rogers, « Copromotions add value to pharmaceutical products », 77 *Chemical and Engineering News* 21 (1999).

991 J. Schohl, « Working Together in the Pharmaceutical, Biotech and Medical Device Industries: Contractual Terms and Conditions », préc., p. 30.

992 B. Batchelor, M. Healy & J. Westin, « Pharmaceutical Co-Promotion, Co-Marketing and Antitrust », art. préc., p. 403.

993 Sur la lettre de confort, voy. H. Stephen Harris, *Competition Laws Outside the United States*, ABA Book Publishing, 2001, p. 314. L'auteur définit la lettre de confort comme « *une lettre signée par un haut fonctionnaire de la DG concurrence et adressée aux parties concernées. Elle stipule normalement que l'accord tombe hors de la portée de l'article [101(1) TFUE] ou satisfait les critères de l'article [101(3) TFUE]* » (traduction libre). Dans la langue d'origine : « *A comfort letter is a letter signed by a senior official at DG Competition and addressed to the parties concerned. It normally stipulates that the agreement falls outside the scope of Article [101(1) TFEU] or satisfies the criteria in Article [101(3) TFEU].* »

concurrence [...] proviennent du fait que le producteur original et le partenaire deviennent actifs sur le même marché géographique »[994]. Cependant, elle ajouta immédiatement que les accords de copromotion sont en général moins restrictifs que les accords de cocommercialisation (ou de commercialisation commune) parce que le copromotionneur n'est pas responsable des principaux éléments du contrat tels que les prix, les quantités, l'investissement et les efforts à faire sur le marché. Par ailleurs, la Commission souligna qu'elle ne s'était jamais opposée à ce type d'accord et indiqua qu'elle n'avait oncques relevé de restriction de concurrence dans la plupart des affaires. Dans les cas plus problématiques, elle a toujours délivré une exemption conformément à l'article 101(3) TFUE après que les parties eurent apaisé ses préoccupations de concurrence[995]. Par exemple, dans l'affaire *Pasteur Mérieux/Merck*, la Commission a décidé que la collaboration entre les laboratoires pour des vaccins polyvalents pour enfant – collaboration qui incluait un accord de copromotion – restreignait certes la concurrence potentielle et actuelle entre les parties sur le marché des vaccins, mais a néanmoins exempté l'accord conformément à l'article 85(3) du traité CE (désormais 101(3) TFUE) puisque cette collaboration permettait la création d'un nouveau vaccin et qu'elle améliorerait la distribution du produit[996].

Par ailleurs, certains règlements d'exemption peuvent s'appliquer et donc annihiler toute préoccupation de concurrence. En effet, de nombreux accords de copromotion pourraient bénéficier d'une exemption automatique ou d'une sphère de sécurité prévue en parts de marché. S'agissant d'accords de copromotion conclus *entre concurrents*, trois règlements d'exemption seraient applicables : le règlement d'exemption n° 1217/2010, s'appliquant à certaines catégories d'accords de recherche et de développement[997] ; le règlement d'exemption n° 1218/2010, s'appliquant à certaines catégories d'accords de spécialisation[998] ; le règlement d'exemption n° 316/2014 sur les accords de transfert de technologie[999]. Ainsi, dans l'hypothèse où un accord de copromotion serait intégré dans un accord de R&D, celui-là sera généralement jugé proconcurrentiel[1000] et automatiquement exempté si : d'une part, les parts de marché cumulées des parties ne dépassent pas 25 % du marché du produit ; d'autre part, la collaboration donne naissance à

---

994 OECD, *Competition and Regulation Issues in the Pharmaceutical Industry*, préc., p. 343 (traduction libre).

995 *Ibid.*, p. 344.

996 Comm. eur., déc. du 6 oct. 1994, *Pasteur Mérieux/Merck*, aff. IV/34.775, *JOCE* L 309 du 2 déc. 1994, p. 0001, § 82 et s.

997 Règl. (UE) n° 1217/2010 de la Commission du 14 déc. 2010 relatif à l'application de l'article 101, paragraphe 3, du traité sur le fonctionnement de l'Union européenne à certaines catégories d'accords de recherche et de développement, *JOUE* L 335 du 18 déc. 2010.

998 Règl. (UE) n° 1218/2010 de la Commission du 14 déc. 2010 relatif à l'application de l'article 101, paragraphe 3, du traité sur le fonctionnement de l'Union européenne à certaines catégories d'accords de spécialisation, *JOUE* L 335 du 18 déc. 2010.

999 Règl. (UE) n° 316/2014 de la Commission du 21 mars 2014 relatif à l'application de l'article 101, paragraphe 3, du traité sur le fonctionnement de l'Union européenne à des catégories d'accords de transfert de technologie, *JOUE* L 93/17 du 28 mars 2014.

1000 Voy. Comm. eur., Lignes directrices sur l'applicabilité de l'article 101 du traité sur le fonctionnement de l'Union européenne aux accords de coopération horizontale, *JOUE* C 11/1 du 14 janv. 2011, § 128, qui disposent qu'« *un accord de R&D* qui inclurait l'exploitation en commun *des éventuels résultats à venir ne serait pas nécessairement restrictif pour la concurrence* » (nous soulignons).

un nouveau médicament qui ne concurrence pas un ancien produit pendant une période de sept ans à compter de la date de la première mise sur le marché[1001]. Toutefois, il convient de mettre en garde les laboratoires pharmaceutiques ainsi que leurs conseils quant à l'applicabilité concrète des règlements d'exemption. En effet, pour calculer les parts de marché d'une entreprise, il sera nécessaire de commencer par délimiter le marché pertinent[1002]. Or, si la Commission choisit de délimiter strictement le marché en prenant par exemple uniquement le nouveau médicament comme point d'appui, il y aura de fortes chances pour que les seuils fixés par les règlements soient dépassés. En revanche, si la Commission devait adopter une approche plus large, en intégrant dans son analyse d'autres médicaments prescrits pour traiter la même maladie, les entreprises bénéficieraient certainement des exemptions prévues par les règlements, ou à tout le moins, auraient plus de chances d'en bénéficier. Actuellement, il semblerait que la définition du marché réalisée par la Commission repose sur le système de classification anatomique, thérapeutique et chimique (ATC). Au vu de la pratique décisionnelle de la Commission, il pourrait être possible d'avancer, en restant néanmoins prudent, que cette dernière a décidé de délimiter le marché pertinent en se fondant sur l'existence d'une *substituabilité thérapeutique* pour le produit en cause, c'est-à-dire la catégorie ATC3[1003]. Cependant, une incertitude demeure puisque, si l'on examine la décision *AstraZeneca*[1004], il est possible d'observer que l'institution bruxelloise s'est plutôt appuyée sur le *mode d'action du médicament*[1005] ainsi que *sur son utilisation thérapeutique*[1006], c'est-à-dire la catégorie ATC4, pour tirer la conclusion d'une position dominante du laboratoire *princeps* sur le marché de l'oméprazole.

S'agissant des accords de copromotion conclus *entre non-concurrents*, ils semblent quasiment toujours proconcurrentiels. La principale préoccupation résiderait dans le fait de savoir si l'accord prévoit ou non des restrictions sur les prix, des restrictions à l'exportation sur le marché intérieur ou des clauses de non-concurrence. Sur la restriction sur les prix, les préoccupations peuvent d'emblée être écartées puisque le copromotionneur se situe dans la même position qu'un agent ou un prestataire de services de publicité et n'a donc aucun pouvoir discrétionnaire sur la fixation du prix du produit qu'il promotionne[1007].

250. **Les accords de copromotion semblent répondre aux conditions posées par l'article 101(3) TFUE.** Au vu du grand nombre de décisions rendues par la Commission[1008] jugeant que des accords de copromotion ne violent pas le droit

---

1001 Voy. art. 4 du règlement d'exemption n° 1217/2010.

1002 TPICE, 10 mars 1992, *Verre plat*, aff. T-68/69, *Rec.* II, p. 1463, § 159 : « *[...] la définition adéquate du marché en cause est une* condition nécessaire et préalable *à tout jugement porté sur un comportement prétendument anticoncurrentiel* » (nous soulignons).

1003 Voy. par exemple Comm. eur., *Pasteur Mérieux /Merck*, préc. § 53.

1004 Comm. eur. 15 juin 2005, *AstraZeneca*, aff. COMP/A.37.507/F3, *JOUE* L 332 du 30 nov. 2006, p. 24.

1005 *Ibid.*, § 31 et s.

1006 *Ibid.*, § 37 et s.

1007 B. Batchelor, M. Healy & J. Westin, « Pharmaceutical Co-Promotion, Co-Marketing and Antitrust », art. préc., p. 408.

1008 Voy. entre autres : Comm. eur., déc. du 8 août 1997, *Sanofi c/ Bristol-Myers Squibb*, aff. IV/36.610, *Competition Policy Report 1997*, p. 107, décision relative à une collaboration conjointe, incluant un accord de copromotion

européen de la concurrence, il est quasiment possible d'affirmer qu'il existe une présomption de licéité à leur égard dans le sens où ces derniers :

- soit ne restreignent pas la concurrence ;
- soit remplissent les quatre conditions posées par l'article 101(3) TFUE, à savoir : (i) l'amélioration de la production ou de la distribution, ou la promotion du progrès technique ou économique ; (ii) la réservation d'une partie équitable du profit pour le consommateur ; (iii) le caractère indispensable de la restriction ; et enfin (iv) l'absence d'élimination de la concurrence ;
- soit peuvent se voir appliquer des règlements d'exemption.

Pour autant, si cette présomption de licéité doit, selon nous, s'appliquer à l'égard de la plupart des accords de copromotion, il demeure des cas où un examen approfondi de l'accord reste nécessaire. C'est notamment le cas lorsque l'accord prévoit de nombreuses restrictions vis-à-vis du copromotionneur ou lorsque, finalement, aucune copromotion n'a réellement été réalisée.

Section 2
L'utilisation des accords de copromotion à des fins anticoncurrentielles

251. **Les accords de copromotion peuvent être utilisés à des fins anticoncurrentielles.** Les accords de copromotion, comme nous l'avons vu précédemment, sont dans la plupart des cas proconcurrentiels et permettent non seulement aux laboratoires pharmaceutiques d'engranger des bénéfices mais aussi aux patients d'avoir un meilleur accès à un médicament innovant. Cependant, les accords de copromotion peuvent parfois avoir un objet ou des effets anticoncurrentiels. Cet objet ou ces effets anticoncurrentiels peuvent être détectés d'une part, au stade de la formation de l'accord (§ 1) et, d'autre part, au stade de l'exécution de l'accord (§ 2). Des constats d'infraction au droit de la concurrence ont pu être tirés, notamment dans les cas où les laboratoires pharmaceutiques ont cherché à réaliser et/ou mis en œuvre une entreprise anticoncurrentielle.

et de comarketing, non restrictive de concurrence malgré un petit chevauchement concurrentiel entre les parties, la collaboration ayant conduit à lancer un nouvel anticoagulant agissant sur la pression sanguine ; Comm. eur., déc. du 10 févr. 1999, *Pfizer c/ Eisai*, aff. COMP/36.932, *Competition Policy Report 2000*, §§ 239-240, relative à une collaboration, par laquelle Pfizer a abandonné son indépendance potentielle sur le médicament contre Alzheimer en faveur d'une collaboration avec Eisai pour mettre l'Aricept sur le marché. Certes, cette collaboration restreignait la concurrence en raison de l'abandon du pipeline de Pfizer et de l'allégation d'une position dominante de l'Aricept, mais les bénéfices de la *joint venture* dépassaient tous les effets restrictifs et a bénéficié d'une exemption conformément à l'article 101(3) TFUE. L'approbation a été limitée à une période de sept ans ; Comm. eur., *Pfizer c/Aventis*, aff. COMP/37.590, *Competition Policy Report 2001*, § 10.2.2, relative à une collaboration pour produire de l'insuline inhalable entre non-concurrents, impliquant des accords de copromotion et de comarketing, alors que seule Aventis était présente sur les marchés de l'insuline, derrière les leaders du marché de l'époque Novo Nordisk et Eli Lilly. La période de trente années de non-concurrence, auxquelles s'ajoutent cinq années au terme de l'accord, a été réduite à vingt années plus trois années post-accord pour sécuriser l'autorisation de la lettre de confort.

§ 1. Les échanges d'informations (« *information sharing* ») au stade de la formation de l'accord de copromotion

252. **Les laboratoires pharmaceutiques échangent des informations sensibles pour élaborer leur accord de copromotion.** Pour conclure un accord de copromotion, les laboratoires pharmaceutiques cherchant à collaborer décident toujours en premier lieu de former un comité qu'on nomme le comité de marketing commun (« *joint marketing committee* »). Ce comité regroupe du personnel chargé du marketing des deux entreprises afin qu'il se mette d'accord sur les dépenses nécessaires à effectuer ainsi que sur la forme de promotion du produit que le copromotionneur devra adopter[1009]. Le comité de marketing commun est composé du même nombre de personnes, habituellement un nombre pair, représentant chaque entreprise. En général, il est prévu une disposition permettant de résoudre un différend offrant aux parties une méthode rapide et peu onéreuse pour briser les possibles blocages qui s'érigeraient devant elles[1010]. Même si, comme l'a précisé l'Autorité de la concurrence française, « *dans certains cas, une meilleure information peut améliorer l'efficience économique, par exemple lorsqu'elle renseigne les opérateurs sur l'état de la demande ou qu'elle accroît l'efficacité de leur production* »[1011], il est possible, en revanche, que dans d'autres situations elle puisse conduire à une atténuation du jeu concurrentiel en entraînant un risque de collusion[1012]. Le forum d'échange qu'est le comité de marketing commun peut participer à cette atténuation du jeu concurrentiel. Si les laboratoires pharmaceutiques ne s'astreignent pas à une délimitation stricte des discussions, le forum pourrait être utilisé pour se mettre d'accord sur des prix ou pour se partager d'autres informations sensibles sur des domaines où les futurs partenaires se livrent concurrence[1013]. Aussi, les informations échangées doivent strictement se limiter à ce qui est nécessaire au bon fonctionnement de l'accord et donc porter sur les aspects techniques, scientifiques et médicaux relatifs à la molécule en question. Si les parties respectent ce cadre, les échanges d'informations seront certainement jugés proconcurrentiels par les autorités de concurrence[1014].

253. **Cas d'infraction au droit de la concurrence.** En revanche, si les parties prennent une certaine liberté s'agissant des informations échangées, ces dernières s'exposeront à une condamnation antitrust. En effet, le droit européen de la concurrence s'arrime à une lecture sévère des échanges d'informations. Une lecture cursive

---

1009 J. Schohl, art. préc., p. 31.

1010 *Ibid.*

1011 Aut. conc., *Rapport annuel 2009*, pp. 105-147, qui consacre un chapitre entier à la question des échanges d'informations.

1012 *Ibid.*

1013 B. Batchelor, M. Healy & J. Westin, « Pharmaceutical Co-Promotion, Co-Marketing and Antitrust », art. préc., p. 408.

1014 À tout le moins, les entreprises parties à l'échange conservent la possibilité de démontrer les effets proconcurrentiels de leur pratique, dans le cadre d'une application de l'article 101(3) TFUE. Sur la notion d'échanges d'informations proconcurrentiels, voy. la synthèse du séminaire tenu le 3 avril 2013 à Paris sur le thème « Existe-t-il des échanges d'informations pro-concurrentiels ? », disponible sur www.concurrences.com.

de la jurisprudence européenne permet aisément de corroborer cette affirmation. Par exemple, la Cour de justice a dans son arrêt *Suiker Unie* posé le principe selon lequel le fonctionnement concurrentiel d'un marché repose sur l'autonomie de chaque opérateur économique et qu'en conséquence chaque entreprise doit déterminer indépendamment de ses concurrents la politique commerciale qu'elle entend suivre sur le marché, excluant ainsi tout échange d'informations entre concurrents[1015]. La même juridiction ajouta dans un arrêt *T-Mobile Netherlands et autres* que, s'agissant d'échanges d'informations entre concurrents, l'objet anticoncurrentiel peut être caractérisé par la simple « *atténuation du degré d'incertitude sur le fonctionnement du marché en cause avec comme conséquence une restriction de la concurrence entre entreprises* »[1016] quand bien même il n'existerait aucun lien entre la pratique en cause et les prix payés par les consommateurs[1017]. Néanmoins, la Cour de justice n'est pas allée jusqu'à poser une interdiction *per se* s'agissant des échanges d'informations mais a plutôt privilégié une approche au cas par cas pour apprécier la légalité d'un échange. Cette casuistique, même si elle renferme certaines vertus, est porteuse d'insécurité juridique pour les opérateurs économiques puisqu'il est difficile pour eux d'identifier à partir de quel moment ils franchissent le Rubicon. En effet, comme l'ont expliqué très justement deux économistes, « *l'expérience montre que les autorités de concurrence usent* d'une grande marge de discrétion *pour analyser les arguments avancés par les parties et peuvent les écarter rapidement, sans se livrer à un examen rigoureux de leur réalité et de leur impact* »[1018]. Par conséquent, l'appréhension de la légalité des échanges d'informations au regard du droit de la concurrence s'avère être un exercice difficile pour les entreprises. Cet exercice l'est d'autant plus que l'analyse économique n'offre pas un résultat univoque lorsqu'il s'agit de déterminer et de vérifier les effets anticoncurrentiels des échanges d'informations. D'aucuns ont proposé une analyse très rigide en militant pour une présomption d'illégalité[1019]. D'autres ont essayé de bâtir une typologie des échanges d'informations afin d'écarter l'épaisse suspicion qui les entoure et ont tenté d'aboutir à un traitement différencié. Ainsi, selon la nature des informations, des auteurs ont indiqué qu'il fallait appliquer soit une « présomption de légalité », soit une « approche au cas par cas », soit une « présomption d'illégalité »[1020]. Selon cette étude, les échanges d'informations méritant une présomption d'illégalité seraient

---

1015 CJCE, 16 déc. 1975, *Suiker Unie et autres c/ Commission*, C-40/73, §174, *Rec.*, p. 1663 : « *[...] s'il est exact que cette exigence d'autonomie n'exclut pas le droit des opérateurs économiques de s'adapter intelligemment au comportement constaté ou à escompter de leurs concurrents, elle s'oppose cependant rigoureusement* à toute prise de contact directe ou indirecte entre de tels opérateurs, *ayant pour objet ou pour effet, soit d'influencer le comportement sur le marché d'un concurrent actuel ou potentiel, soit de dévoiler à un tel concurrent le comportement que l'on est décidé à, ou que l'on envisage de, tenir soi-même sur le marché* » (nous soulignons).

1016 CJCE, 4 juin 2009, *T-Mobile Netherlands e.a. c/ Raad van bestuur van de Nederlandse Mededingingsautoriteit*, aff. C-8/08, § 35, *Rec.* I, p. 4529.

1017 *Ibid.*, § 39.

1018 D. Sevy et V. Meunier, « Existe-t-il des échanges d'informations pro-concurrentiels – Remarque sur le bilan concurrentiel des échanges d'information », *Concurrences* n° 3-2013, p. 11, spéc. p. 15 (nous soulignons).

1019 K. U. Kühn, C. Matutes & B. Moldovanu, « Fighting Collusion by Regulating Communication between Firms », 16 *Economic Policy* 167 (2001).

1020 M. Bennett & P. Collins, « The Law and Economics of Information Sharing: The Good, the Bad and the Ugly », 6 *European Competition Journal* 311 (2010), spéc. p. 320 et s.

ceux qui « *facilitent la coordination vers un équilibre collusif ainsi que la surveillance du respect de la ligne d'action commune* »[1021]. Dit plus précisément, les informations désagrégées (ou individualisées) relatives aux intentions stratégiques particulières des entreprises pour le futur ou les actions actuelles portant sur des décisions tarifaires ou de choix de production devraient être regardées comme anticoncurrentielles par leur objet. À cet égard, nous pouvons citer en référence une décision rendue par l'autorité de concurrence britannique dans l'affaire *Independent Schools*. *In casu*, il a été jugé qu'un échange d'informations divulguant les futurs tarifs proposés par des écoles indépendantes était anticoncurrentiel par son objet[1022]. À rebours, les échanges d'informations portant sur des informations passées, ou agrégées au niveau du secteur d'activité ou de l'industrie, semblent ne pas être nocifs pour la structure concurrentielle d'un marché oligopolistique. Parce qu'ils ne sont pas utilisables pour fomenter un plan collusif, ils pourraient bénéficier d'une présomption de légalité.

Cependant, la Commission européenne n'a pas forcément entendu les propositions doctrinales. Dans ces lignes directrices sur les accords horizontaux, c'est bien une approche *in concreto* qui affleure et l'absence d'une typologie claire qui émerge. En effet, la Commission précise tout d'abord que les échanges d'informations peuvent constituer des accords, une pratique concertée ou une décision d'association d'entreprises et qu'ils peuvent être qualifiés d'ententes et sanctionnés au regard de l'article 101 TFUE. Elle poursuit en énonçant que, réalisés en dehors de toute pratique anticoncurrentielle, ils peuvent constituer une pratique anticoncurrentielle spécifique[1023]. Par ailleurs, les lignes directrices présentent quelques cas pour lesquels une restriction de concurrence par objet est identifiée. L'institution bruxelloise a pris le soin d'indiquer aux entreprises les occurrences où elle présumera illégal l'échange d'informations. C'est le cas notamment des échanges d'informations portant sur les intentions individuelles et futures des entreprises relatives aux prix et aux quantités. Ces derniers seront sanctionnés comme des ententes[1024].

Tous ces éléments font peser un risque concurrentiel important sur les laboratoires pharmaceutiques souhaitant conclure un accord de copromotion puisque, même si le copromotionneur n'est qu'un prestataire de services et qu'il n'a aucune attribution lui permettant de négocier les prix, il va néanmoins pouvoir obtenir au cours des négociations des informations aussi bien sur le mode de fabrication de la molécule que sur le coût de cette fabrication. Cela pourrait permettre à moyen terme aux parties de fixer des prix de manière collusoire à l'approche de la phase de générification. Quoi qu'il en soit, lorsque les laboratoires sont des concurrents, il sera nécessaire de maintenir les discussions autour de la relation commerciale afin de s'assurer qu'il n'y ait aucun débordement illégal (« *illegal*

1021 D. Sevy et V. Meunier, art. préc., p. 15.

1022 OFT, 20 November 2006, No. CA98/05/2006, « Exchange of Information on Future Fees by Certain Independent Fee-paying Schools » (Case CE/2890-03).

1023 Lignes directrices sur les accords horizontaux, préc., § 59.

1024 *Ibid.*, § 74 : « *[...] les échanges privés, entre concurrents, de leurs intentions individuelles concernant les futurs prix et quantités seraient normalement considérés comme des ententes, car ils ont généralement pour objet de fixer des prix ou des quantités.* »

spillover »). En effet, les échanges d'informations sur les prix, portant notamment sur les ristournes ou d'autres indemnités, sont interdits par le droit de la concurrence s'agissant des accords entre concurrents[1025]. Comme l'ont conseillé certains auteurs, « *bien que le copromotionneur puisse être familier de la manière dont le laboratoire innovant négocie ses prix et les remboursements du médicament, il ne devrait pas obtenir un aperçu des prix individuellement négociés (les rabais pour les grossistes, les pharmacies ou les offres pour les hôpitaux) ou d'autres informations commercialement sensibles* »[1026]. Il faut prendre très au sérieux le risque concurrentiel lié à ce type d'échanges d'informations dans la mesure où ce risque n'est absolument pas théorique. Pour preuve, l'autorité italienne de la concurrence a déjà pu sanctionner des laboratoires qui avaient formé un comité conjoint conçu pour gérer la copromotion et d'autres activités[1027]. Selon l'autorité de concurrence, ce comité a été utilisé par les laboratoires pour augmenter les prix et truquer les appels d'offres. Dans cette affaire, le comité conjoint a permis de maintenir artificiellement des prix élevés en incitant une partie à l'accord à ne pas participer à l'appel d'offres lancé par un hôpital.

En résumé, dès la phase de négociation, ou pour employer le terme utilisé en droit des contrats, dès la phase « des pourparlers », les parties s'exposent à une condamnation antitrust dans la mesure où elles peuvent être tentées d'échanger des informations sensibles et supprimer ainsi le degré d'incertitude sur le marché nécessaire à son fonctionnement concurrentiel. Aussi, les entreprises pharmaceutiques doivent être prudentes et ne pas sortir du cadre pour lequel le comité de marketing commun a été établi. Le risque concurrentiel pour les entreprises n'est cependant pas circonscrit à la période de négociation de l'accord. Il demeure présent alors que l'accord de copromotion est exécuté par les parties.

§ 2. Les pratiques anticoncurrentielles au stade de l'exécution du contrat de copromotion

254. **L'exécution d'un accord de copromotion présente un risque concurrentiel.** Les laboratoires pharmaceutiques, lorsqu'ils décident de s'allier pour promotionner un médicament, insèrent des clauses contractuelles souvent restrictives de concurrence pouvant tomber sous le coup de l'article 101 TFUE (A). Cependant, aucune condamnation antitrust n'a encore été prononcée dans ce cadre. En revanche, la Commission a pour la première fois sanctionnée des laboratoires pharmaceutiques pour avoir mis en œuvre un accord de copromotion qui a été rattaché à la catégorie des accords *pay-for-delay* (B). Nous verrons que le contexte de cette affaire était

---

1025 R. Bird & M. Ya, « Make pharma partnerships work in China », art. préc., p. 27.

1026 B. Batchelor, M. Healy & J. Westin, « Pharmaceutical Co-Promotion, Co-Marketing and Antitrust », art. préc., p. 408 (traduction libre) ; *Adde* R. Bird & M. Ya, « Make pharma partnerships work in China », art. préc., p. 27.

1027 Autorità Garante della Concorrenza e del Mercato, 19 Marzo 1999, *MSD/Byk e MSD/Istituto Gentili*, décision citée par B. Batchelor, M. Healy & J. Westin, « Pharmaceutical Co-Promotion, Co-Marketing and Antitrust », art. préc., p. 408.

bien particulier et qu'il est par conséquent raisonnablement impossible de tirer des conclusions générales ou hâtives sur le traitement que la Commission a décidé de réserver à ces accords.

A. La mise en œuvre de clauses potentiellement anticoncurrentielles

255. **Les restrictions territoriales et de clientèle.** D'emblée, il convient d'aborder la question des restrictions territoriales et de clientèle et d'expliquer les raisons pour lesquelles celles-ci ne soulèvent aucune préoccupation de concurrence. Les accords de copromotion peuvent légalement exiger du copromotionneur qu'il officie sur un territoire spécifique ou qu'il s'adresse à une clientèle déterminée (par exemple, des hôpitaux ou des médecins), ce qui permettra de fixer la portée de la copromotion. Comme l'ont rappelé des auteurs, dans une relation de revente, le droit européen de la concurrence autorise seulement des restrictions sur les ventes actives (« *active sales* »), telles que des visites ou l'organisation d'évènements promotionnels, en dehors d'un territoire spécifique ou d'un groupe de clients[1028]. En revanche, il interdit les restrictions sur les ventes passives (« *passive sales* »), autrement dit la satisfaction de demandes non sollicitées. Quoi qu'il en soit, ces règles ne s'appliquent pas à la copromotion[1029] puisque le copromotionneur n'est pas un canal de ventes (« *sales channel* ») mais un prestataire de services de promotion. Le copromotionneur agit finalement comme un annonceur qui se sera engagé à élaborer une campagne publicitaire, par exemple pour la France (c'est-à-dire un territoire spécifique), et qui pourra être par ce fait contractuellement obligé de ne pas en élaborer une pour l'Allemagne (c'est-à-dire un territoire en dehors de celui spécifié). Cela dit, en pratique, il semble tout à fait improbable qu'un problème juridique puisse se poser sur ce point puisque seul le laboratoire *princeps* – et non pas le copromotionneur – est responsable des ventes. Un copromotionneur n'a pas la capacité de faire des ventes passives même s'il devait recevoir une demande non sollicitée[1030]. Cette règle s'applique aussi bien dans les cas où les partenaires sont des concurrents actuels ou potentiels ou des non-concurrents.

256. **Les obligations de non-concurrence peuvent soulever des préoccupations de concurrence.** Par ailleurs, l'accord de copromotion peut intégrer une clause de non-concurrence. En ce cas, pour une analyse fine de l'effet anticoncurrentiel de ce type de clause, il convient de distinguer les situations où les partenaires sont des concurrents actuels ou potentiels de celles où les partenaires sont des non-concurrents. S'agissant du cas où les partenaires sont des *non-concurrents*, il apparaît peu problématique. Dans cette occurrence, l'accord de copromotion exigera généralement que la force de vente du partenaire promotionne le produit de marque du laboratoire *princeps* plutôt que celui d'un rival. Une telle obligation

---

1028 Lignes directrices sur les restrictions verticales de la Commission européenne, § 51, *JOUE* C 130/1 du 19 mai 2010.

1029 B. Batchelor, M. Healy & J. Westin, « Pharmaceutical Co-Promotion, Co-Marketing and Antitrust », art. préc., p. 408.

1030 *Ibid.*, p. 409.

sera normalement considérée comme légale si elle constitue un moyen parmi tant d'autres permettant d'arriver à la commercialisation des produits. Ce type d'accord bénéficie d'une immunité antitrust *de jure* et n'a aucun effet d'exclusion dès lors que le laboratoire innovant possède moins de 30 % des parts de marché et que la durée de l'accord est de cinq ans ou moins. Si un accord ne remplit pas ces conditions, il pourrait néanmoins bénéficier du même traitement. En effet, la restriction pourra être justifiée « *si des concurrents possèdent d'autres canaux de commercialisation (à savoir, une promotion directe, une chaîne de distribution ou d'autres partenaires copromotionneurs) et que la non-concurrence est essentielle pour sécuriser les bénéfices de la copromotion, en s'assurant que le copromotionneur consacre ses efforts au seul médicament* princeps »[1031].

S'agissant des cas où les partenaires sont des *concurrents*, il existe de forts risques de comportements anticoncurrentiels. Lorsque l'accord de copromotion fait partie d'un accord global de R&D, une obligation de non-concurrence liée à l'étape de commercialisation est généralement considérée comme légale dans la mesure où, dans le cas contraire, les parties ne concentreraient pas leurs efforts pour arriver au succès commercial du produit conjointement développé[1032]. Dans un cadre plus général, pour savoir si une obligation de non-concurrence est légale, il faudra se focaliser sur l'analyse des parts de marché et sur les gains d'efficacité dégagés par l'accord. Si les parts de marché sont très élevées, il sera nécessaire de démontrer que les efficiences fournies par l'accord dépassent toute perte de concurrence. Par exemple, il pourrait être invoqué que le produit du copromotionneur exerçait une concurrence très faible ou qu'il existait bien d'autres produits sur le marché. Il pourrait aussi être avancé que le nouveau produit ne serait pas entré sur le marché aussi rapidement ou qu'il n'y aurait pas eu de concurrence effective avec un autre médicament *princeps* en l'absence des efforts du copromotionneur. Si de telles justifications ne sont pas apportées, il y a de fortes chances pour que l'accord soit jugé anticoncurrentiel.

Les cas présentés ci-dessus demeurent des exemples théoriques. Nous allons maintenant exposer une affaire qui a eu un grand retentissement médiatique et qui a vu des laboratoires pharmaceutiques, aussi bien *princeps* que génériques, condamnés pour avoir mis en œuvre un accord de copromotion dont l'objet était anticoncurrentiel. Cet accord commercial de copromotion avait été conclu en dehors d'un contexte de brevet mais a néanmoins été assimilé à un accord de type *pay-for-delay*.

B. L'intégration d'un paiement inversé : l'affaire *Johnson & Johnson*

257. **Requalification d'un accord de copromotion en accord *pay-for-delay*.** Pour comprendre comment un accord de copromotion peut être potentiellement requalifié en accord de report d'entrée, il convient tout d'abord de s'intéresser à la

---

1031 *Ibid.* (traduction libre).

1032 Règlement d'exemption portant sur les accords de recherche et développement, art. 5(b)(iv) ; Lignes directrices sur les accords de coopération horizontale, § 140.

teneur même de la décision *Johnson & Johnson* (1) avant de s'attarder un instant sur sa portée (2).

1. La teneur de la décision

258. **Première condamnation d'un accord de copromotion assimilé à un accord *pay-for-delay* par la Commission européenne en vertu de l'article 101 TFUE.** Alors que les accords de copromotion ont toujours joui d'une certaine immunité vis-à-vis du droit européen de la concurrence, la Commission a dû faire preuve de sévérité dans un contexte bien singulier. Pour la première fois, elle a jugé qu'un accord de copromotion conclu entre des laboratoires pharmaceutiques a enfreint le droit européen des ententes. Cet accord de copromotion ne ressemblait pas aux accords que la Commission avait déjà pu examiner par le passé et qu'elle avait toujours exemptés en s'appuyant notamment sur l'article 101(3) TFUE ou en délivrant des lettres de confort. Celui-ci s'insérait dans un contexte factuel particulier et exceptionnel.

259. **Exposé des faits.** La décision[1033] rendue par la Commission concernait un accord de copromotion conclu entre une filiale néerlandaise du laboratoire *princeps* Johnson & Johnson (J&J) et des entreprises génériques, filiales néerlandaises du laboratoire Novartis. L'accord de copromotion visait le marché néerlandais du médicament fentanyl, un puissant analgésique vendu sous la forme de timbres transdermiques. Les timbres de fentanyl étaient vendus sous le nom de marque Durogesic, qui était l'un des *blockbusters* de J&J. Il a par exemple généré 589 millions de dollars de revenus en 2011 à travers le monde[1034]. *In casu*, le laboratoire *princeps* avait décidé de conclure un accord de copromotion avec les concurrents génériqueurs les plus avancés aux Pays-Bas le 11 juillet 2005. Selon les termes de l'accord, les fabricants de génériques acceptaient de promotionner conjointement les timbres matriciels du fentanyl de J&J (un patch de seconde génération) auprès des pharmaciens néerlandais. En contrepartie de cette promotion, le laboratoire innovant s'était engagé à payer monétairement et mensuellement les génériqueurs. Autrement dit, l'accord contenait un paiement inversé en numéraire. Par ailleurs, le laboratoire *princeps* pouvait mettre un terme à l'accord si les fabricants de génériques lançaient leur propre version générique du patch de fentanyl transdermique sur le marché néerlandais[1035]. L'accord de copromotion initial a été conclu le 11 juillet 2005 et étendu plus tard par un avenant devenu exécutoire le 11 juillet 2006. L'accord de copromotion ainsi que son avenant couvraient la période allant du 11 juillet 2005 au 15 décembre 2006. Pour la Commission, « *l'accord était caractérisé par le fait* qu'il contenait un paiement considérable *du laboratoire innovant, J&J, à de proches concurrents potentiels génériqueurs, Novartis/Sandoz, pour la durée de l'accord, avec l'objectif que ces derniers n'entr[ent] pas sur le marché avec leur version générique des patches de fentanyl aux Pays-Bas* »[1036].

[1033] Comm. eur., déc. du 10 déc. 2013, *Fentanyl*, aff. AT.39685, *JOUE* C 142/21 du 29 avr. 2015, rendue publique le 5 mars 2015.

[1034] *Ibid.*, § 81.

[1035] *Ibid.*, § 2.

[1036] *Ibid.*, § 4 (traduction libre) (nous soulignons).

Le point névralgique sur le plan factuel concernait la protection par brevet. Le brevet portant sur la molécule (« *compound patent* ») avait expiré en 1982[1037] tandis que le patch de dépôt de fentanyl n'avait jamais été protégé par un brevet valide aux Pays-Bas. Une demande de brevet avait bien été enregistrée s'agissant de ce patch de dépôt en 1985 mais avait été abandonnée par le laboratoire *princeps* au cours de l'année 1993. Le 15 mars 2002, trois demandes de brevet ont été déposées auprès de l'OEB pour un patch de « seconde génération », le timbre matriciel de fentanyl par une entreprise acquise par J&J. Une seule des trois demandes a été acceptée le 13 juin 2007. Cependant, ce brevet a été révoqué par la division d'opposition de l'OEB, révocation qui a pris effet le 17 mai 2011. Quoi qu'il en soit, pour la période précédant la mise en œuvre de l'accord de copromotion aux Pays-Bas et durant cette dernière, le patch de dépôt ou le patch matriciel de fentanyl ne bénéficiait d'aucune protection par brevet[1038]. Il existait uniquement une demande pendante au moment des faits. Autrement dit, les génériqueurs étaient libres de lancer leur version générique sur le marché sans prendre le risque de subir en réponse une action en contrefaçon de la part du laboratoire *princeps*.

S'agissant des prix du médicament aux Pays-Bas, ils étaient fixés d'une manière bien particulière. Le prix auquel les pharmaciens devaient acheter le produit figurait dans un document nommé « Taxe » – une liste de prix d'achat recommandés pour tous les pharmaciens néerlandais. Les prix de la Taxe sont mensuellement mis à jour par les grossistes et les fabricants de médicaments et doivent être égaux ou inférieurs au prix maximum défini par le gouvernement. Cependant, en 2004, à la suite de la constatation que les médicaments génériques étaient souvent vendus à prix discount, le gouvernement néerlandais a décidé de transformer ces prix discount en des baisses de prix structurelles. Plus précisément, l'industrie générique était d'accord pour réduire les prix de la liste des médicaments génériques de 40 %. En clair, pour les futurs médicaments génériques lancés sur le marché, l'industrie générique avait accepté de baisser de 40 % en moyenne les prix par rapport à la liste des prix établie jusqu'alors. Compte tenu de ce nouveau contexte réglementaire, J&J s'attendait à ce que les prix d'achat destinés aux pharmaciens néerlandais baissent de 33 % si Novartis entrait sur le marché en août 2005.

Afin de répondre à ce risque de perte de revenus, J&J a très tôt pris l'initiative de bâtir une stratégie pour contrer l'entrée des génériqueurs sur le marché. Dans un document interne, qui a été rédigé au moment où le laboratoire *princeps* s'attendait à une entrée imminente d'un génériqueur sur le marché, il est indiqué de manière fort saccadée : « *coopération avec [Novartis] : But : bloquer l'entrée de la version générique du patch réservoir de fentanyl en 2005* »[1039]. En novembre 2004, il est énoncé plus explicitement encore que « *[la] stratégie peut être uniquement une stratégie de report d'entrée* »[1040]. En décembre 2004, le laboratoire *princeps* envisageait deux scénarios : soit une situation de concurrence qui prendrait forme par le lancement de la version générique du patch de dépôt par Novartis ; soit

1037 *Ibid.*, § 22.
1038 *Ibid.*, § 23.
1039 *Ibid.*, § 112 (traduction libre).
1040 *Ibid.*, § 113 (traduction libre).

une coopération avec le génériqueur. Le scénario de concurrence inquiétait fortement le laboratoire *princeps* puisqu'il avait estimé que dans cette hypothèse il perdrait 50 % de ses parts de marché – c'est-à-dire 4,9 millions d'euros – si le lancement du générique intervenait en mars 2005 ou 40 % de ses parts de marché si le lancement devait se produire en juillet 2005 – c'est-à-dire 2,1 millions d'euros[1041]. Voilà pourquoi la stratégie coopérative a été privilégiée. En effet, selon le même document, un accord de copromotion était intéressant pour les deux parties puisqu'il permettrait notamment aucune réduction du prix, ce qui aurait été inéluctable en situation de concurrence. Nonobstant l'accord de copromotion conclu pour le marché des Pays-Bas, Novartis décida de lancer sa version générique du patch de fentanyl dans sept autres États membres. Dans ces sept États membres, la génération a provoqué une chute du prix du Durogesic de J&J[1042].

260. **Ce que prévoyait l'accord de copromotion.** L'accord de copromotion initial prévoyait en termes généraux les obligations pesant sur le génériqueur. Dans son article 3.1, il était stipulé : « *[Novartis] devra utiliser ses efforts raisonnables pour assister [J&J] dans la promotion du produit auprès des pharmaciens* via *la force de vente, [...] mais n'aura pas le droit de vendre ou d'entrer dans de quelconques négociations pour la vente du produit au nom de [J&J]* »[1043]. Dans l'article 3.3.1, il était précisé : « *[Novartis] devra conduire la promotion et le marketing du produit par la force de vente auprès des pharmaciens avec soin et diligence et devra cultiver et maintenir de bonnes relations avec les pharmaciens en conformité avec de sains principes commerciaux* »[1044]. L'article 3.3.2 ressemble à une clause de style puisqu'il imposait au génériqueur de respecter la réglementation ainsi que le droit applicable. Les articles 3.6 et 3.7 apparaissent importants puisqu'ils présentaient le *modus operandi* de la copromotion. Le premier indiquait : « *[Novartis] devra conserver une liste des pharmaciens qui sont déjà des clients ou des clients potentiels pour le produit et devra à la demande de [J&J] fournir une copie de cette liste. [J&J] ne devra pas utiliser une telle liste pour d'autres objectifs que ceux fixés précédemment* »[1045]. Le second stipulait : « *[Novartis] devra par période remettre à [J&J] un document détaillé des activités de promotion et de marketing effectuées par la force de vente de [Novartis] s'agissant du produit et devra rapidement à la demande de [J&J] délivrer un rapport écrit détaillé de ces activités [...]* »[1046]. En contrepartie, l'accord de copromotion prévoyait que J&J paierait mensuellement un montant de 308 333 euros à Novartis à partir du 11 juillet 2005, et ce, au prorata du nombre de jours où l'accord a eu un effet. La Commission relève que le montant total payé par J&J s'élève à 3 700 000 euros, payés en versements mensuels, et ajoute que le montant correspondait au profit que Novartis aurait réalisé la première année si l'entreprise avait lancé son produit sur le marché[1047]. S'agissant de l'avenant qui entra en vigueur le 11 juillet 2006, la

1041 *Ibid.*, § 116.
1042 *Ibid.*, § 175.
1043 *Ibid.*, § 158 (traduction libre).
1044 *Ibid.* (traduction libre).
1045 *Ibid.* (traduction libre).
1046 *Ibid.* (traduction libre) (nous soulignons).
1047 *Ibid.*, § 161.

seule modification substantielle concernait le paiement. Le montant mensuellement versé passait de 30333 euros à 250000 euros.

261. **L'exécution de l'accord initial et de l'avenant.** Tout d'abord, il convient d'examiner l'exécution de l'accord de copromotion initial. Conformément à ce dernier, le 12 décembre 2005, le premier rapport d'activité a été envoyé par voie électronique à J&J. Ce rapport couvrait la période d'octobre à décembre 2005 et reprenait de manière statistique les réponses données par 124 pharmaciens à un questionnaire. Le 2 février 2006, le deuxième rapport d'activité a été envoyé et une fois encore il n'exposait qu'une vue d'ensemble des réponses données par les pharmaciens. Les questions formulées étaient les mêmes que celles prévues par le premier questionnaire et les résultats quasiment identiques. Il convient de relever en outre que le rapport était censé couvrir la période d'avril à juillet 2006, ce qui en fait était impossible dans la mesure où il a été remis au mois de février. Le 28 avril 2006, le troisième et dernier rapport a été adressé à J&J et prenait exactement la même forme que les précédents. Le 25 juillet 2006, un projet d'évaluation des rapports d'une seule page a été donné à J&J. En définitive, le document d'évaluation des rapports – d'une seule page – ainsi que les trois rapports sont les seuls documents de fond permettant de mesurer l'activité promotionnelle du génériqueur. S'agissant de l'avenant, il semblerait que le génériqueur n'ait pas non plus respecté ses obligations. En effet, la Commission observe qu'« *il n'y a aucun document dans le dossier [...] qui indiquerait que des activités promotionnelles spécifiques ont été réalisées par la force de vente de [Novartis] pendant la période allant de juillet à décembre 2006* »[1048]. *In fine*, tous ces éléments ont permis à la Commission de construire un raisonnement débouchant sur la conclusion suivante : l'accord de copromotion mis en œuvre par les parties est en substance un accord de type *pay-for-delay* qui restreint la concurrence par son objet.

262. **Raisonnement de la Commission aboutissant à la qualification de restriction par objet**[1049]**.** Dès l'abord, la Commission rappelle que dans certaines circonstances un accord par lequel un concurrent génériqueur accepte de restreindre sa liberté commerciale en échange d'un transfert de valeur important peut constituer une restriction par objet contraire à l'article 101 du traité[1050]. En s'appuyant notamment sur l'affaire du bœuf irlandais[1051], elle a montré ensuite qu'en l'espèce, les conditions permettant d'aboutir à cette conclusion étaient remplies. Premièrement, la Commission a affirmé qu'il n'y avait aucun obstacle réglementaire au lancement du médicament générique[1052]. D'une part, le patch de dépôt de fentanyl n'avait jamais été protégé par un brevet valide. D'autre part, l'exclusivité de marché du timbre de fentanyl reposait uniquement sur la période d'exclusivité des données prévue lorsqu'une AMM est délivrée. Enfin, à l'échéance de la période d'exclusivité des données, le patch de dépôt avait perdu toute forme d'exclusivité.

1048 *Ibid.*, § 190 (traduction libre).

1049 Nous développerons avec exhaustivité le test mis en place par la Commission dans la seconde partie. Dans ce paragraphe, il s'agit simplement d'exposer les éléments factuels ayant conduit la Commission à la conclusion d'une restriction par objet.

1050 *Ibid.*, § 217.

1051 CJCE, 20 nov. 2008, *Competition Authority c/ Beef Industry Development Society et Barry Brothers*, aff. C-209/07, *Rec.* I, p. 8637.

1052 Comm. eur., *Johnson & Johnson*, préc., §§ 228-231.

Deuxièmement, la Commission affirme que Novartis était un concurrent potentiel de J&J, de sorte qu'en l'absence de l'accord de copromotion le lancement de la version générique du patch de dépôt de fentanyl en juillet ou août 2005 aurait été une option réaliste et plausible. Selon un document interne du génériqueur, il était envisagé un lancement du médicament pour le 2 juillet 2005, ce qui aurait permis de faire un profit net compris entre 2,2 et 3 millions d'euros[1053]. En clair, deux semaines avant que l'accord de copromotion n'entre en vigueur, le génériqueur considérait qu'il était en mesure d'entrer sur le marché avec son propre produit. En effet, les documents montrent que le génériqueur était non seulement capable, mais surtout, sur le point de lancer sa propre version générique du timbre de fentanyl aux Pays-Bas. Pour preuve, le matériel de packaging était prêt. Mais à la place, Novartis décida de se diriger vers une solution plus profitable[1054]. Par ailleurs, une note interne du 6 juin 2005 de J&J a mis en exergue que le laboratoire *princeps* voyait le génériqueur comme le concurrent potentiel le plus avancé puisque le document soulignait que Novartis entrerait sur le marché le 15 août 2005.

Troisièmement, la Commission s'est polarisée sur le contenu, les objectifs et l'exécution de l'accord de copromotion. La Commission a considéré que l'accord cherchait en réalité à écarter un proche concurrent potentiel du marché qui, au moment des faits, constituait une menace imminente pour le laboratoire *princeps*. Surtout, la Commission a qualifié l'accord en indiquant que malgré le fait que celui-ci mentionne des services de copromotion, ses particularités révèlent qu'il n'est au vrai qu'un accord *pay-for-delay* permettant à J&J de maintenir sa position sur le marché en tant que seul fournisseur de timbres de fentanyl sur le marché néerlandais[1055]. S'agissant des services de promotion, la Commission a jugé que, pour la période couvrant l'accord de copromotion initial, Novartis n'avait fourni que des services de promotion très limités en contrepartie des 3,7 millions d'euros payés et que ceux-ci n'avaient qu'une importance marginale pour le laboratoire *princeps*. Pour la période couvrant l'avenant, J&J a payé 1,3 million d'euros alors qu'aucune preuve ne démontre qu'un quelconque service de promotion n'a été réalisé par le génériqueur. Par ailleurs, la Commission mit en exergue le rôle clé de la clause de résiliation (« *termination clause* ») aux termes de laquelle l'accord prendrait fin si le génériqueur décidait de lancer sa version générique. Selon elle, cette clause permettait au génériqueur d'être dans une meilleure position en n'entrant pas sur le marché néerlandais dans la mesure où elle assurait au génériqueur un paiement mensuel. En outre, selon la Commission, les objectifs de l'accord étaient clairs, à savoir écarter temporairement un concurrent potentiel du marché. De nombreux documents ont confirmé cette analyse. Nous n'en citerons que trois, mais la décision en renferme davantage. Tout d'abord, dès 2004, le laboratoire *princeps* indiquait que son but était de bloquer l'entrée de la version générique du patch de dépôt de fentanyl sur le marché. Ensuite, l'entreprise innovante a ajouté que seule une stratégie de report d'entrée pouvait être envisagée. Enfin, un

---

1053 *Ibid.*, § 235.

1054 *Ibid.*, § 238.

1055 *Ibid.*, § 258.

document interne de J&J exposait que le génériqueur devait s'abstenir d'entrer sur le marché néerlandais en échange d'« *une part [du] gâteau* »[1056].

Par conséquent, la Commission a jugé que l'accord de copromotion avait un objet anticoncurrentiel et qu'il violait l'article 101(1) TFUE.

2. La portée de la décision

263. **Incidence de la décision pour les entreprises pharmaceutiques opérant sur le marché européen.** Avant la décision *Johnson & Johnson*, les laboratoires pharmaceutiques étaient relativement libres et avaient les coudées franches lorsqu'il s'agissait de conclure un accord de copromotion. Désormais, ils devront être plus prudents. Selon nous, le fait que l'accord ait été analysé comme une restriction par objet ne permet pas d'affirmer que la Commission a rigidifié son analyse à l'égard de tous les accords de copromotion. Comme nous l'avons exposé précédemment, c'est bien un contexte exceptionnel et particulier qui a conduit la Commission à trancher dans ce sens. Pour autant, les entreprises doivent s'efforcer de prendre des précautions avant de signer de tels accords sous peine de se voir *a posteriori* sanctionnées en raison d'une infraction aux règles européennes de concurrence. Afin d'écarter cette épée de Damoclès, les laboratoires pharmaceutiques devront se poser les bonnes questions et les conseils rester très vigilants lorsqu'il s'agira de rédiger le contrat.

264. **Premier conseil : vérifier les parts de marché.** Premièrement, les parties devront se polariser sur les parts de marché. Eu égard aux différents règlements d'exemption, il est fort probable que dans certaines situations les sphères de sécurité prévues soient applicables. Dans l'hypothèse où les parts de marché pourraient se développer et dépasser les seuils fixés, il sera alors conseillé d'établir au préalable les effets proconcurrentiels dégagés par l'accord en les mettant en balance avec les restrictions de concurrence que ce dernier pourrait produire. Étant donné que la charge de cette démonstration repose sur les parties, ces dernières devront se poser entre autres choses les questions suivantes :

- La copromotion permettra-t-elle véritablement un meilleur accès du médicament ou offrira-t-elle un plus large choix pour les patients ? Le laboratoire *princeps*, en promotionnant lui-même le médicament, aurait-il pu atteindre le même résultat ?
- L'accord verrouille-t-il l'accès au marché à un concurrent indépendant ? Il est patent que les accords conclus avec un proche concurrent potentiel seront examinés avec minutie par la Commission.
- Les restrictions imposées par l'accord sont-elles nécessaires pour assurer son succès ? Des restrictions disproportionnées et non nécessaires pourraient ne pas remplir les conditions posées par l'article 101(3) TFUE et ainsi renforcer les chances de voir l'entreprise condamnée.
- Les services de promotion prévus par l'accord sont-ils réellement réalisés ou constituent-ils seulement un prétexte pour se répartir les marchés ? La décision *Fentanyl* est claire sur ce point. Si l'accord de copromotion est

---

1056 *Ibid.*, § 339.

utilisé pour se répartir les marchés, il enfreint à coup sûr le droit européen des ententes.

- À quel moment est conclu l'accord ? L'accord est-il conclu au moment où des concurrents potentiels sont sur le point d'entrer sur le marché ? Le médicament en question est-il breveté ?
  - Si oui, l'accord intervient-il à l'approche de la date d'échéance du brevet ?
  - Si non, l'accord de copromotion est-il réellement intéressant pour le génériqueur qui serait libre d'entrer sur le marché et de livrer une concurrence par les prix ? La décision *Johnson & Johnson* montre que la Commission s'avère méfiante à l'égard des accords qui ne reposent sur aucun brevet valide.
- L'accord prévoit-il un transfert de valeur important au copromotionneur ? Si ce copromotionneur est un concurrent génériqueur potentiel, le transfert de valeur dépasse-t-il les estimations de revenus établies par ce dernier en cas de lancement de sa version générique ? Dès lors que l'accord de copromotion prévoit un transfert de valeur important, il devient extrêmement suspect puisqu'il peut être qualifié par la Commission d'accord de type *pay-for-delay*.

265. **Second conseil : être vigilant sur les termes employés en interne.** Secondement, au-delà des questions à se poser afin d'identifier en amont si l'accord présente des risques concurrentiels, les laboratoires pharmaceutiques devront faire très attention aux termes utilisés dans leurs échanges internes. Les employés doivent impérativement éviter des langages polémiques du type « se partager le gâteau », « but : bloquer l'entrée générique » ou encore « seule stratégie : reporter l'entrée générique ». La Commission pourrait les exploiter pour démontrer que l'accord de copromotion avait un objet anticoncurrentiel.

Conclusion de chapitre

266. **Conclusion du chapitre 2 relatif aux accords de copromotion.** Les accords de copromotion ont pratiquement toujours été analysés par la Commission comme des accords conformes au droit européen de la concurrence. Ils dégagent *a priori* de nombreux gains d'efficacité tels qu'un meilleur accès au médicament, une distribution améliorée ainsi qu'un choix supplémentaire de traitement pour les patients. En ce sens, les conditions posées par l'article 101(3) TFUE sont souvent remplies dès lors qu'il s'agit d'un véritable accord de copromotion et que le copromotionneur réalise réellement les services de promotion. Néanmoins, nonobstant les nombreuses vertus proconcurrentielles qu'ils renferment, les accords de copromotion présentent désormais certains risques concurrentiels puisque des laboratoires pharmaceutiques ont récemment utilisé ces accords à des fins anticoncurrentielles, éveillant par ce fait la méfiance des autorités de concurrence, spécialement celle de la Commission. Tout d'abord au stade de la négociation de l'accord, les parties devront faire très attention aux informations qu'elles s'échangent. Dans certaines hypothèses, l'échange d'informations sensibles pourra tomber sous le coup de l'article 101(1) TFUE. Ensuite, au stade de l'exécution de l'accord, les parties devront véritablement exécuter le contrat. Autrement dit, l'accord de copromotion ne devra pas être un prétexte pour se répartir les marchés et dissimuler un accord de report d'entrée. Dans le cas où l'accord prévoirait un transfert de valeur important, une entrée générique retardée et une absence quasi totale de services de promotion de la part du copromotionneur, ce dernier pourra être vu comme un accord *pay-for-delay* restreignant la concurrence par son objet.

Chapitre 3
Les accords de préentrée, l'instrument original du report de l'entrée

267. **L'assimilation potentielle des accords de préentrée aux accords de report d'entrée.** Intégrer les accords de *préentrée*[1057] (« *early entry agreements* ») dans une recherche ciblant les accords de *report d'entrée* peut de prime abord surprendre. Un accord de préentrée semble être le contraire d'un accord de report d'entrée puisque, comme l'indique sans équivoque le terme « préentrée », ces accords permettent à un potentiel concurrent d'entrer plus précocement sur le marché, c'est-à-dire avant la date d'échéance du brevet détenu par le laboratoire pionnier[1058]. En effet, les accords de préentrée conduisent au lancement de la version générique au moment où le médicament *princeps* bénéficie toujours d'une exclusivité sur le marché[1059]. Alors que le concurrent potentiel est légalement empêché d'entrer sur le marché en raison de la présence d'un brevet en vigueur, l'accord écartera ce blocage et ouvrira la voie du marché au génériqueur. Ce type d'accord semble donc de ce point de vue *proconcurrentiel* dans la mesure où il injecte de la concurrence sur un marché monopolistique (Section 1). L'analyse des accords de préentrée démontrera cependant, grâce à une approche hybride[1060] – c'est-à-dire qui « *procède à la fois de la démarche déductive et de la démarche inductive* »[1061] –, que parfois ils

---

1057 L'expression « accord d'entrée avancée » peut aussi être utilisée. Nous avons cependant préféré reprendre la traduction déjà choisie par deux auteurs dans le but de ne pas diversifier les vocables et ainsi tenter d'insérer un semblant d'uniformité. Voy. C. Hénin et A. Servoir, « Environnement réglementaire et concurrentiel du marché du médicament en ville et à l'hôpital » *in Concurrence, santé publique, innovation et médicament*, *op. cit.*, p. 17, spéc. p. 23.

1058 Pour Mme Dumont, les laboratoires *princeps* cherchent, *via* ces accords, à « *se créer un concurrent de complaisance et [à] influer de manière indirecte sur le nombre d'entrées postexpiration du brevet* ». Voy. B. Dumont, « Propriété intellectuelle et concurrence – Le cas des accords de type "*pay-for-delay*" », *Revue économique* 2016, vol. 67, p. 113, spéc. p. 123.

1059 Nous reprenons la définition donnée par la Commission dans son Rapport final. Voy. Comm. eur., Rapport final sur le secteur pharmaceutique, préc., § 808, p. 296 : « *agreements which led to the launch of a generic version of the originator company's product at issue was still benefitting from exclusivity* ».

1060 Voy. J.-L. Bergel, *Méthodologie juridique*, PUF, coll. Thémis, 2001, p. 140, qui explique de manière claire et sagace que « *le raisonnement juridique est une sorte d'hybride qui procède à la fois de la démarche déductive et de la démarche inductive sans, pour autant, pouvoir s'identifier, pour partie ni à l'une, ni à l'autre* ». *Adde* F. Gény, *Science et technique en droit privé positif : nouvelle contribution à la critique de la méthode juridique*, Société du Recueil Sirey, 1922, pp. 168-169. Voy. aussi V. Champeil-Desplats, *Méthodologies du droit et des sciences du droit*, 2e ed., Dalloz, 2016, pp. 87-89. Même si nous nous efforçons de bâtir un appareil scientifique le plus fiable possible, collant le plus près à la réalité substantielle, il est possible qu'une approche *abductive* puisse parfois être, malgré nous, mobilisée.

1061 *Ibid.* L'approche *déductive* consiste à partir d'un principe pour en déduire les conséquences. Inversement, l'approche *inductive* consiste à partir de conséquences observées pour rechercher le principe dont elles peuvent dépendre.

peuvent porter clairement l'ambition de retarder l'entrée d'un concurrent. Le vocable « préentrée » s'avérerait donc trompeur. L'accord masquerait en réalité l'intention *anticoncurrentielle* du breveté désirant prolonger son monopole de manière illégitime (Section 2). En somme, l'objectif de ce présent chapitre sera de dessiller les yeux du lecteur sur le caractère potentiellement nocif de ces accords pour la concurrence.

Section 1
La nature *a priori* proconcurrentielle des accords de préentrée

268. **Les accords de préentrée prennent deux formes et pourraient être vus comme proconcurrentiels.** À l'approche de la date d'échéance du brevet, les laboratoires *princeps* cherchent à tout prix à protéger le plus longtemps possible leurs parts de marché et leurs revenus. Les efforts publicitaires engagés tout au long de la vie du produit deviennent inefficaces à ce stade et insuffisants pour répondre au « désarroi financier » (« *financial distress* »)[1062] des entreprises innovantes. C'est la raison pour laquelle ces efforts déclinent à l'orée de cette date fatidique[1063]. Dans ces circonstances, les laboratoires *princeps* capitulent et cherchent alors à conclure un accord de préentrée. Ces accords semblent *a priori* proconcurrentiels et exempts de préoccupations de concurrence, notamment parce qu'ils autorisent une entrée précoce de génériqueurs sur le marché, c'est-à-dire une entrée antérieure à la date d'échéance du brevet (§ 1). Dans la pratique, ils prennent deux formes (§ 2).

§ 1. L'entrée d'une concurrence précoce sur le marché

269. **Quelles incitations poussent les laboratoires *princeps* et les génériqueurs à conclure un accord de préentrée ?** Les fabricants de génériques pourraient, au lieu de conclure un accord de préentrée, se lancer dans une action judiciaire visant à contester le brevet du laboratoire *princeps*. Comme nous l'avons déjà exposé, cette option offrirait aux génériqueurs une voie d'accès sécurisée vers le marché dès lors que le brevet sera jugé valide ou non violé. Cependant, dans plusieurs situations, les entreprises génériques éliminent cette possibilité. Afin notamment d'éviter des dépenses élevées dans le contentieux ainsi que les incertitudes générées par la tenue du procès, ces derniers font de mai en mai souvent le choix de

---

1062 On parle de *financial distress* lorsqu'une entreprise ne peut pas remplir ou honorer ses obligations financières à l'égard de son créancier. Les chances de tomber dans une situation de *financial distress* augmentent lorsqu'une entreprise a des coûts fixes élevés, des actifs illiquides ou des revenus sensibles aux ralentissements économiques.

1063 R, Janakiraman et *alii*, « Physicians' Persistence and Its Implications for Their Response to Promotion of Prescription Drugs », 54 *Management Science* 1080 (2008).

conclure un accord de préentrée aux termes duquel ils entreront sur le marché bien avant l'expiration du brevet. Les entreprises innovantes ont, elles aussi, saisi tout l'attrait de ce type d'accord. Néanmoins, les incitations et les motivations poussant ces dernières et les fabricants de génériques à la conclusion d'accords de préentrée diffèrent sensiblement, même si nous verrons, qu'*in fine*, elles permettent aux deux parties de dégager de précieux bénéfices.

Du côté des génériqueurs, l'incitation essentielle réside dans ce qui est communément nommé l'avantage du premier entrant (« *first-mover advantage* »), avantage particulièrement important s'agissant du marché générique[1064]. Selon la théorie du *first-mover advantage*, les premiers entrants sur un marché jouissent d'un avantage concurrentiel durable[1065] non seulement sur les suiveurs – c'est-à-dire les entreprises qui entrent rapidement sur le marché mais postérieurement au premier entrant – mais aussi sur les entrants tardifs – c'est-à-dire les entreprises entrant sur le marché lorsque celui-ci a atteint sa maturité[1066]. En principe, les avantages du premier entrant sont doubles. Ils sont à la fois économiques et psychologiques[1067].

Les avantages économiques se situent principalement au niveau des barrières à l'entrée[1068]. En effet, le premier entrant génériqueur pourra, entre autres choses, exercer une action de préemption[1069], affleurant à trois niveaux. Premièrement, le premier entrant génériqueur pourra gêner ses concurrents suiveurs en accaparant en premier les ressources rares, nécessaires à la fabrication du produit. Deuxièmement, il pourra occuper les meilleurs emplacements et avoir un accès préférentiel aux distributeurs clés. Troisièmement, en matière de produit, le premier entrant pourra essayer de saturer le marché pour dissuader l'entrée de concurrents.

1064 A. Hollis, « The importance of being first: evidence from Canadian generic pharmaceuticals », 11 *Health Econ.* 723 (2002). Dans d'autres secteurs, cet avantage du premier entrant n'est pas forcément une réalité. On peut prendre l'exemple connu du magnétoscope, où l'entreprise pionnière était Ampex. Cette société jouissait d'un quasi-monopole et ses dirigeants n'avaient pas pris les mesures nécessaires ni pour baisser les coûts ni pour améliorer le produit. À rebours, JVC et Sony avaient bâti une stratégie visant à améliorer le produit tout en le vendant cent fois moins cher que le magnétoscope d'Ampex. En fin de compte, les deux suiveurs ont chacun vendu quatre fois plus de produits. Voy. aussi G. Tellis et P. Golder, « Premier sur le marché et premier à échouer ? », *L'Expansion Management Review*, n° 81, juin 1996, p. 6 et s. *Adde* M. Lieberman & D. Montgomery, « First-mover (dis)advantages: retrospective and link with the resource-based view », 19 *Strategic Management Journal* 1111 (1998), spéc. pp. 1112-1113, qui expliquent que les suiveurs peuvent dépasser le premier entrant en utilisant mieux leurs ressources disponibles et en ciblant mieux les besoins des clients ainsi que les zones géographiques où il faut être présent.

1065 En effet, l'avantage du premier entrant peut se définir comme l'existence d'un lien entre une entrée rapide sur un marché et une forte position concurrentielle à long terme. Voy. R. Kerin et *alii*, « First Mover Advantage: A Synthesis, Conceptual Framework and Research Propositions », 56 *Journal of Marketing* 33 (1992), qui énoncent que « *the first to enter the market for a specific product or service, are commonly believed to accrue long-term competitive advantage* ».

1066 S. Appelt, *Entry and Competition in the Pharmaceutical Market following Patent Expiry – Evidence from Macro and Micro Data*, th. dact., Université Louis-et-Maximilien de Munich, 2010, p. 17.

1067 D. Gotteland, « Comment surpasser l'avantage du premier entrant », *Décisions Marketing* 2000, n° 21, pp. 7-14.

1068 Le professeur Porter référence huit types de barrières à l'entrée : les économies d'échelle, la différenciation de produit, les besoins en capitaux, les coûts de transfert, les désavantages de coûts indépendants de l'échelle, l'accès aux circuits de distribution, la politique gouvernementale et la réaction des entreprises en place. Voy. M. Porter, *Choix stratégiques et concurrence : techniques d'analyse des secteurs de la concurrence dans l'industrie*, Economica, 1986, 426 p.

1069 I. McMillan, « Preemptive Strategies », 4 *Journal of Business Strategies* 16 (1983).

Par ailleurs, la capacité du génériqueur premier entrant à rapidement cannibaliser les parts de marché dépendra aussi de la multiplicité de ses ressources[1070]. Enfin, un accord de préentrée pourrait aussi réduire les coûts irrécupérables que le génériqueur aurait subis pour la préparation de son entrée. Au surplus, l'accord pourrait rendre le coût d'entrée, les revenus anticipés ainsi que les bénéfices plus prédictibles.

S'agissant des avantages psychologiques, ils prennent plusieurs formes et ont été mis en exergue par différents auteurs. D'aucuns ont pu souligner que la forte incertitude qui pèse sur le consommateur en situation d'information imparfaite quant à la qualité des produits génère un risque perçu qui favorise le premier entrant considéré comme moins risqué, le consommateur ayant déjà essayé et évalué positivement son produit[1071]. D'autres ont mis en avant un très net avantage en faveur du premier entrant en raison de l'attitude favorable des consommateurs à son égard. Celle-ci est expliquée par les effets de l'apprentissage dus à une exposition répétée aux caractéristiques du produit du premier entrant[1072].

Du côté des laboratoires innovants, les incitations apparaissent aussi importantes. D'une part, ces entreprises pourront contrôler l'entrée des génériqueurs sur le marché, et par ce biais extraire des revenus. En pratique, les laboratoires *princeps* concéderont des licences. En contrepartie, ils recevront des redevances et inséreront – très souvent – des obligations d'approvisionnement exclusif. Par cet ultime moyen, les laboratoires pionniers fixeront les prix d'approvisionnement, ce qui pourrait avoir une influence considérable pour déterminer les prix de vente du médicament générique[1073]. En d'autres termes, les laboratoires innovants, par ce *modus operandi*, pourront cautériser l'hémorragie de la chute des prix et ainsi atténuer les baisses de profit dues à la perte d'exclusivité sur le médicament[1074]. D'autre part, les laboratoires *princeps* s'épargneront un procès coûteux visant à écarter la protection par brevet dont jouit le médicament. Le laboratoire innovant pourra ainsi avec certitude déterminer le nombre d'années pour lesquelles il sera

---

1070 Le professeur Grant en a identifié six : les ressources financières, les ressources physiques, les ressources humaines, les ressources technologiques, les ressources organisationnelles et la réputation. Voy. R. Grant, « The resource-based theory of competitive advantage: implications for strategy formulation », 33 *California Management Review* 114 (1991). *Adde* J. B. Barney, « Firm resources and sustained competitive advantage », 17 *Journal of Management* 99 (1991), qui expose les caractéristiques qu'une ressource ou une compétence doit remplir pour être qualifiée de stratégique.

1071 R. Schmalensee, « Product Differentiation Advantages of Pioneering Brands », 72 *The American Economic Review* 349 (1982).

1072 F. Alpert & M. Kamins, « An Empirical Investigation of Consumer Memory, Attitude, and Perceptions toward Pioneer and Follower Brands », 59 *Journal of Marketing* 34 (1995). Voy. aussi A. Masson, « L'ambivalence du droit, source d'opportunités stratégiques : l'exemple de la concurrence » *in Stratégies d'instrumentalisation juridique et concurrence* (dir. A. Masson et *alii*), Larcier, 2013, p. 15, spéc. p. 16, qui relève que « *les incertitudes qui peuvent exister quant aux caractéristiques des produits offerts par la concurrence, incitent les clients d'une entreprise à lui rester fidèles de sorte que l'ordre d'arrivée est généralement considéré comme une source d'avantages sur certains marchés et ce d'autant qu'en étant pionnière, une entreprise peut bénéficier d'effets d'apprentissage ou d'externalité de réseau* ».

1073 Comme le souligne la Commission européenne, en fixant les prix d'approvisionnement, les laboratoires *princeps* pourraient influencer directement les prix de vente du médicament générique. Voy. Rapport final sur le secteur pharmaceutique, préc., § 809, p. 297 : « *By fixing supply prices, originator companies could influence the sales prices of the generic products.* »

1074 S. Appelt, *op. cit.*, p. 32.

capable de maintenir son monopole sur le marché. L'accord de préentrée injectera ainsi de la sécurité juridique là où elle faisait défaut.

270. **Les conséquences sur la structure concurrentielle du marché.** Les accords de préentrée paraissent avoir les faveurs des autorités de concurrence. L'absence d'enquête individuelle sur ce type d'accord accrédite de façon résiliente cette thèse. La vision positive dont jouissent les accords de préentrée semble liée au fait qu'ils actionnent le passage d'un marché monopolistique à un marché duopolistique[1075], voire dans certaines occurrences le saut vers un marché oligopolistique[1076]. En d'autres termes, ils ouvrent le marché à la concurrence. Dans son sillage, l'accord de préentrée importera une accélération de la concurrence par les prix et permettra d'accroître la production du médicament, tout cela au bénéfice du consommateur et des systèmes d'assurance maladie. En somme, les accords de préentrée apparaissent de manière assez évidente proconcurrentielle, surtout si l'on se décide à les analyser sous le prisme de l'efficience statique.

D'autres éléments, tout aussi limpides et portant une certaine gémellité avec nos précédents propos, expliquent le ralliement des autorités de concurrence à la cause des accords de préentrée. Il est vrai, par exemple, qu'en l'absence d'accord de préentrée, le laboratoire titulaire du brevet aurait pu maintenir sa position dominante sur le marché et ainsi continuer à percevoir sa rente de monopole tout en fixant des prix supraconcurrentiels[1077]. Dans ce contexte, le consommateur aurait ployé sous la mainmise du laboratoire pionnier sur le marché jusqu'à ce que le brevet tombe dans le domaine public. Clairement, il n'aurait eu ni la possibilité d'échapper à des prix élevés ni l'alternative de se détourner du médicament *princeps*. L'accord de préentrée remédie à cette situation fort préjudiciable au bien-être du consommateur. Nul doute qu'une analyse contrefactuelle réalisée par une autorité de concurrence conclurait, dans la majorité des cas, à l'innocuité des accords de préentrée sur la concurrence.

En définitive, les accords de préentrée offrent aux entreprises de solides justifications qui leur permettront sans doute d'échapper à une hypothétique condamnation. L'*efficiency defense* sera ici d'une redoutable efficacité. En effet, ces accords introduisent de la concurrence sur le marché plus rapidement que prévu ; accélèrent la baisse des prix ; diversifient l'offre au bénéfice du consommateur. Par cet instrument contractuel, il ne sera pas nécessaire d'attendre la date d'échéance du brevet pour que le génériqueur se lance sans risque et librement sur le marché. En d'autres termes, les accords de préentrée déclenchent une concurrence par les prix entre laboratoires *princeps* et génériqueurs. Par ce fait, ils semblent avoir

---

1075 Pour une analyse économique du comportement des firmes en situation de duopole, voy. B. Ndiaye, « Les positions de la firme en concurrence duopolistique : une analyse dans le cadre de la théorie des jeux », GREDEG, Working paper, 2009, disponible sur : https://smartech.gatech.edu/bitstream/handle/1853/36349/1247396263_BN_1.pdf. Pour plus d'exhaustivité, voy. B. Ndiaye, *Innovation et concurrence : une analyse dans le cadre d'une industrie en duopole*, APARIS, 2011, 318 p.

1076 C'est notamment le cas lorsqu'un ou plusieurs génériqueurs, nonobstant la protection par brevet dont jouit le laboratoire *princeps*, ont lancé leur produit à risque (*to launch at risk*) sur le marché.

1077 Cette analyse doit être nuancée. En effet, le confort apparent, dont jouit le breveté, apparaît fragile. Le laboratoire *princeps* reste malgré la détention de brevets exposé à des agissements en contestation de la part des génériqueurs désireux d'intégrer rapidement le marché. Le marché sous monopole semble donc, au moins en apparence, contestable.

pour objet ou pour effet d'« ouvrir » la concurrence sur un marché où celle-ci était bridée et verrouillée par la présence d'un brevet.

§ 2. Les formes d'accords de préentrée

271. **Deux formes d'accords de préentrée.** Les accords de préentrée prennent en pratique deux formes. Soit le laboratoire *princeps* autorise le génériqueur à renommer son médicament (A). Dans cette occurrence, le génériqueur agira comme un distributeur. Soit le laboratoire innovant autorise l'entreprise générique à fabriquer le produit (B).

A. Renommer le médicament *princeps* : le scénario de la relation verticale

272. **L'importance de la détermination de la relation entre le laboratoire *princeps* et le génériqueur.** Les fabricants de génériques sont principalement dans une relation verticale avec les laboratoires innovants : soit ils achètent le médicament du laboratoire *princeps* et le revendent sous la forme générique à la suite d'un reconditionnement des boîtes ; soit ils achètent aux laboratoires *princeps* tout ce qui est nécessaire à la fabrication de la version générique du médicament *princeps*, en particulier le principe actif (« *active pharmaceutical ingredient* »)[1078]. Cependant, le génériqueur pourrait aussi être regardé comme un concurrent du laboratoire innovant puisqu'il vend un *substitut* parfait au médicament *princeps* sur le même marché pertinent. L'identification de la relation est donc une étape cruciale pour l'application de l'article 101 TFUE. En effet, certains accords pourraient bénéficier des sphères de sécurité (« *safe harbor* ») prévues par le règlement d'exemption sur les restrictions verticales ou par le règlement d'exemption sur les accords de transfert de technologie.

273. **Le génériqueur est un distributeur.** Le scénario auquel nous faisons référence ici concerne les cas où un accord de préentrée prévoit que le génériqueur ne produira pas lui-même la version générique du médicament *princeps*. Plutôt, le génériqueur agira comme un distributeur licencié. En clair, le génériqueur se contentera de renommer le médicament et de réétiqueter les boîtes. Dans cette hypothèse, le génériqueur ne produit pas la version générique du médicament mais conclut à la place un accord de distribution exclusive à l'approche de l'expiration du brevet. Dans son Rapport final sur le secteur pharmaceutique, la Commission a mis en exergue de nombreuses situations où il y avait une combinaison d'accords d'approvisionnement avec des accords de distribution et où le laboratoire innovant fournissait le génériqueur en médicament afin qu'il le distribue[1079]. Nous allons voir que, comme nous le présentions précédemment, même dans cette occurrence les accords de préentrée jouissent d'un *a priori* favorable. Plusieurs règlements d'exemption semblent applicables.

1078 Voy. *infra* n° 277 et s.

1079 Comm. eur., Rapport final sur le secteur pharmaceutique, préc., § 843, p. 307.

1. L'applicabilité du règlement d'exemption sur les restrictions verticales

274. **Les conditions d'application du règlement d'exemption sur les restrictions verticales.** Comme l'a souligné très justement M. Gallasch, « *le fait que le laboratoire innovant vende aussi le médicament sur le même marché, et ainsi agisse comme un concurrent du génériqueur, ne rend pas nécessairement le règlement d'exemption sur les restrictions verticales inapplicable* »[1080]. Nonobstant l'obligation qu'ont les entreprises concernées d'être actives sur des marchés amont et aval séparés, le règlement accorde une exception aux entreprises concurrentes. Selon le règlement, les accords entre entreprises concurrentes peuvent être couverts si le producteur est un fournisseur et un distributeur, mais que l'acheteur est seulement un distributeur et non pas un producteur au moment de la conclusion de l'accord[1081]. En ce sens, le règlement d'exemption devrait s'appliquer dès lors que les parts de marché du laboratoire innovant et du génériqueur n'excèdent pas 30 % et que l'accord n'inclut pas de restrictions caractérisées au sens de l'article 4 du règlement d'exemption. La majorité des entreprises questionnées au cours de l'enquête sectorielle de la Commission européenne indique que leurs parts de marché tombent en dessous de ces seuils, ce qui semble indiquer que la plupart des accords de préentrée sont susceptibles d'être exemptés. Néanmoins, ce calcul des parts de marché dépend de la méthode de définition du marché pertinent, laquelle est extrêmement controversée dans le secteur pharmaceutique et peut varier significativement.

Si un seul médicament devait être regardé comme constituant le marché pertinent, alors le laboratoire innovant excédera probablement les seuils prévus. Le génériqueur, quant à lui, n'aurait aucune part de marché au moment d'entrer sur le marché. Ainsi, l'applicabilité du règlement apparaît uniquement possible si la définition du marché est plus large, par exemple si l'autorité de concurrence prend en compte d'autres molécules qui peuvent être potentiellement utilisées pour la même maladie. Dans ce cas, « *le laboratoire innovant pourrait avoir des parts de marché beaucoup plus faibles tandis que le génériqueur pourrait avoir une partie des parts de marché, malgré qu'il ne soit pas entré sur le marché du médicament couvert par l'accord de préentrée* »[1082]. Par ailleurs, il convient de relever que les lignes directrices sur les restrictions verticales établies par la

---

1080 S. Gallasch, *The Anticompetitive Misuse of Intellectual Property Rights in the European Pharmaceutical Sector*, *op. cit.*, p. 181 (traduction libre) : « *The fact that the brand company is also selling the drug on the same market, thereby potentially acting as a competitor to the generic company, does not necessarily render the VBER inapplicable.* »

1081 Règl. (UE) n° 330/2010 de la Commission du 20 avr. 2010 concernant l'application de l'article 101, paragraphe 3, du traité sur le fonctionnement de l'Union européenne à des catégories d'accords verticaux et de pratiques concertées, *JOUE* L 102/1 du 23 avr. 2010. En effet, l'article 2)4)a) du règlement dispose que « *l'exemption s'applique lorsque des entreprises concurrentes concluent entre elles un accord vertical non réciproque et que* le fournisseur est un producteur et un distributeur de biens, tandis que l'acheteur est un distributeur et non une entreprise qui fabrique des biens concurrents » (nous soulignons).

1082 S. Gallasch, *The Anticompetitive Misuse of Intellectual Property Rights in the European Pharmaceutical Sector*, *op. cit.*, p. 182 (traduction libre) : « *the brand company is likely to have a smaller market share and the generic company could have a proportion of the market despite not having entered the market of drug that is covered by early entry agreement* ».

Commission imposent la réunion de nombreuses conditions s'agissant de l'application du *safe harbor* dès lors qu'un accord vertical contient des dispositions relatives aux droits de propriété intellectuelle (DPI)[1083]. Les accords de préentrée sont directement concernés par ce dispositif dans la mesure où ils reposent sur l'existence d'un brevet protégeant le médicament *princeps*. Dès lors, l'applicabilité du règlement d'exemption à l'accord de préentrée sera possible si les conditions suivantes sont remplies :

a) les dispositions concernant les DPI doivent faire partie intégrante d'un accord vertical, c'est-à-dire d'un accord concernant les conditions auxquelles les parties peuvent acheter, vendre ou revendre certains biens ou services ;
b) les DPI doivent être cédés à l'acheteur ou celui-ci doit être autorisé à les utiliser ;
c) les dispositions concernant les DPI ne doivent pas constituer l'objet principal de l'accord ;
d) les dispositions concernant les DPI doivent être directement liées à l'utilisation, la vente ou la revente de biens ou de services par l'acheteur ou ses clients ;
e) les dispositions concernant les DPI ne doivent pas comporter, en relation avec les biens ou les services contractuels, de restrictions de concurrence ayant un objet identique à celui de restrictions verticales non exemptées en vertu du règlement d'exemption par catégorie[1084].

En ce sens, puisque dans le cas des accords de préentrée le brevet sous-jacent ne correspond pas au principal objectif de l'accord, il devrait plutôt être regardé comme un accessoire (« *an ancillary* ») de ce dernier[1085]. En effet, si le laboratoire *princeps* ne concédait pas de licence, le génériqueur ne pourrait pas entrer sur le marché et distribuer la version générique du médicament avant l'expiration du brevet et donc réaliser la distribution du produit, qui est l'objet principal de l'accord. Par conséquent, le règlement sur les restrictions verticales devrait généralement être applicable aux accords de préentrée dans le scénario où le *princeps* est renommé et réétiqueté par le génériqueur pour sa distribution sous une forme générique dès lors que l'accord ne contient pas de restrictions caractérisées listées à l'article 4 du règlement d'exemption, telles que les prix de revente imposés[1086].

2. L'applicabilité de l'article 101(3) TFUE

275. **Les accords de préentrée ne bénéficiant pas du *safe harbor* peuvent être exemptés s'ils remplissent les conditions posées par l'article 101(3) TFUE.** Les accords de préentrée peuvent tomber en dehors de la sphère de sécurité établie par le règlement d'exemption. Dans ce cas, les accords de préentrée devront faire l'objet d'une analyse concurrentielle pleine et entière. La seule possibilité d'obtenir

---

1083 Comm. eur., Communication de la Commission européenne, Lignes directrices sur les restrictions verticales, *JOUE* C 130/1 du 19 mai 2010, § 31 (ci-après « Lignes directrices sur les restrictions verticales »).

1084 *Ibid.*

1085 Nous sommes sur ce point du même avis que M. Gallasch. Voy. S. Gallasch, *The Anticompetitive Misuse of Intellectual Property Rights in the European Pharmaceutical Sector*, *op. cit.*, p. 183.

1086 Voy. art. 4 du règlement sur les restrictions verticales.

une exemption reposera sur l'application de l'article 101(3) TFUE. Même si les lignes directrices offrent une aide précieuse pour l'évaluation individuelle des accords verticaux tombant hors du règlement d'exemption, les principes exposés ne peuvent pas s'appliquer mécaniquement et doivent plutôt être appliqués sur la base du cas par cas, c'est-à-dire *in concreto*. Ainsi, il conviendra de prendre en compte les faits spécifiques de l'affaire en cause ainsi que le contexte économique. Néanmoins, il est possible de dégager quelques principes généraux qui devraient être applicables aux accords de préentrée.

276. **Caractéristiques des accords de préentrée.** Les accords de préentrée prenant la forme d'un réétiquetage du médicament *princeps* consistent principalement en des accords de monomarquisme[1087] (« *single branding agreements* ») qui sont combinés avec des accords d'approvisionnement exclusif. De tels accords généralement peuvent avoir une incidence préjudiciable sur la concurrence inter- et intramarque pour le consommateur et créer un verrouillage anticoncurrentiel. Pour que l'on puisse établir un tel verrouillage encore faut-il prendre en compte de nombreux éléments, tels que la structure concurrentielle du marché, le niveau de la demande des consommateurs, le marché couvert par l'accord de monomarquisme, les barrières à l'entrée et enfin la durée de l'accord. Il est cependant établi que le verrouillage potentiel du marché augmente avec le niveau du pouvoir de marché des entreprises concernées. La Commission, dans ses lignes directrices sur les restrictions verticales, souligne d'ailleurs que « *les obligations de monomarquisme sont plus susceptibles d'entraîner un verrouillage anticoncurrentiel du marché lorsqu'elles sont contractées par des entreprises occupant une position dominante* »[1088].

S'il devait être établi que l'accord de préentrée en question conduit à un verrouillage anticoncurrentiel du marché pertinent, il sera nécessaire de démontrer que les effets proconcurrentiels de l'accord compensent ces effets de verrouillage. Les principaux arguments développés pour justifier objectivement les accords d'exclusivité entre fournisseur et distributeur sont fondés sur : les incitations du distributeur à l'investissement ; le problème de *free-riding* (c'est-à-dire le fait de profiter des efforts d'un distributeur) qui peut se produire lorsque d'autres concurrents entrent sur le marché ; et la question du parasitisme (*hold up*)[1089]. Sur la question de l'incitation à l'investissement, il a été soutenu que le distributeur serait prêt à investir dans un réseau de distribution ou dans des services de ventes (tels

---

1087 Les accords de monomarquisme restreignent le génériqueur dans ses activités de vente et de distribution (par exemple : des restrictions territoriales, l'interdiction de vendre des produits en concurrence avec le laboratoire innovant). Les lignes directrices sur les restrictions verticales indiquent que le « *"monomarquisme" englobe les accords dont le trait principal est d'obliger ou d'inciter l'acheteur à s'approvisionner, pour un type donné de produit, auprès d'un seul fournisseur* », voy. Lignes directrices sur les restrictions verticales, préc., § 129.

1088 Lignes directrices sur les restrictions verticales, préc., § 131.

1089 Les professeurs Rey et Vergé ont fait état de ce problème en indiquant que « *parfois l'une des parties doit procéder à des investissements spécifiques, lesquels ont une petite valeur résiduelle s'il est mis fin à la relation. Dans ce cas, le retour sur de tels investissements doit être garanti* via *des engagements de long terme pour contrer la crainte d'un comportement opportuniste (problème de hold up) qui conduirait à un sous-investissement* » (traduction libre). Voy. P. Rey & T. Vergé, « The Economics of Vertical Restraints », p. 23, Conference paper at the conference on Advances in the Economics of Competition Law, Rome (June 2005), disponible sur : http://www.learlab.com/conference2005/documents/rey_verge.pdf. *Adde* Lignes directrices sur les restrictions verticales, préc., § 107 (d).

que les dépenses promotionnelles et de formation du personnel) qu'en contrepartie d'une exclusivité puisque ces coûts sont souvent irrécupérables[1090]. Sans une telle exclusivité, d'autres concurrents pourraient entrer sur le marché et « free-rider » ces services, ce qui leur permettrait de vendre le produit à un prix plus faible. Cette situation s'explique par le fait que ces derniers n'auraient pas eu à subir les coûts du service *ab initio*[1091]. Cependant, l'élément décisif pouvant justifier du caractère exclusif de l'accord doit reposer sur la présence du brevet. Ainsi, tant que le laboratoire *princeps* détient un brevet valide en vigueur, la restriction portant sur la distribution du médicament pourrait être acceptable. Pourquoi ? La raison est simple. Lorsque le brevet est en vigueur, l'accès au marché est bloqué. Le génériqueur préentrant est donc l'unique entreprise générique sur le marché et n'a pas à craindre une concurrence générique. Cette protection contre la concurrence générique encourage par voie de conséquence cet opérateur à faire des investissements substantiels, car il a la garantie, l'assurance et la certitude de les récupérer lorsqu'il se sera établi sur le marché. Cette situation éradique totalement tout problème de *free-riding* (ou de passagers clandestins). En revanche, cette justification reposant sur la présence du brevet devient caduque dès lors que le brevet tombe dans le domaine public. Dans cette occurrence, il sera de plus en plus difficile de justifier les obligations d'exclusivité auxquelles le génériqueur est assujetti. Autrement dit, les accords de préentrée qui se prolongent postérieurement à la chute du brevet dans le domaine public deviennent hautement problématiques et posent, selon nous, de sérieuses préoccupations de concurrence[1092].

B. Produire le médicament *princeps* : le scénario de la relation horizontale

277. **Le principe : la concession d'une licence.** À l'inverse du scénario du réétiquetage, le génériqueur reçoit une licence de brevet du laboratoire innovant l'autorisant à produire et à vendre le médicament. Ici, le génériqueur n'est pas un distributeur du médicament *princeps*. En effet, il n'y a pas de reconditionnement des boîtes du médicament et le produit vendu par le génériqueur ne sort pas des sites de production du laboratoire innovant. En clair, le génériqueur devra fabriquer le médicament par lui-même et utiliser ses propres moyens de production. Cela étant dit, l'accord de préentrée prévoyant cette forme de relation garde toutes ses chances d'obtenir une exemption et pourra éventuellement se voir appliquer le *safe harbor* fixé par le règlement d'exemption s'appliquant à des accords de transfert de technologie[1093].

1090 F. Lafontaine & M. Slade, « Exclusive Contracts and Vertical Restraints: Empirical Evidence and Public Policy », p. 7 (2005), disponible sur : http://econ.sites.olt.ubc.ca/files/2013/05/pdf_paper_margaret-slade-exclusivecontracts-verticalrestraints.pdf.

1091 L. G. Telser, « Why Should Manufacturers Want Fair Trade? », 3 *Journal of Law and Economics* 86 (1960), spéc. p. 91.

1092 Nous étudierons cette problématique dans la section 2.

1093 Règl. (UE) nº 316/2014 de la Commission du 21 mars 2014 relatif à l'application de l'article 101, paragraphe 3, du traité sur le fonctionnement de l'Union européenne à des catégories d'accords de transfert de technologie, *JOUE* L 93/17 du 29 mars 2015 (ci-après « règlement sur les accords de transfert de technologie »).

278. **L'applicabilité du règlement n° 316/2014 sur les accords de transfert de technologie.** L'application du règlement n° 316/2014 dépend tout d'abord de la réponse à la question suivante : les parties à l'accord sont-elles des concurrents ou des non-concurrents ? Si les parties sont des concurrents alors les parts de marché cumulées doivent être inférieures ou égales à 20 %[1094]. Si les parties ne sont pas des concurrents, les parts de marché cumulées ne doivent pas dépasser 30 %[1095]. Afin de déterminer la relation concurrentielle entre les parties, il est alors nécessaire d'examiner si les parties auraient été des concurrents actuels ou potentiels en l'absence de l'accord. Si en l'absence de l'accord, les parties n'auraient pas été des concurrents actuels ou potentiels[1096] sur le marché pertinent affecté par l'accord, elles sont réputées être des non-concurrents[1097]. En se fondant sur ses éléments, les parties à l'accord de préentrée sont susceptibles d'être qualifiées de *non-concurrents*. En théorie, sans la licence de brevet, le génériqueur n'aurait pas été capable de produire la version générique du médicament protégé par le brevet. Toutefois, il pourrait être soutenu que le génériqueur serait capable de produire le médicament sans le savoir-faire transmis par la licence. C'est particulièrement le cas lorsque le brevet sur la molécule est échu et que le laboratoire innovant ne détient plus que des brevets de procédé ou de formulation, c'est-à-dire des brevets secondaires. Dans cette occurrence, un génériqueur pourrait bien inventer autour du brevet (« *to invent around the patent* ») et lancer son produit sur le marché. Le génériqueur serait donc vu comme un concurrent potentiel (s'il n'a pas encore introduit son produit sur le marché) ou actuel (s'il a déjà commercialisé sa version générique). Ainsi, il convient de scinder les cas où les accords de préentrée reposent sur un brevet sur la molécule des cas où l'accord repose sur un brevet secondaire.

279. **Le cas où l'accord de préentrée repose sur un brevet primaire : les entreprises sont des *non-concurrents*.** Dans le cas où l'accord de préentrée repose sur un brevet primaire, les entreprises semblent être des non-concurrents et c'est le seuil de 30 % de parts de marché cumulées qui s'applique, ce qui est similaire à la situation du scénario du réétiquetage. Dans cette hypothèse, de nombreux accords de préentrée seront probablement exemptés, pour ne pas dire immunisés contre une attaque antitrust, notamment ceux prenant la forme de concession d'une licence exclusive. Sur ce sujet, la Commission explique dans ses lignes directrices que « *le droit d'accorder une licence exclusive est généralement nécessaire pour inciter le preneur à investir dans la technologie concédée et à commercialiser les produits en temps voulu* »[1098]. Elle poursuit en indiquant qu'« *une remise en cause de l'exclusivité une fois que le preneur a fait de la technologie concédée un succès*

1094 Voy. art. 2 du règlement sur les accords de transfert de technologie.

1095 *Ibid.*

1096 Voy. par ex. : CJUE, 14 avr. 2011, *Visa c/ Commission*, aff. T-461/07, *Rec.* II, p. 1729, § 187, qui explique que la qualification de concurrent potentiel pour un opérateur économique est acquise dans l'hypothèse où l'entrée sur le marché de ce dernier « *ne revêt pas un caractère purement théorique* ».

1097 Voy. Art. 1(n)(ii) du règlement sur les accords de transfert de technologie.

1098 Comm. eur., Communication de la Commission européenne. Lignes directrices concernant l'application de l'article 101 du traité sur le fonctionnement de l'Union européenne à des catégories d'accords de transfert de technologie, *JOUE* C 89/03 du 28 mars 2014, § 194 (ci-après « Lignes directrices sur les accords de transfert de technologie »).

commercial priverait le preneur des fruits de son succès et nuirait à la concurrence, à la diffusion de la technologie et à l'innovation »[1099]. Ainsi, les accords de préentrée intégrant une concession de licence exclusive sont susceptibles de remplir les conditions posées par l'article 101(3) TFUE[1100]. La Commission ne remettra donc en cause ce type d'accord qu'exceptionnellement.

Par ailleurs, les accords de préentrée peuvent comporter des *restrictions territoriales* ou *de clientèle* : soit en prévoyant que le preneur (le génériqueur) ne pourra pas vendre son produit sur un territoire exclusif réservé au donneur ; soit en prévoyant que le preneur ne pourra pas cibler un groupe de clients exclusifs réservé au donneur. Dans cette occurrence, le règlement d'exemption s'applique quand même dès lors que le seuil en parts de marché demeure respecté[1101]. En outre, les accords de préentrée imposent souvent des *restrictions non territoriales*, telles que des obligations de non-concurrence ou des clauses de non-contestation. La présence de telles obligations n'élimine pas *de facto* l'application du règlement n° 316/2014.

S'agissant des obligations de non-concurrence, rappelons qu'elles consistent dans ce contexte à imposer au preneur (c'est-à-dire au génériqueur) de ne pas utiliser des technologies appartenant à des tiers qui seraient en concurrence avec la technologie concédée. Cependant, même si la Commission juge ces obligations hautement problématiques dans la mesure où elles peuvent avoir des effets de verrouillage du marché, notamment lorsque le donneur détient un grand pouvoir de marché, elle ne ferme pas pour autant la porte à une possible exemption dès lors que ces obligations de non-concurrence sont susceptibles de dégager des effets proconcurrentiels. La Commission évoque trois hypothèses :

- tout d'abord, elle indique que les obligations de non-concurrences peuvent favoriser la diffusion des technologies en réduisant le risque d'appropriation frauduleuse de la technologie concédée, notamment du savoir-faire ;
- ensuite, elle précise que de telles obligations, éventuellement associées à un territoire exclusif, peuvent être nécessaires pour qu'un preneur soit incité à investir dans la technologie concédée et à l'exploiter efficacement ;
- enfin, la Commission ajoute que lorsque le donneur s'engage à faire des investissements importants en faveur du preneur, par exemple dans des actions de formation ou dans une adaptation de la technologie concédée aux besoins du preneur, des obligations de non-concurrence peuvent s'avérer nécessaires pour inciter le donneur à consentir ces investissements et éviter qu'il y renonce[1102].

1099 *Ibid.*

1100 CJCE, 25 mars 1996, *Vereniging van Samenwerkende Prijsregelende Organisaties in de Bouwnijverheid e.a. c/Commission*, aff. C-137/95 P, *Rec.* I, p. 1611 ; CJCE, 21 sept. 2006, *JCB Service*, aff. C-167/04, *Rec.* I, p. 8935, § 187 ; TPICE, 8 oct. 2002, *Métropole télévision M6*, aff. T-185/00, *Rec.* II, p. 3805.

1101 Voy. art. 4(2)(b)(i) du règlement sur les accords de transfert de technologie. *Adde* Lignes directrices sur les accords de transfert de technologie, préc., § 121, où la Commission précise que, « *dès lors que les parts de marché sont inférieures au seuil, de telles restrictions, même si elles limitent la concurrence, peuvent néanmoins être proconcurrentielles dans la mesure où elles favorisent la diffusion des technologies et l'intégration de celles-ci aux actifs de production du preneur* ».

1102 Lignes directrices sur les accords de transfert de technologie, préc., §§ 231-233.

S'agissant des clauses de non-contestation, leur présence dans des accords de préentrée s'explique assez aisément. En effet, le donneur de licence a une forte incitation à inclure de telles clauses puisque l'accord fournit au génériqueur – c'est-à-dire au preneur – des informations sur le procédé de fabrication enfermées dans le brevet ainsi que sur la faiblesse potentielle de ce dernier, ce qui pourrait conduire le génériqueur à contester le brevet. Il est par conséquent probable que le donneur s'abstiendrait complètement de licencier son brevet en l'absence d'une telle protection contractuelle. Cependant, même s'il est possible d'expliquer la présence de telles clauses, il sera néanmoins difficile d'éviter une analyse concurrentielle approfondie et de trouver des justifications objectives à leur intégration dans l'accord. Le règlement d'exemption fait de ces clauses des restrictions exclues[1103]. Il existe bien une exception cependant si « *la technologie concédée est liée à un processus techniquement obsolète que le preneur n'utilise pas, ou si la licence est accordée à titre gratuit* »[1104]. Mais cette exception ne s'applique pas pour les accords de préentrée puisque la technologie concédée, portant sur le médicament *princeps*, ne remplit pas l'une des deux conditions. Non seulement le donneur (le laboratoire innovant) utilise une technologie qui n'est pas obsolète, mais surtout la licence n'est jamais concédée à titre gratuit. Une licence à titre gratuit n'aurait aucun intérêt pour un laboratoire innovant et irait à rebours de l'objectif qu'il s'est fixé : contenir la baisse de ses revenus causée par l'entrée d'un génériqueur sur le marché. Malgré la rigidité dont fait preuve la Commission à l'égard des clauses de non-contestation, il est possible de sauver un accord de préentrée d'une condamnation antitrust. Pour ce faire, il doit prendre la forme d'un accord transactionnel et non pas la forme d'un accord commercial. En effet, les nouvelles lignes directrices précisent que « *[d]ans le cadre d'un accord de règlement, des clauses de non-contestation sont généralement considérées comme ne relevant pas de l'article 101, paragraphe 1, du traité. Une caractéristique propre à de tels accords est que les parties conviennent de ne pas contester* a posteriori *les droits de propriété intellectuelle qui étaient au cœur du litige. En effet, le véritable objectif de l'accord est de régler les litiges existants et/ou d'éviter des litiges futurs* »[1105].

280. **Accords de préentrée et redevances.** Il convient par ailleurs d'évoquer de manière cursive l'analyse retenue par la Commission s'agissant des redevances. Le Rapport final de la Commission sur le secteur pharmaceutique a relevé qu'en moyenne, les accords demeurent en vigueur deux ans après la chute du brevet dans le domaine public. Le cas le plus extrême concerne un accord aux termes duquel l'exclusivité

1103 Voy. art. 5(1)(b) du règlement sur les accords de transfert de technologie, qui dispose que ne bénéficie pas de l'exemption prévue par ledit règlement « *toute obligation directe ou indirecte imposée à une partie* de ne pas mettre en cause la validité des droits de propriété intellectuelle *que l'autre partie détient dans l'Union, sans préjudice de la possibilité, dans le cas d'une licence exclusive, de résilier l'accord de transfert de technologie si le preneur de licence met en cause la validité de l'un des droits sur technologie concédés, quel qu'il soit* » (nous soulignons). Voy. aussi A. Casalonga, *Traité technique et pratique des brevets d'invention*, LGDJ, 1949, t. 1, n° 785, qui contestait déjà à cette époque la validité des clauses de non-contestation.

1104 Voy. CJCE, 27 sept. 1988, *Bayer c/ Heinz Süllhöfer*, aff. C-65/86, *Rec.*, p. 05249. *Adde* Lignes directrices sur les accords de transfert de technologie, préc., § 134.

1105 Lignes directrices sur les accords de transfert de technologie, préc., § 242. Nous verrons cependant que ces accords pourront faire l'objet d'une analyse concurrentielle poussée dès lors qu'ils prennent la forme d'un accord de report d'entrée comportant un paiement versé en nature.

de la relation entre le génériqueur et le laboratoire innovant s'est prolongée quatorze ans après l'expiration du brevet[1106]. Dans ce contexte, de sérieuses préoccupations de concurrence surgissent puisque des restrictions de concurrence demeurent alors même qu'elles ne sont plus justifiées par la présence d'un brevet en vigueur. Cependant, même si le brevet est tombé dans le domaine public, la Commission accepte que les parties puissent convenir d'étendre l'obligation de versement de redevances au-delà de la période de validité des droits de propriété intellectuelle concédés, et ce, sans enfreindre l'article 101(1) TFUE[1107]. Étant donné que des tiers pourront à ce moment-là exploiter la technologie ayant perdu sa protection par brevet, il existera une concurrence réelle ou potentielle suffisante pour garantir que les obligations de payer les redevances n'auront aucun effet anticoncurrentiel[1108]. Selon M. Gallasch, le principe retenu par la Commission se justifie par la notion d'autocorrection des marchés (« *self-correcting markets* »)[1109]. Toutefois, cette justification ne doit pas être retenue dans toutes les situations. Si nous partons du principe qu'un génériqueur suiveur pourra voir la profitabilité de son entrée[1110] amoindrie à cause de l'avantage du premier entrant, le génériqueur premier entrant payera certainement des redevances très élevées au-delà de la période d'exclusivité dont jouissait le médicament. Ce contexte pourrait conduire à la fixation de prix supraconcurrentiels pour le médicament générique au préjudice du consommateur[1111].

Quoi qu'il en soit, la plupart des accords de préentrée conclus entre des non-concurrents remplissant les exigences de seuil en parts de marché posées par le règlement sur les accords de transfert de technologie seront, selon nous, exemptés par la Commission et présumés proconcurrentiels.

281. **Le cas où l'accord de préentrée repose sur un brevet secondaire : les entreprises sont des *concurrents*.** Lorsque l'accord de préentrée repose sur un brevet secondaire (c'est-à-dire un brevet de procédé ou un brevet de formulation), les entreprises parties

---

1106 S. Gallasch, *The Anticompetitive Misuse of Intellectual Property Rights in the European Pharmaceutical Sector*, *op. cit.*, p. 191.

1107 L'arrêt préjudiciel récemment rendu par la Cour de justice dans l'affaire *Genentech* jette cependant le trouble sur la politique de la Commission. Aux termes de celui-ci, « *l'article 101 TFUE doit être interprété en ce sens qu'il ne s'oppose pas à ce que, au titre d'un accord de licence [...], il soit imposé au licencié de payer une redevance pour l'utilisation d'une technologie brevetée pendant toute la période d'effectivité de cet accord,* en cas d'annulation ou de non-contrefaçon du brevet sous licence, *dès lors que le licencié a pu librement résilier ledit accord moyennant un préavis raisonnable* » (nous soulignons). Voy. CJUE, 7 juill. 2016, *Genentech c/ Hoechst et Sanofi-Aventis Deutschland*, aff. C-567/14, *Rec. num.* EU:C:2016:526. L'arrêt ne vise pas l'hypothèse où le brevet a expiré et où l'accord a continué à être exécuté. Il n'évoque que celui de l'annulation du brevet ou de la non-contrefaçon. Dès lors, la question se pose de savoir si le principe dégagé par les juges de Luxembourg doit s'appliquer au cas où le brevet sur lequel repose l'accord tombe dans le domaine public. Si la réponse est positive, les accords de préentrée devraient alors intégrer des clauses de résiliation prévoyant un préavis raisonnable. Ainsi, en l'absence d'une telle clause, ces accords pourraient tomber sous le coup de l'article 101(1) TFUE dès lors qu'ils se prolongent et demeurent effectifs alors même que le brevet est arrivé à échéance. Pour un commentaire exhaustif de cet arrêt : voy. A. Mendoza-Caminade, « La confrontation du contrat de licence de brevet au droit de la concurrence », *D.* 2017, p. 88.

1108 S. Gallasch, *The Anticompetitive Misuse of Intellectual Property Rights in the European Pharmaceutical Sector*, *op. cit.*, § 187.

1109 *Ibid.*, p. 191 : « *[...] the duration of the agreement beyond the patent life is justified on the basic notion of self-correcting markets* ».

1110 Entrée qui, rappelons-le, est retardée.

1111 S. Gallasch, *The Anticompetitive Misuse of Intellectual Property Rights in the European Pharmaceutical Sector*, *op. cit.*, p. 191.

à l'accord pourront être considérées comme des concurrents potentiels ou actuels. Dans cette occurrence, l'entreprise générique est normalement libre d'entrer sur le marché dès lors que, par exemple, la technique de fabrication du produit en cause n'est pas identique à celle scellée dans le brevet de procédé du laboratoire *princeps*. Autrement dit, étant donné que le brevet sur la molécule est échu, le génériqueur pourra utiliser le même principe actif que celui du laboratoire *princeps*, mais il lui sera interdit de le fabriquer au moyen du même procédé. Cela a une conséquence directe sur l'application du règlement d'exemption. Ainsi, au lieu de bénéficier d'une exemption automatique lorsque les parts de marché cumulées ne dépassent pas 30 %, les parties verront ce seuil abaissé à 20 %. Dès lors que les seuils en parts de marché sont respectés, de nombreuses restrictions seront tolérées par la Commission. S'agissant notamment des restrictions territoriales, le règlement dispose qu'il n'y a pas de restriction caractérisée lorsque le donneur dans un accord non réciproque accorde au preneur une licence exclusive de production sur la base de la technologie concédée sur un territoire déterminé et accepte donc de ne pas produire lui-même les produits contractuels sur ce territoire ni de les fournir à partir de ce territoire[1112]. Le règlement permet aussi une exemption par catégorie aux accords non réciproques par lesquels les parties conviennent de ne pas vendre leurs produits activement ou passivement sur un territoire exclusif ou à un groupe d'acheteurs exclusif réservé à l'autre partie[1113]. S'agissant des restrictions non territoriales, toutes les analyses et remarques évoquées précédemment pour les accords de préentrée entre non-concurrents sont aussi valables pour les accords de préentrée conclus entre concurrents.

282. **Transition vers la section 2.** Les accords de préentrée semblent contenir de nombreuses vertus les conduisant à échapper à un examen antitrust. Ils emportent à ce titre la qualification d'accords proconcurrentiels. Nous verrons toutefois que certains d'entre eux sont utilisés par les laboratoires pharmaceutiques à mauvais escient. Malgré l'apparence d'une entrée avancée sur le marché, maints accords dissimulent des objectifs inverses, à savoir retarder l'entrée d'un concurrent sur le marché. Ainsi, ces accords portent, selon le contexte économique et factuel, une gémellité patente avec les accords de report d'entrée ayant potentiellement un objet ou un effet anticoncurrentiel.

Section 2
Les effets potentiellement anticoncurrentiels des accords de préentrée

283. **Prolonger le monopole et protéger les brevets faibles, deux potentiels effets des accords de préentrée.** Les accords de préentrée sont utilisés pour anticiper la concurrence générique. Ils offrent aux laboratoires *princeps* la possibilité de

1112 Art. 4(1)(c)(i) du règlement d'exemption sur les accords de transfert de technologie.
1113 *Ibid.*

contrôler le lancement d'un médicament concurrent sur le marché[1114]. Cette anticipation cache parfois une intention anticoncurrentielle. Les accords de préentrée, prenant principalement la forme d'accords d'approvisionnement exclusif ou d'accords de distribution exclusifs, possèdent clairement la capacité de verrouiller le marché, voire, à tout le moins, la capacité de brider la concurrence qui pourrait s'y exercer. En utilisant une méthode hypothético-déductive, nous allons essayer de démontrer que l'objectif principal de ces accords consiste très souvent à éliminer le degré d'incertitude nécessaire au fonctionnement concurrentiel du marché. Avec l'aide de ces accords, les entreprises innovantes, en collusion avec les génériqueurs, arriveront non seulement à prolonger de manière artificielle leur monopole (§ 1) mais aussi à protéger des brevets faibles (§ 2).

§ 1. La prolongation du monopole

284. ***Modus operandi* et effets des accords de préentrée.** Les accords de préentrée selon nous sont hautement suspects. Suspects parce que le laboratoire *princeps* pourrait éviter l'érosion de ces revenus, et dissuader une entrée générique, en lançant lui-même son auto-générique[1115]. Cette stratégie lui permettrait de cannibaliser le marché[1116] et de bénéficier ainsi de l'avantage du premier entrant. Or, les entreprises innovantes écartent, selon le contexte, cette possibilité. Elles préfèrent conclure des accords de préentrée qui, nous semble-t-il, sont sporadiquement utilisés à des fins anticoncurrentielles. *Anticoncurrentiel*, le mot est lâché. Même si nous reconnaissons volontiers le ton péremptoire de nos propos, l'idée d'adopter une attitude purement polémique ne nous satisfait pas. Nous nous efforcerons donc de démontrer notre assertion par l'utilisation d'une méthodologie juridique solide et éprouvée. Pour ce faire, nous nous polariserons tout d'abord sur le *modus operandi* dont font usage les entreprises (A) avant d'examiner les effets des accords de préentrée sur la concurrence (B).

A. Le mode opératoire : le paiement caché

285. **Les accords de préentrée présentent des préoccupations de concurrence.** Le Rapport final de la Commission européenne sur le secteur pharmaceutique expose de nombreuses caractéristiques des accords de préentrée, selon nous révélatrices de leur potentielle composante anticoncurrentielle. Dès l'abord, nous constatons que ces accords sont souvent conclus à l'approche de la perte d'exclusivité du médicament sur le marché. La Commission révèle que la plupart des accords de préentrée référencés lors de l'enquête sectorielle ont été conclus deux ans avant la date d'échéance du brevet. De manière plus précise, l'institution bruxelloise a rapporté que sur quatre-vingt-sept accords quarante-quatre ont été conclus durant la dernière année d'exclusivité du médicament[1117]. Il semblerait que les laboratoires

---

1114 Comm. eur., Rapport final sur le secteur pharmaceutique, préc., § 809, p. 297.

1115 Voy. *infra* n° 192 et s.

1116 S. Appelt, *op. cit.*, p. 18.

1117 Comm. eur., Rapport final sur le secteur pharmaceutique, préc., § 817, p. 301.

innovants se décident à conclure de tels accords dès lors qu'ils ont la certitude qu'une entrée générique se rapproche sur le marché. Prenons pour preuve un document stratégique d'un laboratoire innovant divulgué par la Commission. Dans celui-ci, le laboratoire *princeps* énonce la chose suivante : « *[...] nous devrons faire un plan pour les génériques l'année prochaine mais attendre avant de mettre en œuvre certaines activités, telles que des accords d'approvisionnement, des accords commerciaux, etc.,* jusqu'à ce qu'il y ait plus de preuves [indiquant] qu'un produit générique sera lancé [sur le marché][1118]. » Ainsi, la décision poussant à la conclusion d'un accord de préentrée ne repose pas sur le hasard ou sur un quelconque aléa. Elle s'en éloigne radicalement. Les entreprises innovantes prennent en compte de nombreux paramètres comme la position de marché du génériqueur et la réputation de ce dernier, et peuvent parfois procéder à une *due diligence* afin d'avoir une idée précise de la situation de l'entreprise[1119]. Ce n'est que si tous ces paramètres concordent que la proposition d'un accord sera déclenchée. Comme l'a énoncé un laboratoire innovant au cours de l'enquête sectorielle, « *l'objectif en concluant de [tels] arrangements avec des compagnies génériques est de maximiser les revenus du produit alors même qu'ils ne sont pas vendus par [notre entreprise]* »[1120].

En conséquence, il est possible d'affirmer par une approche déductive que, dans certaines circonstances, l'objet principal des accords de préentrée est de prolonger le monopole, monopole qui pourrait sérieusement être fragilisé, voire annihilé, par une entrée générique sur le marché. En plus de prolonger son monopole, il existe l'idée de contrôler l'entrée générique. En effet, même si ces accords semblent de prime abord autoriser un génériqueur à entrer sur le marché avant la date d'échéance du brevet, ce dernier ne sera pas libre en pratique de fixer les prix de vente du médicament générique puisque quasi systématiquement les laboratoires innovants possèdent les matériaux bruts nécessaires à la fabrication du produit générique. Il sera donc obligatoire dans maintes situations de trouver un accord avec le laboratoire innovant pour sécuriser un canal d'approvisionnement. En somme, le laboratoire innovant maintient sa mainmise sur le marché et arrivera indirectement à contrôler les prix. L'accord finalement permet au laboratoire *princeps* de prolonger son monopole, qui aurait pu prendre fin bien plus tôt si un génériqueur avait réussi à contester la validité du brevet ou à prouver que son produit ne le viole pas.

Pour toutes ces raisons, nous pensons que ces accords présentent des préoccupations de concurrence sérieuses. Le monopole qui est maintenu des années avant l'entrée du génériqueur sur le marché ne semble pas reposer sur une concurrence par les mérites, c'est-à-dire sur la qualité du produit ou sur la force du brevet. À ce titre, parallèlement à l'application de l'article 101 TFUE, l'article 102 TFUE pourrait très bien être mobilisé[1121].

1118 *Ibid.*, § 819, p. 302 (traduction libre) (nous soulignons).

1119 *Ibid.*, § 838, p. 305.

1120 *Ibid.*, § 835, p. 305 (traduction libre).

1121 Ces deux articles ont déjà été utilisés simultanément dans la décision *Servier* par la Commission européenne dans le contexte d'accords de report d'entrée comportant un paiement inversé et prenant la forme de règlements amiables. Nous examinerons cette décision dans la deuxième partie de cet ouvrage. Voy. *infra* n° 385 et s.

286. **Les accords de préentrée comportent un transfert de valeur.** Bien souvent l'accord de préentrée prend la forme d'un accord de distribution exclusive et/ou d'approvisionnement exclusif ou de licence exclusive[1122]. Le point commun de toutes ces formes d'accord réside dans leur caractère exclusif[1123]. La nature exclusive de l'accord semble être justifiée par l'existence d'un brevet qui protège le médicament *princeps* au moment où l'accord est conclu. En effet, avant l'expiration du brevet, le laboratoire innovant pourrait essayer d'exclure judiciairement chaque génériqueur du marché en s'appuyant sur des actions en contrefaçon. Devrait par conséquent être acceptable le fait que le laboratoire innovant impose des restrictions au génériqueur, notamment sur sa distribution. Cependant, nous pensons que la délivrance d'une exclusivité au génériqueur peut constituer un transfert de valeur et donc un paiement inversé caché. Que serait ce transfert de valeur ?

Dans le cas des accords de distribution exclusive réciproque[1124] par exemple, le transfert de valeur ne se nicherait pas dans le droit de distribuer le produit, mais plutôt dans la nature exclusive de la relation. Grâce à cette exclusivité, le génériqueur est assuré de n'avoir aucune concurrence sur le produit qu'il distribue, notamment aucune concurrence par les prix que pourrait provoquer la présence d'un autre distributeur sur le marché[1125]. Même lorsque l'accord est un accord de distribution exclusive simple, le transfert de valeur demeure à condition que le génériqueur reste le seul concurrent du laboratoire innovant sur le marché. Cela se justifie par le fait que l'essentiel du chiffre d'affaires du génériqueur se fera durant cette période de « solitude » sur le marché, période durant laquelle il sera l'unique fabricant du générique. Cette période présente une gémellité avec la période d'exclusivité américaine qui permet, rappelons-le, de générer 50 % à 60 % des bénéfices de l'entreprise générique[1126]. Le raisonnement est le même s'agissant des accords de préentrée prenant la forme d'un accord d'approvisionnement exclusif. Dans cette hypothèse, la valeur transférée réside dans la nature exclusive de l'arrangement. Par cet accord, le génériqueur sera le seul à bénéficier de la principale source de fourniture, ce qui contrariera sérieusement la capacité des rivaux à fabriquer rapidement un produit concurrent.

1122 Comm. eur., Rapport final sur le secteur pharmaceutique, préc., § 852, p. 308. La Commission a relevé de nombreux accords dont le caractère principal était l'exclusivité.

1123 Nous donnons au mot « exclusif », le même sens que celui exprimé par le professeur Bosco dans son étude sur l'obligation d'exclusivité, à savoir « *un rapport privatif entre deux personnes contractantes [...] qui engage une ou plusieurs parties à exécuter une ou plusieurs prestations contractuelles* ». Voy. D. Bosco, *L'obligation d'exclusivité*, Bruylant, 2008, p. 6.

1124 C'est-à-dire les accords aux termes desquels le laboratoire innovant s'oblige à autoriser uniquement à son cocontractant la distribution de son produit tandis que le génériqueur s'engage à ne distribuer que le produit du laboratoire *princeps*. Plus généralement, on dit que l'exclusivité est réciproque lorsqu'« *à l'engagement exclusif de l'une des parties répond l'engagement exclusif de l'autre* ». Voy. D. Bosco, *op. cit.*, p. 14.

1125 Dans ce contexte, pour reprendre l'expression du professeur Champaud, l'exclusivité ne place pas le débiteur dans une « prison économique », mais plutôt dans une prison dorée. C. Champaud, « La concession commerciale », *RTD com.* 1963, p. 453.

1126 C. Hemphill & M. Lemley, « Earning Exclusivity: Generic Drug Incentives and the Hatch-Waxman Act », art. préc., p. 953 (2011), qui énoncent que « *pour beaucoup de médicaments, la période d'exclusivité offre la majorité des profits disponibles à l'entreprise générique* » et qu'une fois que d'autres génériqueurs entrent sur le marché, « *la décroissance des ventes peut être extrême* » (traduction libre).

287. **Les accords de préentrée devraient être intégrés à la catégorie B.II.** En définitive, les accords de préentrée que nous avons mis en exergue présentent les mêmes caractéristiques que les accords de report d'entrée prenant la forme d'un règlement amiable de catégorie B. II. La Commission a rappelé récemment qu'elle resterait très vigilante à l'égard des règlements amiables comportant un transfert de valeur tout en limitant l'entrée des génériques sur le marché[1127]. Ces accords s'exposent à une enquête individuelle qui procéderait à une analyse concurrentielle approfondie. Comme l'a indiqué la Commission, l'évaluation antitrust peut concerner plusieurs formes de transfert de valeur à l'instar :

a) d'un transfert monétaire direct indépendamment de son objectif allégué ;

b) d'accords de distribution ou d'« accords accessoires » dans lesquels le laboratoire innovant délivre un bénéfice commercial au génériqueur[1128] ; ou

c) d'une licence délivrée au génériqueur lui permettant d'entrer sur le marché[1129].

Les accords de préentrée que nous avons présentés remplissent les critères correspondant au « b) » et au « c) ». En conséquence, ils devraient selon nous être qualifiés dans certaines circonstances bien spécifiques d'accords de report d'entrée et être arrimés à la catégorie des règlements amiables de type B.II. En effet, ces accords comportent un transfert de valeur et limitent l'entrée des génériqueurs sur le marché. Ce faisant, l'article 101 TFUE pourrait être actionné pour sanctionner les laboratoires ayant conclu ce type d'accord. Cette thèse sort renforcée lorsque l'on se concentre sur les effets produits par les accords de préentrée.

B. Les effets : le report de l'entrée

288. **Les accords de préentrée peuvent cacher un report d'entrée.** Les accords de préentrée semblent ne pas générer de préoccupations de concurrence en raison du fait qu'ils permettent une entrée avancée d'un concurrent potentiel sur le marché. Or, la réalité s'éloigne parfois de cette justification. L'entrée avancée évoquée par les opérateurs ressemble à un véritable trompe-l'œil. Bien souvent, la concurrence générique arrive très tardivement par le biais d'un accord de préentrée. Nous avons exposé précédemment que ces derniers sont pour la plupart conclus à proximité de la date d'échéance du brevet. Il est ainsi difficile de parler d'une véritable entrée avancée. Selon nous, les accords de préentrée ont pour objet ou pour effet de reporter l'entrée du génériqueur sur le marché. Comme l'a énoncé un laboratoire pharmaceutique dans un document divulgué par la Commission, le choix de conclure un accord de préentrée repose sur la capacité du fabricant de génériques à entrer rapidement sur le marché, ceci afin de contester la position de

---

1127 Par ex. European Commission, DG Competition, *4th Report on the Monitoring of Patent Settlements (period: January-December 2012)*, 9 Dec. 2013, § 14.

1128 Par exemple, en l'autorisant à entrer sur le marché avant la date d'expiration du brevet dans une autre zone géographique ou en l'autorisant à entrer sur le marché avec d'autres produits commercialisés par le laboratoire innovant.

1129 European Commission, DG Competition, *4th Report on the Monitoring of Patent Settlements*, préc., § 12. Voy. aussi I. Fraile, A. Kapoor & R. Morales, « Drug Test: When are Pay-for-Delay Agreements Illegal? », 4 *Global Competition Litigation Review* 214 (2014), spéc. p. 218.

marché du laboratoire *princeps*[1130]. En clair, si un génériqueur est capable d'entrée sur le marché de manière imminente, cela signifie qu'il a en sa possession tous les éléments lui permettant de faire invalider le brevet ou de démontrer qu'il ne le viole pas. Nous sommes donc parfois face à une situation de « *questionnable patent* » où le brevet est d'une validité douteuse[1131]. Dès lors, si un accord de préentrée ne permet pas à un génériqueur d'entrer immédiatement sur le marché alors que ce dernier serait en mesure de le faire, cela signifie qu'il a pour effet de retarder l'entrée du concurrent. Nous l'avons vu, les génériqueurs n'acceptent pas ce type d'obligations sans contrepartie. Le report d'entrée, aussi minime soit-il, n'est toléré par le fabricant de génériques que s'il bénéficie d'une compensation prenant la forme d'un transfert de valeur. Nous l'avons souligné précédemment, ce transfert de valeur ne revêt pas les habits d'un paiement monétaire net, mais plutôt la forme d'obligations d'exclusivité permettant aux génériqueurs de jouir d'un avantage concurrentiel considérable par la suite sur le marché.

289. **Les limitations à l'entrée imposées aux génériqueurs renforcent l'idée selon laquelle certains accords de préentrée appartiennent à la catégorie B.II érigée par la Commission.** En plus d'agir temporellement sur l'entrée du générique sur le marché, l'accord de préentrée va aussi limiter et contrôler cette entrée sur d'autres paramètres. La plupart des accords de préentrée prennent la forme d'accords de distribution exclusive ou d'approvisionnement exclusif. Ces accords ont pour caractéristique de comporter de nombreuses restrictions, territoriales et non territoriales. Ainsi, en concluant un accord de préentrée, un génériqueur n'a pas les coudées franches pour proposer son produit à la vente dans n'importe quel territoire ou pour fixer librement le prix de son médicament puisqu'il devra s'adapter au prix de fourniture fixé par le laboratoire *princeps*.

§ 2. La protection des brevets faibles

290. **Les accords de préentrée, une stratégie de protection des brevets et d'*evergreening*.** On le sait, les brevets constituent des sources de profit[1132] pour les entreprises. C'est d'ailleurs la raison pour laquelle celles-ci se démènent pour les protéger. La stratégie de conclure des accords de préentrée s'inscrit dans cette dynamique de protection des droits de propriété intellectuelle. Elle est bien particulière parce qu'elle est de nature extracontentieuse. Dans ce contexte, l'idée n'est pas de défendre ses droits de propriété intellectuelle en faisant appel au juge mais en utilisant la technique contractuelle, méthode permettant d'imposer des obligations à des tiers dans un cadre beaucoup plus libéral. La défense des brevets pharmaceutiques par la voie contractuelle ne pose aucun problème dès lors que le brevet sur lequel l'accord repose est valide et n'a pas été obtenu par la fraude. Cependant, le

---

[1130] Comm. eur., Rapport final sur le secteur pharmaceutique, *op. cit.*, § 819, p. 302.

[1131] R. Kovar, « Respecter les règles de la concurrence : les déviances en matière de brevets à la croisée des droits de propriété intellectuelle et de la concurrence » art. préc., p. 102.

[1132] C. Druez-Marie et *alii*, *L'explosion des règles de propriété intellectuelle – Des enjeux stratégiques et de nouvelles compétences pour les entreprises*, Cahiers IRPI, Institut de recherche en propriété intellectuelle Henri-Desbois, mars 2002, p. 34.

secteur pharmaceutique apparaît gangrené par des stratégies frôlant l'illégalité. De plus en plus de laboratoires pharmaceutiques cherchent à prolonger coûte que coûte leur monopole obtenu sur le marché par le biais de leurs brevets. Le problème est connu sous le nom d'*evergreening*[1133]. Il existe une stratégie de ce type lorsque des brevets assurent à une invention une protection d'une durée excessive[1134]. En pratique, les entreprises *princeps* brevètent de nouvelles inventions qui sont en réalité des modifications très légères de l'ancien médicament *princeps*[1135]. Ces brevets sont qualifiés de « secondaires ». Par la technique des brevets secondaires, les laboratoires innovants arrivent parfois à remplacer la préparation originale par « un produit consécutif similaire » (« *a similar follow-on product* ») qu'ils modifieront et renommeront[1136]. Ce nouveau produit sera lancé subséquemment sur le marché avant la fin de l'exclusivité dont jouit la préparation originale.

Cette stratégie d'*evergreening* n'est pas nouvelle. Elle est bien connue des spécialistes et ne touche pas uniquement l'industrie pharmaceutique. Néanmoins, force est de constater qu'elle est utilisée plus fréquemment dans ce secteur où « *les brevets couvrent de nombreux aspects du médicament, tels que leur principe actif, les formulations, les méthodes de traitement médical, les méthodes de fabrication et les intermédiaires chimiques* »[1137]. Généralement, les brevets secondaires protègent des inventions incrémentales d'une valeur mineure. Il est quasi certain qu'un brevet secondaire ne portera pas sur une innovation dite de « rupture »[1138] ou « révolutionnaire ». Voilà pourquoi nous considérons que les accords de préentrée reposant sur de tels brevets doivent être examinés avec minutie par la Commission.

291. **Les accords de préentrée permettent de défendre des brevets faibles.** Écartons d'emblée le cas des accords de préentrée reposant sur un brevet de molécule. Pour nous, et compte tenu des faibles ressources des autorités de concurrence, ils ne doivent pas être évalués hormis les cas où le brevet apparaît de manière flagrante avoir été obtenu frauduleusement. En revanche, les accords de préentrée reposant sur un brevet secondaire doivent pour leur part susciter un grand intérêt et un examen approfondi. La doctrine ayant fréquemment qualifié la stratégie d'*evergreening* comme une pratique déloyale et abusive, laquelle devrait être restreinte par une législation sur les brevets plus stricte[1139], il nous semble normal que le droit de la concurrence vienne corriger ce dysfonctionnement. Il n'est pas acceptable de laisser les laboratoires *princeps* bloquer un accès au marché, ou bien retarder une

---

1133 R. Collier, « Drug patents: the evergreening problem », 185 *Canadian Medical Association Journal* 85 (2013).

1134 R. Kovar, art. préc., p. 102.

1135 D. Sahu et *alii*, « Evergreening – A Controversial Issue in the Pharma Milieu », 14 *Journal of International Property Rights* 299 (2009).

1136 N. Tuominen, Patenting Strategies of the EU Pharmaceutical Industry – Crossroad between Patent Law and Competition Policy, *Research Papers in Law, Cahiers juridiques* No. 1 / 2011, College of Europe, p. 13.

1137 J. R. Thomas, « Patent "Evergreening": Issues in Innovation and Competition », Congressional Research Service Reports, pp. 3-4 (2009) (traduction libre) : « *Various properties of a drug that are eligible for patenting include methods of manufacture, methods of medical treatment, chemical intermediates, formulations, mechanisms of action, packaging, delivery profiles, screening methods, and biological targets* ».

1138 Sur l'innovation de rupture, Voy. *inter alia* T. Schrepel, « L'innovation de rupture : de nouveaux défis pour le droit de la concurrence », *RLC* 2015, n° 42, p. 141.

1139 D. Sahu et *alii*, art. préc., p. 304.

entrée, par le biais d'un brevet qui ne participe ni au progrès économique ni au progrès technologique. Même s'il est vrai que le rôle d'une autorité de concurrence n'est pas de juger si un brevet remplit ou non les critères de brevetabilité, il n'en demeure pas moins qu'elle a pour mission de vérifier qu'un comportement d'un opérateur n'empêche pas le marché de fonctionner normalement. Dans le cas des brevets secondaires, les laboratoires *princeps* n'ont généralement pas la capacité de bloquer l'accès au marché puisque le droit reposant sur le brevet de la molécule est épuisé. Ce faisant, un laboratoire générique pourrait bien lancer son produit librement. Le fait que le laboratoire *princeps* s'échine pour arriver à la conclusion d'un accord de préentrée, très souvent à proximité de la date d'échéance du brevet, est d'ailleurs, semble-t-il, un indice de la faiblesse de celui-ci. Il n'est donc pas acceptable de laisser un opérateur prolonger son monopole construit sur un brevet faible. Notre parti pris s'appuie sur une doctrine américaine très critique sur la trop grande liberté laissée au détenteur de brevets. En effet, de l'autre côté de l'Atlantique, de nombreux auteurs se plaignent de la trop grande importance qui est donnée au brevet au détriment de la concurrence. Pour eux, affaiblir les brevets serait une bonne chose puisque cela permettrait d'augmenter la rivalité entre les firmes[1140]. Nous nous inscrivons dans ce courant de pensée. Toutefois, nous ne sommes pas en faveur d'un affaiblissement général du brevet. Nous sommes simplement favorables à un affaiblissement bien ciblé.

1140 W. Hubbard, « Competitive Advantage of Weak Patents », 54 *Boston College L. Rev.* 1909 (2013).

Conclusion de chapitre

292. **Conclusion du chapitre 3 relatif aux accords de préentrée.** Les accords de report d'entrée semblent prendre plusieurs formes. Ils ne sont pas forcément construits sous celle d'un règlement amiable de type *pay-for-delay* où le paiement inversé serait visible et aisément identifiable par les autorités de contrôle. L'imagination et l'habileté rédactionnelle des brevetés ont conduit à l'élaboration de nouveaux accords qui *prima facie* paraissent être exempts de préoccupations de concurrence. En effet, les accords de préentrée sont de ces accords qui pourraient être vus comme proconcurrentiels parce qu'ils semblent déclencher une entrée avancée de la concurrence sur le marché. Cette concurrence avancée aurait pour principale vertu d'entraîner une concurrence par imitation qui aurait pour mérite de faire chuter les prix des médicaments et donc pour effet d'améliorer le bien-être du consommateur. Cependant, une analyse approfondie permet de démentir et de relativiser cette perception. Selon nous, les accords de préentrée se révèlent être parfois des accords de report d'entrée « cachés » et peuvent constituer de véritables trompe-l'œil. Deux indices plaident en ce sens. D'une part, ils sont conclus à l'approche de la chute du brevet dans le domaine public et peuvent apparaître comme une stratégie d'*evergreening*. Les brevetés cherchent par ce biais à prolonger de manière potentiellement injustifiée un monopole assis sur des brevets contestables. La plupart des accords de préentrée sont conclus à proximité de la chute du brevet et ont pour ambition de protéger parfois un brevet secondaire n'apportant, dans certains cas, aucune amélioration au bien-être du patient. Ainsi, l'accord de préentrée serait utilisé pour protéger le monopole du breveté sur le médicament *princeps* au moment où celui-ci pourrait être fragilisé par la chute imminente du titre de propriété intellectuelle dans le domaine public. D'autre part, les accords de préentrée comportent un transfert de valeur, c'est-à-dire un paiement inversé allant du breveté au génériqueur. Ce transfert de valeur est original puisqu'il ne correspond pas à un paiement monétaire mais plutôt à un transfert de valeur prenant la forme d'une exclusivité. Cette exclusivité a une forte valeur économique dans la mesure où le génériqueur pourra, grâce à l'accord, bénéficier de l'avantage du premier entrant et habituer les consommateurs à son produit générique. La dissimulation du paiement inversé est révélatrice d'un mouvement consistant à cacher les transferts de valeur. Une bascule dans la pratique contractuelle des laboratoires *princeps* semble avoir eu lieu ces dernières années et se justifie par la stigmatisation des paiements inversés de type monétaire par les autorités de concurrence, aussi bien aux États-Unis que dans l'Union européenne.

En définitive, les accords de préentrée montrent une nouvelle fois la manipulation par les laboratoires pharmaceutiques du système des brevets. Ces accords pourraient protéger des brevets faibles et délivrés à tort et reporter l'entrée des génériques. En effet, si le brevet avait été contesté jusqu'au terme du contentieux intellectuel, l'entrée générique se serait produite bien avant la date d'entrée contractuellement fixée et malicieusement qualifiée d'avancée. En conséquence, ces accords devraient être contrôlés comme des accords *pay-for-delay*.

Conclusion de titre

293. **Conclusion du titre II relatif à la diversité des accords de report d'entrée.** Au terme de ce titre, il a été montré qu'il existait une diversité d'accords de report d'entrée si bien qu'il est désormais possible d'affirmer que ces accords ont émergé de manière plurielle. Trois enseignements peuvent être tirés de notre étude. En premier lieu, il a été révélé que la majeure partie des accords *pay-for-delay* prennent la forme de règlements amiables permettant d'éteindre un litige de brevet, mais que ces derniers, d'apparences identiques, ne se ressemblaient pas substantiellement pour autant. Aussi, il existerait une diversité de règlements amiables dans la diversité des accords de report d'entrée, c'est-à-dire une diversité dans la diversité. S'ils ont tous pour point commun de mettre fin à un contentieux de propriété intellectuelle, leur façonnement a évolué tout d'abord en raison de la stigmatisation des accords comportant un paiement inversé de type monétaire par une partie de la doctrine américaine, avant d'être suivie ensuite par différentes autorités de concurrence. En effet, ces accords, que nous avons nommés de « première génération », ont fait l'objet de nombreuses études doctrinales – souvent amorcées par des économistes – qui ont parfois démontré leur potentielle atteinte à l'ordre public concurrentiel. Pour cette raison, les autorités de contrôle ont renforcé leurs efforts aux fins de contenir la prolifération de tels arrangements et prévenir – voire même éradiquer parfois – les graves défaillances de marché qu'ils pouvaient générer. Ce faisant, pour éviter un risque de condamnation antitrust, de plus en plus de brevetés conçoivent aujourd'hui des règlements amiables intégrant des transferts de valeur prenant une autre forme qu'un paiement en numéraire. En pratique, une variété de transferts de valeur non monétaires et redoutablement innovants a été mobilisée. Nous songeons à la clause d'accélération, à la clause de non-lancement d'un générique autorisé ou encore aux accords de licence permettant de verrouiller un marché convoité par un génériqueur en contrepartie de l'ouverture d'un autre marché protégé par des droits de propriété intellectuelle (les AICMD). La montée en puissance de ces nouvelles pratiques contractuelles marque à notre avis la future obsolescence des accords de « première génération » au bénéfice des accords de « seconde génération ». Selon nous, la bascule vers les accords de seconde génération s'expliquerait au motif qu'ils sont moins suspects et surtout plus difficilement détectables – leurs caractéristiques étant de dissimuler le paiement inversé.

En deuxième lieu, nous avons fait apparaître que les accords de report d'entrée pouvaient être élaborés en dehors d'un contexte de brevet. De simples accords commerciaux peuvent parfois avoir pour dessein de contrarier le jeu normal de la concurrence et de repousser l'entrée de concurrents génériqueurs sur le marché. La figure de proue de ces accords commerciaux – c'est-à-dire ceux ayant la capacité d'avoir un effet nocif sur la concurrence, et ce faisant d'être assimilés à des *pay-for-delay* – est les accords de copromotion. Alors que ce type d'accord a quasiment toujours été regardé avec bienveillance par la Commission européenne à la faveur des gains d'efficacité qu'il pouvait dégager, l'affaire *Johnson & Johnson* a mis en lumière sa potentielle perniciosité pour la concurrence. Autrement dit, ces accords ont été saisis et réprimés par l'ordre concurrentiel. Non seulement ils peuvent comporter un paiement inversé non justifié ; il arrive que le cocontractant ne réalise véritablement aucune promotion du produit. Mais en sus, ils peuvent avoir pour objet de retarder l'entrée de la concurrence par imitation. Or, en l'absence de protection par brevet, cette concurrence devrait rapidement être mise en œuvre – le marché étant libre d'accès et exempt de barrières à l'entrée de type juridique – et ainsi venir renforcer le bien-être du consommateur. En conséquence, point désormais un risque de requalification de ces accords en accord de report d'entrée. Ces accords de copromotion pourraient-ils avoir le même effet dans le cadre d'un contexte de brevet ? La question n'a pas été posée dans notre étude tant la réponse apparaît évidente. En effet, un accord de copromotion pourrait bien être un moyen de mettre un terme à un litige de brevet. L'intégration d'un paiement inversé pourrait inciter le concurrent contestataire à reporter son entrée sur le marché. Dès lors, de tels accords pourraient être perçus comme des *pay-for-delay* et requalifiés en tant que tels par une autorité de concurrence.

En dernier lieu, au moyen d'une méthode hypothético-déductive, il a pu être inféré que des accords de report d'entrée pouvaient être détectés alors même qu'ils semblaient *a priori* avancer l'entrée des génériques sur le marché. C'est l'hypothèse des accords de préentrée. Derrière le vocable « préentrée » se cachent en réalité des accords qui pourraient avoir pour effet de retarder l'entrée des génériqueurs en contrepartie d'un transfert de valeur prenant la forme d'une obligation d'exclusivité. Ce genre d'accords pourrait être un outil efficace pour protéger des brevets faibles et contestables qui auraient dû tomber dans le domaine public avant la date contractuellement fixée dans l'accord. Substantiellement, même si l'entrée sur le marché du concurrent générique est avancée, le brevet aura été prolongé de quelques mois, voire de quelques années, si bien que cette pratique doit être associée à de l'*evergreening*. Une nouvelle fois, cette figure contractuelle manifeste une possible manipulation du système des brevets que le droit de la concurrence devrait venir corriger *ex post*, notamment dans les cas où il serait patent que le brevet sur lequel repose l'accord est faible. Les accords les plus fragiles sont selon nous les accords reposant sur un brevet secondaire qui bien souvent ne délivre aucune innovation de rupture. Pour cette raison, les autorités de concurrence ne devraient pas hésiter à déclencher une enquête antitrust approfondie pour vérifier si l'accord n'a pas cherché à retarder l'entrée de la concurrence sur le marché pour prolonger le monopole du breveté, et ce, au détriment des consommateurs.

CONCLUSION DE LA PREMIÈRE PARTIE RELATIVE À L'ÉMERGENCE DES ACCORDS DE REPORT D'ENTRÉE

294. Historiquement, la propriété intellectuelle a été conçue comme un mécanisme de réservation de marché. Incontestablement, le droit des brevets confère à l'invention une valeur de marché que le breveté essaye de maintenir tant bien que mal durant toute la durée de vie de son titre. Conceptuellement, il n'y a d'ailleurs rien de choquant à ce qu'un inventeur puisse être récompensé par la société pour ses efforts créateurs, mais aussi pour avoir enrichi la collectivité par des connaissances qui seront *in fine* reversées dans le domaine public une fois le brevet arrivé à échéance. Il est cependant beaucoup moins acceptable qu'un breveté puisse obtenir un monopole, fût-ce temporaire, pour des inventions qui au vrai n'en sont pas. Dans une telle hypothèse, deux composantes essentielles du domaine public, à savoir le domaine public *ontologique* et *temporel*, pourraient être injustement frappées. En théorie, le verrouillage du marché par des droits de propriété intellectuelle délivrés à tort pourrait non seulement empêcher l'émergence de nouveaux produits innovants qui nécessitent de mobiliser des connaissances disponibles dans le domaine public, mais aussi obstruer le déclenchement d'une concurrence entre entreprises qui bénéficierait aux consommateurs et, s'agissant du secteur pharmaceutique, ultimement aux contribuables et, par conséquent, au budget des États. En effet, le mésusage des droits de propriété intellectuelle, et notamment du brevet, pourrait entraver le fragile équilibre construit au fil des années entre le droit des brevets et la libre concurrence. À cet égard, les accords de report d'entrée pourraient apparaître comme une déviance des droits de propriété intellectuelle dans le sens où ils détournent parfois ces derniers des finalités que la loi leur a assignées.

295. Dans notre premier titre, où il a été question de la genèse des accords de report d'entrée, il a pu être montré cette déviance aux États-Unis en mettant en exergue l'apparition des règlements amiables de type *pay-for-delay*. Cette apparition s'est opérée au moyen du détournement de la loi Hatch-Waxman, laquelle avait été adoptée pour dynamiser la concurrence dans le secteur pharmaceutique sans pour autant porter atteinte aux droits de propriété intellectuelle durement acquis par les laboratoires *princeps*. Nous avons tenté d'expliquer que ces accords transactionnels – façonnés par les plus puissantes entreprises pharmaceutiques – pouvaient parfois être utilisés par les brevetés comme un redoutable instrument de verrouillage injustifié du marché et, ce faisant, déclencher une sclérose du processus concurrentiel. L'instrument est redoutable, car il permet souvent aux laboratoires *princeps* ainsi qu'aux génériqueurs de se retrouver dans une position plus confortable que celle qui aurait pu découler d'un contentieux de brevet mené jusqu'à son terme. En général, ces règlements amiables de report d'entrée favorisent le bien-être économique des entreprises mais agissent au détriment de celui du consommateur. L'attractivité de ces accords est assise sur la prime d'exclusivité de cent quatre-vingts jours prévue par la loi Hatch-Waxman et octroyée aux géné-

riqueurs ayant déposé une demande de certification paragraphe IV. Cette prime devait constituer la mesure phare de la loi Hatch-Waxman et devait contribuer à la chute dans le domaine public des brevets les plus faibles et donc les plus contestables. Cependant, son instrumentalisation a conduit à une multiplication des reports d'entrée et à la prolongation du monopole des brevetés sur le marché. Dans l'Union européenne, nonobstant l'absence de *patent linkage* et de prime d'exclusivité, nous avons démontré que les règlements amiables de type *pay-for-delay* pouvaient autant s'épanouir qu'outre-Atlantique. L'environnement réglementaire ainsi que les imperfections du système des brevets ont formé un terreau fertile à l'éclosion d'accords de report d'entrée « unionistes ». Néanmoins, contrarier l'entrée générique pour un breveté dans l'Union européenne s'apparente à une tâche plus complexe et peut coûter beaucoup plus cher qu'aux États-Unis. Verser un paiement inversé à un seul génériqueur peut s'avérer insuffisant, voire inefficace, si d'autres fabricants de génériques possèdent la capacité de lancer leur propre produit sur le marché. Quoi qu'il en soit, nous avons soutenu l'idée que le reflux des accords de report d'entrée dans l'Union européenne pouvait être possible et amorcé au moyen de la mise en place de la juridiction unifiée du brevet et du brevet européen à effet unitaire.

296. Dans notre second titre, où il a été question de la diversité des accords de report d'entrée, nous avons démontré que ces accords avaient émergé de manière plurielle. Il a été expliqué qu'au vrai il n'existe pas *un* seul type d'accord de report d'entrée mais *des* accords de report d'entrée aussi distincts qu'efficaces. Tous ont cependant pour point commun de perturber l'ordre public concurrentiel en déclenchant potentiellement des retards dans l'entrée de la concurrence.

Par ailleurs, une tendance a été révélée : les laboratoires pharmaceutiques bâtissent de moins en moins d'accords comportant des paiements inversés monétaires, accords que nous avons baptisés de « première génération ». En effet, une partie de la doctrine économique ayant convaincu les autorités de concurrence de leur perniciosité, les brevetés essayent désormais de dissimuler les paiements inversés en façonnant des accords comportant des transferts de valeur originaux et difficilement détectables par les autorités de contrôle. Ces accords de « seconde génération » peuvent prendre différentes formes et comporter de nouveaux types de paiements inversés tels qu'une clause d'accélération ou une clause de non-lancement d'un générique autorisé. Ces nouvelles pratiques contractuelles marquent un mouvement de bascule qui semble conduire à l'obsolescence progressive des accords de report d'entrée de « première génération ».

Enfin, certains de nos développements ont relativisé la perturbation de l'ordre public concurrentiel par certains accords de report d'entrée. Parmi eux, il semble y avoir des accords exempts de préoccupation de concurrence, soit parce qu'ils ne dépassent pas la portée des brevets sur lesquels ils reposent, soit parce qu'ils ne limitent pas substantiellement l'entrée des génériques sur le marché.

297. **Transition vers la seconde partie.** Une fois compris d'où viennent les accords de report d'entrée et ce qu'ils sont, reste désormais à savoir si tous ont réellement pour effet d'ébranler le jeu normal de la concurrence. Le brevet sur lequel ils reposent ne devrait-il pas jouer le rôle de garde-fou et protéger les parties d'une intervention rigoureuse des règles antitrust ? Autrement dit, eu égard au fait que

les accords reposent sur des brevets délivrant un monopole légal au breveté, une atteinte aux règles antitrust devrait-elle être détectée à chaque fois qu'un accord fait l'objet d'une enquête individuelle ? Ne faudrait-il pas être plus nuancé quant à leur potentielle nocivité pour la concurrence ? Ces dernières années, la sévérité a souvent été choisie par les juridictions et autorités de concurrence, et ce, aussi bien dans l'ordre juridique américain que dans celui de l'Union européenne. Cette sévérité peut paraître parfois disproportionnée tant les connaissances sur le sujet des accords de report d'entrée semblent encore embryonnaires, à tout le moins en ce qui concerne l'Europe. On l'a saisi, au vu de l'implication de droits de propriété intellectuelle, la question névralgique du contrôle – du bon contrôle pourrait-on dire – des accords de report d'entrée doit être posée. Tel est l'objet de notre seconde partie.

PARTIE II

LE CONTRÔLE DES ACCORDS DE REPORT D'ENTRÉE

298. **Le contrôle antitrust aux États-Unis.** Jusqu'à présent, il s'est agi de présenter les préoccupations de concurrence générées par les accords de report d'entrée. L'étude de leur genèse et des différentes formes qu'ils pouvaient revêtir désormais réalisée, il ne reste qu'à se tourner vers le traitement concurrentiel qui doit leur être réservé. Envisager le contrôle des accords de report d'entrée exige alors d'analyser le travail opéré par les juges de l'antitrust. Étant donné que les accords *pay-for-delay* sont nés aux États-Unis, l'examen de la jurisprudence américaine apparaît incontournable. Après plus de vingt ans de contentieux outre-Atlantique et des divisions importantes des juridictions du fond, la Cour suprême américaine s'est enfin décidée à prendre position sur le sujet. Elle a imposé un contrôle antitrust plus lisible dans son arrêt *Actavis* en 2013[1141]. En imposant la *rule of reason*, elle a déclenché un retour à un contrôle plus homogène des accords de report d'entrée et a mis fin – du moins temporairement nous le verrons – à l'éclatement de leur régime. Elle a surtout indiqué que l'ordre juridique états-unien n'était pas hostile à la réception des *pay-for-delay*. Au vu de leur complexité et des droits de propriété intellectuelle qu'ils impliquent, elle a considéré que l'affirmation selon laquelle ils portent en eux une injure flagrante à la concurrence devait être combattue. Toutefois, la règle de raison n'a pas donné un blanc-seing aux entreprises. Ces dernières doivent sentir revenir vers elles la résonance de leurs actes s'ils s'avéraient substantiellement répréhensibles. À cet égard, si la mise en balance opérée entre les effets pro- et anticoncurrentiels leur est défavorable, elles seront alors sanctionnées, car l'accord constituerait à n'en pas douter une restriction déraisonnable au commerce.

299. **Le contrôle antitrust dans l'Union européenne.** Dans l'Union européenne, la Commission a de son côté dessiné les premiers croquis de son traitement antitrust. Contrairement à la jurisprudence américaine, l'institution bruxelloise a eu un regard beaucoup plus sévère sur les accords de report d'entrée. Actuellement, elle juge que les *pay-for-delay* doivent être expulsés de l'ordre juridique européen, car ils portent atteinte à la concurrence de façon quasi irrémédiable. La conclusion d'un accord *pay-for-delay* ressemble, selon elle, à un exercice illicite des droits de propriété intellectuelle conférés par les brevets. Les paiements inversés convertiraient des droits *probables* en droits *garantis*, ce qui porterait atteinte à l'efficience statique, mais probablement aussi à l'efficience dynamique, et ce, en proportion de la faiblesse des brevets[1142]. Dans la vision de la Commission européenne, les accords de report d'entrée œuvreraient contre le bien-être des consommateurs en leur imposant des prix supraconcurrentiels bien au-delà du monopole conféré par le brevet. En pratique, ils les priveraient injustement de la concurrence sur le marché pendant un temps excessivement long. Cependant, cette analyse oublie le raisonnement qui consiste à dire que « *si le droit [a choisi] de soumettre un marché à la concurrence, il n'en résulte pas automatiquement l'installation d'une compétition* »[1143]. Pour qu'il y ait une concurrence effective,

---

1141 U.S. Supreme Court, *FTC v. Actavis*, 570 US 136 (2013).

1142 A. Devlin, *Antitrust and Patent Law*, Oxford University Press, 2016, § 13.34, p. 452.

1143 C. Lucas de Leyssac, « Concurrence et compétition », *D.* 2004, p. 1723. Sous la plume de l'auteur, la concurrence exprime « *une situation, un état de rivalité, et la compétition l'expression de cette rivalité* ». La Commission européenne avait elle-même rappelé dans l'une de ses communications que « *l'objectif essentiel des règles en*

c'est-à-dire « *une situation de marché où la concurrence joue effectivement* »[1144], encore faut-il que les entreprises puissent pénétrer légalement le marché, sans enfreindre par exemple les droits de propriété intellectuelle de leurs concurrents. Or, dans les affaires *pay-for-delay*, si les brevets primaires sur la molécule ont, dans la plupart des cas, expiré, il demeure toujours en vigueur quelques brevets secondaires qui pourraient être contrefaits par une entrée générique.

300. **Le rejet des accords de report d'entrée *de lege lata* manifeste une incompréhension de ces accords qu'il convient de résoudre *de lege ferenda*.** Quoi qu'il en soit, il importe de relever que le rejet des accords de report d'entrée par l'ordre juridique n'est pas total mais partiel (Titre I), si bien que l'on peut parler d'un rejet contrasté. Alors qu'aux États-Unis les accords *pay-for-delay* ne sont pas considérés *per se* comme une injure à la concurrence, la Commission européenne les contrôle avec une absolue rigueur. La qualification de restriction par objet retenue par l'institution bruxelloise n'offre que très peu de chances aux accords de report d'entrée d'échapper à la condamnation. En opérant de cette manière, l'institution bruxelloise oriente l'application des règles de concurrence vers l'interdiction des comportements consistant à effectuer des paiements inversés aux génériqueurs. Or, cette prohibition est malvenue, l'analyse formelle retenue éludant les effets réels des *pay-for-delay* sur le marché. Dans de nombreuses circonstances, un accord de report d'entrée peut simplement représenter la mise en œuvre d'une récompense délivrée par le droit des brevets. Aussi, le rôle des accords de report d'entrée semble mal appréhendé par la Commission européenne. Pour cette raison, nous considérons que le choix du traitement anticoncurrentiel entrepris dans l'Union européenne a été réalisé de façon trop hâtive, si bien qu'il apparaît inadapté. L'ordre juridique européen ne devrait pas rejeter les accords de report d'entrée. *De lege ferenda*, nous pensons qu'une admission des *pay-for-delay* serait souhaitable (Titre II).

---

matière d'ententes et de position dominante est d'inciter *les entreprises à se faire concurrence au lieu de se livrer à des pratiques collusoires* »… et donc pas de les contraindre. Voy. Comm. eur., Communication de la Commission, Une politique de concurrence proactive pour une Europe compétitive, COM (2004) 293 final, 20 avr. 2004, p. 6 (nous soulignons).

1144 F. Riem, « Concurrence effective ou concurrence efficace ? L'ordre concurrentiel en trompe-l'œil », *RIDE* 2008/1, p. 67. Sur le sujet de la concurrence effective : voy. aussi C. Champaud, « Les sources du droit de la concurrence au regard du droit commercial et des autres branches du droit applicable en France » *in Études offertes à R. Houin*, Dalloz-Sirey, 1985, p. 61 et s., qui formulait dans ce texte le vœu d'avoir un droit de la concurrence qui ne se limiterait pas qu'à « assurer la liberté concurrentielle aux entreprises » mais qui les obligerait aussi, et surtout, « *à se concurrence effectivement* ».

TITRE I

LE REJET PARTIEL DES ACCORDS DE REPORT D'ENTRÉE, *DE LEGE LATA*

301. **Entente et abus de domination.** Le rejet des accords de report d'entrée est contrasté. En effet, l'ordre juridique américain et celui de l'Union européenne ont réagi de façon différente. Ces contrastes sont particulièrement visibles lorsque l'on observe le contrôle antitrust opéré par les autorités et juridictions chargées de mettre en œuvre le droit de la concurrence. Actuellement, de part et d'autre de l'Atlantique, on a pu déceler deux types de contrôle. Les accords *pay-for-delay* sont soit examinés au moyen du droit des ententes (Chapitre 1), soit au moyen du droit de l'abus de domination (Chapitre 2). Le contrôle est donc scindé en deux. Nonobstant cette scission, les développements qui vont suivre seront beaucoup plus substantiels s'agissant du droit des ententes, car c'est la voie privilégiée à la fois par les juges de l'antitrust et par l'institution bruxelloise pour neutraliser les accords de report d'entrée. De son côté, la FTC n'a finalement que très rarement utilisé le grief de *monopolization* pour poursuivre un laboratoire ayant conclu un accord de report d'entrée. De la même manière, sur les trois affaires que la Commission européenne a eu à juger, seule l'affaire *Servier* a mobilisé l'article 102 TFUE. Par son biais, cette dernière a pu qualifier le comportement de l'entreprise pharmaceutique d'abus de position dominante.

Chapitre 1
Le contrôle des accords de report d'entrée au moyen du droit des ententes

302. **Divergence dans l'approche américaine et dans l'approche européenne.** Pour contrer la prolifération des accords de report d'entrée, c'est principalement le droit des ententes qui a été mobilisé des deux côtés de l'Atlantique. Cependant, l'approche américaine et l'approche européenne divergent sensiblement. L'approche adoptée aux États-Unis semble plus permissive puisqu'elle ne condamne pas *per se*[1145] les accords *pay-for-delay*. La Cour suprême des États-Unis a posé dans le retentissant arrêt *Actavis*[1146] le principe selon lequel les accords de report d'entrée devaient être contrôlés au travers d'une règle de raison[1147], ce qui pourrait s'apparenter selon nous à un choix équilibré (Section 1). Aussi, pour déterminer si un accord porte atteinte à la concurrence, une mise en balance des effets pro- et anticoncurrentiels est exigée[1148]. En revanche, dans l'Union européenne, l'approche adoptée est beaucoup plus rigide. La Commission européenne a jugé dans les trois affaires[1149] qu'elle a eu à traiter que les accords de report d'entrée restreignaient la concurrence par leur objet. En d'autres termes, dans l'ordre juridique de l'Union européenne, les accords de report d'entrée sont quasiment assimilés à des restrictions *per se* à la concurrence. Or, une restriction par objet correspond

---

1145 Au sujet des condamnations *per se*, le professeur Hovenkamp a récemment relevé qu'elles vivaient actuellement une forme de déclin. Voy. H. Hovenkamp, « The Rule of Reason », 70 *Florida L. Rev.* 81 (2018), spéc. p. 136.

1146 U.S. Supreme Court, *FTC v. Actavis*, 570 US 136 (2013).

1147 Règle de raison que certains membres éminents de la doctrine américaine ont assimilée à « un catéchisme de la concurrence ». Voy. P. Areeda, « The Rule of Reason – A Catechism on Competition », 55 *Antitrust L. J.* 571 (1986).

1148 Voy. par ex. R. Kovar, « Le droit communautaire de la concurrence et la "règle de raison" », *RTD eur.* 1987, p. 237, spéc. p. 240, qui explique que « *La "règle de raison" procède d'une idée fondamentale du droit antitrust américain qui veut que seule la concurrence est économiquement efficace. Dès lors, si le "bilan concurrentiel" d'une convention est négatif, peu importe qu'elle puisse contribuer à améliorer la production, la distribution ou à promouvoir le progrès économique, elle doit encourir la condamnation énoncée par la section 1 du Sherman Act* ». Voy. aussi. M. Carrier, « The Real Rule of Reason: Bridging the Disconnect », 1999 *Brigham Young University L. Rev.* 1265 (1999), qui souligne que « *les juridictions et les jurys en appliquant la règle [de raison] mettent en balance les effets anticoncurrentiels de l'accord en cause avec ses effets proconcurrentiels* » (traduction libre). Dans la langue d'origine : « *courts and juries applying the Rule balance the anticompetitive effects of the antitrust agreement at issue against its procompetitive effects* ».

1149 Comm. eur., déc. du 19 juin 2013, *Citalopram*, aff. AT.39226 ; Comm. eur., déc. du 10 déc. 2013, *Fentanyl*, aff. AT.39685 ; Comm. eur., déc. du 9 juill. 2014, *Perindopril*, aff. AT.39612. Dans sa décision *Perindopril*, la Commission a aussi opéré une analyse par les effets. Cela n'avait pas été le cas pour la décision *Citalopram* et pour la décision *Fentanyl*. Dans ces deux dernières affaires, elle s'était simplement limitée à la qualification d'une restriction par l'objet. Cette analyse par les effets apparaît cependant superfétatoire. La Commission semble privilégier la qualification de restriction par l'objet.

à « *une pratique dont on peut présumer avec un degré de vraisemblance suffisant qu'elle exercera des effets restrictifs de concurrence ou qu'elle violera à coup sûr l'objectif intégrationniste du Traité* »[1150]. Aussi, en raison des faibles connaissances sur le sujet des *pay-for-delay*, il nous semble que cette prise de position est quelque peu précipitée et qu'elle pourrait même être qualifiée d'erronée (Section 2). À cet égard, la récente confirmation par le Tribunal[1151] de l'analyse concurrentielle adoptée par l'institution bruxelloise est inquiétante puisqu'elle génère une insécurité juridique malvenue. De plus, de nombreuses zones d'ombre demeurent non éclairées. Que ce soit aux États-Unis ou dans l'Union européenne, les décisions évoquées ne visent que les accords de report d'entrée de « première génération », à savoir des accords de report d'entrée comportant des paiements inversés de type monétaire. Rien n'indique que l'analyse adoptée pour ces derniers pourrait être retenue pour les accords de « seconde génération », à savoir les accords comportant des paiements inversés non monétaires.

Section 1
La règle de raison aux États-Unis, un choix équilibré

303. **L'arrêt *Actavis* et ses conséquences.** L'arrêt *Actavis* a eu pour principal mérite d'éteindre les contradictions des juridictions du fond quant à l'examen antitrust qu'il convient d'appliquer aux accords de report d'entrée de première génération (§ 1). Pour contrôler les accords de report d'entrée, la plus haute juridiction américaine a décidé qu'il fallait désormais appliquer une règle de raison eu égard notamment au fait que ce type d'accords implique des droits de propriété intellectuelle. Ce choix apparaît équilibré ; la *rule of reason* ne préjugeant pas automatiquement d'une atteinte à l'ordre public concurrentiel lorsque les entreprises concluent de tels arrangements. Cependant, malgré une prise de position assez claire, et potentiellement favorable aux brevetés, beaucoup de questions demeurent irrésolues. Il convient donc d'évaluer les conséquences de l'arrêt *Actavis* aussi bien sur les accords de première génération que de seconde génération (§ 2).

§ 1. L'arrêt *Actavis* rendu par la Cour suprême

304. **Contexte de l'affaire et principes rejetés.** Pour comprendre l'arrêt *Actavis*, il est indispensable d'examiner le contexte qui a déclenché l'intervention de la Cour

---

1150 N. Petit, *Droit européen de la concurrence*, Montchrestien/Lextenso éditions, 2013, n° 574, pp. 218-219.

1151 TUE, 8 sept. 2016, *Lundbeck c/ Commission européenne*, aff. T-472/13, *Rec. num.* EU:T:2016:449 : obs. D. Bosco *in Jurisprudence de la CJUE 2016 : décisions et commentaires* (dir. F. Picod), Bruylant, 2017, p. 473. Pour un commentaire exhaustif de cette décision : voy. E. Claudel, « Cour de justice et Tribunal de l'Union européenne (2de partie) – Les accords de report d'entrée de médicaments génériques ("*pay-for-delay*") sur la sellette », *JDI (Clunet)* 2017, n° 3, chron. 6, p. 915.

suprême (A). Une fois celui-ci appréhendé, il faudra exposer les principes qu'elle a retenus pour mettre en œuvre la règle de raison (B).

A. Le contexte entourant l'affaire

305. **Division des cours d'appel et intervention de la Cour suprême.** Avant l'intervention de la Cour suprême dans l'arrêt *Actavis*, de nombreuses juridictions se sont prononcées sur la licéité des accords *pay-for-delay*. Cependant, aucun consensus n'a été trouvé entre les différentes cours d'appel. Au vrai, c'est même une division[1152] de ces dernières qui s'est révélée (1). Cette division a exacerbé l'insécurité juridique pour les entreprises pharmaceutiques si bien que l'intervention de la Cour suprême a dû s'imposer (2).

1. Les divisions des cours d'appel

306. **L'évaluation des accords de report d'entrée par les cours d'appel.** Avant l'arrêt *Actavis*, six cours d'appel de circuit[1153] ont évalué la légalité des accords de report d'entrée de première génération. Certaines les ont regardés avec bienveillance (b). D'autres ont considéré qu'ils perturbaient le jeu normal de la concurrence (a).

a. Les cours d'appel défavorables aux accords de report d'entrée

307. **Deux types de stigmatisation : l'illicéité *per se* et la présomption d'illicéité.** Les premières affaires de *pay-for-delay* ont été portées devant les juridictions d'appel américaines au début des années 2000. Face au scepticisme de la FTC et d'une partie de la doctrine à l'égard de ce type d'accords, certaines juridictions ont rendu des arrêts aux termes desquels il a été jugé que les accords de report d'entrée devaient être traités comme des restrictions de concurrence illégales *per se* (α) ou, à tout le moins, être présumés réfragablement illégaux (ß). Autrement dit, une approche rigide et sévère des *reverse payments* avait été adoptée puisque ces juridictions avaient refusé de prendre en compte la présence d'une protection par brevet. Aussi, si l'on s'appuie sur la jurisprudence de la Cour suprême des États-Unis, il est permis d'inférer que les juridictions du fond saisies ont cru voir dans les accords de report d'entrée des restrictions « déraisonnables » au commerce[1154].

1152 Dans la doctrine américaine, certains ont utilisé l'expression « *Circuit-Splitting* ». Voy. par ex., S. Han, « Pay-to-Delay Settlements: The Circuit-Splitting Headache Plaguing Big Pharma », 15 *Vanderbilt Journal of Entertainment & Technology Law* 913 (2013).

1153 M. Mugan, « Revers Payments, Perverse Incentives », 27 *Harvard Journal of Law & Technology* 1 (2014), spéc. p. 12 : « *Six cours d'appel de circuit ont évalué de nombreux types d'accords de report d'entrée : les cours d'appel du second, du troisième, du sixième, du onzième circuit ainsi que la cour d'appel du circuit fédéral et celle du District de Columbia* » (traduction libre). Dans la langue d'origine : « *Six courts have evaluated various types of reverse payment patent settlements: the Second, Third, Sixth, Eleventh, Federal and D.C. Circuits.* »

1154 En effet, la Cour suprême a expliqué que le Sherman Act ne condamnait pas toutes les formes de restriction au commerce (ou restriction de concurrence si l'on préfère retenir l'expression européenne). Elle a indiqué qu'« *il est reconnu depuis longtemps que le Congrès a voulu interdire uniquement les restrictions déraisonnables* » (traduction libre). Voy. U.S. Supreme Court, *State Oil Co v. Khan*, 522 U.S. 3 (1997), pt 10 : « *It has long recognized that Congress intended to outlaw only unreasonable restraints.* » Historiquement, la Section 1 du Sherman Act s'appliquait à tous les contrats et alliances sous forme de trust. Voy. U.S. Supreme Court, *United States v. Trans-Missouri Freight Association*, 166 U.S. 290 (1897), pt 328. Ce n'est qu'au début du XXe siècle

α) L'illicéité per se

308. **Définition de la règle *per se*.** En droit antitrust, une pratique est réputée illégale *per se* lorsque l'on considère que le bilan concurrentiel opéré pour vérifier si l'accord porte atteinte à la concurrence est toujours négatif[1155]. En d'autres termes, pour qu'un accord puisse être rangé dans la catégorie des interdictions *per se*, il est nécessaire qu'existe en doctrine un consensus économique[1156] quant à ses effets sur la concurrence[1157]. Ainsi, une fois que l'expérience montre qu'une pratique commerciale sera toujours[1158], ou presque toujours, réputée restrictive de concurrence en mettant en œuvre une règle de raison[1159], les juridictions peuvent alors appliquer une règle *per se*[1160]. Certaines pratiques ont de longue date été rangées dans la catégorie des restrictions *per se* à l'instar des accords de fixation de prix[1161] ou de ceux visant à se répartir le marché[1162].

309. **Les accords de report d'entrée qualifiés d'accords horizontaux de répartition des marchés par la cour d'appel du sixième circuit.** Avec la cour d'appel du District de Columbia[1163], la cour d'appel du sixième circuit fut l'une des premières

---

que la notion de « restriction déraisonnable au commerce » apparut dans la jurisprudence de la Cour suprême avec l'arrêt *Standard Oil*. Voy. U.S. Supreme Court, *Standard Oil v. United States*, 221 U.S. 1 (1911), pt 60.

1155 D. Fasquelle, *Droit américain et droit communautaire des ententes – Étude de la règle de raison*, GLN-Joly éditions, 1992, p. 75. Pour en savoir davantage sur la règle *per se* : voy. par ex. H. Hovenkamp, *The Antitrust Enterprise – Principle and Execution*, Harvard University Press, 2005, p. 115 et s.

1156 N. Petit, « La rationalisation au long cours de la restriction de concurrence par "objet" dans la jurisprudence de la Cour de justice de l'Union européenne », *AJ Contrat* 2015, spéc. p. 423.

1157 La Cour suprême des États-Unis a défini la règle *per se* de la manière suivante : « *il existe certains accords ou pratiques qui, en raison de leurs effets pernicieux sur la concurrence, et en l'absence de justifications pour être invoquées en leur faveur, doivent être présumés déraisonnables, et par conséquent illégaux, sans qu'il soit nécessaire de se livrer à une enquête approfondie des nuisances qu'ils ont pu causer, ou des justifications économiques avancées en leur faveur. Cette interdiction* per se *ne permet pas seulement une plus grande sécurité juridique, mais évite également d'avoir à mener des enquêtes économiques extrêmement compliquées et longues dans le cadre des industries concernées et des secteurs proches, dans le but de déterminer si la restriction litigieuse est déraisonnable* » (traduction libre). Voy. U.S. Supreme Court, *Northern Pacific Railways Co v. US*, 356 US 1 (1958) : « *there are certain agreements or practices which, because of their pernicious effect on competition and lack of any redeeming virtue, are conclusively presumed to be unreasonable, and therefore illegal, without elaborate inquiry as to the precise harm they have caused or the business excuse for their use. This principle of per se unreasonableness not only makes the type of restraints which are proscribed by the Sherman Act more certain to the benefit of everyone concerned, but it also avoids the necessity for an incredibly complicated and prolonged economic investigation into the entire history of the industry involved, as well as related industries, in an effort to determine at large whether a particular restraint has been unreasonable* ».

1158 E. Andersen, « *Schering* the Market: Analyzing the Debate over Reverse-Payment Settlement in the Wake of the Medicare Modernization Act of 2003 and *In re Tamoxifen Citrate Litigation* », 93 *Iowa L. Rev.* 1015 (2008), spéc. p. 1026. Dans cet article, l'auteur explique que pour qu'une règle *per se* puisse être appliquée, il est nécessaire que les juridictions aient montré dans de nombreuses affaires qu'une même pratique a toujours des effets anticoncurrentiels supérieurs à ceux proconcurrentiels. En pratique, il faut que dans la majorité des affaires – quasiment cent pour cent – cette perniciosité pour la concurrence soit démontrée.

1159 Il est communément admis en doctrine que le droit antitrust américain procède de deux différentes règles : la règle de raison et la règle *per se*. Voy. H. Hovenkamp, « Sensible Antitrust Rules for Pharmaceutical Competition », 39 *University of San Francisco L. Rev.* 11 (2004), spéc. pp. 19-20.

1160 S. Adelkoff, « An Examination of Factors to Determine if the Rule of Reason or the Per Se Doctrine Should Apply in Antitrust Litigation », 7 *Journal of Law and Commerce* 499 (1987), spéc. p. 503.

1161 U.S. Supreme Court, *United States v. Socony-Vacuum Oil Co.*, 310 U.S. 150 (1940).

1162 U.S. Supreme Court, *Addyston Pipe & Steel Co. v. United States*, 175 U.S. 211 (1899).

1163 *Andrx Pharm. v. Biovail Corp.*, 256 F.3d 799 (D.C. Cir. 2001), pt 811. Dans cette affaire où l'accord *pay-for-delay* ne prenait pas la forme d'un règlement amiable de report d'entrée, la cour d'appel a jugé que

juridictions à avoir examiné rigidement un accord de report d'entrée. Dans l'affaire du Cardizem[1164], le laboratoire HMR s'était accordé avec le génériqueur Andrx pour que celui-ci ne commercialise pas sa version générique du médicament *princeps* en contrepartie d'un paiement monétaire trimestriel de 10 millions de dollars[1165]. Avant d'arriver à cet accord, le laboratoire générique avait déposé une demande de certification paragraphe IV aux termes de laquelle il énonçait que son produit ne violait pas les brevets détenus par son concurrent. En réponse à cette demande, le breveté décida d'attaquer le génériqueur en contrefaçon, ce qui a déclenché la période de neutralisation de trente mois. Nonobstant cette période de trente mois, la FDA a délivré une autorisation de mise sur le marché provisoire[1166] qui devait se convertir en une approbation définitive dès lors que la période des trente mois se serait écoulée ou lorsqu'une juridiction aurait jugé le brevet non violé ou non valide. *In casu*, le fabricant du générique avait obtenu de la FDA le droit de lancer son produit sur le marché à la fin de la période de neutralisation. Ce faisant, celui-ci était libre de commercialiser son produit sur le marché et de profiter de la période d'exclusivité de cent quatre-vingts jours conformément aux conditions posées par la loi Hatch-Waxman. Ainsi, le fabricant de génériques n'était plus bridé par la présence d'une protection par brevet. Or, au lieu de livrer concurrence au *princeps*, le génériqueur accepta de mettre un terme au litige en concluant un règlement amiable. Cet accord a justement été qualifié de *pay-for-delay* puisque, d'une part, il comportait un transfert de valeur allant du breveté au génériqueur et, d'autre part, il retardait l'entrée de concurrents potentiels sur le marché. En effet, en ne commercialisant pas son générique, le génériqueur n'a pas déclenché la période d'exclusivité de cent quatre-vingts jours et a ainsi créé un blocage empêchant les tiers génériqueurs d'obtenir une ANDA de la FDA. Pour la cour d'appel du sixième circuit, ce genre d'accords équivaut « *à un accord horizontal de répartition des marchés et, en tant que tel, il [doit être jugé] illégal* per se *en vertu du Sherman Act et des règles antitrust correspondantes des États* »[1167]. Certaine de son analyse, la cour ajouta plus loin dans son arrêt que le règlement amiable était « *un accord horizontal pour éliminer la concurrence* »[1168]. D'un point de vue antitrust, cette analyse est assez

---

l'accord en cause pouvait être « *raisonnablement regardé comme une tentative de se répartir les marchés et une tentative de préserver des conditions monopolistiques* » (traduction libre). Dans la langue d'origine : « *[the agreement could] reasonably be viewed as an attempt to allocate market share and preserve monopolistic conditions* ». Pour une appréciation rapide de cette décision : voy. W. Shieber, « State Antitrust Enforcement in Pharmaceutical Cases », 28 *ANTITRUST* 74 (2004).

1164 *In re Cardizem CD Antitrust Litigation*, 332 F.3d 896 (6th Cir. 2003).

1165 Le professeur Carrier nous précise que le breveté s'était par ailleurs engagé à augmenter la somme versée à 100 millions de dollars par an dans le cas où le génériqueur réussirait à déterminer devant une juridiction d'appel que le brevet n'était pas violé par son produit. Voy. M. Carrier, « Unsettling Drug Patent Settlements: A Framework for Presumptive Illegality » *in Innovation for the 21st Century – Harnessing the Power of Intellectual Property and Antitrust Law*, Oxford University Press, 2009, p. 345, spéc. p. 358.

1166 R. Chaves Mosier & S. Ritcheson, « In re Cardizem and Valley Drug: A View from the Faultline between Patent and Antitrust in Pharmaceutical Settlements », 20 *Santa Clara Computer & High Technology L. J.* 497 (2004), spéc. p. 503.

1167 *In re Cardizem CD Antitrust Litigation*, préc., pt 900 (traduction libre) : « *The Agreement [...] is a horizontal market allocation agreement and, as such, is* per se *illegal under the Sherman Act and under the corresponding state antitrust law.* »

1168 *Ibid.*, pts 907-908 (traduction libre) : « *[the settlement was] a horizontal agreement to eliminate competition [...] a classical example of a per se illegal restraint of trade* ».

ordinaire. En effet, il est de jurisprudence constante interdit pour une entreprise de payer son concurrent pour qu'il reste hors du marché[1169].

Aussi, malgré l'absence d'expérience sur la question des *pay-for-delay* – mais surtout pour éviter d'avoir à traiter le problème lié à la présence d'un brevet –, la cour d'appel du sixième circuit a choisi d'assimiler les accords de report d'entrée à des accords de répartition des marchés, lesquels ont été interprétés depuis la fin du XIXe siècle comme une restriction de concurrence illégale *per se*. Cependant, il ne faut pas donner une importance considérable à cet arrêt puisque le cadre factuel était bien particulier. Le règlement amiable interdisait au fabricant de génériques de développer des médicaments, et ce, indépendamment du fait de savoir si ces derniers avaient une relation avec le brevet sur le *princeps*[1170]. Autrement dit, les droits du breveté étaient étendus *via* le règlement amiable au-delà de la protection accordée par le droit de la propriété intellectuelle, ce qui le rendait illégal *per se*.

ß) La présomption d'illicéité

310. **Exposé de la règle de raison tronquée (la « *quick look rule of reason* » ou la « *truncated rule of reason* »).** Entre la règle *per se* et la règle de raison, le droit américain de la concurrence connaît une analyse antitrust intermédiaire qui correspond à une présomption réfragable d'illicéité. Connue sous les locutions anglaises de « *quick look rule of reason* » ou « *truncated rule of reason* », la règle de raison tronquée s'applique lorsque le plaignant a démontré que le défendeur s'est engagé dans des pratiques similaires à celles faisant l'objet d'un traitement *per se*[1171]. Dans cette occurrence, le plaignant n'a pas l'obligation d'opérer une démonstration pleine et entière pour montrer les effets anticoncurrentiels de la pratique au sein du marché tant la restriction de concurrence est évidente[1172]. En d'autres termes, comme l'a expliqué le professeur Fasquelle dans sa thèse sur la *rule of reason*, « *cela signifie qu'il n'est pas nécessaire d'étudier l'entente sur le marché. Une simple description de ses effets potentiels suffit* »[1173]. En pratique, est mise à la charge du défendeur la démonstration des justifications proconcurrentielles[1174]. Si celles-ci sont valables, alors l'accord devra être soumis à un bilan concurrentiel complet.

La définition la plus limpide de l'analyse *quick look* a certainement été donnée par la Cour suprême dans l'affaire *California Dental*[1175]. Dans cet arrêt, la Cour a énoncé qu'« *une analyse abrégée ou "quick look" est appropriée lorsqu'un obser-*

1169 Voy. par ex. : U.S. Supreme Court, *Palmer v. BRG of Ga., Inc.*, 498 U.S. 46 (1990), pt 49.

1170 C. Ingle, « Reverse Payment Settlements: A Patent Approach to Defending the Argument for Illegality », 7 *Journal of Law and Policy for the Information Society* 503 (2012), spéc. p. 517.

1171 *United States v. Brown University*, 5 F.3d 658 (3[d] Cir. 1993), pt 669. Pour une perspective historique de la règle de raison tronquée : voy. E. Brunet, « Antitrust Summary Judgment and the Quick Look Approach », 62 *SMU L. Rev.* 493 (2009), spéc. p. 499 et s.

1172 P. Areeda et *alii*, *Antitrust Law: An Analysis of Antitrust Principles and Their Application*, Aspen Law & Business, 1986, § 1511, pp. 431-434.

1173 D. Fasquelle, *op. cit.*, § 110, p. 90. Pour une vue critique de l'analyse *quick look* : voy. J. Yancey, « Is the Quick Look Too Quick?: Potential Problems With the Quick Look Analysis of Antitrust Litigation », 44 *University of Kansas L. Rev.* 671 (1996).

1174 *United States v. Brown University*, préc., pt 669.

1175 U.S. Supreme Court, *California Dental Association v. FTC*, 526 U.S. 756 (1999).

vateur avec une compréhension rudimentaire de l'économie pourrait conclure que l'accord en question a un effet anticoncurrentiel sur les consommateurs et les marchés »[1176]. Une partie de la doctrine en a déduit que la règle de raison tronquée s'apparente à une sorte d'analyse abrégée de la règle *per se*[1177].

311. **L'application de la règle de raison tronquée aux accords de report d'entrée.** L'analyse *quick look* a été appliquée pour la première fois aux accords de report d'entrée par la cour d'appel du troisième circuit dans l'affaire *K-Dur*[1178]. En l'espèce, le génériqueur Upsher avait déposé une demande d'ANDA pour fabriquer et commercialiser une version générique du K-Dur. Pour empêcher qu'une telle entrée sur le marché puisse être entreprise, le laboratoire *princeps* Schering a accepté de conclure un accord aux termes duquel il s'obligeait à payer à son concurrent potentiel 60 millions de dollars annuellement pendant trois ans. L'affaire est intéressante, car elle confirme les divisions des juridictions du fond concernant le traitement antitrust à appliquer aux accords *pay-for-delay*. Jusqu'à son prononcé, la majorité des cours d'appel saisies eurent plutôt un *a priori* favorable à l'égard de ces accords puisque, hormis la cour d'appel du sixième circuit, elles leur appliquaient le *scope of patent test*[1179], autrement dit une quasi-présomption de licéité[1180].

La cour d'appel du troisième circuit a contesté ce test en jugeant tout d'abord qu'« *en pratique, le test de la portée du brevet n'assujettit pas les accords de report d'entrée à un examen antitrust* » dans la mesure où « *aucune juridiction ayant appliqué ce test n'a jamais permis à une affaire de pay-for-delay d'aller jusqu'au procès* »[1181]. Pour la cour d'appel – qui a rendu son arrêt à l'unanimité – le *scope of patent test* conduit au vrai à immuniser les accords de report d'entrée en posant quasiment « *une présomption irréfragable de licéité* »[1182]. Ce faisant, elle a jugé qu'il fallait soumettre les accords de report d'entrée à une règle de raison tronquée, si bien que les juridictions « *doivent traiter tout paiement allant d'un breveté à un génériqueur contestataire du brevet qui accepte de retarder son entrée sur le marché comme un début de preuve d'une restriction déraisonnable au commerce* »[1183]. Concrètement, le raisonnement de la cour a pour effet de présumer

---

1176 *Ibid.*, pt 770 (traduction libre) : « *An abbreviated or "quick-look" analysis is appropriate when an observer with even a rudimentary understanding of economics could conclude that the arrangements in question have an anticompetitive effect on customers and markets.* »

1177 Voy. T. Piraino, « The Antitrust Analysis of Joint Ventures After the Supreme Court's *Dagher* Decision », 57 *Emory L. J.* 735 (2008), spéc. p. 747, où le professeur Piraino explique que « *le quick look est une analyse similaire mais sous forme abrégée de la règle* per se » (traduction libre). Dans la langue d'origine : « *the quick look is an abbreviated form of analysis similar to the per se rule* ».

1178 *In re K-Dur*, 686 F.3d 197 (3^{d} Cir. 2012).

1179 Voy. *infra* n° 313 et s.

1180 Pour qualifier le *scope of patent test*, certains auteurs ont même parlé de règle de licéité *per se* (*a rule of per se legality*). Voy. J. O'Connell, « The Elephant Remains », 28 *ANTITRUST* 5 (2013), spéc. p. 5.

1181 *In re K-Dur*, préc., pt 214 (traduction libre) : « *As a practical matter, the scope of the patent test does not subject reverse payment agreements to any antitrust scrutiny. As the antitrust defendants concede, no court applying the scope of the patent test has ever permitted a reverse payment antitrust case to go to trial.* »

1182 *Ibid.* (traduction libre) : « *almost unrebuttable presumption* ».

1183 *Ibid.*, pt 218 (traduction libre) : « *the finder of fact must treat any payment from a patent holder to a generic patent challenger who agrees to delay entry into the market as prima facie evidence of an unreasonable restraint of trade* ».

anticoncurrentiels les accords de report d'entrée comportant un paiement inversé de type monétaire. Cependant, la cour précise que le défendeur pourrait échapper à une condamnation antitrust s'il arrive à démontrer de manière alternative soit que le paiement a été réalisé dans un autre objectif que celui de retarder l'entrée du générique sur le marché, soit que l'accord offre des bénéfices proconcurrentiels. Aussi, l'approche adoptée par la cour d'appel continue d'ignorer les mérites du brevet sur lequel repose l'accord[1184].

312. **Les raisons de soutenir l'approche *quick look*.** L'approche *quick look* apparaît néanmoins comme une approche raisonnable et équilibrée pour répondre au défi posé par les accords de report d'entrée et à la problématique sous-jacente de la présence d'un titre de propriété intellectuelle. En effet, elle respecte l'esprit du droit des brevets, qui pose simplement une présomption de validité du brevet et n'en fait pas un titre invulnérable à toute action judiciaire. Ainsi, en appliquant une présomption réfragable d'illicéité, la cour d'appel a distingué avec justesse le procès en « contrefaçon » du procès en « invalidité ». Précisément, lors d'un procès en invalidité, la charge de la preuve incombe au contestataire du brevet tandis que, dans le cadre d'un procès en contrefaçon, la charge de la preuve incombe au breveté[1185]. Or, tous les règlements amiables de report d'entrée façonnés dans le contexte de la loi Hatch-Waxman sont conclus à la suite d'une action en contrefaçon déclenchée par le breveté après la demande d'une certification paragraphe IV. Aussi, c'est toujours à ce dernier de prouver que la version générique de son concurrent potentiel viole ses droits de propriété intellectuelle. La règle de raison *quick look* respecte ce mécanisme procédural et la ventilation de la charge de la preuve.

De plus, l'approche retenue par la cour d'appel du troisième circuit contribue à l'intérêt public puisqu'elle peut permettre d'éliminer par ricochet des brevets faibles et délivrés à tort[1186]. Elle confirme l'importance d'une concurrence par imitation sur le marché – laquelle promeut en partie l'innovation – en s'appuyant sur l'arrêt *Bonito Boats*. Dans cette affaire, la Cour suprême des États-Unis avait mis en avant le rôle névralgique joué par l'imitation en soulignant que le droit des brevets implique « *un équilibre minutieux entre la nécessité de promouvoir l'inno-*

1184 A. Coffin, « Rejecting the Scope of the Patent Test in Analysis of Reverse Payments in Pharmaceutical Industry », 46 *Suffolk University L. Rev.* 729 (2013), spéc. p. 738.

1185 Voy. l'arrêt *Egyptian Goddess v. Swisa*, 543 F.3d 665 (Fed. Cir. 2008), pt 679, qui explique le mécanisme procédural. *Adde* M. Kutcher, « Waiting is the Hardest Part: Why the Supreme Court Should Adopt the Third Circuit's Analysis of Pay-for-Delay Settlement Agreements », 44 *Loyola University Chicago L. J.* 1093 (2013), spéc. p. 1124, qui souligne aussi la distinction entre ces deux types de procédure judiciaire. *Contra* voy. K. McDonald, « Because I Said So: On the Competitive Rationale of *Ftc v. Actavis* », 28 *ANTITRUST* 36 (2013), spéc. p. 38, qui souligne que dans un procès antitrust, c'est au plaignant de démontrer le caractère anticoncurrentiel de la pratique. Pour l'auteur, la règle *quick look* n'est donc pas adaptée pour contrôler les règlements amiables de report d'entrée.

1186 La Cour suprême avait déjà indiqué à la fin du XIXe siècle l'intérêt d'éliminer des brevets faibles du marché tout en soulevant l'importance de protéger les monopoles reposant sur des brevets valides. Voy. U.S. Supreme Court, *Pope Mfg. Co. V. Gormully*, 144 U.S. 224 (1892), pt 234 (traduction libre) : « *Pour le public, il est aussi important de ne pas inhiber la concurrence par des brevets sans valeur que de protéger le breveté d'une invention de réelle valeur dans son monopole* ». Dans la langue d'origine : « *It is as important to the public that competition should not be repressed by worthless patents as that the patentee of a really valuable invention should be protected in his monopoly.* »

vation et la reconnaissance que l'imitation et le raffinement par l'imitation sont à la fois nécessaires pour l'invention elle-même et un élément vital d'une économie compétitive »[1187]. Ainsi, en rejetant *prima facie* les règlements amiables de report d'entrée, l'approche *quick look* pousse les brevetés à aller au bout du contentieux de brevet lorsqu'ils ont de sérieuses chances de l'emporter et les décourage à poursuivre des contentieux pour lesquels les chances de succès sont réduites à la portion congrue, et ce, en raison d'un brevet qu'ils pourraient juger trop faible et peu résilient face à un examen judiciaire. Dans ce dernier cas, la concurrence par imitation pourrait librement émerger et encourager les laboratoires innovants à poursuivre leurs efforts en R&D pour maintenir leur monopole sur le marché.

b. Les cours d'appel favorables aux accords de report d'entrée

313. **Le *scope of patent* test et les critiques qui lui ont été adressées.** De 2005 à 2012, la majorité des cours d'appel saisies pour contrôler un accord de report d'entrée de première génération ont jugé qu'il n'était pas anticoncurrentiel *per se*[1188]. Le test qui s'est imposé – très permissif à l'égard des accords *pay-for-delay* – est le *scope of patent test*[1189] (α). Il souffre cependant de certaines limites (β).

α) Le scope of patent test

314. **Le *scope of patent test* ou la présomption réfragable de licéité.** La cour d'appel du onzième circuit fut la première cour d'appel à prendre en compte la présence d'un brevet dans les affaires *pay-for-delay*. En effet, la cour ne s'est pas uniquement concentrée sur les effets anticoncurrentiels des accords de report d'entrée ; elle a plutôt tenté d'élaborer un examen antitrust permettant de savoir si l'exclusion de la concurrence générique au moyen des paiements inversés pouvait être justifiée par la détention d'un titre de propriété intellectuelle. L'analyse retenue a été nommée « *scope of patent test* ». Ce test vise à trouver un juste équilibre entre le droit de la propriété intellectuelle et le droit antitrust en faisant cependant prévaloir le premier sur le second. Concrètement, le *scope of patent test* consiste à poser une présomption réfragable de licéité et permet de protéger un accord qui n'excède pas le monopole conféré par le brevet au-delà de sa portée légale[1190]. Dans le contexte des *pay-for-delay*, le *scope of patent* fait référence à la durée de vie du brevet[1191].

1187 U.S. Supreme Court, *Bonito Boats v. Thunder Craft Boats*, 489 U.S. 141 (1989) pt 147 (traduction libre) : « *the federal patent laws have embodied a careful balance between the need to promote innovation and the recognition that imitation and refinement through imitation are both necessary to invention itself, and the very lifeblood of a competitive economy* ».

1188 M. Carrier, « Antitrust Treatment of Intellectual Property Rights » *in Comparative Competition Law* (dir. J. Duns, A. Duke & B. Sweeney), Edward Elgar Publishing, 2015, p. 141, spéc. p. 153.

1189 Certains ont relevé que le *scope of patent test* a été jusqu'à l'arrêt *Actavis* le cadre dominant pour évaluer les restrictions au commerce des brevetés. Voy. A. Devlin, *Antitrust and Patent Law*, *op. cit.*, § 2.5, p. 19.

1190 H. Hovenkamp, « The Rule of Reason and the Scope of the Patent », 52 *San Diego L. Rev.* 515 (2015), spéc. pp. 476-477.

1191 A. Edlin et *alli*, « The *Actavis* Inference: Theory and Practice », 67 *Rutgers University L. Rev.* 585 (2015), spéc. p. 590. Les auteurs expliquent ici que, « *dans les affaires particulières de règlements amiables de paiements inversés impliquant des médicaments princeps et des génériques, la question de la "portée" fait habituellement référence à la durée de vie du brevet* » (traduction libre). Dans la langue d'origine : « *In the particular case*

315. **L'adoption du *scope of patent test* par la cour d'appel du onzième circuit.** Dans l'affaire *Valley Drug*[1192], le laboratoire *princeps* Abbott cherchait à préserver le monopole acquis au moyen de la propriété intellectuelle sur le médicament Hytrin. Le monopole reposait sur une série de brevets protégeant les formes cristallines du médicament et ses méthodes d'utilisation, à savoir des brevets secondaires. *In casu*, deux génériqueurs, Zenith et Geneva, souhaitèrent pénétrer le marché en déposant une multitude de certifications paragraphe IV afin de commercialiser le générique du médicament sous différentes formes. En réponse, le breveté poursuivit en contrefaçon les deux laboratoires. Cependant, au lieu de poursuivre le contentieux de brevet, le laboratoire *princeps* préféra conclure un règlement amiable avec les deux génériqueurs afin qu'ils restent hors du marché en contrepartie de paiements monétaires. Les deux fabricants de génériques acceptèrent par ailleurs de ne pas déclencher la prime d'exclusivité de cent quatre-vingts jours qu'ils avaient obtenue. Alors que le tribunal de district de l'Illinois avait opéré une stricte application de la jurisprudence qui analysait les accords *pay-for-delay* comme restrictifs de concurrence *per se*[1193], la cour d'appel du onzième circuit a choisi de ne pas condamner ce genre d'accord malgré son potentiel effet nocif sur la concurrence. Pour la cour d'appel, même si l'accord en cause pouvait ressembler à un accord horizontal de répartition des marchés, il s'en distinguait néanmoins « *parce que l'une des parties possédait un brevet* »[1194]. Ainsi, même si les accords *pay-for-delay* peuvent apparaître à première vue suspects au regard du droit antitrust, il n'est pas correct selon la cour d'inférer des effets anticoncurrentiels uniquement à partir de la présence d'un paiement inversé. Il convient plutôt d'examiner toutes les stipulations de l'accord qui pourraient avoir des effets au-delà des effets d'exclusion du brevet et les soumettre à une analyse antitrust traditionnelle[1195]. En d'autres termes, la cour a recommandé aux tribunaux de district de déterminer si le règlement amiable correspondait à « *une mise en œuvre raisonnable de la protection accordée par les brevets* »[1196]. Aussi, c'est une approche analytique (*an analytical approach*)[1197] qui a été retenue. Celle-ci consiste à examiner le pouvoir d'exclusion des brevets, à déterminer l'étendue pour laquelle un accord

---

of reverse payment settlements involving branded and generic drugs, the "scope" question usually refers to a patent's duration. »

1192 *Valley Drug Co. v. Geneva Pharms., Inc.*, 344 F.3d 1294 (11th Cir. 2003).

1193 *Abbott Labs. v. Geneva Pharms., Inc.*, 1998 WL 566884 (N.D.Ill. Sept. 1, 1998). Dans son jugement, le tribunal de district a qualifié l'accord en cause d'accord répartissant géographiquement le marché entre concurrents horizontaux. Les défendeurs ont alors interjeté appel et ont demandé à ce que l'accord soit analysé en vertu d'une règle de raison, hormis le cas où il serait démontré que le litige de brevet éteint par l'accord était frauduleux.

1194 *Valley Drug Co. v. Geneva Pharms., Inc.*, préc., pt 1304 (traduction libre) : « *because one of the parties owned a patent* ».

1195 *Ibid.*, pt 1312.

1196 *Ibid.* (traduction libre) : « *The appropriate analysis on remand will likely require an identification of the protection afforded by the patents.* » D'aucuns ont pu qualifier ce test antitrust d'« ajusté » ou de « calibré » (*calibrated test*). Voy. M. Carrier, « Why the "Scope of the Patent" Test Cannot Solve the Drug Patent Settlement Problem », 16 *Stanford Technology L. Rev.* 1 (2012), spéc., p. 2.

1197 L. G. Dearce, « Deconstructing and Recalibrating the *Valley Drug* Analysis of Reverse Payments », 47 *IDEA* 587 (2007), spéc. p. 588.

excède le champ de protection des brevets et ses effets anticoncurrentiels[1198]. Une fois cette analyse réalisée, il est alors possible de conclure si les *reverse payments* doivent faire l'objet d'une condamnation antitrust. Quoi qu'il en soit, la cour d'appel du onzième circuit a clairement rejeté l'analyse adoptée par celle du sixième circuit qui avait jugé qu'il fallait examiner les accords de report d'entrée au travers d'une règle *per se*[1199].

316. **La confirmation du *scope of patent test*.** Deux années après l'arrêt *Valley Drug*, la cour d'appel du onzième circuit a de nouveau été sollicitée pour se prononcer sur l'effet pernicieux des accords de report d'entrée. Dans l'affaire *Schering-Plough*[1200], une enquête avait tout d'abord été ouverte par la FTC. Dans ses conclusions, l'autorité de concurrence américaine avait jugé que les règlements amiables de report d'entrée qui avaient été conclus entre le breveté et deux génériqueurs devaient être qualifiés de restrictions déraisonnables au commerce dans le sens où ils ne visaient qu'à monopoliser le marché du chlorure de potassium. Cependant, l'*administrative law judge* a rejeté l'approche *per se* appliquée par la FTC et a analysé la portée du brevet des laboratoires Schering au moyen d'une règle de raison. Pour le juge administratif, la FTC n'avait ni montré que le brevet en cause était invalide au moment de la conclusion des règlements amiables ni montré que les génériqueurs n'auraient pas violé les droits de propriété intellectuelle du breveté[1201]. Autrement dit, aucune démonstration ne permettait d'affirmer qu'en l'absence des paiements inversés les génériqueurs auraient commercialisé leurs produits plus tôt. Face à ce camouflet, la FTC a décidé de modifier son examen antitrust en appel et s'est appuyée sur le standard de la règle de raison. En substance, elle a concentré son examen en s'appuyant sur le bien-être du consommateur pour extraire le caractère anticoncurrentiel des règlements amiables en cause. Cette approche, bien que beaucoup plus permissive que la règle *per se*, conserve pour principal défaut de ne pas tenir compte du brevet et de la possibilité que ce dernier soit jugé valide. Il en résulte un déni des droits de propriété intellectuelle du laboratoire *princeps*.

En tout état de cause, la cour d'appel du onzième circuit n'a pas été sensible aux arguments avancés par la FTC et a écarté aussi bien la règle *per se* que la *rule of reason*. Elle a réitéré et confirmé son raisonnement développé dans l'affaire *Valley Drug*. Pour la cour d'appel, les accords de répartition des marchés sont clairement anticoncurrentiels à moins que l'une des parties ne soit titulaire d'un brevet – ce qui était le cas en l'espèce. Dans une telle occurrence, elle a une nouvelle fois préconisé d'appliquer le *scope of patent test*, lequel consiste à se concentrer sur « *(1) la portée du potentiel d'exclusion du brevet ; (2) sur l'étendue pour*

1198 *Valley Drug Co. v. Geneva Pharms., Inc.*, préc., pt 1312 (traduction libre) : « *[The analytical approach considers] the scope of the exclusionary potential of the patent, the extent to which these provisions of the Agreements exceed that scope, and the anticompetitive effects thereof.* »

1199 W. Newsom, « Exceeding the Scope of the Patent: Solving the Reverse Payment Settlement Problem trough Antitrust Enforcement and Regulatory Reform », 1 *Hastings Science & Technology L. J.* 201 (2009), spéc. p. 213.

1200 *Schering-Plough Corp. v. FTC*, 402 F.3d 1056 (11th Cir. 2005).

1201 J. Thomas, « Schering-Plough and In Re Tamoxifen: Lawful Reverse Payments in the Hatch-Waxman Context », 22 *Berkeley Technology L. J.* 13 (2007), spéc. p. 25.

laquelle les accords excèdent cette portée ; (3) et sur les effets anticoncurrentiels qui en résultent »[1202]. *In casu*, la cour a mis en œuvre son test en soutenant que le brevet de formulation du laboratoire *princeps* était présumé valide et, qu'en conséquence, ce dernier avait le droit d'exclure des concurrents qui souhaitaient l'utiliser. Elle a précisé que personne n'avait démontré que le brevet était nul et que, ce faisant, le breveté était autorisé à écarter des contrefacteurs du marché. En définitive, elle a conclu que « *les accords tombaient bien sous la protection du brevet [...], et n'étaient pas par conséquent illégaux* »[1203]. En outre, elle n'a pas fait du paiement inversé un indicateur permettant de mesurer la faiblesse du brevet sur lequel le règlement amiable repose. Pour la cour d'appel, « *en raison de l'asymétrie au risque et des larges profits en jeu, même un breveté confiant dans la validité de son brevet pourrait payer à un contrefacteur potentiel une somme importante dans le règlement amiable* »[1204].

Pour mettre un terme aux divisions des cours d'appel, et surtout pour sonner le glas du *scope of patent test*, la FTC décida de déposer un *certiorari*[1205]. Par ce moyen, elle chercha à pousser la Cour suprême à imposer sa lecture des accords de report d'entrée. La question posée était la suivante : « *un accord entre un titulaire d'un brevet pharmaceutique et un concurrent génériqueur potentiel, dans lequel le breveté fait un paiement substantiel à un contestataire dans l'objectif de retarder son entrée sur le marché, [constitue-t-il] une restriction déraisonnable au commerce*[1206]*[?]* » Malgré la division des cours d'appel, qui appliquaient trois tests antitrust différents – règle *per se*, règle *quick look* et *scope of patent test* –, la Cour suprême refusa de répondre à la question et rejeta la demande.

317. **La cour d'appel du deuxième circuit se rallie au *scope of patent test* mais pose des limites à son application.** Une année après, une autre cour d'appel s'est ralliée à l'analyse de celle du onzième circuit. Dans l'affaire du Tamoxifen[1207], pour justifier de la robustesse du *scope of patent test*, la cour d'appel du deuxième

---

1202 *Schering-Plough Corp. v. FTC*, préc., pt 1066 (traduction libre) : « *Therefore, in line with* Valley Drug, *we think the proper analysis of antitrust liability requires an examination of:* (1) the scope of the exclusionary potential of the patent; (2) the extent to which the agreements exceed that scope; and (3) the resulting anticompetitive effects » (nous soulignons).

1203 *Ibid.*, pt 1076 (traduction libre) : « *the agreements fell well within the protections of the [...] patent, and were therefore not illegal* ».

1204 *Ibid.*, pt 1076 (traduction libre) : « *Due to the asymmetrics of risk and large profits at stake, even a patentee confident in the validity of its patent might pay a potential infringer a substantial sum in settlement.* »

1205 Depuis 1925 et le Judiciary Act, la Cour suprême peut décider de façon discrétionnaire quelle affaire elle souhaite juger en droit. Voy. Judiciary Act of 1925, Pub. L. No. 68-415, 43 Stat. 936. En général, la Cour suprême accepte un *certiorari*, c'est-à-dire une demande d'une cour inférieure pour résoudre un problème juridique complexe, lorsqu'il existe une division importante entre différentes cours d'appel. Il n'y a cependant pas d'acceptation automatique. Malgré l'existence d'une division, la Cour suprême garde son pouvoir discrétionnaire pour décider ou non d'accueillir la demande. Voy. E. Hartnett, « Questioning Certiorari: Some Reflections Seventy-Five Years after the Judges' Bill », 100 *Columbia L. Rev.* 1643 (2000), spéc. p. 1647.

1206 Petition for a Writ of Certiorari, *FTC v. Schering-Plough Corp.*, 126 S. Ct. 2929 (2006) (No. 05-273), 2005 WL 2105243 (traduction libre) : « *Whether an agreement between a pharmaceutical patent holder and a would-be generic competitor, in which the patent holder makes a substantial payment to the challenger for the purpose of delaying the challenger's entry into the market, is an unreasonable restraint of trade.* »

1207 *In re Tamoxifen*, 466 F.3d 187 (2nd Cir. 2006). Pour plus d'exhaustivité sur l'affaire : voy. par ex. J. C. Burling, « Hatch-Waxman Patent Settlements: The Battle for a Benchmark », 20 *ANTITRUST* 41 (2006).

circuit a tout d'abord mis en avant le fait que les litiges de brevet faisaient souvent l'objet d'une transaction et que le système juridictionnel encourage la conclusion de règlements amiables. Elle a soutenu par ailleurs que présumer les brevets invalides réduirait les incitations pour les litigants à transiger. La cour a surtout refusé de deviner le résultat du litige de brevet et a indiqué que les plaignants devaient apporter plus que la simple preuve de la conclusion d'un règlement amiable de report d'entrée pour qu'une violation du droit antitrust puisse être caractérisée[1208]. Cependant, l'apport principal de l'arrêt réside dans les limites fixées au *scope of patent test*. En effet, la cour d'appel du deuxième circuit a posé des bornes à son application. Pour cette dernière, un règlement amiable de type *pay-for-delay* n'est pas justiciable de la section 1 du Sherman Act dès lors que « *le litige de brevet [qui a conduit à la conclusion de l'accord] n'est ni frauduleux ni sans fondement* »[1209]. Ainsi, la portée du brevet immunise le règlement amiable si le litige de brevet sous-jacent n'est ni frauduleux[1210] – on parle aussi de *sham litigation* – ni sans fondement. Autrement dit, tant que le breveté ne dépasse pas ces limites, le règlement amiable demeure licite, un breveté ayant le droit de protéger le monopole qu'il a légalement obtenu au moyen d'un titre de propriété intellectuelle[1211]. Une nouvelle fois, les plaignants ont déposé un *certiorari* auprès de la Cour suprême, mais celui-ci fut derechef rejeté.

318. **La cour d'appel fédérale confirme les limites du *scope of patent test*.** Les limites posées par la cour d'appel du deuxième circuit ont été confirmées par la cour d'appel du circuit fédéral. Dans l'affaire *Ciprofloxacin*[1212], cette dernière a jugé que « *l'essence de l'enquête antitrust est de savoir si les accords restreignent la concurrence au-delà de la zone d'exclusion du brevet* ». Aussi, « *en l'absence de preuves d'une fraude devant le PTO ou d'un litige frauduleux, la juridiction*

1208 *Ibid.*, pt 203.

1209 *Ibid.*, pt 209 (traduction libre) : « so long as the patent litigation is neither a sham nor otherwise baseless, *the patent holder is seeking to arrive at a settlement in order to protect that to which it is presumably entitled: a lawful monopoly over the manufacture and distribution of the patented product* » (nous soulignons).

1210 Le *sham litigation* ou le litige frauduleux a été défini par l'Organisation mondiale de la propriété intellectuelle (OMPI) comme « *une utilisation anticoncurrentielle de la procédure judiciaire pour mettre en œuvre des droits de propriété intellectuelle [...]. La définition du litige frauduleux dans une perspective économique correspond à un litige [...] prédateur avec des effets anticoncurrentiels, c'est-à-dire une utilisation impropre du système judiciaire et juridictionnel ou des procédures de délivrance [des titres de propriété intellectuelle] contre des rivaux à des fins anticoncurrentielles* » (traduction libre). Dans la langue d'origine : « *[The sham litigation is] the anticompetitive use of judicial process to enforce intellectual property rights [...]. The definition for sham litigation on a strictly economic perspective is predatory or fraudulent litigation with anticompetitive effect, i.e., the improper use of the courts and other government adjudicative or granting processes against rivals to achieve anticompetitive ends.* » Voy. WIPO, *Study on the Anti-Competitive Enforcement of Intellectual Property (IP) Rights: Sham Litigation*, CDIP/9/INF/6 REV, 30 July 2012. En France, par exemple, le Conseil de la concurrence avait jugé dès la fin des années 1990 que le cas d'un litige frauduleux ne peut tomber sous le coup du droit de la concurrence que dans certaines circonstances exceptionnelles. Voy. par ex. : Cons. conc., déc. n° 99-D-77 du 7 déc. 1999 relative à une saisine de la société Téléselection à l'encontre des sociétés M6, M6 Interactions et Téléshopping : « *[L]'accès au juge est un droit fondamental et le fait pour une entreprise qui occuperait une position dominante d'intenter une action en justice ne saurait être qualifié de pratique anticoncurrentielle que dans des circonstances tout à fait exceptionnelles, lorsque l'action ne vise manifestement pas à faire valoir ce que l'entreprise peut légitimement considérer comme étant son droit et qu'elle est conçue dans le cadre d'un plan ayant pour but d'éliminer, par ce harcèlement, la concurrence* ».

1211 *In re Tamoxifen*, préc., pt 209.

1212 *In re Ciprofloxacin*, 544 F.3d 1323 (Fed. Cir. 2008).

saisie n'a pas besoin de prendre en compte la validité du brevet lorsqu'elle porte un examen antitrust sur un règlement amiable impliquant un paiement inversé »[1213]. En d'autres termes, la cour a confirmé le *scope of patent test* et a rappelé qu'il n'était pas nécessaire « *d'évaluer la force du brevet pour déterminer si des paiements inversés sont illégaux* »[1214]. Concrètement, dès lors que les effets anticoncurrentiels de l'accord sont liés à la détention du brevet, aucune violation au droit antitrust ne devrait donc être prononcée.

Si la majorité des cours d'appel a choisi de contrôler les accords de report d'entrée en faisant une application du *scope of patent test*, une grande partie de la doctrine a émis de vives critiques à son égard. Trop permissif, ce test ne serait pas compatible avec les objectifs posés par la loi Hatch-Waxman et nierait une caractéristique importante du titre de propriété intellectuelle, à savoir son caractère probabiliste. Alors qu'un brevet est seulement présumé valable, le *scope of patent test* semble le regarder comme un titre invulnérable.

ß) Les limites du scope of patent test

319. **Première limite : le test est fondé sur la présomption de validité du brevet.** Le problème fondamental des accords de report d'entrée est connu : il concerne la validité du brevet. En effet, dans l'hypothèse où un brevet serait valide, un accord par lequel le breveté paye un génériqueur pour qu'il abandonne sa contestation de brevet et retarde son entrée sur le marché ne soulèverait aucune préoccupation de concurrence[1215]. En ce cas, le laboratoire *princeps* pourrait légalement s'appuyer sur son titre de propriété intellectuelle pour exclure des concurrents du marché jusqu'à ce que le brevet tombe dans le domaine public. En revanche, si le brevet n'est pas valide, le breveté n'a pas le droit de payer un génériqueur pour qu'il mette un terme à son action judiciaire. Dans ce contexte, le comportement des parties pourrait être regardé comme une pratique cherchant à diviser le marché et à éliminer le jeu normal de la concurrence. Une règle *per se* devrait alors s'appliquer.

La difficulté avec le *scope of patent test* – plus précisément le *formal scope of patent test*[1216] – est qu'il suppose que le brevet soit valide. En réalité, il surdimensionne la section 282 du Patent Act, qui dispose qu'« *un brevet doit être présumé valide* »[1217]. Ce texte vise une présomption procédurale (*a procedural*

1213 *Ibid.*, pt 1336 (traduction libre) : « *the essence of the inquiry is whether the agreements restrict competition beyond the exclusionary zone of the patent [...] in the absence of evidence of fraud before the PTO or sham litigation, the court need not consider the validity of the patent in the antitrust analysis of a settlement agreement involving a reverse payment* ».

1214 *Ibid.*, pts 1334-1335 (traduction libre) : « *[It is not necessary to] evaluate the strength of the patent in determining whether reverse payments are unlawful.* »

1215 M. Carrier, « Unsettling Drug Patent Settlements: A Framework for Presumptive Illegality », 108 *Mich. L. Rev.* 37 (2009), spéc. p. 66.

1216 Certains auteurs ont distingué le *formal scope of patent test* avec *l'objective probabilistic scope of the patent*. Alors que le premier soutient que tous les accords n'excédant pas la portée du brevet ne sont pas anticoncurrentiels, le second suggère que les juridictions doivent évaluer objectivement la probabilité que le breveté gagne son procès en contrefaçon. Si ce dernier avait de faibles chances de l'emporter, la juridiction doit alors inférer que l'accord est illégal. Voy. E. Elhauge & A. Krueger, « Solving the Patent Settlement Puzzle », 91 *Texas L. Rev.* 283 (2012), spéc. p. 286.

1217 35 U.S.C. § 282 (traduction libre) : « *A patent shall be presumed valid.* »

presumption)[1218], c'est-à-dire une présomption qui a simplement pour effet de faire peser la charge de la preuve de l'invalidité du brevet sur le contestataire. Cependant, cette présomption de validité est trompeuse puisque le système des brevets produit un grand nombre de brevets faibles et invalides. Pour s'en convaincre, il convient de se tourner vers certaines études empiriques qui ont notamment montré qu'au moins 40 % des brevets délivrés par le PTO sont invalides[1219]. S'agissant des procédures en contrefaçon actionnées à la suite d'une demande de certification paragraphe IV, la FTC a révélé que 73 % d'entre elles ont été remportées par les génériqueurs[1220]. Ainsi, le *scope of patent test* semble nier le caractère probabiliste des brevets en interprétant la présomption de validité du brevet comme une preuve substantielle de sa validité[1221]. Par conséquent, ce test conduit à immuniser des accords de report d'entrée illicites dans la mesure où, pour certains d'entre eux, ils sont assis sur des brevets invalides.

320. **Deuxième limite : le *scope of patent test* ne prend pas en compte les objectifs posés par la loi Hatch-Waxman.** Par ailleurs, l'un des objectifs explicites et principaux de la loi Hatch-Waxman est d'encourager l'entrée des génériques sur le marché[1222]. Or, le *scope of patent test* favorise trop les brevetés au détriment des fabricants de génériques et des consommateurs[1223]. En effet, ce test offre la possibilité aux laboratoires *princeps* de s'engager dans des pratiques potentiellement anticoncurrentielles dès lors que l'accord respecte la portée du brevet. Autrement dit, l'application du test peut conduire à pérenniser des prix de monopole – puisque le produit en cause demeure protégé par un brevet – mais surtout à décourager l'entrée des génériques sur le marché. Ce faisant, le *scope of patent test* irait à rebours des objectifs fixés par la loi. Plutôt que de dynamiser la concurrence, le test contribue à la scléroser.

321. **Troisième limite : le *scope of patent test* pose une présomption quasi irréfragable de licéité.** Enfin, comme l'a soulevé la cour d'appel du troisième circuit, laquelle a décidé d'appliquer une règle *quick look*, le *scope of patent test* équivaut à une quasi-présomption de licéité des brevets. Autrement dit, dès lors que les accords ne dépassent pas le champ d'exclusion du brevet, c'est-à-dire par exemple qu'ils ne prolongent pas le monopole du breveté au-delà de la date d'échéance

---

1218 M. Carrier, « Why the "Scope of the Patent" Test Cannot Solve the Drug Patent Settlement Problem », art. préc., p. 6. Voy. aussi *Stratoflex, Inc. v. Aeroquip Corp.*, 713 F.2d 1530 (Fed. Cir. 1983), pt 1534 (traduction libre) : « *La présomption [de validité], comme toutes les présomptions juridiques, est un mécanisme procédural, pas un droit substantiel.* » Dans la langue d'origine : « *The presumption, like all legal presumptions, is a procedural device, not substantive law.* »

1219 Voy. par ex. J. Allison & M. Lemley, « Empirical Evidence on the Validity of Litigated Patents », 26 *American Intellectual Property Law Association Quaterly Journal* 185 (1998), spéc. p. 205, qui évoque ce chiffre déjà à la fin des années 1990.

1220 FTC, *Generic Drug Entry Prior to Patent Expiration: An FTC Study*, 2002, p. 16.

1221 Le *scope of patent test* va aussi contre un principe prétorien posé par la cour d'appel du circuit fédéral, qui avait soutenu que la présomption de validité du brevet n'équivalait pas à une preuve substantielle de sa validité. Voy. *Stratoflex, Inc. v. Aeroquip Corp.*, préc., pt 1534.

1222 Voy. par ex. M. Carrier, « A Response to Chief Justice Roberts: Why Antitrust Must Play a Role in the Analysis of Drug Patent Settlements », 15 *Minn. J. L. Sci. & Tech.* 31 (2014), spéc. p. 38, qui explique en détail les objectifs politiques de cette loi. Voy. aussi *supra* le premier titre de la première partie de cet ouvrage.

1223 N. Stoltz, « Reverse Payment Agreements: Why a "Quick Look" Properly Protects Patents and Patients », 58 *Saint Louis University L. J.* 1189 (2014), spéc. p. 1210.

du titre de propriété intellectuelle ou qu'ils n'empêchent pas le génériqueur de commercialiser d'autres produits qui ne violeraient aucune revendication de ce dernier, ils sont immunisés contre toute condamnation antitrust. Ainsi, peu importe la taille du paiement inversé, peu importe son degré incitatif pour arriver à une transaction, l'accord échappe à un examen antitrust.

2. Les faits de l'affaire

322. **La réaction de la Cour suprême à la suite des divisions des cours d'appel.** Compte tenu des divisions des cours d'appel, la FTC continua à attaquer des accords de report d'entrée afin de déclencher un reflux du *scope of patent test*. Cependant, sa tentative de condamnation antitrust fut une nouvelle fois infructueuse dans l'affaire *Watson*[1224]. Alors que la FTC avait déposé une plainte pour voir condamnés les accords conclus par un breveté avec plusieurs génériqueurs[1225], la cour d'appel du onzième circuit jugea que ces derniers étaient inoffensifs pour la concurrence en précisant que « *les accords de report d'entrée sont généralement inattaquables du point de vue des règles antitrust tant que leurs effets tombent dans le champ du potentiel d'exclusion du brevet* »[1226]. Face au maintien du *scope of patent test*, la FTC décida alors de saisir la Cour suprême pour qu'elle se prononce et dise pour droit la règle antitrust qu'il convient d'appliquer aux accords de type *pay-for-delay*. Eu égard à l'accroissement de l'insécurité juridique – laquelle était exacerbée aussi bien par un activisme puissant de la FTC que par les arrêts contradictoires rendus par différentes cours d'appel –, la Cour suprême accueillit cette fois-ci la demande.

323. **Les faits particuliers de l'affaire et éléments de procédure.** La Cour suprême avait été saisie sur les faits suivants. Le laboratoire Solvay était titulaire d'un brevet sur le médicament AndroGel, qu'il commercialisait. Deux fabricants de génériques, les laboratoires Watson et Paddock, développèrent de leur côté des versions génériques du *princeps* et déposèrent une demande de certification paragraphe IV dans le but de lancer leur produit sur le marché, mais aussi d'obtenir la prime d'exclusivité de cent quatre-vingts jours. En réponse, le breveté agit en contrefaçon et déclencha la période de neutralisation de trente mois. Afin d'éviter les risques et les coûts du litige, Paddock s'associa avec les laboratoires Par. Aux termes de cet accord, les laboratoires acceptaient de se répartir les coûts du procès en échange d'une portion des profits tirés par Paddock s'ils arrivaient à obtenir l'approbation de la FDA. Une fois les trente mois écoulés, Paddock et Watson obtinrent l'ANDA. Par crainte de voir 90 % de ses ventes disparaître au profit des génériqueurs, le breveté décida de transiger le litige de brevet avec

---

1224 *FTC v. Watson Pharmaceuticals*, 677 F.3d 1298 (11th Cir. 2012) : *Concurrences* n° 3-2012, p. 237, obs. J.-C. Roda.

1225 Plus précisément, la FTC soutenait que les accords de report d'entrée en question ne respectaient pas le *safe harbor* posé par la cour d'appel du onzième circuit parce que les accords excédaient le champ potentiel d'exclusion du brevet. Voy. C. Bingham Galligan, « FTC v. Watson Pharmaceuticals, 677 F.3d 1298 (11th Cir. 2012) », 23 *DePaul Journal of Art, Technology and Intellectual Property Law* 491 (2013).

1226 *FTC v. Watson Pharmaceuticals*, préc., pt 1312 (traduction libre) : « *reverse payment settlements are immune from antitrust liability if the anticompetitive effects of their settlement fall within the scope of the exclusionary potential of the patent* ».

tous les génériqueurs. Il conclut plusieurs règlements amiables, qui prévoyaient les choses suivantes :

- Watson, Par et Paddock étaient d'accord pour ne pas vendre leur version de l'AndroGel jusqu'à une date déterminée, à moins qu'un autre fabricant de génériques ne réussisse à commercialiser sa propre version[1227] ;
- Watson était d'accord pour promotionner l'AndroGel auprès des urologues ;
- Par accepta de promotionner le *princeps* auprès des médecins généralistes ;
- Par accepta de fabriquer une partie de l'AndroGel avec Paddock ;
- Solvay s'obligeait à payer Par et Paddock 10 millions de dollars par an pendant six ans et 2 millions de dollars par an additionnels pour le travail d'assistance dans la fabrication du produit[1228] ;
- Solvay accepta enfin de partager une partie de ses profits sur le *princeps* avec Watson en projetant des paiements compris entre 19 et 30 millions de dollars[1229].

À la suite de la conclusion de ces règlements amiables, les parties ont notifié l'accord à la FTC. C'est postérieurement à cette notification que cette dernière a porté plainte et a été déboutée par la cour d'appel du onzième circuit. La demande de *certiorari* ayant été acceptée, la Cour suprême put enfin prendre position dans son arrêt *Actavis*[1230]. Elle a renversé l'arrêt de la cour d'appel du onzième circuit et a indiqué qu'il fallait contrôler les accords de report d'entrée en mettant en œuvre une règle de raison.

B. Les principes retenus par la Cour suprême

324. **Le choix de la règle de raison.** Pour contrôler les accords de report d'entrée, la Cour suprême a décidé de faire appel à la règle de raison[1231] et a fait une application stricte de sa jurisprudence. Selon cette dernière, la *rule of reason* doit être mise en œuvre lorsqu'une pratique économique possède des caractéristiques qui ne sont pas clairement anticoncurrentielles[1232], ce qui est le cas des accords *pay-for-delay*. En effet, ces accords appartiennent à ce type de pratiques pour lesquelles un examen antitrust cursif demeure insuffisant pour déterminer avec un certain degré de certitude leur production d'effets nocifs sur la concurrence. D'un côté, les accords de report d'entrée peuvent poser d'importantes préoccupations de concurrence dans le sens où ils peuvent être qualifiés d'accords horizontaux de répartition des marchés[1233] et être conçus pour prolonger des monopoles injustifiés.

1227 On reconnaît ici la clause d'accélération que nous évoquions *supra* n° 203 et s.

1228 Ce sont ici les paiements inversés.

1229 Ce sont ici encore des paiements inversés sous forme monétaire.

1230 Alors que l'arrêt d'appel portait pour nom *FTC v. Watson Pharmaceuticals*, l'arrêt de la Cour suprême porte le nom d'Actavis en raison du rachat par Watson de l'entreprise Actavis et du fait que Watson ait décidé de rebaptiser son nom en Actavis.

1231 U.S. Supreme Court, *Actavis*, 570 US 136 (2013), p. 20 : « *la FTC doit prouver les affaires [de* pay-for-delay*] comme dans n'importe quelle autre affaire de règle de raison* » (traduction libre). Dans la langue d'origine : « *the FTC must prove its case as in other rule-of-reason cases* ».

1232 Voy. par ex : U.S. Supreme Court, *Leegin Creative Leather Prods. v. PSKS, Inc.*, 551 U.S. 877 (2007), pt 887.

1233 T. Khatibifar, « The Need for Patent-Centric Standard of Antitrust Review to Evaluate Reverse Payment Settlements », 23 *Fordham Intellectual Property, Media and Entertainment L. J.* 1351 (2013), spéc. pp. 1375-1376.

Autrement dit, ils ont le potentiel pour porter atteinte au bien-être du consommateur en préservant l'exclusivité de marché du breveté[1234]. D'un autre côté, les *reverse payments* peuvent produire des bénéfices substantiels à la fois pour les producteurs et les consommateurs. Ces bénéfices se matérialisent par de nombreux gains d'efficacité, notamment par la certitude d'éteindre un litige de brevet[1235] – ce qui permet d'économiser les coûts de procédure judiciaire – et par la possibilité pour les fabricants de médicaments de récupérer leurs investissements – ce qui encourage l'innovation[1236].

325. **La conciliation des règles antitrust avec les droits de propriété intellectuelle par la *rule of reason*.** Le choix de la règle de raison apparaît pertinent puisqu'il trouve un juste équilibre entre droit des brevets et droit de la concurrence. *A priori*, il permet de concilier le respect des règles antitrust et des droits de propriété intellectuelle[1237]. Contrairement au *scope of patent test*, à l'approche *per se* ou *quick look*, la *rule of reason* ne fait ni prévaloir le droit de la propriété intellectuelle sur le droit antitrust ni le droit antitrust sur le droit de la propriété intellectuelle. Les approches évoquées opéraient pour leur part une discrimination en faveur de l'une ou de l'autre branche du droit. En effet, le *scope of patent test* bénéficiait de manière excessive aux brevetés, car il surévaluait les droits de propriété intellectuelle. Ainsi, dès lors que le brevet du *princeps* était en vigueur, ces derniers étaient protégés contre une condamnation antitrust. L'approche *per se* et l'approche *quick look* avantageaient quant à elles abusivement le droit antitrust puisque, indépendamment de la validité du titre de propriété intellectuelle, l'accord était considéré ou présumé anticoncurrentiel. Ce faisant, l'un des principaux mérites de la règle de raison réside dans le refus d'« objectiver » la pratique des accords de report d'entrée. Autrement dit, la *rule of reason* ne situe pas tous les accords de type *pay-for-delay* dans une zone anticoncurrentielle. Elle privilégie une approche *in concreto*, de sorte que, dans certaines hypothèses, un accord pourra être jugé comme une injure flagrante aux règles de concurrence, tandis que dans d'autres il apparaîtra comme neutre, voire positif pour la concurrence.

326. **Une règle de raison particulière (dite « structurée ») pour les accords de report d'entrée.** La *rule of reason* a été décrite par certains commentateurs[1238] et par la jurisprudence de la Cour suprême comme complexe et pénible à la fois

---

D'autres auteurs ont pu écrire qu'« *à première vue, les accords de report d'entrée (*pay-for-delay*) recèlent une atteinte grossière aux règles antitrust* ». Voy. D. Bosco, « Pay for delay : Les accords de report d'entrée dans le secteur pharmaceutique », *Concurrences* n° 2-2014, p. 12.

1234 M. Carrier, « Unsettling Drug Patent Settlements: A Framework for Presumptive Illegality », art. préc., pp. 71-72.

1235 Voy. par ex. : H. Hovenkamp, M. Janis & M. Lemley, « Anticompetitive Settlement of Intellectual Property Disputes », 87 *Minnesota L. Rev.* 1719 (2003), spéc. p. 1723.

1236 M. Morse, « Settlement of Intellectual Property Disputes in the Pharmaceutical and Medical Device Industries: Antitrust Rules », 10 *George Mason L. Rev.* 359 (2002), spéc. p. 367.

1237 O. Cavézian et M.-S. Mercier, « Stratégie des laboratoires princeps face aux médicaments génériques : quelles approches des autorités de concurrence ? », *RLC* 2014, n° 39, p. 161, spéc. p. 164. Pour l'auteur, « *[l]a Cour Suprême semble [...] trouver un équilibre entre respect des règles de la propriété intellectuelle et droit de la concurrence. Contrairement aux solutions de la FTC et des juridictions inférieures, la règle de raison ne fait pas prédominer droits de propriété intellectuelle ou règles de concurrence, mais permet de les concilier par une appréciation* in concreto *des règlements amiables entre laboratoires princeps et fabricants de génériques* ».

1238 Voy. par ex. R. Feldman, « Defensive Leveraging in Antitrust », 87 *Georgetown L. J.* 2079 (1999), spéc. pp. 2107-2108.

pour les litigants et le système judiciaire[1239]. En effet, nécessitant une enquête détaillée et laborieuse pour déterminer si le bilan concurrentiel est favorable au non à la pratique en cause, elle apparaît coûteuse, chronophage, et son résultat particulièrement incertain[1240]. Concrètement, la juridiction saisie doit mettre en balance les effets anticoncurrentiels de la pratique avec ses effets proconcurrentiels. Dans le cadre de la *rule of reason*, plusieurs éléments doivent être mis en exergue, principalement les effets potentiellement anticoncurrentiels de la pratique, ses vertus rédemptrices et le pouvoir de marché de l'entreprise mise en cause[1241]. Dans l'arrêt *Actavis*, la Cour suprême a décidé de faciliter la tâche des plaignants en leur permettant de démontrer de façon abrégée les effets anticoncurrentiels de l'accord de report d'entrée ainsi que le pouvoir de marché du breveté[1242]. Pour cette raison, la *rule of reason* adoptée par la Cour suprême peut être qualifiée de particulière ou de structurée[1243]. Quoi qu'il en soit, si le juge Breyer, qui a

---

1239 U.S. Supreme Court, *Continental T.V. v. GTE Sylvania Inc.*, 433 U.S. 36 (1977), pt 50. Le caractère complexe et informe de la *rule of reason* a été brillamment exposé par le juge Brandeis il y a déjà un siècle. Dans l'arrêt *Chicago Board of Trade*, il a expliqué que « *the court must ordinarily consider the facts peculiar to the business to which the restraint is applied; its conditions before and after the restraint was imposed; the nature of the restraint and its effect, actual or probable. The history of the restraint, the evil believed to exist, the reason for adopting the particular remedy, the purpose or end sought to be attained, are all relevant facts. This is not because a good intention will save an otherwise objectionable regulation or the reverse; but because knowledge of intent may help the court to interpret facts and to predict consequences* ». Voy. U.S. Supreme Court, *Chicago Board of Trade v. United States*, 246 U.S. 231 (1918), pt 238.

1240 M. Stucke, « Does the Rule of Reason Violate the Rule of Law? », 42 *UC Davis L. Rev.* 1375 (2009), spéc. p. 1425. Dans cet article, le professeur Stucke explique que « *la règle de raison est imprévisible en raison de la manière dont les allégations sont prouvées. Souvent, les demandeurs cherchent à établir un pouvoir de marché du défendeur non pas avec des preuves directes des effets anticoncurrentiels actuels, mais de manière circonstancielle en apportant des preuves de parts de marché élevées* » (traduction libre). Dans la langue d'origine : « *the rule of reason is unpredictable because of the way in which claims are proved. Frequently, antitrust plaintiffs seek to establish a defendant's market power not with direct evidence of actual anticompetitive effects, but circumstantially with evidence of a high market share* ».

1241 M. Carrier, « How not to apply *Actavis* », 109 *Northwestern University L. Rev.* 113 (2014), spéc. p. 116.

1242 U.S. Supreme Court, *Actavis*, 570 U.S. _ (2013), p. 14 et p. 18. Cette position se comprend. Une partie de la doctrine américaine a montré que la *rule of reason* bénéficie rarement aux demandeurs, lesquels ont la charge de démontrer la nocivité de la pratique sur la concurrence. Lorsqu'elle est appliquée, ces derniers ont de grandes chances de perdre le procès antitrust. Voy. M. Carrier, « The Rule of Reason: An Empirical Update for the 21st Century », 16 *George Mason L. Rev.* 827 (2009), spéc. p. 830.

1243 La « *structured rule of reason* » a été pensée par le professeur Feldman. Pour cet auteur, il n'est parfois pas nécessaire de mettre en œuvre une règle de raison pleine et entière. Dans certains cas, des indices permettent de démontrer les effets anticoncurrentiels ou proconcurrentiels d'une pratique et, ce faisant, d'épargner les plaignants ou les défendeurs d'une enquête approfondie et détaillée. Voy. R. Feldman, « Defensive Leveraging in Antitrust », art. préc., pp. 2112-2113. La règle de raison structurée a déjà été utilisée par des tribunaux de district et des cours d'appel. Quant à la Cour suprême, elle en a fait usage pour la première fois dans l'arrêt *Leegin*, par lequel elle a abandonné le traitement *per se* pour des restrictions verticales. U.S. Supreme Court, *Leegin Creative Leather Prods, Inc., v. PSKS, Inc.*, 551 U.S. 877 (2007), pt 898. Pour avoir un exemple concret de l'application d'une règle de raison structurée, il convient de lire certaines propositions doctrinales. Les professeurs Hovenkamp et Areeda ont suggéré pour les affaires de prix imposés (*resale price maintenance*) un test par lequel les plaignants peuvent apporter la preuve d'effets anticoncurrentiels en mettant en exergue l'un des facteurs suivants : la concentration du marché, l'étendue des restrictions dans le secteur, le pouvoir de marché, la zone géographique ou le caractère nécessaire des efforts promotionnels. Voy. P. Areeda & H. Hovenkamp, *Antitrust Law*, 3rd ed., Aspen, 2010, § 1633, pp. 385-386. Pour M. Schrepel, « *[l]es juridictions devraient appliquer une règle de raison structurée pour toutes les pratiques mises en œuvre sur les marchés de haute-technologie et de l'innovation lorsqu'il n'a pas été démontré dans chaque affaire particulière que la pratique est proconcurrentielle* » (traduction libre). Dans la langue d'origine : « *[c]ourts should implement*

rédigé l'arrêt au nom de la majorité, a chargé les plaignants de prouver les effets anticoncurrentiels de l'accord (1), il a aussi autorisé les défendeurs à apporter des justifications permettant d'écarter une condamnation antitrust (2). Ce faisant, même si les accords de report d'entrée peuvent parfois violer le droit antitrust, la Cour suprême semble indiquer que certains ne tombent pas sous le coup de la section 1 du Sherman Act.

1. La charge de prouver les effets anticoncurrentiels abandonnée au plaignant

327. **Le principe retenu s'applique à toutes les affaires de *pay-for-delay*.** Alors que la Cour suprême avait été saisie pour des faits bien particuliers par la FTC, le juge Breyer a voulu montrer dès l'incipit que le principe retenu dans l'affaire *Actavis* s'imposera non seulement à la cour d'appel chargée de rejuger l'affaire *Solvay*, mais aussi à toutes les juridictions qui devront postérieurement contrôler la conformité des accords de report d'entrée aux règles de concurrence. En effet, l'arrêt commence de la manière suivante : « *Une Compagnie A poursuit une Compagnie B en contrefaçon. Les deux compagnies transigent leur litige en des termes qui exigent que (1) la Compagnie B, le contrefacteur allégué, ne fabrique pas le produit breveté jusqu'à ce que le brevet arrive à échéance, et que (2) la Compagnie A, le breveté, paye la Compagnie B des millions de dollars. Parce que le règlement amiable impose au breveté de payer le contrefacteur allégué, plutôt que d'utiliser un autre moyen que le paiement, ce genre d'accord est souvent nommé "règlement amiable de paiement inversé". Et la question est de savoir si un tel accord peut parfois déraisonnablement diminuer la concurrence en violation des règles antitrust*[1244]. » La généralité de la formulation utilisée exprime l'idée que l'arrêt ne se limite pas seulement au secteur pharmaceutique mais qu'il doit s'appliquer à tous les secteurs où de tels accords pourraient être conclus[1245].

328. **L'étape préliminaire : démontrer un pouvoir de marché.** Classiquement, pour mettre en œuvre la *rule of reason*, les plaignants doivent démontrer que l'accord a des effets anticoncurrentiels[1246] et que le breveté détient un pouvoir de marché. Lorsque la *rule of reason* est appliquée, il est cependant assez difficile pour les

---

a structured rule of reason for all practices related to innovation and high-tech markets where the practice has not been proven to be procompetitive in every single case ». Voy. T. Schrepel, « A New Structured Rule of Reason Approach for High-Tech Markets », 50 *Suffolk University L. Rev.* 103 (2017), spéc. p. 119.

1244 U.S. Supreme Court, *Actavis*, 570 U.S. 136 (2013), p. 1 (traduction libre) : « *Company A sues Company B for patent infringement. The two companies settle under terms that require (1) Company B, the claimed infringer, not to produce the patented product until the patent's term expires, and (2) Company A, the patentee, to pay B many millions of dollars. Because the settlement requires the patentee to pay the alleged infringer, rather than the other way around, this kind of settlement agreement is often called a "reverse payment" settlement agreement. And the basic question here is whether such an agreement can sometimes unreasonably diminish competition in violation of the antitrust laws.* »

1245 Voy. H. Hovenkamp, « Anticompetitive Patent Settlement and the Supreme Court's Actavis Decision », 15 *Minn. J. L. Sci. & Tech.* 3 (2014), qui tire la même conclusion.

1246 C'est pourquoi certains auteurs ont récemment indiqué que la bonne application de la règle de raison structurée par l'arrêt *Actavis* nécessite la mise en place d'une analyse contrefactuelle qui vérifie non seulement les effets sur la concurrence d'un règlement amiable alternatif, mais aussi l'état de la concurrence en l'absence du règlement amiable litigieux. Voy. S. Morgenstern & A. Pergament, « Applying the Rule of Reason in the Post-Actavis World », 1 *Columbia Business L. Rev.* 45 (2018), spéc. p. 61 et s.

plaignants de démontrer que le défendeur exerce un pouvoir de marché sur le marché pertinent, lequel est défini comme la capacité d'une entreprise à augmenter les prix ou à faire baisser la production. L'identification d'un tel pouvoir permet de mesurer la capacité d'une entreprise à exclure ou éliminer un concurrent[1247]. Comme certains ont pu l'expliquer, dans le cas des *pay-for-delay*, « *sans [la démonstration du] pouvoir de marché, il n'y a aucune preuve que le règlement amiable pourrait avoir des effets négatifs sur le bien-être du consommateur* »[1248]. Il est donc essentiel pour les plaignants de montrer que le breveté détient un tel pouvoir. Pour faciliter la tâche de ces derniers dans la démonstration du pouvoir de marché, la Cour suprême a mis en place un test particulier, que l'on pourrait nommer « test de la taille du paiement » ou « test du prix » (a). Ce test permet d'inférer la faiblesse du brevet (b). Quant aux effets anticoncurrentiels, la Cour suprême a déterminé plusieurs indices pour les établir (c).

a. Le test de la taille du paiement

329. **Le « test de la taille du paiement » ou le « test du prix ».** Pour venir en aide aux plaignants, la Cour suprême a adopté une règle de raison structurée, laquelle facilite la démonstration du pouvoir de marché du breveté. Pour ce faire, la Cour a mis en place un test particulier : le « test de la taille du paiement » ou le « test du prix ». En effet, l'arrêt *Actavis* indique que « *la taille du paiement d'un fabricant du médicament princeps fait à un génériqueur potentiel est en lui-même un fort indicateur du pouvoir de marché – principalement, le pouvoir de fixer des prix au-dessus du niveau concurrentiel* »[1249]. La Cour ajoute qu'« *un brevet important en lui-même aide à assurer un tel pouvoir* »[1250]. Autrement dit, aux termes de l'arrêt, il est possible d'inférer le pouvoir de marché du breveté uniquement en constatant un paiement inversé important. Ce faisant, la règle de raison structurée préconisée par la Cour suprême épargne les plaignants d'une démonstration économique longue et fastidieuse. En effet, si la taille du paiement n'avait pas été retenue comme un indicateur du pouvoir de marché, les plaignants auraient dû prouver l'existence d'un tel pouvoir en mettant par exemple en exergue que le marché comportait un petit nombre d'entreprises, que les entreprises concurrentes avaient des parts de marché résiduelles et que les prix sur le marché étaient à des niveaux supraconcurrentiels[1251].

330. **Critique du théorème « détention d'un brevet égale pouvoir de marché ».** Même si le test de la taille du paiement nous semble équilibré dans le sens où il

---

1247 U.S. Supreme Court, *United States v. E. I. Du Pont de Nemours & Co.*, 351 U.S. 377 (1956), pt 391. Une entreprise qui a un pouvoir de marché très élevé est considérée avoir un pouvoir de monopole. Voy. R. Price, « Market Power and Monopoly Power in Antitrust Analysis », 75 *Cornell L. Rev.* 190 (1989), spéc. p. 195.

1248 H. Butler & J. Jarosch, « Policy Reversal on Reverse Payments: Why Courts Should Not Follow the New DOJ Position on Reverse-Payment Settlements of Pharmaceutical Patent Litigation », 96 *Iowa L. Rev.* 101 (2010), spéc. p. 116.

1249 U.S. Supreme Court, *Actavis*, préc., p. 18 (traduction libre) : « *the size of the payment from a branded drug manufacturer to a prospective generic is itself a strong indicator of power – namely, the power to charge prices higher than the competitive level* ». La Cour suprême a repris l'idée défendue par le professeur Hovenkamp.

1250 *Ibid.* (traduction libre) : « *An important patent itself helps to assure such power.* »

1251 B. Miller, « Antitrust Analysis After Actavis: Applying the Rule of Reason to Reverse Payments », 15 *Wake Forest Journal of Business & Intellectual Property Law* 382 (2015), spéc. p. 398.

allège la charge de la preuve pesant sur les plaignants, il convient cependant de distiller une légère critique concernant le principe retenu, à savoir « la détention d'un brevet équivaut à la détention d'un pouvoir de marché ». Étant donné que cette idée est assez répandue en doctrine[1252], il ne nous est pas apparu surprenant que la Cour suprême se l'approprie et la mette en application pour les affaires de *reverse payments*. Or, mise à l'épreuve de la réalité, il semble que cette règle ne soit pas bien fondée. Certains auteurs se sont d'ailleurs attelés à la déconstruire et leur conclusion apparaît tout aussi interpellante que sagace. Par une analyse fouillée et empirique, les professeurs Bostyn et Petit ont démontré que le brevet n'offrait pas automatiquement un monopole à son titulaire, et qu'en conséquence, le théorème « brevet égal monopole » ne devrait être regardé qu'en tant que fiction juridique[1253]. En effet, le brevet attribue à son titulaire le droit d'exclure (*an exclusionary right*) certaines personnes du marché. En d'autres termes, cela signifie que le titulaire du brevet a le droit d'empêcher des tiers de réaliser certaines activités comme celles de fabriquer, d'utiliser, de vendre ou de stocker des produits ou des procédés protégés par le titre de propriété intellectuelle. En revanche, le brevet ne transmet pas un monopole puisque rien ne permet au départ de savoir si ce brevet contribuera à la naissance d'un marché, et encore moins si les consommateurs se précipiteront pour acquérir la technologie brevetée. Finalement, loin de lui attribuer un monopole, le brevet donne uniquement à l'entreprise une opportunité de marché. Ainsi, les brevets « *récompensent l'invention, pas la commercialisation* »[1254]. En conséquence, l'assertion de la Cour suprême selon laquelle un brevet peut assurer un pouvoir de marché peut apparaître friable, voire peu résiliente.

b. L'inférence de la faiblesse du brevet

331. **Le test de la taille du paiement permet d'écarter l'examen judiciaire de la validité du brevet.** La Cour suprême a décidé qu'il n'était pas nécessaire d'obtenir une décision judiciaire sur l'invalidité du brevet ou sur sa non-violation pour contrôler la conformité des accords de report d'entrée au droit antitrust.

1252 Par exemple, le professeur Tim Wu a déclaré que « *le système des brevets est conçu pour créer un pouvoir de marché* » (traduction libre). Voy. T. Wu, *Oversight of Innovation Catalysts*, DAF/COMP/WD(2012)2, Feb. 2012, OECD Competition Committee Hearings on the Digital Economy, p. 6, § 26 : « *the patent system is designed to create market power* ».

1253 S. Bostyn & N. Petit, « Patent = Monopoly: A Legal Fiction », art. préc. Du même avis, voy. W. E. Kovacic & A. P. Reindl, « An Interdisciplinary Approach to Improving Policy and Intellectual Property Policy », 28 *Fordham International L. J.* 1062 (2004), lesquels soutiennent que dans de nombreuses situations, la détention de droits de propriété intellectuelle ne délivre pas de pouvoir de marché.

1254 *Ibid.*, p. 7 (traduction libre) : « *Patent reward invention, not commercialisation.* » Les auteurs ont pris l'exemple du secteur pharmaceutique pour illustrer leur argumentation, et plus particulièrement du marché des maladies du cœur et du cholestérol. Le Lipidor (un médicament de Pfizer) et le Zocor (un médicament de Merck) sont deux médicaments traitant les maladies du cœur et du cholestérol. Ces derniers sont couverts par des brevets distincts et ont tous deux un usage thérapeutique similaire. Les médecins voient ces deux médicaments comme des alternatives concurrentes. Ce sont, comme le disent les avocats spécialisés en PI des « *non-infringing substitutes* ». Dans cet exemple, les brevets n'ont octroyé aucun monopole aux entreprises, lesquelles doivent se livrer concurrence et convaincre les consommateurs de faire le choix de leur produit. Voy. aussi : P. Lee, « Transcending the Tacit Dimension: Patents, Relationships, and Organizational Integration in Technology Transfer », 100 *California L. Rev.* 1503 (2012), spéc. p. 1515.

Selon la Cour, « *il n'est normalement pas nécessaire de mettre en litige la validité du brevet pour répondre à la question antitrust* »[1255]. Plutôt, « *un paiement inversé important et injustifié indique normalement que le breveté a de sérieux doutes sur la survie du brevet [...] et que l'objectif du paiement est de maintenir des prix supraconcurrentiels qui seront partagés entre le breveté et le contestataire au lieu de faire face à ce qui aurait pu être un marché concurrentiel* »[1256]. Ainsi, « *la taille du paiement peut fournir un substitut fiable pour mesurer la faiblesse du brevet, et ce, sans obliger une juridiction à mener une investigation détaillée sur la validité du brevet lui-même* »[1257]. En d'autres termes, si le paiement est substantiel, c'est qu'il est fort probable que l'accord ne vise qu'à retarder l'entrée du concurrent générique. Soutenant cela, la Cour semble affirmer implicitement que si un génériqueur demande un paiement important, c'est qu'il pense avoir de fortes chances de remporter le litige de brevet. Aussi, il serait mieux pour le consommateur que le litige se poursuive afin qu'il ait accès à un marché concurrentiel. Ce faisant, dans les affaires de type *pay-for-delay*, le plaignant n'a pas besoin de prouver qu'il existe une probabilité élevée pour que le brevet soit jugé invalide ; il lui suffit de faire référence au montant du paiement[1258].

Concomitamment, la Cour a refusé d'accueillir en défense l'argument de l'aversion au risque, lequel aurait pu justifier le niveau élevé du paiement réalisé par le breveté. Pour elle, si le paiement n'est pas justifiable autrement, il cherche certainement à empêcher le risque de la concurrence. L'analyse ne semble pas raisonnable. La Cour suprême semble avoir méconnu le fonctionnement du secteur pharmaceutique. En effet, il arrive parfois que des laboratoires s'appuient seulement sur quelques « *blockbusters* » pour extraire des millions, voire des milliards de dollars de profits. Étant donné qu'il est impossible de connaître l'issue d'un contentieux de brevet, un breveté pourrait alors être prêt à payer des sommes substantielles pour éviter même un petit risque qu'un brevet protégeant un *blockbuster* soit déclaré invalide. Selon certains, c'est dans ce contexte d'aversion au risque que le breveté décide de transiger le litige alors même qu'il peut très bien être confiant sur ses chances de remporter le procès[1259]. Dans ce contexte, les accords seraient en réalité conclus *in terrorem*, les brevetés craignant de perdre le marché et les investissements consentis pour obtenir une protection par brevet.

1255 U.S. Supreme Court, *Actavis*, préc., p. 18 (traduction libre) : « *it is normally not necessary to litigate patent validity to answer the antitrust question* ».

1256 *Ibid.*, pts 18-19 (traduction libre) : « *An unexplained large reverse payment itself would normally suggest that the patentee has serious doubts about the patent's survival [...] and that the payment's objective is to maintain supracompetitive prices to be shared among the patentee and the challenger rather than face what might have been a competitive market.* »

1257 *Ibid.*, p. 19 (traduction libre) : « *the size of the unexplained reverse payment can provide a workable surrogate for a patent's weakness, all without forcing a court to conduct a detailed exploration of the validity of the patent itself* ».

1258 T. Cotter, « *FTC v. Actavis, Inc.*: When Is the Rule of Reason Not the Rule of Reason? », 15 *Minn. J. L. Sci. & Tech.* 41 (2014), spéc. p. 47.

1259 B. Harris et *alii*, « Activating *Actavis*: A More Complete Story », 28 *ANTITRUST* 83 (2014).

Certains auteurs ont quant à eux insisté sur l'emploi de l'adverbe « *normalement* » par le juge Breyer[1260]. L'utilisation de ce mot signifierait que le test de la taille du paiement n'est qu'une solution de contournement permettant d'éviter l'examen judiciaire de la validité du brevet, mais il ne serait pas un moyen de l'éliminer entièrement. Selon eux, les termes employés dans l'arrêt *Actavis* confirment que la question de la validité du brevet demeure fondamentale dans les affaires *pay-for-delay*. Cette analyse s'appuie non seulement sur l'arrêt *Actavis per se*, mais aussi sur l'expérience judiciaire[1261]. Ce faisant, il semblerait que, dans certaines situations, la vérification judiciaire de la validité du brevet soit indispensable. Quoi qu'il en soit, la Cour tire la synthèse suivante : « *un paiement inversé, lorsqu'il est important et injustifié, peut porter avec lui le risque d'effets anticoncurrentiels importants ; celui qui réalise un tel paiement peut être incapable de l'expliquer ou de le justifier ; une telle entreprise ou personne peut bien posséder un pouvoir de marché tiré de son brevet ; une juridiction, en examinant la taille du paiement, peut bien être capable d'évaluer ses effets anticoncurrentiels probables en s'appuyant sur des justifications potentielles sans mettre en litige la validité du brevet ; et les parties peuvent bien trouver un autre moyen pour transiger le litige sans nécessairement utiliser les paiements inversés* »[1262].

332. **Le test de la taille du paiement permet de distinguer le droit d'utiliser son brevet du détournement du système des brevets.** Selon nous, l'*Actavis inference test*[1263] semble permettre d'ériger une dichotomie entre « le droit d'utiliser son brevet » et « le détournement du système des brevets ». En effet, si le brevet est valide et qu'il est opposé par son titulaire à un contrefacteur allégué, le premier a le droit de le déployer pour empêcher le second de faire usage de son produit protégé par des droits de propriété intellectuelle. En revanche, si le brevet n'est pas valide, le breveté dévoie alors le système des brevets pour extraire de la valeur et tirer un avantage au-delà de ce que lui permet réellement son titre[1264]. Dans cette occurrence, un breveté manipule « l'exceptionnalisme du brevet » (*the patent exceptionalism*) pour immuniser son accord du droit antitrust. Pour la Cour suprême, il semble qu'un paiement important réalisé par un breveté manifeste un détournement du système des brevets et ne corresponde pas à une utilisation justifiée des droits de propriété intellectuelle du breveté.

1260 S. McIntyre et *alli*, « The continuing relevance of patent validity in reverse-payment litigation », *Concurrences* n° 2-2014, p. 25, spéc. p. 26.

1261 *Ibid.*

1262 U.S. Supreme Court, *Actavis*, préc., pp. 19-20 (traduction libre) : « *a reverse payment, where large and unjustified, can bring with it the risk of significant anticompetitive effects; one who makes such a payment may be unable to explain and to justify it; such a firm or individual may well possess market power derived from the patent; a court, by examining the size of the payment, may well be able to assess its likely anticompetitive effects along with its potential justifications without litigating the validity of the patent; and parties may well find ways to settle patent disputes without the use of reverse payments* ».

1263 C'est le nom donné au test antitrust adopté par la Cour suprême par une partie éminente de la doctrine américaine. Voy. A. Edlin et *alli*, « Activating *Actavis* », 28 *ANTITRUST* 16 (2013) ; « The *Actavis* Inference: Theory and Practice », art. préc., spéc. p. 589 ; « *Actavis* and Error Costs: A Reply to Critics », *Antitrust Source*, October 2014, p. 2.

1264 R. Feldman, « Ending Patent Exceptionalism and Structuring the Rule of Reason: The Supreme Court Opens the Door for Both », 15 *Minn. J. L. Sci. & Tech.* 61 (2014), spéc. p. 67.

c. Les indices à prendre en compte pour inférer des effets anticoncurrentiels

333. **Quatre indices à prendre en compte.** Enfin, pour faciliter la démonstration des effets anticoncurrentiels de l'accord, la Cour suprême a proposé quatre indices que les juridictions inférieures pourront prendre en compte pour retenir la présence d'effets anticoncurrentiels. Pour la Cour, « *la probabilité pour qu'un paiement inversé produise des effets anticoncurrentiels dépend (1) de sa valeur, (2) de son importance par rapport à l'anticipation des coûts de la procédure judiciaire, (3) de son indépendance vis-à-vis d'autres services pour lesquels il pourrait représenter un paiement et (4) de l'absence de toute autre justification convaincante* »[1265]. Si ces indices peuvent permettre de retenir des effets anticoncurrentiels, la Cour suprême a cependant précisé que « *l'existence et le degré des conséquences anticoncurrentielles peuvent aussi varier en fonction des secteurs industriels* »[1266].

334. **Les quatre indices, de simples lignes directrices ?** Les juridictions inférieures sont-elles liées par ces indices pour inférer les effets anticoncurrentiels de l'accord de report d'entrée ou peuvent-elles s'en écarter ? Il semble que les indices déterminés par la Cour suprême pour mesurer la nocivité des accords de report d'entrée s'apparentent plus à des lignes directrices qu'à une injonction imposée aux juridictions inférieures. Pour s'en convaincre, il suffit de lire l'antépénultième paragraphe rédigé par le juge Breyer. L'arrêt se termine en renvoyant aux juridictions inférieures le soin de structurer la *rule of reason* pour l'adapter au mieux au contexte des accords de report d'entrée. Ainsi, selon la majorité de la Cour, c'est aux juridictions inférieures d'adopter leur propre interprétation de la *rule of reason*[1267]. Ce choix semble insécurisant pour les entreprises puisque d'une juridiction à l'autre la règle de raison pourra être structurée et mise en œuvre de différentes manières[1268]. Pour cette raison, l'arrêt a déclenché un certain scepticisme venu aussi bien du juge Roberts[1269] – le rédacteur de l'opinion dissidente dans l'arrêt *Actavis* – que d'une partie de la doctrine[1270].

1265 U.S. Supreme Court, *Actavis*, préc., p. 20 (traduction libre) : « *the likelihood of a reverse payment bringing about anticompetitive effects depends upon its size, its scale in relation to the payor's anticipated future litigation costs, its independence from other services for which it might represent payment, and the lack of any other convincing justification* ».

1266 *Ibid.* (traduction libre) : « *The existence and degree of any anticompetitive consequence may also vary as among industries.* »

1267 *Ibid.*, p. 20 : « *Nous laissons [...] aux juridictions inférieures le soin de structurer la présente règle de raison dans les litiges antitrust* » (traduction libre). Dans la langue d'origine : « *We [...] leave to the lower courts the structuring of the present rule-of-reason antitrust litigation.* »

1268 Cette critique a récemment pris de la consistance en raison d'une interprétation contestée de l'arrêt *Actavis* par la cour d'appel du troisième circuit. Voy. *Wellbutrin XL Antitrust Litigation Indirect Purchaser Class*, 2017 WL 3531069 (3rd Cir. 2017). Pour un commentaire de cette décision : voy. M. Carrier, « The Curious Case of Wellbutrin: How the Third Circuit Mistook Itself for the Supreme Court », 103 *Cornell L. Rev. Online* 137 (2018).

1269 Dans son opinion dissidente, le juge Roberts a souhaité de façon sardonique bonne chance aux juridictions inférieures pour mettre en œuvre la règle de raison structurée. Voy. U.S. Supreme Court, *Actavis*, 570 US _ (2013) (Roberts, J., Dissenting), p. 15.

1270 Voy. par ex. J. Lutinski, R. Maddock & S. Silber, « "Good Luck" Post-*Actavis*: Current State of Play on "Pay-for-Delay" Settlements », *CPI Antitrust Chr.* (Nov. 2014), p. 1 ; K. McDonald, « Because I Said So: On the Competitive Rationale of *FTC v. Actavis* », art. préc.

2. Les justifications possibles des effets proconcurrentiels laissées au défendeur

335. **Les défendeurs peuvent apporter des justifications montrant que l'accord a des effets proconcurrentiels.** La règle de raison structurée adoptée par la Cour suprême permet au plaignant de prouver les effets anticoncurrentiels de l'accord de report d'entrée en cause en montrant que le paiement inversé réalisé par le breveté est à la fois « *important et injustifié* ». Mais dès que les plaignants ont réussi cette démonstration, alors la charge de la preuve est transmise au défendeur, qui doit désormais prouver que l'accord a des effets proconcurrentiels supérieurs aux effets anticoncurrentiels décrits par le demandeur[1271].

336. **La Cour suprême a évoqué deux types précis de justifications, tout en laissant la porte ouverte à d'autres justifications.** Pour la Cour suprême, deux justifications proconcurrentielles précises peuvent être avancées par le défendeur. Selon le juge Breyer, « *le paiement inversé ne pourrait, par exemple, qu'équivaloir aux coûts de procédure judiciaire anticipés et évités* via *le règlement amiable. Ce paiement pourrait [aussi] refléter une compensation pour d'autres services que le génériqueur a promis de réaliser – comme la distribution du produit breveté ou l'aide apportée pour développer le marché de ce produit* »[1272]. Ce faisant, « *lorsqu'un paiement inversé reflète des contreparties traditionnelles d'un règlement amiable, telles que les coûts de procédure judiciaire évités ou la juste valeur des services [réalisés par le génériqueur], les préoccupations ne sont pas les mêmes que lorsqu'un breveté utilise ses profits de monopole pour éviter le risque d'invalidation du brevet ou d'un jugement en non-contrefaçon* »[1273]. Ces deux justifications ne sont pas exhaustives. Même si la Cour n'indique pas quelles sont-elles, d'autres justifications pourraient être acceptées[1274]. En tout état de cause,

---

1271 Ce principe a été rappelé à de nombreuses reprises par la jurisprudence américaine dans les affaires où la *rule of reason* était appliquée. Voy. par ex. *United States v. Brown University*, 5 F.3d 658 (3rd Cir. 1993), pt 669 : « *Si un plaignant remplit sa charge initiale de la preuve en démontrant la présence d'un pouvoir de marché ou d'effets anticoncurrentiels actuels, la charge de la preuve est alors transmise au défendeur, qui doit démontrer que la conduite contestée promeut un objectif suffisamment proconcurrentiel* » (traduction libre). Dans la langue d'origine, « *If a plaintiff meets his initial burden of adducing adequate evidence of market power or actual anti-competitive effects, the burden shifts to the defendant to show that the challenged conduct promotes a sufficiently pro-competitive objective.* » Dans la même veine, voy. aussi *United States v. Visa U.S.A.*, 344 F.3D 229 (2nd Cir. 2003), pt 238, qui souligne « *qu'une fois la charge initiale est remplie [par le plaignant], la charge de la preuve est transmise au défendeur, qui doit fournir une justification proconcurrentielle de la restriction contestée* » (traduction libre). Dans la langue d'origine : « *Once that initial burden is met, the burden of production shifts to the defendants, who must provide a procompetitive justification for the challenged restraint* ». *Adde* D. Geradin, D. Ginsburg & G. Safty, « Reverse Settlements in the European Union and the United States » *in Competition and Patent Law in the Pharmaceutical Sector – An International Perspective* (dir. G. Pitruzella & G. Muscolo), Wolters Kluwer, 2016, p. 134.

1272 U.S. Supreme Court, *Actavis*, préc., p. 17 (traduction libre) : « *The reverse payment, for example, may amount to no more than a rough approximation of the litigation expenses saved through the settlement. That payment may reflect compensation for other services that the generic has promised to perform – such as distributing the patented item or helping to develop a market for that item.* »

1273 *Ibid.* (traduction libre) : « *Where a reverse payment reflects traditional settlement considerations, such as avoided litigation costs or fair value for services, there is not the same concern that a patentee is using its monopoly profits to avoid the risk of patent invalidation or a finding of noninfringement.* »

1274 *Ibid.* : « *Il pourrait y avoir d'autres justifications* » (traduction libre). Dans la langue d'origine : « *There may be other justifications.* »

avant de conclure qu'un accord de report d'entrée viole la section 1 du Sherman Act, les juridictions saisies devront *a minima* autoriser les parties au règlement amiable à montrer : soit que le paiement consenti n'est pas plus important que les coûts du litige de brevet (a), soit qu'il correspondait au juste prix de services accomplis par le génériqueur pour le compte du breveté (b). Quant aux autres justifications possibles, nous pensons que la défense d'une entrée avancée sur le marché pourrait parfois être retenue (c).

a. Le paiement est inférieur au coût de la procédure judiciaire

337. **Première justification : le non-dépassement des coûts de la procédure judiciaire.** S'agissant de la première justification, elle n'est pas nouvelle. La Cour suprême semble avoir repris un principe déjà utilisé par le passé. En effet, dans l'affaire *Bristol-Myers Squibb Co.*, la FTC avait jugé dans son *consent decree* qu'un paiement inversé inclus dans un règlement amiable et qui n'est pas supérieur au coût de la procédure judiciaire devait être considéré comme justifié[1275]. Autrement dit, le paiement ne doit pas tomber sous le coup des règles antitrust dans une telle hypothèse. Dans l'affaire *Schering-Plough Corp.*, elle a précisé son principe en établissant une exception chiffrée à la prohibition des règlements amiables en matière de brevet. Pour l'autorité de concurrence, les paiements inférieurs ou égaux à 2 millions de dollars et liés au coût de la procédure judiciaire ne violent pas la section 1 du Sherman Act[1276].

Si la Cour suprême a remis au jour ce principe, elle ne s'est cependant pas interdite d'être filandreuse sur le sens qu'elle entendait donner à l'expression « coût de la procédure judiciaire ». En effet, que doit-on prendre en compte pour évaluer et approximativement chiffrer les dépenses qu'il aurait fallu réaliser pour mener le litige jusqu'à son terme ? L'arrêt n'en dit mot. Il faut donc se tourner vers la doctrine pour tenter d'extraire la substantifique moelle de la notion. De manière assez tautologique, celle-ci a très tôt indiqué que les coûts de procédure judiciaire englobent les dépenses engagées dans la conduite d'un litige[1277]. Cette définition n'est cependant pas satisfaisante. Elle est trop générale, trop large et trop imprécise pour être opérante dans les affaires *pay-for-delay*. Il faut donc regarder si des précisions ont été émises par d'autres auteurs, ce qui est le cas. Par exemple, pour les professeurs Hovenkamp, Janis et Lemley, les coûts de procédure judiciaire devraient être limités aux frais courants et aux honoraires d'avocat que le breveté aurait dû débourser entre le moment de la conclusion du règlement amiable et le moment où l'affaire aurait été définitivement jugée[1278]. Pour les professeurs Willig et Bigelow, il conviendrait d'ajouter et d'inclure dans les coûts du litige la valeur de l'incertitude[1279]. En d'autres mots, le consensus doctrinal ne semble pas avoir été trouvé.

1275 *In re Bristol-Myers Squibb Co.*, 135 F.T.C. 444 (2003), pt 496.

1276 *In re Schering-Plough Corp.*, 136 F.T.C. 956 (2003), pt 1062. La FTC a créé une exception « *for payments to the generic that are linked to litigation costs, up to $2 million* ».

1277 D. Trubek et *alii*, « The Costs of Ordinary Litigation », 31 *UCLA L. Rev.* 72 (1983), spéc. p. 91 et s.

1278 H. Hovenkamp, M. Janis & M. Lemley, « Anticompetitive Settlement of Intellectual Property Disputes », art. préc., spéc. p. 1760, note de bas de page n° 177.

1279 J. Bigelow & R. Willig, « Antitrust Policy Towards Agreements that Settle Patent Litigation », 49 *Antitrust Bulletin* 655 (2004).

338. **Vers une immunité lorsque le paiement est inférieur ou égal à 10 millions de dollars ?** Alors qu'il apparaît plutôt difficile de savoir ce que renferme la notion de « coût de procédure judiciaire », certains spécialistes de la propriété intellectuelle se sont néanmoins essayés à l'évaluation du coût du procès en contrefaçon. À cet égard, deux études fondamentales doivent être ici citées : celle de l'American Intellectual Property Law Association et celle de maître Herman. Les deux études ont estimé combien coûtaient les procédures judiciaires dans un litige de brevet. Pour l'influente association, un litige Hatch-Waxman coûterait entre 2,65 et 6 millions de dollars[1280]. Pour maître Herman, un génériqueur débourserait environ 10 millions de dollars pour contester le brevet d'un laboratoire *princeps*[1281]. Ces études ont permis au professeur Carrier d'inférer que lorsqu'un paiement inversé est compris entre 5 et 10 millions de dollars, celui-ci pourrait représenter les coûts de procédure judiciaire anticipés par les parties. Ce faisant, le paiement inversé compris entre ces deux chiffres ne représenterait qu'une évaluation objective de la validité du brevet[1282] et ne serait pas anticoncurrentiel[1283]. Ainsi, l'arrêt *Actavis* pourrait être appliqué de la façon suivante : si les transferts de valeur sont compris dans cette tranche, ils doivent être regardés comme pro concurrentiel et immunisés contre le droit antitrust.

339. **Les raisons de rejeter le seuil de 10 millions d'euros.** Pour notre part, nous ne sommes pas convaincus du bien-fondé de cette règle, et ce, pour au moins deux raisons. Premièrement, la Cour suprême – laquelle a connaissance de ces études – n'a pas souhaité fixer de seuil pour immuniser un accord de report d'entrée. Or, elle aurait très bien pu le faire. Fixer un seuil maximal irait donc à l'encontre de l'esprit de l'arrêt *Actavis*. Secondement, fixer un seuil de 10 millions de dollars suppose que les entreprises parties au règlement amiable sont en théorie complètement neutres face au risque. Or en réalité, cela n'est pas le cas. La science économique en intégrant le paramètre d'aversion au risque arrive d'ailleurs à des résultats éloquents. M. Devlin, désormais membre du bureau de la concurrence de la FTC, a montré que des accords de report d'entrée pouvaient comporter des paiements inversés justifiés de plus de 30 millions de dollars lorsque les entreprises éprouvaient une aversion au risque[1284]. Dans l'hypothèse présentée, où il

---

1280 American Intellectual Property Law Association, *Report of the economic survey* (2013), p. 34. Plus précisément, l'étude souligne que les litigants dépensent 2,65 millions de dollars lorsque le risque de perte de profits est compris entre 1 et 25 millions de dollars. Ils en dépensent 6 millions lorsque le risque est supérieur à 25 millions de dollars.

1281 M. Herman, « The Stay Dilemma: Examining Brand and Generic Incentives for Delaying the Resolution of Pharmaceutical Patent Litigation », 111 *Columbia L. Rev.* 1788 (2011), spéc. p. 1795, note de bas de page n° 41.

1282 M. Carrier, « Payment after *Actavis* », 100 *Iowa L. Rev.* 7 (2014), spéc. p. 21.

1283 L'idée selon laquelle les paiements inversés excédant les coûts de procédure judiciaire sont anticoncurrentiels a été défendue par de nombreux auteurs. Voy. par ex. : H. Hovenkamp, M. Janis & M. Lemley, « Anticompetitive Settlement of Intellectual Property Disputes », art. préc., spéc. p. 1759 ; C. Hemphill, « Paying for Delay: Pharmaceutical Patent Settlement as a Regulatory Design Problem », 81 *New York University L. Rev.* 1553 (2006), spéc. p. 1595 ; E. Elhauge & A. Krueger, « Solving the Patent Settlement Puzzle », art. préc., spéc. p. 303 ; A. Edlin et *alii*, « Activating *Actavis* », art. préc., spéc. p. 22.

1284 A. Devlin, *Antitrust and Patent Law*, *op. cit.*, § 2.20, p. 24. Pour une récente étude sur le sujet de l'aversion au risque : voy. W. Li, « The Role of Risk Aversion in Reverse Payment Agreements », 63 *Antitrust Bull.* 237 (2018).

n'y avait ni d'intention anticoncurrentielle ni de dessein de partager les rentes de monopole, les parties étaient de bonne foi et croyaient toutes deux que leurs chances de l'emporter au contentieux étaient de 90 %. Par ailleurs, si le brevet contesté est d'une très grande valeur, les parties pourraient être prêtes à dépenser beaucoup plus que 10 millions de dollars dans le litige de brevet, soit pour faire annuler le brevet, soit pour démontrer qu'il est parfaitement valide. En somme, l'arrêt *Actavis* ne permet pas de savoir ce que constitue un paiement important et inexpliqué[1285]. Elle pose le critère mais n'en précise pas sa consistance, si bien qu'une partie de la doctrine considère que la Cour « *a créé un cadre de procès théoriquement attrayant mais qui ne peut fonctionner en pratique* »[1286].

b. Le paiement correspond au juste prix des services réalisés par le génériqueur

340. **Deuxième justification : le paiement a été fait pour rétribuer le génériqueur pour des services réalisés.** Dans l'arrêt *Actavis*, la Cour suprême a indiqué ensuite que le paiement inversé « *pourrait refléter une compensation pour d'autres services que le génériqueur a promis de réaliser – comme la distribution du produit breveté ou l'aide apportée pour développer le marché de ce produit* »[1287]. En d'autres termes, si le paiement est fait pour rétribuer le génériqueur qui a réalisé de véritables services pour le compte du breveté, la justification pourra être retenue par les juridictions et les préoccupations de concurrence éteintes.

En pratique, le breveté pourrait payer un génériqueur pour plusieurs raisons. En effet, le paiement pourrait récompenser la promotion du médicament *princeps* ; le travail d'inventaire du génériqueur ; ou encore la fabrication du médicament breveté. De la même manière, le paiement pourrait aussi correspondre à la fourniture de matières premières, lesquelles seraient indispensables pour la fabrication du médicament. Il pourrait aussi récompenser le génériqueur pour avoir mis au service du breveté ses canaux de distribution. Dans cette occurrence, brevetés et génériqueurs pourraient défendre le paiement inversé en soutenant que la distribution du produit a permis d'atteindre des zones géographiques que le breveté ne pouvait pas atteindre seul, si bien que le bien-être du consommateur en a été grandi. En effet, la justification tient en ce que, sans l'accord de distribution, ces derniers n'auraient certainement pas eu accès au médicament *princeps*. En définitive, pour reprendre les mots du professeur Carrier, « *si le laboratoire pionnier paye les génériqueurs pour des services réellement fournis au moyen*

[1285] J. Bigelow, « "Reverse Payments" After *Actavis* », *CPI Antitrust Chr.* (Sept. 2013), p. 9, qui soutient que « *la difficulté avec l'application de la décision de la Cour suprême sera certainement de déterminer ce que constitue un "paiement important et inexpliqué"* » (traduction libre). Dans la langue d'origine : « *the difficulty with implementing the court's decision will surely be determining what constitutes an "unexplained large reverse payment"* ».

[1286] A. Morrison, « Subjecting Reverse Payments in Patent Cases to Antitrust Scrutiny: Sounds Like a Good Idea, But Can It Work? », Scotusblog, July 25, 2013 (traduction libre). Dans la langue d'origine : « *the Court may have created a theoretically beautiful lawsuit model that cannot work in practice* ».

[1287] U.S. Supreme Court, *Actavis*, préc., p. 17 (traduction libre) : « *The reverse payment, for example, may amount to no more than a rough approximation of the litigation expenses saved through the settlement. That payment may reflect compensation for other services that the generic has promised to perform – such as distributing the patented item or helping to develop a market for that item.* »

d'un règlement amiable qui ne cherche pas à répartir les profits de monopole pour payer un report d'entrée, cela pourrait offrir une justification légitime des paiements versés au génériqueur »[1288].

341. **Le risque de surpayer un génériqueur pour échapper aux règles antitrust : l'exemple des accords de cocommercialisation (*co-marketing agreements*).** Il faut cependant regarder ces justifications avec réserve et méfiance. Certains paiements pourraient être volontairement surévalués et récompenser des services qui n'auraient en réalité qu'une valeur très faible pour le breveté[1289]. En Europe, l'affaire *Johnson & Johnson* fait figure d'exemple. Rappelons que dans cette décision la Commission européenne avait montré que, derrière la copromotion du produit, se cachait au vrai un accord *pay-for-delay*, lequel avait été conclu par les parties uniquement pour se répartir les rentes de monopole et éviter l'émergence d'un marché concurrentiel.

L'accord le plus douteux – lequel a fait son apparition dans les années 1980 – semble être le règlement amiable prévoyant une cocommercialisation (*co-marketing agreement*). Pour une partie de la doctrine, ces accords permettent d'augmenter les ventes du médicament de manière efficace et rapide et pourraient justifier le paiement inversé consenti par un breveté[1290]. Ce type d'accord est regardé positivement parce qu'il peut parfois fournir une valeur substantielle aussi bien aux parties qu'aux consommateurs[1291]. Par exemple, dans l'affaire de l'AndroGel, le breveté avait chargé certains génériqueurs de la commercialisation du médicament auprès des urologues, tandis que d'autres avaient été mandatés pour le commercialiser auprès des médecins généralistes, et ce, en contrepartie de paiements. Cependant, la présence d'un paiement allant du breveté au génériqueur ne semble pas conforme à l'objet même de l'accord de cocommercialisation. En effet, pour ce qu'il s'agit du secteur pharmaceutique, les accords de cocommercialisation visent à contractualiser « *une relation complexe par laquelle le titulaire d'un brevet pharmaceutique sur un principe actif,* en contrepartie du paiement de redevances *(des redevances sur les ventes), concède des droits de commercialisation et de distribution du principe actif, ou d'une spécialité finie ou quasi finie, qu'il a fourni à une ou plusieurs entreprises. Ces entreprises […] devront par la suite obtenir leur marque sur le principe actif du médicament mis sur le marché* »[1292]. Ainsi, « *la promotion et la vente des*

1288 M. Carrier, « Payment after *Actavis* », art. préc., spéc. pp. 21-22 (traduction libre). Dans la langue d'origine : « *If the brand really is paying for generic services in a transaction that does not involve the dividing of monopoly profits to pay for delayed entry, it could offer a legitimate justification for its payment to generic.* »

1289 M. Carrier, « After *Actavis*: Seven Ways Forward », 67 *Rutgers University L. Rev.* 543 (2015), spéc. p. 549. Le professeur Carrier explique qu'il y a des cas où « *le laboratoire princeps a fait des paiements monétaires aux génériqueurs, mais ces derniers correspondaient à des surpaiements pour des services génériques qui ont une faible valeur* » (traduction libre). Dans la langue d'origine : « *the brand made naked cash payments to the generics, but that it made overpayments for generic services that had little value* ».

1290 W. Kerr & C. Tyler, « Measuring Reverse Payments in the Wake of *Actavis* », 28 *ANTITRUST* 29 (2013), spéc. p. 34.

1291 *Ibid.*

1292 E. Raffaelli & E. Teti, « Co-marketing and Co-promotion Agreements » *in Competition and Patent Law in the Pharmaceutical Sector – An International Perspective* (dir. G. Pitruzella & G. Muscolo), Wolters Kluwer, 2016, p. 147, spéc. p. 155 (traduction libre) : « *a "co-marketing agreement" is a complex relationship through which a pharmaceutical patent holder of an active principle,* in exchange for the payment of a fee *(royalties on sales),*

médicaments basés sur le même principe actif sont réalisées simultanément par deux ou plusieurs entreprises, avec différents noms commerciaux et marques, lesquelles s'engagent dans des activités promotionnelles du princeps afin de différencier leurs produits sur le marché »[1293]. Autrement dit, classiquement, lorsqu'un accord de cocommercialisation est conclu, le breveté perçoit une redevance de son partenaire. Il ne paye pas le licencié pour des services de commercialisation. Au contraire, le paiement se dirige du licencié vers le breveté, de sorte que c'est le licencié qui rémunère le breveté pour les droits de commercialisation et de distribution du produit. Par conséquent, en s'appuyant sur l'arrêt *Actavis*, il ne nous semble pas justifiable d'immuniser les paiements inversés qui rémunéreraient un génériqueur pour des services de cocommercialisation.

Quoi qu'il en soit, à chaque fois qu'une juridiction devra vérifier la justification sur le juste prix payé par le breveté, elle devra déterminer si le paiement correspond bien à un service rendu et examiner si le breveté n'a pas artificiellement gonflé le paiement inversé afin d'inciter le génériqueur à retarder son entrée sur le marché.

c. L'accord permet une entrée avancée de la concurrence sur le marché

342. **Ellipticité de la formule de la Cour suprême.** Dans son arrêt, la Cour suprême a indiqué qu'« *[i]l pourrait y avoir d'autres justifications* »[1294] qui permettraient de démontrer que le paiement inversé n'est pas anticoncurrentiel. Elle ne précise cependant pas lesquelles. La formule apparaît donc fort elliptique. Ce qu'il faut en comprendre, c'est que la haute juridiction laisse le soin aux juridictions inférieures de décider quelles justifications proconcurrentielles pourraient être retenues pour immuniser un accord. Selon nous, la défense de l'entrée avancée pourrait être un exemple de justification recevable.

343. **La défense de l'entrée avancée de la concurrence.** Pour mettre en avant les effets proconcurrentiels d'un accord, les défendeurs pourraient indiquer que l'accord a permis aux génériqueurs d'entrer sur le marché bien avant la chute du brevet dans le domaine public. Cette défense de l'entrée avancée pourrait être efficace surtout si les parties arrivent à mettre en exergue différents gains d'efficience. Il pourrait par exemple être soutenu que l'accord permet aux consommateurs d'avoir accès à un médicament générique moins cher et plus tôt sur le marché. Cette situation pourrait produire un gain d'efficacité important puisque certains patients qui étaient dans l'incapacité de se soigner en raison du prix trop élevé du médicament *princeps* pourront alors enfin bénéficier d'un traitement.

344. **Les limites de la défense de l'entrée avancée de la concurrence.** La défense de l'entrée avancée apparaît néanmoins faillible. Selon nous, elle ne devrait pas

---

licenses marketing and distribution rights of the active ingredient or finished or semi-finished specialty, that it has supplied to one or more undertakings. These companies […] will have to get their trademarks on the AIC of the marketed drug » (nous soulignons).

1293 *Ibid.* (traduction libre) : « *the promotion and sale of medicinal products based on the same active ingredients is carried out simultaneously by two or more pharmaceutical companies, with different trade names and trademarks, which independently engage in promotional activities for the brand in order to differentiate their products on the market* ».

1294 U.S. Supreme Court, *Actavis*, préc., p. 17 (traduction libre) : « *There may be other justifications.* »

être retenue de façon systématique. Ce n'est que dans certaines circonstances que sa réception devrait être validée. Cette situation s'explique en raison du fait que la défense de la concurrence avancée est plus ou moins convaincante selon les chances pour les litigants de remporter le contentieux de brevet.

Pour illustrer notre propos, prenons pour exemple l'affaire de l'AndroGel[1295]. Dans celle-ci, le règlement amiable permettait à Teva d'entrer sur le marché avec sa version générique en 2014 alors que le médicament *princeps* était protégé par un brevet jusqu'en 2020. À première vue, l'accord semble proconcurrentiel puisqu'il permet à un marché verrouillé par des droits de propriété intellectuelle de s'ouvrir à la concurrence avant que les droits sur le brevet ne soient échus. Dans cette affaire, pourrait-on valider la justification prenant la forme d'une défense de l'entrée avancée de la concurrence sur le marché de l'AndroGel ? Il est difficile de répondre avec certitude à cette question. La réponse dépend des chances du breveté et du génériqueur de remporter le litige de brevet. En effet, si les chances de remporter le litige étaient grandes pour le génériqueur, la défense de l'entrée avancée paraît alors très faible. Dans cette hypothèse, si le génériqueur avait remporté le litige, il aurait alors pu entrer sur le marché bien avant 2014, et de surcroît il aurait pu jouir de la période d'exclusivité de cent quatre-vingts jours. Ainsi, la poursuite du litige aurait été le moyen le plus efficace pour obtenir un marché concurrentiel et la justification devrait alors être rejetée. En revanche, si le génériqueur n'avait que de faibles chances de remporter le litige de brevet, la défense de l'entrée avancée de la concurrence prendrait beaucoup plus de consistance. Dans ce cas, il y aurait eu peu de chances pour qu'un marché concurrentiel émerge avant la fin des droits de propriété intellectuelle sur le médicament. Ce faisant, l'accord permettrait d'atteindre un marché concurrentiel plus tôt que prévu.

345. **L'accroissement des difficultés en cas de conclusion d'un AICMD.** Les difficultés pourraient être accrues si les parties décidaient de conclure un règlement amiable prenant la forme d'un AICMD. En effet, ce type d'accord peut créer des effets proconcurrentiels en dehors du marché sur lequel le report d'entrée a été accepté[1296]. La doctrine américaine parle de « *out of market procompetitive effect* »[1297]. En ce cas, un marché verrouillé par des droits de propriété intellectuelle pourrait être ouvert à la concurrence. Cependant, le marché convoité *ab initio* par le génériqueur serait toujours un marché monopolisé par le breveté. En d'autres termes, d'un côté, il serait possible de dégager des effets proconcurrentiels, de l'autre, il serait possible de constater des effets anticoncurrentiels. Faudrait-il ici mettre en balance les effets pro- et anticoncurrentiels sur les deux marchés distincts ? Plus précisément, la défense de l'entrée avancée de la concurrence devrait-elle être analysée de manière globale sur les deux marchés ? À ces questions, l'arrêt *Actavis* ne répond pas.

1295 *FTC v. AbbVie Inc.*, 2015 WL 2114380 (E.D. Pa., May 6, 2015).

1296 Voy. *supra* n° 216 et s.

1297 J. M. Rybnicek & J. D. Wright, « Outside In or Inside Out? Counting Merger Efficiencies Inside and Out of the Relevant Market » *in An Antitrust Tribute – Liber Amicorum, mél. en l'honneur de W. E. Kovacic*, Institute of Competition Law, vol. 2, 2014, p. 443.

§ 2. Les conséquences de l'arrêt *Actavis*

346. **L'arrêt *Actavis* n'a pas résolu tous les problèmes juridiques posés par les accords de report d'entrée.** Si l'arrêt *Actavis* a posé le cadre des règles applicables aux accords de report d'entrée, de nombreux problèmes juridiques sont demeurés non résolus[1298]. Premier problème, la Cour suprême semble n'avoir visé que les accords de report d'entrée de première génération, à savoir des accords de report d'entrée comportant des paiements inversés sous forme monétaire. La question se pose donc de savoir si les accords de report d'entrée de première génération sont les seuls concernés par la *rule of reason.* Autrement dit, l'arrêt *Actavis* doit-il ou non être appliqué aux accords de report d'entrée comportant un transfert de valeur de type non monétaire ? (A). Second problème, l'arrêt *Actavis* porte le risque de propager des erreurs de type I et de rompre l'équilibre entre le droit antitrust et le droit des brevets (B). Le refus de vérifier la validité du brevet pourrait dans certaines hypothèses poser de grandes difficultés.

A. L'interrogation sur l'application de l'arrêt *Actavis* aux accords de report d'entrée de seconde génération

347. **L'absence d'indication dans l'arrêt *Actavis* s'agissant de son application aux accords de seconde génération.** Dans son arrêt *Actavis*, la Cour suprême a constamment visé des « *cash payments* », c'est-à-dire des paiements monétaires. Le juge Breyer n'a en effet jamais fait référence aux paiements inversés prenant une autre forme que celle d'un paiement en numéraire. Ce faisant, une lecture raisonnée de la décision autoriserait d'inférer que seuls les accords de première génération devraient être contrôlés au travers de la règle antitrust élaborée par la haute juridiction. Cependant, aussi limpide soit-elle, cette lecture n'a ni recueilli l'adhésion de la doctrine, ni celle des juridictions inférieures saisies pour contrôler la conformité de certains accords de seconde génération au droit antitrust. Nous pensons aussi qu'une lecture aussi stricte serait malvenue puisqu'elle pourrait priver l'arrêt *Actavis* de tout effet utile. En effet, une telle interprétation de l'arrêt ne répondrait pas aux défis posés par les nouvelles pratiques contractuelles détectées sur le marché[1299]. Elle ne permettrait pas de saisir des accords de report d'entrée d'une autre nature que purement monétaire. Or, comme on l'a expliqué, en raison des risques antitrust générés par l'arrêt *Actavis*, mais aussi antérieurement en raison de la stigmatisation des *reverse payments* par certaines cours d'appel, les

---

[1298] Nous songeons tout particulièrement au problème posé par l'intérêt à agir dans le contentieux du *private enforcement.* L'arrêt *Actavis* est demeuré silencieux à ce sujet dans la mesure où l'intérêt à agir n'est pas une question pertinente dans le contentieux du *public enforcement.* Ce faisant, les juridictions inférieures bénéficient d'une grande liberté pour poser les conditions à remplir pour qu'un intérêt antitrust à agir soit établi. Pour une illustration de cette liberté : Voy. *In re : Wellbutrin XL Antitrust Litigation Indirect Purchaser Class*, No. 15-2875 (3rd Cir. 2017). Pour un commentaire de cet arrêt : voy. W. Chaiehloudj, « La cour d'appel du troisième circuit adopte une approche restrictive de l'intérêt antitrust à agir (*Wellbutrin XL Antitrust Litigation Indirect Purchaser Class*) », *Concurrences* n° 1-2018, p. 209. Pour une étude exhaustive en langue anglaise : voy. K. Soter, « Causation in Reverse Payment Antitrust Claims », 70 *Stanford L. Rev.* 1295 (2018).

[1299] Voy. *supra* n° 190 et s.

pratiques des laboratoires pharmaceutiques ont beaucoup évolué. Les accords de report d'entrée conclus aujourd'hui sont devenus plus sophistiqués et plus difficilement détectables[1300]. Il est de plus en plus rare de voir des accords de report d'entrée comportant des paiements inversés sous forme monétaire. Les parties préfèrent désormais intégrer d'autres avantages, beaucoup moins visibles mais tout aussi incitatifs pour mettre un terme au litige de brevet. Aussi, les laboratoires pharmaceutiques ont malignement adapté leur comportement pour échapper à une condamnation antitrust[1301]. Comme l'a souligné le professeur Fischman, « *les entreprises qui transigent peuvent intentionnellement choisir des arrangements qui sont difficiles à évaluer afin de dissimuler l'ampleur du paiement inversé* »[1302]. Étant donné que la Cour suprême n'a pas mentionné les paiements inversés non monétaires dans son arrêt, la question se pose alors de savoir si la *rule of reason* structurée dans l'arrêt *Actavis* doit ou non leur être appliquée.

348. **Les divergences d'appréciation des tribunaux de district sur la question de l'application de l'application de l'arrêt *Actavis* aux accords de seconde génération.** À cette question, la réponse apportée par les tribunaux de district chargés d'appliquer les principes de l'arrêt *Actavis* est apparue ambivalente. Certaines ont eu une lecture stricte de l'arrêt tandis que d'autres ont choisi une approche plus téléologique en procédant à une lecture extensive.

348-1. **Approche rigide.** Commençons par évoquer l'approche rigide. Celle-ci a été identifiée dans l'affaire du Loestrin[1303], où les parties avaient conclu un accord de non-lancement d'un générique autorisé pour reporter l'entrée des génériques sur le marché. En l'espèce, le breveté n'a pas fait usage d'un paiement inversé de type monétaire mais a opté pour l'utilisation d'un paiement caché. Pour conclure au rejet de l'application de l'arrêt *Actavis* aux accords de seconde génération, le tribunal de district du Rhode Island a refusé de privilégier – comme c'est classiquement le cas en droit antitrust[1304] – la substance sur la forme et la flexibilité sur la prédictibilité[1305]. En effet, en mettant en œuvre une approche littérale, le tribunal du Rhode Island a pu conclure que l'arrêt *Actavis* devait s'appliquer uniquement aux paiements inversés de type monétaire. Pour se justifier, le tribunal de district a indiqué tout d'abord que « *si les juridictions appliquent littéralement l'arrêt* Actavis, *les accords de report d'entrée de type non monétaire échappent probablement au Sherman Act dès lors que les entreprises pharmaceutiques construisent des*

1300 Voy. *supra* n° 191 et s.

1301 J. Towey & B. Albert, « Is FTC v. Actavis Causing Pharma Companies to Change Their Behavior? », 13 janv. 2016, disponible sur le site de la FTC.

1302 J. Fischman, « The Circular Logic of *Actavis* », 66 *American University L. Rev.* 91 (2016), spéc. p. 138 (traduction libre) : « *settling firms may intentionally choose arrangements that are difficult to value in order to obscure the magnitude of a reverse payment* ».

1303 *In re Loestrin 24 FE Antitrust Litig.*, No. 1:13-md-2472-S-PAS (D.R.I. Sept. 4, 2014).

1304 Par exemple, la Cour suprême a indiqué dans l'arrêt *Continental TV v. GTE Sylvania* que « *la règle de raison doit être fondée sur des effets économiques démontrables plutôt que sur une approche formaliste* » (traduction libre). Voy. U.S. Supreme Court, *Continental TV v. GTE Sylvania*, 433 U.S. 36 (1977), pts 58-59 : « *the rule of reason standard must be based upon demonstrable economic effect, rather than upon formalistic line drawing* ».

1305 J. Davis & R. McEwan, « Deactivating *Actavis*: The Clash Between the Supreme Court and (Some) Lower Courts », 67 *Rutgers University L. Rev.* 557 (2015), spéc. p. 561. *Adde* M. Carrier, « US Court Issues Formalistic Ruling on Reverse-Payment Settlements After "Actavis" *(GlaxoSmithKline/Teva Pharmaceuticals/Louisiana Wholesale Drug Company/King Drug Company)* », *e-Competitions*, Feb. 13, 2014, art. n° 63588.

accords qui évitent des paiements monétaires »[1306]. Ensuite, le tribunal a jugé que, dans l'arrêt *Actavis*, la Cour suprême avait eu l'opportunité d'adopter une analyse antitrust qui prendrait en compte la réalité du marché. Mais au lieu de cela, la Cour a préféré restreindre les effets de son arrêt aux règlements amiables de première génération, lesquels semblent selon ses termes presque anachroniques[1307]. Ce faisant, le tribunal en a déduit que la Cour suprême était certainement allée aussi loin qu'elle le pouvait dans la jurisprudence *Actavis* et qu'elle a cependant fait le choix de repousser à une prochaine fois le traitement de la question des accords non monétaires. Pour ces raisons, le tribunal a conclu qu'étant donné qu'*Actavis* exige un transfert de valeur prenant une forme monétaire afin de déclencher la *rule of reason*, et parce que *in casu* les plaignants n'ont pas correctement démontré que le paiement du breveté prenait une forme monétaire en contrepartie de l'accord des génériqueurs de rester hors du marché du Loestrin, les accords en cause ne devaient pas être soumis au droit antitrust[1308]. En d'autres termes, le tribunal a inféré que l'arrêt *Actavis* marquait une défiance du droit antitrust à l'égard des paiements inversés de type monétaire mais pas à l'égard des paiements inversés prenant une autre forme[1309].

Une autre juridiction – le tribunal de district du New Jersey – a privilégié la mise en œuvre d'une approche rigide au détriment d'une approche téléologique. Dans l'affaire du Lamictal, il était question une nouvelle fois d'accord de report d'entrée dans lequel le transfert de valeur prenait la forme d'un engagement de non-lancement d'un générique autorisé. En l'espèce, le laboratoire *princeps* s'était engagé à ne pas lancer son auto-générique pendant la période de cent quatre-vingts jours d'exclusivité en contrepartie d'un report de l'entrée du générique de son concurrent[1310]. Pour écarter l'application de la *structured rule of reason*, le tribunal de district du New Jersey a énoncé que « *rien dans l'arrêt Actavis ne dit qu'un règlement amiable contient un paiement inversé lorsqu'il confère des bénéfices substantiels ou qu'un accord de non-lancement d'un générique autorisé est un "paiement"* »[1311]. Le tribunal a poursuivi son raisonnement en indiquant que le transfert de valeur au génériqueur dans le règlement amiable n'était pas quelque chose d'exceptionnel puisque, dans le cas contraire, il n'y aurait aucune incitation à transiger. Pour le tribunal, « *il y a un "paiement" dans*

1306 *In re Loestrin 24 FE Antitrust Litig.*, préc., p. 28 (traduction libre) : « *if courts apply the literal holding of Actavis, non-cash pay for delay arrangements are likely to evade Sherman Act scrutiny so long as pharmaceutical companies take the obvious cue to structure their settlements in ways that avoid cash payments* ».

1307 *Ibid.*, p. 30 : « *[the Supreme Court] chose to cabin its holding to settlements* that seem almost anachronistic » (nous soulignons).

1308 *Ibid.*

1309 M. Carrier, « Pharmaceutical Antitrust Complexity », *CPI Antitrust Chr.* (Nov. 2014), spéc. p. 7.

1310 Cet engagement était d'une grande valeur pour le génériqueur puisque le Lamictal générait un chiffre d'affaires de plus de 2 milliards de dollars par an. Cela signifiait que, pendant la période d'exclusivité de cent quatre-vingts jours, le génériqueur pouvait espérer engranger des profits estimés à des centaines de millions de dollars. Voy. J. Davis & R. McEwan, « Deactivating *Actavis*: The Clash Between the Supreme Court and (Some) Lower Courts », art. préc., p. 579.

1311 *In re Lamictal Direct Purchaser Antitrust Litig.*, 18 F. Supp. 3d 560 (D.N.J. Jan. 24, 2014), pt 569 (traduction libre) : « *nothing in Actavis says that a settlement contains a reverse payment when it confers substantial financial benefits or that a no-AG agreement is a "payment"* ».

chaque règlement amiable »[1312], si bien que l'accord en cause n'avait pas « *le potentiel pour réellement produire des effets négatifs sur la concurrence* »[1313]. Plus précisément, le tribunal a jugé que le génériqueur « *était autorisé à entrer plus tôt sur le marché, qu'il n'y avait pas de paiement monétaire et que la durée de l'accord de non-lancement d'un générique autorisé était relativement brève* », de sorte que « *le règlement amiable était raisonnable et ne correspondait pas au genre d'accord qui requiert la mise en œuvre de l'examen Actavis* »[1314]. Finalement, le tribunal en a conclu que « *l'arrêt Actavis ne s'applique qu'aux règlements amiables qui contiennent un paiement inversé injustifié sous forme monétaire* »[1315].

348-2. **Approche téléologique.** À la même période, d'autres juridictions ont pour leur part considéré que les paiements inversés de type non monétaire devaient être soumis à la règle antitrust adoptée dans l'arrêt *Actavis* et ont fait le choix d'une approche téléologique[1316]. Ce choix paraît être le plus pertinent car, comme l'a souligné la professeure Sibony, « *dès lors qu'il est demandé au juge de préserver des équilibres entre des intérêts divergents plutôt que d'attribuer des droits nettement définis, son raisonnement se fait nécessairement téléologique* »[1317]. Dans le cas des *pay-for-delay*, étant donné que la tâche confiée au juge de la concurrence consiste à pondérer des intérêts[1318] divergents, c'est-à-dire trouver le juste équilibre entre le maintien d'une concurrence libre et non faussée sur le marché et l'incitation à l'innovation – laquelle passe par la non-sanction de pratiques couvertes par des droits de propriété intellectuelle –, l'approche téléologique semble la plus adaptée.

Quatre affaires méritent d'être mentionnées : celle du Lipitor, du l'Actos, du Nexium et de l'Effexor. Dans ces quatre décisions, les tribunaux de district ont jugé que les accords de type non monétaire devaient être soumis au droit antitrust et à la *rule of reason* adoptée dans l'arrêt *Actavis*.

Dans l'affaire du Lipitor[1319], le tribunal de district du New Jersey[1320] a tout d'abord indiqué que « *l'arrêt* Actavis *n'a pas défini le paiement ou fourni d'informations claires pour savoir si un paiement pouvait être quelque chose d'autre qu'un*

1312 *Ibid.*, pt 568 (traduction libre) : « *there is "payment" in every settlement* ».

1313 *Ibid.* (traduction libre) : « *[the settlement did not have] the potential for genuine adverse effects on competition* ».

1314 *Ibid.*, pt 569 (traduction libre) : « *Teva was allowed early entry, that there was no payment of money, and that the duration of the No-AG Agreement was relatively brief [...] the settlement was reasonable and not of the sort that requires Actavis scrutiny.* »

1315 *Ibid.* (traduction libre) : « *Actavis applies to patent settlements that contain an unjustified reverse payment of money.* »

1316 Sur la division des juridictions inférieures s'agissant des approches à adopter pour les paiements inversés : voy. par ex. T. Aoki, « The Problem of Reverse Payments in the Pharmaceutical Industry Following *Actavis* », 67 *Hastings L. J.* 259 (2015), spéc. p. 273 et s.

1317 A.-L. Sibony, *Le juge et le raisonnement économique en droit de la concurrence*, LGDJ, 2008, n° 41, p. 30.

1318 On trouve cette idée de « pondération des intérêts » dans l'œuvre du professeur van Compernolle. Voy. J. van Compernolle, « Vers une nouvelle définition de la fonction de juger : du syllogisme à la pondération des intérêts » *in Nouveaux itinéraires en droit – Hommage à F. Rigaux*, Bruylant, 1993, p. 495, spéc. p. 502.

1319 *In re Lipitor Antitrust Litig.*, 46 F. Supp. 3d 523 (D.N.J. Sept. 12, 2014).

1320 Le président de la juridiction était dans cette affaire le juge Sheridan. Ceci explique qu'il ait existé une divergence d'approche entre deux jugements d'une même juridiction.

paiement monétaire »[1321]. Ce faisant, le tribunal s'est lancé dans un exercice exégétique pour déterminer ce qu'est un paiement avant d'en tirer les conséquences sur l'application de l'arrêt *Actavis* aux accords de report d'entrée de seconde génération. Avant de juger si l'arrêt *Actavis* s'applique ou non aux paiements inversés non monétaires, le juge Sheridan s'est efforcé de saisir la notion de paiement. Pour débuter, il a souligné que « *le terme paiement est communément décrit comme quelque chose que l'on donne pour se décharger d'une dette ou d'une obligation et n'exige pas que le paiement prenne une forme monétaire* »[1322]. Pour asseoir sa définition, le tribunal s'est appuyé sur le *Black's Law Dictionary* – le dictionnaire juridique de référence outre-Atlantique –, lequel explique en termes assez proches que le paiement correspond à « *l'exécution d'une obligation qui se traduit par la délivrance d'une somme d'argent ou* de quelque chose d'autre de valeur »[1323]. C'est finalement ce « quelque chose d'autre de valeur » qui va pousser le tribunal à judiciariser les paiements inversés non monétaires. En effet, après avoir défini le mot « paiement », le tribunal propose son analyse antitrust pour contrôler les accords de report d'entrée de seconde génération conformément à l'arrêt *Actavis*. Pour le tribunal, « *le paiement non monétaire doit être converti en une estimation fiable de sa valeur monétaire afin qu'il puisse être analysé conformément aux facteurs de l'arrêt* Actavis *et ainsi savoir s'il est "important" une fois la soustraction faite des frais juridiques et des autres services fournis par les génériqueurs* »[1324].

Quelque temps plus tard, l'affaire *Actos*[1325], laquelle impliquait un accord comportant une clause d'accélération, a confirmé cette règle. Dans celle-ci, le tribunal du Southern District of New York a jugé que « *tous les règlements amiables comportant un paiement non monétaire ne doivent pas être examinés conformément à l'arrêt* Actavis *; [néanmoins] pour qu'une juridiction puisse considérer un paiement inversé comme illégal, elle doit être capable d'estimer la valeur du paiement, à tout le moins déterminer s'il est "important" et "injustifié"* »[1326].

Dans l'affaire du Nexium[1327], le juge Young a lui aussi opté pour une analyse téléologique en interprétant le mot « paiement » avec largesse. Pour le tribunal

---

1321 *In re Lipitor Antitrust Litig.*, préc., pt 542 (traduction libre) : « *Actavis does not define payment or provide any clarity as to whether a payment can be something other than a monetary payment.* »

1322 *Ibid.* (traduction libre) : « *The common use of the term payment is described as something given to discharge a debt or obligation and does not require the payment to be in the form of money.* » Le tribunal s'est appuyé sur deux arrêts de la cour d'appel du troisième circuit, lesquels ont posé cette définition. Voy. *Hill v. United States*, 263 F.2d 885 (3rd Cir. 1959), pt 886 ; *Staff Builders of Philadelphia v. Koschitzki*, 989 F.2d 692 (3rd Cir. 1993), pt 695.

1323 *Black's Law Dictionary*, 9th ed., West, 2009, V° Payment (traduction libre) : « *performance of an obligation by the delivery of money* or some other valuable *thing accepted in partial or full discharge of the obligation* » (nous soulignons).

1324 *Ibid.*, pt 543 (traduction libre) : « *the non-monetary payment must be converted to a reliable estimate of its monetary value so that it may be analyzed against the* Actavis *factors such as whether it is "large" once the subtraction of legal fees and other services provided by generics occurs* ».

1325 *In re Actos End Payor Antitrust Litig.*, 2015 WL 5610752 (S.D.N.Y. Sep. 22, 2015)

1326 *Ibid.*, p. 6 (traduction libre) : « *not all non-cash settlement terms fall within the purview of Actavis [...] in order for the Court to find an unlawful reverse payment, it must be able to estimate the value of the term, at least to the extent of determining it is "large" and "unjustified"* ».

1327 *In re Nexium Antitrust Litig.*, No. 12-md-02409-WGY (D. Mass. Sept. 11, 2013).

de district du Massachusetts, « *nulle part dans l'arrêt* Actavis *la Cour suprême exige explicitement une sorte de transaction monétaire dans un accord entre un fabricant de princeps et un fabricant de génériques pour qu'un paiement inversé soit constitué* »[1328]. Ce faisant, le tribunal jugea que l'accord de non-lancement d'un générique autorisé conclu entre les deux laboratoires équivalait en l'espèce à un paiement inversé qui devait être soumis à la *rule of reason*.

Enfin, dans l'affaire de l'Effexor[1329], le tribunal de district a aussi insisté sur la nécessité pour le plaignant d'estimer dans sa plainte la valeur du paiement allant du breveté au génériqueur[1330]. Plus précisément, le tribunal a proposé aux plaignants un *modus operandi* dans les affaires concernant un engagement de non-lancement d'un générique autorisé. Pour le tribunal, « *la valeur approximative de l'accord de non-lancement d'un générique autorisé pourrait s'appuyer sur la différence des attentes de marché en présence et en l'absence d'un générique autorisé* »[1331]. Pour cela, l'analyse doit tenir compte « *des parts de marché qui iraient du laboratoire princeps au génériqueur, du prix de revente du générique pendant la période d'exclusivité de cent quatre-vingts jours avec et sans la mise sur le marché du générique autorisé et de la part de marché qui aurait été captée par le générique autorisé s'il avait été commercialisé* »[1332].

Ces décisions ont été très bien accueillies par la doctrine la plus autorisée, laquelle cherche à démontrer que l'arrêt *Actavis* doit être appliqué indifféremment à tous les types de paiements inversés. Pour les professeurs Carrier et Hovenkamp, l'application de la *rule of reason* est nécessaire pour vérifier la licéité des accords de report d'entrée de seconde génération, et tout particulièrement les accords de non-lancement d'un générique autorisé. Pour eux, « *les engagements de non-lancement d'un générique autorisé sont non seulement aussi préoccupants que les paiements inversés monétaires mais ils portent aussi le potentiel pour être même plus préjudiciables pour la concurrence. La raison est qu'un paiement monétaire, bien qu'il étende le monopole du princeps, n'affecte pas la concurrence générique lorsque le générique entre sur le marché. En revanche, une clause de non-lancement d'un générique autorisé non seulement retarde l'entrée sur le marché du laboratoire pionnier [c'est-à-dire de l'auto-générique] mais réduit aussi la concurrence générique telle qu'elle aurait dû se présenter* »[1333].

1328 *Ibid.* (traduction libre) : « *nowhere in* Actavis *did the Supreme Court explicitly require some sort of monetary transaction to take place for an agreement between a brand and generic manufacturer to constitute a reverse payment* ».

1329 *In re Effexor XR Antitrust Litig.*, No. 11-5479 (D.N.J. Oct. 6, 2014).

1330 D. Geradin, D. Ginsburg & G. Safty, « Reverse Payment Patent Settlements in the European Union and the United States », George Mason University Legal Studies Research Paper No. LS 15-22, Sept. 2015, spéc. p. 8.

1331 *In re Effexor XR Antitrust Litig.*, préc. (traduction libre) : « *A rough approximation of the value of the no-authorized generic agreement could be based upon the difference in market expectations with and without an authorized generic.* »

1332 *Ibid.* (traduction libre) : « *That calculation would include assumptions such as the share of the market that converts from the brand to the generic, the retail price of the generic during the 180-day exclusivity period, with and without an authorized generic, and the share of the generic market that would have been retained by the authorized generic if there had been one.* »

1333 H. Hovenkamp et *alii*, *IP & Antitrust: An Analysis of Antitrust Principles Applied to Intellectual Property Law*, 3rd ed., Wolters Kluwer, 2016, § 16.01[D] (traduction libre) : « *No-AG promises are not only as concerning as cash payments but also bear the potential for even more competitive harm. The reason is that a cash payment,*

D'autres justifient l'application de l'arrêt *Actavis* aux paiements non monétaires en invoquant qu'ils sont des accords inhabituels, et qu'en conséquence, ils doivent être analysés comme des « *paiements inversés dissimulés* » (« *cloaked reverse payments* ») plutôt que comme des arrangements d'affaires ordinaires[1334]. En outre, ajoutons qu'un accord de non-lancement d'un auto-générique offre plus d'avantages au génériqueur que ce qu'il aurait pu obtenir en remportant son litige de brevet, ce qui le rend hautement suspect.

349. **Les cours d'appel saisies semblent avoir privilégié la mise en œuvre de l'approche extensive.** À la suite des décisions des tribunaux de district, certaines cours d'appel ont été saisies. En 2015, la cour d'appel du troisième circuit fut la première à porter une appréciation sur l'approche à retenir. Saisie en appel dans l'affaire du Lamictal[1335], elle a renversé la décision rendue par le tribunal de district du New Jersey. Pour la juridiction fédérale, les accords de non-lancement d'un générique autorisé correspondent à un transfert de valeur qui doit déclencher l'application de la *rule of reason* adoptée dans l'arrêt *Actavis*. En mettant en œuvre le principe dégagé dans l'affaire de l'Effexor, la cour a indiqué qu'« *en utilisant les ventes du médicament Paxil en tant qu'indicateur, il pouvait être inféré que l'accord de non-lancement d'un générique autorisé aurait valu des centaines de millions de dollars* »[1336]. Autrement dit, la cour d'appel a choisi d'appliquer une approche extensive afin d'appliquer la jurisprudence *Actavis* le plus largement possible. Plus récemment encore, c'est la cour d'appel du premier circuit[1337] qui, en appel dans l'affaire du Loestrin, a indiqué que les accords de report d'entrée non monétaires devaient relever du droit antitrust. Pour cette dernière, « *le tribunal de district a commis une erreur d'appréciation en jugeant que les paiements inversés non monétaires ne tombent pas sous le coup de la jurisprudence* Actavis »[1338]. En effet, le juge Torruella a insisté sur le fait que, « *dans l'affaire* Actavis, *il a été soutenu que les paiements inversés impliquaient des accords accessoires dans lesquels les fabricants de génériques acceptaient de promouvoir le médicament princeps en cause en échange de plusieurs millions de dollars du laboratoire pionnier* »[1339]. Aussi, « *ce seul fait démontre que la Cour suprême a reconnu qu'un accord déguisé de manipulation des prix, dans lequel un laboratoire pionnier surpaye effectivement un génériqueur pour des services rendus, peut être qualifié d'accord de report d'entrée*

---

though it extends the brand's monopoly, does not affect generic competition when the generic enters the market. In contrast, a no-AG clause not only delays brand entry but also reduces generic competition when it does take place. »

1334 D. Geradin, D. Ginsburg & G. Safty, « Reverse Settlements in the European Union and the United States », art. préc., p. 132.

1335 *In re Lamictal Antitrust Litig.*, 791 F.3d 388 (3rd Cir. 2015).

1336 *Ibid.* (traduction libre) : « *by using sales of the drug Paxil as a yardstick it could infer that the no-authorized-generic agreement would have been worth hundreds of millions dollars* ».

1337 *In re Loestrin 24 FE Antitrust Litig.*, No. 14-2071 et 15-1250 (1st Cir. 2016) : *e-Competitions*, Feb. 2016, art. n° 78533, obs. M. A. Carrier ; *Concurrences* n° 2-2016, p. 237, obs. J.-C. Roda.

1338 *Ibid.* (traduction libre) : « *the district court erred in determining that non-monetary reverse payments do not fall under Actavis's scope* ».

1339 *Ibid.* (traduction libre) : « *in Actavis, it was alleged that the reverse payments involved side deals in which the generic manufacturers agreed to promote the brand name drug at issue in exchange for multi-million dollar payments from the brand manufacturer* ».

sujet à un examen antitrust et milite contre la limitation de l'arrêt de la Cour suprême aux seuls paiements monétaires »[1340]. Pour justifier son raisonnement, la cour d'appel a expliqué qu'« *une lecture stricte de l'arrêt* Actavis *donnerait aux fabricants de médicaments carte blanche pour négocier des règlements amiables anticoncurrentiels dès lors qu'ils n'impliquent pas des paiements inversés non monétaires* »[1341].

Bien que satisfaisants, ces deux arrêts souffrent de deux lacunes flagrantes. Premièrement, les arrêts rendus ne visent que des accords de non-lancement d'un générique autorisé. Ce faisant, rien ne permet de garantir que les juridictions ultérieurement saisies sur le cas d'autres types d'accords de seconde génération adopteront la même approche téléologique. *Quid juris* des accords de seconde génération tels que les AICMD, les accords comportant des clauses d'accélération ou les accords de préentrée ? Secondement, les cours d'appel n'indiquent pas dans leur arrêt que les accords sur lesquels elles ont été interrogées portent atteinte à l'ordre public concurrentiel. Les juridictions ont simplement indiqué que ces accords étaient justiciables de la section 1 du Sherman Act et qu'ils devaient être contrôlés conformément à la *rule of reason* établie dans l'arrêt *Actavis*. Quoi qu'il en soit, le recadrage des cours d'appel semble satisfaisant. Elle permet de faire prévaloir une analyse substantielle[1342] sur une analyse formaliste, ce qui a régulièrement été préconisé par la Cour suprême. Dans sa jurisprudence, cette dernière a souvent rappelé que l'analyse antitrust exige de « *s'appuyer sur des effets économiques démontrables plutôt que [...] sur une approche formaliste* »[1343]. Comme l'a souligné le professeur Carrier, « *empêcher une analyse antitrust lorsqu'un laboratoire pionnier, à la place de payer en numéraire, paye avec une autre forme de considération, n'a aucun sens économique* »[1344].

1340 *Ibid.* (traduction libre) : « *This fact alone demonstrates that the Supreme Court recognized that a disguised above-market deal, in which a brand manufacturer effectively overpays a generic manufacturer for services rendered, may qualify as a reverse payment subject to antitrust scrutiny and militates against limiting the Supreme Court's decision to pure cash payments.* »

1341 *Ibid.* (traduction libre) : « *a narrow construction of* Actavis *will give drug manufacturers carte blanche to negotiate anticompetitive settlements so long as they involve non-cash reverse payments* ».

1342 Sur l'analyse substantielle : voy. P. Reis, « Les méthodes d'interprétation, analyse formelle, analyse substantielle et sécurité juridique » *in Sécurité juridique et droit économique* (dir. L. Boy, J.-B. Racine et F. Siiriainen), Larcier, 2008, p. 189, qui explique que l'approche formaliste est une approche par laquelle on refuse « *de confronter [l]es catégories juridiques formelles avec la réalité économique* ». Pour une approche encore plus théorique : Voy. G. Farjat, *Pour un droit économique*, PUF, 2004, p. 107 et s. ; L. Boy, *Droit économique*, L'Hermès, 2002, p. 52 et s. *Adde* J.-B. Racine et F. Siiriainen, « Retour sur l'analyse substantielle en droit économique », *RIDE* 2007/3, p. 259.

1343 U.S. Supreme Court, *Continental T.V. v. GTE Sylvania Inc.*, 433 U.S. 36 (1977), pts 58-59 (traduction libre) : « *be based upon demonstrable economic effect rather than [...] formalistic line drawing* ». De nombreuses juridictions inférieures se sont d'ailleurs appuyées sur ce principe. Par exemple, la cour d'appel du troisième circuit a souligné que « *les réalités économiques plutôt qu'une approche formaliste doivent gouverner l'analyse antitrust* » (traduction libre). Voy. *United States v. Dentsply Int'l, Inc.*, 399 F.3d 181 (3d Cir. 2005), pt 189 : « *economic realities rather than a formalistic approach must govern review of antitrust activity* ».

1344 M. Carrier, « Eight Reasons Why "No-Authorized-Generic" Promises Constitute Payment », 67 *Rutgers University L. Rev.* 697 (2015), spéc. p. 716 (traduction libre) : « *It does not make economic sense to preclude antitrust scrutiny when a brand, instead of paying with cash, pays with another form of consideration.* »

B. La propagation des erreurs de type I

350. **La théorie de la prédiction du droit (*The Prediction Theory of Law*).** La Cour suprême a choisi dans l'arrêt *Actavis* d'adopter un raisonnement aux termes duquel la force du brevet sur lequel repose l'accord de report d'entrée doit être inférée au regard des stipulations de ce dernier sans la nécessité de mettre en œuvre une enquête approfondie sur les mérites du brevet. Ce raisonnement a consacré implicitement certaines études économiques qui s'étaient appuyées sur la théorie des droits probabilistes, laquelle a été conceptualisée *ab initio* par le professeur Shapiro et promue par la suite par d'autres économistes[1345]. Ainsi, le test *Actavis* (ou l'*Actavis inference test*)[1346] s'appuie sur la théorie de la prédiction du droit (*the Prediction Theory of Law*), laquelle équivaut à des propositions juridiques réalisées de manière prédictive par des litigants au sujet de ce qu'une juridiction fera s'agissant du contentieux. On doit cette théorie à M. Holmes, l'un des précurseurs du réalisme juridique[1347]. Cette théorie a été formulée dans le discours qu'il a tenu en 1897 et qu'il a intitulé *The Path of the Law*[1348]. Pour ses tenants, un droit qui serait entièrement imprévisible ne serait pas du droit[1349]. Nonobstant l'importance de la pensée d'Holmes aux États-Unis, cette théorie n'a pourtant pas trouvé de consensus et a même fait l'objet de vives critiques de la part d'une partie de la doctrine. Pour Hart, le problème de la théorie de la prédiction du droit est qu'elle ne prend en compte que le point de vue interne et élimine le point de vue externe[1350]. Pour comprendre cette critique, il convient de la confronter à la théorie de Shapiro, laquelle a été reprise dans l'arrêt *Actavis*.

Avec sa théorie des droits probabiliste, le professeur Shapiro – et la Cour suprême – a fait la même erreur que celle exprimée par Hart. Pour établir son modèle économique consistant à dire qu'il n'est pas nécessaire d'avoir le résultat du litige de brevet pour inférer la faiblesse du titre de propriété intellectuelle, le professeur d'économie s'est uniquement reposé sur le point de vue externe

---

1345 Voy. principalement : C. Shapiro, « Antitrust Analysis of Patent Settlement Between Rivals », 17 *ANTITRUST* 70 (2003) ; K. Leffler & C. Leffler, « The Probabilistic Nature of Patent Rights: In Response to Kevin McDonald », 17 *ANTITRUST* 77 (2003).

1346 C'est le nom donné par certains membres éminents de la doctrine américaine au test antitrust conçu par la Cour suprême. Voy. A. Edlin et *alli*, « The *Actavis* Inference: Theory and Practice », art. préc. ; « *Actavis* and Errors Cost: A Reply to Critics », *The Antitrust Source*, October 2014, p. 1 ; « Activating *Actavis* », art. préc.

1347 Sur la notion de réalisme juridique : voy. J. Allard, « Dworkin : une philosophie critique du jugement », *Revue internationale de philosophie* 2005/3, n° 233, p. 303, qui explique que le réalisme juridique « *considère le droit non comme un système de normes mais comme l'ensemble des décisions prises par les tribunaux. Le réalisme juridique interprète donc le droit en fonction du comportement des juges, considéré de manière empirique et sociologique (comme objet de description pour le théoricien)* ».

1348 Ce célèbre discours est disponible dans la *Harvard L. Rev.* de 1997, laquelle a décidé de le republier un siècle après son prononcé. O. Holmes, « The Path of the Law », 110 *Harvard L. Rev.* 991 (1997).

1349 A. Portuese, *Le Principe d'efficience économique dans la jurisprudence européenne*, Publibook, 1970, p. 177. Pour Douglas par exemple, « *le droit n'est ni plus ni moins qu'une prédiction de ce qu'une autorité gouvernementale ou une autre autorité de contrôle fera conformément à une situation donnée* ». W. Douglas, « Education for the Law » *in Democracy and Finance: The Addresses and Public Statements of William O. Douglas as Member and Chairman of the Securities and Exchange Commission* (dir. J. Allen), Kennikat Press., 1969, p. 279 (traduction libre) : « *Law is neither more nor less than a prediction of what governmental agency or other agency of control will do under a given situation.* »

1350 H. Hart, *The Concept of Law*, 3rd ed., Oxford University Press, 2012, p. 91.

des litigants et n'a pas retenu le point de vue interne du juge. Or, prendre pour référence le juge semble apparaître comme l'acte le plus pertinent dans la mesure où ce dernier s'appuie sur des sources juridiques fiables – des standards bien établis – et est contraint de donner des raisons valides pour justifier ses décisions. Ces justifications sont d'ailleurs des garde-fous contre l'arbitraire et offrent une légitimité aux juridictions. Dans l'arrêt *Actavis*, la Cour suprême a reproduit la même erreur que le professeur Shapiro. Dans le contexte des accords *pay-for-delay*, même si elle reconnaît qu'il existe une distinction conceptuelle entre le droit des brevets et les prédictions des litigants, elle a néanmoins décidé de déterminer les droits des parties en faisant référence à leurs prédictions s'agissant du résultat du litige de brevet plutôt qu'en prenant pour référence le droit des brevets[1351]. Autrement dit, si l'arrêt *Actavis* avait pris en compte le point de vue interne, il aurait dû s'appuyer sur le droit matériel des brevets pour évaluer la force des brevets.

351. **L'application de la théorie de la prédiction du droit, un terreau fertile à l'éclosion de faux positifs.** L'application de la théorie de la prédiction a des conséquences considérables et néfastes pour les titulaires de brevets. Elle peut affecter aussi plus largement le bon fonctionnement du secteur pharmaceutique. En effet, la mise en œuvre de l'*Actavis inference test* augmente les possibilités d'avoir des erreurs de type I, c'est-à-dire qu'elle accroît les chances de voir des accords de report d'entré condamnés alors qu'ils devraient pourtant être considérés comme bénins pour la concurrence, voire proconcurrentiels. Plus précisément, dans les affaires *pay-for-delay,* les erreurs de type I sont celles qui punissent injustement des paiements inversés pourtant légaux car reposant sur des brevets valides[1352].

Le test possède une force dissuasive importante puisque, même si un accord repose sur un brevet fort, dès lors qu'il comportera un paiement inversé, il devra être soumis à la *rule of reason.* Le refus de vérifier judiciairement la validité du brevet entraînera donc forcément des erreurs d'analyse des juridictions, même si une mise en balance des effets pro- et anticoncurrentiels est réalisée. Cependant, une partie de la doctrine ne craint pas l'éclosion de faux positifs. Pour le professeur Carrier par exemple, vu que la loi Hatch-Waxman a été conçue pour encourager les contestations de brevets, pour réduire le retard de la commercialisation des génériques sur le marché et pour promouvoir la concurrence générique sur le marché, la loi aurait une préférence pour les faux positifs[1353]. *A contrario*, cela signifie que la *ratio legis* et les dispositions de la loi s'opposent aux faux négatifs, c'est-à-dire aux paiements inversés reposant sur des brevets invalides et qui seraient pourtant réputés licites[1354].

352. **L'opinion dissidente du juge Roberts.** Par ailleurs, la même critique sur les faux positifs a été implicitement émise par le juge Roberts dans son opinion dissidente

---

1351 J. Fischman, « The Circular Logic of *Actavis* », art. préc., spéc. p. 119.

1352 M. Carrier, « Unsettling Drug Patent Settlements: A Framework for Presumptive Illegality » *in Innovation for the 21st Century – Harnessing the Power of Intellectual Property and Antitrust Law, op. cit.*, p. 370.

1353 *Ibid.*, pp. 370-371.

1354 *Ibid.*, p. 371.

dans l'arrêt *Actavis*. Pour lui, la problématique des accords de report d'entrée est plus une question de droit des brevets que de droit antitrust. Il considère que le raisonnement de la Cour suprême « *ne permet pas de savoir avec certitude si le brevet est en réalité valide ou si le concurrent l'a violé. Mais cela est toujours le cas, et c'est clairement une question de droit des brevets* »[1355]. Il a aussi ajouté qu'« *un breveté agissant dans le champ d'application de son brevet ne s'engage pas dans un comportement anticoncurrentiel ; il exerce simplement les droits de monopole délivrés par le gouvernement. Son comportement serait illégal uniquement si son brevet était invalide ou non contrefait. Et le champ d'application du brevet [...] devrait être déterminé par référence au droit des brevets. Bien qu'il soit concevable d'instaurer un système juridique où l'évaluation de la validité des brevets et les questions de contrefaçon seraient abordées dans un procès antitrust, ni la majorité ni le gouvernement n'indiquent que c'est ce que le Congrès a fait* »[1356]. Quoi qu'il en soit, lorsqu'un brevet valide est considéré comme invalide, la répercussion sur l'innovation peut être considérable. Comme l'ont souligné MM. Yu et Chatterji, les erreurs de type I « *sont extrêmement coûteuses pour les brevets pharmaceutiques, en raison des énormes dépenses qui sont réalisées en R&D, ce qui conduit à une dissuasion indésirée de l'innovation* »[1357]. Pour éviter cet écueil, imposer à la FTC de prouver l'invalidité du brevet sur lequel repose l'accord de report d'entrée avant de soutenir qu'un tel accord viole le droit antitrust pourrait être une solution[1358].

Section 2
La restriction par l'objet en Europe, un choix erroné

353. **Sévérité de la Commission européenne à l'égard des accords de report d'entrée.** Comme aux États-Unis, l'Union européenne apparaît comme une terre fertile à l'éclosion d'accords de report d'entrée. Face à cette fécondité, mais aussi en

---

1355 C. J. Roberts, dissenting, 570 U.S. 136 2013, p. 5 (traduction libre) : « *The problem, as the Court correctly recognizes, is that we're not quite certain if the patent is actually valid, or if the competitor is infringing it. But that is always the case, and is plainly a question of patent law.* »

1356 *Ibid.*, pp. 5-6 (traduction libre) : « *But a patent holder acting within the scope of its patent does not engage in any unlawful anticompetitive behavior; it is simply exercising the monopoly rights granted to it by the Government. Its behavior would be unlawful only if its patent were invalid or not infringed. And the scope of the patent [...] should be determined by reference to patent law. While it is conceivable to set up a legal system where you assess the validity of patents or questions of infringement by bringing an antitrust suit, neither the majority nor the Government suggests that Congress has done so.* »

1357 Voy. A. Chatterji & Y. Xiang, « Why Brand Pharmaceutical Companies Choose to Pay Generics in Settling Patent Disputes: A Systematic Evaluation of the Asymmetric Risks in Litigation », 10 *Northwestern Journal of Technology and Intellectual Property* 19 (2011), spéc. p. 33 (traduction libre) : « *False negatives are extremely costly for pharmaceutical patents, because of huge R&D spending, leading to undesired deterrence of innovation.* »

1358 Cette solution ne peut cependant être adoptée qu'en passant par la voie législative. En ce sens : voy. L. Krickl & M. Avery, « Roberts Was Wrong: Increased Antitrust Scrutiny after FTC v. Actavis Has Accelerated Generic Competition », 19 *Virgina Journal of Law and Technology* 509 (2015), spéc. pp. 554-555.

raison des enjeux économiques pour le secteur pharmaceutique et des problèmes sous-jacents de santé publique, la Commission européenne a décidé de se saisir de la question des *pay-for-delay* à la fin des années 2000. L'objectif de sa démarche était de trouver le point d'équilibre à une juste application des règles européennes de concurrence. Eu égard à la complexité des accords de report d'entrée, elle a choisi d'agir en deux temps et de ne pas adopter immédiatement un comportement offensif. Comme l'avait très tôt relevé M. van der Woude, la raison tenait certainement en ce que « *distinguer des règlements amiables restrictifs [de concurrence] de ceux qui sont neutres, voire même proconcurrentiels, s'apparente à une tâche complexe* »[1359]. La première phase fut donc une phase exploratoire et de compréhension du sujet. Au moyen de son enquête sectorielle, elle a tout d'abord cherché à engranger de précieuses informations sur les *reverse payments* en essayant de cerner le rôle joué par la propriété intellectuelle. Ce n'est que dans son Rapport final qu'elle exprima clairement ses doutes sur la conformité de certains accords aux règles européennes de concurrence. Selon la Commission, les accords posant les plus grandes préoccupations de concurrence correspondent à ceux appartenant à la catégorie B.II, à savoir les accords qui empêchent ou limitent l'entrée des génériques sur le marché en contrepartie d'un transfert de valeur[1360]. La deuxième phase, quant à elle, a été plus belliqueuse. En effet, à la suite de l'enquête sectorielle, la Commission a envoyé quatre notifications des griefs à plusieurs laboratoires pharmaceutiques, dans lesquelles elle indiquait que les accords de report d'entrée conclus par ces derniers pouvaient enfreindre le droit européen des ententes[1361]. À ce jour, ces notifications ont accouché de trois décisions de condamnation[1362]. La sévérité caractérise les trois décisions. À chaque reprise, la Commission a qualifié les accords de report d'entrée de restriction de concurrence par objet, s'épargnant ainsi la tâche difficile et complexe d'évaluer les effets des accords sur la concurrence[1363]. Contrairement aux États-Unis, elle a considéré que les accords de report d'entrée devaient être présumés illégaux[1364]. Or, comme l'a récemment énoncé l'avocat général Wahl dans l'affaire *Groupement des cartes bancaires*, « *ce n'est que dans le cas où l'expérience montre qu'une restriction, en conformité avec l'analyse économique, est constamment prohibée qu'il apparaît raisonnable de la sanctionner directement, dans un souci d'éco-*

1359 M. van der Woude, « Patent Settlements and Reverse Payments Under EU Law », 5 *CPI* 183 (2009), spéc. p. 195 (traduction libre) : « *distinguishing restrictive settlement agreements from neutral or even pro-competitive settlement agreements is a complex task* ».

1360 Voy. *supra* n° 183 et s.

1361 Toutes ces affaires impliquaient des accords de report d'entrée appartenant à la catégorie B.II.

1362 Comm. eur., déc. du 19 juin 2013, *Lundbeck*, aff. AT.39226, publiée le 19 janv. 2015, § 661, p. 228 ; Comm. eur., déc. du 10 déc. 2013, *Johnson & Johnson*, aff. AT.39685, publiée le 5 mars 2015, § 219, p. 72 ; Comm. eur., déc. du 9 juill. 2014, *Servier*, aff. AT.39612, publiée le 17 mai 2017, § 1154, p. 283.

1363 Comme l'a jugé une jurisprudence constante de la Cour de justice, il n'est pas nécessaire de démontrer les effets anticoncurrentiels concrets d'un comportement dès lors que l'objet anticoncurrentiel de celui-ci est établi. Voy. par ex. : CJCE, 4 juin 2009, *T-Mobile Netherlands et a.*, aff. C-08/08, *Rec.* I, p. 4529, § 31 ; CJUE, 14 mars 2013, *Allianz c/ Commission*, aff. C-32/11, *Rec. num.* EU:C:2013:16, §§ 28-30 ; CJUE, 11 sept. 2014, *Groupement des cartes bancaires*, aff. C-67/13 P, *Rec. num.* EU:C:2014:2204, § 51.

1364 M. Clancy, D. Geradin & A. Lazerow, « Reverse-Payment Patent Settlements in the Pharmaceutical Industry: An Analysis of US Antitrust Law and EU Competition Law » (2013), p. 16, disponible sur ssrn.com.

nomie procédurale »[1365]. En l'absence d'une telle expérience sur la question des *pay-for-delay*, il semblerait que la Commission ait non seulement eu une vision étroite des accords de report d'entrée (§ 1) mais aussi qu'elle ait dévoyé le principe même de restriction par objet (§ 2).

§ 1. La vision étroite de la Commission

354. **Le test en trois étapes, le moyen de qualifier un accord de report d'entrée de restriction de concurrence par objet.** La vision étroite de la Commission européenne se manifeste par la qualification des accords de report d'entrée de restriction de concurrence par objet. S'il convient d'apporter des réserves sur une telle qualification, il nous semble surtout important de se concentrer sur la méthode utilisée par l'institution bruxelloise pour retenir la restriction de concurrence. En effet, pour établir une restriction de concurrence par objet, la Commission européenne s'est appuyée dans les trois décisions[1366] sur un test particulier que l'on pourrait qualifier de test en trois étapes[1367] (A). Ce test antitrust a beaucoup été critiqué mais a récemment été validé par le Tribunal dans son jugement sur l'affaire *Lundbeck*[1368]. Pour une partie de la doctrine, ce test apparaît pourtant trop simpliste, trop abstrait et ne permet pas de répondre à la question de savoir si un règlement amiable de report d'entrée serait par sa nature même une injure à la concurrence[1369]. Il est vrai que de nombreuses faiblesses peuvent être identifiées (B). À titre d'exemple, le maintien du test en trois étapes pourrait porter atteinte à l'attractivité du système des brevets[1370] en empêchant la conclusion d'accords transactionnels qui couvrent pourtant le champ du titre de propriété intellectuelle.

1365 Conclusion de l'avocat général N. Wahl, C-67/13 P, *Groupement des cartes bancaires c/ Commission*, 27 mars 2014, § 55. Une partie de la doctrine considère quant à elle que la restriction de concurrence par objet doit être « *aisément identifiable* ». Voy. D. Waelbroeck & D. Slater, « The Scope of Object v. Effect Under Article 101 TFEU » *in Ten Years of Effect-Based Approach in EU Competition Law – State of Play and Perspectives* (dir. J. Bourgeois & D. Waelbroeck), Bruylant, 2012, p. 131, spéc. p. 143, qui soulignent que les « *restrictions de concurrence par objet sont des restrictions "aisément identifiables"* » (traduction libre). Dans la langue d'origine : « *Restrictions by object are restrictions that are "easily identifiable."* »

1366 La Commission européenne a utilisé à chaque fois son test en trois étapes pour conclure à une restriction de concurrence par objet. Cependant, toutes les affaires n'impliquaient pas des problèmes de droit des brevets. En effet, dans l'affaire *Johnson & Johnson*, l'accord de report d'entrée conclu par les laboratoires pharmaceutiques ne reposait pas sur un titre de propriété intellectuelle mais prenait simplement la forme d'un accord commercial.

1367 L'ancien directeur de la DG concurrence, lors d'une conférence où il expliquait la décision *Lundbeck*, a parlé d'une « analyse contextuelle ». Pour M. Italianer, « *[a]fin d'identifier si chaque accord couvert par la décision avait pas sa nature même le potentiel pour restreindre la concurrence, la Commission a conduit une sorte d'analyse contextuelle* » (traduction libre). Voy. A. Italianer, *Competitor agreements under EU competition law*, 40th Annual Conference on International Antitrust Law and Policy, Fordham Competition Law Institute, New York, 26 Sept. 2013, p. 9 : « *In order to identify whether each agreement covered by the decision had by its very nature the potential to restrict competition, the Commission conducted the kind of contextual analysis.* »

1368 TUE, 8 sept. 2016, *Lundbeck c/ Commission*, aff. T-472/13, *Rec. num.* EU:T:2016:449.

1369 J. Killick, « Patent settlements as by object restrictions: a European approach but is it the right one? » *in A Scot without Borders – Liber Amicorum, mél. en l'honneur de I. Forrester* (dir. D. Edward & J. MacLennan), Vol. II, Institute of Competition Law, 2015, p. 185, spéc. p. 198.

1370 O. Ancelin, « Quelques questions juridiques de principe sur la condamnation d'accords de report d'entrée dans le domaine pharmaceutique », *Concurrences* n° 2-2014, p. 15, spéc. p. 17.

A. La mise en place d'un test en trois étapes

355. **Présentation du test en trois étapes.** Le test en trois étapes, lequel semble faire office de principe dans les affaires *pay-for-delay*, se présente de la façon suivante. Pour conclure que l'accord restreint la concurrence par son objet, la Commission européenne indique dans ses décisions qu'il convient tout d'abord de vérifier que les parties à l'accord étaient au moins des concurrents potentiels (1) avant d'examiner les engagements qu'elles ont contractés (2) et la taille du paiement inversé réalisé par le breveté (3)[1371]. Pour l'étude de ce test en trois étapes, nous délaisserons l'affaire *Johnson & Johnson*, car elle n'emportait pas de problèmes juridiques liés à des droits de propriété intellectuelle. Nous mettrons en revanche en exergue les affaires *Lundbeck* et *Servier*, lesquelles impliquaient des règlements amiables de report d'entrée reposant sur des brevets secondaires, plus précisément des brevets de procédé. Grâce à ces décisions, il sera possible de comprendre quels ont été les moyens utilisés par la Commission européenne pour éviter l'écueil de l'évaluation judiciaire de la validité des brevets détenus par les laboratoires *princeps*. Pour cette étude, nous ne prétendrons pas à l'exhaustivité. La décision *Lundbeck* faisant plus de 500 pages et la décision *Servier* plus de 900[1372], nous nous efforcerons dans un esprit de pédagogie d'uniquement recueillir les éléments les plus pertinents de chaque affaire.

1. L'évaluation de la concurrence potentielle

356. **Déterminer au préalable si les parties à l'accord de report d'entrée sont des concurrents potentiels.** Avant de conclure qu'un accord de report d'entrée restreint la concurrence par son objet et viole l'article 101 TFUE, la Commission européenne a estimé qu'il était nécessaire de déterminer au préalable si les génériqueurs parties à l'accord étaient des concurrents potentiels du breveté[1373]. Dans les affaires *pay-for-delay*, l'évaluation de la concurrence potentielle joue un rôle crucial puisque les accords sont conclus la plupart du temps avant qu'un génériqueur entre sur le marché. Autrement dit, les génériqueurs ne sont pas des concurrents réels des brevetés au moment où les accords de report d'entrée sont conclus. Aussi, si les génériqueurs ne sont pas qualifiés au moins de concurrents potentiels, il serait impossible de retenir une violation des règles de concurrence

---

1371 Ces trois conditions doivent être remplies cumulativement. Voy. sur ces critères : L. Hancher & W. Sauter, « A dose of competition: EU antitrust law in the pharmaceutical sector », Tilburg Centre for Law and Economics (TILEC), Tilburg University, Discussion Paper 2015-017, Déc. 2015, p. 22.

1372 S'agissant de la longueur de plus en plus importante des décisions de la Commission européenne, Mme Witt a récemment attiré l'attention sur le fait qu'elle était due à l'introduction de l'approche plus économique qui, rappelons-le, fut impulsée, à la fin des années 1990, par l'ancien commissaire à la concurrence, Mario Monti. L'auteur nous révèle qu'entre les années 1971 et 1998 les décisions de violation de l'article 102 ne faisaient en moyenne que 19 pages. Or, depuis 2005, c'est-à-dire au moment où l'institution bruxelloise a commencé à mettre en œuvre son approche plus économique, la longueur des décisions de violation de l'article 102 a augmenté de manière spectaculaire pour atteindre une moyenne de 216 pages. Voy. A. Witt, « The Enforcement of Article 101 TFEU – What Has Happened to the Effects Analysis? », 55 *Common Market L. Rev.* 417 (2018).

1373 La présence d'une concurrence potentielle est importante, car elle « *peut non seulement dissuader [une entreprise] de pratiquer une augmentation des prix, mais également l'inciter à innover. Elle modère ainsi le pouvoir de marché* ». Voy. M. Cousin, « La concurrence potentielle : Réflexions sur le traitement juridique d'une variable économique », *Concurrences* n° 1-2007, p. 38.

et de démontrer que ces derniers auraient pu exercer une pression concurrentielle sur le breveté. Dans le secteur pharmaceutique, une partie de la doctrine considère que cela signifie concrètement que le génériqueur doit avoir développé des procédés de production viables pour la version générique du médicament *princeps*, obtenu une AMM et établi un réseau de distribution[1374]. Outre-Atlantique, la Cour suprême a quant à elle fait preuve d'un pragmatisme aigu en refusant d'intégrer dans l'analyse antitrust élaborée dans l'arrêt *Actavis* l'évaluation de la concurrence potentielle. En effet, cette dernière a jugé que la présence d'un paiement inversé important et inexpliqué était suffisante pour qu'il existe des doutes concernant la survie du brevet. Le corollaire de ce principe est que la présence d'un paiement important et inexpliqué suffit pour démontrer que le breveté avait perçu le génériqueur comme une menace crédible et comme un rival potentiel[1375].

357. **L'évaluation de la concurrence potentielle avant les affaires de *pay-for-delay*.** Classiquement, pour qu'une violation de l'article 101 TFUE puisse être retenue, l'évaluation de la concurrence potentielle apparaît fondamentale[1376]. Pour comprendre comment celle-ci est déterminée, il convient de se tourner aussi bien vers les lignes directrices de la Commission européenne que vers la jurisprudence des juridictions de l'Union. Une fois cet examen réalisé, nous pourrons déterminer ensuite si la méthode d'évaluation de la concurrence potentielle est identique dans les affaires *pay-for-delay* ou si, au contraire, la Commission européenne a posé de nouveaux principes en raison de la présence de paiements inversés et de la protection des produits par des brevets.

Les lignes directrices sur les accords horizontaux énoncent sur ce sujet qu'« *une entreprise est considérée comme un concurrent potentiel d'une autre entreprise si, en l'absence d'accord, il est probable qu'en cas d'augmentation légère mais durable des prix relatifs, elle consentirait rapidement les investissements supplémentaires ou les autres coûts d'adaptation nécessaires pour pouvoir entrer sur le marché en cause sur lequel opère l'autre entreprise* »[1377]. La Commission ajoute que « *l'évaluation de cette condition doit être fondée sur des motifs réalistes,*

1374 N. Dunee, « Why protect potential competition? », *Concurrences* n° 2-2017, p. 27, spéc. p. 28. Une autre auteure a expliqué que la concurrence potentielle émerge en deux temps dans le secteur pharmaceutique. Premièrement, elle peut commencer plusieurs années avant la chute du brevet sur le principe actif dans le domaine public, lorsque des génériqueurs commencent à développer des procédés de production viable. Secondement, lorsque les génériqueurs préparent leur entrée sur le marché en faisant des demandes d'AMM et en établissant des réseaux de distribution. Voy. S. Oliveira Pais, « The *Lundbeck* case through the lens of probabilistic patents », *Concurrences* n° 2-2017, p. 41, spéc. p. 44.

1375 Aux États-Unis, l'analyse antitrust élaborée dans l'arrêt *Actavis* n'exige pas d'identifier au préalable l'existence d'une concurrence potentielle. La raison tient en ce que la loi Hatch-Waxman a sans le vouloir créé un cadre réglementaire qui permet d'identifier les concurrents potentiels. Ainsi, tout demandeur d'une ANDA semble considéré comme un concurrent potentiel. Le breveté est même averti de cette concurrence potentielle puisque la loi exige que le demandeur d'une ANDA notifie au titulaire du brevet son intention de commercialiser sur le marché un produit similaire. Sur ce sujet : voy. K. Fournier, « The notion of "potential competitor" in US antitrust enforcement: Pragmatism and legal certainty », *Concurrences* n° 2-2017, p. 35, spéc. p. 39.

1376 Voy. par ex. TUE, 21 mai 2014, *Toshiba c/ Commission*, aff. T-519/09, *Rec. num.* EU:T:2014:263, § 230 : « *l'article [101 TFUE] protège non seulement la concurrence effective,* mais aussi la concurrence potentielle entre entreprises » (nous soulignons).

1377 Comm. eur., Lignes directrices sur l'applicabilité de l'article 101 du traité sur le fonctionnement de l'Union européenne aux accords de coopération horizontale, *JOUE* C 11/1 du 14 janv. 2011.

la possibilité d'entrer sur le marché n'étant pas suffisante si elle est purement théorique »[1378]. Du côté de la jurisprudence, l'arrêt de référence est celui rendu par le Tribunal dans l'affaire *Visa*[1379], lequel a confirmé l'analyse prescrite dans l'affaire *European Night Services*[1380]. L'analyse ne diffère pas des lignes directrices puisque le Tribunal a jugé qu'« *une entreprise ne saurait être qualifiée de concurrent potentiel si son entrée sur le marché ne correspond pas à une stratégie économique viable* »[1381]. Aussi, la Commission doit démontrer qu'en l'absence du comportement anticoncurrentiel, l'entreprise aurait eu des possibilités concrètes et réelles d'entrer sur le marché et de livrer concurrence aux entreprises établies. En pratique, comme l'a rappelé la professeure Idot, la vérification d'une situation de concurrence à tout le moins potentielle suppose une analyse contrefactuelle, ce qui signifie précisément qu'il est nécessaire pour la Commission européenne de vérifier qu'en l'absence de l'accord, une entreprise aurait eu des possibilités réelles et concrètes d'entrer sur le marché[1382]. Ce principe a été confirmé par la Cour de justice dans l'affaire *E.ON*. Pour la Cour, « *afin de vérifier si une entreprise constitue un concurrent potentiel sur un marché, la Commission se doit de vérifier si, en l'absence d'application de l'accord en cause, auraient existé des possibilités réelles et concrètes que celle-ci intègre ledit marché et concurrence les entreprises qui y sont établies. Une telle démonstration ne doit pas reposer sur une simple hypothèse, mais doit être étayée par des éléments de fait ou une analyse des structures du marché pertinent. Ainsi, une entreprise ne saurait être qualifiée de concurrent potentiel si son entrée sur le marché ne correspond pas à une stratégie économique viable* »[1383]. Par ailleurs, l'intention des entreprises peut être prise en compte mais doit demeurer à la marge. Sa caractérisation n'est pas déterminante mais peut intégrer l'analyse de manière superfétatoire. En pratique, il n'est pas nécessaire d'établir que l'entrée sur le marché du concurrent potentiel aurait été un franc succès. Dans l'affaire *Visa*, le Tribunal a souligné deux éléments essentiels sur lesquels doit reposer la qualification de concurrent potentiel : d'une part, la capacité de l'entreprise à intégrer le marché[1384] ; d'autre part, le fait que l'entrée potentielle puisse se faire

---

1378 *Ibid.*

1379 TUE, 14 sept. 2011, *Visa c/ Commission*, aff. T-461/07, *Rec.* II, p. 1729.

1380 TPICE, 15 sept. 1998, *European Night Services et a. c/ Commission*, aff. jtes T-374/94, T-375/94, T-384/94 et T-388/94, *Rec.* II, p. 3141, § 137. Le jugement énonce que l'examen des conditions de concurrence sur un marchée donné « *repose non seulement sur la concurrence actuelle que se font les entreprises déjà présentes sur le marché en cause, mais aussi sur la concurrence potentielle, afin de savoir si, compte tenu de la structure du marché et du contexte économique et juridique régissant son fonctionnement, il existe des possibilités réelles et concrètes que les entreprises concernées se fassent concurrence entre elles, ou qu'un nouveau concurrent puisse entrer sur le marché en cause et concurrencer les entreprises établies* ».

1381 TUE, *Visa c/ Commission*, préc., § 167.

1382 L. Idot, « Première prise de position du tribunal de l'Union européenne sur les accords de report d'entrée dans le secteur pharmaceutique », *RDC* 2017, n° 1, p. 116. Sur l'analyse contrefactuelle mise en œuvre dans le cadre de l'article 101 TFUE, voy. not. D. Geradin & I. Girgenson, « The Counterfactual Method in EU Competition Law: The Cornerstone of the Effects-Based Approach » *in Ten Years of Effect-Based Approach in EU Competition Law – State of Play and Perspectives* (dir. J. Bourgeois & D. Waelbroeck), Bruylant, 2012, p. 211, spéc. p. 216 et s.

1383 CJUE, 29 juin 2012, *E.ON c/ Commission*, aff. T-360/09, *Rec. num.* EU:T:2012:332, § 86.

1384 TUE, *Visa c/ Commission*, préc., § 168.

« rapidement » pour exercer une contrainte concurrentielle sur les participants du marché[1385]. Le Tribunal n'a cependant pas donné de délai précis. Il a simplement jugé que le délai d'un an prévu dans les lignes directrices de la Commission européenne sur les accords de coopération était purement illustratif. En pratique, une entrée dans les deux, trois, quatre ou cinq ans pourrait donc être suffisante pour retenir une concurrence potentielle. Ce faisant, la Commission européenne bénéficie d'une marge d'appréciation importante pour évaluer l'existence d'une concurrence potentielle.

Pour savoir si la concurrence potentielle peut être exercée sur le marché, la science économique a très tôt mis en avant le concept de barrière à l'entrée, lequel a été repris par la Commission européenne et les juridictions de l'Union. Dans les années 1950, le professeur Bain fut l'un des premiers économistes à lier les barrières à l'entrée à la concurrence potentielle[1386]. Selon l'auteur, si les barrières à l'entrée sont faibles, le degré de concurrence potentielle est élevé et les entreprises établies sur le marché subissant la menace d'une concurrence sont alors contraintes de prendre des décisions sur leur politique de prix. *A contrario*, si des barrières juridiques, par exemple, empêchent l'entrée de concurrents sur le marché, on ne saurait retenir la présence d'une concurrence potentielle sur le marché[1387]. Dans les affaires *pay-for-delay*, les barrières à l'entrée sont principalement constituées par des brevets, lesquels délivrent souvent des monopoles légaux aux laboratoires *princeps*[1388]. Cette situation a-t-elle eu une incidence sur l'évaluation de la concurrence potentielle par la Commission européenne dans les affaires *Lundbeck* et *Servier* ? La présence de brevets rend-elle purement hypothétique et irréaliste l'entrée de concurrents potentiels sur le marché ? Pour reprendre la formulation du professeur Marco Colino[1389], dans quelle mesure le droit de la concurrence devrait-il servir à prévenir une menace future qui ne se matérialisera peut-être jamais ?

358. **L'évaluation de la concurrence potentielle dans les affaires *Lundbeck* et *Servier*.** Pour comprendre comment la Commission européenne a évalué la concurrence potentielle, l'étude conjointe des affaires *Lundbeck* et *Servier* apparaît pertinente. D'une part, le cadre factuel des deux affaires était proche. D'autre part, la caractérisation de la concurrence potentielle fut identique dans les deux décisions.

1385 *Ibid.*, § 189.

1386 J. Bain, *Barriers to New Competition – Their Character and Consequences in Manufacturing Industries*, Harvard University Press, 1956, p. 94. Voy. aussi. D. Bush & S. Massa, « Rethinking the Potential Competition Doctrine », 4 *Wisconsin L. Rev.* 1035 (2004), spéc. p. 1039.

1387 Ce principe a été retenu par la jurisprudence de l'Union. Par exemple, la Cour de justice a rejeté la présence d'une concurrence potentielle dans l'affaire *E.ON* en raison de barrières à l'entrée posées par le droit allemand. Voy. CJUE, *E.ON c/ Commission*, préc., § 115. Une partie de la doctrine, très critique à l'égard du test en trois étapes, a indiqué que le même principe devrait s'appliquer aux affaires *pay-for-delay*. B. Batchelor et *alii*, « *Lundbeck* raises more questions than answers on "pay-for-delay" settlements; creates damaging divergence from US law », 38 *European Competition L. Rev.* 3 (2017), spéc. p. 4.

1388 Nous verrons que, dans les affaires *Lundbeck* et *Servier*, les brevetés détenaient uniquement des brevets secondaires, lesquels sont vus par une partie de la doctrine comme un moyen pour les laboratoires *princeps* d'abuser du système des brevets. S. Shadowen et *alii*, « Bringing market discipline to pharmaceutical product reformulations », 42 *IIC* 698 (2011), spéc. p. 705.

1389 S. Marco Colino, « The *Lundbeck* case and the concept of potential competition – General introduction », *Concurrences* n° 2-2017, p. 24, spéc. p. 26.

358-1. **Cadre factuel : expiration des brevets sur la molécule et stratégie de blocage par des brevets de procédé.** Dans l'affaire *Lundbeck*, le brevet sur la molécule du citalopram avait expiré en 2002. Ce faisant, l'entrée de fabricants de génériques sur le marché était impossible jusqu'à cette date. En effet, comme l'a rappelé la Commission européenne dans sa décision, « *dès lors qu'une protection par brevet sur la molécule existe, il n'est normalement pas possible pour un génériqueur d'entrer sur le marché avec un médicament contenant la molécule concernée sans violer le brevet sur la molécule* »[1390]. À partir de 2002 cependant, le laboratoire Lundbeck ne possédait plus les moyens de complètement bloquer la commercialisation des versions génériques de son médicament. Au moment de la conclusion des accords de report d'entrée avec les génériqueurs, Lundbeck ne détenait que quelques brevets secondaires couvrant la plupart des procédés de fabrication du citalopram mais pas tous[1391]. Autrement dit, les génériqueurs étaient libres de commercialiser leur version générique puisque les brevets de procédé ne représentaient pas un obstacle à l'entrée sur le marché. Les génériqueurs pouvaient les contourner et inventer un procédé de fabrication non breveté. Face à la montée des contestations à l'égard de ses brevets de procédé, Lundbeck décida de conclure six accords de report d'entrée avec quatre génériqueurs. L'objectif était de les empêcher d'entrer sur le marché et de préserver son monopole.

Dans l'affaire *Servier*, les accords de report d'entrée correspondaient quant à eux à de véritables règlements amiables. En ce sens, c'est l'affaire européenne qui se rapproche le plus des accords de report d'entrée états-uniens[1392]. Comme l'a souligné la Commission européenne, « *toutes les parties génériques étaient impliquées, directement ou indirectement, dans des actions en justice ou litiges concernant un ou plusieurs brevets restants de Servier, que ce soit sous la forme d'une défense contre des actions en contrefaçon, ou par des actions ou des demandes reconventionnelles visant à invalider lesdits brevets* »[1393]. *In casu*, les brevets sur la molécule avaient pour la plupart expiré en 2003, hormis en France, où le brevet sur le périndopril expira en 2005[1394]. Partant, les génériqueurs n'étaient bloqués que de manière limitée puisqu'ils ne devaient faire face qu'à des brevets secondaires de procédé. Ces brevets étaient considérés par Servier comme des « brevets de barrage » ou « de papier » et, aux dires du laboratoire, ces derniers n'impliquaient aucune activité inventive[1395]. De 2005 à 2007, de nombreux génériqueurs décidèrent alors de contester les brevets de procédé de Servier afin d'entrer sur le marché. Mais à chaque fois qu'un génériqueur était sur le point d'intégrer le marché, Servier préféra transiger le litige au lieu de le poursuivre jusqu'à son terme. Les règlements amiables correspondaient à de véritables accords de report

---

1390 Comm. eur., *Lundbeck*, préc., § 71, p. 31 (traduction libre) : « *As long as patent protection for the compound (molecule) exists, it will normally not be possible for a generic company to enter the market with a medicine containing the compound concerned without causing an infringement of the compound patent.* »

1391 *Ibid.*, § 596, p. 198.

1392 J. Drexl, « Les règlements amiables de type "pay-for-delay" : plaidoyer pour une réforme du système réglementaire des brevets pharmaceutiques en Europe », *in Droit, Économie et Valeurs – Hommage à B. Remiche*, Larcier, p. 413.

1393 Comm. eur., *Servier*, préc., § 1179, p. 293.

1394 *Ibid.*, § 95, p. 27.

1395 *Ibid.*, § 5, p. 6.

d'entrée, car comme l'a énoncé la Commission européenne, les cinq accords transactionnels conclus « *impliquaient le versement de montants considérables ou d'autres incitations aux sociétés de génériques en échange de leur engagement à ne pas s'attaquer aux brevets de Servier et à s'abstenir de pénétrer (directement ou indirectement) le marché pendant un certain nombre d'années* »[1396]. Quoi qu'il en soit, le point commun entre les deux affaires réside dans le fait que les brevets primaires étaient tombés dans le domaine public. Ce faisant, les génériqueurs avaient la possibilité d'intégrer le marché, soit en utilisant un procédé de fabrication non couvert par les brevets des laboratoires *princeps*, soit en obtenant un jugement de non-contrefaçon ou d'annulation du brevet.

358-2. **Méthode utilisée par la Commission pour caractériser les génériqueurs de concurrents potentiels.** La similitude des deux affaires ne s'arrête pas à leur cadre factuel. La méthode utilisée par la Commission européenne pour caractériser la concurrence potentielle fut semblable dans les deux cas. En effet, pour arriver à la conclusion que les génériqueurs étaient des concurrents potentiels, la Commission européenne a non seulement pris en compte les caractéristiques spécifiques du secteur pharmaceutique, mais aussi la présence de droits de propriété intellectuelle. Trois éléments méritent d'être particulièrement mis en exergue, notamment parce que le Tribunal a récemment jugé qu'ils étaient pertinents pour déterminer l'existence d'une concurrence potentielle[1397]. Autrement dit, le Tribunal a validé le raisonnement mené par la Commission européenne pour conclure que les génériqueurs, même s'ils n'étaient pas formellement entrés sur le marché, devaient être regardés comme des concurrents potentiels des brevetés. Ainsi, la possibilité de lancer le médicament générique à risque en faisant face à d'éventuelles actions en contrefaçon ; la contestation des brevets du laboratoire *princeps* par les génériqueurs ; et les démarches pour obtenir des AMM ; constituent-elles des éléments objectifs démontrant l'existence d'une possibilité réelle et concrète d'entrer sur le marché.

S'agissant, tout d'abord, de la possibilité de lancer le médicament à risque, la Commission européenne a souligné que l'entrée à risque des génériqueurs sur le marché constitue l'essence de la concurrence dans le secteur pharmaceutique[1398] et manifeste l'existence d'une concurrence potentielle. Dans les deux affaires, elle a refusé d'entendre l'argument selon lequel une entrée à risque ne devrait pas être regardée comme une émanation d'une concurrence potentielle au motif que celle-ci pourrait être ultérieurement jugée illégale par le juge du brevet. Pour la Commission, rares sont les cas où un produit générique ne pourrait pas faire face à un contentieux de brevet. Aussi, toutes les ventes de génériques après l'expiration

---

1396 *Ibid.*, § 7, p. 7. Comme l'a souligné une partie de la doctrine, généralement, les accords de report d'entrée obligent les génériqueurs (1) à ne pas contester la validité du brevet, (2) à mettre un terme au litige de brevet ou (3) à s'abstenir de violer ou de menacer de violer les brevets du laboratoire *princeps*. Voy. P. Treacy & S. Lawrance, « Intellectual Property Rights and Out of Court Settlements » *in Intellectual Property and Competition law* (dir. S. Anderman & A. Ezrachi), Oxford University Press, 2011, p. 281.

1397 TUE, *Lundbeck*, préc., § 115 et s.

1398 Comm. eur., *Lundbeck*, préc., § 626, p. 212 : « *l'entrée générique à risque constitue l'essence de la concurrence dans ce secteur* » (traduction libre). Dans la langue d'origine, « *generic entry at risk, is the essence of competition in this sector* ».

du brevet sur la molécule correspondent à des entrées à risque. Comme l'a énoncé la Commission, « *tant qu'une juridiction ne s'est pas prononcée elle-même sur la question de savoir si un brevet a été violé ou, dans une procédure provisoire, sur la question de savoir s'il est probable qu'il ait été violé, le produit du génériqueur peut seulement être considéré comme potentiellement contrefait et peut être vendu sur le marché. En réalité, le breveté doit tout d'abord déclencher une action en contrefaçon, et ensuite prouver la contrefaçon devant le juge ; il n'y a pas de présomption qu'un brevet soit violé* »[1399]. La Commission a repris ce raisonnement dans l'affaire *Servier* en allant plus loin encore, en précisant que, « *même dans une situation où il est avéré que le produit générique a contrefait un brevet de procédé valide, cela ne veut pas pour autant dire que le générique sera incapable d'entrer sur le marché, si le générique peut basculer vers un autre IPA, fabriqué avec un autre procédé qui ne contrefait pas ce brevet, ou vers une autre forme non brevetée* »[1400]. Autrement dit, même si l'entrée à risque est jugée illicite, le génériqueur pourra toujours être considéré comme un concurrent potentiel dès lors qu'il existe d'autres alternatives pour lui de commercialiser son produit. Ce raisonnement a été validé par le Tribunal, qui a considéré que le lancement d'un produit générique à risque, même s'il implique la possibilité de devoir affronter le breveté dans le cadre d'éventuels litiges, constitue une possibilité concrète et réaliste d'entrer sur le marché pour les génériqueurs[1401]. Pour la juridiction, l'entrée à risque apparaît comme l'expression d'une concurrence potentielle, surtout dans l'hypothèse où les brevets originaires ont expiré et qu'il existe d'autres procédés de production des médicaments pour lesquels il n'est pas établi qu'ils violeraient les brevets de procédé détenus par le laboratoire *princeps* partie à l'accord de report d'entrée[1402]. Autrement dit, une entreprise est considérée comme un concurrent potentiel même si son entrée sur le marché pourrait être illégale[1403].

Ensuite, la Commission européenne a jugé que la possibilité de contester les brevets constitue une autre émanation de la concurrence potentielle. Pour l'institution bruxelloise, le fait que, dans l'arrêt *AstraZeneca*, la Cour de justice ait jugé que « *la seule possession par une entreprise d'un droit exclusif a normalement pour conséquence de tenir les concurrents à l'écart* »[1404] ne suffit pas pour soutenir que

---

1399 *Ibid.*, § 629, p. 214 (traduction libre) : « *as long as a court has not pronounced itself on whether a patent has been infringed or, in an interim procedure, is likely to have been infringed, the generic undertaking's product can only be considered as potentially infringing and can be sold to the market. In fact, the patent holder first has to bring infringement proceedings, and then prove the infringement to the satisfaction of the judge; there is no legal assumption that a patent is infringed* ». Voy. aussi Comm. eur., *Servier*, préc., § 1169, p. 289, qui énonce qu'il « *n'y a pas de présomption qu'un produit particulier soit fabriqué selon un procédé qui contrefasse un brevet donné* ».

1400 Comm. eur., *Servier*, préc., § 1169, p. 289 et § 1176, p. 292, où la Commission énonce qu'« *à condition que la société de génériques obtienne une autorisation de mise sur le marché (et remplisse d'autres exigences nationales telles l'approbation du prix, si nécessaire) et à moins qu'il y ait une ordonnance d'un tribunal,* rien n'empêche la société de génériques de lancer le produit "à risque" si selon sa propre évaluation elle considère que les brevets ne sont pas valides ou ne sont pas contrefaits » (nous soulignons).

1401 TUE, *Lundbeck*, préc., § 128.

1402 *Ibid.*, § 129.

1403 R. Subiotto & J. Figus Diaz, « *Lundbeck v Commission*: Reverse Payment Settlements as Restrictions of Competition by Object », 8 *Journal of European Competition Law & Practice* 27 (2017), p. 28.

1404 CJUE, 1er juill. 2010, *AstraZeneca*, aff. T-321/05, *Rec.* II, p. 2805, § 362.

la présomption de validité du brevet exclut toute possibilité de concurrence. Pour la Commission européenne, un brevet peut être invalidé ou déclaré non contrefait et donc être incapable de bloquer un produit générique[1405]. La Commission ne fait finalement ici qu'une application classique de l'arrêt *Windsurfing*[1406]. Pour le dire autrement, vu que les brevets peuvent, et ont fait l'objet de contestations judiciaires, il n'existait donc pas de barrières juridiques insurmontables. Or, conformément à la jurisprudence de l'Union européenne, pour que la concurrence potentielle ne soit pas retenue, encore faut-il que les barrières à l'entrée soient insurmontables[1407], ce qui n'était le cas ni dans l'affaire *Lundbeck* ni dans l'affaire *Servier*. En ce qui concerne tout particulièrement l'affaire *Lundbeck*, le Tribunal a validé le raisonnement selon lequel les brevets de procédé ne constituaient pas des barrières insurmontables pour les entreprises, eu égard au fait notamment que celles-ci avaient effectué des investissements considérables pour entrer sur le marché[1408].

Enfin, la Commission européenne a jugé que l'absence d'AMM n'empêche pas de soutenir que le génériqueur était un concurrent potentiel. Que ce soit dans l'affaire *Lundbeck* ou *Servier*, elle a considéré que le secteur pharmaceutique était si particulier que la pression concurrentielle peut s'y exercer bien avant l'expiration du brevet et que l'absence d'AMM n'empêche pas l'existence d'une concurrence potentielle. Dans l'affaire *Lundbeck*, elle a soutenu que « *l'absence d'autorisation de mise sur le marché ne signifie pas que le produit n'était pas en mesure de pénétrer le marché dans un futur proche aussi longtemps que le génériqueur maintenait ses efforts pour obtenir une approbation réglementaire avant que l'accord de report d'entrée ne soit conclu avec le laboratoire pionnier* »[1409]. S'appuyant sur la jurisprudence de l'Union européenne, la Commission a confirmé son appréciation de la concurrence potentielle dans l'affaire *Servier* en énonçant que « *l'absence d'autorisation de mise sur le marché ne signifie pas que le produit n'était pas en mesure d'atteindre le marché aussi longtemps que la société de génériques maintenait ses efforts afin d'obtenir l'approbation réglementaire et que ces tentatives ne faisaient pas face à des problèmes objectivement insurmontables au moment du règlement amiable. Ceci ressort de manière constante de la jurisprudence du Tribunal, lequel, reprenant l'expression de l'affaire* Visa, *parle de "possibilités réelles et concrètes" d'entrée, et non de "certitude d'entrée réelle". Il est également rappelé que, dans l'affaire* Hitachi, *des preuves démontrant que l'entrée peut avoir été difficile, mais pas impossible, sont insuffisantes pour conclure qu'une partie n'était pas un*

1405 Comm. eur., *Servier*, préc., § 1169, p. 289.

1406 Voy. CJCE, 25 févr. 1986, *Windsurfing*, aff. 193/83, *Rec.*, p. 611, § 92, qui énonce que l'objet spécifique du brevet « *ne saurait être interprété comme garantissant une protection également contre les actions visant à contester la validité d'un brevet, compte tenu de ce qu'il est de l'intérêt public d'éliminer tout obstacle à l'activité économique, qui pourrait découler d'un brevet délivré à tort* ».

1407 Voy. par ex. TUE, 12 juill. 2011, *Hitachi e.a. c/ Commission*, T-112/07, *Rec.* II, p. 3871, § 111.

1408 TUE, *Lundbeck*, préc., § 123.

1409 Comm. eur., *Lundbeck*, préc., § 620, p. 209 (traduction libre) : « *The absence of a marketing authorisation does not mean that the product is not capable of reaching the market in the near future, as long as the generic undertaking was pursuing its efforts to obtain regulatory approval before it entered into an agreement with the originator undertaking.* »

concurrent potentiel »[1410]. Ce principe a été confirmé par le Tribunal, qui a jugé que « *la concurrence potentielle inclut notamment les activités des entreprises de génériques visant à obtenir les AMM nécessaires ainsi qu'à l'accomplissement de toutes les démarches administratives et commerciales indispensables pour préparer l'entrée sur le marché. Cette concurrence potentielle est protégée par l'article 101 TFUE. En effet, dans l'hypothèse où il serait possible, sans violer le droit de la concurrence, de payer les entreprises qui sont en train d'accomplir les démarches indispensables pour préparer le lancement d'un médicament générique, dont l'obtention d'une AMM, et qui ont consenti d'importants investissements à cette fin, pour qu'elles arrêtent ou simplement ralentissent ce processus, la concurrence effective n'aurait jamais lieu ou subirait des retards significatifs, et ce aux frais des consommateurs, c'est-à-dire des patients ou des caisses nationales de maladie* »[1411].

2. L'évaluation des engagements du prétendu contrefacteur

359. **L'identification de limitations contractuelles.** Après avoir identifié la présence d'une concurrence potentielle, la Commission européenne a considéré que, pour établir une restriction de concurrence par objet, il était nécessaire au préalable de déclencher une deuxième étape. Pour mettre en œuvre celle-ci, la question qu'il convient de se poser est la suivante : les génériqueurs se sont-ils engagés dans l'accord à limiter, pendant la durée de ce dernier, leurs efforts indépendants pour entrer sur un ou plusieurs marchés de l'Union européenne avec un produit générique ?

Concrètement, elle a jugé qu'il était nécessaire de déterminer si les accords conclus entre les parties comportaient des limitations contractuelles. La présence de telles limitations apparaît comme l'un des éléments névralgiques du raisonnement de la Commission européenne pour caractériser une restriction de concurrence par objet. Celle-ci a souligné dans l'affaire *Servier*[1412] que deux types d'engagements contractés par les génériqueurs dans les accords de report d'entrée pouvaient être caractérisés comme des limitations contractuelles : d'une part, les obligations de non-contestation ; d'autre part, les obligations de non-concurrence. *Generaliter*, ces deux types d'engagements sont combinés dans les accords de report d'entrée.

Dans le premier cas, l'engagement de non-contestation empêche le génériqueur de contester la validité du brevet ou d'établir la non-contrefaçon du brevet litigieux. Autrement dit, le génériqueur accepte de voir le brevet comme une barrière à

1410 Comm. eur., *Servier*, préc., § 1181, pp. 294-295.

1411 TUE, *Lundbeck*, préc., § 173.

1412 Comm. eur., *Servier*, préc., § 1186, p. 297 : « *les limitations contractuelles inclues dans tous les accords de règlement amiable en matière de brevet en cause dans la présente affaire qui restreignent la capacité et l'incitation à se livrer à la concurrence des sociétés de génériques sont principalement de deux types. En premier lieu,* les obligations de non-contestation, *qui peuvent entraver le droit de la société de génériques de contester la validité, ou, en cas d'action en (non-) contrefaçon, d'établir la non-contrefaçon du brevet revendiqué. En second lieu,* une obligation de non-concurrence, *qui constitue une limitation générale de la capacité de la société de génériques à poursuivre des activités commerciales, y compris en tentant d'entrer sur le marché avec sa version générique du princeps de manière viable et en temps voulu* » (nous soulignons).

l'entrée insurmontable. Or, comme l'a indiqué la Commission européenne dans ses nouvelles lignes directrices sur les accords de transfert de technologie, « *la limitation de la liberté de contester un droit de propriété intellectuelle ne fait pas partie de l'objet spécifique d'un droit de propriété intellectuelle et peut restreindre la concurrence* »[1413]. C'est notamment le cas lorsqu'un brevet a été délivré à tort, comme dans l'affaire *AstraZeneca*. Par exemple, cette situation peut se présenter lorsque des demandeurs ont délivré de fausses informations à un office de brevets compétent. Dans cette hypothèse, la barrière juridique à l'entrée[1414] serait artificielle, et la clause de non-contestation, une restriction de concurrence justiciable de l'article 101 TFUE.

Dans le second cas, le génériqueur s'oblige à ne pas entrer sur le marché, c'est-à-dire à ne pas poursuivre d'activités commerciales qui pourraient concurrencer le médicament *princeps* du breveté. Ici, le génériqueur accepte de ne pas entrer sur le marché même dans l'hypothèse où il aurait trouvé un moyen d'y entrer sans violer les droits de propriété intellectuelle du breveté. Plus généralement, il semblerait que toutes les clauses qui empêcheraient une entrée immédiate des génériques sur le marché pourraient constituer une restriction de concurrence[1415]. La Commission européenne a d'ailleurs souligné qu'elle serait très attentive aux limitations contractuelles qui iraient au-delà de la portée du brevet[1416]. Ainsi, les clauses qui obligeraient les génériqueurs à rester en dehors du marché alors que les brevets litigieux sont tombés dans le domaine public pourraient être sanctionnées et analysées comme des restrictions de concurrence par objet.

360. **La stigmatisation des règlements amiables de catégorie B.II.** Bien que les accords de report d'entrée conclus dans l'affaire *Lundbeck* ne soient pas véritablement des règlements amiables, il est possible d'inférer que le critère de la limitation de l'entrée générique est un moyen pour la Commission de contrôler tous les accords qui pourraient appartenir à la catégorie B.II. Pour s'en convaincre, il suffit de regarder ce qui caractérise ce type d'accord. Pour appartenir à cette catégorie, la première condition à remplir est que l'accord limite l'accès des génériques sur le marché[1417]. La présence d'une limitation contractuelle répond à cette condition. Ensuite, il doit aussi remplir une seconde condition, à savoir comporter un transfert de valeur

---

1413 Comm. eur., Lignes directrices concernant l'application de l'article 101 du traité sur le fonctionnement de l'Union européenne à des catégories d'accords de transfert de technologie, *JOUE* C 89/3 du 28 mars 2014, § 243. Sur les problèmes concurrentiels posés par la clause de non-contestation dans l'Union européenne et aux États-Unis : voy. M. Gal & A. Miller, « Patent Challenge Clauses: A New Antitrust Offense? », 102 *Iowa L. Rev.* 1477 (2017), spéc. p. 1489 et s.

1414 Sur la notion de barrière à l'entrée à raison de la détention de droits de propriété intellectuelle : voy. par ex. C. Maréchal, *Concurrence et propriété intellectuelle*, Litec, 2009, n° 213, p. 180.

1415 J. Killick & P. Berghe, « Applying a by object test to patent settlements is very different from the rule of reason », *Concurrences* n° 2-2014, p. 21, spéc. p. 22.

1416 Comm. eur., *Servier*, préc., § 1187, pp. 297-298 : « *la Commission examinera également si les limitations auxquelles la société de génériques est soumise vont en réalité au-delà du champ d'application des brevets [...] De telles restrictions au-delà du champ d'application du brevet peuvent avoir des effets encore plus importants sur la capacité et les motivations de la société de génériques à concurrencer le laboratoire de princeps* ».

1417 Voy. par ex., Comm. eur., *7th Report on the Monitoring of Patent Settlements (period: January-December 2015)*, publié le 13 déc. 2016, § 17, p. 4.

prenant la forme d'un paiement inversé en numéraire ou en nature[1418]. Il était donc prévisible que la Commission européenne utilise le critère de limitation contractuelle pour vérifier si les accords de report d'entrée devaient être sanctionnés pour violation des règles antitrust. Surtout, en mettant en œuvre ce critère, la Commission semble n'avoir fait qu'une stricte application de la jurisprudence de l'Union européenne. En effet, de façon constante, la Cour de justice a jugé que « *tout opérateur économique doit déterminer de manière autonome la politique qu'il entend suivre sur le marché commun* »[1419]. En d'autres mots, un accord sera jugé restrictif de concurrence s'il emporte une limitation de la liberté commerciale du génériqueur. Cette autonomie, ou cette « autodétermination du débiteur »[1420], apparaît dissoute lorsque les génériqueurs, en tant que concurrents potentiels, étaient prêts à pénétrer le marché mais contractent des engagements limitant leur liberté d'action[1421]. Cependant, toutes les limitations contractuelles ne doivent pas être jugées illégales. Comme l'a souligné l'ancien directeur de la DG concurrence, dans chaque affaire de paiement inversé, la Commission prendra en compte le contexte économique et juridique ayant conduit à la conclusion de l'accord, la teneur et les objectifs de ce dernier et les intentions subjectives des parties[1422].

Quoi qu'il en soit, la Commission européenne ne s'est pas arrêtée à ce seul critère de limitation contractuelle. Elle a estimé que pour caractériser une restriction de concurrence par objet, il était nécessaire dans les affaires *pay-for-delay* de vérifier si l'accord prévoyait un transfert de valeur prenant la forme d'un paiement inversé suffisamment important pour inciter et encourager les génériqueurs à retarder leur entrée sur le marché.

3. L'évaluation de la taille du paiement

361. **La prise en compte du transfert de valeur.** Enfin, après avoir identifié si les génériqueurs étaient au moins des concurrents potentiels et que l'accord contenait des limitations contractuelles, la Commission a décidé qu'un troisième et dernier examen devait être réalisé. Pour l'institution bruxelloise, pour être complet et

---

1418 Voy. Rapport final sur le secteur pharmaceutique, préc., § 762, p. 277, où la Commission explique qu'un accord appartenant à la catégorie B.II est un accord qui limite la capacité du génériqueur à entrer sur le marché avec son propre produit et qui inclut un transfert de valeur au bénéfice de la société générique.

1419 Voy. par ex. : CJCE, 8 juill. 1999, *Anic Partecipazioni SpA c/ Commission*, aff. C-49/92 P, *Rec.* I, p. 4201, § 116.

1420 Nous reprenons l'expression du professeur Bosco, qui énonce dans sa thèse de doctorat que la liberté d'action est celle qui « *sauvegarde la possibilité d'une autodétermination du comportement du débiteur* ». D. Bosco, *L'obligation d'exclusivité*, *op. cit.*, n° 72, p. 81. Pour d'autres auteurs, la liberté d'action ressemble à s'y méprendre au principe de liberté de concurrence, lequel « *signifie fondamentalement que chaque entreprise commerciale a le droit d'utiliser les moyens qui lui semblent les meilleurs pour attirer la clientèle* ». Voy. J. Mestre et M.-E. Pancrazi, *Droit commercial*, 28e éd., LGDJ, 2009, n° 93, p. 76.

1421 Sur la notion de la liberté d'action, voy. par ex. : M. Waelbroeck et A. Frigani, *Commentaire J. Megret, Le droit de la CE, Concurrence*, 2e éd., Les éditions de l'Université de Bruxelles, 1997, p. 161 et s. ; R. Nazzini, « Article 81 EC Between Time Present and Time Past: A Normative Critique of "Restriction of Competition" in EU Law », 43 *Common Market L. Rev.* 497 (2006) ; C. Prieto, « Pouvoir de marché et liberté des entreprises, les fondements de la politique de concurrence », *D.* 2006, p. 1603. *Adde* G. Marenco, « La notion de restriction de concurrence dans le cadre de l'interdiction des ententes » *in Mél. en hommage à M. Waelbroeck*, Bruylant, 1999, p. 1217, spéc. p. 1220, qui nous apprend que la doctrine de la liberté d'action est d'origine américaine.

1422 A. Italianer, « Competitor agreements under EU competition law », préc., p. 9.

permettre de conclure à l'existence d'une restriction de concurrence par objet, le test antitrust doit vérifier si l'accord de report d'entrée était lié à un transfert de valeur du breveté qui représentait une incitation significative réduisant sensiblement les incitations des génériqueurs à maintenir leurs efforts indépendants pour entrer sur un ou plusieurs marchés de l'Union avec un produit générique[1423]. Autrement dit, la question à poser est la suivante : l'accord comporte-t-il un paiement inversé suffisamment important pour inciter les génériqueurs à ne pas entrer sur le marché ? On constate que le montant du paiement inversé apparaît comme un critère central des deux côtés de l'Atlantique puisque l'arrêt *Actavis* a jugé que l'identification d'un paiement inversé significatif et non justifié doit déclencher un examen antitrust sous le prisme de la *rule of reason*. Précisément, la Cour suprême a indiqué qu'« *un paiement important et inexpliqué pouvait fournir un substitut solide pour inférer la faiblesse du brevet, sans obliger une juridiction à conduire une investigation détaillée de la validité du brevet* »[1424]. C'est certainement cet élément qui a poussé l'ancien commissaire à la concurrence, Joaquín Almunia, à soutenir que la décision *Lundbeck*, et plus largement le test de la Commission, utilise la même approche que celle adoptée dans l'arrêt *Actavis*[1425].

362. **La Commission s'est appuyée sur la théorie des droits probabilistes.** Avant de vérifier si les paiements inversés étaient suffisamment incitatifs, la Commission européenne a expliqué pourquoi elle utilisait la taille du paiement inversé comme un critère de son test en trois étapes. Concrètement, il semble que l'autorité de concurrence de l'Union européenne ait fait usage de la théorie des droits probabilistes élaborée par le professeur Shapiro aux États-Unis[1426]. En effet, la Commission s'est principalement focalisée sur la taille du paiement inversé pour établir une restriction de concurrence par objet. Ce lien entre la taille du paiement inversé et la faiblesse du brevet est directement tiré de cette théorie. Aussi, si le transfert de valeur est au-dessus des coûts du litige de brevet et équivaut bon an mal an aux profits espérés par le génériqueur par son entrée sur le marché, la Commission considère que cela est une preuve de l'invalidité probable du brevet, ou du moins de sa non-contrefaçon, de sorte que le principal objectif de l'accord est d'exclure la concurrence[1427]. Pour s'en convaincre, il convient de retranscrire le passage de la décision *Lundbeck* où elle explique les préoccupations de concurrence déclenchées par les paiements inversés. Pour la Commission,

---

[1423] Comm. eur., *Lundbeck*, préc., § 661, pp. 228-229 ; Comm. eur., *Servier*, préc., § 1154, p. 283.

[1424] U.S. Supreme Court, *Actavis*, préc., p. 3 (traduction libre) : « *A large, unexplained reverse payment can provide a workable surrogate for a patent's weakness, all without forcing a court to conduct a detailed exploration of the patent's validity.* »

[1425] Statement by Vice-President Almunia: *Commission fines Lundbeck and other pharma companies for delaying market entry of generic medicines*, Speech/13/553, 19 June 2013.

[1426] C. Shapiro, « Antitrust Analysis of Patent Settlements Between Rivals », 17 *Antitrust* 70 (2003), spéc. p. 72. C'est à partir de sa théorie des droits probables que l'éminent économiste a jugé que les « *affaires de "paiement inversé" sont inhabituelles et permettent de clairement inférer une faiblesse du brevet, de sorte que l'atteinte portée à la concurrence peut être fondée directement sur la présence d'un paiement important du breveté au contestataire* » (traduction libre). Dans la langue d'origine : « *The "reverse payment" cases are unusual in that a clear inference of patent weakness, and thus harm to competition, can be made directly based on the presence of a large payment from the patent holder to the challenger.* » Voy. aussi. J. Farrell & C. Shapiro, « How Strong are Weak Patents? » 98 *American Economic Rev.* 1347 (2008).

[1427] S. Oliveira Pais, « The *Lundbeck* case through the lens of probabilistic patents », art. préc., spéc. p. 43.

« lorsqu'un accord est conclu dans lequel le génériqueur accepte de sortir ou de ne pas entrer sur le marché pour une certaine période de temps [...] et que le laboratoire pionnier paye une somme considérable d'argent au génériqueur, alors un tel accord mérite un examen complet par le droit de la concurrence, indépendamment du fait de savoir si c'est un règlement amiable en matière de brevet ou non. La raison est qu'un tel arrangement pourrait signifier que le laboratoire pionnier a payé le génériqueur pour qu'il accepte d'abandonner, au moins pour la durée de l'accord, ses efforts indépendants pour entrer sur le marché. En raison de la direction inhabituelle du paiement, de tels paiements sont nommés par la doctrine paiements "inversés". En principe, plus le laboratoire pionnier estime que les chances de voir son brevet invalidé ou non contrefait sont élevées et plus le dommage pour le laboratoire pionnier résulte d'une entrée réussie du générique, plus il sera prêt à payer le génériqueur pour éviter ce risque »[1428]. En d'autres termes, plus le paiement inversé est important et plus le brevet sur lequel repose l'accord serait faible ou perçu comme tel par le breveté. Ainsi, la présence d'un paiement inversé serait l'un des révélateurs d'un *weak patent* et démontrerait par ricochet le fait que le breveté ait discerné le génériqueur comme un futur rival[1429].

Dans l'affaire *Servier*, la Commission européenne a continué à confirmer l'application de la théorie des droits probables en regardant de nouveau les paiements inversés avec suspicion. Elle a renouvelé le principe selon lequel ces paiements pouvaient heurter l'ordre public concurrentiel. Elle a indiqué qu'en l'absence de paiement inversé et en s'appuyant « *uniquement sur la base de son évaluation de ses chances de réussite dans le contentieux en matière de brevet, c'est-à-dire sur le fond du contentieux en matière de brevet, une société de génériques, agissant en opérateur économique raisonnable, n'accepterait pas les limitations commerciales qui ont été acceptées dans le règlement amiable et agirait au lieu de cela indépendamment selon ses propres incitations concurrentielles, et aurait recours à des solutions plus favorables à la concurrence (par exemple, la poursuite du contentieux, l'acceptation d'un règlement amiable prévoyant une entrée antici-*

1428 Comm. eur., *Lundbeck*, préc., § 640, p. 220 (traduction libre) : « *when an agreement is concluded in which the generic undertaking accepts to exit or not to enter the market for a certain period of time [...] but instead the originator undertaking pays a considerable sum of money to the generic undertaking, then such an agreement, whether referred to as a patent settlement or not, merits the full scrutiny of competition law. The reason is that such a constellation could mean that the originator undertaking has paid the generic undertaking to accept to give up, at least for the term of the agreement, its independent efforts to enter the market. Because of the unexpected direction of the payment, such payments are referred to in literature as "reverse" payments. In principle, the higher the originator undertaking estimates the chance of its patent being found invalid or not infringed, and the higher the damage to the originator undertaking resulting from successful generic entry, the more money it will be willing to pay the generic undertaking to avoid that risk* ».

1429 TUE, *Lundbeck*, préc., § 353 : « l'importance d'un paiement inversé peut constituer une indication de la force ou de la faiblesse d'un brevet, telle que perçue par les parties aux accords au moment de conclure ceux-ci et du fait que le laboratoire de princeps n'était pas intimement convaincu de ses chances de succès en cas de litige. *Dans le même sens, la Supreme Court of the United States (Cour suprême des États-Unis) a également considéré que la présence d'un paiement inversé important dans un accord de règlement amiable en matière de brevets pouvait constituer un substitut praticable pour la faiblesse d'un brevet, sans qu'une juridiction doive procéder elle-même à un examen approfondi de la validité de ce brevet [arrêt de la Supreme Court of the United States du 17 juin 2013, Federal Trade Commission v. Actavis, 570 U.S. (2013), ci-après l'"arrêt Actavis"]* » (nous soulignons).

pée) »[1430]. Surtout, elle considère que « *même si les limitations contenues dans l'accord sur l'autonomie commerciale de la société de génériques ne vont pas au-delà du champ d'application matériel du brevet, elles constituent une violation de l'article 101 du traité lorsque ces limitations ne peuvent être justifiées et ne résultent pas de l'évaluation par les parties du bien-fondé du droit exclusif lui-même mais en particulier d'un transfert de valeur éclipsant cette évaluation et induisant la société de génériques à ne pas poursuivre ses efforts indépendants pour entrer sur le marché* »[1431]. Cependant, la Commission n'a pas jugé que tous les accords de report d'entrée comportant un paiement inversé étaient automatiquement contraires à l'article 101 TFUE[1432]. Elle considère que ces accords violent le droit de la concurrence lorsque les paiements inversés sont disproportionnés[1433].

363. **Pas d'évaluation des mérites du brevet, rejet de la « théorie du bluff » et incitation à contester les brevets.** Le principal avantage du test de la Commission européenne est qu'il n'exige pas d'évaluer les mérites du brevet – ce qui aurait été une tâche extrêmement fastidieuse et compliquée pour les autorités de concurrence – pour conclure à une restriction par objet. L'institution bruxelloise indique simplement que la taille du paiement permet d'inférer que le breveté pouvait raisonnablement s'attendre à ce que son brevet soit invalidé ou jugé non contrefait[1434]. En application de la théorie des droits probabilistes, il ressort qu'il n'est pas nécessaire d'avoir un jugement au fond pour s'assurer que le brevet litigieux était invalide ou non contrefait. Dans l'affaire *Lundbeck* par exemple, la Commission européenne a clairement affirmé que les accords de report d'entrée litigieux ont transformé l'incertitude quant à l'issue des contentieux de brevet en certitude que les génériqueurs n'entreraient pas sur le marché, ce qui peut également constituer une restriction de la concurrence par objet lorsque de telles limitations ne résultent pas d'une analyse, par les parties, des mérites du droit exclusif en cause, mais plutôt de l'importance du paiement inversé, qui éclipse cette évaluation et incite le génériqueur à ne pas poursuivre ses efforts pour entrer sur le marché[1435].

Par ailleurs, en s'appuyant sur la taille du paiement inversé, la Commission européenne a rejeté la « théorie du bluff ». Cette théorie postule que l'asymétrie des risques entre le breveté et le génériqueur permet à ce dernier de procéder à un chantage (ou à un « coup de bluff ») qui lui permet d'obtenir des sommes d'argent importantes, en faisant croire qu'il s'apprêtait à entrer sur le marché au moyen de produits non contrefaisants. Pour la Commission et le Tribunal, cette

---

1430 Comm. eur., *Servier*, préc., § 136, p. 275.

1431 *Ibid.*, § 1137, p. 275.

1432 *Ibid.*, § 1195, p. 300 : « *le critère de la Commission ne s'apparente pas à une interdiction automatique en fonction de l'existence d'un quelconque transfert de valeur, comme les parties le suggèrent à tort, mais examine, au cas par cas, l'accord dans sa globalité et la relation entre les parties, dans leur contexte juridique et économique* ».

1433 TUE, *Lundbeck*, préc., § 354.

1434 Ainsi, que ce soit aux États-Unis ou dans l'Union européenne, les deux approches retenues se fondent sur deux critères identiques : la taille du paiement et le rejet du *scope of patent test*. Voy. M. Colangelo, « Reverse Payment Patent Settlements in the Pharmaceutical Sector Under EU and US Competition Laws: A Comparative Analysis », 40 *World Competition* 471 (2017), spéc. p. 495, qui partage cette analyse.

1435 Comm. eur., *Lundbeck*, préc., § 641, p. 220 ; TUE, *Lundbeck*, préc., § 336.

théorie n'est pas opérante pour justifier la présence d'un paiement inversé dans un accord. En effet, le Tribunal a confirmé le raisonnement de la Commission en jugeant que « *le fait qu'un paiement inversé puisse constituer le seul moyen de parvenir à un accord en "comblant le fossé" entre les parties à cet accord ne signifie pas qu'un tel paiement constitue un moyen légitime de parvenir à un tel accord ou que cet accord soit soustrait à l'application du droit de la concurrence, en particulier dans des circonstances où le montant de ce paiement semble être lié aux profits escomptés par les entreprises de génériques en cas d'entrée sur le marché, où l'accord ne permet pas de régler le litige sous-jacent en matière de brevets entre les parties et où celui-ci contient des restrictions allant au-delà du champ d'application des brevets du laboratoire de princeps* »[1436]. Finalement, l'asymétrie des risques et surtout le fait que les brevetés puissent subir un dommage irrémédiable en cas d'entrée illégale d'un générique après la chute du brevet sur la molécule sont des caractéristiques du marché pharmaceutique et constituent un risque commercial normal qui ne saurait être pallié par la conclusion d'accords de report d'entrée[1437]. De plus, la jurisprudence de l'Union européenne a de manière constante jugé que lorsqu'un comportement anticoncurrentiel est la solution la plus rentable ou la moins risquée, cela n'exclut aucunement l'application de l'article 101 TFUE[1438].

En outre, par ces décisions, la Commission européenne encourage la contestation judiciaire des brevets[1439] – ce qui ne repose à vrai dire sur aucune base légale[1440] – et semble s'approprier la théorie du professeur Yelderman selon laquelle la contestation judiciaire des brevets peut dans certaines conditions augmenter la concurrence sur le marché. Pour ce dernier, un tel effet peut être perceptible lorsque le brevet contesté confère un pouvoir de marché à son titulaire, que le succès de la contestation réduit ce pouvoir de marché et que cette contestation est effectuée suffisamment tôt, c'est-à-dire à une période assez éloignée de la date d'échéance du brevet[1441].

B. Les faiblesses du test en trois étapes

364. **Le test en trois étapes conduit à conclure de manière trop lapidaire à une restriction de concurrence par objet.** Le test en trois étapes, même s'il a pour mérite de poser les premiers jalons du contrôle antitrust des accords de report d'entrée dans l'Union européenne, ne convainc pas complètement. Il semble souffrir de nombreuses limites et comporte même de véritables faiblesses. Le fait de n'avoir

1436 TUE, *Lundbeck*, préc., § 383.

1437 *Ibid.*, § 385.

1438 Voy. par ex. : TPICE, 8 juill. 2004, *Corus c/ Commission*, aff. T-48/00, *Rec.* II, p. 2331, § 73.

1439 Comm. eur., *Servier*, préc., § 139, p. 275 : « *La protection de la rivalité,* y compris au travers de la contestation en vertu du droit des brevets, *concerne un important principe général sous-jacent à l'article 101 du traité, à savoir que chaque opérateur économique doit déterminer de manière autonome la politique qu'il entend suivre sur le marché* » (nous soulignons).

1440 Dans le même sens : O. Ancelin, « Quelques questions juridiques de principe sur la condamnation d'accords de report d'entrée dans le domaine pharmaceutique », art. préc., p. 17.

1441 S. Yelderman, « Do Patent Challenges Increase Competition? », 83 *University of Chicago L. Rev.* 1943 (2016), spéc. p. 1959 et s.

aucune certitude sur la validité du brevet apparaît comme le principal obstacle à son maintien. Sa mise en œuvre peut conduire à établir une restriction de concurrence par objet, ce qui apparaît trop sévère et trop lapidaire eu égard au contexte brevetaire. En effet, malgré l'absence de contrôle judiciaire du brevet, la Commission n'hésite pas à conclure que les accords de report d'entrée pourraient porter atteinte à l'ordre public concurrentiel alors même qu'ils peuvent parfois respecter le champ d'application de brevets valides et, ce faisant, prolonger légalement le monopole découlant des titres de propriété intellectuelle. Pour cette raison, une partie de la doctrine a considéré que la Commission européenne devrait directement évaluer le champ d'application du brevet et vérifier si ce dernier était en vigueur au moment des faits lorsqu'elle applique l'article 101(1) TFUE[1442]. D'autres considèrent que le test se singularise par son caractère amorphe et qu'au lieu de vérifier si la concurrence potentielle était concrètement possible, il se contente de vérifier si elle était probable alors même qu'il peut exister des barrières à l'entrée extrêmement élevées[1443]. Avec d'autres, nous pensons surtout que le maintien en l'état du test en trois étapes pourrait inévitablement conduire à la condamnation d'accords qui sont neutres pour la concurrence, voire proconcurrentiels[1444].

365. **L'examen de la concurrence potentielle ne prend pas en compte le particularisme du contexte brevetaire.** Le premier problème du test en trois étapes a trait à l'évaluation de la concurrence potentielle. Conformément à la jurisprudence, la Commission européenne doit notamment s'assurer que la stratégie commerciale mise en place par les génériqueurs soit une stratégie économiquement viable. Or, le raisonnement tenu par la Commission européenne, lequel a été validé par le Tribunal dans le jugement *Lundbeck*, empêche de vérifier si cela est bien le cas. Pour l'institution bruxelloise, le simple fait qu'un génériqueur ait des chances d'invalider un brevet ou de ne pas le contrefaire suffit pour qualifier les fabricants de génériques de concurrents potentiels, ce qui apparaît comme une interprétation généreuse du concept de concurrence potentielle[1445]. Concrètement, les éléments pris en compte par la Commission européenne ne permettent pas de différencier les

---

1442 F. Esposito & F. Montanaro, « *A Fistful of Euros*: EU Competition Policy and Reverse Payments in the Pharmaceutical Industry », 10 *European Competition Journal* 499 (2014), spéc. p. 516.

1443 D. Ritzmann, « *Lundbeck* and the economics of potential competition », *Concurrences* n° 2-2017, p. 47, spéc. p. 50. L'auteur explique que, « *[c]onformément à l'analyse dans le jugement* Lundbeck, *il semblerait que l'entrant potentiel pourrait bien être considéré comme un "concurrent potentiel" s'il existe une simple "possibilité réelle et concrète" d'entrée sur le marché en dépit de barrières à l'entrée élevées* » (traduction libre). Dans la langue d'origine : « *Under the court's analysis in* Lundbeck, *it would seem that this potential entrant might well be considered a "potential competitor" if a mere "real concrete possibility" of entry exists, notwithstanding the high barriers to entry* ».

1444 J. Straus, « Can antitrust adequately assess patent settlement agreements disconnected from patent law relevant facts? The Servier case – its public perception and its underlying facts », 38 *European Intellectual Property Rev.* 533 (2016), spéc. p. 543.

1445 Nous empruntons ici l'expression de la professeure Marco Colino, laquelle parle de « *generous interpretation of the concept* ». S. Marco Colino, « The *Lundbeck* case and the concept of potential competition », art. préc., p. 26. Pour être complet, il convient d'ajouter que la Commission européenne a jugé que la concurrence potentielle débute lorsqu'un génériqueur « *commence à développer un procédé de production commercialement viable conduisant à un produit qui répond aux conditions réglementaires* ». Voy. Comm. eur., *Lundbeck*, préc., § 616 (traduction libre) : « *Potential competition starts when generic API producers that want to launch a generic medicine upon expiry of the exclusivity on the compound patent* begin developing a commercially viable production process leading to a product that meets regulatory requirements » (nous soulignons).

hypothèses où le breveté aurait une chance sur cent de remporter le contentieux de brevet des cas où il aurait par exemple quatre-vingt-dix ou quatre-vingt-dix-neuf chances sur cent de voir son brevet jugé valide et contrefait. Pour la Commission, il semblerait que, même dans le dernier cas, le génériqueur pourrait être qualifié de concurrent potentiel dès lors où il existerait une chance d'inventer un procédé alternatif qui ne contrefait pas le brevet du laboratoire *princeps*. Cette approche est beaucoup trop large, car elle ne permet pas de distinguer les situations où un génériqueur est réellement prêt à entrer sur le marché des cas où il aurait à surmonter de sérieux obstacles[1446]. De plus, la Commission européenne semble indiquer que la concurrence potentielle ne peut exister que lorsque l'accord de report d'entrée repose sur un brevet secondaire, car les génériqueurs pourraient inventer un procédé ou une formulation qui ne violerait pas les revendications du brevet. Mais *quid juris* de l'hypothèse où un brevet sur une molécule serait considéré par un génériqueur comme un brevet faible car ne remplissant pas par exemple la condition d'activité inventive ? Dans ce cas-là, le génériqueur devrait-il être considéré comme un concurrent potentiel en raison du fait que le brevet détenu par le laboratoire *princeps* aurait été délivré à tort ?

Par ailleurs, certainement en raison de l'absence de *patent linkage*[1447] dans l'Union européenne, la Commission européenne a jugé que la non-détention d'une AMM ne suffisait pas pour disqualifier la présence d'une concurrence potentielle. Ce raisonnement semble encore une fois assez faillible puisque, même si un génériqueur n'a pas besoin de tenir compte des brevets du laboratoire *princeps* pour obtenir une AMM et entrer sur le marché à risque, cela ne signifie pas pour autant que son entrée est légale. En effet, le droit des brevets peut venir sanctionner *ex post* un comportement qui consisterait à lancer sur le marché un produit contrefait. Dans cette occurrence, non seulement la concurrence potentielle serait inexistante puisque le brevet constituerait une barrière à l'entrée insurmontable, mais en sus, la Commission européenne pourrait condamner un accord proconcurrentiel dans l'hypothèse où l'accord de report d'entrée prévoirait une entrée avancée sur le marché, c'est-à-dire une entrée bien avant la date d'échéance du brevet.

366. **Les limitations contractuelles ne semblent pas être un critère pertinent pour conclure à une restriction de concurrence par objet.** Deuxièmement, la Commission européenne estime que la limitation de la liberté commerciale des génériqueurs signale un comportement anticoncurrentiel. Or, cette limitation semble plutôt être une contrepartie indispensable à l'obtention d'un compromis entre les parties. En effet, pour qu'un règlement amiable soit conclu, encore faut-il que des concessions réciproques soient acceptées entre elles. Cette position est d'ailleurs conforme avec la jurisprudence qui considère que « *tout accord entre entreprises ou toute décision d'une association d'entreprises qui restreignent la*

1446 J. Killick, J. Jourdan & J. Dickinson, « The Commission's Lundbeck Decision: A Critical Review of the Commission's Test for Patent Settlement Agreements », *CPI Antitrust Chr.* (Feb. 2015), p. 6. Voy. aussi J. Killick, « Patent settlements as by object restrictions: a European approach but is it the right one? », art. préc., p. 197.

1447 Sur l'environnement réglementaire dans l'Union européenne et l'absence de *patent linkage* : voy. *supra* n° 83 et s.

liberté d'action des parties ou de l'une d'elles ne tombent pas nécessairement sous le coup de l'interdiction de l'article [101 TFUE] »[1448]. Dans l'hypothèse d'un contentieux de brevet, il apparaît raisonnable que le contestataire s'engage à ne pas poursuivre le breveté lorsque tous deux sont parvenus à un accord. La présence d'une clause de non-contestation est donc justifiée[1449]. Dans le cas contraire, le règlement amiable serait inutile puisqu'il ne mettrait pas un terme au litige alors que c'est pourtant son objet même. Le test en trois étapes porte donc le risque de priver les entreprises de l'outil transactionnel, lequel a pourtant montré toute son efficacité au regard des efficiences qu'il dégage[1450]. À cet égard, la Commission souligne elle-même dans ses lignes directrices qu'un règlement amiable « *peut [...] éviter aux tribunaux et/ou aux organismes administratifs compétents d'avoir à statuer sur le litige et peut donc engendrer des avantages augmentant le bien-être* »[1451].

En outre, si le génériqueur considère que les brevets du laboratoire *princeps* sont valides, il semble aussi légitime que celui-ci s'engage à ne pas lui livrer concurrence. L'idée sous-jacente est que s'il devait pénétrer le marché, il pourrait par la suite être sanctionné par le droit des brevets pour contrefaçon. L'obligation de non-concurrence ne paraît donc pas disproportionnée.

Par ailleurs, il arrive souvent qu'en plus du paiement inversé, le breveté autorise les génériqueurs à pénétrer d'autres marchés que celui convoité *ab initio* par les génériqueurs, de sorte que la limitation contractuelle constatée sur un marché est compensée par une liberté retrouvée sur d'autres marchés. Par exemple, dans l'affaire *Servier*, le génériqueur Krka s'est vu concéder une licence soumise à redevances sur sept marchés nationaux d'Europe centrale et orientale[1452].

367. **Le poids donné à la taille du paiement est trop important.** Troisièmement, le poids donné au paiement inversé dans le test en trois étapes semble trop important, voire disproportionné. Il est disproportionné tout d'abord en raison du fait que la théorie des droits probabilistes n'est pas une théorie faisant consensus. Cette théorie est grandement débattue en doctrine[1453] si bien que certains considèrent

---

[1448] CJCE, 19 févr. 2002, *Wouters*, aff. C-309/99, *Rec.* I, p. 1577 ; TPICE, 8 juill. 2008, *AC-Treuhand AG c/ Commission*, aff. T-99/04, *Rec.* II, p. 1501. Sur ce sujet de la restriction de la liberté d'action : voy. P. Ibáñez Colomo & A. Lamadrid de Pablo, « On the Notion of Restriction of Competition: What We Know and What We Don't Know We Know » *in The Notion of Restriction of Competition – Revisiting the Foundations of Antitrust Enforcement in Europe* (dir. D. Gerard, M. Merola & B. Meyring), Bruylant, 2017, p. 333, spéc. p. 342 et s.

[1449] Dans l'ancienne version de ses lignes directrices, la Commission indique en ce sens que, dans « *le cadre d'un accord de règlement et de non-revendication, des clauses de non-contestation sont généralement considérées comme ne relevant pas de l'article [101, paragraphe 1]. Une caractéristique propre à de tels accords est que les parties conviennent de ne pas contester* a posteriori *les droits de propriété intellectuelle qu'ils couvrent. En effet, le véritable objectif de l'accord est de régler les litiges existants et/ou d'éviter des litiges futurs* ». Voy. Comm. eur., Lignes directrices relatives à l'application de l'article 81 du traité CE aux accords de transfert de technologie, *JOUE* C 101 du 27 avr. 2004, § 209.

[1450] Sur l'efficacité des règlements amiables en matière de brevet : voy. nos développements *supra* n° 72 et s.

[1451] Comm. eur., Lignes directrices concernant l'application de l'article 101 du traité sur le fonctionnement de l'Union européenne à des catégories d'accords de transfert de technologie, préc., § 235.

[1452] Comm. eur., *Servier*, préc., § 1821, p. 483.

[1453] Voy. par ex. W. Kerber & S. Frank, « Patent Settlements in the Pharmaceutical Industry: What Can We Learn from Economic Analysis? », University of Marburg, Discussion Paper No. 01-2016, p. 2, qui considèrent que les règlements amiables comportant un paiement inversé important sont conclus lorsque le brevet sous-jacent est faible.

que tirer la conclusion qu'un brevet est faible uniquement en se polarisant sur l'importance du paiement n'est pas une méthode fiable[1454]. Ensuite, la Commission fait fi de nombreux éléments objectifs et pertinents, lesquels peuvent parfois justifier les raisons d'un paiement inversé significatif au profit du génériqueur. L'asymétrie d'information[1455], l'asymétrie des risques[1456] mais aussi le fait que le brevet en cause représente l'une des sources de profit essentielles pour le breveté justifient parfois le versement d'un paiement inversé important. Il a d'ailleurs été démontré que, contrairement à ce que soutient la Commission européenne, l'incitation à payer les génériqueurs est plus élevée pour les brevets les plus forts[1457]. Cela s'explique en raison des risques inhérents à un litige de brevet devant une juridiction. Alors que le génériqueur n'a quasiment rien à perdre, si ce n'est les coûts de la procédure judiciaire, le breveté risque de tout perdre, à savoir son monopole et les profits qu'il pouvait en tirer. Au vrai, la taille du paiement pourrait être un indicateur solide d'une restriction de concurrence par objet dans deux cas seulement : soit lorsque le règlement amiable fait suite à un litige frauduleux de brevet (*sham patent litigation*)[1458] et que le brevet litigieux ne remplit pas de manière flagrante les critères de brevetabilité ; soit lorsque l'accord a des effets dépassant le champ d'exclusion du brevet et qu'il protège le breveté contre le génériqueur au-delà de la durée de protection des droits de propriété intellectuelle,

---

1454 Voy. par ex. V. Schröder, « Pay-for-Delay Settlements in the EU: Did the Commission Go Too Far? », 37 *European Competition L. Rev*. 506 (2016), spéc. p. 509 ; M. Schmid, « Pharmaceutical Reverse Payment Settlements: A European Perspective in the Wake of the Sector Inquiry » 33 *European Competition L. Rev.* 367(2012), spéc. p. 370 ; J. Killick & P. Berghe, « Applying a by object test to patent settlements is very different from the rule of reason », art. préc., p. 24 ; S. McIntyre et *alli*, « The continuing relevance of patent validity in reverse-payment litigation », art. préc., p. 24 et s. ; M. A. O'Rourke & J. F. Brodley, « An Incentives Approach to Patent Settlements: A Commentary on Hovenkamp, Janis & Lemley », 87 *Minnesota L. Rev.* 1767 (2003).

1455 R. D. Willig & J. P. Bigelow, « Antitrust policy toward agreements that settle patent litigation », 49 *Antitrust Bulletin* 655 (2004), spéc. p. 660. Comme l'ont souligné d'autres auteurs, un accord de report d'entrée n'est pas nécessairement anticoncurrentiel dans la mesure où il peut accroître le bien-être des consommateurs. Cette situation peut se présenter dans le cas où les parties ont une perception différente de la force du brevet et que sans le paiement inversé aucun accord n'aurait été conclu. Voy. par ex. : M. G. Schildkraut, « Patent-Splitting Settlements and the Reverse Payment Fallacy », 71 *Antitrust L. J.* 1033 (2004), spéc. p. 1058 ; M. Brown, « Reverse Payment Settlements in the European Commission's Pharmaceutical Sector Inquiry Report: A Missed Opportunity to Benefit from U.S. Experience », 33 *Colum. J. L. & Arts* 277 (2010), spéc. p. 389.

1456 Voy. par ex. : D. Crane, « Exit Payments in Settlement of Patent Infringement Lawsuits: Antitrust Rules and Economic Implications », 54 *Florida L. Rev.* 747 (2002), spéc. p. 760.

1457 M. Schmid, « Pharmaceutical Reverse Payment Settlements: A European Perspective in the Wake of the Sector Inquiry », art. préc., spéc. p. 371. *Contra* J. Leibowitz, Fed. Trade Commission, *"Pay for Delay" Settlements in the Pharmaceutical Industry: How Can Congress Stop Anticompetitive Conduct, Protect Consumers' Wallets, and Help Pay for Health Care Reform (the $35 Billion Solution)*, Speech at the Center for American Progress (June 23, 2009). L'ancien président de la FTC affirmait pour sa part que « *l'incitation à payer un génériqueur pour qu'il abandonne sa contestation de brevet est plus grande pour les brevets faibles* (traduction libre). Dans la langue d'origine : « *the incentive to pay a generic company to abandon its patent challenge is greatest for the weakest patents* ».

1458 Pour certains, les accords de report d'entrée conclus à la suite d'un litige frauduleux doivent être contrôlés au travers d'un test particulier. Ce test cherche à répondre à deux questions particulières. Premièrement, le litige était-il objectivement fondé ? Secondement, était-il motivé par l'intention de porter préjudice à un concurrent ? Voy. M. Murphy, « Red Flag or Red Herring? Reverse Payment and the Settlement of Pharmaceutical Patent Litigation », 4 *European Competition Journal* 541 (2008), spéc. p. 556.

au-delà du produit lui-même et/ou au-delà de la zone géographique où le brevet est en vigueur[1459].

368. **La Commission européenne a montré implicitement que son test en trois étapes était insuffisant pour établir une restriction de concurrence par objet.** Quatrièmement, un aveu implicite de la faiblesse du test en trois étapes semble avoir été délivré par la Commission européenne elle-même. En effet, dans les affaires *Lundbeck* et *Servier*, elle a dû recourir à d'autres facteurs importants – qu'une partie de la doctrine qualifie de « cocktail de facteurs »[1460] – pour juger que les accords de report d'entrée restreignaient la concurrence par leur objet. En d'autres termes, la seule mise en œuvre du test en trois étapes n'a pas suffi pour caractériser la restriction de concurrence. Dans l'affaire *Lundbeck*, elle a souligné qu'en plus des critères posés par le test en trois étapes, elle a pris en compte le fait que les paiements inversés équivalaient approximativement aux profits espérés par les génériqueurs ; que le breveté ne pouvait pas obtenir les limitations contractuelles à l'entrée sur le marché en mettant en œuvre ses brevets de procédé ; et que les accords ne contenaient aucun engagement de la part du breveté de s'abstenir d'agir en contrefaçon contre les génériqueurs si ces derniers décidaient de lancer leur produit sur le marché à la date d'expiration des accords[1461]. De surcroît, la Commission a pu s'appuyer sur des documents internes assez incriminants pour le breveté puisqu'ils faisaient référence à l'appartenance des génériqueurs à un « club »[1462] et à « une pile de dollars »[1463] à répartir. Dans l'affaire *Servier*, l'aveu de la Commission européenne semble encore plus significatif puisqu'après avoir mis en œuvre son test en trois étapes – auquel elle a ajouté trois autres facteurs importants[1464] – et conclut à une restriction par objet, la Commission européenne a néanmoins jugé nécessaire de mener une analyse par les effets.

369. **Les rapports de surveillances ont permis de révéler plus de quatre-vingts accords de report d'entrée de catégorie B.II.** Cinquièmement, en se polarisant sur le travail de surveillance des accords de report d'entrée réalisé par la Commission européenne, on constate que le test en trois étapes est loin d'être infrangible. En effet, depuis le début de son travail de surveillance des règlements amiables en matière de brevet, l'institution bruxelloise a relevé que plus de quatre-vingts

---

1459 S. Cappellari, « Reverse Payment Settlements in the EU – Finding the Right Dosage », 7 *Competition Law International* 27 (2011) spéc. pp. 28-29.

1460 J. Killick, J. Jourdan & J. Dickinson, « The Commission's Lundbeck Decision: A Critical Review of the Commission's Test for Patent Settlement Agreements », art. préc., p. 5.

1461 Comm. eur., *Lundbeck*, préc., § 824, § 874, § 962, § 1013, § 1087 et § 1174.

1462 *Ibid.*, § 298, p. 114 ; § 793, p. 278.

1463 *Ibid.*, § 187, p. 79 ; § 804, p. 283.

1464 Comm. eur., *Servier*, préc., § 1155, p. 283 : « *Dans la présente affaire, d'autres facteurs importants seront également pris en compte. Premièrement, les restrictions ont soit duré pendant toute la période s'étendant jusqu'à l'expiration du brevet, soit ne garantissaient pas d'entrée indépendante sur le marché avec les produits génériques pertinents à l'expiration de l'accord. Deuxièmement, la valeur transférée par Servier aux sociétés de génériques prenait en compte le chiffre d'affaires ou les bénéfices escomptés par ces dernières si elles avaient réussi à entrer sur le marché. Troisièmement, les obligations dans les accords respectifs pesant sur certaines sociétés de génériques allaient au-delà de la portée (ou encore "champ d'application") du litige/contentieux de brevet sous-jacent, en particulier puisque les restrictions dans certains accords allaient au-delà de ce que Servier aurait pu légalement obtenir par une défense réussie de ses brevets dans les litiges/contentieux sous-jacents.* »

accords de type B.II ont été conclus par des laboratoires pharmaceutiques[1465]. Précisément, de 2008 à 2016, les entreprises du secteur pharmaceutique ont conclu quatre-vingt-deux accords comportant aussi bien des limitations contractuelles imposées aux génériqueurs que des paiements inversés sous forme monétaire et non monétaire. Or, à notre connaissance, la Commission européenne n'a pas adressé de préoccupations de concurrence aux entreprises surveillées pour essayer, à tout le moins, d'obtenir des décisions d'engagements. Elle n'a pas ouvert non plus des cas d'infraction ou envoyé des notifications des griefs. L'inertie de la Commission européenne concernant ces accords démontre bien le manque de fiabilité du test en trois étapes, lequel ne lui permet pas de caractériser de façon certaine une restriction de concurrence par objet.

370. **Le test en trois étapes prend uniquement en compte la concurrence statique et délaisse la concurrence dynamique.** Sixièmement enfin, le test en trois étapes a aussi pour vice d'uniquement se concentrer sur la chute des prix, et donc sur la concurrence statique. En effet, si le test est d'une grande rigueur à l'égard des accords de report d'entrée, c'est surtout parce que la Commission européenne considère qu'en l'absence de tels accords, l'entrée générique sur le marché serait plus rapide et que cette dernière bénéficierait aux consommateurs et aux caisses d'assurance maladie. Or, encourager les entreprises à poursuivre des recherches est fondamental pour la santé publique. Le secteur pharmaceutique est hautement régulé et les nouveaux médicaments lancés sur le marché par les brevetés ont d'importantes fonctions aussi bien économiques que sociales[1466]. De plus, le poids des brevets est très important dans ce secteur, beaucoup plus que dans d'autres marchés dynamiques[1467]. Comme l'ont soulevé certains auteurs, « *dans cette industrie, un brevet est considéré comme nécessaire pour récupérer un investissement initial* »[1468] et « *de nombreuses études ont montré que les brevets jouaient un rôle vital* »[1469]. Cependant, le test en trois

---

1465 Voy. Comm. eur., *1st Report on the Monitoring of Patent Settlements (period: mid 2008 – end 2009)*, publié le 5 juill. 2010, p. 8. Cette année-là, la Commission relève que neuf accords de report d'entrée de type B.II ont été conclus ; Comm. eur., *2nd Report on the Monitoring of Patent Settlements (period: January-December 2010)*, publié le 6 juill. 2010, p. 8. Cette année-là, la Commission relève que trois accords de report d'entrée de type B.II ont été conclus ; Comm. eur., *3rd Report on the Monitoring of Patent Settlements (period: January-December 2011)*, publié le 25 juill. 2012, p. 13. Cette année-là, la Commission relève que treize accords de report d'entrée de type B.II ont été conclus ; Comm. eur., *4th Report on the Monitoring of Patent Settlements (period: January-December 2012)*, publié le 9 déc. 2013, p. 16. Cette année-là, la Commission relève que douze accords de report d'entrée de type B.II ont été conclus ; Comm. eur., *5th Report on the Monitoring of Patent Settlements (period: January-December 2013)*, publié le 5 déc. 2014, p. 15. Cette année-là, la Commission relève que onze accords de report d'entrée de type B.II ont été conclus ; Comm. eur., *6th Report on the Monitoring of Patent Settlements (period: January-December 2014)*, publié le 2 déc. 2015, p. 13. Cette année-là, la Commission relève que neuf accords de report d'entrée de type B.II ont été conclus ; Comm. eur., *7th Report on the Monitoring of Patent Settlements (period: January-December 2015)*, publié le 13 déc. 2016, p. 12. Cette année-là, la Commission relève que treize accords de report d'entrée de type B.II ont été conclus ; Comm. eur., *8th Report on the Monitoring of Patent Settlements (period: January 2016-December 2016)*, publié le 9 mars 2018, p. 13. Cette année, la Commission relève que douze accords de report d'entrée de type B.II ont été conclus.

1466 J. Galloway, « Driving Innovation: A Case for Targeted Competition Policy in Dynamic Markets », 34 *World Competition* 73 (2011), spéc. p. 91.

1467 *Ibid.*

1468 C. Hemphill, « Paying for Delay: Pharmaceutical Patent Settlement as a Regulatory Design Problem », art. préc., spéc. p. 1562 (traduction libre) : « *in this industry a patent is considered necessary to recoup an initial investment* ».

1469 M. Carrier, « Innovation Markets: Saving Lives and Money in the Pharmaceutical Industry » *in Innovation for the 21st Century – Harnessing the Power of Intellectual Property and Antitrust Law, op. cit.*, p. 303 (traduction

étapes, en se concentrant uniquement sur la concurrence statique et non pas sur la concurrence dynamique, pourrait bien par ricochet dissuader les entreprises d'investir dans la recherche et le développement. Par conséquent, le test en trois étapes semble fragiliser les brevets puisque même si ces derniers devaient être jugés valides *ex post*, une condamnation antitrust pourrait tout de même être prononcée *ex ante*.

§ 2. Le dévoiement de la restriction par objet

371. **Les éléments du dévoiement.** Récemment, la Commission européenne a adopté une version révisée des règles relatives aux « zones de sécurité » pour les accords d'importance mineure[1470]. Cette nouvelle communication *de minimis*[1471] a été accompagnée d'un document de travail présentant les restrictions de concurrence considérées par l'institution bruxelloise comme des restrictions par objet. Dans ce document, elle a assimilé les accords de report d'entrée à un partage du marché. En faisant référence à l'affaire *Lundbeck*, la Commission a souligné qu'« *un accord par lequel un concurrent paye un montant significatif à un actuel (ou potentiel) concurrent pour qu'il reste en dehors d'un marché particulier [est] considéré comme une forme de partage de marché* »[1472], et donc comme une restriction de concurrence par objet. La formulation générale laisse à penser que la Commission a fait de la restriction de concurrence par objet le principe devant s'appliquer à tous les accords de report d'entrée comportant un transfert de valeur allant du breveté au génériqueur[1473]. Cette position n'est pas surprenante tant elle semble répondre

---

libre) : « *Numerous studies have shown that patent play a vital role in the industry.* »

1470 Comm. eur., Communication concernant les accords d'importance mineure qui ne restreignent pas sensiblement le jeu de la concurrence au sens de l'article 101, paragraphe 1, du traité sur le fonctionnement de l'Union européenne (communication de minimis), 25 juin 2014, *JOUE* C 291/1 du 30 août 2014. L'avancée majeure de la Communication est la prise en compte de l'arrêt préjudiciel *Expedia* rendu par la Cour de justice. Aussi, la Commission a indiqué que sa communication ne couvre pas les accords qui ont pour objet d'empêcher, de restreindre ou de fausser le jeu de la concurrence au sein du marché intérieur. Voy. CJUE, 13 déc. 2012, *Expedia*, aff. C-226/11, *Rec. num.* EU:C:2012:795.

1471 Pour une présentation récente de la doctrine *de minimis* : voy. D. Bailey & R. Whish, *Competition Law*, 9e éd., Oxford University Press, 2018, p. 147 et s. Dans cet ouvrage, les auteurs énoncent qu'aux termes de la doctrine *de minimis*, « *les accords qui affectent la concurrence au sens de l'article 101(1) ne [sont] néanmoins pas justiciables [de ce texte] dès lors qu'ils n'ont pas un impact sensible sur le commerce entre les États membres ou sur la concurrence* ». Dans la langue d'origine : « *[under* de minimis *doctrine], agreements that affect competition within the terms of Article 101(1) will nevertheless not be caught where they do not have an appreciable impact either on inter-state or on competition* ».

1472 Comm. eur., Commission Staff Working Document – Guidance on restrictions of competition "by object" for the purpose of defining which agreements may benefit from the *De Minimis* Notice, SWD(2014) 198 final, 25 juin 2014, p. 8 (traduction libre) : « *An agreement whereby a competitor pays a significant amount to an actual (or potential) competitor to stay out of a particular market was considered to be a form of market sharing.* » Pour un commentaire de ce document de travail : voy. A. Scordamaglia-Tousis, « New *De Minimis* Communication: "*De Minimis*" and "By Object" Restriction of Competition Law », 5 *Journal of European Competition Law & Practice* 698 (2014).

1473 Dans le même sens : voy. I. Maher, « The Challenge of European Competition Network Convergence in the Definition of Harm to Competition » *in The Notion of Restriction of Competition – Revisiting the Foundations of Antitrust Enforcement in Europe* (dir. D. Gerard, M. Merola & B. Meyring), Bruylant, 2017, p. 87, spéc. p. 98, qui souligne que « *la Commission a imposé des amendes dans de nombreuses affaires de* pay-for-delay, *jugeant que les règlements amiables constituaient des restrictions de concurrence par objet lorsque le titulaire du brevet conclut un accord avec les titulaires d'un équivalent générique*

au mouvement récent tendant à élargir la notion d'« objet anticoncurrentiel »[1474]. Elle se comprend d'autant plus si l'on regarde les effets de l'identification d'un objet anticoncurrentiel. Comme l'a souligné la professeure Idot, lorsqu'un tel objet est caractérisé, les effets anticoncurrentiels sont en quelque sorte présumés, ce qui a pour conséquence d'alléger le fardeau probatoire pesant sur l'autorité de concurrence[1475]. Cependant, nous pensons que le choix opéré par la Commission européenne s'apparente à un dévoiement de la restriction de concurrence par objet. Non seulement elle ne s'est pas appuyée sur l'expérience pour tirer la conclusion que les accords de report d'entrée restreignaient la concurrence (A), mais encore, en raison du recadrage de la Cour de justice dans l'arrêt *Groupement des cartes bancaires* (B), il semblerait que le maintien en l'état du raisonnement de la Commission européenne soit possiblement contraire à cette décision.

A. L'absence d'expérience s'agissant des accords de report d'entrée

372. **Les accords de report d'entrée doivent-ils intégrer la « boîte à objet » ?** Pour contrôler les accords de report d'entrée, la Commission européenne a fait appel à la « boîte à objet »[1476]. Cette image consiste à dire qu'il existe un grand nombre de restrictions dont on peut présumer, à l'évidence et à coup sûr, qu'elles produisent des effets anticoncurrentiels si bien qu'il est possible de les enfermer dans une boîte[1477]. Pour reprendre l'expression du professeur Petit, la restriction de concurrence par objet est « *une restriction qui crève les yeux* »[1478].

---

et les paye pour qu'ils retardent leur entrée sur le marché avec leur produit moins cher » (traduction libre). Dans la langue d'origine : « *the Commission has imposed fines in a number of pay for delay cases, finding that the settlements constituted restrictions by object where the holder of a patent enters into an agreement with the holders of generic equivalent and pays them to delay entering the market with their cheaper product* ».

1474 C. Grynfogel, « La notion d'"objet anticoncurrentiel" et la sécurité juridique des entreprises », *RJDA* 2014, n°s 8-9, p. 627. Voy. aussi A. Witt, « The Enforcement of Article 101 TFEU – What Has Happened to the Effects Analysis », art. préc., qui tente d'expliquer les raisons pour lesquelles la Commission privilégie la restriction par objet alors qu'elle a publiquement affiché sa volonté de mettre en œuvre une approche plus économique. Pour l'auteur, le reflux de l'approche par les effets semble se justifier, entre autres, par les coûts qu'engendrent les études économiques dont le rôle est de démontrer le caractère anticoncurrentiel de la pratique litigieuse.

1475 L. Idot, « Le retour de l'objet anticoncurrentiel… », *Concurrences* n° 4-2009, p. 1 : « *[...] la distinction objet/effet concerne, non l'existence de l'atteinte à la concurrence, mais sa preuve, avec pour conséquence pratique, un allègement de la charge de la preuve au profit des autorités de concurrence.* » Voy. aussi M. Friend, « Reverse patent settlements and EU competition law », 76 *Cambridge L. J.* 29 (2017), spéc. p. 31, qui souligne que l'« *essence de la restriction par objet est que les effets anticoncurrentiels sont présumés, de sorte qu'il n'est pas nécessaire de prendre en compte le contrefactuel (c'est-à-dire comment la concurrence se serait développée en l'absence de l'accord) et de prouver les effets actuels sur le marché* » (traduction libre). Dans la langue d'origine : « *The essence of a restriction by object is that anti-competitive effects are presumed, so there is no need to consider the counterfactual (i.e. how competition would have developed in the absence of the agreement) and prove actual effects on the market.* »

1476 On doit la paternité de cette expression à l'éminent professeur Whish, qui parle d'« *object box* » dans son ouvrage sur le droit de la concurrence. R. Whish, *Competition Law*, 4th ed., Butterworths, 2001, 913 p.

1477 R. Whish, « Objet anticoncurrentiel/effet anticoncurrentiel : La distinction a-t-elle un avenir ? » (*New Frontiers of Antitrust*, Paris, 10 févr. 2012), *Concurrences* n° 2-2012, p. 60.

1478 N. Petit, « La rationalisation au long cours de la restriction de concurrence par "objet" dans la jurisprudence de la Cour de justice de l'Union européenne », *AJ Contrat* 2015, p. 422.

Il peut s'agir, soit de restrictions qui ont une incidence sur un objectif politique clairement affirmé et revendiqué par le Traité, soit de restrictions dont on connaît d'expérience « la nocivité »[1479]. Ce faisant, l'intérêt de la restriction par objet est d'offrir de la prédictibilité et de la sécurité juridique aux entreprises. Elle permet aussi de les dissuader d'adopter de mauvais comportements et, pour les autorités de concurrence, de réaliser des économies procédurales[1480]. La restriction de concurrence par objet possède donc des vertus aussi bien prophylactiques qu'économiques.

Eu égard aux caractéristiques des accords de report d'entrée, ces derniers doivent-ils intégrer la boîte à objet ? La conclusion d'accords de report d'entrée caractérise-t-elle véritablement un objet anticoncurrentiel ? Le fait de conclure un règlement amiable pour mettre un terme à un litige de brevet et d'offrir une compensation financière à un génériqueur répond-il véritablement aux exigences de la restriction de concurrence par objet ? La réponse semble négative, notamment en raison du fait que l'expérience sur le sujet des accords *pay-for-delay* est trop embryonnaire.

373. **La raison principale de la non-intégration des accords de report d'entrée dans la boîte à objet : l'absence d'expérience.** Dans ses lignes directrices sur l'application de l'article 101(3) TFUE, la Commission européenne a posé trois conditions cumulatives pour qu'une restriction de concurrence par objet puisse être retenue. Aussi, un accord a un objet anticoncurrentiel lorsqu'il est susceptible d'avoir des effets négatifs sur la concurrence, lorsque la restriction est grave et lorsque l'expérience montre que l'accord est susceptible d'avoir des effets négatifs sur le marché et de mettre en péril les objectifs poursuivis par les règles communautaires de concurrence[1481].

Si la condition d'effets négatifs sur la concurrence pose question, notamment parce que le report d'entrée des génériqueurs sur le marché est la plupart du temps justifié par la présence de protection par brevets, il convient selon nous de s'attarder sur la condition d'expérience[1482]. Comme l'ont souligné MM. Waelbroeck et Slater, pour qu'une restriction ait un degré suffisant de nocivité, une expérience suffisante sur la pratique en cause doit exister. Cette expérience peut se manifester soit empiriquement par des précédents jurisprudentiels ou des décisions et/ou études d'autorités de concurrence, soit sur la base

---

1479 *Ibid.* D'autres mettent en avant le fait que les restrictions par objet ont généralement des effets négatifs nets sur la concurrence. Selon eux, soit il est peu probable que la pratique en cause crée des gains d'efficacité, soit il existe d'autres restrictions ou comportements qui sont largement supérieurs aux gains d'efficacité créés. Voy. L. Peeperkorn, « Defining restrictions "by object" », *Concurrences* n° 3-2015, p. 40, spéc. pp. 41-42.

1480 Dès l'arrêt *Grundig*, cette idée était déjà exprimée. CJCE, 13 juill. 1966, *Consten et Grundig*, aff. 56/64, *Rec.*, p. 429, spéc. p. 496 : « *Aux fins de l'application de l'article [101, paragraphe 1 du TFUE], la prise en considération des effets concrets d'un accord est superflue dès lors qu'il a pour objet de restreindre, empêcher ou fausser la concurrence.* »

1481 Comm. eur., Lignes directrices concernant l'application de l'article 81, paragraphe 3, du traité, § 21, *JOUE* C 101 du 27 avr. 2004, p. 97.

1482 Nous écartons aussi la condition de gravité puisqu'elle ne suppose, selon le professeur Vogel, aucune analyse approfondie, ce qui n'est pas d'une grande aide ici pour savoir si un accord de report d'entrée correspond à une restriction de concurrence par objet. Voy. L. Vogel, « Une nouvelle venue sur la scène du droit de la concurrence : la restriction par objet », *Contrats, conc., consom.* 2015, n° 5, dossier 2.

de modèles économiques reconnus[1483]. En d'autres termes, si la Commission européenne souhaite s'appuyer sur la théorie économique, celle-ci doit être suffisamment certaine et faire l'objet d'un large consensus. Il faut que l'état de l'art en sciences économiques acte la nocivité de la pratique[1484]. Pour reprendre les termes de la professeure Idot, les restrictions par objet sont celles qui sont particulièrement sérieuses et qui sont unanimement condamnées par l'analyse économique[1485]. Or, l'unanimité et le consensus n'existent pas sur la question des accords de report d'entrée. D'une part, il n'y a aucun précédent jurisprudentiel ; la Commission européenne n'a fait que procéder par analogie avec d'autres décisions. Elle a notamment fait référence à l'affaire du bœuf irlandais[1486] dans ses décisions alors que le cadre factuel de cette affaire ne portait aucunement sur une question de propriété intellectuelle. D'autre part, la théorie des droits probabilistes conceptualisée par le professeur Shapiro, laquelle est mise en œuvre par la Commission européenne, est grandement débattue aux États-Unis. Il n'y a ni unanimité ni consensus sur sa pertinence, de sorte que l'inférence d'une restriction de concurrence par objet tirée de l'importance du paiement inversé est fort contestable.

À cet égard, l'exemple états-unien montre bien la difficulté existante s'agissant de l'appréhension des accords *pay-for-delay*. Nonobstant une myriade d'études doctrinales aussi bien juridiques qu'économiques, la Cour suprême n'a pas jugé pertinent de retenir une analyse *per se*, mais a fait le choix de la règle de raison[1487]. De la même manière, la Commission européenne n'aurait pas dû retenir une restriction par objet. Cette prise de position pourrait décourager la conclusion d'accords de report d'entrée, lesquels pourraient être économiquement efficaces, ou à tout le moins bénins pour la concurrence. L'éclosion de faux positifs (ou d'erreurs de type I) serait donc envisageable puisque l'institution bruxelloise pourrait qualifier des accords d'anticoncurrentiels alors qu'en réalité ils ne le seraient pas[1488].

1483 D. Waelbroeck & D. Slater, « The Scope of Object vs Effect Under Article 101 TFEU » *in Ten Years of Effect-Based Approach in EU Competition Law – State of Play and Perspectives* (dir. J. Bourgeois & D. Waelbroeck), Bruylant, 2012, p. 131, spéc. p. 145.

1484 Ce principe est bien ancré dans la jurisprudence de la Cour de justice. Voy. par ex., CJCE, 4 juin 2009, *T-Mobile*, aff. C-8/08, *Rec.* I, p. 4529, § 20 : « *[...] la jurisprudence de la Cour en matière de concurrence pourrait être interprétée en ce sens qu'un accord ou une pratique concertée vise à restreindre la concurrence* si l'expérience montre que ledit accord ou ladite pratique a toujours ou presque toujours pour effet d'empêcher, de restreindre ou de fausser le jeu de la concurrence, quelles que soient les circonstances économiques. *Tel est le cas [...] lorsque les conséquences dommageables réelles sont indéniables et se produiront quelles que soient les caractéristiques du marché en cause* » (nous soulignons).

1485 L. Idot, « La qualification de la restriction de concurrence, à propos des lignes directrices de la Commission concernant l'application de l'article 81, § 3 CE » *in La modernisation du droit de la concurrence* (dir. G. Canivet), LGDJ, 2006, p. 85, spéc. p. 93. Dans le même sens : voy. par ex. L. Vogel, « La distribution par internet après l'arrêt *Pierre Fabre* », Colloque Actualités du droit de la concurrence et du droit de la distribution (Paris, 14 décembre 2011), *Concurrences* n° 1-2012, p. 3, lequel énonce que si « *l'expérience montre qu'une restriction est, au terme d'une analyse économique, constamment prohibée, il est raisonnable de penser que, par un souci d'économie de procédure, elle soit traitée comme une restriction par l'objet ou restriction caractérisée* ».

1486 CJCE, 20 nov. 2008, *BIDS*, aff. C-209/07, *Rec.* I, p. 8637.

1487 U.S. Supreme Court, *Actavis*, préc.

1488 Le professeur Petit a soutenu cette idée. Selon lui, l'ajout de certaines pratiques à la liste des restrictions par objet laisse craindre que cela conduise à interdire certaines pratiques économiquement efficaces. N. Petit, *Droit européen de la concurrence*, *op. cit.*, n° 576, p. 220.

B. Les doutes sur le raisonnement de la Commission au regard de l'arrêt *Groupement des cartes bancaires*

374. **Le recadrage de la Cour de justice.** Le raisonnement de la Commission génère aussi des doutes compte tenu du récent recadrage de la Cour de justice concernant la notion de restriction de concurrence par objet. Dans l'arrêt *Groupement des cartes bancaires*[1489], la Cour de justice a voulu mettre un terme, semble-t-il, à l'accroissement de l'utilisation de la restriction de concurrence par objet par la Commission européenne, voire à son utilisation abusive[1490]. Ces derniers temps, l'institution bruxelloise a eu tendance à systématiquement traiter les affaires d'entente comme des restrictions de concurrence par objet[1491]. En effet, depuis la moitié des années 2000, les décisions de la Commission en matière d'entente ont été rendues sur le fondement de l'objet anticoncurrentiel et non sur celui des effets anticoncurrentiels, même si parfois une analyse par les effets a été couplée à l'analyse par l'objet. Depuis cette période, il y a une augmentation du nombre de pratiques qualifiées d'anticoncurrentielles par objet, de sorte que les accords *pay-for-delay* n'apparaissent pas comme un cas isolé. Que l'on songe aux restrictions de vente sur internet, aux commissions interbancaires multilatérales ou aux mécanismes d'annonce de prix[1492], qui ont été traités comme des pratiques restrictives de concurrence par leur objet.

L'arrêt *Groupement des cartes bancaires* marque non seulement la volonté de la Cour de justice d'engager un reflux de la restriction de concurrence par objet en revenant au *statu quo ante*[1493], mais aussi la volonté de rappeler à l'ordre le Tribunal, qui avait indiqué qu'« *il n'y a[vait] pas lieu d'interpréter la notion d'infraction par objet de manière restrictive* »[1494]. La volonté de distinguer avec précision l'objet de l'effet anticoncurrentiel semble ainsi clairement exprimée. Il

---

1489 CJUE, 11 sept. 2014, *Groupement des cartes bancaires*, aff. C-67/13 P, *Rec. num.* EU:C:2014:2204.

1490 Cette expression est utilisée par le professeur Vogel. Voy. L. Vogel, « Une nouvelle venue sur la scène du droit de la concurrence : la restriction par objet », art. préc. En 2016, l'arrêt *Toshiba* est venu compléter l'arrêt *Groupement des cartes bancaires,* mais uniquement en ce qui concerne les accords de répartition des marchés. Dans cet arrêt, la Cour de justice a jugé que, pour ce type d'accord, « *l'analyse du contexte économique et juridique dans lequel la pratique s'insère peut ainsi se limiter à ce qui s'avère strictement nécessaire en vue de conclure à l'existence d'une restriction de la concurrence par objet* ». Voy. CJUE, 20 janv. 2016, *Toshiba c/ Commission européenne*, aff. C-373/14 P, *Rec. num.* EU:C:2016:26, § 29. Cependant, nous pensons que cet arrêt n'est pas mobilisable pour les accords de report d'entrée, et ce, en raison du contexte brevetaire.

1491 D. Gerard, « The Effects-Based Approach under Article 101 TFEU and its Paradoxes: Modernisation at War with Itself? » *in Ten Years of Effect-Based Approach in EU Competition Law – State of Play and Perspectives* (dir. J. Bourgeois & D. Waelbroeck), Bruylant, 2012, p. 17, spéc. p. 38.

1492 A. Giraud, « Exégèse de l'arrêt *Groupement des cartes bancaires* », *RLDA* 2014, n° 98, p. 43.

1493 Pour certains auteurs, l'arrêt *Groupement des cartes bancaires* est un rappel de principes anciens qui n'auraient jamais dû être oubliés. J. Killick & J. Jourdan, « *Cartes Bancaires*: A Revolution Or A Reminder of Old Principles We Should Never Have Forgotten? », *CPI Antitrust Chr.* (Dec. 2014), p. 1.

1494 TUE, 29 nov. 2012, *Groupement des cartes bancaires*, aff. T-491/07, *Rec. num.* EU:T:2012:633, § 124. À la suite de l'intervention de la Cour de justice, le Tribunal a, sur renvoi, annulé la décision de la Commission et a rejeté la qualification de restriction de concurrence par objet. Voy. TUE, 30 juin 2016, *Groupement des cartes bancaires*, aff. T-491/07 RENV., *Rec. num.* EU:T:2016:379, §§ 57-58.

est vrai que, depuis l'arrêt *Allianz Hungária*[1495], le brouillard était devenu assez dense en ce domaine[1496].

375. **Les principes dégagés par l'arrêt.** Que dit exactement l'arrêt ? Premièrement, en s'appuyant sur une jurisprudence bien établie, et notamment sur le célèbre arrêt *Société Technique Minière*[1497], la Cour de justice a souhaité rétablir une certaine orthodoxie en réaffirmant qu'« *un degré suffisant de nocivité à l'égard de la concurrence* »[1498] était nécessaire pour retenir un objet anticoncurrentiel. Elle a ajouté que « *certaines formes de coordination entre entreprises peuvent être considérées, par leur nature même, comme nuisibles au bon fonctionnement du jeu normal de la concurrence* »[1499]. Deuxièmement, elle a fait explicitement référence à la notion d'expérience[1500]. Concrètement, il semble que la Cour ait indiqué « *qu'une prudence accrue est nécessaire au moment de qualifier une pratique nouvelle, non encore étudiée précisément, et au sujet de laquelle n'existe précisément pas de consensus* »[1501]. C'est la première fois que cette notion d'expérience apparaît dans un arrêt de la Cour de justice. Jusqu'à présent, celle-ci n'était mentionnée que dans des conclusions d'avocats généraux[1502] ou dans les lignes directrices de la Commission. Troisièmement enfin – et c'est certainement l'élément le plus important de l'arrêt –, la Cour a jugé que la notion de restriction par objet devait être interprétée de manière restrictive[1503]. Pour le professeur Petit, la Cour aurait énoncé « *une règle générale d'interprétation restrictive de l'objet* »[1504], ce qui est une innovation prétorienne.

1495 CJUE, 14 mars 2013, *Allianz Hungária*, aff. C-32/11, *Rec. num.* EU:C:2013:160.

1496 Sur ce sujet, certains membres de la doctrine avaient sévèrement critiqué l'arrêt, lequel semblait exiger une analyse par les effets pour qualifier un accord comme une restriction de concurrence par objet Voy. entre autres : G. Cosmo, « Methods for Determining whether an Agreement Restricts Competition: Comment on *Allianz Hungária* », 38 *European L. Rev.* 542 (2013) ; D. Harrison, « The *Allianz Hungária* Case – The ECJ's judgment could have ugly consequences », 12 *Competition Law Insight* 10 (2013) ; C. Nagy, « The Distinction between Anti-competitive Object and Effect in *Allianz*: The End of Coherence in Competition Analysis », 36 *World Competition* 542 (2013).

1497 CJCE, 30 juin 1966, *Société Technique Minière*, aff. 56/65, *Rec.*, p. 337, spéc. p. 359.

1498 CJUE, *Groupement des cartes bancaires*, préc., § 49.

1499 *Ibid.*, § 50.

1500 *Ibid.*, § 51.

1501 A. Giraud, « Exégèse de l'arrêt *Groupement des cartes bancaires* », art. préc., p. 46.

1502 Voy. par ex. Concl. de l'avocat général Cruz Villalón, aff. C-32/11, *Allianz Hungária*, *Rec. num.* EU:C:2012:663, § 65 : « *Cette présomption repose sur la gravité de la restriction et sur* l'expérience *qui montre que les restrictions de concurrence par objet sont susceptibles d'avoir des effets négatifs sur le marché et de mettre en péril les objectifs poursuivis par les règles communautaires de concurrence* » (nous soulignons).

1503 CJUE, *Groupement des cartes bancaires*, préc., § 58. Ce principe a récemment été réaffirmé par la Cour dans un arrêt préjudiciel. Voy. CJUE, 26 nov. 2015, *Maxima Latvija c/ Konkurences padome*, aff. C-345/14, *Rec. num.* EU:C:2015:784, § 18.

1504 N. Petit, « La rationalisation au long cours de la restriction de concurrence par "objet" dans la jurisprudence de la Cour de justice de l'Union européenne », art. préc., p. 427. Certains auteurs sont assez critiques à l'égard de ce principe et s'inquiètent des impacts de l'arrêt. Ils considèrent que l'arrêt *Groupement des cartes bancaires* risquerait d'augmenter les décisions d'engagements, qui sont moins difficiles à élaborer pour la Commission européenne. Or ces décisions d'engagements ne sont pas satisfaisantes puisqu'elles ne permettent pas de savoir si la pratique en cause est prohibée par le droit de la concurrence. Voy. par ex. P. Fattori, « The Impact of *Groupement des Cartes Bancaires* on Competition Law Enforcement », 2 *Rivista Italiana di Antitrust* 22 (2015), spéc. p. 28.

Quoi qu'il en soit, il ne semble pas que la Cour de justice ait interdit à la Commission européenne de qualifier de nouvelles pratiques de marché de restriction de concurrence par objet. Au vrai, il semble plutôt que l'arrêt contraint la Commission à faire davantage d'efforts dans certaines affaires pour expliquer les raisons qui l'ont conduite à qualifier un accord comme une restriction de concurrence par objet[1505].

376. **L'intérêt de l'arrêt *Groupement des cartes bancaires* au regard des accords de report d'entrée.** Pour l'étude des accords de report d'entrée, l'intérêt de l'arrêt *Groupement des cartes bancaires* se situe aussi bien au niveau des principes qu'il a dégagés qu'au niveau de son cadre factuel. En l'espèce, la Cour de justice avait refusé dans son arrêt d'étendre la notion d'objet anticoncurrentiel, ce que la Commission européenne et le Tribunal avaient fait dans leur décision respective. En effet, l'institution bruxelloise avait qualifié de restriction par objet une pratique qui n'avait jamais fait l'objet d'une analyse concurrentielle par le passé. De la même manière, la Commission européenne a réitéré ce comportement pour les accords de report d'entrée qui, avant la décision *Lundbeck*, n'avaient jamais fait l'objet d'une décision de condamnation. Autrement dit, les accords de report d'entrée auraient dû être regardés comme une pratique nouvelle et, en raison du contexte de brevet, ne pas être assimilés à une pratique de partage du marché. S'il existe bien un courant jurisprudentiel favorable à une approche formelle, il convient de retenir que ce courant est minoritaire et qu'il est circonscrit à certains types de pratique bien identifiés. Donner une trop grande importance à ce courant pourrait heurter la volonté de la Cour de justice d'éviter que l'on « *dévie vers une sorte de* per se *à l'européenne* »[1506]. En d'autres termes, l'utilisation de l'approche formelle doit être parcimonieuse[1507].

377. **La mauvaise application des principes de l'arrêt *Groupement des cartes bancaires* par le Tribunal dans le jugement *Lundbeck*.** Le Tribunal n'a manifestement pas entendu les oukases de la Cour de justice, qui l'appelait pourtant à interpréter de façon restrictive la notion d'objet anticoncurrentiel. Dans son jugement *Lundbeck*, le Tribunal a validé le raisonnement de la Commission et a même fait référence à l'arrêt *Groupement des cartes bancaires*[1508]. Cela laisse sous-entendre que le test en trois étapes de la Commission européenne, lequel permet d'établir une restriction de concurrence par objet, serait conforme aux principes dégagés par l'arrêt *Groupement des cartes bancaires*. Or, l'interprétation de l'arrêt par le Tribunal semble erronée, et ce, pour trois raisons.

1505 Dans le même sens : voy. B. Smulders, « The Bifurcated Approach and its Practical Impact on the Establishment of Harm to Competition » *in The Notion of Restriction of Competition – Revisiting the Foundations of Antitrust Enforcement in Europe* (dir. D. Gerard, M. Merola & B. Meyring), Bruylant 2017, p. 51, spéc. p. 56.

1506 J.-P. Kovar et R. Kovar, « L'objet anticoncurrentiel au sens de l'article 101, paragraphe 1, du TFUE : Un objet difficile à identifier », *Concurrences* n° 1-2016, p. 48, spéc. p. 53. Plus loin, les auteurs soulignent une nouvelle fois que « *la Cour [de justice] refuse de faire prévaloir une conception exclusivement formelle de l'objet anticoncurrentiel sur le modèle des interdictions* per se ».

1507 Comme l'a relevé la professeure Prieto, si « *l'approche formaliste est certes sûre, elle est [cependant] source d'arbitraire et de rigidité* ». C. Prieto, « La sécurité juridique dans le droit de la concurrence » *in Sécurité juridique et droit économique*, *op. cit.*, p. 299, spéc. pp. 302-303.

1508 TUE, *Lundbeck*, préc., §§ 339-344.

En premier lieu, le jugement n'a pas expliqué en quoi un accord de report d'entrée possède un degré suffisant de nocivité pour la concurrence[1509]. Alors que les accords de report d'entrée peuvent dégager des effets proconcurrentiels, il est difficile de comprendre pourquoi le Tribunal a jugé que ces accords avaient par leur nature même des effets anticoncurrentiels[1510]. En deuxième lieu, le Tribunal ne s'est pas plus fondé sur l'expérience. À cet égard, quand bien même le Tribunal aurait voulu interpréter la notion d'expérience de façon large et intégrer l'expérience américaine sur les *pay-for-delay*, il n'aurait pas pu conclure à une restriction par objet pour au moins deux raisons. D'une part, il aurait fallu tenir compte des différences de réglementations ; dans l'Union européenne, il n'existe pas d'équivalent à la loi Hatch-Waxman. D'autre part, la comparaison avec l'expérience américaine aurait été opérante pour la Commission européenne si la Cour suprême avait retenu dans l'arrêt *Actavis* une analyse *quick look*, laquelle aurait permis de présumer les accords de report d'entrée comme illégaux *per se*. Or, cette approche a été rejetée par la Cour suprême en raison de la complexité des accords de report d'entrée. C'est la *rule of reason* qui a été retenue, de sorte que la haute juridiction américaine a reconnu la nature ambivalente des accords *pay-for-delay*. Ce faisant, l'expérience états-unienne ne permet pas de déduire que les accords de report d'entrée ont de manière évidente et incontestée des effets anticoncurrentiels[1511]. Par conséquent, le Tribunal n'aurait pas dû valider le raisonnement de la Commission conformément à l'arrêt *Groupement des cartes bancaires*. En dernier lieu, le Tribunal a élargi la notion de restriction par objet, qui doit pourtant être interprétée de manière restrictive au sens de la Cour de justice. Autrement dit, malgré le rappel à l'ordre de la Cour de justice, le Tribunal a fait entrer les accords de report d'entrée dans la boîte à objet[1512].

1509 M. Straus considère comme nous que les décisions de la Commission ne démontrent pas en quoi par leur nature même les accords de report d'entrée porteraient atteinte au jeu de la concurrence. Voy. J. Straus, « "Pay for Delay" – A Subtly Hidden, Overlooked or Ignored Transatlantic Divide: Exemplified on the *Actavis* Decision of the US Supreme Court and the *Servier* Decision of the EU Commission », 76 *Zbornik znanstvenih razprav* 197 (2016), spéc. p. 224.

1510 Un auteur a d'ailleurs montré que les accords de report d'entrée européens étaient beaucoup moins problématiques que les accords de report d'entrée états-uniens et qu'ils ne devaient par conséquent pas être regardés comme des restrictions de concurrence par objet. Voy. S. Gallasch, « European Pharmaceutical Antitrust after *Groupement des Cartes Bancaires* – Time to Rethink the Approach to Pay For Delay Settlements? », *e-Competitions*, Sept. 2014, art. n° 69490.

1511 Voy. entre autres exemples : R. D. Willig & J. P. Bigelow, « Antitrust policy toward agreements that settle patent litigation », art. préc., lesquels soutiennent que les accords *pay-for-delay* pourraient améliorer le bien-être. D'autres économistes ont souligné que les accords de report d'entrée sont proconcurrentiels s'il est probable que le bien-être du consommateur est supérieur avec l'accord en raison du fait que la date d'entrée du générique est avancée en comparaison à la situation où aucun accord de report d'entrée n'aurait été conclu. Cette date d'entrée correspond à celle qui tombe entre la date de la fin du litige de brevet et celle de la date d'expiration du brevet. Par conséquent, les auteurs considèrent que les accords de report d'entrée ne devraient pas être regardés comme des restrictions de concurrence par objet. V. Meunier & J. Padilla « Should Reverse Payment Patent Settlements Be Prohibited per se? », *Concurrences* n° 3-2016, p. 1. *Adde* B. Dickey and D. L. Rubinfeld, « Would the *Per Se* Illegal Treatment of Reverse Payment Settlements Inhibit Generic Drug Investment? », 8 *Journal of Competition Law & Economics* 615 (2012).

1512 L'exemple américain aurait pourtant pu servir d'aide. Comme nous l'avons vu, la Cour suprême a dans l'arrêt *Actavis* rejeté l'analyse *quick look*, laquelle s'apparente le plus à la restriction par objet. Le rejet de l'analyse *quick look* a notamment été fait parce qu'il était impossible de déterminer de manière générale qu'un accord *pay-for-delay* a des effets anticoncurrentiels sur le marché.

Par ailleurs, comme l'a fait remarquer M. Gallasch, spécialiste britannique des *pay-for-delay*, « *[r]egarder les accords de report d'entrée en Europe comme des restrictions par objet accroît le risque des "faux positifs" et le risque d'une surapplication, en raison du caractère nouveau de la violation du droit de la concurrence* »[1513]. Pour ces raisons, une partie de la doctrine considère qu'il conviendrait d'écrire « *une version moniste "2.0" de l'article 101 [TFUE]* »[1514] puisque la Commission n'explique pas en détail dans ses décisions la théorie du préjudice la conduisant à qualifier un accord de restriction de concurrence par objet. En effet, dans l'affaire *Lundbeck*, elle a seulement indiqué que les accords de report d'entrée étaient restrictifs de concurrence par objet parce que les génériqueurs avaient accepté des limitations de leur autonomie commerciale en raison de paiements inversés et non à la lumière de la force des brevets du laboratoire *princeps*. À partir de cela, elle en a conclu que les accords étaient des restrictions de concurrence par objet parce qu'ils « *étaient, par leur nature même, une injure au fonctionnement normal de la concurrence et que cela découlait directement et nécessairement des clauses de l'accord lui-même* »[1515]. Cependant, on ne comprend pas vraiment pourquoi pour la Commission les accords de report d'entrée ont toujours des effets anticoncurrentiels supérieurs aux effets proconcurrentiels qu'ils pourraient dégager[1516].

1513 S. Gallasch, «Activating *Actavis* in Europe – the Proposal of a "Structured Effects-Based" Analysis for Pay-for-Delay Settlements », 36 *Legal Studies* 683 (2016), spéc. p. 692 (traduction libre) : « *Regarding pay-for-delay settlements in Europe as restrictions by object also increases the potential for "false positives" and over-enforcement, due to the novel nature of the infringement of the competition law.* »

1514 L. Gyselen, « What Makes an Agreement Anti-competitive: Lessons from the Past » *in The Notion of Restriction of Competition – Revisiting the Foundations of Antitrust Enforcement in Europe* (dir. D. Gerard, M. Merola & B. Meyring), Bruylant, 2017, p. 111, spéc. p. 121 : « *La nécessité d'avoir un traitement plus équilibré des effets anticoncurrentiels et proconcurrentiels d'un accord serait la raison principale pour rédiger une version moniste "2.0" de l'article 101* » (traduction libre). Dans la langue d'origine : « *The need for a more even-handed balancing of the anti-competitive and pro-competitive effects of an agreement would be the key reason for drafting a monist version "2.0" of Article 101.* » Pour l'auteur, la structure dualiste de l'article 101 complique l'évaluation substantielle des accords et le règlement n° 1/2003 n'a pas résolu ce problème.

1515 Comm. eur., *Lundbeck*, préc., §§ 820-821 (traduction libre) : « *were, by their very nature, injurious to the proper functioning of normal competition and followed directly and necessarily from the clauses of the agreement itself* ».

1516 L. Gyselen, « What Makes an Agreement Anti-competitive: Lessons from the Past », art. préc., p. 122.

Conclusion de chapitre

378. **Conclusion du chapitre 1 relatif au contrôle des accords de report d'entrée au moyen du droit des ententes.** Que ce soit aux États-Unis ou dans l'Union européenne, les accords de report d'entrée sont principalement contrôlés au moyen du droit des ententes. Alors qu'outre-Atlantique ils sont contrôlés *via* la section 1 du Sherman Act, c'est l'article 101 TFUE qui est mobilisé dans l'Union européenne. Les tests antitrust mis en œuvre de part et d'autre de l'Atlantique divergent cependant sensiblement. Après des années de divisions des juridictions inférieures, la Cour suprême américaine a indiqué dans son arrêt *Actavis* que les accords de report d'entrée devaient être contrôlés au travers de la *rule of reason* de sorte que la conclusion de tels accords ne tombe pas automatiquement dans l'illégalité. Pour être illicites, les effets anticoncurrentiels de l'accord ne doivent pas être contrebalancés par des effets proconcurrentiels qui leur seraient supérieurs. En revanche, dans l'Union européenne, la Commission européenne a fait preuve d'une plus grande rigueur et d'une plus grande sévérité puisqu'elle a mis en place un test en trois étapes qui conduit à qualifier la conclusion d'accords *pay-for-delay* de restriction de concurrence par objet.

Quoi qu'il en soit, il convient de retenir qu'aux États-Unis et dans l'Union européenne, la Cour suprême et la Commission européenne ont décidé de faire prévaloir le droit antitrust sur le droit des brevets. En effet, afin de vérifier si les accords de report d'entrée violent le droit de la concurrence, les tests antitrust mis en place refusent de vérifier la validité du brevet. Autrement dit, un accord de report d'entrée peut être jugé contraire à la section 1 du Sherman Act ou à l'article 101 TFUE sans même que l'autorité de contrôle détienne une véritable certitude sur la faiblesse ou l'invalidité du titre de propriété intellectuelle. Pour établir une violation de l'ordre public concurrentiel, la Cour suprême et la Commission européenne se sont appuyées sur la théorie des droits probabilistes conceptualisée par Carl Shapiro. Aux termes de cette théorie, lorsqu'un accord de report d'entrée contient un paiement inversé supérieur aux coûts de procédure judiciaire ou qu'un paiement inversé équivaut aux profits escomptés par les génériqueurs s'agissant de la commercialisation de leur produit, le brevet sous-jacent doit être considéré comme faible. Ainsi, dans l'hypothèse où un paiement inversé significatif est décelé, l'accord ne peut être justifié que par le dessein du breveté de prolonger le monopole conféré par les brevets et par la volonté d'acheter la concurrence. Cette situation est problématique puisqu'en refusant de prendre en compte le droit des brevets et la possibilité que le titre de propriété intellectuelle soit valide, les tests antitrust élaborés risquent de provoquer l'éclosion d'erreurs de type I, à savoir la condamnation d'accords de report d'entrée parfaitement licites et proconcurrentiels. Ce risque de faux positif apparaît plus élevé dans l'Union européenne puisque, contrairement aux États-Unis, où une mise en balance des effets anti- et proconcurrentiels a été imposée, la Commission européenne a pour sa part prévu un test qui condamne quasi automatiquement les accords de report d'entrée.

Chapitre 2
Le contrôle des accords de report d'entrée au moyen du droit de l'abus de position dominante

379. **La question de la qualification des accords de report d'entrée en abus de monopole.** Dans l'Union européenne, une entreprise en monopole peut adopter le comportement qu'elle souhaite sur le marché à condition que ce dernier ne dégénère pas en abus. Précisément, ce n'est que si elle succombe « *à la tentation d'abuser de sa position dominante dans le but d'évincer du marché un produit ou une entreprise concurrente ou de leur en barrer l'accès* »[1517] que son comportement pourrait tomber sous le coup des règles antitrust et être qualifié d'abus de domination[1518]. La conclusion d'accords de report d'entrée peut-elle constituer un tel abus ? Dans la situation où une entreprise est dominante sur le marché, existe-t-il un risque qu'elle soit sanctionnée pour avoir payé un concurrent potentiel aux fins qu'il ne commercialise pas sa version générique ? À ces questions, la Commission européenne a récemment apporté une réponse positive en condamnant les laboratoires *Servier* pour abus de position dominante. Désormais, lorsqu'une entreprise dominante s'engagera dans une pratique consistant à conclure des accords de report d'entrée, elle pourra dans certaines circonstances se voir reprocher un abus d'éviction (Section 1). Cependant, le Tribunal avait jugé dans l'affaire *AstraZeneca* que « *l'élaboration par une entreprise, même en position dominante, d'une stratégie ayant pour objet de minimiser l'érosion de ses ventes et d'être en mesure de faire face à la concurrence des produits génériques* est légitime *et* relève du jeu normal de la concurrence, *pour autant que le comportement envisagé ne s'écarte pas des pratiques relevant d'une concurrence par les mérites, de nature à profiter aux consommateurs* »[1519]. Partant, il pourrait se présenter des cas où la conclusion d'accords *pay-for-delay* ne violerait pas l'article 102 TFUE parce que la pratique commerciale serait légitime et qu'elle relèverait du jeu normal de la concurrence. Or le raisonnement mené dans l'affaire *Servier* conduit à qualifier quasi automatiquement d'abus la conclusion d'accords de report d'entrée lorsqu'elle est combinée avec une stratégie d'acquisition de droits de propriété intellectuelle. La méthodologie adoptée par la Commission européenne nous paraît à cet égard critiquable, notamment la façon dont le marché pertinent est délimité. Ce faisant, nous pensons qu'elle est perfectible (Section 2).

1517 O. Benoît, « Le droit de la concurrence est un droit de l'abus : brèves observations », *Dr. & Patr.* 2000, n° 83, p. 62.

1518 Sur la notion d'abus de domination : voy. not. la thèse de la professeure Choné-Grimaldi. A.-S. Choné, *Les abus de domination – Essai en droit des contrats et en droit de la concurrence*, Economica, 2010, 444 p. *Adde* entre autres ex. : J. Pertek, *Droit matériel de l'Union européenne*, PUF, 2005, p. 208 et s.

1519 TUE, 1er juill. 2010, *AstraZeneca*, aff. T-321/05, *Rec.* II, p. 2805, § 804.

Section 1
La conclusion d'accords de report d'entrée assimilée à une éviction anticoncurrentielle

380. **Deux approches différentes de part et d'autre de l'Atlantique.** Aux États-Unis, la FTC n'a que rarement poursuivi les brevetés en leur reprochant une monopolisation ou une tentative de monopolisation du marché par la conclusion d'accords de report d'entrée[1520]. La section 2 du Sherman Act a été appliquée avec une grande parcimonie (§ 1). En effet, l'autorité de concurrence américaine a privilégié l'application de la section 1 pour poursuivre les laboratoires pharmaceutiques qui avaient conclu des accords *pay-for-delay*. Dans l'Union européenne, la Commission a quant à elle fait un usage plus décomplexé de l'article 102 TFUE et a sévèrement sanctionné les laboratoires Servier pour abus de position dominante en raison de la conclusion de cinq accords de report d'entrée (§ 2). Dans cette affaire, c'est un abus d'éviction qui a été retenu, lequel est identifiable lorsqu'une entreprise cherche « *à évincer du marché ses concurrents actuels, à ralentir leur développement ou à empêcher des concurrents potentiels d'entrer sur le marché* »[1521].

§ 1. L'utilisation parcimonieuse de la *monopolization* aux États-Unis

381. **Exposé de la *monopolization*.** La section 2 du Sherman Act énonce que « *toute personne qui monopolisera, ou tentera de monopoliser, ou s'associera ou se mettra d'accord avec une ou plusieurs autres personnes en vue de monopoliser une quelconque partie des affaires ou du commerce entre plusieurs États, ou avec des pays étrangers, sera considérée coupable d'un crime* »[1522]. Ainsi, contrairement à l'article 102 TFUE, qui dresse une liste non exhaustive d'exemples d'abus, la section 2 du Sherman Act distingue quant à elle trois infractions différentes mais ne les définit pas[1523], ni même ne donne d'illustrations de comportements unilatéraux abusifs. Le législateur américain semble donc avoir laissé à la charge des juges antitrust la tâche de délimiter les pratiques qui pourraient être qualifiées

---

1520 Voy. S. Waller, « The Role of Monopolization and Abuse of Dominance in Competition Law », 20 *Loyola Consumer L. Rev.* 123 (2008), spéc. p. 124, qui explique que la vision positive des monopoles conduit à ce que de nombreuses affaires soient traitées aux États-Unis *via* la section 1 du Sherman Act plutôt que *via* la section 2.

1521 A.-S. Choné, *op. cit.*, n° 93, p. 62.

1522 (Traduction libre) : « *Every person who shall monopolize, or attempt to monopolize, or combine or conspire with any other person or persons, to monopolize any part of the trade or commerce among the several States, or with foreign nations, shall be deemed guilty of a felony.* »

1523 L'article 102 TFUE ne définit pas non plus la notion « d'abus ». Sur le sujet : voy. B. Hawk, « À propos de la "concurrence par les mérites" : Regards croisés sur l'article 82 CE et la section 2 du Sherman Act », *Concurrences* n° 3-2005, p. 33. Voy. aussi R. Joliet, « Monopolisation et abus de position dominante. Essai comparatif sur l'article 2 du Sherman Act et l'article 86 du Traité de Rome », *RTD eur.* 1969, p. 42.

de « monopolisations anticoncurrentielles du marché »[1524]. Cette tâche est difficile à remplir, car, comme l'a souligné le professeur Hovenkamp, « *presque toute conduite d'une entreprise en position dominante qui rend la vie difficile aux rivaux pourrait être caractérisée de "monopolisation"* »[1525]. La conclusion d'accords de report d'entrée n'échappe pas à cette analyse et pourrait bien apparaître comme une monopolisation du marché. En effet, au moyen des paiements inversés, le laboratoire pionnier maintient son monopole sur le marché du médicament *princeps* acquis grâce à ses brevets. La question se pose donc de savoir si le maintien du monopole repose sur la force du brevet ou bien sur une manipulation du système des brevets. En tout état de cause, si le breveté arrive à débourser des sommes considérables pour encourager les génériqueurs à retarder leur entrée sur le marché, cela est dû à sa position souvent monopolistique sur le marché du *princeps*. À cet égard, une condamnation pour monopolisation ou tentative de monopolisation pourrait bien être retenue puisque c'est grâce à son pouvoir de marché que le breveté réussit à évincer ses concurrents génériqueurs.

382. **Pourquoi la FTC utilise-t-elle peu la section 2 du Sherman Act ?** À première vue, la section 2 du Sherman Act pourrait donc parfaitement seoir à la pratique des accords de report d'entrée. En effet, il semble plutôt aisé pour la FTC de déterminer l'existence d'un pouvoir de marché du breveté ; la présence de barrières à l'entrée sur le marché ; mais aussi l'effet d'éviction produit par la conclusion des *pay-for-delay*. Mais au vrai, la tâche s'avère beaucoup plus ardue qu'elle ne pourrait paraître. La difficulté tient à ce que le laboratoire *princeps* détient des brevets et que sa position dominante sur le marché pourrait avoir été acquise de façon méritante. La jurisprudence joue, elle aussi, un rôle de garde-fou assez sclérosant puisqu'elle semble favorable aux entreprises monopolistiques. Nous songeons tout particulièrement à l'affaire *Grinnell*, dans laquelle la Cour suprême a jugé que, pour violer la section 2 du Sherman Act, encore faut-il que la manière dont l'entreprise a acquis ou maintenu son pouvoir de marché se distingue d'une croissance normale tirée de la supériorité de ses produits, de son flair dans les affaires ou d'un accident historique[1526]. De la même manière, la Cour suprême a jugé dans l'arrêt *Trinko* que « *la simple possession d'un pouvoir monopolistique et la pratique concomitante de prix monopolistiques ne sont pas seulement légales ; ce sont des éléments importants du système de libre marché* ». Pour la Cour, l'« *opportunité de fixer des prix monopolistiques – au moins pour une courte période – attire "le sens des affaires" ; cela incite à la prise de risque qui entraîne l'innovation et la croissance économique* »[1527]. Autrement dit, tous les

---

1524 Pour être plus précis, la monopolisation correspond à « *des pratiques de marché conduisant à acquérir, étendre, consolider une position de marché sur d'autres bases que celle des mérites* ». Voy. F. Marty, « La révolution n'a-t-elle pas eu lieu ? De la place de l'analyse économique dans le contentieux concurrentiel de l'Union européenne » *in Contentieux du droit de la concurrence de l'Union européenne – Questions d'actualité et perspectives* (dir. V. Giacobbo-Peyronnel et C. Verdure), Bruylant, 2017, p. 27, spéc. p. 35.

1525 H. Hovenkamp, *The Antitrust Enterprise – Principle and Execution*, *op. cit.*, p. 151 (traduction libre) : « *Almost any conduct by a dominant firm that makes life more difficult for rivals could be characterized as "monopolization."* »

1526 U.S. Supreme Court, *United States v. Grinnell Corp.*, 384 U.S. 553 (1966), pts 570-571.

1527 U.S. Supreme Court, *Trinko*, 540 U.S. 398 (2004) : « *The mere possession of monopoly power, and the concomitant charging of monopoly prices, is not only not unlawful; it is an important element of the free-market*

monopoles ne sont pas illégaux. Pour qu'une monopolisation soit jugée illégale, il faut prouver que le monopole a été acquis ou maintenu de façon impropre *via* une conduite d'exclusion anticoncurrentielle[1528]. Les barrières à l'entrée anticoncurrentielles et artificielles, les prix prédateurs ou encore les ventes liées peuvent constituer une telle conduite[1529].

383. **Comment la section 2 du Sherman Act a-t-elle été mise en œuvre dans les affaires *pay-for-delay* ? L'exemple de l'affaire *Cephalon*.** Étant donné la difficile application du texte, peu d'affaires d'accords de report d'entrée ont impliqué la section 2 du Sherman Act[1530]. La plus intéressante d'entre elles semble être l'affaire *Cephalon*[1531]. Celle-ci permet de comprendre comment qualifier une pratique de *pay-for-delay* de monopolisation. Selon nous, ce comportement pourrait parfois être assimilé à l'érection de barrières anticoncurrentielles artificielles et, ce faisant, être qualifié de maintien illégal d'un monopole.

In casu, quatre génériqueurs avaient déposé une certification paragraphe IV et devaient se partager la prime d'exclusivité de cent quatre-vingts jours. Afin de bloquer l'entrée des génériques sur le marché, le breveté a alors déclenché les trente mois de neutralisation en poursuivant chacun des génériqueurs en contrefaçon. Pour protéger son monopole sur le marché et éviter de voir son brevet invalidé ou jugé non contrefait, le laboratoire *princeps* préféra conclure des règlements amiables de report d'entrée avec chaque concurrent potentiel. Pour convaincre les génériqueurs de ne pas pénétrer le marché, il déboursa 200 millions de dollars en paiements inversés. Ces accords *pay-for-delay* étaient très efficaces et très dissuasifs pour les tiers génériqueurs en raison de l'intégration de clauses d'accélération[1532]. En effet, ces stipulations contractuelles avaient pour effet de rendre moins attractive la conquête du marché puisque leur mise en œuvre permettait aux génériqueurs parties aux accords d'accélérer leur entrée sur le marché dans l'hypothèse où des tiers seraient sur le point de commercialiser leur générique. Quoi qu'il en soit, au lieu de chercher à faire condamner le comportement des entreprises au moyen du droit des ententes, la FTC qualifia la conclusion d'accords de report d'entrée de maintien illégal du monopole sur le marché du Provigil[1533]. Pour l'autorité de concurrence américaine, le laboratoire pionnier avait exercé son pouvoir de monopole sur le marché en fixant les prix du médicament *princeps* substantiellement

---

system. The opportunity to charge monopoly prices – at least for a short period – is what attracts "business acumen" in the first place; it induces risk taking that produces innovation and economic growth » (traduction libre).

1528 A. Gavil et *alii*, *Antitrust Law in Perspective: Cases, Concepts and Problems in Competition Policy*, West Group, 2002, p. 593

1529 E. Sullivan & H. Hovenkamp, *Antitrust Law, Policy and Procedure: Cases, Materials, Problems*, 5th ed., LexisNexis, 2004, p. 649.

1530 Récemment, dans l'affaire dite « des solvants organiques », la FTC a utilisé le grief de monopolisation mais pas pour le volet *pay-for-delay* du contentieux. Elle a considéré dans sa plainte que le laboratoire *princeps* avait cherché à monopoliser le marché en actionnant des *shame litigations* et a parallèlement poursuivi pour entente les laboratoires ayant conclu des accords de report d'entrée. Voy. Complaint, *FTC v. AbbVie Inc. e.a.*, case 2 :14-cv-05151-HB (E.D.P. Sept. 8, 2014).

1531 Complaint, *FTC v. Cephalon*, No. 08CV00244, 2008 WL 446785 (D.D.C. Feb. 13, 2008).

1532 Sur l'efficacité des clauses d'accélération, voy. *supra* n° 203 et s.

1533 K. Glazer & J. Desmond-Harris, « Reverse Payments: Hard Cases Even Under Good Law », 24 *ANTITRUST* 14 (2010), spéc. p. 17.

au-dessus du prix qui aurait été retenu en présence d'une concurrence générique[1534]. Elle a conclu que le laboratoire *princeps* a délibérément maintenu son pouvoir de marché *via* un comportement anticoncurrentiel, lequel prenait la forme de la conclusion d'accords de report d'entrée comportant des *reverse payments*. Sans ces accords, le monopole du breveté aurait été éliminé. Autrement dit, contracter avec chacun des génériqueurs a contribué à maintenir le pouvoir de monopole du laboratoire *princeps*. Pour la FTC, l'illégalité de la pratique résidait dans le fait que le pouvoir de monopole du breveté a été préservé « *non pas grâce à la force de son brevet mais en compensant ses concurrents potentiels et en abusant des procédures réglementaires et du processus concurrentiel* »[1535]. En dépit de leur participation active dans la pratique, la FTC n'a pourtant pas poursuivi les génériqueurs et s'est uniquement concentrée sur le comportement du breveté. Or, dans sa conférence de presse, l'ancien président de l'autorité de concurrence américaine a été très critique envers eux. Précisément, étant donné que la prime d'exclusivité de cent quatre-vingts jours était partagée entre les génériqueurs, elle avait une faible valeur pour les sociétés de génériques. Néanmoins, les génériqueurs refusaient de renoncer à cette prime d'exclusivité, ce qui avait pour effet de solidement protéger le monopole de Cephalon. Pour le président de la FTC, l'objectif de cette non-renonciation était d'envoyer un signal positif au monopoleur en lui transmettant le message suivant : « *vous pouvez faire des affaires avec nous dans le futur ; nous protégerons vos monopoles* »[1536].

384. **Critique de l'application de la section 2 du Sherman Act.** Le principal défaut de la section 2 du Sherman Act est donc qu'elle protège à outrance les génériqueurs, d'où son utilisation parcimonieuse. En effet, la dissuasion souhaitée par l'application du texte n'est pas vraiment possible puisque les génériqueurs se retrouvent hors des prétoires lorsqu'il est mis en œuvre. Or, pour endiguer une pratique anticoncurrentielle, il est important que tous les acteurs ayant permis sa matérialisation soient condamnés ou, à tout le moins, perçoivent le risque d'une potentielle condamnation. Ce n'est pas le cas lorsque seul le grief de monopolisation est utilisé. Par ailleurs, la mise en œuvre de la section 2 du Sherman Act oblige à réaliser des analyses économiques qui peuvent être évitées quand seule la section 1 du Sherman Act est mobilisée. Avant l'arrêt *Actavis*, nous avons vu que de nombreuses juridictions ont évité une analyse économique longue et fastidieuse en assimilant les *pay-for-delay* à une pratique de partage du marché qui est condamnée *per se* aux États-Unis[1537]. En raison des économies procédurales, on comprend bien pourquoi la FTC privilégie les poursuites judiciaires *via* la section 1 du Sherman Act.

1534 Complaint, *FTC v. Cephalon*, préc., § 94.

1535 *Ibid.*, § 99 (traduction libre) : « *Cephalon has excluded competition and willfully* maintained its monopoly not on the strength of its patent, but rather by compensating its potential competitors and abusing competitive and regulatory processes » (nous soulignons).

1536 J. Leibowitz, *Statement of Commissioner, Concurring in Part and Dissenting in Part in the Matter of Cephalon, Inc.*, No. 061-0182 (13 Feb. 2008), p. 3 (traduction libre) : « *the non-relinquishing generics appear to be sending a clear signal to PhRMA Companies: you can do business with us in the future; we will protect your monopolies* ».

1537 Voy. *supra* n° 307 et s.

§ 2. L'utilisation décomplexée de l'abus de position dominante dans l'Union européenne

385. **L'abus de position dominante dans le secteur pharmaceutique.** Pénétrer le marché pharmaceutique exige pour une entreprise d'avoir une certaine taille. Les investissements pour développer et commercialiser un *princeps* s'appréciant en centaines de millions d'euros, « *le secteur est donc peuplé de firmes puissantes* »[1538]. Cette puissance économique[1539] est-elle utilisée à mauvais escient de sorte que certaines pratiques pourraient être qualifiées d'abus de position dominante ? La réponse est assurément positive. En effet, le pouvoir de marché dont les entreprises sont titulaires ne les autorise pas à adopter des comportements allant au-delà de la « concurrence par les mérites »[1540]. Cependant, les laboratoires *princeps* ont parfois fait fi de la « responsabilité particulière » qui leur incombait en raison de leur position sur le marché[1541] et ont à plusieurs reprises franchi le Rubicon en abusant de leur position dominante. À cet égard, l'examen de la pratique décisionnelle de la Commission européenne est éclairant. Même si l'institution bruxelloise ne s'est finalement intéressée aux pratiques de domination que tardivement dans le secteur

---

1538 D. Bosco, « Abus de position dominante et secteur pharmaceutique » *in Les pratiques de l'industrie pharmaceutique au regard du droit de la concurrence* (dir. C. Jourdain-Fortier et I. Moine-Dupuis), LexisNexis-Litec, 2010, p. 71.

1539 Les spécialistes du droit de la concurrence parlent de pouvoir de marché. Voy. par ex. l'un des articles de référence sur cette notion : W. Landes & R. Posner, « Market Power in Antitrust Cases », 94 *Harvard L. Rev.* 937 (1981). *Adde* la réponse critique du professeur Schmalensee. R. Schmalensee, « Another Look at Market Power », 95 *Harvard L. Rev.* 1789 (1982). Dans l'Union européenne, le pouvoir de marché a pendant longtemps été associé à la position dominante et uniquement utilisé au regard de l'article 102 du traité. Désormais, « *la notion a pris pied dans le traitement des ententes* ». Voy. C. Prieto, « La nouvelle politique de la Commission européenne en matière d'accords de transfert de technologie » *in Le nouveau droit communautaire de la concurrence* (dir. F. Brunet et G. Canivet), LGDJ, 2008, p. 207, spéc. p. 221. *Adde* F. Buy, M. Lamoureux et J.-C. Roda, *Droit de la distribution*, LGDJ, 2017, pp. 417-418, qui expliquent que l'abus de position dominante est « *un instrument destiné à sanctionner* l'exercice d'un pouvoir de marché *détenu en principe par une entreprise dominante et cherche à maintenir ou faire croître sa position, en utilisant des moyens autres que ceux dictés par le jeu de la concurrence par les mérites* » (nous soulignons).

1540 G. Decocq, « Concurrences par les mérites » *in Les concepts émergents en droit des affaires* (dir. E. Le Dolley), LGDJ, 2010, p. 239.

1541 En ce sens : voy. par ex. CJCE, 9 nov. 1983, *Michelin c/ Commission européenne*, aff. C-322/81, *Rec.*, p. 3461, § 57 : « *[...] il incombe* à *[l'entreprise dominante], indépendamment des causes d'une telle position,* une responsabilité particulière *de ne pas porter atteinte par son comportement à une concurrence effective et non faussée dans le marché commun* » (nous soulignons). Voy. aussi entre autres : R. Subiotto, « The Special Responsibility of Dominant Undertakings Not to Impair Genuine Undistorted Competition », 18 *World Competition* 5 (1995), spéc. p. 6, qui explique qu'en « *se référant à cette "responsabilité particulière", la Cour de justice choisit un concept d'une portée considérable et adapté pour couvrir toute situation dans laquelle elle sentait instinctivement qu'une entreprise ne devrait pas être autorisée à agir comme elle a agi* » (traduction libre). Dans la langue d'origine : « *By referring to this "special responsibility," the ECJ chose a far-reaching concept, suitable to cover any situation in which it was instinctively felt that an undertaking, should not be permitted to act as it was acting* » ; F. Marty, « De la notion de responsabilité particulière de l'opérateur dominant dans la politique de concurrence européenne : Quelles conséquences sur les libertés économiques ? » *in Économie de marché, droits et libertés et valeurs communes en Europe et en Asie* (dir. L. Potvin-Solis et H. Ueda), Publication de la Chaire Jean Monnet de l'Université de Lorraine, 2012, p. 181.

pharmaceutique – précisément au milieu des années 2000[1542] –, elle n'hésite plus depuis à contrôler si certains comportements enfreignent l'article 102 TFUE[1543]. Cet article est néanmoins utilisé avec prudence et parcimonie dans la mesure où la Commission européenne ne cherche à sanctionner que des comportements qui auraient pour effet d'évincer des concurrents par des moyens illégitimes. Ainsi, lorsqu'un rival n'arrive pas à entrer sur le marché ou sort de celui-ci en raison de la qualité d'un produit breveté ou de la force de technologies brevetées, l'article 102 TFUE n'est pas appliqué. Il convient d'ajouter que le droit de l'abus de position dominante ne prive pas plus une entreprise du droit de préserver ses propres intérêts commerciaux lorsque ceux-ci sont menacés.

Generaliter, les comportements posant des préoccupations de concurrence sont identifiés lorsque les laboratoires *princeps* ont perdu leur protection par brevets. C'est à ce moment précis que des stratégies anticoncurrentielles peuvent être mises en place et être identifiées par les autorités de contrôle. Quoi qu'il en soit, dans le secteur pharmaceutique, la politique de la Commission européenne n'est pas de combattre les positions dominantes acquises par les mérites, notamment grâce à la détention de brevets[1544], mais plutôt de rappeler à l'ordre les entreprises adoptant des comportements illicites qui affaiblissent la concurrence subsistant sur le marché et qui ralentissent, voire obstruent, le développement et l'apparition de génériques[1545]. Autrement dit, l'objectif est de trouver un juste équilibre entre l'intérêt privé des laboratoires *princeps*, lequel est lié à la récupération des investissements consentis dans l'innovation, et l'intérêt général, lequel est lié au développement des médicaments génériques.

Cet intérêt général est-il contrarié lorsque des accords de report d'entrée sont conclus ? Plus précisément, la conclusion d'accords de report d'entrée pourrait-elle être qualifiée d'abus de position dominante dans le sens où elle s'écarterait de la concurrence par les mérites ? C'est à ces questions que la Commission européenne a dû répondre dans l'affaire *Servier*[1546]. Pour cette dernière, la conclusion d'accords de report d'entrée peut être constitutive d'un abus de position dominante, mais, nous le verrons, uniquement dans certaines circonstances particulières. En effet, pour sa troisième affaire impliquant des accords *pay-for-delay*, et contrairement à la pratique américaine, elle a utilisé de façon décomplexée le droit de l'abus de position dominante. Avant d'évoquer les éléments constitutifs de cet

---

1542 La décision *AstraZeneca* fut la première à être prononcée dans le secteur pharmaceutique sur le fondement du droit de l'abus de position dominante.

1543 E. Dieny, « Industrie pharmaceutique et droit de la concurrence : entre présent et futur », *Contrats, conc., consom.* 2006, n°s 8-9, étude 17. Pour d'autres développements sur le sujet : voy. aussi L. Tichý, « Goals of union competition law on regulated markets: pharmaceutical industry and parallel trade – comment on Negrinotti » *in The Goals of Competition Law* (dir. D. Zimmer), Edward Elgar, 2012, p. 301 et s.

1544 Comme l'a souligné le professeur Drexl, les entreprises méritent de détenir un pouvoir de marché élevé lorsqu'elles s'appuient sur une innovation et des droits de propriété intellectuelle qu'elles ont acquis pour cette dernière. Voy. J. Drexl, « Real Knowledge is to Know the Extent of One's Own Ignorance: On the Consumer Harm Approach in Innovation-Related Competition Cases », 76 *Antitrust L. J.* 677 (2010), spéc. p. 706.

1545 E. Dieny, « De quelques illustrations récentes des frictions entre l'intérêt particulier et l'intérêt général : le traitement par le droit de la concurrence des réactions des laboratoires princeps à l'apparition des génériqueurs », *RLDA* 2017, suppl. n° 127, p. 38.

1546 Comm. eur., déc. du 9 juill. 2014, *Servier*, aff. AT.39612, publiée le 17 mai 2017.

abus (B), il conviendra tout d'abord de regarder l'examen préalable du marché que la Commission a mené (A).

A. Le préalable à la qualification d'abus

386. **Délimitation du marché pertinent et position dominante de *Servier*.** Avant de qualifier la conclusion d'accords de report d'entrée d'abus de position dominante, la Commission européenne a dû délimiter le marché pertinent et s'assurer que le laboratoire Servier détenait bien sur ce marché une position dominante[1547]. Pour déterminer le marché pertinent, c'est le critère de la substituabilité qui a été utilisé[1548]. Aussi, la Commission européenne a cherché à vérifier s'il existait des technologies de production substituables pour fabriquer le périndopril. Autrement dit, la question à laquelle il a fallu répondre était la suivante : d'autres sources de technologie de principe actif étaient-elles en mesure de contraindre l'entreprise Servier et de l'empêcher de se comporter de façon indépendante par rapport à une pression concurrentielle effective ?

Après avoir opéré une analyse économique poussée[1549], la Commission a constaté qu'il n'en existait aucune et que seule une technologie intégrant le principe actif du périndopril pouvait être employée. Plus précisément, elle a énoncé qu'« *il [était] essentiel d'avoir [du principe actif] de périndopril afin de produire les formulations finales de périndopril (la formulation chimique du médicament nécessite d'inclure la molécule [du principe actif] de périndopril). Ainsi du point de vue de la substituabilité fonctionnelle, les formulations de périndopril ne p[ouvaient] pas être produites en utilisant [du principe actif] d'autres médicaments antihypertenseurs, même si les [principes actifs] (ou les médicaments) [étaient] chimiquement similaires. Pour ces raisons, il [était] évident que les formulations de périndopril ne p[ouvaient] être produites qu'avec [du principe actif] de périndopril et aucun autre [principe actif]* »[1550]. Ce faisant, la Commission européenne en a conclu que le marché pertinent devait être limité à celui de la technologie de production du principe actif du périndopril[1551]. Le raisonnement se justifie par le fait que les sociétés ayant développé des technologies de production du principe actif pour d'autres médicaments n'étaient pas en mesure d'aisément basculer vers la technologie de production du principe actif du périndopril. En effet, compte tenu des spécificités du secteur pharmaceutique, il n'existait pas selon la Commission européenne de moyens d'effectuer un changement de technologie dans un court laps de temps.

[1547] Sous la plume du professeur Bosco, on peut lire qu'il s'agit d'un raisonnement à « deux étages ». Voy. D. Bosco, *Abus de position dominante*, Répertoire Dalloz, 2015, § 7. L'auteur explique qu'« *il importe, d'abord, de caractériser l'existence d'une situation de position dominante de l'entreprise poursuivie, pour, ensuite, s'interroger sur une éventuelle exploitation abusive de cette position dominante, c'est-à-dire sur l'existence d'un abus* ».

[1548] Conformément à sa Communication sur la définition du marché, la Commission a examiné la substitution du côté de la demande mais aussi du côté de l'offre. Voy. Comm. eur., Communication de la Commission sur la définition du marché en cause aux fins du droit communautaire de la concurrence, *JOCE* C 372/5 du 9 déc. 1997.

[1549] La Commission a consacré dans sa décision plus de 17 pages sur cette question.

[1550] Comm. eur., *Servier*, préc., § 2628, p. 753.

[1551] *Ibid.*, § 2664, p. 765.

S'agissant de la position dominante, la Commission européenne a dû mobiliser de nombreux critères pour tirer la conclusion de la domination du laboratoire Servier sur le marché[1552]. Pour son examen, elle a souligné que les manifestations du pouvoir de marché de Servier et de sa position dominante pouvaient s'observer aussi bien sur le marché de la technologie de production du principe actif du périndopril que sur celui du marché aval du produit fini. Le critère certainement le plus important pour retenir la position dominante de l'entreprise a été celui du contrôle des barrières à l'entrée sur le marché[1553]. Dans un contexte brevetaire, comme c'était le cas *in casu*, la principale barrière était celle représentée par les titres de propriété intellectuelle détenus par Servier[1554]. Même si la protection offerte par ses brevets n'avait pas un caractère absolu – la protection du brevet primaire avait disparu à la suite de l'expiration du CCP –, Servier détenait toujours les moyens de gêner l'entrée de la concurrence sur le marché. Pour se protéger de ses potentiels rivaux, Servier disposait de trois brevets de procédé et d'un brevet portant sur les cristaux, lequel était considéré comme le plus contraignant par les génériqueurs. Pour garder son monopole, Servier a alors systématiquement attaqué en contrefaçon les fabricants de génériques qui essayaient de développer une version non couverte par ses brevets. En outre, en plus des barrières brevetaires, Servier avait réussi à créer un obstacle supplémentaire en participant à l'élaboration de la *Pharmacopée européenne*. En faisant cela, le laboratoire souhaitait s'assurer que les normes établies conduisent à une utilisation des procédés protégés par ses brevets de sorte qu'une barrière réglementaire puisse ainsi s'adosser à la barrière créée au moyen de la propriété intellectuelle.

Quoi qu'il en soit, la Commission a relevé que Servier détenait la totalité des technologies utilisées pour la production commerciale du périndopril et était le seul opérateur à le commercialiser. Partant, aucune autre société ne disposait de parts de marché[1555], que ce soit dans le domaine de la production de formulations de périndopril incorporant la technologie du principe actif du périndopril ou dans celui de la technologie de production de principes actifs viables. De plus,

---

1552 Dans sa décision, elle a indiqué que son évaluation de la position dominante de Servier prendrait en compte : « *(i) les barrières à l'entrée (ou à l'expansion), essentiellement sous la forme des brevets et de la conformité à la réglementation (y compris le degré de contrôle exercé par Servier sur ces barrières), (ii) la question de l'existence d'une puissance d'achat compensatrice, (iii) les technologies de périndopril ayant le potentiel de contraindre la technologie de Servier, et (iv) la position de Servier sur le marché de la technologie d'IPA de périndopril en sa qualité de laboratoire de princeps titulaire d'un portefeuille de technologies sans égal* ». Voy. *ibid.*, § 2670, p. 766.

1553 Pour avoir une vue d'ensemble sur les critères utilisés par la Commission européenne pour déterminer une position dominante : voy. par ex. S. Anderman, « The IP and Competition Interface: New Developments » *in Intellectual Property and Competition Law – New Frontiers* (dir. S. Anderman & A. Ezrachi), Oxford University Press, 2011, p. 3, spéc. p. 13.

1554 Comme l'a énoncé le Tribunal dans l'affaire *AstraZeneca*, « *si la seule possession de droits de propriété intellectuelle ne saurait être considérée comme conférant une [...] position [dominante], celle-ci est néanmoins susceptible, dans certaines circonstances, de créer une position dominante, notamment en donnant à l'entreprise la possibilité de faire obstacle à l'existence d'une concurrence effective sur le marché* ». Voy. TUE, 1er juill. 2010, *AstraZeneca c/ Commission*, aff. T-321/05, *Rec.* II, p. 2805, § 270.

1555 On voit en creux ici l'application des principes de l'arrêt *Hoffmann-La Roche*, qui énonce que « *l'existence d'une position dominante peut résulter de plusieurs facteurs qui, pris isolément, ne seraient pas nécessairement déterminants, mais que parmi ces facteurs* l'existence de parts de marché d'une grande ampleur est hautement significative » (nous soulignons). Voy. CJCE, 13 févr. 1979, *Hoffmann-La Roche*, aff. 85/76, *Rec.* p. 461, § 39.

la Commission européenne a mis en exergue que « *Servier n'accordait pas de licence sur ses brevets, de sorte qu'un fabricant de génériques à la recherche d'une source potentiellement viable d'approvisionnement en [principe actif] de périndopril ne disposait que d'un nombre de possibilités limitées* »[1556]. Par conséquent, étant donné qu'aucune technologie suffisamment substituable à la technologie de production du périndopril de Servier ne pouvait être considérée comme une source effective et viable de concurrence, la Commission en a conclu que Servier détenait une position dominante.

B. Les éléments constitutifs de l'abus

387. **La conclusion d'accords de report d'entrée ne constitue pas *per se* une violation de l'article 102 TFUE.** Pour retenir l'abus de position dominante, la Commission européenne a mis en exergue deux éléments. Tout d'abord, il est possible de relever que pour l'institution bruxelloise la simple conclusion d'accords de report d'entrée n'est pas constitutive *per se* d'une violation de l'article 102 TFUE. Ainsi, si un laboratoire décide de dissuader un génériqueur d'entrer sur le marché uniquement au moyen d'un *reverse payment*, le risque concurrentiel est limité à l'application *a posteriori* de l'article 101 TFUE. Ensuite, on constate que pour que le comportement soit qualifié d'abus de position dominante, il est nécessaire que la conclusion d'accords de report d'entrée comportant un paiement inversé (2) ait été combinée et précédée par une stratégie d'acquisition d'une technologie de production du médicament *princeps* (1). En effet, pour la Commission européenne, ce n'est que pris conjointement que les deux types de comportements constituent un abus de position dominante[1557]. En définitive, pour déterminer que le comportement du breveté ne relevait pas de la concurrence par les mérites, la Commission européenne ne s'est pas uniquement focalisée sur les règlements amiables de report d'entrée conclus avec les génériqueurs. En effet, l'institution bruxelloise a préféré retenir une vision plus large de la pratique en étendant son examen antitrust à la conduite unilatérale que le breveté a adoptée[1558].

1. L'acquisition de technologies de production

388. **Les raisons de la stratégie d'acquisition des technologies de production.** Le périndopril était selon les termes du laboratoire Servier la « *vache à lait* » de l'entreprise. Le médicament lui permettait d'engranger quasiment un milliard d'euros par an et constituait pour le laboratoire une rente significative. Aussi, l'entrée des génériques sur le marché aurait irréversiblement fait chuter les prix du médicament *princeps* et, ce faisant, aurait privé le breveté d'une source de profits considérable. Face à la chute du brevet primaire, il restait en effet peu de moyens pour Servier de protéger ses profits si bien que le laboratoire décida d'utiliser ses rentes pour acquérir des sources éventuelles de concurrence, et ainsi éteindre tout

---

1556 Comm. eur., *Servier*, préc., § 2747, p. 784.

1557 *Ibid.*, § 2764, p. 788.

1558 S. Gallasch, « The EU Commission decision against Servier – A new dimension to European pharmaceutical antitrust? », *e-Competitions*, July 2014, art. n° 67802.

risque de compétition sur le marché. Comment le laboratoire a-t-il procédé ? Son comportement relève-t-il d'une concurrence par les mérites ?

389. **L'acquisition de la technologie d'un rival s'écarte de la concurrence par les mérites si trois critères posés par la Commission européenne sont remplis.** Concrètement, le breveté avait remarqué qu'en dépit d'obstacles réglementaires et brevetaires, certains génériqueurs avaient réussi à développer une technologie de production du périndopril, laquelle aurait permis une entrée viable des génériques sur le marché. Ce faisant, à chaque fois que le breveté détectait une source de concurrence, il rachetait la technologie de production.

Pour vérifier si l'acquisition d'une technologie d'un concurrent enfreint la prohibition de l'abus de position dominante et, partant, ne relève pas d'une concurrence par les mérites, la Commission a élaboré trois critères objectifs. Premièrement, elle a indiqué qu'il faut relever si la technologie acquise par le breveté est potentiellement habilitante. Autrement dit, la question est de savoir si la technologie est suffisamment avancée pour qu'une commercialisation du médicament générique puisse se réaliser sans que les barrières à l'entrée se présentent comme un obstacle insurmontable. Deuxièmement, la Commission a indiqué qu'il est nécessaire de vérifier si la technologie achetée a, de manière effective, été éliminée du marché en tant que source de concurrence potentiellement habilitante. Ici, la question est de savoir « *si le cédant restait libre d'utiliser et/ou d'octroyer une licence sur cette technologie ou certaines parties de celle-ci et si le cessionnaire avait la volonté et la capacité de l'offrir en licence selon des termes qui seraient attrayants pour les concurrents* »[1559]. Troisièmement enfin, l'acquisition permet-elle de rendre plus difficile, voire impossible, l'accès au marché ? Autrement dit, existe-t-il des technologies alternatives pouvant compenser la perte d'une source de technologie pour les entreprises rivales ?

390. **L'acquisition de technologies ne relève pas de la concurrence par les mérites en raison des circonstances particulières de l'affaire.** La Commission a considéré que les critères précédents étaient remplis et que Servier, par sa stratégie agressive d'acquisition de technologies, avait créé une distorsion effective de la structure concurrentielle émergente sur le marché de la technologie du principe actif du périndopril et de l'approvisionnement en principe actif. Précisément, elle a jugé que, « *contrairement à de nombreuses autres acquisitions de technologie, l'acquisition de la technologie [...] s'est écartée de la concurrence par les mérites dans la mesure où, s'inscrivant dans une stratégie d'ensemble visant à éliminer les menaces concurrentielles, elle consistait en l'acquisition par une entreprise dominante d'une technologie potentiellement viable rare susceptible de permettre l'entrée précoce sur le marché des sociétés de génériques intéressées, qu'elle avait reconnue ne pas enfreindre ses brevets et avec l'objectif déclaré de renforcer le mécanisme de défense de ces brevets, et de son produit de marque* »[1560].

Il ne faut cependant pas se méprendre. La Commission européenne ne dit pas qu'acquérir des technologies tombe obligatoirement sous le coup de l'article 102

1559 Comm. eur., *Servier*, préc., § 2800, p. 797.
1560 *Ibid.*, § 2917, p. 830.

TFUE. En l'espèce, ce sont les circonstances particulières de l'affaire qui l'ont conduite à considérer l'acquisition de la technologie comme un comportement déloyal tombant hors du champ de la concurrence par les mérites[1561]. Comme l'a souligné la Commission, la décision ne doit pas être interprétée comme « *une interdiction générale des acquisitions de technologie par des entreprises dominantes* »[1562]. *In casu*, il a été démontré par la Commission que l'acquisition de la technologie n'entraînait aucun gain d'efficacité pour le breveté. Ainsi, l'acquisition de la technologie n'a pas permis à Servier d'améliorer son propre procédé ; le breveté n'ayant jamais fait usage de la technologie acquise[1563]. Le laboratoire n'a d'ailleurs pas été en mesure de prouver que la technologie avait été achetée pour améliorer les procédés de production du périndopril[1564]. Par conséquent, il est possible d'inférer que l'acquisition d'une technologie viole l'article 102 TFUE lorsque l'acquéreur en position dominante sur le marché n'apporte aucune justification objective à son comportement et que les trois critères posés par la Commission européenne sont remplis.

Il existe toutefois une ambivalence dans le raisonnement mené par la Commission européenne puisqu'elle semble vouloir démontrer que l'acquisition d'une technologie de production ne constitue pas en elle-même un abus de position dominante. Tout au long de sa décision, l'institution bruxelloise mentionne l'acquisition de la technologie comme un comportement abusif uniquement lorsqu'elle est intégrée dans une stratégie d'exclusion globale unique, dans laquelle il faut inclure la conclusion d'accords de report d'entrée. Or, au paragraphe 2961 de sa décision, la Commission européenne a indiqué deux choses contradictoires. D'une part, elle a jugé que l'acquisition de la technologie ainsi que la conclusion des accords de report d'entrée ont constitué « respectivement » un comportement abusif au regard de l'article 102 TFUE[1565]. D'autre part, elle a énoncé que « *l'acquisition de technologie et les règlements amiables en matière de brevet contre paiement inversé* constituent une infraction unique et continue *à l'article 102 du traité* »[1566].

1561 Cette appréciation corrobore l'affirmation selon laquelle « *l'acquisition de droits de propriété intellectuelle peut,* dans de rares cas, *contribuer à l'identification de pratiques anticoncurrentielles et, plus précisément, d'un abus de position dominante* » (nous soulignons). Voy. J. Gstalter, *Droit de la concurrence et droits de propriété intellectuelle – Les nouveaux monopoles de la société de l'information*, Bruylant, 2012, n° 847, p. 488.

1562 Comm. eur., *Servier*, préc., § 2917, p. 830. Plus précisément, la Commission a retenu que « *la conclusion dans cette affaire relative à l'acquisition de technologie* est limitée aux circonstances de l'espèce *et ne doit pas être interprétée comme une interdiction générale des acquisitions de technologie par des entreprises dominantes* » (nous soulignons). La Commission a ici respecté la jurisprudence puisque, dans l'affaire *AstraZeneca*, le Tribunal a indiqué que « *la simple acquisition d'un droit exclusif ne constituerait pas, en l'absence d'éléments complémentaires, un abus de position dominante* ». TUE, 1er juill. 2010, *AstraZeneca*, préc., § 310.

1563 *Ibid.*, § 2891, p. 824.

1564 De manière superfétatoire, la Commission a ajouté une démonstration au terme de laquelle elle a conclu que l'effet d'exclusion l'aurait dans tous les cas emporté sur tout gain d'efficacité.

1565 Comm. eur., *Servier*, préc., § 2961, p. 844 : « *[...] l'acquisition de technologie auprès d'Azad, ainsi que les accords de règlement amiable en matière de brevet contre paiement inversé avec Niche/Unichem, Matrix, Teva, Krka et Lupin, étaient à même de produire des effets d'éviction sur le marché des formulations de périndopril en France, en Pologne, au Royaume-Uni et aux Pays-Bas et sur le marché de la technologie d'IPA de périndopril, et ont constitué,* respectivement, *un comportement abusif au regard de l'article 102 du traité* » (nous soulignons).

1566 *Ibid.* (nous soulignons).

2. La conclusion d'accords de report d'entrée

391. **Application combinée des articles 101 et 102 TFUE aux accords de report d'entrée.** Dans l'arrêt *TeliaSonera Sverige*, la Cour de justice a jugé que « *la liste des pratiques abusives figurant à l'article 102 TFUE n'est pas limitative, de sorte que l'énumération des pratiques abusives contenue dans cette disposition n'épuise pas les modes d'exploitation abusive de position dominante interdits par le droit de l'Union* »[1567]. Partant, rien n'empêche la Commission européenne de juger que la conclusion d'accords de report d'entrée pourrait être un comportement abusif dès lors où celle-ci renforcerait la position dominante d'un laboratoire *princeps* sur le marché. Il n'y a d'ailleurs rien de surprenant à cela. Comme l'a relevé la professeure Prieto, « *l'abus doit être perçu* lato sensu *conformément à une interprétation téléologique qui permet de considérer que l'article 102 TFUE tend à préserver une structure concurrentielle effective des marchés* »[1568]. Avec cette approche, les accords de report d'entrée ne sont donc pas à l'abri de la qualification d'abus de position dominante.

De plus, pour aider la Commission européenne à sauvegarder l'ordre public concurrentiel, la jurisprudence de la Cour de justice a retenu comme licite l'application simultanée des articles 101 et 102 TFUE[1569]. Autrement dit, une entente peut parfois être considérée comme un comportement unilatéral susceptible d'enfreindre l'article 102 TFUE. Ce faisant, en appliquant les deux textes en même temps dans l'affaire *Servier*, la Commission n'a *a priori* commis aucune erreur de droit. Cependant, il convient de relever que l'application simultanée du droit des ententes et du droit de l'abus de position dominante n'est pas libre. Au vrai, elle est conditionnée. La Commission doit obligatoirement mentionner les raisons qui l'ont conduite à condamner une pratique pour violation à la fois de l'article 101 et de l'article 102 TFUE. Conformément au principe dégagé dans l'affaire *Tetra Pak I*, pour qu'une pratique déjà jugée illégale par le droit des ententes soit aussi frappée du sceau de la prohibition de l'abus de position dominante, encore faut-il que la Commission ait apporté un « *élément supplémentaire et complémentaire* » justifiant la mise en œuvre de l'article 102 TFUE[1570]. En effet, pour établir une infraction à l'article 102 du traité, il ne suffit pas de « *recycler* » les faits constitutifs d'une infraction à l'article 101[1571]. En l'espèce, cet élément supplémentaire existait-il ? Quel élément pouvait rendre la conclusion d'accords de report d'entrée justiciable de l'article 102 TFUE ?

392. **Concurrence par les mérites et effet cumulatif autorenforçant.** Pour justifier l'application de ce texte, la Commission européenne a mis en exergue deux

---

1567 CJUE, 17 févr. 2011, *TeliaSonera Sverige*, aff. C-52/09, *Rec.* I, p. 527, § 26. Pour un autre arrêt visant le même principe : voy. CJUE, 14 oct. 2010, *Deutsche Telekom c/ Commission*, aff. C-280/08 P, *Rec.* I, p. 9555, § 173.

1568 C. Prieto, *Abus de position dominante*, JCl Europe, Fasc. 1440, juill. 2014, § 2.

1569 Voy. entre autres : CJCE, 13 févr. 1979, *Hoffmann-La Roche c/ Commission*, aff. 85/76, *Rec.*, p. 461, § 116 ; CJCE, 11 avr. 1989, *Ahmed Saeed Flugreisen e.a. c/ Zentrale zur Bekämpfung unlauteren Wettbewerbs*, aff. 66/86, *Rec.*, p. 803, § 37.

1570 TPICE, 10 juill. 1990, *Tetra Pak I*, aff. T-51/89, *Rec.* II, p. 309, § 24.

1571 TPICE, 10 mars 1992, *Società Italiana Vetro SpA e. a. c/ Commission*, aff. jtes T-68/89, T-77/89 et T-78/89, *Rec.* II, p. 1403, § 360 : « *aux fins d'établir une infraction à l'article [102] du traité, il ne suffit pas [...] de "recycler" les faits constitutifs d'une infraction à l'article [101]* ».

éléments. Tout d'abord, elle a considéré que la conclusion des cinq règlements amiables de report d'entrée s'écartait d'une concurrence par les mérites. Précisément, elle a cherché à montrer que la série d'accords de report d'entrée conclus avait un aspect unilatéral distinct, ce qui était rendu possible par le pouvoir de marché du laboratoire *princeps*. Ensuite, elle a jugé que les effets combinés des accords *pay-for-delay* ont permis au breveté de renforcer son pouvoir de marché et d'évincer les rivaux génériqueurs du marché.

S'agissant de la concurrence par les mérites et du caractère unilatéral de la pratique, la Commission européenne a considéré que les paiements inversés offerts aux génériqueurs ont modifié leurs motivations respectives relatives à l'entrée sur le marché. Pour elle, les sommes d'argent versées ont poussé les fabricants de génériques à ne pas entrer sur le marché et à ne pas contester les brevets clés du laboratoire *princeps*. Pour retenir le caractère unilatéral de l'infraction, le point nodal résidait dans le fait que Servier était partie à chaque règlement amiable. Pour reprendre la formulation de la Commission, le laboratoire « *était ainsi au centre des relations contractuelles qui gouvernaient la capacité et les incitations à se livrer à la concurrence avec la plupart des opérateurs qui représentaient une menace générique [...] [et] était aussi le seul capable de tirer avantage de sa propre connaissance détaillée de l'étendue et de la nature des accords existants et d'adapter en fonction sa stratégie commerciale, mais aussi son approche de tout nouveau contentieux avec des sociétés de génériques et les possibles tentatives d'accords de règlement amiable y afférentes* »[1572].

S'agissant du caractère autorenforçant des accords de report d'entrée, la Commission européenne a considéré que la conclusion d'une série d'accords *pay-for-delay* a permis de maximiser l'effet restrictif potentiel sur la concurrence. Si, pris individuellement, chaque accord de report d'entrée a limité la concurrence générique, l'efficacité de la restriction de concurrence a par ailleurs été renforcée par la concrétisation d'un effet cumulatif. Pour l'institution bruxelloise, « *l'effet combiné des cinq accords a été d'accroître de manière importante les chances que le pouvoir de marché significatif de Servier soit protégé de la concurrence en créant le plus grand effet d'éviction. À cet égard, le comportement abusif était une tentative de Servier d'utiliser son pouvoir de marché significatif pour entraver la concurrence effective sur le marché aussi longtemps que possible* »[1573].

En définitive, la Commission européenne a jugé que l'acquisition de technologie et les accords de report d'entrée suivaient une méthode commune d'éviction de la concurrence et étaient complémentaires. Pour elle, les deux stratégies combinées correspondaient à une stratégie unilatérale globale d'éviction anticoncurrentielle, qui vise « *une situation dans laquelle un accès effectif des concurrents actuels ou potentiels aux sources d'approvisionnement ou aux marchés est entravé ou supprimé sous l'effet du comportement de l'entreprise dominante* »[1574].

1572 Comm. eur., *Servier*, préc., § 2934, p. 836.

1573 *Ibid.*, § 2939, p. 838.

1574 Comm. eur., Communication de la Commission – Orientations sur les priorités retenues par la Commission pour l'application de l'article 82 du traité CE aux pratiques d'éviction abusives des entreprises dominantes, *JOUE* C 45/7 du 24 févr. 2009.

Section 2
La nécessité de perfectionner l'analyse

393. **Fiabilité insuffisante de l'analyse et idée de son renouvellement.** L'analyse de la Commission européenne pour inférer un abus de position dominante semble insuffisamment fiable (§ 1). D'une part, la Commission européenne semble avoir utilisé une nouvelle méthodologie pour délimiter le marché pertinent uniquement pour s'assurer de pouvoir retenir la position dominante du laboratoire *princeps*. D'autre part, lorsqu'on s'attache au droit substantiel, il semble difficile de comprendre ce qui appartient à la concurrence par les mérites de ce qui s'en écarte. Cette situation crée de l'insécurité juridique dans le sens où, à la lecture de la décision *Servier*, une entreprise dominante ne possède pas les moyens de déterminer les stratégies de défense de sa position sur le marché. Pour ces raisons, la réception d'une nouvelle analyse est souhaitée (§ 2).

§ 1. L'insuffisante fiabilité de l'analyse proposée

394. **Fragilité de l'analyse de la Commission et limites de la concurrence par les mérites.** L'insuffisante fiabilité de l'analyse menée par la Commission européenne dans l'affaire *Servier* est perceptible dès le stade de la délimitation du marché pertinent (A). Au stade de la qualification de l'abus, cette insuffisance est manifestée par les limites du concept de concurrence par les mérites (B).

A. La délimitation trop restrictive du marché pertinent

395. **Habituellement, le marché pertinent est délimité par référence à l'usage thérapeutique du médicament.** Habituellement, dans le secteur pharmaceutique, la détermination du marché pertinent est réalisée en envisageant la substituabilité du côté de la demande[1575]. En pratique, les autorités de concurrence vont délimiter le marché en regardant principalement l'indication thérapeutique des médicaments[1576]. Pour ce faire, elles vont faire appel à la classification ATC (pour *Anatomical Therapeutic Chemical Classification System*). Aux termes de la Commission européenne, « *le troisième niveau (ATC-3) permet de regrouper les médicaments en fonction de leurs indications thérapeutiques et peut donc être utilisé comme définition opérationnelle du marché [...] [même si] parfois [il] peut être opportun d'effectuer des analyses à d'autres niveaux de la classification ATC* »[1577]. Cette

---

1575 Des auteurs expliquent que cela consiste à prendre en compte des facteurs tels que l'usage du médicament par le patient, les niveaux de dosage, la concurrence entre les médicaments de marque, et possiblement les menaces des produits génériques utilisés sur le marché. Voy. S. Priddis & S. Constantine, « The Pharmaceutical Sector, Intellectual Property Rights and Competition Law in Europe » *in Intellectual Property and Competition Law – New Frontiers* (dir. S. Anderman & A. Ezrachi), Oxford University Press, 2011, p. 241, spéc. pp. 251-252.

1576 D. Bosco, « Abus de position dominante et secteur pharmaceutique », art. préc., p. 72.

1577 Comm. eur., déc. du 26 avr. 2004, *Sanofi-Synthelabo/Aventis*, aff. COMP/M.3354, §§ 15-16.

méthodologie est aussi bien appliquée dans les affaires de pratiques anticoncurrentielles[1578] que dans les affaires de concentration[1579]. Considérée comme imparfaite, elle a été critiquée aussi bien par la doctrine[1580] que par la Commission elle-même. Cette dernière a considéré que cette méthode de définition du marché implique « *un certain niveau d'arbitraire* »[1581].

En règle générale, la Commission européenne commence son analyse en faisant référence au troisième niveau ATC. Si ce niveau n'est pas suffisant, elle opère alors une analyse s'appuyant sur un niveau supérieur (le ATC 4), qui vise non seulement l'indication thérapeutique du médicament mais aussi son mode d'action. En définitive, cette méthodologie a pour effet d'obtenir des marchés plutôt larges puisqu'elle ne se focalise pas sur une seule molécule mais sur les différentes molécules pouvant être utilisées pour traiter une même maladie. Le marché peut cependant être vu de manière plus restrictive lorsque l'autorité de concurrence décide d'ajouter à l'indication thérapeutique le mode d'action du médicament.

396. **Vers une approche « contextuelle » ?** Dans l'affaire *Servier*, la Commission européenne s'est totalement écartée de sa méthodologie classique. Pour délimiter le marché pertinent, elle n'a pas fait usage de la classification ATC mais a retenu que le marché était limité à l'unique molécule du périndopril[1582]. En définissant le marché de façon si étroit, on se doute qu'il était plus aisé pour l'institution bruxelloise de retenir la position dominante du laboratoire *princeps*. Or, en l'espèce, il existait une multitude de molécules appartenant à la même classe thérapeutique du périndopril. Un auteur a relevé que le périndopril faisait partie des 16 molécules appartenant à la catégorie des inhibiteurs[1583]. Aussi, en utilisant la classification ATC, il aurait été plus difficile de retenir une position dominante de Servier et d'identifier un renforcement du pouvoir de marché de ce dernier au moyen de la conclusion des accords de report d'entrée et de l'acquisition de la technologie de production du principe actif. En effet, l'identification d'une substituabilité thérapeutique aurait élargi le marché et aurait considérablement affaibli l'analyse débouchant sur la conclusion d'une position dominante.

Le rejet de l'approche par la classification ATC pourrait marquer la volonté de la Commission européenne d'établir une nouvelle méthode de délimitation du marché

1578 Voy. par ex. : Comm. eur., déc. du 15 juin 2005, *AstraZeneca*, aff. COMP/A/37.507/F3, § 372. Pour un exemple français : voy. Cons. conc., déc. n° 03-D-35 du 24 juill. 2003 relative à des pratiques mises en œuvre par les laboratoires Sandoz, devenus en 1997 Novartis Pharma SA sur le marché de certaines spécialités pharmaceutiques destinées aux hôpitaux.

1579 Pour une affaire récente : voy. Comm. eur., déc. du 4 août 2016, *Sanofi/Boehringer Ingelheim Consumer Healthcare Business*, aff. M.7919.

1580 Voy. par ex. : T. Kauper, « The Problem of Market Definition under EC Competition Law », 20 *Fordham International L. J.* 1682 (1996), spéc. p. 1736.

1581 *Ibid.* (traduction libre) : « *the Commission to define markets in accordance with the third level of the ATC system recognized by the WHO, a delineation recognized by the Commission as involving* "a certain level of arbitrariness" » (nous soulignons)

1582 Cette méthodologie n'est pas totalement nouvelle. Elle a déjà été proposée par une auteur. Voy. D. Schnichels, « The Application of European Competition Law to the Pharmaceutical Sector – Some Personal Thoughts » *in Fordham Competition Law Institute – International Antitrust Law & Policy* (dir. B. E. Hawk), Juris Publishing, 2010, p. 405.

1583 J. Killick, « The *Perindopril* Case: Patent Settlements and Acquisition of Technology » *in The Notion of Restriction of Competition – Revisiting the Foundations of Antitrust Enforcement in Europe* (dir. D. Gerard, M. Merola & B. Meyring), Bruylant, 2017, p. 269.

pertinent dans le secteur pharmaceutique. *Via* la décision *Servier*, on assiste peut-être à la genèse d'une approche « contextuelle ». En effet, au lieu de délimiter le marché pertinent en prenant en compte la classification ATC, la Commission européenne a préféré s'arrimer au contexte entourant l'affaire. Elle ne s'est pas attachée à la substituabilité des molécules, mais a délimité le marché pertinent en prenant pour référence le moment où les génériqueurs pouvaient représenter une menace concurrentielle. Cette approche contextuelle est problématique puisqu'elle a pour effet de définir le marché de façon variable dans le temps. Autrement dit, le marché pertinent pourrait ne pas être identique selon que l'on se situe au stade où la molécule bénéficie d'une protection par brevet ou que l'on se situe au stade de l'expiration du titre de propriété intellectuelle. Comme l'a souligné M. Killick, « *alors que durant la vie du brevet, un laboratoire pionnier pourrait ne pas être considéré en position dominante (si le marché est défini en prenant en compte plusieurs molécules à la lumière de leur substituabilité thérapeutique), lorsque le brevet est sur le point d'expirer et que les génériqueurs sont prêts à entrer sur le marché, il sera alors probablement jugé comme détenant une position dominante […]. Par conséquent, la Commission prend une définition du marché différente* en fonction du contexte *et du fait que l'entrée générique est certaine de se produire* »[1584].

Finalement, la délimitation du marché pertinent dans le secteur pharmaceutique pourrait dépendre de la théorie du préjudice retenue par la Commission. Dès lors qu'une pratique litigieuse aura pour effet de retarder l'entrée des génériques sur le marché, la Commission européenne pourrait décider de délimiter le marché au niveau de la molécule et non pas au niveau de celui *des* molécules – si tant est que plusieurs molécules permettent de traiter une même maladie dans l'affaire en cause. Par ce fait, il semblerait qu'une approche s'écartant du réel soit privilégiée. En effet, pour certains auteurs, l'approche contextuelle ne refléterait pas la réalité des contraintes concurrentielles et conduirait toujours à des définitions de marché très étroites. Autrement dit, au moyen de cette approche, la Commission européenne se faciliterait la tâche pour déterminer la position dominante d'une entreprise. À l'évidence, lorsque le marché est délimité au niveau d'une molécule, et ce, avant que les génériqueurs n'entrent sur le marché, le laboratoire *princeps* sera à coup sûr qualifié d'entreprise dominante. De cette façon, la Commission européenne pourra lui faire peser la charge de la « responsabilité particulière » qui lui incombe dans une telle circonstance. Or, le droit de la concurrence n'a pas pour objectif de protéger les concurrents, mais la concurrence, laquelle « *constitue un processus de sélection des entreprises les plus efficaces, pouvant conduire le cas échéant à l'élimination de certaines d'entre elles* »[1585]. En effet, l'élimination de concurrents est non seulement licite, mais aussi légitime lorsqu'elle est la conséquence de la force d'innovation d'une entreprise. Comme l'a énoncé le professeur Rey, « *[u]ne vie difficile pour les concurrents peut […] tout à fait correspondre à une*

1584 *Ibid.*, p. 272 (traduction libre) : « *while during the early life of the patent, an originator may not be considered dominant (if the market is defined as including several molecules in light of their therapeutic substitutability), when the patent is about to expire and generics preparing their entry, it will then likely be found dominant […]. The Commission is therefore taking a different market definition* depending on the context *and on whether generic entry is on the cards* » (nous soulignons).

1585 E. Combe, *La politique de la concurrence*, La Découverte, 2016, p. 2.

saine concurrence, favorable au consommateur »[1586]. L'approche contextuelle semble nier ce principe et pourrait porter l'objectif à tout le moins contestable de protéger les futurs concurrents génériqueurs du laboratoire *princeps*.

B. Les limites de la concurrence par les mérites

397. **La sécurité juridique à l'épreuve de la concurrence par les mérites.** En outre, l'utilisation du concept de « concurrence par les mérites »[1587] est problématique. Ce concept fait depuis déjà quelques années l'objet de critiques doctrinales importantes. À titre d'exemple, le professeur Jenny a estimé que « *les autorités de la concurrence ou les juridictions n'ont jamais fourni de définition précise de ce qui relève de la concurrence par les mérites, de telle sorte que la formule employée est, dans une large mesure,* vide de sens *et semble être davantage destinée à justifier les décisions des autorités de concurrence ou des juridictions qu'à permettre aux acteurs détenant un pouvoir de marché de savoir jusqu'où ils peuvent aller dans l'agressivité commerciale* »[1588]. Ce faisant, ce concept irait à l'encontre du principe de sécurité juridique[1589], lequel est pourtant un principe ancré dans le droit de l'Union européenne[1590]. Dans le domaine de l'abus de position dominante, la Cour de justice l'a d'ailleurs explicitement reconnu. Dans son arrêt *Deutsche Telekom*, elle a indiqué que le principe de sécurité juridique signifie qu'une entreprise en position dominante doit être capable d'évaluer la légalité de son propre comportement avec un degré raisonnable de certitude[1591]. En d'autres termes, une entreprise en position dominante doit être raisonnablement capable de prévoir si son comportement violera l'article 102 TFUE, notamment en se fondant sur les règles et principes dégagés par la jurisprudence. Il ne faut cependant pas avoir une lecture erronée de ce principe. Le principe de sécurité juridique ne représente

---

1586 P. Rey, « Concurrence par les mérites » *in La modernisation du droit de la concurrence* (dir. G. Canivet), préf. M.-A. Frison-Roche, LGDJ, 2006, p. 151, spéc. p. 152.

1587 Ce concept est apparu pour la première fois aux États-Unis dans un arrêt *Northern Pacific Railway Co. c/ United States*. Voy. US Supreme Court, *Northern Pacific Railway Co. c/ United States,* 356 U.S. 1 (1958), pt 6.

1588 F. Jenny, « Abus de position dominante et modernisation de l'article 82 du traité CE » *in Le nouveau droit communautaire de la concurrence* (dir. F. Brunet et G. Canivet), LGDJ, 2008, p. 281, spéc. p. 284 (nous soulignons).

1589 Sur la relativité de la sécurité juridique en droit de la concurrence : voy. B. Vesterdorf, « Considérations sur la notion de "concurrence par les mérites" » *in La modernisation du droit de la concurrence, op. cit.*, p. 174. Dans cet article, l'ancien président du Tribunal de l'Union européenne a écrit : « *[...] j'incline à penser que la sécurité juridique, qui, entendue en son sens classique, découle de la généralité et de la permanence de la règle et de la prévisibilité de ses applications, n'a guère de sens en droit économique. Cette branche du droit commande en effet de se raccrocher à des types de raisonnement et à des notions qui, en tant qu'éléments participant d'une logique, permettent une application seulement* relativement prévisible *des règles de concurrence, en l'occurrence l'article 82 du Traité. Ces éléments ne peuvent être découverts que dans la substance économique des solutions et c'est précisément ce qui rend extrêmement délicate leur appréhension* » (nous soulignons).

1590 Pour une étude récente sur le sujet : voy. P. Martin Rodriguez, « The Principle of Legal Certainty and the Limits to the Applicability of EU law », *Cah. dr. eur.* 2016, n° 1, p. 115. Dans le domaine du droit de la concurrence, on peut lire sous la plume de certains auteurs que « *la sécurité juridique est compatible [...] avec les normes du droit de la concurrence, dont la finalité est précisément de s'adapter aux réalités par nature mouvantes* ». Voy. L. Idot et B. Van de Walle de Ghelcke, « Le besoin de sécurité juridique : notifications et exemptions », *Cah. dr. eur.* 2001, n° 1-2, p. 160, spéc. p. 161.

1591 CJUE, 14 octobre 2010, *Deutsche Telekom*, aff. C-280/08 P, *Rec.* I, p. 9555, § 202.

pas un frein au développement du droit. De nouvelles jurisprudences peuvent être produites pour appréhender des pratiques restées jusqu'alors hors des prétoires. Néanmoins, le raisonnement sur lequel s'est assise l'autorité de concurrence doit demeurer conforme au texte de l'article 102 du traité, lequel ne doit pas être interprété trop extensivement[1592]. En effet, une telle démarche risquerait de voir le droit de l'abus de position dominante appliqué de façon arbitraire et sans principes[1593]. Quoi qu'il en soit, le principe de sécurité juridique et le concept de concurrence par les mérites semblent s'entrechoquer assez violemment. Alors que la concurrence par les mérites est une notion élastique donnant souvent des résultats imprévisibles, la sécurité juridique a quant à elle pour attribut la prévisibilité. Dans l'affaire *Servier*, l'utilisation du concept de « concurrence par les mérites » a-t-elle été déployée avec une intensité trop excessive au détriment de la sécurité juridique des entreprises ? À cette question, la réponse semble positive. Elle se justifie notamment par le fait que la Commission européenne, en mettant en œuvre le standard de concurrence par les mérites, a appliqué « un jugement de valeur *sur le comportement de l'entreprise en position dominante* »[1594]. Or, le jugement de valeur a fatalement une coloration subjective alors que l'abus de position dominante devrait normalement être apprécié de façon objective[1595]. Il ne permet pas de centrer l'analyse sur les effets nocifs de la pratique sur la concurrence et « *favorise une approche formelle et rigide des restrictions de concurrence* »[1596]. Ce hiatus avantage inévitablement la Commission européenne, qui peut considérer un schéma pourtant vertueux comme un schéma anticoncurrentiel et, partant, caractériser l'illégitimité de l'atteinte à la concurrence[1597]. S'agissant tout particulièrement

---

1592 R. Nazzini, *The Foundations of European Union Competition law – The Objective and Principles of Article 102*, Oxford University Press, 2011, p. 389 et s.

1593 R. Nazzini, « Unequal Treatment by Online Platforms: A Structured Approach to the Abuse Test in *Google* » *in The Notion of Restriction of Competition – Revisiting the Foundations of Antitrust Enforcement in Europe* (dir. D. Gerard, M. Merola & B. Meyring), Bruylant, 2017, p. 281, spéc. p. 285. Il importe de rappeler ici que l'application de l'article 102 implique forcément « une démarche interprétative ». Voy. C. Grynfogel, *Droit européen de la concurrence*, 4e éd., LGDJ, 2016, p. 123.

1594 G. Decocq, « Concurrence par les mérites » *in Les concepts émergents en droit des affaires*, *op. cit.*, p. 240. Dans le même sens, la professeure Choné-Grimaldi a énoncé dans sa thèse de doctorat que le « *raisonnement en droit de la concurrence ne peut […] jamais être entièrement objectif : l'appréciation de la valeur du comportement ne peut être occultée* ». Voy. A.-S. Choné, *Les abus de domination – Essai en droit des contrats et en droit de la concurrence*, Economica, 2010, n° 410, pp. 267-268.

1595 CJCE, 13 févr. 1979, *Hoffmann-La Roche*, préc., § 91 : l'abus est « une notion objective *qui vise les comportements d'une entreprise en position dominante qui sont de nature à influencer la structure d'un marché où, à la suite précisément de la présence de l'entreprise en question, le degré de concurrence est déjà affaibli et qui ont pour effet de faire obstacle, par le recours à des moyens différents de ceux qui gouvernent une compétition normale des produits ou services sur la base des prestations des opérateurs économiques, au maintien du degré de concurrence existant encore sur le marché ou au développement de cette concurrence* » (nous soulignons). Sur ce sujet : voy. P. Parcu & M. Stasi, « The role of intent in the assessment of conduct under Article 102 TFEU » *in Abuse of Dominance in EU Competition Law – Emerging Trends* (dir. P. Parcu, G. Monti & M. Botta), Edward Elgar Publishing, 2017, p. 12, qui relèvent que le caractère objectif de l'abus de position dominante est en réalité de la pure rhétorique.

1596 C. Prieto et D. Bosco, *Droit européen de la concurrence – Ententes et abus de position dominante*, Bruylant, 2013, n° 1192, p. 872.

1597 Nous reprenons ici la formule de la Cour de justice, qui a jugé que la notion de « *"concurrence par les mérites" a permis de mieux distinguer le schéma vertueux du schéma anticoncurrentiel et, partant, de caractériser l'illégitimité de l'atteinte à la concurrence* ». Voy. par ex. : CJCE, 3 juill. 1991, *Akzo*, aff. C-62/86, *Rec.*, p. 461, § 91.

du schéma vertueux, la Cour de justice a jugé dans l'affaire *AstraZeneca* que « *l'élaboration par une entreprise, même en position dominante, d'une stratégie ayant pour objet de minimiser l'érosion de ses ventes et d'être en mesure de faire face à la concurrence des produits génériques* est légitime et relève du jeu normal de la concurrence, *pour autant que le comportement envisagé ne s'écarte pas des pratiques relevant d'une concurrence par les mérites, de nature à profiter aux consommateurs* »[1598].

398. **L'acquisition d'une technologie et la conclusion d'accords de report d'entrée s'écartent-elles vraiment d'une concurrence par les mérites ?** Pour retenir l'abus de position dominante, la Commission européenne a mené un raisonnement de type circulaire[1599]. Elle a jugé que la stratégie du laboratoire *princeps* en réponse à la concurrence générique était illégitime parce qu'elle ne relevait pas de la concurrence par les mérites, de sorte que le comportement mis en œuvre devait être considéré comme abusif. Concrètement, on ne voit pas en quoi ce raisonnement est en conformité avec l'arrêt *AstraZeneca* qui, rappelons-le, souligne que la concurrence entre les laboratoires *princeps* et les génériqueurs peut être légitime. À cet égard, comment les laboratoires *princeps* sont-ils censés réagir lorsque des génériqueurs qui enfreignent leurs brevets entrent à risque sur le marché ? L'acquisition d'une technologie pour améliorer un procédé de production est-elle prohibée *generaliter* ? Les laboratoires *princeps*, compte tenu de la responsabilité particulière qui leur incombe, doivent-ils demeurer passifs lorsque les génériqueurs tentent d'entrer sur le marché de façon agressive ? À ces interrogations, la décision *Servier* ne répond pas. Pour un auteur, « *[l]es frontières de la "concurrence par les mérites" dans le contexte d'une entrée générique ne sont pas claires* »[1600]. Deux éléments semblent donner du crédit à cette analyse.

En premier lieu, le test proposé par la Commission européenne est peu précis pour déterminer si l'acquisition d'une technologie s'écarte d'une concurrence par les mérites. Dans sa décision, la Commission européenne a posé le standard de la « *technologie potentiellement habilitante* »[1601]. Ce faisant, au sens de la Commission, il suffit qu'une technologie soit suffisamment avancée et qu'elle ait le « potentiel » pour surmonter les barrières à l'entrée pour inférer un abus lorsqu'elle est acquise par une entreprise en position dominante. Or, dans son jugement *Tetra Pak I*, le Tribunal a mis en place un test plus étroit. En effet, pour qu'une acquisition soit abusive, encore faut-il que sa détention soit susceptible à elle seule de donner à une entreprise les moyens de concurrencer « efficacement » son rival[1602]. Autrement dit, l'acquisition de la technologie doit priver les autres entreprises des moyens de concurrencer le cessionnaire. Dans l'affaire *Servier*, la Commission européenne a modifié le test en remplaçant par le mot « potentiel » le mot « efficace ». Pour qualifier la pratique d'abusive, elle a jugé qu'il est

---

1598 CJUE, 6 déc. 2012, *AstraZeneca*, aff. C-457/10, *Rec. num.* EU:C:2012:770, § 129 (nous soulignons).

1599 J. Killick, « The *Perindopril* Case: Patent Settlements and Acquisition of Technology », art. préc., p. 275.

1600 *Ibid.* (traduction libre) : « *The boundaries of "competition on the merits" in the context of generic entry are not clear.* »

1601 Comm. eur., *Servier*, préc., § 2800.

1602 TPICE, 10 juill. 1990, *Tetra Pak I*, aff. T-51/89, *Rec.* II, p. 309, § 23.

uniquement nécessaire de savoir si « *l'acquisition était à même de rendre plus difficile, voire impossible, l'accès au marché* »[1603], et ce, sans évaluer les effets concrets ou probables de l'acquisition sur la concurrence conformément à l'arrêt *Post Danmark II*[1604]. En définitive, en appliquant le test *Tetra Pak*, il aurait été plus difficile pour la Commission européenne de justifier en quoi l'acquisition de la technologie ne répondait pas à la concurrence par les mérites, surtout qu'en l'espèce, il existait de nombreux procédés de production alternatifs[1605]. C'est certainement pour cette raison que la Commission a élaboré un nouveau test et a considéré que l'acquisition de technologie, avec les accords de report d'entrée, faisait partie d'une infraction unique et continue à l'article 102 TFUE[1606].

En opérant de cette manière, la Commission européenne semble avoir fragilisé la position des entreprises dominantes dans le secteur pharmaceutique puisqu'il n'est pas possible de savoir à l'heure actuelle dans quel cas l'acquisition d'une technologie ne relève pas d'une concurrence par les mérites. Partant, les laboratoires *princeps* doivent rester vigilants, voire rétifs quant à de tels comportements, car l'acquisition d'une technologie sera regardée avec suspicion par l'institution bruxelloise, surtout dans le contexte où des génériqueurs seraient prêts à entrer sur le marché.

En second lieu, la Commission européenne n'explique pas vraiment en quoi la conclusion des accords de report d'entrée était constitutive d'un abus. L'élément supplémentaire exigé par la jurisprudence pour appliquer de façon cumulative les articles 101 et 102 TFUE n'apparaît pas très convaincant. L'argumentation de la Commission européenne semble purement descriptive. Par exemple, au paragraphe 3096 de sa décision, elle s'est contentée d'affirmer que l'« *"élément additionnel" en l'espèce ne se trouve pas dans l'incitation individuelle dans chaque règlement amiable, mais dans l'exclusion générale du marché de la concurrence potentielle résultant d'une stratégie unilatérale unique mise en œuvre au moyen de ces règlements amiables en combinaison avec l'acquisition de technologie, et rendue possible par la position unique de Servier sur le marché* »[1607]. La formulation est assez absconse, si bien que la lecture de ce passage ne permet pas de déterminer quel est l'élément additionnel. Est-ce l'effet d'exclusion allégué, la stratégie unilatérale ou la position unique du laboratoire *princeps* ? Finalement, la décision n'est pas très claire puisqu'on ne sait pas pourquoi la conclusion des accords de report d'entrée ne relève pas d'une concurrence par les mérites. La Commission européenne semble s'être appuyée sur les mêmes éléments lui ayant permis de qualifier cette pratique d'infraction au droit des ententes de l'Union.

1603 *Ibid.*, p. 797.

1604 CJUE, 6 oct. 2015, *Post Danmark II*, aff. C-23/14, *Rec. num.* EU:C:2015:651, § 69.

1605 Comm. eur., *Servier*, préc., § 2862 et s.

1606 *Ibid.*, § 2961, p. 844. Sur la notion d'infraction unique et continue, voy. les exhaustifs développements de Mme Idot : « Réflexions sur la notion d'infraction unique et continue en droit européen de la concurrence » *in Humanisme et justice – Mél. en l'honneur de G. Giudicelli-Delage*, Dalloz, 2016, p. 549. Dans une autre étude, la même auteure explique que « *la notion sert surtout à mettre dans un même contenant un ensemble de pratiques qui sont liées, d'où l'on va tirer un certain nombre de conséquences* ». Voy. L. Idot, « Match nul provisoire dans l'affaire *Intel* : la partie continue… », *Europe* 2017, n° 10, étude 9.

1607 *Ibid.*, § 3096, p. 882.

Or, « *aux fins d'établir une infraction à l'article [102] du traité, il ne suffit pas [...] de "recycler" les faits constitutifs d'une infraction à l'article [101]* »[1608].

En définitive, les laboratoires *princeps* doivent demeurer prudents dans leur comportement. Si ces derniers se savent en position dominante sur le marché, ils doivent alors reconsidérer et modifier leurs pratiques commerciales[1609]. En l'état actuel, on ne peut que leur déconseiller d'acquérir une technologie et de combiner cette acquisition avec la conclusion d'accords *pay-for-delay*. Dans une telle situation, le risque de condamnation pour infraction de l'article 102 TFUE est très élevé. En effet, la Commission regarde ce comportement comme une utilisation abusive du système des brevets[1610] et considère que cette pratique offre un avantage que le libre jeu du marché concurrentiel n'aurait pas permis au laboratoire *princeps* d'obtenir[1611].

§ 2. Pour la réception d'une nouvelle analyse

399. **Distinguer l'usage stratégique des droits de propriété intellectuelle de l'abus.** Une approche antitrust trop agressive envers les titulaires de brevets pourrait avoir un effet délétère : affaiblir l'incitation à innover[1612]. Or dans le secteur pharmaceutique, avoir un cycle d'innovation continu est important pour des raisons évidentes de santé publique. Ce faisant, la Commission européenne ne devrait sanctionner des pratiques commerciales que lorsqu'il est indiscutable qu'elles ont des effets nocifs pour la concurrence et le consommateur. La manipulation de l'abus de position dominante doit donc se faire avec précaution et ne devrait pas frapper de manière trop large les entreprises qui chercheraient à protéger leur position sur le marché. En effet, le monopole sur le marché ne doit pas être regardé avec un excès de suspicion dans le secteur pharmaceutique, notamment en raison des spécificités de ce dernier[1613]. Dissocier l'usage stratégique des droits de propriété intellectuelle, lequel relève de « l'ordinaire libéral »[1614], et l'abus de ces derniers, lequel relève de « l'extraordinaire »[1615], s'avère alors indispensable. Un laboratoire *princeps* ne devrait être condamné que lorsqu'il est démontré qu'il a obtenu un

---

1608 TPICE, 10 mars 1992, *Società Italiana Vetro SpA e.a. c/ Commission*, aff. jtes T-68/89, T-77/89 et T-78/89, *Rec.* II, p. 1403, § 360.

1609 P. Hubert, M. Leppard et O. Lécroart, *Day-to-Day Competition Law – A Practical Guide for Businesses*, Bruylant, 2014, p. 156.

1610 J.-F. Bellis, *Droit européen de la concurrence*, 2e éd., Bruylant, 2017, p. 265.

1611 Sur cette idée exprimée de manière plus large : voy. M.-A. Frison-Roche et S. Bonfils, *Les grandes questions du droit économique – Introduction et documents*, PUF, 2005, p. 416.

1612 Sur cette idée bien répandue, voy. par ex., C. R. Leslie, « Monopolization Through Patent Theft », 103 *Georgetown L. J.* 47 (2014), p. 47, spéc. p. 91.

1613 En effet, pour être efficace sur ce marché, il est indispensable d'avoir une taille importante. Les coûts de développement d'un médicament étant de 900 millions de dollars, il est impossible pour une petite entreprise de pouvoir intégrer de façon viable le marché. Voy. C. Jouan-Flahault et *alii*, « Recherche, innovation et progrès thérapeutique dans le secteur du médicament : état des lieux, enjeux et perspectives » *in Concurrence, santé publique, innovation et médicament* (dir. M.-A. Frison-Roche), LGDJ-Lextenso édition, 2010, p. 135, spéc. p. 151.

1614 M.-A. Frison-Roche, « Usage stratégique des droits et abus de droit dans l'application du droit de la concurrence au secteur du médicament » *in Concurrence, santé publique, innovation et médicament*, *op. cit.*, p. 379.

1615 *Ibid.*

avantage que le fonctionnement concurrentiel du marché ne lui aurait pas permis d'atteindre. Étant donné que le droit de l'abus de position dominante et le droit des brevets poursuivent « *les mêmes objectifs de promotion de l'innovation et d'établissement d'un environnement concurrentiel* »[1616], notre propos ne consiste pas à soutenir l'idée qu'une intervention du droit de la concurrence est inappropriée. Il est normal que la Commission européenne intervienne lorsqu'un breveté abuse des défaillances du système des brevets. Cependant, dans l'affaire *Servier*, le raisonnement tenu par l'institution bruxelloise manque de clarté, de sorte qu'il n'est pas aisé de savoir quel comportement unilatéral relève de la concurrence par les mérites. Partant, pour apporter de la clarté dans ce brouillard, il nous semble nécessaire de proposer des principes qui pourraient donner davantage de sécurité juridique aux acteurs dominants du secteur pharmaceutique. Tout d'abord, nous pensons qu'un retour à l'orthodoxie est indispensable s'agissant de la délimitation du marché pertinent (A). La méthode utilisée par la Commission européenne dans l'affaire *Servier* permet de retenir automatiquement une position dominante du laboratoire *princeps*, ce qui parfois n'est pas conforme à la réalité économique du marché. Ensuite, il nous semble nécessaire d'imposer à l'entreprise dominante la démonstration d'une utilisation légitime de ses brevets (B).

A. L'utilisation de la classification ATC pour délimiter le marché pertinent

400. **La cohabitation de deux méthodes de délimitation du marché.** Nous l'avons vu, la nouvelle approche « contextuelle » élaborée par la Commission européenne dans l'affaire *Servier* avantage considérablement cette dernière[1617]. En délimitant le marché pertinent au niveau de la molécule dans un contexte où l'entrée générique n'a pas encore eu lieu, la Commission européenne s'assure de retenir la position dominante des laboratoires *princeps* sans la nécessité de déployer une analyse économique véritablement approfondie[1618]. En effet, l'approche « contextuelle » est beaucoup trop formelle et économiquement grossière dans le sens où elle n'intègre pas les concurrents ayant trouvé une molécule alternative traitant la même maladie que celle de son concurrent. Ce faisant, elle instille de l'insécurité juridique pour les acteurs, car même si une entreprise subit une pression concurrentielle exercée par une autre molécule, celle-ci ne sera pas appréhendée. De plus, si la Commission européenne devait poursuivre sur cette voie, deux méthodes de délimitation du marché pertinent cohabiteraient[1619], de sorte que l'institution bruxelloise pourrait

---

1616 L. Leblond, *Pratiques anticoncurrentielles et brevets – Étude en faveur de la promotion européenne de l'innovation*, Bruylant, 2014, n° 598, p. 483.

1617 Voy. *supra* n° 386 et s.

1618 Bien que les laboratoires *princeps* essayent d'élaborer des molécules dont la substituabilité est limitée, dans la réalité, ils font parfois face à la concurrence de molécules alternatives qui ne violent pas leurs droits de propriété intellectuelle Voy. S. Priddis & S. Constantine, « The Pharmaceutical Sector, Intellectual Property Rights, and Competition Law in Europe » *in Intellectual Property and Competition Law – New Frontiers* (dir. S. Anderman & A. Ezrachi), Oxford University Press, 2011, p. 241, spéc. p. 247.

1619 La cohabitation pourrait même être supplantée par un effet vicariant, si bien que l'approche « contextuelle » remplacerait *in fine* l'approche ATC.

choisir à sa guise celle qui lui permettrait au mieux d'appréhender une position dominante sur le marché.

Afin de renforcer la sécurité juridique, il nous semble que la cohabitation de deux méthodes de délimitation du marché pertinent n'est pas souhaitable et qu'un retour à l'orthodoxie – à savoir la méthode ATC – serait pertinent et justifié pour au moins deux raisons. D'une part, la Commission européenne a éprouvé la méthode ATC et possède assez d'expérience pour la manipuler avec précision. D'autre part, la méthode ATC ne protège pas les entreprises dominantes, car elle a déjà permis de retenir des positions dominantes et, *in fine*, de sanctionner des entreprises qui avaient adopté des pratiques abusives sur le marché.

401. **Améliorer la mise en œuvre de l'approche ATC.** Classiquement, l'approche ATC s'effectue en deux temps. Premièrement, la Commission européenne doit « *rechercher l'ensemble des produits qui exercent une pression concurrentielle sur le médicament en question* »[1620]. En substance, la Commission essaye de déterminer les médicaments qui peuvent être substituables. Pour ce faire, elle raisonne en fonction de l'usage thérapeutique du médicament[1621]. Quoi qu'il en soit, pour réussir le test de substituabilité, la classification ATC est utilisée. Par son biais, l'autorité de concurrence peut déterminer les médicaments pouvant être interchangés par les prescripteurs. Dans un second temps, au regard de la particularité du « produit » médicament, il importe de vérifier s'il existe des lieux de dispensation. En effet, certains médicaments ne sont prescrits qu'en médecine de ville tandis que d'autres ne le sont qu'à l'hôpital. Il arrive même parfois que les médicaments soient prescrits aussi bien en médecine de ville qu'à l'hôpital. Dans cette dernière occurrence, le marché pertinent est beaucoup plus large que dans les deux hypothèses exposées précédemment. Une fois ce travail réalisé, le marché pertinent est alors délimité.

Pour notre part, nous considérons que la définition du marché pertinent pourrait être améliorée et beaucoup plus proche de la structure réelle du marché en ajoutant un élément d'analyse supplémentaire au stade de la première étape. L'idée de cet ajout serait de coller au plus près de la réalité du fonctionnement du marché qu'il s'agit de contrôler. Pour ce faire, comme il a pu être suggéré pour les marchés du numérique, la Commission européenne pourrait procéder à des études de marché et à des enquêtes auprès des consommateurs afin d'inférer des indices de substituabilité[1622]. Cette approche apparaît assez intéressante d'autant que la Commission européenne a déjà fait part de sa sympathie à son égard[1623]. Cependant, dans le contexte du secteur pharmaceutique, ces enquêtes ne viseraient pas les consommateurs finaux, à savoir les patients. Ces enquêtes devraient plutôt

---

1620 L. Flochel et O. Fréget, « L'application des tests économiques de pratiques anticoncurrentielles au secteur de la pharmacie » *in Concurrence, santé publique, innovation et médicament*, *op. cit.*, p. 357, spéc. p. 359.

1621 *Ibid.* Dans l'occurrence où les brevets du laboratoire pionnier sont arrivés à échéance, il se peut que les molécules substituables soient alors des *princeps* et des génériques.

1622 C. Verdure et A. Von Moltke, « Les plateformes numériques et l'article 102 TFUE : quels enjeux sous l'angle du contentieux ? » *in Contentieux du droit de la concurrence de l'Union européenne – Questions d'actualité et perspectives* (dir. V. Giacobbo et C. Verdure), Bruylant, 2017, 161, spéc. p. 171.

1623 Comm. eur., Communication sur la définition du marché en cause aux fins du droit communautaire de la concurrence, *JOCE* C 372/5 du 9 déc. 1997, § 41.

cibler les prescripteurs, c'est-à-dire les médecins. Étant donné la réglementation, la décision d'achat d'un médicament n'est pas libre mais assujettie à la décision du médecin – à tout le moins s'agissant des médicaments soumis à prescription. Aussi, pour appréhender la réalité économique du marché, il est nécessaire d'intégrer le comportement des prescripteurs dans l'analyse. À titre subsidiaire, une enquête auprès des consommateurs pourrait être opérée dans le cas où le médicament *princeps* aurait fait l'objet d'une génériﬁcation. Par ce biais, il serait possible de vériﬁer si le générique a rogné des parts de marché au *princeps* ou si, au contraire, il s'est heurté à la ﬁdélité des patients au produit de marque.

B. L'imposition de la démonstration d'une utilisation légitime du brevet

402. **Séparer les cas d'abus en prenant en compte la présence d'un brevet sur la molécule ou d'un brevet secondaire.** Une fois que le marché pertinent est établi et que la position dominante est déterminée, reste à savoir si l'acquisition d'une technologie suivie de la conclusion d'accords de report d'entrée doit être qualiﬁée d'abus de position dominante. Il est difﬁcile de répondre à cette question ; toujours est-il que scinder les cas où le breveté détient un brevet sur la molécule des cas où le breveté ne détient plus que des brevets secondaires pourrait déjà être une solution intéressante. Grâce à cette dichotomie, la Commission européenne se concentrerait uniquement sur les cas les plus attentatoires à l'ordre public concurrentiel, et les plus susceptibles de retarder l'entrée des génériques sur le marché. Aussi, la Commission européenne ne devrait pas ouvrir de procédures contentieuses lorsque le brevet sur la molécule n'est pas tombé dans le domaine public. Pour les cas restants, l'ouverture d'une enquête antitrust paraît indispensable.

403. ***Quid leges sine moribus vanae proficient*** **?** Pour les abus tels que mis en exergue dans l'affaire *Servier*, il faut attendre le stade où les entreprises peuvent apporter des justiﬁcations objectives à leur comportement pour obtenir la démonstration que la pratique en cause a des effets proconcurrentiels supérieurs aux effets anticoncurrentiels ; autrement dit, que la pratique contribue au bien-être du consommateur. Comme l'a rappelé la Commission européenne dans son document d'orientation, « *[i]l incombe à l'entreprise dominante de fournir toutes les preuves nécessaires pour démontrer que le comportement en cause est objectivement justiﬁé. Il appartient ensuite à la Commission d'apprécier en dernière analyse si le comportement examiné n'est pas objectivement nécessaire et, sur la base d'une mise en balance des effets anticoncurrentiels apparents et des gains d'efﬁcacité allégués et démontrés, est susceptible de porter préjudice aux consommateurs* »[1624]. Avec

---

1624 Comm. eur., Orientations sur les priorités retenues par la Commission pour l'application de l'article 82 du traité CE aux pratiques d'éviction abusives des entreprises dominantes, *JOUE* C 45/7 du 24 févr. 2009, § 31. Sur le même sujet, voy. aussi TPICE, 17 sept. 2007, *Microsoft*, aff. T-201/04, *Rec.* II, p. 3601, § 688, qui a jugé que « *si la charge de la preuve quant à l'existence des circonstances constitutives d'une violation de l'article 82 CE repose sur la Commission, c'est toutefois à l'entreprise dominante concernée, et non à la Commission, qu'il incombe, le cas échéant, et avant la ﬁn de la procédure administrative, de faire valoir une éventuelle justiﬁcation objective et d'avancer, à cet égard, des arguments et des éléments de preuve. Il appartient ensuite à la Commission, si elle entend conclure à l'existence d'un abus de position dominante, de*

d'autres[1625], nous pensons que cette défense par la mise en balance des effets pro- et anticoncurrentiels[1626] est impraticable dans les affaires impliquant des brevets, car elle ne permet pas de révéler si le système des brevets a été utilisé loyalement ou non par l'entreprise dominante. Les entreprises ne devraient d'ailleurs pas regretter l'*efficiency defense* puisqu'elle a jusqu'alors toujours échoué et a profité à la Commission européenne[1627]. Ce faisant, une fois la démonstration de la restriction de concurrence réalisée, l'institution bruxelloise devrait imposer à l'entreprise dominante de prouver qu'elle a fait un usage légitime de ses droits de propriété intellectuelle et devrait refuser une défense uniquement portée sur les gains d'efficacité. Comme l'a évoqué Mme Leblond dans sa thèse de doctorat, il serait imposé au détenteur du brevet « *de démontrer l'utilisation légitime qu'[il] fait du système de brevet ce qui devrait pouvoir conduire à lui imposer le caractère méritant du produit breveté* »[1628].

Évaluer les mérites du brevet étant une mission particulièrement délicate, qui mieux que le breveté lui-même pourrait apporter la preuve de cette utilisation légitime, « éthique »[1629] et « morale » du système des brevets ? En procédant de cette manière, on orienterait les entreprises dominantes vers des comportements plus éthiques et moraux. Cette orientation est importante, car l'éthique, selon un auteur, est « *un moyen de réguler, voire d'autoréguler le marché* »[1630]. Pour paraphraser la formule du professeur Germain, il ne s'agirait plus ici de séparer la morale de la vie économique, mais d'intégrer la morale dans le droit économique[1631]. Concrètement, l'entreprise dominante devrait démontrer non seulement

---

démontrer que les arguments et les éléments de preuve invoqués par ladite entreprise ne sauraient prévaloir et, partant, que la justification présentée ne saurait être accueillie ».

1625 L. Leblond, *op. cit.*, p. 484.

1626 On parle aussi « d'*efficiency defense* ».

1627 Voy. J.-F. Bellis & T. Kasten, « Will Efficiencies Play an Increasingly Important Role in the Assessment of Conduct under Article 102 TFEU? », 55 *Antitrust Bulletin* 915 (2010), spéc. p. 926, qui expliquent que les gains d'efficience sont pris en compte « *après que la Commission a déjà expliqué comment le comportement prétendument abusif est susceptible de restreindre la concurrence et nuire ainsi aux consommateurs. Ce faisant, l'entreprise dominante devra effectivement se défendre contre une conclusion selon laquelle elle s'est engagée dans des comportements nuisibles aux consommateurs, une tâche qui s'est révélée historiquement impossible* » (traduction libre). Dans la langue d'origine : « *efficiencies will be considered only as a second step, after the Commission has already explained how the allegedly abusive conduct is likely to restrict competition and thereby harm consumers. Thus, the dominant undertaking will still effectively need to defend itself against a finding that it has engaged in conduct harmful to consumers, a task that has historically proven to be been next to impossible* ».

1628 L. Leblond, *op. cit.*, p. 484.

1629 Sur l'éthique, voy. l'article fondateur du professeur Oppetit : B. Oppetit, « Éthique et vie des affaires » *in Mél. offerts à A. Colomer*, Litec, 1993, p. 319. *Adde*. G. Farjat, « L'éthique et le système économique, une analyse juridique » *in L'éthique dans les relations économiques internationales en hommage à P. Fouchard*, Pedone Paris, 2006, p. 27.

1630 M. Mekki, « Considérations sociologiques sur les liens entre droit et morale : la fusion des corps et la confusion des esprits » *in Droit et Morale* (dir. D. Bureau, F. Drummond et D. Fenouillet), Dalloz, 2011, p. 27, spéc. p. 31.

1631 M. Germain, « Morale et droit des affaires » *in Droit et Morale* (dir. D. Bureau, F. Drummond et D. Fenouillet), Dalloz, 2011, p. 183, spéc. p. 186. La formule originale était la suivante : « *Il ne s'agit plus de séparer la morale de la vie des affaires, mais de séparer ou intégrer la morale dans le droit des affaires.* » Voy. aussi I. Parachkévova, J.-B. Racine et M. Teller, « La doctrine juridique humaniste » *in Liber amicorum – Mél. en l'honneur de F. Collart Dutilleul*, Dalloz, 2017, p. 589, spéc. p. 601. Dans ce texte, les auteurs défendent l'idée selon laquelle le droit économique serait « *un droit des personnes dans l'économie,*

l'utilité du rachat des technologies brevetées, mais en sus, que les accords *pay-for-delay* conclus *a posteriori* ne visaient pas à retarder l'entrée des concurrents sur le marché ou à les évincer. L'entreprise devrait prouver que sa stratégie ne visait qu'à protéger ses droits de propriété intellectuelle et qu'elle n'avait pas pour but d'entraver l'entrée des concurrents génériques sur le marché. Bien évidemment, l'entreprise dominante ne doit pas se contenter de généralités. Pour convaincre la Commission européenne, elle devra apporter des éléments de preuve précis et persuasifs. Si elle échoue dans sa démonstration, alors son comportement ne sera pas justifié. Dans ce cas, il pourra être considéré que le brevet a été utilisé non pas pour protéger l'invention, mais seulement pour reporter l'entrée des génériques sur le marché – en d'autres termes, que la stratégie a eu pour unique objectif d'ériger des barrières artificielles à l'entrée pour protéger un médicament *princeps* dont la protection brevetaire a expiré. Par ailleurs, il importe de relever que la démonstration d'une utilisation légitime et loyale du système des brevets ne devrait pas être nécessaire dans le cas où la Commission européenne a trouvé des documents internes exposant l'intention anticoncurrentielle de l'entreprise dominante. La Cour de justice a validé cette pratique décisionnelle en jugeant que l'institution bruxelloise pouvait s'appuyer sur l'intention anticoncurrentielle pour qualifier un comportement d'abusif[1632].

404. **Ne pas décourager l'exercice légitime des droits de propriété intellectuelle.** On le sait, le droit de la concurrence, comme toute règle de droit, vise une finalité sociale qui, de près ou de loin, renvoie directement au monde des valeurs[1633]. Ce que le droit de la concurrence cherche à préserver dans le secteur pharmaceutique, c'est une concurrence saine et non faussée qui bénéficie aux consommateurs. Par conséquent, il est important de voir condamner les abus de position dominante assis sur un dépassement des droits de propriété intellectuelle. Sanctionner ces mauvaises pratiques pourrait permettre d'accroître la concurrence et pousser les entreprises pharmaceutiques à commercialiser des médicaments innovants plus tôt sur le marché, lesquels répondent à des problèmes de santé publique. Toutefois, le droit de la concurrence ne devrait pas décourager les entreprises dominantes à mettre en œuvre leurs brevets lorsque cette mise en œuvre ne détourne pas le système des brevets de ses finalités. Pour cette raison, bâtir un test antitrust le plus solide possible apparaît comme une exigence indispensable.

---

autrement dit, un droit de l'humain confronté à une déshumanisation par les forces du marché ». Aussi, ce ne serait pas que la morale qui devrait avoir bonne place en droit économique. L'humain devrait être au cœur de ce dernier.

1632 Voy. par ex. : CJUE, 19 avr. 2012, *Tomra Systems ASA e.a. c/ Commission*, aff. C-549/10 P, *Rec. num.* EU:C:2012:221, § 19, où la Cour explique que « *lorsque la Commission procède à une évaluation du comportement d'une entreprise en position dominante, cet examen étant indispensable aux fins d'une conclusion relative à l'existence d'un abus d'une telle position,* elle est forcément amenée à apprécier la stratégie commerciale poursuivie par ladite entreprise. *Dans ce cadre,* il apparaît normal que la Commission évoque des facteurs de nature subjective, *à savoir les mobiles qui sous-tendent la stratégie commerciale en question* » (nous soulignons).

1633 Sur ce sujet, le doyen Cornu avait indiqué que « *tout droit positif demande son chemin à un ordre de valeurs idéales* ». Voy. G. Cornu, « Le visible et l'invisible » *in L'art du droit en quête de sagesse*, PUF, 1998, p. 419. S'agissant des valeurs en droit de la concurrence : voy. not. M. Béhar-Touchais, « Préface » *in À quoi sert la concurrence ?* (dir. M. Béhar-Touchais, N. Charbit et R. Amaro), Institut de droit de la concurrence, 2014, p. 6, spéc. p. 20 et s.

Conclusion de chapitre

405. **Conclusion du chapitre 2 relatif au contrôle des accords de report d'entrée au moyen du droit de l'abus de position dominante.** Les accords de report d'entrée peuvent parfois être considérés comme un abus de domination. *Via* la détention de brevets, les laboratoires *princeps* pourraient abuser de leur monopole légal pour évincer des concurrents génériqueurs du marché ou les empêcher de commercialiser leur version générique. Si ce constat est identique des deux côtés de l'Atlantique, nous avons cependant observé une dissonance entre les deux autorités de concurrence. Aux États-Unis, la FTC se montre plutôt frileuse quant à l'utilisation du grief de *monopolization* et, en règle générale, se refuse pour l'instant à déposer des plaintes pour violation de la section 2 du Sherman Act. En effet, rares sont les affaires où un accord *pay-for-delay* a été condamné pour monopolisation illégale ou tentative de monopolisation du marché. Ce faisant, cette situation nous a conduit à parler d'utilisation parcimonieuse de la section 2 du Sherman Act. Dans l'Union européenne en revanche, la Commission européenne a fait preuve d'une grande décomplexion en sanctionnant les laboratoires Servier pour abus de position dominante. Pour l'institution bruxelloise, la pratique consistant à combiner l'acquisition de technologie brevetée avec la conclusion d'accords de report d'entrée ne relève pas d'une concurrence par les mérites. Pour arriver à ce résultat, il semble que la Commission européenne ait choisi de renouveler sa manière de délimiter le marché pertinent. En mettant en œuvre une analyse que nous avons qualifiée de « contextuelle », elle s'est facilité la tâche pour retenir quasi automatiquement la position dominante du laboratoire *princeps*. Cette méthode est critiquable puisqu'elle ne révèle ni l'état ni le fonctionnement concurrentiel réel du marché. Dans l'affaire *Servier* par exemple, d'autres molécules exerçaient une pression concurrentielle. Mais en restreignant le marché à la seule molécule du périndopril, la Commission européenne a fait fi du contexte économique réel pour retenir une domination du marché. Pour cette raison, nous avons appelé à un retour à l'orthodoxie dans ce domaine, c'est-à-dire à l'application de la méthode ATC. Par ailleurs, eu égard au contexte brevetaire qui entoure les affaires de report d'entrée, nous pensons qu'une fois que la Commission européenne a identifié une pratique combinant l'acquisition d'une technologie brevetée avec un accord *pay-for-delay*, la charge de prouver que le brevet a été utilisé de façon légitime et morale devrait reposer sur le breveté. Injecter de la morale, ou de l'éthique dans le droit économique pourrait avoir pour effet d'orienter les entreprises détentrices de brevets vers des comportements plus vertueux et qui épousent les finalités du droit des brevets.

Conclusion de titre

406. **Conclusion du titre I relatif au rejet partiel des accords de report d'entrée *de lege lata*.** Les accords de report d'entrée souffrent d'une réputation injustement sulfureuse. *Prima facie*, ils semblent constituer une injure au fonctionnement normal de la concurrence sur le marché, idée qu'une partie de la doctrine américaine et européenne continue à défendre et à véhiculer au travers d'articles et d'études parfois empiriques sur les brevets. Cependant, en raison du contexte brevetaire qui les entoure, il a été jugé que certains accords *pay-for-delay* pourraient correspondre à une mise en œuvre légitime des droits de propriété intellectuelle détenus par les laboratoires innovants. Ce faisant, la Cour suprême américaine n'a pas rejeté en bloc les accords de report d'entrée et a refusé de les analyser comme des restrictions *per se* à la concurrence. Elle ne s'est pas plus prononcée pour une analyse *quick look*, laquelle aurait induit une présomption réfragable d'illicéité à leur égard. Dans l'arrêt *Actavis*, elle a décidé qu'il fallait leur appliquer une règle de raison. En enjoignant les juridictions inférieures à mettre en œuvre la *rule of reason* dans les affaires *pay-for-delay*, la Cour suprême a mis en exergue les vertus proconcurrentielles de ces accords et a fait le choix d'une approche équilibrée. L'équilibre ici tient en ce que les accords de report d'entrée ne sont pas considérés comme des accords qui perturbent à coup sûr l'ordre public concurrentiel. Toutefois, dans la mise en balance qu'elle a suggérée entre les effets pro- et anticoncurrentiels *via* la *structured rule of reason*, elle n'a pas tranché en faveur du renvoi du contentieux de brevet devant un tribunal spécialisé en droit de la propriété intellectuelle. Plutôt, la Cour suprême a consacré la théorie des droits probabilistes et a dégagé le principe selon lequel un paiement inversé significatif suffit pour inférer la faiblesse du brevet détenu par le laboratoire *princeps*. Par ce fait, elle a fait prévaloir l'application du droit antitrust sur le droit des brevets.

407. La Commission européenne a quant à elle choisi une approche beaucoup plus rigide. Dans les trois décisions qu'elle a rendues, elle a qualifié les accords de report d'entrée de restriction de concurrence par objet et n'a pas jugé nécessaire d'opérer une analyse substantielle par les effets pour conclure à une violation de l'ordre public concurrentiel. Pour retenir une restriction par objet, l'institution bruxelloise a bâti un test en trois étapes qui est venu ratifier la théorie des droits probabilistes en Europe. Tout comme la Cour suprême américaine, elle a jugé dans son test en trois étapes qu'un paiement inversé significatif permet de déduire la faiblesse du brevet sans qu'il soit nécessaire d'avoir le résultat du contentieux de brevet. Cependant, nous avons fait remarquer que ce test en trois étapes était d'une grande faillibilité et qu'il ne devrait pas résister aux principes du droit européen de la concurrence. Premièrement, l'expérience économique sur les accords de report d'entrée est trop faible pour retenir une restriction par objet. Secondement, les principes rappelés par la Cour de justice dans l'arrêt *Groupement des cartes bancaires* semblent enfreints et non respectés par la Commission européenne.

En définitive, il convient de retenir en l'état du droit positif que le rejet des accords de report d'entrée n'est pas total mais partiel. En ayant une lecture purement européenne, il aurait été tentant de retenir que le droit de la concurrence estime toujours ces accords-là comme une injure à l'ordre public concurrentiel. Or, en se saisissant de l'approche américaine, on se rend bien compte que les accords de report d'entrée ne sont pas rejetés par tous les ordres juridiques. D'ailleurs, l'Union européenne rejette-t-elle vraiment les accords *pay-for-delay* ? Il nous semble que cela ne soit pas complètement le cas. Sinon, comment expliquer que quatre-vingt-deux accords de report d'entrée de catégorie B.II., pourtant notifiés à la Commission européenne depuis la fin de son enquête sectorielle, n'aient toujours pas fait l'objet de procédures contentieuses ? S'agit-il d'un manque de moyens ou d'un choix purement politique et arbitraire ?

Quoi qu'il en soit, si *de lege lata* les accords de report d'entrée apparaissent plutôt comme des trublions de l'ordre public concurrentiel, nous pensons qu'une admission de ces accords devrait être retenue *de lege ferenda*. Cette admission devrait cependant être conditionnée.

TITRE II

L'ADMISSION SOUHAITABLE DES ACCORDS DE REPORT D'ENTRÉE, *DE LEGE FERENDA*

408. **La justification de l'admission des accords de report d'entrée conduit à proposer l'adoption de nouveaux instruments pour mieux les contrôler.** Le précédent titre avait pour objet de démontrer que l'ordre juridique ne rejette les accords de report d'entrée que de façon partielle. Alors qu'ils sont peu ou prou accueillis aux États-Unis, ils apparaissent en revanche clairement stigmatisés dans l'Union européenne. Il a été montré que le contrôle antitrust actuellement utilisé par la Commission européenne – le test en trois étapes – est faillible et qu'il appréhende bien mal la complexité des accords de report d'entrée. Le test européen, non seulement refoule le contexte brevetaire qui les entoure, mais paraît aussi non conforme à la jurisprudence de la Cour de justice, et notamment au récent arrêt *Groupement des cartes bancaires*. Le prolongement naturel de cette réflexion consiste donc à s'interroger sur l'opportunité d'une admission des accords de report d'entrée par l'ordre juridique européen. Si cette admission nous semble évidente, elle devrait cependant reposer sur certaines conditions. Bien que la réception des accords de report d'entrée par l'ordre juridique européen se justifie à plusieurs égards (Chapitre 1), elle exige néanmoins de nombreuses modifications du droit en vigueur qui permettront d'analyser par la suite la nocivité des *pay-for-delay* avec le plus de justesse possible. On l'a saisi, l'admission des accords de report d'entrée devrait obliger l'ordre juridique européen à adopter de nouveaux instruments techniques pour les évaluer (Chapitre 2). Ces nouveaux moyens permettront d'éviter des condamnations tous azimuts et refuseront la hiérarchisation entre le droit de la concurrence et le droit des brevets. À l'avenir, ces deux branches du droit économique[1634] devraient jouer toutes deux un rôle complémentaire mais distinct, ce qui devrait transmuer la vision que les autorités de contrôle ont à l'égard des *pay-for-delay*.

1634 Voy. sur le sujet : R. Martin, « Le droit en branches », *D.* 2002, p. 1703, qui explique que « *la division en branches est d'abord une façon d'ordonner la matière* » et qu'elle « *a un intérêt didactique et dogmatique* ».

Chapitre 1
La justification de l'admission

409. **L'admission des accords de report d'entrée se justifie aussi bien au regard de la finalité du droit de la concurrence que de la conciliation de ce dernier avec le droit des brevets.** Le débat autour des objectifs économiques du droit européen de la concurrence n'est toujours pas clos. À ce jour, des querelles doctrinales assez vives demeurent prégnantes dans l'Union européenne. Le sujet sempiternel autour des objectifs du droit de la concurrence n'est d'ailleurs pas près de s'éteindre, car la politique européenne de concurrence a pour caractéristique singulière de s'assigner des finalités variables au gré du temps et des besoins. Cette variabilité est un moyen pour la Commission européenne de traiter efficacement les pratiques qui pourraient perturber le maintien d'un fonctionnement concurrentiel du marché de l'Union. En tout état de cause, comme l'a fait remarquer le professeur Petit, c'est pour l'heure « *le binôme efficacité économique/bien-être du consommateur [qui] tient la corde* »[1635]. En effet, la Commission européenne rappelle à l'envi que l'idée d'un marché « *concurrentiel et ouvert offre la meilleure garantie de voir les entreprises européennes renforcer leur* efficacité *et leur potentiel d'innovation* »[1636]. Elle répète souvent aussi que le standard de mise en œuvre du droit de la concurrence est celui du bien-être du consommateur. Pour autant, le droit de la concurrence ne cherche pas à protéger les intérêts particuliers des acteurs du marché, qu'ils soient des concurrents ou des consommateurs finaux. Plutôt, les règles de concurrence « *n'assurent la protection d'intérêts particuliers que comme un moyen de maintien de la libre concurrence* »[1637]. Plus précisément, « *la tutelle [que le droit de la concurrence] exerce sur les volontés privées doit trouver sa légitimité dans la satisfaction de l'intérêt général* »[1638]. Ce faisant, pour justifier l'admission des accords de report d'entrée au regard de la finalité du droit la concurrence (Section 1), il conviendra de mettre en exergue la contribution de ces accords à l'intérêt général, lequel ne se réduit pas à la satisfaction des intérêts du consommateur final. Pour le démontrer, nous nous délierons de la vision court-termiste adoptée par la Commission européenne dans ses décisions de

---

1635 N. Petit, *Droit européen de la concurrence*, *op. cit.*, n° 97, pp. 56-57. Voy. aussi D. Geradin, « Efficiency Claims in EC Competition Law and Sector-specific Regulation » *in The Evolution of European Competition Law – Whose Regulation, Which Competition?* (dir. H. Ullrich), Edward Elgar Publishing, 2006, p. 313.

1636 Comm. eur., Communication de la Commission, Une politique de concurrence proactive pour une Europe compétitive, COM(2004) 293 final, 20 avr. 2004, p. 1 (nous soulignons).

1637 A. Decocq et G. Decocq, *Droit de la concurrence – Droit interne et droit de l'Union européenne*, 7e éd., LGDJ, 2016, n° 1, p. 21.

1638 M. Chagny, *Droit de la concurrence et droit commun des obligations*, Dalloz, 2004, n° 555, p. 551. Voy. aussi L. Vogel, « Intérêt général et concurrence : la guerre ou la paix ? » *in L'intérêt général – Mél. en l'honneur de D. Truchet*, Dalloz, 2015, p. 667, qui considère que la notion d'intérêt général est en recul s'agissant du droit des pratiques anticoncurrentielles.

condamnation, laquelle a complètement écarté les bienfaits que ces accords pourraient apporter sur un horizon de moyen et long terme. Par ailleurs, il conviendra d'expliquer que les accords de report d'entrée se justifient au regard de la conciliation du droit de la concurrence et du droit des brevets (Section 2). Ces deux droits cherchant simultanément à promouvoir l'innovation, il s'agira tout d'abord de convaincre que les accords de report d'entrée représentent un outil efficace pour engendrer la commercialisation de nouvelles inventions pharmaceutiques[1639]. Ensuite, il importera de montrer que, nonobstant les effets positifs de ces accords, ils ne doivent pas pour autant être ostracisés des terres du droit de la concurrence.

Section 1
La justification au regard de la finalité du droit de la concurrence

410. **Le bien-être du consommateur, une notion diverse.** La prise en compte du consommateur par le droit de la concurrence serait pour certains une façon d'humaniser ce droit en y intégrant des préoccupations sociales[1640]. Considéré comme une clé de voûte de la politique européenne de concurrence[1641], voire comme « *un principe directeur d'interprétation de la règle de concurrence* »[1642], le bien-être du consommateur apparaît pourtant pour le juriste comme un concept économique déroutant, peu familier[1643], voire abscons. Paré de vertus humanistes, ce concept « *ne relève pas du registre du droit de la consommation, mais de l'économie* »[1644], ce qui le rend difficilement manipulable pour les spécialistes du droit. En dépit de

---

1639 Selon nous, les accords *pay-for-delay* peuvent parfois être l'expression de la mise en œuvre du brevet. Mis au service de l'intérêt général, ils pourraient contribuer à développer le progrès économique et à le mettre en application.

1640 M. Malaurie-Vignal, « Le bien-être du consommateur, une rencontre possible entre juriste et économiste ? », article publié dans le cadre d'un colloque en ligne intitulé « Le droit de la concurrence et l'analyse économique », *Revue Concurrentialiste*, mai 2013, p. 56.

1641 P. Lowe, *Consumer Welfare and Efficiency – New Guiding Principles of Competition Policy*, Munich, 14th International Conference on Competition and 14th European Competition Day, 27 March 2007, disponible sur http://ec.europa.eu. Dans ce discours, l'ancien directeur général de la DG concurrence soutenait que « *le but de la politique de concurrence est de protéger la concurrence sur le marché, ce qui est un moyen pour améliorer le bien-être du consommateur* » (traduction libre). Dans la langue d'origine : « *the aim of competition policy is to protect competition on the market as a means of enhancing consumer welfare* ». L'ancienne commissaire chargée de la concurrence avait déclaré quant à elle que « *le bien-être du consommateur est le standard de la mise en œuvre du droit antitrust* ». Elle a ajouté que vérifier qu'une pratique porte potentiellement atteinte aux consommateurs est toujours au cœur de ce que la Commission fait. N. Kroes, *Making consumer's right dommages a reality: the case for collective redress mechanism in antitrust claims*, Lisbon, Conference on collective redress for European consumers, 9 Nov. 2007 (traduction libre) : « *Consumer welfare is the standard of antitrust enforcement* », disponible sur http://ec.europa.eu.

1642 M. Malaurie-Vignal, « Le bien-être du consommateur, une rencontre possible entre juriste et économiste », art. préc., p. 59.

1643 B. Dhaeyer et J. Thilmany, « La protection du consommateur en droit antitrust européen », *RTD eur.* 1978, p. 235.

1644 C. Prieto et D. Bosco, *Droit européen de la concurrence – Ententes et abus de position dominante*, *op. cit.*, n° 216, p. 206.

cette difficulté d'appréhension, le droit européen de la concurrence s'est assigné comme objectif principal de maximiser le bien-être général du consommateur[1645]. Concrètement, cela se traduit par le fait « *de protéger ce dernier contre les entraves à la concurrence qui sont susceptibles d'affecter les prix ou de limiter le volume des produits ou services mis sur le marché* »[1646]. En droit positif, le concept de bien-être du consommateur a une définition bien précise et conduit selon nous à regarder avec scepticisme les accords de report d'entrée (§ 1). L'acception du bien-être du consommateur par la Commission européenne conduit à principalement se concentrer sur les effets des accords *pay-for-delay* au regard de la concurrence statique. Pour les affaires de paiements inversés, il nous semble que retenir le bien-être « total » du consommateur serait une analyse bien plus fine (§ 2). En se concentrant sur la concurrence dynamique et les effets de long terme, il sera possible de mettre en avant les vertus de ces accords pour l'innovation et la recherche pharmaceutique.

§ 1. La protection du bien-être du consommateur en droit positif

411. **Le bien-être du consommateur, un objectif du droit européen de la concurrence.** La protection des intérêts des consommateurs a parfois été décrite comme « *le noyau dur* » du droit de la concurrence[1647]. Un auteur explique que « *le but ultime [de ce droit] est d'accroître l'efficience économique globale tout en fournissant aux consommateurs une part équitable de cette richesse totale* »[1648]. Que ce soit par des déclarations ou des lignes directrices[1649], la Commission européenne rappelle à l'envi cet objectif de maximisation du bien-être du consommateur. Lors d'une conférence tenue en 2010, l'ancien commissaire à la concurrence, J. Almunia, a été on ne peut plus explicite en déclarant que « *tout le monde sait très bien ici ce qu'est notre but ultime : la politique de concurrence est un outil au service des consommateurs. Le bien-être du consommateur est au cœur de notre politique et sa réalisation fait partie de nos priorités et guide nos décisions* »[1650].

1645 J.-F. Bellis, *Droit européen de la concurrence*, 2e éd., Bruylant, 2017, p. 2. Voy. aussi A.-L. Sibony, *Le juge et le raisonnement économique en droit de la concurrence*, *op. cit.*, n° 157, p. 118. *Contra* voy. M.-A. Frison-Roche et M.-S. Payet, *Droit de la concurrence*, Dalloz, 2006, n° 22, pp. 25-26, qui expliquent que « *la protection du consommateur […] n'est pas un objectif du droit de la concurrence* », car « *[le] droit de la concurrence n'est pas un droit de protection* ».

1646 *Ibid.*

1647 L. Boy, « L'abus de pouvoir de marché : contrôle de la domination ou protection de la concurrence ? », *RIDE* 2005/1, p. 27, spéc. p. 47.

1648 K. Cseres, « The Controversies of the Consumer Welfare Standard », 3 *Competition L. Rev.* 121 (2007), spéc. p. 124 (traduction libre) : « *The ultimate goal is to increase the overall economic efficiency while providing consumers with a fair share of this total wealth.* »

1649 Voy. par ex. Comm. eur., Lignes directrices concernant l'application de l'article 81, paragraphe 3, du traité, *JOUE* C 101 du 27 avr. 2004, p. 97, § 1, qui souligne que l'« *article [101], paragraphe 1, a pour objectif de préserver la concurrence sur le marché* afin d'accroître le bien-être du consommateur *et d'assurer une répartition efficace des ressources* » (nous soulignons).

1650 J. Almunia, *Competition and consumers: the future of EU competition policy*, European Competition Day, Madrid, 12 May 2010 (traduction libre), disponible sur http://ec.europa.eu. Dans la langue d'origine : « *all of us here today know very well what our ultimate objective is: Competition policy is a tool at the service*

Ce faisant, le droit européen de la concurrence ne serait pas réduit à l'objectif d'atteindre l'efficacité économique[1651]. Comme l'a souligné le professeur Petit, il œuvrerait avant tout pour les consommateurs[1652]. À cet égard, le choix politique de la Commission européenne a été de défendre le « surplus » du consommateur[1653], lequel est une notion synonyme du bien-être du consommateur[1654]. En économie, cela correspond à la différence entre ce que le consommateur est prêt à payer – on parle aussi de « prix de réserve » – et ce qu'il paye effectivement[1655]. Lorsqu'une entreprise prive injustement les consommateurs de ce surplus, alors l'intervention d'une autorité de concurrence se justifie.

Par ailleurs, contrairement à ce que préconisait la doctrine néoclassique[1656], le droit européen défend la concurrence en tant que telle. Dans l'Union, il est affirmé que la concurrence « apporte des avantages pour les consommateurs *et donc pour tous les membres de la société en baissant les prix, en améliorant l'approvisionnement avec des biens et des services et en incitant les entreprises à investir dans la recherche et le développement de nouveaux et meilleurs produits* »[1657]. Selon les termes du professeur Drexl, c'est une approche ontologique qui a été consacrée[1658].

---

of consumers. Consumer welfare is at the heart of our policy and its achievement drives our priorities and guides our decisions ».

1651 L'école de Chicago a quant à elle une vision différente. Richard Posner, le chef de file de cette école de pensée, affirme que « *l'efficacité économique est l'ultime but de l'antitrust* » (traduction libre). Voy. R. Posner, *Antitrust Law*, 2nd ed., University of Chicago Press, 2001, p. 29 : « *Efficiency is the ultimate goal of antitrust.* » Néanmoins, l'efficacité économique est l'un des buts du droit européen de la concurrence. Sous la plume de la professeure Malaurie-Vignal, on peut lire que « *le droit du marché se veut un droit de l'efficacité économique, au service des consommateurs* ». Voy. M. Malaurie-Vignal, « Simplification du droit de la concurrence : une utilité, un leurre ou une réalité ? » *in La simplification du droit – Recherches à la confluence de la légistique et de la pratique* (dir. D. Bert, M. Chagny et A. Constantin), Institut universitaire de Varenne, LGDJ, 2015, p. 289, spéc. p. 290. Pour une étude du bien-être du consommateur au travers de l'expérience américaine : voy. F. Marty, « Le critère du bien-être du consommateur comme objectif exclusif de la politique de la concurrence – Une mise en perspective sur la base de l'histoire de l'antitrust américain », *RIDE* 2014/4, p. 471.

1652 N. Petit, *Droit européen de la concurrence*, *op. cit.*, n° 95, p. 55. Pour la professeure Payet, l'intérêt du consommateur n'est pas pris en considération pour lui-même. Il est utilisé « *comme outil d'analyse de la situation d'une entreprise sur le marché* » et « *importe dans la seule mesure où il atteste de l'efficacité économique* ». Voy. M.-S. Payet, *Droit de la concurrence et droit de la consommation*, Dalloz, 2001, n° 25, pp. 38-39.

1653 La professeure Malaurie-Vignal a décrit ce surplus comme « *la pierre angulaire des doctrines économistes* ». M. Malaurie-Vignal, « Le consommateur et le droit de la concurrence », *Contrats, conc., consom.* 2005, n° 11, repère 10.

1654 Voy. par ex. M. Monti, *Competition for Consumers' Benefit*, 10th Competition Day, Amsterdam, 22 Oct. 2004, disponible sur http://ec.europa.eu. Récemment la Cour de justice au lieu de viser directement le bien-être du consommateur a préféré parler de « bien-être dans l'Union ». Voy. CJUE, 17 févr. 2011, *Konkurrensverket c/ TeliaSonera*, aff. C-52/09, *Rec.* I, p. 527, § 22, où la Cour énonce que les règles de concurrence « *ont précisément pour objectif d'éviter que la concurrence ne soit faussée au détriment de l'intérêt général, des entreprises individuelles et des consommateurs, contribuant ainsi au bien-être dans l'Union* ».

1655 D. Carlton et J. Perloff, *Économie industrielle*, De Boeck, 1998, p. 1020. S. Alboek, « Consumer Welfare in EU Competition Policy », 2013, p. 70, disponible sur http://ec.europa.eu.

1656 Cette doctrine a défendu le principe selon lequel le droit de la concurrence devrait avoir pour seul objectif l'efficience économique.

1657 J. Drexl, « Déséquilibres économiques et droit de la concurrence » *in Les déséquilibres économiques et le droit économique* (dir. L. Boy), Larcier, 2015, p. 33, spéc. pp. 34-35 (nous soulignons).

1658 *Ibid.*, p. 39. La jurisprudence de l'Union européenne a consacré cette approche ontologique dans la mesure où pour retenir une restriction de concurrence elle ne requiert pas un préjudice directement porté au consommateur. Ce qui compte, c'est de protéger la concurrence en tant que telle. Voy. par ex. CJCE, 21 févr. 1973, *Continental Can c/ Commission*, aff. 6/72, *Rec.*, p. 215, § 26 ; CJCE, 15 mars 2007, *British Airways c/ Commission*, aff. C-95/04 P, *Rec.* I, p. 2331, § 106.

Avec cette approche, les bénéfices[1659] pour les consommateurs sont considérés comme « *une conséquence systémique de la concurrence* »[1660].

412. **Quel consommateur ? Quel bien-être dans le secteur pharmaceutique ?** Le concept de bien-être du consommateur étant « multidimensionnel »[1661], il importe de se demander de quel consommateur et de quel bien-être la Commission parle lorsqu'elle met en œuvre les règles de concurrence. Une partie de la doctrine s'accorde à dire que la notion de bien-être du consommateur ne doit pas être circonscrite au consommateur final, c'est-à-dire aux consommateurs qui achètent des biens et des services[1662]. Cette notion doit intégrer les entreprises intermédiaires, lesquelles achètent des produits et des services sur le marché pour les revendre aux consommateurs finaux. En outre, comme l'a fait remarquer l'ancien président de l'Autorité de la concurrence, le bien-être du consommateur doit être entendu au sens large. Il ne doit pas uniquement couvrir les gains en termes de prix. Le bien-être doit porter sur « *la capacité à obtenir une offre variée, de l'innovation, des produits en quelque sorte qui apportent un progrès au consommateur au sens large* »[1663]. En d'autres termes, l'analyse ne doit pas se limiter aux gains de court terme ; elle doit aussi examiner les attentes du consommateur à moyen et long terme. Est-ce bien le cas lorsque la Commission européenne juge des affaires dans le secteur pharmaceutique ?

Pour regarder l'approche adoptée par la Commission européenne dans ce secteur, un retour au Rapport final sur l'enquête sectorielle paraît pertinent. Grâce à ce dernier, il est possible de délimiter les contours du bien-être du consommateur[1664]. À y regarder de près, il semble que deux critères aient été mis en avant par la Commission européenne. Pour conclure qu'une pratique est anticoncurrentielle, la Commission européenne a indiqué qu'elle examinera au cas par cas les

---

1659 Dans un article de référence sur le sujet, le professeur Brodley a indiqué que le bien-être du consommateur se manifestait par « *les bénéfices économiques directs et explicites reçus par les consommateurs d'un produit particulier mesurés à l'aune de son prix et de sa qualité* » (traduction libre). Voy. J. Brodley, « The Economic Goals of Antitrust: Efficiency, Consumer Welfare, and Technological Progress », 62 *New York University L. Rev.* 1020 (1987), spéc. p. 1033 : « *consumer welfare must refer to the direct and explicit economic benefits received by the consumers of a particular product as measured by its price and quality* ».

1660 H. Schweitzer, « The role of consumer welfare in EU competition law » *in Technologie et concurrence – Mél. en l'honneur de H. Ullrich*, Larcier, 2009, p. 511, spéc. p. 524 (traduction libre) : « *a systemic consequence of competition* ».

1661 C. Jourdain-Fortier, « Des pratiques de protection des parts de marché aux pratiques d'éviction – Réflexions sur la notion de "bien-être du consommateur" en droit de la concurrence » *in Les pratiques de l'industrie pharmaceutique au regard du droit de la concurrence*, *op. cit.*, p. 23, spéc. p. 43.

1662 Voy. entre autres ex., B. Lasserre, « Le consommateur et son bien-être au cœur de la mise en œuvre des règles de concurrence – Propos introductifs », Journée européenne de la concurrence (Paris, 18-19 nov. 2008), *Concurrences* n° 1-2009, p. 21 ; C. Prieto et D. Bosco, *Droit européen de la concurrence – Ententes et abus de position dominante*, *op. cit.*, n° 216, p. 206.

1663 *Ibid.* Cependant, comme l'a révélé Mme Sibony, « *l'intérêt du consommateur est évalué essentiellement à l'aune de la hausse ou de la baisse des prix qu'un comportement entraîne* ». Voy. A.-L. Sibony, *Le juge et le raisonnement économique en droit de la concurrence*, *op. cit.*, n° 161, p. 122.

1664 À cet égard, on peut lire sous la plume d'une auteure que « *le droit communautaire actuel de la concurrence […] préfère généralement le critère de "bien-être du consommateur", ce qui ressort de la lecture du rapport de juillet 2009 qui met constamment en lumière les effets des pratiques stigmatisées pour "le patient", consommateur final. On comprend alors que la lutte contre les pratiques dans le secteur pharmaceutique est justifiée par une volonté de maximiser ce "bien-être du patient-consommateur"* ». Voy. C. Jourdain-Fortier, art. préc., p. 44.

effets de la pratique en cause sur l'innovation ainsi que ses bénéfices potentiels pour le consommateur. Pour une auteure, le critère de l'innovation et celui du bénéfice de la pratique pour le consommateur « *apparaissent comme les deux branches* »[1665] du critère plus général de bien-être du consommateur. Ainsi, bien que la Commission européenne parle de l'importance de l'innovation dans le secteur[1666], elle a cependant mis davantage en exergue les problèmes liés à la concurrence statique. Elle a porté une attention particulière aux pratiques ayant pour objet ou pour effet de retarder l'accès des génériques aux consommateurs, plus précisément l'accès à des produits moins onéreux. L'institution bruxelloise a souvent repris l'expression « *au détriment du consommateur* » et a souligné que les pratiques des entreprises pharmaceutiques ne devaient pas empêcher la mise sur le marché de médicaments « *sûrs et innovants,* à des prix abordables, *et dans les meilleurs délais* »[1667]. En ce sens, il semblerait que l'obsession de la Commission européenne soit de faire chuter les prix des médicaments et d'augmenter le pouvoir d'achat des consommateurs[1668]. Mme Frison-Roche a confirmé cette approche de la Commission européenne en soulignant que « *l'idée principale et préalable aux quantifications opérées est que la multiplication des génériques sur les marchés de médicaments est bonne en soi puisqu'ils sont moins chers, les autres considérations étant de second rang, comme les incitations à la découverte de médicaments nouveaux. En cela, la Commission européenne se comporte comme une autorité de concurrence, qui pose, selon la théorie économique sous-jacente, que l'affrontement des produits techniquement substituables, ce qui est la définition même du générique par rapport au princeps, suffit à satisfaire l'intérêt général. Elle estime qu'elle doit "forcer la main" au marché pour qu'il atteigne son amplitude concurrentielle* »[1669]. Cependant, en opérant de cette manière, la Commission européenne semble être intervenue plutôt en tant qu'autorité de régulation qu'en tant qu'autorité de concurrence[1670], car « *la question de la vitesse d'entrée des médicaments génériques est un souci de régulateur est non un souci d'autorité de concurrence* »[1671]. En effet,

1665 *Ibid.*, p. 43.

1666 Comm. eur., Rapport final sur le secteur pharmaceutique, préc., p. 21.

1667 *Ibid.*, p. 32 (nous soulignons).

1668 Ce sont les mots employés par l'ancienne commissaire à la concurrence. Voy. N. Kroes, *N'ayez pas peur de la concurrence*, Audition devant le Sénat français, Paris, 29 avr. 2008, disponible sur http://europa.eu.

1669 M.-A. Frison-Roche, « Protection de la santé publique, maîtrise des dépenses de santé, droit général de la concurrence et régulation sectorielle » *in Concurrence, santé publique, innovation et médicament*, *op. cit.*, p. 1, spéc. p. 2.

1670 Pour la professeure Frison-Roche, « *les médicaments sont des objets spécifiques parce qu'il y a un accord politique selon lequel, pour des raisons de justice distributive, ils sont des biens publics pour lesquels chacun doit avoir accès en dissociant la personne qui en a besoin de l'entité qui les paye. Cette dimension politique extrait les médicaments du droit de la concurrence et les place dans le champ du droit de la régulation* ». Voy. M.-A. Frison-Roche, « Protecting public health, controling healthcare expenditure, general Antitrust Law and sectorial Regulatory Law », *LPA* 2010, n° 90, p. 27 (traduction libre) : « *medicines are specific economic objects because there is political agreement that, for reasons of distributive justice, they are public goods to which everyone must have access by dissociating the person who needs them from the entity that pays for them. This political dimension extracts medicines from competition law and places them under regulatory law* ».

1671 M.-A. Frison-Roche, « Protection de la santé publique, maîtrise des dépenses de santé, droit général de la concurrence et régulation sectorielle », art. préc., p. 4.

en épurant le bien-être du consommateur de sa dimension dynamique, la Commission européenne semble avoir fait une mauvaise interprétation du standard qu'elle met au cœur de son analyse antitrust. Or, comme l'a relevé un ancien dirigeant d'un grand laboratoire pharmaceutique, « *le générique existe d'abord parce qu'il y a un produit innovant* »[1672]. Pour le dire autrement, sans innovation pharmaceutique, il n'y aurait pas de médicaments génériques et l'émergence d'une concurrence par les prix ne pourrait jamais se produire. La Commission européenne ne devrait donc jamais éliminer cet élément de son analyse. Or, en centrant son examen sur la chute des prix, la Commission européenne a délaissé les apports que pourrait avoir une pratique sur la concurrence dynamique, c'est-à-dire sur le moyen et sur le long terme.

Quoi qu'il en soit, une mauvaise application du standard de bien-être du consommateur est selon nous particulièrement manifeste dans les affaires *pay-for-delay*. Dans ces affaires, il nous semble que la mise en balance des bénéfices à court terme d'une concurrence sous forme de prix bas et des bénéfices à long terme sous forme d'innovation n'a pas été réalisée[1673]. Que ce soit dans la décision *Lundbeck* ou *Servier*, le prisme choisi n'a pas été celui des effets de la pratique sur l'innovation mais celui de l'effet de la pratique sur le patient, consommateur final du produit[1674]. Dans de nombreux passages des décisions mentionnées, il est relevé que, sans les accords de report d'entrée, les patients auraient pu jouir de médicaments beaucoup moins chers et, ce faisant, profiter d'une concurrence par les prix. Par exemple, dans l'affaire *Servier*, la Commission a jugé que lorsqu'un règlement amiable de report d'entrée est conclu, les consommateurs sont moins bien lotis « *puisqu'ils ne bénéficieront pas – que ce soit par leur prime de mutuelle santé ou par le budget de santé publique – de la baisse des prix qui aurait suivi l'introduction des génériques sur le marché* », si bien qu'« *un tel règlement amiable en matière de brevet est le fruit d'une collusion entre des concurrents (potentiels), au détriment du consommateur* »[1675]. Avec cette approche, le choix de la restriction par objet apparaît forcément plus lisible[1676]. Car, si la Commission européenne avait pris en compte aussi bien les effets des accords de report d'entrée à court terme que leurs effets à moyen et long terme, une mise en balance entre la concurrence statique et la concurrence dynamique aurait été nécessaire. Or, cette mise en balance n'est possible que lorsqu'une analyse des effets de la pratique est opérée, analyse qui, selon la professeure

---

1672 F. Garnier, « L'interface entre le droit de la concurrence et l'innovation : Un défi majeur dans le futur », Journée européenne de la concurrence (Paris, 18-19 nov. 2008), *Concurrences* n° 1-2009, p. 44.

1673 Sur cette mise en balance dans les affaires d'importations parallèles : voy. C. Lucas de Leyssac et G. Parleani, *Droit du marché*, PUF, 2002, p. 852.

1674 Aux États-Unis, la même approche semble avoir été retenue. Dans l'opinion dissidente du juge Roberts dans l'arrêt *Actavis*, on a pu lire que « *le but du droit antitrust est d'encourager des marchés concurrentiels pour promouvoir le bien-être du consommateur* » (traduction libre). Voy. U.S. Supreme Court, *Actavis*, 570 US _ (2013) (Roberts, J., Dissenting), p. 2 : « *The point of antitrust law is to encourage competitive markets to promote consumer welfare.* » À ce sujet, le professeur Hovenkamp a relevé que cette perspective domine l'arrêt de la Cour suprême. H. Hovenkamp, « Competition Policy and the Patent System » *in Innovation and Competition Policy*, Chapter 4, 2013, p. 97, disponible sur ssrn.com.

1675 Comm. eur., déc. du 9 juill. 2014, *Servier*, préc., § 1151, p. 281.

1676 Sur le choix de la restriction par objet, voy. *supra* n° 354 et s.

Prieto, est ancrée dans le bien-être du consommateur[1677]. En opérant une analyse court-termiste[1678], la Commission européenne a donc utilisé la notion du surplus du consommateur de manière restrictive et s'est concentrée uniquement sur les consommateurs d'aujourd'hui en délaissant ceux de demain. En effet, elle n'a pas répondu aux questions d'investissement[1679] qui sont pourtant primordiales dans le secteur pharmaceutique. À la question, « est-ce que les accords de report d'entrée permettent à moyen ou long terme de mettre un nouveau produit sur le marché ? », aucune réponse n'a été formulée. Or, comme l'avait relevé le professeur Rey, bien que la prise en compte du moyen et du long terme soit plus compliquée, et « *qu'il y a assurément plus d'incertitudes* », il faut « *prendre en compte de manière adaptée, en autorisant évidemment une marge d'appréciation, cette dimension de moyen et long terme* »[1680]. En s'épargnant cet examen, la Commission européenne risque de toujours stigmatiser les accords de report d'entrée et de provoquer par ricochet des effets négatifs pour la recherche et l'innovation pharmaceutiques. Ce faisant, à moins que la Commission européenne ne décide de recentrer son analyse sur les effets à moyen et long terme, il est souhaitable que le standard mis en œuvre dans les affaires *pay-for-delay* soit celui du « bien-être total ».

§ 2. Pour l'adoption du bien-être total en droit prospectif

413. **La notion de bien-être total.** À côté du concept de bien-être du consommateur coexiste celui de bien-être *total* (*total welfare approach*)[1681]. Le bien-être total cherche à prendre en compte les effets négatifs et positifs d'une pratique aussi bien sur les consommateurs que sur les producteurs[1682]. Ainsi, si le bilan économique total est positif, et ce, même si les consommateurs en souffrent, la pratique en cause

---

1677 C. Prieto, « Conclusion de la première journée », Journée européenne de la concurrence (Paris, 18-19 nov. 2008), *Concurrences* n° 1-2009, p. 58.

1678 Les émanations de ce court-termisme se retrouvent dans le dernier rapport de la Commission européenne sur la politique de concurrence. Lorsqu'elle parle des bienfaits de la concurrence pour les consommateurs européens, elle ne vise pas l'innovation. Dans ce document, elle relève que « *la politique de concurrence maintient les marchés efficients et ouverts. Pour les consommateurs européens, cela se traduit par de meilleurs résultats en termes de fonctionnement du marché,* tels que des prix plus bas, des produits et des services de meilleure qualité *et* un choix plus vaste » (nous soulignons). Comm. eur., *Rapport sur la politique de concurrence 2015*, COM(2016) 393 final, Bruxelles, 16 juin 2016, p. 2, disponible sur http://ec.europa.eu.

1679 Comme l'a fait remarquer M. Grundeler, la question de l'investissement est importante en droit de la concurrence, car l'investissement exclut parfois l'atteinte à la concurrence. Voy. G. Grundeler, *L'investissement (étude juridique)*, PUAM, 2017, n° 237 et s., p. 254 et s.

1680 P. Rey, « Le point de vue de l'économiste sur la prise en compte des préoccupations des consommateurs », Journée européenne de la concurrence (Paris, 18-19 nov. 2008), *Concurrences* n° 1-2009, p. 19.

1681 Le professeur Hovenkamp parle d'un principe néoclassique. Voy. H. Hovenkamp, « Implementing Antitrust's Goals », 81 *Fordham L. Rev.* 2471 (2013), spéc. p. 2471.

1682 Comme l'a expliqué un auteur, alors que le « bien-être total » se base sur la maximisation de la richesse globale de la société, le « bien-être du consommateur » défend pour sa part une distribution juste de cette richesse. M. Harker, « Antitrust Law and Administrability: Consumer versus Total Welfare », 34 *World Competition* 433 (2011), spéc. p. 434.

n'est pas sanctionnée[1683]. Ce qui compte, c'est le « surplus du producteur »[1684]. Les pertes du consommateur étant compensées par les gains du producteur, il y a une amélioration du « bien-être total »[1685]. On vise parfois aussi le bien-être total en parlant d'approche « williamsonienne » en hommage au professeur Williamson qui, dans un article fondateur, expliqua les raisons d'autoriser une concentration dont la richesse dégagée est pourtant accaparée par les producteurs[1686]. Pendant un temps, cette approche semblait d'ailleurs avoir été retenue par la Commission européenne en droit des concentrations[1687]. Cependant, les lignes directrices sur l'appréciation des concentrations horizontales ont rapidement précisé qu'une approche axée sur le bien-être du consommateur serait utilisée[1688].

En règle générale, les économistes préfèrent le concept de bien-être total parce qu'il se justifie par le critère de l'efficience économique[1689]. Pour soutenir ce standard, il est possible de se fonder sur le principe selon lequel l'intérêt du consommateur serait favorisé par la concurrence en tant que telle si bien que le consommateur ne devrait pas être spécialement protégé[1690]. Ce faisant, ce standard est intéressant parce

1683 *A contrario*, « *une pratique pourra être sanctionnée si elle porte atteinte à l'économie en général* ». Voy. M. Malaurie-Vignal, « Le bien-être du consommateur, une rencontre possible entre juriste et économiste ? », art. préc., spéc. p. 58.

1684 Un auteur explique que le surplus total tient compte à la fois du « surplus du producteur » et des actionnaires ou salariés. Voy. V. Pironon, *Droit de la concurrence*, Gualino, 2009, p. 19.

1685 Parfois, on parle aussi de « surplus global » ou de « surplus total ». Certains auteurs ne sont pas convaincus par la distinction bien-être du consommateur/bien-être total. Mme Fox considère par exemple que « *dans les économies importantes, telles que les États-Unis, une conduite ou des transactions réduisent rarement le bien-être du consommateur sans aussi réduire le bien-être total, de sorte que la distinction entre bien-être du consommateur et bien-être total est souvent discutable* » (traduction libre). Voy. E. Fox, « Efficiency Paradox » *in How the Chicago School Overshot the Mark – The Effect of Conservative Economic Analysis on U.S. Antitrust* (dir. R. Pitofsky), Oxford University Press, 2008, p. 77, spéc. p. 78 : « *In large economies such as the United States, conduct and transactions seldom lessen consumer welfare without also lessening total welfare, so the distinction between consumer and total welfare is often moot.* »

1686 O. Williamson, « Economies as an Antitrust Defense: The Welfare Tradeoffs », 58 *American Economic Rev.* 18 (1968).

1687 Règl. (CE) n° 139/2004 du Conseil du 20 janv. 2004 relatif au contrôle des concentrations entre entreprises, *JOUE* L 24/2 du 29 janv. 2004, § 29 : « *Pour déterminer l'effet d'une concentration sur la structure de la concurrence dans le marché commun, il convient de tenir compte des gains d'efficacité probables démontrés par les entreprises concernées. Il est possible que les gains d'efficacité résultant de la concentration contrebalancent les effets sur la concurrence,* et notamment le préjudice potentiel pour les consommateurs, *qu'elle aurait sinon pu avoir et que, de ce fait, celle-ci n'entrave pas de manière significative une concurrence effective dans le marché commun* » (nous soulignons).

1688 Comm. eur., Lignes directrices sur l'appréciation des concentrations horizontales au regard du règlement du Conseil relatif au contrôle des concentrations, *JOUE* C 31 du 5 févr. 2004, p. 5, § 79 : « *Lors de l'appréciation des arguments tirés des gains d'efficacité, il importe de vérifier que les consommateurs ne seront pas dans une moins bonne situation si l'opération a lieu. À cet effet, les gains d'efficacité doivent être importants, se matérialiser en temps utile et doivent, en principe, être à l'avantage des consommateurs qui sont sur les marchés où, à défaut de tels gains, l'opération soulèverait probablement des problèmes de concurrence.* » Pour le professeur Petit, la Commission a choisi une optique distributive analogue à celle de l'article 101(3) TFUE. Voy. N. Petit, *Droit européen de la concurrence*, *op. cit.*, note de bas de page n° 174, p. 55.

1689 J. Drexl, « Competition Policy as Part of the European Constitution » *in Principles of European Constitutional Law* (dir. A. von Bogdandy & J. Bast), 2nd ed., Hart Publishing, 2011, p. 659, spéc. pp. 687-688. Pour une appréciation plus ancienne : voy. M. Motta, *Competition Policy: Theory and Practice*, Cambridge University Press, 2004, p. 20.

1690 Voy. K. Elsinga, « The Goals of Antitrust: Other than Competition and Efficiency, What Else Counts », 125 *University of Pennsylvania L. Rev.* 1191 (1977), spéc. pp. 1194-1195, qui explique que la « *politique de concurrence n'a pas besoin de se préoccuper directement d'augmenter le pouvoir d'achat des pauvres parce qu'elle*

qu'il ne prend pas pour seul appui le consommateur, lequel est centré exclusivement sur la recherche de prix bas, ce qui n'est pas dans l'intérêt de l'entreprise. Pour comprendre le raisonnement, prenons pour exemple le cas des importations parallèles dans le secteur pharmaceutique. On constate dans ce type d'affaires qu'une solution différente aurait pu être retenue si le Tribunal avait pris en compte le surplus global – lequel aurait agrégé le surplus des laboratoires, des intermédiaires (les importateurs parallèles) et des consommateurs – plutôt que le seul surplus du consommateur. Comme l'a indiqué la professeure Sibony, si l'on avait assigné à l'article 101 TFUE la maximisation du surplus global, il aurait fallu se concentrer sur « *le solde net des trois variations de surplus* »[1691], si bien que la pratique aurait pu échapper à une sanction. Or, dans son arrêt *GlaxoSmithKline*, le Tribunal a expliqué clairement que « *la légitimité du transfert de richesse du producteur vers l'intermédiaire n'intéresse pas, en soi, le droit de la concurrence,* qui ne se préoccupe que de son incidence sur le bien-être du consommateur final »[1692].

Cependant, en se concentrant uniquement sur le bien-être du consommateur final, les firmes pourraient avoir moins d'intérêt à investir, à innover et à commercialiser de nouveaux produits[1693]. En droit antitrust, n'existerait-il pas un intérêt à changer de standard ? Plus précisément, le bien-être du consommateur, tel qu'il est appliqué dans les affaires *pay-for-delay,* ne risque-t-il pas d'avoir une incidence négative sur l'innovation pharmaceutique sur un horizon de long terme ?

414. **Pourquoi retenir le standard du « bien-être total » dans les affaires *pay-for-delay* ?** Pour notre part, nous pensons que retenir le bien-être total du consommateur serait particulièrement intéressant dans le secteur pharmaceutique, et notamment dans les affaires *pay-for-delay*. Dans ce secteur si particulier, l'intérêt principal du consommateur n'est pas d'avoir des prix bas, mais d'avoir une gamme de choix et surtout un accès aux produits les plus innovants. Comme nous l'avons vu[1694], que ce soit dans son rapport sur le secteur pharmaceutique ou dans ses décisions, la Commission européenne a axé son raisonnement sur le préjudice qui touche le patient lorsque des accords de report d'entrée sont conclus. En se concentrant principalement sur les prix excessifs payés par ce dernier, elle a dénaturé le standard du bien-être du consommateur puisqu'elle n'a pas pris en compte les effets des accords de report d'entrée sur le moyen et long terme, c'est-à-dire qu'elle n'a pas considéré l'impact

---

accomplit cela indirectement lorsqu'elle interdit les cartels et les monopoles dans la recherche exclusive de l'efficience » (traduction libre). Dans la langue d'origine : « *Antitrust policy [...] need not concern itself directly with increasing the purchasing power of the poor because it accomplishes this indirectly when it prohibits cartels and monopolies in the single-minded pursuit of efficiency.* » Dans le même sens : voy. R. Ahdar, « Consumer, Redistribution of Income and the Purpose of Competition Law », 23 *European Competition L. Rev.* 341 (2002), spéc. p. 345.

1691 A.-L. Sibony, *Le juge et le raisonnement économique en droit de la concurrence*, *op. cit.*, n° 166, p. 126.

1692 TPICE, 27 sept. 2006, *GlaxoSmithKline c/ Commission*, aff. T-168/01, *Rec.* II, p. 2969, § 273 (nous soulignons). Dans le même sens, le Tribunal avait jugé quelques mois avant cette décision que « *l'objectif assigné à l'article 101, paragraphe 1, qui constitue une disposition fondamentale pour le fonctionnement du marché intérieur, est d'éviter que les entreprises, en restreignant la concurrence entre elles ou avec des tiers, réduisent le bien-être du consommateur final des produits en cause* ». Voy. TPICE, 7 juin 2006, *Österreichische Postsparkasse e.a. c/ Commission*, aff. T-213/01, *Rec.* II, p. 1601, § 115 : « *[...] les règles qui visent à assurer que la concurrence n'est pas faussée dans le marché intérieur ont pour finalité ultime d'accroître le bien-être du consommateur.* »

1693 Voy. par ex. M. Motta, *op. cit.*, pp. 19-22.

1694 Voy. *supra* n° 412.

de ces accords sur la recherche et l'innovation pharmaceutiques. Pour remédier à cette erreur d'appréciation, la réception du « bien-être total » pourrait permettre de recadrer l'analyse et de ne pas condamner quasi automatiquement les accords de report d'entrée. En effet, la détection d'un « surplus du producteur » pourrait être regardée comme un signal positif dès lors que ce surplus serait reversé en partie dans la recherche et le développement de nouveaux médicaments. La Commission européenne ne semble d'ailleurs pas être contre cette idée. Dans la décision *Servier*, elle a énoncé que « *la perspective de rentes économiques est précisément destinée à inciter à l'innovation et à alimenter le progrès économique* »[1695]. Bien sûr, ce « surplus du producteur » ne devrait pas être pris en compte pour épargner un accord de report d'entrée dans les cas où il serait flagrant que le brevet sur lequel il repose est invalide ou non contrefait.

Quoi qu'il en soit, dans les affaires *pay-for-delay*, les profits des laboratoires *princeps* pourraient permettre de commercialiser à moyen ou long terme de nouveaux produits innovants répondant à des problèmes de santé publique. Par conséquent, le standard du bien-être total ne devrait pas être vu comme un standard de type purement égoïste qui ne chercherait finalement qu'à observer si la pratique est efficiente économiquement pour l'entreprise. En effet, par ricochet, ce « surplus du producteur » pourrait contribuer à l'intérêt général, car la prospérité financière des acteurs économiques du secteur ne relève pas seulement de l'intérêt privé, mais aussi de cet intérêt général. Si l'accord de report d'entrée permet d'avoir *in fine* des médicaments nouveaux et de qualité, c'est la société tout entière qui en profite, et c'est donc le bien-être général qui est accru. À cet égard, il importe de préciser que le bien-être *total* se justifie principalement sur la base de la maximisation de la richesse sociale[1696].

De plus, en raison du fait que « *les consommateurs sont aussi des travailleurs, des actionnaires ou des financeurs* »[1697], il arrive que le producteur soit lui-même un consommateur. Un auteur a par exemple expliqué qu'il existait des cas où les capitaux d'entreprises sont détenus par des fonds de pension ou d'investissement[1698]. Dans cette hypothèse, l'intérêt du « consommateur-investisseur » ou du « consommateur-producteur » est confondu avec celui de l'entreprise. L'intérêt des deux est que l'entreprise engrange des bénéfices, et ce, sans rompre la chaîne continue de l'innovation. Ainsi, pour l'hypothèse d'une entreprise pharmaceutique, le « surplus du producteur » pourrait, d'une part, augmenter le bien-être économique du consommateur-investisseur *via* une amélioration de son pouvoir d'achat due aux bons résultats de l'entreprise, et, d'autre part, augmenter son bien-être social en raison de la mise sur le marché de médicaments innovants répondant à un problème de santé publique.

1695 Comm. eur., déc. du 9 juill. 2014, *Servier*, préc., § 2577, p. 739.

1696 M. Harker, « Antitrust Law and Administrability: Consumer versus Total Welfare », art. préc., spéc. p. 434. Dans cet article, l'auteur souligne que « *le standard du bien-être total est justifié principalement sur la base de la maximisation de la richesse sociale* » (traduction libre). Dans la langue d'origine : « *The total welfare standard is justified on the basis primarily of social wealth maximisation.* »

1697 P. Rey, « Le point de vue de l'économiste sur la prise en compte des préoccupations des consommateurs », art. préc., p. 19.

1698 S. Alboek, « Consumer Welfare in EU Competition Policy », art. préc., p. 71.

Section 2
La justification au regard de la conciliation entre le droit de la concurrence et le droit des brevets

415. **Les effets positifs des accords de report d'entrée ne doivent pas empêcher l'application effective des règles de concurrence.** Pour justifier l'admission des accords de report d'entrée au regard de la conciliation du droit de la concurrence et du droit des brevets, il conviendra d'établir que ces accords si atypiques ne sont finalement que l'expression d'une mise en œuvre banale et légitime du brevet. D'une part, ils ont pour effet d'inciter les entreprises pharmaceutiques à innover – car ils récompensent l'effort créateur des entreprises et leur contribution à l'enrichissement des connaissances de la collectivité. D'autre part, ils contribuent à diffuser l'innovation de façon avancée (§ 1). En effet, la diffusion de l'innovation auprès des consommateurs finaux, à savoir les patients, se fait parfois plus précocement lorsqu'un accord *pay-for-delay* est conclu puisque l'entrée des génériques peut avoir lieu grâce au *deal* bien avant que le brevet ne chute dans le domaine public. Cependant, si les accords de report d'entrée peuvent contribuer à promouvoir l'innovation en épousant les finalités du droit de la propriété intellectuelle, ils ne doivent pas pour autant échapper à une application effective des règles de concurrence (§ 2). Lorsque certains comportements déviants seront détectés, la Commission européenne jouera son rôle en les sanctionnant.

§ 1. L'admission des accords de report d'entrée permet d'inciter à innover et à la diffusion de l'innovation

416. **La rémunération du breveté et l'entrée avancée sur le marché.** Pour mettre en exergue les effets des accords de report d'entrée à la fois sur l'incitation à l'innovation et sur leur capacité à permettre la diffusion de l'innovation, s'arrêter sur le lien entre la rémunération du breveté et l'incitation à l'innovation (A) ainsi que sur le lien entre l'entrée avancée sur le marché et la diffusion de l'innovation (B) présente un passage obligé.

A. Le lien entre la rémunération du breveté et l'incitation à l'innovation

417. **La récompense du brevet comme moyen d'inciter à l'innovation.** Selon les termes de la professeure Frison-Roche, l'innovation est « *un but de politique économique dont le droit est l'instrument* »[1699]. Pour concrétiser cette politique

1699 M.-A. Frison-Roche, « Vers une rente pour autrui », *Dr. & Patr.* 2003, n° 119, p. 73, spéc. p. 74.

économique, le législateur européen a prévu de récompenser les entreprises, ou tous autres types d'inventeurs, en leur octroyant un monopole de vingt ans sur leur invention par la délivrance de brevets. Ces derniers apparaissent comme un incitant puissant pour pousser les firmes à innover[1700] et font « *partie de la panoplie des instruments utilisés par les pouvoirs publics pour stimuler l'activité innovatrice et créative* »[1701]. Certaines de récupérer leurs investissements si l'invention est plébiscitée par le marché, les entreprises sont séduites par le jeu de la course à l'innovation et sont incitées à protéger ce produit « discret »[1702] qu'est le médicament.

Plus que dans n'importe quel autre secteur, le brevet joue un rôle central pour les entreprises pharmaceutiques[1703], car la découverte d'une molécule peut assurer à l'entreprise une rente économique s'élevant parfois à des milliards d'euros par an sur une période couvrant de nombreuses années. Le système des brevets pharmaceutiques se justifie par ailleurs par l'amélioration du bien-être de la société[1704], laquelle repose sur la mise sur le marché de produits innovants, bénéfiques pour les patients. Une fois rappelées les assises du système des brevets, il convient de se demander si les accords de report d'entrée répondent à cet objectif d'incitation à l'innovation et respectent le périmètre posé par le droit des brevets. Autrement dit, les accords *pay-for-delay* contribuent-ils à l'objectif d'incitation à l'innovation ou viennent-ils au contraire contrarier la marche vers le progrès économique[1705] ? Si les accords de report d'entrée prolongent et poursuivent la fonction « incitative » du brevet[1706], alors leur admission pourrait être conceptuellement admise. Dans le cas contraire, si l'innovation devait être bridée ou contrariée par leurs effets, le rejet de cette pratique devrait être sanctionné.

1700 Mais peuvent aussi être un frein important à l'innovation dans les situations où ils sont utilisés pour gêner la concurrence. Voy. R. Kovar, « Les innovations abusives : à la croisée des droits de propriété intellectuelle et de la concurrence » *in Droits de propriété intellectuelle – Liber amicorum G. Bonet*, LexisNexis-Litec, 2010, p. 315.

1701 C. Crampes et P. Sémériva, « L'objet et le champ des brevets : Qu'est-ce qui mérite d'être breveté », Cycle de conférences de la Cour de cassation, Droit de propriété intellectuelle : Approches juridique et économique (Paris, 9 nov. 2006), *RLC* 2007, n° 11, p. 192, spéc. p. 193.

1702 Un produit « discret » est un produit composé de peu d'éléments brevetables. Voy. L. Marino, « Les *patent thickets* : du bouillon de l'innovation à la poudrière », *RLDI* 2014, n° 101, p. 69.

1703 Des spécialistes de la pharmacie ont souligné que « *le savoir est devenu central et le nœud de la compétitivité et de l'attractivité* » et que « *le médicament est un bien dont la valeur tient largement à des éléments immatériels* ». Voy. C. Jouan-Flahault et *alli*, « Recherche, innovation et progrès thérapeutique dans le secteur du médicament : état des lieux, enjeux et perspectives », art. préc., p. 135, spéc. p. 148.

1704 La professeure Blary-Clément a parlé de « bien-être collectif ». Voy. E. Blary-Clément, « L'innovation et son partage : finalité commune des droits de propriété intellectuelle et de la concurrence », article publié dans le cadre d'un colloque en ligne intitulé « Le droit de la concurrence et l'analyse économique », *Revue Concurrentialiste*, mai 2013, p. 2, spéc. p. 3 : « *[...] la propriété intellectuelle s'inscrit dans une perspective de promotion de l'innovation* au service de bien-être collectif » (nous soulignons).

1705 Le progrès économique est défini par les économistes comme un « *processus général de développement et de perfectionnement des méthodes et des moyens de production destinés à la maîtrise de la nature par l'homme en réduisant de plus en plus l'effort humain* ». Voy. A. Silem et J.-M. Albertini (dir.), *Lexique d'économie*, Dalloz, 2008, p. 621.

1706 Y. Ménière, « Les fonctions des droits de propriété intellectuelle : le point de vue de l'économie », *Prop. ind.* 2010, n° 10, dossier 3. Selon MM. Corbel et Le Bas, « *la fonction d'incitation, qui n'est que l'autre face de la fonction de protection, constitue la justification la plus pertinente du système brevet* ». Voy. P. Corbel et C. Le Bas, *Les nouvelles fonctions du brevet – Approches économiques et managériales*, Economica, 2011, p. 4.

418. **Les accords de report d'entrée peuvent inciter les entreprises à innover**[1707]**.** Comme on l'a expliqué, la perspective de profits est la source principale d'incitation à l'innovation. Le brevet n'est un incitant que parce qu'il offre à son titulaire la possibilité de récupérer son investissement et d'en tirer des bénéfices. Pour savoir si les accords de report d'entrée représentent aussi une source d'incitation, reprendre les critères posés par Mme Pezard pour évaluer la rémunération de l'innovation nous paraît pertinent. Pour celle-ci, « *l'enjeu pour un système de rémunération de l'innovation est triple* »[1708]. Il faut que « *celui qui innove* reçoive une rémunération, *c'est-à-dire que la rémunération constitue une incitation à l'innovation ;* que cette rémunération ne porte pas une atteinte démesurée à l'innovation ultérieure, *autrement dit que l'octroi d'une telle rémunération ne soit pas un frein à l'innovation ; [et]* que la société, en général, ne soit pas trop pénalisée par cette rémunération, *c'est-à-dire que la contribution de la société à la rémunération de l'innovateur ne soit pas trop lourde* »[1709]. Autrement dit, pour inciter à l'innovation, un accord de report d'entrée doit satisfaire aux critères posés par ce test. Concrètement, il convient de déterminer, en premier lieu, si l'accord de report d'entrée offre une rémunération au breveté ; en deuxième lieu, de vérifier si celle-ci est proportionnée par rapport à l'impact qu'elle pourrait avoir sur les innovations ultérieures ; et en dernier lieu, de regarder si cette rémunération a des effets positifs sur la société. Dans le cas où tous ces critères seraient remplis, alors les accords de report d'entrée – du moins ceux reposant sur un brevet valide – épouseraient l'esprit de la propriété intellectuelle et pourraient ainsi constituer un outil légitime pour récompenser le progrès économique et technique. En pratique, leur admission serait justifiée et pourrait encourager les entreprises pharmaceutiques à poursuivre leurs efforts d'innovation.

S'agissant, tout d'abord, de la rémunération, le critère semble rempli. Bien qu'*a priori* ce soit le breveté qui rémunère le génériqueur au moyen du paiement inversé, le laboratoire *princeps* continue au vrai de percevoir une rémunération tirée de sa rente de monopole. Celle-ci est maintenue grâce à la conclusion de l'accord de report d'entrée avec le fabricant de génériques, l'accord empêchant la commercialisation du générique et l'atteinte aux parts de marché du breveté. S'agissant, ensuite, de la proportionnalité de la rémunération du breveté au regard des innovations ultérieures, le critère semble tout aussi rempli. La rémunération pourrait dans certaines circonstances ne pas être considérée comme démesurée ou disproportionnée, car celle-ci pourrait ne pas empêcher l'émergence d'innovations ultérieures. Elle pourrait même avoir l'effet inverse et stimuler la mise sur le marché de nouvelles inventions thérapeutiques. Pour s'en convaincre, il

---

1707 Pour un auteur américain, les accords de report d'entrée peuvent engendrer l'innovation, mais à condition que les gouvernements restreignent le niveau du report d'entrée. Si le standard du bien-être total devait être retenu, il considère que la FTC devrait intervenir dans les négociations entre les parties afin de protéger les intérêts du consommateur. Voy. R. Woodcock, « Innovation and Reverse Payments », 44 *Florida State University L. Rev.* 773 (2017).

1708 A. Pezard, « La rémunération de l'innovation : comment concilier équité, efficience et proportionnalité ? », Cycle de conférences de la Cour de cassation, Droit de propriété intellectuelle : Approches juridique et économique (Paris, 9 nov. 2006), *RLC* 2007, n° 11, p. 199.

1709 *Ibid.* (nous soulignons).

suffit d'observer attentivement le modèle économique sur lequel s'appuie l'industrie générique. Aujourd'hui, « *les génériqueurs développent des innovations qui rentrent sur le marché, notamment des formes galéniques nouvelles qui sont extrêmement puissantes* »[1710] et « *[c]ertains laboratoires génériques investissent massivement dans la recherche et le développement. Ils développent maintenant de véritables produits à valeur ajoutée. Cet axe de recherche et développement s'exprime principalement en matière d'amélioration de l'efficacité des produits, de diminution des effets secondaires et d'innovations galéniques pour lesquelles sont déposés de nombreux brevets* »[1711]. Aussi, grâce au paiement inversé reçu *via* l'accord de report d'entrée, un génériqueur pourrait bien arriver à commercialiser un nouveau médicament en réinvestissant les sommes perçues dans la recherche et le développement de nouvelles spécialités pharmaceutiques. En ce cas, le maintien de la rente de monopole du breveté pourrait ne pas affecter la mise sur le marché de nouvelles innovations. Enfin, le coût de la rémunération supportée par la société pourrait ne pas être considéré comme excessif dès lors que l'analyse retenue se concentre sur un horizon de moyen ou long terme. En effet, payer des prix supraconcurrentiels pour des médicaments couverts par l'accord de report d'entrée pourrait être le juste prix pour ne pas rompre la chaîne continue de l'innovation et pousser les entreprises à persévérer dans leurs efforts en recherche et développement. Ainsi, un accord de report d'entrée pourrait dans certains cas encourager la réitération de l'acte créateur.

Finalement, les seuls cas où les accords de report d'entrée pourraient être regardés avec scepticisme seraient ceux où il existe une certitude portant sur la faiblesse du brevet sur lequel l'accord repose. Hormis ces situations, notre analyse semble permettre d'inférer que les accords de report d'entrée poursuivent les finalités du brevet, ce qui fait de ces arrangements un nouvel outil d'incitation à l'innovation. Dans un rythme à deux temps, un accord de report pourrait permettre, d'une part, de maintenir le monopole du breveté – et donc maintenir la récompense délivrée par le droit des brevets – et d'autre part, de préserver l'incitation à l'innovation.

B. Le lien entre la diffusion de l'innovation et l'entrée avancée sur le marché

419. **La question de la capacité des accords de report d'entrée à diffuser l'innovation.** À l'origine, le système des brevets a été bâti aussi bien pour récompenser les inventeurs que pour rendre accessibles à la société de nouvelles connaissances[1712]. Pour Mousseron, le brevet est un contrat conclu entre la société et les inventeurs par lequel la société attribue un monopole d'exploitation à ces derniers afin qu'ils soient incités à la recherche mais aussi encouragés à dévoiler leurs

---

1710 L. Pitet, « Les enjeux industriels au sein d'un marché mondialisé : Princeps contre princeps, princeps contre génériques, génériques contre génériques » *in Les pratiques de l'industrie pharmaceutique au regard du droit de la concurrence*, *op. cit.*, 2010, p. 15.

1711 *Ibid.*, p. 19.

1712 Sous la plume d'un auteur, on peut lire que le brevet récompense « *celui qui divulgue son invention et l'apporte au fond commun des connaissances* ». G. Cousin, *Intérêt général et propriété industrielle*, th. dact., Université de Nantes, 2006, p. 10.

inventions[1713]. Comme nous l'avons déjà expliqué, le monopole octroyé par ce titre de propriété intellectuelle a principalement pour intérêt de permettre aux créateurs de couvrir leurs frais en recherche et développement – lesquels sont particulièrement élevés dans le secteur pharmaceutique – et de catalyser les avancées dans la recherche[1714]. Si cette conception originelle est toujours défendue, son effectivité semble aujourd'hui discutable. En effet, les stratégies de brevet des entreprises rendent l'information de moins en moins accessible aux chercheurs et aux ingénieurs[1715], si bien qu'inventer autour du brevet constitue un exercice très éloigné de la sinécure. Le savoir est accaparé par les entreprises les plus puissantes – par les « Big Pharma » dans le secteur pharmaceutique[1716] – alors qu'il devrait rimer avec diffusion[1717]. En effet, un système de récompense n'est utile pour la société que si au terme de la durée de protection légale la diffusion de l'innovation est possible. Pour que le système soit efficace, le pouvoir de monopole conféré par le brevet ne devrait pas amputer le surplus du consommateur et rendre trop difficile l'amélioration des inventions[1718]. Aussi, à la chute du titre dans le domaine public, l'imitation des produits ainsi que les innovations incrémentales devraient intervenir avec une grande célérité, car elles permettent d'alimenter le bien-être global de la société. En ce qui concerne le médicament, la concurrence par imitation conduit à faire chuter les prix et à augmenter leur production sur le marché tandis que les innovations incrémentales qui leur sont liées débouchent pour les patients sur l'accès à de nouveaux produits innovants. Pour justifier l'admission des accords de report d'entrée, il est donc indispensable de se demander si ces accords participent à la diffusion de l'innovation ou si, au contraire, ils agissent en sa défaveur. Si les accords *pay-for-delay* contribuent à la diffusion de l'innovation, alors leur conclusion ne devrait être prohibée que dans des circonstances exceptionnelles et leur admission justifiée. En revanche, si les accords *pay-for-delay* bloquent la diffusion de l'innovation alors leur prohibition serait justifiée car, en ce cas, non seulement, ils iraient à rebours de la finalité du droit des brevets, mais en sus, ils pourraient par ricochet porter atteinte à l'ordre public concurrentiel.

420. **L'entrée avancée sur le marché permet une diffusion de l'innovation au bénéfice des consommateurs.** On le sait, les connaissances techniques sur le médicament sont aussi bien enfermées dans les revendications des brevets que dans les données transmises par les laboratoires innovants dans le dossier d'enregistrement

---

1713 J.-M. Mousseron, *Traité des brevets*, Litec, t. 1., 1984, n° 11 et s. Sur cette même idée de contrat, voy. F. Pollaud-Dulian, *La propriété industrielle*, Economica, 2010, p. 94.

1714 Voy. *supra* n° 103 et s.

1715 B. Jean, « Propriété intellectuelle et *Open Innovation* : les frères ennemis ? », Les pratiques contemporaines de la propriété intellectuelle, journée d'études JC-RDST et Cuerpi (Grenoble, 30 sept. 2011), *RLDI* 2011, suppl. n° 77, p. 32.

1716 Pour un exemple d'utilisation de cette expression : voy. E. Gupte, « Big Pharma Looks to Generics and Biotech for Growth », 182 *Managing Intellectual Property* 64 (2008).

1717 Le professeur Vivant a souligné que « *le savoir rime (en esprit) avec diffusion* ». M. Vivant, « Savoir et avoir », *Arch. phil. dr.* 2003, t. 47, p. 333, spéc. p. 334.

1718 Ces critiques envers le brevet ont été portées dès le milieu du XIXe siècle. Voy. P. Belleflame et T. van Ypersele, « Comment favoriser l'innovation dans le secteur pharmaceutique : brevets et/ou récompenses ? », *Reflets et perspectives de la vie économique* 2006/4, p. 23, spéc. pp. 24-25.

d'une AMM. Sur ces données, les laboratoires pionniers bénéficient d'une période légale d'exclusivité, laquelle correspond à une protection spécifique pour la première entreprise ayant déposé une demande d'AMM. Communément, on parle de la règle « 8 + 2+1 »[1719]. Grâce à cette règle, jusqu'à une période maximale de onze ans, les génériqueurs ne peuvent pas se référer au dossier d'AMM du laboratoire *princeps* pour obtenir une autorisation pour commercialiser le médicament. La diffusion du savoir portant sur l'innovation est donc bloquée par un système permettant aux brevetés de protéger des recherches coûteuses et de longue haleine. Les accords de report d'entrée interviennent en général au terme de la période d'exclusivité des données, car à cet instant les génériqueurs peuvent obtenir une AMM simplement en démontrant que leur produit est bioéquivalent au *princeps*. Ce faisant, pour évaluer si les accords de report d'entrée bloquent concrètement la diffusion de l'innovation, il convient de prendre pour référence la date d'expiration d'exclusivité des données. Cependant, cette date ne correspond pas à celle de l'expiration du brevet. Comme nous l'avons déjà expliqué, il n'existe pas de *patent linkage* dans l'Union européenne. Un génériqueur, même s'il a obtenu une AMM, demeure donc contraint par le droit des brevets et pourra être sanctionné *ex post* dans l'occurrence où le lancement à risque de son générique aura été qualifié de contrefaçon par une juridiction. Ainsi, en l'absence d'un accord de report d'entrée, un génériqueur pourrait théoriquement ne pas être autorisé par le droit des brevets à commercialiser son produit sur le marché avant que le médicament *princeps* ne perde les bénéfices de sa protection par brevet. Dans cette situation, pour que l'innovation soit largement diffusée, les patients devraient attendre la chute du brevet dans le domaine public. La conclusion d'un accord de report d'entrée peut remédier à cette sclérose. En effet, un accord *pay-for-delay* peut accélérer la diffusion de l'innovation auprès des patients qui, sans lui, auraient dû se contenter du médicament *princeps* jusqu'à la fin de la protection par brevet. Comme on l'a vu, de nombreux accords *pay-for-delay* prévoyaient une date d'entrée avancée du générique sur le marché, c'est-à-dire une date d'entrée sur le marché antérieure à la chute du brevet dans le domaine public. Pour ce faire, en règle générale, le breveté concède une licence à titre onéreux ou gracieux pour de nombreux territoires aux génériqueurs. Dans ces hypothèses, à la date contractuellement fixée, davantage de produits sont disponibles sur le marché et un choix accru échoie au consommateur final, lequel ne sera plus contraint de se fournir exclusivement en *princeps*. Par conséquent, alors que le monopole n'est pas encore légalement éteint, une concurrence sera cependant établie entre *princeps* et générique et l'innovation plus largement diffusée et appropriable à un prix plus abordable. En effet, l'accès à l'invention sera ouvert

---

1719 Art. 14(1), Règl. (CE) n° 726/2004 du Parlement européen et du Conseil du 31 mars 2004 établissant des procédures communautaires pour l'autorisation et la surveillance en ce qui concerne les médicaments à usage humain et à usage vétérinaire, et instituant une Agence européenne des médicaments, *JOUE* L 136/1 du 30 avr. 2004. Voy. G. Michaux, « La réforme de la législation pharmaceutique européenne », *Contrats, conc., consom.* 2005, n° 7, étude 7. Pour une explication détaillée du mécanisme d'exclusivité des données » : voy. J. Peigné, « La protection des données de l'autorisation de mise sur le marché : entre processus concurrentiel et défense de l'innovation » *in Concurrence, santé publique, innovation et médicament*, *op. cit.*, p. 163, spéc. p. 175 et s. ; European Generic Medicines Association, *Data exclusivity, market protection and paediatric rewards*, Workshop for Micro, Small and Medium Sized Enterprises, EMA, 26 April 2013, disponible sur www.ema.europa.eu.

aux génériqueurs parties à l'accord bien avant que celle-ci ne tombe dans le domaine public, si bien que les accords de report d'entrée pourraient même avoir un effet inattendu en se mettant au service de l'intérêt général, car « *ce n'est pas l'innovation en tant que telle qui participe à la réalisation de l'intérêt général et au bien-être de la collectivité mais sa diffusion vers le plus grand nombre* »[1720]. Dans certains contextes, l'accord de report d'entrée pourrait correspondre à un droit d'accès à l'information qui constitue, selon les termes de la professeure Frison-Roche, « *le nouvel équilibre de la propriété* »[1721].

Ainsi, les accords de report d'entrée les plus choquants et les plus attentatoires aux finalités du droit des brevets et de la libre concurrence seraient ceux qui ne reposeraient sur aucun brevet valide et qui reporteraient cependant l'entrée des génériques à la date d'expiration du brevet. Dans de tels cas, la diffusion de l'innovation serait bloquée de manière injustifiable et illégitime. Ces circonstances devraient alors conduire à leur prohibition et le droit de la concurrence pourrait contraindre le breveté à libérer l'innovation.

En définitive, il importe de retenir que les accords de report d'entrée ne travailleraient pas nécessairement contre la diffusion de l'innovation. Au contraire, certains accords de report d'entrée, reposant pourtant sur des brevets valides, pourraient venir mettre un terme à un monopole légal avant la date d'expiration du brevet et diffuser l'innovation bien plus tôt que prévu. L'accord de report d'entrée pourrait alors libérer l'information aux tiers jusque-là appropriée par les brevetés. Dans ces circonstances, l'admission des accords de report d'entrée devrait être soutenue, les *pay-for-delay* pouvant former un instrument de lutte contre une dérive dénoncée par une partie de la doctrine : « la privatisation de l'information »[1722].

§ 2. L'admission des accords de report d'entrée n'écarte pas l'application des règles de concurrence

421. **Effectivité du droit de la concurrence et contrôle des pratiques déviantes.** Pour justifier l'admission des accords de report d'entrée dans l'ordre juridique de l'Union européenne, il est nécessaire de s'assurer que les règles de concurrence seront appliquées de manière effective par la Commission européenne. De cette manière, il sera possible de saisir les accords les plus problématiques et ainsi

1720 B. Remiche et V. Cassiers, « Lutte anti-contrefaçon et transferts de technologies Nord-Sud : un véritable enjeu », *RIDE* 2009/3, p. 277, spéc. p. 323.

1721 M.-A. Frison-Roche, « Le droit d'accès à l'information ou le nouvel équilibre de la propriété » *in Le droit privé français à la fin du xxe siècle – Études offertes à P. Catala*, Litec, 2001, p. 759.

1722 Voy. entre autres sur le sujet : M. Vivant, « La privatisation de l'information par la propriété intellectuelle », *RIDE* 2006/4, p. 361 ; « An 2000 : l'information appropriée » *in Mél. offerts à J.-J. Burst*, Litec, 1997, p. 651 ; F. Siiriainen, « L'appropriation de l'information : grandeur ou décadence de la propriété ? » *in Immatériel. Nouveaux concepts* (dir. J. de Bandt et G. Gourdet), Economica, 2001, p. 127 ; J. Passa, « La propriété de l'information : un malentendu ? », *Dr. & Patr.* 2001, n° 91, p. 64 ; N. Mallet-Poujol, « Appropriation de l'information : l'éternelle chimère », *D.* 1997, p. 330 ; J.-C. Galloux, « Ébauche d'une théorie juridique de l'information », *D.* 1994, p. 229.

refuser les pratiques déviantes. En effet, l'effectivité des règles de concurrence permettra d'endiguer, ou à tout le moins de dissuader, les entreprises de s'engager vers des accords détournant volontairement le droit des brevets de ses finalités et impactant par effet domino l'ordre public concurrentiel.

422. **La notion d'effectivité en théorie du droit.** Pour dissuader les entreprises d'adopter des accords de report d'entrée qui ne seraient pas justifiés par la mise en œuvre légitime des droits de propriété intellectuelle, s'assurer de « l'effectivité » de la règle de droit apparaît comme un préalable indispensable ; l'effectivité étant le bras armé de la dissuasion. Pour ce faire, encore faut-il s'entendre sur ce que signifie la notion d'effectivité. Cette dernière a beaucoup été débattue en doctrine et renvoie à diverses acceptions, si bien qu'elle peut poindre parfois comme une notion assez fuyante.

Classiquement, l'effectivité des règles de droit porte sur la question de leur application[1723]. Pour reprendre la formule pour le moins tautologique du doyen Carbonnier, l'effectivité correspond à « *l'application effective* »[1724] de la règle de droit. Selon cette conception, une règle est considérée comme appliquée lorsque ses destinataires la respectent ou bien lorsqu'elle est exécutée par les autorités chargées de sa mise en œuvre. MM. Ost et van de Kerchove ont pour leur part développé une acception plus large de l'effectivité, laquelle ne doit pas être circonscrite à la simple application de la règle de droit. Selon eux, l'effectivité se manifeste par « *la capacité de la règle à orienter le comportement de ses destinataires dans le sens souhaité par le législateur* »[1725]. Ainsi, serait effective « *la règle utilisée par ses destinataires comme modèle pour orienter leur pratique* »[1726]. Les destinataires dont parlent les auteurs sont de deux types. Il y a d'une part les destinataires primaires, à savoir les individus à qui elle s'adresse, et d'autre part les destinataires secondaires, à savoir les autorités ou juridictions chargées de la mettre en œuvre[1727]. Cette vision se rapproche peu ou prou de celle soutenue par Kelsen, qui considère qu'une norme est effective « *soit lorsqu'elle est appliquée dans les cas concrets par les organes de l'ordre juridique, par les tribunaux, c'est-à-dire lorsque la sanction est ordonnée et exécutée quand la norme le prévoit, soit également lorsqu'elle est suivie par les sujets, c'est-à-dire lorsqu'ils manifestent la conduite qui évite la sanction* »[1728]. Qu'en est-il du droit de la concurrence ? Globalement, ce droit est-il appliqué de manière effective ? Pour répondre à ces questions, nous retiendrons la définition donnée par M. Rangeon, qui a jugé que l'effectivité du droit renvoie au « *caractère d'une règle de droit qui produit l'effet voulu [et] qui est appliquée réellement* »[1729].

423. **L'effectivité du droit de la concurrence.** L'effectivité du droit de la concurrence peut poser question tant ce droit s'arrime aux mécanismes de la science

---

1723 P. Amselek, *Perspectives critiques d'une réflexion épistémologique sur la théorie du droit : essai de phénoménologie juridique*, LGDJ, 1964, p. 340.

1724 J. Carbonnier, « Effectivité et ineffectivité de la règle de droit », *L'Année sociologique*, LVII, 1958, p. 3 ; *Flexible droit – Pour une sociologie du droit sans rigueur*, 9e éd., LGDJ, 1998, p. 133.

1725 F. Ost et M. van de Kerchove, *De la pyramide au réseau ? Pour une théorie dialectique du droit*, Publications des Facultés universitaires Saint-Louis, 2002, p. 329.

1726 *Ibid.*, p. 330.

1727 Y. Leroy, « La notion d'effectivité du droit », *Droit et Société* 2011, n° 79, p. 715, spéc. p. 719

1728 H. Kelsen, *Théorie pure du droit*, Dalloz, 1962, p. 15.

1729 F. Rangeon, « Réflexions sur l'effectivité du droit » *in Les usages sociaux du droit*, PUF, 1989, p. 126.

économique, et principalement au principe d'efficience. Pourtant, l'effectivité est reconnue comme un principe structurant du droit de l'Union européenne, ce que la Cour de justice a encore récemment rappelé[1730]. Or, nonobstant la force contraignante des articles 101 et 102 TFUE, il convient de constater que leur application concrète et réelle n'est pas automatiquement garantie[1731]. En effet, il arrive que ces textes ne soient pas mis en œuvre par la Commission européenne et qu'ils soient sacrifiés sur l'autel de l'efficacité[1732]. Dans le domaine de l'antitrust, « *l'efficience économique prime sur l'effectivité juridique* »[1733]. Comme l'a relevé le professeur Decocq, « *en droit des pratiques anticoncurrentielles on évoque souvent les coûts et les avantages d'une enquête, l'efficacité d'une procédure, l'efficience du comportement d'une entreprise, etc.* » si bien que l'« *effectivité du droit n'est pas en soi une valeur et sa recherche n'est jamais exclusive* »[1734]. En effet, il existe des situations où le droit matériel de la concurrence n'est pas respecté par les entreprises sans pour autant que ces dernières soient sanctionnées par la Commission européenne. De nombreux mécanismes du droit européen de la concurrence autorisent les entreprises à adopter des comportements *a priori* prohibés. Que l'on songe à la technique des exemptions, à la restriction accessoire ou au seuil de sensibilité. Que l'on songe surtout aux procédures dites « négociées »[1735] qui permettent aux entreprises d'échapper aux sanctions alors qu'elles semblent pourtant avoir été démasquées par l'institution bruxelloise. Considérant la voie contentieuse trop lourde, la Commission européenne n'hésite plus aujourd'hui, et ce, de manière croissante, à faire appel à « *une approche transactionnelle* »[1736], qu'elle justifie, selon M. Mezaguer, par « *la recherche de l'efficience* »[1737]. Sur ce sujet, d'autres auteurs parlent de *soft enforcement*[1738] et

---

1730 CJUE, 26 févr. 2013, *Stefano Melloni c/ Ministerio Fiscal*, aff. C-399/11, *Rec. num.* EU:C:2013:107, § 60.

1731 D. Ritleng, « L'effectivité du droit européen de la concurrence – Quelques observations introductives », *Rev. UE* 2015, n° 588, p. 277.

1732 Sur cette notion d'efficacité : voy. M.-A. Frison-Roche, « L'idée de mesurer l'efficacité économique du droit » *in Mesurer l'efficacité économique du droit* (dir. G. Canivet, M.-A. Frison-Roche et M. Klein), LGDJ, 2005, p. 9.

1733 G. Decocq, « Les enseignements du droit de la concurrence », Colloque, L'effectivité du droit de la consommation (Angers, 26 mars 2015), *RLDA* 2015, n° 105, p. 67, spéc. p. 69. La domination de l'efficience sur l'effectivité est certainement due à la montée en puissance de l'analyse économique du droit.

1734 *Ibid.*

1735 Sur ce sujet, voy. par ex. : D. Waelbroeck, « Le développement en droit européen de la concurrence des solutions négociées (engagements, clémence, non-contestation des faits et transactions) : que va-t-il rester aux juges ? », *Gaz. Pal.* 2008, n° 239, p. 3. Voy. aussi L. Idot, « Vingt ans de politique européenne de concurrence », *Rev. aff. eur.* 2012, n° 2, p. 273, qui considère que la procédure d'engagements est « *la seule vraie procédure négociée* ».

1736 On doit la paternité de cette expression à M. Mezaguer, qui a expliqué dans sa thèse de doctorat en quoi la locution « approche transactionnelle » était plus adaptée que les expressions jusqu'alors majoritairement utilisées par la doctrine de « procédures négociées » ou de « procédures alternatives ». Pour l'auteur, la « *mise en avant des concessions réciproques et de la démarche transactionnelle apparaît plus pertinente qu'une présentation alternative dépassée ou qu'une qualification incomplète de procédures négociées* ». Voy. M. Mezaguer, *Les procédures transactionnelles en droit antitrust de l'Union européenne – Un exercice transactionnel de l'autorité publique*, Bruylant, 2015, p. 29.

1737 M. Mezaguer, « Approche transactionnelle et garanties procédurales en droit antitrust de l'Union européenne », *Rev. UE* 2015, n° 589, p. 353.

1738 N. Petit & M. Rato, « From Hard to Soft Enforcement of EC Competition Law – A Bestiary of "Sunshine" Enforcement Instruments » *in Alternatives enforcement techniques in EC Competition Law: Settlements, commitments and other novel instruments*, Bruylant, 2009, p. 183.

l'opposent au *hard enforcement*, qui représente une forme d'intervention plus dure et plus autoritaire perceptible au travers du durcissement des amendes[1739]. Quoi qu'il en soit, la Commission européenne utilise au gré des affaires, et selon leur gravité, la procédure de clémence[1740], la procédure de transaction – lesquelles ne concernent que les cartels – et la procédure d'engagements – laquelle a un champ plus large puisqu'elle peut viser à la fois des cas d'entente[1741] mais aussi d'abus de position dominante[1742]. Sur cette dernière, il convient de préciser qu'elle est exclue dans le cadre des cartels pour lesquels des amendes importantes auraient été prévues[1743]. En tout état de cause, la mise en œuvre moderne du droit de la concurrence confirme la pensée du professeur Chevallier selon laquelle « *la force de la règle de droit ne provient plus de ce qu'elle s'énonce comme un ordre obligatoire, auquel tous sont tenus de se soumettre ; elle dépend désormais du consensus dont elle est entourée* »[1744]. Or en tant que droit impératif, l'effectivité du droit de la concurrence devrait se traduire par le prononcé de sanctions dissuasives, lesquelles contraignent les entreprises à se conformer à la règle de droit[1745]. Lorsque l'ordre public concurrentiel est troublé, le consensus ne devrait être permis que dans des cas très restreints et les concessions réciproques rejetées. Dans le cas inverse, les acteurs du marché pourraient identifier un relâchement de l'intervention de la puissance publique et, ce faisant, être encouragés à s'engager dans des comportements illicites. Les sanctions dissuasives heureusement existent toujours, si bien qu'il serait erroné de soutenir que le droit de la concurrence ne serait pas du tout effectif. À dire vrai, le droit européen de la concurrence a une « effectivité sélective » puisqu'il ne frappe que les comportements qu'il considère comme les plus attentatoires à l'ordre public concurrentiel[1746]. La récente affaire

---

1739 P. Kipiani, *Les engagements en matière de pratiques anticoncurrentielles – Analyse des droits français, européen et américain*, LGDJ, 2014, p. 1.

1740 Pour des développements substantiels sur cette procédure : voy. J.-C. Roda, *La clémence en droit de la concurrence – Étude comparative des droits américain et européens*, PUF, 2008.

1741 Voy. par ex. : Comm. eur., déc. du 18 juin 2012, *Areva et Siemens*, aff. COMP/39.736.

1742 Voy. par ex. : Comm. eur., déc. du 13 déc. 2011, *IBM maintenance services*, aff. COMP/39.692.

1743 Règl. (CE) n° 1/2003 du Conseil du 16 décembre 2002 relatif à la mise en œuvre des règles de concurrence prévues aux articles 81 et 82 du traité, *JOUE* L 001 du 4 nov. 2003, § 13. Voy. M. Mezaguer, *Les procédures transactionnelles en droit antitrust de l'Union européenne*, *op. cit.*, p. 210. Sur ce sujet, voy. V. Sélinsky, « Procédures négociées et/ou alternatives à la sanction : quel choix pour les entreprises ? », *RLC* 2010, n° 24, p. 88, qui s'est interrogée sur la possible application de la procédure d'engagements à des cartels qualifiés de « *light* ».

1744 J. Chevallier, « Vers un droit postmoderne ? » *in Les transformations de la régulation juridique* (dir. J. Clam et G. Martin), LGDJ, 1998, p. 28.

1745 Comme l'a souligné le professeur Decocq, « *les autorités de marchés obtiennent des entreprises qu'elles respectent le droit de la concurrence en prononçant des sanctions dissuasives* ». Voy. G. Decocq, « Les enseignements du droit de la concurrence », art. préc., spéc. p. 68.

1746 Cette « effectivité sélective » se manifeste clairement au travers du principe de « priorisation ». Concrètement, comme l'a récemment rappelé la professeure Idot, la Commission européenne peut, au moyen de ce principe, « *ne pas donner suite à une plainte, non pour des raisons objectives, mais pour défaut d'intérêt suffisant de l'affaire* ». Voy. L. Idot, « Autorités de concurrence : vers des autorités plus indépendantes et plus fortes ? » (*New Frontiers of Antitrust*, Paris, 26 juin 2017), *Concurrences* n° 4-2017, art. n° 84947. Sur le même sujet : voy. aussi. L. Idot, « Reform of Regulation 1/2003: Power to set enforcement priorities », *Concurrences* n° 3-2015, p. 51 ; W. Wils, « Discretion and Priorisation in Public Antitrust Enforcement », 34 *World Competition* 353 (2011). La Commission européenne souhaiterait que toutes les autorités nationales de concurrence puissent mettre en œuvre ce principe de priorisation. Voy. Comm. eur., Proposition de directive du Parlement

Google Shopping est un bon exemple de cette effectivité sélective. Dans cette décision, la Commission européenne a infligé une amende record de 2,42 milliards d'euros à la firme américaine accusée d'avoir abusé de sa position dominante sur le marché des moteurs de recherche en favorisant son propre service de comparaison[1747]. Pour l'institution bruxelloise, cette stratégie n'était pas fondée sur une concurrence sur la base des mérites mais sur la domination exercée par le géant de l'Internet sur les marchés de comparaison de prix. En d'autres termes, comme l'illustre l'affaire *Google*, le pouvoir discrétionnaire de la Commission européenne quant à l'opportunité des poursuites grève partiellement l'effectivité du droit de la concurrence. Ainsi, ce droit ne serait concrètement appliqué que lorsqu'un cas est considéré par les services de la Commission européenne comme une injure grave au processus concurrentiel.

424. **La volonté de punir les accords de report d'entrée illégaux.** Le refus de légitimer les pratiques déviantes est manifeste dans les affaires *pay-for-delay*. À ce jour, toutes les affaires d'accords de report d'entrée dans l'Union européenne ont fait l'objet d'une procédure contentieuse, ce qui marque la volonté de la Commission européenne de dissuader les entreprises pharmaceutiques de se diriger vers de tels accords[1748]. Récemment encore, dans l'affaire *Cephalon*[1749], la commissaire chargée de la concurrence a énoncé que « *la commercialisation des médicaments génériques et la concurrence exercée par ceux-ci sur le marché sont essentielles pour rendre les soins de santé plus abordable* »[1750], ce qui confirme que, pour ce type de pratique, l'effectivité du droit de la concurrence dépasse largement la recherche de l'efficience. Aussi, l'effectivité juridique semble l'emporter sur l'efficience économique dans les affaires de *reverse payment*. Au vu de la gravité de la pratique, la Commission européenne semble refuser toute procédure alternative et cherche à condamner les déviances liées à de mauvaises mises en œuvre des brevets en allant au bout des procédures contentieuses qu'elle entreprend.

---

européen et du Conseil visant à doter les autorités de concurrence des États membres des moyens de mettre en œuvre plus efficacement les règles de concurrence et à garantir le bon fonctionnement du marché intérieur, Com(2017) 142 final, 22 mars 2017. Pour un auteur, si cette proposition de directive était adoptée, « *on peut craindre que la fixation décomplexée de priorités aboutisse à une sous-application du droit de la concurrence* ». En d'autres termes, « *le droit de fixer des priorités [pourrait créer] des poches d'inapplication du droit de la concurrence* ». Voy. E. Barbier de La Serre, « L'indépendance des autorités de concurrence : Pour une juste mesure » (*New Frontiers of Antitrust*, Paris, 26 juin 2017), *Concurrences* n° 4-2017, p. 9, spéc. p. 11.

1747 Comm. eur., déc. du 27 juin 2017, *Google Shopping*, aff. AT.39740 : *Contrats, conc., consom.* 2018, n° 3, p. 25, obs. D. Bosco ; *Concurrences* n° 1-2018, p. 87, obs. F. Marty. Plus récemment encore, une autre affaire *Google* a été traitée par la Commission européenne : voy. Comm. eur., déc. du 18 juill. 2018, *Google Android*, aff. AT.40099, décision non encore publiée.

1748 La dissuasion passe immanquablement par la fixation de lourdes amendes. Dans les trois affaires de *pay-for-delay* traitées par la Commission européenne, cela était le cas. Dans l'affaire *Lundbeck*, l'amende a été fixée à plus de 90 millions d'euros ; dans l'affaire *Johnson & Johnson*, à plus de 5 millions d'euros ; dans l'affaire *Servier*, à plus de 420 millions d'euros.

1749 Le 17 juillet 2017, la Commission européenne a envoyé une communication des griefs à Teva, qu'elle accuse d'avoir conclu des accords *pay-for-delay* illicites. Il est reproché à l'entreprise d'avoir conclu un accord de report d'entrée avec les laboratoires Cephalon et d'avoir ainsi retardé la commercialisation d'une version générique moins onéreuse du modafinil. Voy. Comm. eur., « La Commission adresse une communication des griefs à Teva concernant un accord de type "pay-for-delay" », communiqué de presse IP/17/2063 du 17 juill. 2017.

1750 *Ibid.*

Conclusion de chapitre

425. **Conclusion du chapitre 1 relatif à la justification de l'admission.** Pour justifier l'admission des accords de report d'entrée dans notre ordre juridique, nous avons mis en exergue que le désordre apparent qu'il semble produire sur la concurrence n'est pas totalement fondé. Tout d'abord, le standard actuel du bien-être du consommateur nous est apparu trompeur. En concentrant l'analyse sur la concurrence statique, la Commission européenne ne s'est pour l'heure intéressée qu'à la chute des prix et à la date d'entrée des génériques sur le marché. Précisément, elle s'est désintéressée des effets que les accords de report d'entrée pourraient produire sur un horizon de moyen et long terme. Or, à moyen ou long terme, les accords *pay-for-delay* pourraient permettre l'apparition de nouvelles molécules et d'innovations incrémentales, lesquelles pourraient se révéler précieuses pour des patients qui ne disposent pour l'instant d'aucun traitement. Pour cette raison, il a été montré que l'adoption du bien-être total du consommateur serait un standard plus équilibré pour prendre en compte les spécificités du secteur pharmaceutique et des accords de report d'entrée.

Ensuite, il a été expliqué que les accords *pay-for-delay* peuvent dans certaines circonstances être une incitation pour innover et encourager les entreprises pharmaceutiques à poursuivre des investissements lourds et coûteux dans la recherche et le développement. Non seulement les accords de report d'entrée peuvent apparaître comme un incitant puissant à l'innovation, mais aussi comme un outil permettant la diffusion précoce de l'innovation, ce qui est favorable au consommateur. Ainsi, les accords *pay-for-delay* pourraient dans certaines circonstances contribuer à l'intérêt général et épouser les finalités du droit des brevets.

Enfin, même si les accords de report d'entrée peuvent dans de nombreux cas être vertueux et ne pas contrarier l'ordre public concurrentiel, le droit de la concurrence doit cependant rester vigilant et dissuasif. Pour ne pas pousser les entreprises à élaborer des pratiques déviantes, il est nécessaire que ce droit fasse preuve d'une effectivité sans faille. Or, on a pu remarquer que l'effectivité du droit de la concurrence est souvent sacrifiée sur l'autel de l'efficience, si bien que nous avons parlé d'une « effectivité sélective ». Pour l'instant, les règles de concurrence sont appliquées avec vigueur aux accords de report d'entrée dans l'Union européenne puisque, dans chaque affaire qu'elle a ouverte, la Commission européenne a sanctionné les entreprises pharmaceutiques et est allée au bout de la procédure contentieuse.

Les raisons de l'admission des accords de report d'entrée dans notre ordre juridique désormais exposées, reste à savoir quels sont les moyens nécessaires à déployer pour les accueillir et les contrôler avec justesse.

Chapitre 2
Les moyens techniques de l'admission

426. **Les propositions envisagées pour résoudre le problème des *pay-for-delay*.** À ce jour, le débat autour des accords *pay-for-delay* dans l'Union européenne porte systématiquement sur les principes du droit de la concurrence et de leur application. En effet, l'ordre juridique européen et la doctrine limitent leur questionnement sur la manière dont le droit de la concurrence devrait être appliqué. Les principales interrogations concernent la pertinence de l'intervention des autorités de concurrence et la qualification des accords de report d'entrée. Alors que la Commission européenne a opté pour la qualification de restriction de concurrence par objet, une grande partie des juristes européens considèrent qu'une analyse économique par les effets serait plus appropriée. Pour eux, le contrôle antitrust opéré par l'institution bruxelloise est trop lapidaire, notamment en raison de la faible expérience qu'elle a sur la nature des *pay-for-delay*. Pour notre part, nous pensons qu'en se concentrant uniquement sur l'impact des accords de report d'entrée à l'égard de l'ordre public concurrentiel, le risque est grand d'ignorer la portée plus générale du problème économique, lequel n'est pas uniquement circonscrit à des questions de droit de la concurrence. Avant d'être un problème de droit de la concurrence, les *pay-for-delay* manifestent certaines malfaçons de la réglementation pharmaceutique européenne et révèlent aussi les carences du système des brevets en Europe. Ces défauts systémiques encouragent les entreprises pharmaceutiques à pratiquer un *regulatory gaming*[1751], jeu qui consiste à instrumentaliser les règles de droit pour les mettre au service d'intérêts privés.

À notre connaissance, hormis le professeur Drexl[1752] – lequel a réclamé un débat sur une réforme du système européen des brevets pharmaceutiques – personne ne s'est véritablement attelé à la tâche de proposer des solutions qui se situeraient en amont de l'application des règles de concurrence. Au regard de cette situation, il nous a semblé indispensable d'amorcer ce travail de réflexion et de proposer quelques remèdes qui pourraient répondre à l'asthénie actuelle du droit des brevets (Section 2). Mais parce que les accords *pay-for-delay* sont pour l'instant ancrés dans le droit européen de la concurrence, il était tout aussi nécessaire de formuler

---

1751 Pour une étude récente du *regulatory gaming* appliqué au *pay-for-delay* et au *product hopping* dans le secteur pharmaceutique : voy. C. Ott, « The Evolution of Pharmaceutical Regulatory Gaming Practices », 47 *Seton Hall L. Rev.* 849 (2017), spéc. p. 858 et s. Pour des explications plus générales : voy. S. Dogan & M. Lemley, « Antitrust and Regulatory Gaming », 87 *Texas L. Rev.* 685 (2009), qui expliquent que certaines pratiques de *regulatory gaming* violent le droit antitrust.

1752 J. Drexl, « Les règlements amiables de type "pay-for-delay" : plaidoyer pour une réforme du système réglementaire des brevets pharmaceutiques en Europe », art. préc., p. 418.

des propositions dans « le cœur du droit économique »[1753] afin que ce dernier soit mieux appliqué (Section 1). Car en l'absence d'une réforme du système des brevets, le droit européen de la concurrence devrait continuer pendant encore longtemps à corriger *ex post* les défaillances du système de la propriété intellectuelle.

Section 1
Les propositions envisagées compte tenu des carences du droit antitrust

427. **Deux types de propositions.** Les accords de report d'entrée étant divers, il nous a semblé inévitable de scinder nos propositions en deux catégories. De cette façon, la Commission européenne pourrait appliquer des tests antitrust adaptés aux types d'affaires *pay-for-delay* qu'elle aura à traiter. En effet, le traitement antitrust à inoculer devrait être différent selon que le cas impliquera un accord de report d'entrée classique ou des accords de report d'entrée plus subtils et plus originaux. En tout état de cause, l'idée commune qui lie les différentes propositions est que les accords de report d'entrée ne portent pas forcément en eux une injure à la concurrence. Selon nous, leur conclusion n'engendre pas automatiquement une violation des règles européennes de concurrence. Ce faisant, l'objectif des tests antitrust conçus doit permettre de séparer les accords qui ne contribuent qu'à mettre en œuvre les titres détenus par les brevetés des accords qui procèdent d'un dépassement des droits de propriété intellectuelle. Pour des raisons de clarté de présentation, nous présenterons tout d'abord les propositions d'ordre général (§ 1) avant d'exposer les propositions particulières (§ 2).

§ 1. Les propositions générales

428. **Les solutions envisagées.** Pour faciliter le contrôle des accords de report d'entrée, l'adoption d'une règle *de minimis* prenant la forme d'un *safe harbor* pourrait permettre de dégager des ressources financières à la Commission européenne. De cette manière, l'institution pourrait concentrer son action sur les accords les plus problématiques et portant une grave injure au fonctionnement concurrentiel des marchés (A). En plus de ce *safe harbor*, les entreprises pharmaceutiques pourraient être contraintes de notifier à l'institution bruxelloise tous les accords comportant un paiement inversé et reposant sur un brevet secondaire (B). Enfin, pour ne pas affaiblir le système des brevets et encourager les laboratoires à innover, la mise en place d'un mécanisme de bifurcation serait opportune (C). Ce mécanisme permettrait d'éviter la profusion d'erreurs de type I.

[1753] L. Boy, « Réflexions sur "le droit de la régulation" », *D.* 2001, p. 3031.

A. L'exemption des accords de report d'entrée respectant un *safe harbor*, un moyen de mieux répartir les ressources limitées de la Commission européenne

429. **La nature des communications de la Commission.** La technique des communications est bien connue des spécialistes du droit de la concurrence et appartient à la *soft law*[1754] dans cette matière. À la différence des lignes directrices, la communication cherche à répondre aux questions de mise en œuvre des règles du droit de la concurrence[1755]. Historiquement, la première communication fut élaborée en 1962 et portait déjà sur la relation du droit de la concurrence et du droit des brevets[1756]. Depuis, on a assisté à un élargissement du domaine matériel de ces textes[1757]. Circonscrits *ab initio* à l'interprétation de l'article 101 TFUE, ils ont accompagné par la suite le développement du droit des aides d'État et du contrôle des concentrations. Pour une partie de la doctrine, l'utilité des communications ne fait aucun doute. Ces dernières participeraient à la régulation ainsi qu'à l'application efficiente du droit de la concurrence ; elles détiendraient même une certaine force normative[1758], car elles sont « *des modèles pour agir et pour juger* »[1759]. Elles ont surtout pour fonction d'interpréter le « droit dur », qui nécessite des explications dues parfois au flou qui l'entoure[1760]. Elles permettent par ailleurs à la Commission européenne « *de s'autolimiter dans les domaines de son pouvoir discrétionnaire* »[1761]. Quoi qu'il en soit, les communications ne sont pas des actes anodins puisque la Commission européenne est liée par les principes qu'elle y a inscrits. C'est le principe de confiance légitime qui vient donner ce caractère contraignant à la communication. En effet,

---

1754 Pour quelques réflexions sur le sujet de la *soft law*, que l'on qualifie parfois de « droit mou » ou de « droit souple », voy. par ex. C. Thibierge, « Le droit souple – Réflexion sur les textures du droit », *RTD civ.* 2003, p. 599 ; P. Deumier, « La réception du droit souple par l'ordre juridique » *in Le droit souple*, Dalloz, 2009, p. 113.

1755 Pour une auteure, les lignes directrices semblent « *correspondre quant à elles à une catégorie de communications qui traitent de questions de droit substantiel* ». C. Vincent, « La force normative des communications et lignes directrices en droit européen de la concurrence » *in La force normative – Naissance d'un concept* (dir. C. Thibierge et *alii*), LGDJ-Bruylant, 2009, p. 691, spéc. p. 693. Sur le sujet des lignes directrices, voy. aussi M. Malaurie-Vignal, « Lignes directrices, force normative et sécurité juridique », *Contrats, conc., consom.* 2007, n° 4, comm. 98.

1756 Comm. eur., Communication relative aux accords de licence de brevet, *JOCE* L 139 du 24 déc. 1962, p. 2922. Pour une perspective historique de ce texte : voy. B. Goldman, *Droit commercial européen*, 3e éd., Dalloz, 1975, n° 272, p. 283.

1757 L. Idot, « À propos de l'internationalisation du droit. Réflexions sur la *soft law* en droit de la concurrence » *in Vers de nouveaux équilibres entre ordres juridiques – Mél. en l'honneur du professeur H. Gaudemet-Tallon*, Dalloz, 2008, p. 85.

1758 C. Vincent, « La force normative des communications et lignes directrices en droit européen de la concurrence », art. préc., p. 691. D'autres auteurs décrivent les communications comme une source du droit. Voy. M. Béhar-Touchais, « La mutation de la norme en droit de la concurrence » *in Les mutations de la norme – Le renouvellement des sources du droit* (dir. N. Martial-Braz, J.-F. Riffard et M. Béhar-Touchais), Economica, 2011, p. 195.

1759 C. Thibierge, « Au cœur de la norme : le tracé et la mesure. Pour une distinction entre normes et règles de droit », *Arch. phil. dr.* 2008, t. 51, p. 251.

1760 L. Idot, « À propos de l'internationalisation du droit. Réflexions sur la *soft law* en droit de la concurrence », art. préc., p. 85.

1761 C. Prieto, « La sécurité juridique dans le droit de la concurrence » *in Sécurité juridique et droit économique*, *op. cit.*, p. 299, spéc. p. 307.

en vertu de la jurisprudence de l'Union, « *le droit de se prévaloir de la protection de la confiance légitime s'étend à tout particulier qui se trouve dans une situation de laquelle il ressort que l'administration de l'Union, en lui fournissant* des assurances précises, *a fait naître chez lui des espérances fondées [...]. Constituent de telles assurances, quelle que soit la forme sous laquelle ils sont communiqués,* des renseignements précis, inconditionnels *et* concordants, émanant de sources autorisées et fiables »[1762]. Les communications de la Commission européenne appartiennent assurément à la description prétorienne de « l'assurance précise ».

430. ***De minimis non curat lex...*** En raison des potentiels effets proconcurrentiels de certains accords de report d'entrée[1763], la technique des communications, et plus précisément du *safe harbor*[1764], pourrait être utilisée par la Commission européenne. Afin de dégager des ressources financières et accroître la sécurité juridique des entreprises, la Commission européenne pourrait décider d'élaborer une zone de sécurité sur le modèle de la communication *de minimis*[1765]. L'intérêt de cette adoption tient en l'efficacité de la règle *de minimis*. Comme l'a souligné un économiste, celle-ci « *consiste à définir un critère permettant d'identifier les situations dans lesquelles une pratique donnée ne constitue pas une restriction sensible de concurrence, et ainsi d'économiser le coût de son instruction* »[1766]. En ce sens, elle permet de maximiser le surplus collectif en réallouant des ressources qui auraient été consacrées à des pratiques peu susceptibles de restreindre la concurrence de façon sensible[1767]. Pour les entreprises, la règle *de minimis* offre aussi de nombreux avantages. D'une part, elle permet d'évaluer *ex ante* la licéité de leur accord et d'avoir l'assurance de ne pas commettre une infraction au droit européen de la concurrence. D'autre part, elle leur permet d'éviter l'établissement des conditions cumulatives d'exemption.

Par une communication *ad hoc*, la Commission pourrait donc poser les critères permettant de légaliser automatiquement certains accords de report d'entrée ne restreignant

---

1762 TUE, 13 juill. 2011, *ThyssenKrupp Liften Ascenseurs c/ Commission*, aff. jtes T-144/07, T-147/07, T-148/07, T-149/07, T-150/07 et T-154/07, *Rec. num.* EU:T:2011:364, §§ 179-180 (nous soulignons).

1763 G. Bruzzone & S. Capozzi, « The Procompetitive and Anticompetitive Impact of Patent Settlements » *in Competition and Patent Law in the Pharmaceutical Sector – An International Perspective* (dir. G. Pitruzzella & G. Muscolo), Wolters Kluwer, 2016, p. 15. Voy. aussi G. Robert & F. Falconi, « Patent litigation settlement agreements in the pharmaceutical industry: marrying the innovation bride and competition groom », 27 *European Competition L. Rev.* 524 (2006), spéc. p. 529.

1764 Contrairement à l'Union européenne, où la technique du *safe harbor* est plébiscitée, certains auteurs ont fait remarquer dans une étude récente que, depuis le début des années 2000, l'utilisation de cette technique déclinait outre-Atlantique. Voy. L. Edwards & J. Wright, « The Death of Antitrust Safe Harbors: Causes and Consequences », 23 *George Mason L. Rev.* 1205 (2016).

1765 Comm. eur., Communication concernant les accords d'importance mineure qui ne restreignent pas sensiblement le jeu de la concurrence au sens de l'article 101, paragraphe 1, du traité sur le fonctionnement de l'Union européenne (communication de minimis), *JOUE* C 291/01 du 30 août 2014. La première communication sur les accords d'importance mineure a été adoptée en 1970 et a été inspirée par l'arrêt *Völk* de la Cour de justice. Dans cet arrêt, la Cour de justice avait jugé qu'« *un accord échappe à la prohibition de l'article [101] lorsqu'il n'affecte le marché que de manière insignifiante* » CJCE, 9 juill. 1969, *Völk*, aff. C-5/69, *Rec.*, p. 295, § 7. Sur le sujet : voy. not., J. Vogel, « Peut-on échapper au droit de la concurrence grâce à la règle *de minimis* ? », *Concurrences* n° 1-2013, p. 4. *Adde* N. Petit, *Droit européen de la concurrence*, *op. cit.*, n° 584 et s., pp. 222-223, qui explique la genèse la règle *de minimis*.

1766 G. de Muizon, « Réflexions économiques sur l'intérêt et l'efficacité des règles *de minimis* », *Concurrences* n° 1-2013, p. 9.

1767 La notion de restriction « sensible » à la concurrence est née dans l'arrêt *Société Technique Minière*. Voy. CJCE, 30 juin 1966, *Société Technique Minière*, aff. C-56/65, *Rec.* p. 337.

pas la concurrence de manière « sensible ». En d'autres termes, lorsqu'un accord *pay-for-delay* remplirait les critères fixés par la communication et entrerait dans la zone de sécurité prévue, l'accord devrait alors bénéficier d'une immunité antitrust. En clair, aucune poursuite ne pourrait être entreprise à l'encontre des entreprises parties à l'accord, lesquelles seraient libres de contracter les accords décrits par la communication.

431. **Proposition de critères à remplir.** Cependant, élaborer un *safe harbor* n'est pas une sinécure. En effet, un tel exercice n'est pas aisé et nécessitera la mise en œuvre d'une analyse économique pour déterminer avec précision les critères qu'il conviendrait de retenir. En effet, à cause du contexte brevetaire, l'appréciation de l'effet de l'accord sur la concurrence est assez floue. Dans l'attente d'un rapprochement des études économiques sur le sujet des *pay-for-delay*, il est seulement possible de poser quelques jalons et d'ouvrir des pistes de réflexion. En ce sens, nos propos ne prétendent pas être incontestables. Ils portent simplement l'objectif de trouver le juste équilibre entre la préservation de l'attractivité du système des brevets et la répression des pratiques anticoncurrentielles. Selon nous, trois critères pourraient permettre de séparer le bon grain de l'ivraie, c'est-à-dire les accords bénins pour la concurrence de ceux qui pourraient porter les germes de l'abus. Pour bénéficier du *safe harbor*, les laboratoires devraient démontrer que leur accord les remplit cumulativement.

Premièrement, l'accord de report d'entrée doit permettre aux génériqueurs d'entrer sur le marché au minimum trois ans avant la date d'expiration du brevet ou du CCP[1768]. De cette manière, un équilibre pourrait être trouvé entre l'objectif d'incitation à l'innovation et le développement d'un marché concurrentiel. D'une part, les brevetés pourraient bénéficier de leur droit exclusif sur un temps raisonnablement long, ce qui maintiendrait l'intérêt de l'obtention de brevets auprès des offices compétents[1769]. D'autre part, les consommateurs pourraient bénéficier plus précocement d'une concurrence par les prix[1770]. Ainsi, au lieu d'attendre la fin de vie du brevet, les médecins ou pharmaciens pourraient prescrire bien plus tôt des substituts au médicament *princeps*. Le patient aurait, en plus du bénéfice de la chute des prix, la liberté de choisir entre le produit *princeps* et ses génériques. Deuxièmement, un accord pourrait éviter un examen antitrust s'il n'altère pas l'incitation d'autres génériqueurs, tiers à la l'accord, à entrer sur le marché. Concrètement, tout accord intégrant des clauses d'accélération devrait être automatiquement exclu du *safe harbor*. Troisièmement enfin, un accord serait immunisé de toute poursuite antitrust si le paiement inversé réalisé par le breveté ne dépasse pas un certain montant. La communication pourrait indiquer que le montant du paiement inversé réalisé par le breveté ne doit pas dépasser les coûts

---

1768 Nous reprenons le chiffre de trois ans, lequel a été avancé par des auteurs aux États-Unis. Ces derniers considèrent eux aussi que l'adoption d'un *safe harbor* pourrait permettre de protéger un groupe d'accords *pay-for-delay* bénins pour la concurrence. Voy. H. Butler & J. Jarosch, « Policy Reversal on Reverse Payments: Why Courts Should Not Follow the New DOJ Position on Reverse-Payment Settlements of Pharmaceutical Patent Litigation », art. préc., spéc. p. 166.

1769 Les profits engrangés pendant la protection brevetaire permettraient de rembourser les investissements consentis en R&D et inciteraient les entreprises à poursuivre d'autres recherches afin de continuer à faire des bénéfices.

1770 Pour rappel, le prix des médicaments génériques est 40 % moins élevé que celui du médicament *princeps* deux ans après leur entrée sur le marché. Voy. R. Maier-Rigaud, « L'enquête sur le secteur pharmaceutique de l'Union européenne » *in Les pratiques de l'industrie pharmaceutique au regard du droit de la concurrence*, *op. cit.*, p. 61.

de procédure judiciaire. Pour éviter un effet de seuil, il nous semble pertinent de ne pas fixer de montant précis. Ce principe se justifie par le fait que les coûts de procédure judiciaire peuvent varier selon la complexité du contentieux de brevet et du stade de la procédure. Un accord de report d'entrée mettant un terme à un litige de brevet en première instance devrait intégrer un paiement inversé plus faible qu'un accord mettant un terme à un litige en appel.

432. **Le rejet de l'approche par les parts de marché.** En droit européen de la concurrence, de nombreuses lignes directrices et communications adoptées par la Commission européenne fixent des parts de marché cumulées à ne pas franchir lorsqu'il s'agit de mettre en place un *safe harbor*. Cependant, dans le contexte des accords de paiement inversé, il n'apparaît pas efficace d'adopter la même approche. Lorsqu'un accord de paiement inversé est conclu entre un breveté et un génériqueur, le médicament faisant l'objet de l'accord est protégé par un brevet qui donne bien souvent un monopole au laboratoire *princeps*[1771]. Autrement dit, quasiment cent pour cent du marché est monopolisé par celui-ci. En conséquence, fixer une part de marché cumulée, peu importe le seuil choisi, conduirait à suspecter tous les accords de paiement inversé et ferait perdre tout intérêt à l'érection d'une communication *de minimis* dédiée aux *pay-for-delay*. La fonction de distinction des accords neutres ou proconcurrentiels des accords posant un problème de concurrence ne serait plus remplie par le *safe harbor*.

433. **Critique et faiblesse de la technique des *safe harbor*.** En définitive, ériger une zone de sécurité présente de nombreux avantages, aussi bien pour les entreprises – elle renforce leur sécurité juridique et leur permet de moduler les risques concurrentiels – que pour la Commission européenne – elle lui permet une meilleure allocation de ses ressources. Cependant, cette technique a des limites et son efficacité doit être nuancée. Le principal problème avec la technique du *safe harbor* est qu'afin d'éviter une analyse détaillée et approfondie, elle pose des lignes de démarcation arbitraires rendant, d'une part, certains accords de paiement inversé automatiquement suspects et, d'autre part, certains accords immunisés contre le droit de la concurrence. En ce sens, il importe de relever qu'aucun *safe harbor* n'est parfait. Néanmoins, au vu de la complexité des accords de report d'entrée et de la difficulté qu'éprouve la Commission européenne à les analyser, imposer une ligne de démarcation apparaît comme la solution la plus souhaitable.

B. L'obligation de notifier les accords de report d'entrée ne respectant pas le *safe harbor* et reposant sur un brevet secondaire, un moyen de saisir tous les accords suspects

434. **L'insuffisance du contrôle actuel.** Actuellement, seuls certains accords de report d'entrée sont notifiés à la Commission européenne, mais l'utilité de ces notifications est assez réduite. En effet, ces dernières permettent uniquement

[1771] Pour certains, le titulaire d'un brevet dispose « par nature » d'un monopole. Voy. M.-A. Frison-Roche et S. Bonfils, *Les grandes questions du droit économique – Introduction et documents*, *op. cit.*, p. 390.

d'élaborer des rapports de surveillance[1772], par définition non contraignants pour les entreprises pharmaceutiques. En pratique, pour concevoir ces rapports, la Commission européenne adresse chaque année à un certain nombre d'entreprises des demandes de renseignements et les enjoint de transmettre les copies des accords de report d'entrée qu'elles ont conclus durant l'année en cours. Le recueil des renseignements permet par la suite à la Commission européenne de mesurer année après année l'ampleur prise par cette pratique et permet d'avoir un aperçu statistique[1773]. Cependant, l'efficacité de ces rapports est très faible. Depuis 2010, quatre-vingt-deux accords appartenant à la catégorie B.II ont été notifiés à l'institution bruxelloise[1774]. Pour autant, la Commission européenne n'a pas ouvert d'instruction pour vérifier leur conformité aux règles de concurrence[1775]. À cet égard, il existe un véritable flou sur l'objectif et les résultats de ce travail de surveillance. La Commission réengage chaque année ce cycle de demandes de renseignements, mais n'a ni précisé la date de fin de celui-ci ni mené d'actions antitrust contre les entreprises ayant conclu des accords de type B.II.

435. **L'obligation de notification est actuellement inefficace.** Pour cette raison, parallèlement à l'adoption du *safe harbor*, le droit européen de la concurrence devrait selon nous imposer un système de « notification préalable » des accords de report d'entrée comportant des paiements inversés et reposant sur des brevets secondaires. Précisément, tous les accords de type *pay-for-delay*, qu'ils soient de première ou de seconde génération et ne respectant pas la communication *de minimis* telle que précédemment évoquée, devraient être notifiés à la Commission européenne. Seuls les accords reposant sur un brevet portant sur une molécule ne seraient pas notifiables.

1772 À ce jour, sept rapports de surveillance des règlements amiables de report d'entrée (*Report on the Monitoring of Patent Settlements*) ont été publiés depuis la fin de l'enquête sectorielle en 2009. Ils sont tous disponibles sur le site de la Commission européenne.

1773 R. Maier-Rigaud, « L'enquête sur le secteur pharmaceutique de l'Union européenne », art. préc., p. 67.

1774 Voy. Comm. eur., *1st Report on the Monitoring of Patent Settlements (period: mid 2008 – end 2009)*, publié le 5 juill. 2010, p. 8. Cette année-là, la Commission relève que neuf accords de report d'entrée de type B.II ont été conclus ; Comm. eur., *2nd Report on the Monitoring of Patent Settlements (period: January-December 2010)*, publié le 6 juill. 2010, p. 8. Cette année-là, la Commission relève que trois accords de report d'entrée de type B.II ont été conclus ; Comm. eur., *3rd Report on the Monitoring of Patent Settlements (period: January-December 2011)*, publié le 25 juill. 2012, p. 13. Cette année-là, la Commission relève que treize accords de report d'entrée de type B.II ont été conclus ; Comm. eur., *4th Report on the Monitoring of Patent Settlements (period: January-December 2012)*, publié le 9 déc. 2013, p. 16. Cette année-là, la Commission relève que douze accords de report d'entrée de type B.II ont été conclus ; Comm. eur., *5th Report on the Monitoring of Patent Settlements (period: January-December 2013)*, publié le 5 déc. 2014, p. 15. Cette année-là, la Commission relève que onze accords de report d'entrée de type B.II ont été conclus ; Comm. eur., *6th Report on the Monitoring of Patent Settlements (period: January-December 2014)*, publié le 2 déc. 2015, p. 13. Cette année-là, la Commission relève que neuf accords de report d'entrée de type B.II ont été conclus ; Comm. eur., *7th Report on the Monitoring of Patent Settlements (period: January-December 2015)*, publié le 13 déc. 2016, p. 12. Cette année-là, la Commission relève que treize accords de report d'entrée de type B.II ont été conclus ; Comm. eur., *8th Report on the Monitoring of Patent Settlements (period: January-December 2015)*, publié le 9 mars 2018, p. 13. Cette année, la Commission relève que douze accords de report d'entrée de type B.II ont été conclus.

1775 Ce qu'une partie de la doctrine critique avec énergie. Voy. par ex. : J. Killick, « Patent settlements as by object restrictions: a European approach, but is it the right one? » *in A Scot without Borders – Liber Amicorum, Mél. en l'honneur de I. Forrester, op. cit.*, p. 191.

Concrètement, dès leur conclusion, les entreprises devraient obligatoirement transmettre à la Commission européenne une copie des accords. Ainsi, dans le domaine des *pay-for-delay*, en s'appuyant sur le modèle de l'ancien règlement n° 17/62, on reviendrait à « *un système ultra centralisé* »[1776], dans lequel la Commission européenne se verrait attribuer d'importants pouvoirs de contrôle. L'idée serait de faire de cette institution l'unique autorité publique ayant la capacité de faire bénéficier les accords de report d'entrée de l'exemption prévue à l'article 101(3) TFUE. En d'autres termes, le retour au système de la réserve d'autorisation est souhaité. Par ce mécanisme de notification, tous les accords de report d'entrée conclus dans l'Union européenne devraient être appréhendés par les services de la Commission, si bien qu'elle pourrait amasser d'abondantes informations sur les pratiques du secteur pharmaceutique et compléter les connaissances qu'elle a déjà sur le sujet des *pay-for-delay*. Elle pourrait par ailleurs suivre l'évolution des pratiques contractuelles des opérateurs du marché.

En outre, la sécurité juridique des entreprises pourrait être accrue car, au lieu d'« autoévaluer » si leur accord est conforme ou non au droit de la concurrence, elles pourraient par exemple bénéficier de lettres de confort, une sorte de « rescrit concurrentiel », lesquelles les immuniseraient d'une poursuite antitrust. Ce mécanisme étant dérogatoire aux règles prévues par le règlement n° 1/2003, il serait alors nécessaire qu'un nouveau règlement visant spécialement les accords de report d'entrée soit adopté. Que l'on ne se méprenne pas, l'objectif n'est pas ici de généraliser la notification préalable à tous les accords entre entreprises, mais de les restreindre aux accords *pay-for-delay*. Étant donné que les accords de report d'entrée peuvent être façonnés en dehors du secteur pharmaceutique, le nouveau règlement adopté ne devrait pas limiter son champ d'application à ce secteur. En effet, tous les secteurs structurés autour de la propriété intellectuelle devraient être affectés. Nous pensons notamment au secteur de la téléphonie mobile ou au secteur informatique. Afin d'accroître l'efficacité du mécanisme, les entreprises demanderesses pourraient bloquer les actions engagées contre elles devant les tribunaux nationaux dans le cadre du *private enforcement*[1777] en notifiant leurs

1776 N. Petit, *Droit européen de la concurrence*, *op. cit.*, n° 78, p. 46.

1777 Dans les années 2000, la Cour de justice a reconnu le lien entre la réparation due à la victime et le principe d'effet utile des articles 101 et 102 TFUE. Elle a souligné l'importance de la mise en œuvre du droit de la concurrence dans la sphère privée, c'est-à-dire le *private enforcement*. Voy. CJCE, 20 sept. 2001, *Courage c/ Crehan*, aff. C-453/99, *Rec.*, p. 6297 ; CJCE, 13 juill. 2006, *Manfredi*, aff. C-295/04, *Rec.* I, p. 6619 ; CJUE, 14 juin 2011, *Pfleiderer*, aff. C-360/09, *Rec.* I, p. 5161 ; CJUE, 6 nov. 2012, *Europese Gemeenschap c/ Otis*, aff. C-199/11, *Rec. num.* EU:C:2012:684 ; CJUE, 24 oct. 2013, *Kone*, aff. C-510/11 P, EU:C:2013:696. Depuis ces arrêts, la directive sur la réparation des dommages concurrentiels a été adoptée. Voy. Directive 2014/104/UE du Parlement européen et du Conseil du 26 novembre 2014 relative à certaines règles régissant les actions en dommages et intérêts en droit national pour les infractions aux dispositions du droit de la concurrence des États membres et de l'Union européenne, *JOUE* L 349 du 5 déc. 2014, p. 1. Cette directive a pour objectif de renforcer les outils permettant aux victimes des pratiques anticoncurrentielles d'obtenir réparation de leur préjudice. Sur le sujet : voy. not. M. Chagny, « La réparation des dommages concurrentiels », *Revue de Jurisprudence Commerciale* 2017, n° 5, p. 462 ; M. Béhar-Touchais, D. Bosco et C. Prieto (dir.), *L'intensification de la réparation des dommages issus des pratiques anticoncurrentielles*, IRJS éditions, 2016, 430 p. ; M. Chagny et B. Deffains, *Réparation des dommages concurrentiels*, Dalloz, 2015, 344 p. Bien avant l'adoption de cette directive, une partie de la doctrine avait fait remarquer l'importance du *private enforcement*. La professeure Chagny avait expliqué que « *les actions en dommages-intérêts concourent [...] à la préservation de l'ordre public concurrentiel. Les victimes sont perçues comme des auxiliaires précieux dans la lutte contre les pratiques*

accords. Ces derniers devraient alors surseoir à statuer dans l'attente de la décision d'exemption mais pourraient avoir le droit de s'informer auprès de la Commission européenne sur l'état de la procédure.

436. **Les potentielles critiques du mécanisme.** D'aucuns pourraient opposer que l'adoption de ce système serait trop lourd et que la Commission européenne pourrait ployer sous le volume des notifications. Cette critique fut d'ailleurs déjà formulée à l'égard du règlement n° 17/62. Du côté de la Commission européenne, certains considéraient à l'époque que l'ancien système de notification préalable avait pour effet d'engorger les services de l'institution bruxelloise d'accords dont la nocivité était peu significative si bien que cette dernière ne pouvait pleinement se consacrer à la poursuite des pratiques anticoncurrentielles portant le plus gravement atteinte à l'intérêt communautaire. Autrement dit, étant donné que la Commission européenne recevait des notifications d'entreprises du monde entier, le système était décrit comme une source d'inefficacité administrative[1778]. Du côté des entreprises, il était indiqué qu'elles « *souffraient de la lenteur des procédures et des coûts qu'elles généraient* »[1779]. Bien que ces critiques soient justifiées pour le règlement n° 17/62, il nous semble qu'elles ne seraient pas opérantes dans le cas des accords de report d'entrée, et ce, pour au moins deux raisons. D'une part, le volume des notifications serait assez faible. Depuis 2010, la Commission européenne n'a identifié que quatre-vingt-deux accords de type B.II sur le marché. Cela donne une moyenne d'environ dix accords notifiés par an. D'autre part, les accords de report d'entrée étant considérés comme une atteinte grave au jeu de la concurrence sur le marché, la Commission européenne ne pourrait pas raisonnablement soutenir qu'elle perdrait des ressources et du temps pour les contrôler.

Enfin, passer par la voie législative pourrait paraître comme une solution excessive pour certains. Mais pour répondre au défi des accords de report d'entrée, cette voie pourrait pourtant s'avérer payante. Rappelons que ce qui est en jeu avec ces accords, c'est la santé des citoyens européens et la maîtrise des comptes publics. L'absence de contrôle de ces accords pourrait coûter cher aux contribuables européens, lesquels se verraient privés de l'accès à des médicaments *princeps* et génériques fixés à des prix concurrentiels.

C. La mise en place d'une procédure de bifurcation, un remède contre les faux positifs

437. **Rappel des faiblesses des tests antitrust actuels.** Que ce soit aux États-Unis ou dans l'Union européenne, il a été vu que les tests antitrust adoptés refusent de contrôler la validité des brevets sur lesquels les accords *pay-for-delay* reposent.

---

anticoncurrentielles. Ne sont-elles pas les mieux placées pour porter les violations commises à leur détriment à la connaissance des autorités de contrôle ? » Voy. M. Chagny, « Faut-il prendre en compte les objectifs du droit de la concurrence dans les actions en dommages-intérêts ? », *RLDA* 2007, n° 12, p. 97.

1778 Certains auteurs jugeaient pour leur part que le nombre de notifications n'était pas excessif. Au début des années 2000, il y avait plus de notifications de concentration et d'aides d'État que de notifications d'accords. Voy. D. Waelbroeck, « La modernisation des règles de concurrence », *Cah. dr. eur.* 2001, n° 1, p. 204.

1779 R. Kovar, « Le règlement du Conseil du 16 décembre 2002 relatif à la mise en œuvre des règles de concurrence prévues aux articles 81 et 82 du traité CE », *D.* 2003, p. 478.

L'arrêt *Actavis* et les décisions de la Commission européenne ont consacré la théorie des droits probabilistes[1780], laquelle permet aux autorités de concurrence de démontrer la faiblesse d'un brevet par le simple jeu de présomptions. En effet, l'*Actavis inference test* de la Cour suprême ainsi que le test en trois étapes de la Commission européenne ont été conçus pour contourner les incertitudes pesant sur le titre de propriété intellectuelle. En substance, la faiblesse du brevet est mesurée à l'aune de la taille du paiement inversé. Autrement dit, plus le *reverse payment* réalisé par le breveté est significatif et plus l'autorité de concurrence considérera que le breveté a des doutes sur la validé de son titre ou sur sa contrefaçon par les concurrents génériqueurs. Quoi qu'il en soit, une fois l'existence d'un brevet faible déterminée, il est conclu des deux côtés de l'Atlantique que l'accord de report d'entrée produit des restrictions de concurrence illégales dans le sens où ces restrictions de concurrence ne seraient pas couvertes par le droit des brevets. Précisément, la justification de la violation des règles de concurrence réside dans le fait que l'accord repose sur la mise en œuvre d'un brevet probablement invalide ou non contrefait.

En définitive, les tests antitrust actuellement utilisés sont insuffisamment fiables pour déterminer la licéité des accords *pay-for-delay*. Leur principal défaut est de fabriquer des erreurs de type I en sanctionnant des accords de report d'entrée reposant parfois sur des brevets valides[1781]. Cette situation est peu satisfaisante puisqu'elle pourrait entraîner une chute de l'innovation pharmaceutique, les entreprises se voyant dans l'impossibilité de mettre en œuvre les titres de propriété intellectuelle qui leur ont pourtant été délivrés après un examen des offices de brevets. Ces tests ont par ailleurs pour défaut de faire prévaloir l'application du droit antitrust sur le droit de la propriété intellectuelle. Pour remédier à cette faille, nous proposons une application couplée du droit antitrust et du droit des brevets. L'idée n'est pas de faire prévaloir l'un sur l'autre mais d'opérer une application successive de ces deux branches du droit afin de mesurer les effets réels des *pay-for-delay* sur la concurrence. Ainsi, le droit de la concurrence ne viendrait plus uniquement corriger *ex post* le comportement d'une entreprise qui chercherait à maximiser la protection conférée par le brevet[1782]. Il serait une arme de dissuasion supplémentaire dans le sens où elle viendrait condamner une seconde fois un breveté produisant des défaillances de marché.

[1780] Sur ce sujet : voy. not. S. Oliveira Pais, « The *Lundbeck* case through the lens of probabilistic patents », art. préc., p. 41 et s. et nos développements *supra* n° 162 et s. *Adde* C. Shapiro, « Antitrust Limits to Patent Settlements », 77 *Rand. J. Econ.* 391 (2003) ; P. Régibeau, «"Pay-for-delay": What Do We Disagree On? », 9 *CPI* 116 (2013).

[1781] Pour des développements sur ce sujet : voy. *supra* n° 351 et s. Sur la question de l'intervention des autorités de concurrence dans le domaine du droit des brevets : voy. G. Bruzzone & S. Capozzi, « The Procompetitive and Anticompetitive Impact of Patent Settlements », art. préc., pp. 26-27, qui notent que certains auteurs militent pour que les autorités de concurrence interviennent uniquement dans les affaires où le brevet est invalide ou non contrefait.

[1782] H. Ullrich, « Les pratiques de prise de brevets de l'industrie pharmaceutique – Un cadre de référence pour la concrétisation de la notion de protection abusive » *in Les pratiques de l'industrie pharmaceutique au regard du droit de la concurrence*, *op. cit.*, p. 181, spéc. p. 196. Voy. du même auteur : « Droit de la concurrence, propriété intellectuelle, et accès à l'information en propriété intellectuelle » *in L'intérêt général et l'accès à l'information en propriété intellectuelle* (dir. M. Buydens et S. Dusollier), Bruylant, 2008, p. 258 et s.

438. **Appliquer le droit des brevets avant de vérifier si les règles de concurrence ont été violées : la doctrine du *Walker Process*.** En droit américain, l'application successive du droit des brevets et du droit de la concurrence existe déjà. Une même juridiction peut tout d'abord résoudre un problème de droit des brevets avant de répondre à une question antitrust liée à un usage abusif du système de la propriété intellectuelle. Cette situation est connue sous le nom de la doctrine du *Walker Process*, en référence à l'arrêt de la Cour suprême ayant posé ce principe[1783]. En pratique, une juridiction est tout d'abord saisie en contrefaçon et est chargée de juger si le brevet du plaignant est valide et contrefait. Ensuite, si le brevet est jugé invalide, le défendeur peut alors déposer une « demande antitrust reconventionnelle » (*to bring an antitrust counterclaim*)[1784]. Pour prouver l'infraction au droit antitrust, le demandeur doit alors démontrer trois choses. Premièrement, il doit montrer que le breveté a intentionnellement fait de fausses déclarations ou a volontairement omis de transmettre des informations à l'examinateur de l'office américain des brevets. Deuxièmement, il doit apporter les preuves que l'examinateur s'est appuyé sur ces fausses déclarations ou omissions pour délivrer le brevet. Troisièmement enfin, il doit être prouvé que, sans ces fausses déclarations ou omissions, le brevet n'aurait pas été délivré. Autrement dit, si le brevet avait été en toute hypothèse délivré, il n'y a alors pas d'atteinte à l'ordre public concurrentiel[1785]. À rebours, si le brevet a été délivré par fraude, l'usage du brevet pourrait alors être qualifié d'abusif. Le même principe devrait prévaloir pour les *pay-for-delay*[1786]. En effet, si un brevet avait été jugé valide, alors la concurrence générique n'aurait pu émerger qu'à partir de la date d'échéance du titre de propriété intellectuelle, car ce dernier aurait permis au breveté d'exclure des concurrents du marché et de fixer des prix supraconcurrentiels pendant toute la durée de vie du brevet.

En tout état de cause, la doctrine du *Walker Process* pourrait être une source d'inspiration pour contrôler les accords de report d'entrée aux États-Unis. Une même juridiction pourrait bien vérifier tout d'abord si le brevet en cause dans l'affaire *pay-for-delay* est valide avant de s'attaquer à la question antitrust. En ce cas, la Cour suprême devrait alors revenir sur les principes posés par l'arrêt *Actavis*, ce qui nous semble peu probable. Que pourrait-il en être dans l'Union européenne ? Serait-il possible d'imposer un contrôle du droit des brevets *ex ante*, c'est-à-dire avant de vérifier si un breveté a enfreint les règles européennes de concurrence en concluant un accord de report d'entrée ?

439. **L'adoption d'un système de « bifurcation » pour contrôler les accords de report d'entrée.** Dans l'Union européenne, la Commission européenne ne détient pas de compétence pour traiter des questions de droit des brevets[1787]. Tout au plus,

---

1783 U.S. Supreme Court, *Walker Process Equip., Inc. v. Food Mach. & Chem. Corp.*, 382 U.S. 172 (1965).

1784 S. O'Donnell, « Unified Theory of Antitrust Counterclaims in Patent Litigation », 9 *Virginia Journal of Law & Technology* 1 (2004), spéc. p. 11.

1785 Sur ce principe, voy. par ex. *Apotex, Inc. v. Senju Pharm. Co.*, 921 F. Supp. 308 (D. Del. 2013), pt 314.

1786 S. McIntyre et *alli*, « The continuing relevance of patent validity in reverse-payment litigation », art. préc., p. 28.

1787 O. Ancelin, « Quelques questions juridiques de principe sur la condamnation d'accords de report d'entrée dans le domaine pharmaceutique », art. préc., p. 17.

ses compétences sont limitées au contrôle de l'exercice des droits de propriété intellectuelle, mais pas à leur existence. Or, le problème des *pay-for-delay* touche d'abord à l'existence des droits de propriété intellectuelle. Pour résoudre ces difficultés, une procédure dite de « bifurcation » pourrait être mise en place[1788]. L'idée serait de diviser le contentieux en deux. Le premier volet répondrait aux problèmes de propriété intellectuelle. Le second volet traiterait des problèmes antitrust.

439-1. **Le premier volet : vérifier la validité du brevet.** En pratique, saisie d'une affaire *pay-for-delay*, la Commission européenne devrait surseoir à statuer et devrait transmettre l'affaire à une juridiction spécialisée en matière de brevet. Concrètement, elle demanderait à la juridiction spécialisée si le brevet sur lequel repose l'accord est valide ou contrefait par les produits des génériqueurs. À terme, il nous semble que la juridiction la plus à même de gérer ce contentieux serait JUB. Octroyer la compétence unique à la JUB offrirait l'avantage d'unifier le contentieux et de ne pas se retrouver avec des décisions contradictoires. En l'absence de l'érection de cette juridiction unique, la procédure de bifurcation ne serait pas efficace puisque, si les droits de propriété intellectuelle sont divisés en plusieurs brevets nationaux, le risque serait grand d'avoir des décisions contradictoires et, finalement, d'avoir toujours des doutes sur la validité du brevet. Dans les affaires *pay-for-delay*, la JUB aurait deux mois pour se prononcer, l'objectif étant de ne pas faire traîner la procédure antitrust pour des raisons évidentes d'efficacité. Cette procédure aurait pour avantage la célérité. Grâce au mécanisme de notification[1789], les accords seraient contrôlés assez tôt – puisque les accords devraient être notifiés dès leur conclusion – et la question de droit des brevets rapidement résolue. L'efficacité de cette procédure de bifurcation tiendrait aussi dans le fait qu'elle ne concernerait que les accords de report d'entrée reposant sur des brevets secondaires, ce qui permettrait à la JUB de se concentrer que sur les cas les plus problématiques.

439-2. **Le second volet : contrôler la conformité de l'accord de report d'entrée aux règles européennes de concurrence.** Une fois ce contrôle réalisé, la Commission européenne déclenchera un examen antitrust différent selon que le brevet a été jugé valide ou invalide par la JUB.

Si le brevet a été jugé *valide*, la Commission européenne devrait éteindre les poursuites à condition que le breveté n'ait pas mis en œuvre son brevet au-delà de son champ d'application. Précisément, dans cette hypothèse, le *scope of patent test* devrait être appliqué. Si l'accord respecte les limites des droits conférés par le brevet, alors les effets anticoncurrentiels produits par l'accord sont couverts par la propriété intellectuelle. En ce cas, l'accord serait licite, car il n'excéderait pas le monopole conféré par le brevet au-delà de sa portée légale[1790].

[1788] Cette idée a aussi été défendue aux États-Unis par une auteure. Pour Mme Lewis, la loi Hatch-Waxman devrait être modifiée et intégrer deux modifications substantielles. Premièrement, il faudrait donner la qualité à agir à la FTC pour qu'elle puisse saisir une juridiction du brevet afin de vérifier la validité du brevet. Secondement, si le brevet est jugé valide, l'accord *pay-for-delay* devrait être présumé *réfragablement* illégal. R. Lewis, « Inevitable Imbalance: Why *FTC v. Actavis* Was Inadequate to Solve the Reverse Payment Settlement Problem and Proposing a New Amendment to the Hatch-Waxman Act », 37 *Seattle University L. Rev.* 1059 (2014), spéc. p. 1987 et s.

[1789] Voy. *supra* n° 434 et s.

[1790] H. Hovenkamp, « The Rule of Reason and the Scope of the Patent », art. préc., spéc. p. 526. Voy. aussi. A. Edlin et *alli*, « The *Actavis* Inference: Theory and Practice », art. préc., spéc. p. 590.

En revanche, si le brevet est jugé *invalide* par la JUB, la Commission européenne devrait poursuivre le breveté et les génériqueurs parties à l'accord *pay-for-delay*. Elle devrait conclure que l'accord restreint la concurrence. Dans cette hypothèse, nous estimons qu'il existe deux cas de figure possibles :

- Premier cas de figure, il existe des pièces dans le dossier montrant que le breveté a obtenu son brevet en trompant l'office de brevets, soit parce qu'il a délivré de fausses informations, soit parce qu'il n'a pas transmis des informations capitales qu'il avait en sa possession. En ce cas, l'accord de report d'entrée devrait être jugé comme une restriction de concurrence par objet. Ici, l'accord pourrait justement être assimilé à un partage du marché. Parallèlement, en application de l'arrêt *AstraZeneca*, le breveté devrait être condamné pour abus de position dominante.
- Second cas de figure, le breveté n'a pas trompé l'office de brevets compétent pour obtenir son titre de propriété intellectuelle. Dans ce cas, il aurait pu croire de bonne foi que son brevet était valide. Pour cette raison, la Commission européenne devrait rejeter la qualification de restriction par objet et opérer une analyse économique par les effets. Plusieurs facteurs pourraient être pris en compte. Elle devrait considérer :
    - La durée de vie restant au brevet et la comparer avec la date d'entrée contractuellement retenue entre les parties. Par exemple, s'il reste trois ans de vie au brevet et que la date d'entrée du génériqueur est prévue deux ans avant son expiration, cet élément pourra être pris en compte pour écarter toute condamnation au regard des règles européennes de concurrence.
    - La forme et le montant de la valeur reçue par le génériqueur. La Commission européenne devrait se demander si la valeur transmise permet réellement de résoudre ou transiger le contentieux portant sur le brevet.
    - Les profits que le génériqueur aurait perçus en gagnant le contentieux portant sur le brevet.
    - La réduction des profits du breveté s'il avait perdu le contentieux portant sur le brevet.

440. **Dans l'attente d'une telle réforme, adopter un test s'inspirant du test *Gallasch*, c'est-à-dire une approche « abrégée » par les effets.** La procédure de « bifurcation » étant une réforme d'ampleur, son adoption risque de prendre plusieurs années si celle-ci devait être amorcée. D'ici là, il est nécessaire de trouver une approche antitrust qui serait plus aisément praticable pour la Commission européenne et directement opérante. Nous l'avons vu, l'approche actuelle consistant à qualifier les accords de report d'entrée de restriction par objet n'est pas satisfaisante[1791]. Partant, nous pensons qu'une approche « abrégée » par les effets pourrait être un examen antitrust transitoire intéressant. Le test qui nous semble à ce jour le plus convaincant est celui qui a été élaboré par M. Gallasch[1792].

[1791] Voy. *supra* n° 371 et s.

[1792] S. Gallasch, « Activating *Actavis* in Europe – the Proposal of a "Structured Effects-Based" Analysis for Pay-for-Delay Settlements », CCP Working Paper 15-3, UEA Law School, 2016, p. 28.

Dans l'Union européenne, il a été vu que conclure un seul accord *pay-for-delay* peut s'avérer insuffisant pour verrouiller le marché[1793]. En effet, en raison de l'absence de *patent linkage*[1794], d'autres génériqueurs peuvent être autorisés à pénétrer le marché et obtenir une AMM s'ils remplissent les conditions réglementaires d'innocuité et d'efficacité du médicament. Ce faisant, il ne semble pas approprié d'inférer des effets anticoncurrentiels uniquement en se fondant sur la taille du paiement inversé[1795]. Comme l'a suggéré M. Gallasch, la Commission européenne devrait déduire des effets de verrouillage du marché en prenant en compte la taille du paiement inversé et ajouter à cela une analyse supplémentaire qui consisterait à évaluer l'environnement concurrentiel sur le marché pertinent, à savoir le nombre de concurrents génériqueurs potentiels. Pour l'auteur, cette analyse ne devrait pas être éloignée de celle établie dans l'affaire *Delimitis*[1796]. Il considère en effet que la Commission européenne est rompue à la mise en œuvre d'une « analyse abrégée » par les effets et a désormais l'habitude d'apprécier toute restriction de concurrence au regard de son « *contexte économique réel* »[1797].

Étant donné l'attention portée par la Commission européenne aux *pay-for-delay*, les accords de report d'entrée comportant un paiement inversé monétaire décroissent de plus en plus et d'autres types de compensation sont intégrés dans les accords pour inciter les génériqueurs à retarder leur entrée sur le marché[1798]. Par conséquent, le test proposé devrait prendre la forme suivante :

- En premier lieu, la Commission européenne devrait définir le marché pertinent et examiner l'environnement concurrentiel sur ce marché. Concrètement, après avoir défini le marché conformément à la méthode ATC[1799], elle devrait évaluer les barrières à l'entrée et analyser si une pression concurrentielle suffisante pouvait être exercée par des concurrents génériqueurs.

1793 Voy. *supra* nº 242. Rappelons cependant que la conclusion d'un seul accord peut avoir des effets de verrouillage selon la structure du marché et son environnement concurrentiel. Dans l'hypothèse où un seul génériqueur avait les capacités d'entrer sur le marché, ce serait le cas.

1794 Comm. eur., Rapport final sur le secteur pharmaceutique, préc., § 336, p. 130.

1795 S. Gallasch, « Activating *Actavis* in Europe – the Proposal of a "Structured Effects-Based" Analysis for Pay-for-Delay Settlements », art. préc., p. 28.

1796 CJCE, 28 févr. 1991, *Stergios Delimitis c/ Henninger Braü AG*, aff. C-234/89, *Rec.*, p. 935.

1797 Ce qu'impose d'ailleurs la jurisprudence de l'Union. Voy. entre autres : CJCE, 30 juin 1966, *Société Technique Minière*, préc., § 8 ; CJCE, 11 déc. 1980, *L'Oréal*, aff. C-31/80, *Rec.*, p. 3775, § 19 ; CJCE, 28 févr. 1991, *Stergios Delimitis c/ Henninger Braü AG.*, préc., § 20.

1798 La Commission européenne a souligné que les accords de report d'entrée peuvent prendre la forme « *d'accords de distribution ou d'accords "accessoires" dans lesquels le laboratoire pionnier délivre un bénéfice commercial au génériqueur, par exemple en l'autorisant à entrer sur le marché avant la date d'expiration du brevet dans une autre zone géographique ou en autorisant l'entrée sur le marché avec d'autres produits commercialisés par le laboratoire pionnier* » (traduction libre). Voy. Comm. eur., *3rd Report on the Monitoring of Patent Settlements (period: January-December 2011)*, publié le 25 juill. 2012, § 9 : « *Other types of value transfer include distribution agreements or a "side-deal" in which the originator company grants a commercial benefit to the generic company, for example by allowing it to enter the market before patent expiry in another geographical area or by allowing market entry with another product marketed by the originator company.* »

1799 Pour une explication de cette méthode : voy. par ex. S. Priddis & S. Constantine, « The Pharmaceutical Sector, Intellectual Property Rights, and Competition Law in Europe », art. préc., p. 241, spéc. p. 247. Pour des explications cursives en langue française : L. Flochel & O. Fréget, « L'application des tests économiques de pratiques anticoncurrentielles au secteur de la pharmacie », art. préc., spéc. p. 359 ; D. Bosco, « Abus de position dominante et secteur pharmaceutique », art. préc., p. 71 et s.

- En second lieu, la Commission européenne devrait prouver que sur le marché pertinent le transfert de valeur est significatif. Autrement dit :
  - Si l'accord de report d'entrée implique un paiement inversé monétaire, il conviendra d'évaluer le paiement en soustrayant de ce dernier les coûts de procédure judiciaire.
  - Si l'accord de report d'entrée implique un paiement inversé non monétaire, il importera de déterminer si la valeur transférée aurait pu être obtenue *via* un succès dans le litige de brevet.

Une fois cet examen réalisé, une restriction de concurrence pourra être établie, mais à deux conditions qu'il faudrait cumulativement remplir. D'une part, il serait nécessaire de montrer que le paiement inversé net est positif ou alors montrer que le transfert de valeur concédé, si celui-ci ne prend pas une forme monétaire, n'aurait pu être obtenu au moyen d'une victoire dans le litige de brevet. D'autre part, il doit être démontré que l'accord en cause a contribué au verrouillage actuel ou potentiel du marché. Cette analyse devrait obligatoirement prendre en considération le contexte économique et juridique de l'affaire. Plus exactement, au cours de cette étape, il conviendra de vérifier si le verrouillage du marché n'était pas dû à des facteurs exogènes à l'accord.

Enfin, dès lors que la Commission se sera délestée de la charge de la preuve, il reviendra ensuite au breveté, dans le cadre de l'article 101(3) TFUE, de démontrer que le paiement net ou le transfert de valeur était justifié. Par exemple, le breveté pourrait justifier le transfert de valeur compris dans l'accord par des services rendus par le génériqueur.

441. **Avantages du test Gallasch.** L'avantage de ce test est de deux ordres. D'un côté, le test Gallasch permet de mesurer les effets réels des accords de report d'entrée sur le marché en s'écartant de l'approche formelle jusqu'alors adoptée par la Commission européenne dans les affaires *pay-for-delay*. De l'autre, le test ne dissuade pas les entreprises pharmaceutiques de transiger leur litige de brevet au moyen d'un règlement amiable. L'adoption de ce test pourrait même éviter ce que M. Killick a nommé le « *fight to the death scenario* »[1800]. En ce sens, en autorisant les règlements amiables de report d'entrée de type B.II, il sera possible d'éviter la généralisation de règlements amiables de type B.I, lesquels autorisent les génériqueurs à entrer sur le marché uniquement à la chute du brevet dans le domaine public[1801].

§ 2. Les propositions particulières

442. **Les contrôles antitrust pour les AICMD et pour la stratégie combinant les *pay-for-delay* et le *product hopping*.** Comme on l'a vu, les accords de report d'entrée sont divers. Enserrer les accords *pay-for-delay* dans un seul test antitrust serait alors réducteur et peu conforme à leur réalité économique. Ce faisant, en

---

1800 J. Killick, « Patent settlements as by object restrictions: a European approach but is it the right one? », art. préc., p. 192.

1801 *Ibid.*

plus des propositions générales déjà formulées, nous souhaitions suggérer des contrôles antitrust particuliers pour les AICMD (A) et pour la stratégie combinant les accords de report d'entrée avec le saut de produit (*le product hopping*) (B). Pour le premier cas, c'est l'article 101 TFUE qui devrait être mobilisé puisque les AICMD pourraient être à juste titre qualifiés d'ententes. En revanche, pour le second cas, nous pensons que l'article 102 TFUE devrait être appliqué, car l'accord de report d'entrée n'est dans cette hypothèse qu'un relais, voire un instrument, qui permet de faciliter la mise en œuvre du *product hopping*, lequel constitue une stratégie unilatérale.

A. Le contrôle antitrust des AICMD

443. **Retour sur l'originalité des AICMD.** Nous l'avons vu, les accords de report d'entrée sont divers[1802]. Ils peuvent prendre plusieurs formes même s'ils gardent pour trait commun de reporter l'entrée des concurrents génériqueurs sur le marché. L'accord de report d'entrée certainement le plus original que nous avons présenté est celui que nous avons nommé AICMD[1803]. Ces accords sont assez troublants en ce sens qu'ils peuvent à la fois avoir des effets pro- et anticoncurrentiels qu'il semble *a priori* difficile de mettre en balance. En effet, de prime abord, ce type d'accord renferme des éléments proconcurrentiels, le principal étant que l'accord créerait d'indéniables bénéfices pour le consommateur. En appliquant une analyse contrefactuelle, il est aisément affirmable que, sur le marché non convoité, le consommateur se trouvera dans une meilleure position en présence de l'accord qu'en son absence. Précisément, en injectant une concurrence sur ce marché non convoité, le consommateur pourrait notamment bénéficier de prix plus bas ainsi que d'une gamme de produits diversifiée. Néanmoins, l'analyse antitrust ne devrait pas se limiter au marché non convoité puisque l'accord aura pour conséquence de parallèlement verrouiller le marché convoité, prolongeant ainsi le monopole du laboratoire *princeps* sur ce dernier. Sur le marché convoité, les prix seront maintenus à un niveau supraconcurrentiel et le patient ne pourra se fournir en médicament qu'auprès du laboratoire *princeps* pour se soigner. En d'autres termes, des effets anticoncurrentiels pourraient être identifiés, en raison notamment de l'absence de concurrence par les prix.

444. **Pour une évaluation concurrentielle des AICMD avec le test « *out of market efficiencies* ».** Ce faisant, pour évaluer ces accords, il faudra inévitablement passer par une mise en balance des effets pro- et anticoncurrentiels. Que ce soit aux États-Unis ou dans l'Union européenne, les opérateurs ne pourront pas échapper à cette étape déterminante. S'agissant des États-Unis, Joshua Wright rappelle qu'étant donné que les *reverse payment settlements* se voient appliquer la règle de raison depuis l'arrêt *Actavis*, il n'existe aucune difficulté particulière. Une jurisprudence constante exige une analyse de tous les coûts et bénéfices associés à la pratique contestée[1804]. Le scénario des AICMD n'est pas différent de celui

---

1802 Voy. *supra* n° 137 et s.

1803 Voy. *supra* n° 216 et s.

1804 J. Wright, *Antitrust Analysis of Reverse Payment Settlements After Actavis: Three Questions and Proposed Answers*, Speech at the Antitrust Masters Course VII Williamsburg, VA (Oct. 10, 2014), p. 17.

ordinairement constaté lorsqu'une pratique contestée offre des bénéfices tout en étant porteuse de coûts[1805]. S'agissant de l'Union européenne, cette approche par les effets devrait être réalisée dans le cadre prévu par l'article 101 TFUE.

Concrètement, dans certaines circonstances, ces accords pourraient être considérés comme inoffensifs pour la concurrence. Pour le démontrer, nous pourrions, comme l'a fait M. Wright, procéder par analogie et appliquer le « *treatment out-of-market efficiencies* » utilisé dans le contexte des concentrations. Les lignes directrices sur les concentrations horizontales américaines énoncent explicitement que les autorités chargées du contrôle des concentrations doivent se concentrer sur chaque marché pertinent sur lequel la concentration pourrait potentiellement avoir des effets anticoncurrentiels[1806]. Ces mêmes lignes directrices précisent aussi que, dans certains cas, les autorités chargées du contrôle des concentrations pourraient accepter des gains d'efficience dégagés en dehors du marché pertinent à condition que le marché sur lequel sont obtenus les gains d'efficience soit « *inextricablement lié* » au marché pertinent sur lequel le consommateur subit un préjudice[1807]. En appliquant ce test dans un contexte antitrust, un accord pourrait donc être exempté, c'est-à-dire jugé inoffensif pour la concurrence, si les effets proconcurrentiels qu'il propage compensent, voire dépassent, les effets anticoncurrentiels qu'il produit.

444-1. **L'approche rigoriste américaine.** En dépit de la possibilité d'adopter un test « *out-of-market efficiencies* » dans le cadre des pratiques anticoncurrentielles, la FTC semble s'être cependant récemment dirigée vers une approche plus rigoriste. L'autorité de concurrence américaine a déposé une plainte dans l'affaire dite « des solvants organiques » (« *penetration enhancers* »)[1808] consacrant de manière assez évidente le choix de la sévérité. *In casu*, le laboratoire *princeps* AbbVie avait conclu un accord avec le génériqueur Teva aux termes duquel ce dernier acceptait d'abandonner son action en contestation de brevet et de s'abstenir de lancer son médicament générique[1809] sur le marché du traitement des déficits en testostérone jusqu'à une date spécifiée dans l'accord[1810]. En contrepartie, le laboratoire

---

[1805] Voy. U.S. Supreme Court, *Chicago Board of Trade v. United States*, 246 U.S. 231 (1919), pt 238 : « *the court must ordinarily consider the facts peculiar to the business to which the restraint is applied; its condition before and after the restraint was imposed; the nature of the restraint and its effect, actual or probable. The history of the restraint, the evil believed to exist, the reason for adopting the particular remedy, the purpose or end sought to be attained, are all relevant facts* ».

[1806] DoJ & FTC, Horizontal Merger Guidelines, p. 7 (Aug. 19, 2010), disponible sur : http://www.justice.gov/atr/public/guidelines/hmg-2010.html.

[1807] *Ibid.*, voy. note de bas de page n° 14, p. 30 : « In some cases, however, the Agencies in their prosecutorial discretion will consider efficiencies not strictly in the relevant market, but so inextricably linked with it that a partial divestiture or other remedy could not feasibly eliminate the anticompetitive effect in the relevant market without sacrificing the efficiencies in the other market(s). *Inextricably linked efficiencies are most likely to make a difference when they are great and the likely anticompetitive effect in the relevant market(s) is small so the merger is likely to benefit customers overall* » (nous soulignons). Sur le sujet : voy. J. M. Rybnicek & J. D. Wright, « Outside In or Inside Out?: Counting Merger Efficiencies Inside and Out of the Relevant Market » *in An Antitrust Tribute – Liber Amicorum, mél. en l'honneur de W. E. Kovacic*, Institut of Competition Law, vol. 2, 2014, p. 443.

[1808] Complaint, *FTC v. AbbVie and Teva Pharmaceuticals USA and alii*, Case No. 2:14-cv-05151-HB (E.D.P., Sept. 8, 2014) : P. Eckles et *alii*, P. Eckles et *alii*, « The US FTC files a complaint against five pharmaceutical companies for pay-for-delay settlements(*AbbVie*), *e-Competitions*, 8 sept. 2014, art. n° 69298.

[1809] Le produit générique aurait dû être une alternative beaucoup moins chère au médicament *princeps*.

[1810] Complaint, *FTC v. AbbVie and Teva Pharmaceuticals USA and alii*, préc., p. 4.

innovant paya son concurrent potentiel sous la forme d'un accord de lancement d'un générique autorisé pour un produit sans lien (« *an authorized generic deal for an unrelated product* ») avec celui ciblé par le génériqueur *ab initio*. Le marché distinct devant être ouvert au génériqueur portait sur un médicament contre le cholestérol nommé Tricor. Ce médicament était aussi un blockbuster, car il a permis au laboratoire *princeps* de dégager un chiffre d'affaires annuel d'un milliard de dollars en 2011[1811]. En résumé, l'accord conclu entre les deux laboratoires a permis au laboratoire *princeps* de conserver son monopole sur le marché du traitement des déficits en testostérone mais a simultanément injecté de la concurrence sur le marché distinct du traitement du cholestérol. Selon la FTC, cet accord était très profitable pour Teva, mais n'avait aucun sens d'un point de vue économique pour le laboratoire innovant. Partant, l'autorité de concurrence américaine conclut tout d'abord que l'accord tombait sous le coup de la section 2 du Sherman Act prohibant la monopolisation d'un marché, l'accord ayant pour effet de prolonger les profits de monopole du laboratoire *princeps* alors que le génériqueur était sur le point d'obtenir l'approbation de la FDA pour commercialiser son produit. Ensuite, elle ajouta que l'accord provoquait une restriction au commerce dans la mesure où, par le biais de l'accord, le génériqueur a accepté des paiements inversés illégaux du laboratoire *princeps* l'ayant conduit à retirer son action en contestation de brevet et à s'abstenir d'entrer en concurrence avec le produit *princeps*. Ici, la FTC ne s'est pas attardée sur la question de savoir si les effets anticoncurrentiels produits sur le marché de l'AndroGel[1812] par l'accord pouvaient être contrebalancés par les gains d'efficience dégagés sur le marché du Tricor. Le rejet du test « *out-of-market efficiencies* » répondait certainement au contexte factuel et économique de l'affaire. En effet, les deux marchés faisant l'objet de l'accord semblaient clairement distincts. La condition du « lien inextricable » aurait donc probablement été non remplie.

444-2. **L'approche que pourrait adopter la Commission européenne.** La Commission européenne quant à elle n'a jusqu'à présent pas été confrontée aux AICMD. Ces accords sont pour l'instant méconnus de ses services. Aucune communication, que ce soit sous la forme d'un colloque, d'un article ou d'un document officiel, n'a été développée sur ce sujet. Elle devra donc bâtir un examen antitrust permettant de déterminer si oui ou non ces accords tombent sous le coup de l'article 101 TFUE, voire dans certaines circonstances de l'article 102 TFUE. Cette dernière disposition pourrait selon nous être convoquée s'il était démontré que le laboratoire *princeps* a usé de son pouvoir de marché pour évincer une concurrence générique potentielle sur le marché qu'elle dominait et qui était convoité par le génériqueur. Conformément à la jurisprudence, il sera en ce cas nécessaire de démontrer un « *élément supplémentaire* » pour justifier l'application simultanée du droit de l'abus de position dominante[1813]. Se contenter de recycler les faits ayant permis de conclure à une violation du droit des ententes serait insuffisant[1814]. Cette

---

1811 *Ibid.*, p. 28.

1812 L'AndroGel est un médicament *princeps* traitant les déficits en testostérone.

1813 TPICE, 10 juill. 1990, *Tetra Pak I*, aff. T-51/89, *Rec.* II, p. 309, § 24.

1814 TPICE, 10 mars 1992, *Società Italiana Vetro SpA e.a. c/ Commission*, aff. jtes T-68/89, T-77/89 et T-78/89, *Rec.* II, p. 1403, § 360 : « *aux fins d'établir une infraction à l'article [102] du traité, il ne suffit pas [...] de*

démonstration étant semée d'embûches, l'infraction la plus évidente correspondrait à une violation de l'article 101(1) TFUE dans le sens où les AICMD pourraient être analysés parfois comme des accords de répartition des marchés, lesquels sont considérés comme « *une atteinte frontale à la concurrence [et] appelle[nt] traditionnellement une grande rigueur* »[1815]. En effet, l'exécution de l'accord conduit inévitablement à laisser un unique opérateur – le laboratoire *princeps* – sur le marché initialement convoité par le génériqueur tandis qu'il autorise ce dernier à entrer sur un marché distinct, qui pourrait dans certaines occurrences être connexe. Autrement dit, le génériqueur accepte de laisser temporairement le marché convoité entre les mains du laboratoire *princeps*, qui pourra ainsi jouir de ses rentes de monopole sans menace concurrentielle imminente.

Nonobstant la potentielle gravité de l'infraction, nous ne sommes cependant pas convaincus de l'opportunité de retenir d'emblée une restriction de concurrence par objet. Ces dernières années, la Commission a eu trop tendance à user de la « boîte à objet »[1816] pour s'émanciper de la lourde charge probatoire qui repose sur elle lorsqu'il s'agit de prouver que la pratique en cause a un effet anticoncurrentiel[1817]. En ce qui concerne les AICMD, le risque d'une approche trop formelle serait de « *contrefaire la réalité* »[1818]. Pour cette raison, nous privilégions l'adoption d'une approche par les effets au moyen de la mise en place du test « *out-of-market efficiencies* »[1819]. De cette façon, la Commission pourrait démontrer les effets anticoncurrentiels de l'accord en montrant que les restrictions de concurrence dégagées sur le marché convoité par le génériqueur dépassent les effets proconcurrentiels produits sur le marché non convoité. En réponse, dans le cadre de la mise en balance prévue par l'article 101(3) TFUE, les défendeurs pourraient tenter de démontrer que leurs accords remplissent les conditions posées par ce texte.

L'avantage qu'aurait l'adoption de ce test est qu'il est bien connu du droit européen de la concurrence. La Commission l'a d'ailleurs scellé dans ses lignes directrices portant sur l'application de l'article 101(3) TFUE[1820]. Comme l'a indiqué l'ancien directeur de la DG concurrence, « *la Commission peut accepter des gains d'efficacité produits sur d'autres marchés que les marchés concernés, aussi longtemps que (i) ces deux ensembles de marché sont liés et (ii) que les groupes*

"recycler" les faits constitutifs d'une infraction à l'article [101] ».

1815 D. Bosco et C. Prieto, *Droit européen de la concurrence – Ententes et abus de position dominante*, *op. cit.*, n° 1048.

1816 S. King, « The Object Box: Law, Policy or Myth? », 7 *European Competition Journal* 269 (2011).

1817 D. Gerard, « The Effects-Based Approach under Article 101 TFEU and its Paradoxes: Modernisation at War with Itself? », art. préc., p. 17, spéc. p. 38.

1818 C. Prieto, « La généralisation de l'analyse fondée sur les effets », *LPA* 2007, n° 239, p. 8.

1819 Une partie de la doctrine utilise l'expression « *efficiency defense* ». Voy. A. Victor and *alii*, « Competitor Agreements under EU and U.S. Antitrust Law » in *International Antitrust Law & Policy* (dir. B. E. Hawk), Juris Pub Inc, 2014, p. 20.

1820 Comm. eur., Communication de la Commission, Lignes directrices concernant l'application de l'article 81, paragraphe 3, du traité, *JOUE* C 101 du 27 avr. 2004, p. 0097, § 43 : « *En principe, les effets négatifs sur les consommateurs d'un marché géographique ou d'un marché de produits donné ne peuvent être comparés aux effets positifs pour les consommateurs d'un marché géographique ou d'un marché de produits distinct, ni compensés par ces effets positifs.* Toutefois, lorsque deux marchés sont liés entre eux, les gains d'efficacité obtenus sur des marchés séparés peuvent être pris en compte, sous réserve que la catégorie de consommateurs touchée par la restriction et celle qui bénéficie des gains d'efficacité soient substantiellement les mêmes » (nous soulignons).

de consommateurs affectés par la restriction de concurrence et bénéficiant de ces gains d'efficience sont substantiellement les mêmes »[1821]. En somme, le droit européen pose deux conditions cumulatives. Premièrement, les deux marchés doivent être liés entre eux. Secondement, les groupes de consommateurs affectés par la restriction de concurrence et qui bénéficient de ces gains d'efficacité doivent substantiellement être les mêmes. Le Tribunal a déjà appliqué ce test dans l'affaire *Compagnie générale maritime*[1822]. De son côté, la Commission européenne a récemment assoupli son approche. Dans une décision d'engagements rendue dans l'affaire *Star Alliance*[1823], elle a estimé qu'il convenait d'élargir son examen visant à apprécier les gains d'efficacité. Pour ce faire, la Commission a jugé que lorsqu'elle appliquerait le test *out-of-market efficiencies*, elle n'exigerait plus que les parties démontrent que les groupes de consommateurs sur le marché pertinent et sur le marché lié soient *substantiellement les mêmes* pour créditer les gains d'efficacité dégagés sur le marché connexe. À la place, il sera désormais suffisant de démontrer la « similitude » des groupes de consommateurs à travers ces deux marchés liés[1824]. Même si en apparence la Commission a fait le choix d'assouplir son examen, les conditions posées demeurent néanmoins assez strictes. Les entreprises devront en conséquence rester particulièrement vigilantes. En effet, dans sa décision d'engagements, la Commission a précisé que les parties devront toujours démontrer :

- d'une part, que les deux marchés sont liés entre eux ; et
- d'autre part, que les gains d'efficacité obtenus hors du marché pertinent atteignent le groupe de consommateurs dudit marché[1825].

445. **L'application du test permettrait-elle de protéger certains AICMD ?** Selon nous, la voie pour échapper à une condamnation antitrust semble malgré tout assez étroite. À vrai dire, tout dépendra du choix du marché non convoité qui sera fait par le laboratoire *princeps*, et surtout de l'approche qu'adoptera la Commission quant à l'application de ce test aux AICMD. Nous pouvons évoquer deux hypothèses.

Première hypothèse, la Commission adopte une approche restrictive. Pour augmenter ses chances d'obtenir une exemption, le laboratoire *princeps* devra alors

---

1821 A. Italianer, *Competitor agreements under EU competition law*, préc., spéc. p. 11 (traduction libre) : « *According to the standard test as set out in our Guidelines on Article 101(3), the Commission can accept efficiencies produced on other markets than the markets of concern, as long as (i) these two sets of markets are related and (ii) the groups of consumers affected by the restriction of competition and benefiting from these efficiencies are substantially the same.* » Conférence disponible sur : http://ec.europa.eu/competition/speeches/text/sp2013_07_en.pdf.

1822 TPICE, 28 févr. 2002, *Compagnie générale maritime et autres c/ Commission*, aff. T-86/95, § 343, *Rec.*, p. 1022 : « *En vue d'examiner le bien-fondé des constatations effectuées par la Commission dans le cadre de l'examen des différentes conditions requises à l'article [101], paragraphe 3, du traité [...], il convient, certes, d'avoir égard aux avantages qui découlent de l'accord en cause, non seulement pour le marché en cause, [...] mais, le cas échéant, également pour tout autre marché sur lequel l'accord en cause pourrait produire des effets bénéfiques, voire, de manière plus générale, pour tout service dont la qualité ou l'efficacité serait susceptible d'être améliorée par l'existence dudit accord. En effet, [...] l'article [101], paragraphe 3, du traité envisag[e] la possibilité d'une exemption en faveur, notamment, des accords qui contribuent à promouvoir le progrès technique ou économique, sans exiger un lien particulier avec le marché en cause.* »

1823 Comm. eur., 23 mai 2013, *Star Alliance*, aff. COMP/AT.39595.

1824 A. Italianer, préc., p. 11.

1825 Comm. eur., *Star Alliance*, préc., §§ 60-61.

s'assurer que le médicament sur le marché convoité a un lien avec le médicament sur le marché non convoité[1826] et qu'il y a une similarité entre les patients des deux marchés[1827]. Ainsi, si le médicament du marché convoité concerne un médicament permettant de soigner une maladie infantile, il serait pertinent pour le laboratoire innovant d'accepter une concurrence sur un autre médicament administré pour le même type de maladie et de ne pas choisir un médicament destiné aux adultes. Dans cet exemple, non seulement, le lien de connexité entre les deux marchés serait facilement démontrable, mais aussi, la similitude entre les deux groupes de consommateurs. Les deux groupes de patients seraient les mêmes, car tous deux seraient touchés par des maladies infantiles. Quels seraient les gains d'efficacité ? Deux gains d'efficacité pourraient être identifiés. D'une part, la concurrence générique permettra de faire baisser les prix sur le marché du médicament non convoité. Les patients pourraient *ipso facto* se soigner à un moindre coût. D'autre part, la concurrence générique permettra une production accrue du médicament sur le marché non convoité et donc améliorera son accessibilité.

Seconde hypothèse, la Commission adopte une approche permissive. Dans cette occurrence, les laboratoires innovants auraient une marge de manœuvre beaucoup plus importante. Dans cette situation, la Commission choisirait de présumer la similarité entre les groupes de patients en partant du principe que tous les patients se valent. De surcroît, elle aurait une vision élargie de la connexité. En pratique, les laboratoires innovants auraient seulement la charge de démontrer la connexité entre les deux marchés, une connexité que l'on pourrait qualifier d'« allégée ». Ainsi, une connexité pourrait être retenue par exemple si le médicament du marché convoité soigne le cancer du sein tandis que le médicament du marché non convoité traite le cancer de la prostate. Ici, le fait que le premier groupe de patients soit des femmes et le second des hommes n'empêcherait pas de voir remplie la condition de similarité puisque la présomption jouerait son rôle. Quant à la connexité, même si de prime abord elle n'apparaît pas évidente, les entreprises pourraient s'en sortir grâce au standard de la « connexité allégée ». Dans cette hypothèse, les laboratoires innovants pourraient soutenir que cette connexité serait liée à l'objet des deux médicaments, qui est de soigner le cancer. En d'autres termes, la connexité pourrait affleurer en raison du fait que les deux marchés appartiennent à un même marché plus vaste : celui du marché du traitement des cancers. S'agissant des gains d'efficacité, ils seraient les mêmes qu'identifié précédemment.

B. Le contrôle antitrust de la combinaison *pay-for-delay/product hopping*

446. **Rappel de la stratégie adoptée par les laboratoires *princeps*.** Comme on l'a vu[1828], le *product hopping* peut empêcher l'entrée générique sur le marché pendant une période de temps assez significative. En effet, pour protéger son monopole sur le marché, un laboratoire *princeps* peut décider de commercialiser un

---

1826 C'est la condition de connexité des deux marchés.

1827 C'est la condition de similitude entre les deux groupes de consommateurs.

1828 Voy. *supra* n° 222 et s.

médicament consécutif dont les bénéfices cliniques sont pourtant négligeables pour les patients[1829]. En général, l'entreprise choisit soit d'opérer un changement de la forme de délivrance d'un médicament en passant d'une forme à une autre[1830], soit de combiner deux médicaments qui étaient commercialisés séparément, soit de réaliser de légères modifications de la molécule[1831]. Une fois la nouvelle formulation ou le nouveau mode d'administration développés, l'entreprise pharmaceutique investit ensuite dans une stratégie marketing assez agressive et cherche à persuader les médecins de prescrire le médicament consécutif à la place de l'ancienne version du produit, dont le brevet est sur le point de tomber dans le domaine public. Avec tous les efforts consentis pour promouvoir le nouveau médicament, la « conversion du marché » (*the switching market*) est souvent un succès. Ce succès peut parfois reposer sur la mise en œuvre d'un accord *pay-for-delay*. En effet, pour assurer et faciliter le remplacement du médicament de première génération, il arrive que les laboratoires pharmaceutiques décident de conclure un accord de report d'entrée qui précède l'emploi du saut de produit. Par ce moyen, durant la période de l'accord, l'entreprise acquiert la certitude d'être l'unique opérateur sur le marché du *princeps* et pourra ainsi avoir les coudées franches pour convertir les patients au nouveau médicament. En pratique, *via* l'accord de report d'entrée, le laboratoire *princeps* s'achète du temps[1832] pour commercialiser son médicament consécutif sans craindre l'entrée d'une concurrence générique qui l'aurait empêché de mener à bien cette stratégie. En d'autres termes, dans un tel contexte, l'accord *pay-for-delay* fait partie d'une stratégie unilatérale beaucoup plus large[1833] qui vient asseoir l'efficacité du saut de produit. En ce sens, l'accord de report d'entrée n'est conclu que pour concrétiser une autre fin : la réussite du *product hopping*[1834]. Ce faisant, ce comportement pourrait justifier l'application de l'article 102 TFUE dans les hypothèses où des effets d'éviction anticoncurrentiels seraient perceptibles.

Si la mobilisation du droit de l'abus de position dominante semble possible – l'accord de report d'entrée intégrant une stratégie unilatérale – pour qualifier d'abusive

---

1829 L. Khan & S. Vaheesan, « Market Power and Inequality: The Antitrust Counterrevolution and Its Discontents », 11 *Harvard Law & Policy Review* 235 (2017), spéc. p. 252.

1830 Par exemple de la forme capsule à la forme tablette.

1831 M. Carrier, « A Real-World Analysis of Pharmaceutical Settlements: The Missing Dimension of Product Hopping », 62 *Florida L. Rev.* 1009 (2010), spéc. pp. 1016-1017.

1832 S. Gallasch, « A new dimension to EU pharma antitrust product hopping and unilateral pay for delay », 12 *European Competition Journal* 137 (2016), spéc. p. 140.

1833 En langage d'affaires, on parlerait de « *product lifecycle management* ». La stratégie de « gestion de la vie du produit » a pour principaux objectifs d'accroître le revenu du produit, de réduire les coûts liés à la production et de maximiser la valeur du portefeuille du produit pour les clients et les actionnaires. Voy. J. Stark, *Product Lifecycle Management: 21st Century Paradigm for Product Realisation*, Springer, 2011, p. 1.

1834 Certains auteurs sont sceptiques sur la capacité du droit de la concurrence à traiter la question du *product hopping*. Pour M. Fielfing, « *Alors que l'application du droit antitrust peut être une solution appropriée pour le problème des pay-for-delay, il est une mauvaise solution pour la stratégie de product hopping. Si les accords pay-for-delay* contournent *le système réglementaire pour obtenir leur résultat anticoncurrentiel, le product hopping* utilise *le système réglementaire pour obtenir ses résultats escomptés* » (traduction libre). Voy. J. Fielding, « From Pay-for-Delay to Product Hopping: The Limited Utility of Antitrust Law in the Pharmaceutical Industry », 38 *Cardozo L. Rev.* 1915 (2017), spéc. p. 1920 : « *While antitrust enforcement may be an appropriate solution to the pay-for-delay problem, it is a poor solution to the product-hopping one. Pay-for-delay settlements* circumvent *the regulatory system to achieve their anticompetitive result, but product hopping* utilizes *the regulatory system to achieve its intended result* » (soulignés par l'auteur).

la pratique combinant les *pay-for-delay* et le *product hopping*, l'élaboration d'une théorie du préjudice adaptée est nécessaire. La question qu'il convient de se poser est la suivante : comment la Commission européenne devrait-elle appréhender cette nouvelle pratique, que nous avons qualifiée de stratégie « à deux coups »[1835] ? Pour répondre à cette question, il est une nouvelle fois inévitable de se tourner vers le continent nord-américain (1). Sur le sujet, l'expérience états-unienne est féconde et sera d'un grand soutien pour proposer un contrôle antitrust européen solide. Les quelques développements et principes déjà dégagés outre-Atlantique par la jurisprudence devraient pouvoir servir de repère et permettre d'identifier les comportements qui s'écarteraient d'une concurrence par les mérites dans l'Union européenne (2).

1. Le contrôle antitrust adopté aux États-Unis

447. **Les premières affaires de *product hopping*.** Aux États-Unis, la première affaire de *product hopping* a été traitée par le tribunal de district du Delaware. Dans l'affaire *Abbott Laboratories v. Teva Pharmaceuticals*[1836], la juridiction a proposé un contrôle antitrust original mais classique pour appréhender cette stratégie unilatérale. En l'espèce, le laboratoire Abbott avait opéré une série de modifications de son *blockbuster* le Tricor, un médicament ayant pour effet de baisser le taux de cholestérol et de triglycérides. Concrètement, le laboratoire avait diminué de façon limitée la force du produit ; changé sa forme en passant de la forme capsule à la forme tablette ; arrêté la vente des capsules ; racheté les médicaments sous forme capsule aux pharmaciens ; et modifié le code pour les capsules dans la base nationale de données des médicaments (*national drug database*), et ce, pour le rendre obsolète[1837]. Après le développement de médicaments génériques équivalents à la tablette, le laboratoire *princeps* avait de nouveau procédé à un saut de produit. En substance, l'entreprise avait affaibli la force de la tablette ; arrêté de vendre les tablettes originales ; et changé derechef le code du médicament dans la base nationale de données des médicaments pour le rendre aussi obsolète[1838]. Bien que les défendeurs aient tenté de faire adopter un standard de licéité *per se* de la pratique, le tribunal de district du Delaware indiqua qu'il fallait retenir la *rule of reason* pour déterminer les effets anticoncurrentiels du *product hopping*. L'acceptation d'une règle de licéité *per se* aurait pu être justifiable seulement si les consommateurs avaient pu, de façon libre et éclairée, choisir le médicament qui leur convenait. Or, en retirant du marché les médicaments originaux, le laboratoire *princeps* a supprimé cette liberté de choix. Aussi, pour démontrer que le saut de produit était anticoncurrentiel, la juridiction n'a pas imposé aux plaignants « *de prouver que la nouvelle formulation était nécessairement meilleure que le médicament précédent ou que l'unique objectif de l'innovation était d'éliminer la concurrence générique* »[1839]. Elle a jugé que les plaignants devaient démontrer

---

1835 Pour des développements sur les raisons de cette expression : voy. *supra* n° 237.

1836 *Abbott Laboratories v. Teva Pharmaceuticals*, 432 F. Supp. 2d 408 (D. Del. 2006).

1837 *Ibid.*, pts 415-416.

1838 *Ibid.*, pt 418.

1839 *Ibid.*, pt 422 (traduction libre) : « *Plaintiffs are not required to prove that the new formulations were absolutely no better than the prior version or that the only purpose of the innovation was to eliminate generic competition.* »

que les nouvelles formulations portaient atteinte à la concurrence et que les effets anticoncurrentiels de ces reformulations n'étaient pas compensés par des gains d'efficacité supérieurs. À cet égard, le tribunal a énoncé que, bien que les génériqueurs « *pouvaient avoir la capacité d'entrer sur le marché avec leur propre générique des versions originales du Tricor, ils ne pouvaient [cependant] pas fournir de substituts génériques pour l'actuelle formulation du Tricor* »[1840], si bien que cette restriction de concurrence était suffisante pour accepter une plainte antitrust. À la suite de cette décision, de nombreuses affaires ont éclaté et ont accouché de contrôles antitrust assez disparates. Les différences d'appréciation entre les juridictions étaient dues au contexte particulier des contentieux qu'elles avaient à trancher. Dans l'affaire *Walgreens*[1841] par exemple, le saut de produit n'avait pas privé les consommateurs de leur liberté de choix si bien que le tribunal de district de Columbia n'a pas retenu de violation du droit antitrust. *In casu*, AstraZeneca avait modifié son médicament contre les brûlures d'estomac le Prilosec en médicament de seconde génération nommé le Nexium. Dans cette espèce, les plaignants soutenaient qu'il n'y avait aucune différence entre les deux médicaments et qu'il n'y avait aucun élément pharmacologique montrant que les deux formes du produit auraient eu des effets différents pour les patients. Pour rendre efficace son *product hopping*, le laboratoire *princeps* avait arrêté de promotionner le médicament de première génération et avait mis en place une communication agressive pour convaincre les médecins de prescrire le médicament consécutif. Point important, AstraZeneca n'avait pas retiré du marché son médicament de première génération. Pour ces raisons, le tribunal de district a conclu à l'absence d'effets anticoncurrentiels du saut de produit, et ce, pour trois raisons. D'une part, la juridiction a considéré qu'AstraZeneca avait ajouté du choix en introduisant un nouveau médicament, ce qui permettait d'injecter de la concurrence avec les médicaments déjà établis sur le marché. D'autre part, elle a jugé que la détermination de la supériorité des produits avait été laissée à la libre appréciation du marché. Enfin, elle a jugé que les nouveaux produits n'étaient pas en mesure d'affecter les parts de marché des concurrents, à moins que les consommateurs aient préféré le médicament consécutif[1842]. Ce raisonnement est critiquable, car la principale caractéristique du marché pharmaceutique est sa déconnexion avec les prix (*a price disconnect*). Ainsi, lorsque le médecin décide de prescrire un médicament consécutif au lieu du médicament original, la capacité des consommateurs à choisir la version générique du médicament est significativement perturbée. À vrai dire, les consommateurs n'ont pas les informations ni les compétences adéquates pour comparer le prix avec la qualité du produit tandis que le médecin ne prend pas en compte la cherté ou la faiblesse du prix d'un médicament pour le prescrire. Partant, la détermination par le consommateur de la supériorité d'un produit à raison de son prix et de sa qualité, *a priori*, ne peut pas se faire lorsque le marché a pour caractéristique d'être déconnecté des prix[1843].

1840 *Ibid.* (traduction libre) : « *while Teva and Impax may be able to market their own branded versions of the old Tricor formulations, they cannot provide generic substitutes for the current Tricor formulation* ».

1841 *Walgreens Co. v. AstraZeneca Pharmaceuticals*, 534 F. Supp. 2d 146 (D.D.C. 2008).

1842 *Ibid.*, pt 151.

1843 Comme l'ont souligné les professeurs Carrier et Shadowen, le marché pharmaceutique souffre d'une défaillance de marché, car il est caractérisé par une déconnexion avec le prix du produit (*a price disconnect*). En effet, les

Dans une autre affaire, celle du Suboxone[1844], le tribunal de l'Eastern District of Pennsylvania a bâti un autre test antitrust. Dans les faits, le choix du consommateur avait été supprimé par le comportement du laboratoire *princeps*. En l'espèce, le laboratoire Reckitt avait modifié son médicament original du Suboxone – lequel prenait une forme tablette – par un médicament consécutif sous la forme d'un film sublingual. Pour rendre efficace le saut de produit, le laboratoire *princeps* a promotionné son médicament consécutif auprès des médecins et est même allé jusqu'à dénigrer son propre médicament de première génération. Le laboratoire avait alerté les médecins des préoccupations qu'il avait au regard de l'innocuité du médicament et avait publiquement annoncé la suppression de ce médicament pour ces mêmes raisons. Cependant, ce retrait du marché n'a pris effet que six mois après cette annonce, au moment où la fabrication et la mise en paquet des médicaments tablettes avaient un coût plus élevé que celui de la fabrication du film sublingual. Pour la juridiction, cette affaire se rapprochait de celle du Tricor, car le laboratoire Reckitt avait retiré les médicaments sous forme tablette du marché, mais posait moins de préoccupations de concurrence en raison du fait que le laboratoire *princeps* n'avait pas racheté les versions originales aux pharmaciens. Avant d'indiquer le contrôle antitrust adéquat, le tribunal indiqua qu'« *introduire simplement un nouveau produit sur le marché, indépendamment du fait de savoir s'il est supérieur ou non, ne constitue pas en lui-même un comportement d'exclusion* »[1845]. Pour vérifier si un comportement tombe sous le coup du droit antitrust, « *la question principale à se poser est celle de savoir si le défendeur a combiné l'introduction d'un nouveau produit* avec d'autres comportements illicites, *de sorte que l'effet global risque d'entraver la concurrence, d'empêcher le choix du consommateur et de réduire la sphère du marché* »[1846]. La juridiction a indiqué que cette analyse devait être menée en gardant à l'esprit les caractéristiques singulières du marché pharmaceutique[1847]. En l'espèce, la juridiction a jugé que « *les faits présentés permett[aient] de soutenir que le dénigrement des comprimés du Suboxone a eu lieu parallèlement avec des mesures "coercitives", si bien que le retrait des comprimés du marché en conjonction avec les prétendus problèmes d'innocuité pourrait potentiellement avoir contraint les patients et les médecins à passer de la forme tablette au film sublingual* »[1848]. En d'autres termes, en s'appuyant sur le raisonnement du tribunal de l'Eastern District of Pennsylvania, il est possible d'inférer que, pour être justiciable de la section 2 du Sherman Act,

---

médecins qui prescrivent le produit ne le payent pas et les consommateurs ou les assureurs qui le payent ne le choisissent pas. Voy. M. Carrier & S. Shadowen, « Product Hopping: A New Framework », 92 *Notre Dame L. Rev.* 167 (2016), spéc. p. 179.

1844 *In re Suboxone Antitrust Litigation*, 432 F. Supp. 3d 665 (E.D. Pa. 2014).

1845 *Ibid.*, pt 682 (traduction libre) : « *simply introducing a new product on the market, whether it is a superior product or not, does not, by itself, constitute exclusionary conduct* ».

1846 *Ibid.* (traduction libre) : « *the key question is whether the defendant combined the introduction of a new product* with some other wrongful conduct, *such that the comprehensive effect is to stymie competition, prevent consumer choice and reduce the market's ambit* » (nous soulignons).

1847 *Ibid.*

1848 *Ibid.* (traduction libre) : « *the facts presented sufficiently allege that the disparagement of Suboxone tablets took place alongside "coercive" measures as the threatened removal of the tablets from the market in conjunction with the alleged fabricated safety concerns could plausibly coerce patients and doctors to switch from tablet to film* ».

un saut de produit doit être combiné avec d'autres comportements potentiellement illicites, tels que le dénigrement du médicament de première génération, le retrait du marché de ce dernier ou la conclusion d'un accord de report d'entrée avant la mise en œuvre du saut de produit.

448. **La dichotomie *hard switch/soft switch* : l'affaire du Namenda.** Dans notre quête d'un contrôle antitrust européen, l'une des affaires les plus récentes – et peut-être la plus importante – à mentionner est celle qui a été traitée par la cour d'appel du deuxième circuit dans l'affaire du Namenda[1849]. En l'espèce, le laboratoire Actavis avait commercialisé en 2004 un médicament conçu pour traiter les formes légères de la maladie d'Alzheimer. Il avait lancé sur le marché une pilule, le Namenda IR, laquelle devait être prise par les patients deux fois par jour. En 2013, le laboratoire *princeps* décida de mettre sur le marché un médicament consécutif, le Namenda XR, qui devait quant à lui être pris seulement une fois par jour. Point important, au moment de la commercialisation du médicament consécutif, le médicament original était sur le point de perdre sa protection brevetaire[1850] alors que le nouveau médicament était encore couvert par un brevet en vigueur jusqu'à l'année 2029. Au moment de la commercialisation du médicament consécutif, les deux produits étaient vendus simultanément sur le marché et Actavis n'avait pas arrêté de promotionner son médicament original. Plus précisément, le laboratoire avait poursuivi ses efforts de promotion pour le médicament original mais proposait à des prix temporairement réduits le médicament consécutif. Pour ce dernier, les efforts de promotion étaient cependant beaucoup plus significatifs. Le laboratoire *princeps* qualifia cette stratégie de « *soft switch* », c'est-à-dire de « remplacement non coercitif », car les efforts de promotion pour le médicament consécutif avaient la volonté d'influencer les consommateurs sans pour autant que le médicament original soit retiré du marché. Mais en février 2014, Actavis annonça qu'il arrêterait en août 2014 la vente du médicament original et notifia à la FDA ses plans pour mettre un terme à sa commercialisation. Parallèlement, le laboratoire *princeps* publia une lettre sur son site Internet exhortant les professionnels du médicament à discuter avec leurs patients du passage au médicament consécutif. Pour contrer ce saut de produit, l'État de New York déposa une plainte et chercha à obtenir une mesure d'injonction contre Actavis. Le plaignant soutenait que le laboratoire *princeps* avait utilisé une stratégie de « *hard-switch* », c'est-à-dire « un remplacement forcé » ou « un remplacement coercitif », afin de restreindre la concurrence générique et maintenir son monopole sur le marché de la mémantine[1851].

Pour la cour d'appel du deuxième circuit, « *ni le retrait du produit ni l'amélioration du produit à lui seul n'est anticoncurrentiel. Cependant, conformément à l'arrêt Berkey Photo, lorsqu'un monopoleur* combine le retrait du produit avec d'autres conduites *dont l'effet global est de contraindre les consommateurs plutôt que de les persuader des mérites [du nouveau produit], et ce, pour empêcher la concurrence, ses actions sont anticoncurrentielles en vertu*

1849 *New York v. Actavis*, 787 F.3d 638 (2nd Cir. 2015).

1850 Le brevet du médicament original, le Namenda IR, est tombé dans le domaine public en juillet 2015.

1851 La mémantine est le principe actif du Namenda.

du Sherman Act »[1852]. Pour rejeter l'argument des défendeurs, qui s'opposaient à l'adoption de la dichotomie « remplacement forcé/remplacement non coercitif », la cour d'appel a rappelé sa jurisprudence où elle jugea que le marché ne peut déterminer la supériorité d'un produit sur un autre « *que si la liberté de choix des consommateurs est préservée* »[1853]. Ainsi, « *[s]i les défendeurs avaient commercialisé le Namenda IR jusqu'à l'entrée générique, les médecins et les patients victimes de la maladie d'Alzheimer auraient pu juger si les bénéfices du passage au Namenda XR, et à une administration journalière du médicament, étaient supérieurs aux bénéfices d'utiliser le médicament original deux fois par jour à un prix moins élevé grâce à la version générique de l'IR (ou peut-être à des prix plus faibles avec le Namenda IR)* ». Or, « *en supprimant le Namenda IR du marché avant l'entrée du générique de l'IR,* les défendeurs cherchaient à priver les consommateurs de ce choix. *Par ce moyen, les défendeurs auraient pu éviter de livrer concurrence à des génériques moins chers en se fondant sur les mérites du médicament nouvellement conçu en forçant les patients de la maladie d'Alzheimer à prendre le XR, tout en sachant que les coûts de transaction à supporter dans le cas du retour des patients de l'XR à l'IR étaient hautement improbables* »[1854]. En définitive, en adoptant la dichotomie *soft switch/hard switch*, la cour d'appel a bâti son raisonnement sur ce que l'on pourrait nommer le « test de la coercition ». Au terme de ce test, si le saut de produit correspond à un remplacement forcé (un *hard switch*), alors la pratique est anticoncurrentielle ; mais si le saut de produit constitue un remplacement non coercitif (un *soft switch*), alors la pratique est proconcurrentielle ou neutre pour la concurrence. Est mise au cœur de ce test, la liberté de choix du consommateur[1855]. En ce sens, comme l'a précisé la cour d'appel, « *tant que les défendeurs cherchaient à convaincre les patients et les médecins du passage du Namenda IR au Namenda XR alors que les deux produits étaient commercialisés en même temps sur le marché (le soft switch) et qu'une entrée générique approchait, les patients et les médecins pouvaient évaluer les produits et leurs génériques sur la base des mérites en vertu d'objectifs*

1852 *New York v. Actavis*, préc., pts 653-654 (traduction libre) : « *neither product withdrawal nor product improvement alone is anticompetitive. But under Berkey Photo, when a monopolist* combines product withdrawal with some other conduct, *the overall effect of which is to coerce consumers rather than persuade them on the merits, and to impede competition, its actions are anticompetitive under the Sherman Act* » (nous soulignons).

1853 *Berkey Photo v. Eastman Kodak Company*, 603 F.2d 263 (1979), pt 287 (traduction libre) : « *so long as the free choice of consumers is preserved* ».

1854 *New York v. Actavis*, préc., pt 655 (traduction libre) : « *Had Defendants allowed Namenda IR to remain available until generic entry, doctors and Alzheimer's patients could have decided whether the benefits of switching to once-daily Namenda XR would outweigh the benefits of adhering to twice-daily therapy using less-expensive generic IR (or perhaps lower-priced Namenda IR). By removing Namenda IR from the market prior to generic IR entry,* Defendants sought to deprive consumers of that choice. *In this way, Defendants could avoid competing against lower-cost generics based on the merits of their redesigned drug by forcing Alzheimer's patients to take XR, with the knowledge that transaction costs would make the reverse commute by patients from XR to generic IR highly unlikely* » (nous soulignons).

1855 Pour des études sur le standard du choix du consommateur en droit américain, voy. par ex. : R. H. Lande, « Consumer Choice as the Ultimate Goal of Antitrust », 62 *University of Pittsburgh L. Rev.* 503 (2001) ; N. Averitt & R. H. Lande, « Using the "consumer choice" approach to antitrust law », 74 *Antitrust L. J.* 175 (2007).

concurrentiels »[1856]. Mais cette évaluation n'était plus possible avec le retrait du marché du médicament original.

Pour restaurer le jeu de la concurrence troublé par le *hard switch*, la cour d'appel a imposé une injonction comportementale[1857] au laboratoire Actavis, laquelle l'obligeait à produire et à vendre en même quantité et au même prix le médicament original. En d'autres termes, la commercialisation du médicament original devait être réalisée dans les mêmes conditions que celles fixées avant la mise en œuvre du remplacement forcé. Cette injonction devrait prendre fin trente jours après la mise sur le marché de la version générique du médicament original. Ce faisant, la cour d'appel du deuxième circuit a érigé une obligation pour les laboratoires *princeps* de continuer à vendre des médicaments potentiellement obsolètes après l'expiration du brevet afin d'autoriser les concurrents génériques à entrer sur le marché pour qu'ils profitent des *drug substitution laws*[1858].

449. **Portée de l'arrêt *Namenda*.** Nonobstant les réserves d'une partie de la doctrine sur l'application du droit antitrust au *product hopping*[1859], les juridictions américaines sont aujourd'hui engagées dans le contrôle du saut de produit. Au vu de l'impact de cette pratique sur l'entrée générique, nous ne pouvons que soutenir le travail des juridictions américaines sur le sujet. Comme l'a souligné la cour d'appel dans l'affaire du Namenda, « *immuniser le saut de produit d'un examen antitrust pourrait entraver l'émergence d'importantes innovations en encourageant les fabricants de médicaments à se concentrer sur la conversion du marché à des reformulations mineures ou triviales plutôt qu'à des investissements dans la recherche et le développement nécessairement plus risqués, mais représentant*

1856 *Ibid.*, pt 654 (traduction libre) : « *As long as Defendants sough to persuade patients and their doctors to switch from Namenda IR to Namenda XR while both were on the market (the soft switch) and with generic IR drugs on the horizon, patients and doctors could evaluate the products and their generics on the merits in furtherance of competitive objectives.* »

1857 Les injonctions comportementales obligent une entreprise à faire quelque chose de spécifique et s'opposent aux injonctions structurelles, qui peuvent imposer par exemple une cession d'actifs. Contrairement aux injonctions comportementales, les injonctions structurelles ont pour effet de restructurer le marché. Voy. J. Fielding, art. préc., p. 1942.

1858 Pour une explication des *drug substituions law*, voy. *supra* n° 225.

1859 Voy. par ex. : D. Carlton et *alii*, « A Critical Evaluation of the FTC's Theory of Product Hopping as a Way to Promote Competition », 13 July 2016, disponible sur srrn.com, qui expliquent qu'utiliser le droit antitrust pour résoudre un problème réglementaire, en supposant qu'il existe, aggravera probablement la situation dans le secteur pharmaceutique, mais aussi créera un précédent antitrust indésirable pour les autres industries. Pour les auteurs, la solution appropriée serait de modifier la réglementation pharmaceutique, et non pas l'application du droit antitrust, lequel a été conçu pour sanctionner les atteintes à la concurrence mais pas les atteintes causées par des réglementations inefficaces ; D. Ginsburg & J. Wright, « Comment on the Canadian Competition Bureau's Draft Updated Intellectual Property Enforcement Guidelines », George Mason University Law, Research Paper Series 15-31, 5 September 2015, p. 2, disponible sur ssrn.com, qui pensent qu'en appliquant le droit antitrust au saut de produit, il existe des probabilités pour dissuader les entreprises d'innover alors que ces innovations auraient bénéficié aux consommateurs. Pour les auteurs, « *les innovations, y compris les petits changements de design du produit, peuvent générer des bénéfices importants pour le consommateur si bien que de tels changements sont conformes avec un processus concurrentiel normal* » (traduction libre). Dans la langue d'origine : « *innovations, including even small changes in product design, can generate significant consumer benefits, and that such changes are consistent with the normal competitive process* » ; E. Lacy, « "Hard Switch" a Violation of the Sherman Act in "Product Hopping" Case », 12 *Journal of Health & Biomedical Law* 91 (2016), spéc. p. 108.

des innovations importantes sur le plan médical »[1860]. Pour cette raison, les remplacements forcés, privant les consommateurs du choix du médicament, doivent être sévèrement sanctionnés. Reste désormais à circonscrire ce qu'est un *hard switch* et un *soft switch*. L'arrêt *Namenda* ne le dit pas. En effet, des incertitudes demeurent sur l'acception qu'il convient de retenir. La distinction entre le *hard switch* et le *soft switch* n'est pas claire. *A priori*, un remplacement forcé se produit lorsqu'un laboratoire *princeps* introduit un nouveau médicament et, en parallèle, retire du marché le médicament de première génération. À l'inverse, un remplacement est non coercitif lorsque le laboratoire *princeps* ne retire pas du marché le médicament original mais transfère tous ses efforts de marketing et de promotion du médicament original vers le médicament consécutif[1861]. *Quid* du cas où une entreprise augmente les prix du médicament original à un tarif prohibitif tout en laissant sur le marché son médicament de seconde génération à un prix plus bas ? S'agit-il en ce cas d'un *hard switch* ou d'un *soft switch* ? *Quid* du cas aussi où le saut de produit a lieu avant l'arrivée des génériques sur le marché alors que le médicament original est toujours commercialisé ?

Pour éviter des problèmes d'interprétation perceptibles aux États-Unis, démarquer clairement ce qui appartient au *hard switch* de ce qui appartient au *soft switch* apparaît indispensable. Pour qu'un contrôle antitrust solide soit opérant dans l'Union européenne, nous essayerons d'entreprendre ce travail de définition afin de séparer les *product hopping* troublant l'ordre public concurrentiel de ceux étant conformes à celui-ci. En ciblant les sauts de produit problématiques, il sera plus aisé pour la Commission européenne de s'attaquer aux situations où les accords de report d'entrée ont été conclus antérieurement à la mise en œuvre du saut de produit.

2. Le contrôle antitrust à adopter dans l'Union européenne

450. **Les accords de report d'entrée, un nouvel instrument pour faciliter la mise en œuvre du *product hopping*.** Comme on l'a vu[1862], le *product hopping* n'est pas une stratégie uniquement mise en œuvre par les laboratoires pharmaceutiques aux États-Unis. Cette pratique a été importée dans l'Union européenne et a déjà fait l'objet de deux décisions de condamnation sur le vieux continent. Pour avoir utilisé cette pratique, la Commission européenne a condamné le laboratoire AstraZeneca[1863] tandis que l'autorité de la concurrence du Royaume-Uni a sanctionné le laboratoire Reckitt[1864]. Dans les deux cas, le facilitateur du saut de produit n'était pas un accord de report d'entrée. Dans l'affaire *AstraZeneca* par exemple, la stratégie qui a permis de renforcer l'efficacité du saut de produit consistait à désenregistrer des AMM pour empêcher l'entrée de la version générique du

---

1860 *New York v. Actavis*, préc., pt 659 (traduction libre) : « *immunizing product hopping from antitrust scrutiny may deter significant innovation by encouraging manufacturers to focus on switching the market to trivial or minor product reformulations rather than investing in the research and development necessary to develop riskier, but medically significant innovations* ».

1861 J. Shepherd, « Deterring Innovation: *New York v. Actavis* and the Duty to Subsidize Competitors' Market Entry », 17 *Minn. J. L. Sci. & Tech.* 663 (2016), spéc. p. 671.

1862 Voy. *supra* n° 226 et s.

1863 Comm. eur., déc. du 15 juin 2005, *AstraZeneca*, aff. COMP/A.37.507/F3, *JOUE* L 332 du 30 nov. 2006, p. 24.

1864 OFT, 12 April 2011, *Reckitt Benckiser*, Decision No. CA98/02/2011

princeps sur le marché[1865]. *In casu*, le *product hopping* a été facilité par un abus de la procédure d'enregistrement d'AMM. Cependant, compte tenu des modifications apportées à la réglementation à cet égard, cette stratégie est devenue aujourd'hui inefficace[1866]. Le désenregistrement d'une AMM n'est plus un obstacle à la mise sur le marché d'une version générique. Ce faisant, les accords de report d'entrée pourraient bien devenir un instrument de substitution pour faciliter la réussite du saut de produit. Pour cette raison, il apparaît nécessaire de construire une théorie du préjudice qui permettra de sanctionner les entreprises qui, du fait de leur position dominante sur le marché, décideraient d'utiliser la conclusion d'accords de report d'entrée pour renforcer l'efficacité du *product hopping*.

451. **La combinaison des accords *pay-for-delay* et du *product hopping* pourrait ne pas correspondre à une concurrence par les mérites.** Pour commencer, il convient d'affirmer que l'introduction d'un médicament consécutif sur le marché par un laboratoire *princeps* ne devrait pas constituer en lui-même un abus. La mise sur le marché d'un médicament de seconde génération pourrait bien constituer une amélioration du produit original et, ce faisant, être assimilée à un processus concurrentiel normal permettant de minimiser l'érosion des ventes du laboratoire *princeps*[1867]. En effet, à la fin des huit ans d'exclusivité des données, et avant la fin des deux ans d'exclusivité commerciale[1868], il peut être légitime pour les laboratoires *princeps* de tenter de mettre sur le marché un produit plus innovant afin de préserver leur statut de monopoleur. Dans ce contexte, les préoccupations de concurrence sont faibles, car les génériqueurs ne peuvent pas lancer leur produit sur le marché. Ces derniers sont autorisés à développer et à fabriquer leur version générique mais pas à la commercialiser. Aussi, si le médicament consécutif est lancé dans ce laps de temps et qu'il est plébiscité par le marché, le saut de produit relèverait d'une concurrence par les mérites. En revanche, la conclusion d'accords de report d'entrée antérieurement à la mise en œuvre du saut de produit modifie ce paradigme. En effet, les accords de report d'entrée pourraient assurer au laboratoire *princeps* d'introduire le médicament consécutif sur le marché sans la crainte d'une concurrence générique, même après l'expiration de la période d'exclusivité des données et après les deux années d'exclusivité commerciale. Or, dans un processus concurrentiel normal, les génériqueurs auraient pu lancer sur le marché leur produit en raison de l'absence de *patent linkage* dans l'Union

---

1865 Dans l'affaire *Reckitt*, la stratégie consistait à délister le médicament de la base de données nationale des médicaments, si bien que les médecins prescripteurs ne voyaient plus référencée la version générique du médicament original.

1866 Voy. art. 10 de la Directive 2004/27/CE du Parlement européen et du Conseil du 31 mars 2004 modifiant la directive 2001/83/CE instituant un code communautaire relatif aux médicaments à usage humain, *JOUE* L 136/34 du 30 avr. 2004. Aux termes de cet article, le désenregistrement d'AMM ne peut plus empêcher la demande d'AMM d'un génériqueur s'appuyant sur les données d'essais cliniques du laboratoire *princeps*. Il est désormais simplement nécessaire qu'un laboratoire *princeps* ait obtenu une AMM pour le médicament que le fabricant de génériques souhaite « générifier ». Sur le sujet de l'inefficacité du désenregistrement d'AMM : S. Gallasch, « Adding a New Dimension to EU Pharmaceutical Antitrust – Pay for Delay Settlements as Part of a Unilateral Strategy such as Product Hopping », University of East Anglia, CCP Working Paper 15-2, 2016, p. 13.

1867 TUE, 1er juill. 2010, *AstraZeneca*, aff. T-321/05, *Rec. num.* EU:T:2010:266, § 804.

1868 Sur la règle « 8 + 2+1 » : voy. *supra* n° 420.

européenne. Ainsi, *via* les accords *pay-for-delay*, le laboratoire *princeps* pourrait opérer un saut de produit plus tardivement que prévu. Au lieu de l'opérer à l'orée de la date d'expiration de la période d'exclusivité, le laboratoire innovant pourrait le réaliser à l'approche de la date d'expiration du brevet du médicament original. Par ce biais, le laboratoire *princeps* pourrait maximiser les profits tirés de son médicament original tout en s'assurant le maintien de son monopole sur le marché grâce au saut de produit et au passage des patients du médicament original au médicament consécutif. Selon nous, ce comportement ne correspond pas à une concurrence par les mérites, et ce, pour au moins deux raisons. Premièrement, l'accord de report d'entrée pourrait avoir privé les patients de la liberté de choisir le médicament. En effet, si une concurrence générique avait émergé, alors la conversion des patients au médicament consécutif aurait été plus difficile. À supposer que le médicament consécutif possède de faibles améliorations thérapeutiques, il existe de fortes chances pour que les consommateurs se soient dirigés vers la version générique du médicament original, laquelle aurait été proposée à un prix beaucoup plus faible. Secondement, au lieu de se fonder sur l'amélioration du médicament original et sur ses bénéfices thérapeutiques, le saut de produit s'appuie sur le report de l'entrée des génériques sur le marché. Dans ce contexte, le laboratoire *princeps* n'aurait finalement même pas besoin de proposer de réelles améliorations, car le patient serait prisonnier par le produit du fait de l'absence de concurrence. Pour ces raisons, il est important de bâtir un test antitrust qui permettra de condamner les sauts de produit qui portent illégalement atteinte à l'ordre public concurrentiel. L'objectif ici est de séparer le bon *product hopping*, c'est-à-dire celui qui repose sur les qualités supérieures du médicament consécutif, du mauvais *product hopping*, c'est-à-dire celui qui vient porter injustement atteinte à la concurrence générique. Autrement dit, il importe de séparer les stratégies relevant de la concurrence par les mérites de celles qui n'en relèveraient pas.

452. **Pour l'adoption de la distinction *soft switch/hard switch*.** Pour mesurer la potentielle nocivité du saut de produit, un bon indicateur pourrait consister à mesurer le niveau d'amélioration du médicament consécutif par rapport au médicament original[1869]. Pour ce faire, il conviendrait d'examiner si le médicament consécutif représente une véritable amélioration du médicament de première génération. Si tel est le cas, alors il devrait exister de fortes chances pour que les consommateurs se convertissent au nouveau médicament en dépit de la présence d'une concurrence générique actuelle ou potentielle sur le marché. En pratique, les consommateurs pourraient juger par eux-mêmes si le médicament consécutif est plus bénéfique pour leur santé. Pour rendre opérant ce critère, nous proposons l'adoption de la distinction entre le *hard switch* et le *soft switch*. Ainsi, si le saut de produit correspond à un remplacement non coercitif, les accords de report d'entrée ne seraient pas regardés comme un facilitateur du saut produit. Il existerait en ce cas une déconnexion entre les accords de report d'entrée conclus et le *product hopping*. À l'inverse, si le remplacement de produit est forcé, alors les accords de

---

[1869] A. Devlin, « Exclusionary Strategies in the Hatch-Waxman Context », 2007 *Mich. St. L. Rev.* 631 (2007), spéc. p. 666.

report d'entrée pourraient être regardés comme un facilitateur du saut de produit et le *product hopping* condamné en application de l'article 102 TFUE. Dans cette hypothèse, tout comme dans l'affaire *AstraZeneca*, les accords de report d'entrée pourraient être regardés comme le support qui a rendu efficace le saut de produit. Concrètement, au lieu de procéder à un désenregistrement d'AMM pour empêcher une entrée générique, le breveté préférerait conclure des accords *pay-for-delay*.

452-1. **Délimitation du *hard switch* et du *soft switch*.** Avant de présenter le test antitrust, il convient tout d'abord de définir le *hard switch* et le *soft switch*. Pour des questions d'économie procédurale, il est indispensable pour la Commission européenne d'ouvrir des enquêtes uniquement pour les cas les plus injurieux pour la concurrence et de se concentrer sur la pratique unilatérale combinant les *pay-for-delay* avec un remplacement forcé. Selon nous, le *hard switch* correspond à toute pratique privant les consommateurs d'une liberté « effective » de choisir leur médicament[1870]. La forme la plus topique de remplacement forcé vise celle où le laboratoire *princeps* retire du marché son médicament original avant l'entrée de génériqueurs sur le marché, et ce, afin de bloquer la substitution générique et de contraindre ainsi les médecins à prescrire le médicament consécutif.

Le *soft switch* quant à lui correspond à toute pratique qui permet aux consommateurs de choisir le médicament en s'appuyant sur les qualités de ces derniers, c'est-à-dire sur ses bénéfices thérapeutiques propres. En pratique, le remplacement non coercitif est manifeste lorsqu'un laboratoire maintient son médicament original sur le marché tout en n'entravant pas l'entrée des génériques sur le marché. Lorsque cette stratégie est mise en place, le processus normal de concurrence n'est pas entravé, si bien que la Commission européenne devrait s'en désintéresser.

452-2. **L'adoption du test de la coercition.** Pour contrôler la pratique combinant les *pay-for-delay* avec le *product hopping*, nous proposons l'adoption du « test de la coercition ». Pour qu'il soit opérant, la Commission européenne devrait en premier lieu examiner si les accords de report d'entrée conclus ont intégralement bloqué l'entrée des génériques sur le marché du médicament original. En d'autres termes, la Commission européenne devrait au préalable vérifier si le laboratoire *princeps* a éteint toutes les sources potentielles de concurrence sur le marché du médicament original pour préparer sans risque de rivalité la mise sur le marché de son médicament consécutif. Si tel est le cas, la Commission européenne devrait alors dans un second temps vérifier si le *product hopping* prenait la forme d'un *hard switch* ou d'un *soft switch*. Si le saut de produit prend la forme d'un remplacement non coercitif, alors l'ouverture d'une enquête antitrust pour abus de position dominante devrait être abandonnée. Dans ce cas, la Commission européenne pourrait seulement décider de poursuivre les entreprises pharmaceutiques pour entente et vérifier si les accords de report d'entrée conclus respectaient bien l'article 101 TFUE.

[1870] La notion d'effectivité est importante ici, car il pourrait y avoir des sauts de produit qui formellement ne constitueraient pas un remplacement forcé mais qui dans les faits le seraient. Nous songeons au cas où le médicament consécutif est lancé à un prix réduit pendant un temps sur le marché par rapport au médicament original, lequel est toujours commercialisé. Dans ce cas, la liberté de choix est assez factice puisque le laboratoire *princeps* contraindrait tacitement les consommateurs à se diriger vers le médicament consécutif.

En revanche, si la Commission européenne identifie un saut de produit prenant la forme d'un remplacement forcé alors une procédure contentieuse devrait être ouverte pour abus de position dominante. Pour conclure que la pratique ne relevait pas de la concurrence par les mérites, la Commission européenne appliquerait le test de la coercition en démontrant que la pratique mise en place par le laboratoire *princeps* ne cherchait qu'à empêcher l'émergence d'une concurrence générique pour contraindre les consommateurs à acheter le médicament consécutif. Dans ce scénario, les accords de report d'entrée feraient partie d'une stratégie unilatérale beaucoup plus large, à savoir une stratégie qui chercherait à protéger le laboratoire *princeps* de la concurrence générique pendant le temps nécessaire pour obliger les consommateurs à passer au médicament consécutif. Ici, l'accord de report d'entrée ne devrait pas constituer une pratique anticoncurrentielle *per se*. L'accord *pay-for-delay* devrait être considéré comme un facteur supplémentaire – « *a plus factor* »[1871] – qui a permis d'imposer le remplacement forcé des médicaments originaux par les médicaments consécutifs. Comme dans l'affaire *AstraZeneca*, le laboratoire *princeps* devrait être condamné pour violation de l'article 102 TFUE. Cependant, au lieu de retenir un abus de procédure, la Commission européenne s'appuierait sur les accords *pay-for-delay* pour démontrer que l'objectif global de la stratégie était de priver les consommateurs de substituts génériques afin de faciliter la conversion des patients au médicament de seconde génération. La gravité du remplacement forcé pourrait être accrue lorsque le laboratoire *princeps* rachète aux pharmaciens et grossistes les médicaments originaux pour définitivement les extraire du marché ou lorsqu'à la suite du rachat de ces derniers, le laboratoire *princeps* décide de détruire le stock restant de médicaments. De la même manière, le dénigrement du médicament de première génération auprès des médecins devrait aussi être considéré comme une circonstance aggravante et conduire la Commission européenne à alourdir l'amende.

452-3. **Les faiblesses du test de la coercition imposent de vérifier dans certains cas si la pratique avait un sens économique.** Si le test de la coercition est un test intéressant et pertinent pour saisir les comportements les plus graves, il souffre cependant de deux faiblesses qu'il est possible de mettre en exergue au regard de l'expérience américaine. En premier lieu, le test de la coercition ne se concentre que sur les *hard switch*. Cependant, les *soft switch* peuvent aussi avoir des effets anticoncurrentiels considérables. En « cannibalisant »[1872] le médicament consécutif dans l'affaire *Walgreens* sans retirer le médicament original du marché, AstraZeneca a réussi à limiter la concurrence générique, les génériqueurs n'ayant réussi à capter que 25 % des parts de marché lorsqu'ils ont commercialisé leurs produits[1873]. Dans l'affaire du Tricor, en opérant un *hard switch*, les génériqueurs

---

1871 La paternité de cette expression appartient à M. Gallasch. Voy. S. Gallasch, « A new dimension to EU pharma antitrust product hopping and unilateral pay for delay », art. préc.

1872 Dans l'industrie pharmaceutique, l'expression « cannibaliser » signifie que le fabricant du *princeps* mène une campagne marketing contre son propre médicament original pour encourager les médecins à prescrire le médicament consécutif. Voy. S. Shadowen et *alii*, « Anticompetitive Product Changes in the Pharmaceutical Industry », 41 *Rutgers L. J.* 1 (2009), spéc. pp. 44-45.

1873 First Amended Complaint & Demand for Jury Trial, *Walgreen Co. v. AstraZeneca LP*, 534 F. Supp. 2d 146 (D.D.C. 2008) pts 104-106.

n'ont réussi quant à eux qu'à s'emparer de 2 % des parts de marché. Or, comme l'a rapporté la FTC, lorsque le marché est mature, les génériqueurs arrivent en moyenne à obtenir au moins 85 % des parts de marché[1874]. Ce faisant, si le remplacement non coercitif apparaît moins attentatoire pour la concurrence que le remplacement forcé, il n'en demeure pas moins que son efficacité anticoncurrentielle est significative. En second lieu, le test de la coercition peut parfois apparaître superficiel. En effet, il peut arriver des situations où le médicament consécutif est lancé sans qu'aucune version générique du médicament original ait été encore mise sur le marché. Aussi, dans le cas d'un remplacement non coercitif, les médecins ne disposent que de deux choix, qui bénéficient forcément au laboratoire *princeps* : soit la version originale du médicament ; soit la version consécutive. En ce cas, si le laboratoire *princeps* arrive à convaincre les médecins des qualités du médicament consécutif, il semble peu probable qu'au moment de l'entrée générique sur le marché, les médecins fassent machine arrière en prescrivant le générique de la version originale. Partant, les effets nocifs du *soft switch* sont importants même s'ils sont d'une moindre intensité que ceux d'un *hard switch*.

Pour ces raisons, la Commission européenne pourrait pour les cas les plus douteux appliquer à titre subsidiaire le test du non-sens économique. Selon ce test, une pratique est réputée illicite si elle ne se justifie économiquement que par la volonté d'éliminer la concurrence ou de la restreindre[1875]. Ce test pourrait être utile pour les affaires de *soft switch*, pour lesquelles le test de la coercition apparaît quelque peu souffreteux. Par exemple, lorsqu'un laboratoire *princeps* laissera son médicament original sur le marché mais augmentera son prix, le dénigrera ou stoppera complètement la promotion de ce médicament, il pourrait être inféré que ce comportement n'est pas rationnel économiquement et qu'il est uniquement motivé par un dessein anticoncurrentiel. Concrètement, si un laboratoire *princeps* acquiert ou maintient un pouvoir de marché en s'engageant dans une stratégie combinant un accord *pay-for-delay* avec un saut de produit qui n'a aucun sens économique, la Commission européenne devrait condamner le laboratoire *princeps* pour abus de position dominante, car la stratégie n'a aucun sens si ce n'est celui d'étouffer la concurrence générique.

452-4. **Le rejet de la justification de la pratique par les gains d'efficacité et par la détention d'un brevet.** Par ailleurs, rappelons que, dans le contentieux de l'abus de position dominante, l'entreprise dominante possède la possibilité de

---

1874 FTC, *Pay-For-Delay: How Drug Company Pay-Offs Cost Consumers Billions*, 2010, p. 8, disponible sur www.ftc.gov. Le chiffre est identique pour l'Union européenne. Voy. Comm. eur., Rapport final sur le secteur pharmaceutique, préc., p. 66.

1875 D. Bosco et C. Prieto, *Droit européen de la concurrence*, *op. cit.*, n° 1204, p. 881. Voy. aussi A. Melamed, « Exclusive Dealing Agreements and Other Exclusionary Conduct – Are There Unifying Principles? », 73 *Antitrust L. J.* 375 (2006), spéc. p. 389, qui explique que « *conformément à ce test, un comportement est anticoncurrentiel si, mais seulement si, il n'est pas commercialement fondé ou est sans profit pour le défendeur sinon d'exclure des rivaux* » (traduction libre). Dans la langue d'origine : « *under this test, conduct is anticompetitive if, but only if, it makes no business sense or is unprofitable for the defendant but for the exclusion of rivals* ». Pour un autre article de référence sur le test du non-sens économique : *adde* G. J. Werden, « Identifying Exclusionary Conduct Under Section 2: The "No Economic Sense" Test », 73 *Antitrust L. J.* 413 (2006).

justifier son comportement en démontrant que celui-ci dégage des gains d'efficacité[1876]. Comme pour les affaires d'entente, cela implique la mise en œuvre d'un raisonnement en diptyque. Précisément, après que la Commission européenne a démontré les effets anticoncurrentiels de la pratique, l'entreprise dominante peut obtenir une exemption si elle démontre des gains d'efficacité supérieurs aux effets négatifs sur la concurrence. En pratique, l'entreprise ne contestera pas la qualification d'abus, à tout le moins les effets anticoncurrentiels de son comportement, mais essayera de convaincre la Commission européenne de ses effets positifs. Ici, la preuve des gains d'efficacité doit être administrée par l'entreprise dominante[1877]. Comme l'a souligné la Cour de justice dans son arrêt *Post Danmark*, « *il appartient à l'entreprise occupant une position dominante de démontrer que les gains d'efficacité susceptibles de résulter du comportement considéré neutralisent les effets préjudiciables probables sur le jeu de la concurrence et les intérêts des consommateurs sur les marchés affectés, que ces gains d'efficacité ont été ou sont susceptibles d'être réalisés grâce audit comportement, que ce dernier est indispensable à la réalisation de ceux-ci et qu'il n'élimine pas une concurrence effective en supprimant la totalité ou la plupart des sources existantes de concurrence actuelle ou potentielle* »[1878].
D'emblée, il convient d'écarter la justification selon laquelle le saut de produit apportera du choix aux consommateurs. On l'a vu, que ce soit dans les cas de *hard switch* ou de *soft switch*, ce choix est bien souvent imposé. Au vrai, *via* les accords de report d'entrée, l'entreprise dominante prive les consommateurs du choix de se tourner vers la version générique du médicament original ; les génériqueurs s'étant engagés à ne pas commercialiser leur version générique du *princeps* en acceptant les paiements inversés.
Ensuite, l'entreprise dominante pourrait être tentée d'invoquer son brevet pour défendre la licéité de son comportement. Étant donné que son médicament consécutif est protégé par un titre de propriété intellectuelle, l'absence de concurrence pourrait *a priori* être justifiée. Le champ d'exclusion du brevet pourrait expliquer l'inertie concurrentielle sur le marché. Si l'argument paraît séduisant, il nous

1876 Pour une partie de la doctrine, cette défense par les gains d'efficacité est illusoire. Voy. K. Tosza, « Efficiencies in Art. 82 EU: An illusionary defence? », *Concurrences* n° 4-2009, p. 35.

1877 Sur ce sujet, on peut lire sous la plume d'un auteur que la Commission européenne a la charge de prouver, de façon négative, que les gains d'efficacité évoqués par l'entreprise dominante ne sont pas convaincants. Voy. R. Nazzini, « The wood began to move: an essay on consumer welfare, evidence and burden of proof in Article 82 EC cases », 31 *European L. Rev.* 518 (2006). D'autres auteurs considèrent que cela devrait être à la Commission européenne de démontrer ses gains d'efficacité. Pour Mme Sibony et M. Barbier de La Serre, « *la charge de la preuve, entendue au sens de* legal burden of proof, *c'est-à-dire de fardeau de la persuasion, devrait peser sur la Commission, même pour les justifications objectives. Cependant, cette charge de preuve ne serait déclenchée qu'en présence d'allégations suffisamment précises et circonstanciées de la part de l'entreprise dominante* ». Voy. E. Barbier de La Serre et A.-L. Sibony, « Charge de la preuve et théorie du contrôle en droit communautaire de la concurrence : pour un changement de perspective », *RTD eur.* 2007, p. 205. Pour une étude complète sur la preuve dans le droit de l'Union européenne : voy. la thèse de Mme Fartunova. M. Fartunova, *La preuve dans le droit de l'Union européenne*, Bruylant, 2013, 734 p.

1878 CJUE, 27 mars 2012, *Post Danmark*, aff. C-209/10, *Rec. num.* EU:C:2012:172, § 42. Pour des jurisprudences plus anciennes : voy. CJCE, 15 mars 2007, *British Airways c/ Commission*, aff. C-95/04 P, *Rec.* I, p. 2331, § 86 ; TPICE, 17 sept. 2007, *Microsoft c/ Commission*, *Rec.* II, p. 3601, § 1091 et s. ; TPICE, 9 sept. 2009, *Clearstream c/ Commission*, aff. T-301/04, *Rec.* II, p. 3155, § 185.

semble aisément réfutable. En effet, la mise en œuvre du brevet sur le médicament consécutif n'autorise pas l'entreprise dominante à empêcher l'entrée d'une version générique du médicament original, lequel, dans la plupart des affaires précédemment évoquées, soit était sur le point d'arriver à échéance, soit était déjà expiré. Sur cette question, la jurisprudence est d'ailleurs plutôt favorable à notre point de vue puisque la Cour de justice n'a jamais considéré que la détention d'un droit de propriété intellectuelle immunisait les entreprises de la qualification d'abus de position dominante. Elle est même d'une certaine sévérité à l'égard des entreprises qui abusent de ses droits de propriété intellectuelle. Songeons tout particulièrement aux affaires où elle a sanctionné des entreprises dominantes qui avaient refusé de concéder des licences à leurs concurrents[1879].

452-5. **L'érection d'un *safe harbor*.** En outre, afin de faciliter la tâche de la Commission européenne, l'érection d'un *safe harbor* point comme pertinent. Ce dernier évitera à l'institution bruxelloise de se lancer inutilement dans des procédures contentieuses lourdes, chronophages et gourmandes en ressources. Comme l'ont proposé les professeurs Carrier et Shadowen aux États-Unis[1880], nous pensons qu'aucune enquête antitrust ne devrait être ouverte dans l'Union européenne dans les cas où les reformulations des médicaments sont opérées suffisamment longtemps avant la délivrance d'une AMM aux génériqueurs, mais aussi dans les cas où les sauts de produit sont réalisés postérieurement à la mise sur le marché des versions génériques du médicament original. Dans ces deux situations, le saut de produit n'entrave pas l'entrée des génériques sur le marché et la liberté de choix des patients est préservée. Pour justifier ce *safe harbor*, on peut reprendre la pensée du professeur Cheng à laquelle nous souscrivons : « *lancer de nouvelles formulations de produit et s'engager dans des campagnes publicitaires qui remportent un succès sont conformes avec la concurrence libre sur le marché que promeut le droit antitrust* »[1881]. En effet, dans les deux cas cités, si un passage au médicament consécutif devait être observé, ce saut de produit reposerait sur les mérites du produit, c'est-à-dire sur ses qualités intrinsèques en termes de bénéfices pour la santé des patients.

453. **L'intérêt de poursuivre la pratique *pay-for-delay/product hopping via* l'article 102 TFUE.** Examiner la pratique visée en tant que pratique unilatérale a un avantage certain pour la Commission européenne. En ouvrant une procédure contentieuse pour abus de position dominante, la Commission européenne pourrait obtenir plus facilement la coopération des entreprises génériques parties à l'accord de report d'entrée, car dans ce cas la seule entreprise poursuivie serait le laboratoire *princeps*. En principe, lorsqu'une pratique viole l'article 101 ou l'article 102 TFUE à plusieurs égards, la Commission européenne peut limiter les poursuites

---

[1879] Voy. les affaires les plus emblématiques, lesquelles impliquaient une confrontation du droit d'auteur avec le droit de la concurrence : CJCE, 6 avr. 1995, *Magill*, aff. jtes C-241/91 et C-242/91, *Rec.* I, p. 743 ; CJCE, 29 avr. 2004, *IMS Health*, C-418/01, *Rec.* I, p. 5039.

[1880] M. Carrier & S. Shadowen, « Product Hopping: A New Framework », art. préc., p. 206.

[1881] J. Cheng, « An Antitrust Analysis of Product Hopping in the Pharmaceutical Industry », 108 *Columbia L. Rev.* 1471 (2008), spéc. p. 1510 (traduction libre) : « *launching new product formulations and engaging in successful advertising campaigns are consistent with the unfettered market competition that antitrust law promotes* ».

à une seule infraction[1882] et n'a pas l'obligation de motiver dans une notification des griefs ou dans une décision finale les raisons pour lesquelles elle a finalement décidé de ne pas agir concernant une pratique qu'elle avait initialement l'intention d'investiguer[1883]. Stratégiquement, l'approche la plus judicieuse dans les affaires *pay-for-delay/product hopping* pourrait être celle consistant à entreprendre une procédure aussi bien pour entente que pour abus de position dominante. Dans l'hypothèse où la coopération des génériqueurs serait satisfaisante et efficace, la Commission européenne pourrait alors utiliser son pouvoir discrétionnaire et abandonner la procédure assise sur l'article 101 TFUE pour les récompenser[1884].

454. **Intérêt d'investiguer la pratique au regard de ses potentiels impacts sur l'innovation.** Enfin, sanctionner cette pratique pourrait avoir des effets vertueux pour la recherche pharmaceutique. Immuniser cette stratégie à « deux coups » du droit européen de la concurrence aurait selon nous l'effet pervers d'inciter les entreprises pharmaceutiques à se tourner uniquement vers la conception d'innovations incrémentales, lesquelles leur permettraient *via* leurs brevets de maintenir des rentes de monopoles massives et profitables sur plusieurs années. Or, il est plus crucial dans une perspective de santé publique d'avoir des entreprises pharmaceutiques qui investissent lourdement dans la recherche de nouveaux médicaments, laquelle est certes plus coûteuse mais ô combien importante pour les patients victimes de maladies pour lesquelles aucun traitement n'existe. Cela ne signifie pas pour autant qu'il faille observer les innovations incrémentales avec une méfiance excessive. Celles qui sont plébiscitées par le marché en raison de leurs bénéfices thérapeutiques doivent être encouragées. La condamnation de la pratique combinant les *pay-for-delay* avec le *product hopping* ne devrait d'ailleurs pas entraver la commercialisation de médicaments consécutifs porteurs de véritables bénéfices pour les patients. Finalement, pour reprendre une remarque récemment formulée par la cour d'appel du troisième circuit aux États-Unis dans une affaire de saut de produit, la Commission européenne devra « *trouver l'équilibre entre l'intérêt du public s'agissant de l'incitation à l'innovation dans l'industrie pharmaceutique et [les] impératifs de protection des consommateurs en leur assurant une juste concurrence en vertu du droit antitrust* »[1885].

1882 W. Wills, « Discretion and Prioritisation in Public Antitrust Enforcement, in Particular EU Antitrust », 34 *World Competition* 353 (2011), spéc. p. 362. Comme l'explique l'auteur, la Commission européenne peut non seulement décider, à sa discrétion, de la manière de conduire ses enquêtes, mais aussi décider de se concentrer uniquement dans sa décision d'infraction sur une partie de l'affaire, par exemple uniquement sur la pratique unilatérale au lieu de la pratique collusoire.

1883 CJCE, 3 sept. 2009, *Prym c/ Commission*, aff. C-534/07 P, *Rec.* I, p. 7415. Dans le même ordre d'idée, il importe de rapporter au lecteur que la Commission européenne peut à sa discrétion décider ou non de poursuivre tous les membres d'un cartel. Ce principe a été confirmé par l'arrêt *JFE* du Tribunal, dans lequel il a été jugé que « *la Commission n'a aucune obligation d'exposer, dans la décision attaquée, les raisons pour lesquelles [une entreprise n'était] pas destinataire de celle-ci. En effet, l'obligation de motivation d'un acte ne saurait englober une obligation pour l'institution qui en est l'auteur de motiver le fait de ne pas avoir adopté d'autres actes similaires adressés à des parties tierces* ». Voy. TPICE, 8 juill. 2004, *JFE e.a. c/ Commission*, aff. jtes T-67/00, 68/00, T-71/00 et T-78/00, *Rec.* II, p. 2501, § 414.

1884 S. Gallasch, « A new dimension to EU pharma antitrust product hopping and unilateral pay for delay », art. préc., pp. 143-144.

1885 *Mylan Pharms. Inc. v. Warner Chilcott Pub. Co.*, No. 15-2236 (3rd Cir. 2016), p. 40 (traduction libre) : « *courts might need to balance the important public interest in encouraging innovation in the pharmaceutical industry*

Section 2
Les propositions envisagées pour remédier aux carences du système des brevets

455. **Les réformes envisageables.** Pour remédier aux carences actuelles du système des brevets, nous pensons que plusieurs modifications doivent rapidement être entreprises. C'est pourquoi nous proposons quatre réponses possibles pour les dépasser. Les solutions formulées visent aussi bien à répondre aux problèmes liés à l'obtention du brevet qu'à ceux liés à son exercice. Pour mettre un terme au détournement du brevet, le renforcement de la procédure d'examen (§ 1), l'instauration d'une prime d'exclusivité « européenne » (§ 2), l'adoption de la dichotomie brevet primaire/brevet secondaire (§ 3) ainsi que l'allongement de la durée du CCP (§ 4) nous paraissent correspondre à des réformes envisageables et pertinentes.

§ 1. Le renforcement de la procédure d'examen

456. **La doctrine du « *raising the bar* ».** Comme on l'a vu, le système des brevets actuel en Europe produit la délivrance de brevets « faibles »[1886]. Autrement dit, des brevets dont la probabilité est forte que l'office les a délivrés bien qu'ils ne remplissent pas les conditions de validité[1887]. La doctrine du « *raising the bar* », littéralement « relever la barre », pourrait dès lors être une réponse à cette dégradation de la qualité des brevets en Europe. Cette doctrine sous-entend que les offices de brevet, et tout particulièrement l'OEB, délivreraient beaucoup trop de mauvais brevets, ce qui traduirait un dysfonctionnement sérieux du système. Pour résoudre ce problème, la doctrine du « *raising the bar* » ambitionne de demander aux offices de brevets de procéder à un examen renforcé des demandes de brevets « *pour éviter une multiplication de brevets secondaires non justifiés ou de demandes divisionnaires* »[1888]. Cette doctrine du « *raising the bar* » a notamment été portée par la Commission européenne à la suite de son enquête sectorielle dans le secteur pharmaceutique[1889]. L'analogie avec le saut en hauteur cherche à expliquer l'effet

---

with our obligations to protect consumers and to ensure fair competition under the antitrust laws ».

1886 Voy. *supra* n° 85 et s.

1887 J. Drexl, « Les règlements amiables de type "pay-for-delay" : plaidoyer pour une réforme du système réglementaire des brevets pharmaceutiques en Europe », art. préc., p. 418. Voy. aussi J. Azéma, « Le droit de la concurrence, un droit parmi d'autres au service de l'intérêt général » *in Les pratiques de l'industrie pharmaceutique au regard du droit de la concurrence*, *op. cit.*, p. 209, spéc. p. 212, qui explique que « *les brevets, dits périphériques ou secondaires, sont des brevets dont on peut, la plupart du temps, contester l'activité inventive* ».

1888 L. Marino, « Le devenir des brevets dans le secteur des médicaments en Europe », *Prop. ind.* 2011, n° 9, étude 15.

1889 Comm. eur., Rapport final sur le secteur pharmaceutique, préc., § 1541, p. 515.

escompté par le renforcement de l'examen des critères de brevetabilité. En plaçant la barre des exigences à un niveau plus élevé, l'idée est que moins de demandeurs arrivent à la franchir et, qu'*in fine*, moins de mauvais brevets soient délivrés. Si l'intention d'examiner plus est séduisante, elle pose néanmoins une question névralgique soulevée par l'éminent juge anglais Lord Justice Jacob : « *Qui va payer ?* »[1890] Examiner davantage les demandes de brevet signifie passer plus de temps sur la recherche de l'art antérieur[1891] mais aussi accroître les effectifs des examinateurs[1892]. Tout cela a un coût. Or, au regard du coût, l'efficacité recherchée sera-t-elle trouvée ? Rien n'est moins sûr. En effet, même si un examinateur devait passer plus de temps dans son activité de recherche de l'art antérieur, il semble difficile d'affirmer qu'il atteindra un résultat parfait à chaque fois. Comme l'a souligné M. Jacob s'agissant de l'OEB, « *une recherche n'est jamais parfaite : on peut manquer quelque chose ou l'art antérieur pertinent peut tout simplement ne pas se trouver dans l'une des bases de données* »[1893]. Autrement dit, un office de brevets ne serait qu'un « *filtre grossier* »[1894]. Aussi, il faudrait simplement se satisfaire de ce filtrage qui consiste à éliminer les demandes de brevets qui sont de toute évidence et manifestement mauvaises. Pour le juriste anglais, la charge de déterminer si le brevet est d'une validité certaine devrait uniquement incomber aux juridictions[1895] et non pas aux offices de brevets.

457. **« *Raising the bar* » et les tiers.** Par ailleurs, la doctrine du « *raising the bar* » a conduit l'OEB à faciliter l'intervention des tiers lors de la procédure d'examen. En s'appuyant sur l'article 115 de la CBE[1896], l'OEB a décidé « *de faciliter et promouvoir la présentation par des tiers d'observations bien structurées et concises afin d'améliorer la qualité des brevets européens délivrés* »[1897]. Concomitamment, l'OEB a modifié sa pratique en faisant en sorte que la division d'examen « *se prononce* explicitement *sur la pertinence des observations présentées* »[1898]. Il est

---

1890 R. Jacob, « "Raising the Bar" : une fausse chimère ? » *in Concurrence, santé publique, innovation et médicament*, *op. cit.*, p. 271, spéc. p. 274.

1891 Certaines études ont montré que les examinateurs de l'OEB passent en moyenne 1,9 jour par demande de brevet. Aux États-Unis, le temps consacré par un examinateur à la demande de brevet est compris entre huit et trente heures. Voy. S. Walsmsley Graf, « Improving Patent Quality through Identification of Relevant Prior Art: Approaches to Increase Information Flow to the Patent Office », 11 *Lewis & Clark L. Rev.* 495 (2007), spéc. p. 502.

1892 Sur la question épineuse de l'embauche de davantage d'examinateurs : voy. *Ibid.*

1893 R. Jacob, « "Raising the Bar" : une fausse chimère ? », art. préc., p. 273.

1894 *Ibid.*

1895 R. Jacob, « Pharmaceutical Patents: Competition Law Goes Too Far » *in Competition and Patent Law in the Pharmaceutical Sector – An International Perspective* (dir. G. Pitruzzella & G. Muscolo), Wolters Kluwer, 2016, p. 85, spéc. p. 88, où l'éminent juriste anglais explique que « *[d]ans le monde réel, beaucoup de brevets sont d'une validité incertaine. Finalement, la validité peut uniquement être déterminée par une juridiction* ». Dans sa langue d'origine : « *In the real world many patents are of uncertain validity. In the end, validity can only be determined by a court.* »

1896 Lequel dispose que, dans « *toute procédure devant l'Office européen des brevets, tout tiers peut, conformément au règlement d'exécution, présenter après la publication de la demande de brevet européen des observations sur la brevetabilité de l'invention objet de la demande ou du brevet. Le tiers n'acquiert pas la qualité de partie à la procédure* ».

1897 A. Louis, *L'évolution contemporaine de la notion de brevetabilité – Étude en droit français et européen*, th. dac., Aix-Marseille Université, 2014, n° 817.

1898 *Ibid.* (nous soulignons).

difficile de savoir si l'implication des tiers à la procédure d'examen renforce la qualité des brevets, toujours est-il que les États-Unis ont eux aussi fait le choix d'accorder plus de place aux tiers avec l'adoption du Leahy-Smith America Invents Act, plus connu sous l'acronyme AIA[1899].

458. **Créer un test de marché.** Pour notre part, nous pensons aussi qu'au vu des faibles ressources des offices de brevets, améliorer la qualité des brevets passe inévitablement par l'association des acteurs du marché à la procédure d'examen. Ainsi, pour prolonger et poursuivre les mesures déjà prises, la demande de brevet pourrait être mise à l'épreuve d'une sorte de « test de marché »[1900]. Des tiers, acteurs du marché sur lequel le brevet est censé avoir des effets, pourraient apporter leur point de vue sur l'état de la technique et préciser en quoi le brevet leur semble invalide. Pour ce faire, un office de brevets pourrait tout d'abord rendre un rapport public, lequel renfermerait des informations sur la demande de brevet. Le rapport pourrait renfermer l'appréciation faite par l'office de brevets de l'état de la technique, les revendications du brevet, ou encore, l'évaluation préliminaire opérée par l'office sur la brevetabilité de l'invention. En réponse ensuite, les tiers intéressés, lesquels bénéficient souvent de plus d'informations que l'office, pourraient indiquer les éléments qui, selon eux, révèlent la non-brevetabilité de l'invention. Ils pourraient par exemple mettre en exergue que l'état de la technique présenté par l'office s'est enrichi et démontrer que, ce faisant, l'invention n'est pas nouvelle. À la suite de l'examen de ces réponses, l'office pourrait entendre les tiers ayant participé au test de marché et les récompenser financièrement pour leur participation.

Le « test de marché » proposé n'est cependant pas infaillible. Certes, les concurrents ont certainement une meilleure connaissance de l'état de la technique mais peuvent être parfois portés par des intentions très éloignées de celles visant à assurer une qualité optimale des brevets. Certains tiers intéressés, mus par le profit, pourraient intervenir avec des intentions égoïstes, très éloignées de l'intérêt général d'avoir un brevet européen fort et de qualité.

459. **Les autres remèdes envisageables.** En outre, une solution pour obtenir de meilleurs brevets, et ce, à un coût raisonnable, serait de vérifier si les examinateurs sont suffisamment incités à faire leur travail correctement. En d'autres termes, l'attitude psychologique des examinateurs devrait être prise en compte[1901]. S'agissant de l'OEB, on sait que les examinateurs sont presque tacitement incités à délivrer des brevets. Il faut garder à l'esprit qu'il est plus facile pour un examinateur de délivrer

---

1899 Voy. Pub. L. No. 112-29, 125 Stat. 284 (2011), spéc. la section 8, qui dispose que l'« *AIA permet à des tiers de soumettre tout brevet, demande publiée ou publication pertinente à l'examen d'une demande de brevet pendante avec une explication concise à inclure dans le dossier* » (traduction libre). Dans la langue d'origine : « *The AIA allows third parties to submit any patent, published application, or publication relevant to examination of a pending patent application with a concise explanation for inclusion in the record.* »

1900 À l'image de ce qui existe déjà en droit de la concurrence, l'idée est de consulter les tiers afin de prendre la meilleure décision possible. Sur le sujet des tests de marché en ce domaine : voy. entres autres, D. Bosco, « La pratique des tests de marché dans les procédures antitrust et dans le contrôle des concentrations », *Concurrences* n° 1-2013, p. 1.

1901 R. Hilty, « The Role of Patent Quality in Europe » *in Technologie et Concurrence – Mél. en l'honneur de H. Ullrich*, Larcier, 2009, p. 101.

un brevet que de le refuser[1902]. En effet, refuser un brevet entraîne inévitablement une charge de travail supplémentaire. Par exemple, la procédure orale devant la division d'examen de l'OEB est principalement mise en œuvre à la demande du déposant lorsqu'il voit sa demande de brevet rejetée. Dans cette hypothèse, l'examinateur doit rédiger une décision motivant les raisons du rejet. Cette tâche peut être fastidieuse, chronophage et complexe selon la nature de la demande. En revanche, si l'examinateur décide de délivrer le brevet, il doit uniquement préparer une note interne. Partant, il s'épargne une procédure contradictoire. Un autre facteur pourrait aussi être relevé, c'est l'absence de pénalité à l'encontre des examinateurs délivrant de mauvais brevets. Étant donné que la délivrance de mauvais brevets n'est pas sanctionnée, il semblerait que les examinateurs ne soient pas encouragés à réaliser un examen approfondi alors que ce dernier est parfois nécessaire. Cependant, l'adoption d'un mécanisme de pénalité ne doit pas être regardée comme « la » réponse aux mauvais brevets. L'admission d'un tel mécanisme pourrait avoir l'effet pervers d'inciter les examinateurs à rejeter des demandes de brevet qui mériteraient pourtant d'être acceptées.

§ 2. L'instauration d'une prime d'exclusivité « européenne » pour les contestataires de brevets

460. **Récompenser les contestataires de brevets en s'inspirant du modèle américain.** Un auteur a prédit que le mouvement de faveur pour la diffusion des génériques se poursuivra et s'amplifiera dans les années à venir[1903]. Pour l'accompagner, renforcer les outils incitant les génériqueurs à livrer concurrence aux laboratoires *princeps* est indispensable. Si le système européen permettait d'éliminer plus facilement les mauvais brevets, une concurrence générique pourrait parfois émerger beaucoup plus tôt sur le marché. Malheureusement, le système actuel des brevets ne le permet pas. En dépit de l'absence de *patent linkage*, il est très difficile pour un génériqueur d'entrer sur le marché de l'Union européenne alors même qu'il aurait obtenu une AMM délivrée par l'AEM ou une autre agence nationale des médicaments[1904]. Les brevets détenus par les laboratoires innovants ont pour effet de faire barrage à l'entrée sur le marché si bien que les génériqueurs les plus tenaces, lesquels lancent

---

1902 G. Van Overwalle & J. Schovsbo, « Policy Options for the Improvement of the European Patent System », 38 *IIC* 834 (2007), p. 836.

1903 J.-M. Bruguière, « La validité des *pay for delay* – Regard français » *in Les nouveaux usages du brevet d'invention – Entre innovation et abus* (dir. N. Bronzo et J.-P. Gasnier), PUAM, 2014, p. 56, note de bas page n° 36. Cette situation est déjà perceptible aux États-Unis. Un autre auteur a fait remarquer que la politique de santé américaine vise à promouvoir « *l'accès aux soins pour tous et à un moindre prix* », ce qui « *suppose de favoriser avec la plus grande conviction possible les génériqueurs* ». Voy. J.-C. Roda, « Les ententes entre laboratoires concurrents » *in Les pratiques de l'industrie pharmaceutique au regard du droit de la concurrence*, *op. cit.*, p. 105.

1904 Pour prendre connaissance des procédures européennes de délivrance d'AMM : voy. par ex. G. Michaux, « La réforme de la législation pharmaceutique européenne », art. préc. Pour une étude très récente : voy. M. Guillot, « Les autorisations administratives de mise sur le marché », *RLDA* 2017, suppl. n° 127, p. 25.

leur produit nonobstant la muraille de brevets, s'exposent au risque de poursuites en contrefaçon.

Partant, pour stimuler la concurrence générique et enrayer la mécanique autorisant la mise sur le marché d'« innovations anticoncurrentielles »[1905], il nous semble nécessaire d'élaborer un dispositif européen qui pourrait pousser les génériqueurs à faire tomber en amont les brevets les plus vulnérables, autrement dit, avant une entrée à risque sur le marché. L'efficacité de ce dispositif dépendrait d'une articulation extrêmement fine entre le droit des brevets et le droit de la réglementation pharmaceutique. En substance, les deux droits se chevaucheraient. Plus précisément, avec un auteur[1906], nous pensons que s'inspirer de la prime d'exclusivité de cent quatre-vingts jours des États-Unis pourrait être une solution intéressante et peu coûteuse en ressource. S'inspirer ne signifie pas pour autant copier. L'idée n'est pas de transposer le dispositif américain à l'identique. Comme nous l'avons vu, la loi Hatch-Waxman souffre de profondes faiblesses[1907]. Dans sa conception actuelle, elle fait le lit de la pratique des *pay-for-delay* outre-Atlantique. Pour cette raison, si la prime d'exclusivité « européenne » peut prendre pour appui la prime d'exclusivité de cent quatre-vingts jours, elle doit cependant l'épurer en éliminant ses défauts. Grâce à l'expérience américaine, l'objectif est d'éviter l'écueil de ce que les économistes nomment le *regulatory gaming*[1908], c'est-à-dire un détournement de procédure qui se produit lorsqu'une entreprise utilise les failles de la réglementation pour obtenir un avantage économique qui n'était pas souhaité par le législateur[1909].

461. **Quelle forme pourrait prendre ce dispositif ?** Aux États-Unis, il a été montré qu'il était possible à la fois de détenir une prime d'exclusivité de cent quatre-vingts jours et de conclure un accord de report d'entrée. Ce système crée un blocage à la commercialisation des génériques puisqu'il empêche les génériqueurs tiers à l'accord de pénétrer le marché jusqu'à ce que le génériqueur détenteur de la période d'exclusivité se décide à la déclencher[1910]. Aussi, la récompense pour le contestataire de l'autre côté de l'Atlantique est totalement détournée de sa finalité initiale, à savoir

---

1905 Sur le sujet des innovations anticoncurrentielles, voy. J. Himes & S. Zain, *Anti-competitive Innovation: Is There a Role for Antitrust in Evaluating Product Line Extensions?*, American Conference Institute Pharmaceutical Antitrust, New York (May 15-16, 2007), pp. 1-2 (document transmis par les auteurs). Voy. aussi A. Devlin & M. Jacobs, « Anticompetitive Innovation and the Qualitiy of Invention », 27 *Berkeley Technology L. J.* 1 (2012), spéc. p. 9, qui expliquent que, sous certaines conditions, des inventions triviales peuvent exclure des concurrents du marché.

1906 J. Drexl, « Les règlements amiables de type "pay-for-delay" : plaidoyer pour une réforme du système réglementaire des brevets pharmaceutiques en Europe », art. préc., p. 437.

1907 Voy. *supra* n° 67 et s. Voy. entre autres sur ce sujet, l'étude du professeur Peritz laquelle explique avec exhaustivité les échecs de la loi Hatch-Waxman. R. Peritz, « Three Statutory Regimes at Impasse: Reverse Payments in Pay-For-Delay Settlement Agreements Between Brand Name and Generic Drug Companies » *in More Common Ground for International Competition Law?* (dir. J. Drexl et *alii*), Edward Elgar, 2011, p. 198.

1908 Pour une étude récente du *regulatory gaming* appliqué au *pay-for-delay* et au *product hopping* dans le secteur pharmaceutique : voy. C. Ott, « The Evolution of Pharmaceutical Regulatory Gaming Practices », art. préc., spéc. p. 858 et s. Pour des explications plus générales : voy. S. Dogan & M. Lemley, « Antitrust and Regulatory Gaming », art. préc., qui expliquent que certaines pratiques de *regulatory gaming* violent le droit antitrust.

1909 F. Lévêque, « Régulation de la pharmacie et propriété intellectuelle : le troisième côté du triangle » *in Concurrence, santé publique, innovation et médicament*, *op. cit.*, p. 329, spéc. p. 335.

1910 Toutes les explications sur les défauts de ce dispositif ont été exposées dans la première partie de cet ouvrage. Voy. *supra* n° 68 et s.

amorcer une concurrence générique sur le marché dans les situations où le brevet détenu par un laboratoire *princeps* est déclaré invalide ou non contrefait.

Par conséquent, le dispositif européen ne devrait pas reprendre ce modèle. La règle à adopter devrait imposer le non-cumul d'une prime d'exclusivité et d'un accord de report d'entrée. En d'autres termes, si une prime d'exclusivité est délivrée à un génériqueur parce qu'il a remporté le litige de brevet qui l'opposait à un laboratoire *princeps*, il ne pourra pas par la suite retarder la commercialisation de son produit en s'entendant avec le laboratoire *princeps*. Le texte devrait explicitement prohiber les règlements amiables conclus postérieurement à la délivrance de la prime d'exclusivité « européenne ».

En pratique, l'organe compétent pour délivrer cette prime d'exclusivité pourrait être l'AEM[1911] ou une autorité nationale ayant délivré une AMM aux génériqueurs[1912]. Pour injecter un tant soit peu de clarté, le principe pourrait être de donner compétence à la première agence ayant octroyé une AMM. En d'autres termes, l'agence qui a délivré la première AMM devrait aussi être celle qui a le pouvoir de délivrer postérieurement la prime d'exclusivité au génériqueur contestataire victorieux. Contrairement aux États-Unis, l'exclusivité sur le marché devrait être supérieure à cent quatre-vingts jours en raison de l'architecture juridictionnelle de l'Union européenne. Comme nous l'avons exposé, pour faire invalider un brevet dans l'Union, les génériqueurs contestataires doivent saisir de nombreuses juridictions nationales[1913]. Ce contentieux est très coûteux si bien qu'une récompense de six mois nous apparaît trop faible au regard des enjeux de santé publique sous-jacents. Une période d'exclusivité commerciale d'une année où le génériqueur serait l'unique concurrent du *princeps* sur le marché nous paraît plus pertinente et beaucoup plus incitative. Compte tenu de la cherté du contentieux de brevet dans l'Union, cette prime d'exclusivité pourrait être partagée entre des génériqueurs contestataires, notamment dans le cas où ces derniers ont mutualisé les coûts de la procédure judiciaire pour mener leur contentieux jusqu'à son terme.

462. **Quels seraient les effets attendus ?** Plusieurs effets vertueux à l'adoption d'un tel dispositif peuvent être identifiés. Premièrement, la prime d'exclusivité « européenne » pourrait permettre d'éliminer un mauvais brevet du marché. Corollairement, elle pourrait aussi avoir pour effet de préserver et renforcer la force d'un brevet valide. En effet, dans les hypothèses où le brevet serait jugé valide ou contrefait, le « capital intellectuel »[1914] des laboratoires pharmaceutiques serait consolidé et toutes les pratiques contractuelles reflétant un usage normal du brevet ne risqueraient pas d'être sanctionnées *ex post* par le droit de la concurrence. Deuxièmement, la prime d'exclusivité pourrait catalyser

---

1911 En effet, si la demande d'AMM a été réalisée conformément à la procédure centralisée, la compétence de l'AEM nous semble justifiée.

1912 Si la demande d'AMM a fait l'objet d'une procédure nationale, en ce cas, c'est l'agence du médicament du pays visé qui est compétente. Si la demande d'AMM a fait l'objet d'une procédure de reconnaissance mutuelle, dans ce cas, l'organe compétent devrait être l'agence du médicament de l'État de référence.

1913 Voy. *supra* n° 92 et s.

1914 Nous empruntons cette expression au professeur Binctin, qui l'a utilisée dans sa thèse de doctorat mais dans une perspective de droit des sociétés. Voy. N. Binctin, *Le capital intellectuel*, Litec, 2007, 764 p.

l'émergence d'une concurrence par les prix et par imitation[1915]. Les consommateurs pourraient bénéficier plus rapidement d'une version générique moins chère et tout aussi efficace thérapeutiquement que le *princeps*[1916]. Les comptes des organismes remboursant les médicaments pourraient par ailleurs être sérieusement redressés. Pour s'en convaincre, l'exemple américain est édifiant. Outre-Atlantique, une étude a montré que, grâce à des contestations de brevets, les gains en bien-être à court terme (*the short run welfare gains*) pour le consommateur entre 1997 et 2008 ont été de 93 milliards de dollars uniquement sur le marché de l'hypertension[1917]. Troisièmement, la prime d'exclusivité pourrait venir corriger *ex post* les effets anticoncurrentiels provoqués par un brevet délivré à tort. Comme l'a expliqué le professeur Drexl, « *l'octroi d'un brevet, qui n'est pas valide durant la période de vente du médicament protégé, a le potentiel d'accorder des ressources économiques à son ayant droit que celui-ci pourra réinvestir dans la recherche et le développement de nouveaux produits. Comme ces ressources ne sont pas justifiées par le droit des brevets, l'octroi de tels brevets fausse également* la concurrence dynamique *en faveur du titulaire de ce brevet qui n'est pas valable* »[1918]. Aussi, la prime d'exclusivité « européenne » pourrait contribuer à corriger la perturbation de la concurrence dynamique et rétablir l'égalité concurrentielle entre les laboratoires *princeps*. Quatrièmement enfin, la prime d'exclusivité européenne pourrait trouver le juste équilibre entre les trois droits impliqués dans les affaires *pay-for-delay*. D'un côté, elle permettrait de préserver la promotion de la concurrence par l'innovation voulue par le droit des brevets. De l'autre, elle encouragerait la concurrence par les prix entre les génériqueurs et les fabricants de *princeps*, lequel est un objectif du droit de la concurrence. Enfin, les exigences réglementaires pour mettre un produit sûr et efficace sur le marché ne seraient pas affectées.

§ 3. L'instauration de la dichotomie brevet primaire/brevet secondaire

463. **Les doutes entourant les brevets secondaires.** La faiblesse et la fragilité des brevets secondaires sont connues. Dans le Rapport final sur le secteur pharma-

---

1915 Sur la définition de la concurrence par imitation : voy. J. Drexl, « Is There a "More Economic Approach" to Intellectual Property and Competition Law? », *in Research Handbook on Intellectual Property and Competition Law* (dir. J. Drexl), Edward Elgar, 2008, p. 27, spéc. p. 45 ; « Abuse of Dominance in Licensing and Refusal to License – A "More Economic Approach" to Competition by Imitation and to Competition by Substitution » *in The Interaction between Competition Law and IP Law* (dir. C. D. Ehlermann, & I. Atansiu), Oxford Hart Publishing, 2007, p. 647 et s.

1916 A. Dussol, *Le médicament générique*, PUF, 2009, pp. 19-20.

1917 C. Hemphill & B. Sampat, « Evergreening, patent challenges, and effective market life in pharmaceuticals », 31 *Journal of Health Economics* 327 (2012), spéc. p. 337.

1918 J. Drexl, « Les règlements amiables de type "pay-for-delay" : plaidoyer pour une réforme du système réglementaire des brevets pharmaceutiques en Europe », art. préc., p. 419 (nous soulignons). Pour une explication détaillée du processus de la concurrence par innovation (ou de la concurrence dynamique), voy. l'étude du même auteur : J. Drexl, « Intellectual Property in Competition: How to Promote Dynamic Competition as a Goal » *in More Common Ground for International Competition Law?* (dir. J. Drexl et *alii*), Edward Elgar, 2011, p. 210.

ceutique, la Commission européenne a indiqué que, dans 74 % des cas où un génériqueur a poursuivi un brevet secondaire d'un laboratoire *princeps* devant l'OEB[1919], celui-ci a remporté le litige[1920]. Aussi, en attaquant un brevet secondaire en Europe, les génériqueurs auraient quasiment trois chances sur quatre d'obtenir son invalidation. De cette situation, certains auteurs ont déduit que le principal objectif des laboratoires *princeps* en déposant des brevets secondaires est de préserver leur protection brevetaire, et ce, au-delà de la protection que le brevet primaire leur aurait conférée[1921]. Pour le professeur Ullrich, le fait que les demandes de brevets secondaires puissent être déposées par les laboratoires *princeps* juste avant l'expiration du brevet primaire est révélateur d'un certain niveau de distorsion dans le système des brevets, car il semble permettre aux entreprises pharmaceutiques d'obtenir une protection étendue des brevets chaque fois qu'elles pourraient la percevoir utile[1922]. D'autres mettent directement en doute la qualité de ces brevets[1923] et appellent à un examen plus étroit des conditions de brevetabilité. Dans le cadre du programme de développement des Nations Unies (*United Nations Development Programme*), le professeur Correa a récemment publié un rapport nommé *Guidelines for the Examination of Patent Applications relating to Pharmaceuticals*[1924], lequel jette l'opprobre sur les brevets secondaires. Dans cette étude, l'auteur a proposé de nombreuses recommandations dans lesquelles il explique comment les examinateurs devraient analyser les revendications de ce genre de brevets. Ces recommandations proposent d'élever les critères de brevetabilité et devraient permettre, si elles étaient mises en œuvre, de refuser la protection à de nombreuses innovations pharmaceutiques actuellement couvertes par un titre de propriété intellectuelle[1925]. Pour ce faire, l'auteur souhaite que les offices de brevets contrôlent les demandes de brevet de façon plus rigoureuse en se concentrant sur la condition d'activité inventive. Les lignes directrices affirment en particulier que de nombreuses formes d'innovations pharmaceutiques sont des découvertes évidentes et que, sauf circonstances exceptionnelles, elles devraient être jugées comme dépourvues de caractère inventif et, par conséquent,

---

1919 Que ce soit par une procédure d'opposition ou en appel.

1920 Comm. eur., Rapport final sur le secteur pharmaceutique, préc., § 628, p. 226. Voy. aussi T. Hart, S. Clark & L. Fazzani, *Intellectual Property Law*, 6th ed., Palgrave Macmillan, 2013, p. 289.

1921 Voy. par ex. M. Burdon & K. Sloper, « The Art of Using Secondary Patents to Improve Protection », 3 *Journal of Medical Marketing* 226 (2003).

1922 H. Ullrich, « Wahrung von Wettbewerbsfreiräumen innerhalb der Schutzrechtsverwertung » *in Sektoruntersuchung Pharma der Europäischen Kommission – Kartellrechtliche Disziplinierung des Patentsystems?* (dir. S. Abel, T. Friede & D. Stauder), Carl Heymanns Verlag, 2010, p. 24.

1923 N. Tuominen, Patenting Strategies of the EU Pharmaceutical Industry Crossroad between Patent Law and Competition Policy, Reaseach Paper in Law, College of Europe, No. 1/2011, p. 15.

1924 C. M. Correa, *Guidelines for Pharmaceutical Patent Examination: Examining Pharmaceutical Patents from a Public Health Perspective*, United Nations Development Programme, 2016, disponible sur www.undp.org. Ce rapport a été grandement critiqué par le professeur Holman. Pour ce dernier, ériger un régime particulier pour les brevets secondaires pourrait porter le risque de réduire les incitations à la recherche de futures innovations. Voy. C. Holman, « In Defense of Secondary Pharmaceutical Patents: A Response to the UN's *Guidelines for Pharmaceutical Patent Examination* », 50 *Indiana L. Rev.* 759 (2017), spéc. p. 811.

1925 On a ici affaire à un « *raising the bar* » uniquement dédié aux brevets secondaires. Sur la doctrine du « *raising the bar* », voy. *supra* n° 456 et s.

déclarées non brevetables. Précisément, le rapport vise douze types de brevets secondaires[1926].

464. **Pour l'adoption d'une dichotomie brevet primaire/brevet secondaire en droit des brevets européen.** Si ces recommandations sont intéressantes, elles semblent cependant impraticables en Europe. En effet, le système des brevets européens actuel s'oppose à un examen de brevetabilité différencié selon que l'innovation pharmaceutique est une molécule ou prend une tout autre forme[1927]. Au vrai, la dichotomie entre les brevets primaires et les brevets secondaires n'est qu'artificielle et n'existe que dans une perspective de droit de la concurrence. La Commission européenne semble avoir utilisé cette distinction dans un souci de pédagogie afin de montrer notamment que les brevets secondaires étaient mis en œuvre dans une large mesure pour retarder ou bloquer l'entrée des médicaments génériques sur le marché[1928]. En pratique, le droit européen des brevets les ignore complètement. Il ne fait pour sa part aucune distinction entre les brevets primaires et les brevets secondaires. D'ailleurs, l'OEB est farouchement hostile à cette distinction. Dans sa réponse au rapport préliminaire de l'enquête sectorielle sur le secteur pharmaceutique, l'OEB avait souligné que « *les appellations "brevets primaires" et "brevets secondaires" ne sont pas des termes employés par le système européen des brevets* » et qu'« *une invention revendiquée dans une demande de brevet est soumise aux conditions de brevetabilité contenues dans la CBE et uniquement à celles-ci* ». Ce faisant, « *toutes les demandes sont considérées de manière égale et juste* »[1929]. De la même manière, MM. Priddis et Constantine ont fait remarquer que « *toute innovation est évaluée individuellement* avec des critères objectifs *pour délivrer un brevet, ce qui est conforme au principe selon lequel le droit*

1926 Le rapport traite des « *Markush claims* », des « *selection patents* », des « *polymorphs* », des « *enantiomers* », des « *salts* », des « *ethers and esters* », des « *compositions* », des « *doses* », des « *combinations* », des « *prodrugs* », des « *metabolites* » et des « *new medical uses* ». En Inde, l'étau s'est déjà resserré autour des brevets secondaires. Dans une loi de 2005, le législateur indien a exclu de la brevetabilité « *la simple découverte d'une nouvelle forme de substance connue, laquelle ne résulte pas en l'amélioration du savoir sur cette substance, ou la simple découverte d'une propriété ou d'un nouvel usage d'une substance connue ou la simple découverte d'un procédé connu, d'une machine ou d'un appareil hormis le cas où un tel procédé résulte dans un nouveau produit ou s'emploie au moins en tant que nouveau réactif* » (traduction libre). Voy. Patents Act, No. 15 of 2005, § 3(d) India Code (2005) (traduction libre) : « *the mere discovery of a new form of a known substance which does not result in the enhancement of the known efficacy of that substance or the mere discovery of any new property or new use for a known substance or of the mere use of a known process, machine or apparatus unless such known process results in a new product or employs at least one new reactant* ».

1927 Pour cette raison, une auteure a souligné que « *si l'objectif politique est de réduire les barrières à l'entrée auxquelles les génériqueurs sont confrontés, une révision de la définition de la brevetabilité est une étape évidente, car elle permettra d'exclure les types de brevets secondaires qui forment des grappes de brevets* » (traduction libre). Voy. M. Kyle, « Competition Law, Intellectual Property and the Pharmaceutical Sector », 81 *Antitrust L. J.* 1 (2016), spéc. p. 32 : « *if the policy aim is to reduce barriers to entry faced by generics, a revision of the legal definition of patentability to exclude the types of secondary patents that form patent thickets is an obvious step* ».

1928 Comm. eur., Rapport final sur le secteur pharmaceutique, préc., p. 201.

1929 EPO, *European Commission Pharmaceutical Sector Inquiry Preliminary Report – Comments from the EPO*, 28 nov. 2008, p. 3, disponible sur http://ec.europa.eu (traduction libre) : « *the labels "primary patents" and "secondary patents" are not terms of art in the European patent system. Indeed, an invention claimed in a patent application is subjected to the conditions for patentability contained in the EPC and to those alone. Under the EPC, for examination as well as all other purposes, all applications are to be considered equally and fairly* ».

des brevets récompense et protège les efforts innovants »[1930]. Quoi qu'il en soit, l'OEB considère que l'adoption de cette distinction irait à l'encontre des objectifs du droit des brevets, qui est de promouvoir la création d'inventions construites sur d'autres inventions[1931]. Cet argument apparaît recevable. Il est vrai que les innovations incrémentales peuvent souvent par leur nature offrir une plus grande « valeur sociale » que la simple découverte d'une molécule particulière[1932]. Mais il est vrai aussi que les demandes de brevets secondaires dans le secteur pharmaceutique sont souvent réalisées pour empêcher la concurrence générique plutôt que pour protéger de véritables inventions. En ce cas, le médicament *princeps* peut bénéficier d'une exclusivité excessive qui n'est pas justifiée par les finalités du brevet, ce qui rompt le contrat social conclu entre l'inventeur et la société[1933]. Comment remédier à cette rupture ?

Selon nous, adopter un régime juridique spécial pour les brevets secondaires dans le secteur pharmaceutique pourrait être une solution intéressante. Autrement dit, comme pour le CCP, le droit des brevets pourrait une nouvelle fois établir des règles particulières et prendre en compte le fonctionnement spécifique du marché pharmaceutique. Tout d'abord, le droit européen des brevets devrait reconnaître les brevets secondaires et catégoriser les demandes de brevets selon qu'elles portent sur la molécule, c'est-à-dire le médicament *per se*, ou d'autres inventions. Seraient considérées comme appartenant à la catégorie « secondaire » les demandes de brevets qui ne protègent pas la molécule et qui apportent des solutions techniques pour améliorer la production de la molécule, sa formulation ou sa forme d'administration. Ensuite, une fois l'existence des brevets secondaires admise, le droit des brevets devrait établir des règles d'examen plus approfondies pour délivrer un tel brevet. Comme l'a suggéré le professeur Correa, les examinateurs devraient pour le cas d'un brevet secondaire s'attarder davantage sur la condition d'activité inventive[1934]. Cet examen approfondi devrait se déployer avec une forte intensité surtout dans les hypothèses où le brevet primaire est sur le point d'expirer ou n'est plus très éloigné de sa date d'expiration.

1930 S. Priddis & S. Constantine, « The Pharmaceutical Sector, Intellectual Property Rights, and Competition Law in Europe », art. préc., p. 241, spéc. p. 262 (traduction libre) (nous soulignons) : « *Any innovation is assessed individually against the objective criteria for grant of a patent, consistent with the proposition that IP law rewards and protects innovative endeavour.* »

1931 EPO, *European Commission Pharmaceutical Sector Inquiry Preliminary Report – Comments from the EPO*, préc., p. 3.

1932 S. Priddis & S. Constantine, « The Pharmaceutical Sector, Intellectual Property Rights, and Competition Law in Europe », art. préc., p. 261. Dans le même ordre d'idée mais cette fois-ci aux États-Unis, voy. aussi U.S. National Research Council, *Prospectus for National Knowledge Assessment*, 1995, p. 10, qui énonçait que l'« *effet cumulatif de nombreuses innovations incrémentales mineures peut parfois être un changement plus profond et avoir plus d'impact économique que quelques innovations radicales ou "ruptures technologiques"* ». Dans la langue d'origine : « *The cumulative effect of numerous minor incremental innovations can sometimes be more transformative and have more economic impact than a few radical innovations or "technological breakthroughs".* »

1933 A. Mendoza-Caminade, « Les tensions entre le brevet et le médicament : l'indispensable régulation du brevet pharmaceutique », *RLDA* 2010, n° 45, p. 57.

1934 Dans le rapport élaboré pour les Nations Unies, le professeur égrène brevet par brevet les critères à retenir. Compte tenu de la haute technicité des propositions, laquelle ne semble abordable que pour les spécialistes de la pharmacie, nous renvoyons le lecteur à ce rapport très exhaustif.

Aux critères objectifs pourrait s'ajouter un critère subjectif de type concurrentiel. Actuellement, les examinateurs ne contrôlent pas les intentions des demandeurs lorsqu'ils cherchent à obtenir des brevets. Or, comme l'a montré l'enquête sectorielle de la Commission européenne, de nombreux brevets secondaires ne sont demandés que pour empêcher la concurrence générique. Le professeur Ullrich a corroboré cette analyse en énonçant que « *le libre choix de la forme, de la portée et des voies de protection peut être exercé [par les entreprises pharmaceutiques] non seulement en vue d'atteindre des objectifs ou des effets systémiques légitimes,* mais dans le but de restreindre la concurrence au-delà des limitations de la concurrence stratégique, voire dynamique, qui découlent du fonctionnement régulier du système de protection »[1935]. Désormais conscients de ce phénomène, les examinateurs devraient donc chercher à savoir si le brevet secondaire n'a été demandé que pour bloquer les débouchés sur le marché ou si l'inventeur souhaite obtenir une protection sur la base des mérites. Pour ce faire, l'examinateur pourrait recueillir des renseignements auprès de génériqueurs prêts à commercialiser leurs produits afin de déterminer l'état concurrentiel du marché et avoir un aperçu des blocages que ces derniers peuvent rencontrer.

465. **Un reflux des accords de report d'entrée ?** La distinction des brevets primaires et des brevets secondaires ainsi que l'amélioration de l'examen de ces derniers pourraient par ricochet amorcer un reflux des accords de report d'entrée. Comme il a été montré, les accords *pay-for-delay* reposent principalement sur des brevets secondaires et cherchent à prolonger un monopole fragilisé par la chute du brevet sur la molécule dans le domaine public. Si les brevets secondaires étaient mieux examinés par les offices et que les brevetés avaient davantage de certitude sur la force de leurs brevets secondaires, les raisons pour conclure un accord de report d'entrée pourraient être beaucoup moins attractives.

466. **Trouver le juste équilibre dans l'examen des brevets secondaires.** Enfin, il importe de relever que les règles proposées pourraient porter un risque de désincitation au perfectionnement de certains médicaments[1936]. L'absence de protection de l'innovation pharmaceutique pourrait avoir un impact négatif sur la recherche pharmaceutique puisque certains laboratoires pourraient être rétifs à engager des investissements supplémentaires. Comme l'ont souligné des auteurs, il arrive parfois qu'une même molécule découverte pour une pathologie soit susceptible « *de s'avérer efficace pour des pathologies voisines, voire éloignées, sous réserve*

1935 H. Ullrich, « Les pratiques de prise de brevets de l'industrie pharmaceutique – Un cadre de référence pour la concrétisation de la notion de protection abusive », art. préc., p. 195 (nous soulignons).

1936 Pour une étude récente sur les brevets de seconde indication thérapeutique et pour un état de la jurisprudence sur le sujet : voy. B. May et M. Da Costa, « Brevets de seconde indication thérapeutique : les suites de l'affaire Prégabaline », *Prop. ind.* 2017, n° 6, étude 17. Dans cet article, les auteurs montrent que le droit des brevets protège particulièrement les génériqueurs du grief de contrefaçon dans les affaires de seconde indication thérapeutique. Il est expliqué que « *les juges français et britannique considèrent que le génériqueur, qui a pris toutes les mesures en son pouvoir au moment du lancement de la version générique afin d'éviter que cette version ne soit délivrée pour l'indication brevetée, ne saurait être condamné pour des faits de contrefaçon du brevet* ». Voy. aussi sur un sujet connexe : T. Gisclard, « Les brevets de nouvelle application thérapeutique et la description de l'effet thérapeutique », *Prop. ind.* 2018, n° 4, étude 11.

d'engager des recherches de plus en plus coûteuses »[1937]. En pratique, « *l'effort de recherche requis pour le développement d'innovations incrémentales et les coûts associés sont généralement aussi importants que ceux nécessaires au développement des premières innovations dites fondamentales. En l'absence de protection de l'innovation, il n'y a pas d'intérêt à mener ces recherches supplémentaires, qui pourraient pourtant avoir pour résultat de nouvelles utilisations d'un médicament* »[1938]. Ce faisant, pour ne pas désinciter les laboratoires *princeps* à s'engager dans de telles recherches, les demandes de brevets pour des perfectionnements de médicaments devraient être plus aisément acceptées que des demandes portant, par exemple, sur des procédés.

En tout état de cause, en raison des enjeux de santé publique, la proposition que nous avons formulée devrait être évaluée en amont par les spécialistes du brevet dans le secteur pharmaceutique. Avant d'ériger des règles particulières de contrôle, l'avis des experts de la pharmacie apparaît comme indispensable. Au vu de la technicité des brevets, le juriste est ici soumis au principe de Peter et atteint son seuil de compétence.

§ 4. L'allongement de la durée du certificat complémentaire de protection

467. **Le CCP actuel ne répond plus à la réalité du marché pharmaceutique.** Alors que le monopole temporaire conféré par un brevet d'invention est normalement de vingt ans à compter du dépôt de la demande, les spécificités du médicament, et la réglementation qui s'impose à ce produit réduisent la durée effective de la protection par brevet. En pratique, étant donné que pour obtenir une AMM pour une nouvelle molécule les délais oscillent entre huit et dix ans, la protection effective conférée par un brevet pharmaceutique ne peut être parfois que de dix années[1939]. Pour compenser cette perte d'exploitation due à l'attente de l'AMM[1940], la Commission européenne a décidé, dans le sillage des États-Unis[1941], du Japon[1942],

---

1937 C. Asséo et L. Bénard, « Cycle de vie du médicament et incitation au perfectionnement » *in Concurrence, santé publique, innovation et médicament*, *op. cit.*, p. 237, spéc. p. 259.

1938 *Ibid.*, p. 260.

1939 A. Laude et *alii*, *Le Lamy droit de la santé*, Wolters Kluwer, 2017, n° 407-342.

1940 D. Delcourt, « Public health and the preservation of economic competitiveness: the European supplementary protection certificate for medicinal products », 4 *J. Intell. Prop. L. & Prac.* 439 (2009), spéc. p. 440 et s. Voy. aussi M.-C. Chemtob Concé, « Autorisation de mise sur le marché et durée du certificat complémentaire de protection pour les médicaments », *Médecine et Droit* 2008, n° 88, p. 29 ; E. Combe et H. Haug, « Les laboratoires pharmaceutiques face à la concurrence des génériques : Quels enjeux pour l'antitrust ? », *Concurrences* n° 1-2006, p. 47.

1941 La loi Hatch-Waxman a institué des extensions de la durée de protection des brevets en matière de médicament. Voy. P. Kamina, *Droit anglo-américain des propriétés intellectuelles*, LGDJ, 2017, p. 325. *Adde* J.-L. Piotraut, « Les droits de propriété intellectuelle à l'épreuve de la santé publique », *RLDI* 2014, n° 108, p. 77, spéc. p. 94.

1942 C'est la révision du Patent Act en 1987 qui a introduit une extension de la durée de protection au Japon. Voy. « Patent term extension in Japan: focusing on the *Pacif Capsule* decision » *in Pharmaceutical Innovation, Competition and Patent Law – A Trilateral Perspective* (J. Drexl & N. Lee), Edward Elgar, 2013, spéc. p. 221.

de l'Italie et de la France[1943], d'adopter le certificat complémentaire de protection communautaire au début des années 1990. C'est le règlement n° 1768/92 du 18 juin 1992[1944] qui a introduit ce nouveau titre et qui a, par là même, permis de « *prévenir une évolution hétérogène des législations nationales, [laquelle aurait pu aboutir] à des disparités de nature à entraver la circulation des médicaments sur le territoire de la CEE* »[1945]. Concrètement, ce mécanisme permet au moment de la chute du brevet dans le domaine public une substitution de ce dernier par le CCP[1946]. Le CCP est donc « *un droit de propriété intellectuelle particulier* »[1947] qui prend la suite du brevet à son expiration. Cette particularité tient notamment à ce que, conformément à l'article 13(2) du règlement, le CCP a une durée limitée et ne peut excéder cinq ans[1948]. Ce dernier chiffre s'explique par la période qui s'écoule entre le dépôt de la demande d'AMM et la date de délivrance de cette dernière. Plus précisément, le titulaire d'un brevet et d'un CCP ne peut bénéficier au maximum que de quinze années d'exclusivité à partir de la première AMM obtenue dans l'EEE ou en Suisse[1949]. Par ailleurs, il convient de souligner que la protection attachée au CCP est d'une faible portée, car cette protection est seulement circonscrite au principe actif visé par l'AMM[1950]. En d'autres termes, seuls les brevets primaires peuvent bénéficier d'une prorogation par CCP.

Dans la proposition du règlement n° 1768/92, la Commission européenne avait expliqué que s'écoulait en moyenne quatre années entre la prise de brevet et la mise sur le marché du médicament, si bien qu'une période effective de seize années échoyait au laboratoire *princeps* pour exploiter l'invention brevetée[1951]. Ce délai expliquait l'arbitrage ayant conduit à retenir la prorogation de cinq années du brevet par le CCP. Mais aujourd'hui, ce chiffre est dépassé. Comme on l'a indiqué *supra*, les délais actuels pour obtenir une AMM ont été largement rallongés. Nous sommes passés de quatre années à neuf années en moyenne.

1943 En France, le CCP a été introduit par la loi n° 90-510 du 25 juin 1990 et par son décret d'application n° 91-1180 du 19 novembre 1991.

1944 Ce règlement, entré en vigueur le 2 janvier 1993, a été codifié par le règl. CE n° 469/2009 du Parlement européen et du Conseil du 6 mai 2009 concernant le certificat complémentaire de protection pour les médicaments, *JOUE* L 152/1 du 16 juin 2009.

1945 J. Azéma, « Création d'un certificat complémentaire de protection pour les médicaments », *RTD com.* 1992, p. 803.

1946 Sous la plume de M. Hénin on peut lire que « *le brevet pharmaceutique bénéficie d'un "étirement" temporel, grâce à l'obtention d'un certificat complémentaire de protection* ». Voy. C. Hénin, « Le médicament, entre propriété intellectuelle et principe de concurrence » *in La régulation des secteurs de la santé* (dir. M.-A. Frison-Roche), Presses de Sciences Po/Dalloz, 2011, p. 83, spéc. p. 85.

1947 J. Passa, *Traité de droit de la propriété industrielle – Droit de la propriété industrielle*, t. 2, LGDJ, 2013, n° 766-1, p. 852. *Adde* I. Orès, « La protection des médicaments par le certificat complémentaire de protection » *in Propriétés intellectuelles – Mél. offerts à J.-J. Burst*, Litec, 1997, p. 395.

1948 À moins que le produit concerné ait obtenu une AMM pour une utilisation pédiatrique. En ce cas, le règlement européen n° 1901/2006 autorise une prorogation du CCP de six mois. Voy. art. 36 du règl. (CE) n° 1901/2006 du Parlement européen et du Conseil du 12 déc. 2006 relatif aux médicaments à usage pédiatrique, modifiant le règl. (CEE) n° 1768/92, les directives 2001/20/CE et 2001/83/CE ainsi que le règl. (CE) n° 726/2004.

1949 CJCE, 21 avr. 2005, *Millenium*, aff. C-252/03, et *Novartis e.a.*, aff. C-207/03, *Rec.* I, p. 3209, § 31.

1950 D. Guerre et I. Tripoz, « Le certificat complémentaire de protection au cœur de la tourmente entre médicament princeps et médicament générique », *Gaz. Pal.* 2006, n° 355, p. 26.

1951 Proposition de règl. COM (1990) 101 final, *JOCE* n° C 114 du 8 mai 1990, p. 10, préambule de la proposition, §§ 51-52.

Pour autant, les brevetés n'ont pas vu la durée des CCP augmenter, de sorte que leur durée de protection effective par brevet s'est réduite. Dans son Rapport final sur l'enquête sectorielle, la Commission européenne a relevé que la durée moyenne de protection effective a seulement été de douze ans au cours de la période 2000-2007[1952]. Un cas extrême a même été relevé par un auteur. Dans l'affaire du Circadin, le laboratoire *princeps* a mis plus de quinze années pour obtenir une AMM, si bien qu'il restait à l'entreprise moins de cinq ans pour amortir ses investissements[1953]. On est donc très loin de la durée de protection de vingt ans conférée par le droit des brevets.

Cette situation a pour effet de créer une distorsion de la protection des biens intellectuels entre les secteurs. Un breveté opérant dans un autre secteur que pharmaceutique peut profiter quasiment à plein de la durée de protection offerte par ses titres de propriété intellectuelle tandis qu'un laboratoire pharmaceutique a souvent deux fois moins de temps pour récupérer les investissements consentis en recherche et développement. Ce phénomène explique peut-être les diverses stratégies de brevet mises en places par les brevetés pour essayer de maintenir avec certitude leur monopole déjà fragilisé par les délais d'obtention de l'AMM[1954]. À cet égard, comme l'a excellemment formulé le professeur Drexl, la pratique des *pay-for-delay* ne serait que le symptôme et non la source du problème économique et social identifié dans le secteur pharmaceutique[1955]. Le phénomène décrit peut expliquer aussi en partie la chute de l'innovation pharmaceutique. En effet, comme certains spécialistes l'ont relevé, « *la courte durée de vie [de la protection] rend l'activité de recherche et de développement et de fabrication de nouveaux médicaments innovants peu attrayante puisque les investissements pertinents peuvent ne pas être récupérés pendant cette courte période de temps* »[1956]. Alors qu'au début des années 1970 les laboratoires innovants ne devaient dépenser que 138 millions de dollars pour créer un nouveau médicament et le commercialiser, ils doivent aujourd'hui débourser 1,38 milliard, soit une augmentation de 1 000 % en l'espace de quarante années[1957]. Or, ce n'est pas le même exercice que de récupérer un investissement d'une centaine de millions de dollars et celui d'en récupérer plus d'un milliard. En maintenant le système actuel, le risque est donc grand de voir l'équilibre entre l'intérêt de l'industrie pharmaceutique – qui est de réaliser des profits – et l'intérêt des citoyens européens – qui est d'avoir un accès à des médicaments innovants – s'effriter, si ce n'est se rompre totalement.

1952 Comm. eur., Rapport final sur le secteur pharmaceutique, préc., § 164, p. 59.

1953 V. Roş, « Protection of inventions in the pharmaceutical sector through supplementary protection certificate », 22 *Lex et Scientia International Journal* 7 (2015), spéc. p. 18.

1954 Au moins pour cette raison, on peut comprendre pourquoi le brevet pharmaceutique fait parfois l'objet de vives critiques. Voy. par ex. sur le sujet : A.-P. Vlasto, « Brevets et médicament en France. Pourquoi l'application du droit des brevets au médicament est-elle autant critiquée ? », *Médecine et Droit* 2007, n° 82, p. 25.

1955 La source du problème semble être arrimée au brevet et à la réglementation pharmaceutique. Voy. J. Drexl, « Les règlements amiables de type "pay-for-delay" : plaidoyer pour une réforme du système réglementaire des brevets pharmaceutiques en Europe », art. préc., p. 417.

1956 V. Roş, art. préc., p. 14 (traduction libre) : « *this short actual lifetime makes the activity of research and development, and of achievement of new innovator medicine unattractive, since the relevant investments cannot be recovered in such a short time* ».

1957 *Ibid.*, p. 18.

Si la recherche pharmaceutique était identifiée comme un investissement peu ou pas rentable, les pouvoirs privés économiques pourraient s'en désintéresser et s'orienter vers des secteurs plus rentables[1958]. Une partie de la doctrine a d'ailleurs exprimé ses craintes à ce sujet. Mme Chemtob Concé a jugé que « *[l]'explosion des coûts réglementaires limite la mise sur le marché de nouveaux médicaments. Et, les firmes pharmaceutiques disposent de moins de temps pour tirer profit de leur recherche* »[1959]. Dans le même ordre d'idée, elle a ajouté que « *les groupes pharmaceutiques leaders sont confrontés aujourd'hui d'une part à une réduction de leur croissance et une banalisation de leur rentabilité et, d'autre part à des pertes de brevets massives à court terme. Des pertes de brevets sont programmées pour tous les groupes qui se traduiront par des chutes de chiffre d'affaires très fortes après la mise sur le marché de génériques, de l'ordre de 90 % du chiffre d'affaires du produit générique pendant les trois premiers mois aux USA* »[1960].

468. **La nécessité d'augmenter la durée des CCP et d'amorcer *a minima* une réflexion sur le sujet.** Pour toutes ces raisons, dire que le système des CCP actuel n'est plus adapté aux exigences réglementaires imposées par l'Union européenne s'apparente à un truisme. Les délais pour obtenir une AMM et commercialiser une innovation pharmaceutique ont explosé et pourraient ne pas permettre aux laboratoires innovants d'amortir leurs investissements. À terme, le risque le plus grand est de voir la recherche pharmaceutique s'affaiblir et l'accès à des médicaments innovants se réduire à la portion congrue. Le reflux de l'innovation pharmaceutique pourrait avoir des conséquences gigantesques en termes de santé publique. À titre d'exemple, l'impossibilité pour les consommateurs européens d'avoir de meilleurs médicaments pourrait accroître les déficits des systèmes de santé, car les malades seraient de moins en moins bien soignés. L'autre risque est mineur, car il pourrait être sanctionné *ex post* par le droit de la concurrence. Il se manifesterait par la multiplication de demandes de brevets secondaires. Si les CCP ne sont pas ou plus efficaces, les laboratoires innovants n'hésiteront certainement pas à utiliser toute la palette du système des brevets pour tenter de rentabiliser leurs investissements et préserver au maximum leur monopole sur le marché. En effet, il ne semble pas irréaliste de penser que ces derniers compenseront par eux-mêmes les failles de la législation européenne du médicament. Ce faisant, amorcer une réflexion européenne, mais aussi internationale[1961], sur la question de l'allongement de la durée

---

1958 L'attractivé de la recherche pharmaceutique n'est pas encore complètement touchée. Nos propos ainsi que ceux d'autres auteurs doivent donc être relativisés et être lus dans une perspective prospective. En effet, certains laboratoires pharmaceutiques arrivent encore à tirer leur épingle du jeu. À titre d'exemple, le laboratoire Sanofi a réalisé un bénéfice net de 7 371 milliards d'euros en 2015 et a reversé 3,8 milliards d'euros à ses actionnaires. Quant au revenu mondial du marché pharmaceutique, il s'est élevé en 2014 à 965 milliards d'euros. Voy. A.-K. Lehnhausen, *Studies on Competition and Antitrust Issues in the Pharmaceutical Industry*, Springer Gabler, 2017, p. 4.

1959 M.-C. Chemtob Concé, « Marché pharmaceutique et innovation : offrir une juste protection (1er volet) », *Prop. ind.* 2011, n° 3, étude 7, § 10.

1960 *Ibid.*, § 11.

1961 Aux États-Unis, le même problème d'effectivité de la protection existe. En raison de la réglementation pharmaceutique américaine, les laboratoires innovants jouissent d'une protection effective de quatorze ans alors que, dans d'autres secteurs, la durée effective de protection est de dix-huit ans et demi. Voy. G. Mossinghoff, « Overview of the Hatch-Waxman Act and Its Impact on the Drug Development Process », 54 *Food & Drug*

des CCP s'avère urgent[1962]. Au regard des enjeux économiques et de santé publique, la Commission européenne devrait au moins ouvrir une enquête d'évaluation et recueillir les avis de toutes les parties prenantes du secteur pour déterminer la durée adéquate d'allongement du CCP européen. Il nous semble fondamental de rapprocher la durée effective de protection par brevet à la durée de vingt ans[1963] et de poursuivre l'adaptation de la durée de protection des brevets aux spécificités de l'industrie pharmaceutique. Revenir à une conception déjà ancienne de la protection par brevet apparaît fondamental. À l'instar de ce qu'avait indiqué le professeur White au milieu des années 1950, nous pensons qu'« *un brevet devrait être délivré sur une période suffisamment longue pour autoriser [l'inventeur] à rendre la nécessaire transition d'une bonne idée en une technique de production viable* » si bien que « la protection devrait être suffisamment longue pour permettre la récupération des coûts de recherche et développement économiquement valables, en plus d'un paiement équitable à l'inventeur »[1964].

Cependant, il ne faudrait pas commettre l'erreur d'établir une durée de protection arbitraire. Seuls un calcul scientifique et des études empiriques menées par des experts pourraient permettre de rendre la règle de droit acceptable aussi bien pour les citoyens européens que pour les industriels du secteur pharmaceutique. *A priori*, compte tenu des informations chiffrées qu'il est possible d'avoir, l'allongement du CCP devrait se situer dans une fourchette comprise entre sept et neuf ans au lieu des cinq ans actuels. Afin d'avoir une règle de droit arrimée au réel, la nouvelle réglementation sur le CCP devrait être souple et permettre à l'office de brevets d'adapter la durée du CCP au contexte de la demande. Par exemple, dans un cas extrême comme celui du Circadin, l'office de brevets pourrait proroger la protection du médicament au-delà du chiffre arrêté par le nouveau règlement. Une disposition devrait laisser une option à l'office de brevets pour que ce dernier puisse s'écarter du plafond arrêté par le texte. En pratique, dans les cas où la protection serait bien en deçà du temps nécessaire pour rentabiliser la mise sur le marché du médicament, l'office de brevets pourrait donner des années de protection supplémentaires.

469. **Vers la fin des accords de report d'entrée ?** L'adoption du rallongement du CCP pourrait-elle mettre fin à la pratique des *pay-for-delay* ? Il est difficile de répondre à cette question. Cependant, comme on l'a constaté, les accords de report d'entrée sont le fruit d'une défaillance du système des brevets. Ils ont vu le jour dans un contexte de raréfaction de l'innovation pharmaceutique, à laquelle il faut ajouter les difficultés liées à l'amortissement des investissements en R&D. C'est

L. J. 187 (1999), spéc. p. 190 ; E. M. Morris, « The Myth of Generic Pharmaceutical Competition under the Hatch-Waxman Act », 22 *Fordham Intell. Prop. Media & Ent. L. J.* 245 (2012), spéc. p. 267

1962 M.-C. Chemtob Concé, « La prolongation des droits issus de brevets de médicaments », *Prop. ind.* 2005, n° 5, alerte 66.

1963 Certains auteurs jugent que cette durée de vingt ans semble nécessaire dans le domaine pharmaceutique. Voy. T. Schrepel, « Réflexions sur la durée optimale des brevets : un régime au service de l'innovation ? », *Prop. ind.* 2017, n° 5, étude 13.

1964 C. M. White, « Why a Seventeen Year Patent? », 38 *Journal of the Patent Office Society* 839 (1956), spéc. p. 857 (traduction libre) (nous soulignons) : « *For an inventor, a patent grant should be long enough to allow him to make the necessary transition from a sound idea to a workable production technique. Ideally,* the protection should be sufficiently long to permit economically valid research and development costs to be recovered plus an equitable payment to the inventor. »

dans ce contexte que les laboratoires pharmaceutiques ont cherché des moyens nouveaux pour prolonger leur monopole et protéger leurs brevets. Si l'impact de la proposition d'allongement de la durée du CCP n'est pas mesurable à ce jour, il est néanmoins certain que la sévérité des autorités de concurrence devrait être plus prononcée dans un contexte où les entreprises pharmaceutiques auraient les moyens juridiques de rentabiliser les médicaments qu'ils commercialisent sur le marché. L'intérêt général serait sévèrement heurté si les entreprises pharmaceutiques réussissaient à obtenir une double protection de leur médicament, c'est-à-dire une protection à la fois par la voie du CCP et par celle de la technique contractuelle en concluant un accord de report d'entrée.

470. **Critique de l'allongement de la durée de protection du CCP.** Enfin, si l'allongement de la durée de protection nous paraît nécessaire, elle pourrait provoquer de façon collatérale des effets indésirés. Sur ce sujet, certains auteurs considèrent que l'extension de la durée du CCP n'est pas souhaitable eu égard aux intérêts des pays défavorisés, lesquels dépendent encore largement des génériques[1965]. Dans le même ordre d'idée, les associations de lutte contre le VIH considèrent quant à elles que la propriété intellectuelle ne devrait pas avoir d'effet sur les pays les moins développés et sont même partisanes « *d'une abolition pure et simple de la propriété intellectuelle pour pouvoir produire massivement des génériques sans entrave* »[1966]. Si nous ne sommes pas pour une telle radicalité, il nous semble cependant nécessaire de trouver des mécanismes qui permettraient de déroger au droit de la propriété intellectuelle pour les pays les moins favorisés. Ce débat devrait intervenir non plus à l'échelle continentale mais plutôt à l'échelle internationale. L'OMS pourrait par exemple être le forum idoine pour réfléchir sur ce problème d'accès aux médicaments. Actuellement, l'idée du « médicament essentiel »[1967] suit son chemin et pourrait peut-être permettre aux pays défavorisés de surmonter les difficultés posées par la propriété intellectuelle. Le sujet est sérieux et complexe, car il est question ici de vies humaines[1968]. Inciter à l'innovation tout en permettant une diffusion satisfaisante de cette dernière aux malades, tel est le défi à relever.

1965 R. Zongo, *Protection de la propriété intellectuelle et accès aux médicaments génériques dans les pays en développement : l'apport contrasté de l'Union européenne*, Global Studies Institute de l'Université de Genève, coll. EURYOPA, 2014, p. 45. Sur l'accès des médicaments, voy. parmi d'autres : C. Le Goffic, « L'accès aux médicaments : entre génériques et princeps », *Journal de Droit de la Santé et de l'Assurance Maladie* 2017, n° 15, p. 30.

1966 Act Up-Paris, « Des génériques à tout prix », *Multitudes* 2001, n° 5, p. 125, spéc. p. 133, disponible sur cairn.info. Voy. aussi G. Velásquez, « Vers une recherche sans brevets », *Le Monde diplomatique*, avr. 2013, p. 11.

1967 Le Dr Halfdan Mahler a défini les médicaments essentiels comme ceux qui « *sont d'une importance primordiale fondamentale et sont indispensables pour satisfaire aux besoins sanitaires de la population* ». Voy. H. Van den Brink, « Existe-t-il des médicaments "essentiels" auxquels privilégier l'accès ? » *in Le médicament et la personne – Aspects de droit international* (dir. I. Moine-Dupuis), Litec, 2007, p. 105, spéc. p. 108, qui rapporte cette définition. Sur le sujet des médicaments essentiels, une auteure nous a récemment appris que « *l'accès aux médicaments essentiels [...] n'est pas assuré pour une grande part de la population mondiale alors que des recherches très coûteuses sont privilégiées pour des pathologies principalement liées au vieillissement des populations du Nord [...] à peine 10 % de la recherche mondiale est aujourd'hui consacrée aux maladies qui concernent 90 % de la morbidité mondiale* ». Voy. G. Iacono, « Le droit au médicament, un défi pour les droits de l'homme », *RLDA* 2017, suppl. n° 127, p. 34, spéc. p. 36.

1968 C'est certainement pour cela que le professeur Truchet souligne que « *la santé est l'une des préoccupations sociales les plus sensibles* ». Voy. D. Truchet, *Droit de la santé publique*, 9e éd., Dalloz, 2017, p. 7.

Conclusion de chapitre

471. **Conclusion du chapitre 2 relatif aux moyens techniques de l'admission.** Les accords de report d'entrée sont le résultat de défaillances systémiques du droit des brevets. Le système des brevets souffrant de carences endogènes et étant dans l'incapacité d'éradiquer les titres de propriété intellectuelle les plus faibles, le droit de la concurrence a dû être convoqué pour dissuader les entreprises pharmaceutiques de mettre en œuvre des pratiques déviantes. Pour notre part, nous considérons que les accords de report d'entrée ne correspondent pas forcément à des stratégies qui portent à coup sûr atteinte à la concurrence. Ce faisant, nous avons appelé à une admission de ces accords par l'ordre juridique européen, mais à une admission conditionnée. Pour cela, nous avons scindé nos propositions dans les deux branches du droit les plus affectées par les *pay-for-delay*.

472. En ce qui concerne le droit de la concurrence, étant donné que c'est ce droit qui s'est saisi de la problématique des *pay-for-delay*, nous avons proposé d'améliorer les tests déployés pour contrôler avec le plus de justesse possible la licéité de ces accords. Pour ce faire, nous avons formulé des propositions générales mais aussi des propositions particulières. Les propositions générales visent à mieux équilibrer les rapports entretenus entre le droit de la concurrence et le droit des brevets. Alors que le droit positif fait la part belle au droit antitrust, nous avons conceptualisé une procédure qui a pour effet de permettre une application couplée du droit de la concurrence et du droit des brevets : la procédure de « bifurcation ». Cette nouvelle procédure refuse de hiérarchiser les deux droits et montre qu'ils peuvent agir de concert et de façon complémentaire, sans qu'il soit nécessaire d'imposer l'impérialisme de l'un sur l'autre. Pour mieux appréhender les accords *pay-for-delay*, nous avons aussi conseillé de remettre en place un système de notification préalable, sur le modèle du règlement n° 17/62, lequel serait exclusivement dédié aux *pay-for-delay*. En complément, l'adoption d'une règle *de minimis* nous a paru pertinente. Cette nouvelle communication *de minimis*, vouée aux accords de report d'entrée, aurait pour avantage d'économiser des ressources pour des accords qui ne porteraient pas atteinte à la concurrence de manière sensible.

Parce que les accords de report d'entrée sont divers, nous avons choisi ensuite d'établir des propositions particulières, lesquelles visent les AICMD et la pratique combinant la conclusion d'accords de report d'entrée avec la stratégie de *product hopping*. Pour ces deux nouvelles pratiques, inconnues de l'ordre juridique européen, nous avons exposé des tests antitrust qui permettraient à la Commission européenne de séparer les comportements injurieux pour la concurrence de ceux qui seraient au contraire vertueux.

473. En ce qui concerne le droit des brevets, nous avons suggéré quelques modifications qui pourraient peut-être permettre à terme d'éradiquer les mauvais accords *pay-for-delay*. Les propositions sont éclectiques. La plus originale consiste à bâtir une nouvelle récompense pour les génériqueurs ayant réussi à contester la validité d'un brevet. Sur le modèle de la prime américaine de cent quatre-vingts jours, nous avons imaginé une prime d'exclusivité « européenne », qui à la fois prend en compte les spécificités de la réglementation de l'Union et biffe les défauts

de la prime d'exclusivité de cent quatre-vingts jours. Cette prime d'exclusivité « européenne » a été conçue de telle manière qu'elle devrait, si elle était retenue, éviter toute forme de *regulatory gaming*. Par ailleurs, compte tenu des lenteurs constatées pour obtenir une AMM, nous avons proposé un allongement du CCP. Les délais pour obtenir une AMM ayant passé de quatre à neuf ans en moyenne, la protection supplémentaire de cinq ans pourrait à moyen terme ne plus être suffisante pour permettre aux brevetés de récupérer les investissements consentis dans la recherche et le développement. Enfin, la dichotomie entre les brevets primaires et les brevets secondaires devrait être adoptée. Actuellement, le droit des brevets européen ne reconnaît pas cette distinction ; elle n'est utilisée par la Commission européenne que dans une perspective de droit antitrust. Or, l'accepter permettrait aux examinateurs de se focaliser sur les demandes qui, *in fine*, porteraient potentiellement le plus gravement atteinte à l'ordre public concurrentiel, et plus particulièrement à la concurrence dynamique. Elle pourrait par ailleurs permettre de lutter contre le laxisme de l'OEB dans l'application des critères de brevetabilité.

Conclusion de titre

474. **Conclusion du titre II relatif à l'admission souhaitable des accords de report d'entrée *de lege ferenda*.** Accueillir les accords de report d'entrée dans notre ordre juridique européen passe nécessairement par une amélioration des règles de droit en vigueur, et plus précisément par des changements dans la manière de les appliquer. Comme nous l'avons vu, les accords *pay-for-delay* ne portent pas forcément atteinte à l'ordre public concurrentiel et pourraient même parfois épouser les finalités du droit des brevets en incitant les brevetés à innover et en déclenchant précocement une diffusion de l'invention pharmaceutique. Mais pour l'heure, ni le droit de la concurrence ni le droit des brevets ne permettent de savoir avec certitude si les accords de report d'entrée sont outrageants pour la concurrence. Rien ne permet d'affirmer que la conclusion d'accords *pay-for-delay* manifeste à coup sûr un exercice illégitime des droits de propriété intellectuelle conférés par le brevet.

À dire vrai, le droit de la concurrence apparaît comme un palliatif aux carences du droit des brevets. Ce droit de « père Fouettard » a été convoqué pour réparer *ex post* les dégâts causés par une manipulation excessive du système des brevets par les pouvoirs privés économiques. En effet, la mobilisation du droit de la concurrence ne serait qu'une réponse aux faiblesses du droit des brevets, lequel se révèle totalement dépassé par ce qu'il a permis de concevoir. Cependant, en raison des doutes qui entourent la licéité des brevets, l'admission des accords de report d'entrée ne devrait pas être rejetée. Les accords de report d'entrée ne devraient pas être considérés comme un monstre juridique dont le dessein est d'éteindre le jeu concurrentiel. Au contraire, ces accords devraient être réceptionnés par notre ordre juridique, mais de façon conditionnée. Pour les accepter, le droit de la concurrence doit effectuer sa mue et être mieux appliqué. Concrètement, la Commission européenne devrait arrêter de condamner les *reverse payments* de façon quasi automatique. La qualification de restriction par objet devrait donc être récusée, car elle sied bien mal à la nature des *pay-for-delay*. Une analyse plus substantielle serait-elle alors l'approche idoine ? Nous ne le pensons pas. Une analyse par les effets s'avérerait, elle aussi, insuffisante. Bien que plus équilibrée, l'analyse économique dont elle procède ne permet pas de déterminer si le brevet sous-jacent est valide ou non. Ce faisant, l'approche par les effets ne pourrait être acceptée que de façon transitoire sous une forme abrégée. Pour cette raison, nous avons proposé à la Commission européenne de se doter de nouveaux instruments de *soft law* et d'amorcer parallèlement de légères modifications s'agissant de ses instruments de *hard law*. Vérifier la conformité d'un accord *pay-for-delay* nécessite l'adoption d'une procédure qui offre la possibilité d'examiner la force du brevet sous-jacent. Ce faisant, une véritable analyse substantielle serait opérée.

Par ailleurs, pour éviter des troubles à l'ordre public concurrentiel en aval, il est impératif de trouver des remèdes en amont, c'est-à-dire au niveau du système des brevets. En effet, le droit européen des brevets doit nécessairement évoluer et s'ouvrir à un petit *aggiornamento*. La modernisation du droit des brevets pourrait passer par exemple par l'adoption d'une prime d'exclusivité « européenne », laquelle récompenserait les contestataires victorieux d'un litige de brevet. Par ce moyen, les acteurs du marché les plus impliqués – à savoir les génériqueurs – pourraient être incités à faire tomber dans le domaine public les brevets les plus douteux, et ce, promptement. Le rallongement du CCP serait aussi susceptible d'endiguer la pratique des *pay-for-delay*, ou d'écarter les accords les plus discutables. En effet, récompenser les entreprises à la juste valeur de leur invention aurait pour effet de les dissuader de s'engager vers des comportements déviants. Ce serait peut-être l'un des meilleurs moyens pour combattre le phénomène d'*evergreening*.

CONCLUSION DE LA SECONDE PARTIE RELATIVE AU CONTRÔLE DES ACCORDS DE REPORT D'ENTRÉE

475. Dans les développements qui s'achèvent, il a été établi que l'idée reçue selon laquelle les accords de report d'entrée sont une injure à la concurrence est loin d'être rejetée par l'ordre juridique. L'observation de la jurisprudence américaine et des décisions de la Commission européenne a montré le scepticisme qu'ont à leur égard les autorités chargées de la mise en œuvre du droit antitrust des deux côtés de l'Atlantique. En effet, les accords de report d'entrée sont souvent analysés comme des entraves au libre jeu de la concurrence et comme une sclérose du commerce juridique que l'ordre public concurrentiel devrait éradiquer. Bien que moins sévère que la Commission européenne, la Cour suprême américaine a tout de même jugé que les accords *pay-for-delay* pouvaient porter en eux les germes de l'abus et troubler l'ordre public concurrentiel. Pour cette raison, elle a imposé l'application d'une règle de raison dans le désormais célèbre arrêt *Actavis*. Un contrôle plus souple aurait cependant pu être adopté *via* la consécration du *scope of patent test* ou d'une approche de licéité *per se*. Mais ces deux approches ont été écartées avec force par la plus haute juridiction des États-Unis. Nonobstant le contexte brevetaire, le choix a été fait d'enserrer les *pay-for-delay* dans un examen antitrust assez étroit qui consacre la théorie des droits probabilistes, laquelle minimise à l'extrême la détention d'un titre de propriété intellectuelle.

De façon encore plus rigoureuse, la Commission européenne a considéré qu'il fallait qualifier les accords de report d'entrée de restriction de concurrence par objet, si bien que la conclusion d'accords de report d'entrée signalerait quasiment *per se* un exercice illégitime des droits de propriété intellectuelle détenus par les laboratoires *princeps*. En d'autres mots, l'institution bruxelloise n'a pas jugé nécessaire d'opérer une analyse économique par les effets pour conclure que ces accords généraient une perturbation illégale de la concurrence. On sait que la qualification de restriction de concurrence par objet est très sévère, car même si elle ne ferme pas aux entreprises la possibilité d'obtenir une exemption individuelle en remplissant les conditions de l'article 101(3) TFUE, cette voie est fort épineuse, pour ne pas dire très incertaine. En pratique, il est tout à fait rare de voir un accord échapper à la nullité lorsque l'objet anticoncurrentiel est décelé. Outre la qualification d'entente, l'institution bruxelloise a considéré dans sa décision *Servier* que ces accords pouvaient constituer un abus d'éviction. Pour la Commission, la conclusion de plusieurs accords de report d'entrée peut permettre à une entreprise dominante d'évincer illégalement des concurrents génériqueurs par le jeu d'un effet cumulatif sur le marché.

476. Pour combattre l'idée reçue selon laquelle les accords de report d'entrée entravent la concurrence, nous nous sommes donc attachés à décrire les effets positifs que ces accords peuvent renfermer. Une vision plus équilibrée – et plus juste – de ces accords a pu alors émerger. On a vu que les accords *pay-for-delay* pouvaient promouvoir l'innovation et déclencher aussi une diffusion avancée de celle-ci, ce qui est favorable aux consommateurs. Pour autant, les effets proconcurrentiels de ces accords ne doivent pas les protéger de l'application du droit de la concurrence, car certains accords pourraient bien servir de mauvais desseins. À cet égard, il est apparu que l'effectivité du droit de la concurrence était un enjeu majeur pour endiguer les mauvais accords du marché. On a constaté que l'efficience l'emportait sur l'effectivité dans cette matière et que l'effectivité du droit de la concurrence était « sélective ».

477. Cette situation appelait de notre étude un regard plus ancré dans le droit prospectif, le droit positif appréhendant parfois mal ou avec maladresse les accords de report d'entrée. Après avoir proposé des améliorations de l'application du droit européen de la concurrence, il fallait s'atteler à formuler des solutions dans le droit des brevets. Car il ne faut pas l'oublier, les accords de report d'entrée, bien qu'ils soient actuellement traités et contrôlés uniquement par l'ordre public concurrentiel, représentent avant tout un problème de droit des brevets et apparaissent comme le résultat de défaillances systémiques. C'est bien les faiblesses endogènes du droit des brevets qui ont permis la conception de cette espèce contractuelle très contestée. Parce que les accords *pay-for-delay* présentent une menace d'instrumentalisation du système des brevets, nous avons formulé plusieurs propositions qui pourraient éteindre les doutes que nous avons quant à la capacité du système actuel à délivrer des brevets dont la qualité serait assurée. Outre un examen accru des conditions de brevetabilité et l'adoption de la dichotomie brevet primaire/brevet secondaire, la réception d'une prime d'exclusivité « européenne » serait selon nous l'instrument idoine pour pallier les carences du système. En faisant appel aux tiers pour faire tomber les brevets les plus faibles *via* un mécanisme de récompense, le problème des accords de report d'entrée pourrait être résolu. Car si le brevet sous-jacent est d'une qualité certaine, la conclusion d'un accord de report d'entrée manifesterait simplement une mise en œuvre légitime du titre de propriété intellectuelle. En ce cas, le droit de la concurrence devrait alors se désintéresser de cette pratique. Enfin, le rallongement de la durée du CCP, ou à tout le moins le questionnement sur ce rallongement, nous a semblé indispensable.

CONCLUSION GÉNÉRALE

478. **Dédiabolisation des *pay-for-delay*.** À l'ouverture de cette étude, nous nourrissions l'ambitieux dessein de « dédiaboliser » les accords de report d'entrée et de renverser l'image négative qu'ils renvoient aux autorités de concurrence. Jusqu'alors, les *pay-for-delay* ont été excessivement stigmatisés, aussi bien par les autorités de contrôle et les juridictions antitrust, qui n'hésitent pas à prononcer des condamnations sévères à leur égard, que par une partie de la doctrine, qui les considère comme néfastes pour la concurrence. Arrivés au terme de notre étude, nous pensons que la réflexion que nous avons menée devrait permettre de poser un nouveau regard sur ces accords et de les observer plus positivement ou, du moins, avec plus de mesure. En effet, les *pay-for-delay* ne seraient pas ce monstre juridique destructeur de l'ordre concurrentiel sur le marché. Au contraire, ils peuvent parfois contribuer à améliorer le bien-être des consommateurs et constituer une mise en œuvre légitime des brevets détenus par les entreprises innovantes. Est-ce à dire que les accords de report d'entrée devraient *generaliter* échapper à l'ouverture d'une procédure contentieuse ? Nous ne le pensons pas.

479. **Un contrôle antitrust actuel défaillant.** Pour tenter d'éteindre les suspicions qui les entourent, l'étude préalable du droit positif s'est avérée nécessaire aux fins de démontrer que le contrôle antitrust actuellement mené sur les *pay-for-delay* était défaillant et qu'il devait par conséquent être renouvelé. Notre étude a montré que la réponse du droit de la concurrence était rigide et s'écartait beaucoup trop de la réalité économique des accords de report d'entrée. Que ce soit aux États-Unis ou dans l'Union européenne, l'adoption de la théorie des droits probabilistes – qui postule que l'importance de la taille du paiement inversé est un indicateur de la faiblesse du brevet – a eu pour effet de condamner des accords de report d'entrée. La raison tient à ce que cette théorie nie les droits de propriété intellectuelle dont bénéficient les brevetés et, ce faisant, conduit à la production d'erreurs de type I. En effet, l'application de cette théorie pourrait à l'avenir être la cause de nombreuses condamnations injustifiées, car les autorités de concurrence n'ont aucune certitude sur la validité du titre de propriété intellectuelle du breveté. Dans l'Union européenne, le test en trois étapes – qui est fondé sur cette théorie – souffre de carences particulièrement sérieuses qu'il est urgent de combler. Ce dernier conduit aujourd'hui à qualifier quasi automatiquement les accords de report d'entrée de restriction par objet alors que la Commission européenne n'a aucune certitude sur la force ou la supposée faiblesse du brevet. Aussi, par sa position, la Commission européenne impose aux brevetés de participer à la création de la concurrence sur les marchés dans lesquels ils exploitent leurs droits intellectuels : est-ce bien son rôle ? La question de la vitesse d'entrée des médicaments génériques sur le marché n'est-elle pas un souci de régulateur[1969] ? De plus, ce test en trois étapes n'est pas conforme à la dernière jurisprudence de la Cour de justice qui, depuis

1969 M.-A. Frison-Roche, « Protection de la santé publique, maîtrise des dépenses de santé, droit général de la concurrence et régulation sectorielle », art. préc., p. 1, spéc. p. 4.

l'arrêt *Groupement des cartes bancaires*, a considérablement réduit le champ de la restriction par objet.

480. **Les risques liés au maintien du contrôle actuel.** Le maintien d'un contrôle antitrust aussi intransigeant n'est pas sans risque. En préservant une analyse formelle des *pay-for-delay*, l'institution bruxelloise pourrait priver les brevetés de la récompense qu'ils ont légalement obtenue pour avoir contribué au progrès économique. En d'autres termes, cette politique consistant à réprimer les accords de report d'entrée pourrait être contreproductive dans le sens où, sur un horizon de moyen et long terme, elle fragiliserait le caractère incitatif du brevet. La répression de ces accords par le droit de la concurrence serait susceptible de rompre l'équilibre précaire entre l'incitation et la diffusion à l'innovation. La multiplication de sanctions potentiellement injustes pourrait décourager les laboratoires *princeps* à déposer des brevets. Or ils sont les plus capables d'engendrer l'innovation. Partant, une intervention plus légitime du droit de la concurrence est indispensable, car l'efficacité de la promotion de l'innovation repose en partie sur elle.

481. **Pour un nouveau contrôle et une collaboration du droit de la concurrence et du droit des brevets.** Pour accroître l'efficacité du droit de la concurrence, nous avons émis une série de propositions. Celles-ci visent à éradiquer les stratégies de brevet réellement déviantes. Pour ce faire, nous avons fait le choix de ne pas opposer le droit des brevets et le droit de la concurrence. Droit des brevets et droit de la concurrence doivent selon nous entretenir des rapports dialectiques et œuvrer pour un dessein commun : l'augmentation du bien-être social. Aussi, par son intervention, le droit de la concurrence ne doit pas chercher à éroder les droits exclusifs des titulaires de brevet ni chercher à altérer la récompense offerte aux inventeurs pour leur contribution à l'enrichissement de la collectivité. Il ne doit pas plus assiéger les terres de la propriété intellectuelle sans raison objective et ainsi dissuader les entreprises pharmaceutiques d'innover et d'investir massivement dans la recherche et le développement de médicaments nouveaux et innovants. Le droit de la concurrence doit simplement rappeler aux brevetés les limites des droits intellectuels et corriger *ex post* les défaillances du système des brevets. La procédure de « bifurcation »[1970] que nous avons proposée répond à ce souci d'équilibre entre le droit de la concurrence et le droit des brevets. Étant donné que la fragilité du contrôle antitrust actuel repose sur l'absence d'examen de la validité du brevet, l'adoption d'une procédure de bifurcation permettrait d'éliminer la question de droit des brevets et d'éviter des condamnations antitrust erronées.

482. **Pour une « réforme » du droit des brevets pharmaceutiques.** Dans notre étude, nous avons aussi expliqué que les problèmes juridiques posés par les accords *pay-for-delay* ne devaient pas être limités à des questions d'application du droit de la concurrence. Pour saisir leur complexité, il a fallu tenir compte de l'ensemble du système de la régulation des marchés du médicament, et notamment du système des brevets *per se*. Comme l'a soutenu le professeur Drexl, « *les affaires européennes dans lesquelles la Commission vise à contrôler [des accords de report d'entrée] en appliquant le droit de la concurrence, ne sont pas forcément*

1970 Voy. *supra* n° 439 et s.

la source du problème, mais en sont les symptômes »[1971]. Ce faisant, nous avons émis des recommandations en droit des brevets qui pourraient permettre[1972], si elles étaient adoptées, de renforcer les titres de propriété intellectuelle et d'engager un mouvement de reflux de ces accords. En effet, les *pay-for-delay* apparaissent comme le résultat d'un dysfonctionnement endogène du système des brevets et, par conséquent, la résolution des problèmes qu'ils posent nécessite des améliorations du droit des brevets.

483. **L'heure de la discussion.** L'étude que nous avons menée sur les accords de report d'entrée ne prétend pas avoir résolu tous les problèmes juridiques identifiés par les autorités de concurrence et la doctrine. Elle représente simplement un nouveau pas réalisé vers le chemin bien périlleux de la vérité juridique. Nous avons avancé de nombreux arguments pour démontrer que ces accords, trop souvent dépeints comme injurieux pour la concurrence, et ce, parfois de façon assez caricaturale, ne portaient pas avec certitude atteinte à l'ordre public concurrentiel. Le temps est désormais à la discussion. Nous portons le souhait que celle-ci débouche sur un dialogue fécond et, qu'à la manière de l'éthique procédurale habermasienne[1973], l'argument le plus pertinent emporte la conviction.

1971 J. Drexl, « Les règlements amiables de type "pay-for-delay" : plaidoyer pour une réforme du système réglementaire des brevets pharmaceutiques en Europe », art. préc., p. 413, spéc. p. 417.

1972 Voy. *supra* n° 455 et s.

1973 J. Habermas, *De l'éthique de la discussion*, trad. J.-M. Ferry, Cerf, 1992, p. 115 et s.

BIBLIOGRAPHIE

Ouvrages généraux, traités, manuels, dictionnaires

– **Amrani Mekki (S), Cadiet (L) et Normand (J)**, *Théorie générale du procès*, 2e éd., PUF, 2010

– **Amselek (P)**, *Perspectives critiques d'une réflexion épistémologique sur la théorie du droit : essai de phénoménologie juridique*, LGDJ, 1964

– **Areeda (P) et *alii***, *Antitrust Law: An Analysis of Antitrust Principles and Their Application*, Aspen Law & Business, 1999

– **Azéma (J) et *alii***, *Lamy Droit Commercial*, Wolters Kluwer, 2016

– **Azéma (J) et Galloux (J-C)**, *Droit de la propriété industrielle*, 7e éd., Dalloz, 2012

– **Bailey (D) & Whish (R)**, *Competition Law*, 9e éd., Oxford University Press, 2018

– **Bellis (J.-F)**, *Droit européen de la concurrence*, 2e éd., Bruylant, 2017

– **Bergel (J.-L)**, *Théorie générale du droit*, Dalloz, 2012

• *Méthodologie juridique*, PUF, 2001

– **Bernault (C) et Clavier (J.-P)**, *Dictionnaire de droit de la propriété intellectuelle*, Ellipses, 2008

– **Binctin (N)**, *Droit de la propriété intellectuelle – Droit d'auteur, brevet, droits voisins, marque, dessins et modèles*, LGDJ, 2016

– **Bork (R)**, *The Antitrust Paradox: A Policy at War with Itself*, The Free Press, 1978

– **Bosco (D) et Prieto (C)**, *Droit européen de la concurrence – Ententes et abus de position dominante*, Bruylant, 2013

– **Boulanger (J) et Ripert (G)**, *Traité de droit civil*, t. 2, LGDJ, 1957

– **Boy (L)**, *Droit économique*, L'Hermès, 2002

– **Buy (F), Lamoureux (M) et Roda (J.-C)**, *Droit de la distribution*, LGDJ, 2017

– **Carbonnier (J)**, *Flexible droit – Pour une sociologie du droit sans rigueur*, 10e éd., LGDJ, 2001

• *Essais sur les lois*, Répertoire Defrénois, 1979

– **Carlton (D) et Perloff (J)**, *Économie industrielle*, De Boeck, 1998

– **Catala (P) et Terré (F)**, *Procédure civile et voies d'exécution*, 2e éd., PUF, 1976

– **Champeil-Desplats (V)**, *Méthodologies du droit et des sciences du droit*, 2e éd., Dalloz, 2016

– **Chantepie (G) et Latina (M)**, *La réforme du droit des obligations – Commentaire théorique et pratique dans l'ordre du Code civil*, Dalloz, 2016

– **Combe (E)**, *La politique de la concurrence*, La Découverte, 2016

– **Cornu (G)**, *Vocabulaire juridique*, PUF, 11e éd., 2016 2011

– **Decocq (A) et Decocq (G)**, *Droit de la concurrence – Droit interne et droit de l'Union européenne*, LGDJ, 7e éd., 2016

– **Devlin (A)**, *Antitrust and Patent Law*, Oxford Press University, 2016

– **Diawara (K)**, *Droit de la concurrence – Aspects théoriques et appliqués*, Éditions Yvon Blais, 2015

– **Dussol (A)**, *Le médicament générique*, PUF, 2009

– **Ezrachi (A)**, *EU Competition Law: An Analytical Guide to the Leading Cases*, Hart Publishing, 2012

– **Farjat (G)**, *Pour un droit économique*, PUF, 2004

• *Droit économique*, PUF, 1982

– **Frison-Roche (M.-A)**, *Les 100 mots de la régulation*, PUF, 2011

– **Frison-Roche (M.-A) et Payet (M.-S)**, *Droit de la concurrence*, Dalloz, 2006

– **Frison-Roche (M.-A) et Bonfils (S)**, *Les grandes questions du droit économique – Introduction et documents*, PUF, 2005

– **Foyer (J) et Vivant (M)**, *Droit des brevets*, Dalloz, 1990

– **Gaumont-Prat (H)**, *Le droit du médicament*, Les Études Hospitalières, 2013

– **Gavil (A) et *alii***, *Antitrust Law in Perspective: Cases, Concepts and Problems in Competition Policy*, West Group, 2002

– **Goldman (B)**, *Droit commercial européen*, 3e éd., Dalloz, 1975

– **Harrington (J), Vernon (J) & Viscusi (K)**, *Economics of Regulation and Antitrust*, 3rd ed., MIT Press, 2000

– **Hart (H)**, *The Concept of Law*, 3rd ed., Oxford University Press, 2012

– **Hart (T), Clark (S) & Fazzani (L)**, *Intellectual Property Law*, 6th ed., Palgrave Macmillan, 2013

– **Hauriou (M)**, *Principes de droit public*, Larose, 1910

– **Hayek (F)**, *Essais de philosophie, de science politique et d'économie*, Les Belles Lettres, 2007

– **Hovenkamp (H)**, *The Antitrust Enterprise – Principle and Execution*, Harvard University Press, 2005

• *Federal Antitrust Policy: The Law of Competition and its Practice*, 3rd ed., Thomson West, 2005

• *Antitrus Law*, Boston, Little, 1st ed., Brown and Co., 1999

– **Juès (J.-P)**, *L'industrie pharmaceutique*, PUF, 1998

– **Kamina (P)**, *Droit anglo-américain des propriétés intellectuelles*, LGDJ, 2017

– **Kelsen (H)**, *Théorie pure du droit*, Dalloz, 1962

– **Kinsella (N)**, *Against Intellectual Property*, Ludwig von Mises Institute, 2008

– **Laithier (Y.-M)**, *Droit comparé*, Dalloz, 2009

– **Laude (A) et *alii***, *Le Lamy droit de la santé*, Wolters Kluwer, 2017

– **Levasseur (A)**, *Le droit américain*, Dalloz, 2004

– **Lucas de Leyssac (C) et Parleani (G)**, *Droit du marché*, PUF, 2002

– **Maggiolino (M)**, *Intellectual Property and Antitrust: A Comparative Economic Analysis of US and EU Law*, Edward Elgar Publishing, 2011

– **Marino (L)**, *Droit de la propriété industrielle*, 8e éd., Dalloz, 2013

• *Droit de la propriété intellectuelle*, PUF, 2013

– **Mathély (P)**, *Le nouveau droit français des brevets d'invention*, Librairie du journal des notaires et des avocats, 1991

– **Mestre (J) et Pancrazi (M.-E)**, *Droit commercial*, 28e éd., LGDJ, 2009

– **Mill (J)**, *Principes d'économie politique*, Léon Poquet, 1894

– **Motta (M)**, *Competition Policy: Theory and Practice*, Cambridge University Press, 2004

– **Mousseron (J.-M)**, *Traité des brevets*, Litec, t. 1., 1984

• *Le droit du breveté d'invention – Contribution à une analyse objective*, LGDJ, 1961

– **Ost (F) et van de Kerchove (M)**, *De la pyramide au réseau ? Pour une théorie dialectique du droit*, Publications des Facultés universitaires Saint-Louis, 2002

– **Passa (J)**, *Traité de la propriété industrielle – Droit de la propriété industrielle*, LGDJ, t. 2, 2013

– **Pollaud-Dulian (F)**, *La propriété industrielle*, Economica, 2010

– **Pertek (J)**, *Droit matériel de l'Union européenne*, PUF, 2005

– **Petit (N)**, *Droit européen de la concurrence*, Montchrestien/Lextenso éditions, 2013

– **Pierre (J.-L) et Schmidt-Szalewksi (J)**, *Droit de la propriété industrielle*, LexisNexis, 2016

– **Pironon (V)**, *Droit de la concurrence*, Gualino, 2009

– **Pitofsky (R), Goldschmid (H), Wood (D)**, *Trade Regulation: Cases and Materials*, 6th ed., Foundation Press, 2010

– **Posner (R)**, *Antitrust Law*, 2nd ed., University of Chicago Press, 2001

• *Economic Analyse of Law*, 5th ed., Aspen Law & Business, 1998

– **Pouillet (C)**, *Traité théorique et pratique des brevets d'invention et des secrets de fabrique*, Marchal et Godde, 1915

– **Rochfeld (J)**, *Les grandes notions du droit privé*, PUF, 2011

– **Roubier (P)**, *Le droit de la propriété industrielle*, Sirey, t. 1, 1952

• *Le droit de la propriété industrielle*, Librairie du Recueil Sirey, t. 2, 1954

– **Silem (A) et Albertini (J.-M)** (dir.), *Lexique d'économie*, Dalloz, 2008

– **Sueur (J.-J)**, *Une introduction à la théorie du droit*, L'Harmattan, 2001

– **Thomas (J)**, *Pharmaceutical Patent Law*, BNA Books, 2005

– **Touret (D)**, *Introduction à la sociologie et à la philosophie du droit*, Litec, 1995

– **Vogel (L)**, *Traité de droit économique – Droit de la concurrence*, Lawlex/Bruylant, t. 1, 2015

– **Waelbroeck (M) et Frigani (A)**, *Commentaire J. Megret, Le droit de la CE, Concurrence*, 2e éd., Les éditions de l'Université de Bruxelles, 1997

– **Weber (M)**, *Le savant et le politique*, La Découverte, 2003

– **Whish (R)**, *Competition Law*, 4th ed., Butterworths, 2001

Ouvrages spéciaux, ouvrages pratiques, monographies, thèses, travaux collectifs

– **ABA Section of Antitrust Law**, *Intellectual Property and Antitrust Handbook*, American Bar Association, 2007

– **Appelt (S)**, *Entry and Competition in the Pharmaceutical Market following Patent Expiry – Evidence from Macro and Micro Data*, th. dact., Université Louis-et-Maximilien de Munich, 2010

– **Atias (C)**, *Le contentieux contractuel*, 4e éd., Librairie de l'Université d'Aix-en-Provence, 2008

– **Bain (J)**, *Barriers to New Competition – Their Character and Consequences in Manufacturing Industries*, Harvard University Press, 1956

– **Béhar-Touchais (M), Charbit (N) et Amaro (R)** (dir), *À quoi sert la concurrence ?*, Institut de droit de la concurrence, 2014

– **Béhar-Touchais (M), Bosco (D) et Prieto (C)** (dir.), *L'intensification de la réparation des dommages issus des pratiques anticoncurrentielles*, IRJS éditions, 2016

– **Binctin (N)**, *Le capital intellectuel*, préf. G. Bonet et M. Germain, Litec, 2007

– **Bloch (C)**, *La cessation de l'illicite – Recherche sur une fonction méconnue de la responsabilité civile extracontractuelle*, préf. R. Bout, LGDJ, 2008

– **Bosco (D)**, *L'obligation d'exclusivité*, préf. C. Prieto, Bruylant, 2008

– **Breese (P) et De Kermadec (Y)**, *La propriété intellectuelle au service de l'innovation*, Nathan, 2009

– **Bruguière (J.-M)** (dir.), *La propriété intellectuelle dans les droits du marché et de la rivalité concurrentielle*, Dalloz, 2016

– **Bourgeois (J) & Waelbroeck (D)** (dir.), *Ten years of effects-based approach in EU competition law – State of play and perspectives*, Bruylant, 2012

– **Bouveresse (A)**, *Le pouvoir discrétionnaire dans l'ordre juridique communautaire*, préf. D. Simon, Bruylant, 2010

– **Boy (L), Racine (J.-B) et Siiriainen (F)** (dir.), *Sécurité juridique et droit économique*, Larcier, 2008

– **Boy (L)** (dir.), *Les déséquilibres économiques et le droit économique*, Larcier, 2015

– **Bronzo (N) et Gasnier (J.-P)** (dir.), *Les nouveaux usages du brevet : Entre innovation et abus*, PUAM, t. 2, 2016

• *Les nouveaux usages du brevet : Entre innovation et abus*, PUAM, t. 1, 2014

– **Buydens (M) et Dusollier (S)** (dir.), *L'intérêt général et l'accès à l'information en propriété intellectuelle*, Bruylant, 2008

– **Canivet (G)** (dir.), *La modernisation du droit de la concurrence*, LGDJ, 2006

– **Cardoso Ferreira (M)**, *Le droit de la concurrence de l'Union européenne et les droits de la propriété intellectuelle dans une économie de la connaissance*, th. dact., Université Libre de Bruxelles, 2016

– **Carrier (M)**, *Innovation for the 21st Century – Harnessing the Power of Intellectual Property and Antitrust Law*, Oxford Press University, 2009

– **Chagny (M) et Deffains (B)**, *Réparation des dommages concurrentiels*, Dalloz, 2015

– **Chagny (M)**, *Droit de la concurrence et droit commun des obligations*, Dalloz, 2004

– **Chatry (S)**, *Le concours de droits de propriété intellectuelle – Essai d'une théorie générale*, préf. A. Lucas, LGDJ, t. 69, 2012

– **Corbel (P) et Le Bas (C)**, *Les nouvelles fonctions du brevet – Approches économiques et managériales*, Economica, 2011

– **Contreras (J)** (dir.), *The Cambridge Handbook of Technical Standardization Law*, Cambridge University Press, 2017

– **Cousin (G)**, *Intérêt général et propriété industrielle*, Université de Nantes, th. dact., 2006

– **Daniel Sokol (D) & Blair (R)** (dir.), *The Cambridge Handbook of Antitrust, Intellectual Property and High Tech*, Cambridge University Press, 2017

– **Darmaisin (S)**, *Le contrat moral*, préf. B. Teyssié, LGDJ, t. 343, 2000

– **de Beaufort (V)** (dir.), *Droits de propriété intellectuelle dans un monde globalisé*, Vuibert, 2009

– **Dhenne (M)**, *Technique et droit des brevets – L'invention en droit des brevets*, préf. J.-C. Galloux, LexisNexis, 2016

– **Dratler (J)**, *Licensing of Intellectual Property*, Law Journal Press, 1994

– **Dreyfuss (R) et *alii*** (dir.), *Expanding the Boundaries of Intellectual Property: Innovation Policy for the Knowledge Society*, Oxford University Press, 2001

– **Drexl (J)** (dir.), *Research Handbook on Intellectual Property and Competition Law*, Edward Elgar, 2008

– **Duns (J), Duke (A) & Sweeney (B)** (dir), *Comparative Competition Law*, Edward Elgar Publishing, 2015

– **Dybdahl (L)**, *Les brevets européens*, LexisNexis-Litec, 2005

– **Edwards (C)**, *The Competitive Status of the U.S. Pharmaceutical Industry – The Influences of Technology in Determining International Industrial Competitive Advantage*, National Academy Press, 1983

– **Fartunova (M)**, *La preuve dans le droit de l'Union européenne*, préf. F. Picod, Bruylant, 2013

– **Fasquelle (D)**, *Droit américain et droit communautaire des ententes – Étude de la règle de raison*, préf. H. Gaudemet-Tallon, GLN-Joly éditions, 1992

– **Feldman (R)**, *Rethinking Patent Law*, Harvard University Press, 2012

– **Frison-Roche (M.-A)** (dir.), *La régulation des secteurs de la santé*, Presses de Sciences Po/Dalloz, 2011

• *Concurrence, santé publique, innovation et médicament*, LGDJ-Lextenso édition, 2010

– **Frison-Roche (M.-A) et Abello (A)** (dir.), *Droit et économie de la propriété intellectuelle*, LGDJ, 2005

– **Gallasch (S)**, *The Anticompetitive Misuse of Intellectual Property Rights in the European Pharmaceutical Sector*, th. dact., University of East Anglia, 2014

– **Gény (F)**, *Science et technique en droit privé positif : nouvelle contribution à la critique de la méthode juridique*, Société du Recueil Sirey, 1922

– **Gerard (D), Merola (M) & Meyring (B)** (dir.), *The Notions of Restriction of Competition – Revisiting the Foundations of Antitrust Enforcement in Europe*, Bruylant, 2017

– **Grabowski (H) & Vernon (J)**, *The Regulation of Pharmaceuticals: Balancing The Benefits and Risks*, Washington, DC, American Enterprise Institute, 1983

– **Grosheide (F)** (dir.), *Intellectual Property and Human Rights: A Paradox*, Edward Elgar, 2010

– **Grundeler (G)**, *L'investissement (étude juridique)*, préf. J. Mestre, PUAM, 2017

– **Guellec (D) & van Pottelsberghe (B)**, *The Economics of the European Patent System: IP Policy for Innovation and Competition*, Oxford University Press, 2007

– **Hovenkamp (H) et *alii***, *IP & Antitrust: An Analysis of Antitrust Principles Applied to Intellectual, Property Law*, Wolters Kluwer Law & Business, 2015

– **Hovenkamp (H), Janis (M) & Lemley (M)**, *IP & Antitrust: An Analysis of Antitrust Principles Applied to Intellectual Property Law*, Wolters Kluwer, 2014

– **Idot (L)** (dir.), *Les grands arrêts du droit de la concurrence*, Concurrences, vol. 1, 2016

– **Jorde (T) & Teece (D)** (dir.), *Antitrust, Innovation, and Competitiveness*, Oxford University Press, 1992

– **Josserand (L)**, *De l'esprit des droits et de leur relativité – Théorie dite de l'abus des droits*, 2e éd., Dalloz, 2006

– **Jourdain-Fortier (C), Moine-Dupuis (I)** (dir.), *Les pratiques de l'industrie pharmaceutique au regard du droit de la concurrence*, LexisNexis-Litec, 2010

– **Kipiani (P)**, *Les engagements en matière de pratiques anticoncurrentielles – Analyse des droits français, européen et américain*, préf. B. Lasserre et O. Guersent, LGDJ, 2014

– **Lamoureux (M)**, *L'aménagement des pouvoirs du juge par les contractants – Recherche sur un possible imperium des contractants*, préf. J. Mestre, PUAM, 2006

– **Leblond (L)**, *Pratiques anticoncurrentielles et brevets – Étude en faveur de la promotion européenne de l'innovation*, préf. E. Claudel, Bruylant, 2014

– **Le Bot (O)** (dir.), *La sincérité en droit*, Larcier, 2011

– **Le Dolley (E)** (dir.), *Les concepts émergents en droit des affaires*, LGDJ, 2010

– **Lehnhausen (A.-K)**, *Studies on Competition and Antitrust Issues in the Pharmaceutical Industry*, Springer Gabler, 2017

– **Lim (D)**, *Patent Misuse and Antitrust Law: Empirical, Doctrinal and Policy Perspectives*, Edward Elgar Publishing, 2013

– **Louis (A)**, *L'évolution contemporaine de la notion de brevetabilité – Étude en droit français et européen*, th. dact., Aix-Marseille Université, 2014

– **Mackenrodt (M.-O.) et *alii***, *Abuse of Dominant Position: New Interpretation, New Enforcement Mechanisms?*, Springer, 2008

– **Maréchal (C)**, *Concurrence et propriété intellectuelle*, préf. G. Bonet, Litec, 2009

– **Masson (A) et *alii*** (dir), *Stratégies d'instrumentalisation juridique et concurrence*, Larcier, 2013

– **Merrill (R) & Hutt (P)**, *Food and Drug Law: Cases and Material*, 2nd ed., Foundation Press, 1991

– **Mestre (J) et Roda (J.-C) (dir.)**, *Les principales clauses des contrats d'affaires*, LGDJ, 2011

– **Mezaguer (M)**, *Les procédures transactionnelles en droit antitrust de l'Union européenne – Un exercice transactionnel de l'autorité publique*, préf. M. Blanquet, Bruylant, 2015

– **Miele (A)**, *Patent Strategy: The Manager's Guide to Profiting from Patent Portfolios*, Wiley, 2000

– **Monnier (L) et Thiry (B)**, *Mutations structurelles et intérêt général – Vers quels nouveaux paradigmes pour l'économie publique, sociale et coopérative ?*, De Boeck Université, 1997

– **Moracchini-Zeidenberg (S)**, *L'abus dans les relations de droit privé*, PUAM, 2004

– **Nihoul (P), Charbit (N) & Ramundo (E) (dir.)**, *Choice – A New Standard for Competition Law Analysis?*, Institute of Competition Law, 2016

– **Payet (M.-S)**, *Droit de la concurrence et droit de la consommation*, préf. M.-A. Frison-Roche, Dalloz, 2001

– **Penrose (E)**, *The Economics of the International Patent System*, Johns Hopkins Press, 1951

– **Peltzman (S)**, *Regulation of Pharmaceutical Innovation: The 1962 Amendments*, Washington, DC, American Enterprise Institute, 1974

– **Petit (F)** (dir.) *Droit et loyauté*, Dalloz, 2015

– **Picod (F)** (dir.), *Jurisprudence de la CJUE 2016 : décisions et commentaires*, Bruylant, 2017

– **Pitruzella (G) & Muscolo (G)** (dir.), *Competition and Patent Law in Pharmaceutical Sector – An International Perspective*, Wolters Kluwer, 2016

– **Porter (M)**, *Choix stratégiques et concurrence : techniques d'analyse des secteurs de la concurrence dans l'industrie*, Economica, 1986

– **Portuese (A)**, *Le Principe d'efficience économique dans la jurisprudence européenne*, Publibook, 1970

– **Roda (J.-C)**, *La clémence en droit de la concurrence – Étude comparative des droits américain et européens*, préf. C. Prieto, PUF, 2008

– **Roubier (R)**, *Droits subjectifs et situations juridiques*, Dalloz, rééd. 2005

– **Sabatier (M)**, *L'exploitation des brevets d'invention et l'intérêt général d'ordre économique*, Librairies techniques, 1976

– **Schweitzer (S)**, *Pharmaceutical Economics and Policy*, 2nd ed., Oxford University Press, 2006

– **Sibony (A.-L)**, *Le juge et le raisonnement économique en droit de la concurrence*, préf. G. Canivet, LGDJ, 2008

– **Stark (J)**, *Product Lifecycle Management: 21st Century Paradigm for Product Realisation*, Springer, 2011

– **Stephen Harris (H)**, *Competition Laws Outside the United States*, ABA Book Publishing, vol. 1, 2001

– **Stoffel-Munck (P)**, *L'abus dans le contrat – Essai d'une théorie*, préf. R. Bout, LGDJ, t. 337, 2000

– **Thibierge (C) *et alii*** (dir.), *La force normative – Naissance d'un concept* (dir. C. Thibierge et *alii*), LGDJ-Bruylant, 2009

– **Vivant (M)** (dir.), *Droit et économie de la propriété intellectuelle*, LGDJ, 2014

– **Voet (M)**, *The Generic Challenge: Understanding Patents, FDA and Pharmaceutical Life-Cycle Management*, Brown Walker Press, 2005

Articles de doctrine, notes, commentaires et fascicules

– **Abello (A)**, « La propriété intellectuelle, une “propriété de marché” » *in Droit et économie de la propriété intellectuelle* (dir. M.-A. Frison-Roche et A. Abello), LGDJ, 2005, p. 341

– **Adelkoff (S)**, « An Examination of Factors to Determine if the Rule of Reason or the *Per Se* Doctrine Should Apply in Antitrust Litigation », 7 *Journal of Law and Commerce* 499 (1987)

– **Addanki (S) & Butler (H)**, « Activating *Actavis*: Economic Issues in Applying the Rule of Reason to Reverse Payment Settlements », 15 *Minn. J. L. Sci. & Tech.* 77 (2014)

– **Adkins (B)**, « Paying for delay and patent settlement arrangements – the European Commission (at last) publishes the Lundbeck decision », 29 January 2015

– **Adkins (B) & Beighton (S)**, « An object of interest – The Lundbeck decision has provided a lot of food for thought », *Competition Law Insight*, 18 February 2014, p. 10

– **Agranat (I) & Wainschtein (S)**, « The strategy of enantiomer patents of drugs », 15 *Drug Discovery Today* 163 (2010)

– **Ahdar (R)**, « Consumer, Redistribution of Income and the Purpose of Competition Law », 23 *European Competition L. Rev.* 341 (2002)

– **Ahlborn (C), Evans (D) & Padilla (A)**, « The Logic & Limits of the “Exceptional Circumstances Test” in Magill and IMS Health », 28 *Fordham International L. Rev.* 1109 (2004)

– **Alboek (S)**, « Consumer Welfare in EU Competition Policy », 2013, p. 70, disponible sur http://ec.europa.eu

– **Allard (J)**, « Dworkin : une philosophie critique du jugement », *Revue internationale de philosophie* 2005/3, n° 233, p. 303

– **Allison (J) & Lemley (M)**, « Empirical Evidence on the Validity of Litigated Patents », 26 *American Intellectual Property Law Association Quaterly Journal* 185 (1998)

– **Alpert (F) & Kamins (M)**, « An Empirical Investigation of Consumer Memory, Attitude, and Perceptions toward Pioneer and Follower Brands », 59 *Journal of Marketing* 34 (1995)

– **Ancelin (O)**, « Quelques questions juridiques de principe sur la condamnation d’accords de report d’entrée dans le domaine pharmaceutique », *Concurrences* n° 2-2014, p. 15

– **Adamson (S)**, « Pharmaceutical Patent Wars, Reverse-Payment Settlements, and Their Anticompetitive Effects for Consumers », 30 *Loyola Consumer L. Rev.* 241 (2018)

– **Anderman (S)**, « The IP and Competition Interface: New Developments » *in Intellectual Property and Competition Law – New Frontiers* (dir. S. Anderman & A. Ezrachi), Oxford University Press, 2011, p. 3

– **Andersen (E)**, « *Schering* the Market: Analyzing the Debate over Reverse-Payment Settlement in the Wake of the Medicare Modernization Act of 2003 and *In re Tamoxifen Citrate Litigation* », 93 *Iowa L. Rev.* 1015 (2008)

– **Andersson (H) & Legnerfält (E)**, « Dawn Raids in Sector Inquiries – Fishing Expeditions in Disguise? », 8 *European Competition L. Rev.* 439 (2008)

– **Areeda (P)**, « The Rule of Reason – A Catechism on Competition », 55 *Antitrust L. J.* 571 (1986)

– **Arehl (P)**, « L'affaire *Schering Plough* : nouvelle condamnation de pratiques visant à retarder le développement de médicaments génériques », *RLC* 2014, n° 39, p. 28

– **Armengaud (J) et Berthet-Maillols (E)**, « Du mauvais usage du droit des brevets en matière pharmaceutique, selon le rapport préliminaire de la Commission européenne », *Propr. intell.* 2009, n° 31, p. 132

– **Arquit (K)**, « Patent Abuse and the Antitrust Laws », 59 *Antitrust L. J.* 739 (1991)

– **Asséo (C) et Bénard (L)**, « Cycle de vie du médicament et incitation au perfectionnement » *in Concurrence, santé publique, innovation et médicament* (dir. M.-A. Frison-Roche), LGDJ-Lextenso édition, 2010, p. 237

– **Atlani (C),** « La pratique ou les moyens de lutte des laboratoires pharmaceutiques » *in La contrefaçon des médicaments : les premiers pas d'une réaction normative internationale* (dir. C. Jourdain-Fortier et I. Moine-Dupuis), LexisNexis-Litec, 2013, p. 145

– **Avery (M)**, « Continuing Abuse of the Hatch-Waxman Act by Pharmaceutical Patent Holders and the Failure of the 2003 Amendments », 60 *Hastings L. J.* 171 (2008)

– **Ayres (I) & Klemperer (P)**, « Limiting Patentees' Market Power Without Reducing Innovation Incentives: The Perverse Benefits of Uncertainty and Non-Injunctive Remedies », 97 *Mich. L. Rev.* 985 (1999)

– **Azéma (J)**, « L'abus dans l'obtention du droit de brevet : "l'exemple des médicaments génériques" », *Prop. ind.* 2010, n° 10, dossier 7

• « Le droit de la concurrence, un droit parmi d'autres au service de l'intérêt général » *in Les pratiques de l'industrie pharmaceutique au regard du droit de la concurrence* (dir. C. Jourdain-Fortier et I. Moine-Dupuis), LexisNexis-Litec, p. 209

• « Création d'un certificat complémentaire de protection pour les médicaments », *RTD com.* 1992, p. 803

– **Backus (S)**, « Reversing Course on Reverse Payment Settlements in the Pharmaceutical Industry: Has *Schering-Plough* Created the Blueprint for Defensible Antitrust Violations? », 60 *Oklahoma L. Rev.* 375 (2007)

– **Ballentine (C)**, « Taste of Raspberries, Taste of Death: The 1937 Elixir Sulfanilamide Incident », *FDA Consumer magazine* (June 1981)

– **Balto (D)**, « Pharmaceutical Patent Settlements: The Antitrust Risks », 55 *Food and Drug L. J.* 321 (2000)

– **Barazza (S)**, « Pay-for-Delay Agreements in the Pharmaceutical Sector: Towards a Coherent EU Approach? », 5 *European Journal of Risk Regulation* 79 (2014)

– **Barbier (H)**, « Les grands mouvements du droit commun des contrats après l'ordonnance du 10 février 2016 », *RTD civ.* 2016, p. 247

– **Barbier de La Serre (E) et Sibony (A.-L)**, « Charge de la preuve et théorie du contrôle en droit communautaire de la concurrence : pour un changement de perspective », *RTD eur.* 2007, p. 205

– **Barbier de La Serre (E)**, « L'indépendance des autorités de concurrence : Pour une juste mesure », Autorités de concurrence : Vers des autorités plus indépendantes et plus fortes ? (*New frontiers of Antitrust*, Paris, 26 juin 2017), *Concurrences* n° 4-2017, p. 9

– **Barling (G) & Reumerman (R)**, « Gaviscon: The Diagnosis and Treatment of Abuse of Dominance – Very Recent Changes in the Private Enforcement of Competition Rules in the UK » *in Competition and Patent Law in the Pharmaceutical Sector – An International Perspective* (G. Pitruzella & G. Muscolo), Wolters Kluwer (2016), p. 355

– **Batchelor (B) et *alii***, « *Lundbeck* raises more questions than answers on "pay-for-delay" settlements; creates damaging divergence from US law », 38 *European Competition L. Rev.* 3 (2017)

– **Batchelor (B), Healy (M) & Westin (J)**, « Pharmaceutical Co-Promotion, Co-Marketing and Antitrust », 35 *European Competition L. Rev.* 402 (2014)

– **Battaglia (L)**, « Defining "Payments": The First Post-Actavis Battleground in Pharmaceutical Reverse Payments », *CPI Antitrust Chr.*, April 2014, p. 1

– **Baumol (W) & Ordover (J)**, « Antitrust: Source of Dynamic and Static Inefficiencies? » *in Antitrust, Innovation, and Competitiveness* (dir. T. Jorde & D. Teece), Oxford University Press, 1992, p. 82

– **Béhar-Touchais (M)**, « La mutation de la norme en droit de la concurrence » *in Les mutations de la norme – Le renouvellement des sources du droit* (dir. N. Martial-Braz, J.-F. Riffard et M. Béhar-Touchais), Economica, 2011, p. 195

– **Belleflame (P) et van Ypersele (T)**, « Comment favoriser l'innovation dans le secteur pharmaceutique : Brevets et/ou récompenses ? », *Reflets et perspectives de la vie économique* 2006/4, p. 23

– **Bellis (J.-F) & Kasten (T)**, « Will Efficiencies Play an Increasingly Important Role in the Assessment of Conduct under Article 102 TFEU? », 55 *Antitrust Bulletin* 915 (2010)

– **Benabou (V.-L)**, « Neutralité ou nocivité du droit de la concurrence à l'égard du droit d'auteur » *in Regards sur les sources du droit d'auteur*, ALAI, 2005, p. 644.

– **Bénard (L)**, « Existe-t-il une spécificité des brevets dans le domaine pharmaceutique ? » *in Concurrence, santé publique, innovation et médicament* (dir. M.-A. Frison-Roche), LGDJ-Lextenso édition, 2010, p. 205

– **Benoît (O)**, « Le droit de la concurrence est un droit de l'abus : brèves observations », *Dr. & Patr.* 2000, n° 83, p. 62.

– **Ben-Sharar (O) & Bernstein (L)**, « The Secrecy Interest in Contract Law », 109 *Yale L. J.* 1885 (2000)

– **Bermond (J.-C)**, « L'œuvre du juge communautaire dans le contentieux des droits de la propriété intellectuelle et industrielle », *RDAI* 2004, n° 3, p. 317

– **Bernard (A)**, « Le marché autorégulé, "une idée folle" ? », *D.* 2009, p. 2289

– **Berthet (E)**, « Force et limites des droits de propriété intellectuelle en matière de médicament » *in La propriété intellectuelle dans les droits du marché et de la rivalité concurrentielle* (dir. J.-M. Bruguière), Dalloz, 2016, p. 75

– **Bigelow (J)**, « "Reverse Payments" After *Actavis* », *CPI Antitrust Chr.* (Sept. 2013), p. 1

– **Bigelow (J) & Willig (R)**, « Antitrust Policy Towards Agreements that Settle Patent Litigation », 49 *Antitrust Bulletin* 655 (2004)

– **Binctin (N)**, « Les sept familles de la propriété intellectuelle » *in Le droit de la propriété intellectuelle dans un monde globalisé – Mél. en l'honneur du professeur J. Schmidt-Szalewski*, LexisNexis, 2014, p. 49

– **Blaise (J.-B)**, « Propriété industrielle et droit communautaire de la concurrence : une réconciliation ? » *in Droits de la propriété intellectuelle – Liber amicorum G. Bonet*, LexisNexis-Litec, 2010, p. 65

– **Blaire (R) & Cotter (T)**, « Are Settlements of Patent Disputes Illegal Per Se? », 47 *Antitrust Bulletin* 491 (2002)

– **Blary-Clément (E)**, « L'innovation et son partage : finalité commune des droits de propriété intellectuelle et de la concurrence », article publié dans le cadre d'un colloque en ligne intitulé « Le droit de la concurrence et l'analyse économique », *Revue Concurrentialiste*, mai 2013, p. 2

– **Bonet (G)**, « Abus de position dominante et droits sur les créations : une évolution inquiétante de la jurisprudence communautaire ? » *in Mél. offerts à A. Colomer*, Litec, 1993, p. 87

– **Borges (R.-M)**, « Détention d'un brevet essentiel à une norme et abus de position dominante ou la délicate cohabitation entre concurrence et propriété intellectuelle », *LPA* 2016, n° 115, p. 12

– **Bosco (D)**, « Licences FRAND et droit *antitrust* » *in Les nouveaux usages du brevet – Réflexions théoriques et incidences pratiques* (dir. N. Bronzo et J.-P. Gasnier), PUAM, t. 2, 2016, p. 141

• « Pay for delay : Les accords de report d'entrée dans le secteur pharmaceutique », *Concurrences* n° 2-2014, p. 12

• « Pas d'abus sans position dominante ! », *Contrats, conc., consom.* 2011, n° 2, comm. 35

• « Abus de position dominante et secteur pharmaceutique » *in Les pratiques de l'industrie pharmaceutique au regard du droit de la concurrence* (dir. C. Jourdain-Fortier et I. Moine-Dupuis), LexisNexis-Litec, 2010, p. 71

– **Bostyn (S) & Petit (N)**, « Patent = Monopoly: A Legal Fiction », Technology, Innovation and Invesment Council, 2013

– **Bouniol (B)**, « Loyauté et concurrence » *in Droit et loyauté* (dir. F. Petit), Dalloz, 2015, p. 85

– **Boy (L)**, « L'abus de pouvoir de marché : contrôle de la domination ou protection de la concurrence ? », *RIDE* 2005/1, p. 27

• « L'ordre concurrentiel : essai de définition d'un concept » *in L'ordre concurrentiel – Mél. en l'honneur d'A. Pirovano*, Éditions Frison-Roche, 2003, p. 23

• « Réflexions sur "le droit de la régulation" », *D.* 2001, p. 3031

– **Bowman (W)**, « Patent and Antitrust Law: A Legal and Economic Appraisal », 83 *Yale L. J.* 647 (1974)

– **Brankin (S.-P)** « Patent Settlements and Competition Law: Where Is the European Commission Going? », 5 *J. Intell. Prop. L. & Prac.* 23 (2010)

– **Brinckerhoff (C)**, « Can the Safe Harbor of 35 U.S.C. § 271(e)(1) Shelter Pioneer Drug Manufacturers? », 53 *Food Drug L. J.* 643 (1998)

– **Brinkhof (J)**, « European Patent Litigation without a European Patent Court », 4 *International Intellectual Property Law & Policy* 33 (2000)

• « Patent Litigation in Europe: Two Sides of the Picture », 9 *Federal Circuit Bar Journal* 467 (2000)

– **Brodley (J) & O'Rourke (M)**, « Patent Settlement Agreements », 16 *ANTITRUST* 53 (2002)

– **Brodley (J)**, « The Economic Goals of Antitrust: Efficiency, Consumer Welfare, and Technological Progress », 62 *New York University L. Rev.* 1020 (1987)

– **Bronzo (N)**, « Clause de non-contestation » *in Les principales clauses des contrats d'affaires* (dir. J. Mestre et J.-C. Roda), LGDJ, 2011, p. 655

– **Brotman (M)**, « Pfizer: U.S. and global antitrust issues from a pharmaceutical in-house counsel perspective », *Concurrences* n° 1-2014, p. 7

– **Brown (M)**, « Reverse Payment Settlements in the European Commission's Pharmaceutical Sector Inquiry Report: A Missed Opportunity to Benefit from U.S. Experience », 33 *Colum. J. L. & Arts* 277 (2010)

– **Bruguière (J.-M)**, « La validité des *pay for delay* – Regard français » *in Les nouveaux usages du brevet d'invention – Entre innovation et abus* (dir. N. Bronzo et J.-P. Gasnier), PUAM, 2014, p. 47

• « Action en contrefaçon et abus de position dominante » *in Droits de propriété intellectuelle – Liber amicorum G. Bonet*, LexisNexis-Litec, 2010, p. 73

– **Brunet (E)**, « Antitrust Summary Judgment and the Quick Look Approach », 62 *SMU L. Rev.* 493 (2009)

– **Bruzzone (G) & Capozzi (S)**, « The Procompetitive and Anticompetitive Impact of Patent Settlements » *in Competition and Patent Law in the Pharmaceutical Sector – An International Perspective* (dir. G. Pitruzella & G. Muscolo), Wolters Kluwer, 2016, p. 15

– **Burdon (M) & Sloper (K)**, « The Art of Using Secondary Patents to Improve Protection », 3 *International Journal of Medical Marketing* 226 (2003)

– **Burtis (M) & Kobayashi (B)**, « Intellectual Property and Antitrust Limitations in Contract » *in Dynamic Competition and Public Policy: Technology Innovation and Antitrust Issues* (dir. Jerry Ellig), Cambridge University Press , 2001, p. 231

– **Burwell (D), Ford (M) & Spaeth (P)**, « *Provigil* and *Nexium*: Conflicting Conclusions About Accelerated Entry Provisions in Hatch-Waxman Settlements », 12 *Pharmaceutical Law & Industry Report* 1 (2014)

– **Bush (D) & Massa (S)**, « Rethinking the Potential Competition Doctrine », 4 *Wisconsin L. Rev.* 1035 (2004)

– **Butler (H) & Jarosch (J)**, « Policy Reversal on Reverse Payments: Why Courts Should Not Follow the New DOJ Position on Reverse-Payment Settlements of Pharmaceutical Patent Litigation », 96 *Iowa L. Rev.* 101

– **Buydens (M)**, « L'intérêt général, une notion protéiforme » *in L'intérêt général et l'accès à l'information en propriété intellectuelle* (dir. M. Buydens et S. Dusollier), Bruylant, 2008, p. 1

– **Carbonnier (J)**, « Effectivité et ineffectivité de la règle de droit », *L'Année sociologique*, LVII, 1958, p. 3

– **Cardon (M)**, « "*Intel Missa est !*" Soixante ans de discussions inutiles autour du titre de compétence de la Commission en droit de la concurrence : le critère des effets qualifiés », *RTD eur.* 2018, p. 115

– **Carlton (D) et *alii***, « A Critical Evaluation of the FTC's Theory of Product Hopping as a Way to Promote Competition », 13 July 2016, disponible sur srrn.com

– **Carlton (D)**, « The economics of patent ambush » (*New Frontiers of Antitrust*, 11 February 2011), *Concurrences* n° 2-2011, p. 6

• « General Analysis of Exclusionary Conduct and Refusal to Deal – Why Aspen and Kodak Are Misguided », 68 *Antitrust L. J.* 659 (2001)

– **Canivet (G)**, « Les relations entre politique de concurrence et politique de santé » *in La régulation des secteurs de la santé* (dir. M.-A. Frison-Roche), Presses de Sciences Po/Dalloz, 2011, p. 27

• « Droit de la propriété intellectuelle et efficacité » *in Droits de propriété intellectuelle dans un monde globalisé* (dir. V. de Beaufort), Vuibert, 2009, p. 34

– **Cappellari (S)**, « Reverse Payment Settlements in the EU – Finding the Right Dosage », 7 *Competition Law International* 27 (2011)

– **Carrier (M)**, « The Curious Case of Wellbutrin: How the Third Circuit Mistook Itself for the Supreme Court », 103 *Cornell L. Rev. Online* 137 (2018)

• « Pharmaceutical Antitrust Law in the United States » *in Competition and Patent Law in the Pharmaceutical Sector – An International Perspective* (dir. G. Pitruzella & G. Muscolo), Wolters Kluwer, 2016, p. 477

• , « Antitrust Treatment of Intellectual Property Rights » *in Comparative Competition Law* (dir. J. Duns, A. Duke & B. Sweeney), Edward Elgar Publishing, 2015, p. 141

• « Eight Reasons Why "No-Authorized-Generic" Promises Constitute Payment », 67 *Rutgers University L. Rev.* 697 (2015)

• « After *Actavis*: Seven Ways Forward », 67 *Rutgers University L. Rev.* 543 (2015)

• « A Response to Chief Justice Roberts: Why Antitrust Must Play a Role in the Analysis of Drug Patent Settlements », 15 *Minn. J. L. Sci. & Tech.* 31 (2014)

• « Pharmaceutical Antitrust Complexity », *CPI Antitrust Chr.* (Nov. 2014), p. 2

• « What You Need to Know About Standard Essential Patents », *CPI Antitrust Chr.* (August 2014), p. 2

• « US Court Issues Formalistic Ruling on Reverse-Payment Settlements After "Actavis" *(GlaxoSmithKline/Teva Pharmaceuticals/Louisiana Wholesale Drug Company/King Drug Company)* », *e-Competitions*, Feb. 13, 2014, art. n° 63588

• « Payment after *Actavis* », 100 *Iowa L. Rev.* 7 (2014)

• « How not to apply *Actavis* », 109 *Northwestern University L. Rev.* 113 (2014)

• « The US Supreme Court Issues First Ruling on Antitrust Legality of Reverse-Payment Drug Patent Settlements *(Actavis)* », *e-Competitions*, June 2013, art. n° 53120

• « Why the "Scope of Patent" Test Cannot Solve the Drug Patent Settlement Problem », 16 *Stanford Technology L. Rev.* 1 (2012)

• « A Real-World Analysis of Pharmaceutical Settlements: The Missing Dimension of Product-Hopping », 62 *Florida L. Rev.* 1009 (2010)

• « Unsettling Drug Patent Settlements: A Framework for Presumptive Illegality », 108 *Mich. L. Rev.* 38 (2009)

• « Solving The Drug Settlement Problem: The Legislative Approach », 41 *Rutgers L. J.* 81 (2009)

• « Innovation Markets: Saving Lives and Money in the Pharmaceutical Industry » *in Innovation for the 21st Century – Harnessing the Power of Intellectual Property and Antitrust Law*, Oxford University Press, 2009, p. 303

• « The Rule of Reason: An Empirical Update for the 21st Century », 16 *George Mason L. Rev.* 827 (2009)

• « The Real Rule of Reason: Bridging the Disconnect », 1999 *Brigham Young University L. Rev.* 1265 (1999)

– **Carrier (M) & Shadowen (S)**, « Product Hopping: A New Framework », 92 *Notre Dame L. Rev.* 167 (2017)

– **Casalonga (A)**, « Période transitoire et opt-out pour la Juridiction Unifiée du Brevet », *Prop. ind.* 2016, n° 6, étude 12

• « Le contentieux futur du brevet européen. Enfin une solution ? », *Propr. intell.* 2006, n° 20, p. 253

– **Cass (R) & Hylton (K)**, « Antitrust Intent », 74 *Southern California L. Rev.* 657 (2001)

– **Catala (P)**, « Les lois du marché » *in Le contrat au début du XXe siècle – Mél. J. Ghestin*, LGDJ, 2001, p. 201

– **Cavézian (O) et Mercier (M.-S)**, « Stratégie des laboratoires princeps face aux médicaments génériques : quelles approches des autorités de concurrence ? », *RLC* 2014, n° 39, p. 161

– **Cervetti (D)**, « Les accords de report d'entrée : une stratégie méconnue du secteur pharmaceutique », *Prop. ind.* 2013, n° 9, étude 9

– **Chagny (M)**, « La réparation des dommages concurrentiels », *Revue de Jurisprudence Commerciale* 2017, n° 5, p. 462

• « Faut-il prendre en compte les objectifs du droit de la concurrence dans les actions en dommages-intérêts ? », *RLDA* 2007, n° 12, p. 97

– **Chaiehloudj (W)**, « La cour d'appel du troisième circuit adopte une approche restrictive de l'intérêt antitrust à agir (*Wellbutrin XL Antitrust Litigation Indirect Purchaser Class*) », *Concurrences* n° 1-2018, p. 209

• « La lutte contre le déséquilibre dans les contrats de la propriété intellectuelle – Regards prospectifs après la réforme du droit civil des contrats », *RTD com.* 2017, p. 527

• « Les accords injectant de la concurrence sur un marché distinct, le nouveau moyen de retarder l'entrée des génériques sur le marché », *Concurrences* n° 1-2016, p. 73

– **Champaud (C)**, « Les sources du droit de la concurrence au regard du droit commercial et des autres branches du droit applicable en France » *in Études offertes à R. Houin*, Dalloz-Sirey, 1985, p. 61

– **Chatterji (A) & Xiang (Y)**, « Why Brand Pharmaceutical Companies Choose to Pay Generics in Settling Patent Disputes: A Systematic Evaluation of the Asymmetric Risks in Litigation », 10 *Northwestern Journal of Technology and Intellectual Property* 19 (2011)

– **Chatry (S)**, « La neutralisation des droits de propriété intellectuelle : l'exemple des médicaments, un exemple à suivre », *Prop. ind.* 2013, n° 3, étude 2

– **Chaves Mosier (R) & Ritcheson (S)**, « In re Cardizem and Valley Drug: A View from the Faultline between Patent and Antitrust in Pharmaceutical Settlements », 20 *Santa Clara Computer & High Technology L. J.* 497 (2004)

– **Chemtob Concé (M.-C)**, « Marché pharmaceutique et innovation : innovation, concurrence et propriété industrielle en Europe », *Prop. ind.* 2011, n° 4, étude 9

• « Marché pharmaceutique et innovation : offrir une juste protection (1er volet) », *Prop. ind.* 2011, n° 3, étude 7

• « Autorisation de mise sur le marché et durée du certificat complémentaire de protection pour les médicaments », *Médecine et Droit* 2008, n° 88, p. 29

– **Chen (T)**, « Authorized Generics: A prescription for Hatch-Waxman Reform », 93 *Virginia L. Rev.* 459 (2007)

– **Cheng (T)**, « Antitrust Treatment of the No Challenge Clause », 5 *New York University Journal of Intellectual Property and Entertainment Law* 437 (2016)

– **Cheng (J)**, « An Antitrust Analysis of Product Hopping in the Pharmaceutical Industry », 108 *Columbia L. Rev.* 1471 (2008)

– **Chet Compton (T)**, « Redrawing the Line Between Patent Rights and Antitrust Law: How the U.S. Supreme Court's Over-Extension of Antitrust Law Harms Patent Holders, Damages Innovation, and Discourages Settlements », 53 *Washburn L. J.* 365 (2014)

– **Chevallier (J)**, « Vers un droit postmoderne ? » *in Les transformations de la régulation juridique* (dir. J. Clam et G. Martin), LGDJ, p. 28

– **Clancy (M), Geradin (D) & Lazerow (A)**, « Reverse-Payment patent settlement in the pharmaceutical industry: An analysis of US antitrust law and EU competition law », 2013, disponible sur ssrn.com

– **Claudel (E)**, « Cour de justice et Tribunal de l'Union européenne (2de partie) – Les accords de report d'entrée de médicaments génériques ("*pay-for-delay*") sur la sellette », *JDI (Clunet)* 2017, n° 3, chron. 6, p. 915

• « Usage des droits de propriété intellectuelle : vers une banalisation de l'abus », *RTD com* 2004, p. 458

– **Clavier (J.-P)**, « Le brevet unitaire tant attendu est arrivé ! », *EDPI* 2013, n° 3, p. 1

– **Coffin (A)**, « Rejecting the Scope of the Patent Test in Analysis of Reverse Payments in Pharmaceutical Industry », 46 *Suffolk University L. Rev.* 729 (2013)

– **Colangelo (M)**, « Reverse Payment Patent Settlements in the Pharmaceutical Sector Under EU and US Competition Laws: A Comparative Analysis », 40 *World Competition* 471 (2017)

– **Combe (E) et Haug (H)**, « La guerre entre génériqueurs et laboratoires : Quelques nouvelles du front ? », *Concurrences* n° 4-2006, p. 166

• « Les laboratoires pharmaceutiques face à la concurrence des génériques : Quels enjeux pour l'antitrust ? », *Concurrences* n° 1-2006, p. 47 », *Concurrences* n° 1-2006, p. 47

– **Combeau (J) et Sueur (T)**, « Les perspectives d'harmonisation du droit des brevets après l'adoption de l'America Invents Act aux États-Unis » *in Le droit de la propriété intellectuelle dans un monde globalisé – Mél. en l'honneur du professeur J. Schmidt-Szalewski*, LexisNexis, 2014, p. 117

• « Un monument en péril : le système des brevets en Europe » *in Droit et économie de la propriété intellectuelle* (dir. M.-A. Frison-Roche et A. Abello), LGDJ, 2005, p. 116

– **Cordier (G) et Jobard (A)**, « Point d'étape sur le futur brevet unitaire européen », *Prop. ind.* 2014, n° 3, étude 8

– **Cornu (G)**, « Le visible et l'invisible » *in L'art du droit en quête de sagesse*, PUF, 1998, p. 419

– **Correa (C)**, « Tackling the Proliferation of Patents: How to Avoid Undue Limitations to Competition and the Public Domain » *in Droit, Économie et Valeurs – Hommage à B. Remiche*, Larcier, 2015, p. 323

– **Cotter (T)**, « *FTC v. Actavis, Inc.*: When Is the Rule of Reason Not the Rule of Reason? », 15 *Minn. J. L. Sci. & Tech.* 41 (2014)

• « Patent Holdup, Patent Remedies, and Antitrust Responses », 34 *Journal of Corporation Law* 1151 (2009)

• « Antitrust Implications of Patent Settlements Involving Reverse Payments: Defending a Rebuttable Presumption of Illegality in Light of Some Recent Scholarship », 71 *Antitrust L. J.* 1069 (2004)

– **Coughlin (D) & Dede (R)**, « Hatch-Waxman Game-Playing from a Generic Manufacturer Perspective: From Ticlid® to Pravachol®, Apotex Has Difficulty Telling Who's on First », 25 *Biotechnology Law Report* 525 (2006)

– **Courboulay (M)**, « L'assouplissement des conditions de brevetabilité des produits pharmaceutiques », *Prop. intell.* 2016, n° 59, p. 154

– **Cousin (M)**, « La concurrence potentielle : Réflexions sur le traitement juridique d'une variable économique », *Concurrences* n° 1-2007, p. 38

– **Crampes (C) et Sémériva (P)**, « L'objet et le champ des brevets : qu'est-ce qui mérite d'être breveté », Cycle de conférences de la Cour de cassation, Droit de propriété intellectuelle : Approches juridique et économique (Paris, 9 nov. 2006), *RLC* 2007, n° 11, p. 192

– **Crane (D)**, « Exit Payments in Settlement of Patent Infringement Lawsuits: Antitrust Rules and Economic Implications », 54 *Florida L. Rev.* 747 (2002)

• « Per se Illegality for Reverse Payment Patent Settlements?, 61 *Alabama L. Rev.* 575 (2010)

• « Actavis, the Reverse Payment Fallacy, and the Continuing Need for Regulatory Solutions », 15 *Minn. J. L. Sci. & Tech.* 51(2014)

– **Cseres (K)**, « The Controversies of the Consumer Welfare Standard », 3 *Competition L. Rev.* 121 (2007)

– **Cunningham (S) & Weiswasser (E. S)**, « 180-day exclusivity is hotly contested », *The National Law Journal*, 15 April 2002

– **Da Costa (M) et May (B)**, « Brevets de seconde indication thérapeutique : les suites de l'affaire Prégabaline », *Prop. ind.* 2017, n° 6, étude 17

– **Daughtery (A) & Reinganum (J)**, « Settlement » *in Procedural Law and Economics* (dir. C. W. Sanchirico), 2nd ed., Edward Elgar, vol. 8, 2012, p. 390.

– **Davis (J)**, « Applying Litigation Economics to Patent Settlements: Why Reverse Payments Should Be Per Se Illegal », 41 *Rutgers L. J.* 255 (2009)

– **Davis (J) & McEwan (R)**, « Deactivating *Actavis*: The Clash Between the Supreme Court and (Some) Lower Courts », 67 *Rutgers University L. Rev.* 557 (2015),

– **Dearce (L. G)**, « Deconstructing and Recalibrating the *Valley Drug* Analysis of Reverse Payments », 47 *IDEA* 587 (2007)

– **Decocq (G)**, « Abus de position dominante versus brevet », *Contrats, conc., consom.* 2015, n° 10, comm. 234

• « Les enseignements du droit de la concurrence », Colloque, L'effectivité du droit de la consommation (Angers, 26 mars 2015), *RLDA* 2015, n° 105, p. 67

• « AstraZeneca abuse de ses droits et de sa position dominante », *Contrats, conc., consom.* 2013, n° 2, comm. 37

• « Concurrences par les mérites » *in Les concepts émergents en droit des affaires* (dir. E. Le Dolley), LGDJ, 2010, p. 239

• « Abus de droit de la propriété intellectuelle et abus de position dominante » *in Droit et technique – Études à la mémoire du Professeur X. Linant de Bellefonds*, Litec, 2007, p. 143

– **Delcourt (D)**, « Public health and the preservation of economic competitiveness: the European supplementary protection certificate for medicinal products », 4 *J. Intell. Prop. L. & Prac.* 439 (2009)

– **De Muizon (G)**, « Réflexions économiques sur l'intérêt et l'efficacité des règles *de minimis* », *Concurrences* n° 1-2013, p. 9.

– **De Ranitz (R) & Swens (O)**, « UK Patent Law crosses the Channel », 30 *European Intellectual Property Review* 389 (2008)

– **Deshayes (O), Genicon (T) et Laithier (Y.-M)**, « Ratification de l'ordonnance portant réforme du droit des contrats, du régime général et de la preuve des obligations », *JCP G* 2018, n° 18, p. 885

– **Deumier (P)**, « La réception du droit souple par l'ordre juridique » *in Le droit souple*, Dalloz, 2009, p. 113

– **Devlin (A)**, « Exclusionary Strategies in the Hatch-Waxman Context », 2007 *Mich. St. L. Rev.* 631 (2007)

– **Devlin (A) & Jacobs (M)**, , « Anticompetitive Innovation and the Qualitiy of Invention », 27 *Berkeley Technology L. J.* 1 (2012)

– **Dexant-de Bailliencourt (O)**, « Le droit et l'économie » *in Recueil de leçons de 24 heures. Agrégation de droit privé et de sciences criminelles 2015*, LGDJ, 2015, p. 119

– **Dhaeyer (B) et Thilmany (J)**, « La protection du consommateur en droit antitrust européen », *RTD eur.* 1978, p. 235

– **Diawara (K)**, « "Les accords de report d'entrée dans l'industrie pharmaceutique : la pratique judiciaire aux États-Unis et l'approche administrative au Canada », Actes du colloque tenu à Lille le 6 nov. 2014 intitulé *Contrat et concurrence dans le secteur pharmaceutique – Perspectives nationale et international*, *RLC* 2015, n° 43, p. 177

– **Dieny (E)**, « Licences de technologie : premier apercu du nouveau réglement d'exemption européen – Le réglement des opportunités manquées ? », *RLC* 2014, n° 40, p. 17

• « The Pharmaceutical Industry and Competition Law Between the Present and the Future », 28 *European Competition L. Rev.* 223 (2007)

– **Diggins (B)**, « The Patent-Antitrust Problem », 53 *Mich. L. Rev.* 1093 (1955)

– **Dogan (S) &. Lemley (M)**, « Antitrust and Regulatory Gaming », 87 *Texas L. Rev.* 685 (2009)

– **Dolin (G)**, « Dubious Patent Reform », 56 *Boston College L. Rev.* 881 (2015)

– **Dorsey (R)**, « The Case for Deregulating Drug Efficacy », 242 *Journal of the American Medical Association* 1755 (1979)

– **Douglas (W)**, « Education for the Law » *in Democracy and Finance: The Addresses and Public Statements of William O. Douglas as Member and Chairman of the Securities and Exchange Commission* (dir. J. Allen), Kennikat Press., 1969, p. 279

– **Dreier (T)**, « Balancing Proprietary and Public Domain Interests: Inside or Outside of Proprietary Rights? » *in Expanding the Boundaries of Intellectual Property: Innovation Policy for the Knowledge Society* (dir. R. Dreyfuss et *alii*), Oxford University Press, 2001

– **Drexl (J)**, « Les règlements amiables de type “pay-for-delay” : Plaidoyer pour une réforme du système réglementaire des brevets pharmaceutiques en Europe » *in Droit, Économie et Valeurs – Hommage à B. Remiche*, Larcier, 2015, p. 413

• « Déséquilibres économiques et droit de la concurrence » *Les déséquilibres économiques et le droit économique* (dir. L. Boy), Larcier, 2015, p. 33

• « Comment identifier des *pools* de brevets anticoncurrentiels : regards transatlantiques et institutionnels » *in Propriété intellectuelle et concurrence – Pour une (ré)conciliation*, LexisNexis, 2012, p. 51

• « *AstraZeneca* and the EU Sector Inquiry: When Do Patent Filings Violate Competition Law? », Max Planck Institute for Intellectual Property and Competition Law Research Paper No. 12-02 (2012)

• « Intellectual Property in Competition: How to Promote Dynamic Competition as a Goal » *in More Common Ground for International Competition Law?* (dir. J. Drexl et *alii*), Edward Elgar, 2011, p. 210

• « Competition Policy as Part of the European Constitution » *in Principles of European Constitutional Law* (dir. A. von Bogdandy & J. Bast), 2nd ed., Hart Publishing, 2011, p. 659

• « Real Knowledge is to Know the Extent of One's Own Ignorance: On the Consumer Harm Approach in Innovation-Related Competition Cases », 76 *Antitrust L. J.* 677 (2010)

• Is There a “More Economic Approach” to Intellectual Property and Competition Law? *in Research Handbook on Intellectual Property and Competition Law* (dir. J. Drexl), Edward Elgar, 2008, p. 27

• « Abuse of Dominance in Licensing and Refusal to License – A “More Economic Approach” to Competition by Imitation and to Competition by Substitution » *in The Interaction between Competition Law and IP Law* (dir. C. D. Ehlermann & I. Atansiu), Oxford Hart Publishing, 2007, p. 647

– **Drexl (J)** ***et alii***, « Comments of the Max Planck Institute for Intellectual Property, Competition and Tax Law on the 2009 Commission Proposal for the Establishment of a Unified European Patent Judiciary », 40 *International Review of Industrial Property and Copyright Law* 817 (2009)

– **Dreyfus (R)**, « Patents and Human Right: Where Is the Paradox? » *in Intellectual Property and Human Rights: A Paradox* (dir. F. Grosheide), Edward Elgar, 2010, p. 72

– **Dumont (B)**, « Propriété intellectuelle et concurrence – Le cas des accords de type “*pay-for-delay*” », *Revue économique* 2016, vol. 67, p. 113

– **Dunee (N)**, « Why protect potential competition? », *Concurrences* n° 2-2017, p. 27

– **Dunlop (H)**, « What now for the Unified Patents Court following the Brexit referendum? » 38 *European Intellectual Property Review* 595 (2016)

– **Dusollier (S)**, « Le domaine public, garant de l'intérêt public en propriété intellectuelle ? » *in L'intérêt général et l'accès à l'information en propriété intellectuelle* (dir. M. Buydens et S. Dusollier), Bruylant, 2008, p. 117

– **Easterbrook (F)**, « The Limits of Antitrust », 63 *Tex. L. Rev.* 12 (1984)

- « On Identifying Exclusionary Conduct », 61 *Notre Dame L. Rev.* 972 (1986)

– **Ecer (S) & Higgins (R)**, « A Welfare Analysis of Prohibitions on Reverse Payments in Pharmaceutical Patent Disputes, with and without the Hatch-Waxman Entry Injunction », 12 *George Mason L. Rev.* 923 (2004)

– **Eckles (P) et *alli***, « The US FTC files a complaint against five pharmaceutical companies for pay-for-delay settlements(*AbbVie*), *e-Competitions*, 8 sept. 2014, art. n° 69298

– **Edlin (A) et *alli***, « The *Actavis* Inference: Theory and Practice », 67 *Rutgers University L. Rev.* 585 (2015)

- « *Actavis* and Errors Cost: A Reply to Critics », *The Antitrust Source*, October 2014, p. 1
- « Activating *Actavis* », 28 *ANTITRUST* 16 (2013)

– **Edwards (L) & Wright (J)**, « The Death of Antitrust Safe Harbors: Causes and Consequences », 23 *George Mason L. Rev.* 1205 (2016)

– **Eisenberg (R)**, « The Shifting Functional Balance of Patents and Drug Regulation », 20 *Health Affairs* 119 (2001)

– **Elhauge (E) & Krueger (A)**, « Solving the Patent Settlement Puzzle », 91 *Texas L. Rev.* 283 (2012)

– **Elsinga (K)**, « The Goals of Antitrust: Other than Competition and Efficiency, What Else Counts », 125 *University of Pennsylvania L. Rev.* 1191 (1977)

– **Encaoua (D) et Madiès (T)**, « Le système des brevets : idées reçues et critiques », Documentation française 2012, p. 11

– **Engelberg (A)**, « Special Patent Provisions for Pharmaceuticals: Have They Outlived Their Usefulness? – A Political, Legislative and Legal History of U.S. Law and Observations for the Future », 39 *Journal of Law and Technology* 389 (1999)

– **Enerson (B)**, « Protecting Society from Patently Offensive Inventions: The Risk of Reviving the Morality Utility Doctrine », 89 *Cornell L. Rev.* 685 (2004)

– **Esposito (F) & Montanaro (F)**, « *A Fistful of Euros*: EU Competition Policy and Reverse Payments in the Pharmaceutical Industry », 10 *European Competition Journal* 499 (2014)

– **Ethier (M. L)**, « Permissible Product Hopping, Why a Per Se Legal Rule Barring Antitrust Liability is Necessary to Protect Future Innovation in the Pharmaceutical Industry », 3 *Akron Intellectual Property Journal* 323 (2009)

– **Farjat (G)**, « L'éthique et le système économique, une analyse juridique » *in L'éthique dans les relations économiques internationales en hommage à P. Fouchard*, Pedone Paris, 2006, p. 27

- « Les pouvoirs privés économiques » *in Souveraineté étatique et marchés internationaux à la fin du 20e siècle – Mél. en l'honneur de P. Kahn*, Litec, 2000, p. 613

– **Farrell (J) & Merges (R)**, « Incentives to Challenge and Defend Patents: Why Litigation Won't Reliably Fix Patent Office Errors and Why Administrative Patent Review Might Help », 19 *Berkley Tech. L. J.* 943 (2004)

– **Farrell (J) & Shapiro (C)**, « How Strong are Weak Patents? » 98 *American Economic Rev.* 1347 (2008)« How Strong are Weak Patents? »

– **Fattori (P)**, « The Impact of *Groupement des Cartes Bancaires* on Competition Law Enforcement », 2 *Rivista Italiana di Antitrust* 22 (2015)

– **Feldman (R) & Frondorf (E)**, « Drug Wars: A New Generation of Generic Pharmaceutical Delay », 53 *Harvard Journal on Legislation* 499 (2016)

– **Feldman (R)**, « Ending Patent Exceptionalism and Structuring the Rule of Reason: The Supreme Court Opens the Door for Both », 15 *Minn. J. L. Sci. & Tech.* 61 (2014)

• « Defensive Leveraging in Antitrust », 87 *Georgetown L. J.* 2079 (1999)

– **Ferry (E)**, « Patent Agreements: No-Challenge Clauses », 11 *European Intellectual Property Review* 138 (1989)

– **Fielding (J)**, « From Pay-for-Delay to Product Hopping: The Limited Utility of Antitrust Law in the Pharmaceutical Industry », 38 *Cardozo L. Rev.* 1915 (2017)

– **Filson (J) et *alli***, « The Global Reach of *FTC v. Actavis* – Will Europe Differ from the US Approach to Pay-For-Delay Agreements? », 45 *IIC* 128 (2014)

– **Fischman (J)**, « The Circular Logic of *Actavis* », 66 *American University L. Rev.* 91 (2016)

– **Fiss (M)**, « Against Settlement », 93 *Yale L. J.* 1073 (1984)

– **Flannery (E) & Hutt (P)**, « Balancing Competition and Patent Protection in the Drug Industry: The Drug Price Competition and Patent Term Restoration Act of 1984 », 40 *Food Drug Cosmetic L. J.* 269 (1985)

– **Flochel (L) & Fréget (O)**, « L'application des tests économiques de pratiques anticoncurrentielles au secteur de la pharmacie » *in Concurrence, santé publique, innovation et médicament* (dir. M.-A. Frison-Roche), LGDJ-Lextenso édition, 2010, p. 357

– **Foray (D)**, « The Patent system and the dynamics of innovation in Europe », 31 *Science and Public Policy* 449 (2004)

– **Ford (B)**, « Using Reverse Payment Agreements as an Effective Way to Maintain a Patent Monopoly in the Pharmaceutical Industry », 21 *Journal of Gender, Social Policy & Law* 919 (2013)

– **Forrester (I)**, « The Dangers of Settling Patent Litigation » *in Competition and Patent Law in the Pharmaceutical Sector – An International Perspective* (dir. G. Pitruzzella & G. Muscolo), Wolters Kluwer, 2016, p. 69

– **Fouassier (E)**, « Responsabilité civile liée au médicament industriel : la nouvelle donne. Analyse critique de quelques conséquences de la directive "produits défectueux" du 25 juillet 1985 et du décret du 11 février 1998 relatif aux établissements pharmaceutiques », *Revue de droit sanitaire et social* 1998, n° 2, p. 296

– **Fourlon (A), Laborde (A.-S)**, « L'évaluation du préjudice en matière de contrefaçon de brevet », *Prop. intell.* 2014, n° 50, p. 4

– **Fournier (K)**, « The notion of "potential competitor" in US antitrust enforcement: Pragmatism and legal certainty », *Concurrences* n° 2-2017, p. 35

– **Fox (E)**, « Efficiency Paradox » *in How the Chicago School Overshot the Mark – The Effect of Conservative Economic Analysis on U.S. Antitrust* (dir. R. Pitofsky), Oxford University Press, 2008, p. 77

– **Fox (G)**, « *Integra v. Merck*: Limiting the Scope of the § 271(e)(1) Exception to Patent Infringement », 19 *Berkeley Technology L. J.* 193 (2004)

– **Frison-Roche (M.-A)**, « Les différentes natures de l'ordre public économique », *Arch. phil. dr.* 2015, t. 58, p. 147

• « Protection de la santé publique, maîtrise des dépenses de santé, droit général de la concurrence et régulation sectorielle » *in Concurrence, santé publique, innovation et médicament* (dir. M.-A. Frison-Roche), LGDJ-Lextenso édition, 2010, p. 1

• « Protecting public health, controling healthcare expenditure, general Antitrust Law and sectorial Regulatory Law », *LPA* 2010, n° 90, p. 27

• « L'idée de mesurer l'efficacité économique du droit » *in Mesurer l'efficacité économique du droit* (dir. G. Canivet, M.-A. Frison-Roche et M. Klein), LGDJ, 2005, p. 9

• « L'interférence entre les propriétés intellectuelles et les droits des marchés : perspective de régulation » *in Droit et économie de la propriété intellectuelle* (dir. M.-A. Frison-Roche et A. Abello), LGDJ, 2005, p. 15

• « Contrat, concurrence, régulation », *RTD civ.* 2004, p. 451

• « Vers une rente pour autrui », *Dr. & Patr.* 2003, n° 119, p. 73

• « Le droit d'accès à l'information ou le nouvel équilibre de la propriété » *in Le droit privé français à la fin du XXe siècle – Études offertes à P. Catala*, Litec, 2001, p. 759

• « Le modèle du marché », *Arch. phil. dr.* 1995, t. 40, p. 286

– **Friend (M)**, « Reverse patent settlements and EU competition law », 76 *Cambridge L. J.* 29 (2017)

– **Frydman (B)**, « Comment penser le droit global ? », *Working Papers* 2012/01 du Centre Perelman de Philosophie du droit

• « Le calcul rationnel des droits sur le marché de la justice : l'école de l'analyse économique du droit » *in Structure, système, champ et théorie du sujet* (dir. T. Andréani et M. Rosen), L'Harmattan, 2000, p. 131

– **Furman (D)**, « Pharmaceutical and Biotechnology Licensing and the Patent/Regulatory Background » *in Technology Licensing and Litigation 1998: Protecting Your Client's Rights* 7, P.L.I. Patents, Copyrights, Trademarks, & Literary Prop. Course, Handbook Series No. 514 (1998)

– **Gal (M) & Miller (A)**, « Patent Challenge Clauses: A New Antitrust Offense? », 102 *Iowa L. Rev.* 1477 (2017)

– **Gallasch (S)**, « Activating *Actavis* in Europe – the Proposal of a "Structured Effects-Based" Analysis for Pay-for-Delay Settlements », 36 *Legal Studies* 683 (2016)

• « Debunking the Pay for Delay Myth: Pay for Delay Settlements Are No Ordinary Patent Settlements », 15 *Competition L. J.* 89 (2016)

• « Adding a New Dimension to EU Pharmaceutical Antitrust – Pay for Delay Settlements as Part of a Unilateral Strategy such as Product Hopping, 12 *European Competition Journal* 137 (2016)

• « The EU Court of Justice invites to rethink the approach to pay for delay settlements in its recent case law (*Groupement des Cartes Bancaires*), 11 Sept. 2014, *e-Competitions*, art. n° 69490

– **Galloux (J.-C)**, « L'ordonnance du 9 mai 2018 et le décret du 31 mai 2018 relatifs au brevet européen à effet unitaire et à la juridiction unifiée du brevet », *D.* 2018, p. 1276

• « L'activité inventive en matière de brevets : l'équipe d'hommes du métier », *RTD com.* 2016, p. 89

• « Les médicaments, entre logiques de santé, d'innovation et de concurrence – Propos conclusifs », *Prop. intell.* 2016, n° 59, p. 184

• « Le brevet européen à effet unitaire et l'Accord relatif à une juridiction unifiée du brevet », *RTD com.* 2013, p. 243

• « Quelques précisions relatives aux mesures provisoires en matière de contrefaçon », *Prop. ind.* 2013, n° 4, étude 3

• « Contrefaçon de brevet de médicament » *in La contrefaçon des médicaments : les premiers pas d'une réaction normative internationale* (dir. C. Jourdain-Fortier et I. Moine-Dupuis), LexisNexis, 2013, p. 23

• « Le marché des médicaments » *in Propriété intellectuelle et concurrence – Pour une (ré)conciliation,* LexisNexis, 2012, p. 141

• « Ébauche d'une théorie juridique de l'information », *D.* 1994, p. 229

– **Galloux (J.-C) et Warusfel (B)**, « Le brevet unitaire et la future juridiction unifiée », *Propr. intell.* 2013, n° 47, p. 152

– **Galloway (J)**, « Driving Innovation: A Case for Targeted Competition Policy in Dynamic Markets », 34 *World Competition* 73 (2011)

– **Garnier (F)**, « L'interface entre le droit de la concurrence et l'innovation : Un défi majeur dans le futur », Journée européenne de la concurrence (Paris, 18-19 nov. 2008), *Concurrences* n° 1-2009, p. 44

– **Gasnier (J.-P)**, « Le brevet unitaire et la juridiction unifiée », *Prop. ind.* 2013, n° 5, alerte 34

– **Geiger (C)**, « La fonction sociale : clef pour comprendre, améliorer et adhérer aux droits de la propriété intellectuelle » *in Droit et économie de la propriété intellectuelle* (dir. M. Vivant), LGDJ, 2014, p. 79

• « La fonction sociale des droits de propriété intellectuelle », *D.* 2010, p. 510

– **Geradin (D), Ginsburg (D) & Safty (G)**, « Reverse Settlements in the European Union and the United States » *in Competition and Patent Law in the Pharmaceutical Sector – An International Perspective* (dir. G. Pitruzella & G. Muscolo), Wolters Kluwer, 2016, p. 125

– **Geradin (D) & Girgenson (I)**, « The Counterfactual Method in EU Competition Law: The Cornerstone of the Effects-Based Approach » *in Ten Years of Effect-Based Approach in EU Competition Law – State of Play and Perspectives* (dir. J. Bourgeois & D. Waelbroeck), Bruylant, 2012, p. 211

– **Geradin (D)**, « European Union Competition Law, Intellectual Property Law and Standardization » *in The Cambridge Handbook of Technical Standardization Law* (dir. J. L. Contreras), Cambridge University Press, 2017, p. 78

– **Gerard (D)**, « The Effects-Based Approach under Article 101 TFEU and its Paradoxes: Modernisation at War with Itself? » *in Ten Years of Effect-Based Approach in EU*

Competition Law – State of Play and Perspectives (dir. J. Bourgeois & D. Waelbroeck), Bruylant, 2012, p. 17

– **Gerla (H)**, « Competition on the merits – A sound industrial policy for antitrust law », 36 *Florida L. Rev.* 553 (1984)

– **Germain (M)**, « Morale et droit des affaires » *in Droit et Morale* (dir. D. Bureau, F. Drummond et D. Fenouillet), Dalloz, 2011, p. 183

– **Gifford (D)**, « The Role of the Ninth Circuit in the Development of the Law of Attempt to Monopolize », 61 *Notre D. L. Rev.* 1021 (1986)

– **Gilbert (R)**, « Not Another Drug! Antitrust for Drug and Other Innovations », 30 *ANTITRUST* 38 (2015)

– **Ginsburg (D) et *alii***, « Product Hopping and the Limits of Antitrust: The Danger of Micromanaging Innovation », *CPI Antitrust Chr.* (Dec. 2015), p. 2

– **Ginsburg (D) & Wright (J)**, « Comment on the Canadian Competition Bureau's Draft Updated Intellectual Property Enforcement Guidelines », George Mason University Law, Research Paper Series 15-31, 5 September 2015, p. 2

– **Giraud (A)**, « Exégèse de l'arrêt *Groupement des Cartes Bancaires* », *RLDA 2014*, n° 98, p. 43

– **Gisclard (T)**, « Les brevets de nouvelle application thérapeutique et la description de l'effet thérapeutique », *Prop. ind.* 2018, n° 4, étude 11

– **Glazer (K) & Desmond-Harris (J)**, « Reverse Payments: Hard Cases Even Under Good Law », 24 *ANTITRUST* 14 (2010)

– **Gleklen (J) & Linkner (A)**, « A US Court of Appeals holds that although reverse payment settlements between brand-name and generic pharmaceutical manufacturers are not illegal per se, they are presumptively unlawful under the rule of reason (*Schering-Plough*) », 16 juill. 2012, *e-Competitions*, art. n° 53014

– **Grabowski (H) et *alii***, « Does Generic Entry Always Increase Consumer Welfare? », 67 *Food & Drug L. J.* 373 (2012)

– **Grabowski (H)**, « The Impact of Regulation on Innovation », 34 *Food Drug Cosmetic L. J.* 555 (1979)

– **Graham (S) & Mowrey (D)**, « Submarines in Software? Continuations in US Software Patenting in the 1980s and 1990s », 13 *Economics of Innovation and New Technology* 443 (2004)

– **Graham (S) & Van Zeebroeck (N)**, « Comparing Patent Litigation Across Europe: A First Look », 17 *Stanford Technology L. Rev.* 655 (2014)

– **Grasso (R)**, « The ECJ Ruling in *Huawei* and the Right to Seek Injunctions Based on FRAND-Encumbered SEPs under EU Competition Law: One Step Forward », 39 *World Competition* 213 (2016)

– **Greene (S)**, « A Prescription for Change: How the Medicare Act Revises Hatch-Waxman to Speed Market Entry of Generic Drugs », 30 *The Journal of Corporation Law* 309 (2005)

– **Grynfogel (C)**, « Une utilisation de la confrontation entre concurrence et propriété intellectuelle : les licences FRAND », *RJDA* 2016, n° 5, p. 341

• « La notion d'"objet anticoncurrentiel" et la sécurité juridique des entreprises », *RJDA* 2014, n°s 8-9, p. 627

– **Gstalter (J)**, « *Open source*, interopérabilité et concurrence – À l'aube de l'arrêt *Microsoft* », *Concurrences* n° 3-2007, p. 46

– **Guerre (D) et Tripoz (I)**, « Le certificat complémentaire de protection au cœur de la tourmente entre médicament princeps et médicament générique », *Gaz. Pal.* 2006, n° 355, p. 26

– **Guillot (M)**, « Les autorisations administratives de mise sur le marché », *RLDA* 2017, suppl. n° 127, p. 25

– **Gyselen (L)**, « What Makes an Agreement Anti-competitive: Lessons from the Past » *in The Notion of Restriction of Competition – Revisiting the Foundations of Antitrust Enforcement in Europe* (dir. D. Gerard, M. Merola & B. Meyring), Bruylant, 2017, p. 111

– **Han (S)**, « Pay-to-Delay Settlements: The Circuit-Splitting Headache Plaguing Big Pharma », 15 *Vanderbilt Journal of Entertainment & Technology Law* 913 (2013)

– **Hancher (L) & Sauter (W)**, « A Dose of Competition: EU Antitrust Law in the Pharmaceutical Sector », Tilburg Centre for Law and Economics (TILEC), Tilburg University, Discussion Paper 2015-017, Déc. 2015, p. 2

– **Harker (M)**, « Antitrust Law and Administrability: Consumer versus Total Welfare », 34 *World Competition* 433 (2011)

– **Harris (B) et *alii***, « Activating *Actavis*: A More Complete Story », 28 *ANTITRUST* 83 (2014)

– **Hartnett (E)**, « Questioning Certiorari: Some Reflections Seventy-Five Years after the Judges' Bill », 100 *Columbia L. Rev.* 1643 (2000)

– **Hawk (B)**, « À propos de la "concurrence par les mérites" : Regards croisés sur l'article 82 CE et la section 2 du Sherman Act », *Concurrences* n° 3-2005, p. 33

– **Heeringa (A)**, « Dodging Antitrust Bullets in Patent Settlement Agreements: Lessons Learned from the "Reverse Payment" Dilemma », 5 *DePaul Business & Commercial L. J.* 265 (2007), spéc. p. 273

– **Held (M) & Zinsmeister (U)**, « Pay-for-delay or reverse payment settlements – A war of roses between competition and patent law in Europe and in the United States? European Commission fines Lundbeck and other pharma companies for delaying market entry of generic medicines », 34 *European Competition L. Rev.* 621 (2013)

– **Helm (J)**, « Why Pharmaceutical Firms Support Patent Trolls: The Disparate Impact of Ebay v. Mercexchange on Innovation », 13 *Michigan Telecommunications & Technology L. Rev.* 331 (2006)

– **Hemphill (C)**, « Less Restrictive Alternatives in Antitrust Law », 116 *Columbia L. Rev.* 927 (2016))

- « An Aggregate Approach to Antitrust: Using New Data and Rulemaking to Preserve Drug Competition », 109 *Columbia L. Rev.* 629 (2009)
- « Paying for Delay: Pharmaceutical Patent Settlement as a Regulatory Design Problem », 81 *New York University L. Rev.* 1553 (2006)

– **Hemphill (C) & Lemley (M)**, « Earning Exclusivity: Generic Drug Incentives and the Hatch-Waxman Act », 77 *Antitrust L. J.* 947 (2011)

– **Hemphill (C) & Sampat (B)**, « Evergreening, patent challenges, and effective market life in pharmaceuticals », 31 *Journal of Health Economics* 327 (2012)

- « When Do Generics Challenge Drug Patents? », 8 *Journal of Empirical Legal Studies* 613 (2011)

– **Hénin (C) et Servoir (A)**, « Environnement réglementaire et concurrentiel du marché du médicament en ville et à l'hôpital » *in Concurrence, Santé publique, Innovation et Médicament* (dir. M.-A. Frison-Roche), LGDJ-Lextenso édition, 2010, p. 17

– **Hénin (C)**, « Le médicament, entre propriété intellectuelle et principe de concurrence » *in La régulation des secteurs de la santé* (dir. M.-A. Frison-Roche), Presses de Sciences Po/Dalloz, 2011, p. 83

– **Héritier (A)**, « Le droit et la sincérité – À la recherche historique d'un couple ignoré » *in La sincérité en droit* (dir. O. Le Bot), Larcier, 2011, p. 21

– **Hermitte (M.-A)**, « Le rôle des concepts mous dans les techniques de déjuridicisation : l'exemple des droits intellectuels », *Arch. phil. dr.*, t. 30, p. 331, 1985

– **Herman (M)**, « The Stay Dilemma: Examining Brand and Generic Incentives for Delaying the Resolution of Pharmaceutical Patent Litigation », 111 *Columbia L. Rev.* 1788 (2011)

– **Herrman (N)**, « Licence Agreements Under Scrutiny: A New Challenge for Non-Challenge Clauses », *Global Competition Review* 141 (suppl. 2014)

– **Herpe (F)**, « Compétence judiciaire en matière d'action en contrefaçon d'un brevet européen », *EDPI* 2012, n° 9, p. 6

– **Hilty (R)**, « The Role of Patent Quality in Europe » *in Technologie et Concurrence – Mél. en l'honneur de H. Ullrich*, Larcier, 2009, p. 91

– **Hirshleifer (J)**, « The Private and Social Value of Information and the Rewards to Inventive Activity », 61 *American Economic Review* 19 (1971)

– **Hoerner (R)**, « Antitrust Pitfalls in Patent Litigation Settlement Agreements », 8 *Federal Circuit Bar Journal* 113 (1998)

– **Hollis (A)**, « The importance of being first: evidence from Canadian generic pharmaceuticals », 11 *Health Econ.* 723 (2002)

– **Holman (C)**, « In Defense of Secondary Pharmaceutical Patents: A Response to the UN's *Guidelines for Pharmaceutical Patent Examination* », 50 *Indiana L. Rev.* 759 (2017)

– **Holmes (O)**, « The Path of the Law », 110 *Harvard L. Rev.* 991 (1997)

– **Honeycheck (L)**, « The Drug Price Competition and Patent Term Restoration Act of 1984: A Panacea or a Placebo? », 9 *Seton Hall Legislative Journal* 233 (1985)

– **Hovenkamp (H), Janis (M) & Lemley (M)**, « Anticompetitive Settlement of Intellectual Property Disputes », 87 *Minnesota L. Rev.* 1719 (2003)

• « Balancing Ease and Accuracy in Assessing Pharmaceutical Exclusion Payments », 88 *Minnesota L. Rev.* 712 (2004)

– **Hovenkamp (H)**, « The Rule of Reason », 70 *Florida L. Rev.* 81 (2018)

• H. Hovenkamp, « The Rule of Reason and the Scope of the Patent », 52 *San Diego L. Rev.* 515 (2015)

• « Antitrust and the Patent System: A Reexamination », 76 *Ohio St. L. J.* 468 (2015)

• « Anticompetitive Patent Settlements and the Supreme Court's *Actavis* Decision », 15 *Minn. J. L. Sci. & Tech.* 3 (2014)

• « Implementing Antitrust's Goals », 81 *Fordham L. Rev.* 2471 (2013)

• « Sensible Antitrust Rules for Pharmaceutical Competition », 39 *University of San Francisco L. Rev.* 11 (2004)

– **Hsieh (E)**, « Mandatory Joinder: An Indirect Method for Improving Patent Quality », 77 *Southern California L. Rev.* 683 (2004)

– **Hudson Bechtel (J)**, « A Framework to Evaluate Pharmaceutical Pay-for-Delays: A Balancing Test Based Upon Reasonableness », 102 *Kentucky L. J.* 501 (2014)

– **Hull (D)**, « Proceed with caution across the IP/competition intersection », The outcome of the EC pharmaceutical sector inquiry, *Concurrences* n° 3-2009, p. 14

– **Hutchins (M)**, « Using Interlocking Additional Early Stage Patents to Improve and Extend Patent Protection », 3 *International Journal of Medical Marketing* 212 (2003)

– **Iacono (G)**, « Le droit au médicament, un défi pour les droits de l'homme », *RLDA* 2017, suppl. n° 127, p. 34

– **Ibáñez Colomo (P) & Lamadrid de Pablo (A)**, « On the Notion of Restriction of Competition: What We Know and What We Don't Know We Know » *in The Notion of Restriction of Competition – Revisiting the Foundations of Antitrust Enforcement in Europe* (dir. D. Gerard, M. Merola & B. Meyring), p. 333

– **Idot (L)**, « Match nul provisoire dans l'affaire *Intel* : la partie continue… », *Europe* 2017, n° 10, étude 9

• « Autorités de concurrence : vers des autorités plus indépendantes et plus fortes ? » (*New Frontiers of Antitrust*, Paris, 26 juin 2017), *Concurrences* n° 4-2017, art. n° 84947

• « Réflexions sur la notion d'infraction unique et continue en droit européen de la concurrence » *in Humanisme et justice – Mél. en l'honneur de G. Giudicelli-Delage*, Dalloz, 2016, p. 549

• « Reform of Regulation 1/2003: Power to set enforcement priorities », *Concurrences* n° 3-2015, p. 51

• « Une stabilisation de la jurisprudence en matière d'abus de position dominante ? », *RTD eur.* 2015, p. 826

• « Argument économique et argument sociologique » *L'argument sociologique en droit – Pluriel et singularité* (dir. D. Fenouillet), Dalloz, 2015, p. 43

• « Vingt ans de politique européenne de concurrence », *Rev. aff. eur.* 2012, n° 2, p. 273

• « Abus de position dominante dans le secteur pharmaceutique », *Europe* 2010, n° 10, comm. 321

• « Le retour de l'objet anticoncurrentiel… », *Concurrences* n° 4-2009, p. 1

• « À propos de l'internationalisation du droit. Réflexions sur la *soft law* en droit de la concurrence » *in Vers de nouveaux équilibres entre ordres juridiques – Mél. en l'honneur du professeur H. Gaudemet-Tallon*, Dalloz, 2008, p. 85

• « La qualification de la restriction de concurrence, à propos des lignes directrices de la Commission concernant l'application de l'article 81, § 3 CE » *in La modernisation du droit de la concurrence* (dir. G. Canivet), LGDJ, 2006, p. 85

– **Immenga (U)**, « Le droit de la concurrence dans l'économie globale » *in Philosophie du droit et droit économique : Quel dialogue ? – Mél. G. Farjat*, Éditions Frison-Roche, 1999, p. 405

– **Ingle (C)**, « Reverse Payment Settlements: A Patent Approach to Defending the Argument for Illegality », 7 *Journal of Law and Policy for the Information Society* 503 (2012)

– **Iyengar (V)**, « *Mylan v. Warner Chilcott:* A Study in Pharmaceutical Product Hopping », 19 *Marquette Intellectual Property L. Rev.* 249 (2015)

• « Should Pharmaceutical Product Hopping Be Subject to Antitrust Scrutiny? », 97 *Journal of the Patent and Trademark Office Society* 663 (2015)

– **Jacob (R)**, « Pharmaceutical Patents: Competition Law Goes Too Far » *in Competition and Patent Law in the Pharmaceutical Sector – An International Perspective* (dir. G. Pitruzzella & G. Muscolo), Wolters Kluwer, 2016, p. 85.

• « "Raising the Bar" : une fausse chimère ? *in Concurrence, santé publique, innovation et médicament* (dir. M.-A. Frison-Roche), LGDJ-Lextenso édition, 2010, p. 271

• « The Harmonisation of Patent Litigation », 2 *Intellectual Property Quarterly* 142 (1997)

– **Jacobson (J) et *alii***, « Predatory Innovation: An Analysis of Allied Orthopedic v. Tyco in the Context of Section 2 Jurisprudence », 23 *Loyola Consumer L. Rev.* 1 (2010)

– **Jakobs (M)**, « Standard Essential Patents, Frand Commitments and Competition Law », 34 *European Competition L. Rev.* 554 (2013)

– **Jean (B)**, « Propriété intellectuelle et *Open Innovation* : les frères ennemis ? », Les pratiques contemporaines de la propriété intellectuelle, journée d'études JC-RDST et Cuerpi (Grenoble, 30 sept. 2011), *RLDI* 2011, suppl. n° 77, p. 32

– **Joliet (R)**, « Monopolisation et abus de position dominante. Essai comparatif sur l'article 2 du Sherman Act et l'article 86 du Traité de Rome », *RTD eur.* 1969, p. 42

– **Jones (P)**, « Navigating the Hatch-Waxman Act's Safe Harbor », 57 *Food and Drug L. J.* 475 (2002)

– **Josserand (L)**, « L'essor moderne du concept contractuel » *in Les sources du droit – Mél. en l'honneur de F. Gény*, Librairie du Recueil Sirey, t. 2, 1934, p. 333

– **Jouan-Flahault (C) et *alli***, « Recherche, innovation et progrès thérapeutique dans le secteur du médicament : état des lieux, enjeux et perspectives » *in Concurrence, santé publique, innovation et médicament* (dir. M.-A. Frison-Roche), LGDJ-Lextenso édition, 2010, p. 135

– **Jourdain-Fortier (C)**, « Des pratiques de protection des parts de marché aux pratiques d'éviction – Réflexions sur la notion de "bien-être du consommateur" en droit de la concurrence » *in Les pratiques de l'industrie pharmaceutique au regard du droit de la concurrence* (dir. C. Jourdain-Fortier et I. Moine-Dupuis), LexisNexis-Litec, 2010, p. 23

– **Jung (K)**, « Hatch-Waxman's Safe-Harbor Provision for Pharmaceutical Development: A Free Ride for Patent Infringers? », 13 *John Marshall Review of Intellectual Property Law* 445 (2014)

– **Kaesling (K)**, « The European Patent with Unitary Effect – A Unitary Patent Protection for a Unitary Market? » 2 *UCL Journal of Law and Jurisprudence* 87 (2013)

– **Kaiser (J)**, « Up Close: Finding an Alternative to the European Opposition System », 176 *Patent World* 21 (2005)

– **Kauper (T)**, « The Problem of Market Definition under EC Competition Law », 20 *Fordham International L. J.* 1682 (1996)

– **Keer (W) & Tyler (C)**, « Measuring Reverse Payments in the Wake of *Actavis* », 28 *ANTITRUST* 29 (2013)

– **Kerber (W) & Frank (S)**, « Patent Settlements in the Pharmaceutical Industry: What Can We Learn from Economic Analysis? », University of Marburg, Discussion Paper No. 01-2016

– **Kerin (R) et *alii***, « First Mover Advantage: A Synthesis, Conceptual Framework and Research Propositions », 56 *Journal of Marketing* 33 (1992)

– **Kesan (J) & Ball (G)**, « How Are Patent Cases Resolved? An Empirical Examination of the Adjudication and Settlement of Patent Disputes », 84 *Washington University L. Rev.* 237 (2006)

– **Khan (L) & Vaheesan (S)**, « Market Power and Inequality: The Antitrust Counterrevolution and Its Discontents », 11 *Harvard Law & Policy Review* 235 (2017)

– **Khatibifar (T)**, « The Need for Patent-Centric Standard of Antitrust Review to Evaluate Reverse Payment Settlements », 23 *Fordham Intellectual Property, Media and Entertainment L. J.* 1351 (2013)

– **Killick (J) & Berghe (P)**, « Applying a by object test to patent settlements is very different from the rule of reason », *Concurrences* n° 2-2014, p. 21

– **Killick (J), Jourdan (J) & Dickinson (J)**, « The Commission's Lundbeck Decision: A Critical Review of the Commission's Test for Patent Settlement Agreements », *CPI Antitrust Chr.* (Feb. 2015)

– **Killick (J) & Jourdan (J)**, « *Cartes Bancaires*: A Revolution Or A Reminder of Old Principles We Should Never Have Forgotten? », *CPI Antitrust Chr.* (Dec. 2014)

– **Killick (J)**, « The *Perindopril* Case: Patent Settlements and Acquisition of Technology » *in The Notion of Restriction of Competition – Revisiting the Foundations of Antitrust Enforcement in Europe* (dir. D. Gerard, M. Merola & B. Meyring), Bruylant, 2017, p. 269

• « Patent settlements as by object restrictions: a European approach but is it the right one? » *in A Scot without Borders – Liber Amicorum, mél. en l'honneur de I. Forrester* (dir. D. Edward & J. MacLennan), Vol. II, Institute of Competition Law, 2015, p. 185

– **King (S)**, « The Object Box: Law, Policy or Myth? », 7 *European Competition Journal* 269 (2011)

– **Klafter (A)**, « *Berkey Photo, Inc. v. Eastman Kodak Co.*: The Predisclosure Requirement – A New Remedy for Predatory Marketing of Product Innovations », 10 *Rutgers-Camden L. J.* 395 (1979)

– **Knapp (G)**, « Issues of Generic Substitution », 34 *Food Drug Cosm. L. J.* 98 (1979)

– **Korah (V)**, « The Interface Between Intellectual Property and Antitrust: The European Experience », 69 *Antitrust L. J.* 801 (2001)

– **Körber (T)**, « Abuse of a Dominant Position by Legal Actions of Owners of Standard-Essential Patents: Huawei Technologies Co. Ltd v. ZTE Corp. », 53 *Common Market L. Rev.* 1107 (2016)

– **Kovar (J.-P) et Kovar (R)**, « L'objet anticoncurrentiel au sens de l'article 101, paragraphe 1, du TFUE : Un objet difficile à identifier », *Concurrences* n° 1-2016, p. 48

– **Kovar (R)**, *Le système de brevets européens*, JCl., fasc. 4425, 2016

• « Respecter les règles de la concurrence : les déviances en matière de brevets à la croisée des droits de propriété intellectuelle et de la concurrence » *in Approches stratégiques de la propriété industrielle*, LexisNexis-Litec, 2011

• « Les innovations abusives : à la croisée des droits de propriété intellectuelle et de la concurrence » *in Droits de propriété intellectuelle – Liber amicorum G. Bonet*, LexisNexis-Litec, 2010, p. 315

• « Le règlement du Conseil du 16 décembre 2002 relatif à la mise en œuvre des règles de concurrence prévues aux articles 81 et 82 du traité CE », *D.* 2003, p. 478

• *Brevets, savoir-faire et interdiction des ententes*, JCl. Brevets, fasc. 4830, 2001

• « Le droit communautaire de la concurrence et la "règle de raison" », *RTD eur.* 1987, p. 237

– **Krickl (L) & Avery (M)**, « Roberts Was Wrong: Increased Antitrust Scrutiny after FTC v. Actavis Has Accelerated Generic Competition », 19 *Virgina Journal of Law and Technology* 509 (2015)

– **Krieger (A)**, « When will the European Community Patent Finally Arrive? », 29 *International Review of Industrial Property and Copyright Law* 855 (1998)

– **Krueger (A)**, « Implementing Actavis: Three Tips for Futur Courts Assessing Reverse Patent Settlements Under Rule of Reason », 15 *Minn. J. L. Sci. & Tech.* 115 (2014)

– **Kurlander (D)**, « Rebalancing Pay-for-Delay: Why No-Authorized Generic Agreements Should Be Subject to Higher Antitrust Scrutiny », 32 *Cardozo Arts & Entertainment* 683 (2014)

– **Kutcher (M)**, « Waiting is the Hardest Part: Why the Supreme Court Should Adopt the Third Circuit's Analysis of Pay-for-Delay Settlement Agreements », 44 *Loyola University Chicago L. J.* 1093 (2013)

– **Kyle (K)**, « Competition Law, Intellectual Property and the Pharmaceutical Sector », 81 *Antitrust L. J.* 1 (2016)

– **La Belle (M)**, « Against Settlement of (Some) Patent Cases » 67 *Vanderbilt L. Rev.* 375 (2014)

– **Lacy (E)**, « "Hard Switch" a Violation of the Sherman Act in "Product Hopping" Case », 12 *Journal of Health & Biomedical Law* 91 (2016)

– **Landes (W) & Posner (R)**, « Market Power in Antitrust Cases », 94 *Harvard L. Rev.* 937 (1981)

– **Landmon (C)**, « A US Court of Appeals holds that the reverse payment settlement between branded and generic pharma companies did not violate the antitrust laws because the exclusionary effect of the agreement did not exceed the scope of the patent (*Schering-Plough*) », 8 mars 2005, *e-Competitions* March 2005, art. n° 52997

– **Langenfeld (J)**, « Evaluating the Size of "Reverse Payments" In Light of the Supreme Court's Decision in *FTC v. Actavis* », *CPI Antitrust Chr.* (Sept. 2013), p. 2

– **Langenfeld (J) & Li (W)**, « Economic Analyses of Patent Settlement Agreements: The Implementation of Specific Economic Tests, the Evaluation of Dynamic Efficiency, and the Scope of Patent Rights », 39 *University of San Francisco L. Rev.* 57 (2004)

– **Lanjouw (J) & Schankerman (M)**, « Characteristics of Patent Litigation: A Window on Competition », 32 *Rand. J. Econ.* 129 (2001)

– **Larrieu (J)**, « La propriété intellectuelle et le droit à la santé » *in La propriété intellectuelle, entre autres droits* (dir. J.-M. Bruguière), Dalloz, 2009, p. 15

– **Lasserre (B)**, « Le consommateur et son bien-être au cœur de la mise en œuvre des règles de concurrence – Propos introductifs », Journée européenne de la concurrence (Paris, 18-19 nov. 2008), *Concurrences* n° 1-2009, p. 21

– **Lave (J)**, « Responding to Patent Litigation Settlements: Does the FTC Have It Right Yet », 64 *University of Pittsburgh L. Rev.* 201 (2002)

– **Leary (T)**, « Antitrust Issues in the Settlement of Pharmaceutical Patent Disputes, Part III », 30 *Seattle University L. Rev.* 377 (2006)

• « Antitrust Issues in Settlement of Pharmaceutical Patent Disputes », 14 *ABA Section of Antitrust Law Healthcare Chr.* 6 (Winter 2000/2001)

– **Lechner-Fish (T)**, « The Hatch-Waxman System: Suffering a Plague of Bad Behavior », 5 *Houston Business and Tax L. J.* 372 (2005)

– **Lécuyer (H)**, « Le contrat, acte de prévision » *in L'avenir du droit – Mél. en l'honneur de F. Terré*, Dalloz, 1999, p. 641

– **Leffler (C) & Leffler (K)**, « Efficiency Trade-Offs in Patent Litigation Settlements: Analysis Gone Astray? », 39 *University of San Francisco L. Rev.* 32 (2004)

• « Settling the Controversy over Patent Settlements: Payments by the Patent Holder Should Be Per Se Illegal » *in Antitrust Law and Economics* (dir. J. B. Kirkwood), Emerald Group Publishing Limited, 2004, p. 475

• « The Probabilistic Nature of Patent Rights: In Response to Kevin McDonald », 17 *ANTITRUST* 77 (2003)

• « Want to Pay a Competitor to Exit the Market? Settle a Patent Infringement Case », *ABA Section of Antitrust Law Economics Committee Newsletter*, Spring 2002, Vol. 2, No. 1

– **Lee (P)**, « Transcending the Tacit Dimension: Patents, Relationships, and Organizational Integration in Technology Transfer », 100 *California L. Rev.* 1503 (2012)

– **Le Goffic (C)**, « L'accès aux médicaments : entre génériques et princeps », *Journal de Droit de la Santé et de l'Assurance Maladie* 2017, n° 15, p. 30

– **Lemley (M) & McKenna (M)**, « Scope », 57 *William & Mary L. Rev.* 2197 (2016)

– **Lemley (M) & Moore (K)**, « Ending Abuse of Patent Continuation », 84 *Boston University L. Rev.* 63 (2004)

– **Lemley (M) & Sampat (B)**, « Examiner Characteristics and Patent Office Outcomes », 94 *Review of Economics and Statistics* 817 (2012)

– **Lemley (M) & Shapiro (C)**, « Probabilistic Patents » 19 *The Journal of Economic Perspectives* 75 (2005)

• « Patent Holdup and Royalty Stacking », 85 *Texas L. Rev.* 1991 (1992)

– **Leroy (Y)**, « La notion d'effectivité du droit », *Droit et Société* 2011, n° 79, p. 715

– **Le Stanc (C)**, « Du brouillard sur la Manche : Brexit et propriété intellectuelle », *Prop. ind.* 2016, n° 9, repère 8

– **Lévêque (F)**, « Régulation de la pharmacie et propriété intellectuelle : le troisième côté du triangle » *in Concurrence, santé publique, innovation et médicament* (dir. M.-A. Frison-Roche), LGDJ-Lextenso édition, 2010, p. 329

• « La normalisation et le droit de la concurrence face au *hold-up* », *RLC* 2007, n° 12, p. 170

– **Lewis (R)**, « Inevitable Imbalance: Why *FTC v. Actavis* Was Inadequate to Solve the Reverse Payment Settlement Problem and Proposing a New Amendment to the Hatch-Waxman Act », 37 *Seattle University L. Rev.* 1059 (2014)

• « The Emerging Effects of the Drug Price Competition and Patent Term Restoration Act of 1984 », 8 *Journal of Contemporary Health Law and Policy* 361 (1992)

– **Li (W)**, « The Role of Risk Aversion in Reverse Payment Agreements », 63 *Antitrust Bull.* 237 (2018)

– **Lianos (I) & Dreyfuss (R)**, « New Challenges in the Intersection of Intellectual Property Rights with Competition Law – A View from Europe and the United States », Center of Law, Economics and Society, Cles Working Paper Series 4/2013, 2013

– **Lieberman (M) & Montgomery (D)**, « First-mover (dis)advantages: retrospective and link with the resource-based view », 19 *Strategic Management Journal* 1111 (1998)

– **Lim (D)**, « Reverse payments – Life after *Actavis* », 45 *IIC* 1 (2014)

– **Lopatka (J)**, « *United States v. IBM*: A Monument to Arrogance », 68 *Antitrust L. J.* 145 (2000)

– **Lourie (A)**, « Patent Term Restoration », 66 *Journal of the Patent Office Society* 526 (1985)

– **Lucas de Leyssac (C)**, « Concurrence et compétition », *D.* 2004, p. 1723

– **Lunney (G)**, « *FTC v. Actavis*: The Patent-Antitrust Intersection Revisited », 93 *North Carolina L. Rev.* 375 (2015)

– **Lutinski (J), Maddock (R) & Sliber (S)**, « "Good Luck" Post-*Actavis*: Current State of Play on "Pay-for-Delay" Settlements », *CPI Antitrust Chr.* (Nov. 2014), p. 1

– **Madero (C)**, « The Notion of Restriction of Competition in the Post-Modernisation Context » *in The Notions of Restriction of Competition – Revisiting the Foundations of Antitrust Enforcement in Europe* (dir. D. Gerard, M. Merola & B. Meyring), Bruylant, 2017 p. 383

– **Maggiolino (M) & Montagnani (M)**, « AstraZeneca's Abuse of IPR-Related Procedures – A Hypothesis of Antitrust Offence, Abuse of Rights, and IPR Misuse », 34 *World Competition* 245 (2011)

– **Maher (I)**, « The Challenge of European Competition Network Convergence in the Definition of Harm to Competition » *in The Notion of Restriction of Competition – Revisiting the Foundations of Antitrust Enforcement in Europe* (dir. D. Gerard, M. Merola & B. Meyring), Bruylant, 2017, p. 87

– **Maier-Rigaud (R)**, « L'enquête sur le secteur pharmaceutique de l'Union européenne » *in Les pratiques de l'industrie pharmaceutique au regard du droit de la concurrence* (dir. C. Jourdain-Fortier et I. Moine-Dupuis), LexisNexis-Litec, 2010, p. 59

– **Malaurie-Vignal (M)**, « Simplification du droit de la concurrence : une utilité, un leurre ou une réalité ? » *in La simplification du droit – Recherches à la confluence de la légistique et de la pratique* (dir. D. Bert, M. Chagny et A. Constantin), Institut universitaire de Varenne, LGDJ, 2015, p. 289

• « Le bien-être du consommateur, une rencontre possible entre juriste et économiste ? », article publié dans le cadre d'un colloque en ligne intitulé « Le droit de la concurrence et l'analyse économique », *Revue Concurrentialiste*, mai 2013, p. 56

• « Brevets dormants, brevets assassins, pratiques de hold-up : que peut faire le droit ? Retour sur une rencontre entre le droit de la propriété intellectuelle et le droit de la concurrence », *D.* 2012, p. 2325

• « Lignes directrices, force normative et sécurité juridique », *Contrats, conc., consom.* 2007, n° 4, comm. 98

• « Le consommateur et le droit de la concurrence », *Contrats, conc., consom.* 2005, n° 11, repère 10

– **Mallet-Poujol (N)**, « Appropriation de l'information : l'éternelle chimère », *D.* 1997, p. 330

– **Marco Colino (S)**, « The *Lundbeck* case and the concept of potential competition – General introduction », *Concurrences* n° 2-2017, p. 24

– **Maréchal (C)**, *Concurrence et propriété industrielle*, JCl., fasc. 134, 2014

– **Marenco (G)**, « La notion de restriction de concurrence dans le cadre de l'interdiction des ententes » *in Mél. en hommage à M. Waelbroeck*, Bruylant, 1999, p. 1217

– **Marino (L)**, « Les *patent thickets* : du bouillon de l'innovation à la poudrière », *RLDI* 2014, n° 101, p. 69

• « Le devenir des brevets dans le secteur des médicaments en Europe », *Prop. ind.* 2011, n° 9, étude 15

– **Marshall Lee (W)**, « Proving a "Walker Process" Antitrust Claim », 59 *Antitrust L. J.* 661 (1991)

– **Marteu (T)**, « Brevet d'invention et déséquilibres économiques » *in Les déséquilibres économiques et le droit économique* (dir. L. Boy), Larcier, 2015, p. 159

– **Martin (A)**, « Le médicament, une marchandise pas comme les autres » *in Le médicament et la personne – Aspects de droit international* (dir. I. Moine-Dupuis), Litec, 2007, p. 279

– **Martin (R)**, « Le droit en branches », *D.* 2002, p. 1703

– **Martucci (F)**, « L'extraterritorialité en droit de la concurrence », *Cahiers de droit de l'entreprise* 2018, n° 4, dossier 29

– **Marty (F)**, « La révolution n'a-t-elle pas eu lieu ? De la place de l'analyse économique dans le contentieux concurrentiel de l'Union européenne » *in Contentieux du droit de la concurrence de l'Union européenne – Questions d'actualité et perspectives* (dir. V. Giacobbo-Peyronnel et C. Verdure), Bruylant, 2017, p. 27

• « Le critère du bien-être du consommateur comme objectif exclusif de la politique de la concurrence – Une mise en perspective sur la base de l'histoire de l'antitrust américain », *RIDE* 2014/4, p. 471

• De la notion de responsabilité particulière de l'opérateur dominant dans la politique de concurrence européenne : Quelles conséquences sur les libertés économiques ? » *in Économie de marché, droits et libertés et valeurs communes en Europe et en Asie* (dir. L. Potvin-Solis et H. Ueda), Publication de la Chaire Jean Monnet de l'Université de Lorraine, 2012, p. 181

– **Masson (A) et Shariff (M)**, « Les stratégies juridiques des entreprises », *RLDA* 2010, n° 53, p. 56

– **Masson (A)**, « L'ambivalence du droit, source d'opportunités stratégiques : l'exemple de la concurrence » *in Stratégies d'instrumentalisation juridique et concurrence* (dir. A. Masson et *alii*), Larcier, 2013, p. 15

– **May (M), Wardell (W) & Lasagna (L)**, « New Drug Development During and After a Period of Regulatory Change: Clinical Research Activity of Major, United States Pharmaceutical Firms, 1958 to 1979 », 33 *Clinical Pharmacology Therapeutics* 691 (1983)

– **Mazeaud (D)**, « Quelques mots sur la réforme du droit des contrats », *D.* 2018, p. 912

– **Mazeaud (V)**, « Éviter la loi » *in Recueil de leçons de 24 heures – Agrégation de droit privé et de sciences criminelles 2015*, LGDJ, 2015, p. 241

– **McCarey (M)**, « Generic Substitution Policy », 34 *Food Drug Cosm. L. J.* 103 (1979)

– **McDonald (K)**, « Patent Settlements and Payments That Flow The "Wrong" Way: The Early History of a Bad Idea », 15 *Antitrust Health Care Chr.* 2 (2002)

• « Hatch-Waxman Patent Settlements and Antitrust: On "Probabilistic" Patent Rights and False Positives » 17 ANTITRUST 68 (2003)

• « Because I Said So: On the Competitive Rationale of *FTC v. Actavis* », 28 *ANTITRUST* 36 (2013)

– **McGough (K)**, « Preserving the Compromise: The Plain Meaning of Waxman-Hatch Market Exclusivity », 45 *Food Drug Cosmetic. L. J.* 487 (1990)

– **McIntyre et *alli***, « The continuing relevance of patent validity in reverse-payment litigation », *Concurrences* n° 2-2014, p. 25

– **Medina (D)**, « How the Unitary Patent Will Fragment European Patent Law », 47 *Arizona State L. J.* 319 (2015)

– **Mehl (A)**, « The Hatch-Waxman Act and Market Exclusivity for Generic Drug Manufacturers: An Entitlement or an Incentive », 81 *Chicago-Kent L. Rev.* 649 (2006)

– **Mehta (R)**, « The UK OFT issues statement of objections to four pharma companies alleging they acted to delay effective competition in the national supply of an antidepressant medicine (*GSK/GUK/Alpharma/IVAX*) », 19 April 2013, *e-Competitions*, art. No. 57316

– **Meier-Beck (P)**, « Les dommages-intérêts pour contrefaçon de brevet en droit allemand – Principes fondamentaux, évaluation et mise en œuvre », *Prop. ind.* 2004, n° 11, étude 19

– **Mekki (M)**, « La loi de ratification de l'ordonnance du 10 février 2016 – Une réforme de la réforme ? », *D.* 2018, p. 900

• « Considérations sociologiques sur les liens entre droit et morale : la fusion des corps et la confusion des esprits » *in Droit et Morale* (dir. D. Bureau, F. Drummond et D. Fenouillet), Dalloz, 2011, p. 27

– **Melamed (A)**, « Exclusive Dealing Agreements and Other Exclusionary Conduct – Are There Unifying Principles? », 73 *Antitrust L. J.* 375 (2006)

– **Meller (M)**, « Opposition of Patents under the EPC », 61 *Journal of the Patent Office Society* 550 (1979)

– **Mendoza-Caminade (A)**, « Les tensions entre le brevet et le médicament : l'indispensable régulation du brevet pharmaceutique », *RLDA 2010*, n° 45, p. 57

– **Ménière (Y)**, « Les fonctions des droits de propriété intellectuelle : le point de vue de l'économie », *Prop. ind.* 2010, n° 10, dossier 3

– **Merrill (R)**, « The Architecture of Government Regulation of Medical Products », 82 *Virginia L. Rev.* 1753 (1996)

– **Mestre (J) et Fages (B)**, « Le manquement contractuel et les tiers », *RTD civ.* 2007, p.115

– **Mestre (J)**, « Rapport de synthèse » in *La transaction dans toutes ses dimensions* (dir. B. Mallet-Bricout et C. Nourissat), Dalloz, 2006, p. 212.

– **Meunier (V) & Padilla (A)**, « Should Reverse Payment Patent Settlements Be Prohibited per se? », *Concurrences* n° 3-2016, p. 1

– **Mezaguer (M)**, « Approche transactionnelle et garanties procédurales en droit antitrust de l'Union européenne », *Rev. UE* 2015, n° 589, p. 353

– **Michaux (G)**, « La réforme de la législation pharmaceutique européenne », *Contrats, conc., consom.* 2005, n° 7, étude 7

– **Milenkovich (N)**, « Deleting the Bolar Amendment to the Hatch-Waxman Act: Harmonizing Pharmaceutical Patent Protection in a Global Village », 32 *John Marshall L. Rev.* 751 (1999)

– **Miller (A) & Gal (M)**, « Licensee Patent Challenges », 32 *Yale Journal on Regulation* 121 (2015)

– **Miller (B)**, « Antitrust Analysis After Actavis: Applying the Rule of Reason to Reverse Payments », 15 *Wake Forest Journal of Business & Intellectual Property Law* 382 (2015)

– **Miller (J)**, « Building a Better Bounty: Litigation-Stage Rewards for Defeating Patents », 19 *Berkeley Tech. L. J.* 667 (2004)

• « Drug Price Competition and Patent Term Restoration Act: The Elimination of Competition Between Drug Manufacturers », 5 *DePaul Journal of Health Care Law* 91 (2002)

– **Milne (R),** « Recent Activity on the Brand-Generic Drug Patent Settlement Front », 18 *ANTITRUST* 83 (2004)

– **Minn (M)**, « Voluntary Licensing of Patents in the Pharmaceutical Industry – Effective Means of Promoting the Competition Process while Remedying the Shortcomings of the Patent System? », 38 *European Intellectual Property Review* 718 (2016)

– **Molfessis (N)**, « La controverse doctrinale et l'exigence de transparence de la doctrine », *RTD civ.* 2003, p. 161

– **Molzon (J)**, « The Generic Drug Approval Process », 5 *Journal of Pharmacy & Law* 275 (1995)

– **Morgan de Rivery (E), Thibault-Liger (S) et Bernard (J)**, « L'impact des réformes récentes du droit communautaire de la concurrence sur le traitement des transferts de technologie » *in Droit et économie de la propriété intellectuelle* (dir. M.-A. Frison-Roche et A. Abello), LGDJ, 2005, p. 55

– **Morgenstern (S) & Pergament (A)**, « Applying the Rule of Reason in the Post-Actavis World », 1 *Columbia Business L. Rev.* 45 (2018)

– **Morse (M)**, « Settlement of Intellectual Property Disputes in the Pharmaceutical and Medical Device Industries: Antitrust Rules », 10 *George Mason L. Rev.* 359 (2002)

– **Mossinghoff (G)**, « Overview of the Hatch-Waxman Act and Its Impact on the Drug Development Process », 54 *Food & Drug L. J.* 187 (1999)

– **Mousseron (J.-M)**, « Valeur, biens, droits » *in Mél. en hommage à A. Breton et F. Derrida*, Dalloz, 1991, p. 279

• « La gestion des risques par le contrat », *RTD civ.* 1988, p. 490

• « Le brevet d'invention, instrument de l'incitation publique à l'innovation » *in L'interventionnisme économique de la puissance publique – Études en l'hon-*

neur du doyen G. Péquignot, Centre d'études et de recherches administratives de Montpellier, t. 2, 1984, p. 517

• « L'abus de monopole conféré par le brevet d'invention » *in Études de droit commercial à la mémoire de H. Cabrillac*, Librairies techniques, Paris, 1968, p. 345

– **Mugan (M)**, « Revers Payments, Perverse Incentives », 27 *Harvard Journal of Law & Technology* 1 (2014)

– **Mueller (J)**, « The Evanescent Experimental Use Exemption from United States Patent Infringement Liability: Implications for University and Nonprofit Research and Development », 56 *Baylor L. Rev.* 917 (2004)

– **Murphy (M)**, « Red Flag or Red Herring? Reverse Payment and the Settlement of Pharmaceutical Patent Litigation », 4 *European Competition Journal* 541 (2008)

– **Murphy (F)**, « Abuse of Regulatory Procedures – the AstraZeneca Case: Part 2 », 6 *European Competition L. Rev.* 289 (2009)

– **Nazzini (R)**, « Article 81 EC Between Time Present and Time Past: A Normative Critique of "Restriction of Competition" in EU Law », 43 *Common Market L. Rev.* 497 (2006)

• « The wood began to move: an essay on consumer welfare, evidence and burden of proof in Article 82 EC cases », 31 *European L. Rev.* 518 (2006)

– **Nealis (P)**, « Per se Legality: A New Standard in Antitrust Adjudication Under the Rule of Reason », 61 *Ohio St. L. J.* 347 (2000)

– **Neu (T)**, « Post-Grant Patent Examination after the America Invents Act », 44 *IIC* 445 (2013)

– **Newsom (W)**, « Exceeding the Scope of the Patent: Solving the Reverse Payment Settlement Problem trough Antitrust Enforcement and Regulatory Reform », 1 *Hastings Science & Technology L. J.* 201 (2009)

– **Niblack (J)**, « Why are Drug Development Programs Growing in Size and Cost? A View From the Industry », 52 *Food & Drug L. J.* 151 (1997)

– **Nihoul (P)**, « "Freedom of choice": the emergence of a powerful concept in European competition law » *in Choice – A New Standard for Competition Law Analysis?* (dir. P. Nihoul, N. Charbit & E. Ramundo), Institute of Competition Law, 2016, p. 9

– **Nozaradan (C)**, « Brevet et intérêt général » *in Brevet, innovation et intérêt général – Le brevet : pourquoi et pour faire quoi ?* (dir. B. Remiche), Larcier, 2007, p. 445

– **Nussle (P)**, « *Eli Lilly & Co. v. Medtronic, Inc.*: A Case of Statutory Interpretation », 53 *Ohio State L. J.* 645 (1992)

– **Oppetit (B)**, « La liberté contractuelle à l'épreuve du droit de la concurrence », *Revue des sciences morales et politiques* 1995, nº 3, p. 241

• « Éthique et vie des affaires » *in Mél. offerts à A. Colomer*, Litec, 1993, p. 319

– **O'Connell (J)**, « The Elephant Remains », 28 *ANTITRUST* 5 (2013)

– **O'Donnell (S)**, « Unified Theory of Antitrust Counterclaims in Patent Litigation », 9 *Virginia Journal of Law & Technology* 1 (2004)

– **O'Malley (J) et *alii***, « Failure to launch », *Intellectual Property Magazine*, April 2011, p. 30

– **Orès (I)**, « La protection des médicaments par le certificat complémentaire de protection » *in Propriétés intellectuelles – Mél. offerts à J.-J. Burst*, Litec, 1997, p. 395.

– **O'Rourke (K), Schaeffer (S) & Simmons (I)**, « Viewing FTC v. Actavis Through the Lens of Clayton Act Section 4 », 28 *ANTITRUST* 24 (2013)

– **Oliveira Pais (S)**, « The *Lundbeck* case through the lens of probabilistic patents », *Concurrences* n° 2-2017, p. 41

– **Olson Brett (L) & Wendling (W)**, « The Effect of Generic Drug Competition on Generic Drug Prices During the Hatch-Waxman 180-Day Exclusivity Period », Working paper No. 317, Bureau of Economics, Federal Trade Commission, 2013

– **Orbach (B)**, « The Antitrust Consumer Welfare Paradox », 7 *Journal of Competition Law & Economics* 133 (2011)

– **Ordover (J) & Willig (R)**, « An Economic Definition of Predation: Pricing and Product Innovation », 91 *Yale L. J.* 8 (1981)

– **Orstavik (I)**, « Technology Transfer Agreements: Grant-Backs and No-Challenge Clauses in the New EC Technology Transfer Regulation », 36 *IIC* 83 (2007)

– **Oster (T)**, « Enquête sectorielle dans le secteur pharmaceutique : au chevet d'un malade imaginaire ? », *RLDA* 2009, n° 42, p. 48

– **Osti (C)**, « What's in a Name: The Concept of Abuse in *Sui Generis* Abuses » *in Competition and Patent Law in the Pharmaceutical Sector – An International Perspective* (dir. G. Pitruzella & G. Muscolo), Wolters Kluwer, 2016, p. 93

– **Ott (C)**, « The Evolution of Pharmaceutical Regulatory Gaming Practices », 47 *Seton Hall L. Rev.* 849 (2017)

– **Parachkévova (I), Racine (J.-B) et Teller (M)**, « La doctrine juridique humaniste » *in Liber amicorum – Mél. en l'honneur de F. Collart Dutilleul*, Dalloz, 2017, p. 589

– **Parcu (P) & Rossi (M)**, « Reverse Payment Settlements in the Pharmaceutical Sector: A European Perspective », 2 *European Journal of Risk Regulation* 260 (2011)

– **Parcu (P) & Stasi (M)**, « The role of intent in the assessment of conduct under Article 102 TFEU » *in Abuse of Dominance in EU Competition Law – Emerging Trends* (dir. P. Parcu, G. Monti & M. Botta), Edward Elgar Publishing, 2017, p. 12

– **Passa (J)**, « Action en contrefaçon concomitante à la négociation d'une licence FRAND sur un brevet essentiel à une norme : conditions de l'abus de position dominante », *Prop. ind.* 2015, n° 11, étude 20

- « L'opposition en droit de la propriété intellectuelle », *LPA* 2007, n° 68, p. 29
- « Entre droit des brevets et droit de la santé publique : tentatives judiciaires pour faire interdire des médicaments génériques », *Propr. intell.* 2006, n° 18, p. 45
- « La propriété de l'information : un malentendu ? », *Dr. & Patr.* 2001, n° 91, p. 64

– **Pathak (A)**, « The Effect of Lilly v. Medtronics on the Scope of 35 USC 271(e)(1): The Patent Infringement Exemption – Broad or Narrow », 6 *Journal of Law and Health* 175 (1992)

– **Patel (A)**, « Delayed Access to Generic Medicine: a Comment on the Hatch-Waxman Act and the "Approval Bottleneck" », 78 *Fordham L. Rev.* 1075 (2009)

– **Patterson (M)**, « Coercion, Deception, and Other Demand-Increasing Practices in Antitrust Law », 66 *Antitrust L. J.* 1 (1997)

– **Peigné (J)**, « La protection des données de l'autorisation de mise sur le marché : entre processus concurrentiel et défense de l'innovation » *in Concurrence, santé publique, innovation et médicament* (dir. M.-A. Frison-Roche), LGDJ-Lextenso édition, p. 163

– **Peeperkorn (L) & Paulis (E)**, « Competition and Innovation: Two Horses Pulling the Same Cart in Lugard » *in On the Merits: Current Issues in Competition Law and Policy – Liber Amicorum P. Plompen*, Intersentia, 2005, p. 17

– **Peritz (R)**, « Three Statutory Regimes at Impasse: Reverse Payments in Pay-For-Delay Settlement Agreements Between Brand Name and Generic Drug Companies » *in More Common Ground for International Competition Law?* (dir. J. Drexl et *alii*), Edward Elgar, 2011, p. 198

– **Perloff (J) & Rubinfeld (D)**, « Settlement in Private Antitrust Litigation » *in Private Antitrust Litigation: New Evidence, New Learning* (dir. L. White), The MIT Press, 1988

– **Pérot-Morel (M.-A)**, « L'incidence, sur le droit français, de la Convention de Strasbourg unifiant certaines règles des brevets d'invention », *JCP G* 1965, I, 1905

– **Peter Farkas (L)**, « Can a patent still be misused? », 59 *Antitrust L. J.* 677 (1991)

– **Petit (N)**, « EU Competition Law Analysis of FRAND Disputes » *in The Cambridge Handbook of Technical Standardization Law* (dir. J. Contreras), Cambridge University Press, 2017, p. 290

- « The Antitrust and Intellectual Property Intersection in European Union Law » *in The Cambridge Handbook of Antitrust, Intellectual Property and High Tech* (dir. D. Daniel Sokol & R. D. Blair), Cambridge University Press, 2017, p. 92
- « Huawei v. ZTE: Judicial Conservatism at the Patent-Antitrust Intersection », *CPI Antitrust Chr.* (Oct. 2015), p. 2
- « La rationalisation au long cours de la restriction de concurrence par "objet" dans la jurisprudence de la Cour de justice de l'Union européenne », *AJ Contrat* 2015, p. 422
- « Les accords de normalisation en droit européen de la concurrence » *in Propriété intellectuelle et concurrence – Pour une (ré)conciliation*, LexisNexis, 2012, p. 35
- « Le "couteau suisse" du droit européen de la concurrence ? », Enquêtes sectorielles : Complément ou substitut de l'action des autorités de concurrence ?, *Concurrences* n° 2-2010, p. 21
- « From Formalism to Effects? – The Commission's Communication on Enforcement Priorities in Applying Article 82 EC », 32 *World Competition* 485 (2009)
- « Bark at the moon », The outcome of the EC pharmaceutical sector inquiry, *Concurrences* n° 3-2009, p. 11

– **Petit (N) & Rato (M)**, « From Hard to Soft Enforcement of EC Competition Law – A Bestiary of "Sunshine" Enforcement Instruments » *in Alternatives enforcement techniques in EC Competition Law: Settlements, commitments and other novel instruments*, Bruylant, 2009, p. 183

– **Petit (N) et Neyrinck (N)**, « Les fonctions de la procédure en droit européen de la concurrence », *RIDE* 2015/4, p. 483

– **Petrowitz (H)**, « Federal Court Reform: The Federal Courts Improvement Act of 1982 – And Beyond », 32 *American University L. Rev.* 543 (1983)

– **Pezard (A)**, « Droit de la propriété industrielle : l'Europe se dote d'un brevet européen à effet unitaire et d'une juridiction unifiée », *Propr. intell.* 2013, n° 49, p. 379

• « La rémunération de l'innovation : comment concilier équité, efficience et proportionnalité ? », Cycle de conférences de la Cour de cassation, Droit de propriété intellectuelle : Approches juridique et économique (Paris, 9 nov. 2006), *RLC* 2007, n° 11, p. 199

– **Phillips (J) & Martin (A)**, « United Kingdom: Patents – Balancing Innovation with a Free Market – Recent Examples in the Pharmaceutical Sector and the Promise of the Unified Patent Court for the EU », 9 *Global Competition Litigation Review* 30 (2016)

– **Picht (P)**, « The ECJ Rules on Standard-Essential Patents: Thoughts and Issues Post-*Huawei* », 37 *European Competition L. Rev.* 365 (2016)

• « New Law on Reverse Payment Settlements – The Agenda for Courts and the Legislature after the Supreme Court's Actavis Ruling », 16 *Tulane Journal of Technology & Intellectual Property* 105 (2013)

• « Unsettling news for reverse payment settlements – The Supreme Court's Actavis ruling overturns the "scope of the patent-test" », 34 *EuropeanCompetition L. Rev.* 523 (2013)

– **Piotraut (J.-L)**, « Les droits de propriété intellectuelle à l'épreuve de la santé publique », *RLDI* 2014, n° 108, p. 77

– **Piraino (T)**, « The Antitrust Analysis of Joint Ventures After the Supreme Court's *Dagher* Decision », 57 *Emory L. J.* 735 (2008)

– **Pirovano (A)**, « Justice étatique, support de l'activité économique. Un exemple : la régulation de l'ordre concurrentiel », *Justices* 1995, n° 1, p. 15

– **Pitet (L)**, « Les enjeux industriels au sein d'un marché mondialisé : Princeps contre Princeps, Princeps contre Génériques, Génériques contre Génériques » *in Les pratiques de l'industrie pharmaceutique au regard du droit de la concurrence* (dir. C. Jourdain-Fortier et I. Moine-Dupuis), LexisNexis-Litec, 2010, p. 15

– **Podszun (R)**, « Can Competition law repair patent law and administrative procedure? *AstraZeneca* », 51 *Common Market L. Rev.* 281 (2014)

– **Ponthoreau (M.-C)**, « Le droit comparé en question(s). Entre pragmatisme et outil épistémologique », *Revue internationale de droit comparé* 2005, n° 57, p. 7

– **Pratt (J)**, « Risk Aversion in the Small and in the Large », 32 *Econometrica* 122 (1964)

– **Preece (S)**, « ITT Promedia v E.C. Commission: Establishing an Abuse of Predatory Litigation? », 20 *European Competition L. Rev.* 118 (1999)

– **Price (R)**, « Market Power and Monopoly Power in Antitrust Analysis », 75 *Cornell L. Rev.* 190 (1989)

– **Priddis (S) & Constantine (S)**, « The Pharmaceutical Sector, Intellectual Property Rights, and Competition Law in Europe » *in Intellectual Property and Competition Law – New Frontiers* (dir. S. Anderman & A. Ezrachi), Oxford University Press, 2011

– **Prieto (C)**, « La Cour de justice de l'Union européenne sanctionne définitivement l'utilisation abusive de procédures réglementaires pour prévenir ou retarder l'arrivée des génériques sur le marché » *in Les grands arrêts du droit de la concurrence* (dir. L. Idot), Concurrences, vol. 1, 2016, p. 117

• « Conclusion de la première journée », Journée européenne de la concurrence (Paris, 18-19 nov. 2008), *Concurrences* n° 1-2009, p. 58

• « La sécurité juridique dans le droit de la concurrence » *in Sécurité juridique et droit économique* (dir. L. Boy, J.-B. Racine et F. Siiriainen), Larcier, 2008, p. 299

• « La nouvelle politique de la Commission européenne en matière d'accords de transfert de technologie » *in Le nouveau droit communautaire de la concurrence* (dir. F. Brunet et G. Canivet), LGDJ, 2008, p. 207

• « La généralisation de l'analyse fondée sur les effets », *LPA* 2007, n° 239, p. 8

• « Pouvoir de marché et liberté des entreprises, les fondements de la politique de concurrence », *D.* 2006, p. 1603

– **Puel (F) et Rebeyrotte (V)**, « Abus de puissance contractuelle et pratique anticoncurrentielle », *AJCA* 2015, p. 499

– **Py (E)**, « La prescription de l'action en nullité de brevet », *Prop. ind.* 2018, n° 6, dossier 3

– **Racine (J.-B) et Siiriainen (F)**, « Retour sur l'analyse substantielle en droit économique », *RIDE* 2007/3, p. 259

– **Raffaelli (E) & E. Teti**, « Co-marketing and Co-promotion Agreements » *in Competition and Patent Law in the Pharmaceutical Sector – An International Perspective* (dir. G. Pitruzella & G. Muscolo), Wolters Kluwer, 2016, p. 147

– **Rangeon (F)**, « Réflexions sur l'effectivité du droit » *in Les usages sociaux du droit*, PUF, 1989, p. 126

– **Rathod (S)**, « Ever-Greening: A Status Check in Selected Countries », 7 *Journal of Generic Medicine* 227 (2010)

– **Ravillon (L)**, « Les contrats internationaux relatifs au médicament » *in Le médicament et la personne – Aspects de droit international* (dir. I. Moine-Dupuis), Litec, 2007, p. 53

– **Reed (K)**, « A Return to Reason: Antitrust Treatment of Pharmaceutical Settlements under the Hatch-Waxman Act », 40 *Gonzaga L. Rev.* 457 (2004)

– **Régibeau (P)**, « "Pay-for-delay": What Do We Disagree On? », 9 *CPI* 116 (2013)

– **Reid (J)**, « A Generic Drug Price Scandal: Too Bitter a Pill for the Drug Price Competition and Patent Term Restoration Act to Swallow? », 75 *Notre Dame L. Rev.* 309 (1999)

– **Remiche (B)**, « La propriété intellectuelle au cœur d'une nouvelle stratégie » *in Technologie et Concurrence – Mél. en l'honneur de H. Ullrich*, Larcier, 2009, p. 275

• « Révolution technologique, mondialisation et droits des brevets », *RIDE* 2002/1, p. 83

• « Droit économique, marché et intérêt général » *in Philosophie du droit et droit économique : Quel dialogue ? – Mél. en l'honneur de G. Farjat*, Éditions Frison-Roche, 1999, p. 253

• « Propriété intellectuelle : intérêts d'entreprise et intérêt général » *in Le droit de l'entreprise dans ses relations externes à la fin du XXe siècle – Mél. en l'honneur de C. Champaud*, Dalloz, 1997, p. 525

– **Remiche (B) et Cassiers (V)**, « Lutte anti-contrefaçon et transferts de technologies Nord-Sud : un véritable enjeu », *RIDE* 2009/3, p. 277, spéc. p. 323

– **Revet (T)**, « L'achèvement de la réforme du droit commun des contrats, du régime général et de la preuve des obligations, regard général », *RDC* 2018, n° Hors-série, p. 4

– **Rey (P)**, « Le point de vue de l'économiste sur la prise en compte des préoccupations des consommateurs », Journée européenne de la concurrence (Paris, 18-19 nov. 2008), *Concurrences* n° 1-2009, p. 19

• « Concurrence par les mérites » *in La modernisation du droit de la concurrence* (dir. G. Canivet), préf. M. A. Frison-Roche, LGDJ, 2006, p. 151

– **Rhoades (S) & Yeats (A)**, « An Evaluation of Recent Evidence Advanced in Support of the Potential Competition Doctrine », 19 *Antitrust Bull.* 543 (1974)

– **Richard (A), Rooney (W) & Tayar (D)**, « Reverse Payment Settlements in the United States and Europe: Moving Toward An Effects-Based Approach », *CPI Antitrust Chr.*, September 2013, p. 2

– **Richert (L)**, « Le droit à la paresse ? "*Essential facilities*" », *D.* 1999, p. 523

– **Riem (F)**, « Retour sur l'ordre concurrentiel », *RIDE* 2013/4, p. 435

• « Concurrence effective ou concurrence efficace ? L'ordre concurrentiel en trompe-l'œil », *RIDE* 2008/1, p. 67

– **Ripert (G)**, « L'ordre économique et la liberté contractuelle » *in Les sources du droit – Mél. en l'honneur de F. Gény*, Librairie du Recueil Sirey, t. 2, 1934, p. 347

– **Ritleng (D)**, « L'effectivité du droit européen de la concurrence – Quelques observations introductives », *Rev. UE* 2015, n° 588, p. 277

– **Ritzmann (D)**, « *Lundbeck* and the economics of potential competition », *Concurrences* n° 2-2017, p. 47

– **Roberts (B) & Bodenheimer (D)**, « The Drug Amendments of 1962: The Anatomy of a Regulatory Failure », 1982 *Ariz. St. L. J.* 581 (1982)

– **Robert (G) & Falconi (F)**, « Patent litigation settlement agreements in the pharmaceutical industry: marrying the innovation bride and competition groom », 27 *European Competition L. Rev.* 524 (2006)

– **Robinson (L)**, « Analysis of Recent Proposals to Reconfigure Hatch-Waxman », 11 *Journal of Intellectual Property Law* 46 (2003)

– **Roda (J.-C)**, « Brevets essentiels et abus de position dominante : la Cour de justice fixe les règles », *D.* 2015, p. 2482

• « États-Unis : La Cour suprême des États-Unis se prononce pour la première fois sur les accords de report d'entrée et décide de leur appliquer la règle de raison(*Actavis*) », *Concurrences* n° 3-2013, p. 180

• « États-Unis : La Cour d'appel du onzième Circuit rend une décision illustrant la difficulté d'appréhender la nocivité des accords de report d'entrée dans le secteur pharmaceutique (*FTC/Watson Pharms*) », *Concurrences* n° 3-2012, p. 237

• « Les ententes entre laboratoires concurrents » *in Les pratiques de l'industrie pharmaceutique au regard du droit de la concurrence* (dir. C. Jourdain et I. Moine-Dupuis), LexisNexis-Litec, 2010, p. 87

– **Rule (C)**, « Patent-Antitrust Policy: Looking Back and Ahead », 59 *Antitrust L. J.* 729 (1991)

– **Sahu (D) et *alii***, « Evergreening – A Controversial Issue in the Pharma Milieu », 14 *Journal of International Property Rights* 299 (2009)

– **Schildkraut (M. G)**, « Patent-Splitting Settlements and the Reverse Payment Fallacy », 71 *Antitrust L. J.* 1033 (2004)

– **Schmid (M)**, « Pharmaceutical Reverse Payment Settlements: A European Perspective in the Wake of the Sector Inquiry » 33 *European Competition L. Rev.* 367(2012)

– **Schmidt-Szalewski (J)**, « Exercice des droits de propriété intellectuelle en tant qu'abus de position dominante » *in Droits de propriété intellectuelle -– Liber amicorum G. Bonet*, LexisNexis-Litec, 2010, p. 501

– **Schweitzer (H)**, « The role of consumer welfare in EU competition law » *in Technologie et concurrence – Mél. en l'honneur de H. Ullrich*, Larcier, 2009, p. 511

– **Sean Morris (P)**, « Patent Licensing and No Challenge Clauses: A Thin Line Between Article 81 EC Treaty and the New Technology Transfer Block Exemption Regulation », 2 *Intellectual Property Quarterly* 217 (2009)

– **Sean Royall (M) et *alii***, « Antitrust Scrutiny of Pharmaceutical "Product Hopping" », 28 *ANTITRUST* 71 (2013)

- « Deterring "Patent Ambush" in Standard Setting: Lessons from *Rambus* and *Qualcomm* », 23 *ANTITRUST* 34 (2009)

– **Shadowen (S) et *alii***, « Bringing market discipline to pharmaceutical product reformulations », 42 *IIC* 698 (2011)

- « Anticompetitive Product Changes in the Pharmaceutical Industry », 41 *Rutgers L. J.* 1 (2009)

– **Shapiro (C)**, « Antitrust Analysis of Patent Settlements Between Rivals », 17 *Antitrust* 70 (2003)

- « Antitrust Limits to Patent Settlements », 34 *RAND Journal of Economics* (2003)
- « Navigating the Patent Thicket: Cross-Licenses, Patent Pools, and Standard-Setting » *in NBER Innovation Policy and the Economy*, Vol. 1 (dir. A. Jaffe, J. Lerner & S. Stern), MIT Press, 2001, p. 119

– **Scherer (F)**, « The Innovation Lottery » *in Expanding the Boundaries of Intellectual Property: Innovation Policy for the Knowledge Society* (dir. R. Dreyfuss et *alii*), Oxford University Press, p. 3

– **Schrepel (T)**, « A New Structured Rule of Reason Approach for High-Tech Markets », 50 *Suffolk University L. Rev.* 103 (2017)

- « Réflexions sur la durée optimale des brevets : un régime au service de l'innovation ? », *Prop. ind.* 2017, n° 5, étude 13
- « L'innovation de rupture : de nouveaux défis pour le droit de la concurrence », *RLC* 2015, n° 42, p. 141

– **Schröder (V)**, « Pay-for-Delay Settlements in the EU: Did the Commission Go Too Far? », 37 *European Competition L. Rev.* 506 (2016)

– **Sélinsky (V)**, « Procédures négociées et/ou alternatives à la sanction : quel choix pour les entreprises ? », *RLC* 2010, n° 24, p. 88

– **Shepherd (J)**, « Deterring Innovation: *New York v. Actavis* and the Duty to Subsidize Competitors' Market Entry », 17 *Minn. J. L. Sci. & Tech.* 663 (2016)

– **Sibony (A.-L)**, « La Cour de justice de l'Union européenne précise les conditions de l'action en contrefaçon d'un brevet essentiel (*Huawei Technologies, ZTE*) », *Concurrences* n° 4-2015, p. 120

– **Siiriainen (F)**, « Réflexions critiques à propos de la propriété intellectuelle utilisée comme une “arme” concurrentielle » *in La propriété intellectuelle dans les droits du marché et de la rivalité concurrentielle* (dir. J.-M. Bruguière), Dalloz, 2016, p. 13

• « Propriété intellectuelle et concurrence – Problématique de la convergence » *in La propriété intellectuelle, entre autres droits* (dir. J.-M. Bruguière), Dalloz, 2009, p. 32

• « L'appropriation de l'information : grandeur ou décadence de la propriété ? » *in Immatériel. Nouveaux concepts* (dir. J. de Bandt et G. Gourdet), Economica, 2001, p. 127

– **Slot (J)**, « A view from the Mountain: 40 years of Developments in EC Competition Law », 41 *Common Market L. Rev.* 443 (2004)

– **Smith (R)**, « Hatch-Waxman 2003 – Patented v. Generic Drugs: Regulatory, Legislative and Judicial Developments », 20 *Santa Clara High Tech. L. J.* 695 (2004)

– **Smulders (B)**, « The Bifurcated Approach and its Practical Impact on the Establishment of Harm to Competition » *in The Notion of Restriction of Competition – Revisiting the Foundations of Antitrust Enforcement in Europe* (dir. D. Gerard, M. Merola & B. Meyring), Bruylant 2017, p. 51

– **Soter (K)**, « Causation in Reverse Payment Antitrust Claims », 70 *Stanford L. Rev.* 1295 (2018)

– **Souleau (M)**, « Les stratégies de protection et de défense des produits pharmaceutiques au niveau mondial et leurs limites » *in Le brevet, outil de l'innovation et de la valorisation – Son devenir dans une économie mondialisée*, Actes du colloque tenu à l'Institut de France de Paris, 5 juillet 2011, Lavoisier, 2012, p. 31

– **Stigler (G. J.)**, « A Theory of Oligopoly », 72 *Journal of Political Economy* 44 (1964)

– **Stoltz (N)**, « Reverse Payment Agreements: Why a “Quick Look” Properly Protects Patents and Patients », 58 *Saint Louis University L. J.* 1189 (2014)

– **Straus (J)**, « Can antitrust adequately assess patent settlement agreements disconnected from patent law relevant facts? The Servier case – its public perception and its underlying facts », 38 *European Intellectual Property Rev.* 533 (2016)

• « “Pay for Delay” – A Subtly Hidden, Overlooked or Ignored Transatlantic Divide: Exemplified on the *Actavis* Decision of the US Supreme Court and the *Servier* Decision of the EU Commission », 76 *Zbornik znanstvenih razprav* 197 (2016)

– **Stucke (M)**, « Does the Rule of Reason Violate the Rule of Law? », 42 *UC Davis L. Rev.* 1375 (2009)

– **Subiotto (R) & Figus Diaz (J)**, « *Lundbeck v Commission*: Reverse Payment Settlements as Restrictions of Competition by Object », 8 *Journal of European Competition Law & Practice 27* (2017)

– **Subiotto (R)** « The Special Responsibility of Dominant Undertakings Not to Impair Genuine Undistorted Competition », 18 *World Competition* 5 (1995)

– **Sullivan (L) & Jones (A)**, « Monopoly Conduct, Especially Leveraging Power from One Product or Market to Another » *in Antitrust, Innovation, and Competitiveness* (dir. T. Jorde & D. Teece), 1992, p. 165

– **Taavola (L)**, « Jumping into the Actavis Briar Patch – Insigh into How Courts May Structure Reverse Payment Antitrust Proceedings and the Questions that Actavis Left Unanswered », 40 *William Mitchell L. Rev.* 1370 (2014)

– **Thibierge (C)**, « Au cœur de la norme : le tracé et la mesure. Pour une distinction entre normes et règles de droit », *Arch. phil. dr.* 2008, t. 51, p. 251

• « Le droit souple – Réflexion sur les textures du droit », *RTD civ.* 2003, p. 599

– **Thomas (J)**, « Schering-Plough and In Re Tamoxifen: Lawful Reverse Payments in the Hatch-Waxman Context », 22 *Berkeley Technology L. J.* 13 (2007)

– **Tichý (L)**, « Goals of union competition law on regulated markets: pharmaceutical industry and parallel trade – comment on Negrinotti » *in The Goals of Competition Law* (dir. D. Zimmer), Edward Elgar, 2012, p. 301

– **Tirole (J)**, « Quelles finalités pour les propriétés intellectuelles ? » in *Droit et économie de la propriété intellectuelle* (dir. M.-A. Frison-Roche et A. Abello), LGDJ, 2005, p. 3

– **Tosza (K)**, « Efficiencies in Art. 82 EU: An illusionary defence? », *Concurrences* n° 4-2009, p. 35.

– **Treacy (P) & Lawrance (S)**, « Intellectual Property Rights and Out of Court Settlements » *in Intellectual Property and Competition law* (dir. S. Anderman & A. Ezrachi), Oxford University Press 2011, p. 281

– **Treacy (P)**, « Settlement Agreements: The European Perspective », 1 *J. Intell. Prop. L. & Prac.* 223 (2006)

– **Triet (G) et Vivant (M)**, « Juridiction européenne : une nouvelle donne pour le brevet ? », *Cahiers de droit de l'entreprise* 2012, n° 1, dossier 4.

– **Trubek (D) et *alii***, « The Costs of Ordinary Litigation », 31 *UCLA L. Rev.* 72 (1983)

– **Tumbridge (J)**, « Unified Patent Court: Harmonising Patent Law throughout Europe », 55 *Business Law International* 55 (2014)

– **Tsakova (S)**, « Les accords de report d'entrée dans le secteur pharmaceutique: l'approche européenne », Actes du colloque tenu à Lille le 6 nov. 2014 intitulé *Contrat et concurrence dans le secteur pharmaceutique – Perspectives nationale et international*, *RLC* 2015, n° 43, p. 180

– **Ullman (H)**, « The US Supreme Court rules that a payment by a patentee to a generic manufacturer may constitute an infringement of antitrust law (*Actavis*) », 17 juin 2013, *e-Competitions*, art. n° 57325

– **Ullrich (H)**, « Le système de protection du brevet unitaire de l'Union après le Brexit : désuni, mais unifié ? », *Prop. intell.* 2017, n° 64, p. 27

• « Le droit de la concurrence appliqué aux droits de propriété intellectuelle. Réflexions sur les nouveaux monopoles de la société de l'information », *Concurrences* n° 4-2011, p. 243

• « Les pratiques de prise de brevets de l'industrie pharmaceutique – Un cadre de référence pour la concrétisation de la notion de protection abusive » *in Les pratiques de l'industrie pharmaceutique au regard du droit de la concurrence* (dir. C. Jourdain-Fortier et I. Moine-Dupuis), LexisNexis-Litec, 2010, p. 181

• « Droit de la concurrence, propriété intellectuelle, et accès à l'information en propriété intellectuelle » *in L'intérêt général et l'accès à l'information en propriété intellectuelle* (dir. M. Buydens et S. Dusollier), Bruylant, 2008, p. 249

• « Wahrung von Wettbewerbsfreiräumen innerhalb der Schutzrechtsverwertung » *in Sektoruntersuchung Pharma der Europäischen Kommission – Kartellrechtliche Disziplinierung des Patentsystems?* (dir. S. Abel, T. Friede & D. Stauder), Carl Heymanns Verlag, 2010, p. 24

• « Propriété intellectuelle, concurrence et régulation ? Limites de protection et limites de contrôle », *RIDE* 2009/4, p. 399

– **Van den Brink (H)**, « Existe-t-il des médicaments “essentiels” auxquels privilégier l’accès ? » *in Le médicament et la personne – Aspects de droit international* (dir. I. Moine-Dupuis), Litec, 2007, p. 105

– **van der Vijver (T)**, « Objective Justification and Article 102 TFEU », 35 *World Competition* 55 (2012)

– **van der Woude (M)**, « Patent Settlements and Reverse Payments Under EU Law », 5 *CPI* 183 (2009)

– **Van Overwalle (G) & Schovsbo (J)**, « Policy Options for the Improvement of the European Patent System », 38 *IIC* 834 (2007)

– **Varnerot (V)**, « La transnationalisation du droit de brevet de médicaments : l’approche ADPIC-moins à rebrousse-poil », *JDI (Clunet)* 2010, n° 1, doctr. 3

– **Venit (J) & Gavala (A)**, « Licensing agreements and competition law: An overview of EU and national case law », e-*Competitions,* May 2014, art n° 66325,

– **Véron (P) et Bouche (N)**, « La Juridiction unifiée du brevet – Une révolution dans le contentieux européen », *Cahiers de droit de l’entreprise* 2014, n° 2, dossier 10

– **Véron (P)**, « Quel modèle pour le système juridictionnel des litiges de brevets en Europe », *Gaz. Pal.* 2011, n° 344, p. 30

– **Vesterforf (B)**, « Considérations sur la notion de “concurrence par les mérites” » *in La modernisation du droit de la concurrence* (dir. G. Canivet), préf. M.-A. Frison-Roche, LGDJ, 2006, p. 163

– **Victor (A) and *alii***, « Competitor Agreements under EU and U.S. Antitrust Law » in *International Antitrust Law & Policy* (dir. B. E. Hawk), Juris Pub Inc, 2014, p. 20

– **Vincent (C)**, « La force normative des communications et lignes directrices en droit européen de la concurrence » *in La force normative – Naissance d’un concept* (dir. C. Thibierge et *alii*), LGDJ-Bruylant, 2009, p. 691

– **Vivant (M)**, « Droit de la propriété intellectuelle et droit de la concurrence : conflit de droits ou question de décryptage ? » *in Technologie et concurrence – Mél. en l’honneur de H. Ullrich*, Larcier, 2009, p. 651

• « Le système des brevets en question » *in Brevet, innovation et intérêt général – Le brevet : pourquoi et pour faire quoi ?* (dir. B. Remiche), Larcier, 2007, p. 35

• « La privatisation de l’information par la propriété intellectuelle », *RIDE* 2006/4, p. 361

• « An 2000 : l’information appropriée » *in Mél. offerts à J.-J. Burst*, Litec, 1997, p. 651

• « Savoir et avoir », *Arch. phil. dr.* 2003, t. 47, p. 333

– **Vlasto (A.-P)**, « Brevets et médicament en France. Pourquoi l’application du droit des brevets au médicament est-elle autant critiquée ? », *Médecine et Droit* 2007, n° 82, p. 25

– **Vogel (L)**, « Une nouvelle venue sur la scène du droit de la concurrence : la restriction par objet », *Contrats, conc., consom.* 2015, n° 5, dossier 2.

• « Intérêt général et concurrence : la guerre ou la paix ? » *in L’intérêt général – Mél. en l’honneur de D. Truchet*, Dalloz, 2015, p. 667

• « La distribution par internet après l'arrêt *Pierre Fabre* », Colloque Actualités du droit de la concurrence et du droit de la distribution (Paris, 14 décembre 2011), *Concurrences* n° 1-2012, p. 3

• « L'économie, serviteur ou maître du droit ? » *in Une certaine idée du droit – Mél. offerts à A. Decocq*, Litec, 2004, p. 605

– **Vogel (J)**, « Peut-on échapper au droit de la concurrence grâce à la règle *de minimis* ? », *Concurrences* n° 1-2013, p. 4.

– **Waelbroeck (D) & Slater (D)**, « The Scope of Object vs Effect Under Article 101 TFEU » *in Ten Years of Effect-Based Approach in EU Competition Law – State of Play and Perspectives* (dir. J. Bourgeois & D. Waelbroeck), Bruylant, 2012, p. 131

– **Waelbroeck (D)**, « Le développement en droit européen de la concurrence des solutions négociées (engagements, clémence, non-contestation des faits et transactions) : que va-t-il rester aux juges ? », *Gaz. Pal.* 2008, n° 239, p. 3

• « La modernisation des règles de concurrence », *Cah. dr. eur.* 2001, n° 1, p. 204

– **Waller (S)**, « The Role of Monopolization and Abuse of Dominance in Competition Law », 20 *Loyola Consumer L. Rev.* 123 (2008)

– **Walsmsley Graf (S)**, « Improving Patent Quality through Identification of Relevant Prior Art: Approaches to Increase Information Flow to the Patent Office », 11 *Lewis & Clark L. Rev.* 495 (2007)

– **Wang (Z)**, « Reanalyzing Reverse-Payment Settlements: A Solution to the Patentee's Dilemma », 99 *Cornell L. Rev.* 1227 (2014)

– **Warusfel (B)**, « Améliorer le système du brevet en Europe : les questions juridictionnelles au cœur des projets de la Commission », *Propr. intell.* 2007, n° 24, p. 340

– **Weiss (G)**, « Premières étapes en vue de l'adoption dans le cadre de la Convention sur le brevet européen d'un protocole facultatif sur le règlement des litiges concernant les brevets européens », *Dossiers Brevets* 2000, II

– **Weiswasser (E. S.) & Danzis (S. D.)**, « The Hatch-Waxman Act: History, Structure, and Legacy », 71 *Antitrust L. J.* 585 (2003)

– **Werden (G. J.)**, « Identifying Exclusionary Conduct under Section 2: The "No Economic Sense" Test », 73 *Antitrust L. J.* 413 (2006)

– **Westin (J)**, « Product Switching in the Pharmaceutical Sector – an Abuse or Legitimate Commercial Consideration? », 35 *European Competition L. Rev.* 595 (2011)

– **Wheaton (J)**, « Generic Competition and Pharmaceutical Innovation: The Drug Price Competition and Patent Term Restoration Act of 1984 », 35 *Catholic University L. Rev.* 433 (1986)

– **Williamson (O)**, « Economies as an Antitrust Defense: The Welfare Tradeoffs », 58 *American Economic Rev.* 18 (1968)

– **Wills (W)**, « Discretion and Prioritisation in Public Antitrust Enforcement, in Particular EU Antitrust », 34 *World Competition* 353 (2011)

– **Witt (A)**, « The Enforcement of Article 101 TFEU – What Has Happened to the Effects Analysis? », 55 *Common Market L. Rev.* 417 (2018)

– **Whish (R)**, « Objet anticoncurrentiel/effet anticoncurrentiel : La distinction a-t-elle un avenir ? (*New Frontiers of Antitrust*, Paris, 10 févr. 2012) », *Concurrences* n° 2-2012, p. 60

– **Woodcock (R)**, Innovation and Reverse Payments », 44 *Florida State University L. Rev.* 773 (2017)

– **Yancey (J)**, « Is the Quick Look Too Quick?: Potential Problems With the Quick Look Analysis of Antitrust Litigation », 44 *University of Kansas L. Rev.* 671 (1996)

– **Yelderman (S)**, « Do Patent Challenges Increase Competition? », 83 *University of Chicago L. Rev.* 1943 (2016)

– **Yoshitani (R) & Cooper (E)**, « Pharmaceutical Reformulation: The Growth of Life Cycle Management », 7 *Houston J. Health L. & Pol.* 379 (2007)

– **Zafar (O)**, « *Lundbeck, and Johnson & Johnson and Novartis*: The European Commission's 2013 "pay-for-delay" decisions », 5 *Journal of European Competition Law & Practice* 207 (2014)

Conférences, colloques, discours

– **Almunia (J)**, *Commission fines Lundbeck and other pharma companies for delaying market entry of generic medicines*, Speech/13/553, juin 2013, disponible sur : http://europa.eu/rapid/press-release_SPEECH-13-553_en.htm

• *Decision in Fentanyl case*, 10 déc. 2013, disponible sur : http://europa.eu/rapid/press-release_SPEECH-13-1053_en.htm

• *Decision in Servier case*, 9 juill. 2014, disponible sur : http://europa.eu/rapid/press-release_SPEECH-14-541_en.htm

• *Competition and consumers: the future of EU competition policy*, European Competition Day, Madrid, 12 May 2010

– **Borkowski (F) & Régibeau (P)**, *Pay-for-delay in Europe: Which direction to take?*, conférence du 14 janv. 2014 tenue à Bruxelles, disponible sur : www.concurrences.com

– **Gallasch (S)**, « Adding a New Dimension to EU Pharmaceutical Antitrust – Pay for Delay Settlements as Part of a Unilateral Strategy such as Product Hopping », University of East Anglia, *CCP Working Paper* 15-2 (2016), Seventh United Nations Conference to review the UN Set on Competition Policy, Geneva (6-10 July 2015), Roundtable on: *Role of Competition in the Pharmaceutical Sector and its Benefits for Consumers*

– **Himes (J) & Zain (S)**, *Anti-competitive Innovation: Is There a Role for Antitrust in Evaluating Product Line Extensions?*, American Conference Institute Pharmaceutical Antitrust, New York (May 15-16, 2007)

– **Italianer (A)**, *Competitior agreements under EU competition law*, New York, 26 sept. 2013, 40th Annual Conference on International Antitrust Law and policy, Fordham Competition Law Institute, disponible sur : http://ec.europa.eu/competition/speeches/text/sp2013_07_en.pdf

• *The Object of Effects*, Bruxelles, 10 déc. 2014, CRA Annual Brussels Conference, disponible sur : http://ec.europa.eu/competition/speeches/text/sp2014_07_en.pdf

– **Kroes (N)**, *N'ayez pas peur de la concurrence*, Audition devant le Sénat français, Paris, 29 avr. 2008

• *Making consumer's right dommages a reality: the case for collective redress mechanism in antitrust claims*, Lisbon, Conference on collective redress for European consumers, 9 Nov. 2007

– **Leibowitz (J)**, Statement of Federal Trade Commission, Pay-for-Delay Press Conference, 13 Jan. 2010

– **Lowe (P)**, *Consumer Welfare and Efficiency – New Guiding Principles of Competition Policy*, Munich, 14th International Conference on Competition and 14th European Competition Day, 27 March 2007

– **Monti (M)**, *Competition for Consumers' Benefit*, 10th Competition Day, Amsterdam, 22 Oct. 2004

– **Véron (P)**, *Unitary Patent: opportunity or challenge?* », Ljubljana, conférence intitulé, *The Unified Patent Court – state of the play in May 2016*, 5 mai 2016

– **Wright (J)**, *Antitrust Analysis of Reverse Payment Settlements After Actavis: Three Questions and Proposed Answers*, tenue à l'Antitrust Masters Course VII, Williamsburg, VA, 10 oct. 2014

Jurisprudence

Juridictions françaises et Autorité de la concurrence

Juridiction du fond

CA Paris, 14 janv. 1993, *Pechiney Electrométallurgie et société Industrie des poudres sphériques, BOCCRF* du 13 févr. 1993, p. 4

CA Paris, 14 janv. 2000, *Monsanto, PIBD* 2000, n° 699, III, 273

Cour de cassation

Cass. com., 7 déc. 1964, *Bull.* IV, n° 537, p. 478 : *D.* 1966, p. 184, note R. Plaisant

Cass. com., 11 mars 1986, n° 84-11.231, *Bull.* IV, n° 43, p. 37

Ass. plén., 6 oct. 2006, *Boot Shop*, n° 05-13.255, *Bull.*, Ass. plén, n° 9, p. 23

Cass. com., 7 juin 2011, n° 10-13.622, *Bull. civ.* IV, n° 95

Conseil de la concurrence

Cons. conc., déc. n° 96-D-12 du 5 mars 1996 relative aux pratiques mises en œuvre par la société Lilly France dans le secteur des spécialités pharmaceutiques destinées aux hôpitaux

Cons. conc., déc. n° 99-D-77 du 7 déc. 1999 relative à une saisine de la société Télésélection à l'encontre des sociétés M6, M6 Interactions et Téléshopping

Cons. conc., déc. n° 00-D-24 du 10 mai 2000 relative à une saisine de la SNC MK2 Tolbiac à l'encontre de l'Association de défense de l'environnement et du cadre de vie de la Bibliothèque de France

Cons. conc., déc. n° 07-D-09 du 14 mars 2007 relative à des pratiques mises en œuvre par le laboratoire GlaxoSmithKline France

Cons. conc., déc. n° 07-MC-01 du 25 avr. 2007 relative à une demande de mesures conservatoires de la société KalibraXE

Autorité de la concurrence

Aut. conc., déc. n° 10-D-37 du 17 décembre 2010 relative à des pratiques mises en œuvre sur le marché de la cétirizine en comprimés

Aut. conc., déc. n° 13-D-11 du 14 mai 2013 relative à des pratiques mises en œuvre dans le secteur pharmaceutique

Aut. conc., déc. n° 14-MC-01 du 30 juillet 2014 relative à la demande de mesures conservatoires présentée par la société beIN Sports France dans le secteur de la télévision payante

Jurisprudence de l'Union européenne et décisions de la Commission européenne

Cour de justice des communautés européennes (avant le 1er déc. 2009) et Cour de justice de l'Union européenne (après le 1er déc. 2009)

CJCE, 30 juin 1966, *Société Technique Minière*, aff. 56/65, *Rec.* 1966 p. 337

CJCE, 13 juill. 1966, *Consten et Grundig*, aff. 56/64, *Rec.*, p. 429

CJCE, 29 févr. 1968, *Parke Davis*, aff. 24/67, *Rec.*, p. 82

CJCE, 9 juill. 1969, *Völk*, aff. C-5/69, *Rec.*, p. 295

CJCE, 21 févr. 1973, *Continental Can c/ Commission*, aff. 6/72, *Rec.*, p. 215

CJCE, 31 oct. 1974, *Centrafarm c/ Sterling*, aff. 15-74, *Rec.*, p. 1174

CJCE, 13 févr. 1979, *Hoffmann-La Roche*, aff. 85/76, *Rec.* p. 461

CJCE, 11 déc. 1980, *L'Oréal*, aff. C-31/80, *Rec.*, p. 3775

CJCE, 8 juin 1982, *L.C. Nungesser KG et Kurt Eisele c/ Commission*, aff. C-258/78, *Rec.*, p. 2015

CJCE, 9 nov. 1983, *Michelin c/ Commission européenne*, aff. C-322/81, *Rec.*, p. 3461

CJCE, 30 janv. 1985, *BAT Cigaretten-Fabriken GmbH c/ Commission*, aff. C-35/83, *Rec.*, p. 363

CJCE, 25 févr. 1986, *Windsurfing International Inc. c/ Commission*, aff. C-193/83, *Rec.*, p. 611

CJCE, 5 oct. 1988, *Volvo*, aff. 238/87, *Rec.*, p. 6211

CJCE, 27sept. 1988, *Bayer AG et Société de constructions mécaniques Hennecke GmbH c/ Heinz Süllhöfe*r, aff. C-65/86, *Rec.*, p. 5249

CJCE, 17 oct. 1989, *Dow Benelux c/ Commission*, aff. C-85/87, *Rec.*, p. 3137

CJCE, 28 févr. 1991, *Stergios Delimitis c/ Henninger Braü AG*, aff. C-234/89, *Rec.*, p. 935

CJCE, 6 avril 1995, *Magill*, aff. C-241/91 P et C-242/91 P, *Rec.* I, p. 743

CJCE, 25 mars 1996, *Vereniging van Samenwerkende Prijsregelende Organisaties in de Bouwnijverheid e.a. c/Commission*, aff. C-137/95 P, *Rec.* I, p. 1611

CJCE, 28 mai 1998, *John Deere c/ Commission*, aff. C-7/95, *Rec.* I, p. 3111.

CJCE, 26 nov. 1998, *Oscar Bronner GmbH*, aff. C-7/97, *Rec.* I, p. 779

CJCE, 8 juill. 1999, *Anic Partecipazioni SpA c/ Commission*, aff. C-49/92 P, *Rec.* I, p. 4201

CJCE, 20 sept. 2001, *Courage c/ Créhan*, aff. C-453/99, *Rec.*, p. 6297

CJCE, 19 févr. 2002, *Wouters*, aff. C-309/99, *Rec.* I, p. 1577

CJCE, 12 nov. 2002, *Arsenal Football Club c/ M. Reed*, aff. C-206/01, *Rec.* I, p. 10273

CJCE, 11 déc. 2003, *Hässle AB c/ Ratiopharm GmbH*, aff. C-127/00, *Rec.* I, p. 14781

CJCE, 29 avr. 2004, *IMS Health*, aff. C-418/01, *Rec.* I, p. 5039

CJCE, 29 avr. 2004, *Novartis*, aff. C-106/01, *Rec.* I, p. 4434

CJCE, 21 avr. 2005, *Millenium*, aff. C-252/03 et *Novartis e.a*, aff. C-207/03, *Rec.* I, p. 3209

CJCE, 13 juill. 2006, *Manfredi*, aff. C-295/04, *Rec.* I, p. 6619

CJCE, 21 sept. 2006, *JCB Service*, aff. C-167/04, *Rec.* I, p. 8935

CJCE, 15 mars 2007, *British Airways c/ Commission*, aff. C-95/04 P, *Rec.* I, p. 2331

CJCE, 20 nov. 2008, *Competition Authority c/ Beef Industry Development Society Ltd and Barry Brothers (Carrigmore) Meats Ltd*, aff. C-209/07, *Rec.* I, p. 8637

CJCE, 4 juin 2009, *T-Mobile Netherlands et a.*, aff. C-08/08, *Rec.* I, p. 4529

CJCE, 28 juin 2009, *L'Oréal c/ Bellure*, aff. C-487/07, *Rec.* I, p. 5185

CJCE, 3 sept. 2009, *Prym c/ Commission*, aff. C-534/07 P, *Rec.* I, p. 7415

CJCE, 6 oct. 2009, *GlaxoSmithKline Services Unlimited c/ Commission*, aff. C-501/06, *Rec.* I, p. 9291

*

CJUE, 17 févr. 2011, *Konkurrensverket c/ TeliaSonera,* aff. C-52/09, *Rec.* I, p. 527

CJUE, 14 juin 2011, *Pfleiderer*, aff. C-360/09, *Rec.* I, p. 5161

CJUE, 27 mars 2012, *Post Danmark*, aff. C-209/10, *Rec. num.* EU:C:2012:172

CJUE, 19 avr. 2012, *Tomra Systems ASA e.a. c/ Commission*, aff. C-549/10 P, *Rec. num.* EU:C:2012:221

CJUE, 29 juin 2012, *E.ON c/ Commission*, aff. T-360/09, *Rec. num.* EU:T:2012:332

CJUE, 12 juill. 2012, *Solvay c/ Honeywell*, aff. C-616/10, *Rec. num.* EU:C:2012:445

CJUE, 6 nov. 2012, *Otis*, aff. C-199/11, *Rec. num.,* EU:C:2012:684

CJUE, 6 déc. 2012, *AstraZeneca c/ Commission,* aff. C-457/10 P, § 150, *Rec. num.* EU:C:2012:770

CJUE, 13 déc. 2012, *Expedia Inc. c/ Autorité de la concurrence et autres*, aff. C-226/11, *Rec. num.* EU:C:2012:795

CJUE, 26 févr. 2013, *Stefano Melloni c/ Ministerio Fiscal*, aff. C-399/11, *Rec. num.* EU:C:2013:107

CJUE, 14 mars 2013, *Allianz c/ Commission*, aff. C-32/11, *Rec. num.* EU:C:2013:16

CJUE, 24 oct. 2013, *Kone*, aff. C-510/11 P, *Rec. num.* EU:C:2013:696

CJUE, 11 sept. 2014, *Groupement des cartes bancaires c/ Commission,* aff. C-67/13, *Rec. num.* EU:C:2014:2204

CJUE, 5 mai 2015, *Royaume d'Espagne c/ Parlement européen et Conseil de l'Union européenne*, aff. C-146/13 et aff. C-147/13, *Rec. num.* EU:C:2015:299

CJUE, 16 juill. 2015, *Huawei Technologies Co. Ltd c/ ZTE Corp. et ZTE Deutschland GmbH*, aff. C-170/13, *Rec. num.* EU:C:2015:477

CJUE, 6 oct. 2015, *Post Danmark II*, aff. C-23/14, *Rec. num.* EU:C:2015:651

CJUE, 26 nov. 2015, *Maxima Latvija c/ Konkurences padome*, aff. C-345/14, *Rec. num.* EU:C:2015:784

CJUE, 20 janv. 2016, *Toshiba c/ Commission européenne*, aff. C-373/14 P, *Rec. num.* EU:C:2016:26

CJUE, 7 juill. 2016, *Genentech c/ Hoechst et Sanofi-Aventis Deutschland*, aff. C-567/14, *Rec. num.* EU:C:2016:526

CJUE, 6 sept. 2017, *Intel c/ Commission européenne*, aff. C-413/14 P, *Rec. num.* EU:C:2017:632

CJUE, 23 janv. 2018, *Hoffmann-La Roche et autres c/ Autorità Garante della Concorrenza e del Mercato*, aff. C-179/16, *Rec. num.* EU:C:2018:25

Tribunal de première instance des communautés européennes (avant le 1er déc. 2009) et Tribunal de l'Union européenne (après le 1er déc. 2009)

TPICE, 10 juill. 1990, *Tetra Pak I*, aff. T-51/89, *Rec.* II, p. 309

TPICE, 12 déc. 1991, *Hilti c/ Commission,* aff. T-30/89, *Rec.* II, p. 01439

TPICE, 10 mars 1992, *Società Italiana Vetro SpA e.a. c/ Commission*, aff. jtes T-68/89, T-77/89 et T-78/89, *Rec.* II, p. 1403

TPICE, 17 juill. 1998, aff. T-111/96, *ITT Promedia v. Commission*, *Rec.* II, p. 2937

TPICE, 15 mars 2000, *Cimenteries CBR et autres c/ Commission*, aff. jtes T-25/95 etc., *Rec.* II, p. 491

TPICE, 8 oct. 2002, *Métropole télévision M6*, aff. T-185/00, *Rec.* II, p. 3805

TPICE, 29 avril 2004, *Tokai Carbon et autres c/ Commission*, aff. jtes T-236/01, T-239/01, T-244/01 à T-246/01, T-251/01 et T-252/01, *Rec.* II, p. 1181

TPICE, 8 juill. 2004, *JFE e.a. c/ Commission*, aff. jtes T-67/00, 68/00, T-71/00 et T-78/00, *Rec.* II, p. 2501

TPICE, 7 juin 2006, *Österreichische Postsparkasse e.a. c/ Commission*, T-213/01, *Rec.* II, p. 1601

TPICE, 27 sept. 2006, *GlaxoSmithKline c/ Commission*, aff. T-168/01, *Rec.* II, p. 2969

TPICE, 17 sept. 2007, *Microsoft Corp. c/ Commission*, aff. T-201/04, *Rec.* II, p. 3601

TPICE, 8 juill. 2008, *AC-Treuhand AG c/ Commission*, aff. T-99/04, *Rec.* II, p. 1501

TPICE, 9 sept. 2009, *Clearstream c/ Commission*, aff. T-301/04, *Rec.* II, p. 3155

*

TUE, 1er juill. 2010, *Astrazeneca c/ Commission*, aff. T-321/05, *Rec.* II, p. 2805

TUE, 14 avr. 2011, *Visa Europe Ltd International Service c/ Commission*, aff. T-461/07, *Rec.* II, p. 1729

TUE, 12 juill. 2011, *Hitachi et a. c/ Commission*, aff. T-112/07, *Rec.* II, p. 3871

TUE, 13 juill. 2011, *ThyssenKrupp Liften Ascenseur c/ Commission*, aff. jtes T-144/07, T-147/07, T-148/07, T-149/07, T-150/07 et T-154/07, *Rec. num.* EU:T:2011:364

TUE, 29 nov. 2012, *Groupement des cartes bancaires*, aff. T-491/07, *Rec. num.* EU:T:2012:633

TUE, 21 mai 2014, *Toshiba c/ Commission*, aff. T-519/09, *Rec. num.* EU:T:2014:263

TUE, 12 juin 2014, *Intel c/ Commission européenne*, aff. C-413/14 P, *Rec. num.* EU:T:2014:547

TUE, 30 juin 2016, *Groupement des cartes bancaires*, aff. T-491/07 RENV., *Rec. num.* EU:T:2016:379

TUE, 8 sept. 2016, *Lundbeck c/ Commission européenne*, aff. T-472/13, *Rec. num.* EU:T:2016:449

Commission européenne

Comm. eur., déc. du 9 juin 1972, *Raymond-Nagoya*, aff. 72/238, *JOCE* L 143 du 23 juin 1972, p. 39

Comm. eur., déc. du 2 déc. 1975, *AOIP/Beyrard*, aff. IV/26.949, *JOCE* L 006 du 13 janv. 1976, p. 15

Comm. eur., déc. du 15 juin 2005, *AstraZeneca*, aff. COMP/A.37.507/F3, *JOUE* L 332/24 du 30 nov. 2006

Comm. eur., déc. du 9 déc. 2009, *Rambus*, aff. AT.38636, *JOUE* C 30/17du 6 févr. 2010

Comm. eur., déc. du 13 déc. 2011, *IBM maintenance services*, aff. COMP/39.692

Comm. eur., déc. du 18 juin 2012, *Areva et Siemens*, aff. COMP/39.736, *JOUE* C. 75 du 14 mars 2012

Comm. UE, déc. du 19 juin 2013, aff. AT.39226, *Lundbeck*, *JOUE* C 80/13 du 7 mars 2015

Comm. UE, déc. du 10 déc. 2013, *Johnson & Johnson*, aff. AT.39685

Comm. eur., déc. du 9 juill. 2014, *Servier*, aff. AT.39612

Comm. eur., déc. du 27 juin 2017, *Google*, aff. AT.39740

Comm. eur., déc. du 18 juill. 2018, *Google Android*, aff. AT.40099, décision non encore publiée

Juridictions américaines

Tribunaux de district

U.S. District Court for the Southern of New-York, *Berkey Photo, Inc. v. Eastman Kodak Co.*, No. 73-424 (1978)

U.S. District Court of Columbia, *Association of Retail Travel Agents, Ltd. v. Air Transp. Association of America*, 623 F. Supp. 893, 898 (1985)

U.S. District Court of Columbia, *Mova Pharm. Corp. v. Shalala*, 955 F. Supp. 128 (1997)

U. S. District Court for the Northern District of Illinois, *Abbott Labs. v. Geneva Pharms Inc.*, Opinion No. 96 C 3331 (1998)

U.S. Southern District of Florida, *In re Terazosin Hydrochloride Antitrust Litigation*, 164 F. Supp. 2d 1340 (2000)

U.S. District Court for the Eastern Distict of Illinois, *Asahi Glass Co. v. Pentech Pharms., Inc.*, 289 F. Supp. 2d 986 (2003)

U.S. Southern District of Iowa, *Kemin Foods, L.C. v. Pigmentos Vegetales del Centro S.A.*, 384 F.Supp. 2d 1334 (2005)

U.S Eastern District of New-York, *In re Ciproflaxin Hydrochloride Antitrust Litigation*, 363 F. Supp. 2d 514, 546 n. 28 (2005)

U.S. District of Delaware, *Abbott Laboratories. v. Teva Pharmaceuticals. USA, Inc.*, 432 F. Supp. 2d 408 (2006)

U.S. Federal Cir., *Egyptian Goddess v. Swisa*, 543 F.3d 665 (2008)

U.S. District of Columbia, *Walgreen Co. v. AstraZeneca Pharmaceuticals*, 534 F.Supp. 2d 146 (D.D.C. 2008)

U.S. District Court for the District of New Jersey, *GlaxoSmithKline, Teva v. Louisiana Wholesale Drug Company, King Drug Company*, Opinion No. 12-995 (WHW) (2012)

U.S. District Court of Massachusetts, *In re Nexium Antitrust Litigation*, No. 12-md-02409-WGY, 2013 WL 4832176 (2013)

U.S. District Court for the Eastern District of Pennsylvania, *Mylan Pharm., Inc. v. Warner Chilcott Pub. Co.*, No. 12-3824 (2013)

U.S. District Court, D. Delaware, *Apotex, Inc. v. Senju Pharm. Co.*, 921 F. Supp. 308, 314 (2013)

U.S. District Court for the District of New Jersey, *GlaxoSmithKline, Teva v. Louisiana Wholesale Drug Company / King Drug Company*, Opinion No. 12-995 (WHW) (2014)

U.S. District Court for the Eastern District of Pennsylvania, *In re Suboxone Antitrust Litigation*, No. 13-MD-2445, 2014 WL 6792663, p. 12 (2014)

U.S. District Court for the Eastern District of Pennsylvania, *Mylan Pharm. Inc. v. Warner Chilcott PLC et al.*, No. Civ. 12-3824, 2015 WL 1736957 (2015)

U.S. District Court for the Eastern District of Pennsylvania, *King Drug Company of Florence, Inc. et al* ; *Vista Healthplan Inc.* ; *Apotex Inc.* ; *FTC / Cephalon Inc. et al.*, No. 2:06-cv-1797, No. 2:06-cv-1833, No. 2:06-cv-2768, No. 2:08-cv-2141 (2015)

U.S. District Court for the Eastern District of Pennsylvania, *FTC v. AbbVie Inc.*, 2015 WL 2114380 (E.D. Pa. 2015)

Cours d'appel

U.S. Cir. Court for the District of Massachusetts, *Sawin v. Guild*, 21 F. Cas. 554 (1813)

U.S. Cir. Court for the District of Massachusetts, *Whittemore v. Cutter*, 29 F. Cas. 1120 (1813)

U.S. Cir. Court for the District of Massachusetts, *Byam v. Bullard*, 4 F. Cas. 934 (1852)

U.S. Cir. Court for the Southern District of New-York, *Poppenhusen v. Falke*, 19 F. Cas. 1048, 1049 (1861)

U.S. 2nd Cir., *United States v. Aluminum Co. of Am.*, 148 F.2d 416 (1945)

U.S. 3rd Cir., *Hill v. United States*, 263 F.2d 885 (1959)

U.S. 4th Cir., *Duplan*, 540 F.2d 1215 (1976)

U.S. 1st Cir., *Engine Specialities, Inc. v. Bombardier Ltd.*, 605 F.2d 1 (1979)

U.S. 2nd Cir., *Berkey Photo, Inc. v. Eastman Kodak Co.*, 603 F.2d 263 (1979)

U.S. Federal Circuit, *Stratoflex, Inc. v. Aeroquip Corp.*, 713 F.2d 1530 (1983)

U.S. 9th Cir., *Foremost Pro Color, Inc. v. Eastman Kodak Co.*, 703 F.2d 534 (1983)

U.S. Federal Circuit, *Roche Products, Inc. v. Bolar Pharmaceutical Co.*, 733 F.2d 858 (1984)

U.S. 7th Circ., *Polk Bros., Inc. v. Forest City Enters., Inc.*, 776 F.2d 185 (1985)

U.S. 7th Cir., *Ball Mem'l Hosp., Inc. v. Mutual Hosp. Ins., Inc.*, 784 F.2d 1325 (1986)

U.S. 9th Cir., *Bhan v. NME Hosps., Inc.*, 929 F.2d 1404 (1991).

U.S. 3rd Cir., *United States v. Brown University*, 5 F.3d 658 (1993)

U.S. 3rd Cir., *Staff Builders of Philadelphia v. Koschitzki*, 989 F.2d 692 (1993)

U.S. Fed. Cir., *C.R. Bard, Inc. v. M3Systems, Inc.*, 157 F.3d 1340 (1998)

U.S. 4th Cir., *Granutec, Inc. v. Shalala*, 46 U.S.P.Q.2d. (BNA) 1398 (1998)

U.S. Court of Appeals, District of Columbia Cir., *Mova Pharm. Corp. v. Shalala*, 140 F.3d 1060 (D.C. Circ. 1998)

U.S. Fed. Cir., *Abbott Labs. v. Geneva Pharms Inc.*,182 F.3d 1315 (1999)

U.S. District of Columbia Cir., *United States v. Microsoft Corp.*, 253 F.3d 34 (2001)

U.S. District of Columbia Cir., *Andrx Pharms. v. Biovail Corp.*, 256 F.3d 799 (2001)

U.S. 4th Cir. *AAIPharma Inc. v. Thompson*, 296 F.3d 227 (2002)

U.S. 6th Cir., *In re Cardizem CD Antitrust Litigation, Inc.*, 332 F.3d 896 (2003)

U.S. 11th Circ., *Valley Drug Co. v. Geneva Pharms., Inc.*, 344 F.3d 1294 (2003)

U.S. 2nd Cir., *United States v. Visa U.S.A.*, 344 F.3d 229 (2003)

U.S. 11th Circ., *In* re *K-Dur 20 Antitrust Litigation, Shering-Plough Corp. v. FTC*, 402 F.3d 1056 (2005)

U.S. Court of Appeals for the District of Columbia Circuit, *Teva Pharmaceuticals Industries v. Crawford*, 410 F.3d 51 (2005)

U.S. 2nd Cir., *In re Tamoxifen Citrate Antitrust Litigation, Joblove et alii v. Barr Labs. Inc., Astrazeneca Pharmaceuticals LP, Zeneca Inc., Astrazeneca PLC*, 466 F.3d 187 (2006)

U.S. Fed. Circ., *In re Ciprofloxacin Antitrust Litigation, Arkansas Carpenters Health and Welfare Fund et alii v. Bayer AG and Bayer Corp. et alii*, 544 F.3d 1323 (2008)

U.S. Fed. Cir., *Acumed LLC v. Stryker Corp.*, 551 F.3d 1323 (2008)

U.S. D.C. Cir., *Rambus Inc.v. FTC*, 522 F.3d 456 (2008)

U.S. 9th Cir., *Allied Orthopedic Appliances Inc. v. Tyco Health Care Group LP*, 592 F.3d 991 (9th Cir. 2010)

U.S. Fed. Cir., *Classen Immunotherapies, Inc. v. Biogen IDEC*, 659 F. 3d 1057 (2011)

U.S. Fed. Cir., *Sanofi-Aventis v. Apotex Inc.*, 659 F.3d 1171 (2011)

U.S. 7th Cir., *Agnew v. NCAA*, 683 F.3d 328 (2012)

U.S. Fed. Cir., *Momenta Pharms., Inc. v. AmphastarPharms., Inc.*, 686 F.3d 1348 (2012)

U.S. 3rd Cir., *In re K-Dur Antitrust Litigation*, 686 F.3d 197 (2012)

U.S. 11th Cir., *FTC v. Watson Pharmaceuticals*, 677 F.3d 1298 (2012)

U.S. 2nd Cir., *New York ex rel. Schneiderman v. Actavis PLC*, 787 F.3d 368 (2015)

U.S. 3rd Cir., *Mylan Pharms. Inc. v. Warner Chilcott Pub. Co.*, No. 15-2236 (2016)

U.S. 3rd Cir., *Wellbutrin XL Antitrust Litigation Indirect Purchaser Class*, 2017 WL 3531069 (2017)

Cour suprême des États-Unis

U.S. Supreme Court, *Pope Mfg. Co. V. Gormully*, 144 U.S. 224 (1892)

U.S. Supreme Court, *Coupe v. Royer*, 155 U.S. 565 (1895)

U.S. Supreme Court, *United States v. Trans-Mo. Freight Association*, 166 U.S. 290 (1897)

U.S. Supreme Court, *Addyston Pipe & Steel Co. v. United States*, 175 U.S. 211 (1899)

U.S. Supreme Court, *Bement & Sons v. National Harrow Co.*, 1986 U.S. 70 (1902)

U.S. Supreme Court, *Continental Paper Bag Co v. Eastern Paper Bag Co.*, 210 U.S. 405 (1908)

U.S. Supreme Court, *Standard Oil v. United States*, 221 U.S. 1 (1911)

U.S. Supreme Court, *Chicago Board of Trade v. United States*, 246 U.S. 231 (1918)

U.S. Supreme Court, *United States v. Socony-Vacuum Oil Co.*, 310 U.S. 150 (1940)

U.S. Supreme Court, *United States v. Line Material Co.*, 333 U.S. 287 (1948)

U.S. Supreme Court, *United States v. E. I. Du Pont de Nemours & Co.*, 351 U.S. 377 (1956)

U.S. Supreme Court, *Northern Pacific Railways Co v. US*, 356 US 1 (1958)

U.S. Supreme Court, *United States v. Singer Mfg. Co.*, 374 U.S. 174 (1963)

U.S. Supreme Court, *Sears, Roebuck & Co v. Stiffel Co.*, 376 U.S. 225 (1964)

U.S. Supreme Court, *Walker Process Equip. Inc. v. Food Mach. & Chem. Corp.*, 382 U.S. 172 (1965)

U.S. Supreme Court, *United States v. Grinnell Corp.*, 384 U.S. 553 (1966)

U.S. Supreme Court, *Lear, Inc. v. Adkins*, 395 U.S. 653 (1969)

U.S. Supreme Court, *United States v. Topco Assocs., Inc.*, 405 U.S. 596 (1972)

U.S. Supreme Court, *Continental T.V. v. GTE Sylvania Inc.*, 433 U.S. 36 (1977)

U.S. Supreme Court, *National Assoc. Of Profesionals Engineers v. United States*, 435 U.S. 679 (1978)

U.S. Supreme Court, *United States v. Generix Drug Corp*, 460 U.S. 453 (1983)

U.S. Supreme Court, *FTC v. Ind. Fed'n of Dentists*, 476 U.S. 447 (1986)

U.S. Supreme Court, *Bonito Boats v. Thunder Craft Boats*, 489 U.S. 141 (1989)

U.S. Supreme Court, *Eli Lilly & Co. v. Medtronic, Inc.* 496 U.S. 661 (1990)

U.S. Supreme Court, *Palmer v. BRG of Ga., Inc.*, 498 U.S. 46 (1990)

U.S. Supreme Court, *Holmes v. Sec. Investor Prot. Corp.*, 503 U.S. 528 (1992)

U.S. Supreme Court, *State Oil Co v. Khan*, 522 U.S. 3 (1997)

U.S. Supreme Court, *California Dental Association v. FTC*, 526 U.S. 756 (1999)

U.S. Supreme Court, *Trinko*, 540 U.S. 398 (2004)

U.S. Supreme Court, *Texaco Inc. v. Dagher*, 547 U.S. 1, 5 (2006)

U.S. Supreme Court, *Leegin Creative Leather Products, Inc. v. PSKS, Inc.*, 551 U.S. 877 (2007)

U.S. Supreme Court, *FTC v. Actavis, Inc.*, 570 U.S., No. 12-416 (2013)

Documents officiels des institutions et organes de l'Union européenne

Règlements européens

– Règl. (CEE) n° 17 du Conseil du 6 févr. 1962 relatif à l'application des articles 85 et 86 du traité, *JOCE* n° 013 du 21 févr. 1962

– Règl. (CEE) n° 1768/92 du Conseil du 18 juin 1992 concernant la création d'un certificat complémentaire de protection pour les médicaments, *JOCE* L 182 du 2 juill. 1992

– Règl. (CE) n° 1/2003 du Conseil du 16 déc. 2002 relatif à la mise en œuvre des règles de concurrence prévues aux articles 81 et 82 du traité, *JOUE* L 001 du 4 nov. 2003

– Règl. (CE) n° 139/2004 du Conseil du 20 janv. 2004 relatif au contrôle des concentrations entre entreprises, *JOCE* L 24/2 du 29 janv. 2004

– Règl. (CE) n° 726/2004 du Parlement européen et du Conseil du 31 mars 2004 établissant des procédures communautaires pour l'autorisation et la surveillance en ce qui concerne les médicaments à usage humain et à usage vétérinaire, et instituant une Agence européenne des médicaments, *JOCE* n° L 136/1 du 30 avr. 2004

– Règl. (CE) n° 1901/2006 du Parlement européen et du Conseil du 12 déc. 2006 relatif aux médicaments à usage pédiatrique, modifiant le règlement (CEE) n° 1768/92, les directives 2001/20/CE et 2001/83/CE ainsi que le règl. (CE) n° 726/2004

– Règl. (CE) n° 469/2009 du Parlement européen et du Conseil du 6 mai 2009 concernant le certificat complémentaire de protection pour les médicaments, *JOCE* L 152/1 du 16 juin 2009

– Règl. (UE) n° 330/2010 de la Commission du 20 avr. 2010 concernant l'application de l'article 101, paragraphe 3, du traité sur le fonctionnement de l'Union européenne à des catégories d'accords verticaux et de pratiques concertées, *JOUE* L 102/1 du 23 avr. 2010

– Règl. (UE) n° 1217/2010 de la Commission du 14 déc. 2010 relatif à l'application de l'article 101, paragraphe 3, du traité sur le fonctionnement de l'Union européenne à certaines catégories d'accords de recherche et de développement, *JOUE* L 335 du 18 déc. 2010

– Règl. (UE) n° 1218/2010 de la Commission du 14 déc. 2010 relatif à l'application de l'article 101, paragraphe 3, du traité sur le fonctionnement de l'Union européenne à certaines catégories d'accords de spécialisation, *JOUE* L 335 du 18 déc. 2010.

– Règl. (UE) n° 316/2014 du 21 mars 2014, relatif à l'application de l'article 101, paragraphe 3, du traité sur le fonctionnement de l'Union européenne à des catégories d'accords de transfert de technologie, *JOUE* L 93/17 du 28 mars 2014

Directives européennes

– Directive 65/65 CEE du Conseil du 26 janv. 1965, concernant le rapprochement des dispositions législatives, réglementaires et administratives, relatives aux spécialités pharmaceutiques, *JOCE* du 9 févr. 1965, p. 369

– Directive 2004/27/CE du Parlement européen et du Conseil du 31 mars 2004 modifiant la directive 2001/83/CE instituant un code communautaire relatif aux médicaments à usage humain, *JOCE* L 136/34 du 30 avr. 2004

– Directive 2014/104/UE du Parlement européen et du Conseil du 26 novembre 2014 relative à certaines règles régissant les actions en dommages et intérêts en droit national pour les infractions aux dispositions du droit de la concurrence des États membres et de l'Union européenne, *JOUE* L 349 du 5 déc. 2014

– Proposition de directive du 22 mars 2017 du Parlement européen et du Conseil visant à doter les autorités de concurrence des États membres des moyens de mettre en œuvre plus efficacement les règles de concurrence et à garantir le bon fonctionnement du marché intérieur, Com(2017) 142 final

Communication et autres documents de la Commission européenne

– Comm. eur., Communication relative aux accords de licence de brevet, *JOCE* L 139 du 24 déc. 1962

– Comm. eur., Communication sur la définition du marché en cause aux fins du droit communautaire de la concurrence, *JOCE* C 372/5 du 9 déc. 1997

– Comm. eur., Communication de la Commission, Une politique de concurrence proactive pour une Europe compétitive, COM(2004) 293 final, 20 avr. 2004

– Comm. eur., Lignes directrices concernant l'application de l'article 81, paragraphe 3, du traité, *JOCE* C 101 du 27 avr. 2004

– Comm. eur., Lignes directrices relatives à l'application de l'article 81 du traité CE aux accords de transfert de technologie, *JOUE* C 101 du 27 avr. 2004

– Comm. eur., Lignes directrices sur l'appréciation des concentrations horizontales au regard du Règlement du Conseil relatif au contrôle des concentrations, *JOCE* C 31 du 5 févr. 2004

– Comm. eur., Communication de la Commission européenne, Lignes directrices sur les restrictions verticales, *JOUE* C 130/1 du 19 mai 2010

– Comm. eur., Communication de la Commission, Lignes directrices sur l'applicabilité de l'article 101 du traité sur le fonctionnement de l'Union européenne aux accords de coopération horizontale, *JOUE* C 11/1 du 14 janv. 2011

– Comm. eur., Communication de la Commission européenne. Lignes directrices concernant l'application de l'article 101 du traité sur le fonctionnement de l'Union européenne à des catégories d'accords de transfert de technologie, *JOUE* C 89/03 du 28 mars 2014

– Comm. eur., Commission Staff Working Document – Guidance on restrictions of competition "by object" for the purpose of defining which agreements may benefit from the *De Minimis* Notice, SWD(2014) 198 final, 25 juin 2014

– Comm. eur., Communication concernant les accords d'importance mineure qui ne restreignent pas sensiblement le jeu de la concurrence au sens de l'article 101, paragraphe 1, du traité sur le fonctionnement de l'Union européenne (communication de minimis), *JOUE* C 291/01 du 30 août 2014

– Comm. eur., « La Commission adresse une communication des griefs à Teva concernant un accord de type "*pay-for-delay*" », communiqué de presse IP/17/2063 du 17 juill. 2017

Rapports – Études

– Comm. eur., *Rapport sur la politique de concurrence 2015*, COM(2016) 393 final, Bruxelles, 16 juin 2016

– Comm. eur., *8th Report on the Monitoring of Patent Settlements (period: January-December 2016)*, publié le 9 mars 2018

- *7th Report on the Monitoring of Patent Settlements (period: January-December 2015)*, publié le 13 déc. 2016
- *6th Report on the Monitoring of Patent Settlements (period: January-December 2014)*, publié le 2 déc. 2015
- *5th Report on the Monitoring of Patent Settlements (period: January-December 2013)*, publié le 5 déc. 2014
- *4th Report on the Monitoring of Patent Settlements (period: January-December 2012)*, publié le 9 déc. 2013
- *3rd Report on the Monitoring of Patent Settlements (period: January-December 2011)*, publié le 25 juill. 2012
- *2nd Report on the Monitoring of Patent Settlements (period: January-December 2010)*, publié le 6 juill. 2011
- *1st Report on the Monitoring of Patent Settlements (period: mid 2008 – end 2009)*, publié le 5 juill. 2010

– Comm. eur., *Synthèse du rapport d'enquête sur le secteur pharmaceutique*, 8 juill. 2009

– Comm. eur., *Enhancing the patent system in Europe,* 3 April 2007

– Comm. eur., *Livre vert sur le brevet communautaire et le système des brevets en Europe*, COM(97) 314 final, 24 juin 1997

– European Generic Medicines Association, *Patent-related Barriers to Market Entry for Generic Medicines in the European Union*, May 2008

- *Data exclusivity, market protection and paediatric rewards*, Workshop for Micro, Small and Medium Sized Enterprises (26 April, 2013)

– FDA, *Generic Competition and Drug Prices* (March 13, 2015)

– FTC, *Authorized Generics Drugs: Short-Term Effects and Long-Term Impact* (Aug. 2011)

– FTC, *To Promote Innovation: the Proper Balance of Competition and Patent Law Policy* (October 2003)

– FTC, *Generic Drug Entry Prior to Patent Expiration: An FTC Study*, Report (July 2002)

– Garza (D) et *alii*, *Antitrust Modernization Commission, Report and Recommandations* (Apr. 2007)

– Generic Pharmaceutical Association, *Generic Drug Savings in the US*, Sixth annual edition (2014),

– Hamowy (R), *Medical Disasters and the Growth of the FDA*, Indepent Policy Report (Feb. 2010)

– Lee (D), *A "Lighthearted" Look at The Drug Price Competition and Patent Term Restoration Act of 1984*, Final Paper for Food and Drug Law (Apr. 9, 2002)

– Masson (A) & Steiner (R), *Generic Subtitution and Prescription Drug Prices: Economic Effects of State Drug Product Selection Laws*, Federal Trade Commission (1985)

– OCDE, *Annexe au compte rendu succinct de la 121e réunion du comité de la concurrence tenue les 18 et 19 juin 2014*, DAF/COMP/M(2014)2/ANN3/FINAL, 30 Janv. 2015

– OECD, *Generic Pharmaceuticals*, Note by the United States, 18-19 June, DAF/COMP/WD(2014)51

– OECD, *Competition on the merits*, Policy Roundtables, DAF/COMP(2005)27, 2005

– United Nations Development Programme, *Guidelines for Pharmaceutical Patent Examination: Examining Pharmaceutical Patents from a Public Health Perspective*, 2016

– U.S. National Research Council, *Prospectus for National Knowledge Assessment*, 1995

– WIPO, *Study on the Anti-Competitive Enforcement of Intellectual Property (IP) Rights: Sham Litigation*, CDIP/9/INF/6 REV, 30 July 2012

INDEX

(Les chiffres renvoient aux numéros de paragraphes)

A

B

C

D

E

F

G

H

I

J

L

M

N

O

P

Q

R

S

T

U

W

TABLE DES MATIÈRES

www.ingramcontent.com/pod-product-compliance
Lightning Source LLC
LaVergne TN
LVHW010632051026
849532LV00001B/37

9791094201176